《云南25个少数民族社会历史回访再调查》

上

彝 族	白 族
哈尼族	壮 族
傣 族	苗 族
回 族	傈僳族
拉祜族	

中

佤 族	纳西族
瑶 族	景颇族
藏 族	布朗族
布依族	普米族

下

阿昌族	怒 族
基诺族	德昂族
蒙古族	水 族
满 族	独龙族

《云南25个少数民族社会历史回访再调查》
编纂委员会

主　　编：陈鲁雁　张桥贵

副 主 编：赵　纯　和少英

编 委 会：刘　荣　李光明　段　刚　苏丽春　高　飞
　　　　　李　毅　李若青　卢培义　王明东

撰稿人员：刘劲荣　和金光　赵秀兰　武和兴　郭飞平
　　　　　马　勇　王亚文　丁桂芳　李灿金　陆海发
　　　　　龙　立　墨绍山　杨　滟　王玉琴　李智环
　　　　　张　峻　高登荣　黄建生　苏　丽　田素庆
　　　　　林　庆　杨建虹　郭　敏　张应华　张庆松

云南25个少数民族
社会历史
回访再调查

上

云南民族大学 ◎ 编

图书在版编目（CIP）数据

云南25个少数民族社会历史回访再调查：上、中、下：全三册/云南民族大学编. —— 昆明：云南人民出版社，2020.6
ISBN 978-7-222-19276-8

Ⅰ.①云… Ⅱ.①云… Ⅲ.①少数民族—民族历史—社会调查—云南 Ⅳ.①K280.74

中国版本图书馆CIP数据核字(2020)第109236号

出 版 人：赵石定
责任编辑：高　照　王　韬
助理编辑：周　云
责任校对：王以富　周　彦　董郎文清　李　红　崔同占
装帧设计：马　滨　王冰洁　昆明昊谷文化传播有限公司
责任印制：李寒东

云南25个少数民族社会历史回访再调查（上、中、下）
云南民族大学　编

出版	云南出版集团　云南人民出版社
发行	云南人民出版社
社址	昆明市环城西路609号
邮编	650034
网址	www.ynpph.com.cn
E-mail	ynrms@sina.com
开本	720mm×1010mm　1/16
印张	99.75
字数	1500千
版次	2020年6月第1版第1次印刷
印刷	云南出版印刷集团有限责任公司华印分公司
书号	ISBN 978-7-222-19276-8
定价	280.00元（全三册）

云南人民出版社微信公众号

如需购买图书、反馈意见，请与我社联系
总编室：0871-64109126　编辑部：0871-64199971　审校部：0871-64164626　印制部：0871-64191534

版权所有　侵权必究　印装差错　负责调换

编 辑 说 明

20世纪50年代，为全面了解我国少数民族情况、开展民族识别工作，全国人大民委、中央民委等部门组织开展了少数民族社会历史调查。调查留下了大批反映我国少数民族社会历史基本情况的珍贵资料。为全面了解当代少数民族社会历史变迁和发展状况，2016年云南民族大学启动了"云南25个少数民族社会历史回访再调查"项目。该项目于2019年被列为国家出版基金资助项目。

长期以来，各少数民族社会发展的不平衡性，是云南各少数民族社会历史发展的一大特点，也是云南省民族工作的重点。本项目选取云南极具代表性的25个民族村寨进行调查，以接续20世纪50年代大规模的少数民族社会历史调查为初衷，力图通过各少数民族村寨展现当代云南25个世居少数民族社会发展状况，在兼具典型性与科研性的基础上，以小见大、以点带面地全面展现70年来云南少数民族地区社会历史发展的巨大变迁以及民族工作的伟大建设成就和宝贵经验。

为了本项目的顺利开展，云南民族大学组织了25个回访再调查小组，以经济、政治、文化、社会、生态"五位一体"的编撰体例为出发点，结合各村寨、调查点实际，通过艰苦的实地走访，获取第一手资料，因而最终的调研报告体例不尽一致，各有侧重。

2020年5月

目 录

彝族社会历史回访再调查
　　——以巍山县麻秸房村为例 …………………………………………… 1

白族社会历史回访再调查
　　——以大理市喜洲镇为例 …………………………………………… 41

哈尼族社会历史回访再调查
　　——以墨江县娘埔村为例 …………………………………………… 113

壮族社会历史回访再调查
　　——以文山市德厚镇下期乌村和开化镇牛头寨为例 ……………… 181

傣族社会历史回访再调查
　　——以景洪市曼峦典村为例 ………………………………………… 247

苗族社会历史回访再调查
　　——以麻栗坡县塘子边村为例 …………………………………… 317

回族社会历史回访再调查
　　——以个旧市沙甸区为例 …………………………………… 363

傈僳族社会历史回访再调查
　　——以福贡县鹿马登村为例 …………………………………… 403

拉祜族社会历史回访再调查
　　——以金平县者米乡为例 …………………………………… 483

彝族社会历史回访再调查
——以巍山县麻秸房村为例

郭飞平

1958～1959年，中国社会科学院民族研究所云南调查组、云南民族研究所等机构和中央民族学院等高校的师生对云南各地的彝族社会历史情况进行了调查。因巍山县是彝族的重要分布区之一，故在该次调查中，一些调查者对巍山县的许多彝族村寨进行了调查，调查内容涉及当地彝族的族名、语言、历史、地名、生产力与生产关系、家庭、婚姻、生活习俗、信仰、服饰等，这些调查的部分成果后来主要收录于《云南彝族社会历史调查》一书中，如《巍山县土著居民问题》《巍山县举雄村彝族社会调查》等。麻秸房村即是当时调查的一个彝族村寨，调查主要集中在对该村彝族的来源、语言、服饰、习俗等方面。限于条件，当时的调查范围较窄，调查的成果也很零散。20世纪80年代，一些研究人员又对麻秸房等村寨的彝族习俗进行了调查，调查成果《巍山多雨村、麻秸房彝族习俗调查》一文收录于《云南巍山彝族社会历史调查》一书中。

2016年，云南民族大学从20世纪五六十年代进行过云南少数民族社会历史调查的村寨中选择了一部分村寨，组织人员对其社会历史进行回访再调查，巍山县麻秸房村即是此次回访再调查的一个村寨。此次调查主要在

◇ 调查组在村民字万华家访谈

2016年10月至12月期间进行，调查人员为云南民族大学人文学院郭飞平教授、李兴福副教授，研究生曹思、李安、田志涛、王勇、张瞿纯、刘辉。巍山县地方志办公室主任、巍山县彝学会秘书长李继武对此次调查给予了很大帮助，并多次带领调查组人员到麻秸房村进行走访。

这是一次对20世纪80年代以来，尤其是近些年麻秸房村的社会发展情况较为深入的调查，内容涉及经济建设、政治建设、文化建设、社会建设、生态文明建设等多个方面。从整体上来看，改革开放40年来，麻秸房村同全国广大乡村一样，其发展变化是非常显著的，村民的经济生活等均呈现出翻天覆地的变化，许多家庭摆脱了贫穷，走向了富裕，一座座砖瓦住房与绿树繁花相互掩映，一些接受了现代教育的村民开始走出大山涌入都市。尽管在实现全村富裕的道路上还将继续跋涉，但麻秸房村正朝着社会主义新农村建设的目标迈进。由于时间关系，许多方面的调查还不够深入，对一些问题的叙述也可能有不够准确之处，敬请读者谅解和批评。

一、村寨概况

麻秸房村，当地人称"马盖房"。过去有大麻秸房村和小麻秸房村，两村在巍弥公路下侧，由于村落规模不断扩张，现基本连成一片，统称麻秸房村。"麻秸房"为汉名，根据《云南省巍山彝族回族自治县地名志》记载，该村过去盛产大麻，村民多用麻秸铺盖屋顶，故称"麻秸房"。彝语称该村为"$lao^{22}pi^{31}ndi^{41}$"，意为宽敞的缓坡地，根据当地地形，这个说法应该比较可靠。

麻秸房村隶属于巍山彝族回族自治县庙街镇润泽村委会，村寨面积15.3平方千米，位于县城东北方向文华山的半山腰，距县城10千米，距润泽村委会15千米。北靠文华山，南近巍山坝子，东与多雨村相望，西与伏龙村为邻。整个村落依山而建，坐东朝西，从村中可眺望巍山坝子。整个村落位于海拔2000～2200米之间，村落中心（党员活动中心，原村小学校址）海拔2140米，处于北纬25°16′41″、东经100°17′11″。年平均气温15℃，年降水量723毫米，属亚热带高原山地季风气候。

过去，文华山森林茂密，后因县城扩建和周边人口增多，导致距离县城较近的下半山砍伐过度，植被破坏严重，形成陡坡部分以低矮灌木和杂草为主、缓坡部分被开垦为耕地。上半山植被较好，以云南松和杂木为主，森林茂密，著名的"鸟道雄关"就位于山顶。随着村民环保意识的不断提高和退耕还林工程的深入推进，下半山过去开垦的坡地现已种上桉树等树种，加之电网改造，电价降低，家用电器逐渐走进村民的日常生活，对柴的需求也就逐渐减少。总体而言，该村周围的生态环境有了较大改善。

（一）历史与传说

据本村老人字正秀（女，彝族，时年80岁）讲，本村先民世代生活在巍山坝子，边耕边牧，后因明洪武二十三年（1390）修建蒙化城（今巍山古城），当时官府强征劳役，不分老小，统统抓去修城充当苦力，遂使土地荒废。因不堪重重压迫,该村举村搬迁至今县城以东多雨村一带的山林之中。蒙化城是蒙化州和蒙化府治所,据清康熙《蒙化府志》载:蒙化城周四里三分,计九百三十七丈,高二丈三尺二寸,厚二丈,砖垛石墙,垛头一千二百七十七,垛眼四百三十;建四门,上建谯楼:东忠武,南迎薰,西威远,北拱辰,北楼三层,高大可望一川。蒙化城楼高大巍峨,修建时耗费了大量人力和财力,麻秸房村先民参与该城的修建是可能的。

据向巍山县志办考证,"多雨"的村名应为"躲役"的异写,为躲避劳役之意,曾用"多依",今为"多雨"。该村坡多地窄,没有浇灌条

◇ 字正秀老人

◇ 巍山古城拱辰楼(始建于1390年,摄于2014年)

件,加之海拔高、气候寒冷,粮食产量低,大麻秸房村的先民在多雨村经过几代人的发展,人口日益增多,开始面临人多地少的问题。为了生存,部分家庭携带生产工具和粮种搬迁至文华山背后的弥渡大甲板村一带生活。大甲板村同样海拔高,远离县城,耕地有限,虽然适合放牧,但解决不了粮食问题。到清同治年间,有放牲口的村民发现今大麻秸房村一带地势稍平,文华山沟箐有水源,适合耕牧,同时从商贸和安全考虑,该村顺山而下,直抵巍山坝子,可进行贸易,若有战事,则可沿山梁而上,隐藏于深山老林之中。于是大麻秸房村的先民又从弥渡大甲板村迁移到文华山半山腰的山沟东侧,后为预防滑坡,又搬迁至现今村寨处。据字正秀讲,她祖父到本村居住至今已有6代,她祖父的碑文落款是同治年间。按每代25年计算,6代共150年,2016年往前推150年也就是1866年,两者时间基本吻合,麻秸房村的先民迁入最迟应在咸丰年间或同治初年。

(二)民族构成

麻秸房村现有91户375人。历史上该村村民全是彝族,进入21世纪后,有2个其他民族的妇女嫁入本村,一个是丽江的傈僳族,叫何英;另一个是汉族,叫高建春。故目前本村是以彝族为主的民族村。虽经历多次搬迁,但村民对其彝族身份仍具有较高的认同,有自己的语言,自称"腊罗泼"($la^{21}lu^{33}pa^{21}$)。"腊罗泼"是巍山原住居民,一般认为,自称为"腊罗泼"的彝族是由秦汉时期的"昆明"、隋唐时期的

◇彝族妇女服饰

"乌蛮"、明清时期的"罗罗"发展而来,新中国成立后经过民族识别,统称为彝族。

彝族主要分布于云南、四川、贵州、广西等省区,彝族语言分为六大方言区,即北部方言、东部方言、南部方言、东南部方言、中部方言和西部方言。西部方言主要流行于云南西部,包括巍山、南涧、弥渡、祥云、宾川、漾濞、永平、保山、昌宁、凤庆、景东、云县等县市。"腊罗泼"语言属于彝语的西部方言,村民之间交往使用本民族语言,和其他民族交往时使用汉语,该村大多数村民均能用汉语进行交流。据巍山县彝学会和县志办的同志研究,"腊罗泼"过去是有文字的,后因各种原因,现村民们已经不认识该文字。当地彝族语言有33个声母、15个韵母、3个声调。声母33个:p、ph、b、m、f、v、t、th、d、n、l、ts、tsh、dz、s、z、tʂ、tʂh、dʐʂ、tɕ、tɕh、dʑȵȶʑ、k、kh、g、ŋ、x、ɣ等。韵母15个:i、e、æ、a、o、u、ɣɣɯə、y等。声调3个:55mo^{55}(教)、33no^{33}(问)、21duo^{21}(火)等。

(三)性别与年龄状况

至2015年底,全村总人口375人。其中,男性205人,占总人口的54.7%;女性170人,占总人口的45.3%。村民以字姓为主,其次是李姓、刘姓和谢姓。各年龄段人口数量和学历结构如下:

表1 年龄结构统计表

年龄结构	人数(人)	所占比例(%)
20岁以下人口	87	23.2
21~40岁	136	36.3
41~60岁	116	30.9
61岁以上	36	9.6

表2　学历结构统计表

学历结构	人数（人）	所占比例（%）
小学及以下	297	79.1
初中	73	19.5
高中（含职高）	4	1.1
大学	1	0.3

表3　男女学历结构统计表

学历结构	男性（人）	所占比例（%）	女性（人）	所占比例（%）
小学及以下	153	40.8	144	38.4
初中	48	12.8	25	6.6
高中（含职高）	3	0.8	1	0.3
大学	1	0.3	0	0

（四）人口流动与趋势

20世纪80年代初，全村开始实行包产到户，土地、牲口分配到户，农户生产积极性提高，所有劳动力都投入农业和畜牧业中，初步解决了粮食问题。到20世纪90年代，粮食生产基本能满足家庭需求，会讲汉话的男性富余劳动力开始到县城和大理下关从事建筑、服务行业。21世纪初，由于人均土地少，农业和畜牧业的产出收入无法满足家庭日益增长的货币需求，加之20世纪六七十年代出生的村民多少接受过学校教育，基本能用汉语交流，故大量中青年外出务工。加之近年粮食价格低，土地的产值不高，从事农业生产对年轻人没有吸引力，他们也不像早期外出务工人员农忙时回家进行收种，而是常年在外务工，远的在沿海省份或新疆，近的在昆明市、大理市，只有在过年时才回家，导致了村中大部分时候只有老人和小孩。经过调查，全村91户，只有1户的年轻人没有外出务工（此户户主会吹唢呐，为非物质文化遗产传承人），其余家庭都有外出务工人员，多则3人，少则1人。政府曾对适龄青年进行外出劳务人员培训，对青年人外出务工有一定帮助，但因缺少系统的职业培训且外出劳务人员教育程度普遍偏低等，故外出务工者一般只能从事低端体力劳动，如建筑、保安、种植、环卫、餐饮服务业等。

（五）村寨今昔变迁轨迹特点

20世纪80年代初，刚刚从集体生产中解脱出来的村民各自有了耕地和牲口，干劲十足，全力发展生产，在承包地内种植玉米、小麦、土豆、烤烟、蚕豆等农作物，在家里养殖猪、牛、羊、鸡等。同时，部分农户承包荒山种植经济林木桉树。为解决饮水问题，村民筹工，政府筹资，用橡胶管（后改成4分钢管引水）将文华山山菁里的泉水引到村里，基本解决了饮水问题。

1985年，巍弥公路通车，麻秸房村沿山坡修路到巍弥公路，长度约1千米，极大地方便了村民出行。2014年，通过政府资金支持，将村口到巍弥

◇ 麻秸房村附近的巍弥公路

公路的道路进行了拓宽并铺上了水泥,实现了道路硬化,人员车辆出行条件大为改善。

二、经济建设

（一）传统经济变迁

目前,麻秸房村的经济方式以种植业与养殖业为主,产品除自己留用一部分外,大都用来出售以增加收入,在实现生活自给的同时与市场联系也较为紧密,其经济越来越多地进入到市场经济体系中。

一方面,麻秸房村多山地,年降水量少,全年分雨、旱两季,降水分布不均,又因为地形较陡,所以每到旱季,地表水匮乏,水资源仅够日常生活,农业浇灌用水严重不足,故耕地以旱地为主,少水田,因而不产水稻,粮食生产不能直接满足村民生活需求。麻秸房村传统种植业以玉米、豆类和烤烟等山地作物为主,然而村民在饮食习惯上却以稻米为主食,故村民将其所生产的农作物投入市场以物换物,或出售再购买大米等基本粮食产品,以满足自身生活需求。

另一方面,村民收入以种植业收入与养殖业收入为主。耕地规模、浇灌条件、土壤等各种原因决定了无论是种植还是养殖都是小规模的,大部分村民依然采取以家庭为单位的生产方式,规模较小,收入有限;外出务工人员多,但从事的工作多为低端行业,如泥瓦工、家政服务、保安之类,因而工资水平低,经济上相对贫困。其农作物产品以及养殖产品(猪、牛、黑山羊、鸡等)除一部分满足自家生活之需外,大部分拿到市场上出售,这成为村民重要的经济收入来源。

到现阶段,麻秸房村经济已由过去自我消费为主的农业经济向商品交换的市场经济转变。从事传统农业生产的劳动力也逐渐减少,大多数成年劳动力或转投别的行业,或外出务工,与市场经济的联系日益紧密,他们为现代商品市场提供了农产品与劳动力,并成为市场经济的消费者。但由

◇ 村民在晒玉米

于经济基础较为薄弱，制约经济发展的因素较多，故麻秸房村市场化程度相对滞后，经济发展水平还不高，在县域经济中还处于较低的水平。

（二）农作物种植与家禽牲畜养殖

1. 农作物种植

由于受自然环境的制约，麻秸房村农作物以旱地作物为主，主要粮食作物为玉米，另外也种植土豆、花生等旱地作物。主要经济作物有烤烟、桉树等。玉米具有耐寒、对土壤要求不高等特点，是麻秸房村村民的主要粮食作物，现在大米取代玉米成为日常主食，村民种植玉米的用途也发生了变化，主要用来出售或加工成饲料喂养牲畜。市场行情好、价格高时直接出售，价格低时则加工成饲料喂养牲畜。

巍山县烤烟种植历史较久，20世纪90年代以来，烤烟种植范围不断扩大，烤烟产量也逐年提高，成为县内重要经济作物。在麻秸房村，烤烟曾长期是传统经济作物，现村内一座座碉堡样式的建筑就是原来用来加工烟叶的烤房——因该村过去大量种植烤烟，故大多数家庭均建有形如碉堡

◇ 烟叶烤房

的烟叶烤房。后国家对烤烟实行"双控"（控制面积、控制产量）政策，受此政策影响，从1998年开始，巍山县将烤烟生产由自由种植改为合同种植，压缩了全县的烤烟种植面积，1998～2005年，全县烤烟种植面积保持在5万亩左右。[①]由于烤烟种植面积的压缩，麻秸房村种植烤烟规模减小，达不到政府合同种植要求，再加上麻秸房村的土壤品质不好，水量不够，导致烤烟品质不佳，烟叶卖价降低，故村里许多人家逐渐放弃了烤烟种植。近年来，麻秸房村村民基本停止了烤烟种植，村内的烤烟房也大多闲置或转为储物用。

在烤烟种植衰落之际，麻秸房村引进了一个新的种植品种——桉树。麻秸房村阳光充足，土壤疏松，地势坡度大，不利于涵蓄地表水，但却适

[①]《巍山彝族回族自治县概况》编写组、修订本编修组：《巍山彝族回族自治县概况》，民族出版社，2008年，第98页。

合桉树生长。在麻秸房村附近山坡，到处可见高耸的桉树；在巍弥公路旁，也有广泛种植。据村民介绍：桉树易栽种，生长快，主根深，抗风力强，树冠小，透光率高，枝叶茂盛，全年可采叶，一般种植之后3～4年即有经济效益。

桉树有较高的医学价值：桉树叶含有丰富的桉叶油素，其中有萜烯、异戊叶油、葛缕酮、胡薄荷酮、胡椒酮等成分，是制作口腔、鼻腔、喉腔消炎药物的材料，也是清凉油、祛风膏等药用原料，用桉树叶提炼的桉精油具有很强的杀菌力和抗炎作用。麻秸房村有村民开设了桉叶加工点，调查所见，一共有两个桉叶加工点：一个在村内，规模稍小；一个在过境的县级公路边，交通方便，规模较大。桉叶加工点向种植桉树的村民收购桉树鲜叶，将桉树鲜叶采用水上蒸馏法生产桉树油，再向工厂出售所提取的桉树油，为之提供生产原料，并获取经济收益。我们调研时路过桉叶加工点，远远便能闻到空气中桉叶油挥发出来的清香味道（类似于清凉油的味道）。经询问熬桉叶油的村民，回答说今年桉叶油价格好，一天毛收入有600元。

◇ 村民种植的桉树

麻秸房村有着长久的蔬菜种植历史，丰富的光热资源为蔬菜种植提供了良好条件，但每到旱季，降水减少，农业浇灌用水极度缺乏，因而蔬菜种植规模有限，多转为种植较耐旱的土豆、花生等。其蔬菜种植多数满足日常生活所需，雨季时，产量较高的白菜等部分流通到巍山县城市场。

麻秸房村作为传统的彝族村寨，有着丰富的林果资源，村内种植有本土品种果树核桃、梨、柿子等，但规模较小，种植零星。村里很多房屋附近都种有梨树，挂果不错，但品种不好，卖相差，口感也欠佳。果树种植不成规模，水果产量也不大，没有人来收购，而家里的年轻人多外出打工，老人又没能力将水果运送到城里贩卖，故不少水果烂在地里。

2. 家禽牲畜养殖

麻秸房村家禽牲畜品种以鸡和猪为主。麻秸房村多山地而少水塘湿地，不适合鸭、鹅等水禽养殖，但适合养殖鸡和猪。和其他农村一样，鸡采取放养，猪则圈养，产品除村民改善自身生活外，还可到市场出售。

村民大量养猪，主要喂养玉米加工成的饲料，一年可以出3栏。家猪养殖商品化程度高，大量供应市场，有专门进村收购家猪的贩子。一个普通

◇ 村民住房旁的梨树

◇ 村民种植的柿子树

的家庭有7头左右的养殖规模，养殖大户有50头的规模。

同样因为多山地少水塘湿地的缘故，麻秸房村牛的养殖以黄牛为主，而少水牛。黄牛曾是麻秸房村主要农业生产资料，为耕地翻土提供牲畜动力，近年一些经济好点的家庭开始采用小型犁地机械代替传统的牲畜动力，黄牛养殖逐渐转为供应肉类市场。麻秸房村出现了养殖七八头牛的农户。

黑山羊是麻秸房村的特色养殖品种，市场上也有一定的口碑，养殖比较普遍，一般2～3年养殖一期（羔羊生长至成年出售周期），除自家食用外，主要供应巍山县城消费。巍山县城有许多有名的羊肉馆，为县城居民提供餐饮服务，而前来巍山古城旅游的游客也会慕名品尝巍山各家羊肉馆烹制的黑山羊——"南诏王宫秘制山羊"的美味。广阔的消费市场扩大了对黑山羊的需求，麻秸房村村民也由此大量养殖黑山羊。近年来，在村里还成立了养殖农民专业合作社，以合作社的形式发展养殖业。

（三）农业科技推广

农业科技的推广与应用，是提高农业生产效率、节省劳动付出成本的重要方法，也是提高农业生产经济效益的重要途径。麻秸房村过去的农业生产与我国大部分地区一样，是传统经验型农业。大约在明朝洪武年间，麻秸房村的村民为了躲避繁重的差役，抛下在坝子里的田产，走上高山，几经迁徙，置身于山林之中。在新的环境面前，村民们只能凭借自己的辛劳从头再来，开垦荒地，搭屋建舍，经过几代人的努力，生存状态显著改善。然而，山区土地毕竟狭窄，随着人口的繁衍，粮食需求增多，不断开荒种地成为解决生存问题的基本途径。麻秸房村是巍山县典型的高山彝族村寨，耕地以坡地为主，一直以来，农业生产经营方式属粗放型，耕地土壤肥力不足，耕作技术落后，单位面积的粮食产量低，村民往往必须依靠开荒来扩展耕地面积，以此来增加粮食收成，保证基本的生活口粮需求。由于耕作方式粗放，在很长一个时期，粮食收成不高，广种薄收现象突出。和巍山县的其他一些彝族村寨一样，麻秸房村也存在"种一撇坡，收一罗锅"的情形。①

改革开放30多年来，巍山县的农业科技推广发展较快。历届县委、县政府十分重视科技事业的发展，加大农业科技推广应用，各乡镇的农业科技推广机构充分发挥作用，促进了巍山的社会生产力发展。

麻秸房村隶属于庙街镇，在农业生产经营上受庙街镇畜牧兽医站、农业技术推广站、林业站等科技事业机构的辐射与服务。1990年4月开始，巍山县政府又在各乡镇建立了科学技术委员会，负责贯彻执行国家科技发展方针政策，进行科技情况调研和科普宣传，开展新技术引进和推广。

麻秸房村在20世纪90年代耕作的玉米品种即是庙街镇农业技术推广站大力推广的优良品种，进入21世纪，又在庙街镇农业技术推广站的指导下，与时俱进，更换了农业部新推广的品种。巍山县县级农业技术推广站所引进并推广的地膜覆盖栽培、规格化种植、定向直播和容器育苗、制钵育苗移栽等技术，因为自然条件的制约，在麻秸房村推广程度并不深。

2008年以来，在农业科技的推广工作上，巍山县政府的各级科技事业机构已经不起主导作用了，多数机构转为提供方向性、政策性的引导。具体如先进农业工具、优良品种、化肥农药以及牲畜饲料的推广。农业科技推广越来越多地受市场因素推动，农业种子经销商、农业机械销售商以及饲料厂商等成为农业科技推广的重要力量。这一时期，麻秸房村农业科技推广主要表现在农业生产过程中，农业机械的应用以及牲畜饲料的机械加工方面，开始以小型农业机械代替传统牲畜力。典型的农业机械有小型翻地机（又称微耕机）和小型粉碎机。

小型翻地机主要是耕地多的家庭使用，采购于县城农业机械销售商，价格在2000~4000元之间，用作农业松土、除草。麻秸房村耕地多旱地、

---

①巍山彝族回族自治县人民政府编：《巍山彝族简史》，云南民族出版社，2006年，第262页。

◇ 村民使用的小型翻地机

坡地，以往多用人力、畜力（主要是黄牛）耕作，劳动强度高、难度大。使用小型翻地机较之传统畜力耕地，提高了生产效率，节约了生产时间。在麻秸房村，一些种粮大户门口往往可以看到这种小型翻地机，但不少贫困家庭或者以老年人口为主要劳动力的家庭依然采用传统的畜力。

小型粉碎机用于粉碎玉米，加工成牲畜家禽养殖饲料。由于麻秸房村的主要粮食作物为玉米，而近年玉米的市场价格波动较大，所以在玉米价格低迷的时候，村民往往转而将收获的玉米进行加工，故加工量巨大（麻秸房村村民玉米的家庭产量绝大多数都在5000斤以上，有的甚至达万斤），因而此机器普及应用极广。我们在调研过程中，发现即使是七八十岁的老奶奶都能熟练地打开开关操作这种小型粉碎机，往机器里添加玉米粒，加工成玉米面。小型粉碎机的使用，使得麻秸房村的养殖业减轻了对市场饲料产品的依赖程度，降低了养殖业生产成本，同时便利了村民将多余的玉米磨成粉后拿到市场上销售，增加了玉米生产销售的附加值。

（四）生产结构调整

2013年，麻秸房村经济总收入为198万元，其中种植业收入65万元（包括经济作物收入18万元），畜牧业收入83万元，渔业收入5万元，第二、三产业收入30万元，工资性收入12万元（外部劳务收入），其他收入3万元。①在调研访谈中，我们也了解到，近一两年来，麻秸房村的经济总量有所提升，2014年、2015年、2016年均比2013年有所增长，尤其是该村这两年外出务工人员较多，工资性收入这一项上也应该远远超过2013年的数据。但由于村一级确切的经济数据更新不及时，故我们无法获取全村2014年、2015年、2016年准确收入的构成。虽然"云南新农村麻秸房2013年调查表"所公布的麻秸房村上述经济收入情况也并不精确，但还是能够大致反映麻秸房村2013年的基本经济结构，因而在分析麻秸房村的生产结构时，我们仍然以2013年所公布的数据为例。

从2013年麻秸房村的经济收入结构情况来看，其来源呈现多元化，改变了过去单纯的农业生产收入来源，生产结构也趋向合理化，从事第二三产业、外部劳务等收入是村民农业生产经济收入的重要补充，但村民主要收入来源依然是农业、畜牧业、渔业等第一产业。

从现有资料数据来看，麻秸房村生产结构调整最大的是农业结构调整，全村畜牧业收入83万元，超过种植业收入65万元，占农业总收入153万元的54.2%，在生产规模上，已经从生存农业转向了发展农业。以种植业结构而言，已不再是纯粹为满足自身生存需求的生存农业，农业收入来源呈多元化，主要种植作物有粮食作物（玉米）、经济作物（烤烟、桉树）、经济林果（核桃、梨），其中经济作物收入18万元，占总种植业收入的27.7%。

麻秸房村的养殖业市场化程度较高，村内大量养殖的肉猪、肉牛、肉

---

① 数据由润泽村委会提供。

羊，基本以出售为目的。以2013年麻秸房村养殖业规模数据为例，全年肉猪出栏240头、肉牛25头、肉羊900只，其养殖规模已经远远超出麻秸房村91户375人的生存需求，故而大量供应巍山县城市场。主要家禽品种鸡的养殖规模也达到1600只，除自己食用外，大部分也供应巍山县城市场。猪、牛、羊、鸡等的销售收入是村民重要的经济来源。

从农业生产结构上看，养殖业规模大于种植业规模（特别是粮食种植），这是市场需求驱动的结果，也说明麻秸房村的农业生产已由满足基本生活需求的生存型农业转变为满足市场需求的发展型农业。

（五）生产经营方式变迁

自1978年以来，麻秸房村跟其他地区一样，在党和政府的领导下，将发展经济、改善生活作为全村人民生产生活的重心。麻秸房村的经济生产经营方式大体跟随着巍山县农村经济体制改革而发生变化，其生产经营方式的变迁具体可划分为四个阶段：

第一阶段是1979~1984年。主要是改革人民公社体制，实行家庭联产承包责任制，使农民有了生产经营的自主权，激发了生产积极性，大大改善了麻秸房村的经济状况。据村民讲述，他们就是在这段时间开始有了余财，并逐渐以土木结构房屋代替了村寨原来的茅草屋。

第二阶段是1985~1991年。主要改革农产品统购派购制度，调整农村产业结构，走农村经济综合发展的道路。在农村产业结构调整这一大的背景下，麻秸房村经济发展主要表现在农副产品日渐丰富，畜禽养殖以及林果产品多了起来，在满足自身需求的同时，有了少量富余，村民们开始沿着传统的小道，走出村寨，走下大山，到乡镇甚至走进巍山县城赶集，出售自己的富余农产品，购买自己需要的商品。农村集市繁荣起来，农民生活水平有了很大的提高。

第三阶段是1992~1999年。党的十四大以后，农村迈向了建立市场经济体制的新阶段。市场的力量是无穷大的，极大地激发了农民的生产积极性与创造力，麻秸房村大规模种植业和畜禽产业由此时发端。麻秸房村不少人都在这期间富裕起来。村内现存的一些精致的砖木结构房屋便是在此期间修建的。时间虽然过去了好多年，但如今透过房屋所采用的上好木料与石材来看，依然可以感受到当年户主致富时的喜悦心情。

第四阶段是2000~2006年。2000年国家开始进行农村税费改革试点，2003年全面推进农村税费改革。2003年7月，巍山县全面开展农村税费改革工作，麻秸房村农民经济负担大大减轻；2004年，按中央政策，农业税降低一个百分点，农民负担进一步减轻；2005年12月，根据中央税费改革政策，从2006年起全面取消农业税，结束了中国历史上这一延绵了几千年的古老税种，而且取消了除烟叶税以外的所有农业特产税，极大地减轻了农民的经济负担。2008年麻秸房村被列为巩固温饱示范村。

自2008年以来，随着社会经济的持续发展，麻秸房村农业生产经营方式又出现了一些新的变化。虽然在经营方式上依然是19世纪80年代以来的联产承包责任制，但在具体的农业生产中，表现为小型农业机械的应用与推广，以小型翻地机代替人力、畜力耕地松土，提高了生产效率，将传统农业的重要生产资料黄牛从耕地里解放出来，使得肉牛养殖成为可能。

生产经营方式的另一个变化即有部分年轻村民走出村寨，踏入城里（巍山、大理甚至省外）从事第二、三产业，务工成为麻秸房村改善经济状况的重要途径，是农业经济收入之外的重要补充。根据访谈数据，全村有一百多人进城务工，平均每家就有一人外出务工，但由于文化水平不高，故从事行业低端，收入水平不高。

（六）经济收入与消费

麻秸房村经济收入如前所述，主要来自种植业和畜牧业，辅以务工收入，村民人均年收入（纯收入）为2000~2400元。

据访谈得知，麻秸房村村民消费开支以吃、穿、礼金为主。

因为生活习惯上以大米为主食，玉米面不食用，加之麻秸房村的自然条件又不适合种植水稻，所以村民的口粮大米也与油盐酱醋及衣物等一样需要购买，成为生活消费的主要开支。因为缺水的缘故，麻秸房村的蔬菜种植不能完全自给，部分需要从乡镇集市甚至县城购买。从访谈中得知，村民购买食物的开支占家庭收入的比重很大，成为家庭开支的大头，有一些贫困家庭购买基本生存所需的生活资料开支占据家庭收入的半数以上。根据恩格尔定律，恩格尔系数越高，即家庭收入（总收入）中用于购买食物的开支所占比例越大，则家庭收入越少；反之，用于购买食物的开支所占比例越小，则家庭收入越高。据润泽村委会主任字万荣介绍，麻秸房在2008年被列为"巩固温饱示范村"，购买食物的开支占家庭总收入的比例为50%～59%，这也证实了村民的吃穿为家庭消费开支的大头之说。

家庭的礼金开支，即村民所说的"人情钱"，是吃穿消费开支之外的另一项重要支出。彝族向来有好客重礼的习俗，各家一旦有结婚、白事（丧事）、小孩满月等均需宴客，村民均要赴宴送礼，一个普通家庭一年礼金花费在一两千元以上。另外，赴宴除送礼金之外，还需送大米和肉，这也加大了村民日常对大米和肉类的需求。

（七）精准扶贫

1. 贫困情况

麻秸房村被列为"巩固温饱示范村"后，扶贫工作任务紧迫。由于经济发展水平不高，因此贫困面较大，贫困人口较多，而当地发展又受资源和自然环境的制约，因而扶贫难度大。

2016年，麻秸房村贫困家庭共计26户87人，占全村家庭（91户）的28.6%，占全村人口（375人）的23.2%。麻秸房村实行贫困户与低保户合一的管理方法，以贫困程度作为低保户认定标准，分A、B、C三类贫困户进行相应标准发放低保金。

表4 麻秸房村贫困人口情况统计表

类别	认定标准	户数（户）	人数（人）	低保领取金额（元/人·月）
A类	重度残疾，天灾人祸	9	28	175
B类	中度贫困，缺乏劳动力	4	13	145
C类	一般贫困户	13	46	115
合计		26	87	

注：该表根据润泽村委会提供的数据资料制作。

此外，人才匮乏亦是该村贫困的重要原因之一。根据对润泽村委会以及麻秸房村村民的访谈得知，麻秸房村青少年大多能读完小学，但到初中即有不少辍学者，全村只有2个高中生（2015年考上1个，2016年考上1个）。截至2016年，麻秸房村仍无一个大学生，也无一人有公职（如公务员、教师），村长是第一个也是唯一一个考上中专的人（昆明旅游学校毕业）。"贫困的教育"现状，一方面是造成经济贫困的一个原因，另一方面也是贫困现状的一部分。

2. 扶贫现状

目前，麻秸房村对村中不同层次的贫困人口进行不同额度的最低生活保障金发放，保障贫困人口最低生活水平。同时，在政府支持下，该村实现了医保（新型农村合作医疗保险）、养老保险（新型农村社会养老保险）全覆盖。

巍山县各级政府响应国家扶贫政策，对麻秸房村贫困家庭实施精准扶贫，他们的扶贫工作方法与各地有共通的地方，也有其独特的地方。首先，调研贫困户家庭情况，了解其贫困原因；其次，根据贫困户的特殊情况，给予针对性的援助，诸如资金补贴、技术培训等；最后，也是最具特色的——实行扶贫人、扶贫单位与贫困家庭直接对接的政策，扶贫任务实行"一对一"精准化。调研访谈期间，可以看到麻秸房村贫困户大门门框上挂有政府印制的蓝色精准扶贫信息门牌，上面标有该贫困家庭的人口数量、贫困原因、扶贫支持方法以及精准扶贫责任单位或者个人的联系方式等信息。在对麻秸房村所隶属的润泽村委会访谈期间，调查组成员调阅了麻秸房村相关资料信息，看到有关麻秸房村精准扶贫责任对接信息的档案存档完整，这从一个侧面反映出润泽村委会在麻秸房村精准扶贫工作的落实上是非常认真的。

巍山县各级政府对麻秸房村的扶贫工作，在具体的扶贫措施上主要有给予养殖补贴和进行技术培训。

养殖补贴主要是针对麻秸房村的实际情况，结合麻秸房村的自然条件，在经济上对贫困家庭的牲畜养殖加以鼓励与支持。养殖补贴主要针对牛羊养殖：贫困家庭每养1头牛政府补贴5000元，养2头牛补贴8000元；养

◇ 麻秸房村附近龙华山上茂密的树林

◇ 麻秸房村附近著名的鸟道雄关遗址

殖1只母羊补贴500元，公羊补贴200元。这些补贴用于支持贫困户购买小牛和羊羔，以及养殖所需的饲料，其中黄牛最多补贴2头，黑山羊最多补贴8只。等到一个养殖周期结束，贫困户将所养殖的黄牛、山羊出售，便有多余资金购置小牛和羔羊，进一步提高养殖规模。这时，经济收入也相应提高到一定的水平，实现成功脱贫。

此项办法实施时，先由扶贫工作组与润泽村委会一起，根据麻秸房村的经济情况，遴选经济困难需要扶持的贫困家庭为贫困户进行养殖补贴。目前村里百分之三十的家庭养殖黑山羊，百分之二十的家庭养殖黄牛。不少贫困户在扶贫人员的支持下，改善了经济水平，提高了经济收入，扩大了养殖规模，走上了脱贫致富的道路。

技术培训主要是针对麻秸房村进城务工的青壮年人员以及留村从事养殖业的村民，特别是针对麻秸房村劳动力富余的家庭（包括贫困户和部分非贫困家庭）。主要为泥瓦工培训、家政服务培训和养殖培训。据村民介绍，由巍山县政府与大理州政府牵头举办，在大理大学组织培训，村民集体去学习，完成学业者发给证书。其中，家政培训已经举办过3期。

3. 精准扶贫的挑战

截至2016年，麻秸房村整体经济基础依然较差，全村在2008年被列为"巩固温饱示范村"，但远远未达到全面小康水平。在具体的扶贫工作上，困难主要有三点：

第一，麻秸房村贫困家庭、贫困人口比例大。全村91户家庭375人中，贫困户有26户（占全村家庭户数的28.6%），贫困人口87人（占全村人口的23.2%）。在贫困户中，A级贫困户9户，B级贫困户4户，这两类严重贫困的家庭占全村贫困户的50%。从这些数据上看，麻秸房村贫困户多，贫困人口覆盖面大，贫困程度深，因而扶贫工作难度较大。

第二，麻秸房村的整体经济基础较为薄弱，多山少地，缺水，村子地理位置较高，距离县城远。麻秸房村的主要经济收入依然来源于第一产业，而这些产业（农业种植和畜禽养殖）又极大程度地受自然环境制约，因而发展经济的途径也受限制。

第三，麻秸房村贫困家庭较为贫困的现实情况也使得扶贫工作不容乐观。如上文所述，两类严重贫困的家庭数量占全村贫困户的50%，其中9户A级贫困户更面临重度残疾、患病等现实状况，情况稍微好一点的4户B级贫困户也面临劳动力缺乏的情况。这种严峻的局面给他们的家庭经济发展带来较大困难，也给精准扶贫工作带来极大挑战。现行的扶贫方式（养殖补贴和技术培训）对于缺乏劳动力的家庭是很难起到根本作用的，因为提供补贴和技术需要有健康充足的劳动力才能发挥作用。对于这类贫困家庭，虽然可以主要依靠政府的援助来改善他们极端困难的生活局面，但致富奔小康则任重而道远。

三、政治建设

（一）政治变迁

20世纪80年代以后，基层组织生产大队取消，代之成立办事处，后又改为村民委员会，下辖若干自然村。村委会主任由村民直接选举产生，村党支部书记由村党员大会选举产生，配上护林、文书、农科人员等，形成最基层的管理机构。一方面，村党支部和村委会要宣传、落实上级党和政府的各项政策；另一方面，要指导村民进行生产。各自然村根据党员人数组成村民党小组，不定期过组织生活。

（二）村寨党组织建设和村务管理

麻秸房村党组织建设在润泽行政村党支部领导下进行。润泽村党支部根据党员岗位确定党员管理目标，不同岗位的党员目标管理制度体现本岗位的特色。其党员目标管理内容为组织生活出勤、目标承诺和岗位工作完成情况、党员自我提高、学习党风党纪、创先争优等。每个党员结合目标承诺，制定具体目标。承诺工作目标遵循个人自定、党小组互评与支委会审定相结合的原则进行。党员目标管理考核评比分为年终进行总评与民主评议党员相结合的方式进行。其评议分为自我总结评议、民主评议、征求群众意见、支部鉴定、公布考核结果等几个步骤，根据考核结果，确定优秀、合格、基本合格和不合格党员，进行相应的表彰和组织处理，并将考核情况报上级党组织。同时，又制定了"双评"制度（即民主评议村干部制度、民主评议党员制度）和"三会一课"制度（党支部党员大会、党支部支委会、党小组会和上党课活动），以增强党员的党性修养，充分发挥党员的先锋模范作用，提高党支部的战斗力和凝聚力。

按照规定，麻秸房村党小组对党员完成目标的有关情况逐月分别记录，每半年向支委会汇报一次，并按照党支部的要求开展活动。

在村务管理上，润泽村秉承"加强村务管理，创新工作方式"的原则，贯彻落实社会主义新农村建设的一系列基本制度和若干规定，如村干部廉洁自律制度、村级党务和村务公开制度等。

在村干部廉洁自律制度中，具体制定了以下八项规定：

一是村干部要廉洁奉公、忠于职守、为村民办实事，禁止利用职权和职务上的影响牟取私利，并规定了若干禁止行为：接受可能影响公正执行公务的礼物馈赠和宴请；在公务活动中接收礼金和各种有价证券；以虚报和谎报等手段获取荣誉及将虚报冒领或骗取的钱款合伙私分。

二是村干部要遵守公共财物管理和使用规定，禁止假公济私、化公为私，并规定了若干禁止行为：用公款参与高消费活动；用公款报销应由个人负担的费用；用公款请客和送礼；占用公物归个人使用、挪用公款为个人使用；借用公款逾期不还；私自以村集体名义为他人做经济担保。

三是村干部应遵守组织人事制度。要积极传达和贯彻落实上级的方针政策，要关心群众疾苦；对本村存在的问题要认真解决，化解矛盾；在村党支部和村委会换届选举中禁止拉帮结派，营私舞弊。

四是村干部应自觉遵守社会主义道德，维护社会管理秩序，禁止如下行为：不承担抚养教育未成年的子女或者赡养父母的义务；用职权和职务关系或者诱骗等其他手段与他人发生不正当关系；参与赌博和搞封建迷信活动；违反国家计划生育政策，超计划生育；违反国家规定，吸食、注射毒品和种植毒品原生物及贩卖毒品；违章私建房屋；包庇犯有严重错误应受党纪和政纪处分的人员。

五是党员干部要以身作则，贯彻实施与模范遵守党的规章制度。

六是村党员干部要开展民主生活会，认真开展批评与自我批评。

七是对村党员干部执行党的纪律和规定的情况，列入年终考核的重要内容。

八是村干部不得违反党的规章制度和法律法规，有此行为的要依照有关规定给予批评教育、组织处理或纪律处分。

在村级党务和村务公开制度中，规定公开内容要齐全。具体包括：党组织决议及决议执行情况，党组织的建设情况；村干部选任和管理情况；党员承诺；村干部年度考核评议结果；村财务收支情况；基础设施建设情况；村干部任期内目标任务及进展情况；村内其他重大事项。公开事项要及时公开，各项公开内容必须及时张榜公布。聘请2~3名人员为党务和村务公开监督员，监督员要及时收集群众意见和建议，每季度召开一次监督员会议，商讨公开事宜。村级财务收支情况每半年必须公开一次，同时要认真做好村务党务公开台账，及时处理群众意见和建议。

（三）社会保障

目前，麻秸房村的社会保障主要有新型农村社会养老保险、新型农村合作医疗保险和最低生活保障等制度。经过政府多年的宣传，村民对养老、合作医疗和最低生活保障有了清楚的认识，全村符合条件的村民都参加了新型农村社会养老保险、新型农村合作医疗保险，最低生活保障也全面展开。

（四）民间纠纷调解

村民之间发生土地、宅基地或者其他纠纷，一般有三种解决方式：自行协商解决；请村里德高望重的人协调解决；如果前两者解决不了，就由村委会干部进行调解。

总体来说，麻秸房村的村民比较注重邻里关系，在两家发生纠纷之时，多数不会得理不饶人，而是互相体谅。如两家发生宅基地纠纷，侵占了邻家宅基地的一方，一般会主动提出用钱购买或者用土地交换，而被侵占的一方则根据自己家的实际情况来选择自己能接受的条件。

家里的牲畜吃了别人地里的庄稼，也会主动去告知对方，而庄稼被吃的一方也会体谅他（她）并非故意让牲畜跑进地里，也不会追究对方的责任。

两兄弟结婚后分家，基本上都是请本家的长辈一起协商分家事宜。长辈们不会故意偏袒一方，而是留出父母的财产后，将剩余部分平均分配，兄弟双方各拿一份。父母的一份则由承担赡养责任的一方继承。家产的分割，只是双方的口头约定，并不会去进行财产公证，而是由在场的长辈见证。分家之后，双方也不会再因为财产问题而产生纠纷。

四、文化建设

农忙时，村民们在地里劳作，日出而作，日落而息。稍有时间，便到村头小商店打几两酒，边喝边聊，自得其乐。其实，他们在闲暇时也没有太多的娱乐活动。对于国家政策，他们从电视节目中知道一些，但具体的有关自身的政策信息却知之甚少。

农村文化建设是社会主义文化建设的重要组成部分，也是建设社会主义新农村的重要工程。面临今天农村空心化、年龄两极化的现状，如何建设农村文化是提高人民素质、增强脱贫能力的重要途径。以科技、文化、卫生为主的"三下乡"活动目前只是覆盖到村委会一级，麻秸房村是一个自然村，不在覆盖范围之内。

基础教育。过去麻秸房村村民全是彝族，日常交流语言为彝语，汉语水平低，部分村民不具备汉语交流能力。基础教育承担两个重要的功能：一是学习汉语；二是学习小学课程所涵盖的知识。过去有一所小学，一年级到三年级可以在本村就读。前几年教育系统改革，撤校并点，将村里的小学并到乡一级学校，小学校址改为村党小组活动中心。村民受教育程度低，只有高中（含职高）以上学历4人、在读大学生1人（2016年考入大学）。

职业教育。该村没有职业教育，乡镇一级有农村技术培训站，但村民对乡镇职业培训认识模糊，不愿参加。政府举办的农民工培训工作也因经费不足、场地有限和村民态度不积极等，没有发挥应有的职业教育功能。

村民文化教育。资金缺失导致村民文化建设停留在政策宣传层面。没有活动资金，没有活动场所，没有报纸杂志，村民只能通过电视新闻、手

◇麻秸房村东北面山顶通往弥渡县的龙箐关驿道遗址

机信息接触外面的世界。"一乡一站、一村一室、一人一册"的国家乡村文化基础建设目标还有漫长的路要走。年轻人外出，村里留下的老人大多不识字，即使达到国家建设乡村文化基础建设的标准，短时间内也发挥不了作用，因为多数留村老人既没有时间看书，也看不懂书。

五、婚姻习俗

（一）传统婚姻习俗

旧时，麻秸房村的村民曾有早婚的习惯，子女还小时即由父母替他们做主订婚，这种方式被称为"号房"。后来，早婚习惯虽没有了，但仍保留着"号房"的习惯。某个适婚小伙子看中了某个姑娘，就会由父母陪同，带上酒，一起到女方家去。小伙子和姑娘单独到一边交谈，双方父母则边喝酒边谈论两人的婚事，如果男女双方及家长谈得投机，彼此满意，婚事就订下来了。①到20世纪80年代,麻秸房村"号房"的习惯还有所保留。

除"号房"外,麻秸房村村民的婚事和汉族的婚事基本相同,也包括相好、说亲、定亲、娶亲等几个过程。

村里的小伙子和姑娘们一般是在生产劳动中,或是朝山庙会、节庆期间打歌相识。相识之后便会经常往来,小伙子会约上姑娘一起逛庙会、赶集等。这段时间是相互了解的时期。长时间接触之后,男女双方之间产生爱意,这就是村民口中的"相好"。经过一段时间的恋爱之后,在男女双方都觉得关系可以更进一步时,男方便会请自家的长辈和亲友到女方家"说亲",确定两人的婚姻关系。

"说亲"即提亲。男方家中的长辈会选定一个吉日,带上红糖、白酒、茶叶等礼物到女方家去提亲。若女方收下礼物,便说明女方同意这门婚事,并会杀鸡招待男方家的亲友,同时看鸡卦定吉凶。若是女方没有接受礼物,或者在几天后退回礼物,则说明女方不同意这门婚事,男女双方为了不违背父母的意愿,可能就会分手,从此不再联系。

说亲之后,女方家会请阿闭算八字合婚。男方将自己的生辰、属相等写在一张纸上,交给女方家。女方也写好自己的生辰、属相,然后将两人的生辰、属相一起给阿闭,阿闭根据两人的生辰、属相算八字。只有八字相合才能合婚,如果女方大男方三岁或者两人八字相冲,则不能合婚。

合婚之后,女方的长辈和兄妹等就会陪着女方到男方家看他家的家庭状况,称为"相家"。女方家觉得满意之后,会送给男方家一些礼物,男方家则需要回礼。"相家"之后,双方家长即可商量订婚事宜。订婚也称"挑礼",双方选定一个吉日,男方家带着彩礼(送给女方父母、哥嫂、弟妹的衣服和女方的衣服、金银首饰等)到女方家去。女方家则会叫上自家的亲戚以及女方的朋友来家中吃饭,意在告知亲友姑娘的婚事及向男

---

① 云南省编辑组、《中国少数民族社会历史调查资料丛刊》修订编辑委员会编:《云南巍山彝族社会历史调查》,民族出版社,2009年,第180页。

介绍自己家的亲戚、认完亲后,男方需送上认亲礼物,从此以后,两家即认定亲属关系,男女双方可正常往来。

在订婚之后,双方家长就会着手准备两人的婚礼,商定嫁娶日期等事宜。虽然双方已经订婚,但还是要请一位媒人。在娶亲的前一天,由媒人带着男方的哥哥或姐夫等到女方家,送给女方家准备婚宴所需要的大米、酒、猪肉、蔬菜等,帮助女方家准备待客的宴席,同时商定彩礼或"针线钱",即女方嫁到男方家所需要的礼金,名为"过礼"。"过礼"这一天,女方家的亲友和邻居都会来帮忙,准备第二天待客所用的饭菜。到下午时,女方的好友就会来女方家,送上结婚礼物表示祝贺,一般是送暖壶、洗脸盆、花等,也有一部分直接送现金的。当夜,女方的哥哥或弟弟会杀一只家中专门养好的鸡来招待女方的好友,这只鸡称为"姊妹鸡",意味着这是女方在嫁为人妇之前,与好友的最后一顿饭。吃完饭后,女方会留两三个知心的好友跟自己一起睡,俗称"压铺"。

第二天清早,新郎就会带着提前准备好的马匹、轿夫,打起彩旗,吹着唢呐、大号等,带着女方的衣物首饰等到女方家接亲。接亲的队伍基本上都是新郎的好友,接亲队伍中有陪男和陪女,陪男、陪女只能是单数,如9人或11人,加上新郎和新娘后即为双数。新郎走之前需要祭献祖先,在婚房内点上一对红烛,要注意红烛不能熄灭。到了新娘家后,将带来的衣物首饰摆在新娘家的祖堂前,点上香烛,在阿闭的带领下,新郎新娘敬天地、祭献祖先、跪谢父母。

行完礼后,设宴招待亲朋好友。吃完饭后,由媒人带领新郎给新娘的父母、长辈作揖请求娶亲,同时,由陪女给新娘换上新郎带来的衣物首饰。新郎和媒人再次给新娘的亲友作揖,请求亲友送亲。之后,由新娘的哥哥或弟弟抬出新娘的嫁妆,嫁妆一般有衣被、柜子、生产生活用具以及给新郎长辈准备的鞋子、枕头等。新娘的长辈一边念诵"吉利语",一边装箱装柜,装完后,新娘的母亲或嫂子将箱子、柜子上的钥匙交到新郎手中。新娘由哥哥背出闺房，送上轿子。新娘身上必须背一块镜子，意在驱逐妖魔病痛。新娘上轿后，开始鸣炮欢送娶亲队伍。

新郎新娘到达新郎家门口，鸣炮后，新郎家的亲友出来门口迎亲，新郎的父母则需要回避。新娘的哥哥或弟弟将从家里带来的一双杯子（里面装有米和钱，钱末位数一般为"6"，杯子口用红布包裹）和一对筷子（筷子也用红布包裹）交给新郎的叔叔或舅舅。之后，由阿闭进行"退喜神"仪式，仪式完成后，新娘和新郎进家门到祖堂前进行献祖仪式。进门时，新郎家的姑姑或婶婶等长辈会拽住新娘，让新郎先进家门，因为村里有新人谁先进门，婚后谁当家的说法。

献祖仪式完成后，新郎和新娘进入婚房，这时由新郎的外甥或外甥女端一盆热水到屋里给新娘梳洗，新娘需要提前准备好红包给端水的人，里面装的钱末位数一般也为"6"。新娘梳洗完后需要重新换一身衣服，必须穿红鞋。新娘换装完成后，就可以设宴待客了。席间，新郎新娘需要到每桌敬酒，直到所有客人吃完饭后，新郎新娘才能吃。吃完饭后，新娘的哥哥或弟弟就要回家，这时，新郎家的长辈也要给新娘家准备一对杯子和一双筷子，让新娘的哥哥或弟弟带回家。晚上，在院子里架起一堆篝火，举行打歌晚会，大家边打歌边喝酒喝茶，直到半夜，非常热闹。

第二天天还没亮，新娘就要起床，烧好热水，把院子打扫干净。待新郎家的亲友都到了之后，由新郎的母亲带着新娘，逐一介绍家里的长辈。新娘提前准备好糖开水（水里放姜和红糖），拿一个盘子端上，每认一个长辈之后，需要请长辈喝糖开水，俗称"认亲"。认完亲后，新郎的爷爷奶奶、父母、哥嫂或弟妹等亲属在堂屋里坐下，新娘拿盘子端上提前准备好的鞋和枕头给长辈们（每人一双鞋、一对枕头），长辈们拿了鞋和枕头后，就会在新娘的盘子里放上银饰或钱物，表示感谢。

吃完早饭后，新娘的哥哥或弟弟来新郎家接新娘和送亲的亲友，称为"回门"。回门的时候必须在新郎家抓一只母鸡带回新娘家。回门这天，新郎和新娘不能在新娘家过夜，必须在太阳落山之前回到新郎家。回新郎家时，新娘家要回送一只公鸡让新郎带回家中。回门结束后，新郎新娘可以同房，同房之后的七天之内，新郎新娘都不能到别人家，更不能回娘家。七天结束后，新郎新娘就可以自由出入别人家了。

（二）婚姻方式的变化

麻秸房村彝族一直以来普遍实行的都是一夫一妻的婚姻制度，在新中国成立前，有极少数的富有家庭男子有两三个妻子，新中国成立后，便不存在这种现象了。历史上，麻秸房村的村民绝大多数都是实行族内婚，村里的适婚小伙子很少娶外村或其他民族的女子为妻，结婚对象基本上都是同村或同族人，所以姑娘几乎没有嫁到村外的。虽然基本上都是族内婚，但麻秸房有一个不成文的规定来禁止近亲结婚，即五代内的同宗不准结婚。除此之外，麻秸房村的村民都是自由恋爱，基本上没有父母包办婚姻的现象。

现在，村里的年轻人大都外出打工，在打工的过程中，男性青年遇到与自己情投意合的人，就会带回家中，拜见父母。如果父母觉得满意的话，就会托媒说亲，待双方家长都同意后，便会选定日期，为双方举行婚礼。到目前为止，麻秸房村中有两位其他民族的女性，一为汉族，一为傈僳族，都是村内男子在打工时认识的。

另外，村中的很多女子，在外出打工的过程当中，结识了其他地方的人，见到了与麻秸房村截然不同的世界之后，大都不愿意再回到麻秸房村，希望能够嫁到条件更好的地方。所以，绝大多数的女子外出打工之后，遇到合适的人就嫁出去了，很少有人再回来，逐渐打破了麻秸房村族内婚的现象。

对于外边的女子来说，大多数人不愿意嫁到条件更差的地方，所以，麻秸房村的大多数男青年到了适婚年龄，还是会回到村里，找同村或邻村女子结婚。但是，大多数适婚女子都嫁出去了，适婚男子很难找到适龄的女子结婚,所以,麻秸房村现在有许多大龄男子未婚。

婚后多为从夫居,也有极少数男方到女方家倒插门的。结婚时双方并不进行财产公证,女子出嫁后,不能继承娘家的财产,男子倒插门的亦不能继承本家财产。

麻秸房村曾出现过一对离婚的夫妻。离婚时,并不走司法程序分割财产,因为女方嫁到男方家时并未带任何陪嫁,所以双方离婚时,女子基本上是净身出户,孩子也无条件由男方家抚养,离婚双方只需到民政局办理离婚手续即可。

(三)家庭结构关系的变化

过去,麻秸房村的家庭形态,多是一夫一妻制的三代人组成的主干家庭模式和几代人不分家的大家庭。近几十年来,由于土地数量的限制,几代人不分家的大家庭已经不存在了,取而代之的主要是由三代人或两代人组成的核心家庭模式。

家庭多为三代同堂,一般由夫妻、夫妻的父母及子女组成,男人主家,女人管家。儿子有两个及以上的,儿子长大成婚后可以另立门户,平分家产。在分割财产时,需明确赡养父母的责任。女儿出嫁后不能回家分割财产。一般情况下,分家时由家族内的长辈主持,明确各自的土地数量、房产及赡养责任,不需要到公证处进行公证。

麻秸房村的村民非常重视血缘关系,如果父母双亡,子女则由近支成员抚养;如果没有子女,老人也是由近支成员赡养并负责丧后事宜,财产由赡养者继承。有女无儿的家庭,招回家的女婿在家族内享有相同待遇,但也要承担相应的责任。

六、生态环境与居民建筑变迁

(一)生态环境保护

生态问题现已成为全球问题,在很多地方都出现了森林资源破坏严重、大气质量恶化等问题。巍山在古代森林茂密，从民国以后，特别是1958年"大跃进"和十年"文化大革命"两次的过量砍伐，以及森工部门的采伐，森林覆盖率逐年下降。但是，在彝族生活的地区，例如麻秸房村，空气、水质、森林覆盖率等都保持着较高的水平，其中的原因之一就是村民们对自然的感激和敬畏，他们在与自然界的交往中，自觉地维护和保护了自然生态，对生态环境的保护起到了重要作用。

彝文典籍《西南彝志》记载："树木枯了匠人来配置，树很茂盛不用刀伤害。祖宗有明训，祖宗定下大法，笔之于书，传诸子孙，古如此，而今也如此。"《彝汉教育经典》上也说："山林中的野兽，虽然不积肥，却能供人食，可食勿滥捕，狩而应有限。山上长的树，箐中成的林，亦不可滥伐。有树才有水，无树水源枯。"彝族人民心中的传统观念，促使他们像爱护生命一样爱护自然，避免一切破坏自然和森林的行为，重视生态。从很早开始，彝族人民在砍树时就会留下树根，随着社会的不断发展，如今，人们又开始封山育林、退耕还林，与自然和谐相处，这对生态环境的保护具有相当重要的意义。

（二）人畜饮水工程建设

巍山县是干旱比较严重的地区，旱灾是巍山农业生产的主要自然灾害，春、夏、秋、冬四季均有发生，尤其以春旱及初夏旱较为频繁。群众修建塘坝蓄水灌溉农田的历史悠久，史载明代巍山就开始修建塘坝。

麻秸房村的土壤基本都是沙夹土，比较干旱，而且多是坡耕地，保水保肥能力差，粮食单产低。由于自然环境的恶劣，加之村子周围森林植被减少，生态失调，自然水源减少，地表水位下降，干旱频率增高，因而水利设施难以适应抗旱的需要。20世纪80年代以来，为适应抗旱的需要，新建了一批沟渠、库塘和以家庭为单位的小水池、小水窖，抗旱能力得到大幅度提高。

麻秸房村的村民过去吃水要到鸟道雄关去引水，村子距离鸟道雄关大概有5.7千米。20世纪80年代，在政府的帮助下，村民在村子的西南方修建了大花石水库，并铺设了引水管道，解决了村民生活用水问题。大花石水库为小（二）型水库，蓄水池长、宽、高均为3米，蓄水容量为27立方米。引水管道铺设了两次，第一次采用胶管，时间一长，胶管就会有味道，而且易老化、易堵，因此第二次全部改为铁管，采用的是四分管。村民们使用自来水时，1立方米的只需交1元的管理费即可。但在旱季还是存在用水问题，仅能满足人畜用水，无法满足浇灌用水。

（三）房屋建筑

自然生态环境对人类社会生活有着深刻影响，同样对建筑的形式与发展有着很大影响。麻秸房村位于高寒山区，人们居住在条件相对比较恶劣的山地、陡坡地区，因此在房屋建筑上，他们因山就势、就地取材，充分利用地形地势，灵活布局。

1. 建筑材料

彝族房屋的建筑材料普遍都是当时当地能够轻易得到，经选择或简单加工，易于建造的天然材料，麻秸房村也不例外。过去麻秸房村建筑房屋主要是就地取材，建筑材料主要为土坯、瓦片、木头等，房屋也显得质朴自然。现今，大部分房屋结构为土木结构，随着经济社会的发展，也出现了少量的砖木结构和钢混结构房屋。土木结构的房屋的承重部分使用的材料主要为土和木头，墙体是由土再混入一些麦秸、麻秆等等夯筑而成的，房梁则为木头，以瓦为盖。砖木结构的房屋墙体为砖石。钢混结构的房屋比较现代，承重的主要结构由钢筋和混凝土建造。

2. 建筑形式、结构与功能

从屋顶造型来看，麻秸房村传统的土墙夯筑的合院屋顶主要是斜坡形式；从屋顶材料来看，多为瓦片，有飞檐的造型装饰。

麻秸房村因地处山区，房屋布局非常紧凑，简洁的建筑形式与地形有效结合。村民充分利用地形，以房屋、围墙或山体围成合院结构，形成封闭的居住区域。麻秸房村一般的宅基地大约只有150平方米，因此住房规模并不大。

房屋的布局主要有两种：一种为一面是主房、两面是厢房的典型四合院结构。主房一般有三间，通常不会出现偶数间。中间为堂屋，两边的屋子一般住老人。子女一般住在厢房。主房的高度一般都比厢房高。大门一般在主房对面，有时受地形限制，会在漏角处修建大门。另一种布局为正房有两层、厢房只有一层，剩余两面的围墙因山就势，依山坡而建，随地势的不同灵活布置。主房的下层一般为生活居所，上层较下层层高相对较小，主要为储物空间。入口在主房和厢房之间。

出于农耕生产生活方式的需要，内院承担着杂物堆放、牲畜圈养、蔬菜种植等等生产生活功能。侧面饲养牲畜的耳房一般为土木结构，上面有

◇ 村民住房

◇ 住房大门

一定空间，用于堆放干草等。房屋前后开辟菜园，多种植蔬菜，除一部分自食外，其余进入集市出售。主要的种植品种有青菜、白菜、葱、莴笋、包菜等。

从延伸空间看，麻秸房村土墙夯筑的瓦屋，大多都有从房屋延伸出来的走廊，主要作用是遮风避雨防晒。麻秸房村海拔较高，紫外线照射强烈，延伸出来的走廊对照射进室内的光线起到一定的调节作用，而且其作为生活起居的半开放空间，不仅仅是居室与院子之间的过渡，本身也是重要的生活空间。人们同样可以在这片区域会客、休息、吃饭、劳作等，是日常生活、从事家务活动的重要场所。

近年来，随着经济社会发展，以及外出务工人员的返乡，砖石混凝土结构的新式房屋成为麻秸房村村民建房造屋的主要形式。从建筑材料上看，墙体开始采用混凝土材料。从房屋样式而言，也改变了传统的合院式布局，采用独栋多层的小洋房结构。但在房屋的外饰如屋檐方面，依然保持着传统特色，采用瓦片做成斜坡屋顶和飞檐的形式。在建设新家园的过程中，对公共卫生也日益重视。公共卫生关系到一个地区人民的健康，受旧的卫生习俗的影响，麻秸房村里现在并没有公共厕所，因此建厕改厕项目就很有必要。2007年12月，巍山县实施了庙街镇润泽村委会麻秸房民族团结示范村项目建设，到2008年3月，该项目建设全面完成，其中修建卫生厕所83个。卫生厕所的修建从一个方面预示着麻秸房村正在朝着富强文明的现代新农村不断迈进。

参考文献：

［1］云南省编辑组编：《云南彝族社会历史调查》，云南人民出版社，1986年。

白族社会历史回访再调查
——以大理市喜洲镇为例

李灿金　李一峰　赵善庆

喜洲位于我国西南边陲，是一个具有上千年历史的小镇。西汉时设置叶榆县，隋唐在此建"史城"。唐南诏、宋大理国时期，这里是云南政治、经济、文化的中心之一；元、明、清至民国时期，这里是滇西的著名重镇。喜洲地处三大文化体系的"中间地带"，由于其地理位置的特殊性，在漫长的历史发展过程中，这里与内地和东南亚各国保持着密切的经济文化交流，具有深厚的历史文化积淀。

喜洲不仅有丰富的历史文化遗存，而且是国内最大的白族聚居区，境内的周城是目前我国最大的白族自然村落。喜洲是人类学、民族学、社会学十分重要的田野调查地点。老一辈人类学家许烺光在喜洲做了长期的田野调查，撰写出人类学巨著《祖荫之下》，该书在海内外产生了重要影响。近年来，关于喜洲的学术研究成果也非常丰富。

中华人民共和国成立后，国家为了摸清楚少数民族社会历史状况，从1953年开始，由全国人大民族委员会和中央民族事务委员会组织开展了三次全国性的民族识别系统调查。其中，喜洲镇的社会历史调查，从1958年冬至1959年春，中国社会科学院的朱家桢等六位专家深入喜洲实地调研，考察了当时喜洲农业、手工业、商业的发展状况，收集了大量珍贵的碑文，探究了当地白族的族源，对喜洲的政治、经济、家庭、婚姻、丧葬、节庆、禁忌、宗教、教育、卫生以及文学艺术等各方面进行了详细的记录，系统全面地展示了新中国成立前后喜洲社会经济发展的情况，为学界提供了近10万字扎实的第一手资料，是白族社会历史调查的开篇之作，为后来学者研究喜洲奠定了基础。

改革开放以来，随着国家政策的调整，党和政府对民族工作高度重视，在省委、省政府的大力帮扶下，云南省25个世居少数民族生活条件大幅改善，生活水平得到很大提高。为了进一步记录云南省少数民族社会历史发展状况，展示云南省民族工作取得的成果，反映云南少数民族社会、政治、经济、文化等各方面发生的深刻变迁，省政府决定委托云南民族大学开展云南少数民族社会历史回访再调查的工作。我们课题组主要负责喜

◇ 云南省民族团结进步边疆繁荣稳定示范镇——喜洲

◇ 喜洲古镇街景

洲社会历史回访再调查部分。课题组成员在深刻领会省委、省政府开展云南社会历史再调查的精神后,深感责任重大,不敢有丝毫的懈怠,多次深入喜洲进行跟踪调查和访谈,收集了大量的第一手资料,并以1983年1月由云南人民出版社出版的"中国少数民族社会历史调查资料丛刊"之一的《白族社会历史调查》进行参照和对比,对原有调查资料进行了新的分析,以便从经济建设、政治建设、文化建设、社会建设和生态文明建设等方面,全方位地反映改革开放以来喜洲白族的社会变迁。美中不足的是回访调查时好多当事人已故,加之时间紧迫,且我们调查组成员才疏学浅,难以面面俱到地呈现出喜洲白族的发展变化情况,恳请专家学者批评指正。

一、村寨概况

喜洲,古称"史城",又称"大厘城",是云南省著名的历史文化古镇和重点侨乡之一。地处大理市北部,距州、市政府所在地下关镇有32千米。背靠苍山五台峰、沧浪峰、云弄峰,东濒洱海,南与大理市湾桥镇相连,北接上关,南北长约14千米,东西宽约4千米。滇藏公路、大丽公路穿境而过。2005年全镇辖喜洲、周城、上关、桃源、仁里邑、永兴、文阁、沙村、金河、寺里、河矣江、庆洞、作邑13个村委会，55个自然村。[①]镇政府驻地喜洲村。

（一）喜洲的历史与传说

喜洲，意为欢乐的地方，喜庆欢乐的陆洲。关于喜洲地名的由来，传说南诏初期，白子国第十七代王张乐进求的小女儿三公主金姑，年幼出走，到了蒙化（今巍山），在山间跌倒，被在山间打猎的九隆族后裔细奴逻救起。金姑见细奴逻母子善良，愿为其妻。张乐进求深明大义，主动承认婚姻，并迎细奴逻回家乡举行婚礼。为纪念这一重大的婚事，便把家乡改名"喜洲"。至今，喜洲民间依然沿袭着接"三姑公主"的传统习俗。另有一说，则与上述传说大相径庭。说是细奴逻之次子逻晟炎和三公主金姑是在唐都长安读书的同学，相恋定亲，回乡后，细奴逻带重礼到大厘城求亲，张乐进求欣然应允，全城欢庆。为纪念这段美满的姻缘，细奴逻遵亲翁之嘱，赐名大厘城为"喜洲"。[②]

（二）民族构成

喜洲是一个多民族杂居的古镇。中华人民共和国成立前，喜洲的居民基本上由白族和回族构成。新中国成立初期，喜洲共有1122户5982人。其中，白族1020户5554人，占92.85%；回族102户423人，占7.15%。1987年初，喜洲镇有12950户56997人，以白族为主，其他还有汉族、回族、彝族、苗族、壮族、侗族、傣族、纳西族、普米族、哈尼族、傈僳族等14个民族。其中，白族48157人，占87.81%；汉族3524人，占7.4%；回族2373人，占4.5%；其他民族152人，占0.26%。1990年第四次全国人口普查（1953年、1964年、1982年三次人口普查未区分民族人口），喜洲镇

[①]《喜洲镇志》编纂委员会编：《喜洲镇志》，云南大学出版社，2005年，第1页。

[②]《喜洲镇志》编纂委员会编：《喜洲镇志》，云南大学出版社，2005年，第24页。

◇ 穿着白族传统服饰的扎染手工艺人

总人口54328人。1995年末统计，喜洲镇共有人口57751人，其中，白族50250人，汉族4555人，回族2657人，彝族22人，哈尼族7人，壮族1人，傣族27人，苗族1人，佤族11人，纳西族129人，藏族3人，其他82人。[①]据《喜洲年鉴》记载，2012年喜洲总人口66316人，其中，白族57978人（占87.4%），汉族4707人（占7.1%），回族3139人（占4.7%），另有少数彝族、哈尼族、壮族、傣族、苗族、傈僳族、拉祜族、佤族、纳西族、瑶族、藏族、阿昌族、普米族。据喜洲镇人口统计报表所载数据显示，2015年喜洲镇总人口为67076人，其中，白族59204人（占88.26%），汉族4529人（占6.75%），回族3034人（占4.52%），彝族108人，哈尼族24人，壮族4人，傣族38人，苗族7人，傈僳族17人，拉祜族3人，佤族15人，纳西族65人，瑶族1人，藏族2人，布朗族3人，阿昌族4人，怒族3人，普米族3人，布依族3人，蒙古族5人。

[①]《喜洲镇志》编纂委员会编：《喜洲镇志》，云南大学出版社，2005年，第75页。

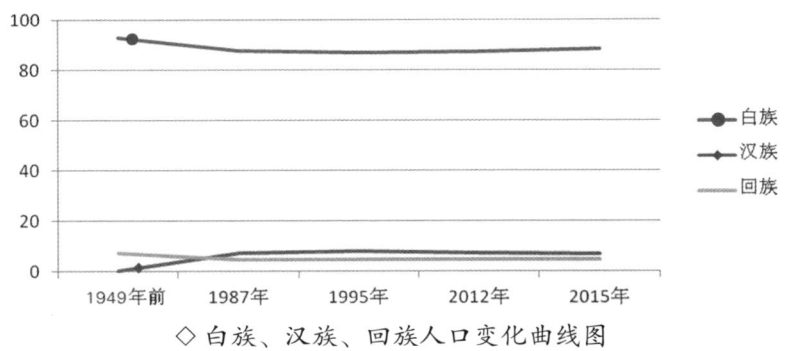

◇ 白族、汉族、回族人口变化曲线图

从以上数据分析可知，喜洲是一个多民族杂居的镇，白族和回族较早居住于喜洲地区，汉族主要于新中国成立后陆续进入。改革开放以后，喜洲地区汉族人口开始超过回族人口，其他通过工作、婚姻等入户喜洲的少数民族人口也日渐增多。

（三）性别与年龄状况

据历次人口普查数据报表、《喜洲镇志》、喜洲镇人口统计报表等资料显示，喜洲居民的人口构成情况为：1990年为54328人，男26282人、女28046人；1995年为57751人，男29467人、女28284人；2000年为65278人，男28678人、女29637人；2005年为64192人，男32651人、女31541人；2015年为67076人，男33138人、女33938人。

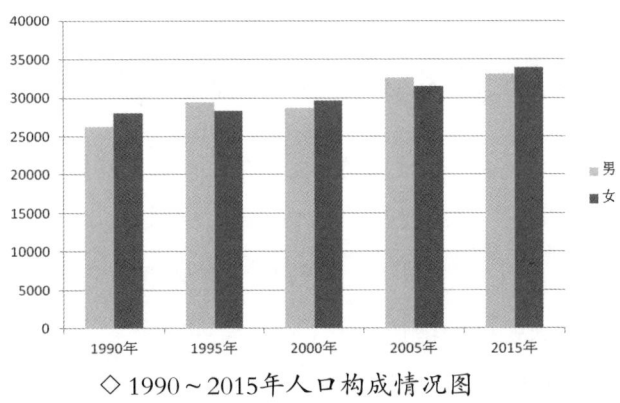

◇ 1990~2015年人口构成情况图

年龄状况。据《喜洲镇志》所载"第五次全国人口普查快速汇总表"显示，0~5岁人口占总人口的8.6%，6~14岁人口占总人口的17.4%，15~64岁人口占总人口的65.9%，65岁以上人口占总人口的7.8%。

◇人口年龄结构图

（四）人口流动与趋势

据历次人口普查数据报表、《喜洲镇志》、喜洲镇人口统计报表等资料显示，新中国成立前，喜洲居民共有1122户5982人，1953年为34214人，1964年为35295人，1982年为52568人，1987年为56997人，1990年为54328人，1995为57751人，2000年为62069人，2010年为65278人，2012年为66316人，2015年为67076人。

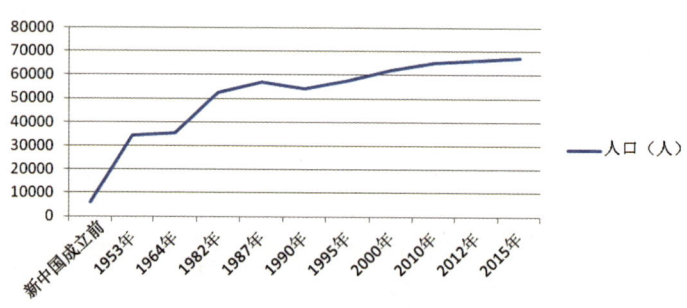

◇新中国成立前至2015年人口变化趋势图

从上图可以看出，喜洲镇人口数量一直呈稳步上升的趋势，特别是新中国成立后有较大幅度的增长。

据喜洲镇2015年人口统计报表（国统字〔2015〕87号）显示，喜洲镇

2015年总人口67076人，其中，乡村62806人，城镇4270人。出生人口407人，死亡人口429人。迁入人口2697人，迁出人口2359人。从统计数据和实地调查可以看出，喜洲镇近年来人口增长缓慢，流动性不大，相对稳定；迁入人口大于迁出人口；人口老龄化程度比较严重。

（五）村寨今昔变迁

据考古发掘研究，石器时代，人们在喜洲地区从事渔业、狩猎、采集等生产劳动。西汉元封二年（前109），武帝拓滇，在滇池地区设益州

◇喜洲古镇入口

郡，在洱海地区设叶榆县。隋唐时期，喜洲是白族先民居住的大村邑，名叫大厘，与六诏并存，后来被邓赕诏占领。唐开元二十五年（737），蒙舍诏主阁逻凤夺取大厘，筑大厘城、龙口城，以防御吐蕃入侵。相传隋代史万岁南征曾驻兵于此，故称"史城"。《大理县志稿》载：唐大历十四年（779），异牟寻破吐蕃有功，迁史城，贞元初始改筑羊苴咩城，将史城作为护卫羊苴咩城的北部屏障。南诏设十赕，喜洲周围为大厘赕，又称史赕。赕之义若州，故称喜州，因系深入洱海之陆地，演变为喜洲。

喜洲村落就分布在苍山脚至洱海边的缓坡形长条状约56平方千米的坝区，地势西高东低，有霞移溪、万花溪、阳溪从苍山顺势流入洱海。由于古时人类抵御自然灾害、改造自然环境的能力有限，生产生活都对自然环境和条件有较强的依赖性，凡是有利于生产生活的盆地、海滩、湖泊、海湾周围和洪积扇都有村落分布且发展迅速，凡是容易发生洪涝灾害的地方都基本没有村落，即使有也小，不能长期居住且发展缓慢。如位于万花溪南边的积善邑（古时称"七舍邑"），由于古时经常受万花溪的冲刷，经过几百年的发展，至今只有不到20户的人家在此居住。有些村落因万花溪上游泛滥或下游改道而发生迁移，如明洪武二年（1369）万花溪泛滥，泥石流淹没了云弄峰麓的豆腐营和羊角村，灾民迁入草脚屯，三村并为一村，即为现在的仁和村；有少数幸存者，迁居别处自成村落，发展为现在的小院塝村、永宁村、坡头村、新城南村等。

清末，杜文秀领导的起义失败后，有些回族为躲避清军追捕，就隐匿投靠到周边村落的其他民族家中。风波过后，这些回族就分离出来自成村落。如投靠美坝村的回族分离出来自成一村，因在美坝村南，故取名美坝回村；投靠峨崀哨村的回族分离出来自成一村，因在峨崀哨村南，故取名峨崀回村。

长期以来，由于社会生产力水平低，人类抵御自然灾害、改造自然环境的能力较低，基本处于"靠天吃饭"的自然经济状态，一旦遭遇天灾人祸就会引起村落的变迁。随着社会生产力水平的提高，人类能够通过自身力量抵御自然灾害，改造自然环境，喜洲因自然灾害导致村落消失的现象减少，村落不仅稳定存在，而且发展迅速。如原来的永兴村因村子扩大，人户增加，分为现在的上兴庄、中兴庄、下兴庄三个村；原来的星登村分为现在的南星登、北星登两个村；原来的星生邑分为现在的上星邑、下星邑两个村。

二、经济建设

（一）传统经济体系变迁

喜洲镇耕地总面积1578.07公顷，其中水田面积1372.07公顷，旱地面积206公顷。①喜洲镇土地肥沃、气候温和、降雨适中，具有得天独厚的农业种植基础，农业一直以来都是村民的主要收入来源。每年栽种大、小春两季，大春以种植水稻为主，小春以种植蚕豆、小麦、玉米为主。

在传统农耕社会中，土地所有制的变迁能直接反映一个地区的经济发展状况。根据考古资料研究证实，在新石器时代，喜洲一带的先民就开始种植农作物，土地所有制属于原始公有制。宋大理国后期，封建土地所有制产生。元朝进入封建领主经济。明朝"改土归流"后，基本废除了封建领主制度，开始进入封建地主经济。清朝及民国时期，由于手工业和商业的发展，喜洲地区逐渐形成以"四大家""八中家""十二小家"为首的商业资本家，"四大家"之间通过联姻形成密切的亲属关系，"八中家""十二小家"在经济关系和亲族关系上也与"四大家"有密切的联系。②喜洲地区的经济基本上控制在以"四大家"为首的商业资本家和官

---

① 《大理市志》编纂委员会编：《大理市志》，云南人民出版社，2015年，第62页。

② 《中国少数民族社会历史调查资料丛刊》修订编辑委员会、云南编辑组编：《白族社会历史调查（一）》，民族出版社，2009年，第51页。

僚资产阶级手中。

民国建立至解放前夕,土地高度集中,贫雇农基本丧失土地所有权,阶级分化进一步加剧。土地为农耕社会中最基本的生产资料,农民丧失土地也就意味着失去了基本生活来源,土地对维持农民基本的生活具有重要意义。在我国漫长的历史进程中,土地作为私有财产可以自由买卖,土地所有权的出租、转让和买卖是合法的行为。土地也作为重要的家产世代传承,在民间,变卖从祖宗那里继承来的土地被视为败家的表现。土地在经历漫长的自由买卖后,到了解放前夕,大多数的土地都集中在少数地主、资本家手中,广大农民则因丧失土地而沦为佃农。这种不平衡、不合理的土地占有状况,在喜洲表现得尤为突出。占全乡户口13.19%的地主、富农,占有53.73%的耕地,加上由他们所控制的族田和寺产,他们占总耕地面积的比率高达58.94%,而占总户口13.01%的贫雇农只占有2.59%的耕地。从户均拥有土地面积来看,地主每户平均110.73亩,富农每户平均7.1亩,而贫农每户平均0.53亩,雇农已经没有任何土地。地主拥有的土地面积是贫农的200多倍。①

新中国成立后,喜洲镇于1952年10月完成了土地改革,改变了几千年来的封建土地所有制,实行"耕者有其田"土地制度。1956年起实行土地集体所有制,由高级社组织安排生产队进行生产,粮食分配实行三七开,30%按工分分配、70%按人口分配。从1958年开始,喜洲农村经济体系进入了"政社合一""一大二公"高度集中的人民公社时期。到了人民公社晚期,由于过分强调集体、吃大锅饭,没有处理好公平与效率之间的关系,故而高度集中的农村集体制经济的弊端日益显现。到1983年,根据全国农村经济体制改革的部署,喜洲开始实行家庭联产承包责任制,实行政社分开,土地归集体所有,不许自由买卖,农户承包集体土地自主经营,承包

---

① 《中国少数民族社会历史调查资料丛刊》修订编辑委员会、云南编辑组编:《白族社会历史调查(一)》,民族出版社,2009年,第31页。

◇ 喜洲古镇大门

期限50年不变。

（二）农作物种植

喜洲地区农作物种植的历史最早可以追溯到新石器时代晚期。根据考古学家对剑川海门口遗址出土的炭化农作物进行碳-14测定得出，早在公元前1600年至公元前1100年之间，人们便开始种植稻、粟、藜和小麦等农作物。说明黄河流域粟的种植边界已经延伸到滇西地区，而稻、麦共存的现象为认识中国古代稻麦轮作技术起源的时间和地点提供了重要信息。

在传统的农耕社会中，农作物为重要的收入来源。历代的统治者都重视发展农业生产，通过提高生产技术、兴修水利、扩大种植面积等措施来发展生产，增加收入。根据史书记载，唐南诏时期农业生产比较发达，普遍使用铁器，已经掌握了"二牛一夫"牛耕技术。喜洲是当时大厘睑的城池，人口繁盛程度超过其他城池。唐大和三年（829），南诏统治者从成都掳来2万人，其中不少为农业和手工业能手，这对喜洲一带提高农业生产技术和手工业生产技艺具有重要的意义。

明代，统治者实施屯田制，采用军屯和民屯两种形式，将大量的内地汉族迁入云南。当时大理地区是实施屯田制的重点区域。屯田制的实施加强了云南与内地的经济联系，迁来的汉族居民带来了先进的生产方式和生产技术，对于白族社会经济发展起到了重要的促进作用。迁来的汉族与白族和睦相处，经历了数百年的联姻通婚，不断融合发展。屯田制的实施在客观上起到了扩大耕地面积、促进民族团结与进步等积极作用。

在传统的农耕社会中，耕地是政府收入的主要来源，历来受统治者的重视。明清时期，喜洲地区的耕地面积不断增加。民国十五年（1926），喜洲的耕地面积为29000亩。1952年，统计数据显示耕地面积增加到31148亩。到了1979年，喜洲的耕地面积达到了32062亩，当时农业人口总数为50248人，人均耕地面积为0.63亩。①喜洲一带居民一直延续着每年大春、小春两季的传统耕作方式。大春一般从每年的农历三四月到九十月，水田一般主要种植水稻，旱地种植玉米。小春从十一月左右到次年的三四月，主要种植小麦、蚕豆等，少量种植豌豆、油菜和洋芋。其中玉米和洋芋是清代后期传入的。

由于大春种植的农作物的经济价值较高，因此大春农作物的收入是喜洲居民的主要经济来源。根据20世纪50年代种植水稻成本收益核算，在当时传统耕作技术条件下，平均亩产200公斤稻谷。每亩折合工时所需生产

---

① 《喜洲镇志》编纂委员会编：《喜洲镇志》，云南大学出版社，2005年，第31页。

成本约为57个工时,每个工时平均能生产2.35公斤稻谷。①1983年包产到户后,粮食亩产有了很大的提高,当时亩产稻谷最高的达到500公斤,相较于50年代增加了一倍多。

根据笔者的访谈,亩产500公斤的稻谷加工成大米约为350公斤。按照当时大米价格计算,10公斤大米价格约为17元,而1个工时的价格为5元左右,10公斤大米可以换来3个多工时,由此可见,当时大米相对价值较高。而2015年以后,10公斤大米价格约为50元,1个工时的价格基本在80元以上。与20世纪80年代相比,如今请一个工需要20公斤大米的价格。通过以大米价值代表农产品价值,以工时价值为参照,30年来,一涨一跌后,农产品相对价值下降得非常厉害,粗略计算农产品相对价值贬值了将近600%。

通过主要农产品成本收益核算与工时交换的比较,我们可以得出,农作物种植的收入在人民生活中的地位与作用不断下降。小春种植的农作物经济价值更低,扣除耕作工时、种子、农药和肥料等生产成本,几乎很难有什么收益。近年来,喜洲地区部分农户自愿放弃小春农作物种植,出现"抛荒"现象。大春水稻种植面积逐年减少,部分水田改种经济价值更高的烤烟。有的农户以每年一亩耕地2000元的价格将耕地租给烤烟种植大户。

(三)农业科技推广

喜洲镇人均耕地较少,历来都有精耕细作的传统。据《蛮书》记载:"蛮治山田,殊为精好。"迄今基本沿用传统的牛耕、锄耕等精细化的传统耕作方式,总体来说,农业种植的现代化程度不高。

20世纪50年代起,国家非常重视农业生产,开始发挥集体的力量,兴修水利、根治河道、开垦荒地、积肥造肥,并对农业生产工具进行改良,

---

① 《喜洲镇志》编纂委员会编:《喜洲镇志》,云南大学出版社,2005年,第80页。

喜洲地区开始使用钢板锄、七寸步犁、双轮双铧犁、手动喷雾器等新式农业生产工具，极大地提高了生产效率。1958年人民公社化后，国家提出了"科学种田""工业支持农业"的发展方针，开始树立农业现代化的目标。60年代开始推广使用硫酸铵，当地农民称之为"肥田粉"，公社建起了喜洲拖拉机站，购置了4台苏式拖拉机、2台国产拖拉机和耕作器械10余件。建立了抽水站、排灌站和动力站。氮肥、磷肥、钾肥和复合肥使用逐年增加，单位亩产量得到很大的提高。70年代开始推广抗稻瘟能力更强的中矮秆品种，水稻、玉米普遍采用薄膜育苗。小麦、蚕豆、玉米逐渐推广改种优良品种。平均亩产有所提高，水稻平均亩产提高到了327.31公斤，小麦提高到了254公斤，玉米提高到了119.2公斤。[①]

20世纪80年代，随着家庭联产承包责任制的实施和国家开展农业科技实用技术培训，农民生产积极性和学习农业科技意识不断增强。根据1986年的统计，喜洲镇通过考核的农村科技人员达到50人。新的耕作技术不断推广和普及，又遇上了第二次品种改良，在上述多种因素的共同影响下，水稻亩产有了大幅提高，平均亩产达到484.97公斤。90年代开始，随着第三次品种改良的实施，水稻平均亩产达到了565.64公斤，玉米平均亩产也突破了500公斤大关，小麦和蚕豆的平均亩产也有了很大的提升。2000年以后实施第四次品种更换，平均亩产进一步提高。但是农业增产并没有带来农民的大幅增收，所以农民生产积极性不高，有的开始通过外出务工来增加收入，有的开始尝试种植经济价值更高的农作物。

总之，随着农业技术的推广，喜洲农民逐渐掌握了现代农业的耕作技术，广泛使用化肥农药，农作物的品种得到不断改良，单位平均亩产不断提高。但粮食作物对于增加农民收入的贡献也在逐渐降低，特别是进入2000年后，农产品相对价值下降趋势加剧，农民收入增长缓慢，农民可支

---

① 《大理市志》编纂委员会编：《大理市志》，云南人民出版社，2015年，第241~242页。

配收入也在减少,农民生活水平停滞不前。因此,农村产业结构调整被提上了政府的议事日程。

(四)产业结构调整

2000年,大理市在制定《大理市国民经济和社会发展第十个五年计划纲要》时,将调整产业结构作为工作的重点。按照三二一产业发展思路,将产业结构调整和培育支柱产业相结合,不断加大经济结构调整的力度。

喜洲镇根据《大理市国民经济和社会发展第十个五年计划纲要》的精神,以调整结构为主线,以提高人民群众生活水平为根本出发点,开启了喜洲产业结构调整的新篇章。根据喜洲镇实际情况,不断加大财政投入,第一次将旅游服务产业作为支柱产业。投资120万元,对蝴蝶泉景区停车场进行改造升级;投资300多万元,对桃源码头进行改建和扩建;投资165万元,对喜洲民居建筑进行保护与开发。逐步形成"吃、住、行、游、购、娱"于一体的旅游综合服务体系。在各级政府的重视下,2003年,喜洲镇全年共接待游客264万人,同比增长2.3%,全镇旅游总收入4.8亿元,同比增长14.3%。[①]近年来,以旅游业为依托的餐饮服务、旅游产品销售等第三产业呈现出良好发展的态势。

在第二产业方面,为了提高喜洲镇管辖的工业企业的生产效率,提升企业的经济效益,喜洲镇政府按照建立现代企业制度的要求,紧紧围绕"两个根本性转变",加快了对境内企业进行改制的步伐。相继对庆洞红砖厂、上关花公园、周成饮食服务公司、喜洲印刷厂、蝴蝶泉宾馆等企业进行改制。一次性转让了周成饮食服务公司的所有权和经营权,对喜洲印刷厂和蝴蝶泉宾馆实行承包经营。经过改制,在很大程度上盘活了喜洲境内的企业资产,极大地提高了企业的生产和经营效率,经济效益也呈现不断增长的态势。

[①]《大理市志》编纂委员会编:《大理市志》,云南人民出版社,2015年,第294页。

◇ 体验扎染技艺的游客

　　在第一产业方面，面对农业生产基础设施老化、农民种植粮食积极性不高等状况，喜洲镇政府不断加强农业基础设施建设，投资355.4万元对庆洞小干河流域与棕树河以及大丽路西桃源段进行设计施工，新修一路两沟4295米，机耕路18条①，极大地改善了农业生产的条件。在农业产业内部积极进行产业结构调整，在稳定粮食作物种植的同时，合理引导农民自主调整种植业与养殖业的结构，积极鼓励种植经济价值高、市场前景好的经济作物。经过农业内部产业结构调整，2002年喜洲镇经济作物种植面积有了很大的提高，全镇当年种植大蒜和鲜食玉米各1250亩，油菜1090亩，蔬菜123亩，百合44亩，山药35亩，茭瓜10亩，经济作物种植面积达到3400多亩。通过对农业基础设施的改善和农业内部产业结构的调整，稳定住了粮食作物的生产，经济作物的推广与种植也提高了农业生产的经济效益。

---

① 《大理市志》编纂委员会编：《大理市志》，云南人民出版社，2015年，第295页。

（五）生产方式的变迁

唐南诏、宋大理国时期，喜洲一带逐步确立了奴隶制的生产方式。唐开元二十五年（737），南诏王皮逻阁奉唐朝之命，发兵攻占大厘城，命其子阁罗凤驻守太和城。南诏初年，今天的喜洲一带被称为史城，是当时的军事重镇。喜洲当地一直流传着一种说法：官充一带为南诏宫殿所在地。阁罗凤之孙异牟寻时期，南诏在其统治范围内设立了六节度、二都督和十睑。"睑"是当时的行政单位，相当于州。南诏王通过严密的行政制度，直接控制洱海周围地区。如今的喜洲就是当时大厘睑城池所在地，也是当时人口和经济最繁盛的城池。

南诏统一洱海地区后，将所有土地收归国有，专门差人监督群众生产，逐步确立了奴隶制的生产方式。在农业生产工具方面，当时普遍使用铁器、牛耕的生产方式已经盛行。手工业也很发达，唐文宗大和三年（829），自成都掳来2万人，其中有不少掌握先进生产技术的手工业者。掳来的大批手工业者，被组织在奴隶制手工作坊进行生产，南诏设立工馆专门管理手工业作坊。南诏奴隶主驱使大量奴隶修建三塔寺，并修建大型水利工程，当时出上阳溪沿点苍山北上兴修了一条大型水沟，用于灌溉太和至上关一带的田地。

南诏末年，南诏王酋龙好战，穷兵黩武，导致经济凋敝，库府空虚，引来各方不满。到了后晋天福二年（937），通海节度段思平联合高、董、爨等大姓，起兵讨伐杨干贞，建立大理国。大理国建立后，虽然统治者采取了一些缓和矛盾的措施，但是基本沿用奴隶制的生产方式，段思平亦驱使大批的奴隶大规模地修建寺庙。后高氏专权，致使段氏徒拥虚位。高氏不断侵占私人庄园，段氏日益丧失"世守"领地，出现了领主经济的萌芽。蒙古宪宗三年（1253），忽必烈攻占大理，结束了奴隶制度，大理地区开始进入封建领主经济。

明清时期，大理封建土地所有制的生产方式开始盛行。明洪武十四年（1381），傅友德、沐英、蓝玉率领30万大军征伐云南，次年攻占大理城，结束了大理段氏432年的统治。明改大理路为大理府，设立流官进行管理。由于土地自由买卖催生了新兴的地主阶级，一部分原来的领主也借机购买土地，转变为新兴的地主。大量的贫民由于丧失了土地，逐渐沦落为雇农。

清末民初，大理的手工业和商业比较发达，雇农除了帮地主耕种田地外，也在手工作坊从事手工业生产来弥补家用。清光绪初年，缅甸沦为英国殖民地之后，英国大量廉价的商品途经缅甸行销大理地区，严重打击了喜洲手工业的发展。1915年后，当地土纱布完全停产。商业资本家操纵纱价的涨落，控制当地手工生产。商业资本家与官僚资产阶级相勾结，并直接与帝国主义资本家密切联系，一起获取巨额的商业利润，并通过积累起来的资金购置大量的土地，他们与地主阶级一起控制着农村的经济命脉。土地高度集中在少数商业资本家和地主手中，广大贫雇农丧失基本的生产资料后，过着极度贫困的生活，成为任人宰割的羔羊。

新中国成立后，通过土地改革改变了民国时期土地高度集中的状况，建立在封建土地所有制基础上的生产方式也随即发生根本的变化。喜洲镇于1952年10月完成土地改革，彻底推翻了封建土地所有制，实行"耕者有其田"的土地所有制度，土地所有权重新回到农民的手中。各家各户自行耕种，收获的粮食除了上交国家的公粮外，剩下的全部归农户所有。1956年后实行集体土地所有制，各户的劳动力被编入不同的生产队，土地由生产队进行集体耕种，收获的粮食除了提留公积金、公益金及交公粮外，大部分剩余的粮食根据公社社员的工分和各家人口进行分配。各家各户分到少量自留地，由各家自行耕种，收获的粮食作物全部归农户所有。

这种集体耕种土地的生产方式到了后期，其弊端不断显现，生产队中出现了磨洋工、出工不出力等现象，粮食分配时出现干多干少一个样等不公平分配现象，极大地打击了农民生产的积极性，也不利于农村劳动生产力的提高，导致农民生产效率低下、单位亩产不高等问题。针对上述存在的问题，喜洲地区于1983年进行农村经济体制改革，实行家庭联产承包责任制，实行政社分开，土地所有权归集体所有，不许买卖，农户承包集体土地经营权。原来集体生产的方式转变为各家各户自主生产的方式，农户收获的粮食除了交公粮与集体提留外，剩余部分全部归农户所有。1994年后，国务院将全国农业税率调整为常年产量的15.5%。2000年后，以减轻农民负担为工作重心，开始实施农村税费改革，取消了"三提五统"税外收费的政策。从2006年1月1日起，国家全面停止向农民征收农业税。如今，农村生产方式一直延续家庭联产承包责任制，农民承包集体土地，一家一户自行生产，不仅不缴纳任何税收，而且可以按照每亩100元的标准领取补贴。

（六）经济收入与消费

大理地区的经济形态为传统的自给自足的农耕经济。在漫长的封建社会中，土地成了地主和贫雇农的主要收入来源。在农耕经济形态中，基本采用相对低下的传统耕作技术，抵御自然灾害能力不足，收入受自然天气情况影响很大，农民基本生活难以得到保障。绝大多数农民在漫长的封建社会中，生活基本依靠高利贷与地主的怜悯和施舍。农民不能主宰自己的生活，只能长期依附地主勉强维持基本生计。

近代以来，农民又陷入了半殖民地半封建社会的深渊，土地集中在买办资产阶级和地主手中，农民遭受帝国主义和封建主义的双重压迫。

新中国成立后，农民的处境慢慢得到改善，特别是到了1953年农村土地改革以后，农民成为土地的主人，经济收入呈现出明显的增加趋势。喜洲地区的情况与全国其他地区类似，农民的经济收入绝大部分来自农业生产，生产出的粮食基本都用来养家糊口，没有什么剩余。这种情况一直延续到20世纪80年代初期，家庭联产承包责任制实施后才有了根本的改变。家庭联产承包责任制改变了过去以生产队为单位的集体耕作方式，以一家

◇ 做小本生意的喜洲村民

一户为生产单位承包集体土地自主耕种。联产承包责任制的成功实施，确立了农户在农业生产中的主体地位，极大地提高了农民的生产积极性。具体表现为粮食亩产量逐年提高，统计资料显示，1985年，喜洲镇的桃源、周城、仁里等村落的大春水稻亩产突破500公斤，在交足国家、留足集体后，粮食和其他经济收入基本用于解决全家人的吃饭问题，80年代以后，喜洲镇绝大多数家庭吃饱饭的需求得到基本满足。[①]

20世纪80年代初期到90年代中期，随着乡镇企业的快速发展，农业内部产业结构的不断调整，农业科技的推广，农村税费体制改革的深入，大理市居民经济收入持续稳定增加，居民生活和居住条件得到不断改善。到了80年代中后期，少部分承包土地和劳动力较多的家庭，经过多年的积蓄，开始购买家用电器。但是，随着籽种、化肥、农药价格的不断上涨，

---

① 《喜洲镇志》编纂委员会编：《喜洲镇志》，云南大学出版社，2005年，第97页。

工农业产品"剪刀差"不断拉大，从事农业生产的收益在逐渐降低，农产品相对价值也呈现出不断下降的趋势，农民相对收入增长十分缓慢。到了90年代中后期，农民从事农业生产的积极性开始有所减弱，少部分开始通过本地建筑工程队到外地打工，还有少部分人在当地或外出做小本生意，以增加收入补贴家用。

2000年后，随着乡镇企业的快速发展，喜洲镇政府积极落实政策减轻农民负担，增加农民收入，并结合当地具体情况，提出大力发展奶牛养殖、推广种植烤烟、逐步推进发展旅游业等，取得一定效果。统计资料显示，2001年喜洲镇农民人均纯收入为3500元，[1]在大理市为农民人均纯收入较高的城镇之一。而且此后10年多的时间里，连续保持了高增长的态势。喜洲镇农民人均纯收入每年都以10%左右的速度增长。到了2010年，喜洲镇农民人均纯收入增加到了6026元。[2]农民经济收入持续增加，除了跟政府惠农政策相关以外，也与大量农村剩余劳动力外出务工有关。

2012年喜洲镇全镇劳动力人口总数为38476人，其中从事农业生产12733人，占农村劳动力人口总数的33.1%。常年在外务工的劳动力人口为9397人，占农村劳动力人口总数的24.4%。农业从业人口大幅降低，这与农业生产经济效益低下、规模化程度不高有着密切的关系。这跟我们访谈了解的情况一致。农民普遍认为种地赚不到钱，只有外出务工才能不断改善生活条件。近年来，大多数新修建房屋的基本上为外出务工的村民，可见，近年来外出务工是增加农民收入的主要途径。一部分农户通过土地流转，以每年每亩2000元左右的价格把自己承包的集体土地经营权转让给烤烟种植大户，实现了所有权、承包权和经营权的分离，这给农民进城务工

---

[1] 大理市史志编纂委员会编：《大理市年鉴2002》，云南科技出版社，2002年，第294页。

[2] 大理市地方志编纂委员会、大理市年鉴编辑部编：《大理市年鉴2001》，云南民族出版社，2011年，第319页。

创造了条件，也是近几年喜洲镇进城务工人员不断增加的原因。

大量农民进城务工也给农村带来了留守儿童、留守妇女、留守老人等相关社会问题。目前，我国广大农村不能提供与城市务工待遇基本相当的工作机会。喜洲农民进城务工的目的不是为了在城市生活，而是为了积攒足够资金回乡修建房屋。从我们调查到的情况来看，一对夫妇一起进城务工，除了必要的生活开支外，每年能积攒下五六万元钱，经过4年左右的省吃俭用，基本能攒够建新房所需的资金。建房子对农民来说是一件大事，有着独特的社会意义。能否盖得起一栋像样的房屋，是衡量一个人成功与否的重要标志之一。在农村建盖新居是一件很有面子的事情，特别是年纪较轻的盖房者常常享有较高的社会评价。所以，通过进城务工积攒建盖房屋所需资金，是农民进城务工的主要目的。

总而言之，我们从喜洲镇农民经济收入与消费的变迁中可以看出，新中国成立后农民收入逐年增加，农民负担逐年减少，生活水平持续改善。改革开放之前，农民主要经济收入来源于传统的农业，绝大部分经济收入用于满足吃饱饭的需求，也就是说"吃"在农民消费支出中占很大的比重。随着家庭联产承包责任制的实施，极大地调动了农民生产的积极性，有效地增加了农民的经济收入，农民消费支出中"吃"所占的比重随着收入的增加开始逐年降低。从20世纪90年代中后期开始，电视、电饭煲、电磁炉等家用电器开始慢慢普及，农民消费支出中"用"的比例逐年上升，这也是这一时期农民生活改善最直接的表现。2000年至今，喜洲镇村民消费支出中"吃"和"穿"所占的比例逐年下降，经济收入来源也悄然发生改变，传统农业收入已经不是农民主要收入来源，村民收入开始转向建筑业、服务业和旅游业。村民经济收入中很大一部分用于建盖新居，"住"方面的消费支出不断增加。农民消费结构的变迁，可视为当代农村生活变化的一个缩影。但有时经济收入的增加不一定能反映生活水平的改善与提高，我们应该看到，当前农村基本生活开支也在不断增加，喜洲镇也有需要政府帮扶和救助的农户。

（七）精准扶贫

扶贫工作一直是各级政府工作的重点。在社会主义新农村建设过程中，国家设立专项扶贫资金用于农村安居工程、人畜饮水、农田水利、产业发展、道路建设、生态建设、科技培训等。"十二五"期间实施"整村推进"扶贫项目和美丽乡村建设项目。在各级政府的大力帮扶下，我国农村贫困人口逐年减少，农村面貌发生了巨大改变。但是，长期以来贫困居民具体数目不是很清楚，贫困原因不明，具体扶贫措施针对性不强，扶贫资金和项目指向不准确等问题亦比较突出。

由于传统的扶贫方式过于粗放，采取"一刀切"的输血式扶贫模式居多，致使扶贫效果大打折扣。部分农村贫困户出现返贫现象，贫困人口减少相对缓慢。2013年11月，习近平总书记到湖南湘西考察时首次提出了"实事求是、因地制宜、分类指导、精准扶贫"的思想。2014年，中共中央办公厅详细规制了精准脱贫工作模式的顶层设计，成功地让精准扶贫的思想变成具有很强操作性的现实。2015年1月，习近平总书记在云南考察时，重点强调了坚决打好扶贫攻坚战，加快民族地区社会经济发展的重要性。此后，精准扶贫成了"十三五"时期扶贫开发的重点，提出了确保我国贫困人口到2020年如期脱贫的目标。

按照国家和省精准扶贫的"六个精准"和"五个一批"总体部署，根据国家和云南省新出台的扶贫对象识别办法，大理市认真开展了建档立卡工作，对贫困户、贫困村、贫困乡镇实行建档立卡，遵循"县为单位、规模控制、分级负责、精准识别、动态管理"的原则积极开展精准扶贫工作。喜洲镇根据州和市的统一部署，结合自身的具体实际，成立精准扶贫工作队驻村开展扶贫开发工作，在摸清贫困户基本情况、具体分析每户致贫原因的基础上，实行"一户一策""一户一法"，提高扶贫开发的精准度，确保每个贫困户都有帮扶责任人。以贫困户住房、水电路配套及增收产业培植为重点,细化制定贫困户脱贫措施,增强专项扶贫实效。大力培植增收致富产业,加大劳动力转移培训力度,对建档立卡贫困户提供小额信贷扶持资金,帮扶贫困户实现增产增收。力争到2016年底,喜洲镇实现630人脱贫。

三、政治建设

(一)喜洲镇的政治变迁

新中国成立前,喜洲镇普遍施行保甲制度。当时喜洲镇为大理县的一个乡,由五台镇和云沧乡上下两个半乡组成。根据民国三十七年(1948)史料记载,五台镇有10个保,128个甲,有1994户,人口有12679人;云沧乡有9个保,104个甲,有1658户,人口10071人。一般设正、副乡镇长各1人,任期3年,负责管理全乡镇的政务。师爷(秘书)1人,具体负责正、副乡镇长交办的一切政务。兵役干事、征收主任各1人,分别负责管理征兵和征粮工作。乡镇公所单独设立调解委员会,负责处理民事纠纷与案件,委员会主任、副主任一般由正、副乡镇长兼任。委员9~10人,由每保1人组成。保长由乡镇公所指派,一般由地富、权绅、流氓头子来担任,一年一换,也有数年不换的。甲长一般干跑腿赔钱的苦差事,基本由农民和其他劳动者轮流担任,一人当一年,轮到时必须担任。甲长实属权绅们"商议公事"时的召集人和端茶做饭的奴仆。

1947年,国民政府为了缓和矛盾,决定成立乡镇人民代表大会。从形式上看,人民代表大会起代表人民监督政府的作用,实质上人民代表大会并不起任何监督作用。乡镇人民代表大会设主席、副主席各1人,均由正、副乡镇长兼任,人民代表每保1人,均由各保权绅担任,人民代表并非由人民选举产生,因而不能代表广大人民的根本利益。因此,国民政府的人民代表大会,实质是政府缓和矛盾、麻痹人民的一种制度设计而已。

新中国成立后,喜洲乡镇政权机构的名称和管辖范围经历多次变更。

1949年12月设立五台区。1950年1月改称大理县第二区，分别设区政府和村政府，区政府设在喜洲，管辖20个行政村。1951年改为喜洲区，设区政府和乡政府，区政府驻喜洲，管辖11个乡。1953年撤分合并小乡，喜洲区管辖的乡为云峰、文兴、五台、金沙、作邑5个乡。1956年喜洲区公所所辖分设为五台、云峰、作邑3个乡。1958年12月喜洲地区分别成立了东风人民公社和红旗人民公社。1960~1961年，撤大公社，成立周成、沙村、作邑3个公社。1962年改为喜洲区，管辖13个小公社。1964年所属小公社改称大队。1968年改称喜洲公社革命委员会，辖区范围不变。1983年改称喜洲区，管辖喜洲和周城两个镇和11个乡。1987年10月成立喜洲镇人民政府，管辖喜洲、周城2个办事处，11个村公所，即上关、桃源、仁里邑、永兴、文阁、沙村、寺里、庆洞、作邑、金河、河矣江村公所。镇政府设镇长、副镇长，办事处、村公所设主任、村长等职。2000年6月15日，村级体制改革，喜洲办事处为村民自治的试点。在试点的基础上，2000年8月16日村级体制改革在全镇铺开，同年10月17日"村改"工作全面结束，第一届村民委员会成立，从此以后，原来13个村公所（办事处）统一改为村民委员会。

（二）村寨党组织建设和村务管理

解放后，中共喜洲地下党组织接管了喜洲国民党政权，设立党委领导机构。1953年在中共喜洲区委指导下，所管辖的11个乡都建立了党支部。1958年后分设东风人民公社和红旗人民公社党委，管理下设党支部。1968年，喜洲公社革命委员会设有党的核心小组，所辖区域不变。1983年中共喜洲区党委成立，下辖2个镇11个乡的党支部。1987年10月成立喜洲镇人民政府后，镇党委办事机构进一步得到充实，设镇党委办公室、组织办公室、宣传办公室，全镇共有党员1352人。根据镇党委的部署开展整党建党、扩大党组织工作。村公所、办事处设立党总支，下辖村委会（一村或数村）成立党支部。

中共喜洲镇党委成立后，不断加强党组织建设，坚持成熟一个发展一个的原则，为党组织不断补充新鲜血液。1998年，喜洲镇的11个村公所都已成立了党总支。喜洲镇党委下设14个党总支，44个农村党支部，145个党小组，全镇党员人数达到了1826人，其中女性党员375人。2000年，喜洲镇党委下设党支部增加到61个，党小组增加到169个，全镇党员总数增加到1994人。随着喜洲镇农村基层党组织的不断健全，党员队伍不断壮大，基层党组织的凝聚力和战斗力不断增强。农村基层党组织在发扬基层民主、规范村务管理方面发挥了积极的作用。

理顺两委工作机制，逐步建立健全公开民主的村务管理制度。喜洲镇党委为推进村务管理的规范化，坚持党支部在村务管理中的领导核心地位与作用。村民委员会和村其他组织必须在村党支部的领导下开展工作，理顺了党支部委员会与村民委员会之间的关系，确立了两委会联席工作机制。村内重大事项的决策与实施之前，必须召开两委联席会议，并广泛征求意见后，交由村民代表会议或村民会议讨论决定。会议讨论未通过的事项，两委不得组织实施。本村经济建设和社会发展中的重要问题必须经过村党支部研究决定，村级组织的选举必须在村党支部的领导和监督下进行。

喜洲镇党委在村务管理中积极推行民主法治建设。2012年在全市111个村开展了"民主法治示范村"创建活动，使民主和法治的观念深入人心。在村务管理中，坚持依法办事，实行民主议事、民主决策、民主管理、民主监督，公开透明工作制度，充分保障了村民的民主权利，有效避免了过去权力过度集中在村干部手里的现象，确保了广大村民充分享有知情权、决策权、管理权和监督权。逐步确立了重大事务必须通过村民会议或村民代表会议，由村民民主决策，日常村务管理要及时向村民公开，并接受村民监督的工作制度。

喜洲镇党委领导各村党支部，在宣传执行上级党委的路线、方针和政策，研究本村社会经济发展的重大问题，培养、选拔、推荐、考核和监督村级领导干部，不断完善农村领导干部选拔任用机制，切实加强村级领导班子建设，推进村级民主选举、搞好村务公开和村务管理，支持和保障村民依法自治等方面，都发挥着举足轻重的作用。

（三）村民自治

村民自治是我国农村地区基层的一项基本社会政治制度。《中华人民共和国宪法》规定：村民委员会是基层群众自治性组织。《村民委员会组织法》明确规定：村级两委班子成员由农村群众直接选举产生，村级事务由村民依法进行自我管理、自我教育、自我服务。村民自治以"四个民主"（民主选举、民主决策、民主管理和民主监督）为核心。

喜洲镇积极响应上级的号召，在喜洲镇13个村民委员会积极推进村民自治建设，经过多年的努力，逐渐建立健全村民自治的各项规章制度。各村结合自己实际制定了村规民约，在村委会门口或菜市场设村务公开栏，成立了村务监督小组。由村民大会直接选举和罢免村委会的干部，在公开、公正、公平的基础上实现了民主选举。把重大村务的决定权交给村民，凡涉及村民利益的重要事项，如村集体经济收入的使用、村集体项目的立项、宅基地的使用方案等，必须提交村民会议或村民代表大会讨论后，依据多数村民的意见作出决定，实现了民主决策。依据国家法律结合本地实际情况，由全体村民讨论制定村民自治章程和村规民约，按照权利和义务对等的原则，依据村民自治章程和村规民约进行民主管理。把对村干部的评议权和村民对村务的知情权交给村民。村里的财务收支情况和村民普遍关心的重大事项，向全体村民公开，由村务监督小组监督村委会的各项工作，严格执行村务公开和民主监督。

喜洲镇村民自治中也存在一些隐忧。如喜洲镇各村委会工作有待进一步规范；各项规章制度尚需健全；村委会干部兼任党支部委员或村务监督小组长的情况相对较为普遍，两委分工不明确；村务监督小组的监督作用有待加强；等等。

(四)政治参与

政治参与是指公民通过一定的方式直接或间接地参与公共政治生活,合理表达自身与所代表群体利益诉求,影响公共政策决策的政治行为。随着村民自治政策的深入推进,农民的政治参与意识有所提高,但是我国各地农民的政治参与程度存在很大的差别。虽然说政治参与是实现农民政治权利的重要途径,但是与沿海一带先富起来的农村相比,喜洲镇各村的村民政治参与热情还有待提高。村民考虑更多的是如何通过外出务工增加家庭收入。

喜洲镇各村村民政治参与的主要渠道有村民自治制度、基层选举制度、参加村民会议、听取及表决村民委员报告等,但是这些制度在具体实施时,还存在不够细化、操作性不强等缺陷,与农村社会实际情况之间存在不适应的地方。其具体表现为乡镇权力配置影响人大功能的发挥,村民自治容易受政府的干预,村民委员会的选举存在违规操作的现象,村务监督小组难以完成对村委会的有效监督,等等。总体来说,喜洲镇各村村民政治参与的渠道比较窄,利益表达的制度化渠道不够通畅,尚未形成健全的村民政治参与运行机制。

而随着村民自治进程的深入推进,村民的政治参与意识在不断提高,民主、法治的观念在不断加强,在村集体公共事务中发挥的作用也在不断增强。村民也敢于在村民大会上表达自己的意见与观点,通过村民大会来维护自身合法权益,有时甚至通过法律途径来维权。

喜洲镇村民政治参与度不高,跟当地经济发展水平和没有太多集体公共收入有关。就喜洲镇来说,要提高村民政治参与,首要的问题就是要避免少数村干部同时兼任村级党支部、村委会、村务监督小组成员的现象,切实发挥好党支部、村民代表大会和村务监督小组的职能,才能进一步提高村民政治参与的积极性。

(五)社会保障

作为传统的农业大国,土地一直是人们生活物资的主要来源,为民众提供基本的生活保障。由于传统的农业生产受耕作技术和自然气候条件的影响和制约,千百年来,人们一直过着靠天吃饭、低度平衡的生活,吃不饱、穿不暖是生活的常态。新中国成立前,土地可以自由买卖,高度集中在地主和民族资本家手中,广大贫雇农丧失基本的生产资料,日常生活举步维艰,基本生活保障的程度比较低,基本没有社会保障可言。

新中国成立后,进行土地改革,不准进行土地自由买卖,土地重新回到农民手中,农民的基本生活得到持续改善。在实行家庭联产承包责任制后,农民生活水平发生了根本性转变,土地收入能满足基本的生活需要。城乡二元户籍管理制度在集中全国力量尽快建立现代国家方面曾经发挥了十分重要的作用,但是,将占我国人口主体的农民排除在社会保障体系之外,导致我国广大农村社会保障长期发展滞后。喜洲镇的社会保障情况与我国其他农村地区情况基本类似,与我国城镇社会保障相比显得比较滞后。

随着社会经济的发展,我国农村传统社会保障制度明显不能满足农民基本的保障需求,农村地区普遍出现因病致贫、因病返贫的现象,传统的居家养老逐渐丧失了为老年人提供养老保障的功能。新型农村社会保障体系建设,不仅关系广大农民基本生活保障的改善,而且已成为关系党和国家全局性的根本问题。近年来,建立健全农村社会保障制度已成为各级政府工作的重点,农村社会保障水平也在各级政府的努力下不断提高,其具体表现为农村医疗保险制度的全面推行,农村养老保险体系建设也日趋完善。

农村医疗保险制度是我国农村社会保障体系中的重要内容,它是由群众集资采取预付医疗保险金的形式来解决农民基本医疗保障问题的一种医疗保险制度,也是我国目前解决农村居民看病就医和医疗保健问题的主要依托。农村医疗保险包含新型农村合作医疗、医疗保险、统筹解决住院费及预防保健合同等几种基本形式。新型农村合作医疗制度（简称新农合），是采取个人缴费、集体扶持和政府资助等几种方式相结合筹集资金，由政府组织、引导、支持，农民自愿参加，以大病统筹为主的农民医疗互助共济制度。

从2002年10月起，《中共中央、国务院关于进一步加强农村卫生工作的决定》明确要求：各级政府要积极引导农民建立以大病统筹为主的新型农村合作医疗制度，提出到2010年新农合制度要基本覆盖农村居民的目标。新农合制度从2003年起，本着多方筹资、农民自愿参加的原则，在试点积累经验的基础上，逐渐开始在全国推广。经过多年的努力，2010年底，提前实现了新农合覆盖80%以上农村居民的目标。2011年政府大幅提高了新农合和城镇居民医疗保险的补助标准，均由上一年每人每年120元提高到200元；城镇居民医保和新农合政策范围内住院费用报销比例达到70%，西部地区的新农合住院费用报销比例高达80%。

农村养老保险工作持续推进。目前，我国新型农村养老保险各项工作正在有序开展，与过去农民自己储蓄式的保险相比，新型农村养老保险最大的特点就是筹集资金渠道多元化。当前新型农村养老保险采取个人缴费、集体补助和政府补贴相结合的模式，广泛筹集养老资金。新型农村养老保险支付结构由基础养老金和个人账户养老金两部分构成。基础养老金部分由国家财政来支付，当前，我国农村60岁以上的老年人已经享受国家普惠式的基础养老金。从2009年起，我国农村新型养老保险制度进行试点，近几年来新型农村养老保险覆盖范围不断扩大。根据民政部规划，我国将于2020年前全部实现所有农民享有新型农村养老保险。

喜洲镇的农民社会保障水平，紧跟省、州、市的统一部署。随着新型农村合作医疗制度和新型农村养老保险制度的深入推进，近年来喜洲镇村民的社会保障水平有了很大的提高。2012年喜洲镇新型农村医疗筹资标准提高到了每人290元，新农合参合率达到98.49%。2014年农民住院封顶线调高到了13万元。建立了省、州、市联合补助机制，村民在单病种限价内享受70%的补助。在农村养老保险方面，喜洲镇年龄在60岁以上的村民都能按时足额领取基本养老金。村民参加新型农村养老保险具有较高的积极性。

四、文化建设

（一）公共文化基础设施建设

从20世纪90年代开始，如何让广大人民群众平等享有"文化权利"的问题受到广泛关注，并逐渐提上政府的议事日程。我国于1997年10月签署了《经济、社会和文化权利的国际公约》，2001年2月获得第九届全国人大常务委员会批准后，于同年7月开始生效。保障和实现广大人民群众享有平等的文化权利成为政府工作的重要内容。党的十六大把保障广大人民群众充分享有文化权利提升为党和国家发展战略，明确发展文化事业和文化产业的重要性，提出切实尊重和保障人民的政治、经济和文化权益的要求。

2006年9月，国家颁布《"十一五"时期文化发展规划纲要》，把加强公共文化服务体系建设作为国家文化建设的重要内容。加快建设全面覆盖城乡的公共文化服务体系，是传承和弘扬中华传统文化的重要载体，也是实现广大人民群众文化权益的主要途径，对提高整个民族的文化素养、增强文化自信等方面都具有重大的意义。而公共文化基础设施的建设是衡量公共文化服务体系建设的重要内容，关系到人民群众基本文化权益的实现，同时可使广大人民共享文化发展成果。

近年来，州委、州政府不断加大对公共文化基础设施建设的投入，加强乡镇文化站建设，开展丰富多彩、形式多样的群众节日文化活动，启动农村电影放映"2131"工程。2007年，全州有11个乡镇文化站被列为云南省第一批"农家书屋"试点工程建设，同年建成50个新华"农家书屋"，购置各类图书352万册。为切实推进农村公共文化服务体系建设，解决基层文化活动开展困难的问题，2008年州政府全面实施村级文化惠民工程，设

◇ 历史悠久的村口大青树

立专项经费补助农村文化活动，每个行政村给予4000~6000元的文化活动补助经费，2009年全州共计发放41.3万元农村文化补助经费。补助金的发放极大地调动了农民群众开展文化活动的积极性，缓解了农村文化活动经费缺乏的问题，丰富了农村文化生活。

从2010开始，州文化馆举办"大理市白族民间文艺骨干培训班"，培训内容有白族传统舞蹈霸王鞭、双飞燕、八角鼓，以及白族传统乐器唢呐、三弦等。全市先后有1000多人参加培训，提高了基层文艺工作队伍的水平与素质，为提升群众文化活动的质量打下坚实的基础。到2012年底，完成第四批文化体育基础设施建设项目，全面建成覆盖到每个自然村的151个农家书屋。建成的文化体育活动广场和农家书屋实现免费向农民群众开放。随着文化场馆免费开放服务的持续深入，到2014年，大理市大理文化馆、大理市下关文化馆、大理市11个乡镇文化站、111个行政村村级文化室、31个社区文化活动中心，逐渐实现向广大基层群众免费开放。

喜洲镇党委和政府积极按照州委、州政府的部署，不断强化辖区内公共文化基础设施建设，高质量地完成了喜洲镇文化站、村级文化室和社区文化活动中心的建设工作。把建立健全覆盖所有村寨的公共文化服务体系作为当地文化建设的重要任务来抓。以"文化乐民、文化育民、文化富民"为目标，通过农民素质教育网络培训学校沙村分校开展培训活动。积极参与"文化惠民示范村"建设，2014年圆满完成大理市喜洲镇沙村省级"文化惠民示范村"的创建工作。无论是在公共文化基础设施建设，还是在完善公共文化服务体系建设方面，喜洲镇都取得了显著的成效，有效保障了村民基本文化权益，基本实现公共文化服务均等化。

（二）民族传统文化遗产保护

大理有着悠久的历史与文化，大量的考古资料证明，早在5000年前，先民们就在这块土地上繁衍生息。先民们在长期的生产实践中创造了灿烂的新石器文化和青铜文化。汉代，大理是"西南丝绸之路"的重要交通枢纽，是中原与东南亚、南亚各国经济、文化交流的桥梁。唐宋时期，大理国在此定都，成为云南政治、经济、文化的中心。大理在漫长的历史发展过程中，给我们留下了丰富的历史文化遗产。

根据联合国教科文组织通过的《世界遗产公约》的界定，物质文化遗产主要包括文物、建筑群、遗址三大类。2005年国务院颁发的《关于加强文化遗产保护的通知》中，根据我国具体实际情况，将文化遗产进一步细分为不可移动的物质文化遗产和可移动的物质文化遗产。不可移动的物质文化遗产包括古文化遗址、古墓葬、古建筑、石窟寺、石刻和壁画等；可移动的物质文化遗产包括历史上各个朝代的实物、艺术品、文献、手稿、图书资料等。

非物质文化遗产是指各种以非物质形态存在的与群众生活密切相关、世代相承的传统文化表现形式。非物质文化遗产包括传统口头文学以及作为其载体的语言；传统美术、书法、音乐、舞蹈、戏剧、曲艺和杂技；传

◇ 全国重点文物保护单位标志碑

统的技艺、医药和历法；传统的礼仪、节庆等民俗；传统体育和游艺；其他非物质文化遗产。非物质文化遗产的产生与各民族的生产生活实践密切相连，是反映民族独特的生产和生活方式、民族文化、民族个性和民族审美习惯的重要载体。

近年来，党和国家十分重视文化遗产的保护，一批又一批的重要文物被各级政府公布为文物保护单位。根据大理州门户网站的统计数据，截至2010年，大理州境内国家级、省级、州级、市级文物保护单位有338项。其中，有14项国家级重点文物保护单位，36项省级文物保护单位，27项州级文物保护单位，261项县（市）级文物保护单位。经普查、调查登记在册的文物点有421项，还有近10万件可移动文物。2013年5月，国家文物局公布经国务院核定的第七批全国重点文物保护单位名单，大理州境内新增了10项国家级重点文物保护单位，至此，大理州国家级重点文物保护单位增加到了24项。

大理州的非物质文化遗产也非常丰富，有12项进入由国务院公布的非物质文化遗产名录，226项进入州级非物质文化遗产名录，429项进入县级非物质文化遗产名录。8个较有特色的民族民间传统艺术与工艺分别被国家文化部门命名为"中国民间艺术之乡"，分别是：中国民间洱源唢呐艺术之乡、中国民间周城扎染艺术之乡、中国民间剑川木雕艺术之乡、中国民间新华金银铜器艺术之乡、中国民间弥渡花灯艺术之乡、中国民间南涧跳菜艺术之乡、中国巍山民间扎染艺术之乡、中国民间大理洞经古乐艺术之乡。

大理州由于有大量的传统文化遗产项目，需要投入大量的资金做一些抢救、保护与养护工作。在调查期间，我们走访了文物保护部门的相关领导，了解到大理州文物保护工作一直面临较大的资金压力。但好在近年来随着国家和省委、省政府加大文物保护的力度，逐年增加保护资金，大理

◇圣源寺

◇神　都

　　州文物局也积极努力从多方面筹集资金,按照"保持现状和恢复原状"的原则,将文物保护与旅游开发有机地结合起来,以崇圣寺三塔和非物质文化遗产博物馆为典型代表,两者无论是在文物保护还是旅游开发方面都获得了巨大的成功。

　　喜洲镇的传统文化遗产较为丰富,有1个国家级重点文物保护单位,即喜洲白族古建筑群;2个省级文物保护单位,即圣源寺观音阁和龙首关遗址;1个州级文物保护单位,即神都;5个市级文物保护单位,即古佛洞、周城古戏台、圣源寺、龙泉寺、珂里庄清真寺。

　　(三)基础教育与职业教育

　　喜洲地区重视教育的传统源远流长。根据文献记载,早在汉章帝元和二年(85),王阜为益州太守,始兴学校,叶榆(今大理)之有学始于此。南诏时期,设有专门机构"慈爽"来管理教育。大理国派使者入内地学习孔孟之道,设馆教育国人。元朝设立大理路儒学提举司,掌管学务。

明朝时期，大理地区的教育被纳入中央科举制度范围之内，府、州、县均建文庙，设书院，办社学、义学，文风日盛，人才蔚起。喜洲地区在明清两代出了大批进士、举人和秀才。到民国初年，喜洲地区尚有私塾馆3家。

在漫长的历史发展过程中，喜洲地区形成了尊师重教的传统。时至今日，民间知识分子在村民中仍享有很高的社会地位和声望，普遍受到人们的敬重。"耕读传家"的思想深入人心，穷家富户都十分重视子女教育。因此，喜洲无论是基础教育还是职业教育，都有很好的发展基础。

在基础教育方面，喜洲地区的幼儿教育与大理州其他农村地区相比，开设幼儿学前教育的时间比较早。1983年在周城开办喜洲镇的第一所全日制幼儿园，开设有大班、中班、小班共计39个班级，常年在园幼儿1000人左右。

喜洲地区的小学和中学入学率高、普及率高，实现了普及九年义务教育。1987年，全镇共有小学13所，一至六年级共有180个教学班，在校学生人数达到了8869人。小学入学率达98%，普及率达94%。1985年，喜洲地区对附设初中点进行调整，在喜洲地区的上片成立喜洲区第一中学，下片成立喜洲区第二中学。到1987年，喜洲地区有初中57个班，学生人数达3284人（不含大理二中）。到1997年喜洲镇的基础教育进一步普及，教学点增加到16个；小学生总人数达6004人，入学率高达99.97%；初中在校学生人数为2000人，入学率达到88.4%，升学率为42.1%。1989~1997年，喜洲镇初高中毕业生总人数为2610人，初中上中专和高中的比率约为35%，高中平均每年的升学率为40%。近年来，小学生人数有所下降，主要受计划生育政策的影响，还有部分学生随父母外出务工，在务工所在地就学。初高中的人数没有减少，升学率有了大幅的攀升。

职业教育相对滞后。由于我国的职业教育起步较晚，职业教育普遍存在发展滞后的问题，加之职业教育录取分数较低，故喜洲民众对职业教育存在一定的成见。多方面的原因导致了喜洲镇至今没有一所职业中学，中考分数不理想的学生多数选择复读。近年来，也有部分学生到外地接受职业教育。喜洲镇在1989～1991年间，先后建立了14所镇、村农业技术学校，分别开展农、林、牧、渔、建筑、扎染、计生优生、普法等知识培训。到1996年共培训274期，共计有24903人接受职业教育和培训。

（四）宗教信仰

大理白族居民宗教信仰的内容非常丰富，其中包含了少数民族传统信仰、佛教、道教和巫术等。不同宗教在大理地区传播过程中曾有过矛盾与冲突，但历经长期发展演变后，不同宗教信仰相互融合，最终形成了今天白族居民多元的宗教信仰体系，其中最有特色的信仰就是本主信仰。"本主"大体的含义为"我们的主人""村社成员共同的祖先"，在白族的观念中，本主为村社的保护神。

关于本主信仰的起源至今都没有定论，但经过学界多年的研究已经形成大体一致的看法：一般认为本主信仰起源于原始社会的社神崇拜。根据

◇下作邑村本主庙

《南诏野史》记载，从南诏时期开凿的剑川石钟山石窟中被命名为"全家福"的本主雕像来看，学界得出的结论是白族本主信仰形成于南诏时期，在经历漫长的历史发展演变后，成为大理白族居民普遍信仰的民间宗教。本主神的来源十分广泛，有自然崇拜的自然物，有佛教道教的神祇，有秉承儒家思想守节尽孝的典范人物，有南诏大理国时期的国王、文臣武将，还有为民除害的英雄人物。绝大多数本主具有爱国佑民、为国家和人民利益鞠躬尽瘁死而后已的高贵品质，白族崇尚的价值观、人生观、伦理道德和审美意识，被人民赋予了本主。

从本主神的来源分析，本主信仰是一种多种宗教相融合而产生的民间信仰。本主信仰中有不少巫术、少数民族传统信仰的遗存，也有佛教、道教和儒家思想的内容，在我们看来是一种世俗化程度较高的、人为因素较强的民间信仰。在大理白族村落中，本主信仰非常普遍，几乎每个自然村落都供奉有本村落的本主。虽然各个村落的本主各不相同，但是在祈雨水、求生殖、庆丰收，祈福祉、免灾祸、求安定等方面具有相似的宗教功能。

本主信仰一直深深根植于白族民间社会，具有广泛的群众基础。在"文化大革命"期间，本主信仰被认为是"四旧"，在本主庙被撤除或改为他用，本主神像被捣毁的情况下，本主信仰活动转为非公开或个人私底下进行，一直没有停止过。20世纪80年代后，随着党和国家宗教信仰自由政策的落实，大理地区村民自发捐款捐物，大都在原址上重新修建本主庙，庙里的本主雕像或塑像以及神祇系统也恢复一新。到1990年，大理州境内的本主庙已经恢复到986座。[①]到2000年，大理州境内的所有本主庙与本主神像已经基本完成修复工作。

与本主信仰相关的宗教活动也日益兴盛起来，消失一段时间后的集体

[①] 杨镇圭：《白族文化史》，云南民族出版社，2002年，第90页。

性"迎本主"宗教活动也得到恢复，一直延续至今。春节期间"迎本主"已经成为各家各户宗教活动中的头等大事，同时也是全村为数不多的集体性的宗教活动。平时各家私人祭祀本主的活动不受时日的限制，白族居民习惯了在生命通过仪式以及重大家事活动时，都要到本主庙进行祈福活动。各家在生儿育女、婚丧嫁娶、升学升迁、起房盖屋、外出务工时，家人都要到本主庙进行祭祀活动，祈求本主庇佑，确保清吉平安。

大理地区普遍存在多元的民间信仰。在喜洲当地村民看来，无论是佛教还是道教，都有一个共同的目的——劝人行善积德。村里的中老年人大多数参加民间的宗教组织，如"积善坛""洞经会""莲池会"，民间的这些宗教组织围绕主要神祇的生日、出家之日、得道或成仙之日，开展活动。通过日常民间宗教活动的实践，人们朴素的宗教观念得到了强化，在普通村民中逐渐形成了"行善积德""因果轮回""善恶报应"等朴素的宗教观念。在村民看来，行善的内容相当广泛，如热心公益、尊老爱幼、孝敬父母、诚实守信、关心和帮助弱势群体、童叟无欺、办事公道等都属于行善积德的内容。村民普遍相信只有有德行之人才能一生平安，死后灵魂才会有好的归属。

祖先崇拜。大理地区受宗法制影响较深，具体表现在除了一些名家大姓基本都修了宗祠以外，绝大多数普通家庭也都有自己的家谱。20世纪70年代以前，很大一部分家庭在给小孩命名时，基本按照字辈来取名。亲属称谓方面，不是根据年龄大小，而是根据自己在家族辈分的高低来称呼。时至今日，祖先崇拜现象仍然非常普遍，一般的普通人家主房堂屋内都会设有祖坛，供奉祖先牌位和已故祖先的遗像，逢年过节一般都要先祭祀祖先后方可吃饭。每年都有两次隆重的祭祖节日：一是清明节。白族村民一般自清明节前后10天左右，家家户户都要到自家坟地上去祭扫祖坟。二是中元节。村民在农历七月初一举行简单的仪式接祖先回家后，每天早晚供祭先祖，一直持续到七月十四日，一般在七月十四日傍晚要给祖先焚化冥钱、纸质鞋帽和衣物等。送祖先回家仪式各地存在微小的差异，有的地方在七月十四日进行，喜洲地区在七月十五日早上进行。

总之，白族宗教信仰的最大特点就是世俗而多元，本主神具有世俗社会人的七情六欲、喜怒哀乐等各种特质。

◇ 贡 品

对于来自不同宗教的神祇，白族根据自己的需求来供奉，上至佛教的释迦牟尼、观音菩萨，道教的太上老君、玉皇大帝，下至城隍、山神、土地、路神、桥神都平等供奉，一些小型的神像还被请进各自家中供奉。更有甚者，在堂屋的祖先牌位旁边，也要摆上神像。这些在外人看来难以理解，事实上它是白族世俗而多元信仰体系的最好体现。

（五）节庆习俗

节庆习俗是一种重要的集体性文化现象，具有很强的地域性，不同民族、不同地区的节庆习俗差异很大。学者认为，节庆习俗的产生与发展与时令、节气、历法以及自然环境密切相关，同时也跟人们日常生产实践有着密切的联系。节庆习俗直接反映不同文化体系的特征，是民族传统和文化的重要载体。传承传统节庆习俗对于弘扬民族传统文化、保持文化的多样性等都具有十分重要的意义。

在漫长的历史发展进程中，大理与内地一直保留着密切的经济和文化往来，我们从节庆习俗方面能清楚地看出，汉文化对白族文化产生深远的影响。白族众多节庆习俗来自汉文化体系，如春节、端午节、中秋节、重阳节、冬至节、元宵节等。此外，白族还有一些具有本民族特色的节庆习俗，如迎本主、三月街、"绕三灵"、火把节等。

1. 迎本主

迎本主是跟白族本主信仰相关的宗教性祭祀活动，一般都在春节期间举行，是白族最隆重的节庆习俗之一。其参与范围很广，是全民参与的节庆活动。一般由家里生育小孩的家庭联合成立举办小组，以全村的名义答谢本主一年来的保佑，同时祈求本主来年继续保佑全村清吉平安、风调雨顺、五谷丰登、六畜兴旺。

迎本主的前一天家家户户参与打扫卫生，把村寨打扫得干干净净。举行仪式当天，一大早，先请村里的"洞经会"和"莲池会"到本主庙举行隆重的宗教仪式，仪式结束后，村民用事先准备好的迎神专用轿子，抬着本主及其侍从像到村子里进行巡游，各家各户准备丰盛的贡品沿途恭候本主降临。巡游结束后，把本主像安放在村落中专门为本主建造的房子中，供村民早晚供奉和祭祀。本主像安放好后，就开始进行盛大的文艺表演。

◇ 修建一新的南朝村本主庙

据老一辈回忆，在很久以前也有一些巫术表演，近年来，节目基本上由村民自发组成的文艺表演队提供。文艺表演队会自编自导白族传统歌舞并进行表演，也有耍狮、舞龙等极具中国文化特质的表演，迎本主活动成了白族村民集体狂欢的盛会。

迎本主活动充满敬神、娱神的色彩，当然这并不影响本主在村民心目中的神圣地位。通过迎本主，平时难得一见的村民有了交流沟通的机会，同时，在节日喜庆的氛围中，村民之间的感情也在活动中不断加深。

2. 三月街

三月街，又叫"观音古市"或"观音会"，是由佛教讲经庙会演变而来的大型文体竞技与物资交流盛会。三月街起源于公元650年左右，从唐朝永徽年间一直延续至今。据民间传说，观音于三月十五到大理讲经传教，许多佛教信徒赶来搭棚，礼拜诵经，由于人群聚集，一些人就地摆摊做起了小本买卖，此后，逐渐形成在观音讲经地点旁边进行物资交易的传统。三月街延续到清朝时仍然保留着浓厚的佛教庙会色彩，根据清末《大理县志稿》记载，三月街其时已经发展成为跨省跨国的大型物资交流盛会了。

新中国成立后，三月街期间除了进行大规模的物资交流外，新加入了赛马等民族传统体育竞技项目，并伴有大型民族歌舞表演等文体活动，三月街由原来的宗教庙会慢慢地转变为集商贸交易与少数民族体育竞技和歌舞表演于一体的盛会。从1991年开始，大理州人民政府将每年的农历三月十五日至二十二日定为"大理三月街民族节"，三月街的会期也由最初的3天延长到了7天。1998年在大理古城西的苍山中和峰麓三月街原址南北通道之间新建起了三条横街，新建商铺257间，北通道被拓宽至20米。三月街的市场规模不断扩大，民族传统体育竞技项目也不断增多，除了保持传统的赛马外，还增加了射弩、秋千、陀螺等民族体育竞技项目，其间，还进行洞经音乐、白族对歌等民间文艺表演。

"千年赶一街，一街赶千年"。如今，具有千年历史的三月街，不仅成为白族盛大的民族节日和街期,而且被列为国家非物质文化遗产。2016年参加交易的经营户增加到了6500余户,日均人流量达9万多人次,日均交易额达到2000多万元。三月街这千年不衰的盛会在传承和展示白族人民丰富多元的民族文化,繁荣大理经济,促进地方土特产、中药材、民间手工艺品的交易等方面都起到了积极的作用。

3. "绕三灵"

"绕三灵",又称"绕山林""逛三都",白语称"观上览",相传始于南诏时期,是大理白族独特的节庆习俗,也是白族民间自娱性的迎神盛会。会期为3天,即每年的农历四月二十三日至二十五日。从民间关于"绕三灵"的传说来看,"绕三灵"起源于白族先民祈雨宗教仪式。"三灵"指的是"佛都""神都""仙都",即如今的崇圣寺、圣源寺和金奎寺。

"绕三灵"期间,大理坝子各村寨的青年男女,一般以村为单位自发组队来参加。走在每队前的一男一女年纪稍长,基本都是各村中最擅长唱白族调者,各手持挂有红彩和葫芦的杨柳枝。男子右手扶着柳枝,左手拿着用牛尾巴做的蝇帚;女子左手扶着柳枝,右手甩着一条白毛巾。两人边走边用白族调对着"花柳曲",后面有的弹着三弦,有的唱着大本曲,有的打着霸王鞭,有的敲着八角鼓,一路载歌载舞缓慢前行。第一天,先绕"佛都"崇圣寺,后沿着苍山脚行到五台峰下的"神都"圣源寺聚集,祈求风调雨顺,人寿年丰。第二天,长蛇阵队伍经过喜洲来到洱海边河矣村的"仙都"金圭寺,朝拜洱河灵帝段赤城,并在本主庙内进行祈祷。第三天,又绕到"佛都"崇圣寺东面的马久邑,在保安景帝本主面前祭祀,祈祷永镇山川、天地安宁,然后各自散去。

在三天的行进中,沿途不断有人加入,形成数万人参加的歌舞队伍,边走边唱边舞,一路欢歌笑语,场面十分壮观。"绕三灵"在经历漫长的历史变迁后,形成现今集宗教祭祀、拜佛念经、歌舞娱乐为一体的白族盛大的节日，也被称为"白族人民的狂欢节"。"绕三灵"是白族传统文化的重要载体，有的学者认为"绕三灵"与求生殖有关，有的学者则认为与祈雨庆丰有密切联系，至今尚未有一致的结论。

4. 火把节

火把节是我国西南地区多个少数民族共同的传统节日。但是，关于火把节的由来，各民族民间传说各不相同，各民族过节日期、内容和形式也有很大的差异。白族的火把节基本以自然村为单位来举办，举办时间是每年的农历六月二十五日。举办所需各项费用由当年生育小孩的家庭共同承担，有的村落则通过村民凑份子的方式筹集资金，少数村落由当年抢到"升斗"的家庭承担来年火把节所需各项费用。从现有的文字记载和民间传说推断，白族过火把节的习俗已有一千多年的历史，它是白族最为古老的传统节庆习俗之一。

关于白族火把节起源的民间传说，流传最广的要数火烧松明楼的故事。根据明代李元阳的嘉庆《大理府志》记载，在南诏年间，随着南诏的日益强大，蒙舍诏主皮逻阁企图吞并其他五诏，于是决定于六月二十五日星回节在松明楼设宴款待五诏首领，邓赕诏主慈善夫人看穿了皮逻阁的野心，劝自己的丈夫不要参加，但是迫于南诏的强大势力，不得不去。慈善夫人知道此次赴宴凶多吉少，于是将一只铁钏戴在自己丈夫手上，以求护身。当晚在各诏主酩酊大醉之际，皮逻阁借机逃离后，派人放火烧毁松明楼，五位诏主葬身火海。事后各诏主夫人来辨认尸骨，慈善夫人凭借丈夫手上的铁钏认出丈夫的尸骨。皮逻阁听闻此事后，想逼迫聪慧的慈善夫人为妾，慈善夫人以丈夫尸骨未寒为托词，提出为丈夫守孝100天后再嫁给皮逻阁。守孝期满后，皮逻阁派兵围困邓赕诏城池，慈善夫人绝食而死。皮逻阁统一了六诏后，后悔自己当初的行为，便把邓赕诏的都城命名为德源城。

后来的民间传说故事情节有些改动，说的是慈善夫人誓死不嫁南诏诏主，为丈夫守孝百日后跳入洱海自杀，慈善夫人的名字也被改为"白洁夫人"。据说白洁夫人投海自殉的日子为农历六月二十五日，为了纪念聪慧善良、不畏强暴、忠贞不屈的白洁夫人，白族人民每年的农历六月二十五日都要过火把节来追思她。

在过火把节前的一两天，白族妇女儿童喜欢捂红指甲，方法是取凤仙花根部，加入少许酸性物质，捣碎成胶状后敷在要染的指甲上面，然后用叶子或小块塑料布包好，捂10个小时后即可。据说这样做是为了模仿和再现慈善夫人在松明楼灰烬中，徒手刨找丈夫尸骨而磨破手指的感人情景，以表达对慈善夫人的崇敬之情。

在漫长的历史发展过程中，白族的火把节被注入了新的元素。现在各村落的火把节成了全村集体性去除病虫灾害，祈求风调雨顺、五谷丰登的祈福禳灾的节庆习俗活动。它在传承民族传统文化，丰富农村文化生活，增进村民之间交流与友谊，弘扬村民之间的团结互助精神，强化村民集体主义意识、树立集体荣誉感等方面发挥着十分重要的作用。

（六）民族文化传统与现代化

历史上大理居民长期生活在自给自足的农耕经济形态下，社会经济发展非常缓慢，民族文化传统得到了很好的延续，但随着现代化进程的推进，大理民族文化传统产生了深刻的变迁。

随着现代化进程的不断深入，国家对少数民族的政策得到落实，各级政府对少数民族文化传统的保护力度不断加强。在旅游对民族文化传统合理利用和开发下，"霸王鞭"等民俗歌舞表演，以及承载白族传统文化特色的大型实景演出深受游客的欢迎。在现代化过程中，白族的民族文化传统不仅没有像有些人担心的那样出现衰落，反而出现了不同程度的复兴。

当然，随着现代化生产方式和生活方式的不断推进，民族传统文化出现了深刻的变化。常年在外务工的青壮年人逐渐适应现代生活方式，对本民族语言、服饰等文化传统的认同不断弱化。商品意识和市场经济已经渗

◇ 传统与现代相结合的白族民居

透到农村的每个角落,对农村生产生活方式的影响不断加深。一些充满人情味的传统习俗,如村民之间"换工"和互赠"人情工"的习俗正在走向消亡。村民个体意识不断觉醒,集体主义精神和传统价值观念有所减弱,传统习俗随着时代的发展,其约束力出现不断弱化的趋势。

(七)公共卫生与民族医药

20世纪80年代以前,大理市城乡医疗资源非常紧缺,医疗人员队伍专业水平和整体素质不高,乡镇的医疗卫生状况更是令人担忧。血吸虫病大规模的暴发给城乡公共医疗卫生服务提出了严峻的考验。1987年大理州开始推行医疗卫生体制改革,实行承包租赁责任制和任期目标管理责任制,即站、院、所长负责制和3年任期目标管理责任制，医生、员工实行合同制。在改革中不断加大资金的投入力度，通过站所建设，重新组建农村医疗、预防、保健三级卫生网。同时采取逐年增加防保补贴，给予有困难卫生所补助，建立计划免疫和围产期保健专项理疗保障制度，积极鼓励建立村卫生所，并给予经济扶持，举办农村医士班，培养壮大乡村医疗人员。

1999年在新时期卫生工作方针的指引下，全州的卫生工作在预防保健、医疗、初保、中医药、农村卫生等方面都取得了新的进展。2000年，在州政府出台《关于加快卫生改革与发展意见》后，城镇医药卫生体制改革和农村卫生服务体系建设的各项工作有条不紊地推进。2006年1月，州人民政府在大理市进行新农合试点的基础上，开始全面实行新农合制度。新农合制度的实行，在切实减轻农民看病负担，有效缓解农民看病难、看病贵等方面起到了积极的作用。

基本公共卫生服务水平不断提高。大理州积极落实国家和省政府关于实施基本公共卫生服务项目的精神，同时结合大理实际，于2010年拟定《大理州基本公共卫生服务项目实施方案》，在全州各城乡基层卫生机构积极开展基本公共卫生服务项目。严格落实公共卫生服务经费标准、服务人口数量，及时把相关经费划拨到各乡镇和社区卫生服务机构。

大理州乡镇卫生院、村卫生室、社区卫生服务中心（站）负责公共卫生服务项目的具体实施。村卫生室和社区卫生服务站分别接受乡镇卫生院和社区卫生服务中心的业务管理，合理承担基本公共卫生服务的任务。各级医疗机构在专项资金的保障下，紧紧围绕国家和省公共卫生服务项目要求，根据不同的服务项目和不同的服务对象，提供差异化的公共卫生服务：面向所有人群的公共卫生服务，统一建立居民健康档案、健康教育服务、传染病及突发公共卫生服务事件报告和处理，以及卫生监督协管服务；面向特定年龄、性别等特定人群的公共卫生服务，儿童预防接种疫苗、产妇儿童健康管理、老年人管理、中医健康管理；面向疾患者的公共卫生服务，高血压、2型糖尿病、重性疾病患者的健康管理工作。

农村基本公共卫生服务项目的实施，有利于改变村民不良的生活方式，逐渐提高村民健康意识，树立健康生活理念；有效控制和减少危害健康因素，预防和控制传染病与慢性病的发生与流行；有效提高农村地区应对和处理突发公共卫生事件的能力；对于有效提高农村医疗水平，改善农村医疗条件，持续提高村民健康素质等方面都起到重要的促进作用。

民族医药。白族自古采用中草药治病，时至今日仍有民间口耳相传的一些单方、验方。这些单方和验方，对于人们在日常生活中应对各种常见疾病起到一些积极作用，在民间有一定的群众基础，村里的一些中老年人仍然在使用。

五、社会组织

（一）白族传统婚俗

历史上，喜洲白族基本上是一夫一妻制，但也有少数情况可以纳妾。旧俗若乏嗣，谓之"三十无子妻上加妻"，可以另娶，有钱人家也有纳妾的。同姓同亲不婚配，但也有部分舅表婚、姑表婚，当地人将之称为"亲上加亲"。有女儿的一般嫁出女儿，无子的人家则招婿，也有子再招婿的。寡妇可以再嫁，但对亡夫的财产无继承权，其聘礼亦为亡夫家所得。在封建制度下，传统的婚姻形态以"包办婚姻"为主。①

喜洲各地礼俗虽有差异，但大致相似。订婚有大订、小订两种，小订称"送水礼"，一般男方为女方买件衣服，给女方家送一些红糖、香烟、茶叶和白酒等。大订，即"送彩礼"。结婚前，男方要向女方求婚（称"求媒"），女方许婚后，男方择吉日，并以"开剪"为名写择吉婚期书（又叫"佳期定吉日"），通知女方，同时送去针线钱。女方接针线钱

---

①杨镇圭：《白族文化史》，云南民族出版社，2002年，第94页。

后,开始做嫁妆准备,去赶三月街、渔潭会,采备嫁妆。嫁妆的置办,一般随男方聘礼的高低,女方家如经济条件优裕,嫁妆可高于聘礼。嫁妆可分四季穿戴衣服和日用家具两类,有高、中、低档之别。过去一对木柜、一个火盆、一个铜壶是必不可少的,今日彩电、冰箱、电脑等电器是必备的。

喜洲白族婚礼一般举行3天。第一天"吃生饭"(白语为"因色彼"),第二天"正喜",第三天吃"鱼饭",出行。办喜事要宴宾客,酒席可多达上百桌(每桌8人),少的也五方十桌。"正喜"前夜男方要唱"板凳戏",即亲朋好友在天井里围坐在长桌或篝火四周,由民间艺人唱"吹吹腔",唢呐伴奏,气氛热烈。女方则于出嫁前夜,举行由新娘的好友、亲戚给新娘送"压喜柜钱"的仪式。当亲戚一一给新娘送钱之后,姑娘则将早已备好的衣裳、鞋子,按辈序分别相赠,表示对亲人的依恋之情。之后,新娘在其大嫂和两位女伴陪同下,把喜日要穿的衣物和胸前挂的照妖镜等物用托盘端到新娘常年取水的井旁祭祀,并念念有词地说"吃水不忘挖井人"。

正喜日,即迎亲待客日。旧时迎亲要抬花轿,并用唢呐吹奏迎亲曲,今改为乘车迎亲。新郎、陪郎吃好宴席,拜天地、灶君、父母和亲族长辈后,由父亲或家族长辈给新郎挂红(今为戴花),在鞭炮声、唢呐伴奏声中,饮"上马酒"后,迎亲队伍即浩浩荡荡出发。到新娘家门前,唢呐连奏三次,女家亲朋出门迎亲,热情相待。旧时则常吟诗作对,为迎亲仪式之一,常以"鸡飞鱼走"等作难,全靠陪郎机灵应对。新娘出嫁离家时常有哭别父母、兄弟姐妹的仪式,以表难分难舍之情,然后由新娘兄弟中的一人背入花轿。现今已改为新郎新娘并肩同行。

迎亲归来,新郎新娘要拜天地、拜祖先、拜父母及亲戚长辈,并用"八大碗"宴宾客。新娘吃晚饭时,由男家亲戚长辈陪同,叫"压棚饭",表示亲热。入洞房后,闹房者多为同辈好友,常常出题作难,文雅取乐，新郎新娘以吟诗对答。

正喜次日，新娘早起，清扫新房、堂屋和天井。一早，娘家先把邀好的梳妆娘和看新娘的人相约到新郎家，煮好荷包蛋，分别送给新娘的父母和兄弟姐妹，每人吃一个，同时帮新娘梳妆，给新娘戴上表示结婚标志的头帕，穿上婚前新郎为她准备好的红色绸缎衣裳，系上五颜六色的围腰，穿上绣花鞋。当日中餐吃"鱼饭"，意为"吉祥有余"，一般由新娘亲手烹制。饭后，新娘在梳妆娘和伙伴们的帮助下，从红柜中取出婚前亲手做的衣裳、鞋子等，用托盘托着，分送给新郎和公婆等亲人，同时被送的亲人又还送新娘一些钱礼，新郎则热情地把钱礼放进新娘衣包里。然后由大嫂或其他女眷领新娘上街，叫"出行"，买鱼、辣子、花椒和酒，"鱼"和"余"同音，取意"年年有余"；辣子，白语叫"气"，为亲热之意；花椒，白语意为"富"，取富贵之意；"酒"和"久"同音，取意"夫妻天长地久"。

婚后三日回门，白语叫"打回媒"，即女方娘家接新郎新娘回家吃饭。七日后还要到本主庙祭拜，"平安谢主"。

（二）婚姻制度的特征

白族婚姻制度的形式主要有三种：从夫居、招赘婚、"卷帐回门"。

一是从夫居，嫁女儿到男家，这种形式占大多数。

二是招赘婚，俗称"招姑爷上门"。有女无子，为女儿招婿；女儿大、儿子小，招婿；虽有儿子，但需增加劳动力，招婿；父母与女儿关系好，不愿女儿出嫁，招婿。招婿一般是提亲时由女方提出，男方同意后，经媒人作证议定。由于是新郎到新娘家上门，因此操办婚礼主要由女方家承担，男方基本不开销。入赘男子须改名换姓，可以享受族中子侄的同等待遇，不受歧视，有权继承女方的财产。婚后所生子女，规定长子随母姓，为女方家继承人；次子随父姓，有权返回父亲的本家。这便是喜洲白族社会中"长子入祠，次子归宗"的传统。在婚姻期内若女方遭遇不测而去世，入赘男子可以续娶。大理地区入赘婚姻的比例一直比较高，约占总结婚家庭总数的三分之一左右。白族招女婿婚俗与封建社会的男尊女卑意识有差别，不体现重男轻女的思想。

三是"卷帐回门"，即男女双方结婚后七日，妻子带着丈夫携帐子、被褥回女方家居住。等女方年幼的兄弟姊妹长大并成家立业后，男方又带着妻子回到男方家生活。

上述三种婚姻形式一直延续至今，举办婚礼的过程基本一致。

（三）家庭结构关系的变化

改革开放30多年来，喜洲人口发展的最大特征是人口结构逐渐走向老龄化。1990年时，喜洲镇人口中，少儿人口系数为28.53%，老年人口系数为9.50%；到了2000年，喜洲镇少儿人口系数下降至26.24%，老年人口系数上升至11.03%。这说明喜洲的人口结构已经老龄化，而且这种老龄化的程度还在不断加深。喜洲的人口发展趋势是尚未完成稳定型人口结构，就已经向老龄社会过渡。

随着社会经济的发展，喜洲的家庭规模已经由改革开放之初的5.07人迅速下降至2005年的3.76人。随着计划生育政策的有力推进，作为一个少数民族乡镇，喜洲的一般家庭大多都是一对夫妇生育两个孩子。家庭结构的变化直接带来了家庭功能的变化，户均3.76人的家庭人口水平已经告诉我们，喜洲老年人的养老方式已经不能完全依靠家庭。随着老龄化的程度不断加深，未来喜洲老年人的养老问题将日益凸显。

喜洲白族对家庭有不同的称谓，白语称"好度格"，又称"尼豪"，其意是有居住的房子，含有"婚配者的居室"之意。20世纪80年代以来，喜洲白族家庭结构出现核心化趋势，兄弟完婚后，一般都分居分灶。家中有兄弟二人以上的，分家时，实行家产均分制。需分给长子主房（左），次子居右，请家族长辈、亲友及乡老作证，写下分家契约，家族长辈为主要凭证人，要在契约上签字或画押。入赘（称"上门"）的男子随妻姓，享有继承女方财产的权利，承担赡养女方父母的义务。招婿订婚时，女方把男子及男方家长辈、亲友数人邀请到家设宴，为上门男子改名换姓。婚后入赘男子成为女方家庭成员。

改革开放以来，喜洲白族农村虽然有不少家庭仍具有生产功能，但大多数家庭生产已很难满足全家的需要。随着外出务工人数的增加，喜洲白族家庭的生产功能逐渐减弱，家庭结构核心化，大家庭理想不再流行。当前，一般家庭结构是"4—2—2"型，主要是两代或三代共处，四代同堂家庭很少见，核心家庭越来越占主要地位。夫妻关系在家庭关系中的地位上升，女性在家庭婚姻中的地位和自主权明显提高，村民生育愿望逐渐降低，家庭的生育职能也开始减弱。在生育、对子女的教育与抚养问题以及家政方面，夫妻双方享有平等的权利。代际关系日趋平等，年轻一代文化水平、社会适应能力普遍高于父辈，改变了传统社会的前喻教育模式，来自长辈的扶佑与资助逐渐减少，婚姻的自主性明显增强。

（四）传统社会控制模式

喜洲传统社会的控制模式，除了民间社会组织发挥有效的控制和调节作用外，白族民众内部约定俗成的习惯法也起到了行之有效的作用。此外，一些禁忌的流传给民族内部成员一种心理约束力，一定程度上完成了对于民族成员个体心理上的控制和约束。具体而言，喜洲白族民间得以存续的民间社会组织，依据规约训条，规范了民族成员的行为，整合了社会资源，也有力促进了传统文化的延续。此外，约定俗成的习惯法和生产生活、节日礼仪中的种种禁忌也使得人们不敢轻易破坏规矩，从而强化了自己的民族认同意识，并将其内化为自己的"惯习"和人生观。三者互相补充，互相作用，构成了喜洲白族相对健全的传统社会控制模式。

喜洲白族习惯法是在漫长历史发展过程中逐渐形成的不成文习俗与行为规范，它在人们日常生产生活中发挥着重要的作用。这些约定俗成的习惯得到村民普遍一致的认同，成为人们待人接物、为人处世的标准。习惯

◇仁里邑村村规民约

法靠社会舆论维系，对人们的行为普遍具有约束作用，它在调节各种社会关系、维持农村社会秩序等方面发挥着积极的作用。习惯法往往以口耳相传的方式传承，以民歌、民谣、谚语、习俗、家谱族规、村规民约为其主要的载体。喜洲白族习惯法的内容非常丰富，呈现的载体和形式也不尽相同，涉及村民生产生活各个方面。

传统的家族制度，虽在新中国成立后已经解体，但改革开放后有所恢复，只是规模略小。喜洲白族有诸多的大姓家族，各家族虽无成文族规，但有约定俗成的规矩和惯例，凡是家族中的婚丧喜庆、族亲纠纷和家族民俗礼仪都依照执行，对家族成员具有普遍的约束力。此外，在家庭遗产继承中，家中多兄弟的一般都召集族亲协商，通过订立家庭财产继承文约的形式来实现对家庭财产的分配和父母的赡养义务。

喜洲白族民间社会组织主要有"洞经会"和"莲池会"，会规中有要求人们行善积德、尊敬长辈、孝敬父母、与人为善等内容。目前，喜洲各个白族村落都有一定规模的"洞经会"和"莲池会"组织，一定程度上规范了白族乡民的日常行为，具有不可忽视的作用和影响。

喜洲白族村民通过将村规民约刻石立碑的方式，将习惯法公之于众，目的在于保护生活区域内的山、水、林、路等公共资源。由于这样的习惯法存在，白族人民保住了以苍山、洱海为代表的青山绿水，对现今生态环境的保护和治理工作有着重要的借鉴作用。如喜洲庆洞村背后的五台峰虎头山青龙槽，历史以来，白族人民就赋予了其神灵的意义，使得附近村民不敢冒犯，从而遏制住了周边白族村民对虎头山青龙槽周边地区山林的乱砍滥伐、乱开山采石的行为。在五台峰、沧浪峰和云弄峰山脚的各山神庙周围也凿刻有各种保护山林和森林防火的告示，对苍山森林资源和植被的保护起到极大的促进作用。还有在各个白族村落的一些古水井旁边，以及沟渠、河道的源头，也立有碑刻或乡规民约，告诫人们随时要有节约水资源和保护环境的意识。这些都对白族聚居区的生态文明建设起到举足轻重的作用。由此可见，喜洲白族习惯法中有关生态环境保护的内容反映了白族人民追求人与自然和谐相处的意识，从而形成了保护生态资源的良好习惯。

禁忌习俗。禁忌是人类社会最古老的不成文法。白族禁忌习俗在产生之初扮演着法的角色，具有法的权威性和约束力，逐渐成了白族的习惯法。喜洲白族禁忌多，无论生、死、婚、丧和生产生活中都有诸多禁忌。

生忌。孩子出生后，要请算命先生排八字，如与父母八字相冲，则必须拜寄他人或求神取名。拜寄他人做干儿子、干女儿，要请"寄父"按其家排行取名；拜寄给神的，如本主爱民皇帝，就以"爱"字取。也有的许愿修桥铺路，立指路碑，做好事，以求除灾避难。

婚忌。一是通婚禁忌，即同宗同姓不婚。二是生肖婚配禁忌，嫁娶年的地支忌与男女生年的地支相同，即不可在新人属相年成婚，怕伤其"本命"。由男方父母请媒人到女方家说亲，讨求女子生辰八字，经占卜求吉，若双方生辰相抵触，这门亲事就不能成。三是请期禁忌，成婚要择吉日，看其是否有"白虎压房"或"白虎压床"，若有则不可婚配，须另择吉日。喜洲白族民间一般忌讳在农历七八月办喜事，因为农历七八月喜洲白族一般要"接祖""祭祖""送祖"，白族人家都要把本族先人的灵牌供奉在堂屋中，故而认为结婚办喜事会惊扰先人，有失体统。四是迎亲禁忌，迎新娘时，须看日忌。若是日忌路，须沿途打锣；忌地，则地上铺席；忌翁姑，翁姑则须回避。新郎去迎亲时身上不能带烟、钱等任何东西，到了新娘家后也只能带钱，不能带其他东西，俗称"空手出门，保财回家"。五是洞房禁忌，闹洞房时忌讳家人进洞房，孕妇也不能进新房，更不能坐或躺到新婚床上，否则认为以后难生育。六是回门禁忌，即新娘回娘家必须赶在日落前回夫家。这些禁忌反映了白族民众"天人合一"信仰，也反映出白族民众对疾病、灾难的不解与恐惧，力图通过种种约束加以回避。

丧葬忌。如遇重丧，死者当天不能装殓入棺，需挂一匹红布在中堂上，或在棺木上面倒吊一只鸡致死，再用笋叶做一口小棺木，埋在路上。安葬时要看当时的天干与墓向是否有利，不利则需将棺材放在山上或寺庙中，待"乱岁"过后始行安葬。

农事生产、起房盖屋及生活中的禁忌。如正月初一不能泼水扫地，以避收割时刮风下雨；播种要取双日；上梁取黄道吉日，送木神；出远门要看日子、方位，有利则行；旧时赶马人忌讳尤多，如路上不能说与豺狼虎豹等同音的字；牛马猪羊不能闯入别人家，若不慎闯入别人家，必须放爆竹、挂红；忌猫头鹰叫，忌狗夜哭；出门遇迎亲视为不吉利，遇丧葬出殡则被视为吉利；小孩不能骑狗，不能吃鸡脚；腊月三十晚十二时封门后不准进出；初一或立春时，忌吃荤。

喜洲白族各村民间禁忌大同小异，也有少数村落和家族有其独特的禁忌。随着社会主义精神文明建设的深入开展，陈规陋习已大大减少。

（五）民间纠纷与调解

1984年，喜洲区组建了乡镇人民调解委员会14个。1987年，喜洲镇各村公所（办事处）人民调解委员会进行改选和调整，建立健全了调解委员会组织，各自然村（含几个农业合作社联合的村）设有调解小组，农业合作社设有调解员。从此，形成了镇、村公所（办事处）、村、社调解组织的网络。对各级调解委员和调解员，先后于1987年、1988年、1990年进行了3次培训，提高了他们的政治素质和调解能力。

人民调解组织贯彻"以防为主，调防结合"的方针，以法治宣传为先导，做好疏导工作，防患于未然，把民间纠纷化解在萌芽状态，对已形成的民间纠纷，坚持以事实为依据、法律为准绳，依法进行调处。人民调解工作在社会治安的综合治理中，发挥了政治工作第一道防线的重要作用，预防了纠纷事态的发展，减少了诉讼，为发扬社会主义民主、加强基层法治建设做出了一定的贡献，取得了积极的社会效益。

1986年3月15日，第一家喜洲区法律事务所正式成立。1987年改为喜洲镇法律服务所，设主任1人，由司法助理员兼任。其他法律工作者有2~3人。1991年8月，喜洲镇法律服务所公开向社会招聘了法律工作人员4人，并颁发了云南省司法厅工作证。镇法律服务所根据司法部《关于乡镇法律服务所暂行规定》，实行有偿服务，自收自支，为民事权益、乡镇企业提供优质的法律服务，其业务范围包括主持调解纠纷、协助司法助理开展法治宣传教育等。截至2005年，喜洲镇法律服务所成立11年来，通过法律服务，调解各种民间纠纷780件，调解率达100%，调解成效率达98%。

六、生态环境

（一）地理位置

喜洲镇位于大理市北部，总面积为56平方千米。东抵洱海岸边，西依苍山云弄峰、沧浪峰、五台峰，南隔鸡鸣江与湾桥镇相连，北以龙首关为界，与洱源县接壤。喜洲镇镇域内南北长14千米，苍山脚至洱海边平均长4千米。滇藏公路（即214国道）、大丽公路穿境而过，乡村公路交错纵横。

　　喜洲镇地形地貌呈现明显，由于苍山坡度大，霞移溪、万花溪、阳溪及周城河、美坝河等支流洪水冲积在箐口形成冲积洪扇，为砂石堆积层，面积约2平方千米。支流冲积而成沙坝，有唐梅寺坝、狗街坝、积善邑坝、峨崀哨坝等。由于人口增加，耕地不足，冲积扇和沙坝逐步被开垦利用。云弄峰、沧浪峰、五台峰山麓至洱海边属高原盆地，呈斜长形，面积56平方千米，地势西高东低，坡降为2.5%，村落、农田点缀其间，呈现出绚丽多彩的海西田园景色。云弄峰、沧浪峰西北为花甸坝，面积13平方千米，海拔2900米，为高山草甸，土地肥沃、水利条件好，适宜畜牧业和冷凉作物发展。镇域内河矣城、金圭寺、城北村之间形成一大湖泊，名龙湖，与洱海相通，四周绿柳成荫。湖内水产资源丰富。沙村和深江海湾连有海舌，周围水草丰盛，鱼鸟栖息，村舍倒映在水中，美景如画。

◇洱海一角

(二)气候与物产

喜洲气候温和,降雨适中,全年无霜期217天,最低气温10℃,平均气温15℃。明代白族学者杨士云对喜洲有"四时之气常如春,寒止于凉,暑止于温"的赞誉。喜洲全年日照为2282小时,日光充足。其中11月至次年4月,日照时数为1312小时,占全年日照时数的62%。喜洲11月至次年4月多大风,风向变化不定。"望夫云"和"海盖"出现,被当地居民视为是刮大风的征兆。霜期一般开始于11月,有霜日平均69天。此外,蒸发量每年平均为1937毫米,以3月至5月最大,6月至9月最小。蒸发量大于降水量82.87%。因此,喜洲的百年大榕树冬天不落叶。

喜洲物产资源十分丰富,民族特色浓厚,大致可以分为三类:名特食品、旅游产品和土特产品。民族名特食品较有代表性的有喜洲粑粑、干拉片和乳扇。喜洲粑粑在喜洲地区又叫"破酥",开始制作于20世纪20年代,将麦面发酵后,加猪油土碱糅合,做成圆形,每市斤面粉可以做4个破酥,有甜、咸两种,甜的以红糖、豆沙包心,咸的糅进火腿或椒盐葱花,用吊炉将两面加热烤熟,香酥可口,油而不腻,酥而不脆。干拉片是将大米煮熟,揉为饵饸,染成各色,擀成长条形极薄片,晒干后扎成小捆出售,油炸而食,味较香脆。乳扇制作普遍,制作和食用历史久远,为民族名特馈赠礼品,远销省内外。

民族旅游产品以扎染布、刺绣、白族服饰和金圭寺毡毯为代表。扎染布主产地在周城,起源于南诏时期。扎染布的特点是有色晕,属纯手工产品,机械化印染无法实现。扎染布古朴清新,浓淡素雅相宜,永不褪色,是服饰、床上用品和装饰布料的最佳选择。喜洲白族妇女擅长以赵州丝线手工绣花,街上有绣花图案纸样出售,各家的图案样本各不相同。刺绣产品类型多样,主要有喜庆中堂、床帐窗帘、枕套被面和绣花鞋帽等。白族服饰以周城和沙村最具代表性,男子服饰以黑马褂、对襟白衬衣为特点;女子服饰以白圆口衬衣、红里褂、绣花围裙、翠色裤子为特点,最讲究头

◇大理市周城民族扎染厂

饰,颜色鲜艳明快,对比浓烈。1991年,英国首相撒切尔夫人访问云南,时任云南省省长和志强以白族女子服装相赠,首相爱不释手。毡毯为金圭寺白族居民以纯羊毛手工制作。种类有垫毡、盖毡、披毡、地毡、桌毡和毡帽等,缀以各色精美图案,有红底白花、蓝底红花和白底蓝花等等。由于做工精细,人工制作耗时,加之消费市场狭窄,目前该项手工技艺已渐趋消失,亟须保护传承。

民族土特产品以草墩编制和竹器制作为主。草墩是用稻草搓成辫,再编缠成圆鼓形,直径和高均为一市尺许,做坐凳用,软而有弹性,透气隔湿,柔软保温,使用很普遍,为家庭副业产品,如今只有少数上了年纪的白族老者会编制,已逐渐失传。竹器制作以竹扫帚和竹篾器为主。竹扫帚以花甸坝细竹扎制,有大中小扫地帚、洗锅帚等,柔软耐用,集市上大量出售。竹篾器是用苍山青竹剥成篾片篾条编制成农具、家具,品种繁多,工艺精巧，河矣城村为竹器专业村。

(三) 水土资源

喜洲年平均降雨量为1080.1毫米，12月至次年5月为旱季，平均总降雨量147.2毫米，占全年降雨量的13.6%，相对湿度49%~54%。6月至11月为雨季，平均总降雨量为940毫米，占全年降雨量的86.4%，相对湿度62%~85%。其中，60%的降雨量集中在6月至8月，往往造成洪灾。

镇域内有霞移溪、万花溪、阳溪等三条主要溪流。霞移溪在喜洲镇北部，发源于云弄峰与沧浪峰之间，系常年性河流。全长8千米（从山脚到入海口长3.9千米），宽约5米，流域面积约11平方千米，2月流量为0.1立方米/秒，流经周城及仁里邑注入洱海，灌溉面积2000余亩。万花溪在喜洲镇中部，发源于花甸坝，系常年性河流。全长17千米（从山脚到入海口长4.623千米），宽约8米，流域面积51平方千米，2月流量为0.36立方米/秒，最大洪峰流量100立方米/秒，经文阁、喜洲、沙村等村注入洱海，灌溉面积4000余亩。阳溪在喜洲镇南部，发源于莲花峰与五台峰之间，谷深箐远，水量丰富，系常年性河流。全长13千米，宽约5米，流域面积41平方千米，2月流量为1.56立方米/秒，流经北阳溪、朝阳、北庄、作邑、向阳溪、古生村后注入洱海。阳溪灌溉面积1万余亩，洪峰达150立方米/秒。点苍山麓洪积扇前缘，霞移溪、万花溪两侧及洱海湖滨的地下水位高，地下水丰富，地表出露的地下水随处可见，造成冷浸田。目前开发的有喜洲十字街上下的地龙、寺里的横截沟、喜洲办事处的饮用水等，既解决了冷浸田排涝，又提供了便捷的水利。

喜洲水域面积较为广布，镇内有水域2344亩（不包括洱海），占总面积的1.46%，其中库塘563亩，河流1781亩。在镇域范围内，地表水年径流量14190万立方米，地下水径流量为每年330万立方米。截至2010年底，喜洲全镇所属自然村已实现自来水工程的全覆盖，白族群众和家畜饮水得到安全保障。喜洲办事处于1988年建自来水厂，1990年周城村建饮水工程。

截至1995年，已有11个村通自来水，2010年底，全镇已实现全面的饮用自来水。

此外，喜洲地区的水产也较为丰富，且十分有特色，主要有红鲤、黄皮鲤、弓鱼、鳔鱼、面肠鱼、油鱼、螺蛳、海菜、菱角等水产品。其中，弓鱼主产于桃源村，为名贵细鳞鱼，杨升庵誉其为"鱼魁"，现已濒临灭绝，为洱海主要保护鱼种之一。螺蛳为云南高原湖泊特有品种，分布在洱海水深6～10米处，以沙村为主的一些村落有部分白族民众擅长打捞螺蛳。海菜的白语名叫"靠夫"，产于洱海浅水湾，棱状带绒刺的头开黄白花，茎秆生长于水下，红绿色，圆形，长约1米。白族民众常捞起后绕成把出售，因其含胶质淀粉，故煮汤滑爽可口，海菜芋头汤是喜洲白族民间的特色风味食品。

喜洲地区土质肥沃，土壤类型多样，适宜精耕农业的发展，是白族居民赖以生存发展的基础。土壤类型的分布与海拔极为相关，海拔2020～2200米是洪积扇上部，为扇象冲积土；海拔1990～2020米为冲积性水稻土；海拔1975～1990米为湖积性水稻土。喜洲苍山脚下坝区的土壤，其成土母岩主要是由片麻岩、片岩、石灰岩等岩石风化物冲积和湖泊相堆积而成。由于海拔、自然地理和人为因素的不同，喜洲镇的土壤共有高山草甸土、暗棕壤、棕壤、黄棕壤、红壤、冲积土和水稻土七大类，其中水稻土占绝大多数。喜洲地区的土质呈垂直分布。从山脚到洱海边，耕地层逐渐增厚，由30厘米增加到80厘米。从山脚到洱海边，土壤有机物逐渐增加，团粒结构逐渐改善，土壤保水性逐渐增强。由山脚到滇藏公路东，土壤偏酸性，大丽路两侧为微酸性至中性，沿洱海一带则一般为中性偏碱。

喜洲地区耕地面积在1952年土地改革时为31148亩。1982年实行"包产到户"时统计为30829亩，占总土地面积的19.6%。因喜洲地区人口密度大，人均耕地面积较少，基本未达到人均1亩。林地有62400亩，占总面积的38.97%；园地有1725亩，占总面积的1.08%；荒山荒地有34655亩，占总面积的21.64%。其他还有部分未开发利用的土地。由于居民人口数不断增长，村民宅基地的扩张和相关产业的发展用地剧增，喜洲地区的耕地面积不断萎缩，截至1995年，喜洲镇耕地面积为29908亩，其中水田25054亩，旱地4854亩。耕地面积的减少已引起政府的高度重视，为了保住耕地"红线"，近年来，政府出台一系列的规章制度，遏制了宅基地的无限扩张，基本农田得到有效保护。

（四）饮水工程与生态建设

在大理市政府"两开发、两保护"发展规划的引领下，以洱海治理保护为龙头，融入经济建设、政治建设、文化建设和社会建设的各方面和全过程，保护青山绿水，实现永续发展。突出抓好关于"2333"洱海Ⅱ类水质目标三年行动计划和洱海生态环境保护等重点工作，确保洱海水质总体稳定并持续改善。喜洲地区大力发展生态农业、生态旅游业，发展循环经济，实现节能降耗。加大生态文明建设宣传教育力度，增强村民节约意识、环保意识、生态意识，营造爱护生态环境的良好氛围。

2012年，投资1977.6万元完成周城集镇污水收集处理项目建设，投资300万元建成周城垃圾焚烧厂，投资118万元建成金圭寺中温沼气站，投资605万元完成农户庭院式污水处理设施3112座，投资60万元建成9座小型垃圾焚烧设施。此外，喜洲还全力抓好控氮减磷测土配方施肥技术推广、洱海全湖半年封湖禁渔、畜禽粪便加工资源化利用、洱海流域垃圾收集清运及以桃源为重点的沿湖宾馆饭店餐饮废水整治等工作，严格实施洱海主要入湖河段长责任制，深入开展"洱海保护月"活动，洱海水质总体保持Ⅲ类以上。

在制度保障方面，洱海保护与海西保护紧密结合、联动落实，着力抓好流域监管、流域面山林业生态建设、水资源管护、垃圾污水收集处理、面源污染控制等工作。2013年重点实施了14个村15座百村污水收集处理系统建设工程、喜洲镇垃圾中转站工程、喜洲镇村镇污水收集处理和再生利用工程、苍山花甸坝洱海水源地保护工程以及环洱海生态湿地建设工程等"2333"行动计划。投资2126.94万元，完成了第一批百村村落污水收集处理工程11个自然村13个点的建设任务，服务人口22781人，规模日处理1620立方米。按照属地管理的原则，以村委会为责任主体，建立了"农户缴费、政府补助、村收集、镇清运、市处理"的农村生活垃圾有偿收集清运处理模式，并积极引入"市场化运作、社会化管理"的理念，形成镇、村齐抓共管的农村生活垃圾收集清运工作的新格局，实现垃圾收集清运的规范化、常态化。

2014年，喜洲地区洱海保护治理得以继续推进。以洱海保护宣传"五进"和"三清洁"活动开展为契机，大力推进"两污"治理、湿地建设和亿方清水入湖三大重点工程。为切实加强环洱海服务业排污、治污工作，

◇历史遗留下来的灌溉工程，成为今日网红打卡地

消减进入洱海的污染负荷，投资1200多万元实施喜洲镇第一批百村村落污水收集处理系统建设工程管网覆盖率和污水处理率提升工程，目前沙村、深江、仁里邑3个自然村已完成，其余自然村正在实施。投资82.39万元完成喜洲镇洱海界桩、环湖林带桩、洱海生态保护桩"三条红线"埋设工程，对棕树河、万花溪沿岸80个违法排污口进行了拆除和封堵，有效控制洱海水污染。通过集中整治与日常保洁相结合的方式，清理水面漂浮物、堆积物、污泥杂物、畜禽粪便和建筑垃圾8000多吨。

2015年以来，喜洲地区大力实施"两污"治理、清水入湖和湿地修复工程，拆除和封堵主要入湖河道排污口49个；实施和乐沟、深江中沟等11个多塘系统建设；完成仁和、桃源新村、珂里庄、和乐南4个自然村村落污水收集处理工程；周城污水处理厂顺利通过"十二五"中央生态试点项目验收。认真实施"户保洁、村收集、镇运输、市处理"的垃圾收集清运管理模式，共收取垃圾清运费105.06万元，全年清运垃圾12985吨，日均达35.6吨。投入50万元，对沿湖海岸线、入湖河道、沟渠及洱海滩地开展环境综合整治，共清理淤泥及腐烂物14619吨，白色垃圾、水葫芦、杂草等1102吨；开展鱼鹰表演旅游经营项目整治工作和洱海保护网格化管理。依法治湖、科学治湖、工程治湖、全民治湖的洱海保护管理体系不断得到完善。

同时，全面落实"四治一网"，持续开展"三清洁"活动，大力推进洱海流域截污治污、入湖河道综合整治、流域生态建设、水资源统筹利用、产业结构调整、流域监管保障"六大工程"，全面实施入湖沟渠生物净化多塘系统建设和龙湖生态湿地建设。强化洱海入湖河道监管，狠抓集镇、村落污水收集处理设施建设运行管理，落实水资源有偿使用和城乡污水处置收费管理等制度，全力控制面源污染，加强畜禽粪便收集，实施农药化肥"零增长"行动。严格执行《大理市生活垃圾处理费收费管理办法》，强化完善村庄、道路、河道、滩地卫生保洁和垃圾收集清运网格化管理制度；强化洱海流域联合联动执法，以零容忍的态度和完善的措施严厉打击违法行为，不断增强群众保护洱海的自觉性、积极性和参与性。

（五）民居建筑变迁

喜洲白族民居以土木结构为主，一般依山势而建，房屋的朝向一般坐西朝东，背靠苍山，面向洱海。建筑整体色调以白色为主，外墙通常用字画进行装饰。白族民居建筑通常由一栋主房、两个厢房和一坊照壁构成。两边的厢房一般比主房低，当地人称"一高两低"，主房的对面为照壁，这种布局方式的建筑被当地人称为"三坊一照壁"。此外还有以院为中心布局的，"四合五天井""一进三院""一进五重堂""六合同春""走马转角楼"等布局方式。因此，人们通常用"三坊一照壁""四合五天井"来概括白族民居的建筑风格。

改革开放以来，随着人们生活水平的提高，一部分先富起来的人开始建造砖木结构的房屋，此后建房的村民纷纷效仿，导致砖木结构房子大为

◇ 司马第

流行。2000年前后，逐渐兴起盖砖混结构的现代房屋，但钢筋混凝土的房屋没有白族民居的特点，此后政府出台措施要求村民盖房时必须突出白族传统民居的特征：整栋建筑不得超过三层，屋顶必须加盖瓦片，保持白族传统民居的风格。近年来，随着旅游业的持续升温，具有白族传统民居特色的建筑受到追捧，村民在修建房屋时会自觉突出白族传统民居的特点。房屋主体虽然基本采用砖混或钢筋混凝土的结构，但是整栋房屋无论是建筑风格，还是布局装饰都很好地保留了白族民居的特点。

目前，喜洲保存完好的白族传统民居有100多院。其中，董家大院为国家级重点文物保护单位，明清时期遗留下来的七尺书楼、严家大院、杨家大院很好地保留了白族传统民居的建筑特征。喜洲白族民居建筑以雄浑细腻的笔触，凝聚了白族人民的心血和智慧，绘就了白族文化绚丽的画卷。

随着国家对生态环境建设工作的日益重视，强化了土地和森林资源的

◇ 七尺书楼

保护，以及人民生活水平提高后居住房屋现代功能设施要求的增长。出于保护生态环境考虑，大理州城乡建设环保局决定在保持白族民居传统建筑风貌的基础上，逐步推广砖混结构的白族民居。喜洲镇政府也出台了相关的政策措施，有力地保护和传承了白族民居建筑的整体风格。

参考文献：

［1］《喜洲镇志》编纂委员会编：《喜洲镇志》，云南大学出版社，2005年。

［2］《大理市志》编纂委员会编：《大理市志》，云南人民出版社，2015年。

［3］《中国少数民族社会历史调查资料丛刊》修订编辑委员会、云南编辑组编：《白族社会历史调查（一）》，民族出版社，2009年。

［4］大理市地方志编纂委员会编：《大理市年鉴2002》，云南科技出版社，2002年。

［5］大理市地方志编纂委员会、大理市年鉴编辑部编：《大理市年鉴2011》，云南民族出版社，2011年。

［6］大理白族自治州地方志编纂委员会编：《大理州年鉴2008》，云南民族出版社，2008年。

［7］大理市史志编纂委员会办公室编：《大理市年鉴2015》，云南民族出版社，2015年。

［8］杨镇圭：《白族文化史》，云南民族出版社，2002年。

［9］《喜洲镇志》编纂委员会编：《喜洲镇志》，云南大学出版社，2005年。

［10］《白族简史》编写组、《白族简史》修订本编写组编：《白族简史》，民族出版社，2008年。

［11］中国社会科学院经济研究所课题组编：《镶嵌于历史与现代之

间:云南省大理市喜洲镇经济社会调研》,中国社会科学出版社,2009年。

[12]中共大理白族自治州委员会、大理白族自治州人民政府编:《中国白族村落》,云南民族出版社,2011年。

[13]《当代云南白族简史》编委会编:《当代云南白族简史》,云南人民出版社,2014年。

[14]罗杨主编:《中国名镇:云南·喜洲》,知识产权出版社,2014年。

[15]大理白族自治州白族文化研究院编:《白族概览》,云南民族出版社,2014年。

[16]王锋主编:《中国民族地区经济社会调查报告·大理市卷》,中国社会科学出版社,2015年。

哈尼族社会历史回访再调查
——以墨江县娘埔村为例

丁桂芳　敏塔敏吉

娘埔村①隶属于云南省普洱市墨江县龙坝镇勐里村委会，是哈尼族白宏人聚居村落。白宏人是哈尼族30多个支系中的一支，现主要分布于普洱市墨江哈尼族自治县、玉溪市元江哈尼族彝族傣族自治县及红河哈尼族彝族自治州的红河县、绿春县等地。白宏人自称"白宏"，他称"布孔""补孔"。"白宏"，哈尼语音译，意为"掏洞"，引申为哈尼族中开路人、引路人的意思。白宏人的语言属哈尼语豪白方言白宏次方言。由于历史上没有文字，在现有的官方历史文献中，鲜有白宏人的相关记载，最早的记录见于民国《墨江县志资料》、民国《墨江县志稿》，在两书中提道："补（布）孔，又名麻黑。居县属善政、永安、善化三乡，约一万余人。语言倍鸩，亦无文字，且鲜读汉书，历史亦不可考。"

据墨江县哈尼文化研究所2006年的统计，墨江县哈尼族白宏人共有27052人，在墨江9个哈尼族支系中人数排行第四，主要聚居在坝溜、那哈、龙坝、泗南江等乡镇。龙坝镇是哈尼族白宏人传统的分布区，清代属

---

① 墨江县龙坝镇勐里村委会娘埔自然村，20世纪50年代民族调查时该村被记录为"娘浦寨"，为表述方便，本书统一用"娘埔村"指代。

他郎德化里。民国二十一年（1932）属墨江县第七区；民国二十八年（1939）从第七区划出，设龙坝乡。1949年改称龙坝区，1958年称龙坝公社，1984年又改为龙坝区，1988年改为龙坝乡，今改为龙坝镇。1956年，

◇哈尼族白宏人传统服饰

中国科学院少数民族语言调查队第三大队哈尼族调查组到墨江县进行民族语言及文化调查，曾在龙坝区进行过短期调研，完成了《墨江县哈尼族人民的解放》《墨江县龙坝区娘浦寨哈尼族（布孔支）社会历史调查》《墨江县哈尼族婚俗》3份调研报告，为后人留下了珍贵的墨江哈尼族历史文化资料。

本调查采用人类学"回访"视角，对1956年完成的《墨江县龙坝区娘浦寨哈尼族（布孔支）社会历史调查》进行回访性的深度田野调查，通过参与观察和深入的个人访谈，力图全面展现60年来娘埔村哈尼族白宏人在社会、经济、政治、文化等方面的历史变革。

一、村寨概况

（一）村寨历史与传说

娘埔村距离勐里村委会所在地4千米左右，距离龙坝镇政府驻地石头寨约12千米，距离墨江县政府驻地联珠镇约50千米。面积4.25平方千米，海拔1700米，年平均气温16.50℃，年降水量1390毫米。

关于娘埔地名的来历有两种说法：其一，据《墨江哈尼族自治县地名志》记载，"娘埔，哈尼族白宏人语地名，'娘'为'那边'，'埔'为

'寨',意为那边寨";其二,据大摩匹李玉明解释,最早在娘埔建村立寨的就是李姓家族,其先辈原本生活在曼培①。家族中一位叫作李者舍的姑娘从曼培嫁到竜宾②旧寨宗姓家族。一天,李者舍到山里找猪草,顺着洛西河一直往上走,看见一个山坳,森林密布、水草肥美,十分喜欢,就和自己的妹妹李妹者一起劝说本家族的人和宗族人一同迁往,在该处建村立寨。为纪念是娘家的阿嬢发现的地方,后人就把这里称为"娘埔",即阿嬢发现的地方之意。③

◇ 村寨标志物——牛皮大鼓

娘埔村现有72户人家,其中李姓有59户、宗姓有8户、王姓有5户。李姓家族是最早在此建村立寨的家族,也是人口最多的家族。李姓家族父子连名谱系显示,在娘埔建寨的

◇ 郁郁葱葱的寨神林

---

①曼培:地名,今红河县垤玛乡曼培村委会所在地。
②竜宾:地名,今墨江县龙坝镇竜宾村委会所在地。
③敏塔敏吉、赵德文、蒋浩:《文化适应与社会变迁》,云南美术出版社,2014年。

祖先叫作轰嘎，其从曼培迁居至此之后，祖先庇佑，人口繁衍，至今已传16代子孙，超过200年历史。李玉明说，当时李氏兄弟三人一同举家外迁，分三路迁徙，一个迁往娘埔村，一个迁往坝溜乡，一个迁往绿春县。在娘埔村李、宗、王三姓家族中，王姓是最后迁居至此的家族，迁居的时间在1949年以后。据称其在该村的始祖是李姓家族从红河县请来的帮工，专门替李家打理田地，后来在当地娶妻生子，遂定居于此。

1956年中国少数民族调查队在娘埔调查时，娘埔还是一个独立的村子。1958年，由于当地人口发展，人多地少的问题日益突出，为解决这一难题，娘埔村远近闻名的大摩匹李义者率领50多名村寨成员从娘埔分离出来，在距离娘埔仅有一条小箐相隔的一处山势较高、地势平坦的处所建立了新的村寨，并按照哈尼族传统的建寨仪式建立了寨神林、寨神、崇咪弄丛、兜龙、咪切哈达、厄洪素、嘎特特等村寨标志。新寨取名为"墨埔"，哈尼语音译，意为"好在的地方"。墨埔现今是勐里村委会辖区独立的村民小组，有34户，其中李姓27户、宗姓5户、周姓2户。不管是从行政区划来看，还是按照传统礼俗来定义，墨埔已经是一个单独的村寨，但是由于其建寨历史较短，且与娘埔存在血缘和地缘的亲近，所以，至今娘埔、墨埔两村村民仍经常自称为"一个寨子的人"，一些重大的祭祀典礼仍联合举行。

（二）人口构成

根据2016年的统计，娘埔村有人口72户285人，全部为哈尼族白宏人，其中男性151人、女性134人；60岁以上17人；农业人口283人，劳动力189人。墨埔村有人口34户146人，其中农业人口143人，劳动力92人。两村相加，共有人口106户529人。这个数字在20世纪50年代是39户161人。[①]得益于中华人民共和国成立之后稳定的社会发展，村民生产生活水平得到极大

---

① 《民族问题五种丛书》云南省编辑委员会、《中国少数民族社会历史调查资料丛刊》修订编辑委员会编：《哈尼族社会历史调查》，民族出版社，2009年，第94页。

提高，人口数量得以增涨。

（三）人口流动与趋势

在中国传统乡村社会里，对于土地的依赖塑造了乡民安土重迁的心理，也造成了传统乡村封闭和稳定的特性。新中国成立后的30年，由于多种原因，社会经济发展缓慢，造成了中国广大农村固守传统，延续前工业社会的生计模式，乡土社会基本稳定，人口流动鲜见的现象。改革开放后，在现代化背景下，农村产业结构发生变化，长期被禁锢在土地上的中国农民开始了缓慢地流动。20世纪80年代末，尤其是2000年以后，整个中国形成具有中国特色的"民工潮"，农村人口大量涌入城市务工、经商。随着人口的流动，传统乡村被迫解构，社会伦理和文化发生了巨大变化。

随着人口的外流，娘埔村封闭的社会结构也被打破，一扇向外开放的大门打开了。实际上，娘埔村哈尼族自民国年间就有农闲时间外出打散工的传统，只是地域范围仅局限于邻近村落。现代意义上的外出务工始见于20世纪90年代，在中国"民工潮"风起云涌之时，娘埔村的人口外流才刚刚揭开一个细小的边角，首批村民开始到龙坝镇以外的地方寻找工作机会。这里一些勇敢的年轻男子，迈出了向外闯荡的第一步，这批青年的都市"奇遇"以及货真价实的经济收益刺激了更多村民外出寻找机遇，女子也不甘落后，纷纷加入外出务工的大军。1997年，村里出现了第一批外出务工的女性。但由于受教育水平低，且从未有过外出历练的机会，这批女性不仅不识字，甚至连汉话都不会说，只能在墨江县域的农庄和种植园从事出卖劳力的简单工作。

从20世纪90年代开始，娘埔村村民外出流动的地域分布经历了从邻乡到邻县再到外省不断拓展的过程。起初是零散的个体外出，2012年出现了第一批有组织的出省务工队伍，由工头[①]统一招聘外出，前往山东青岛从事

[①] 工头：早前外出务工的村民。中国东部城市民工短缺，村民在务工地站稳脚跟后，受雇主所托到家乡招聘工人，招工1名有5元提成，带出民工越多，所获提成越高。

建筑工作。村民在外务工每月最低有3500元的保底工资，这对于娘埔村那些世代躬耕于田野的村民而言，的确是一笔不菲的收入。之后，随着村民眼界的开阔、人际关系的扩大和信息网络的不断延伸，更多的人得以外出寻求生路，足迹也遍及中国更多的城市。目前，娘埔村189名劳动力，有80多名在外务工，其中40多名长期外出，这些外出村民基本上都是夫妻结伴出行，足迹遍及浙江、江苏、山东、广东、上海等地，主要从事建筑业、玩具或机械加工行业。

外出务工行为的普遍化，导致一种新型的人口流动类型开始在娘埔村出现，即女子外嫁。女子外嫁是出外务工的次生结果，但对村落及乡土文化的影响却远甚于前者，甚至在某种意义上可被视为导致乡土文化解构的重要原因之一。对于务工者来说，离开乡土只是一种暂时性行为，"外出—回归"是闭合流程，其生存的根基仍稳稳扎根于乡土，但对于外嫁女子而言，"外出"即代表着彻底的疏离，其乡土性被连根拔起。

哈尼族传统上实行族内通婚，甚少与外族婚配，且由于姻亲在其社会网络中的重要作用，婚姻的选择通常局限于邻近村落，以方便姻亲的日常往来和互助。20世纪90年代以前，村落中尚未出现与其他民族联姻的现象。第一例女子外嫁在1994年，在当时属于特例。但是90年代后期，随着一些受过小学、初中教育的女性纷纷外出打工，通婚范围扩大，出外见过世面的女性，宁愿选择背井离乡，也不愿再返乡务农，族际通婚、远距离通婚成为普遍现象，传统的通婚圈被打破。据统计，目前娘埔村女性只有30%在本地结婚，其余70%均外嫁他乡，尤以嫁在墨江县城和邻近的玉溪市元江县和红河州红河县者为多。女性一旦远嫁，就基本上和村落、家庭脱离了联系。78岁的村民李金发育有四女三男，四个女儿中两人嫁在勐里村委会的墨埔村和路萨村，其余两人嫁往贵州和云南曲靖，嫁在本地的女儿出嫁时按照传统礼俗举行了隆重的婚礼，而外嫁的女儿不仅没有在当地举办婚礼，就连回家的次数也屈指可数。外嫁曲靖的女儿常年在广州打工，出嫁十年只带孩子回过一次家。李金发老人对此很是唏嘘："没有办法，姑娘嫁在本地最好，大女儿在墨埔（村），两三天会来看我一次，外嫁的姑娘都见不着人，两个嫁出去的姑娘的家我一次都没有去过，路太远了，去不了。"女子外嫁，隔离的不仅是亲情，还有乡土和文化。

中国通婚市场女性人口的稀缺，为原本固守乡土的女性创造了更多外嫁的机会。娘铺村目前的情况是，除了未婚的姑娘愿意选择外嫁，一些已婚女性也会在面对更好的生活的诱惑时选择"出逃"。2014年，娘埔村一妇女在与丈夫外出打工的过程中，结识了一名临沧人，两人情愫暗生，最后偷偷离开，留下两个年幼的孩子。这类事情在目前中国的偏远乡村时有发生，促使当地村民，尤其是男性，外出务工时常对自己的婚姻心存忧虑，于是外出务工时普遍选择携妻同往。

（四）村寨今昔变迁轨迹特点

新中国成立后，娘埔村作为中国社会大系统的基层组织，一直处于国家治理体系当中，并在经历国家历次政策调整之后，深深嵌入中国社会变迁的整体进程。从20世纪50年开始，娘埔村的社会变迁大体经过了以下几个重要阶段。

1950～1960年。1951年的土地制度改革废除了封建土地私有制，实现了"耕者有其田"，娘埔村各户均分到了地。在这一时期，同中国千千万万的农村一样，娘埔村农业生产合作组织经历了从农业生产互助组到农业生产合作社的历史演变。1956年，墨江全县掀起农业合作化运动高潮，入社农户占总农户的85%。当时的娘埔村和今路萨村同属一个合作社，两村合并一共32户110多人。1957年，农业合作化运动再掀新高潮，初级社转为高级社。村民反映，这在娘埔历史上是一个非常重要的转折时期。农业生产合作社高级社在1958年转化为集体化性质的人民公社。人民公社下设一级或两级组织，即人民公社、生产队或人民公社、生产大队、生产队。娘埔村和路萨村也创办集体食堂，吃"大锅饭"。当时，生产劳动全县统一步调，来自县、区的工作组到工作队进行劳动指导，和工作队同吃同住同劳动。集体食堂一直持续到1960年5月，随着集体化时期的结束而宣告结束。

对于普通百姓来说，农业集体化的影响是深远的。一方面，相较新中国成立前匪盗横行，生命和财产均得不到保障的境况，到20世纪50年代人民有地、有粮、有安全，生活开始步入正轨。另一方面，由于城乡二元结构体制的建立，村民的社会流动被限制在村落土地上；就村级组织而言，经历了集体化改造之后，村级组织开始拥有土地和其他农业生产资料，逐渐成为一级经济和社会单元。

1978～1995年。这一时期的主要特点是乡村逐步去集体化。以家庭联产承包责任制为标志的农村经济改革，使农民有了掌握农业生产的决定权。与此同时，原先的公社、大队、生产队的三级行政体系被新的乡（镇）、行政村和村民小组所取代。1980年，娘埔村的97亩水田全部包产到户。但是，由于工作粗放，当时的田地分配存在很多问题。

家庭联产承包责任制的推行促进了普通农民的生产积极性，使生产效率在短时期内得到大幅提升。老一辈的村民普遍反映："包产到户很好，自己只要多付出，就会有更多收入。"但与此同时，一个新的问题开始显现。1980年开始，为了扩大种植区域，娘埔村村民开始了毁林开荒，全村各户男女老少全部参与，短短一年时间就毁林开荒20亩。这一行动的直接成果是1981～1984年娘埔村连续三年增收，解决了吃饭问题，但是间接后果却出人意料。1985年之后土地肥力消退，粮食产量开始大幅下降。在村民记忆中，1985～1996年最大的问题是吃饭问题。村民李玉福回忆，当时大家都穷，最窘迫的时候还出现了借盐巴的情形，东家借、西家还，基本没有人家买得起盐。为解决农民的吃饭问题，墨江县自1982年开始推广试种"三系"杂交稻，经过长期培育，1991年在全县范围推广。1994～1995年，娘埔村村民从外地引入杂交水稻稻种在本地试种，因不服当地水土，效果不佳。

1982年2月，墨江县在全县范围内开展"稳定山林权，划定自留山，确定林业生产责任制"的林业"三定"工作。从县、公社、大队抽调了893名工作队队员，在2138个生产队中铺开进行。此次林业"三定"工作，给2553户农民划了自留山近11万亩，每户平均4.2亩。1983年，娘埔村的全部林地、水源也全都包产到户。

1996年至今。1996年，县级农业部门技术人员指导，娘埔村专门针对当地土壤进行了改良，杂交水稻终于试种成功。之后，相继引进了"8126""813""838""2168""2178"等稻种。以前，种植"罗平稻"等本地常规品种，亩产只有150千克，经过调试后的"838""216"等杂交稻种，每亩可达400千克以上。杂交水稻的试种推广，对娘埔村具有划时代的意义。很多村民坦言，对他们而言，1996年是一个幸福的开端。粮食的丰收，不仅解决了温饱，还剩下很多粮食，村民用剩余的粮食酿制白酒，休闲消费也拉开了序幕。

1997年之后，娘埔村一些村民开始将剩余的农副产品拿到市场出售，以换取钱款购买基本生活用品。这一转变，使原本自给自足的农村生产者通过商品交换，扩大了与社会的交往。自此之后，原本牢固的农民与土地的联系开始松动，娘埔村越来越多人走出村落向外地流动。

2007年，受全国茶叶市场的影响，作为传统茶产区的娘埔村收获了有史以来的最大一桶金。一年之内，家家户户均购置了高达六七千元的摩托车。这说明，娘埔村已彻底从以往封闭稳定的农村社区，转变为社会主义市场经济链中的一环。

二、经济建设

（一）传统经济体系和生产方式的变迁

纵观娘埔村新中国成立至今60年的社会文化变迁，最突出的表现是生产方式的变革。在国家政策引导下，娘埔村从一个自给自足、遗世独立的小农经济社会，逐渐转型为市场经济体系中的一个微小链环，传统封闭的社会空间也随之开放，从而引起一系列社会文化变迁的连锁反应。

从时间序列来看，新中国成立后，娘埔村哈尼族的生产方式变迁主要以20世纪80年代为分水岭，划分为前后两个重要阶段。80年代之前，农业生产形式虽几经波折，但其产业结构一直延续传统模式，以农业为根基；80年代之后，在市场经济的导向下，过去"以粮为纲"的单一产业结构已被第一二三产业全面发展所取代，产业结构朝多元化发展。

哈尼族是一个传统稻作农业民族，水稻农耕是其主要生计方式。20世纪50年代以前，娘埔村的哈尼族延续传统的生产方式，以家户为单位，从事稻作农业，同时辅以采集和狩猎。之后，尤其是1956年社会主义三大改造完成，随着农村生产合作社成立，原来的经济生产单位——家户被全部合并进合作社中，从而进行集体劳动。这种生产方式在特定时期对于提高生产效率的确起到过一定的作用，但其劣势在之后的发展中逐渐显现。集体化生产使原本依循自然时序和传统习惯的农业种植变成了整齐划一的政治任务，生产队每年的农业生产由全县统一计划和安排，来自县、区的工作组与村民同吃同住同劳动，进行全程指导。然而，这种费心费力的工作机制却因脱离当时当地的生产实际而收效甚微，甚至被村民评价为"瞎指挥"。"他们不根据实际情况瞎指挥，有一次要求我们生产队在晚上打着火把薅草，一晚上要薅100亩，草没薅完，火倒是烧了很多庄稼。"[①]合作社集体劳作在某种程度上压制了村民的生产积极性。

集体化时期在1960年宣告结束，人民公社成立。之后，娘埔村进入了长达20年的农村计划经济时代。生产中没有责任制，分配上实行平均主义，"干多干少一个样，干好干坏一个样"，严重挫伤了村民的生产积极

---

① 访谈对象：李亚福，男，58岁，农民；访谈时间：2016年8月19日；访谈人：丁桂芳、曾薇。

◇稻作农业

性。因此,近30年的时间里,娘埔村虽以农业生产为主导,全体村民全身心投入农业生产当中,但实际收益并不明显,在村民的集体记忆中,这一时期一直处于饥饿和物资匮乏之中。

对娘埔村的哈尼族来说,20世纪80年代具有重要的划时代意义。一方面,人民公社结束,家庭联产承包责任制开始推行,村民重新掌握了生产主动权,"种什么,怎么种,种多少都是自己说了算"。人们开始根据自己的计划自主安排农业生产,生产积极性获得很大提高。另一方面,党的十一届三中全会之后的改革开放,使原本封闭的小农经济开始汇入现代化市场经济的洪流中,娘埔村的经济体系和生产方式发生了翻天覆地的变化。

首先,农业产业结构发生了重大调整,经济创收项目逐渐替代传统种植项目。娘埔村全村现有耕地总面积190亩（田103亩，地87亩），人均耕地0.66亩，主要种植水稻、玉米、蔬菜等满足日常生活所需的基础农产品。拥有林地829亩。其中经济林果地400亩，人均经济林果地1.38亩，主要种植板栗等经济林果；其他面积4826亩。茶叶种植虽是传统项目，但均为零散种植，仅供村民日常消耗，并不用于出售。20世纪80年代，尤其是90年代之后，由于农业生产效率的提高和受市场经济的影响，村民的日常生产开始从"果腹型"向"创富型"转向。在政府的引导下，龙坝镇于90年代引入了烟草种植。自1992年试种烤烟以来，到2007年整个龙坝镇的烤烟种植面积已达3000亩，产量达6600担，产值达366万元。[1]娘埔村的烤烟种植相对较晚，最早从1998年开始，到2014年种植户已达20多户，种植面积逾140亩。几乎在同一时期，传统的茶叶种植也在娘埔村焕发了新的生机。龙坝镇政府按照茶叶优质、高产、高效的原则引导、扶持农户改造老茶园，发展新茶园，同时引进了普洱市国有资产有限责任公司到龙坝建现代茶叶加工厂，大力发展茶叶种植。到2007年，全镇的茶叶种植面积达2.5万亩，人均达1亩以上，产值从48万元增加到570万元。茶叶种植已然成为当地经济的主要支柱。

除了种植业的发展和转型，养殖业也在娘埔村获得了很大的发展。在政府惠民政策的引导下，传统的养殖模式被打破。2014年，娘埔村出现了第一个黄牛养殖户，该户户主利用打工积累下来的10万元钱，外加政府贷款，筹建了私人养殖场，一共圈养了46头黄牛，每年出栏4~5头，走上了现代畜牧业发展的新路子。

其次，农村经济结构发生重大变化，非农产业在农村经济中的价值比重上升。20世纪90年代以后，龙坝镇着力打造"三片叶子一块石头"（即烤烟、蚕桑、茶叶和矿产）四个优势产业，提升畜牧、蔬菜种植等传统产

---

[1] 中共墨江县委党史研究室编：《哈尼山乡的巨变》，2013年，内部资料，第265页。

业，使娘埔村在第一产业——农业主导的基础上，加大第二、第三产业在总体经济结构中的比重。

龙坝镇勐里一带盛产石棉、金矿和镍矿。据《墨江县三十年历史资料》载，金厂梁子至龙坝勐里一带石棉远景储量达160万吨。1958年，墨江县办厂开采。1982年9月，石棉矿和金矿合并为墨江哈尼族自治县金矿，并成立墨江哈尼族自治县黄金公司，实行"一套机构、两块牌子"，隶属于县工商局，为独立核算企业性质。1987年7月，成立墨江哈尼族自治县黄金工业公司，8月更名为墨江哈尼族自治县金矿。改革开放30年来，矿业公司累计完成工业总产值121128万元，累计实现利税61212万元，有力地促进了整个墨江县县域经济。但是对于属于矿产产区的娘埔村普通村民而言，矿产的开发污染了环境，却没有给自己带来太明显的实际利益。2006年，为整顿和规范矿产资源开发秩序，创造良好的投资环境，龙坝镇引进福建罗丰集团墨江兴华矿业有限公司到龙坝开发镍矿。创办该厂时，征占了娘埔村422亩田地，公司以12000元／亩的价格补贴村民，外加2600亩轮歇地也予以适当补贴。"征地"与"补贴"的行为，第一次使村民与当地矿产的开发扯上了关系，而该矿业公司对娘埔村经济生活最大的影响是为当地村民提供了一批就业岗位。目前公司职员120余名，80%是本地人，其中娘埔村村民有16人，这些村民每月可获得3000元收入。

20世纪80年代之后，人多地少的实际情况和灵活的生产计划使一部分劳动力从传统的农业生产中解脱出来，开始在农闲时期外出寻找工作机会，农村人口发生缓慢流动。1996年娘埔村推广杂交水稻之后，村民们不仅解决了吃饭问题，还存下了大量余粮，很多村民便逐步把闲置的田地租给外人耕种，自己则选择出外打工。一些有经济头脑的人大胆地把这些田地承包下来，替他们上缴农业税及各种统筹提留，另外再付给他们一些土地使用补偿金，开始了一种新的承包经营模式。承包土地的人家扩大了耕地面积，可以进行烤烟、茶叶等规模经营，降低了生产成本。90年代末期,尤其是2000年以来,走出龙坝镇、墨江县务工的人越来越多,务工收入已逐渐成为娘埔村经济的重要来源。外出务工的村民辛勤劳作、省吃俭用,很多人用打工挣来的钱改善了生活、修建了新房。

1983年,随着中央农村政策的调整,娘埔村村民开始搞多种经营,一些具有商业头脑的农民走上了致富路。他们有的在村里开起了小杂货店,有的四处贩卖服装、药材等,生意虽小,但一年下来所获收益却多。一些胆大的村民,还从事建筑、运输等行业,带动了娘埔村经济的繁荣和发展。截至2016年,娘埔村共有2家小杂货商店,1个茶叶加工作坊,还有2户人家贷款购置了大型货运卡车专门跑运输。

经济结构的调整使娘埔村村民的经济收入更加多元化。以2010年为例,该村当年农村经济总收入33.85万元。其中:种植业收入19.8万元,占总收入的58%;畜牧业收入6.27万元,占总收入的19%(年内出栏肉猪82头,肉牛5头,羊38只,鸡鸭330只);林业收入0.21万元,占总收入的2%;第二、三产业收入6.97万元,占总收入的21%。

(二)农作物种植

哈尼族是一个稻作农业民族,自古以来以农业种植为其主要营生。20世纪50年代后,娘埔村农作物种植的种类、数量及其种植的方式和技术均发生了不同程度的变化,农业属性开始从生存型农业向现代商品化农业转变。

1. 农业稻种从本土稻向杂交稻转变

20世纪50年代以前,整个墨江县的水稻农业均以种植适应性强的本地常规品种为主,如"罗平""蚂蚱""大白""大红""齐头"等,有274个品种。这些稻种能适应不同肥力的土壤栽培,但缺点是产量较低,亩产仅200多千克。1960年以后,在县农业局的推广下,娘埔村开始引进外来稻种。1978年,普洱地区安排给墨江县水稻"三系"育种,育种成功之后,开始在全县范围内推广试种。至1993年底,全县累计种植25.3128万亩,

◇ 打　谷

平均亩产469千克，比本地常规品种亩产增收218.8千克。从1994年至2007年的13年间，墨江县又先后引进了"Ⅱ优63""岗优12""岗优22""岗优725"等28个品种在全县推广。1997年从云南省农科院引进了"黑紫糯1号"，平均产量在350千克。杂交水稻良种的推广，大大改变了娘埔村水稻广种薄收、单产量低而不稳的状况，解决了村民的温饱问题。

2. 农作物种植从粮食作物向经济作物转变

在很多村民的记忆中，20世纪90年代村里引入杂交水稻良种之后，人们的生活质量发生了质的飞跃。水稻亩产量大幅提高，不仅很快解决了温饱问题，也在某种程度上释放了土地和人力。在满足温饱的基础上，村民开始考虑通过替代种植以达到增收的目的。

第一种替代粮食的农作物是茶叶。墨江县是著名的普洱茶产地之一，种茶历史悠久，早在清道光四年（1824），县属坝溜杨八寨村民即从红河州绿春县引进种植。民国十一年（1922），全县有茶树3.8万多株，年产茶叶530担，远销思茅、元江、玉溪、昆明等地。后因管理不善，茶园荒芜。1953年，墨江县委成立农技推广站，负责指导茶农生产，并于同年建立了景星茶厂，进行茶叶初加工。1970年景星茶厂更名为墨江茶厂，进行茶叶精加工，主要生产"滇绿"和"滇红"，研制成功并投入生产的"墨江云针茶"曾获思茅地区1982年优质产品奖。之后，各产茶乡相继成立了茶厂，进行茶叶初加工。1981年，农村实行家庭联产承包责任制，茶园承包到各户经营。1988~1990年，县茶果站在龙坝、那哈9个乡镇15个点开发建设速生丰产茶园。

在新中国成立前，前娘埔村就有种茶的传统，但是种植面积小，自产自销，并不出售。20世纪60年代合作化时期，村里还种植过一批茶叶，规模有近20亩，茶园属于集体产业，全村共同生产和消费。合作化结束后，

◇ 茶叶加工作坊

茶园无人管理，日渐荒废。20世纪90年代，全国茶叶市场逐渐升温，普洱市、玉溪市投入大量财力物力发展茶产业，受此影响，娘埔村村民开始复种茶叶，并逐渐走上了一条产业化道路。

茶叶种植的推广与村民李王兴有着密切联系。作为村里第一批外出务工者，长年走南闯北积累下来的丰富经验使李王兴身上有着同龄人没有的智慧和敏锐。20世纪90年代初，李王兴在思茅区翠云乡（现普洱市思茅区）帮人挖咖啡地，接触到当地的茶叶产业，觉得该产业大有可为，便于1991年返乡，与妻子在自家地里种植了4亩茶树，茶树苗从元江因远镇购入，是老品种实生苗。1993年之后，在李王兴的影响和带动下，村里开始有人种植大片茶园。2009年，"红康10号"被引入。2013~2014年，在外地茶商的推广下，"红康100号""大绿茶""普景号"等品种陆续被引入。2007年以后，村里家家户户都种植了茶树，平均每户达到10亩。但是在2007年，茶叶市场不景气后，村民所种茶地逐渐被闲置或弃用。

第二种替代种植的经济作物是烟叶。为拉动县域经济的发展，墨江县政府于1991年成立了墨江哈尼族自治县烤烟办公室（1992年4月更名为墨江哈尼族自治县烟草生产办公室，简称"烟办"），负责全县烤烟发展动员和烤烟生产、技术指导工作，下设各级烟草服务办，由此拉开了墨江县烟叶种植的大幕。当年，全县种植"红花烟"品种烟叶241亩，产量9.8吨。1997年12月，墨江县成立墨江哈尼族自治县烟草专卖局、云南省烟草墨江哈尼族自治县公司，全面负责墨江县的烤烟生产、经营、卷烟三级批发和烟草专卖管理工作，"烟办"被同时撤销。之后，由于烟草体制改革的深入，该公司经过几次更名，于2007年成为云南省烟草公司普洱市公司墨江县分公司，下设通关、龙坝、联珠、景星、鱼塘、新抚、团田、龙潭8个烟叶收购站。经过16年的发展，墨江县的烟草产业越来越壮大，已成为县域经济的重要来源之一。

娘埔村的烟叶种植始于1998年。1998年，在县烟草专卖局及当地烟草收购站的鼓励和引导下,村里有4户人家开始种植第一批烟叶,平均每户种植3～4亩,有"云烟85""RG11"等品种。尽管当年烟叶收成良好,但因是初次尝试,缺乏技术指导,村民自行建盖烤房熏烤烟叶,全部烤成了青烟。烟草经济的初次尝试最后以严重损失而告终结,之后烟叶种植成为禁区,无人敢轻易涉足。

时隔10年之后,为进一步推动墨江县烟草产业的发展,2011年,县政府在各地积极推广烟草种植,动员全面参与,并为村民提供全方位的技术指导和丰厚的奖励。在各种政策的刺激下,娘埔村村民的烟草种植意愿开始复苏,第一年就有10家农户种植。2013年,县烟草公司的烟草物业培训工作在全县范围内铺开,并派专人来到各村各寨具体指导村民烟草种植和烘烤,称为"烟服员"。"烟服员"在各村均有一个名额,全面跟踪村民烟叶种植、采收、烘烤及出售的全过程,其服务由烟站给予一定的经费补贴。在"烟服员"制度和烟叶发展奖励扶持政策①的激励下,村民的种植意愿高涨,仅2013年一年就从10户增加20多户,种植面积达到140亩。但是,烟草种植急速推广,相应的种植和管理技术却没有提升,导致娘埔村烟草种植在2014年遭遇了大面积虫害,大批烟草种植户严重亏损,如李王兴一户就亏损了18000多元。此后,很多农户又放弃了烟草种植,2014年只剩下8户,2015年缩减为6户,种植面积也从最兴盛时期的140亩缩减为不到80亩。

第三种替代种植的经济作物是荷兰豆。荷兰豆是为配合烟草种植而引入的一种新的经济作物,2012年才开始在娘埔村种植。尽管引入时间不长,却已给当地村民带来了丰厚的收益。众所周知,烟草种植一般于每年的谷雨前后,也就是4月份左右开始育苗,到七八月份开始采收,一年采收一次,之后有70天左右的烤烟期,大田生产期120天左右,烟叶采收之后,

---

①烟叶种植面积在50亩以下,政府每亩补贴农户350元;50～100亩的规模,政府每亩补贴550元;100亩以上规模,政府每亩的补贴可达750元。

大田就处于闲置状态。荷兰豆的种植最初是作为补偿性种植物轮种在烤烟地，后来却由于收益显著，反而成为当地村民一项重要的经济来源。2012年娘浦村有10户烟草种植户轮种荷兰豆，种植面积三四十亩，每亩收入有四五千元，当年荷兰豆大卖。之后，村民争相引进，2015年的种植面积增加至446亩。2016年平均价格为25元／公斤，最高的时候甚至达到32元／公斤，因此被当地百姓戏称为"金豌豆"。

（三）农业科技推广

新中国成立后，尤其是改革开放以来，为优化农业生产，促进农民增收，全国各级农业部门纷纷投资投力农业科技的研发和推广，改进了农业措施，使基层农业主体收益良多。如20世纪80年代之后，引入了水稻薄膜育秧技术、稻田一年多熟技术、旱地立体种植技术、水稻旱育稀植技术等，大大提高了农业的生产效率。但对于娘浦村的农业和村民来说，这50多年来，对其生产影响最大的农业科技主要是化肥的推广和农耕机的使用。

娘浦村化肥的使用是伴随着杂交水稻的引入出现的。其实早在1985年，墨江县就已开始推广陆稻"一种二化"（良种和化学除草、化肥）增产技术。到1991年，全县"一种二化"陆稻种植2.18万亩，平均亩产166.2千克，比一般种植增产20.4%。1993年，全县水稻中层施肥、陆稻氮磷化肥配合等合理施肥6.65万亩，微肥推广施用3.24万亩。1987年，试验、示范"增产菌"等植物生长调节剂。1993年，全县使用推广农作物生长剂5.17万亩，产量平均比不使用调节剂增6%。1996年，杂交水稻在娘浦村出现之前，村民种植采用传统技术，在农作物种植过程中普遍使用农家肥、草灰和灶灰，产量不高但胜在无污染。1996年之后，随着杂交水稻的引入，钙镁磷、尿素、普钙等复合肥料成为村民农业种植的必需品。村民反映，化肥除了使农作物增肥之外，还有另一个有益的功效，就是可用作除草剂，施过化肥的田地免除了薅草的烦恼，使传统农业中繁琐的薅草工序大为缩减，减少了劳力。当然，化肥催产的功效显而易见，农人们发现了这一惊人效果之后就再也摆脱不了对化肥的依赖。

在娘埔村半个多世纪的农业发展过程中，农耕机可算作一个革命性的工具，它的出现不仅大大减轻了农民的负担，也彻底改变了农民的生产方式和生活方式。在此之前，牛是当地水稻种植最依赖的大型牲畜，家家户户都圈养着1头以上的水牛，这是家庭中最重要的财富，也是最主要的生产助手，还是最高级别的祭祀牺牲，对家庭的生产生活意义非凡。"在哈尼族的神话、宗教祭祀及丧葬习俗中，牛扮演着十分重要的角色：在哈尼族宇宙起源神话中，牛化生万物，成了万物的始基或母体；在祭祀活动中，牛既是神圣的祭品，也是巫术活动的某种象征；在丧葬习俗中，牛是'接气''传福'的中介，同时亦是死者亡灵的守护者。"①在当地最高级别的葬礼"摸搓搓"中，通常以杀牛的数量来评定葬礼的规格，富有的家庭甚至可以在一次葬礼中消耗十几头牛。因此，当地有以牛的数量来评价家庭财富的传统。圈养牛多的人家往往是村里富足的人家，择偶娶亲都更具优势。农耕机的出现使牛的功用大大降低，只剩下祭祀消费的意义，因此，为节省圈养牛群的人力和物力，村里很多人家放弃了养牛。在1996~1999年的4年时间里，村内的牛几乎被卖光，目前只有3户人家还圈养牛，分别圈养11头、3头和4头，村里还有一家专门的养殖户，养殖了46头黄牛。

农耕机能够大大减轻劳动负担、提高生产效率的优点显而易见，但也存在致命缺陷，使用者操作不慎就很容易受伤。近10年来，邻近村落已经出现了多起农耕机伤人事件。尽管如此，相较农耕机带来的便利，村民们仍不愿放弃。

（四）经济收入与消费

2011年娘埔村全村经济总收入95.9万元，全部为第一产业收入。其

---

① 李子贤：《牛的象征意义试探：以哈尼族神话、宗教仪礼中的牛为切入点》，《民间文学研究》，1991年第2期。

中：种植业收入49万元，畜牧业收入40万元（年内出栏肉猪124头、肉牛4头），林业收入0.5万元，工资性收入2.5万元。农民人均纯收入2760元。①尽管人均收入接近国家贫困线，但是相较千禧年之前，村民的收入仍有了显著提高。

在娘埔村村民的记忆当中，20世纪90年代末以前村民生活的重心是如何解决温饱，根本谈不上收入。村民日复一日辛苦劳作，所得收成竟不能果腹，这一境况直至1996年之后才得到改善。前已述及，1996年，杂交水稻引入娘埔村，仅当年收成就成功解决了困扰村民几十年的吃饭问题。之后，村民们慢慢从基本营生的桎梏之中挣脱出来，开始谋求发展。一部分释放的劳力逐渐外出务工，另一部分则开始谋划农业种植转型，试图在富余的田地中赚取收入，第一产业仍是其收入的主要来源。

村民的第一桶金来自茶叶种植。自1993年第一波茶叶收获之后直至2007年，茶叶种植基本上是村民收入的主要来源，一切家庭开支均来源于此。进入千禧年之后，由于国内普洱茶市场开始启动并持续升温，最初是一些港台商人介入，他们市场营销意识强，逐步带动了广东、福建、浙江商人参与经营。从2005年起普洱茶价格开始了加速上涨，茶叶经济迎来了黄金年代，娘埔村村民也幸运地分到了一杯羹。尤其是2007年，人为炒作哄抬茶价，价格甚至高达300元1公斤，几乎家家户户当年都获得了万元以上收入。当年，村内所有人家都购置了摩托车。在此之前，一辆摩托车的价格基本上是一户人家一年的收入，原本是村民遥不可及的梦想。于是，村民兴致盎然地扩大了茶叶种植面积，当年每户平均种植茶叶达到10亩。然而，人为炒作的市场毕竟经不住考验，就在茶叶价格达到顶峰的2007年下半年后，茶叶价格却大幅跳水，成交量急速萎缩，波及全国。村民心中刚被撩动起来的致富热情被泼了一盆冷水。之后，茶叶价格一年不如一

---

①资料来源：数字乡村。

年，2016年，茶叶价格只达到20元1公斤，还不够采茶的人工费，20亩的茶地收成只有1万元左右，故而村内的茶地基本荒废。

前已述及，2013年，一种新的经济作物为村民铺开了一条全新的致富之路，即烟草种植。尽管2014年的病虫灾害导致很多人家一度放弃烟草种植，全村的种植面积从140余亩缩减到80亩，但是近几年的收益却是显著的。以李王兴组长家为例，2016年种植面积50亩，投入化肥35000元，农药7000元，租地费7000多元，劳务费18000多元，烟叶价格每公斤售卖40元，加上政府的烟草种植补贴，当年毛收入竟达20万元。李组长种烟致富的示范效应在全村产生了很大的影响，很多村民表示，2017年他们将加入烟草种植的大军。

◇ 娘埔村烤烟房

尽管茶叶种植和烟草种植在以前掀起过或即将掀起当地村民经济收入的小高潮，但是纵观历史，自20世纪90年代至今，村民最稳定也最重要的经济收入来源仍然是外出务工。以前，村民务工只在村落附近，2012年以后，陆陆续续在工头带领下去往山东、浙江、江苏等外省务工。近几年，娘埔村主要青壮年劳力都是在外打工，这些外出务工的村民收入相对较高，保底工资均在3500元以上，有的甚至能够达到六七千元。虽然娘埔村2015年上报勐里村委会的统计数据显示，全村外出务工收入仅2.5万元，但实际上务工收入要远大于这个数据。据村民介绍，那些长期外出的夫妇，除去务工期间的衣食住行，每年最少也能攒下三四万元，这样的收入，在村里务农是绝对不可能实现的。"不出去,没有钱。最早出去那些人,平房都盖起来了。现在盖房子那些(人)都是从外面拿回来的钱,不是从自家地里出来的。"①现年32岁的LWY携妻在江苏从事水泥浇灌工作,持续外出6年,2016年就回村建盖了价值28万元的三层楼房,成为当地人艳羡的对象。

伴随着收入的提高,村民消费也经历了从无到有,从单一到多元,从低级向高级发展的路径。尤其是改革开放后,中国结束了长期以阶级斗争为纲,农业政策不稳定,农村经济发展缓慢的局面,农民普遍增收。娘埔村也在这一波改革大潮中获益匪浅。随着农民人均纯收入的不断增长,农民在吃、穿、住、行、用等方面的消费观念有了较大改观。近年来,全村消费结构发生了显著变化,在吃的方面已由吃饱、吃好向营养型转变,表现为副食消费份额上升,细粮消费比重由1978年的30%提高到2016年的96%,营养丰富的食物成倍增长。在穿的方面,消费观念从过去的"新三年、旧三年、缝缝补补又三年"向个性化、实用高档化转变。随着农村经济的不断增长,村民购买耐用消费品的数量成倍增加,自行车、彩色电视机、洗衣机、摩托车、电磁炉、电冰箱、手机、电脑、汽车相继进入村民的日常生活。2009年,娘埔村还第一次出现了太阳能热水器,至2016年,今村内已有16户人家装上了太阳能热水器,这一改变,大大改善了村民的卫生条件。

(五)精准扶贫

2013年,习近平总书记提出"精准扶贫"这一重要概念。之后,"精准扶贫"被定位为我国全面建成小康社会、实现中华民族伟大复兴的重要保障被很快付诸实践,2013年底全国8000多万名贫困人口建立了档案。相较20世纪80年代以来全国各地陆陆续续展开的粗放扶贫,精准扶贫以"实

---

① 访谈对象:李里者,男,33岁,农民;访谈时间:2016年8月21日;访谈人:丁桂芳。

事求是，因地制宜，分类指导，精准扶贫"的工作方针取胜，实实在在地解决了农村的贫困问题。娘埔村也是中国数万个被帮扶的贫困村之一。

2014年，娘埔村开始启动建档立卡工作，截至2016年，全村建档立卡户42户，涉及人口169人。建档立卡户人均年收入最低的只有1073元，最高的也才达到2250元，均处于国家贫困线以下。普洱市税务局、墨江县政协、墨江县政府、龙坝镇政府工作人员对这42户贫困户进行一对一帮扶，希望在3～5年的时间内帮助贫困村民彻底走出困境。2015年以来，该村最主要的精准扶贫项目是易地搬迁。由于当地属于滑坡带，加之人口的发展，原居地域显得局促，于是在政府的支持下，2016年3月娘埔村启动了易地搬迁项目。作为脱贫致富的一种方式，易地搬迁试图通过改善村民的生产生活条件，调整经济结构和拓展增收渠道，帮助村民致富。新的聚居地位于距离娘埔村2千米的平坡上，项目涉及54个搬迁户，其中包括32个建档立卡户，每户面积125平方米。政府对这些搬迁户进行优惠补贴：建档立卡户的搬迁，政府补助6万元，提供无息贷款6万，分20年付，每年只需支付3000元；非建档立卡户，政府补助4万元，贷款6万，每年利息为2%。目前，该项目正在积极推进中。

2016年，娘埔村实际脱贫人数38户154人，目前尚有4户15人没有脱贫。按照当地政府的工作计划，娘埔村将于2019年实现整村脱贫。

三、政治建设

（一）政治变迁

早在2000多年前汉武帝在今云南设置益州郡开始，墨江县就划归中央版图，接受中原王朝的管控。元代之后，中央王朝加强了对边疆地区的控制，在各少数民族地区设置土官，通过土官来管理当地民众，但并未改变当地乡村治理的模式。因此，娘埔村作为西南边疆的一个普通哈尼族村落，在很长的历史时期，延续的是"头人、摩匹、工匠"三种能人治理的传统模式。

民国二十一年（1932），原属他郎德化府的龙坝正式改为墨江县第七区，由此拉开了现代村寨治理的大幕。自此开始，中央至地方形成了层层相扣的行政网络，村寨成为整个行政体系中的关键一环。国民政府在农村实行保甲制度，以户为单位，户设户长；10户为甲，甲设甲长；10甲为保，保设保长。甲长由本甲内各户公推，区长加委；保长由本保内各甲长公推，县长加委。[①]内部通过举行保甲会议，制定保甲规约以规范村人行为，哈尼族传统社会的"头人、摩匹、工匠"等村社权威被新的政治权威保甲长所取代。这是现代政治制度在乡村社会的初次尝试，但是由于当时社会动荡，农村保甲的推选失于公允，多被一些地痞、恶霸所占据，国家对乡村基层社会反而日渐失去控制。一些老年村民反映，民国时期，保甲长专横跋扈，治安混乱，匪盗横行，人民的生命财产安全没有任何保障。现年78岁的李金发老人回忆："当时社会治安太差，去因远（镇）赶个集买点水果回来都会被抢、被杀。我的姨母嫁到卡拉村，有一次回娘家的途中就被打劫，衣服都被抢走。保长、甲长、保丁平时收保护费，如果不交保护费就会来家里抢，有鸡抓鸡，有猪抓猪，连三脚架都会被抢走，十分可恶。"

1949年之后，中国共产党对农村进行了大规模的社会改造，通过土地改革和镇压反革命的运动，一种全新的制度取代了保甲制度，同时也进一步打破了村落文化中的传统权威和家族认同。1951~1956年，娘埔村开始进行土地改革，开办集体合作社——娘埔公社，当地全部32户110多人的所有土地收归集体。1958年开始，我国广大农村地区推行了人民公社制度。人民公社既是基层的行政单位又是经济组织，以"一大二公"著称，"大"指人民公社的规模很大；"公"是指农业生产合作社和社员的财产

[①] 肖如平：《从自卫到自治：论国民政府的保甲制度》，《历史档案》，2005年第1期。

无代价收归公社所有。以公社为单位，所有村民的衣食住行进行统一管理和经营。娘埔公社还于当年开办了合作社集体大食堂。但是，这种由国家"统包统干"的政策，剥夺了农民自由选择生产制度和分配制度的权利，因而注定很难长久维系。20世纪80年代中央调整了农村政策，推行家庭联产承包责任制，很多地方的村民小组暂代行农村集体经济组织（原生产队）职能。

1998年《中华人民共和国村委会组织法》正式实施，村民自治成为我国农村的基本制度。在原生产大队的基础上建立村民委员会，在原生产小队的基础上设立村民小组协助村委会开展工作。村民委员会作为村民自我管理、自我教育、自我服务的基层群众组织，承担着向村民宣传国家的法律、法规、方针和政策的重要职责。作为乡村基层社会组织的再延伸，村委会之下的村民小组是国家和人民互动的直接媒介。国家指令通过层层行政网络下放村民小组，而基层人民的利益诉求也可以通过村民小组层层反映至中央，有效提升了国家的行政效率。1980年之后，娘埔村生产队正式更名为娘埔村村民小组，设村民组长1名，副组长1名，会计1名（2011年之后这一职位一直处于空缺状态），均是通过村民小组会议民主选举产生，负责统管村民小组集体资产、农田设施建设、社区服务、发放国家补贴、协助征兵等工作。

自20世纪30年代农村推行保甲制度以来，经过半个多世纪的尝试与调整，娘埔村已经完全被整合进完善的行政体系之中，成为政治网络的关键一环。传统的"头人、摩匹、工匠"领导的乡村治理被现代村民自治取代，村社权威日渐消解，政治权威逐步提升，村落结构和社会分层也随之发生了翻天覆地的变化。

（二）党组织建设

村党组织是中国共产党联系农民群众的桥梁和纽带，担负着教育管理党员和贯彻执行党的路线、方针、政策等重要职责。

中共娘埔支部委员会隶属于勐里村党总支，该党支部系2016年4月成立，目前一共有47名党员（其中预备党员3人），男党员42人，占89%；女党员5人，占21%。年龄结构：35岁以下3人，占6%；35～60岁34人，占72%；60岁以上10人，占21%。其中，最小年龄26岁，最大年龄88岁。文化程度：大专（中专）4人，占8%；高中6人，占14%；初中18人，占38%；小学19人，占40%。总体存在女性党员较少，年龄结构老龄化，文化素质总体不高等问题。

◇娘埔村村民活动室大门

勐里村党总支部下设土堆、勐里、娘埔3个党支部，每个党支部委员会设1个支部书记、3个支部委员。娘埔支部由李俊才担任支部书记，包括其在内，该支部委员会一共有9名党员，均为男性，民族成分为哈尼族。9名党员基本都为村内具有一定威望的村民，但由于文化水平较低，发挥党员示范作用不明显，带领群众共同致富办法不多。

（三）村务管理

娘埔村村务管理全部公开，包括村财务预算、决算情况，村办公费、招待情况，救灾救济物资发放情况，救助及慰问金发放情况等全部在村务工公开栏内公示。2011年底，娘埔村已签订农业承包合同54份，农村土地承包面积190亩，其中土地流转面积0亩。建立了农村公益事业建设"一事一议"制度。农村财务管理实行委托管理，定期开展村务公开，并成立了民主理财小组，主要以公告、黑板报、会议等方式公开。2013年还成立了村务监督委员会，设主任1名、委员2名，专门监督村内财务开支情况，有效保证了村级财务的公开、透明。

（四）村民自治

20世纪80年代推行的村民自治是在民主、平等的取向下建构的农村基层治理制度，体现了群众自治、直接民主、普遍平等、基层自主等重要原则。村民自治通过村民委员会及其业务延伸——村民小组具体实施。2010年修订实施的《中华人民共和国村民委员会组织法》规定：村民通过直接参与民主选举、民主决策、民主管理、民主监督，实现自我管理、自我教育和自我服务。也即村民有选举产生自己的代表管理自己的权利；有通过村民会议决定公共事务与公益事业的权利；有制定自治章程、村规民约，实行自我管理的权利；有对其选出的代表进行监督、罢免的权利。

村民自治强调"民主"和"自我管理"，以决定村里的公共事务和重大事项，这一工作指标因符合哈尼族传统文化的思维定式而在娘埔村得以顺利推行。哈尼族村落通常由一个或几个家族构成，"头人、摩匹、工匠"虽为传统村落政治的领导者，却无明显特权，村寨事务仍由集体会议共同商讨决定。通常形式为：以户为单位，选派一名男性代表，在集体会议上代表家户发表意见。20世纪30年代之后，保甲制度等相继推行，促使村落权威和家族权威

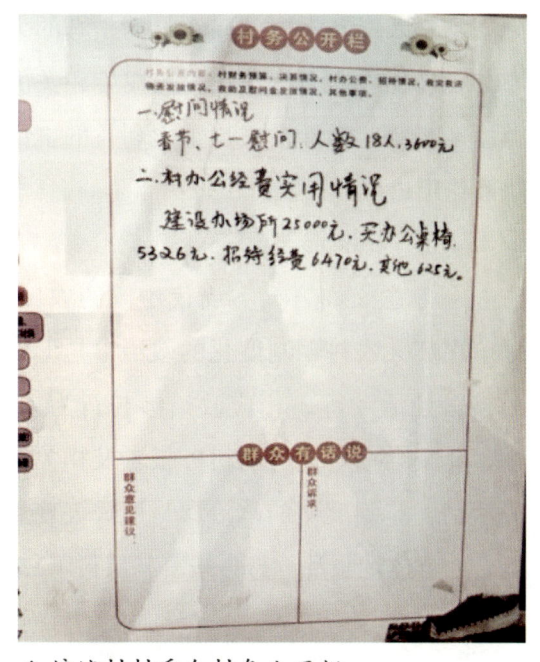

◇ 娘埔村村委会村务公开栏

逐渐消解，试图以一种绝对的政治权威取而代之，但其实效却并不明显，村落事务在事实上仍由集体会议民主决定。20世纪80年代推行村民自治制度，村民对于公共事务的参与度很高，举凡村内的选举投票、村规民约的制定、公共设施建设、集体资产和补助资金的使用等重大事务都会经集体讨论决定。

这样的案例不胜枚举。如1994年娘埔村初通自来水，但是由于供水源头不畅，经常停水，因此，村民小组组长专门召集全村各户，召开了一次集体会议专议此事，最后在全体村民的合议之下，特设了一个"水管理员"负责自来水的清阻工作，由全寨村民集体出资，每月支付其60元钱。再如2010年娘埔村哈尼族"十月年"民俗节日的恢复，这是一个已经停止了十多年的传统节日，对此，娘埔村多次举行集体会议，进行专题讨论，最后在多数村民的支持下才得以恢复。对此，村民小组组长李王兴说："村民不同意是不可以的，任何决策都必须获得村民支持，否则无法实施。不是人家骂不骂的问题，而是真的无法实施。"正是在村民的真切关心与积极配合之下，娘埔村与民生相关的重大决策多推行顺利。像确定建档立卡名额这样涉及农户重大利益的事情，也能在集体会议的基础上通过协商作出决议，而没有出现由于争夺名额而大打出手的情况。

（五）政治参与

一般意义而言，"当代中国的农民政治参与有制度化和非制度化之分。在广大农村，制度化的政治参与形式主要有选举、投票、制度化渠道的接触性活动等，相应政治参与行为为县乡人大代表选举、村民代表选举、村委会选举、听取村务报告及相关表决、制度化渠道的信访、建议权等活动。非制度化的政治参与形式表现为集体性上访、与政策抗争、公共场合的群体性骚乱、打击报复基层村干部等"[①]。

---

① 郭正林：《当代中国农民政治参与的程度、动机及社会效应》，《社会学研究》，2003年第3期。

娘埔村村民最主要的政治参与即是与其切身利益相关的各级干部选举。《中华人民共和国村民委员会组织法》第三章第十三条规定：年满十八周岁的村民，不分民族、种族、性别、职业、家庭出身、宗教信仰、教育程度、财产状况、居住期限，都有选举权和被选举权。在村民委员会干部和村民小组组长的组织和协调下，在县、乡、村各级代表和干部选举中，村民都能按照法定程序全部参与，投票率达100%。2016年3月勐里村村委会就组织了一次换届选举，组建新一届的领导班子，娘埔村18岁以上的村民全部参加匿名投票，部分在外打工的选民也委托他人履行了选举权。相较而言，村民更关心与自己生活最密切的村民小组和村民委员会的选举，并对此投入极大的关切和热情。

娘埔村村民普遍受教育水平不高，平时主要忙于生计，故大多无心也无力关心政治权利的实现。在走访中，我们发现一些人甚至都不知道自己拥有哪些政治权利，需要履行哪些政治义务。政治意识的匮乏，尤其体现在妇女身上。由于传统"男主外、女主内"的劳动分工模式，哈尼族妇女长期将视野空间和生活空间局限于家庭范围之内，将对外关系的联络和政治权力的行使全权托付于男性家长，长久以来，形成不关心、不参与政治的态度。近几年，随着外出务工人员的增多，很多家庭的男性家长长期奔波在外，无法与村内的村民自治组织实现信息互动，无法了解和及时掌握其所在村的情况，难以实现直接参与村务的经常性互动，老年人或妇女实际上成为村民履行政治权利的重要委托对象，也就导致了村民政治参与效度的降低。2016年3月的换届选举，参与投票的主要是留守的妇女和老人。对于信访权利，村民也多不以为然，在走访过程中，问及遇事不公会不会上访？有村民回答："不会，而且也不清楚到底去哪里上访。"遇到纠纷，除了组长仲裁之外，村民更倾向通过亲族的力量来予以解决。

（六）社会保障

党和国家历来重视农村群众的生产生活。改革开放以来，党中央、国务院做出了一系列重大决策部署，着力推进农村居民社会保障工作。以最低生活保障制度、新型农村合作医疗制度、农村居民医疗救助制度、"五保"供养制度、自然灾害生活救助制度、养老保险制度等为主要内容的农村居民社会保障体系初步形成。

墨江县农村最低生活保障工作于2007年1月1日开始启动，为保障工作的顺利推行，特制定了《墨江哈尼族自治县农村居民最低生活保障制度实施意见》，当年安排低保专项资金630万元。2007年1月至2008年8月，全县累计投入农村最低生活保障资金4620万元。全县每年有23156户6.6万人享受到农村最低生活保障，占全县农业人口的20%。至2013年，累计惠及人口132万人次。2011年，娘埔村有61人享受最低生活保障。一对无子无女的孤寡老人享受"五保"供养，每人每年获得供养金881元。

相较农村最低生活保障和"五保"供养制度的顺利推行，新型农村合作医疗制度和养老保险制度在娘埔村的推行则显得困难重重。与前者的政府单方救助不同，医疗保险和养老保险是通过个人缴费、集体扶持和政府资助的方式筹集资金的共济制度。按照2012年标准，合作医疗基金的筹集标准为300元，其中中央及地方财政补助240元，农民个人参合缴纳标准20%，即60元/年。2014年，新农村养老保险也按照多缴多得的原则，缴纳100元、200元、300元、400元、500元五个档次。由于这两项保险政策均以个人缴纳为前提，因此，在推行之初就遭到了村民的拒绝。由于农民对新农合了解甚少，不能深刻理解新农合带来的实际好处，一听村干部说要缴费，就试图放弃这一权利，自愿参保积极性很低，导致这项工作起初在农村根本无法推行。因此，为保证这项惠民政策的顺利推行，各级政府使出了浑身解数。幸运的是，经过了最初的混乱和激荡，村民真切体验到了这一政策带给自身的好处，投保意愿日渐强烈。村组长说："现在这个工作推行很顺利，不像以前怎么动员都不干，现在不说他们也会自动来交费了。"

目前娘埔村新农合政策推行顺利，参保率达100%，全村283人全部参保，每人每年缴纳90元钱就可享受75%的医疗报销。养老保险参保率达94%。为方便农村医疗结算、财政惠农补贴发放，中国农村信用社面向全国新农合参合人员、财政惠民补贴对象发行了"惠民卡"，娘埔村村民几乎人手一张，大大提高了办事效率，村民普遍对这一政策赞不绝口。

四、文化建设

（一）公共基础设施和文化建设

1. 公共基础设施建设

公共基础设施是为人民生活提供共同条件和公共服务的设施，是农村社会经济发展的基础和必要条件。20世纪80年代以来，在各级政府的帮扶和村民的共同努力下，娘埔村公共基础设施条件发生了翻天覆地的变化。

道路建设。娘埔村距离龙坝镇政府12千米，距离勐里村公所4千米。从村公所至娘埔村这条长约4千米的公路在当地被称为"勐里公路"，修建于20世纪80年代。在此之前，因道路不通，村民只能步行往来于村委会与村寨之间，行程需要2小时。1986年，政府启动"娘埔水库"的修建工程，为方便工程车和运输车通行，工程队专门测绘修建了这条公路。公路的修建和开通，大大便利了村民的出行。2012年，墨江县至勐里村委会的原弹石公路改为柏油路，村民出行更加便利，目前从娘埔村至县城只需6个小时。

相较公路建设，村内的道路设施建设显得很滞后。2008年以前，村内道路还是土路，干季灰尘扬天，雨季到处泥泞，村民出行十分不便，也严重影响了村寨卫生。一村民回忆："一到下雨，鞋上裤腿上都是泥巴，都不敢穿鞋。" 2008年，云南省整村推进扶贫开发项目实施，娘埔村项目获得立项，补助资金15万元，全体村民投工投劳，实现村内道路硬化2500平方米，解决了长期困扰当地民众的"烂路"问题。

水电设施。娘埔村处于红河哈尼族彝族自治州、普洱市、玉溪市交

◇ 娘埔水库

界的"黑树林"地区，以山高林密著称，区域内有洛西河、打洞大沟、竜宾大沟等，水资源丰富。但是经历了大范围的毁林开荒之后，山坡蓄水能力不足，导致生活在山区的人们的生产生活用水要到几公里甚至几十公里以外的山箐水源地接引。为争夺灌溉水源，村落间不时争斗。1987年，为解决黑树林地区的用水问题，黑树林特区工委筹建娘埔水库，1993年投入建成使用。娘埔村的饮水工程得益于该水库的修建，于1994年开始引入，家家户户都用上了自来水。但是由于基础设施不完善，每到农历三四月的枯水季，自来水就会中断，村民对此怨声载道，并积极向上级反映。2015年，政府出资28万元，重新为娘埔村装了一个水管管道，才彻底解决了村民用水问题。

娘埔村用电历史最早可追溯至20世纪90年代。1995年，残联石棉加工厂在勐里成立，拉通了电网，为包括娘埔村在内的附近村寨架设了电线，娘埔村第一次实现了电灯照明。但是，由于用电成本太高（石棉加工厂收取每度电1元的费用），使用率实际很低。2001年由政府出资拉通了电网，现在家家户户都用上了电灯。随着收入的增加，人民生活水平提高，电视机、电冰箱、电磁炉等一系列现代化的电器也逐渐普及。

2. 文化建设

历史上，娘埔村的哈尼族将大部分时间精力都投入生产劳动中，闲暇时间有限。通常只有在年节庆典、婚丧嫁娶之时，才有休闲娱乐的机会。在节日或重要庆典时刻，人们卸下负担，载歌载舞，纵情欢乐。除此之外，青年人也会将周期性的青年恋爱聚会作为最重要的休闲娱乐活动。他们会在这类聚会中，吟唱情歌《阿茨谷》，配以三弦（"拉呵"）、笛子（"巴比"）、二胡（"茨喔"）、里露等传统乐器，以表达对异性的倾慕。

20世纪70年代引入的电影放映，在娘埔村引起了巨大轰动，也造成了当地休闲生活的深刻变革。人民公社时期，各生产队为提高队员的生产积极性，会在召开集体大会的时候请公社的电影放映员来当地放映流动电影，每场电影收费16元，由生产队集体出资。资金不足时，也会同附近生产队联合出资共同邀请。由于交通不便，放映员播放电影的器材设备需要人背马驮运进来，所以，尽管在七八十年代，露天电影风靡全中国，但在娘埔村仍是一种不可多得的奢侈体验，每次放映，娘埔村及其附近村寨均会万人空巷，跳跃在白幕上的那些炫目光影成为很多村民一生中最无法磨灭的时代印记。

1991年，娘埔村村民李松录贷款购置了村里第一台放映机。私人放映机的出现，使观影行为逐渐从偶然事件成为生活常态，真正为村民打开了一扇通向外界的神秘之门。李松录从外租借录像带在村内公映，赚取门票收入。观看一场电影每人收费0.3元，连续观看两场收费0.5元。每有新影片上映，都会出现举寨同观的盛况。在娘埔村，很多中年人青春时期的

◇ 载歌载舞欢度节日

重要记忆多与李松录家的电影联系在一起,从李松录家的电影中,他们发现了一个未曾领略过的广阔世界,也开始树立了外出闯荡的人生理想。1993~1994年,娘埔村开始出现有线黑白电视机,但仍属稀有之物。直至2003~2004年,村里才开始慢慢出现各种电器,彩色电视成为家庭必需品。

近年来,娘埔村的农村文化事业在全省建设社会主义新农村发展大潮中,得到了"春风"和"及时雨",取得了一些初步成效。主要表现在:一是基础设施建设得到明显改善,实现了广播电视"村村通""户户通"。在娘埔村整村推进扶贫开发项目的支持下,该村于2009年由群众投工投力,建设了一个面积为140平方米的文化活动室。2010年,又在活动室前方修建了400多平方米的活动广场,并在广场上搭建了篮球架。现在,村民会议、文化娱乐,乃至婚丧嫁娶等集体活动都在活动室和活动广场举行,俨然已经成为娘埔村休闲娱乐的文化中心。二是群众文化显现生机。

从2010年开始，娘埔村群众自发组织有21人参与的文艺队，农闲之余在文化活动场地上唱歌跳舞，健身娱乐。每逢节庆、假日，文艺队便自发组织到本镇其他村演出，每年演出数十场，观众人数达到1万人次，得到当地群众的好评。现在，走进娘埔，唱歌跳舞的多了，打架斗殴的少了，文明新风随处可见。

◇敲铓打鼓

3. 基础教育与职业教育

娘埔村村民接受现代教育始于人民公社时期。新中国成立后，在全国乡镇（人民公社）一级设置一所中心小学，在各村（生产大队）设村小。勐里村生产大队也应时创办了村小，生产队适龄儿童可免费接受教育。但是由于当时人民生活水平普遍低下，缺乏教育理念，普通家庭更多视儿童为一种现实劳动力，而非将来的人才储备，这种短视造成勐里村小入学率很低，一些有幸入了学堂的孩子也很快在各种困境和压力下不得不放弃学业。现年78岁的村民李金发老人是最早一批进入勐里村小的儿童，当时有6个同村孩子一同入学，最短的几天就辍学了，最长的也只坚持了一年半。

20世纪70年代，娘埔村成立了娘埔小学，属于初小教育阶段。初小教育成绩合格者可以到勐里村的富宁小学接受高小教育，继而到龙坝乡政府、墨江县城继续初中、高中学业。"一村一校"的初小教育尽管存在师资力量薄弱、教学质量低下等诸多症结，却在实际上降低了入学门槛，为更多孩子提供了接受教育的机会。因此，70年代之后娘埔村开始基本普及初小教育，70年代之后出生的村民，尤其是男性村民，在其生命的早期经验中，多保留着娘埔村小和老师的很多记忆。但是，这种现代教育的普及也仅仅局限于初小，能去高小、中学继续深造的人寥寥无几。全村的受教育总体水平仍普遍低下。直至90年代，娘埔村才出现第一个高中生；2011年，出现第一位大学生。截至2016年，包括已毕业的第一位大学生李永强，全村共有6名大学生，其中5名为大专生，1名为二本院校大学生。

20世纪90年代以来，墨江县教育局结合县情，积极推进教育制度的落实。1999年在全县范围内普及六年义务教育，2002年实施普及九年义务教育，并于2003年开始实施义务教育"三免费""两免一补"政策，有效地缓解了当地农村少数民族教育发展的困难。2002年，为解决全县校点布局分散、教育资源浪费和教育质量低等问题，墨江县开始大刀阔斧地启动撤点并校工程，从1989年的930所小学，撤并为2008年的93所。娘埔村小学也在撤并之列。现在，娘埔村儿童就读学前班、小学都要到龙坝镇中心小学。始建于1952年的龙坝镇中心小学，经过撤点并校，全乡教育资源整合后，已成为一所集小学、学前教育于一体的综合性学校。学校占地面积15450平方米，校舍建筑面积8477平方米，包含中心小学1所，村级小学2所（初小），96位教职工，36个教学班，其中包括6个学前班。据2016年的统计，全校有在校生1588名，学前儿童278名，其中中心校有26个教学班，1241名在校生，989名住校生。据中心小学校长介绍，撤点并校之后，尽管在办学过程中仍存在实验设备少、学科搭配不均衡、教师进修渠道较少等问题，但教学设施和教学质量的提高是显而易见的。最明显的改变，即是家长和学生教育观念的改变。"现在学生家长送孩子上学的意愿都很高，从原来不愿意送孩子上学到现在争相送孩子上学，教育观念方面发生了质的改变，尤其是女童的入学情况更是发生了翻天覆地的变化。这里的哈尼族以前没有送女孩子上学的习惯，尽管早就普及义务教育，但是在2012年、2013年以前，女孩的辍学率是很高的，普通家长都不重视女童的教育。"①

  2011年,国家实行"营养午餐"计划,为农村义务教育阶段学生提供营养膳食补助,这是中国继"两免一补"之后,在教育领域推行的又一项重要的优惠政策。至此,我国在农村实现了全面的义务教育,为农村青少年接受初等教育扫清了障碍。在各项优惠政策的引导和鼓励下,娘埔村适龄儿童的入学率已实现100%。当然,村民踊跃将孩子送入学堂并非全然是为了更高的教育期待,对他们而言,或许只是权衡之后的实惠选择。一位村民直言不讳地说:"为什么不送?现在国家政策好,读书不要钱,还有伙食,比在家的条件还好。"对于那些长期外出打工的家庭而言,与其让孩子长期留守家庭无人管理,不如寄宿在学校由学校老师来管理更能让他们安心。不管目的为何,结果是适龄孩子都无一例外进入了学堂,接受了教育。相比以前,确实为一个重要的进步。

  对娘埔村的学生来说,在龙坝镇中心小学毕业后,可以直接升入龙坝中学,继续完成九年义务教育。以前,每年全乡小升初考试排名前4的优秀学生还有机会到墨江县民族中学接受初中教育。2015年后,龙坝镇政府制定了一系列奖励政策,鼓励优秀生源留校就读,大大提升了本镇初高中升学率。龙坝中学近几年的升学率都比较稳定,2015年、2016年的升学率(初中升高中)分别为66.7%和66.8%,这一比例在2010年以前只有36%。很多初中毕业没考上高中的学生都会选择去职业学校、技术学校读书。随着教育水平的提高和村民教育观念的提升,高中升学率也日渐提升。每年,龙坝中学都有几十名学生顺利升学进入大学。2015年,墨江全县考取大学的38名学生中,就有2个一本学生和12个二本学生来自龙坝中学。

  4. 宗教信仰

  信仰是一种稳定的心理活动,对形成集体一致的价值观念具有重要的

---

①访谈人:李校长;访谈时间:2016年8月30日下午1点;访谈地点:龙坝镇中心小学;访谈人:丁桂芳、曾薇。

影响，一经形成，便很难撼动。50多年来，尽管娘埔村哈尼族在社会、经济、文化等各方面均发生了翻天覆地的变化，但在信仰层面，仍保持着其原始信仰的基本形貌。

哈尼族传统信仰万物有灵，且神灵种类繁多，体系庞大。万物有灵、多神崇拜和祖先崇拜是其宗教信仰的主要内容。民间祭祀活动频繁，大到村寨祭祀、集体狩猎、农业生产等集体活动，小到普通人家的婚丧嫁娶、疾病灾祸都需要进行繁复的祭祀。祭祀成为哈尼族民间信仰的重要表征。

◇ 大摩匹李玉明夫妇

在大大小小的祭祀活动中，摩匹扮演着仪式主持和人神媒介的重要角色。"摩匹"为哈尼语音译，意为知识丰富受人尊敬的长者。为摩匹者必须熟练掌握哈尼族的历史神话、民间文学、习惯法规以及各式神咒和祭辞，是民族文化的集大成者，在民间享有很高威望。哈尼族历史上素有"三种能人"的说法，史诗《创世纪》中就提道："头人、摩匹、工匠，是神赐的三种能人。头人不树长矛硬弩的雄风，地方不太平；摩匹不理鬼神祭祀，夜里睡觉不安宁；匠师不以锻造为业，牙齿锋利不能除草。"头人、摩匹和工匠是社会组织的基本角色，对维持社会正常运转具有重要的作用。从其职能范围看，摩匹所从事的主要是主持宗教活动、指导农业生产、主持人生礼仪、担当文化传承和治病救人，这些职能具有很强的文化性和精神性，可视为哈尼族宗教文化的核心和根基。因此，探寻60年来哈尼族摩匹文化在民间的沉浮，大致可窥探哈尼族宗教文化发展变迁的历史脉络。

摩匹头衔的获得有三种途径：一是家族世袭；二是师承；三是神授，即神灵通过降灾、病祸来传达神意，确定人选。按照其工作职责等级和分工，摩匹内部又可分为祭祀高等仪式的"摩匹"、驱神退鬼的"察批"和专司丧礼的"司批"三个等级。其中，摩匹最为尊贵。墨埔村李玉明是当地远近闻名的大摩匹，其摩匹身份源自家族世袭，其家族传至李玉明已有61代。其父李义者曾于20世纪50年代带领娘埔村部分民众开辟了墨埔新村。

20世纪50年代以来，特别是"文化大革命"时期，传统文化遭受冲击，摩匹阶层一蹶不振。但是文化习俗不可能因外界干涉而在短期内戛然而止，根深蒂固的民间信仰仍在悄然进行。娘埔村大部分村民仍在一些重要场合通过隐秘的方式聘请摩匹为其做法，尤其是丧礼。哈尼族是一个"重死厚生"的民族，在其宗教观念中，人的死亡只是换一种方式在另一世界继续存活。因此，人去世之后，必须由摩匹念诵"指路经"，认为如此方能将丧者灵魂送往祖先居住的地方，否则就会迷失方向，沦为孤魂野鬼。1978年改革开放后，各少数民族纷纷恢复传统

◇咪谷祭祀寨神

节日和仪式，娘埔村哈尼族的传统文化也重新焕发生机。摩匹作为哈尼族传统文化的重要代表，开始从后台走向前台，大摩匹李玉明迎来了其职业生涯中最好的时光。20世纪90年代，李玉明就被选为墨江县政协委员，至今已连任五届。1994年，他还被评选为"云南省民族团结先进个人"。

◇ 摩匹看猪肝卦

尽管如此，在全球化的冲击下，娘埔村哈尼族民间信仰面临着严重的传承危机。首先表现在摩匹传承后继乏人。李玉明祖父一辈本家族一共有两位摩匹，至父亲一代传承了两位，到李玉明一代就只有其一人。就是李玉明本人一开始也并不愿意学习摩匹。"我家有两弟兄，我是老二。老大做生意，后来在西双版纳上门（入赘），只能传承给我，但是我当时年轻，不愿意学。老人就骂我，说如果不学的话就要把我赶出家门。"[1] 不得已，李玉明接受了父亲衣钵，父亲达成心愿，才安然离世。"我的父亲1986年去世。在去世之前的那一天，把我叫过去，让我把所有的内容在他面前背诵一遍。背诵完之后，他对我说：'今天背下来，我也不怕了，安心了。'"[2] 李玉明目前也陷入了传承后继无人的困境，其两子一女无一人愿意学习摩匹。从昆

---

[1] 访谈对象：李玉明，男，61岁，农民；访谈时间：2016年8月22日，访谈人：丁桂芳。

[2] 访谈对象：李玉明，男，61岁，农民；访谈时间：2016年8月22日，访谈人：丁桂芳。

明医学院毕业的小女儿目前在墨江县保健院工作，不仅对父亲的工作毫无兴趣，甚至几次公开指责其行为。包括李玉明在内，现在娘埔村和墨埔村一共只有4名大摩匹，一名小摩匹，年龄最大的已经74岁，最小的27岁。摩匹文化危机的另一表现为普通信众宗教意识越来越淡漠。现代生物医学和科学理念的引进，使人们开始对传统信仰产生怀疑。"现在做祭祀的人越来越少了，孩子、老人生病了都不会做了，现在的鬼变少了，因为人厉害起来了，鬼怕人。"[①]

5. 节庆习俗

岁时节庆是在长期的民族历史发展过程中形成的，带有明显民族标记的民俗活动。既是一项重要的非物质文化，同时也是特定文化群体在特定地域中传承和发展非物质文化的重要载体。节日习俗是民族文化中最绚烂的部分。随着历史的发展，有的节日习俗和民间艺术失去了生存的土壤，逐渐消失在人们的视野中，而有的则在交流中重新整合，以另外一种面貌重新呈现。哈尼族在长期的历史发展过程中，根据"十月物候历"创造了一系列与稻作农业密切相关的传统节日。

在农业社会中，依据农事而立的岁时节庆具有明显的周期性，其主要特性就是"它与自然时序相协调，它是年度四季时间流转过程中的间隔与连接。节日中各种民俗活动就是促成人与自然、人与人、人与自我的关系的积极沟通。"[②]娘埔村哈尼族传统有开秧门、十月年（米索扎）、六月年（"矻扎扎"）、尝新节（"切席扎"）、祭寨神（"昂玛突"）等重要节日。这些节日依循稻作农业的发展时序在特定的时间举行。其中，最重要的是十月年（"米索扎"）和六月年（"矻扎扎"）。

[①]访谈对象：李玉明，男，61岁，农民；访谈时间：2016年8月22日，访谈人：丁桂芳。
[②]萧放：《传统节日与当代社会之节日传统与社会和谐》，《民间文化论坛》，2005年第3期，第3页。

（1）米索扎

"米索扎"是哈尼族新年，因在农历十月举行，故俗称"十月年"。在千百年来的山地农耕生产实践中，哈尼族根据当地物候的变化，以十月为岁首，把一年分成三个时令，即暖季、热季和寒季。与此相对应形成了三大节日，即暖季进行的"昂玛突"、热季进行的"矻扎扎"和寒季进行的"米索扎"。每年农历十月的第一个属龙日开始，哈尼族的"十月物候历"便进入了一个崭新的轮回，哈尼新年"米索扎"也随即到来。在这个辞旧迎新的节日中，哈尼族村寨人声鼎沸，热闹非凡，祭祖先、会亲友、各种仪式、饮食、文艺、体育、婚恋活动相继展开。

新年第一天，各家主妇需在凌晨三四点钟就起来制作祭祀所需的糯米汤圆，家庭成员起床后每人最少须食用四个汤圆，寓意全家人四季平安、团团圆圆。鸡叫头遍，各家主妇开始争先恐后地去水井接新水，并将接回的新水放入自家水缸、汤圆锅和家门口的"哈巴"①中。新水加入"哈巴"之后，再往里面放入稻谷、玉米、小麦、高粱、荞五种重要的粮食种子，以及叫作"鱼车车努"和"哈别"的草和树枝。据说哈尼族专司农业的"威嘴"和"石批"两位天神会在年节期间骑马巡视人间生产，"哈巴"里放的这些是专给农神坐骑准备的马料。

节日期间，还要由竜头和摩匹主持一场驱邪祈福的祭祀活动，祈求全寨风调雨顺、五谷丰登、六畜兴旺。与此同时，各家各户开始杀猪宰鸡，用猪头和汤圆、酒水祭祀供奉在"阿布兜兜"（祖先神位）的祖先神灵。

年节期间，还有隆重的"架秋千"仪式。寨中青壮年合力将竹子砍回，在秋千场竖立起来。之后，竜头在千秋架下举行迎接"威嘴"和"石批"的仪式。天神迎接仪式之后，各家各户筹备一桌酒菜摆放在广场上，举寨同庆。据说，"威嘴"和"石批"两位天神会有五天时间逗留人间，

---

① "哈巴"是用毛竹筒制作的一个特殊容器，每年新年开始，各家各户要制作一个挂在自己门前。

五天之后,众人就要举行"撒千秋"的仪式,恭送两位天神平安返回天庭。节日期间,各家各户每日需对"威嘴"和"石批"两位神灵进行祭献。

节日期间,大家走亲访友,载歌载舞,哈尼族各种社会风俗和礼仪得以展现。因而,十月年也是以社区为主,培养社区意识和社区人伦的民俗时间,反映出民众崇尚的价值观。如年节期间祭祀神灵和祖先,既是祈求平安的仪式,同时也反映出家庭团聚和家族延续的人伦思想。宴请兄弟民族,则是社交与和平的表达。

"米索扎"是哈尼族延续千年的传统节庆,具有深厚的历史底蕴和群众基础,即使是在"文化大革命"期间也不曾彻底中断。改革开放后,城乡二元一体格局被打破,人口流动加剧,1997年,娘埔村的"米索扎"在现代文化的影响下突然中断,村民们心照不宣地选择和汉族一起欢度春节而放弃了"米索扎"。这一丢就丢了13年。

21世纪以来,在全国各地"文化搭台,经济唱戏"的带动下,各级政府部门开始重新审视传统文化。2010年,墨江县政府召集龙坝镇勐里村村委会、各村民小组负责人商讨恢复"米索扎"事宜。据娘埔村李组长回忆,"当时政府的人找到我和李玉明,说你们是白宏人,但是都不过米索扎,建议恢复米索扎"。①并提议将2010年"米索扎"庆典设置在娘埔村。李组长和李玉明响应政府号召,联合路萨、墨埔村

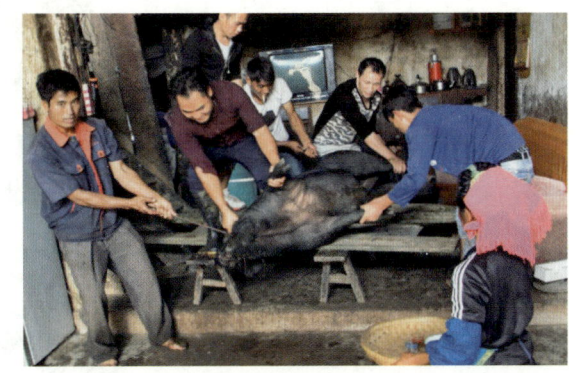

◇ "米索扎"时祭祀猪魂

---

① 访谈对象:李王兴,男,45岁,农民;访谈时间:2016年8月25日;访谈人:丁桂芳。

民小组在娘埔村召开动员会议，3个村寨各家各户派一个代表参会。会上李玉明向大家宣讲了"米索扎"对于白宏人的文化、社会和经济意义，并介绍了其他民族地区恢复节日的情况。原以为这将是一个水到渠成的事情，结果却出乎意料，第一次动员会议以失败而告终。很多村民认为已经习惯了过春节，不想再恢复传统节庆。之后，经过多次动员，大部分的村民最终同意了提案，但仍有少部分的村民以"春节有假期，孩子可以回来一起过节，而米索扎没有，无法实现举家团圆的愿望"为由拒绝参与。政府倡议与群众的实际利益产生了冲突。"米索扎"对于村民的意义已不同往昔。最后，由龙坝镇（当时还是乡）党委提出议案，提请普洱市人民代表大会通过，规定每年10月28日至11月1日"米索扎"节日期间，龙坝乡全乡各行政事业单位放假3天，之后，"米索扎"庆典才得以顺利举行。在娘埔村村民的记忆当中，2010年10月28日的庆典盛况空前，普洱市、墨江县、龙坝乡政府及相关机构和部门的领导参加了开幕仪式，墨江县许多乡镇派代表队参与了庆贺，加上邻近村寨，几近3000人参加了庆典，娘埔村水泄不通。至此之后，每年10月28日"米索扎"又复成为娘埔村隆重的节日。

（2）"矻扎扎"

根据生活在娘埔一带的哈尼族白宏人传统候物历法计算，每年农历四月第一个属虎日是"矻扎扎"的开始，节日一般为3天，即虎日、兔日和龙日。节日的重心是兔日举行的各种祭祀活动。

虎日，全村停止生产劳作。人们清扫房屋，淘洗水井，浸泡糯

◇ "矻扎扎"时制作牛皮鼓

米,把村里村外打扫得干干净净,特别是修缮从村子里通往"苦奴雪堵"(建村时选定的在"矻扎扎"时专门宰杀牲牛的地方)的小径,准备各种节日中所需的菜肴;把全村共同出资购买的一条黄牛牵到村子中间,让牛在村子中过一夜;龙日则是走访亲朋好友的日子,人们呼朋唤友,大摆宴席,欢欢喜喜庆贺佳节。

◇ "矻扎扎"平分牛肉

兔日的早晨,家家户户舂糯米粑粑,做汤圆,从山上采来一种叫"鱼车车奴"的草和一种叫"哈捌"树的枝叶,插在"米索扎"时挂在门口旁的"哈巴"中,迎接哈尼族民间司管农业的大神"威嘴"和"石批"回到哈尼山乡来巡视农作物的生长情况。同时,每户宰杀一只鸡看鸡卦,用鸡肉、三个汤圆、三杯茶、三碗酒祭祀祖先。

当日最重要的是杀牲仪式。全村各户共同出资购买一头牛作为牺牲,敬献神灵。仪式由竜头[1]主持。杀牲之前,竜头需要安抚牛魂,详细地把从古至今承袭下来的"矻扎扎"杀牛祭祀的过程和如何凑钱买牛、牵牛、捆牛、杀牛、分牛肉、用牛肉祭祀等一一唱叙给牛听。之后将其宰杀。除了牛下颌骨[2],所有牛肉必须按照村社户数平均分配。各家各户派一位男性代表将所分牛肉领回,当天下午,将其煮熟,由家中年龄最大的妇女祭祀祖先、灶神、门神和"威嘴""石批"。

---

[1] 哈尼族传统文化的承袭者,主持一年一度的祭寨神活动。
[2] 牛下颌骨必须挂在杀牲祭祀场东南部的树上。所选择的树必须是会开花、会结果的树才以为吉祥。

"矻扎扎"传统上的节期是在农历四月的第一个属虎日。1997年,同"米索扎"一样,将"矻扎扎"的节期改为农历六月二十四日,2010年又复改为传统时间。

6. 民族文化传统与现代化

现代社会,没有一种文化能够独善其身,以既有的方式继续存续,它们或多或少都发生了某种程度的异变,或弱化消亡,或丰富发展,一些传统的文化习俗被保留下来,"它也常常除了具有其原始的功能外,还另有新的功能"①。文化变迁的动因是多元的,美国著名社会学家戴维·波普诺总结了社会学家和人类学家已经注意到的引起社会变迁的七种主要原因:物质环境、人口、技术、非物质文化、文化进程、经济发展和促进变迁的有目的努力。②娘埔村也不例外。在新中国成立至今的60年中,娘埔村哈尼族的文化也在发生着巨大的变化,显现出别具一格的时代特征。其变化是广泛的,涉及衣食住行、生产生活、婚丧嫁娶等各个方面,其中,葬礼作为哈尼族最隆重的人生礼仪,蕴含着丰富的民族文化蕴意,是维系乡土社会结构的重要纽带,其60年间的变化最能反映民族文化的现代化历程。

在哈尼族传统文化中,"人域"和"鬼域"是严格分离的,有固定的坟场,所有正常死亡的人可以在坟场安葬,其灵魂通过葬礼中念

◇ 葬礼中摩匹念诵"指路经"

---

① [美]阿兰·邓迪斯:《世界民俗学》,陈建宪等译,上海文艺出版社,1990年,第438页。
② [美]戴维·波普诺:《社会学(第十版)》,李强等译,中国人民大学出版社,1999年,第621~624页。

诵的"指路经"回归祖先故地。夭折的孩子和非正常死亡的成人均不能葬入坟场。20世纪50年代后，尤其是农业集体化时代，公共坟场成为集体农地，种植了农产品，不复存在。80年代实行家庭联产承包责任制，农田、山林包产到户，很多村民开始选择在自家林地安葬逝去亲属。从集中到分散，娘埔村村民的殡葬选择反映了一个时代的社会变迁。

时至今日，娘埔村葬礼仍然按照传统保留着接气、鸣枪、净身、置棺、入殓、停灵、请摩匹、选墓地、叫亡魂、离别、过棺、出殡、入葬等几大程序。整个葬礼需要摩匹、主家、家族、村落密切配合，方可顺利完成。但是在形式方面有些变化。

有人类学家将文化变迁区分为无意识的变迁与有意识的变迁两类。无意识的变迁（也称"自然变迁"）是变迁的主体，是在不自觉情况下进行的。这种变迁常具有盲目性、无计划性、被动性等特点。而有意识的变迁（也称"自愿变迁"）是由变迁主体中的个人（社会上层人士）或某一社会阶层发动的、有意识地对个别文化特质或局部制度乃至文化结构进行改革或发展的一种变迁过程。[1]娘埔哈尼族的葬俗在20世纪90年代经历了一次全民参与的有意识的变迁。

按照传统，哈尼族葬礼仪式需要宰杀大量牲畜，其中以牛最为珍贵。一般宰杀二三头，隆重的葬礼"莫搓搓"[2]则会宰杀七八头，甚至十几头牛。20世纪90年代，普通人家只能宰杀一头牛作为葬礼献祭、宴请的牺牲。按照惯例，牛肉的分配如下：主持葬礼的摩匹分1条牛腿；丧者女儿平分1条牛腿；丧者家族分食牛胸肉；丧者舅舅分腰臀肉；最后剩下的2条腿由全寨村民共同分食。由于"僧多粥少"，"那个时候普通村民连一口牛

---

[1] 麻国庆：《走进他者的世界》，学苑出版社，2001年，第302页。
[2] 哈尼族为正常去世的高寿老人举办的葬礼，俗称"喜丧"。

肉汤都吃不着"①。为了改变这种"不合时宜"的习惯，1996年，娘埔和墨埔两个村子联合召开了一次"移风易俗"的动员会议，各家各户派代表参加讨论，最后一致同意改革旧俗，改变传统牛肉的分配方式。自此之后，凡有葬礼，摩匹、舅舅

◇哭　丧

只能分5市斤牛肉，女儿平分1条腿，本家族亲属平分牛脖子，其余所剩牛肉全部交予厨房，全寨人统一食用。之后，尽管随着生活水平的提高，葬礼中宰杀的牛越来越多，但是大家仍心照不宣，继续沿用1996年的改革方案，绝大部分牛肉由全体村民共同分享。这一举措，调动了村民参与协办葬礼的积极性，也在某种形式上增强了村社群体的凝聚力。

　　葬礼的另一个重大的改变，就是规模大不如前，尤其是青年参与者急剧减少。白宏人传统的"莫搓搓"葬礼，既是一次对逝者的纪念，同时也是对新生的狂欢。出殡当日举行隆重的歌舞聚会，是青年人恋爱交友的盛大舞台。届时，周围村寨的青年男女汇聚一堂，载歌载舞。遇到心仪的对象，就会用彩色花布蒙头舞蹈，共诉衷肠，成就了一段段美妙的罗曼蒂克。在村民的记忆中，1985年大摩匹李义者的葬礼可算盛况空前，参加葬礼者近3000人，整个村落水泄不通。但是，2000年之后，随着青年人大量外出务工和异地求学，葬礼规模已今非昔比。2016年8月，笔者参与的葬礼几乎不见青年人身影。

---

①访谈对象：李永兴，男，47岁；访谈时间：2016年8月26日下午2：00；访谈地点：李永兴的家；访谈人：丁桂芳、杨美琼、曾薇。

7. 公共卫生与民族医药

农村公共卫生是预防疾病、保证不同社会群体均等享有健康基本保障的基础性工程，起到防范公共卫生风险以及为农村居民提供公共卫生服务的主要作用。从全国范围来看，公共卫生服务机构的设立始于20世纪50年代。1951年，第一届全国卫生会议召开，标志着以集体经济为依托的农村三级预防保健网初步形成。农村实行家庭联产承包责任制后，以集体经济为依托的农村三级预防保健网受到很大冲击。农村公共卫生服务基本处于空白。20世纪80年代以后，各级政府积极探索和实践各种农村公共卫生服务方式。其内容不仅包括地方病、传染病等疾病的防治，也包括提高整个人群身体素质的计划免疫、妇幼保健、计划生育、学校卫生、食品卫生以及环境卫生等。农村公共卫生事业迎来了新的发展。

娘埔村公共卫生服务的发展也大致经历了以上过程。尽管这项工作的普及和实践目前仍存在一些问题，但不可否认，在新中国成立60年的时间里，作为偏居一隅的小小村落，娘埔村已被紧紧嵌合进全国公共卫生服务体系中，基础设施建设、卫生知识宣传、医护人才培养、身体保健和疾病预防等方面均取得了巨大的进步。

最明显的进步是医疗保健机构的设立和医护人才队伍的搭建。新中国成立前，当地没有任何现代医疗知识和设备，村民患病只能求助于摩匹和草医，因缺乏正确治疗，延误病情事件多发。1958年，龙坝乡卫生所成立，但是医疗人才匮乏，无法覆盖至村社一级。1965年，在毛泽东同志"把医疗卫生工作的重点放到农村去"的号召下，全国农村短期速成培训了一大批半农半医的农村卫生人员，俗称"赤脚医生"，成为当时重要的农村初级卫生保健服务队伍。村民对现代医学和治疗手段的认识最初就来自这些"赤脚医生"。1998年，得益于"农村卫生建设项目"的资助，龙坝乡卫生院重建，更新了设备。2003年以后，国家再次加大对农村医疗基础设施建设投入，墨江县政府拨款3万元在勐里村盖了一个卫生室。目前，龙坝镇7个村委会都已配备卫生室。村卫生室基本能够满足村民日常疾病的治疗需求，龙坝镇卫生院已配备B超、X光、心电图等设备，能够开展下腹部外科手术等，医疗服务水平逐步提高。

◇ 娘埔村卫生室

2009年起，国家制定"基本公共卫生服务项目"和增加部分重大公共卫生服务项目，服务包括预防接种、孕产妇保健、儿童保健、老年人保健、慢性病治疗、健康档案、健康教育、重性精神病管理等。该项目提出之后迅速在城市普及，并逐步向乡村居民提供，到2011年，促进基本公共卫生服务均等化的机制基本建立，公共卫生服务的城乡、地区和人群之间的差距逐步缩小。龙坝乡卫生所成立了由院长担任组长的公共卫生服务项目小组，通过各村委会卫生所的乡村医生定期向村民进行健康教育宣传，并积极落实各个服务项目。

公共医疗技术和设备的提升用事实证明了科学医疗的有效性，村民的科学医疗知识也随之得到普及，对医疗的态度、观念也在近十几年的时间内发生了显著变化。尤其是2003年新型农村合作医疗制度的推行，大大减轻了村民看病的经济负担，推动了乡村公共卫生的进步。据勐里村卫生所医生反映，以前到医院看病的人很少，人们宁信摩匹不信医生，生了病就请摩匹杀鸡"退鬼"。现在来医院就诊的人越来越多，人们的健康意识也越来越强了，卫生院每月就诊人数能够达到上千人。

自20世纪50年代至今，娘埔村村民的公共医疗和公共卫生服务水平从无到有，从少到多，从低质至高质，发生了翻天覆地的变化。但是，当地医疗卫生条件落后，设备以及人才不充足的情况仍显著存在。受陈旧观念影响，村民的公共卫生意识也还存在一些误区。如孕产妇保健一项，按照传统习俗，孕妇都是在家由婆婆接生，卫生和技术条件差，一旦发生危险，只能倚赖摩匹"退鬼"，产妇难产以及婴儿早夭的情况屡有发生。现在医院生产已经普及，产妇和婴儿生命安全得到保障。"医院生的更好，有医生在那里，很放心，出什么事都有医生，以前孩子死的很多，现在已经没有听说过了。"[①]尽管如此，村民对于孕产妇保健的认识仍然很局限，按照要求，孕妇从怀孕至分娩期间至少要做5次产检，但是90%以上的孕妇及家庭对孕检重视不够，很少按时检查。每年一次的妇科检查，当地妇女的参检比例竟不足50%。

五、社会组织

（一）传统婚姻习俗

婚姻家庭是个人生活的重要组成部分，也是社会文化的主要内容。婚姻的缔结象征着个人身份的转换和家族关系的变更，因此，婚礼的缔结通常要辅以严格的程序和繁复的礼仪以示庄严。但是随着社会的发展，娘埔村哈尼族婚姻文化从形式到内涵各方面均发生了不同程度的变迁。

传统上，哈尼族白宏青年到了十三四岁，就可以开始恋爱交友，寻找婚配对象了。哈尼族古谚云："躲在自家房屋里唱情歌，唱到头发胡子花白也别想找到意中人。"因此，房前屋后，村旁树林，甚至是寡妇鳏夫家中，都成为青年男女缔结情缘的美丽场所，青年人通过斗歌赛乐相遇相知，成为佳偶。

恋爱一段时间，青年男女觉得彼此可托付终身，便委托家长托媒提亲。双方家长要聚在一起排查两个家庭的亲疏关系，严禁同一家族七代以内的儿女婚配。若没有违反禁忌，便可商议婚事。议定的婚期来临，男方

[①]访谈对象：李沙奢，女，52岁；访谈时间：2016年8月28日下午4：00；访谈地点：李沙奢的家；访谈人：丁桂芳、杨美琼、曾薇。

家庭要组织亲朋好友陪同新郎去接亲，接亲的人数必须是8或8的倍数。当日接亲的队伍要在女方家留宿一晚，这一晚，当地有风俗"咪沙努"，即哭嫁。夜晚来临，同寨的同龄姐妹会聚在新娘的闺房陪其哭婚，新娘边哭边唱叙往昔美好的岁月以及

◇ 在"莫搓搓"葬礼仪式中的蒙头舞蹈

对父母亲朋依依惜别的心情。届时，没有对象的小伙子可以趁机捣乱，拿黑炭末或灶灰去抹黑陪唱姑娘的脸，往往在此过程中又能够成就一段段美好的姻缘。在当地，还流传着"回瓦"，即躲婚的习俗。新郎新娘不管如何恩爱，在接亲队伍来到之时，新娘会在姐妹的陪同下溜出房间到寨子外面躲藏，新娘的嫂嫂则负责将其寻回。

尽管恋爱自由，但许多婚姻却由不得当事人选择。20世纪80年代以前，在娘埔村等白宏人聚居的地方，盛行包办婚姻。现年50岁以上村民的婚姻90%以上均系父母包办。52岁的李沙奢说："年轻的时候可以有自己喜欢的对象，但是结婚只能听父母的。我嫁过来的时候都没有见过丈夫，刚见面的时候还以为他（丈夫）是夫家长辈，都不敢坐，一直站着。"[1]这种不自主的婚姻催生出当地一项特殊的习俗——"宴别情人"。即在结婚之前，新人会私下举行一个宴会，专门宴请自己往昔的爱人，以作告别。如果有几个喜欢的男性（女性）都可以一起邀请过来，还可以邀请自己的朋友以及一位有经验、能说会道的长辈一同参与。长辈负责在宴会上开导青年，并提醒其婚后安守本分。情人临别时可互换礼物，以示纪念。通

---

[1] 访谈对象：李沙奢，女，52岁；访谈时间：2016年8月28日下午4：00；访谈地点：李沙奢的家；访谈人：丁桂芳、杨美琼、曾薇。

常男性会送女性篾帽、针线竹篮，女方则会将自己缝好的衣服、腰带送给男方。情人话别，以后将再无关系。

◇ 白宏青年女子

第二天，新娘辞别父母亲朋，跟随新郎前往夫家。离开之前，送亲队伍和接亲队伍还要象征性地演绎"抢婚"。双方在门口拉扯新娘，一方想让其留下，一方则想接走，新娘子哭哭啼啼，表达不舍与悲戚的心情。在前往夫家的路上，新娘由迎亲队伍中的男性轮流背负，双脚不能落地，一路行一路哭，直至目的地方才停止。进入夫家村寨之前，新郎家庭要请摩匹在寨门外为新人举行叫魂仪式：摩匹用两根竹枝扯一条细线横亘在寨门之外，新娘掐断细线方可进入。该仪式具有驱邪消灾的意义。仪式完成进入村寨，新娘从屋外踩着松针叶和柏树叶铺就的毯子进入夫家大门，之后，到夫家神龛前叩拜行礼、献祭，在夫家祖先灵前确认自己的媳妇身份，真正成为夫家的一员。

新妇进入夫家，还要通过"厄处豪"和"阿茄里"仪式确认自己的角色和地位。"厄处豪"就是去水井背水，"阿茄里"即到山里象征性地砍一背柴（至少三根）背回夫家。夫家通过这些仪式活动考验新妇持家的能力，同时也再次确认新妇在家庭中的地位。

新婚第三日，举行回门礼。新娘新郎返回娘家，必须于当日返回，原则上不可在娘家过夜。至此，婚礼宣告结束。

（二）婚姻制度变迁

有学者认为，中国的传统婚姻文化正在逐渐消解，呈现一种新旧交替的多元状态。婚姻文化的改变又促使婚俗、人际关系、权力关系、乡土文化、老人赡养方式等社会文化的诸多方面产生变迁。因此，婚姻文化的改变既是文化变迁的结果，也是促进文化变迁的原因。①国家的婚姻政策是现阶段可预见的影响哈尼族婚姻制度的关键因素之一。

新中国成立后，娘埔村哈尼族婚姻习俗经历了三个重要变化：第一个变化是20世纪50年代颁布了第一部法律《中华人民共和国婚姻法》，明确规定："结婚年龄，男不得早于22周岁，女不得早于20周岁。"这项规定使哈尼族习惯早婚早孕的传统婚俗观念受到冲击。尽管在民间，传统婚制的惯习仍在延续，但是随着这项婚姻制度的深入实施，人们对结婚年龄的认识在逐渐发生改变。

第二个变化是1984年结婚证的办理。尽管在《中华人民共和国婚姻法》颁布之后，已在全国范围内确定了结婚证的法律地位，但是在偏居西南边陲的农村，并没能真正获得实行。20世纪80年代以后，随着改革开放的逐渐深入，婚姻法律已在边远农村地区贯彻执行。1984年以后，达到法定婚龄的村社成员基本办理了结婚证。这一改变的影响是巨大而深远的。哈尼族传统中，婚姻通过婚礼确立，包含神圣和世俗两个层面：一方面，哈尼族在婚礼繁复的祭祀礼仪中确定了婚姻的神圣性；另一方面，又通过举办宴席邀请宾客确立了婚姻的社会合法性。随着法律观念日渐深入人心，村民的婚姻观念已从传统的重礼俗、轻法律转变为礼俗和法律等量齐观。

结婚证的办理也深刻影响了当地人婚姻的解除。在哈尼族传统中，与婚礼的隆重与繁琐不同，婚姻的解除显得十分简单随意，男方只需要提出"不想在了"，就可以单方面解除婚姻。财产的分配由男方全权处理，只

---

① 马丽：《跨省婚姻与粤北农村文化变迁调查研究》，《广西民族研究》，2004年第3期；李富强：《族际联姻：壮族婚姻文化变迁的因与果：亲历一个壮族婚礼的感悟》，《广西民族研究》，2001年第2期。

需分配部分生活用品给女方即可。但若离婚由女方提出，在征得男方同意的前提下，还要退还男方结婚时支付给女方家庭的聘金，往往还须在聘金的基础上再增加额外补偿。传统的离婚有一套特定的程序，男女双方达成分手意愿之后，要请村寨长老作证，将一块木头劈成两半，男方和女方各执一半，从此分道扬镳。不管分手由谁提出，离婚之后双方在婚姻期间所生育子女全部留在男方家。20世纪80年代之后，尤其是90年代之后，结婚证的普遍办理，为夫妻双方婚姻的解除设置了一道无形的障碍。夫妻离异需要走法律程序，传统离婚礼俗不复存在。

  第三个变化始自20世纪90年代后期。前已述及，随着改革开放的深入，经济建设席卷全国，娘埔村一些受过基础教育的青年人也走出村寨，到城市打工。其中，女孩子成为农村流失最多的群体，不少人外出打工后再不愿返回农村。大量女性的外流，使农村原本平衡的婚配模式被打破。一方面，婚姻礼俗急剧简化，甚至消亡。传统上，哈尼族实行族内优先婚，婚姻对象在同族甚至同支系范围内选择，男女双方遵循传统礼俗举办隆重婚礼，尤其重视婚礼过程中的教化意蕴，严格举行各种祭祀礼仪。但是，自20世纪90年代开始，尤其是进入21世纪以来，娘埔村女性的大量外流，造成婚姻选择范围的扩大，逐渐从同族、同村婚配转向跨民族、跨地域婚配。"以前的婚礼最少要办三天，现在结婚没有那么隆重了，办一天就够了，不过叫魂仪式还是要办的，在男方家办，女方家里不用叫魂。"① 大量远嫁他乡的女性甚至完全不再举办传统婚礼。另一方面，随着女性外流，一个严峻的婚姻问题开始在娘埔村出现，即"娶妻难"的问题。娘埔村青年男子的婚姻问题成为现阶段困扰很多家庭的重大难题。截至2016年，全村25岁以上的适龄男性有70余人无法解决婚姻问题，最大的已经46岁。据统计，全村年40岁以上的"光棍"已达到12人，按照当地人的观

---

① 访谈对象：李沙奢，女，52岁；访谈时间：2016年8月28日下午4:00；访谈地点：李沙奢的家；访谈人：丁桂芳、杨美琼、曾薇。

点,这些男性"已过了结婚的年纪,注定一辈子打光棍"。与此相对应的是,村落里的适龄女青年近90%已经婚配,尚未婚配的也长期在外务工,并做好了外嫁他乡的准备。男多女少,男性已完全丧失了择偶的主动性。在传统的农村生活中,衡量女性的标准是聪明美丽、勤劳能干,很多时候还要考量其家庭背景。但是在严峻的婚姻形势下,娘埔村男性青年的择偶标准不得不一降再降,甚至变成没有标准。由于在附近村落无法找到适龄的婚配对象,娘埔村的青年男子不得不将视野转移到其他更贫穷的地区。2014年,跨国婚姻也出现了。村中另还有一名36岁的男子去老挝胶场打工,结识了当地的女子,已上门留居在老挝。组长李永兴也对本村男性的婚姻问题忧心忡忡,认为"再这样下去,再过十年左右,可能会出现很多社会问题"。

(三)家庭结构关系的变化

哈尼族白宏人传统上实行小家庭制,家中的孩子一旦成年婚配,便会从大家庭中分裂出来,组成包括自己、妻子及其未婚子女的小家庭。因此,核心家庭是娘埔村主要的家庭形式。除此之外,包括两代或三代人的主干家庭也是村民家庭结构的重要形式。父母与儿子、儿媳及孙辈共同居住,若家中有两个或多个儿子,父母会在分家时将祖屋分配给小儿子家庭,并与他们共同生活。特殊情况下,也会有联合家庭出现,即包括父母及两对或两对以上已婚子女组成的家庭。这种家庭具有很大的不稳定性,一旦条件成熟,便会分解成核心家庭和主干家庭。

20世纪50年代至今的半个多世纪里,就形式而言,娘埔村哈尼族的家庭结构尚未发生显著变化,仍然是以核心家庭和主干家庭为主的小家庭形式。代际关系简单,通常只包含两代或三代人口,但家庭规模和家庭关系却呈现出一些新的特点。

1. 家庭规模向小型化发展

哈尼族传统观念中,多子即多福。一方面,家族繁衍,人口昌盛不仅是现实生存需要,更是一种崇高的人生理想。因此,哈尼族以"多生"为重要的生育目标。另一方面,由于实行父系继嗣制度,血统和财产通过男丁继承,因此,"生子"也是一项重要准则。不能生育或者只生育女儿的家庭会遭受社会的歧视。在民间,没有男丁的家庭甚至被蔑称为"咩东"(意为秃断的红薯,即家族没落)。因此,传统哈尼族家庭子女数量庞大,平均每户家庭拥有三四个孩子,多者甚至可达七八个。

哈尼族"多育多子"的生育观念随着1981年计划生育政策的推行而发生了变化。经过近10年的推行,20世纪90年代以后,娘埔村超生超育的现象基本绝迹,户均子女保持在2个左右,人口规模向小型化发展。

2. 家长权威下降,夫妻关系成为家庭关系的轴心

家庭规模缩小,家庭结构趋向单一化,使得家庭人际关系由复杂走向单纯。家长权威衰落最大的体现,即是青年子女婚姻自主权利的获得。前已述及,娘埔寨50岁以上夫妇的婚姻大多为父母包办,婚姻当事人完全听从父母的安排,有的不得不放弃自己心仪的对象。但是50岁以下,尤其是20世纪70年代之后出生的年轻人基本都获得了自由安排婚姻的权利。这一转变首先应得益于自上而下的法律规定。新中国成立后颁布的《中华人民共和国婚姻法》,第一次以法律的形式保障了青年自由选择配偶的权利。半个世纪过去,这项法律深入人心,父母在子女婚姻选择中的传统角色日渐隐退。经济生产方式的转型也为青年人自由择配开辟了一条康庄大道。传统依附于土地,以农耕经济为主的生计模式以及与之相匹配的"前塑文化",奠定了父母在家庭中的权威地位,他们的价值观念、行为规范、利益准则和生产技能等均为后辈的楷模,子女对其言听计从。但是,20世纪80年代务工经济出现,并逐渐取代农业经济成为娘埔村哈尼族家庭经济的支柱,年轻人在家庭中的地位也随其经济贡献得到提升。与此同时,现代社会发展日新月异,科学技术突飞猛进,使得长辈的传统经验失去优势。

家庭文化从"前塑文化"转向"后塑文化"。①青年人通过对新知识、新技术的掌握进一步获得家庭话语权,其中包括对其婚姻的支配。

父母权威角色的让渡使夫妻关系成为家庭关系的主轴。自由选择的婚姻相较传统婚姻更加稳固,夫妇共同外出务工赚取家庭收入,家庭经济支配权力由夫妻共同决定,平等友善的关系使夫妻关系更加和谐。

(四)传统社会控制模式

社会控制是指利用一切社会或文化的工具,对个人或集体行为进行约束,以促进社会或群体的调适和发展。在哀牢山区哈尼族聚居地区,广泛流传着"三个神蛋"和"最(头人)、批(摩匹)、技(工匠)"的传说故事。"三个神蛋"的大意是:天神莫咪的神鸟下了红、绿、白三个蛋,三个蛋里出来三个男人。红蛋里出来的人说:"我来当官,给地上的人判事。"绿蛋里出来的人说:"我来当摩匹,给地上的人驱鬼治病。"白蛋里出来的人说:"我来当工匠,给地上的人制造工具、盖房子。"②这是哈尼族传统社会控制组织的基本构成,头人、摩匹和工匠分工明确,各司其职,有效地维持了哈尼族社会的稳定和发展。"传统权威,指的是某种制度在长期的存在中,逐步获得公众的承认,成为具有象征力、道德和行为约束力的存在。科层权威,其力量来自正式的官府以及公众单位上级的任命,以行政登记为其存在的基础,涉及制度的建设,因此是官僚式的。"③

娘埔村摩匹和竜头是传统权威,专司与宗教有关的各种仪典。其中,竜头身份通过家传或学习获得。娘埔村目前有4名摩匹,主要负责为村民

---

①"前塑文化""后塑文化"为美国人类学家玛格丽特·米德在其专著《文化与承诺》中提出的重要概念。"前塑文化"指后辈向前辈学习的文化,又称为"老年文化";"后塑文化"指前辈反过来向后辈学习的文化,也称"青年文化"。
②云南省民间文学集成办公室编:《三个神蛋》,载《哈尼族神话传说集成》,中国民间文艺出版社,1990年,第207页。
③王铭铭:《村落视野中的文化与权力:闽台三村五论》,生活·读书·新知三联书店,1997年,第269页。

占凶问吉，治病驱鬼；竜头一年一选，通过打鸡骨卦产生，通常要求儿女双全、夫妻和睦，德高望重、四肢健全、没有受过枪伤或兽伤，并熟悉村落各种仪典，主要负责村落内"昂玛突"等集体公祭，并监督哈尼族禁忌和习惯法的落实，并对违反禁忌和习惯法行为的人按传统习惯进行惩罚，在村寨秩序维护中的作用十分突出。头人已消失，村民小组组长成为新时代的领头人，其由村民大会选举产生，负责执行国家法律政策、管理本村公共事务以及配合乡镇政府来完成自上而下的行政任务等多种职责，是村民自治的核心。村民推选组长的条件比较务实，他们往往选择那些见多识广、精明能干的青壮年担任该职。目前，娘埔村村民小组配置1名小组长和1名副组长（会计和妇女主任暂缺），2013年设村务监督委员会，设主任1名、委员2名，年龄均在35～50岁之间。

总而言之，在娘埔村，国家力量和社会传统在这里实现了有效结合，共同促进了社会的和谐与稳定。

六、生态环境

（一）地理位置

娘埔自然村隶属于龙坝乡勐里行政村，属于山区。位于龙坝乡东南边，距离勐里村委会4千米，距离龙坝乡12千米。

（二）气候与物产

娘埔村面积4.25亩，海拔1700米，年平均气温17℃，年降水量1710毫米，属热带亚热带气候，适宜种植水稻、玉米、烤烟、茶叶、蚕桑等亚热带农作物。村寨周围是层峦叠嶂的群峰，山峰受江河切割并不严重，除观音山、坡的山、三棵桩等山之外，均起伏不大，故而没有形成大的河流。在村寨与村寨之间，随处可见的都是人们特意保留的森林。大片森林的存留给娘埔白宏人提供了采摘野菜、猎获动物的广阔空间和丰富物产。

◇ 掩映于山林间的娘埔下寨

1. 野生林木、植物

树木类：主要有柏木、滇南红椿、董棕、思茅松、杨、榕树、桑、万年青、棕榈、杉木、桫椤、火纯、酸苞树、栗木、漆树、华皮、野生古茶、米石榴、干天果、鸡素果、西南桦、木棉、紫檀木、楠木、野芒果、橄榄、野花椒、山楂、木瓜、野柿、白花、香樟木、木香子、刺桐树、野桃、樱花、野桂等。

草本、藤类：主要有防风、南板蓝根、茯苓、龙胆草、细辛、百合、鱼腥草、车前草、刺五加、金银花、曼陀罗、大黄藤、黄草、石斛、鸡刺根、臭灵丹、番石榴、大疙瘩、黄连达素、金云象、青蒿、菖蒲、葛根、大白改、白藤花、老瓦花、迎春花、杜鹃、马芦花、兰花等。

食用菌：娘埔周围的山林里出产的食用菌主要有鸡㙡、黄皮鸡㙡、奶浆菌、羊肚菌、青头菌、见手青、黄癞头、鸡油菌、扫把菌、牛肝菌、米汤菌、松毛菌、马屁泡、木耳、干巴菌、白参等。

2. 野生动物

娘埔周围广袤无垠的森林和无数条沟箐为动物提供了栖息的场所，昆虫走兽和禽鸟在其间都能轻而易举地寻找到自己种群繁衍生存的天堂。

兽类：据娘埔村老人讲，20世纪70年代以前，周围的丛林里还出没有老虎、豹子、熊、豺狼等猛兽，麂子、猴、岩羊、刺猬、野猫、野兔、黄鼠狼、穿山甲、松鼠、山鼠、蝙蝠等最为常见，进山围猎，绝不会空手而回。但是20世纪80年代之后，随着森林面积减少，动物也逐渐稀少。现在，村里人说："要捡一颗野兔屎做药都已经不可能了。"

鸟类：主要有白鹇、野鸡、麻鸡、竹鸡、红腹锦鸡、米多罗鸡、野鸽子、老鹰、家燕、岩燕、白鹭鸶、野鸭、水扎、秧鸡、谷娘雀、乌鸦、喜鹊、鹦哥、八哥、猫头鹰、布谷鸟、画眉、铁连甲、麻雀、点水雀、黑头翁、杜鹃鸟、百灵山呼、黄鹂、吊吊雀等。在这些鸟类中，白鹇、红腹锦鸡等都是国家保护的珍贵鸟类。值得一提的是，在20世纪60年代以前，这一带还有绿孔雀，目前已经没有踪影。20世纪90年代后，连与人为邻的喜鹊也不知去向，远走他乡。

爬行类：主要有青蛙、绿蛙、石蚌、蛤蚧、癞浆包、蟒、水蛇、麻蛇、眼镜蛇、青竹标、红脖子蛇、四角蛇、立马鬃、蜥蜴、红孩儿等。

虫类：主要有蜜蜂、岩蜜蜂、细蜜蜂、花脚蜂、七里蜂、瞎子蜂、厚皮蜂、猪屎蜂、黑蜂、岩蜂、野蜂、锅盖蜂、葫芦蜂、黄土蜂、细腰蜂、墙洞蜂、大黑蜂、蝉、蚂蚁、蟑螂、蝎子、蜘蛛、螳螂、蝴蝶、蟋蟀、萤火虫、蝗虫、蚂蚱、蜈蚣、蚯蚓、断肠虫、蚂蟥、独角仙、飞蛾、臭屁虫等。

鱼类：主要有鲤鱼、鲫鱼、虾、螺蛳、泥鳅、鳝鱼、花泥鳅、江鳅、石鳊鱼、大头鱼、细鳞鱼、罗非鱼、埃及江鳅、红尾巴鱼、水蜻蜓等。

（三）厕所改造

厕所卫生状况直接关系到人们的健康和环境状况，但在娘埔村，"厕所革命"曾经受到过巨大的挫折。娘埔村的公共卫生工程建设时间短暂，直到21世纪初才由政府出资、村民出工建盖了第一个公厕。在此之前，村人尚未形成如厕的习惯。因此，公厕建设完成之初，仅仅是一种摆设，村民方便仍习惯选择山野丛林。"当时那些老人纷纷向我反映厕所蛆虫满地，还散发恶臭，只要进去就会恶心呕吐。"[1]为彻底解决村民如厕的问题，村组长李永兴召集全村村民召开集体会议，最后在其倡议下，提出了罚款处罚的村规：在外上野厕所的人，一旦被人发现，罚款1000元。在巨额罚款的压迫下，村民慢慢习惯了使用公厕。厕所使用习惯的生成也标志着一种新型的卫生理念成为共识。

私人厕所是伴随着钢筋水泥房的出现而出现的。2013年，村组长李永兴建盖村内第一幢砖混楼房，就在院内建盖了8平方米左右的卫生间，里面设置了抽水蹲坑。这一举动在当时也曾受到很多人的质疑，村民认为在家里设置厕所会带来很大的污染和晦气。但是，实际使用的便利彻底扭转了人们的偏见。之后，11户家庭学习李组长在家里建盖了卫生间，并且有15户人家装上了太阳能热水器，村民能够在繁重的农业劳作后享受一场畅快淋漓的热水淋浴。村民的卫生条件日益改善。

（四）居民建筑变迁

娘埔村哈尼族民居建筑的变化是20世纪50年代以来最显著的变化之一。

民居建筑的改变首先表现在建筑形式和材料方面。娘埔村村民的住宿条件在新中国成立后50多年中发生了翻天覆地的变化，从茅草房改为平掌房、瓦房，之后又经历了石棉瓦盖顶，直至现在的钢筋混凝土房。在很多

---

[1] 采访对象：李永兴，男，46岁，娘埔村村民小组组长。

村民的记忆当中，20世纪80年代之前，娘埔村哈尼族的传统建筑是茅草为顶的土基房，房屋主体以木料为基础构架，用泥土制成的土坯为墙体，房顶用山林中随处可见的尖刀草铺就，取材方便，造价低廉，且经久耐用，还具有冬暖夏凉的优势。但是80年代初期的"毁林开荒"却使这项传统建筑几近失传。由于林木被大量砍伐，加上林粮间种，致使林间杂草无处生存，短短几年时间，原本随处可见的尖刀草竟难觅踪迹。因此，民居建筑只能另辟蹊径，进入土掌房时代。土掌房属土木结构，建房要选用材质较好的椎栗、柏木为主梁，主梁立好后，用厚实的土坯砌墙，再用坚硬木材铺楼楞，辅以松木劈成的木块，撒上一层松毛，再糊一层搅拌过的泥巴，边缘砌一圈土坯压实。土掌房一般层高较低，减少了散热面积和空间，有利于保持室温，达到冬暖夏凉的目的。土掌房建筑取材方便，便于维护，保存时间长久。

20世纪80年代末期，瓦房建筑开始进入娘埔村。1989年，墨埔村的李福光从石屏县拉回一车瓦片，举全家之力，建盖起村内第一间瓦房，在当地曾引起巨大轰动。因其风格时尚，工艺简单，且造价不菲，人们在艳羡的同时，也把"建盖一间瓦房"当作普通家庭的生活理想。只是，这一理想直至21世纪初才最终实现普及。

随着生活水平的提高，改善居住环境成为村民最先需要考虑的问题。鉴于瓦房存在容易漏雨、不好翻修等问题，2013年开始，一种新的建筑材料——石棉瓦取代了瓦片。石棉瓦具有利用面积大、防火、防潮、防腐、耐热、耐寒、质轻、造价低廉等诸多优势，使其成为村民建筑的新宠。在短短几年时间内，村社内80%的民居都更换成石棉瓦房顶。几乎在同一时期，李永兴花费了30多万元，建盖了村内第一幢钢筋水泥楼房，并配备了卫生间、厨房和现代家电，二层楼拔地而起，成为当地新坐标。在李永兴的影响下，村里一些有条件的人家也开始建盖新楼。目前，全村共有5幢楼房。从1989年开始，二十多年后，娘埔村村民的集体生活理想，已经从

"建盖一间瓦房"改变为"建盖一间水泥房",并为之奋斗不懈。

民居建筑的改变还体现在建筑方式的变化上。传统建筑从选址到选材、建盖,再到乔迁,均有非常繁琐的仪式,摩匹的参与必不可少。同时,建盖一间民舍还是一项重要的村社集体活动。在整个建盖过程中,全村青壮年劳力必须无偿参与,贡献劳力,主家只需提供每日饮食即可。21世纪的"水泥房"时代来临之前,村内盖房均延续传统习惯,全村参与。这种通过劳务互助的形式积攒的人情可以在自家建盖房舍的时候支取,并在实际过程中密切了村社的联系。但是,钢筋水泥建筑的建盖需要特殊技艺,普通村民无法掌握,致使全民参与建盖的传统在新的时期无法完整延续。李永兴家的房子就承包给了外地建筑商,按面积支付费用,完全不需要村内亲友提供帮助。这种新的建筑形式的出现,不仅改变了当地

◇白宏人传统土基房

的建筑文化，也在某种程度上昭示了一个更加私人化和专业化时代的到来。

尽管传统建筑文化在急速消逝，但是对于娘埔村的哈尼族来说，一些传统文化的根骨是无法舍弃的。在建筑文化方面，主要表现在建筑格局上。历经半个多世纪的洗礼，娘埔村的房舍建筑历经了多次变革，但是仍固执地保存着传统的格局。建筑一般以三格为标准住房，分上下两层，下层住人，正中是堂屋，外加一个东厢房和一个西厢房，上层堆放粮食和杂物。正房前面左右是两间耳房，耳房与正房连接在一起，耳房正中间的一间是堂屋的外延部分，如果在左边的一间里设有灶房和火塘，右边一间则建成客房。

整间房子有3排柱子，每排4根，共12根；8根横梁，梁柱之间以榫相连。在这些柱子中间，立于堂屋左边的中心柱（哈尼语称为"咪素又董"）是一个家屋的核心。传统上，这棵柱子一般选用上百年的锥栗树干。锥栗树在哈尼族民间传说中是世间第一棵树，也是生命树，具有辟邪的功能，能够庇佑家宅安定。立柱仪式也非常讲究，立柱之时要在柱石下放入碎银、海贝、谷子、荞麦，象征人口发展、五谷丰登、六畜兴旺。房屋框架立起之后，在中心柱下以篾桌为祭台，用酒、茶、鸡祭祀，再将三脚架和锅碗瓢盆等灶具和犁、锄等生产工具放在柱旁，寓意一家人将在此安居乐业。此后，家里一切祭祀都需要献祭中柱。民居建筑进入"水泥房"时代之后，立中柱仪式已无法举行，但是在村民观念中，庇佑家宅安定的神灵仍在中柱位置之处，因此每逢祭祀，必沿袭传统，祭祀中柱位置。

20世纪50年代至今的半个多世纪里，娘埔，这个哈尼族聚居的传统村落已然发生了翻天覆地的变化。政治制度的改变揭开了娘埔村社会文化整体变迁的序幕，而经济生产方式的改变则是社会文化变迁的导火索。随着越来越多的白宏人离开村庄，走出村落，社会整体从封闭走向开放，社会运行从相对迟缓走向快速发展。现今，娘埔村政治、经济、文化已与国家整体发展同步。在内外原因的交错制衡下，娘埔村哈尼族的传统文化得以在全球一体化的冲击下保留一些喘息的空隙。现代化为我们的生活带来诸多便利的同时，也在悄悄地吞噬着旧有传统生存的土壤。纵使如此，我们亦无须悲观，当笔者看到李永兴兄弟三人忆苦思甜，感慨往昔的苦难和如今的幸福，并满怀信心地举杯共庆时，便明白只要希望在，有期待，娘埔村，连同中国千千万万村落，都会在新时代找到生存发展的新坐标和新方向。

壮族社会历史回访再调查
—— 以文山市德厚镇下期乌村和开化镇牛头寨为例

王亚文　李志昌　王　卓　陈技英

云南壮族主要分布在文山壮族苗族自治州。1954年中央民委民族识别调查组在文山地区开展民族识别调查，现今壮族在当时自称有数十种，调查组调查识别后在《云南民族识别报告》中指出，云南僮族系统包含：（1）"沙"族（布雅伊）；（2）"侬"族；（3）"天保""黑衣""隆

◇壮族村寨远景

◇ 平头土僚服饰　　　◇ 搭头土僚服饰　　　◇ 尖头土僚服饰

安";（4）"土佬"族。其中"天保""黑衣""隆安"为老家在广西的僮族，而"侬""沙""土佬"应为僮族在云南的三个支系。调查组提议将"侬""沙""土佬"归为僮族。1956年中央民委少数民族语言调查组到文山调查，所得结论与民族识别调查组的结论基本相同。1956年、1957年文山地委在前两次调查的基础上又先后开展了深入细致的调查研究，最后将数十种自称群体归于"侬"（侬人，当时约占53%）、"沙"（沙人，当时约占31%）、"土"（土僚，也写为"土佬"，当时约占16%）三个支系内。1957年3月，文山专区召开民族大会，各支系代表参会酝酿讨论，认为各支系地理条件、经济状况、语言文化、生活习俗基本相同，历史传说、宗教信仰大体一致，本来就是一个民族，同意统称为"僮族"。1965年后，遵照周恩来总理的提议，将"僮"改为"壮"，沿用至今。

云南壮族侬、沙、土三个支系中，侬支系约60万人；沙支系约35万人；土支系即土僚，人口约20万人，自称"布傣"，内部又有"傣门""傣考""傣滇""傣莱""傣越""傣侬"等分支。而按服饰则分"平头土僚""搭头土僚"和"尖头土僚"三种。近年，在广南县的珠琳

◇ 蒙自市大沙地村土僚妇女服饰（采自大沙地村博物馆）

镇又发现几个与上述这三个分支不同的土僚寨子，按头饰有人称他们为"偏头土僚"，但是否为另一分支，有待进一步调查。

关于土僚的调查，除中央民委民族识别调查组和少数民族语言调查组的简要调查报告外，[1]还有宋恩常《云南壮族社会调查》[2]，颜思久、郑镇峰《文山州壮族风俗习惯初步调查》[3]，翁家烈《云南壮族支系调查（土僚）》[4]，等等，这些调查报告概括而简要，没有涉及具体深入的村寨调

---

[1]云南省编辑组编：《云南少数民族社会历史调查资料汇编（三）》，载《云南省民族识别报告》，云南人民出版社，1987年。

[2]云南省编辑组编：《云南少数民族社会历史调查资料汇编（一）》，云南人民出版社，1986年。

[3]云南省编辑组编：《云南少数民族社会历史调查资料汇编（一）》，云南人民出版社，1986年。

[4]云南省编辑组编：《云南少数民族社会历史调查资料汇编（三）》，载《云南省民族识别报告》，云南人民出版社，1987年。

查。后云南大学曾组织学生在文山城郊旧平坝寨做过一次短期村寨调查。①此外，文山当地一些壮族学者也做了一些有关婚姻、宗教信仰、丧葬等的专题调查，调查者有的本身就是土僚，对土僚的一些传统文化较为熟悉，因而他们的调查也有一定的参考价值。

"云南壮族社会历史回访再调查"课题组在接受调查任务后，考虑到调查时间紧迫，经过认真普查，反复斟酌，最后决定选择文山市德厚镇铁则村委会下期乌村及文山市城郊开化镇里布嘎办事处牛头寨为调查点。下期乌村村民主要为搭头土僚，牛头寨村民则主要为平头土僚，因而具有一定的代表性。

一、文山市德厚镇下期乌村调查

下期乌村位于文山市西北部约62千米的盘龙河支流德厚河源头，是典型的搭头土僚村寨。

（一）村寨概况

1. 村寨历史与传说

下期乌是一个自然村，有两个村民小组。位于文山市西部偏北，距离文山市约62千米，距离德厚镇7.5千米，距离村委会所在地铁则村1.5千米。下期乌村有人口382人（2016年9月），耕地面积1468亩，其中水田面积300余亩，水资源丰富，灌溉条件好，但人多地少，贫困人口占80%以上，属于典型的贫困村。

清代《开化府志》记载："王朔，期乌石洞人。"又："康熙四年（1665），土酋王朔聚沙定洲余党，同禄昌贤等叛，伏诛。"据此可推断下期乌村村名至少在清初已出现并沿用至今。下期乌村的搭头土僚，据考证为当地最早的世居民族之一，但由于没有自己的民族文字，汉文历史文

---

①高发元主编：《云南民族村寨调查（壮族）：文山攀枝花镇旧坪坝上寨》，云南大学出版社，2001年。

◇ 壮族传统房屋

献及地方史志记载也不多，故详细村史无从考证。

现存历史遗迹有离村寨不远的土司山遗址（或称营盘山遗址），清嘉庆年间墓碑等，此外，村寨附近据报道还曾有铜鼓出土。

口传史料有一直在当地传唱的《拷湳壤沌》《拷潭归》等。《拷湳壤沌》主要讲述的是远古时代，洪水淹没世界，两兄妹藏于葫芦中得以生存繁衍；《拷潭归》讲述了一段战争史及土僚落籍文山的故事。

下期乌村以罗姓为多，其次为王、李、彭三姓，其他何、黄、田、刘、熊等单户姓，一般为入赘后随父姓或迁入户。

历史上，下期乌村土僚没有自己的文字，也没有姓氏，产生姓氏的可能是纳入中央政府版图后因人口登记的需要。其可能的来源：一是汉族进入该地区后随汉族姓；二是官府赐姓；三是为逃避部族残杀而随当地某大姓的姓；四是外来人口的本姓等。因此下期乌村没有带本民族特殊的姓

◇ 下期乌村俯视图

氏，自称有家谱的很可能为外来人口或学汉族修谱。

2. 民族构成

土僚村名通常都叫"傣×"，下期乌村村名土僚语称为"傣俚"，足以说明该村一直是土僚村寨。

20世纪50年代曾有6户苗族迁入村中，但现已全部迁出。全村除有3户娶汉族3人，4户娶苗族4人外，其余人口全部为土僚。

3. 性别与年龄状况

全村人口382人（2016年9月），其中，男性194人，占50.78%；女性人口188人，占49.22%。

人口年龄状况：15岁以下人口87人，16~45岁人口190人，46~60岁人口53人，61岁以上人口52人。

4. 人口流动与趋势

下期乌村位置相对偏僻封闭，近年无外来人口迁入或村寨中人口迁出情况。据统计，全家常年在外务工的有2户共8人，青壮年外出务工人员有

20多人,其余多数是利用农闲时间在附近打零工。

教育普及和社会发展拓宽了村民就业渠道,现有3人在政府任公务员,9人在事业单位工作。

5. 村寨今昔变迁轨迹特点

下期乌村处于一个山坳之中,前河后山,坐东朝西。村前为文山盘龙河上游源头支流之一的期乌河,据《开化府志》记载:"盘龙河,源自蓑衣山下耶革白寨,伏流二十余里,出期乌石洞。"又:"期乌石洞,城西百三十里安南里。诸水汇于中,即盘龙之源也。"沿河为两列山脉相拥的宽不过300米的狭长谷地,从德厚镇到河源头10千米左右的山谷间密集分布着白鱼洞、小龙、大龙(土僚语称"傣值橹")、五峰村、龙潭寨、铁则(土僚语称"傣美粘")、对门寨、下期乌(土僚语称"傣俚端逗")、

◇ 期乌河

上期乌（土僚语称"傣俚端怒"）、羊皮寨等10多个村寨，其中以"傣"命名的村寨均为土僚村寨。

下期乌村在清代以前为土司管辖，民国时设保甲长管理。势力强大的家族实际掌握着生产资料的占有权和分配权，富者建土木结构

◇ 抽河水灌溉

瓦房四合院居住，而"无产者"一般只能住山洞或搭茅草房居住，直到20世纪80年代中期，该村最后的茅草房才完全消失。2013年，住山洞的人家在得到政府建房补助后得以搬出山洞。

现在大多数的民居以三间两层土木结构瓦房为主，有条件的在正房外加耳房，早已没有干栏式建筑特征。近年随着生产生活条件逐步改善，开始出现"火柴盒"式的砖石混合结构房。

6. 生态环境

下期乌村面积3.18平方千米，海拔1976米，年平均气温15.50℃，年平均降水量945毫米，适宜种植玉米、水稻、花生、蔬菜等农作物。有耕地611亩，其中以旱地为主，人均耕地1.5亩；有林地1376亩。

下期乌村重视保护森林，空气质量好，是名副其实的天然"氧吧"。河流清澈，常年流水不断，山清水秀，是休闲度假旅游的好去处。德厚镇人民政府已把该村及附近村寨作为旅游开发重点区域，正努力改善交通条件，修通水泥路后，可在2小时内到达蒙自、丘北、开远等城市。

由于村寨依山傍水，所以生活用水包括饮用水过去长期直接取自河水，直至10多年前才开始改用井水。尚未安装自来水管，近年少数人家用小水泵把井水抽到家中。

◇下期乌村传统民居

此外，村中有21户安装了太阳能热水器，大大改善了生活用水的条件。

（二）经济建设

1. 基础设施建设与生产生活环境

下期乌村从村头到村尾沿河建有石板路。村中有一座石墩木桥，据传为清初本村的一王姓人家承头兴建，具体建桥过程有碑文记载，可惜石碑被长期搁置河边，天长日久，字迹早已漫漶不清，难以释读全文。2000年，木桥改建为水泥桥。2002年，村民集资约3万元修通从河对岸到本村的道路，并另建了一座水泥桥。2003年底又筹资约10万元将全村道路改造成水泥路面，村容村貌大为改观。

2016年初，村民小组发动群众筹资7万多元，德厚镇政府补助部分资金、物资折合6万多元，对全村水田重新整合分配，改变原来一家分散耕种五六块田的情况，每户现在集中耕种一块田。与此同时，还修建了灌溉沟渠和机耕道，更有利于农户管理或进行规模种植。

2. 农作物种植

下期乌村水田以种植水稻为主，旱地主要种植玉米。2016年进行土地整理以后种植蔬菜32亩。田和地都可以种植夏季作物和冬季作物，一年收获两季。夏季作物有水稻、玉米、花生、辣椒等；冬季作物有大麦、蚕豆、豌豆、油菜等。此外，还种有三七地30余亩。

3. 农业科技推广

下期乌村土地面积少，农业科技含量不高，多数农户仍以传统生产方式为主。村中主要农科技术应用包括：一是推广种植杂交稻、杂交玉米；二是利用地膜种植辣椒；三是使用小型农机犁田耙地；四是使用机器喷灌技术种植蔬菜。

4. 传统经济体系与产业结构调整

该村传统经济体系由种植业、养殖业、手工业构成，因资源有限，没有形成特色产业。值得一提的是村民的黑火药制造和纺织技术。

黑火药制造现在虽已被禁止，但村中仍有很多人掌握黑火药制造技术。这种技术何时传入无从查考。过去村民到周边的山洞背回硝土，经熬制、过滤、冷却得到硝，再与木炭、草木灰、硫黄等混合，用碓舂细即成。这种土制火药可根据用途增减配比，用于火药枪或爆破。后来出现"硝酸铵"化肥后，制造程序变得更为简单。

村中土僚传统纺织已逐渐停止，只有少数妇女还偶尔为之。传统纺织工序复杂费时，通常要经过种麻、收割晒干、浸泡取皮、剥丝纺线、漂白牵伸、并线络筒、纺织等多道工序。织好的布匹根据用途有的还要经过蜡染、靛染等。

村民织布、缝制服装等主要是满足自用，偶尔才会应他人订购帮人缝制，尚没有形成一定规模的产业。

5. 生计方式变迁

下期乌村的土地所有权大致经历了大户占有、生产队共有、分配到户三个过程。

中华人民共和国成立前，土地资源被有势力的家族大户占有，租借给无土地农户种植，收取地租，有的或养长工自种。耕耘土地使用犁、耙、锄头、镰刀等简单的生产工具，以种植稻谷、玉米、花生等作物为主。留种多采取自留种或与邻村换种，种子品种单一，因而产量低，结余不多，是典型的自给自足经济。

生产队集体管理阶段，除了土地共有，其他生产方式没有根本改变。土地到户以后很长一段时间，传统生产方式也没有太大的变化，只不过种植的品种多选用杂交品种，产量有大幅提高。

近年来村中外出务工人员逐渐增多，小型机械开始部分代替人工或畜力，没有人力的家庭一般请人使用机械耕种。

6. 经济收入与支出

下期乌村经济收入中，种植业约占60%，务工及其他收入约占40%，2015年的年人均纯收入为3457元。

经济支出主要有三大项：生活消费、再生产投入及请客随礼（年支出平均4000~6000元）。

村民收入悬殊，第一项、第二项的支出数额各户差异很大，如三七种植户的投入多，有的达数万元甚至数十万元，而有的贫困户的再生产投入都要靠借贷。

近些年来随礼成为村民一项特别的经济支出，下期乌及附近村寨村民常常以各种理由（如婚丧、生日等）大办酒席，请客收礼，导致随礼数额不断增加，大大加重了村民经济负担。

7. 精准扶贫

下期乌村从2014年10月开始实施精准扶贫工程，现有建档立卡户15

户56人，主要帮扶单位为德厚镇中心学校，平均2～3名教师挂钩联系1户贫困户。

2016年7月以来投入扶贫资金近2万元，主要用于建档立卡工作。由于学校没有相应扶贫配套经费，教师自身经济条件又差，技术扶持、资金扶持、项目扶持等都难以落实，扶贫工作进展缓慢。

（三）政治建设

1. 政治变迁

随着20世纪80年代土地承包到户，村民小组取代了过去的生产队成为村民自治组织。以家庭为单位的个人劳动取代了以村寨为单位的集体劳动，解放了生产力，村民获得了更多的生产经营自主权。

现在村务管理由村民小组长负责，村民小组长由村民选举产生，任期一般为一年。

曾经有一段时间，由于村民小组长这一岗位工资低、事情多，一度被认为是一个吃力不讨好的苦差事，所以很多村民都不愿意干，选举就曾出现抓阄选人的情况。如按户数准备相同数量的玉米粒放口袋里，其中有2粒红玉米粒，摸到红玉米粒的"当选"，一正一副，任期一年，每年春节期间抓一次，产生新的村民小组"领导"。

2016年初，在外务工的村民李志清自荐担任村小组长，推荐另一村民王庆良任副组长。他们带领村里因照顾孩子、老人不能外出务工的年轻人，发动全村群众筹资，对水田进行重新整理分配，修建机耕道路和灌溉沟渠，每户田地按整理之前面积扣除被占用面积和预留面积再分配，一户一

◇下期乌村村务公开栏

块田，改变了以往分散、不利于机耕和不利于规模种植的状况。预留面积用于河道改造、建村文化室和合作社等，目前虽然一些项目没有资金投入实施，但为该村今后的发展做出了较为明晰的规划。

目前下期乌村没有建立党组织，主要由村民小组长负责村务的全面管理工作。

2. 社会保障

2013年村里成立老年协会，有会员72人，会员自发组建6个活动小组，开展唱民歌、跳舞等活动。

村中60岁以上老年人领取养老金的有52人，每月60元；领取最低生活保障26人，每月80元；另有"五保户"1人。

实施新农合后，全村参合率达100%，基本解决了村民大病医疗问题。部分在读大学生家庭贫困的也可以得到村中资助，义务教育阶段学生还可以享受"两免一补"政策。

过去在没有政府保障的情况下，传统社会的村民还自愿组织"帮会"进行互助（详见"社会组织"部分）。

（四）文化建设

1. 公共文化基础设施

下期乌村生产队有集体打谷场，面积约730平方米，还有集体仓房260平方米，在20世纪80年代土地分配到户时全部被平均分配到户，集体后来就一直没有公共活动场所。2016年进行土地整合后预留了1000多平方米，规划建设村集体活动室，但因缺乏资金，项目一直没有实施。

2. 民族传统文化遗产保护

下期乌村村民有丰富的口传文化（如民歌、民间故事、历史传说等），但由于一直没有人认真地记录整理，故这些口传文化正面临消失，尽快收集整理抢救迫在眉睫。

民族服装也是值得保护和传承的民族传统文化遗产之一。

◇搭头土僚年轻女性服装

今天的搭头土僚已很少自己种棉花或麻织布。男子无论老少早已没有人再穿民族服装，只有中老年妇女仍有不少还穿着民族服装，她们不仅在婚丧嫁娶这样的重要活动中穿，在日常生活中也在穿。女式传统民族服装通常有礼服、出嫁服、便服等多种样式，适用于不同的场合。有的中老年妇女即使不穿民族服装，头上也要包民族特色头帕做装饰，包头帕的布通常要用质地厚实的土织布，以便能折叠出需要的头饰形状。

搭头土僚妇女包头帕前，先将头发盘成椎髻于头顶。头帕分为两段，先留三分之一垂于头部右侧，另三分之二将发髻包住后从左向右盘两三圈后，经前额斜过顶垂于脑后，垂于头部右侧的一端经脑后绕一圈别在右侧头帕内，再将垂于脑后的一端从中经头顶穿出成形。

搭头土僚妇女的传统上衣（土僚语称"丝"）与地方文献记载的"花绣短褐"相符。即便是日常穿的上装，她们也要在前胸和后背沿中线在两侧镶嵌长方形彩缎以作装饰，两袖则各镶一圈彩色布料于小臂手袖处。为生产劳动方便，日常着装下身穿裤；出席婚丧仪式等重要活动时，要穿胸前缀满各式银泡的上衣，下身则着筒裙（土僚语称"申"），脚穿绣花布鞋（土僚语称"土奈"），戴银手镯、银戒指和金耳环等为饰。

3. 基础教育与职业教育

20世纪80年代以前的下期乌村不仅生活条件差，办学条件也差。女孩子读书的机会要比男孩子少，即使读，也很少有机会读到初

◇ 日常着装

中。1991年德厚镇大力实施"普六"以后，女孩子才真正有了均等的就学机会。

现在村中学龄前儿童到铁则村幼儿园就读，小学生到4千米外的大龙小学借宿就读，初中学生到8千米外的德厚中学就读，入学率近年都在95%以上。全村高中以上学历人口27人。

4．宗教信仰

下期乌村村民信仰多元神，既信奉佛教，也相信鬼神，村头村尾建有牛王庙、土地庙。

土地庙位于村尾，每年正月初二各家各户都要带上猪头和煮好的整只鸡去祭拜。村中几乎每月都有祭祀活

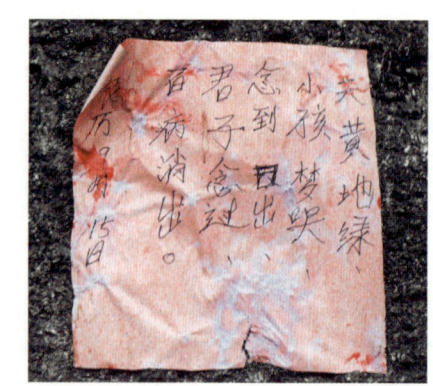
◇ 指路牌

动，分别祭土地、山神、牛王、树神、王母、天神等，重大祭祀活动如祭龙时，还要禁止一切生产劳动2~3天。

村民信奉鬼神，崇尚巫术。在无钱看病、缺医少药的年代，以巫术驱鬼是治病的主要方式，现在仍有很多人生病实施"神药两解"。认为人有40魂50魄，一个人精神萎靡不振，一定是自身的魂魄丢了一部分，或跟亡人走了，或被鬼抓去了，因此要把它叫回来。巫术有很多种类，有"叫小魂""叫大魂"等方式。其他还有诸如立指路碑、搭桥、驱五海、使鬼、泼冷水饭等等。

5. 节庆习俗

下期乌村的民族传统节庆主要有六月红饭节、过小年等，其他节庆如春节、清明节、"三月三"、端午节、七月半、中秋节等，多是受汉族影响，节日形式也与汉族基本相同。

◇堂屋中的神龛

过去村中节日期间的传统文娱活动有舞狮、武术（拳、棍、刀剑等）、打磨秋、荡秋千、打陀螺等，但现在这些活动随着社会发展大多已销声匿迹了。

6. 公共卫生与民族医药

下期乌村现有名叫王国华的村医一人，负责村民基本的医疗卫生保障。铁则村委会有一个村卫生室，德厚镇有一个中心卫生院，一般小病村民多就近治疗，大病才到州、市等大医院医治。实行新农村合作医疗以后，村寨医疗条件得到明显改善。

民族医药方面，流传下来的药方很少，村民会用鱼腥草、千针眼等常见中草药，一些村民还懂得用一些简单的食补方子。

（五）社会组织

1. "帮会"

过去，年龄相近的同辈男性常常组成"帮会"。这种"帮会"实际是一种民间互助组织，大家自愿加入，自然形成。

村中有一王姓男子家中至今保存有一份"帮会"盟书，上面有所有成员的签字。盟书大意是：大家自愿，没有人强迫，入会自由，退会自由，有事叫则必到，凑份子不得推脱等内容。

"帮会"成员农忙时互相换工，祭牛王庙等宗教活动大家一起安排，统一行动，哪家有红白喜事或碰到困难，大家集体帮忙。

男性结成"帮会"，他们的妻子也自然结成"姐妹会"，有事和男人一起参加活动。

"帮会"是传统社会村社中一种特殊形式的社会保障机制，一直影响至今。

2. 民间纠纷与调节

下期乌村自古民风淳朴，村民团结互助。家庭纠纷通常在家庭内部解决，或请"帮会"成员、家族长者出面劝解了事。邻里纠纷很少发生，即使有纠纷，也由家族长者或村干部劝解，互相忍让一点完事。

近30年来，全村一直没有发生过因纠纷造成打架或"对簿公堂"的情况。

3. 婚姻家庭

（1）传统婚姻习俗及其变迁

20世纪六七十年代以前主要是父母包办，流行"打亲家"、订"娃娃亲"。20世纪80年代后，有的自由谈恋，有的父母包办。直到20世纪90年代后，自由恋爱才逐渐增多。传统的婚俗通常有以下几个过程：

说媒：看上某个姑娘后，男方通常要找个媒人，带上一对红糖前往提亲。媒人到姑娘家时对姑娘的父母说：某某想要讨你家姑娘去给父母煮饭吃、挑水喝。若女方家收下红糖则表示愿意，然后约定给礼钱的时间。

给礼钱：到双方约定的时间，男方要请媒人2人，带上一只鸡、一篮粑粑（22块）、一篮米（约30斤）、两对红糖、1~2包水果糖、一对蜡烛和一封爆竹到姑娘家送礼。姑娘家把礼物放在自家神桌上祭祖，并在门外放一封爆竹，宣告自家的姑娘已许配人家了。姑娘家要准备一桌中午饭招待媒人。媒人返回时，姑娘家要回送一篮谷子，预示今后五谷丰登、六畜兴旺。

定亲：婚礼前的几天，男方要请自家亲属、媒人8~16人，带上鸡两只（公、母各一只）、肉一块、粑粑两篮（62个）、糯米50斤、饭米50斤、水果糖两包、蜡烛两对、爆竹一封、酒两瓶及定亲的钱260元（或更多）前往姑娘家送礼。姑娘家把礼物放在自家神桌上祭祖，同时放一封爆竹，告诉同村人自家女儿即将出嫁。送礼的男方家亲属、媒人要在姑娘家住3天2夜，姑娘家负责招待，请自家直系亲属、近邻作陪。第二天，由姑娘家直系亲属轮流做东招待客人。到晚上，约请本村男、女歌手到客人住处对唱《定亲歌》。第三天，男方家来人回去时，姑娘家要回送一篮粑粑和一对红糖，预示婚后夫妻恩爱、甜蜜。订好亲，男、女两家都要分别舂好粑粑，以送粑粑的形式通知亲朋好友来参加婚礼。

婚礼：传统婚礼办三天。第一天，新郎家找2个或4个伴郎，带上猪肉一块、糖一包和爆竹一封到新娘家接亲。到新娘家门口先放爆竹，新娘家闻声出来迎接。新娘家先祭祖，然后在堂屋摆上一桌酒席，请新娘的父母上座，同时请家族中酒量好的男子陪伴郎吃饭喝酒，尽量设法把伴郎灌醉。伴郎要寻机在饭桌上或厨房里"偷"一些餐具，走时带回新郎家。新娘化完妆，出门前要陪同父母吃一顿告别饭。新娘出门前，先生为她念经，经念完，伴郎们人扛、马驮，带上新娘陪嫁（通常为红柜子两个、被子一套、蚊帐一笼和老人服饰一套）出门。送亲队伍由村里的年轻姑娘、邻居和家族的妇女组成,新娘在两位伴娘和送亲队伍的陪伴下,前往新郎家,其他亲友则随后跟来。途中,伴娘要送两个粑粑给伴郎认"伙郎"。送亲队伍到达新郎家门口时,先放一封爆竹,新郎家闻声出来迎接,在家门口摆上一张桌子,桌子上摆猪头和五谷杂粮,由先生念《退车马》,意为:吉日良辰,天地开张,新人到此,车马四乡,今将五谷退车马,一把五谷撒向东方甲乙寅卯木,凶神恶煞急速退;二撒男方丙丁火,朱雀玄武远远躲;三撒西方庚辛金,白虎抬头喜气生;四撒北方壬癸水,青龙腾云满福禄;五撒中央戊己土,周公婚礼传古今。左撒青龙,右撒白虎,前撒朱雀,后撒玄武。今日,天不忌,地不忌,夫妻和谐大吉大利。

仪式后,送亲队伍准备进入堂屋,这时小孩在门槛上用线拴上4个草凳,横放在门槛上,然后把门关上,有的还在门头上放上东西,阻挡送亲人。送亲队伍要把草凳踢开,推门进入堂屋。新郎家在堂屋中央烧一盆火,在祖宗牌位前摆饭菜祭祖,客人送来的镜框挂在堂屋两边。伴郎用"偷"来的餐具装饭,塞到送亲人的手里,给送亲人充饥。随后新郎和新娘开始拜堂:一拜天地,二拜高堂,三新郎和新娘对拜。拜完,新郎和新娘争着抢占草席,谁先压在上面,谁以后就当家。拜完堂,新娘不能与新郎入洞房,而是和伴娘、送亲队伍进新房休息,吃过晚饭后,仍与伴娘回新房住宿。晚上,男方歌手与送亲歌手对唱《开门歌》。

第二天,新娘要抢新水。天刚亮,村里还没人去挑水,新娘就要在伴娘陪伴下,去井边抢挑第一挑水。村中小孩在半路等着,等新娘挑到半路或快到家门口,就往水桶中扔垃圾,新娘只得往返挑水,直到累了,才让她挑第一挑水回家。接着再挑2～3挑水到煮饭和煮菜处,以示新娘勤劳、能干。午饭后,男方家在宽敞人多处摆上4桌或6桌菜,请来乐手弹弦子、拉二胡伴奏,男方歌手与送亲歌手开始对唱。村里的人和客人纷纷到场旁听,看谁唱得好,谁唱得赢,如势均力敌,难分输赢,就继续唱。歌手对歌,本村一方不论男女,要先唱,唱上几调引对方对唱。有时唱几调,对方会唱而不唱，本村歌手就会将草凳丢进客房，或者用水泼进去，不让对方安心睡觉休息，直到对方出来对唱方才罢休。吃晚饭时，新郎与新娘要在伴郎、伴娘的陪同下向亲朋好友敬酒，按理先敬新郎舅舅，舅舅要给新人送红包，然后再敬长辈及其他人，被敬酒的比较亲的叔叔、婶婶、哥哥、姐姐等直系亲属，都要给新人送红包，其他客人可送可不送。敬酒收来的钱，男女方各一半，也有的全部归女方。

午饭前，伴郎要背个箩筐到厨房"偷"东西，厨师"发现"抓住，用草绳将伴郎"捆住"，在筐里放些猪骨头、烂菜叶、剩菜、剩饭等摆在伴郎面前，作为"偷"东西的见证。伴娘或送亲的队伍赶来证明东西不是伴郎"偷"的，要把"伴郎"抢走，厨师拼命阻挡，送亲队伍给厨师"赎金"（糖、烟、酒、粑粑等物）方才放人，赎回伴郎后才可以开饭。

吃午饭时，把新郎的直系亲属和送亲客人请到堂屋坐下，新郎和新娘在伴郎、伴娘和送亲人的陪同下，依次向长辈和客人敬酒。敬酒时要按辈分称呼：某某请喝酒。旁边人找各种理由不让过关，如说声音小了，听不见；伴郎和伴娘叫大声了，又说震耳朵，听不清，或者叫声不齐等。这时，伴娘和送亲人就在旁边帮忙，说：听不见，用筷子或竹签戳；听不清，用棉花塞耳朵。哄闹一阵，方才喝酒。喝完酒后，又不还杯子，让新郎新娘再叫一遍才还。客人要送上几块钱作为礼钱，送得太少或太多，送亲人都会调侃几句。席间，客人相互敬酒，喝得差不多时，客人中能喝酒、划拳狠的就自动组织，分班划拳，直到双方尽兴，方才罢休。午饭结束，伴郎就要送伴娘和送亲人返回，返回途中双方对歌分别。新郎送新娘家12块粑粑和4个大碗、4个小碗坨肉和饭，伴郎也要送伴娘2块粑粑。

第三天中饭以后，客人逐渐散去，新娘和家人一边忙收拾，一边做晚饭给帮忙的人吃。晚饭后，新娘要烧一锅热水给帮忙的人洗脚。洗脚时，帮忙的人会找各种理由闹新娘，新娘抬洗脚水来后，又叫新娘找凳子，找来凳子，又说水冷了，新娘加了热水，又说水太满了，叫新娘换水。如此反复，考验新娘的勤劳和性格。

婚后，新娘先在夫家住上几天，然后就回娘家居住。第一次回娘家时，夫家送些礼物给新娘带回。以后，夫家农忙、老人生病或者家里有事，才会叫人去把媳妇接回来，直到媳妇怀孕，才正式"坐家"。

现今土僚的婚俗已大大简化，基本只保留了过礼、接亲、宴客等环节，三天婚礼也减为一天。"不坐家"的习俗也早已成为历史。

（2）家庭结构关系的变化

在下期乌土僚家庭中，妇女不仅承担家中主要家务，还是生产的主要劳动力，在农忙时参加劳动，在农闲时还要纺麻、织布、缝衣等，成为家庭生活中的重要支柱，顺理成章成为家庭的"主宰者"。这也是土僚很少离婚的主要原因。

年长的妇女不仅在家里得到尊重，在全村也得到尊重。过去，在当地土僚的亲属称谓中，长一辈的妇女，小辈都称其为"妈"，近年来才出现"大妈"（伯母）、婶婶等称呼。

改革开放以来，家庭收入来源发生重大改变，壮劳力外出务工是家庭收入快速增长的主渠道，家庭结构也发生变化，"掌家人"也就不是以"妈"为主了。

4. 习惯与禁忌

下期乌村传统的风俗习惯正在逐渐消失，衣食住行也正在发生很大变化。

现在的日常着装，除五六十岁以上的妇女还穿民族服装外，其他年轻的妇女和姑娘都穿现代服装。多数年轻妇女和姑娘一般只有一套"压箱底"的民族服装，只在重大节庆活动时才会偶尔穿穿。

语言也在变化。很多年轻人已不会听说民族语言，有的能听一点但不会说。

民族传统饮食习惯倒有不少保留，如普遍喜欢凉拌面酱鸡、凉拌面酱猪头肉、猪脚肉、三线肉、面酱鱼等，偶尔还做以动物生血拌食的羊辣白旺、皮干生等。

村中禁忌主要有：门口挂篾帽（或草帽）的人家不能进，一般是家里有产妇。新郎、新娘或孕妇、未足月产妇一般不能到别人家。大年初一不得动刀，当天的菜头天晚上就准备好，一般吃酸汤煮素菜，忌荤。女人不到别人家串门子、做针线活等。重大祭祀活动，2～3天禁止一切户外生产活动，包括洗衣服、驾驶机动车等，如违反要承担祭祀活动的所有费用。

二、文山市开化镇牛头寨调查

（一）村寨状况

1. 村寨历史与传说

牛头寨属文山市开化镇新平坝街道办事处，地处文山城南1.5千米处。它所在的里布嘎社区东临文山盘龙河，南接大沟绞社区，以布都河为界，

◇牛头寨一角

西接盘龙社区喜得冲小组，北临盘龙社区，以振兴南路为界。

牛头寨的四周，东北部和东部隔盘龙河与新平坝村、旧坪坝、藤子寨相望；寨子的大片田地主要分布在东南部，向南一直延伸至盘龙河；西北为红鱼上村、团田村；西南为大里普村。一条新建的南北向城市大道将牛头寨分割为东西两半，东半户数多，西半户数少。

牛头寨建寨历史不长，据说是从大里普村分出来的。当时大里普户数多，人口太密，居住拥挤，所以必须分出一部分人另外建寨。分

◇牛头寨寨门口标志石

寨的确切时间不清楚，据说至少已有好几代人。选新寨址时，发现现在牛头寨位置地势低平，灌溉方便，便决定在此建寨。搬迁前先在新址种树，树活了，说明这里可以住人，才开始搬迁。最先搬出来的是王姓，共27户，后来李、陈、马几个姓氏又逐渐迁入。至今王姓在寨子里仍是人口最多的大姓。王姓最早的一座祖坟坐落于西山后的落水洞，从碑文看已有600年历史，但是不知是分寨前还是分寨后的祖坟。据说建寨时，寨名最初想叫"新里普"，后来观察发现寨头右侧有一个土山包，形似牛头，于是取名为"牛头寨"。

现在牛头寨的东半部寨子又以入寨的东西向道路为界，分上寨和下寨，南半部为下寨、北半部为上寨。

2. 民族构成

牛头寨和它的母寨大里普村自古都是典型的土僚寨，属土僚中的平

头土僚分支，土僚语称"傣勾平"，属汉藏语系壮侗语族壮傣语支南部方言。

据寨子中七八十岁的老人说，他们的老一辈很少与其他民族通婚，基本上都是土僚找土僚，认为本民族通婚，语言、文化相近，生活方便。

20世纪50年代以前全寨都是土僚，20世纪60年代有4户汉族被"下放"来定居，再后又有几户彝族迁入。20世纪80年代以后，与外界交往增多，年轻一辈才开始与其他民族通婚（主要是与汉族、彝族通婚）。据2015年牛头寨的统计数据，全寨有195户823人，其中土僚169户739人，汉族17户55人，彝族（仆拉支系）9户29人。

3. 性别与年龄状况

我们了解牛头寨的性别和年龄状况，更多只能依靠村寨的统计数据，但因为基层工作的复杂性，数据很难准确。

据2015年统计数据，全寨195户，其中农业户192户；总人口823人，其中男391人，农业人口765人。年内出生人口13人，其中男孩6人。年内迁入人口2人，年内迁出2人，迁出迁入持平。年内死亡人口4人，其中男人2人。合计劳动力412人，其中男劳力205人，女劳力207人。劳动年龄内人数392人。

从统计数据看，村寨总人口中，女性比男性多41人，而从劳动力人口看，女性劳动力比男性劳动力多3人，基本持平。村寨女性平均寿命普遍高于男性，应是这种人口性别差异的原因之一。如以村寨中80岁以上老人为例，女性有5人，而男性仅1人。而从出生性别比看，差别不大。

牛头寨规定50岁以上就可以加入老年协会，从老年协会统计数字得知，现在老年协会共92人，在全寨总人口中所占比重不小，村寨中老龄化现象逐渐凸显。

4. 人口流动与趋势

据牛头寨2013年的统计数据，年内有191户814人。其中，汉族16户53

人，彝族9户29人。出生人口26人，其中男孩11人。迁入人口5人，迁出人口6人。死亡人口4人，其中男性3人。劳动力人口400人，其中男劳力201人，女劳力199人。劳动力人口中，大部分从事农业，从事副业的有56人，外出务工5人。

2014年的统计数据，年内有191户814人。其中，汉族16户53人，彝族9户29人。年内出生人口12人，其中男孩7人。迁入人口2人，迁出人口6人。死亡人口5人，其中男性4人。劳动力人口389人，其中男劳力191人，女劳力198人。劳动力人口中，大部分从事农业，从事副业的有40人，外出务工3人。

2015年统计数据，全寨195户823人。其中，汉族17户55人，彝族9户29人。年内出生人口13人，其中男孩6人。迁入人口2人，迁出人口2人。年内死亡人口4人，其中男性2人。劳动力人口412人，其中男劳力205人，女劳力207人。劳动力人口中，大部分从事农业，从事副业的有48人，外出务工

◇牛头寨田地

3人。

牛头寨土地征用大约2010年开始,这是村寨的一个重大变化,导致牛头寨生计方式很快从传统农业向副业等多种生计方式转化。但从近三年统计数据看,从事副业的人数虽有起伏,但没有出现大的转型,反而是稳中有降。此外,村寨人口也没有大量外流现象,这应与牛头寨邻近城区,打工、就业机会多有关。不少人在附近的城区从事建筑业、零售业、饮食业或者打零工,完全脱离或部分脱离农业生产,可以不必离开原居住地,故真正到外地或出省打工的人并不多。

还值得注意的是,从数据看,似乎迁入人口不多,但这些数据并不能完全反映实际的情况。牛头寨地处城郊,随着近年来城市扩张,几乎已成为城中村,有的城市居民在村中买地建房居住,但人口统计时不算为本村村民。此外,近几年土地被政府大量征用,村民获得补偿款多用于翻新旧房或加盖新房出租,导致外来租房户急剧增加,这些人也都不作为本村村民统计,因而村寨实际人口不会在村寨总人口中反映出来。村干部说,如果按门牌统计,寨子里至少应该有320户1100人。可见寨中实际的人口流动性是日益增加的。

5. 村寨今昔变迁轨迹特点

新中国成立前,由于社会环境复杂,盗匪活动猖獗,牛头寨出于安全需要,设有北门、西门、南门三道木栅子门,民房沿寨子四周呈环形分布,形成一个相对封闭、具有对外防御功能的寨子。寨子北门通往县城,寨门的右侧是牛王庙和土地庙。西门通往西山,是村民进山的通道,西门的右侧有一个牛头形的小山包(寨子因此得名),山包上是寨子龙树的所在。南门通往寨子的田地(寨子的田地主要分布在东部和南部),南门右侧有一水塘,水源是来自西南部石桥(村寨名)的一股清澈的山泉小河,这既是寨子的饮用水源,也是寨子田地的主要灌溉用水之一,过去寨子的水碾就设在这条小河上。

◇铁索桥

寨中老人说,寨子过去的格局,从高处看也形似牛头。寨子西北有一王姓地主的大房子,西南分布有四五间民房,大多数的房屋分布于东部,房屋后紧邻一片水塘,沿水塘边种满竹子,形成天然的屏障,因而寨子东边不设寨门。

过去牛头寨还专门设有一个值更者,每晚负责打更巡视,关闭寨门,提醒寨民注意安全,防范盗贼,有情况则吹牛角号报警。

新中国成立后,随着寨子人口的增加,住房越来越密集,有的人家便迁到寨外建房,寨子扩大,加之社会安定,寨门失去了它应有的功能。20世纪六七十年代寨门逐渐被废弃。

20世纪70年代以前,盘龙河从文山城由北向南流向牛头寨,流到牛头寨北门时突然转而向东流向新平坝、旧平坝两寨方向,快接近两寨时又转向南,绕一个大弯,然后继续向南流。由于河水在牛头寨北门突然向东转向形成一个急弯,故每年进入雨季,河水暴涨,流到急弯处水流受阻,排泄不畅,回流的河水倒灌入文山城里,常常淹没低洼的居民区,牛头寨也常淹到寨尾,水位高时甚至淹入村民家堂屋。1972年,政府决定改河道,改直牛头寨旁的盘龙河,以解水患。改直后的盘龙河沿牛头寨东边向南流过,把牛头寨东边的田地隔在了河对岸。为方便村民过河种地,政府又在寨子东建了一座跨河铁索桥,沿用至今,成为当地一景。

(二)经济建设

1. 传统经济体系变迁

文山当地有一句俗话说:"汉族、回族住街头,侬人、土僚住水头,苗族、瑶族住山头。"形象地说明了文山地区各民族的基本分布特点。

土僚自古傍水而居,以善种水稻著称。今天,牛头寨仍以种植水稻、玉米为主。为充分利用土地,每年轮种两季,农历三月至四月种水稻,七

◇ 农用三轮摩托

月至八月收割,收完地放荒一段时间。十一月至十二月开始种玉米,种完玉米过年,到次年三四月前就可以收旱玉米,收完玉米放水泡田,然后又开始犁田种水稻,如此周而复始。

除种水稻、玉米,村民也种蔬菜。此外,还在房前屋后、田间地头插种果木、棉花,在自家院子里饲养家畜、家禽。种植、饲养的收获除满足自食外,剩余的背到城里卖钱。千百年来,村寨一直都是男耕女织的自给自足的传统农耕社会,虽历经沧桑,但很少变化。

专门种蔬菜卖的,过去村寨里有三四户,但规模都不大。2011年牛头寨也曾试图发展大棚蔬菜种植,但随着政府修城际南北向公路、周边建小区,开始征用牛头寨土地,征地后的牛头寨一家最多剩三分地,蔬菜种植只好终止。现在不多的土地耕作最多也就一个星期即可完成,少量的田间管理多交由老人负责,大多数年轻人转而从事建筑业、零售业、饮食业,或外出打工挣钱,也有的靠出租房屋收取租金。

随着城市化进程加快,传统农业正逐渐退出人们的生活。

2. 生计方式与技术的变迁

土地征用前,农业一直是牛头寨重要的生计方式。人们延续农耕传统千百年,尽管牛头寨靠近城区,但变化依然非常缓慢。

牛头寨轮种水稻和玉米的生产方式历史不长,是农业技术不断改进的结果,最多也就二三十年。

传统的水稻种植就一季,主要种水稻老品种,只用农家肥,产量不高,田水也从不放干。因而到收割季节,妇女们背着小竹箩,在田里摸鱼捞虾、抓黄鳝泥鳅、捉虾巴虫是收割季节的

◇石　磨

一项意外收获和享受，成为人们蛋白质的重要来源和有益补充。后来随着化肥、农药的普遍使用，以及水稻和玉米及其他旱地作物的水旱轮作，田里的鱼、虾、黄鳝、虾巴虫失去了生存的环境。村民既改变了生计方式，也改变了生活方式。

牛头寨过去主要使用犁耕，犁有剪刀犁、架子犁等。剪刀犁形似单片剪刀，叶片窄，可以左右两侧翻转，适用于不平整的水田；而架子犁多用于比较平整的水田，翻犁面积宽，效率高。犁头用铁做（在没有铁之前用木做），犁把用木做。犁、耙的配套工具还有牛弯担和牛打脚，牛弯担架在牛脖子上，而牛打脚放在牛屁股后，是为了保证倾斜度，让牛把犁拉起来。现在牛头寨已没人养牛，这些工具已不用了。犁田用机耕，没有机器的人家请人机耕。随着水田的减少，机耕也渐渐失去了必要性。

水稻脱粒技术也经历过一个渐变的过程。最早人们是收割完水稻后，先留在稻田里晒，等干后背回，在木板上摔打脱粒。后来改用掼斗（或掼盆），收割完后，直接在田里用掼斗（或掼盆）脱粒，然后带回。后来也有人收割背回，用电动脱粒机脱粒，不过脱粒机全寨只有两台，使用规模本就不大，现在地少，水稻种植不多，更无扩大的必要。

水碾、擂子、碓是土僚村寨传统的稻谷剥壳工具。水碾子靠水推动水车旋转提供动力，稻谷比较多的时候，用水碾子最为方便省力。牛头寨的水碾子过去设在寨子南门边，属于寨子共有，大家轮流使用，后来水利改造，小河水流中断，水碾子也就废弃了。擂子用竹片绑扎而成，形似磨盘，多为家用，碾的谷子比较少。脚踩的碓，石窝木杵，一家独有，或几家合用，也是家庭主要的脱粒工具。谷子脱粒后，用风车或者人工手扬去谷糠，得到干净的大米。现在这些传统的方式都随着碾米机、粉碎机等等加工机械的普及而被逐渐放弃。

过去装米的工具是竹制的囤箩（即米仓），量器用木制的升斗（以前集体时期，人们用升斗作为计量工具分粮食，一升斗能装30斤谷子），现在这些工具也已成为历史。

磨米、磨面、磨豆腐过去用石磨。石磨分大、中、小三种,大的一般磨玉米,因为玉米颗粒较大;中号的磨米面;小号的磨豆腐。现在则多用电动钢磨,快捷而方便。

3. 经济收入与支出

据2015年统计,牛头寨总户数195户,农业户192户,总人口823人,其中农业人口765人。从统计报表上的户数和人口看,村民们仍是以农业生产为主,但有的村民虽列为农业户或农业人口,实际已不再从事农业生产,或者农业生产已不再是他们主要的生计方式和收入来源。

2015年,牛头寨明确统计从事副业的有48人,其中从事建筑业的27人,从事批发零售业的3人,从事服务及饮食业的10人,从事文教的1人,从事乡村经济管理的1人,从事其他的3人,外出的3人。生计方式的变化导致牛头寨农村劳动力的逐渐转移,多种生计方式正蔚然兴起。

城市扩张、大量土地征用是推动牛头寨农村劳动力转移,社会急剧转型的主要力量。如今,牛头寨村民经济收入正逐渐从传统的以农业生产收入为主转为以建筑业、批发零售业、服务饮食业、房屋出租、外出务工等多种经济收入为主。

据文山市新平街道里布嘎社区"三农"发展规划入户调查汇总表(2014年)数据显示,该地农民人均年纯收入达8900元。这些收入不可能是纯农业收入,而是多种方式经济收入的总和。

牛头寨经济收入中较大的还有一项是土地征用补偿款。当地土地征用按照承

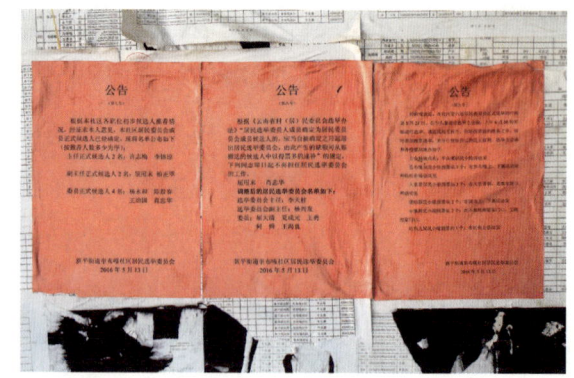

◇ 村务公开栏

包人口来进行征地补偿，每亩81700元，承包人口多的人家得到的土地补偿款就多，因而不同的家庭获得的补偿款不一样，有多有少。补偿多的人家可以建小洋楼，做生意；而补偿少的人家，只够农户基本生活开支，这就导致了牛头寨贫富差距拉大。

由于离城区近，以前牛头寨村民主要靠带一些家里自产的剩余农副产品到市场上去卖换取现金收入。有限的现金收入，主要用于买盐、买针线等不能自产的必需品，收入少，支出也少。

现在传统的生计方式正逐渐解体，收入渠道多了，收入增加了，支出也多了。随着村寨逐渐融入城市，消费也逐渐变得与城市一体化，特别是年轻一代尤其如此。

与城市居民不同的是，牛头寨每家都还留有少量田地，粮食和蔬菜自种自食，基本还可以自给自足。他们的消费除基本生活开销外，最大的支出主要还是翻新旧房或建新房。

4. 精准扶贫

根据国家政策，精准扶贫户是家庭农民人均收入低于2800元的家庭。牛头寨靠近城区，大多数人家因土地征用获得赔偿款，经济情况相对较好，不符合精准扶贫项目的条件，故而没有精准扶贫户。

（三）政治建设

1. 村寨政治变迁

中华人民共和国成立前，牛头寨由本寨一个王姓地主任保长，管理村务，负责征收税款、摊派人工劳役等。中华人民共和国成立后，牛头寨组织起互助组，后并为攀枝花公社里布嘎大队牛头寨生产队，再后来又改为开化镇新平坝村委会牛头寨自然村。2010年文山县撤县改市，又改属开花镇新平坝街道办里布嘎社区。

2. 村寨党组织建设和村务管理

里布嘎社区下辖6个党支部，共有101名党员。牛头寨设有一个党支部，有党员26人，其中本地的居民有24人，从外面转入本地的有2人。

村务管理由支部书记主持，设村民小组长1人，副组长3人，副组长中指定一人分管财务。另外每户出一人参与群众选举，选出村民代表，村民代表有对村务决策的投票权和村民小组换届的选举权。村干部的选举，一般情况下是一年一换。

每年村民小组会将一年的收入、支出以张贴海报的形式公开，方便群众监督。如果是重要村务，比如村里大的经济支出、土地征用、调整等，不仅干部要先开会商议，商议结果还要请村民代表参与协商，最后再投票决定。

3. 村民自治与政治参与

社区里有一套村民公约，并建立了农村村务建设"一事一议"制度，农村财务管理实行自行管理，并成立了民主理财小组，以张贴公告、出黑板报等方式定期开展村务公开。主要公开的项目有村务、政务等内容，供群众审查监督。

村民每户出一人参与村民代表选举，选出村民代表参与村民小组干部选举及村务管理来实现政治参与，监督村务的公平公正执行。

现在村务复杂，事务较多，资金流动大，村民政治参与的积极性比以前有所提高，但是由于多数村民文化水平不高，政治参与的能力与水平有限，民主管理、政治参与的思想认识不足，真正被选举出来的人员未必能有效行使职权。

此外，村寨有一种自愿组成的"帮会"组织（具体见"社会保障"），在村民自治及政治参与中也发挥着一定的作用，对村民代表及村干部的选举都具有一定的影响力。

4. 社会保障

传统的土僚社会由于缺乏政府层面的社会保障，故而人们就自发组织起来，实施互帮互助，抱团取暖，最为典型的是延续至今被称为"帮会"

的自愿组织。

所谓"帮会",实际是一种年龄相近的男子自愿组成的互助组织,也就是"年龄组"。这帮男子通常也是日常生活中的玩伴,因为年龄相近,合得来,自然组合在一起。这种"帮会"与黑社会的"帮会"性质完全不同。据说,旧时在牛头寨至少有一二十个"帮会"组织。

如牛头寨王忠尧老人（70多岁）在30岁左右参加了寨子里一个11人的"帮会",当时在"帮会"中数他年龄最小,是小弟,因为参加"帮会",也就相当于"拜把兄弟"。他还记得他参加的"帮会"其他成员的名字:王玉清、何本忠、李忠近、马显清、王庭海、王庭光、王吉昌、王忠臣、王忠才、高文亮等。这个"帮会"中的人如今大多已去世。

村寨有活动（如祭牛王庙等）时,"帮会"相约凑份子参加;农忙时相互换工;哪家有事（如红、白喜事）有困难,大家商量出钱或出力帮助。

女性在姑娘时结成"姑娘伴",婚后也随丈夫加入"帮会",参加"帮会"活动。

这种传统互助性质的"帮会"至今依然存在,并发挥着一定社会互助作用。人数较多、影响较大的"帮会"甚至还可能会对村务管理、决策及村民政治参与产生一定的影响,这种影响有多大,是好是坏,需要具体分析和判断,依情况而定。

今天村寨的社会保障当然主要依靠政府组织实施。牛头寨16岁以上的村民即可参加新型农村社会养老保险,目前有447人参保,而参加医疗保险的全村823人全部参保。

（四）文化建设

1. **公共文化基础设施**

牛头寨修建了一个乡村科技文化活动室,供村民日常或节日开展文化活动,这里也是被列入云南非物质文化遗产名录的纸马舞排练演出的重要

◇牛头寨科技文化活动室

场所。文化活动中心还设有乡村图书室,提供图书供村民阅览,但图书不多。

老年协会旁边有一间公共厨房,寨子有婚丧事时连同活动室一起出租给村民办事煮饭,租金一次500元,收入归村民小组。这个厨房空着时,成为寨子里老年妇女聚会聊天的场所,除有时街天妇女们进城赶街外,下午总会有几个七八十岁的老年妇女在那闲聊家长里短,自然形成一个固定的老年妇女交流活动场所。而男人们则多集中在寨子中的龙树下,或下棋,或打扑克、麻将,参与成员有老人,也有中青年。

2. 民族传统文化遗产保护

牛头寨有不少民间传统文化遗产值得挖掘、保护和传承,重要的如纸马舞、民族服饰、民间歌谣、传统习俗等。

(1) 纸马舞

纸马舞是土僚特有的民族文化遗产。

纸马舞据说已有1700多年的历史，现在逐渐发展成自愿参与的群众性舞蹈。参与跳纸马舞的可以二三十人，也可以上百人。

现在不论是婚丧嫁娶、喜庆节日或是迎接宾客都可以跳此舞。纸马舞人人都可以学，也人人都可以跳。

近年来，通过文化部门的培育推动，文山盘龙河流域的许多土僚村寨都建立了纸马舞队，据统计至少有20余支，队员600余人。

一个纸马舞队，除了有跳纸马舞的，还有耍刀的、甩拂尘的、舞狮的。舞刀（分大刀和小刀）者手持双刀放在胸前，刀尖向上，舞刀时或单步起跳，或双步起跳，双刀时而交叉相碰，时而前后、左右砍劈，在送葬仪式中动作可自由发挥；甩拂尘者可自由走步，右手所执拂尘按鼓点节奏甩动；舞狮子者双手握狮子头，自由摆动，无固定动作；跳纸马舞者则要通过动作表现马的征战、嬉戏、行走、打架、打滚、踢脚、刨地、奔跑、跳跃、嘶鸣等动作。

跳纸马舞还要有伴奏，乐器有锣、鼓、镲、马铃铛、三弦等。

纸马舞2006年被列入云南省非物质文化遗产项目名录。2007年通过云南省文化厅审批申报国家级非物质文化遗产。

近年，地方政府多方筹资，开展纸马舞的传承与保护。2014年向云南省民宗委申报《文山市壮族布侬、布傣支系古歌抢救传承》专项经费14.6万元，获批6万元，其中3万元用于抢救整理文山市壮族布侬支系古歌，3万元用于抢救文山市壮族土僚支系的纸马舞文化。2015年又向云南省民宗委申报《文山市壮族布傣支系纸马舞传统文化抢救保护》项目经费14.6万元，获批10万元，用于抢救、征集、陈列土僚纸马舞文化和纸马舞道具、传统服饰等。

牛头寨原本无纸马舞队，只在1966年"四清"运动时组织过一个姑娘文艺队，"文化大革命"期间，姑娘文艺队解散，直到"文化大革命"结束才恢复。除了恢复姑娘文艺队，还成立了一个60人的纸马舞文艺队，牛头寨人才开始跳起纸马舞。

纸马，顾名思义，原本是用竹篾扎框架，用纸裱糊装饰。现在竹篾仍是框架的主要材料，但绑扎加入了铁丝，更加牢固，外装饰也从纸变为花布。据说最早的纸马既不用纸，也不用花布，而是竹做框架，框架上扎草而成，所以又称"草马"。可见，纸马也经历了一个渐进发展的过程。

牛头寨现在有两个非物质文化遗产传承人，都与纸马舞有关。

◇ 扎纸马

一个是云南省非物质文化遗产传承人王忠文，生于1947年。2007年被任命为云南省省级纸马制作传承人。已故。王忠文的妻子王忠美以前很喜欢跳舞，16岁就开始跳纸马舞，但因为家里困难，买不起纸马，就和丈夫琢磨如何做纸马，没有正式地拜师学艺。通过到处走访观看别人的纸马制作方法，自己回来反复琢磨，慢慢就会做了。王忠文老人去世后，他的重孙继承了这一传统技艺。

另一个是州级的纸马舞传承人——牛头寨纸马舞文艺队队长陆远兰。牛头寨共有4个文艺队，分别是老、中、青3个队和1个少儿队。少儿队主要是家长们为了培养孩子的兴趣爱好而组建的。牛头寨纸马舞已经在

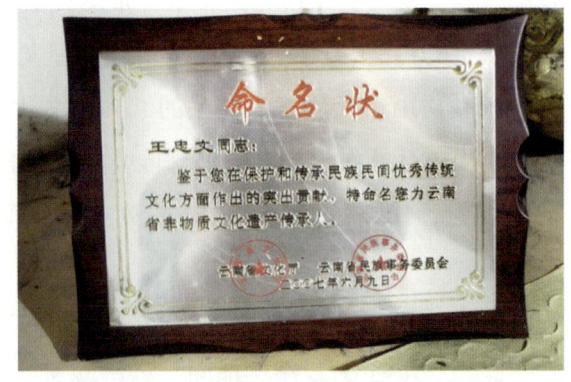

◇ 云南省非物质文化遗产传承人王忠文的命名状

◇ 王忠美在装饰纸马

全市发展出了自己的品牌，牛头寨亦被称为"纸马舞之乡"，老、中、青队有时会进行些商业演出，而少儿练习纸马舞是有专门的土僚文化保护者进行组织、免费推广。值得注意的是，牛头寨纸马舞表演队队员的孩子们很少有练习纸马舞的，据大人说，主要是孩子们学习忙，不能花太多时间去专门学习，小孩子学习纸马舞只是当作一种兴趣爱好。

（2）传统服饰

传统服饰也是土僚值得保护和传承的重要文化遗产。

牛头寨的平头土僚聚居在文山城郊，受外来文化影响强烈，文化变迁速度较快，其中服饰变迁尤为明显。

平头土僚现在已不再自己纺织土布，虽然头帕最好仍用土织布，但多是向少数能织土布者购买或老辈相传，上衣、筒裙的布料则从市场购买厚实白布靛染加工而成。

平头土僚的头饰最为复杂，包头帕要用四块各式土布。头发梳洗后，先在脑后盘椎髻，然后用第一块头帕包住前额束好，目的在于挡汗，这块头帕平时常洗。第二块头帕用于包裹固定发髻，帕上带布条一根以便捆扎。第三块头帕叠成"人"字形，覆于顶，两尾带吊穗，置脑后作装饰。第四块头帕将头整个包住，束于脑后。

上衣（土僚语称"丝"）为窄袖短衣，其装饰是三支土僚中最具代表性的。它继承了地方文献记载中"颜色斗成衣""绣花布方幅于短褐""用五色碎布簇成四方锦于前后，与补相似""胸前背上，各有补一方"这一代表性的民族服饰特点。

这种与补相似的图案（土僚语称前补为"偏"，后补为"冷根"），或为方形，或为圆形，是用多种彩色绸缎以几何形图案镶嵌拼接而成，手工复杂。有关这一图案的记载远在明代就有。关于它的来历，相传是由于土僚历史上筑城有功，皇帝为了奖励他们立下的功劳给予的赏赐。在土僚传唱的创世史诗《拷潭归》中有生动描述："皇帝来点瞧／样样都做到／土僚当真狠／确实有功劳／土僚又来说／皇帝又答应／给你们两样／前谱和后谱／同我一样大／都算有功名。"

前补、后补（也称前谱、后谱）的周围，土僚妇女还要绣上自己喜爱的或寓意吉祥的汉字，如"福禄寿喜""万事如意""恭喜发财"等以图吉利。今天，土僚妇女还与时俱进赋予它时代的特点，如常绣"保卫祖国""提高警惕"等字样。当然这种上装平时是不穿的，只有在重大节目、婚丧嫁娶、走亲串戚时才穿，平时的上装并无任何装饰。此外，中老年妇女还备有一件用黑色绸缎缝制的窄袖短棉袄（土僚语称"丝当"），天冷时用于保暖，做工也很精细。

平头土僚筒裙与其他土僚相似，穿法也相同，但镶内脚边的颜色可根据各人喜爱和年龄不同为白、蓝、绿等色。裙前也系围腰。

传统鞋子是自制的绣花布鞋。妇女也喜欢戴银手镯、银戒指和金耳环等饰物。出门时还喜背一个自制小布包，装零花钱、零食或小件物品。

平头土僚服饰有日常生活装和节日盛装两种。生活装简易，没什么装饰，以方便劳作为主；盛装则装饰复杂，穿着繁琐，平时压在箱底，在喜庆节日时才拿出来穿，全套服装由头饰、高腰绣花短衣、裙子、围腰、筒袜、绣花钩尖布鞋等组成。

◇ 上衣上的"补"

平头土僚妇女服饰的色彩与年龄相关。青年妇女的服饰鲜艳富丽，老年妇女的则素雅清秀。从袖口、腰部、裙边、筒袜口等部位的色彩差别上还可看出她们的年龄身份，大红色为幼年，桃红色为姑娘、小媳妇，绿色为中年妇女，蓝色则为老年妇女。

◇ 老年妇女日常着装

现在牛头寨中老年妇女留有不少"压箱底"的传统服装，也还有不少老人会缝制传统服饰。调查期间，我们参与了文山市妇联、里布嘎社区组织的一次培训会，培训会请来一家民族服装公司的老板，动员寨中妇女学习和开展刺绣和民族服装缝制，然后由服装公司负责收购和销售。希望通过这种方式既发展经济，又保护传承这一传统技艺。

3. **基础教育与职业教育**

在20世纪70年代，牛头寨曾有一所村级小学，但集中办学之后被撤销。

◇ 职业培训

牛头寨现在的小学生大多到新建的文山州实验小学或新平中心小学读书。因为实施九年义务教育，寨里的适龄学生大多数都能读完初中。但读完初中之后，继续读高中的就大大减少，读完高中继续上大学的就更少。截至2015年，寨中共计有20人大学毕业。

在接受学校教育方面，牛头寨重男轻女观念根深蒂固，一些家长在女儿读完初中后，虽然嘴上不说，但内心就不愿意再让她继续上学，认为女儿早晚会嫁人，读太多书没用，而男孩则会支持继续上学。女孩子和那些不读书的男孩子会选择打零工或者在三七加工厂上班，由于零工不是经常可以找到，所以他们更多的是去附近的工厂打工，晚上回来在家里住宿。

为了推动就业，使村民拥有一技之长，社区还经常举办职业技能培训班，例如厨师、精装工的培训班等。但是很少有村民会去学，认为没有实际用途。大多数村民会根据自己的实际需要学习一些技能，例如有的学习开挖掘机等。

4. 宗教信仰

牛头寨宗教信仰较为复杂。传统的本民族信仰是万物有灵，迷信鬼神，相信"师娘""白马"，祭拜祖先。

土僚相信人有12魂（当地称"命款"），灵魂相伴，人就活得健康。魂不附体，则人或病或死，无论病或死都要请"白马""师娘"来念经、叫魂、禳解或超度。

牛头寨土僚的信仰还根据自己的需要吸收了不少道、儒、释三教的元素，并将它们与本民族信仰杂糅在一起，形成一个多元的信仰体系。

◇牛王庙（土地庙）

（1）寨子里的宗教场所

在寨头（原西门）的右侧有一形似牛头的土山包，山包上有两座庙，一座是观音庙（近年才从滑竹山迁来），一座是始祖庙。两庙修建时间不长，看碑刻落款，建庙时间为2016年农历六月二十六日。原址有庙，因过于破旧，所以旧庙拆除后在原址新建。

观音庙供奉观世音菩萨，而始祖庙供奉葫芦老祖。两庙的塑像都为新塑，观音庙供奉观音像；始祖庙正中土台上塑一个葫芦，葫芦上坐一男一女，身着土僚民族服装，是土僚的创世始祖，原为兄妹。据土僚口头传唱的创世史诗说：世界发大洪水前，因为得到神的指引，善良的兄妹俩躲进葫芦，得以幸存。洪水过后，世上仅剩兄妹俩，神又启示兄妹成婚，才有了后人。

在庙旁有三块碑，其中两块为功德碑，一块为葫芦始祖碑。功德碑一

◇ 葫芦老祖像

◇ 牛王（左）和土地（中）塑像

块写"观音三姊妹"，一块写"胡兴姊妹"，两块碑上都刻有村民姓名及捐款数额。葫芦始祖碑上刻有一个葫芦，葫芦左右两旁刻两行同样的字："几千年的葫芦老祖来牛头寨坐堂神位"。

祭拜观音庙和始祖庙的主要是妇女，比较隆重的祭庙活动是在每年农历九月，平时只是管庙的人负责点香祭拜。

在寨北边（原北门）有一座牛王庙，庙中供奉着牛王爷和土地神，祭牛王爷的同时也祭土地神，祭土地神时也祭牛王爷。

寨子中有一棵龙树（树种为万年青），村民称为"龙树老奶"，是村寨的女性保护神。龙树原本在寨外，后来村寨扩展，现在包在寨中了。龙树足有两抱粗，树干上裹红布和红线作为神树的标志，树下置一个香炉。在龙树的旁边还有一棵清香树，约一抱粗。这棵树长在龙树边，大家不敢砍，村民说它是龙树的伴，树下也有一个香炉，分享香火，接受祭拜。

◇ 葫芦老祖神位

◇龙树（左裹红布者）

（2）祖先崇拜

牛头寨传统的房屋建筑多是三间，中间堂屋设神龛，墙上正中贴红纸书写的神位，中间是"天地国君亲师"位，左侧是祖先牌位，右侧是灶君神位。神龛上置三个香炉供插香祭拜。这些中堂陈设与汉族家庭无异。

土僚崇敬祖先，相信祖先灵魂存在，认为认真敬奉祖先，祖先就会照顾后代，保佑后人幸福安康、家庭兴旺。所以每逢喜事、丰收和过节，都必须向祖先神位献饭、烧香、烧纸。

每年七月初一，家家都要到屋外烧香，摆供品接祖先回家供奉。从初一到十四，天天都要向祖先神位点香、献饭菜。到七月十四送祖时，每家都要杀鸡祭祖，当晚要烧纸衣服、纸钱给祖先，意为让祖先在另一个世界有吃有穿。

每年的除夕，各家也要准备饭菜、烧香、烧纸，接祖先回家过节。吃年夜饭前要先祭祖，之后才能开始吃饭，直到正月十五才送祖。

清明节或过年后，每家要选吉日，带上供品到祖宗坟地去扫墓拜祭。

（3）白马先祖

牛头寨过去信奉白马先祖。这一信仰起源有两个传说：一是土僚祖先曾经跟随白马将军征战，后来因为迷路而停留在文山生活繁衍。他们认为男人外出打仗需要白马先祖的保佑，因此崇拜白马先祖。二是古时男人外出打仗，敌人发现村子没有男人保护，就来袭击村子。于是，妇女们就想出类似空城计的计谋，在寨子里跳纸马舞迷惑敌人，使敌人不敢来犯。后来皇帝加封妇女们为功臣，所以妇女们的上衣前后都绣有印章图案。

文山土僚过去从结婚成家开始，每家都会挂白马神画，每逢初一、十五要祭拜白马先祖。这一祭祀习俗在"破四旧"时被清除了。

（4）"白马"和"师娘"

"白马"是土僚村寨中的男性巫师，也称"先生"。节庆和祭日主持祭祀活动，祈求保佑村寨安宁兴旺。也帮人看卦占卜、驱邪、招魂、除病、解厄、主持丧葬仪式等等。

"白马"传承，既需要学习传授，也要经过考试选拔。老"白马"挑选徒弟，主要选择心地善良，道德品行好，聪明好学，不嫌贫爱富，不仗势欺人，面对危难视死如归，不计回报，有求必应，为人办事公平公正的人继承。"白马"不仅要服务本寨，别的寨子有事来请也要义不容辞。

"师娘"（又称"乜马"）为女性，人们认为她们可以通灵通神，为人预测灾难和不祥，并能帮人们解除灾厄。通常"师娘"都忌食狗、牛、猫等偶蹄动物，饮食清淡。

"师娘"通常是不经师传的，多数为体虚久病后病体康复具有超常能力的人，即成为世人公认的"师娘"。

据调查，牛头寨有一个"师娘"，但问起寨子里的妇女都说没有，需要时到外寨子去请。看来这是一个令人忌讳的话题。

（5）祭龙树

牛头寨每年的农历二月祭龙树。

牛头寨祭龙树只能女人参加，男人不能参加，但帮忙做饭的男人可以到龙树下帮着烧火、杀猪、杀鸡等，也做一些其他辅助性的服务工作。参加祭龙的女人每家一个，每个凑20元份子钱作为祭龙树的活动费，用于购买祭品等。若某次祭祀规模较大，参加人数多，要买猪作为祭品，那份子钱就会多出一些。

祭龙树那天，女人们带上香、纸钱、白母鸡两只（或一头猪）及其他祭品若干到龙树下集中。帮忙的男人把猪或鸡杀好煮好，备好祭品。女人们围着龙树跪下，请"师娘"开始主祭。"师娘"在龙树下点香、烧纸钱、念经，献上贡品，祈求龙树老奶保佑全寨人健康平安，来年风调雨顺、六畜兴旺，清除家里不干净的东西。

龙树的旁边有一棵清香树，因为长在龙树旁边，大家不敢砍伐，所以越长越大，寨子里的人认为它是龙树的伴，祭龙树时也一并点香祭拜。

祭完龙树，女人们聚在龙树下吃一餐饭。如果杀猪，还可以分一点肉带回家，与家人共享。

祭龙树期间村民不得劳动，外人不得进寨子。过去祭龙树要3天，现在简化了，只祭1天。

牛头寨的龙树由女人祭祀，具有明显女性特征，充分显示出土僚女性在村寨和家庭中地位的重要。

5. 节庆习俗

（1）小年节

牛头寨和其他地方土僚一样过小年节，各村寨过小年节的形式大同小异。

传说在古代，外敌入侵，朝廷征派土僚兵前去抗敌，一去很久，到过春节时也没能回来，寨子里的老弱妇孺只好自己简单地过了一个春节。当男人们胜利返回家乡时,大年已过。为了庆祝胜利,寨子里的女人们就商量专门为男人们补过一个年,时间就定在农历二月初二。大年过6天,而小年节过3天。

过小年节时,村寨会杀猪、杀鸡,做慈姑粑粑,举行隆重的祭祀活动。全寨人会聚在一起开展文艺表演,男人们模拟战争,表演武术、操练兵器;女人们则表演纸马舞,表现驰骋沙场的情景。

女人表演纸马舞有一个传说。据说在古代,男人们被朝廷征召在外打仗,村里只剩下妇女、老人和儿童。盗匪乘机前来偷袭村寨,村寨里的女中豪杰杨三姐挺身而出,带领妇女们扎草马、挂铜铃,装扮成骑兵在村寨中来回奔跑,还在寨子里奏乐,热闹异常,马铃声阵阵响起,尘土飞扬。盗匪以为寨子里有埋伏,不敢进村。于是村寨得以保全,免受灾难。后来为了纪念杨三姐(有的寨子叫其他的名字)带领妇女保卫家园,兴起了跳

◇ 小年节跳纸马舞

纸马舞。

随着城市化加快，现在牛头寨过小年节正在逐步简化。据村民说，如果政府组织活动，就热闹些，如果政府不组织，村寨自己过小年，就没有更多的活动，通常也就各家自己吃一餐饭，休息一天，就算过小年了。

（2）牛王庙与牛王节

牛头寨在每年的农历十月初一祭牛王庙。

当地有一句俗话："爱鱼惜河，爱田惜牛。"意为：如果爱吃鱼，就要爱惜河流；如果要有肥沃的田地，那就要爱惜牛。土僚爱牛、惜牛、祭拜"牛王"，源于传说的稻作文化。

农历十月初一被认为是牛王爷的生日。这天，全寨人都要把自家的牛牵到河边，把牛全身清洗得干干净净，再把牛厩里的牛粪清除，换上干净的稻草。男人们或杀猪，或杀鸡、鸭，准备酒菜，妇女们则忙着舂粑粑，

◇ 牛王节给牛戴花展示

春好的第一块粑粑要先喂给牛吃，感谢它一年来的辛苦劳作。帮放牛的人这天也要给两个粑粑表示感谢。

寨子里年龄相近的人，一帮一伙相约带上煮好的猪头、公鸡等供品，前往牛王庙点香、烧纸钱，供奉祭拜牛王、土地。孩子们则相互邀约，到山上去采摘野生万寿菊来给牛戴花。或做成花环，戴在牛角上、牛头上，或用粑粑把花粘在牛身上、牛尾巴上，把牛打扮一番。给牛喂了粑粑，戴上花后，大家再把自家的牛牵到村外的水边，比比看看谁最漂亮。祭牛王这一天，绝对不能骑牛、打牛，更不能骂牛，让辛苦一年的牛度过轻松愉快的一天。

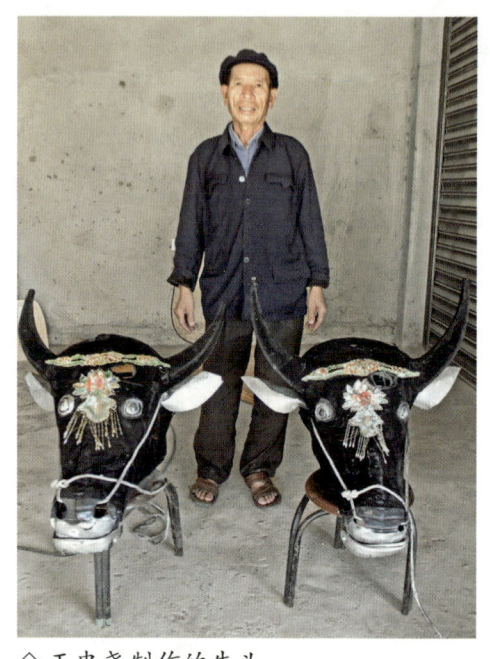
◇ 王忠尧制作的牛头

祭牛王庙在"文化大革命""破四旧"时被停止了一段时间，改革开放后又逐渐恢复起来。

◇ 牛王节敬酒

过去牛头寨祭牛王庙，但无牛王节。前些年，因上级部门希望发掘、打造地方文化，牛头寨村民便在地方政府的支持下组织举办了第一届牛王节，以后才开始有了牛王节。在牛王节期间，除传统的祭拜牛王庙等一系列活动外，还增加了各种文艺表演，包括新编的手抬牛头跳牛头舞（牛头请王忠尧制作，竹篾编扎，外罩黑布）。

过去牛头寨大多数人家都有牛,只有少数人口较少的家庭没有。后来国家开始发农机补贴,耕作改用农机,牛就逐渐减少了。2010年开始土地征用后,土地减少,牛就更少了。随着村寨的住房改造,环境变化,现在牛圈难建,养牛也难找地方放牧,以至寨子里现今已经完全没牛了。

当地政府有关部门现在把保护、传承和开发土僚传统文化的点设在了离城更远些的几个土僚村寨,如黑卡、高末等。这些村寨因为有政府的支持和推动,继续过着传统加现代的牛王节。如今的牛头寨,一切似乎又回归本源,甚至更加简单。到祭牛王庙时,村民们到庙里去以传统的方式祭牛王、拜土地,然后聚在一起玩一天,没有了牛王节各种热闹的文艺表演。

(3)春节

春节是汉族的节日,牛头寨的土僚受汉族影响,同汉族一样过春节。不过,土僚过春节也融入了一些自己民族的文化元素。

牛头寨土僚一般都在腊月十五、十六就准备过春节。届时家家户户先舂粑粑,用糯米舂糍粑,用香米舂饵块。舂好的粑粑储存三四天,开始起花斑,便放到水缸里泡水保存。接着开始杀年猪,灌血肠。杀年猪时要用一刀纸钱揞猪血,留着到祭祖时烧,报告祖先。猪头、猪尾巴用盐腌制,留到除夕献祭老祖公,初一时再抬到土地庙去献土地、牛王。

杀年猪要邀请本寨或寨外的亲朋好友来吃杀猪饭,炒猪肚、炒猪肝、拌凉血旺等是必不可少的。吃杀猪饭后剩下的肉,用盐腌制几天,或腌成腊肉挂着,或炸成油炸肉存放在坛子里,作为一年的肉食。

腊月二十前后,各家各户开始打扫屋里屋外的环境卫生,上上下下都认真干净地打扫一遍,所有的衣服、被子都要洗干净。到腊月二十五、二十六这两天,大家开始进城购买年货,必须买2~4棵带叶的甘蔗带回放在自家堂屋门后,当作门神爷的标枪,除夕的晚上用它撑住大门,以保卫家宅平安。

除夕夜前忌讳欠别人债或东西，无论如何都务必设法归还，借出去的钱物也要尽量讨回。据说过年欠债、欠物不还，或者借出去的钱物不收回，来年必会散财。

现在村民家里都如同汉族家庭设有神龛，靠神龛的墙壁中间贴"天地国君亲师"，右边设祖先牌位，左边设灶君神位，神龛下供奉土地神位。也学汉族贴对联、门神。

吃年夜饭时先要在神龛前烧香，摆饭菜祭老祖公，献完后每样菜放一点到狗碗里喂狗，以感谢狗一年里辛苦守家。全家人开始吃年饭时，先让年长者动筷，第一筷最好先吃芹菜，寓意新的一年人勤快；第一碗饭不能泡汤吃，不然认为出门容易淋雨。吃完年饭，小辈们开始给长辈磕头拜年，长辈接受磕头时要给小辈们发压岁钱。

通常晚上12点之前都不睡觉，不然认为田埂会垮。睡觉之前晚辈要给长辈端洗脚水，帮老人洗脚。洗脚要洗过膝盖，寓意新的一年里干什么都赶得上。晚上12点之后，要出门去抢挑新水，认为第一个挑到新水的人在新的一年里会发财。挑新水时带3炷香、3张纸钱，插在水井边，叫"买新水"。

初一不能花钱、不能扫地，也不能动刀和锅铲，只能吃除夕的剩饭。

到初二以后才可以出门去走亲访友，到亲友长辈家拜年。姑爷媳妇要去娘家拜年，去时必须带上饵块、粑粑和排骨腊肉，腊肉越大越有面子。公公、婆婆和舅舅们要给来拜年的小辈们压岁钱。

6. 公共卫生与民族医药

新中国成立后，文山州卫生事业发展较快。特别是1990年后，文山州建立健全了州、县各级卫生行政机构、事业机构、医疗机构，已经形成了医院、卫生所、医务室到民间中草药的医疗卫生网和国家、集体、个人三种所有制并存的卫生事业格局。

牛头寨有一个村级卫生室，是镇卫生服务站的派驻机构，有两张病床。原来卫生室有两名医生，其中一名医生因不满意现有工作环境离开了，目前仅有的一名年轻女医生，毕业于百色卫校。这个村级卫生室只能做一些普通常见病的诊断治疗，大病得上更高一级医院。

牛头寨离城区仅1.5千米，州医院、市医院、镇卫生服务站都不远，就医非常方便。但寨子里的人说，到大医院排队难，看病费用高，只要卫生室能解决的，就尽量不去大医院。现在全寨人都参加了医保，医疗费用有了一定保障。

在以前，村民看病一般都凭传统的经验，会用一些偏方土法自己治病。比如常见的伤风感冒、咳嗽，用马鞭梢，治感冒效果比较好；拉肚子，用蒿芝、干石榴、茭桃尖煮水喝；打摆子，用狗苍蝇（狗脖子上的苍蝇）泡水喝等。偏方土法有的有一定医学道理，有的则纯属荒诞无稽。土僚也懂得刮痧，感冒、头疼、肚子疼都会通过刮痧治疗。

过去土僚生病治疗常是巫医结合，现在请巫师的逐渐少了，大多数村民都知道一句俗话："师娘白马，半真半假。"

（五）社会组织

1. 老年协会

老年协会是牛头寨的一个重要的社会组织。村寨规定，村民只要满50岁就可以加入老年协会，70岁以上老人可以不安排老年协会具体工作。现在老年协会有成员92人，设会长男女各一名，男会长王少兵（59岁），女会长王忠利（女，70岁）。选为会长，关键是积极、热心。通知召集由王少琼老人（女，83岁）负责，王少琼老人虽然年纪大了，但精神矍铄，在老年协会里很有威信，又热心能干，深受信赖。

老年协会每年聚餐一次，费用由村民小组出一点，协会成员自己凑一点。

老年协会在村务管理和宗教管理等方面都发挥着不小的作用。村民小组有什么重大事件要决定，常常邀请老年协会的主要负责人参与决策。因为参与宗教活动的多是老年人，因而寨子的所有宗教活动场所自然就都归老年协会管理，特别是老年妇女在其中承担着主要工作，因为妇女们心细、勤快、负责，同时也是宗教活动的主要参与者。

◇ 老年协会

参与管理宗教活动场所的妇女都在50~70岁之间，分10个小组，每组4人。分组由老年协会集体协商，按居住相近分组，以便互相邀约。一个组管一个月，依次轮流。轮到的4个妇女，每月初一、十五负责到观音庙、始祖庙、牛王庙、龙树下去烧香、点灯、打扫卫生、撢除庙中塑像灰尘。轮完一个月又负责将钥匙移交给下一组。

老年协会妇女还组织了一支纸马舞老年队，经常受邀演出或参加节庆活动表演。

2. 传统社会控制模式

传统的牛头寨社会，除由官方指派的官员（如保长、甲长）实施管理外，民间自有一套约束控制机制。

最主要的是家族对家族成员的控制。每个家族都有自己的族长和德高望重的长者，他们通过自己言传身教和家规，对族人的思想、行为起到一定的规范和约束作用。寨中如果遇到大事，也会由长者依据传统商议决定。保长、甲长通常也是寨中一员，他的行为很难超越村寨传统力量的影响和束缚。

此外，如前所述的"帮会"在传统社会控制中，也发挥着不小的作用。每一个"帮会"都有自己不成文的道德标准、行为规范和准则,谁要为非作歹、作奸犯科,影响"帮会"的声誉,都有可能被"帮会"惩处,甚至除名。在一个熟人社会,"帮会"有着很强的约束力。

(六)婚姻家庭

1. 传统婚姻习俗及其变迁

在牛头寨,婚姻也经历了包办到自由恋爱的历程。

传统的婚姻,通常小伙看上哪家的姑娘,就会由父母请媒人带上礼物前去说亲,姑娘家一般不会在第一次说亲时就轻易答应,总是等媒人连续去两次或三次才会同意。

姑娘家同意亲事后,男方家又会请亲友中一位德高望重的人带上礼物前去定亲。定亲时要带上一面铜锣,商量定了则敲锣,意为一锤定音。定亲时男方要送姑娘家一些聘礼,数量多少视男方家庭经济情况而定。姑娘陪嫁一般都是两口木柜子、一个皮箱、两套被子等。

土僚自古有"婚不亲迎"的习俗,也就是在举行婚礼那天,新郎不到新娘家去接,而是新娘由伴娘及亲友送到男方家门口,新郎出门迎亲。随后,新郎家要在门口举行一个名为"推八仙桌"的仪式:在门口摆上一张桌子,桌子上摆猪头和五谷,由先生念《退车马》,意为:吉日良辰,天地开张,新人到此,车马四乡,今将五谷退车马,一把五谷撒向东方甲乙寅卯木,凶神恶煞急速退;二撒男方丙丁火,朱雀玄武远远躲;三撒西方庚辛金,白虎抬头喜气生;四撒北方壬癸水,青龙腾云满福禄;五撒中央戊己土,周公婚礼传古今。左撒青龙,右撒白虎,前撒朱雀,后撒玄武。今日,天不忌,地不忌,夫妻和谐大吉大利。认为如此可以除邪秽。

仪式完,才把新娘领进堂屋。进门后,先拜男方祖宗,再拜男方父母,然后夫妻对拜,完成婚礼。婚宴开始后,做客的亲友喝酒、划拳,酒至半酣,新娘、新郎两边的歌手开始对歌,你来我往,常常通宵达旦,不眠不休。新郎、新娘要端糖茶敬长辈,长辈上座,新郎新娘敬糖茶,根据

◇ 婚礼中歌手对歌

辈分尊称长辈，长辈要给一个红包，作为"开口钱"。

要给厨房师傅一个红包、两包烟表示感谢。

婚礼的当晚，新娘和伴娘住在一起，新郎、新娘不得同房。第二天，新娘在伴娘和送亲队伍的陪伴下返回娘家。

传统的婚俗有"不落夫家"的习俗，也就是说，婚礼结束后的第二天新娘就要返回娘家，不在夫家住，婚礼期间也不能与丈夫同房。只有到春耕、秋收等农忙时节，夫家才会挑上粑粑、米酒、腊肉等礼品去接媳妇回家帮忙，已经成年的可以在此期间与丈夫同房。如此往返多次，一直到媳妇怀孕才能正式落住夫家。农忙时节媳妇到夫家帮忙一般也只能住三天，如果超过三天往往会被同龄人取笑。

如果婚后媳妇一直没有孩子，双方都可以提出解除夫妻关系。如果女方提出，男方可以索回聘礼；如果男方提出，女方会要求男方"挂红"赔钱。

土僚还有"招姑爷"的习俗。如果姑娘家没有儿子,男方家儿子多,男方可以到姑娘家上门。经过协商,上门女婿有的还改从姑娘家的姓,儿女在三代以后可以返祖归宗,恢复男方原来的姓。还有两家的姓同时使用的,也有的根据双方商定,儿女中有的从父姓,有的从母姓。

2. 婚姻制度变迁

土僚婚姻制度的变迁,最主要的是"不落夫家"习俗的变化。这个习俗产生的根源复杂,有人认为这是母系社会传统的遗留。在母系社会,子女、财产从母,女儿不会出嫁。从母系社会过渡到父系社会,从母权变为父权,其间是有斗争有妥协的,"不落夫家"的习俗就是其中的表现之一。而有的本民族老人认为,这主要是与过去存在早婚现象有关,"不落夫家"是一个过渡期。

"不落夫家"期间,男女双方都有相对的自由,可以像其他未婚男女青年一样参加各种活动,因而难免一方会移情别恋,出现问题,带来许多麻烦和纠纷。如果在此期间感情出现问题,可以提出解除"婚姻"关系,如果是女方提出,经男方同意,需要退赔彩礼及所有礼物;如果男方提出,女方同意,则女方家不但不退赔彩礼及历年礼物,有的还要男方"挂红"并赔一笔钱。这对双方家长来说都是麻烦,所以在新中国成立前,不少地区就有过不同形式的风俗改良运动,新中国成立后这种婚俗就逐渐被人们所废弃。

牛头寨健在的七八十岁的老人,有的还经历过"不落夫家"的婚姻,而五六十岁以下的妇女就没听说有人经历过了。年轻的一代,更多的是双方自由恋爱,而且都达到婚龄,结婚就住在一起,"不落夫家"这种婚俗自然就失去了存在的土壤。

3. 家庭结构关系变化

牛头寨最早迁来的是王姓,后来又有李姓、陈姓、马姓迁来。王姓在寨中是户数较多的姓,有父系家谱,排辈原文是:"朝廷忠义,福禄寿喜,天长地久。"现在已排到"福"字辈,如果以25年为一代算起,王姓应该已有100多年。随着社会的发展变化,王姓中有的年轻一辈已不按家谱规定的字辈给孩子取名,用家谱来延续父系世系的这一传统正在悄然改变,也意味着以父系血缘关系为纽带的家族网络正在逐渐走向解体。

以前牛头寨的家庭主要以核心家庭为主,由父母和子女组成。三代四代同堂的较少,七八十岁的老人如果儿女多,女儿长大出嫁,儿子长大结婚分家,养老通常依靠小儿子,因而传统上过去的老人多偏爱小儿子,正如俗话所说:"皇帝爱长子,百姓爱老幺。"

实施计划生育之后,虽然重男轻女思想仍然存在,也有少数超生,但大多数家庭遵守计划生育政策,最多生两胎,家庭规模明显缩小,兄弟姊妹比老一辈少了。

牛头寨离城近,受城市化熏染,社会流动性加大,年轻一辈大多不安于现状,不断探索新的生活方式,很难保证留在父母身边。因而村寨的稳定,乃至家庭的稳定都受到极大冲击。

年轻一代的生育观也在悄然发生变化,从过去的重男轻女,设法超生,到现在转而少生(按计划生育政策土僚可以生两胎),牛头寨现在已出现了七八家独生子女户。

(七)习惯法与禁忌

在牛头寨,没有明确的习惯法,但却有不少与习惯有关的禁忌。如有关龙树的禁忌就有不少,村民把"龙树老奶"视为村寨的保护神,因而对龙树倍加尊重,不敢轻易触犯,否则认为会招来厄运和惩罚。尽管现在随着村寨的发展,龙树所在的地方已从过去的隐蔽环境变成公共活动空间的一部分,但仍然禁止对着龙树大小便,甚至不能朝龙树的方向大小便;对龙树旁边的一草一木也禁止攀折或砍伐,所以才有牛头寨龙树旁边的清香树的枝繁叶茂。村寨还规定,祭龙树期间村民不得戴草帽,不得折树枝,不得劳动，不得进出寨子，等等。

在家中也有不少禁忌。如老人在堂屋，儿媳不得上楼；在老人面前，小辈不得跷二郎腿，否则认为对老人不敬；小孩不得站在门槛上，否则认为月亮会来割耳朵；小孩不得拿家燕燕窝里未长毛的小燕下来玩，否则认为嘴角会烂等。怀孕的妇女不能去探望产妇，哪家牲畜下崽也不能进人家门，否则认为会把产妇或母畜的奶水采走。一般有产妇或下崽母畜的人家都会在大门口挂青，提醒外人不要误入。此外，产妇分娩不到三天不能到灶塘边和祖堂边。建房忌墙角对着别人家的大门，认为这样对别人家不利，如果出现这种情况常常会引发纠纷。被墙角冲着的人家如果不是太明显，可以在自家房顶或墙上放一个陶罐对着对方的墙角，以达到禳解的目的。

（八）民间纠纷与调解

在以前，牛头寨调解村民之间的纠纷一般会找家族长者或寨子里有名望的长者去调解处理，或者请"帮会"的兄弟来帮忙调解处理。

现在有纠纷也仍会先在家庭或家族内部调解处理，或请"帮会"来帮忙调解。如果这些都行不通，那只好找寨里的干部，如果寨里干部也无法调解，就由社区街道办出面调解，或许最后只能走法律程序。

（九）生态环境

1. 地理位置

牛头寨离城很近，距文山城南仅1.5千米，与城区联系紧密。它所属的里布嘎社区，原来下辖10个村寨。2016年窑上、小勾绞、大沟绞、石桥四个寨子从中分出，现在还有大里普、牛头寨、里布嘎、小寨、团田、红鱼上6个寨子。牛头寨所在辖区范围内的其他5个寨都位于它的西面，除团田是苗族寨外，其他几个寨子都是汉族、壮族、彝族混居的寨子。它的东北部和东部隔盘龙河相望的新平坝、旧坪坝、藤子寨三个寨子也是土僚寨，因而牛头寨处在一个多民族大杂居、小聚居的社会环境中。

◇ 集市上的尖头土僚

牛头寨地势地平，土地肥沃，盘龙河由北向南绕牛头寨而过，为牛头寨农业生产提供了丰富的水源，形成了牛头寨得天独厚的农业生产环境。牛头寨所拥有的大片良田历来是文山地区重要的水稻产区，因而历史上牛头寨虽然说不上富裕，但如果以一个传统农业社会的标准看，它拥有的资源应该是非常富饶的了。

今天，文山城区不断向南、北两个方向扩张，位于文山城南的牛头寨逐渐成为城市的一部分。特殊的区位优势，使它所拥有的资源（如土地、房屋等）正不断转化为新的生计资本，推动着牛头寨村民生计方式的转型。

2. 气候与物产

牛头寨地处北回归线以南，海拔1270米，年平均气温19.1℃，年降水量779毫米，属于典型的亚热带季风气候。春秋长，冬夏短，气候湿润，适宜作物生长。

据2015年统计，牛头寨共有耕地458亩，其中水田362亩，旱地96亩，可机耕地350亩。主要种植水稻、玉米、蔬菜等。房前屋后、田间也种有果树，主要是桃、李、柑橘、柿子等，没有规模化，收获水果主要满足自家食用，产量较多的才会运到文山城里出售。

3. 饮水工程

牛头寨最早的饮用水源自石桥村附近的一股山泉，泉水清澈，汇集成一条小河，直接引到寨子的南门，蓄于水塘中，村民去水塘挑水饮用。

村民虽然临盘龙河而居，但从不用盘龙河水作为饮用水，因为盘龙河水流经城区，受各种污染已不能饮用，只能用于灌溉农田。后来小河因农田水利建设挖断，村民改用井水和管道输送的自来水。至2011年底，牛头寨实现水、电、路、电视、电话"五通"。今天全寨自来水使用覆盖率达到100%，已经实现安全饮水。

4. 厕所改造

全寨已无家庭养牛、养猪，部分养鸡也基本是笼养。过去经常随地可见的牛屎、猪粪已很难见到。随着政府"一池三改"（沼气池建造和改厨、改厕、改圈）的推进，与牛圈、猪圈配套的半敞开的厕所已被取消。

近年村民住房改造、新建的力度加大，处处可见崭新的砖房，全寨的公共环境和居住条件大大改善，村民自建房都带厕所，干净卫生。

此外，村中还建有公厕1个，垃圾集中堆放场地3个。

村寨公共环境卫生由村民小组组织承包给几户村民负责打扫。宗教活动场所及周边环境卫生则由老年协会安排每月4人一组负责轮流打扫。

5. 居民建筑变迁

根据牛头寨中老人的回忆，新中国成立前的牛头寨，瓦房很少，最大、最好的瓦房是位于寨子西北的王姓地主家的房子，为瓦顶、夯土墙，后来土改时分给了村民。位于寨子东边的几十家，除个别富裕户是瓦房外，多数都是草顶、夯土墙房子。

新中国成立后，住房条件逐步改善。典型的住房多为三间两层瓦房，木框架结构，土坯墙。三间房中，中间一间房为堂屋，堂屋正中设神龛，左右两间房为卧室。楼上主要堆放粮食、杂物，家中人多也可住人。有条件的人家还会在正房两侧加盖两间耳房，一间做厨房，一间关牛马、养猪，兼作厕所。正门两侧筑墙，形成一个封闭的院落。正房通常屋檐伸出1米多，地势高于耳房，设石阶上下。后来村民在原有房屋基础上进行旧房改造，老旧的土坯墙改为砖墙，但依然保持原有的木框架不变。

近年来，不少土地被征用的村民手中有了现金，导致房屋建设发生了根本性的变化，过去的土木结构房或砖木结构房正逐渐减少，砖混楼房纷纷拔地而起，有的是两层，有的是三层或者四层。现在进村道路和村内主干道都已铺为水泥路面，大多数家庭还建有沼气池，装有太阳能。

不过遗憾的是，像大多数的中国乡村一样，牛头寨内建筑缺乏统一的规划，也谈不上有什么风格，大多是典型的火柴盒式砖混结构建筑，各家根据自家的地基建房，一家紧接一家显得拥挤不堪，外观参差不齐，布局杂乱无章。公共道路被不断蚕食，公共空间也越来越狭窄。由于一家与一家的间距不宽，很多房屋室内光线较差。村容村貌既缺乏美感，也缺乏居住的舒适感。这是近年很多乡村房屋建设值得注意和思考的突出问题。

20世纪五六十年代中央民族识别调查组及语言调查组等的调查，从公开的报告看，有关土僚的部分大多非常简略。

当时的调查报告中有关土僚调查较为详细的是翁家烈《云南文山支系调查》中的"土僚"条，分别从婚姻、丧葬、节庆几方面对文山土僚做了简要描述。但作者没有说明调查的是土僚的哪个分支，以致我们在阅读时难以分辨所描述的到底是属于哪一个土僚分支的文化现象。这种情况在中央民族识别调查组及语言调查组的其他一些调查报告中也同样存在。仔细梳理前人的调查资料，就我们所见，只有颜思久、郑镇峰的调查报告《文山州壮族风俗习惯初步调查》注意到分别描述搭头土僚和平头土僚。

我们知道，我国55个少数民族中有的内部包含着大小不等的若干支系，而有的支系内部又可细分为若干更小分支（如壮族土僚支系又分平头土僚、搭头土僚及尖头土僚等），这些小分支应该是最小的原生群体，这种现象充分体现了中华民族构成的多元特点。

这一民族构成特点提醒我们，在开展民族文化调查研究时，一定要粗中有细，有统有分，既要重视少数民族文化的同，也要重视其内部的异。忽视有的少数民族内部客观存在的差异，完全不加区分，笼统含混地进行描述，就难免张冠李戴，甚至以讹传讹，严重损害研究成果的客观性和科学性。

此次项目组选择下期乌村（搭头土僚）和牛头寨（平头土僚）作为调查对象，目的就在于想通过对这两个代表性村寨的深入调查，揭示同一支系下的两个小分支之间存在怎样的文化异同，以及离城市中心的远近对村寨社会文化变迁产生的影响。

如前所述，云南壮族土僚支系之下又分三个不同的分支，三个分支比邻聚居于不同的地域，从今天他们的主要分布区滇东南的情况看，三个分支彼此交错杂居程度远不及他们各自与其他支系（如侬、沙）或其他民族（如汉族、彝族、苗族等）交错杂居的程度明显，这一分布特点似乎说明土僚是其今天分布区内最早的居民。

结合前人及我们对下期乌村和牛头寨两个村寨的调查看，两个土僚分支分布地域接近，地理环境、自然条件差异不大，传统经济生活、风俗习惯基本相同，历史传说、宗教信仰也大体一致。而彼此的差异，我们依据实地调查提出以下几点认识：

首先，这两个分支之间的差异主要体现在服饰上，特别是头饰，这是两个分支间最明显的标志（另一分支尖头土僚与这两个分支的区别也主要体现在头饰上）。此外，平头土僚上衣前胸后背的"补"（或"谱"）是搭头土僚服饰所没有的，这也是彼此区别的重要特征。

其次，从语言上看，土僚语言属壮侗语系壮傣语族南部方言区。平头土僚和搭头土僚之间的语言存在一些方言的差别。据当地人讲，两个分支间语言约有百分之六七十可以相通，而百分之三四十不能相通，且存在语调轻重不同。我们知道文山地区壮语南部方言区又有砚广土语区（广南南部、砚山、马关、文山、西畴、麻栗坡北部）、文麻土语区（文山南部、麻栗坡南部）等差别，具体语言学角度的比较研究还有待深入。

此外，比较而言，下期乌村因离文山市中心区相对较远，与外界的交流沟通较少，民族构成单一，因而受外来文化的影响少，传统文化的变化也相对较小。而牛头寨地处文山市城郊，与城市交流沟通紧密，受城市影响较大。特别是近几年来，随着城市的快速扩张，这种影响更加激烈，导致牛头寨民族构成由单一变得混杂，人口流动性日益增大，传统的生计方式急剧转型，民族文化特点也在逐渐消失，未来村寨的发展变化值得持续关注和研究。

此次调查由于时间仓促，部分调查过于简略，可资对应比较的材料仍有待进一步补充。特别是对土僚的另一个分支尖头土僚没有做深入调查，使得我们的报告无法反映土僚的全貌，留下了一个不小的缺憾。

参考文献：

［1］［元］《云南志略》，李京撰，云南省图书馆抄本。

［2］［元］马可波罗：《马可波罗游记》，李季译，上海亚东图书馆，1936年4月。

［3］［元］《元史》，中华书局，1976年。

［4］［明］《云南图经志》，郑颙修、陈文纂，转抄北京图书馆藏，景泰六年（1455）刻本。

［5］［明］《四川总志》，刘大谟等修，王元正撰，传抄四川省图书馆藏，抄北京图书馆原藏，嘉靖二十年（1541）刻本。

［6］［明］《滇志》，刘文徵纂，传抄北京大学图书馆藏，明抄天启五年（1652）本。

［7］［清］《广西府志》，赵弘修，传抄北京图书馆藏，康熙五十三年（1714）抄本。

［8］［清］《蒙自县志》，韩三异等纂修，传抄北京图书馆藏康熙五十一年（1712）刻本。

［9］［清］《云南通志》，范承勋等修，吴自肃、丁炜纂，重印康熙十三年（1674）刻本。

［10］［清］《临安府志》，张元昚修，夏冕纂，雍正九年（1731）刻本。

［11］［清］《开化府志》，汤大宾修，赵震纂，传抄故宫博物院图书馆藏，乾隆二十三年（1758）刻本。

［12］［清］《镇雄州志》，屠述濂撰修，乾隆四十九年（1784）刻本。

［13］［清］《弥勒州志》，傅腾蛟等增订，传抄湖北省图书馆藏，影抄乾隆四年（1739）刻本。

［14］［清］《蒙自县志》，李焜纂修，嘉庆初刻乾隆五十六年（1791）刻本。

［15］［清］《临安府志》，江凌源纂修，嘉庆四年（1799）刻本。

［16］［清］《云南通志》，阮元、伊里布等修，王崧、李诚等纂，道光十五年（1835）刻本。

［17］［清］《广南府志》，何愚纂修，传抄上海徐家汇藏书楼藏，道光五年（1825）刻本。

［18］［清］《普洱府志》，郑绍谦原纂，李熙龄纂修，咸丰元年

（1851）刻本。

［19］［清］《镇雄州志》，吴光汉修，宋承基等撰，光绪十三年（1887）刻本。

［20］［清］《续云南通志稿》，岑毓英等修，陈灿等纂，光绪二十年（1894）刻本。

［21］尤中：《西南民族史》，云南人民出版社，1984年。

［22］戴裔煊：《僚族研究》，《民族学研究集刊》第6期，中华书局，1948年。

［23］石钟健：《四川悬棺葬》，《民族学研究（第四辑）》，民族出版社，1982年。

［24］李绍明：《为川南"僰人悬棺"正名》，《民族学研究（第四辑）》，民族出版社，1982年。

［25］四川博物馆编：《四川珙县洛表公社十具"僰人"悬棺清理简报》，载《文物》，1989年第6期。

傣族社会历史回访再调查
——以景洪市曼峦典村为例

杨建虹 赵 瑛 徐勤莘 杨珍珍

傣族源于古代"百越"("百粤")。《后汉书·地理志》载:"自交趾至会稽七八千里,百越杂处,各有种姓。"秦汉以后,随着社会历史的发展,部分越人经过融合、分化与重新组合,渐渐形成了现今傣族、壮族等民族。

在不同的历史时期,傣族曾以各种称谓出现于我国历史文献中,而最早见于史籍的称谓是西汉的"滇越"。关于滇越的疆域,学术界普遍认为是在今天的云南保山及德宏一带,说明远在秦汉时期,傣族的先民就已居住在今天的云南境内。魏晋时期,傣族先民被称为"越""濮""僚""鸠僚"等;唐代,则被称为"黑齿蛮""金齿蛮""银齿蛮""绣脚蛮""绣面蛮""雕题""茫蛮""白衣"等;元代则沿袭唐朝的称呼,称傣族先民为"金齿百夷""金齿""白衣""百夷""白夷";明代,汉文献将"金齿百夷"改称为"百夷";清代,"百夷"又多写为"摆夷"。这些汉文史籍中对傣族先民的称谓均为他称。1952年,根据本民族的意愿,正式定族名为"傣族"。各地傣族因支系不同、居住区域不同、文化习俗不同,有着各种自称。如傣泐(西双版纳)、傣那(德宏)、傣德(瑞丽、孟连)、傣雅(新平)、傣端(金平)、傣绷、傣连、傣仲或傣拉(元江、红河)、傣友(元阳)等。现今,傣族主要聚居在云南省西双版纳傣族自治州、德宏傣族景颇族自治州,以及耿马傣族佤族自治县、孟连傣族佤族拉祜族自治县,其余散居于元江哈尼族彝族傣族自治县、新平彝族傣族自治县、金平苗族瑶族傣族自治县、景东彝族自治县、澜沧拉祜族自治县等地。根据2010年第六次全国人口普查统计,傣族共有1261311人。

在漫长的历史长河中,傣族在不断发展壮大的同时,以包容、开放的思想,兼容并蓄,吸纳了其他民族文化的精髓,创造了丰富多彩、多元复合的民族传统文化。这其中既保留了百越文化的因素,也融入了中原文化及印度文化的因素。特别是在受到南传上座部佛教文化的影响之后,形成了独具特色的生态文化、稻作文化、丧葬文化、生育文化、婚姻文化、水文化、语言文化等等。可以说,"多元文化是傣族文化的一个重要特征,多元文化的选择,适应傣族的社会发展规律"①。

傣族是一个跨境民族,与泰国的泰族、老挝的老族、缅甸的掸族、越南的泰族及印度阿萨姆邦的阿洪姆人等有着历史渊源关系。生活在中国境内的傣族,自中华人民共和国成立以来,在政治、经济、文化、教育、医疗卫生等方面已发生了翻天覆地的变化。

20世纪50年代,党和人民政府组织了大量的专家学者、民族工作者对傣族的社会历史进行了大调查。其中,西双版纳州曼峦典②被列为调查点,其调研成果载于《傣族社会历史调查(四)》,名《版纳景洪曼暖典土地关系初步调查》。该报告记录了傣族的土地类型、性质及历史演变,村寨

---

① 艾罕炳:《西双版纳傣泐民俗文化探源》,云南教育出版社,2007年,第1页。
② 曼峦典:傣语音译,目前村名写作"曼峦典",20世纪50年代政府工作组登记为"曼乱点",目前村民户口登记皆为曼乱点。1956年傣族社会历史调查中,学者调查此村时写作"曼暖典"。

内部的阶级剥削和解放前后的变化等内容。经过60余年的发展，曼峦典村的社会经济生活已发生了质的飞跃。因此，本报告拟在20世纪50年代傣族社会历史调查的基础上，对曼峦典村进行再调查，以期全面反映曼峦典村傣族社会生活的发展与变迁。

一、村寨概况

（一）村寨历史与传说

曼峦典村有200多年的历史，具有深厚的民族文化积淀，现隶属于景洪市嘎洒镇曼迈村委会。据村民小组长岩恩介绍，从前村子在流沙河边，傣语称"达尚憨"，村名称"曼达喃"。1890年，有一位名叫"叭雅西里罕香"的老人带领群众迁徙到这里，刚搬到这里时有30户人家，计125人。新中国成立前，村寨属于"傣勐"等级，拥有大量农田。"傣勐"，在傣语中意为"来得最早的人"，该村过去属于勐景洪下的陇洒叭竜暖典，且这个区的叭竜①住在本村。

关于该村的名字，有一个传说：唐僧（傣语"帕召"）取经自印度而来，于深夜经过流沙河，来到寨子。唐僧敲锣，一个怀孕的女人听到锣声，便起床出门用糯米、水果等供奉唐僧。唐僧因此命名此寨子为"曼峦典"，意思为最勤快、最勤奋的寨子。

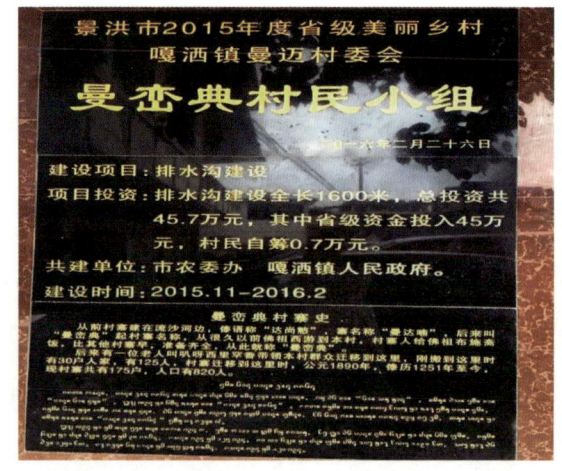

◇寨 碑

---

①叭竜：封建政权在一片区域的代理人，也是佛教的代表者。

◇寨　门

（二）民族构成与性别年龄状况

曼峦典村是傣族聚居的村寨，由于通婚和迁徙，有少部分的其他民族。截至2016年9月，村寨共有180户798人，其中男性447人、女性351人，男女比例大约为4∶3。[①]已婚孕育的女性约153人，18岁以下约占15%，60岁以上约占30%。

（三）人口流动与趋势

曼峦典村人口流动性不大，多是通婚原因造成的人口流动。随着社会的发展、人员流动的增加以及婚姻观念的变化，过去傣族的内婚制、等级制正在被打破，族内通婚的界限已变得模糊，一些哈尼族、汉族会上门或

---

①数据由曼迈村委会妇女主任玉罕儿提供。

嫁来村子，村内也有一些女性出去打工后嫁给其他民族。"过去我们不和哈尼族结婚，寨子里一般也不会去找哈尼族，不过也有爱上的就没有办法了，但还是少数。现在大家就随便找，看个人喜欢，我们寨子现在也有哈尼族和汉族嫁过来或者上门的"，组长岩恩这样说道。改革开放以来，傣族群众的思想观念逐渐开放，传统的婚姻观念日渐淡薄，更多的是遵循个人意愿。目前，村内非本村寨、非傣族的男性和女性共有17人，多是近几年来上门或嫁过来的汉族和哈尼族。村寨内年轻人也不再满足于在本村以及周边村子找对象。曼峦典村外出打工人数较少，因每家土地基本可以维持正常生活，再加上学历和个人能力的限制，很多傣族年轻人认为外出打工不切实际，因此没有外出找工作的打算，多是在周边打零工。

（四）村寨变迁轨迹

如前所述，曼峦典村隶属于景洪市嘎洒镇曼迈村委会，该村发展至今，其社会经济发展实现了质的飞跃，这与景洪市经济社会发展息息相关。众所周知，中华人民共和国成立以来，西双版纳州景洪市各族人民在中国共产党的领导下，沿着社会主义道路，团结奋进、艰苦创业，克服了种种困难，战胜了重重险阻，取得了前所未有的辉煌成就，创造了骄人的业绩。纵观新中国成立60余年来景洪市经济建设的历程，大致经历了三个阶段：

新中国成立初期的快速发展时期。1950年2月，在经过长达3年艰苦的解放斗争后，景洪获得解放，从封建社会跨入了社会主义社会。经过土地改革，变革生产关系，人民翻身当家作主。在随后的十多年里，景洪的经济得到快速发展，农业保持稳定增长，工业从无到有快速发展，交通、邮电、通信得到逐步改善，商业完成改造并得到一定发展。

改革开放的经济腾飞时期。党的十一届三中全会以后，在党中央以经济建设为中心，对农村实行土地承包责任制，对内进行改革、对外进行开放等方针政策的指导下，景洪的经济步入了持续、稳定、协调发展的轨道，人民生活水平得到显著提高，处处呈现出一派生机勃勃、欣欣向荣的景象。

21世纪后的平稳发展时期。在以习近平同志为核心的党中央领导下，景洪得益于少数民族地区优惠政策，其经济产业发展逐步多样化，尤其是以旅游业为主要产业的第三产业迅速发展，互联网普及率高达半数以上，人民生活水平再上一个新台阶。在全球化的时代背景下，景洪市对外经济文化交流更加频繁，经济发展水平逐年提高，呈现平稳稳定发展的态势，其各方面的发展都取得了辉煌的成就与显著的变化。主要表现在以下几个方面：

一是地区综合实力显著增强。

二是经济结构调整取得重大进展。

三是基础设施水平大幅跃升。

四是改革开放事业深入发展。

在景洪市各方面取得全面发展的背景下，曼峦典村不断呈现出改革发展的新面貌。主要变化如下：

1. 基础设施有了极大改善

在21世纪50年代以前，西双版纳地区交通闭塞，民族工业及现代教育设施、传播设施相当匮乏，曼峦典村也经历了基础设施十分薄弱的时期。经过60余年的建设与发展，截至2015年底，曼迈村委会所辖自然村中，共有980户通自来水，有980户通有线电视并安装移动电话，且村中道路均为柏油、水泥路面。曼峦典村不仅实现了全面通路，全村的电视、广播、网络覆盖率达100%，半数以上的家庭还实现了旧房改造或新建住房。

2. 生产收入形式多样化

在20世纪50年代，曼峦典村主要以第一产业为主，农业收入是家庭的主要收入。经过60多年的发展，曼峦典村的农耕面积持续增加，现该村寨的农耕面积约为2600亩，其中耕地852亩，人均耕地面积1.2亩。20世纪80

年代改革开放以来,西双版纳州普遍推行家庭联产承包责任制,按人头进行分地,曼峦典村在实现"包产到户"的农业生产中,主要经济收入仍旧来自第一产业。90年代中期,随着市场经济的进一步发展,景洪市对外开放程度加深,曼峦典村的土地外包越来越多,截至2016年9月,村中大部分土地被租赁,开始转向种植西瓜、玉米、火龙果、香蕉等经济作物或是种植花卉。村中的许多主要劳动力得以从传统的水稻种植中解放出来,从而更多地从事第三产业。在全市旅游业的发展和带动下,曼峦典村的生态旅游业和傣锦售卖明显增强,在第三产业的带动下,村中开始拓展相关服务业,如村中早市、村中农家乐、村民织锦零售等,村民的生产方式和经济收入方式实现了多样化发展。

3. 社会服务逐步完善

中华人民共和国成立前,曼峦典村由于地处边疆,交通不便,经济落后,村民生活在水深火热之中。新中国成立之后,人民政府致力于改善人民生活,大力发展各项社会事业,科学、教育、文化、卫生、体育等各项社会事业取得了长足的发展。尤其是在改革开放之后,教科文卫体等各项社会事业的发展显著提高。

在科学技术工作方面,曼迈村委会成立了农科处,根据各村民小组的优势,提供相关的技术指导和资金支持,其中包括橡胶树种植、水稻种植、花卉种植、家禽养殖等。曼峦典村的优势产业为水稻种植,农科处尽最大能力为曼峦典村提供了优质的水稻种子和施化肥农药的技术指导与支持。

1955年,曼迈小学成立之初,学校规模较小,师资力量不足,学校教育举步维艰。改革开放之后,学校教育获得发展。现在,曼峦典村周围除了曼迈小学,还有嘎洒中心小学和嘎栋小学,并且基本普及了九年义务教育。

曼峦典村的卫生事业也有很大的发展。新中国成立前,曼峦典村只有傣医,没有现代医疗体系。传统傣医学主治跌打损伤。新中国成立后,尤其是在改革开放之后,现代卫生服务体系基本形成,卫生科技水平有了显著的提高。曼迈村委会有一个卫生室,全天开放,共有8个床位,并有医生全天值班候诊。新农合制度也在不断健全,为保障人们身体健康发挥了重要作用。

4. 娱乐生活深受外来文化影响

傣族是一个能歌善舞的民族,有许多本民族独特的节庆习俗,比如泼水节、开门节、关门节等。在泼水节期间,傣族人民互相泼水祈福,并有赛龙舟、放高升、放孔明灯等娱乐项目。在开门节、关门节期间,村民会集体浴佛,在佛寺进行赕佛等活动。新中国成立后,尤其是改革开放之后,由于市场经济的发展,各族人民交往更加频繁,傣族受外来文化的影响越来越大,尤其是近十年来,"80后"的傣族青年善于接受并学习外来文化,他们在服饰、娱乐活动等方面逐步与内地相同。现在的曼峦典村,建有篮球场,傍晚的时候,村子里的男人会在篮球场打球,妇女们则在文化活动室门口跳广场舞。晚上的时候,年轻人会去村子里或市里的KTV、酒吧等娱乐场所,很少再进行传统的傣族娱乐项目。

二、经济建设

(一)传统经济体系的变迁

大量的考古资料和历史文献证明,傣族源于"百越"。张公瑾教授认为:"百越各部后裔包括云南傣族皆以水稻稻作作为主要农业,并有发达的水利灌溉事业,可以说是从百越人那里继承下来的财产。"①西双版纳傣族主要居住在由澜沧江及其支流流沙河、罗梭江、南腊河和南览河等冲击出来的"坝子"上,这里土地肥沃、水源充裕、热量充足、光照丰富,为水稻的生产提供了优越的自然条件,以水稻种植为主的农业成为傣族主要的生产活动。所以,自古以来,曼峦典村的主要经济收入以第一产业为主。

---

① 张公瑾:《傣族文化》,吉林教育出版社,1986年。

《傣族社会历史调查（四）》之《版纳景洪曼暖典土地关系初步调查》一文的资料显示，在20世纪50年代，曼峦典的可耕种土地一共约有5367纳，约合1340亩，分为五种类型的土地，分别是寨公田、波郎田、薪俸田、私田、种烟田。主要的粮食作物是水稻。其中寨公田傣语称为"纳曼"，"曼"即"寨子"，直译为"寨子田"，这部分田地是不收租的。在20世纪50年代，寨公田所占面积是最多的，一共有3640纳，占全村耕地面积的67.82%。波郎田是收租的田地，在傣语中，"波郎"是宣慰、土司家臣的统称，波郎田即是这些家臣的薪俸田。当时，波郎田有1000纳，占全村耕地面积的18.62%。薪俸田特指村寨内现任头人的薪俸田，也叫"头人田"。当时村寨里现任的头人有9人，分别享有薪俸田30～80纳，共380纳，占全村耕地面积的9.8%。私田就是"祖先开的田"，可以理解为自己的田，一共有372纳，占全村耕地面积的6.92%。种烟田属于园地，数量太少，不计入总数。

经过60多年的发展，曼峦典村的农耕面积持续增加，现该村的农耕面积约为2600亩，其中耕地852亩，林地106亩，全村劳动力共638人，人均耕地面积1.2亩。20世纪80年代以来，西双版纳州普遍推行家庭联产承包责任制，按人头分地，成人每人分得一亩三分的耕地和九棵半的胶林，小孩减半。曼峦典村在实现"包产到户"的农业生产中，村中大部分的劳动力都是从事第一产业的劳动。90年代中期，随着市场经济的进一步发展，加之曼峦典村位于景洪市郊，因为气候适宜、耕地资源丰富而被企业老板所看中，村中大部分的土地被租赁了出去，开始转向种植西瓜、玉米、火龙果、香蕉等经济作物或是花卉。村中的许多主要劳动力得以从传统的水稻种植中解放出来，之后大部分农户日常消费的粮食都需要在市场上进行购买，刺激了少数人进行粮食的专业化种植。部分家庭会留一两亩地种植蔬菜、瓜果等，仅供家庭内部使用。

曼峦典村约有橡胶树一万棵，近年来，由于橡胶的价格大幅降低，从原来的30元一公斤降至现在的7~8元一公斤，再加上村中每户分得的胶林有限，橡胶树生长周期缓慢，一般一棵幼苗需要经过七八年的成长才能进行割胶，割胶的时间大约从3月份到11月份，剩下的几个月需要留有充足的时间让橡胶树恢复生长，相对较长的生长期使得许多农户将橡胶树闲置在山上，或是租给别人，或是卖给国家，从而不再视种植橡胶为主要的经济来源。国家对于橡胶林面积较大（1000亩以上）的农户会有一定的补助，一般是1亩10元，现在由于村中橡胶种植普遍较少，此类补助也不再施行。进入21世纪后，传统的农业经济仍是村中主要的经济收入，但随着村中旅游业、傣锦的发展，其经济收入范围更加广泛，尤其是旅游业带动了相关服务行业的发展，比如因旅游人数日渐增多，村中相继开了3家傣味农家乐，分别是果其利农家乐、傣锦傣味农家乐、旺香傣家乐。村中早市贸易也带动了村民们收入的多样化。

（二）农作物种植

曼峦典村的主要农作物是水稻和玉米，水稻是双季稻，时间为每年的4~7月、7~11月。主要经济作物是火龙果和西瓜。火龙果一年四季种植，西瓜一般在1月下旬播种，七八月份结果。

据嘎洒镇农业技术推广站公布资料，2015年嘎洒镇粮豆粮食种植面积26262亩，产量共计9665226公斤。其中：水稻面积2569亩，产量1234654公斤；玉米面积22987亩，产量8247012公斤；旱稻面积706亩，产量183560公斤。曼峦典耕地面积852亩，其中水田812亩。粮豆播种面积为701亩，产量270.3公斤，人均378公斤，人均纯收入10938元；橡胶种植面积为106亩，开割面积为96亩；水果种植面积为656亩。

（三）农业科技推广

为认真落实国家各项强农惠农政策，加快农业结构调整，发展壮大特色农业，继续加大对"三农"的投入，新农村建设扎实推进，曼峦典村所在的嘎洒镇进行了广泛的农业科技推广，农业基础设施条件不断完善，农

◇橡胶林

村经济发展水平不断提高。首先,全镇实施了科技增粮项目技术,积极开展膜覆盖技术、测土配方施肥、杂交玉米地膜覆盖栽培、大春玉米免耕栽培等技术推广,努力提高粮食单产。其次,"科普惠农"工程顺利实施,全镇开展农业科技培训103期6034人次。完成天然橡胶标准化抚育技术补助试点项目1080亩。投入畜牧项目扶持资金81.98万元。先后实施了退耕还林巩固发展养殖项目和中央财政扶持山地鸡养殖项目,带动了项目区农民实现增收。

农业科技的推广,要根据每个村寨的实际情况而定。有的寨子养殖业比较发达,如曼咪养猪的比较多,对他们的培训主要就是关于猪的科学养殖和猪圈的修护等;各个村的鱼塘不多,所以就无相关的科技推广。①曼峦

---

① 曼迈村委会农科兽医岩温罕所述。

典村由于耕地较少且主要种植玉米、蔬菜等，曼迈村委会就会向他们推广新的玉米种子，比如杂交玉米和糯玉米，从而提高玉米的产量，并推广一些主要的化肥农药。曼峦典村组建有玉米合作社，主要是进行玉米种植科技的推广和承包项目的宣传等。此外，由于曼峦典的胶林相对较少，所以没有开展相关科技推广（一般只有超过50亩的胶林才会进行相关农业科技的推广）。村委会进行农业科技的推广是直接下派主要成员到每个村民小组，进行实地指导和宣传，这样就使得农业科技的宣传更加符合实际，效果也更加显著。

◇ 村民耕作

（四）产业结构的调整

嘎洒镇按照中央、省、州、市的部署和要求，紧紧围绕"扩内需、促增长、保民生"的宏观经济政策，坚持不懈地在优化产业结构、转变经济发展方式上下功夫，经济持续发展。截至2015年上半年，农村经济总收入17408万元，农村常住居民人均可支配收入3812元，人均产值达6300元。实现生产总值3.18亿元，其中第一产业完成1.25亿元，第二产业完成0.098亿元，第三产业完成0.095亿元。

相较于20世纪，曼峦典的产业结构逐步从第一产业向第二产业和第三产业转变，尽管现在第一产业依旧占经济收入的主导地位，但近年来，尤其是21世纪后，村中第二、第三产业的比重逐年攀升。目前曼峦典村从事第一产业的人数日益减少，尤其是青壮年劳动力，他们主要是从事第二产业和第三产业，特别是旅游业和服务业已成为曼峦典村经济的主要发展方向。

（五）生产方式的变迁

曼峦典村位于澜沧江支流流沙河所冲击出的坝区，耕地资源丰富且肥沃，灌溉便利。民主改革前，在西双版纳傣族封建领主的统治下，处于以水稻种植为主，其他经济作物生产、不发达的手工业和小商品经济为辅的农业社会阶段，村民普遍种植水稻，从事农业生产。由于傣族种田普遍不施肥，村寨人均耕地面积较少，再加上村寨位于流沙河坝区的低谷位置，到了每年的6月份，流沙河河水泛滥，从而导致收成普遍较低。

改革开放初期，曼峦典村共有村民50多户300多人，村民普遍种水稻和胶林，在家从事第一产业的发展。20世纪90年代中期，随着市场经济的进一步发展，由于丰富的耕地资源和适宜的气候环境，很多外地的企业老板开始承包村中土地种植经济作物，一定程度上带动了村中经济作物的种植和曼峦典村的产业结构变迁。2000年，在村长的带动下，村中开始大量种植玉米。2008年开始至今，村民把土地出租给外地老板种植火龙果、西瓜等水果。2013年全村经济总收入100万元左右，人均收入1万多元，人均收入稳定在3000~6000元。全村经济收入主要来自出租地、橡胶、生态旅游业和小部分的个体经商户。其中出租地收入为主要收入，约占全村总收入的50%。约从2010年起，曼峦典村开始发展生态旅游业，占村寨总收入的10%~20%，主要以傣族特产早市、傣锦传承、手工银作坊、傣味农家乐、傣式民居等来吸引游客，发展旅游业。目前，当地政府正大规模向该村村民集体征集土地，待土地合同签订和生效后，农民所占有的土地将大幅度减少，因此，生态旅游业即第三产业将是曼峦典村以后主要的经济发展方式。

（六）经济收入与消费

20世纪50年代以前，处于封建领主统治下的傣族社会主要以耕种为主要的生产和消费方式。家庭副业相对农业较不发达，主要包括一些纺织、制陶、造纸等，且多为自给自足，用于市场交易的并不多。

改革开放初期，村中普遍存在劳作互助，如插秧、犁田等。除了在农忙季节的犁田、耙田、修理农具、编织竹篾制品外，村中很多女性还会在农闲时期积极从事家庭副业等经济活动，如售卖自己所种的蔬菜和所养的家禽等。

20世纪90年代后，由于市场经济的快速发展，村中对外承包土地的现象越来越普遍，尤其是近年来政府的征地政策，许多农户自家都不再种植水稻和蔬菜，以土地为依托的传统稻作生产正逐渐消失，许多村民已经开始在市场买米和蔬菜，这也成为村民最主要的消费方式。近年来由于西双版纳旅游业的不断发展，一定程度带动了曼峦典村生态旅游的发展。旅游业和商品经济的发展，使得村中大部分的劳动力从传统农业生产中脱离出来，更多地从事经济生产活动。

出租地：全村农耕面积为2600亩，出租地约1600亩，人均每年一亩3000元租金，为村寨主要收入。

生态旅游业：约从2010年开始发展该产业。村寨利用其颇具民族特色的传统傣式民居、傣锦传承、傣味农家乐等大力发展生态旅游业，并成立了傣家早市水果市场，全寨分组轮流售卖自家产的热带水果或傣族手工艺品和食品等。

个体经商户：小卖部、早餐店、裁缝、生产加工等。

村民的日常生活开销为主要消费。义务教育普遍实施后，子女的教育费用大幅减少。而买房买车和"过账"的消费所占比重较大，也成为许多家庭最主要的经济压力。

（七）精准扶贫

曼迈村委会积极落实上级文件的精神，通过发放党员关爱基金，将全体党员的关怀送到了为数不多的困难户、贫困户手中。同时，在年前进行走访慰问活动,送去了村委会对他们的关怀。由于曼峦典村属坝区并靠近景洪市区,其经济发展水平相对山区较高,村民在从事农业生产的同时也积极发展旅游业,收入的多样性使得村民都能实现温饱,因此村中没有专门的精准扶贫项目。

三、政治建设

(一)村寨政治变迁

曼峦典村的政治建设,经历了村民自治到国家监督下的现代政治建设的过程。曼峦典村建村之初,它的政治掌权人是村民,他们以主人的身份管理和规范着曼峦典村的人和事。新中国成立后,现代的基层政治管理制度开始在曼峦典村实行,有了系统的政治体系。经过几十年的发展,现在曼峦典村的政治建设正在逐步完善。三年一次的村干部选举会定期举行,按照宪法的要求进行村干部的选举。最近的一次政治选举在2016年3~6月,即第六届曼迈村换届选举工作,自3月份起,截至6月11日。

曼峦典村隶属于曼迈村委会,在换届选举中需要选举出村民小组长、妇女主任、会计等主要职务的负责人。曼峦典村新一届的村民小组干部是:组长岩恩,妇女主任玉金,会计岩光。

(二)村寨党组织建设和村务管理

曼迈村委会现设有1名总支部书记,1名主任,1名副主任,1名监督委员会主任。有7名总支委员、7名村委会委员、3名监督委员会委员。全村共有11个党支部,党员146人,设有11名支部书记,22名支部委员,38名村小组干部。

现在的曼峦典村是村民自治和基层政治管理相结合,村民的政治参与度很高。凡涉及村民利益的事情,一般都要在行政活动中心召开集体大会,通过民主表决决定。比如村干部的选举,一般都有严格的流程,要求全村年满16周岁的人都必须参与投票,投票过程需要村委会全程参与,投票结果当场公布。全村选拔主要干部，每家每户都有一票，然后派一个代表参与全村干部选举大会。选举大会召开时，村委会全程参与，主持监督。第一轮主要是村民选出适合的人选进行统计，选出候选人多个；第二轮是从多个候选人中选出一个候选人；第三轮是候选人与上一届老干部进行比对投票。

据村民小组长介绍，今年与他同一届参与选举的候选人有13人，竞争比较激烈。组长的工资每年由村委会发放，大概3000块钱。之前村里没有征地的时候，人人都觉得当组长比较辛苦，工资也少，竞选组长的人很少，但自从村中开始征地后，竞选组长的人越来越多。

村委会干部每年均有相关的培训，可以申请或是被推选去西双版纳职业技术学院进行为期10~15天的封闭式寄宿制培训。

村委会按照上级村务公开的要求，扎实推进村务公开民主管理工作。完善村务公开、民主管理，重点健全完善村级重大事务决策程序，加强民主管理和民主监督，使村务运作有章可循。

（三）村民自治

村民自治主要以小组为单位，目前全村180户，按照门牌号的顺序，

◇ 村民集体会议

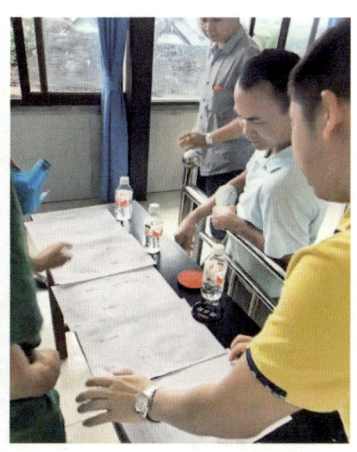
◇ 村民会议签到

每10户为一小组，共分为10个小组①，每组有正组长和副组长各1名，一般都是一男一女，按年轮流当。村中的大小事宜都是先由村领导班子下达通知，随后由各组组长具体负责执行。

现在寨子里有一个20人的民兵排，排长是之前当过兵的一个村民。民兵都是自愿参加的年轻人，无报酬。因为民兵排的性质，他们经常待在寨子里，没有出去打工。

为保障该村村民行使自我管理、自我教育、自我服务的权利，进一步增强村民的爱国主义、集体主义的意识，树立良好的社会主义道德风尚，促进农村基层社会主义民主和物质文明、精神文明建设的发展，曼峦典村制定了村规民约，共19条。具体内容如下：

第一章 社会治安

第一条 全体村民要学法、知法、守法、自觉维护法律权威、同一切违法犯罪行为作斗争。

第二条 村民之间应团结友爱，和睦相处，不打架斗殴，不酗酒滋事，不搬弄是非，不诽谤他人。

第三条 自觉维护社会秩序和公共安全，不扰乱公共秩序，不阻碍公务人员执行公务，积极参加各种会议，凡不按时参加村民委员会或村民小组召开的会议，迟到一次罚款20元，无故不到会者，每次罚款40元。确有特殊情况不能参加的，必须向村民小组请假。

第四条 严禁偷盗、敲诈、哄抢国家、集体、个人财物；严禁赌博或变相赌博；严禁购买、藏匿赃物；严禁毒鱼、炸鱼、电鱼；严禁吸食、注射海洛因、麻古、鸦片、摇头丸等毒品，自觉

---

① 有些户没有分家，但又在村里重新盖了房子，也算作一户，属于这个小组管理，所以10组已经覆盖了全村所有家户。

做好禁毒防艾工作。违者每次罚款5000~10000元。

第五条　爱护公共财物，不得损坏水利、交通、供电、通信、消防等公共设施。未经村小组一事一议批准，不得在村寨内安装噪声大的机械设备，如粉碎机等。违者除赔偿公共财物损失费外，罚款200~300元。

第六条　不制作、出售、传播淫秽物品，不调戏妇女，认真遵守社会公德。

第七条　严禁非法限制他人人身自由，不得侵犯他人住宅，不得藏匿、丢弃、私拆他人信件。

第八条　严禁私自砍伐国家、集体或个人的林木，严禁在村寨附近或田边、路旁随意取土，严禁牲畜啃青、损害庄稼。违者按评估金额的3倍罚款。

第九条　节约用水、用灶，严禁私拉乱接，偷水、偷电。认真做好个人、家庭、集体消防安全，做到防火、防盗、防爆，违反规定造成严重后果者报送有关部门追究相关责任。村民必须加强防火工作。引起火灾的追究当事人的一切责任。

第十条　认真遵守户籍管理规定。出生、死亡要及时申报和注销户口。外来人员需要在本村短暂居住的，必须办理相关手续。违者罚款100元。

第二章　村风民俗

第十一条　崇尚科学，反对邪教，提倡社会主义精神文明，移风易俗，反对封建迷信及其他不文明行为，树立良好社会风尚。

第十二条　喜事新办，不铺张浪费；丧事简办，不搞封建迷信，不请神弄鬼，不算卦相面，不看风水，不听、看、传播迷信书刊及音像制品。

第十三条 注意食品安全，防止食物中毒，购买食品时，注意食物包装有无生产厂家、生产日期、保质期、QS标识，不购买、出售"三无"产品。

第十四条 搞好公共卫生，做到村容整洁。不随地倒垃圾、污秽，柴草、垃圾按指定地点堆放。

第十五条 建立正常的人际关系，不搞宗教和宗族活动，积极投工投劳，建设美好家园。

第十六条 服从村镇建房规划，不扩占、不超高，搬迁、拆迁不提过分要求，拆旧翻新须报村委会，由村委会报批村镇规划服务中心批准，不准擅自动工。

第十七条 违反上述规定者，情节较轻的给予批评教育，情节严重者罚款1000元。

第十八条 农户承包集体土地时，根据土地承包合同的规定，按时缴纳土地承包金。逾期不交者，按年承包金额的两倍进行处罚。

第十九条 村民无正当理由撂荒承包的土地，每亩罚款100元，三年内不耕种者，村民委员会有权收回土地并承包给其他农户。

第三章 邻里关系

第二十条 村民之间要互相尊重，相互理解，相互帮助，和睦相处，建立良好的邻里关系。

第二十一条 在经营、生活、借贷、社会交往等活动中，应遵循平等、自愿、互利的原则，在生产过程中，自觉服从村委会安排，不争水、争电、争农具，不私自更换、移动地界标志，发扬共产主义风格，小事不斤斤计较。

第二十二条 依法使用宅基地，老宅基要严格尊重历史现状,新宅基按村镇规划执行,不得损害整体规划和四邻利益。

第二十三条 村民饲养的动物、牲畜造成他人损失的,动物饲养人及管理者负经济责任,没有行为能力或赔款能力的人员给他人造成损失的,由监护人负经济责任。

第二十四条 邻里间发生纠纷的,能自行调解的自行调解处理,不能自行处理的要依靠组织解决,不得无理取闹,仗势欺人。对不听劝阻制造纠纷的当事人,情节轻微的给予批评教育,造成人身伤害和财产损失的,必须承担赔偿责任,并按实际赔偿金额的两倍给予处罚。

第四章 婚姻家庭

第二十五条 全村村民要遵循婚姻自由、男女平等、一夫一妻、尊老爱幼的原则,建立团结和睦的家庭关系。

第二十六条 婚姻大事由本人作主,反对他人包办干涉,不借婚姻索取财物。

第二十七条 自觉做到计划生育、晚婚晚育,不计划外怀孕、不超生抢生,违者罚款3000~5000元。

第二十八条 夫妻在家庭中的地位平等,反对男尊女卑,不准打骂妻子,夫妻双方共同承担家务劳动,共同管理家庭财产,发现夫妻打架,每次罚款100元。

第二十九条 对丧失劳动能力且无固定收入的老人,其子女必须尽赡养义务,保证老人衣食无忧,安享晚年。

第三十条 父母、继父母承当对未成年或无生活能力子女的抚养教育,不虐待病残儿童、继子女和收养的子女。

第三十一条 凡年满7周岁的儿童必须依法入学,接受规定年限的义务教育。父母或监护人不送子女或被监护人入学的,以及在校生活中途辍学的,由村镇委员会小组干部督促抚养人送子女或被监护人上学。在义务教育阶段，父母或监护人不送子女及或监护人上学的，按《嘎洒镇实施九年义务教育行政处罚补充规定》进行处罚。

第五章 附则

第三十二条 村委会和村小组干部要确实履行职责，如因履行职责受到打击报复的，对打击报复者除按法律进行处罚外，还要按村规民约进行处罚。如未查到打击报复者的，由全村村民对干部因打击报复造成的损失进行赔付。

第三十三条 各村民小组可根据本村规民约制定实施细则或补充规定。

第三十四条 本村规民约有与国家法律、法规、政策相抵触的，按国家规定执行。

第三十五条 本村规民约由曼迈村委会负责解释。

第三十六条 本村规民约自村民代表大会通过之日起施行。

（四）社会保障

曼峦典村的社会保障体系不断健全，城乡医疗、临时救助及低保等工作也在有序开展。具体内容包括：

1. "新农保"工作

目前，新型农村合作医疗、新型农村社会养老保险在曼峦典村已经实现了应保尽保。"新农保"主要针对60岁（包括60岁）以上的老人。其入保方式主要是养老保险卡，按照相关法律规定，在固定的时间到当地的农村信用社将钱转到养老保险卡上。曼峦典村参加办理新型农村社会养老保险36人，到龄补缴成功发放159人。曼峦典村联合相关部门举办养老保险业务知识培训6期共53人。对80岁以上老人保健补助141人，600元/人，共计84600元，现已全部发放到老人手中。

2. 超龄人员接轨社会保险工作

根据上级政策，村干部会筛选出符合条件的超龄人员，并及时告知其情况，做好超龄人员接轨社会保险工作。

3. 农村低保工作

把好低保户及低保边缘户的申报关卡，广泛征求组长及村民代表的意见，做好申报人员的公示工作，接受村民的监督。对特殊家庭实施优惠，给予经济补助，及时调整上报农村低保户51户193人，"五保户"10户10人。对于低保户和"五保户"，医疗保险是免费的。

4. 其他

村里的旅游开发公司对60岁以上的孤寡老人，每年发放100元生活补贴。党员去世，村委会会对党员家属进行慰问。根据曼迈村委会提供的数据，曼峦典村办理农民工手册6人，失业证41人；办理贷免扶补及小额担保贷款41人；追讨拖欠农民工工资21件32人；协助上级部门在农村开展就业培训2期共241人。

四、文化建设

（一）公共文化基础设施

为切实落实《云南省文化厅关于开展文化惠民示范村创建活动的通知》要求，着力推动农村文化发展繁荣，促进民族文化强市建设，提高农民群众科学文化素质，景洪市结合嘎洒镇曼峦典村新农村建设实际，认真按照文化惠民示范村创建工作实施方案，紧紧围绕"以政府为主导，农民为主体，企业参与为手段，文化惠农为目标"，整村推进，强化措施，精心组织，扎实开展创建活动。曼峦典村工作开展情况如下：

一是景洪市采取资金倾斜和曼峦典村自筹资金等办法，先后筹集资金50余万元建盖3层约300平方米的文化活动室，内设多功能会议室、播音室、图书阅览室、非物质文化遗产展示陈列室、文化信息资源共享工程农

◇ 文化活动室

民素质教育网络培训室、产业合作社办公室等硬件设施，为群众开展学习、举行文化活动提供了有力保障。

二是新建了1个农家书屋，面积约30平方米，现藏书2000多册，图书按照科技、文史、小说、散文等编排有序，书屋设村干部轮流值班，实行周一至周五全天开放式管理借阅制度，村民可以随到随看。目前，每天都会有很多村民查阅农业种植、病虫害防治等方面的书籍，用于指导农业生

◇ 农家书屋

产，书屋成效初步呈现。书屋内设有桌子和椅子，村民可以在书屋内自由观看，需要借出去的话，要填写借阅信息，借阅期限是3天。

三是新建了嘎洒镇文化信息资源共享工程农民素质教育网络培训学校曼峦典分校，定期开展针对本村文化产业的培训及宣传活动，配合文化产业合作社完成本村人员的技能培训。室内共配备电脑6台，可供村干部和群众上网学习和查阅各种资料，为培养新农村建设所需的具有一定科学文化素质和专业技能的新型农民搭建了很好的学习平台。

四是新建了1个篮球场、1个群众文化活动广场及1个文艺表演舞台。文体活动广场建成以来，村干部积极组织村民开展文化活动，丰富群众的业余生活，至今文化活动从未间断，而且规模还在不断扩大。2010年以来，文化活动广场组织开展文化活动已达10余次。

◇ 篮球场

◇ 傣锦陈列室

五是新建了1个非物质文化遗产展示陈列室和1个傣族织锦文化产业合作社。曼峦典村一直保留着织锦的传统，被誉为"云南省傣族织锦之乡"，其生产的织锦图案新颖，色调柔和大方，寓意深刻，坚牢耐用，反映了西双版纳傣族特有的民族风情和人文习俗。曼峦典的傣锦曾在中国美术馆展出和销售，其产品被国内外爱好者购买或珍藏。机关团体也在社会和经济交往活动中，把傣锦作为礼品赠送给来宾，深受中外客人的欢迎和喜爱。2010年，为进一步传承和发展傣族织锦技艺，景洪市文化馆和嘎洒镇文化站在曼峦典村举办了"抢救与保护少数民族传统文化专项项目——傣族手工织锦培训班"，各村寨群众参训人员热情很高，使这一传统文化得到了保护和传承。2011年2月，在各级部门的协调下，傣族织锦传承人玉儿甩与西双版纳民族文化传播有限公司签订了织锦合同协议，并预

◇ 傣锦合作社

定了订单。现村中傣锦主要以零售为主，线上线下结合，主要销给省内外游客和西双版纳本地各村寨，也有部分销往美国、日本等国家。曼峦典村的傣族织锦文化产业合作社现已成为曼峦典村的一项主要经济产业。

六是新建了6支业余文化队伍和1支篮球队，充分利用节假日或农闲时间，积极开展健康向上的文体活动。文艺队

◇ 村寨早市

用自编自演的歌舞节目来展现身边的好人好事和新农村建设的成果，展示新生活，倡导和谐新风。同时，还积极参加州、市组织的文艺会演，与邻村、农场及其他乡镇举行文艺大联欢，在宣扬本村文化建设成就的同时，也带动邻近村镇的文化建设。2008年以来，文艺队先后参加各种文艺演出30多场次，观众达20000余人次。

七是通过招商引资，引进投资西双版纳有限公司、西双版纳傣药有限公司、西双版纳民族文化传播有限公司建设曼峦典旅游生态村，展现傣族原生态的饮居、工艺品等传统文化和习俗。据统计，村寨每天接待各地游客200～300人。

八是曼迈村委会全力推进基础设施建设，在争取到上级新农村一事一议奖补资金的基础上，组织曼峦典村村民投工投劳，修建了村内道路及排水沟渠，美化了村容村貌，方便了村民出行。

九是根据文化惠民示范村的创建目标和要求，目前，曼峦典村正在筹建1个中老年活动中心，场地已经落实。

曼峦典文化惠民示范村创建以来，文化建设发展让农村得到了真正的实惠。一是各种文化设施的建设和文化活动的开展，极大地丰富了农村文化生活，改变了以往酗酒、赌博、打架斗殴滋生的不良风气，积极营造了农村和谐的氛围；二是通过书籍、网络和培训，让农民群众在村内就能及时了解时事和各类文化知识，掌握最新科学知识和技能，极大地提高了农民群众的素质教育水平；三是利用合作社和生态村建设传播民族特色文化的同时，还拓宽了商业路子，转变经济增长方式，有效地促进了农村、农业经济发展。如今，曼峦典村随处可以见到展现当地特色的人文景观和傣族人民载歌载舞的美好幸福生活场景。

（二）民族传统文化遗产保护

1. 傣文

傣文是傣族的传统文字，伴随着佛教的传入而产生，是由古印度婆罗米字母演变而来的一种拼音文字。由于使用地区的不同，傣文又分为西双版纳傣文、德宏傣文、金平傣文和傣绷文，与泰文、缅文、柬埔寨文和老挝文等同属一个体系。新中国成立后，对傣泐文和傣纳文进行了改进，新傣文在保留原来字母形式和表音特点的基础上，根据实际语音增删了若干字母，改变或增添了声调符号，并对字母读音、附加符号的使用和书写规则进行了规范。

长期以来，傣族人民用傣文记载了许多有关傣族的神话传说、天文历法、佛教经典等，在保存和传承傣族文化方面起着十分重要的作

◇ 傣文课

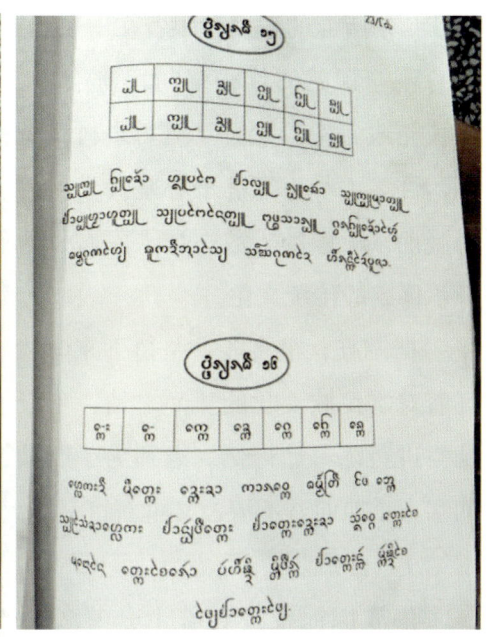

◇ 傣文课本

用。但随着时代的发展以及受外来文化的影响，傣文的使用越来越少，面临着后继无人的严重局面。为保护傣文，更好地传承民族文化，景洪市教育局对此高度重视，下达文件和印发相关书籍要求各个乡镇积极组织开展傣文学习的活动。

曼峦典村积极响应，于2016年8月7日举行了"傣文培训班开班暨傣文教材赠送仪式"。自此，开始傣文的教授学习活动。开展活动的地点在村行政楼三楼，主要由村中"佛爷"岩摆担任授课老师，规定上课时间为晚上8点到10点，课程的内容主要是傣文的学习，使用的教材由教育局颁发。在授课的过程中，老师认为：学习傣文应该先学习老傣文，因为相对新傣文，老傣文有许多同音不同义的字，如果学会了老傣文，新傣文的学习就会十分容易。所以刚开课的时候，老师就一直教的是老傣文。上课流程一般是：首先老师领读2~3遍的主要字母，然后在黑板上按照字母顺序边写边读，来听课的村民就跟着在本子上照着写。

刚开课的时候很多村民都会来，教室甚至都坐不下，有的村民会自带板凳或者站着学习。但后来村民觉得太枯燥乏味，加之社会娱乐项目较多，许多人都不能静下心坚持学习，所以参加学习的人日渐减少。现在，每晚前来上课的人数在10人左右，他们学习傣文一是个人兴趣，二是想要继承傣族的传统文化。①

据调查，很多能够坚持下来学傣文的村民大部分都是中老年人，他们怀着对本民族文化的热爱之情，不仅能够坚持上课，而且在业余时间还会抽空进行练习和记忆。老师为了照顾这些热爱学习的中老年人，怕书本上的字太小他们看不清，又重新将字放大然后印发给他们。

2. 傣锦

傣族织锦技艺有着十分悠久的历史，是一门古老的纺织工艺。据有关史学家考证，傣锦在汉代史籍中就有记载，到唐、宋时期已基本形成一定的规模。唐南诏时期，地方官员把傣锦作为进贡朝廷的礼品，被王公贵族视为珍品。傣锦织工精巧，用纬线起花，多是单色面，对花纹的组织非常严谨。其图案别致，色彩艳丽，具有粗犷的质朴感和浓重的装饰性，每一种图案的色彩、纹样都有具体的内容和寓意，展示了傣族的智慧和对美好生

◇ 傣锦传习所

---

① 据"佛爷"岩摆介绍。

活的热爱及追求。

织锦是曼峦典村传统的手工业,主要以家庭为单位编织和销售。旧时西双版纳傣族土司对每个村子都有进贡的分工,曼峦典村便是专门为土司织锦的村子,是傣族历史上有名的"御用"织锦村,每家基本上都有至少一台织机,村中的妇女们从小耳濡目染,一代又一代地传承着祖辈留下的技艺。目前,村里有十几位织锦能手,她们能够熟练地掌握从筛选棉花到织出一匹傣锦需要的数十道工序,并能详细演示。村中的玉儿甩、玉康叫、玉养3人于2009年被授予"州级非物质文化遗产代表性传承人"称号,其后,玉儿甩被授予"省级非物质文化遗产代表性传承人"称号。

◇ 傣　锦

手工织锦程序繁杂,需要有较好的耐心和充足的时间。随着现代工业的高速发展,受外来文化的冲击,村中越来越多的年轻女性不再愿意学习织锦,傣族织锦技艺的传承面临着市场萎缩、艺人渐少的困境,这一现状引起了相关部门的重视,同时也推出了一系列的抢救措施。1998年,在省、州的挂钩扶持下,傣锦这一传统手工业成为曼峦典村的副业,村里一度掀起了学习织锦技艺的热潮。2006年,曼峦典村被列为省级傣族织锦之乡。2008年,傣族织锦被列入国务院第二批国家级非物质文化遗产名录。2010年,为进一步传承和发展傣族织锦技艺,景洪市文化馆和嘎洒镇文化站在曼峦典村举办了"抢救与保护少数民族传统文化专项项目——傣族手工织锦培训班",各村寨群众参训人员热情很高,使这一传统文化得到了保护和传承。至今,曼峦典村傣锦的传承、编织、销售在全州占有重要地位。

◇ 村民织锦

关于傣族织锦的传承与保护，不得不提到曼峦典村傣锦带头人，同时也是国家级非物质文化遗产传承人玉儿甩。据介绍，在她年轻的时候，傣家小姑娘都必须要学习织锦，就像学做家务一样，如果不会的话就会被别人看不起，难以出嫁。所以，她从15岁起就开始跟着奶奶学织锦。那时候她们织的傣锦主要是做衣服、被褥和包头巾等日常生活用品。随着时代的发展，傣锦的装饰性更强，主要作为围巾和一些挂饰。现在村里除了老人去世需要为他们织锦做被褥[①]，其他时候很少有人再穿戴傣锦衣物。

怀着对织锦的热爱，玉儿甩不断地研发新的织锦技术，对花纹和织

---

① 据玉儿甩描述，为去世老人做的被褥必须要用白布，这些白布需要用棉花纺织出来，并通过植物染料上色，而且被褥的花纹主要是带有八角花的波浪形和菱形，象征着佛寺的屋顶。

法不断地融入个人想法并进行创新，比如现在织锦的收边就从原来的波浪线变成了直线，使得织出来的东西更加精美耐磨。而对傣锦的原材料她也有许多想法，据介绍，原来织锦需要纺棉线，并需要上山采集植物制作染料，工序十分复杂。随着市场经济的开放，这些原料都可以在市场上买到了，棉线都是染好的，不需要自己再加工。但她仍不满足于现状，不仅要继承传统，更要创新，要让傣锦重新进入现代人的视线中。她认为目前最简单的创新是对现有的傣锦原料进行改进，将棉线改成冰蚕丝，织出来的衣物会更加凉爽舒适，更能适应西双版纳湿热的气候环境。此外，为了更好地保护和传承织锦这一手工技艺，她专门在自己家中展示傣锦，后来被下乡考察的领导们看到后，对此进行了大力地扶持和帮助，专门修建了傣锦传习所作为村中傣锦展览的主要基地。2011年，玉儿甩自己出资8万余元成立了傣锦合作社，隶属于供销社管理。傣锦合作社主要是进行傣锦的展示，以及收购村中的傣锦并为之提供销路。市文化局为了宣传傣族传统技艺和帮助村民更好地发展传统手工业，主动帮合作社做了一个有关傣锦售卖的网站，这样，村中傣锦的出售就采用线上和线下结合、零售与批发并存的方式，极大地提高了傣锦的销量。

针对村中年轻女性对织锦缺乏兴趣和保护传承的意识，玉儿甩曾主动聚集村中女性，进行集体授课和演示。为了扩大影响和传承的范围，她曾多次去往其他村寨传授技艺。随着政府和上级领导的关注和扶持，玉儿甩作为傣锦的传承人坚持不懈地传承着傣族这一传统手工技艺。据她个人描述，从2009年她开始参加云南省的文博会之后，就一直前往全国各省、市以及国外多地参加各种博览会、论坛等，在进行技艺的交流和学习的同时，也让更多的人了解了傣锦，并将傣锦推向全世界。

3. 章哈

"章哈"是傣语，"章"是"会、能、善于"的意思，"哈"是"唱歌"之意，故人们常常把"章哈"译为"会唱歌的人"或者"歌手"，同时，它也指一门具有历史传统的说唱艺术形式。章哈文化博大精深，源远流长，作为傣族历史发展和社会生活的反映和表现形式，既是傣族社会生活中不可或缺的重要精神食粮，也是傣族传统文化的重要组成部分，对傣族社会产生了重要的影响。在傣族社会，章哈不仅是贝叶文化和文学艺术的创作者与传播者，同时也是傣族文学的继承者和发展者。傣族章哈见人说人、遇事唱事、见物咏物，他们的演唱生动优美，人物塑造细腻委婉，极具强烈的艺术感染力和亲和力，因此，章哈演唱是当地傣族群众喜闻乐见的一种艺术形式，具有广泛的群众基础。每逢傣历新年、开门节、关门节、贺新房、升和尚、赕佛、婚丧嫁娶、庆丰收、小孩满月等重大活动，傣族群众都要邀请章哈演唱助兴。作为傣族民间艺人，章哈不仅要演唱，同时也擅长即兴创作。在长期的生活与演唱实践中，章哈用他们的心血和聪明才智传承了丰富多彩的傣族文化，对保存、传播、发展傣族的文化艺术做出了贡献。

  据调查，在西双版纳傣族自治州，现有1000多名章哈分布在各个村寨，基本上每个村寨都有1名章哈。并非每一个想学习章哈的人都能进入培训班，因为资金问题，培训名额有限，且对学习者的演唱能力和文化底蕴也有一定的要求。比如学习章哈的人必须要懂傣文，尤其是老傣文。因为在学习各类唱词内容的时候多会涉及傣族古老的文明习俗等，这些内容多是用老傣文记录传承下来。可如今由于傣文教育尚不普及，很多傣族群众只会说傣语，有的甚至连新傣文都不认识，在一定程度上影响了傣族群众学习章哈的积极性。此外，章哈的收入随着时代的变化而不断改变。在改革开放以前，请章哈通宵唱一个晚上，一般要付10~20块钱。改革开放之后，人们的生活水平逐渐提高，章哈的报酬也相应地得到增加，现在唱一个通宵的报酬大概在六七千块钱。通常女章哈的报酬会比男章哈高出三分之一左右，这是很早以来就有的传统，而笛手通常可以拿到总报酬的百分之三十。由此可见，章哈的演出报酬相对可观，但由于演唱时间较长，基本要不停歇地唱够12个小时，所以对演唱者和伴奏者的体力消耗较大。尤其是对唱表演，章哈的脑力消耗很大，同时也承受着对唱失败所带来的社会心理压力等风险。受现代娱乐方式的冲击，现在很多年轻人都不再愿意听章哈演唱，更不愿意花费较多的钱财请章哈，导致章哈的演出机会逐渐减少。为了生存，很多章哈都不再以此作为专门的职业，而只是副业或个人爱好。在现代文化的冲击之下，傣族年轻人较为容易接受和适应外来文化，再加上缺乏学习的兴趣和生活压力，使得他们缺乏传承和保护傣族章哈的意识，因此部分村寨章哈的演出场次和报酬减少，很大程度上影响了章哈的生存，一定程度上造成了傣族章哈文化的逐步流失，传统章哈正日益面临着严峻的挑战。

为了更好地保护和传承章哈文化，西双版纳州于1963年成立了章哈协会，这对章哈文化起到了一定的保护和弘扬作用，但负责管理章哈的文化机构和章哈协会常常因为没有经费而无法开展活动，处于一种自生自灭的状态。2006年，章哈被国务院评为首批国家级非物质文化遗产，章哈的发展和保护迎来了新的春天。文化部、省文化厅、州级文化馆、章哈协会等相继做出了各种努力，举办了一系列弘扬章哈文化的活动。2007年，西双版纳州文化馆和章哈协会用文化部下拨的专款，合作编印了500本傣文版的《章哈学习演唱手册》，在景洪市、勐腊县和勐海县分别开办了章哈培训班，培训学员130多人，并建立了章哈演唱传习所，为章哈的保护传承做出了贡献。从2009年至今，西双版纳州委、州政府、州委宣传部、州文体局、州文联、州文化馆、章哈协会每年都在景洪市、勐海县、勐腊县举办章哈培训班，培训内容主要有讲授作为章哈应具备的素质、章哈的起源和发展、演唱技巧和技艺、演唱的主要内容、唱词的创作等，并介绍山歌、说唱、小品、快板等民间曲艺知识。以傣族叙事长诗的演唱为主要内容，安排学员演出并进行讨论交流，发现、挖掘和创新民间曲艺作品。同时还邀请国家级、省级傣族章哈传承人给学员授课，教授传统章哈调《召树屯与喃木诺娜》等，对学员的演唱进行现场点评，并现场编曲、录音，发放傣文版的《章哈学习演唱传统唱词》《章哈学习演唱手册》《召树屯与喃木诺娜》等图书给学员。培训期间，传承人和学员在村寨广场为村民演唱章哈歌曲，既丰富了群众的文化生活，也宣传了党和国家的各项方针政策、法律法规等。此外，还举行了傣族艺术家联谊会，以玉旺囡、玉光等为代表的著名章哈与新生代章哈歌手同台献艺，相互学习和交流切磋，共同歌颂西双版纳的新面貌和新发展，赞美傣族人民的幸福生活，受到了当地群众的热烈欢迎。通过开展培训和各种演出活动，极大地促进了章哈的发展和繁荣。

目前，曼峦典村的章哈已不多，80岁高龄的岩炳果老人算是其代表。据岩炳果老人介绍，他15岁时因为个人学习兴趣和生计问题便开始学习章哈，共拜了两位老师，出师的时间要看个人的努力和悟性，一般学习完上新房、结婚、赕佛这些重要场合的曲子后，还需要独立给老师唱一段，如果老师觉得你可以出师了，就可以独自去外面接活演唱了，他学习了两年就出师了。据他介绍，章哈在唱之前，要先祭拜自己的祖先和师傅，向他们祈祷自己可以唱好，并希望得到他们灵力的支持。唱完之后，还要再次祭拜，感谢祖先和师傅灵力的帮助，象征性地把他们送走。如果在祭拜神灵的时候，出现了不好或不顺利的事情，就会在唱的时候遇到很多阻碍。据老人介绍，原来有一男一女章哈，他们在对唱之前祭拜天地祖先的时候，女

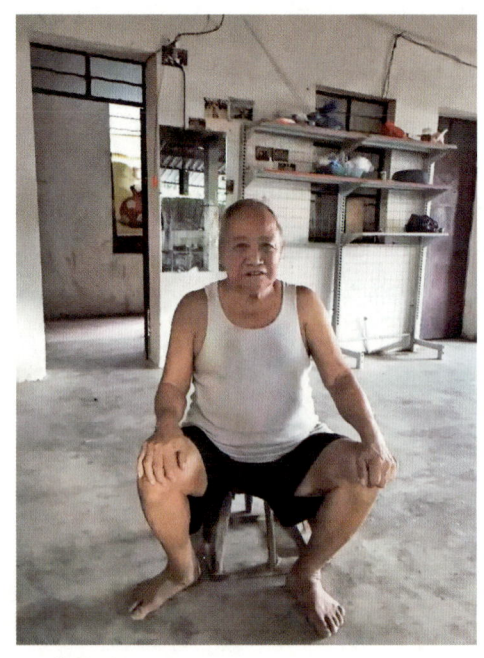

◇ 章哈岩炳果

的故意把男的祭拜的桌子掀翻了，后来演唱到夜里三四点的时候，男章哈无法发声，怎么都唱不出来，回去后不久便去世了。受此事的影响，他一般不轻易收徒弟，再加上年岁已高，所以，现在也仅将之作为个人兴趣爱好，只是偶尔演唱。

（三）基础教育与职业教育

2007年西双版纳傣族自治州实现普及九年义务教育，曼峦典村所在的景洪市义务教育成果显著。2015年实现义务教育基本均衡发展并通过国检，将成为全省首批义务教育基本均衡发展县（市）。全市义务教育阶段在校生共130382人，其中小学92234人、初中38148人。小学学龄儿童毛入学率达112.47%，小学学龄儿童入学率达99.55%，毕业生升学率达93.6%，巩固率达98.77%，辍学率为0.19%。初中学龄人口毛入学率达112.08%，巩固率达96.62%，辍学率为0.96%。

按照义务教育均衡发展的要求，景洪市教育局不断加大投入，全力推进薄弱学校改造，义务教育阶段基本办学条件得到不断改善，优质教育资源不断扩大，城乡差异不断缩小，办学质量稳步提升。但也存在一些问题和困难。曼峦典村的小学生多在嘎栋中心小学和嘎洒曼迈小学就读。

嘎栋中心小学以前还有初中部，现在只剩下小学部。教学楼有些已经比较破旧，但仍在使用当中。嘎栋中心小学的生源比较广，有些学生离家比较远，需要住校，因此宿舍不够用。学校图书室面积

◇学生寝室

◇曼迈小学教学楼

小,没有充足的空间摆放书籍,且图书室里的大部分书籍由国家捐赠,针对小学生阅读的书籍并不多。

嘎洒曼迈小学校园地面大部分是土地,只有少量的水泥地,下雨常造成道路泥泞;因缺少教室,学校图书室已经停止使用;教学楼背后是山地,下雨有轻微的泥石流,存在一定的安全隐患;等等。

(四)宗教信仰

曼峦典村是多元宗教并存的傣族寨子,村民们主要信仰南传上座部佛教,同时也保留部分原始信仰。有3户信仰基督教,他们和谐共处。

1. 原始信仰

(1)自然崇拜

主要包含了对自然物的崇拜,如天有天神,地有地神,江河有水神,山林有山神,植物有植物神,太阳有太阳神……人们对这些神灵定期祭祀。曼峦典村传统要在每年九月中旬祭祀大青树。

（2）灵魂崇拜

傣族认为不仅人的身上有大魂、小魂，而且许多动植物也有灵魂，如牛魂、鸡魂、谷魂等。这些众多的灵魂，一旦受到惊吓则出窍离体，就会出现危险或生病，因此必须招魂。

（3）祖先崇拜

傣族的祖先崇拜表现为对氏族祖先的崇拜和部落祖先的崇拜。他们认为氏族和部落首领或为氏族或部落做出突出贡献的英雄豪杰死后，其亡魂会成为他们的保护神。据傣文史籍《沙都沙罗》记载：采集狩猎时期的氏族首领沙罗因发明了弓箭，教会了人们如何狩猎，使得饥饿中的男女老少得以生存。在他死后，其灵魂被奉为猎神而得到人们的祭祀。进入农耕初期，傣族首领帕雅桑木底因首创盖房技术，建寨立制，发展农耕经济而被尊为建房和建寨始祖。他去世后，傣族先民将他的灵魂奉为房神和寨神。自此以后，许多氏族和部落首领以及氏族和部落中的英雄去世后，均被傣族奉为祖先和村社的保护神——勐神和寨神，以求得他们的庇佑和保护。随着氏族和部落的解体，派生出了另一种以血缘为基础的祖先崇拜——家神崇拜。

（4）图腾崇拜

傣族谚语云："象靠傣族，傣族靠象。"反映了傣族与大象非同一般的关系。自古以来，傣族热爱大象，崇拜大象，与大象长期和谐相处。

孔雀也是傣族崇拜的动物。傣族传说，曾有一种人首鸟身的孔雀与人婚配后生下后代。另外，景永（今景洪）即孔雀城之意，是傣族先民定居后孔雀最多的地方，首领告诫大家，孔雀是吉祥物，不得捕杀，要爱护，亦可饲养。从此以后，人们极其崇拜孔雀，并自觉地保护和饲养它们。

2. 南传上座部佛教

南传上座部佛教是曼峦典村主要的宗教信仰，村寨中心建有佛寺。每逢一些重要节日和活动，都会有佛寺的僧侣参与：新生儿要抱到佛寺请佛爷念经祈福并赐名；青年人结婚先要到佛寺拜佛，祈求吉祥幸福、白头偕老；老人去世要请佛爷到家中诵经，祈求安乐升天；新房落成迁居、家人染病、出门远行等都要请僧侣们诵经。

3. 基督教

20世纪初，基督教由美国北长老会传教士从泰国北部传入西双版纳地区，在今西双版纳州州府景洪建立了教会。曼峦典村有3户信仰基督教。他们属于本村村民且是傣族，只是宗教信仰不同。平时他们与乡邻和睦相处，共同劳作，只是他们不会参与相关的佛教活动，而他们在开展基督教活动的时候，其村民也不会干涉。

（五）节庆习俗

1. 泼水节

泼水节，傣语称"桑罕比迈"，即傣历新年，是傣族人民辞旧迎新的节日，也是傣族最隆重最盛大的传统节日。

泼水节在傣历六月下旬举行，一般要举办3~7天。第一天为"宛麦"，意为"送旧"。这一天人们要收拾房屋，打扫卫生，准备年饭和往后几日的各种活动。第二天称为"宛恼"，按照习惯，这一天不属于前一年，也不属于后一年，所以为"空日"。这一天人们要沐浴、洗头、理发、更衣、洗佛像和佛塔，晚上放烟火、孔明灯，把一年中的疾病、灾难和脏东西统统送掉，干干净净进入新的一年。第三天叫"麦帕雅宛玛"，意为日子之王来临之日，即为新年。这一天清晨，傣族男女老少便穿上节日的盛装，采来鲜花绿叶以及各种供品去佛寺赕佛。同时还挑来清水为佛像洗尘，意为"浴佛"。浴佛仪式完毕，人们就开始互相泼水，互祝幸福、吉祥、健康。在傣族看来，水是圣洁、是美好、是祝福，被泼得越多，就代表你收到的祝福越多。

在现代文化的影响下，现在曼峦典村在过泼水节的时候，只会象征性地进行泼水活动，大部分时间都是亲朋好友相聚，在家吃喝玩乐，借此欢庆的节日联络感情。

2. 开门节与关门节

开门节和关门节，是信仰南传上座部佛教的傣族宗教节日，是仅次于泼水节的重大节日。

关门节傣语称"毫瓦萨"，意为进入传授佛法的时期，时间定在每年的傣历九月十五日（公历7月中旬）。节日来源于古印度佛教雨季安居的习惯，类似中原佛教的"结夏"。关门节那天，村寨里充满了节日的气氛。一大早，家家户户都在忙着蒸彩色糯米饭和制作糕点赕佛或馈赠亲友，并备办酒席。从关门节这天开始到开门节结束的3个月时间，为南传上座部佛教的安居斋戒期。这段时间，僧侣在佛寺净居修学，接收供养，禁止外出巡游；民间信徒定期到佛寺拜佛、赕佛，虔诚信佛的长者自觉戒斋，穿白衣服，包白布头巾，有的还到寺内住宿。这一期间，傣家人不举行婚礼，不建盖新房，不出远门等，其目的是要人们集中精力搞生产和赕佛，以求得佛祖赐福，来年人丁兴旺、庄稼丰收。

历时3个月的关门节结束的那一天（即傣历十二月二十五日，公历10月中旬）便是开门节。开门节傣语称"奥瓦萨"，意为走出传授佛法时期。这一天，也要举行开门节庆祝活动，村民带上纸花、蜡条、花树、食物、钱币来到佛寺，举行隆重的赕佛和诵经活动。白天，宴请宾客、喝酒唱歌，跳象脚鼓舞和孔雀舞，表演传统武术。夜里，在佛寺内燃放火花、放高升、点孔明灯等，庆祝安居斋戒期结束。

开门节和关门节除了是一项宗教活动外，也是一项农事节日。关门节后，也就进入农事繁忙季节，人们为了集中精力从事生产劳动，定下许多戒规，直到3个月后，即开门节时，人们才恢复关门节前的一切正常活动。

3. 大赕与小赕

曼峦典村每年都要进行一次大赕和许多小赕。"赕"是奉献之意。大赕和小赕的仪式过程基本没有区别，主要是赕的对象和时间不同。大赕是赕佛，时间一般是每年的中秋节前后，共3天。小赕是根据个人心愿进行奉献，时间是7天一赕，村中的10个小组轮流过小赕。下面重点记述大赕的过程。

大赕第一天，村民主要是做些准备工作。村中的10个小组，每组都要准备供奉物品，每家都需要上交50元钱作为准备供品的资金，之后会供奉给佛爷。据村民介绍，原来是每家每户分散供奉，需要做的花篮太多，寺院也放不下。后来以组为单位，但每家都必须参与，拿出一定的财产和供品，集中放在一个手工搭建的供品篮中。这个供品篮主要由三部分组成，下端放着一个箩筐，用来装供奉的食品；中间是带有钩子的支架，主要用来挂供奉的生活物品；上端是用每家供奉的钱粘贴成放射状的花架。供品和日常用品都是新的，钱最好也是新的。在过赕之前，每个小组都要把这些供品篮搬到寺院中供奉给佛。部分村民会自愿认领寺院的每根柱子，并

◇ 供　品

◇ 赕佛前村民集体跳舞

用甘蔗和芭蕉叶进行捆绑和装饰,据说这些象征着吉祥甜蜜之意,也有祈求丰收之意。在过赕的前一天晚上就已经有老人端着饭菜到寺院吃住,听"佛爷"念经。此外,每家都要提前来到寺院进行抽签,主要是决定听"佛爷"念经的内容和顺序,以及自己需要贴在供奉篮上的经文。

大赕的第二天早上,大部分家庭都是在家准备饭菜,据村民介绍,原来他们都要各自拿着自家做的食材,然后集体搬到庙里一起吃饭,但现在基本上都是请各自的亲朋好友在家吃。他们一般都会从正午一直吃饭喝酒聊天到下午四五点钟,然后等到日落之前,村民多会聚集在村里最古老的大榕树下,围着供品篮①跳舞。随后,以组长为首抬着供品篮,男人们敲

---

①这个供品篮属于全村而不属于某一组,但形式都是一样的,村民可在当日继续投放供品和钱财,代表着全村人的心意。

锣打鼓放鞭炮走在队伍前列,女人们在后面排成两竖排跳着舞,后面跟着村民,他们撒着象征着吉祥如意好运的米和彩纸,就这样一起走到村中寺院门口,然后再放一次鞭炮,大家就围着供品篮再次欢呼跳舞。随后由村长带头将供品篮抬进寺院,并与村小组供奉的10个花篮一起摆放在"佛爷"念经的高台周围。

大赕第三天,村里每家都要派一个代表来寺院听经祈福,来的人大多是中老年妇女,她们在凌晨三点起床蒸糯米饭,并且准备一个菜作为供品,为赕佛做准备。然后凌晨四五点来到寺院里,以组为单位集体听经。每个小组依次把饭菜端到"佛爷"面前,等到"佛爷"念完经后就可以按组坐在一起吃饭了。念经吃饭期间,村民大多都会聚集在寺院外敲锣打鼓或聊天娱乐。10个小组都听完经吃完饭,这时候差不多就到了下午四五点钟,村民逐渐散去,大赕结束。

4. 寨心祭祀

傣历四月,曼峦典村要举行一年一度的祭寨心活动。活动从早上开始,每家每户都要事先用茅草或白棉线编好绳子(以前是用茅草编,现在已经找不到茅草了,就用白棉线代替),在当天用这些绳子把寨子围起来,作为村寨与外界的界限。祭祀的主要目的就是祈福,将寨中污秽不好的东西驱逐出去。全村人都会参加,围坐在寨心,然后按小组拿来饭菜。"佛爷"须在寨心念经,在"佛爷"念完经之后大家坐在一起吃饭。此外,还会请

◇ 寨　心

章哈来演唱，演唱内容大多是关于寨心和村寨的一些事情，一般要唱6～12个小时。

（六）民族文化传统与现代化

1. **发展生态旅游**

曼峦典村由于保留有传统的傣族民居建筑、傣锦传统工艺等，极具傣族民族特色。自2010年以来，旅游公司开始与村寨合作大力发展生态旅游业，使得村寨的经济发展逐步多样化，并成为村寨目前及以后发展的主要产业。生态旅游业的发展，带动了村民的生产积极性，他们主要针对前来参观游览的游客，不仅开设了村寨早市，卖一些自家的水果等，而且还开了农家乐，带动了村中餐饮业的发展。目前，寨子里共有3家农家乐，分别位于寨子的前、中、后三个地方。靠近寨门的农家乐由于经营不善，目前已经处于歇业状态。中间的那家叫"傣锦·傣家农家乐"，已开了4年，由于是地道的傣族风味，久而久之餐厅名声远扬，很多人会慕名而来到这里吃傣味。费用一般是按一桌的餐标来定价，分为300元、400元和500元不同价位。如果人比较少，也可以点菜。老板还在自己家装修了一个KTV厅，经常有其他寨子的人来这里唱歌。最后一家农家乐叫"果其利傣味"，开了有5年，基本每一天都有一两桌的客人，大多都是来此参观旅游的游客。

◇ 游客参观村寨

2. **傣锦的现代化发展**

傣锦是傣族的传统手工艺，原来是以家庭为单位生产，自给自足，随着时代的发展，越来越多的人意识到需要发展民族手工业，转变经济发展方式。为更好地传承及发展织锦这一传统傣族手工艺，以傣锦传承人玉儿甩为首的许多中年妇女，在村中不仅合作成立了傣锦合作社进行集体收购，更利用互联网建立了专门的销售网站积极寻找销路。她们努力将傣锦推向外界，进行大力宣传和展示，更改变了原有单一的生产方式。现在，许多织锦者都会积极寻找客户并建立长期的合作关系，使得订制傣锦更加自由化和专业化，她们往往会根据客户要求的图案和用途进行私人订制生产，使得傣锦的生产更加现代化和人性化。此外，西双版纳州政府和西双版纳民族文化传播有限公司在曼峦典村联合开发出集展览与生产的开放式厂房，目前正在规划建设中。该项目占地5亩，于2015年开始动工，总投资500万。主要分为展区和厂房两个区域，展区主要用以展览傣锦和傣族传统手工艺品，属于零售区；厂房已大量购进织锦机，用以大规模生产傣锦，以便批量销售。

3. 生活变迁

（1）语言与文字

大部分村民的日常生活交流仍使用傣语，但会傣文并进行运用的人十分稀少，大多都是中老年人。由于义务教育的普及，大部分村民都懂汉语，并识汉字，尤其是年轻人在教育下一代的时候，多是进行傣语和汉语双语教育，他们认为这两种语言缺一不可，傣语可以使自己的孩子更好地融入傣族社会；汉语不仅在学校里就可以学到，而且可为今后就业、升学等提供便利。

（2）服饰

傣族年轻人深受现代服饰观念的影响，很多年轻人仅在傣族节庆时穿传统的傣族服装，平时则更多地偏向穿现代服装，他们认为这样更加时尚、方便，并符合年轻人的审美标准。

（3）休闲娱乐方式

现在许多年轻人都很乐意去酒吧、歌厅、舞厅等娱乐场所，他们的夜

◇广场舞

生活十分丰富。而村中的中年妇女茶余饭后也开始跳起了广场舞,其伴奏音乐也多是流行歌曲。

（4）婚姻态度

傣族年轻人多崇尚自由恋爱,原来多存在包办婚姻,但现在的年轻人更加注重思想观念的一致性,认为只有价值观相近的人才能走到一起,并多是通过现代通信工具或朋友聚会自由恋爱,不再愿意相亲和包办婚姻。此外,婚姻缔结的过程也多受外来文化的影响,比如很多傣族姑娘结婚时都会穿婚纱,并照婚纱照和蜜月旅行等。

（七）公共卫生与民族医药

1. 积极开展爱国卫生运动

为了保证村民身体健康,免受疾病侵害,曼迈村委会展开了各项卫生活动：协助相关部门入村开展禽流感、猪瘟、口蹄疫等检查防治工作；开展灭蚊、灭鼠、控制鼠疫等工作；督促各个村小组加大卫生健康教育宣传工作，普及卫生知识，做好预防登革热和塞卡病毒宣传工作，提高村民的防范意识；利用开展建军节活动为契机，各村小组组织民兵喷洒药水，预防登革热。规定每月的19号，嘎洒镇村民都要到村委会旁边的村卫生所集中打疫苗。在传染病较多的时候，村中不仅要张贴关于传染病的相关症状和预防措施，同时村卫生所也会组织民兵对每个村民小组进行打药和预防传染病知识的宣传，每户村民都要接受传染病的诊断和治疗，这样就有效地控制了传染病的扩散。

曼峦典村在村委会的倡导下，多次进行了全村的集体大扫除和沟渠的清理工作，全村的垃圾处理问题也经过多次集体协商，从原来的每家每户轮流收垃圾，到后来的由村寨集体出资，选出固定的几位中老年妇女轮

◇ 垃圾处理

◇ 村民清扫垃圾

流收集。自2010年旅游文化公司与村寨合作后，为整治村容村貌，旅游公司对村中的基础设施进行了重建和维修，修建了一个公共厕所，而村中的垃圾处理工作也进行了重新规划。目前，旅游公司每年出资3万~4万元作为工作经费，全村的垃圾由村中每个小组每月轮流进行收集处理，经费在3000元左右。每个小组的人员每天进行轮流收集，一般每月每家要轮流3次，也可以自己出资请人代替（一天50元）。村中每户的垃圾都会用大包装袋装好，摆放在门口的显眼位置，每天下午六点收垃圾。每天收集的垃圾都会运到村北面的外围露天垃圾处理场进行集中焚烧处理。据村民介绍，村中原有的垃圾处理场距离村寨较近，因为太脏太臭，后来进行了搬迁。

2. 傣医

傣族人民在长期与疾病作斗争的过程中积累了本民族丰富的传统医药经验，并吸收了古印度医学、中医学的部分内容，总结出了一套自己独特的医药理论，逐步形成自己的医药体系。傣族医药有着较系统的医学理论和丰富的临床经验，具有鲜明的民族特色和地方特点，是中国传统医学的重要组成部分之一。

曼峦典村的傣医主要治疗跌打损伤，尤其是骨头断裂，其疗效十分显著。俗话说"伤筋动骨一百天"，但是傣医治疗骨折等症状，一般只需要7~10天就可基本治好。治疗的方式主要是内服与外敷相结合。傣医治疗之前基本遵循中医疗法，需要望、闻、问、切，通过询问患者的痛处，然后进行捏骨，准确找到患处的确切位置。在确定患处之后，傣医要进行捏骨，就是将断裂的骨头尽量连接在一起。接好骨之后，需要外敷草药，然后用木板固定住伤处。在治疗期间，每天早中晚都要敷一次草药，外加内服傣医的自制草药，所以住得较远的病人会临时在傣医的工棚住下。

傣医的学习一般分祖传和拜师。曼峦典村的傣医岩罕说，如果是拜师就要看个人情况和人品等方面，许多傣医传授技艺都愿意要那些人品好并

◇傣医岩罕制药

且悟性高的徒弟。为了个人私利着想，师傅不会将全部知识传授给徒弟，这样就造成了部分医术失传。傣医传男不传女，并且有相关医术的文字记载。据岩罕介绍，外地前来看病的人不少，而自己每天都会接诊治疗，他的治疗方法主要就是外敷、内服，其药物全都是中草药，并且是自己亲自从山上采摘来研磨制成的。但随着村中山林的开发，有些药材不再像原来那么多，所以现在也会从专门的渠道进货。治疗的价钱是师傅定下来的，遵循相关统一定价，不能随便乱改，所以一般都不会乱要价。

五、社会组织

（一）传统婚姻习俗

傣族青年自由恋爱，结婚、离婚自由，男女一方丧偶不守寡，改嫁自由。傣族传统的婚恋方式主要有的毫哄①、丢香包、节日的文艺活动相识等,随着时代的发展,傣族的恋爱方式更加多样,多是在娱乐场所约会等。傣族的婚姻缔结过程主要包括提亲、订婚和结婚等。

1. 提亲

傣族青年男女要到热恋的阶段才会将自己的私事告诉父母,这时父母双方才会约定相见或提亲。提亲不一定一次成功,有的提亲要往返数次才能成亲,可谓好事多磨。提亲是指男方家有权威的人到女方家洽谈婚事。一般情况下,按傣族的习俗和村规民约,女方会提出各种条件和费用。如曼峦典村就有要"四金"和"礼钱"的习俗,"四金"指金戒指、金耳环、金项链和金腰带;礼钱则是根据实际商定的情况进行支付,通常本村通婚要的礼钱非常少,但如果与外地的或与汉族结婚,通常要的礼钱就多一些,但一般还是要看男方的家庭经济状况而定。

2. 订婚

订婚是傣族婚俗中的重要仪式。当女方家长答应把女儿嫁给男方后,男方要请媒人到女方家商谈订婚的相关事宜,如订婚的日子、男方付给女方的聘金、猪肉、烟酒等彩礼的数目。现在曼峦典村的聘礼金额普遍是4万~10万元不等,但是具体的聘金金额依据每家的家庭经济情况而定。上门女婿也要给女方钱,但是金额会更少一点,具体金额双方家庭商量决定。30年前,关于聘金规定有固定数额,如果给不够就结不了婚。但现在只要两个人愿意,聘金金额都是两家根据家庭经济情况自己商量的。然后在双方商定的日子里,男方要请媒人和亲戚带着一对银手镯、礼金、猪肉、香烟、白酒、糖果、糕点等到女方家订婚。订婚的时候必须有老人在场,但是订婚的男女青年不得在场,订婚仪式过后就算立下婚约。立下婚约后双方要找村子里会算卦的老人根据生辰和属相算好结婚的吉日。

---

① 毫哄:傣族比较原始的恋爱方式,即在夜晚来临,小卜少在村寨专门的恋爱场所空地上燃起篝火纺线,以约见意中人。

3. 结婚

傣族一般选择在1~6月结婚，他们认为下半年有下坡、生活下降的意思。因此，在选择订婚、完婚日期等关键问题上都会求助于占卜。一般完婚日期都是男女双方请人依据属相、生辰等占卜决定的。举行结婚仪式需要亲自邀请全村的人，并且双方都会请客，尤其是村中的老人们[①]，他们全部都要来参加婚礼，给两位新人拴线并要请一位老人作为证婚人，男女双方需要签订婚姻协议并交由老人保管。新娘被迎娶到男方家以后，男方家安排新郎、新娘向堂屋里的祖先灵位磕头跪拜，向新郎父母、长辈磕头跪拜。用米饭、糖果、糕点摆放在堂屋里祖宗灵位前的祭台上，把点燃的香插在香炉里，祭祀祖先亡灵，将为女儿订立婚约之事敬告阴间的祖先，以征得其应允。仪式结束后，米饭、水果就放到院子里给鸡和鸟吃，代表供奉天地。此外，还要去寺院请"佛爷"诵经。诵经大致分三段：第一段15分钟，大意是夫妻结婚了，你不是一个人了，要互敬互爱；第二段主要表达要尊老爱幼；第三段教育大家怎么做人。之后就是办流水席宴请宾客，请亲朋好友来祝福，一般办流水席都在自己家中，花费在3万元左右。

4. 离婚

在曼峦典村，倘若夫妻两人感情不和想要离婚，需要找结婚时候主持他们婚礼的老人，请他拿出当初签好的协议并主持离婚的财产分割问题。通常情况下，男女双方都要向老人诉说想要离婚的意愿及个人想法，若双方仅因为感情不和并无出现道德过失等原则性的错误时，一般财产是均分。但倘若一方明显背叛了婚姻，那么将没有权利参与财产分割。而后，他们会重新签署一份离婚协议并签字画押。最后他们会领取离婚证取得国家法律上的承认。

---

①村中的老人大部分是指60岁以上的人。

(二) 婚姻制度变迁

民主改革前,西双版纳处于封建领主统治下,各村寨被划分为"孟""翁""鲁朗道叭""傣勐""领囡""卡召"等不同等级。"孟"是地位最高的贵族,系召片领的血亲,"翁"为召片领的家臣,这两个等级都为封建贵族,等级之间互相通婚。"鲁朗道叭"为"召昆的亲戚",可以与第二级"翁"的姑娘结婚。"傣勐"意为本地人,即来的最早的人,占有比较多的土地。"领囡"意为外来逃难者、战胜得来的。"卡召"为召片领的奴隶。

在婚姻方面,傣族也实行严格的等级婚姻制度,领主集团盛行等级内婚。在《召勐头人须遵守的规则》和《婚姻法规》等有关规定中,有对召勐和等级婚的限制,"召勐的王子、公主不能与百姓通婚,王公贵人不能与奴才联姻","等级不同的人一般不能通婚"[①]。封建统治严格要求等级内通婚,"傣勐"等级只能与"傣勐"等级通婚,禁止农民与领主结婚,这种等级制一是可以保证上层封建贵族血统和封建领地的扩张;二是固化等级,禁止等级通过婚姻向上流动,维护统治。在傣族村寨中,也一般盛行寨内婚,村寨内的每家每户几乎都有血缘关系,一定程度上加强了村寨的凝聚力。

曼峦典村在过去属于"傣勐"等级,来此地定居的时间比较长,在民主土地改革前,拥有较多的耕地。与其通婚的自然也是同为"傣勐"级别的傣族村寨,通婚的范围依次为寨内、勐内、版纳内、民族内。在过去,傣泐的六个等级均不与布朗族、佤族、拉祜族等山地民族"卡"通婚,认为这些山地民族不赕佛、不懂礼节,一个与"卡"通婚的傣族在村寨内将被指责为"不听爹妈头人的话而遭歧视,甚至按习惯法也沦为卡,并失去

---

① 岩温扁等:《贝叶文化》,四川民族出版社,2001年,第42~43页。

当头人的权利"①。

随着社会发展、人员流动和增加以及观念的变化，傣族婚姻过去的内婚制、等级制正在被打破。首先是在族内通婚的界限已变模糊，一些哈尼族、汉族的男女会上门或嫁进村子，村寨内也有一些女性出去打工，嫁给汉族。"过去我们不和哈尼族结婚，寨子里一般也不会去找哈尼族，不过也有爱上的就没有办法了，但还是少数。现在大家就随便找，看个人喜欢，我们寨子现在也有哈尼族和汉族嫁过来或者上门的"，组长岩恩这样说道。改革开放以来，人们的思想越来越开放，已不受传统婚姻观念的束缚，更多的是尊重个人意愿。目前村内非本村寨、非傣族的男性和女性共有17人，多是近几年来上门和嫁过来的汉族和哈尼族，村寨内年轻人也不再满足于在本寨以及周边寨子的通婚。17岁的玉香说："我们经常出去唱歌喝酒的，有旁边寨子的、橄榄坝的、勐海、勐腊的都有的，看上喜欢的就开始交往，爹妈也不会反对太多。"不过在择偶对象的民族选择上还是或多或少受过去族内婚的影响，认为不同民族还是存在着很多生活习惯和思想上的差异。"大家还是喜欢找傣族，汉族也可以，很少找哈尼族。我们寨子很多的地都包给了外面的老板，他们就请山上的哈尼族下来管地。我自己有个汉族男朋友，爹妈也不反对"，玉罕这样说道。

（三）家庭结构关系的变化

曼峦典村原来的家庭模式主要以联合家庭为主，现在的家庭多以主干家庭和核心家庭为主。西双版纳地区很早就盛行从妻居习俗，即婚后男子上门到女方家过婚姻生活。男子上门时间一般为3年，然后妻子随男子回家再住3年，如此往返，直到继承了一方财产，才能建立自己的家庭。即所谓"三比拜，三比马"（三年去，三年来）。民间有谚语说："上门的姑爷，丈人（岳父）家的奴仆，重活由姑爷干，负担也要由他抬。"男子能

---

① 《傣族简史》编写组编：《傣族简史》，云南人民出版社，1986年，第69页。

否承担劳动，是否具备经济实力，成为当时衡量其在妻子家中地位的主要因素。在一些村寨中，一个家庭中可能存在"从妻居、从夫居和一个家庭中同时存在从妻居和从夫居三种形式"[①]。随着社会变迁，缔结婚姻的双方家庭在决定从妻居时间时，也会将双方家庭的劳动力、兄弟姐妹的多寡、老人的赡养问题考虑在内。

在曼峦典村，从妻居的形式一直未变，男方到女方家上门的时间，以前是3年，现在有些缩短为两三个月。据村民岩香随介绍，他是在2013年结的婚，上门住了2个月就和妻子回到自己的家住，去丈人家住的时间是婚前两家事先商量好的。在从妻居婚姻家庭生活中，如果夫妻双方出现感情破裂或有外遇，女性可以提出离婚。离婚时，夫妻结婚时各自所有的财产归个人，婚后双方共同的财产，如生产工具、家畜、粮食、钱财等实行平分。夫妻离异后，女性再嫁符合社会道德，并不被世俗所歧视。"在经济上，女性有独立的经济行为和收入；在观念上，女性不认为自己与男性是从属关系；在理家上，女性有清晰的家庭共有财产和夫妻各自财产细则。"[②]从妻居的家庭中，傣族女性在家庭财产管理和婚姻生活中有很多的权利和自由：家庭中的大事，夫妻双方协商决定；夫妻双方都有掌握家庭财产的权利，妻子的个人收入，丈夫不能侵占；村寨内很多家庭的财产多由家中母亲掌管。从妻居使得傣族女性获得在婚姻家庭之外独立生存的经济能力和身份归属。首先，妇女在婚姻中财产自由、独立，掌握家中公共财产，并能积蓄个人私有财产，在离婚时也可以带走个人财产，故婚姻不再是女性获得经济来源的唯一方式。其次，女性婚后仍在娘家生活，其家族成员的身份不随婚姻流动，原属的亲属关系网络被保存，婚姻不再是其个人社会身份的唯一归属，不是只以母亲和妻子的身份得到社会认可。

[①]张元庆：《试论傣族三种家庭的并存》，载《民族研究》，1986年第3期。
[②]曹成章：《版纳絮语》，山东画报出版社，1999年，第146页。

民主改革前，曼峦典村存在家族公社在土地关系上的遗留状态，即"哈纳滚"（家族田），分别为村寨四大家族集体占有，按家族户分配，只要不离开村寨，在自己所属家族的村寨内开展婚姻生活，女性的土地资源和生活资本就得以保留，生产生活中的劳作互助在很大部分上可以由自己家族的男性血亲来承担，女性亦可凭借其家族身份而拥有土地、财产的继承权。

从夫居的家庭模式在曼峦典村也存在，如果男方或者女方家里兄弟姐妹较多，他们一般会选择自己重新盖一座房子分开住，家里的老房子留给父母和弟弟妹妹住。往往是家里最小的孩子和父母一起住，但主要还是看父母的心愿和选择。无论父母选择和谁一起住，最后会形成一个两代同堂、三代同堂，甚至是四代同堂的联合大家庭。这个大家庭在以后的时间里，会再次分化，形成主干家庭或核心家庭。

（四）传统社会控制模式

社会控制指社会组织利用社会规范对其成员的社会行为实施约束的过程，有广义和狭义之分。广义的社会控制，泛指对一切社会行为的控制；狭义的社会控制，特指对偏离行为或越轨行为的控制。它可以协调社会运行的各个系统之间的关系，修正他们的运行轨道，控制他们的运行方向和运行速率，使之功能耦合、结构协调、相互配套，尽量使各社会运行系统同步运行，促进社会的良性运行和协调发展。

曼峦典是一个自然村，是村民自治的管理模式。其传统的社会控制模式是指村寨中一些德高望重的老人对于村寨的管理和监督。目前村寨中还有"佛爷"存在。据调查，"佛爷"很少参与到村寨的管理当中，对于村寨发生的一些日常事务也不插手，主要是在宗教性的祭祀中、重大的节日中出现。

（五）禁忌

禁忌是人类社会最早的社会规范，在各民族的历史发展中，由于生活环境、社会实践的不同，从而形成了具有不同内容和不同民族特点的传统禁忌。傣族的禁忌，主要分为宗教信仰禁忌、族群伦理禁忌和日常生活禁忌三大类。

由于社会环境和社会实践的变化，曼峦典村的一些禁忌已发生了一定的变化，或者不再遵守了。

1. 宗教信仰禁忌

主要分为僧侣的行为禁忌和宗教相关的禁忌。过去，僧侣必须遵守"十戒律"，这是南传上座部佛教的基本戒律，即不杀生、不偷盗、不淫、不妄语、不饮酒、不非时食、不歌舞及旁听、不涂饰、不坐高广大床、不蓄金银财宝。以前，在关门节期间，不允许"佛爷"出寨子，晚上也同样不能外出，现在，有时"佛爷"会到其他地方去交流学习，连续几天都不在寨子里。而与宗教相关的禁忌，有些还是很好地保留了下来。比如：进佛寺者须先在门外脱鞋方可入内；忌随便敲打佛寺里的鼓；忌摸神像及做赕用的物品；"佛爷"、和尚忌与一般人住在一起；禁止在经期的妇女和刚刚生过小孩未过哺乳期的妇女进佛寺；等等。但是有些关于宗教方面的禁忌已经被打破了，比如：以前佛寺是不允许其他人随便进入的，但是因为曼峦典村正在发展旅游业，所以现在的旅游公司会直接将游客带到寺院里。

2. 族群伦理禁忌

主要指性别禁忌、婚姻禁忌、丧葬禁忌。

（1）性别禁忌

性别禁忌在傣族的原始禁忌中占有很大比重，例如：在生活空间上有很明显的界限划分，男女不可同桌而食；在寺院里男性在上方听经，女性则在下方听经，且女性绝不可靠近讲经坛。现在性别禁忌已经很少了，一些年轻人都是男女同桌吃饭，而且在寺院的过赕期间，男女的位置也不像以前那么明显了，男性不一定就在上方，妇女也可以靠近讲经坛。

（2）婚姻禁忌

傣族在信仰南传上座部佛教的同时，还部分保留着传统的原始信仰。在傣族传统社会中，过去有着赶"琵琶鬼"①的现象，傣族认为人死后会变成鬼魂且会影响人的生活。鬼分善恶，会影响现实中人的生活，在恶鬼中，最"毒"的便是"琵琶鬼"，"琵琶鬼"会让人发烧、小孩生病、家禽死亡。如果村寨内出现这些情况，便会认为是"琵琶鬼"作祟。被认定为"琵琶鬼"的寨子，会被其他傣族村寨所忌惮，其他村寨的人担心"琵琶鬼寨"的人会把鬼带到他们寨子去，危害个人和村寨的安全，故其他傣族村寨均不会与其通婚。曼暖典村过去曾收留了很多被其他村寨诬为"琵琶鬼"而赶出来的人，被景洪甚至是勐海的傣族村寨认定为"鬼寨"。20世纪50年代，"据曼迈统计，全乡被诬为琵琶鬼有六十六人，全乡十一寨子中有琵琶鬼，曼峦典村有四十个农民被诬为琵琶鬼，与曼景傣一起，被认作琵琶鬼寨，禁止与外界通婚"②。除了相邻的同被认为是"鬼寨"的曼景傣，其他村寨均不与本寨通婚，即使有嫁去其他寨子的本寨女性，由于其"鬼寨"的出身，也容易被其他寨子认为是"琵琶鬼"，进而导致婚姻生活的不稳定和破裂。这种被冠以"鬼寨"的少数民族传统信仰文化上的压力，不仅限制了本村寨女性择偶的范围、对象和生活方式、生活范围的选择，还对女性身心造成了巨大伤害，影响了村寨女性的婚姻生活。一般情况下，西双版纳傣族男女初婚的年龄都在16～18岁，20世纪90年代，傣族的低龄早婚现象在云南省也是高居首位的，如果以全省平均7.4%的早婚发生率来看，西双版纳则高达18.7%。③随着社会的发展，促使年轻一代

---

①这种鬼具有沾染性，如果一个人是"琵琶鬼"，那他的后代也会被认为是"琵琶鬼"。
②云南省历史研究所编印：《西双版纳傣族小乘佛教及原始宗教的调查材料》（内部发行），1979年，第66～67页。
③赵群：《云南少数民族智力开始初探》，载《民族妇女：传统与发展》，云南人民出版社，1995年，第119页。

的择偶观念发生了变迁，本寨和旁边的曼景傣村寨的青年男女数量毕竟有限，年轻一代男女更倾向于去其他村寨找寻更加符合自己心意的伴侣，从而导致目前村寨晚婚晚育现象严重（这里是指与传统的"低龄早婚"模式对比而言）。由于择偶对象范围和通婚圈的选择性较小，村寨女性对于择偶对象的民族以及通婚圈的范围上也更为宽容。

（3）丧葬禁忌

在曼峦典村，如果有人去世，每家每户不能洗衣服，他们认为洗衣服象征着自己会随逝者一起走，同时也不能去地里干活、不能洗头，如果有喜事也需要推迟时间。死者被火化后，需要再次过赕举办仪式，他们认为只有举办了这个仪式，才会将死者完全送走，并且会有很好的归宿。过赕的时间要看家庭经济条件等具体情况而定，有些拮据的家庭会在死者去世后的一两年内举办仪式，有些富裕的家庭会在火化后不久就举办仪式。参加仪式的村民都要用白布包着两根蜡条和一些钱，作为自己的心意，随后聚在一起吃饭。一般在太阳落山前，来的宾客要一起敲锣打鼓放炮，跳着舞将供品篮送到佛寺。供品篮中一般放着食物和生活用品，他们认为把这些东西送到佛寺，就相当于捎给了死者。到了佛寺之后，将供品篮放在佛像周围，每人都要拿两根蜡条到佛像前祭拜。一般是拜三次后，跪着将一根蜡条插到香炉中，随后到下一个佛像前拜三次。寺院里一般只有两个祭台，所以只用拿两根蜡条。拜完佛像需要再向"佛爷"拜三次，仪式结束后，主人家会拿相应的礼品作为回礼。

3. 日常生活禁忌

主要是指居住禁忌、饮食禁忌、言语禁忌。在日常生活中，傣族也是有很多的禁忌，比如到傣家做客，不可随意进入主人家的卧室，现在还有这样的禁忌，俗语称"一脱二摸三不看"，也就是说，进屋要脱鞋，不能随便乱摸、乱看。傣族认为头是最神圣的部位，后脑勺更是一个非常神圣的地方，它有着特别意义——与神灵相通、与佛祖相连的地方，外人是绝对不能随意触摸的,头只能被高僧或父母抚摸,因此,外人随便用手触摸傣族的头部会被认为是一种莫大的耻辱。所以,傣族也十分忌讳别人拿东西时从自己的头上掠过。另外,不能从火塘或灶上跨过,更不能砸破烧茶的罐子;挑水直去直回,途中不能停留;天黑外出要在头发或帽上插根针,以避邪气;不准坐在门槛上;寨子里有丧事,外人不得进寨,需绕道走;等等。随着现代生活方式的变化,一些禁忌已不再严格遵守。

(六)民间纠纷与调节

傣族自小就被教导不偷盗、不抢劫、不欺骗,要多行善事,以德报怨。长期的潜移默化和教导,塑造了傣族与人为善、以和为贵的性格,使傣族养成了诚信友爱、善良和睦、尊老爱幼的传统美德。在伦理观上,注重"要尊重长辈和老人""以好酒敬友,以鸡鱼敬客""与人说话要和气,举止要文雅"的礼仪观,培养了傣族尊老爱幼、热情好客的品德。

因此,傣族为生活中的琐事而争吵的很少,再加上傣族聚居区土壤肥沃、气候湿润,生存条件优越,人民生活富足,故很少产生经济上的纠纷。目前,曼峦典村很少发生村民争执,很少有打架斗殴的现象。据村委会副主任岩温罕介绍,最多的纠纷应该是村中划分土地的时候,因为涉及个人利益问题,部分家户会纠结分地多少的问题,但基本都是本村自行调解就能解决。倘若碰到打架斗殴这种性质恶劣的纠纷问题,一般都是上报到村委会,然后派专人下村进行调解,如果调解无效,会直接上报嘎洒镇政府,通过司法途径进行解决。

2016年,曼迈村委会配合上级相关部门完成了G214国道嘎洒至嘎栋段道路的征地工作,让该道路在其辖区内能顺利修建。曼峦典村也在征地范围内,全村占地340亩,针对征地赔偿款的问题,部分村民有不满情绪,认为政府征地赔偿款较少,且一次性征地阻碍了其持续性的发展,从长远考虑不利于子孙后代的发展。但经过村干部的调解和安抚,总体还是按照上级指示完成,工程也顺利开展。

曼峦典村流沙河地段一直到澜沧江修防洪堤，也会占用村中的橡胶林地，其赔偿款目前仍在统计测量中，款项也没有拨下来。

曼峦典村因邻近嘎洒机场，因飞机气流原因，会对一些房屋的屋顶造成破坏，飞机场会定期组织相关人员进行核实，统一赔偿。

曼峦典村还存在风灾和洪涝现象，但都是小范围的，损失也不太大。风灾主要是对胶林有影响，每年每家都会有几棵胶树被吹倒，政府有胶林的保险，每亩10~12元。

六、生态环境

（一）村寨的自然地理环境

曼峦典村位于嘎洒镇的西北部，距镇政府5千米，距其所属的曼迈村委会只有1千米的距离。以曼峦典村为中心，北面为澜沧江支流流沙河，东南面为村寨耕地，西面为允大公路（X175），向南通向嘎洒镇，通往缅甸。全村只有一条公路，于2014年3月修建竣工。村寨位于河坝区，海拔540米，年平均气温22.6℃，年降水量1200毫米，年均日照1692.7小时，雨量充沛，又傍流沙河而居，水资源丰富，适宜种植稻谷、香蕉、冬季作物、水果等亚热带作物。在没有建水坝之前，每逢雨季，曼峦典村都会因为流沙河而出现水灾，因此，曼峦典村也叫"水淹寨"。如今，由于围水造田，池塘的数量和面积急剧减少，且流沙河水坝的建设也使曼峦典村不再受水灾之苦。

（二）生态文化与生态文明

傣族是一个热爱大自然的民族。长期以来，在对生态环境的依赖，对生态规律的总结过程中，形成了独特的生态观和生态文化，这集中表现在其生活习惯、生产方式、宗教文化等方面。

1. 生活习惯中的生态文化

（1）饮食与生态

时至今日，曼峦典村傣族的饮食特点以酸、辣、苦、香、生等为主，这样的饮食习俗，与他们的生存环境有着密切的联系。由于菜肴十分丰富，有烧烤、炸、蒸、煮、剁、腌等多种烹饪手法，并特别讲究佐料的配制。食具多用天然竹木，如竹筒、竹饭盒、竹篮、竹筷、竹瓢、竹桌子以及木碗、木勺、木盆、木水罐等等。特别是用竹饭盒盛米饭，不仅米饭可以保留一定的湿度，而且便于捏团食用又不易变馊。同时也使用陶器和金属炊具，如土锅、土罐、铜壶、铁锅等。另外，以植物叶包裹饭菜也是傣族的一大特色，最常用的就是芭蕉叶，其他的还有荷叶、棕叶等。这些竹木餐具给人一种清新自然的美感，体现出人与自然亲密相处的质朴气息，也充分体现出傣族人民适应环境、就地取材的生存技能和适形、适材、适

◇ 曼峦典自然风光

艺的审美意识。

傣族是一个古老的稻作民族，一日三餐以食用稻米为主，特别喜食糯米。他们以糯米为原料，加工制作出很多独具特色的糯米制品：香竹饭、黄米饭、紫米饭、千层年糕等。不仅品种丰富多彩，而且味道香甜可口。

由于生活在河坝地区，气候湿热，物产丰富，曼峦典村傣族的食物来源十分丰富。肉类以牛肉、鸡肉为主，常食用的还有猪肉、鸭肉、鹅肉等。蔬菜类有瓜类、豆类、白菜、青菜、萝卜、竹笋等。因近水而居，有着丰富的水产资源，鱼、青苔是他们生活中经常吃的食物，还有虾、螃蟹、螺蛳等。除了家庭种植的蔬菜和饲养的禽畜外，山野河流所产的似乎都可以入食。田间地头的臭菜、苦凉菜、蕨菜等野菜，以及一些诸如蚂蚁蛋、竹虫、花蜘蛛等奇异之物，都是傣族饭桌上的美味佳肴，正所谓"凡是绿的都是菜，凡是动的都是肉"，"一方水土养一方人"在这样的生态环境中得到了充分体现。

毋庸置疑，傣族生活中能拥有如此之多的绿色食品，是他们长期以来注意对周边自然生态环境的保护，使得各类野生可食昆虫和植物得以不断生息繁衍，不断为人们提供食物。他们善待自然、合理利用自然，形成了一个良好的生态效应，从而在一定程度上保护了周边的生态环境。

（2）服饰与生态

傣族服饰既有方便劳作、舒适散热等实用性功能，又有很强的装饰性，淡雅大方。这种服饰既能体现出傣族人民的勤劳智慧，又充分展现了他们如水的柔美之性。

傣族男子的传统服饰，其衣料多用自织"土布"，款式朴实大方，上身为无领对襟或大襟小袖短衫，下着宽腰无兜净色长裤，裤管宽大，方便穿戴，又利于劳作散热。又多用白色、青色布包头，有的戴毛呢礼帽，天寒时喜披毛毯，四季常赤足。这种服装在耕作劳动时轻便舒适，在跳舞时又显得健美潇洒，不失为傣族人民的智慧结晶。随着社会的发展，傣族男子的传统服饰也发生变化,衣料已很少再用自织"土布",出现了有领对襟或大襟的小袖衫,头巾改为水红色、绿色、粉红色的绸子,裤子依旧。日常生活中,傣族男子多穿现代服装,如中山装、夹克、西装等。

傣族女子的服饰是世界上最美的服饰之一。露出手臂的紧身短上衣,艳丽多彩的花筒裙,头上或插一枝花,或戴一束簪,再加上耳间臂间那古朴精致的银首饰,傣族女子穿上它们就成了那凤尾竹间开屏的孔雀,绚丽多姿,让人惊叹。尤其是以色彩艳丽的长筒裙紧裹腰身,既能衬托出傣族女子婀娜秀美的身材,又给人一种水样的律动和柔美。体现了她们与自然环境和谐统一的生态意识和审美观念。

(3)建筑与生态

傣族民居一般分为上下两层,屋顶是尖的,可以很好地引水而下,防止雨水过多积压导致房子出现漏雨或倒塌现象。这样的建筑结构从古至今

◇傣家竹楼

◇ 砖混傣楼

没有较大的改变，改变的只是建筑材料和逐步改善的建筑格局。

20世纪50年代之前，傣族充分利用傣族居住地的自然资源，就地取材，用茅草和竹子搭建房子。先用竹子搭建一个基本的框架，屋顶是尖的，呈歇山式，正脊较短，坡度较陡，由此形成一个"小"字形屋顶，当它下降到整个屋顶约五分之二的地方便转变为坡度较缓的四面坡大屋顶。屋顶用茅草层层铺叠以防止漏水。房子的四周围以竹片，有利于通风防潮。茅草和竹子都可以根据损害程度随时更新。

新中国成立后，傣族民居逐渐以木头作为主要的建筑材料，通常由楼下架空层、楼梯、前廊、堂屋、卧室、晒台等6个基本部分组成。建筑风格依然保持着上下两层的结构：楼下架空层，多不用墙壁，可饲养牲畜和堆放杂物；上层则是人们生活起居之所。堂屋设火塘，供人生火做饭、接客

◇ 现代傣族民居

会友。卧室和堂屋并列，一般没有门，仅挂布帘遮挡，一般不允许外人擅自闯入。楼梯作为通往楼上的通道，一般在房子的侧面。

20世纪80年代末，为了摆脱天然建筑材料的制约，傣族群众开始不断地进行新民居的探索和建设实践。20世纪八九十年代之后，随着经济、社会以及文化的不断交流和发展，加之现代材料的不断变更与创新，傣族民居慢慢出现了砖混结构的建筑。

进入21世纪之后，由于城镇化的推进和经济社会的快速发展，傣族民居的文化生态也发生着巨大的变化，傣族开始尝试引进钢筋混凝土等现代房屋结构形式，建筑现代感强的傣楼。建筑格局上也发生了一些变化，一楼不再圈养牲畜和放置杂物，不仅有房间，有的人家甚至把第一层直接对外出租（一个月的租金是300元左右）。有时，他们也会在一楼居住，但很少。二楼仍是傣家人的主要活动场所，通常隔出几个房间。一般是在一面隔出三个房间，代表一家三代人。如果家里的人口很多，可以在另一面再分隔出几个房间。一般在靠着大路的那边居住。现在的第四代傣楼，只是屋顶的样式保留了傣楼传统的建筑风格。此外，二楼还有一个阳台，卫生间在阳台上（卫生间是单独建的，和傣楼不是一个整体，但紧挨着），厨房在阳台的旁边。

目前，曼峦典村的民居建筑既有木楼，也有现代气息浓郁的砖混楼和钢混楼。砖混结构民居是最多的，少数木楼被当作旅游资源保留了下来。近年来，钢混结构的民居正在渐渐增多，而建盖这样的傣楼，至少也要二三十万元。

在曼峦典村，每户都有住房补贴，但有严格规定：盖楼的补贴需自己申请，然后经过审核通过，由村委会发放，最高补贴可达10200元，只能盖两层，面积不得超过280平方米。

2. 生产方式中的生态文化

傣族的稻作文化历史悠久。傣族聚居区土地肥沃，雨量充沛，气候温和，水资源丰富，灌溉便利，这些都为水稻的种植、生产提供了优越的自然条件。早在一千多年前，傣族便进入铁器时代，广泛使用铁农具，善于象耕和牛耕，并根据他们所掌握的天文历法，按二十四个节令来安排农业生产的各个环节。与此同时，由于傣族自古便居住在靠近江河的地方，使得他们在千百年的农耕生产中，修建了许多水利灌溉系统，形成了一套完整且严密的水利管理制度，并制定了相关的法律法规。设有各级专门管理水利的官员，对水的管理具有了科学性和系统性，水利灌溉系统的修建和逐渐发达也为水稻的系统耕作提供了保障。时至今日，水稻种植仍然是曼峦典村傣族重要的生计方式。

傣族善于种植水稻，在漫长的社会历史发展进程中，创造了丰富多彩的稻作文化，并代代相传，延续不断。由于稻作文化是以稻谷的耕种为核心，为此而形成了一系列稻作生产技术、生产工具、食品加工方法以及有关稻作的习俗、信仰等不同层次的文化事象。傣族在长期生产实践中积累和总结出了一套适合当地自然条件、气候特征的生产技术，包括选种、耕种、收获、贮藏等，并逐步发明出了犁、耙、锄、镰刀、摘刀等水稻生产工具。此外，伴随着傣族稻作文化的不断发展，出现了相应的以水崇拜等为中心的农耕礼俗。总之，傣族的稻作文化是他们遵从自然、适应生态环境的必然结果。

3. 宗教文化中的生态文化

"万物有灵"的原始信仰及南传上座部佛教文化，约束了人们破坏生态的行为。曼恋典村青山绿水、鸟语花香，生态的良性循环，形成了一种"人、宗教、生态"和谐相处的景象。

傣族民间谚语云"有了森林才会有水，有了水才会有田地，有了田地才会有粮食，有了粮食才会有人的生命"，"森林是父亲，大地是母亲，天地间谷子至高无上"，"大地是森林的母亲，树木是青山的生命"，"森林是大地之肺，大地是万物之母"，"大象跟着森林走，气候跟着竹子走，傣族跟着流水走"，等等，不仅贴切地反映了傣族对森林的崇拜，而且反映了一种良性循环的生态观念。

佛教传入后，傣族在佛教文化的长期影响下形成了"爱惜生命、尊重生灵"的独特生态观。他们严格遵守禁止狩猎、乱伐树木等一系列保护生态环境的规定，积极爱护生态，促进了人与自然生态系统和谐地融合与发展。在曼恋典村，佛寺周围都栽种有郁郁葱葱的大树和奇花异草，而傣族村民也非常重视和爱护佛寺里的一砖一瓦、一草一木。他们认为佛寺、村寨四周的五树（菩提树、贝叶树、大青树、铁力木、槟榔树）、"六花"（荷花、文殊兰、黄姜花、鸡蛋花、缅桂花、地涌金莲）是吉祥物，不允许砍伐。显然，在傣族对植物崇敬的同时，也对植物起到了很好的保护作用。

傣族朴素的生态观，铸就了傣族尊重生命、敬畏自然、尊重自然、爱护自然的心理特质和文化，使其能够在长期的历史发展中始终与自然和谐相处。至今，傣族村寨仍然保持着良好的生态系统，堪称人与自然和谐发展的典范。

（三）饮水工程

截至2016年，景洪市嘎洒镇投入50余万元计划完成11个村民小组的饮水工程，目前有10个村民小组正在施工中，项目完成后可解决3000余人的饮水困难问题。投入30多万元完成了安麻新寨、安麻老寨拦河坝工程和曼达纠防洪挡墙工程以及小型灌溉水沟的维修工程。农田水利设施建设清淤岁修工作有序推进，组织坝区5个村委会对曼么协、曼迈大沟等主干渠清除淤泥、杂草、杂质等。配合上级部门做好南凹河治理的征地和群众协调工作，1800多万元的河道治理项目工程款和500万元的征地补偿款全部到位，工程正在实施当中。

◇ 流沙河

（四）厕所改造

在传统的傣楼中是没有厕所的，以前的傣族寨子也没有公共厕所。人们一般是在远离自己房子的周围或是在寨子周围比较隐蔽的地方解决。靠近水边的傣族，一般是在河边解决。

◇ 村寨公厕

现在曼峦典村已经有了公共厕所。在旧民居的厕所改造中，一般是在阳台上和厨房相对的位置用砖头修建一个厕所。楼下是镂空的，可以养一些家禽。

参考文献：

[1] 云南省编辑组编：《傣族社会历史调查（西双版纳之1~10）》，云南民族出版社，1986年。

[2] 李拂一：《西双版纳志》，正中书局，1955年。

[3] 《傣族简史》编写组编：《傣族简史》，云南人民出版社，1985年。

[4] 张公瑾：《傣族文化》，吉林教育出版社，1986年。

[5] 艾罕炳：《西双版纳傣泐民俗文化探源》，云南教育出版社，2007年。

[6] 赵瑛：《傣族》，辽宁民族出版社，2014年。

[7] 岩温扁等：《贝叶文化》，四川民族出版社，2001年。

[8] 曹成章：《版纳絮语》，山东画报出版社，1999年。

[9] 张元庆：《试论傣族三种家庭的并存》，《民族研究》，1986年第3期。

苗族社会历史回访再调查
——以麻栗坡县塘子边村为例

苏 丽 邹宇灵

本次调查立足于新中国成立后少数民族社会历史调查工作的成果，基于著作《云南苗族瑶族社会历史调查》①，对苗族进行社会历史回访再调查。20世纪50年代，中共云南省委边疆工作委员会、云南省民族事务委员会对云南少数民族社会历史情况进行调查研究。调查涉及云南省苗族分布比较集中的昭通、曲靖、楚雄、文山和红河等地州，这些地区的苗族，虽然分属不同的支系，但是同属于苗语西部方言族群。

　　本次调查运用参与观察法、访谈法等田野民族志方法，选取一个田野点进行深入地调查研究，总时长超过3个月，此外兼顾其他田野点的变迁情况，但是其他田野点的调查时间并不长，均未超过半个月。选点上首先考虑文山壮族苗族自治州，因为《云南苗族瑶族社会历史调查》一书中的许多资料来源于现在文山州管辖下的县、乡、村。文山州的文山市、麻栗坡县、砚山县、西畴县、丘北县、广南县、富宁县、马关县均有苗族的聚居。选点的时候去了《云南苗族瑶族社会历史调查》一书中提及的塘子边

---

　　①《民族问题五种丛书》云南省编辑委员会编：《云南苗族瑶族社会历史调查》，民族出版社，2009年。

村和猛硐乡（书中用名"孟洞区"），最后决定深入塘子边村调查。主要原因是苗族为跨境民族，而麻栗坡县塘子边村位于边境，与驻边部队居住在同一座山上。另外的选点在砚山县和丘北县：笔者对砚山县的响水龙村进行了半个月的调查，学生十余人参与，调查内容涉及社会组织、村委选举、经济情况、婚姻家庭及社会习俗等。响水龙是一个扶贫移民村寨，包括青苗、花苗、白苗三个支系，调查该村主要是为了了解在国家政策引导下的苗族村落变迁情况。丘北县的调查则由本校苗族学生自行组织，调查前经过在校培训，根据课题组的调查提纲进行，内容主要以文化事项展开。

本调查报告内容尽管以塘子边村为核心，但为了尽可能地呈现苗族现在的社会生活现状，其中一些内容以砚山县和丘北县的内容为补充。

一、村寨概况

（一）地理位置

麻栗坡县位于文山州南部，北纬22°48′54″~23°34′02″和东经104°33′03″~105°18′04″之间，东与富宁县隔河相望，南与越南河江省的安明、官坝、渭川、黄树皮等5县接壤，西与马关县为邻，西北与西畴县毗连，北与广南县相接。县城距昆明市450千米，距州府文山市80千米，距越南河内市380千米，距越南河江省省会河江市67千米，距越南清水河口

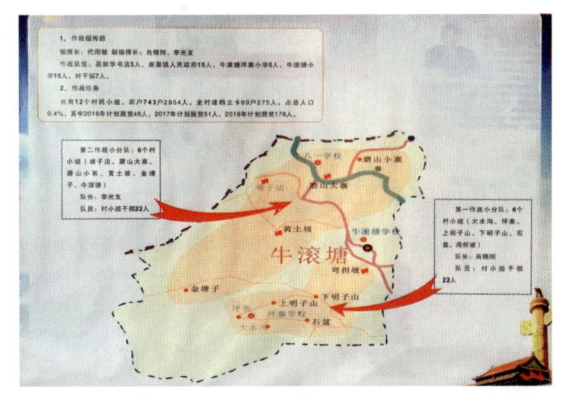

◇牛滚塘村各小组位置图

◇塘子边村

岸47千米。①

塘子边村民小组隶属麻栗坡县麻栗镇牛滚塘行政村,地处麻栗镇北边。牛滚塘行政村辖牛滚塘、塘子边、弯担坡等12个村民小组。

该村属于山区,距离镇政府所在地3.50千米,面积28.01平方千米,海拔1140米,年平均气温17.30℃,年降水量1053.40毫米,适宜种植玉米、水稻等农作物。全村有耕地总面积3038.00亩(其中:田317.00亩,地2721.00亩),人均耕地1.10亩,主要种植玉米、水稻等作物;拥有林地5650.00亩;其他面积26113.00亩。②塘子边村民小组目前有种植玉米的土地200多亩,而水稻田已经被征收,因此村民的人均占有地面积比较小,单靠农业生产无法满足家庭经济开支,所以大部分村民都在外务工。

村寨四面环山,交通不便,社会经济发展一直受到限制,因此长期以

---

①云南省麻栗坡县地方志编纂委员会编纂:《麻栗坡县志》,云南民族出版社,2000年,第61页。

②云南数字乡村网,http://www.ynszxc.gov.cn/S1/。

来一直非常贫困。

基于塘子边村地理位置的特殊性，以及贫困的生活状态，从2010年起，麻栗坡县政府对塘子边村进行了大力扶持，外界也积极投入，对塘子边村实施进村公路、入户道路、活动场地、卫生公厕、安居工程等建设，极大地改善了塘子边村的基础设施条件，解决了村民居住、出行、用电等困难，全面提高了塘子边村村民的生活水平，改变了全村贫困落后的面貌。

◇ 塘子边村口的指示牌

（二）塘子边村的传说

1. 村名来源

"塘子边"顾名思义就是在水塘的边上。最开始听到这个名字的时候以为这是一个水源相对充足的苗族村寨，然而到了村里才发现，村里已经断水两个多月。村民告诉笔者，现在他们居住的地方是政府开展安居工程后建设的，过去他们不住在这，而是住在离现居住地不远的山里。在那里有一个水塘，所以他们村得名"塘子边"。那个水塘与一般蓄水池不一样，即使是旱灾严重的年份，水塘也从来没有干涸过，只是水位下降而已，这在石山地区是不多见的。这也是当地人觉得该水塘具有神性的原因。这个水塘一直沿用到村里通了自来水。

2. 姓氏差异

据说塘子边原来只有3户人家，只有两个姓，即陶姓和杨姓，然后慢慢发展成为现在的30多家。塘子边的苗族从贵州搬来，有一些来到麻栗坡便住下了，有一些则去了越南。杨家是同一房，都是一家人。而陶家则分为

◇ 塘子边村的水塘

大陶家和小陶家。传说陶家的祖先娶了两个媳妇，大老婆是苗族，其后代是大陶家；小老婆是汉族，后代是小陶家。

　　大陶家与小陶家主要是葬礼上有所差异。对于苗族而言，葬礼是把人送回祖先家园的仪式，也是苗族人生礼仪中最重要的仪式之一。村民小组组长陶忠树告诉笔者，大陶家的坟不用石头围起来，而小陶家的则需要用石头围起来。村民杨顺华说，大陶家老人过世会把头发散落下来，而小陶家则需要把头包起来，而且刚过世的时候不放在棺材里。陶忠富属于小陶家，有一次参加大陶家的葬礼还闹了笑话。他告诉笔者，大陶家习惯在老人过世后在桌子上留一碗饭，一直要留到第十二天。第一次他去参加大陶家的葬礼不知道这个规矩，到了吃饭时间，大家开始上桌吃饭。当时米饭都盛好了放在桌子上，他走过去准备拿起一碗来吃，结果旁边的人告诉他不要拿那一碗，因为那一碗饭是留给过世的人吃的。陶忠富当时听到觉得很"害羞",自己不懂规矩差点添了乱。后来他发现,大陶家留给死人的饭是看得出来的:在葬礼上装好的米饭一般不会在饭碗旁边放筷子,葬礼的帮手们会把吃饭使用的筷子一把地放在桌子上,让吃饭的人自己去取。然而,留给过世的人的饭会放上一双筷子,但是不插在饭上面,只是靠着碗放着。来做客的人吃饭的时候看到筷子就不会去动那碗饭,而陶忠富由于第一次遇上这样的情况,所以差点犯了禁忌。尽管大陶家与小陶家在重要仪式上有差异性,但是毕竟同祖,因此大家较少与外人提起这些。

(三)人口结构①

塘子边村民小组有34户,其中杨姓14户、陶姓18户。另外王家和李家各1户,这两家都是上门后归宗的。

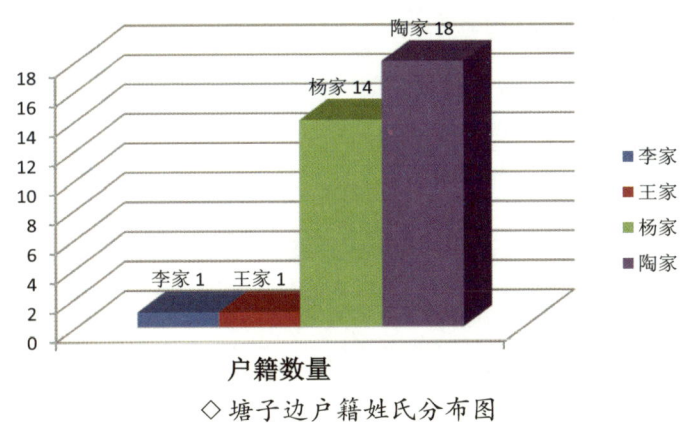

◇塘子边户籍姓氏分布图

在村子里一般上门三代之内,孩子都是随女家姓,三代后可以认祖归宗,孩子随父亲姓氏,王家就是这样的情况。但是李家不是,李家女婿上门后一代就改回李姓了。据村民介绍,当时女方家的老人们过世后,他就改回李姓了。

---

① 人口结构的数据来源于麻栗坡镇牛滚塘村的统计数据,笔者于2016年9月30日访谈获得。

表1 塘子边村户籍详情一览表

序号	户主	序号	户主
1	陶朝林	18	陶云芳
2	陶朝海	19	杨顺国
3	陶云海	20	杨福春
4	陶忠林	21	杨顺学
5	陶朝荣	22	杨顺良
6	陶忠孝	23	杨顺能
7	陶忠良	24	杨顺才
8	陶朝明	25	杨顺武
9	陶云洪	26	杨顺祥
10	陶朝清	27	杨家明
11	陶忠华	28	杨顺华
12	陶忠富	29	杨顺荣
13	陶忠向	30	杨顺芬
14	陶朝雄	31	杨代英
15	陶文清	32	杨顺安
16	陶忠寿	33	李廷文
17	陶朝福	34	王德福

全村共有人口172人，其中0～10岁34人，占人口总数的20%；11～20岁21人，占人口总数的12%；21～30岁27人，占人口总数的16%；31～40岁24人，占人口总数的14%；41～50岁30人，占人口总数的17%；51～60岁17人，占人口总数的10%；61～70岁7人，占人口总数的4%；71～80岁8人，占人口总数的5%；81～90岁4人，占人口总数的2%。

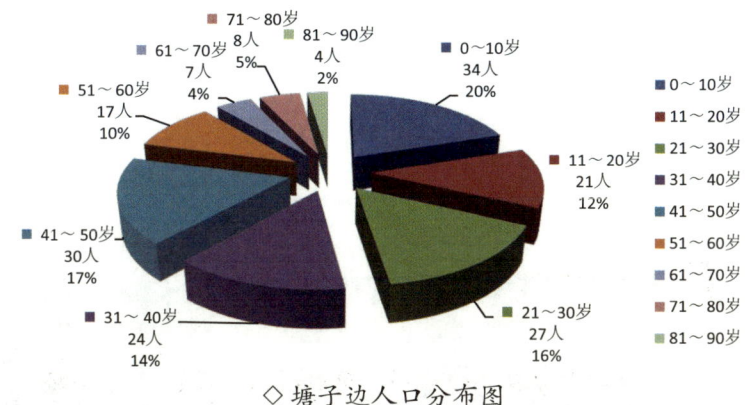

◇塘子边人口分布图

（四）村落基础设施变迁

1. 供水情况

都说靠山吃山，靠水吃水。据嫁入塘子边村30多年的村民介绍，塘子边的水塘养育了村中的数代人。到了干旱季节，水塘的水也不会干，只是水质会变黄，水位会比较低而已。每当这个时候，村民便会在水塘边修建一个过滤池，过滤池可将水塘中的沙过滤掉以便村民使用。但现在水塘的水已经受到了污染，水质不如以前。政府对水塘的水进行了考察，决定对塘子边进行拉管供水。与村民的安居工程项目一样，政府出资购买水管，村民出人力进行拉管。在政府的扶持下，塘子边的村民从此不再饮用水塘的水。但由于拉管的水源处有其他村寨的稻田，一到种植水稻的季节便用水紧张，甚至无法供水到塘子边，村民只能靠天降雨储水以备日常饮用。而且拉管的水源由于种植水稻施肥，对水质也造成了一定程度的污染。笔者从村民口中得知，政府如今已经制定了新的方案以方便村民日常用水。政府提出，村民在自家修建水池用来储水以供给日常生活用水，在水池修建完成后，政府将给予一定的补助，即由村民先修建政府再进行补助的帮扶模式。但目前不少村民的经济条件有限，这一方案很难实施，因此，到目前为止村中仅3家修建了水池。总体来说，塘子边村的供水情况不

◇塘子边新建的楼房

容乐观。

2. 村落道路和民居建筑变迁

据57岁村民张秀明介绍,她嫁到塘子边几十年里,亲眼见证了塘子边的发展。以前村里面家家户户住的都是茅草屋,风一吹茅草四处掀起,一下大雨四处漏雨,过得非常艰苦。2009年4月,外交部扶贫工作考察团到此进行考察,塘子边村的贫困状况引起了考察团的高度重视。于是,2010年2月,塘子边村的安居工程启动。张明秀对笔者说,当时村里有33户人家,政府先将进村的公路修好,然后村民的房屋建设工程才正式开始。张明秀多次向笔者表达:"感谢政府,我们肯定不会忘记政府的,如果没有政府,我们现在的生活还不知道会是什么样子。"

进村公路的修建,塘子边村民仅出了劳力,沙子、水泥都是由政府出资运送到山上。在此之前,村里都是石子路。安居工程项目启动后,塘子边村家家户户开始修建政府统一规划的两层砖房。在项目实施过程中，政府出资为每户运送钢筋1吨，中沙、粉沙、公分石各10立方米，水泥10吨。①由于项目启动后，家家户户开始修建自家的房屋，造成修建房屋的人手极其短缺，无法进行互帮互助，村民不得不花钱请外面的工人入村帮助修建。村里仅姓杨的几家有修建房屋的手艺，可以不用花钱请工人，大多数村民都必须花钱请工人帮助修建房屋。政府规定安居工程项目在一年内必须完成，由于花钱请工人对于本就贫困的村民来说难以承受，因此，政府根据《中共中央关于制定国民经济和社会发展第十一个五年计划的建议》中关于新农村建设的政策，为每户村民低息贷款3万元左右人民币用于安居工程房屋的修建，以便项目尽快完工。

◇ 外交部援建的科技文化活动中心

———————

① 来源于2016年8月15日塘子边村民杨顺华的访谈资料。

据村民介绍，在安居工程项目实施期间，政府工作人员多次前往塘子边考察，以便可以及时解决项目在实施过程中遇到问题。在政府工作人员的关心下，塘子边的安居工程不到一年的时间便全部竣工。村里面的科技文化活动中心、活动场地、公厕、沼气池也相继竣工。外交部援建的科技文化活动中心在建设过程中，村民只是合力将修建文化活动中心的土地挖平，其他费用包括请工人修建的费用一律由外交部出资完成。因此，政府在塘子边的村民的心中树立了非常良好的形象。村民评价道："政府对我们太好了，对我们太关心了。如果没有政府我们现在还在住茅草屋，太感谢国家政府对我们村的照顾了。"

二、政治建设

（一）新中国成立前与新中国成立初期的政治情况

中华人民共和国成立前，苗族聚居的村落治理经历了三个时期：一是各个村寨自行管理，由村寨中的寨老管理，即费孝通先生在《乡土中国》中所论的长老制；二是土司制，土司制的时期离现在比较远，调查过程中大家对于其并没有什么记忆，只有个别两个访谈对象提及曾经在书上看到过有土司制度；三是保甲制，分设乡、保、甲三层次，据采访得知，当乡长的没有苗族，塘子边村从前的乡长是由其他民族的人担任。新中国成立后，塘子边村归入牛滚塘村，尽管人口在村中所占比例较小，但是仍然在牛滚塘村落管理中占有一席之地，用村民的话说就是在村里有"说话的人"。

（二）村落选举

塘子边为牛滚塘村民委员会的一个村民小组，有一个组长陶忠树、一个副组长陶永静。但是当地村民习惯把组长称为"村长"，在调查过程中，不仅村民，就连部队的人都称其为"村长"。由于塘子边在山上，与其他村民小组相比，其地理位置离村委会较远，因此他们与牛滚塘村的联系相对偏弱。此外,苗族是散居特征比较突出的民族,即同一个村的人在一座山上常常是住在不同的位置,几户为一个小聚居状态,我们习惯把其称为"寨",而当地人则称其为"村"。因此,塘子边村民小组的人把自己30多户的聚居地称为"村"也就不足为奇了。副组长是村里的会计,其实塘子边村民小组还有一个干部,就是妇女委员,2016年5月换届选举结果,会计和妇女主任也由同一个人担任。

1. 选举过程

基层的村干部工作量很大,工资报酬却很少,家里农活有时会顾不上,而且在处理村寨事务过程中,还容易出现得罪亲友的情况,因此做村干部并不像外人想象的那么风光。

在调查中了解到,塘子边村民小组的选举是从推选候选人开始的。对于候选人的条件,第一是要识字。老年村民认为,尽管在村寨事务中,老年群体的力量不可忽视,但是现在的村委基本是年轻人,主要的原因是识字问题。一位被访者说:"现在不比从前,现在做干部经常要到牛滚塘或镇上开会,开完会回来还要写总结,复杂得很。"因此,是否有能力写会议报告或村落情况总结是推选候选人重要的依据。第二是是否外出打工。因为村干部经常要去开会,因此不能外出打工,即使务工也必须在麻栗镇的附近打零工,不能出远门也不能在县城有固定的工作。因为政府的会议不一定有日程安排,经常一个电话下来,第二天就得开会。第三是是否有胆识为村民争取利益。塘子边村的地理位置有点尴尬,他们离一个汉族聚居的村落——下凉水井村近,而离牛滚塘村委会远,因此在很多时候他们与下凉水井的交往

◇ 塘子边选举情况

更多。以用水为例,麻栗坡县为村民们拉的自来水管是从更高的位置上拉下来,管道大面积通过下凉水井村土地。由于塘子边村与下凉水井村从同一个蓄水池引水,特别是塘子边与下凉水井的小学还用同一条出水管道,因此在旱季蓄水池水量不足时,塘子边村的自来水会供水不足的情况,这个时候就需要村干部去出面解决。第四则是个人意愿。即使一个人再能干,如果不愿意做村委,村民还是不会勉强;反之,如果一个人意愿非常强烈,则可以推选自己为候选人。

候选人推选出来,村民们便会聚在活动中心投票选举,得票最多者为正职,其次为副职。村委一般是三年一任,到期需要再次投票选举。

2. 权责分配及事务处理

对上,村支书要去乡里汇报上级交代的工作,比如汇报计划生育、粮食产量、税收工作等,要做到"时间过半任务过半,时间过完任务做完"。如果没能按时按量完成上级交代的任务,就会被上级认为工作能力有问题。对下,村支书领导村干部带领全村村民搞生产,给村里的生产发展指出方向并带头行动。

组长协助村支书工作,对全体村民负责。据塘子边村民小组的人说,一般有事情都是通知陶忠树去开会,然后回来传达。笔者第一次到村子调查就没有找到村支书,原因是他到镇上开会去了。后来陶忠树告诉笔者,那天开会主要是说陌生人在村子里行骗的事情,结果回到村子便遇上笔者和正在走访村民的学生,他就想,怎么今天开会刚说,骗子就到村子里来了?于是按上级的交代,认真核查了我们的所有证件。

会计的主要工作就是算账,凡是需要统计的都要会计来做,会计统计出的数据上报村支书,再由村支书向上级汇报。塘子边村民小组的陶永静现在是会计,但由于刚上任,所以对村里情况不是太了解,自上任以来还没有做过核查工作。据老会计陶朝清介绍,塘子边很多工作都是不需要会计统计的,比如医疗和养老保险,都是村民自己到镇上去交,不需要会计介入。

塘子边村党支部在活动中心挂牌，因为村里的党员不足3人，故没有设立党小组。据了解，村里党支部的事务，也是由村民小组长到村里开会传达。

塘子边村民小组长和副组长是最基层的干部，跟村民接触得最多，好多需要亲力亲为的事务都要由他俩协作完成。这些基层干部时常为村民们做一些闲杂事务，比如陶忠树有时候就会帮忙接送村里的小孩子。

◇ 塘子边办公处

在塘子边村民看来，村里的事情是谁讲的合理就听谁的，也不一定要听村民小组长的。被访者介绍，有时候村民小组长开会回来通知大家要做什么，村里的老人懂的就会告诉一下那个事情行不行得通，如果行不通就要讲清楚，组长也会听老人的意见。因为如果不合理，村民小组长说了也不算，大家也不听。因此，基本上村里的事务都是大家商量着来做的。

村里没有因为田地争吵或打架的，大家关系都很好。其实在农村一般不和都是因为争水和争地，但这两件事塘子边都很少发生，所以没什么可吵的，更没有上告的情况发生，因此小组长也不需要做调解工作。

三、经济建设

（一）新中国成立初期的经济情况

新中国成立初期，苗族刚分到土地，生产工具主要为刀、锄等传统工具。据塘子边村民回忆，全家老小在农忙时都得投入生产，生产工具落后，每日完成的工作极少，起早贪黑是常事。即使全家都投入生产，仍然无法让家人饱餐。土地情况不好，再加上水不充足，农作物歉收。玉米一直是村里主要的农作物，但基本是广种薄收。麻也是每家都种植的作物，农闲时每家的女性都会用麻纺点线、织些布，为自己家人做衣服。水稻种植一直不是太理想，首先每家地分的不多，而且路途遥远，去劳作基本都需要一天的时间，再加上水稻总是有病虫害，收成不好，所以村里的人慢慢都不愿意种了。

（二）土地情况变化

新中国成立前，苗族大多没有自己的土地，靠租地生活，因此谈不上土地转让。土地改革后，因苗族为山地民族，生活在山上，田也不多，但是山地不少。在实行计划生育之前，每家都有好几个孩子，分家后，每家的土地日渐减少。

塘子边村的耕地面积有200多亩。1982年以前，塘子边村主要以生产队为组织形式，土地归集体所有，村民一起生产。党的十一届三中全会以后，实行包产到户制度，极大地调动了村民生产的积极性。那个时候集体土地按照各家的人头数分给各个农户，家里人口比较多的，分得的土地就比较多。但是塘子边本来土地就少，所以即使人口多的家庭也没有分到多少土地。同时，塘子边村的耕地在山下，离村民居住地有一段距离，劳作起来极不便利。

村里种植玉米、蔬菜等作物的土地则在居住范围内，但是塘子边村民所居住的地方是石山，蓄水能力很差，因此那些土地常年缺水。过去，饮用和灌溉都使用老村水塘的水，自从接通了水管，大家开始废弃水塘，现在水塘承包给其他人养鱼，水质变差，但是干旱季节仍然有村民饮用该鱼塘的水。

塘子边的耕地离村子有一段距离，大家觉得不方便，慢慢地便不再到山下去耕种，而选择外出务工，因此，当有房地产开发商希望买耕地来建

◇从塘子边村山上远眺田地，田地在图片中心点有树木的位置

房时，村民们基本上都把自家的地卖给了开发商。然而，那个来征地的开发商后来不知何故被抓了，因此耕地上始终没有建高楼。尽管土地不再属于塘子边村民，但是如果想还是可以去耕种。但至调查结束，笔者都没有听到有村民去耕种，有的人认为那已经不是他们的土地了，因为他们确实拿了开发商的钱把地卖了。目前那些土地有一部分由磨山大寨的壮族在耕种。

（三）种植经济

塘子边村地少人多，在解放初期至改革开放前，大家都靠土地吃饭，主要种植水稻和玉米，在自家门前门后种植蔬菜，间或种有火麻。改革开放后，政府鼓励发展经济作物的种植，并且给予技术和经济支持。

1. 玉米

村里的中年人告诉笔者，他们基本没有种植过大米，在他们的印象中，种玉米比较多，因为玉米既可以自己食用也可以用来喂食牲口。石山上土比较少，水源也不充足，因此玉米种植是最适合不过的。

表2 塘子边村民小组玉米种植面积统计表①

分类	2015年	2014年	2013年
玉米试验田	128亩	100亩	100亩
农户自种田	70亩	98亩	98亩

麻栗坡镇开展杂交玉米高产栽培示范田已经有好几年了，塘子边村是从2013年开始实施的。以下是2016年的实施方案，据镇政府的工作人员介绍，他们每年的方案都差不多，所以2016年的方案基本可以说明他们开展杂交玉米高产栽培的大致情况。

麻栗坡镇2016年杂交玉米高产栽培示范样板实施方案②

为了更好地发挥高产创建活动的示范带动作用，深入推进我镇玉米高产创建活动的开展，根据农业部、省农业厅和麻栗坡农业和科学技术局的统一部署和总体要求，特制定实施方案。

指导思想：认真贯彻县农业和科学技术局高产创建方案，坚持"依靠科技、集成技术、示范带动"的原则，充分发挥我镇自然条件，大力推广规范化栽培技术，不断提升我镇玉米单位面积产量。

工作思路：以新优品种为载体，以良种良法配套为主攻方

---

① 来源于2016年12月5日塘子边村民小组长陶忠树的访谈资料。
② 来源于2016年12月8日在麻栗坡镇政府采访。

◇ 玉米试验田

◇ 玉米示范片

向，选择适合我镇玉米高产栽培模式，通过技术培训和田间指导等技术服务，建立高标准示范样板，形成核心区—示范区—辐射区不同层次的技术传递模式，示范带动我镇玉米生产水平和种植效益的提高。

项目实施目的：样板采用合理密植、地膜覆盖栽培以充分达到以点带面的作用，促进群众改变传统的种植模式，提高我镇单产，增加粮食总产，确保实现农业增效，农民增收。

目标：根据麻栗坡县2016年农业工作目标要求，样板单产指标为500公斤以上。

以地膜覆盖技术为核心，集优良品种、宽窄行种植、培肥地力、分次施肥、化控等技术为一体。

选用良种：品种选用贵单8号。

精细整地：在清除前茬作物根茬和地膜的基础上，结合深耕翻深施底肥，耕翻深度20~25厘米，清除未腐烂的前作根茬与残膜，达到地面平整、土壤细碎、上虚下实。

选用地膜：选用1米宽地膜，方便覆膜，每亩备足5公斤。

适时播种：采用地膜覆盖栽培，播种时间可比露地种植提早7~10天，以3月中下旬为宜，争取在4月中旬前播种完毕。土壤湿润度适宜时播种。合理密植，实行规范化栽培，采用宽窄行种植，规格为宽窄行种植大行80厘米，小行40厘米，株距27~28厘米，每塘播2粒种子，留单株，亩播种密度为4000粒左右。

◇ 村民晒玉米

及时间苗补缺：玉米出苗后，3~4叶时开始间苗补苗，留壮去弱，每塘留1株。

使用测土配方施肥：按照有机与无机相结合，大量、中量、微量元素配合，用地与养地相结合的施肥原则，施足底肥、轻施苗肥、巧施拔节肥、重施穗肥。亩施腐农家肥1000~1500公斤，普钙40~50公斤，硫酸钾10~12公斤，尿素50~60公斤。农家肥、磷肥、钾肥混合后做底肥一次施用。追肥分两次，第一次在5~6叶期，施尿素用量的40%（亩施尿素20~24公斤），结合薅除一次；第二次在"大喇叭口"期，施尿素用量的60%（亩施尿素30~36公斤），结合中耕除草，要求高培土。

防治病虫害：玉米病害主要有玉米锈病、灰斑病、大小斑病、纹枯病等，虫害主要有地老虎、玉米螟、黏虫、蝗虫等。药剂防治：1. 病害：亩用70%甲基托布津100克或75%百菌清100克兑水60公斤喷雾。2. 虫害：亩用48%毒死蜱30毫升兑水60公斤喷雾，还可选用功夫、射杀、敌杀死等药剂防治黏虫、玉米螟等。防治地下害虫可用药剂地星2~4公斤／亩拌肥料中施入塘内，或选用辛硫磷、毒死蜱等药剂。另外，选用包衣种对防治病虫有一定效果。

适时收获：根据玉米特性，玉米籽粒成熟度进入蜡熟后期"八黄十收"，选晴天收获。

塘子边村玉米年产量低下，经常出现一年有几个月缺玉米粮的情况，加之养殖的猪、鸡等每天都要消耗大量的玉米，所以在玉米产量低的情况下，有的村民一日三餐都无法保障。基于此，政府给塘子边村民统一发放玉米苗进行栽种以提高产量，保证村民每年的玉米粮充足。每年到了栽种玉米的时候，政府会派车将玉米苗运到山上统一发放；到了玉米苗该施肥的时候，政府又会派车将化肥运到村中发放给村民。这样一来，便保证了塘子边村每家都能吃上饭。村民告诉笔者，政府对塘子边村发放玉米苗已有三年，在政府的帮扶下，玉米获得了丰收。现在塘子边村不再出现缺玉米粮的现象，大多数村民还有大量剩余的玉米可以拿到市场上去售卖，家禽与牲畜有充足的粮食喂养，塘子边村民的生活随着玉米产量的增加得到了改善。充足的粮食喂养使得村民的家禽生长良好，附近的部队经常到村民家中购买土鸡、土鸡蛋，增加了村民的经济来源。有些村民在家养起了母猪，生下小猪便拿去市场上售卖，也算是塘子边村民一笔可观的收入。笔者到麻栗坡镇政府的农业技术服务中心了解到，村民所说的情况大部分是真实的，只有一点村民没有提及，就是政府并没有在村里进行玉米实验田推广，而是每年选取部分村民的地块开展。

2. 姜

姜的培植一般在每年年初开始，11月份采摘出售。采摘时如果人手不够则需要请工人帮忙。姜易生病，且传染性极强，一旦地里出现有问题的姜时，整片姜地都可能会受到影响，因此，一年需要打一次农药。农药一般去麻栗坡县城采购，价格有高有低。村子里流传着这样一句顺口溜："挖姜养羊，本少利长，羊死姜臭，本都收不回喽！"可见种植生姜的风险是极大的。

◇ 生姜种植

姜的销售价格在4元/千克左右，一亩地能产4000千克姜。姜在生长期时，需要施肥3~4次。一般是种子刚出芽时，进行第一次施肥；叶子长成后，进行第二次施肥；姜成形后，最后一次施肥。采摘后，村民一般不会拿去市场上卖，都是被外地来的老板收购。

表3 塘子边村民小组姜种植面积统计表[①]

种类	2015年	2014年	2013年
姜	20亩	12亩	10亩

3. 烤烟

第一天到达塘子边村，看到房子旁边有一些烤烟房，以为村民有种植烤烟的习惯。然而在调查过程中发现，当地村民仅1997年种植过一次烤烟，但由于没有技术人员指导，烤烟生病，当年每户亏损1万~2万元。

烤烟在种植过程中一年需要施肥2次，一亩地需要300元的肥料、100多

---

① 来源于2016年12月5日塘子边村民小组长陶忠树的访谈资料。

元的药水,加上一些其他的费用,一亩地的成本为500元。烤烟种植的风险还是比较大的,如果雨水太多的话,烤烟往往烤不出太好的等级;收割时如果收得慢了,或者家里人手不够,可能也会导致烤烟卖不了好价格。

烟草的价钱是根据等级划分的,上级烟叶的价格是60元／千克,中级一等烟叶的价格为44元／千克,中级二等烟叶的价格为38元／千克,中级三等烟叶的价格为34元／千克,下级一等烟叶的价格为32元／千克,下级二等烟叶的价格为28元／千克。[①]采摘时,从下往上依次分类,下面属于下等,中间属于中等,上面最嫩的烟叶属于上等。烟叶一周采摘一次,能收五六次,需要一个半月才能收完。

4. 三七

云南省文山州以盛产三七而闻名,因此整个文山州种植三七的农户很多,也成为农民发家致富的途径。

目前塘子边村大约有三七种植面积50亩,其中只有不到10亩是本村村民种植,其他均是昆明来的老板租塘子边的地来种植。本村村民李庭文种的最多,是在"精准扶贫"项目的帮助下种植的,大约有2亩;其次是陶朝清,种了1亩;其他农户则多在自家屋边零星种半亩左右。[②]村民们告诉笔者,种植三七的成本太高,本来村民的人均收入就很低,基本上过着温饱的生活,所以根本没有余钱来投资三七种植;村民种植三七没有技术,收成不好;三七的市场价格波动太大,看着价格高的时候去种,等种出来价格又下来了。目前村里种过三七的村民表示,他们在三七种植上基本是亏损的,组长陶忠树本人就亏损了3万多元。据村民杨顺武介绍,塘子边村民小组的土地是适合种植三七的,所以才有昆明的老板下来租地。文山现在可以种三七的地不多了,因为三七收成后需要停止2年才可以再种植,因此

---

① 来源于2016年12月5日塘子边村民小组长陶忠树的访谈资料。
② 来源于2016年12月5日塘子边村民陶朝清的访谈资料。

◇三七种植

昆明的老板找到了他们村的土地来种植。

5. 甘蔗

种植甘蔗一年可售卖一次，栽种一次可连续砍5~6年。甘蔗每年冬天（天气冷的年份）或者是春天（天气热的年份）播种，之后一年只需要施一次肥料即可。甘蔗每年约12月份的时候砍采。一亩甘蔗地可以出产5~6吨甘蔗，一般售价为每吨430元，因此一亩甘蔗地可收入2000~3000元。甘蔗地施用的肥料主要为过磷酸钙和尿素，施用时过磷酸钙和尿素以2∶1的比例混合，撒到甘蔗的根部。每包过磷酸钙重50千克，35元一袋；每包尿素重40千克左右，85元一袋。4袋过磷酸钙，2袋尿素大约可施用一片约3亩的土地。①

塘子边村在2016年开始有2户种植甘蔗，种植了7~8亩地。村民们对于

---

① 来源于2016年10月5日塘子边村民小组长陶忠树的访谈资料。

甘蔗的种植持保留态度，很多人认为甘蔗喜高温，而塘子边村在高山上，温度不是太高，不太适宜种植。

（四）外出打工情况

由于村子里的地少，所以每家都有人外出打工，有的到很远的地方，比如浙江，有的就在麻栗坡县附近。年轻人外出打工，节约一点的打工几年就可以回来建房子成家。目前外出打工的大多都是进厂子，如陶忠富的大儿子就是在工厂做计件工作，去年工厂东西卖得好，工资高一点，今年差了，工资便低了，平均是3000多元。陶忠富的大儿子不怎么吸烟、喝酒，所以每个月能节约下来2000元钱。村子里还有几家人外出不是进厂打工，而是帮别人建房。

据塘子边村民小组长陶忠树介绍，全组有20人常年在外务工，其中大约有10人在省外务工，往往会选择江苏、浙江等省的沿海城市的工厂。但是近年来很多沿海城市的厂家经营困难，加之一部分村民对沿海的湿热气候难以适应，所以这部分务工青年的流动性比较大。这一类外出务工都是结伴而行，更多是夫妻一同外出。塘子边村民做工的第二种方式是等待包工头的联系。塘子边村有一部分人有建房的手艺，但不多，他们平时都在家里务农，当有一些老板接到活计的时候，便会召唤他们去干活。第三种方式是去县城的服务行业做工。大部分村民到了县城都只能做一些服务员之类的工作，这类工作时间长，比较累，而且收入低，大约是1800~2500元的月收入。[①]

塘子边的很多村民认为，在外面做工比在家种庄稼划算："在外面做一天有一天的钱，在家做一天哪样都没得，都是一样的累。"所以，很多村民只要有空闲的时间，都会选择去做小工。村民做小工的收入成为其家庭收入的重要组成部分。

[①] 来源于2016年8月5日塘子边村民杨顺华的访谈资料。

从陶忠树的介绍中了解到，全村每户都有人在外面务工，但是仅有10人到省外，其他都是在麻栗坡县内务工。后来对村民进行访谈发现，很多村民虽然自己受教育程度不高，但是希望自己的孩子能够重视上学这件事情，所以很多有孩子在八一学校上学的家庭，都会选择在县城务工，这样可以照顾家庭并且看管孩子学习。年轻人认为，父母一辈对孩子太宠爱，也不会管教孩子，任由孩子到处玩乐，也不知道让孩子多学习，所以自己管孩子会放心一点。此外，村里边一些大的事件是需要全村人一起完成的，比如葬礼，因此离家近可以在一些大仪式上不失礼节。有一些村民告诉笔者，去远处务工，其实工资高不了多少，而在外要租房住，一年下来也存不了多少钱。在县城务工就不一样了，早出晚归，住在家里，吃住都不花钱，每年不比到省外的打工者存钱少。

（五）扶贫工作

塘子边村地理位置特殊，村寨四面环山，交通不便，农业与经济的发展一直受到限制。因此，长期以来塘子边村的经济一直非常落后。基于塘子边村地理位置的特殊性以及贫困的生活状态，从2010年起，麻栗坡县政府对塘子边村进行了大力扶持，加上外界的投资，塘子边村得到了快速的发展。进村公路、入户道路、活动场地、科技文化活动室、卫生公厕、沼气池、安居工程等建设及经济发展项目的实施，极大地改善了塘子边的基础设施条件，解决了村民居住、出行、用电等困难，全面提高了塘子边村民的生活水平，改变了全村贫困落后的面貌。据麻栗坡县民宗局副局长熊文国回忆，自他到民宗局工作以来，塘子边村民小组至少获得3次以上的扶贫资助。

外交部扶贫办资助的塘子边整村推进项目，当地人称之为"安居工程"，整体改善了全村人的居住环境，目前村民都住上了小楼房。此外，村民的粮食供应也值得重视。张明秀告诉笔者，由于家家户户的水田非常非常少，粮食只能去市场上买。但由于缺少经济来源，塘子边的一些村民没钱去市场上买大米，只能每天吃玉米。当笔者问起村民除了种玉米会不会种其他蔬菜时，张明秀说，蔬菜只能种在玉米地里或在自家院子里种一些，因为本来土地就少，不能专门留土地来种植蔬菜。她嫁入塘子边村第二年的时候开始分土地，都是按人头分，每家分到的也不多。所幸的是她当时已经有分地权，因此她们家的地还稍微多一些。像她们家的情况在塘子边不多，很多农户都是分了地后媳妇才把户口迁入，所以很多家人口不少，地却少得可怜。

在边远的山区村寨，实现村村通电是一件非常困难的事。在塘子边村民张明秀嫁过来的35年中，前五六年村里还没有电，家家户户都是点煤油灯。随着塘子边附近部队的入驻，部队修建了军用电路，塘子边的村民便接用了部队的电路。

◇ 外交部扶贫碑

◇ 上海市资助碑

但仅接用了两三年，就因为各种原因停止了，塘子边的村民又过上了点煤油灯的生活。后来村干部上报麻栗坡县政府村中的用电问题，县政府便对塘子边村进行了电路的修建。据村民介绍，自从政府给塘子边通上电后，即使由于天气原因造成村中停电，都会很快有人检修，恢复供电。

四、婚姻家庭及社会风俗

（一）传统婚姻家庭

1. 同姓不通婚

塘子边村民小组是一个典型的苗族聚居村寨，同姓不通婚是苗族婚姻的基本准则之一。受访者说："同姓不通婚，一般是以苗姓为准，汉姓相同而苗姓不同的可通婚。"塘子边村有4个汉族姓氏：杨、陶、张、李。所对应的苗姓分别是：Yeus（杨）、Dlob（陶）、Nyangb（张）、Jait（李）。年轻人认识之初便会报上各家姓氏，以防日后产生婚恋麻烦。此外，有一种同姓通婚的情况，即查询双方是不是同宗，不是同宗也可以通婚。在塘子边，陶家分大陶家与小陶家，很多习俗不同，他们之间也不通婚。细问之下才知道，他们的祖先是同父异母的兄弟，由此可见塘子边是以父系来处理婚姻问题的。此外，还有一种是异姓不通婚的情况，就是彼此认了干亲的两家人被视为亲兄弟姐妹，是不可以结亲的。苗族的"同姓不通婚"留存于苗族民间的古歌中，也留存于现代苗族社会的家庭长者对后代的教育中，因此，大家基本上都会遵守这一婚配准则。

对于长期务农的家庭而言，彩礼钱是相当高的，有的家庭甚至拿不出彩礼钱给孩子成亲而致使其单身。陶忠富告诉笔者，过去他结婚的时候花了300～400元的彩礼钱，那个时候最高也就出500～600元。但是依当时的经济情况而言，已经是全家人共同努力才能筹到的彩礼钱了。村子里现在结婚很贵，主要是这两年涨起来的，礼金是5万～6万元，女方收了钱，就还几千元钱买个东西，其他的娘家都收下了。据说塘子边村民小组的年轻人出去打工，不怎么花钱也得存好几年才能回来娶媳妇。尽管如此，目前塘子边村民小组基本没有光棍，只是结婚早晚的问题。

村里人认为，有能力的年轻人自己在外面打工，然后找到喜欢的在外面结婚，回来请几桌客就行了。这样就不需要因为礼金而花费很多的钱，只花请客的钱。一般村里请客也只在家里做，不到外面吃。如果有人在麻栗坡县城的酒店请客，大家都不愿意去，因为去那里包车来回要花钱，包红包还要花钱，所以宁可不去。在家里自己做的话，只需要买一些菜就可以了，因为家里基本上要办大事都会养猪，办事的时候杀了猪就有肉了。平时结婚办酒买菜大概花5000~7000元，建新房请客则更少，花得最多的是葬礼，因为买牛就得花1万多元了。

2. 族际通婚

很长一个时期，苗族都实行族内婚，姑舅表婚是优先婚，很少与其他民族通婚。现在塘子边村民小组的婚姻基本上都是自由恋爱，不仅在苗族内部通婚，还和汉族、壮族等民族通婚。目前村里只有一个媳妇是壮族，没有汉族的姑娘愿意嫁来。笔者问，嫁来苗族村落的媳妇如果不会说苗语，不懂苗族规矩怎么办？受访者说，姑娘来了以后，村里的人都只和她讲苗语，先是从让她拿东西开始，讲一个词指着东西让她拿来，她听多了就记住了。所以嫁来的媳妇一般一年多就懂苗族的语言了，其他习俗村民会慢慢教给她，嫁过来几年以后也就和苗族的媳妇差不多了。因此，塘子边对于族际通婚并不是那么反对。

尽管如此，老人们还是有点担心在葬礼上这些外来媳妇是否会使用苗语哭丧。所以在调查中，老人的基本态度还是希望年轻人能娶苗族媳妇，但是如果子女执意要与其他民族通婚也不阻拦，毕竟现在是婚姻自由的年代了。

塘子边有一家女儿嫁给下凉水井的汉族，调查组专程到下凉水井了解情况。虽然觉得不是同一民族在文化上有些差异，但是下凉水井的生活条件比塘子边好很多，所以该女子仍认为嫁到那个村子挺好的。但也提到，她在汉族村落确实会有一点儿自卑感。

3. 国际通婚

云南省的苗族属于西部方言，而境外的苗族也多为这个方言区的白苗支系，因此在彼此沟通交流上没有障碍。每年的苗族花山节是苗族最盛大的节日，国内外的苗族都会来参加，这就给了大家一个接触的机会。因此从过去到现在，塘子边村一直都有国际通婚的情况。

（二）新的婚恋形式出现

1. 人口外出流动对婚恋的影响

虽然外出打工让年轻人有了更多的机会去接触各个地方和各个民族的年轻人，但是村民们说，即使在外面打工认识了其他民族的人，但大家在一起玩的机会不多。因此他们都是找有苗族的地方打工，这样在一起还可以讲苗话，可以过节。有时候，女孩子一个人外出打工，也有和汉族小伙子谈恋爱的，但是如果父母不同意的话，一般也会放弃。还有一种情况就是已经结婚的男女外出打工，遇上了自己喜欢的人，然后就回来要求离婚。这种情况一般对方都会要求赔偿，但能达成协议的不多。村里老人认为，打工产生婚变的人大多是因为到外面被更优越的生活所诱惑而不愿意回来过苦日子。尽管如此，打工认识的也多是苗族。离异的家庭一般孩子由老人养育，女性很少带着孩子离开，因为组建新家庭后，女性还会继续生育子女。但是并不代表女性不再理会孩子，如果男方发生变故，她还是会把孩子接到新家庭抚养。

打工对于婚恋的影响有利有弊，利是可以扩大大家的婚姻圈，让年轻人可以认识更多地方的苗族；不好的地方正如上文所说的，打工也会给婚姻带来不稳定因素。尽管打工扩大了苗族年轻人的社交圈，但是他们的婚姻传统却没有太大的改变，多坚持族内通婚，对于族际通婚还是持有迟疑的态度。

2. 新的婚恋方式出现

外出务工的年轻人对于现代通信有着很好的接受能力，平时上网一般是玩游戏、聊天、购物等。年轻人喜欢用手机上网与朋友交往，聊天工具喜欢玩QQ和陌陌，目前陌陌用得比较少，还是更喜欢玩QQ。QQ上的好友多，男性少女性多。一位上中学的受访者告诉笔者，他的同学和朋友一般都在上班，所以只有在他们下班后才能聊天。聊天的对象里有很多的女性，如果是男性则多是自己的亲戚朋友。有时候也会在QQ里约女性出去玩，也会有女性赴约。QQ聊天已成为年轻人谈恋爱的主要沟通方式。

五、丧葬习俗

本次调查组对葬礼的调查主要集中在砚山县，笔者亲自参加了一场葬礼，而塘子边的葬礼调查主要基于访谈资料。在调查中发现，尽管过去了几十年，但葬礼变化并不大。后来笔者走访了信仰基督教的富民县永定镇小水井，那个村寨的苗族全部信仰基督教，葬礼习俗大多改变为基督教信仰的葬礼，只有极少数家庭还在坚持用苗族传统的葬礼仪式。

苗族对凶死的定义：第一类，年纪30岁以下，在家中死亡被称为"凶死"；第二类，不论其年龄多大，只要是死在村子外面的，均被称为"凶死"，包括被车撞死的和在外面生病死亡的。

在过去，发现有人过世后，死者的家人会立即用家中的铜炮枪打三发，发出三声枪响以示意家中有人过世。同村的村民们听到枪响，则立刻聚集到死者家中，几个领头的男性村民就跟主人一起商量丧葬的相关事宜，确定哪些人是本次葬礼的"管事"，哪些人负责购买棺木，等等。但是现在家中留存的枪均已上交，所以用枪响来通知村民的习惯基本已改变，大多时候是通过人挨家挨户地口头通知。

如果死者是女性的话，年纪稍长的女性村民们就开始烧水、准备衣物等，为死者洗澡、洗头、理发。为死者梳洗完毕之后，村民们将死者用两块木板垫着放在从堂屋正门外面往里看门右边的地上，头朝外，脚朝里。放置在地上的死者身着全套黑色苗族麻布服饰，头裹深色头巾，身上也盖着黑布。

在死者死亡后的第一个白天，主家首先叫人去请"地师"来为死者选定送葬的日期，再派人去请"鼓"，接着着手为死者购买棺材，通知各方亲友、上山砍树，等等。塘子边目前苗族传统文化的传承情况不容乐观，首先，村里的"地师"是新学的，因此村里有人死亡，基本上都是到新寨去请。另外，仪式过程中需要大量的芦笙师傅，也是从那个村里请来的。村里目前有两位村民在学习芦笙，是杨顺华和杨富民。即使是已经学了多年的杨顺华也没有办法把整个葬礼需要的曲目全部学习下来。关于"鼓"，目前村里有一个鼓，是杨家人集资制作的，因此当杨家人死亡的时候，用鼓很方便。笔者了解到，村里陶家人去世，也会就近借杨家的鼓。杨家的鼓才制作了两年，在此之前，不管杨家还是陶家，葬礼均需要到附近的新寨中去借鼓。

塘子边村民小组中某一家有人过世或者是办其他事情的时候，全村每家至少有一个人要去办事的家里面帮忙，这样的帮忙不收取工资，只是大家在彼此有事情的时候相互帮助，因为"每一家都有老人，每一家都会办事"。目前村里的这项传统仍然保持着，据笔者了解，这一习惯在其他地区由于外出打工的村民众多而有所改变。但是塘子边村民到远方打工的人并不多，大多数都在本县，因此村里各大事情基本上都是可以参与的。如果实在回不来的，杨顺华告诉笔者，那家人就会花钱请一个人来帮忙，请的人也要求是本家姓的。请一个人1天100元，如果过世的人家要办3天，就得请3天，花300元。

苗族人的葬礼一般都要有一个家长，不论这个死者是男性还是女性，葬礼的家长都是与死者同辈的男性主人的弟弟（如果死者没有弟弟，那么就转由其哥哥）担任。家长是葬礼中最大的掌事者，也主管葬礼的相关事宜。

除了家长以外，葬礼还有一个比较"大"的人，即死者的弟弟，也就是死者孩子的舅舅。他要在本次的葬礼中监督各项事宜，"如果有哪里做得不对了，他就必须要指出来。但是家里面的老人不在了，他的子孙们都是很重视的，因为这些做好了他们自己才好"。

塘子边村中有人过世时，从死者装棺之日起到死者出殡，芦笙队会每天到死者的家中吹芦笙，与死者的守灵家属"作伴"。现在本村中会吹芦笙的只有两个人，年轻人都不愿意学吹芦笙，所以葬礼时要到别村去请人来吹芦笙，但要求最好是同姓之人，即请来吹芦笙的人与死者姓氏相同。以前苗族的习俗是，芦笙的声音和鼓的声音要白天晚上一直持续不断，但是现在的人"懒了"，只是在每天吃饭之前吹一下、敲一下，每天晚上孝子们守灵的时候吹一下、敲一下。

芦笙有两种，一种音稍高，一种音稍低沉。据村里人介绍，花苗喜欢吹低音的芦笙，音律比较清晰，杨家人吹的就是这种。而陶家人是白苗，他们喜欢音稍高的芦笙，这种芦笙听不出来音阶。吹的芦笙有一定的调子，一般情况下是一个人吹芦笙，一个人按照吹出的芦笙调子来敲鼓，平常敲鼓的频率会稍慢，但是向死者"交生"的时候鼓的敲击频率就会非常快了。虽然老人觉得现在的人"懒了"，不那么爱吹芦笙了，但其实并不是"懒"，而是会吹芦笙的人太少了。过去村里的人基本上都会吹，那么一直在换着人吹，就没那么累。但是现在来来回回就那么三四个人在吹，常常是吹到筋疲力尽，参加葬礼的人仍然觉得没有人在吹。

从死者过世当天晚上起，死者的儿子、孙子以及死者丈夫兄弟的儿子、儿媳们都要在死者的棺材前通宵守灵，直到送葬那天。"出纸日"当天，众亲朋前来参加葬礼时，这些孝子们都要在门口跪着迎接所有男性亲属，而女性成员则在门口迎接女性亲属到棺材前哭灵。

死者死后，需要有同姓中会念指路经的人为其念诵。这个念指路经的人必须是要了解本族或本姓人家的，所以念指路经的人一般是本家。据说，苗族是从很远的地方迁过来的，念指路经就是为了将死者送到苗族祖先所在的地方。一般在死者过世的当天晚上，族中会念指路经的人为其念指路经。在塘子边村，虽然会吹芦笙的人不多，但是会念指路经的人还是有几个的。念一个指路经大概需要两个小时，且所念的内容全部靠记忆，"会听指路经的人都知道指路经的内容听起来很惨"。念指路经的时候，死者家中的所有人，包括老人和小孩子都不能睡觉。

"出纸日"是指用黑色的笔在黄色的纸上写出葬礼各项事情的负责人和各寨来的客人的住宿安排。如指路人、管事、做菜、做饭、记账、倒酒、煮茶、各寨来的客人由哪家人负责接待以及时间落款。住宿安排单独为一张，贴在从外往里看堂屋左边的墙上，另外一张贴在右边。除安排住宿的那些人外，"出纸日"上安排的各类事宜的办事者均为男性。

"出纸日"当天早上，给死者"送饭"。先由指路人将饭、菜、酒水等摆到死者面前。送完"饭"以后，有一个人去外面放鞭炮，鞭炮声一响，全家所有的孝子和儿媳妇一起痛哭。随后，指路人主持"交生"的仪式，将家人为死者准备的一头猪和一条狗通过麻线"送"给死者。

出殡当天，大约天刚刚亮的时候（6点左右），丧家开始准备"交生"——将牛交给死者。将牛"交生"时所做的仪式与交猪和交狗之时做的仪式相同。

将牛"交"给死者后，孝子们和抬棺的男人们还需要在家中进行一场仪式。同时，家长、死者的弟弟、"地师"（选坟地和看日子的师傅）等人带着香、纸、酒、碗、烟筒、烟以及两把锄头上山，去为死者挖坟地。

开挖之前，由"地师"指导家长在山神的位置（每一个坟地都有一个山神，山神在坟后面约3米远的地方）和选地时在坟头压着几张纸钱的旁边分别插上了三炷点燃的香。纸钱点燃之后，家长和帮忙的人就开始整地。"地师"与帮忙的人分别在坟头和坟尾立了一根树枝并牵上线，为坟地量准方向。准确的方向确定过后，由家长开挖第一遍，在将地面随便挖几下之后，由死者的弟弟第二个挖。这样一轮过后，第二轮仍然由家长开始挖，家长挖完依次由随行的两个年轻人挖，然后帮忙的人会再继续挖。挖完之后，地面上出现了一个刚好可以放置棺材的浅坑，深度不超过10厘米。

挖完坟地之后，这些参与挖地的人与"地师"都在棺材被抬上来之前躲到远远的地方，直到棺材安放完毕，他们才走过来。

六、节庆风俗及宗教信仰

（一）花山节

1. 传统的花山节

花山节一直是苗族的重要节日，改革开放以前，一般由没有子女的家庭承办，据说出资办花山节是积德的，会带来子女运。这个节日在云南、贵州、广西都有举办。关于花山节的由来主要有两种传说：

传说一：一对夫妇没有儿女，到处寻医求药，一直都没有结果，经过很多磨难，最后寻到了天庭，就去叩见天帝。天帝告诉他们回去竖两根杆用布包起来，分别立在两个山包包上，取名为花山。花杆立好之后，就邀请四面八方的人来耍花山，耍花山的时候，男的要烧香，女的要点蜡烛。耍花山，从正月初一起，要到桃花结籽时，耍完花山，你们就可以生儿育女了。夫妻俩向天帝致谢后，欢欢喜喜回家去了。后来，花山节就成了苗族祈求生儿育女的盛大传统节日。①

传说二：在古老的部落时代，黄帝是汉族的首领，蚩尤是苗族的首领。黄帝和蚩尤原先很友好，后来双方发生了争执，矛盾越来越大，两人互不相让，最终双方发生了大战。这场战争相当激烈，打了很长的时间，直打得天昏地暗，日月无光，尸横遍野，大地一片凄凉。最后，蚩尤被打

◇ 马关花山节现场

① http://www.51wzst.co

◇ 前往节日现场的人群

败了,苗族被迫四处流落,成了一个四分五裂的流亡民族。为了能让苗族团聚起来重建家园,并继续生存下去,蚩尤心急如焚,他废寝忘食地冥思苦想。他想:汉族不会吹立箫和芦笙,只有苗族才会吹,于是就想出了一个好办法。他派人去砍下竹子做成立箫和芦笙,让法师到山顶上去吹奏,同时在山顶上竖起花杆来。流落在四方的苗族忽然间听到了他们最熟悉的芦笙的声音,于是顺着这个声音走去。走着走着,他们又看到了高高的花杆,大家就向竖花杆的地方汇聚,代表着苗族又团聚了,大家高兴地又唱又跳,庆祝这重建家园的喜庆日子。从此以后,每年的这段时间,苗族都要举行盛大的歌舞活动,苗族的花山节就这样流传下来了。①

---

①http://www.51wzst.co

在过去，花山节期间正是苗族休闲与探亲访友的时候。每年春节刚过，大家换上新衣，一般到有亲戚的花山场去踩花山。现在云南省的花山节有两种情况，一种仍然是民间自己立杆，另一种是由政府出资立杆。

过去立杆一般都在汉族的春节后，而现在大多在春节前，因为立了杆附近的苗族就知道春节后哪里有花山节了，要不然年轻人都不知道要去哪里踩花山。因为立杆花

◇ 马关花山节现场立杆

◇ 马关花山节表演

◇砚山花山节斗鸟现场　　　　　　◇砚山花山节现场

费不小，所以塘子边村一般都不会立杆，而是到其他地方去过节。目前塘子边村民去马关过花山节的比较多，那边是政府主办的，节日内容比较丰富，场面也比较热闹。

花山节有开幕式，由政府立杆的花山场一般还会有政府组织的苗族传统歌、舞、芦笙比赛，有很多年轻人参加。

民间立杆也会有相关的文艺活动，但一般还设立奖项，年轻人自娱自乐。据塘子边村民介绍，他们去的民间立杆的花山场，要数砚山县盘龙乡响水龙的最热闹了。那里有十多个村寨搬迁聚居在一起，每年都会立杆。笔者问受访者，砚山那么远，为什么想到那里去踩花山？受访者说，一般村里人是先约着到西畴县去玩，在那里的亲戚有一些嫁到了砚山，所以会再相约到那边去赶花山场。

花山节还有斗牛、斗鸡、斗鸟、踢脚架等活动，均分别安排在不同的时间。笔者走访响水龙花山节的时候是年初三，花山场上除了文艺演出还安排了斗鸟活动。

此外，花山节也是做生意的好时机。一般没有立杆的村落都会到有亲

◇ 砚山花山节卖花　　　　　　　　◇ 砚山花山节扔沙包

戚的花山场去踩花山，既是去玩耍也是去走访亲戚，因此需要在花山场购物探亲。还有一种情况就是年轻人到没有亲戚的地方踩花山，没有地方吃饭，因此需要在花山场上餐饮。

花山场上还有鲜花售卖，有的青年男女彼此觉得合适，男方还会买鲜花赠送给女方表达心意。

扔沙包游园活动则是青年男性赢取玩具的地方，一来可以表现自己的能力，二来也可以把赢取的礼物送给心仪的女性。

2. 塘子边村民过花山节的情况

塘子边村民每年都会外出踩花山。由于塘子边人口较少，因此塘子边村不举办花山节，每年到了踩花山的时候塘子边村民便会外出参加。村民介绍，每年的正月初一、初二是不允许出远门的，只可以在近的地方走走逛逛，初三起便可以出远门。有的村民从初三这一天起外出打工，踩花山也是从这一天开始外出参加。这一天,塘子边的村民们一早起来吃过早饭就出发前往马关踩花山。塘子边的村民几乎家家户户都有摩托车,出发前,村民们喜欢把一块红布挂在摩托车上。从村民口中得知,挂红布是为了保平安,预示着一年都平平安安。到了第二年,村民又重新挂一块红布,一年换一块。但也有村民不信这一说法,不挂红布的。麻栗坡县民宗局工作人员告诉笔者,一到花山节的时间,文山州很多地方都举办花山节。塘子边是只有30多户的小寨,每年外出参加花山节的村民一般分为两拨,一拨是未婚青年男女组成的青年组,一拨是已婚男女组成的成年组。塘子边不同的群体外出参加花山节的时间不一,青年组时间最长,有时候超过10天;成年组时间最短,平均两天或者三四天,有的甚至一天往返来回。花山节是塘子边村民每年都会过的唯一一个传统节日,故家家户户到了踩花山的时间都表现得非常积极。

王正文,男,16岁,初三毕业。调研期间,在笔者和王正文的相处中得知,花山节是谈恋爱的好时机。据王正文介绍,到了踩花山的时候,塘子边的年轻人会不约而同地一起前往马关、文山等地踩花山,一去就是十几天。有的小伙子会骑着摩托车带着姑娘,或者自己一个人骑着去,在路上遇到谁就和谁一路前往。更多的时候,塘子边的小伙伴会说在一个必经之路上的固定地点进行集合,比如附近的边防检查站,谁先到就等着还没到的小伙伴。由于前往马关、文山参加踩花山的人较多,如果在路上没有遇到认识的小伙伴,到了文山后就会一个个打电话聚集在一起,大家碰面后男男女女便一起去花山场踩花山。王正文说:"一到花山节,花山场人特别多,只要看到有彩旗的路线就有非常多的车,车都停到了大马路上,排好长好长的队。"由于青年精力比较旺盛,因此一天要逛很多花山场,各个花山场之间也隔的不远,大家一般觉得哪里好玩就去哪里。他们住的地方也经常换,通常玩到哪里就住在哪里。一起去的小伙伴在花山场会一直在一块,因为花山场人山人海很容易走散。有时候小伙伴各玩各的,不小心走散了，由于人太多不好打电话，便到停车的地方等着。

苗族是一个能歌善舞的民族，花山节可以说是喜爱唱歌的苗族姑娘、苗族小伙、苗族老人大展歌喉的好时期。但塘子边村的男女老少在花山节一般不参加节目表演，而是在一旁观看居多。在花山场，凡是想唱歌的只需现场报名即可，但是塘子边村的姑娘几乎没参加过。

花山节时众多苗族姑娘都穿着民族服装，塘子边的一些十五六岁的小姑娘甚至穿着高跟鞋前往，即使不上台表演节目，姑娘们也喜欢打扮得漂漂亮亮的。

在花山节上，塘子边的村民主要以逛为主，小男孩一般喜欢投沙包、写字。据王正文介绍，投沙包是有奖品的，他们都喜欢玩这个，奖品一般是各种各样的布娃娃。投沙包的游戏规则为花几块钱买沙包，一旦投中就得奖，这也正是哄女孩子喜欢的好方式。此时，一起去的女孩子就在旁边站着，等着男孩子投中沙包将娃娃送给她。写字也是他们在花山场经常玩的游戏。游戏规则为从1写到1000，中间不能写错，一旦写错就算输了，如果赢了就会得布娃娃之类的奖品。可以看出，花山场上游戏奖品的设置都是女孩子喜欢的娃娃类，花山节为苗族男女谈恋爱创造了良好的条件。通常，在他们前往花山场玩的时候，因为知道有这个游戏，就会在家里先进行练习。但据王正文介绍，即使在家里练习了，到了花山场上也会写错。

除了扔沙包、写字，他们还会在逛花山的时候看斗牛、斗鸟、斗鸡等活动。当笔者问起是否会投钱下注时，他们告诉笔者只是看看，不会去下注。当笔者问到踩花山十几天会不会觉得时间太长，会不会玩腻时，他们告诉笔者，如果逛花山逛累了会带着姑娘到文山附近的公园逛逛，或者在文山城里逛街。

塘子边作为一个不太富裕的苗族村寨，村民们春节后前往花山场踩花山的消费也是一笔不小的数目。但塘子边的村民对于一年一度前往花山场踩花山的消费却一点儿也不吝啬。家长一般会给家里面想要去踩花山的小

◇骑摩托车去参加花山节

孩相对充足的经费。当笔者问起王正文每年踩花山的开支时，他说每次都花一两千元。因为踩花山的地方没有亲戚，所以他们只能住宾馆，每天吃饭也要花钱，用他们的话说，踩花山他们就是去花钱消费的。踩花山的时候吃饭一般都是男孩子掏钱，玩游戏也是男孩子掏钱，这样一来，带2000元去花山场有时候还觉得不够花。可见，塘子边的青年谈恋爱的方式已经和过去的有所不同，由之前的男女对歌等方式演变为现在更接近现代化的以消费为主的模式。

侯发仙，女，22岁，苗族，小孩9个月大。每年的花山节，她和自己的丈夫都会去参加。从她的口中得知，花庄、小浑塘、红石洞是他们经常去的地方。每年春节过后，他们一家便起得早早的，吃过早饭后便换上年前就准备好的苗族服装，坐上丈夫的摩托车出发前往花山场踩花山。骑摩托车一个多小时便可以到花山场。一路上，大家都穿着花花绿绿的苗族服装，非常艳丽。由于大家都去相同的花山场，所以只要在路上碰到，即使相互之间不认识也会打招呼，有时候还约好到了花山场后一起玩。

熊翠，女，25岁，苗族。有一儿一女，儿子8岁，女儿2个月。每年春节，她都会和丈夫以及孩子前往文山红石洞踩花山，由于娘家就在文山踩花山场的附近，所以他们每次一去就是四五天。笔者在与她聊天的过程中得知，红石洞这个花山场每年初二人不多，初三和初四两天最热闹。花山场的一边有许多现代城市人经常玩的游戏，深受她儿子的喜爱。由于她娘家离花山场近，因此她不会像塘子边的其他苗族姑娘一样在家里就换好艳丽的苗族服装，而是将苗族服装带去娘家换上再前往花山场，一般穿苗族服装的时间仅为一天。在她看来，因为每年都会去，所以踩花山并没有多好玩。她之所以每年都去踩花山，其中一个原因是离娘家近，踩完花山可以去陪陪娘家的老人。

3. 花山节的变迁

过去，花山节的功能集中体现在求子和婚恋。在《云南苗族瑶族社会历史调查》中记载，花山节往往是由无嗣求子的富裕人家发起。[①]而现在大多数花山节都是由政府资助立杆。花山节已经慢慢演变成了苗族文化的展示会。很多商人看准节日期间人流量大这一商机，会在花山节上售卖物品。如在花山节上售卖苗族服饰也成了一个亮点。

花山节还是苗族青年男女谈情说爱的美好时机。在过去，情投意合的恋人，会以对歌的形式互诉衷情，甚至有订婚的情况。现在花山节上，男青年会给自己心仪的对象购买小礼物，或约女孩玩花山节上的游戏，由于青年男女很多人都不会唱苗歌了，因此对歌的情况越来越少，目前唱苗歌只出现在花山节的展演或歌唱比赛中。在过去，青年男女一旦相爱，男

---

① 《民族问题五种丛书》云南省编辑委员会编：《云南苗族瑶族社会历史调查》，民族出版社，2009年，第45页。

的要以花裹脚、花腰带等精美绣品赠送给姑娘，而姑娘也以自己千针万线亲手绣制的花帕、包头回赠。然而现在女孩会制作民族工艺品的人少之又少，甚至连自己的婚衣都不会绣，所以很少有人给自己的心仪对象绣制礼品，基本都是购买礼品赠送。

（二）"鼓"信仰

苗族把"鼓"称为"ntrumk"，认为其具有神性，因此需要遵守很多禁忌。第一，养鼓的人必须算过八字，要适合养鼓才能把鼓放在家中，否则会带来灾难。第二，保管鼓的人一般把鼓吊在家中房子中柱的位置，平时不得敲击也不得触摸。在各种节日，如过年、端午节、六月二十四、采花山、七月半、八月十五等，以及家中有客人吃鸡等时候，都必须要向鼓献饭。

塘子边的鼓是新做的，仅有两年时间。2014年正月初二，全村的杨家聚在一起商量做鼓的事宜。当时考虑到做鼓需要在一个没人到的地方，因此他们选择在附近的一座山上做，而且是一个"丫"字形的山口。做鼓之前，他们到杨友坤家里砍了一棵核桃树，直径70多厘米。大家把树桩挖空以备制作鼓的时候使用。当时每家人都出资500元，集资7500元，主要用来买牛，因为鼓的两面要用牛皮封。据说过去在做新鼓的时候，由共同拥有这个鼓的村子中的老人选定日期和山，并选择供养人。一般一个村子或几个村子共同制作和使用一面鼓，所以在选择供养人的时候，各个姓氏的候选人站在老人们面前，老人们则通过卜卦来选供养人。

塘子边的鼓由杨家人制作和拥有，现在存放在杨顺学家中，据说当时并没有举行任何仪式，只是因为他是同辈中最年长的大哥，所以由他来供养。由于年长，所以杨顺学对于苗族民间信仰也比较熟悉，举行仪式也多邀请他到场指点。

凡是村子里有人过世，那么这家人就要选派两个人去杨顺学家将鼓请来，以便在丧事中使用。借鼓的时候，需要杨顺学向鼓烧三炷香，并且念一段经，告知某家将要将其借走使用。之所以需要两个人去借鼓，一方面是因为这个鼓比较重,另一方面是这个鼓在借来的过程中不能在地上停留,因此需要两个人轮换着背到死者的家里面。

鼓借来之后,需要对其进行祭拜,并且念经。念经的大致内容为:"鼓来到我们家里,不能压到家里面的任何人,也不能压到任何牲畜,只能为孝子公家办事。"在葬礼中,这个鼓一直与芦笙配合使用。死者死后的第一个下午,这个鼓就要被借到家中,待棺材准备完毕,吃完晚饭,芦笙队到来之后,芦笙队的人就要一直敲鼓并且吹芦笙。鼓须挂在从堂屋门外往里看棺材右边的大柱子上,芦笙则被放在鼓的下方。

从鼓被借来之后到还鼓,其位置不变。在"出纸日"早上,主人家会杀一只刚刚开叫的公鸡,破好肚,撑开挂在鼓的正上方。中午吃完饭以后,会再割两块猪的排骨肉来与鸡一起挂在鼓的正上方。这两块肉,大的那块(16~18斤)由吹芦笙的8个人平分,小的那块(重约3.6斤)和鸡则等到还鼓的时候与鼓一起送还到养鼓人的家里面。棺材被抬出以后,就不需要再敲鼓了,这时丧家的人会将鼓取下来,放在一张桌子上,等待有人将其送回杨顺学的家中。还鼓时,同样需要举行仪式,先向鼓"交生",再向其"交熟",之后还鼓人方可离开回家。

(三)其他民间信仰及仪式

关于其他民间信仰及仪式的调查主要是从对村民杨顺华的访谈中获得。苗族对外人不太愿意谈起自己的民间信仰。第一,他们在受教育过程中,多少感觉到他者对于他们的信仰文化存在猎奇的心理。第二,苗族现在民间信仰仪式举行得越来越少。原来很多信仰仪式都是用于治疗疾病的,但是现在医疗比较发达,而且塘子边村民小组离麻栗坡县城很近,就医也相对便利,因此村里举行治疗仪式就更少了。由于少举行、少接触,村里的年轻人对很多仪式都不知晓。杨顺华由于正在学习吹芦笙,时常跟着老人参与仪式,因此从老人那里知道了一些民间信仰。

1. 供奉祖先

在塘子边村民小组每一户人家的堂屋面对着门的那堵墙上都贴有几张草纸，并有一块木板，上面放着一个香炉，那是供奉祖先的地方。每年的春节、清明和七月十五，都会杀鸡、烧香，持续三天。

2. 变婆

"变婆"的故事在苗族聚居区常有耳闻，所以苗族很多人谈变婆色变。据杨顺华介绍，猛峒有变婆，原来还有一个会捉变婆的巫师，他把变婆抓来弄死吊在火炉上面烘干，以后谁遭了变婆，就割一点风干的变婆肉放在碗里，然后冲一点水让那个人喝，便会好。

3. 扫火星

苗族的祭祖或治疗仪式一般以家庭为单位举行，而"扫火星"是家族式的仪式，即同姓氏的苗族家庭共同举行。

塘子边杨家在每年的农历九月二十七日举行。他们会请巫师到每家每户清查家宅，附近的杨家都会来做客，每家来一人。以2015年杨家的扫火星仪式来说，很多地方杨姓的苗族都来参加仪式，其中马关有40家、猛峒有25家、文山有70多家、师宗有56家。

陶家的扫火星在春节时候举行，仪式相对杨家而言要简单一些，只是拿鸡蛋滚一下就行了。①

---

① 以上所记录的仪式都是苗族聚居区现在还在举行的仪式，由于时代变迁，上一次社会历史调查的一些仪式在此次走访中并未搜集到相关资料。

回族社会历史回访再调查
——以个旧市沙甸区为例

马　勇　王超凡　孙诗超

中华人民共和国建立前夕（1949年9月），江应樑先生在沙甸进行了为期12天的调查，写下了《滇南沙甸回族农村调查》一书。该书从地理位置、村寨外貌、村民来历、经济生产、宗教文化、日常生活及总论等七个部分对20世纪40年代的沙甸回族农村进行了系统记述，是研究20世纪前期沙甸回族社会经济与历史文化问题的重要文献。在书中，江应樑先生结合史志文献记载与民间传说，对沙甸的区位及名称的起源做了深入分析，又通过实地调查和访谈等形式，对沙甸回族的来源、经济生活方式和宗教文化教育做了系统的记述，从整体上展现了20世纪中叶沙甸的面貌。

中华人民共和国成立之后，党和政府高度重视民族工作。1956年开始的少数民族社会历史调查，对云南沙甸回族也有比较详细的调查，并形成《沙甸解放前经济发展情况》一文，收入1986年由云南人民出版社出版的《云南回族社会历史调查（三）》。该文记述了沙甸的自然概貌和历史沿革及解放前几个时期的经济发展情况，并总结了沙甸经济发展的一些特点。

60多年以来，尤其是改革开放以来，随着云南经济社会的发展，沙甸

◇ 建于明晚期的西营龙潭

发生了翻天覆地的变化。经济上，随着产业结构的优化升级，沙甸区的第二产业在稳中求进；在经济"新常态"的引导下，沙甸区以文化、旅游、商贸为主体的第三产业提速增效，加速了城镇化的进程。文化教育上，随着师资力量的加强和办学条件的改善，沙甸区教学质量稳步提升；在全民参与的氛围下，沙甸区文体事业蓬勃发展。社会生活上，随着经济的稳步发展，人们的衣食住行得到了极大的改善。一个社会稳定、民族团结、宗

◇ 建于清代的西营栅子门

教和顺的新沙甸展现在滇南大地。

基于此,我们在沙甸区进行了为期一个月的调查回访,并结合史籍文献、政府工作报告,撰写成《回族社会历史回访再调查——以个旧市沙甸区为例》,力求在前人调查的基础上,对60多年来沙甸的社会发展与变迁作出新的记述,以期能够管蠡今天沙甸的概貌。

一、沙甸概况①

(一) 地理区位

沙甸,是一个历史悠久、经济发达、人才辈出的回族聚居区,隶属个旧市管辖,处于滇南重镇蒙自、个旧、开远、建水四县市的交会点,是云南省政府发展战略中"个旧、开远、蒙自群落城市"中心的一个省级重点乡镇。

沙甸地理位置优越,交通便利,通往蒙自、个旧、开远、建水四县市的铁路、公路都在这里交会,是滇南的交通要冲。323线国道经过区境南缘,位于昆(明)河(口)高速公路的西侧,距鸡(街)石(屏)高速公路、泛亚铁路仅1000米。沙甸西南至个旧市27.1千米,东北距开远27千米,东南离蒙自28.4千米,西北距建水54.8千米。② 从个旧延伸,可达红河、元阳、绿春、金平等地;从蒙自沿昆河高速公路或乘泛亚铁路南下,可直达国家级口岸——河口;从开远沿昆河高速公路北上或从建水经通海、江川、玉溪,均可直达省城昆明;从开远经砚山、富宁,可入广西百色、南宁;从建水经石屏、元江,可达普洱、西双版纳等地。

蒙自是红河哈尼族彝族自治州的首府和政治、经济、文化中心,历史

---

① 关于沙甸的区位记载,在地方政府的调查报告、工作总结和学者的乡情调查、研究及著作中部分数据间有不同之处,现综合诸材料以及笔者的实际调查,仅对差异较大的数据以脚注的形式加以说明。文中涉及的人口、土地、气候等数据,一般以沙甸区委、区政府的文件、报告为准,时间上一般以近年的统计数据为准。

② 据Google地图统计数据。

◇承载着历史的青石板路

上商品贸易较为发达,商贾云集,是著名的商埠。开远是现代工业城市,煤炭、电业、化工、建材业发达。个旧是著名的锡都和有色金属王国。建水既是历史文化名城,又是一个农业大县,资源十分丰富。沙甸处于四县市的交会点和居中地位,城镇辐射强,区位优势好,在滇南农村屈指可数。它靠近城市、靠近矿山,附近工厂林立,既有广阔的市场,又有丰富的资源。公路、铁路交错而过,交通便利,电网从空中穿越,电力充足,有一座中型水库,给水方便,发展交通运输业、矿产业、建筑业等乡镇企业,有得天独厚的条件。①

(二)气候与环境

沙甸,位于北回归线以北10千米,处于东经103°06′~103°12′,北纬23°24′~23°35′之间,属亚热带气候。常年主风为南风,年平均

---

①个旧市沙甸区委、区政府编:《沙甸的昨天·今天》,云南民族出版社,1996年,第1页。

◇沙甸白坡水库

降雨量700~800毫米，平均气温20℃，亚热带气候特征显著，年均日照指数为2222小时[①]，年霜期10天左右。全区面积为27.5平方千米，占个旧市总面积的1.61%。

沙甸山清水秀，土地肥沃，气候适宜，前有河流，后有高山。其北青山重叠，凤凰、公鹅、金鱼、黑山诸峰耸立，顶戴着苍翠松林。山麓有宽敞而平坦的墓地，数千座明清的古墓碑，记载着沙甸的历史和变迁，是一个有一定规模的碑林历史博物馆，十分珍贵。其南部玉带河自东向西蜿蜒缓流，经倘甸入泸江，经开远入南盘江，汇珠江奔流大海。在沙甸境内，河长约四里，像一弯新月，似一条玉带。过去，河水清澈，村人称之为"汝水"，河上有两座桥，一座是建于明代的石拱桥，一座是石墩木板桥。两岸古木相望，众树成行，大椿树高大粗壮，三人才能合抱，有"树

[①]红河州回族学会编：《红河回族概览》，云南民族出版社，2012年，第12页。

王"之称；柏树翠绿芳香；大白杨挺拔俊秀；攀枝花花红似火。河岸内外数千亩良田沃土，阡陌交错，一望无际。

沙甸附近的风景名胜，美不胜收。距沙甸南面20千米的蒙自山（又名目则山），高耸入云，仿佛一座蔚蓝的屏风。距沙甸西面30千米的建水燕子洞，是云南著名溶洞，被中外岩溶专家赞誉为"亚洲第一溶洞"，每年春夏，溶洞因数百万只大白腰雨燕巢居其内而得名，有滇南奇观之誉。

沙甸景色优美别致，又有浓郁而独特的回族文化，地处滇南溶洞阿庐古洞、白龙洞、南洞与燕子洞之间，民族旅游资源丰富，发展旅游业潜力巨大，条件优越。[①]

（三）行政区划

沙甸原先隶属于蒙自县，1958年划归个旧市管辖，与鸡街合并成立钢铁公社，后一度又划归蒙自县管辖。1979年重新划归个旧市后，于1984年改为区。至1997年，沙甸下辖沙甸、新沙甸、金川和冲坡哨四个行政村。至2002年，沙甸区由沙甸回族乡、新沙甸回族乡、金川回族乡和冲坡哨彝族乡四个行政乡构成，下辖11个自然村和31个合作社。

沙甸区辖4个村委会（沙甸、新沙甸、金川和冲坡哨），11个自然村（其中，9个回族村，2个彝族村。沙甸下辖西营、川营、东营3个回族村，已连为一体；新沙甸下辖莲花塘、白房子、团坡头3个回族村和团坡彝族村，与沙甸隔河相望；金川下辖金鸡寨、凤尾村、川方寨3个回族村，与沙甸的东营村连为一体；冲坡哨为彝族村），30个村民小组。

沙甸村民围清真寺而居。以原来的大清真寺为界，以西称西营，以东称东营，临河称川营。甸、营称谓明显地反映了元、明时期军屯的痕迹。村子由西向东逐步延伸，沿沙甸河由北向南不断扩展，形成目前沙甸、金川、新沙甸的村庄格局。西营、东营、川营组成沙甸，又称"老沙甸"，

[①]个旧市沙甸区委、区政府编：《沙甸的昨天·今天》，云南民族出版社，1996年，第4页。

◇沙甸街景

东营之东的金鸡寨、凤尾村、川方寨组成金川。沙甸河以南的团坡头、白房子、莲花塘组成新沙甸。

金鸡寨。又名金家寨，位于沙甸与川方寨之间，坐北朝南，近似椭圆形。原为荒地，土地贫瘠，无河沟引水灌溉，靠雨水下种。清宣统二年（1910），村民金朝喜因原住地狭促，就到距沙甸约半公里的东边盖房居住，后邻居逐渐增多，形成一个小寨子，得名金家寨。家、鸡音近，久而久之，村民便把金家寨叫为金鸡寨。

凤尾村。1975年后，金鸡寨的一部分村民向村北的凤尾山脚扩展居住而得名。

川方寨。在金鸡寨以东，原名东方寨。传统观点认为其得名于清咸同年间，当时云南回民起义，剑川回民到沙甸支援，后为纪念在沙甸阵亡的剑川回民义军，改东方寨为川方寨。但据白寿彝编撰的《回民起义》第二册记载的"沙甸、川方寨、鸡街、马家山、庄户、平寨、大法乌七百余户,林相(川方寨人)、赛春、赛德为首领"的史料,可知川方寨在咸同回民起义之前就存在,并且户数众多。

莲花塘、白房子、团坡头。1975年后,当时沙甸公社下属的第二、第三、第五、第六生产大队的一部分村民分别迁至沙甸河以南、鸡街至建水公路两侧的莲花塘、白房子、团坡头。莲花塘是由于附近有一大片种莲藕的池田而得名。白房子原是一片空地,20世纪60年代初,个旧市在这里盖了一所儿童教养院,该建筑的围墙和房屋用白石灰粉刷,于是村民称其为"白房子"。团坡头,因此地的荒坡呈团形而得名。①

(四)土地与物产

沙甸区总耕地面积5384亩②,土地平整而肥沃,海拔在1200～1400米之间。③因为处于腹地坝区,加之位于交通沿线,而且靠近河流、水源,土地肥沃,常年雨量充沛,气候温和,日照时间长,粮食、蔬菜和甘蔗等经济作物生长良好。④

沙甸物产丰富,是滇南有名的经济作物区和蔬菜基地。这里盛产甘蔗。春夏,甘蔗发新叶,一片碧绿;秋冬,浓绿的蔗林成了一片片青纱帐。沙甸甘蔗甜脆、粗大、糖分多、产量高。早在20世纪40年代,这里的制糖业就颇为发达,当时全村耕地约3675亩(不包括地主在外村的1457亩)几乎全部种植甘蔗和洋芋。⑤甘蔗产品有红糖、白糖、冰糖,大多远销昆明,转销各地。沙甸蔬菜品种十分丰富,一年四季,菜花天天开,蔬菜日日收,青椒、芋头、早洋芋、莲藕、茭瓜、茄子、菜豆、豇豆等尤为

---

① 红河州回族学会编:《红河回族概览》,云南民族出版社,2012年,第14页。
② 本文采用《个旧市沙甸区"十二五"经济计划发展情况暨2016年工作计划和"十三五"规划报告》中所记载的数据,另有《沙甸的昨天·今天》中"5814.5亩"和《云南回族社会历史调查(三)》中"5039亩"等不同记载。
③《红河回族概览》第12页中记载沙甸区海拔为"1100～1300米"。
④ 高发元主编:《云南回族乡情调查》,云南民族出版社,1992年,第65页。
⑤《中国少数民族社会历史调查资料丛刊》修订编辑委员会编:《云南回族社会历史调查(三)》,民族出版社,2009年,第67页。

出名。这里稻谷也很有名,分粳谷、糯谷、香谷三大类。香米香味浓郁,糯米糯得拔牙,粳米粒大,分白、红两种。沙甸适合种植亚热带水果,石榴、蜜桃、无花果、大枣为其特产。

(五)人口及其流动趋势

1949年9月,江应樑先生到沙甸进行实地调查时,沙甸村人口为480户2700人,但实际人口当在900户以上,5000人上下,全村都是回族。[①]2008年末总户数4280户,总人口14944人,回族约占总人口的85%,共3500多户12703人;彝族约占总人口的8.7%,共380多户1300多人;汉族约占总人口的2.3%,共100余户340人;壮族13人。2010年第六次全国人口普查,沙甸总人口达到18952人。[②]2015年,沙甸区总人口为16026人,其中回族占总人口的87.6%。[③]

2000年以后,随着沙甸经济发展和城镇化初步形成,云南省内昭通等地的回族有一定的流入,规模在200~300人。

至于沙甸外迁人口,近30年来主要为外出读书、经商、就业的人口,但规模有限,每年大约有几十人。

(六)村寨今昔变迁轨迹

历史上沙甸自然村落的面貌在如今的沙甸已难寻觅,传统的土墙瓦顶的民居建筑和街巷布局在1975年后已所剩无几,只有鱼峰书院及其周围的几栋四合院尚留存着一些传统村落的面貌,建筑分布错落有序,透露出历史的味道。

1975年后,沙甸的建设是围绕着原先的主街道展开的,打乱了原有自然村落的格局。当时普遍按5米左右的土墙瓦顶房子及6米左右的院子,3

[①] 云南省编写组编:《云南回族社会历史调查(一)》,云南人民出版社,1985年,第2页。

[②] 红河州回族学会编:《红河回族概览》,云南民族出版社,2012年,第12页。

[③] 个旧市沙甸区公所:《个旧市沙甸区"十二五"经济社会发展情况暨2016年工作计划和"十三五"规划报告》,2016年2月29日。

米左右的通道规划设计，11~12户为一排，成排建筑安置。这一时期的沙甸，整齐划一成了最大的特色，房屋几乎都是黄土墙灰瓦顶。

1980年以来，随着改革开放、社会经济的发展，率先富裕起来的沙甸回族家庭拆旧建新，自发改扩建住房，因此钢筋混凝土结构的建筑兴起，各式现代建筑不断涌现。尤其是近年来随着沙甸私人别墅的兴起和商业地产项目的开发，从高层建筑到私人别墅，各式建筑交相辉映。住房的内部结构也从以前的简单居所发展为多功能的生活空间，其中客厅、卧室、卫生间、衣帽间、礼拜间、书房、茶室、车库等无所不包，建筑面积从200~300平方米到上千平方米不等。而高层商品住宅的出现，为年轻人提供了便捷的生活空间，满足了更多的需求。

如今，沙甸区围绕着新建的大清真寺布局，穆斯林大街、和谐广场、鱼峰书院、泓回文化艺术庄、好牛饮食文化广场、私家庭院、高层住宅等错落有致，一个干净、宁静、祥和的崭新村镇已然呈现。

二、民生工作

民生工作关系到千家万户，倍受沙甸区委、区政府的重视。其中，在改善居民居住环境方面，沙甸区委、区公所根据上级党委、政府的统一安排部署，于2013年展开了"美丽家园"建设行动计划，并取得了较大的成绩，共完成了11个示范自然村"最美村庄"的"五化"工程（道路硬化、街道亮化、村庄绿化、沟渠净化、墙体美化）。[①] 在"最特民居"改造中，沙甸区对区内的居民住房展开了大范围的整治，共拆除、重建村民危房800户，提升改造280户。[②] 与此同时，沙甸区通过开展"美丽家园"行动计划，投资近700万元修建垃圾池，建盖污水处理厂、村改厕，拆除违规建筑，并实行门前"三包"等措施，使得沙甸区外观得到了极大的改变，城

---

① 个旧市沙甸区公所：《沙甸区创建民族团结进步示范区情况汇报》，2016年7月17日。
② 个旧市沙甸区公所：《沙甸区创建民族团结进步示范区情况汇报》，2016年7月17日。

◇新农村建设示范点——星月小区　　◇高层建筑

镇化水平不断提高。在整个改造过程中，沙甸区委、区公所始终切实贯彻相关政策，切实将补助资金发放到每一户村民的手中，并悉心指导每一户村民配合完成民居改造工作。

沙甸区委、区公所还不断完善社会保障体系和公共卫生服务体系建设，并进一步加强了对4个乡卫生室的管理，完善了相应的设施建设和规章制度建设。同时号召群众参与到农村医疗合作中来，通过政府牵头、社会共筹的合作模式，实现了农村人口不花一分钱便可以享受到新型的农村合作医疗的福利。

沙甸区委、区公所坚持优先发展教育的理念，按照红河州和个旧市实施教育"金秋振兴计划"的要求，不断加大对学校教育的财政投入。到目前为止，区公所已投入3000余万元，民间捐资约245万元，为辖区内的中小学校建盖教学楼。[1]从2004年起，沙甸区率先实行了普及12年义务教育，这在云南全省尚属首例。自2007年以来，沙甸区还设立了"青年助学基

---

[1]个旧市沙甸区公所：《沙甸区创建民族团结进步示范区情况汇报》，2016年7月17日。

◇ 独栋别墅

金",到目前为止,该基金已发放无息助学贷款272.54万元,资助各民族贫困学生346人。同时,为了充分调动广大教师、学生的积极性,沙甸区公所每年组织开展优秀教师、优秀考生、优秀教学质量表彰奖励活动,每年发放奖金近40万元。

为巩固社会和谐的局面,沙甸区委、区政府加大了在社会治安综合治理方面的工作力度。在"十二五"期间,沙甸区共查破刑事案件117件,治安案件127件;成功调解各类纠纷3249件;办理法律援助案件143件。法律服务所办理各种见证2712余件;代写法律文书132件;法律咨询646人次。[①]同时,在社会管理方面,沙甸区委、区公所创新工作思路,创造出了网格化管理服务,按照"中心一片一格一组"网络体系,把沙甸区划分为12片

---

① 个旧市沙甸区公所:《个旧市沙甸区"十二五"经济社会发展情况暨2016年工作计划和"十三五"规划报告》,2016年2月29日。

◇ 传统四合院

25个网格[①]，党政机关干部每人挂钩负责一个片区，每周到所负责的片区开展工作至少一次。对于划分的25个网格区域，沙甸区还专门招聘并培训了25名专职的网格管理人员，通过政府出资、公安管理的方式，让他们对所负责区域的各个方面实行常态化管理，把最基础的、最根本的管理工作落到实处，将社会治理带入到一个"网络化、扁平化、全覆盖"的局面，形成了一套完整的人防、物防和技术防护手段相结合的体系。

自2014年以来，沙甸区进一步落实"网格化管理"制度，加强对外来人口的登记管理工作，在沙甸区各个社区及公共场所，进一步推进台账管理的落实，保证对辖区内外来人员的管理。此外，沙甸区还积极发挥群众力量，健全"群防群治"信息沟通体系和联席会议制度，由区社会治理服

---

① 个旧市沙甸区公所：《沙甸区创建民族团结进步示范区情况汇报》，2016年7月17日。

务中心牵头，党总支建立上下互动的信息反馈机制，每月各个基层领导班子联合举办联席会议一次，确保能够及时发现、及时防范、及时消除社会隐患。经过沙甸区党委、区公所近年来的不懈努力，沙甸区在维护社会稳定等工作方面取得了突出的成绩，犯罪率逐年下降，社会稳定有序，先后被省、州党委、政府授予"安全文明示范村""创建无毒社区"等荣誉称号。

三、民族宗教

沙甸作为云南省的回族聚居区，如何处理好民族问题、做好宗教工作，是沙甸区委、区政府最重要的工作之一。近年来，沙甸区始终坚持贯彻执行党的民族宗教政策，一方面紧紧依靠上级党委、政府的领导，另一方面始终坚持把增强回族群众的国家认同意识与民族团结观念，维护各民族之间的团结合作作为工作的着力点。

结合上级党委、政府部署的"三联三进"活动的开展，沙甸区委、区政府积极推动党政班子与宗教界代表人士联系，加强与宗教界人士的沟通，共同抵制宗教极端思想的侵蚀。大力推进"政策法规进寺院，民族宗教知识进党支部，国旗国歌、'文化书屋'、公共基础知识进清真寺、经文学校（班）"的"三进"活动，在10所清真寺、1所阿拉伯语学校、4个村委会设置了升旗台并悬挂国旗。[①]并在清真寺中建设文化书屋和文化展板，让广大回族群众能够更加便利地获得社会科学文化知识，进一步认识到中华民族是一个完整的群体，回族和其他民族都是中华民族中的一员，促进广大回族群众对党中央的民族宗教政策的认识，以及对社会主义核心价值观的理解和认同。积极引导民族宗教向健康的方向发展，始终坚持爱国和爱教相结合的政策，使广大回族群众能够将宗教的热情升华到对国家

---

① 个旧市沙甸区公所：《沙甸区创建民族团结进步示范区情况汇报》，2016年7月17日。

◇沙甸回族文化艺术馆——伊珍坊

的忠诚上来，强化了国家认同意识。在每年的朝觐过程中，沙甸区每一个成员都能在国外切实履行维护国家形象与利益的义务。此外，沙甸区还用多种多样的方式在各大企业、学校和社区中宣传社会主义核心价值观。在各小乡广泛设立"善行义举榜"，鼓励群众关心社会、关注公共生活，共同营造一个文明和谐、充满浩然正气的社会氛围。

　　沙甸区还不断加强少数民族干部队伍建设，强化民族干部的管理工作，完善少数民族人才信息库的建设与管理，做好少数民族干部的择优推选工作。同时，加大对区内其他少数民族的扶持力度，从根本上促进各少数民族同胞共同发展、共同富裕。在沙甸区各项乡镇改造的工作中，沙甸区委、区公所在统筹各项工作的同时，对下属的两个彝族村（冲坡哨村、团坡村）给予了一定的政策倾斜，并号召区内的回族企业家筹款，补贴到彝族同胞建设"美丽家园"的工作中。这些工作的展开为沙甸区建立和谐的民族关系发挥了不小的作用。沙甸区被州委、州政府评为"红河州民族团结示范区"。

四、党建工作

沙甸区为个旧市下属的一个区及（乡镇级）单位，其党政机关由区党委和个旧市政府派出机构区公所组成。全区共有党总支7个，党支部33个（其中直属党支部3个）。沙甸区党委下辖沙甸企业党总支和电线厂党总支2个直属非公企业党组织，共12个党支部。[1]随着经济社会的不断发展，沙甸区委、区政府在机遇与挑战并存的形势下迎难而上，进一步推动了沙甸区经济社会的发展。

在党的基层组织建设上，沙甸区委切实在各级党组织和党员中开展"两学一做"学习教育活动，多次组织召开"两学一做"学习教育座谈会，认真学习党章党规，学习习近平总书记系列重要讲话，努力将理论与实践相结合，争做一名合格党员。同时沙甸区委还在每个基层党组织开展"创先争优"活动、党的群众路线教育实践活动、"三严三实"和"忠诚干净担当"专题教育活动，认真落实"三会一课"制度，推进基层党组织班子之间的批评与自我批评。在各级党组织和党员中大力加强反对宗教极端思想的专题培训，加强民族宗教知识教育，充分发挥基层党组织的先锋作用和党员的模范带头作用。

沙甸区委还着力加强基层民主建设，建立健全基层干部选用机制，强化基层党组织核心队伍建设，使之成为政策的"明白人"，群众的"带头人"；完善民主生活会制度，进一步加强区内的党务工作和村务工作的公开，深化推进重大决策事项挂牌、跟踪问效督牌、解决问题摘牌的"三牌合一"制度；实行上级党委、政府领导到基层党组织挂钩指导党务工

---

[1] 中共个旧市沙甸区委员会：《个旧市沙甸企业经济社会发展及党建工作情况汇报》，2016年7月16日。

作,严厉整顿纪律涣散、工作软弱的党组织。同时,结合各乡自身实际,推进强基惠农的"合作股份经济"项目,使基层党组织有钱办事,切实解决"空壳村"问题。沙甸区还继续在全区范围内开展"创先争优、转变作风、提高效应"机关作风建设活动①,增强对各级党组织的反腐倡廉教育活动,提高党员的廉洁自律意识。

在加强基层组织建设的同时,沙甸区委进一步严格党员的发展、教育、管理工作,严把入党关口。严明党的纪律,加强党员管理,明确党组织隶属关系,增强党员党性意识。认真落实"党委主体责任制",坚持"四议两公开"等制度,加强民主管理,规范村务民主公开制度,切实落实群众对重大事项的知情权和监督权,畅通群众诉求渠道,加强廉政文化教育活动,提高党员遵章守纪意识和干部拒腐防变意识。

五、经济建设

(一)经济的变迁

1. 新中国成立后三十年沙甸经济的发展情况

新中国成立后,沙甸回族与全省各民族一起共同经历了土地改革、人民公社化运动和"文化大革命"运动,社会经济在曲折中发展。

1950年1月17日,沙甸解放,成为蒙自县鸡街区下属的一个村。1951年,沙甸开展了"清匪反霸"、减租退押运动,极大地调动了广大回族群众的积极性。同年沙甸开始进行土地改革运动,至1952年土地改革运动结束。与此同时,沙甸村改为乡并于1952年底召开了第一届乡人民代表大会,选举产生了第一届乡人民政府。土地改革结束后,沙甸回族群众分到了土地,生产积极性高涨。1953年,在自愿、自助、互利的原则上,沙甸成立了农民互助组。1954年,沙甸农民互助组发展成为农业初级合作社。

---

① 个旧市沙甸区公所:《个旧市沙甸区"十二五"经济社会发展情况暨2016年工作计划和"十三五"规划报告》,2016年2月29日。

1955年秋，沙甸农业初级合作社发展成为高级合作社，在省、州农业合作社的发展要求下，沙甸被划为经济作物区。1956年2月，在沙甸高级合作社的统筹下，白坡水库开始动工修建。在这一时期，沙甸农业生产得到快速发展，农业收入也得到大幅度的提升，人民生活有了较大的改善。随着社会主义改造进程的推进，对沙甸工商业进行了公私合营的改造。

1950~1957年，是沙甸经济发展的一个黄金时期。在这一时期，沙甸经济逐年增长，人民生活得到了改善，人民群众的生活基本稳定。

1958年，沙甸划归个旧市管辖，与鸡街合并成立钢铁人民公社，实行社队两级核算，开展了人民公社化运动和"大跃进"运动。是年秋天，沙甸发生特大洪水灾害，1000多亩良田被淹没，导致土地颗粒无收。1961年，沙甸重归蒙自县管辖，经济作物面积锐减，几乎只能种植单一的粮食作物。1962年，个旧火谷都尾矿坝坍塌，千亩良田湮没在尾矿中，此后虽经土壤改良，但改造后的土地不能种植粮食作物，只能种植甘蔗和蔬菜。1963年，沙甸公社成立，下设九个生产队，管理体制较为合理，政策也比较符合农村的实际情况，以队为核算单位的政策使群众的生产积极性得到提高，生活有所改善。

1966年，"文化大革命"暴发，这一时期，沙甸集体生产每况愈下，困难重重，回族群众的生活也愈加困难。

2. 改革开放以来沙甸经济的发展状况

1978年，随着党的十一届三中全会的召开，实事求是的思想路线和政治路线逐步得到恢复，沙甸回族群众在改革开放的浪潮下，在党的富民政策指引下，因地制宜，积极生产，实行多种经营，积极投身于新时期的社会主义经济建设。沙甸地区社会经济得到快速发展，人民的生活水平得到了极大的改善和提高。

就农业而论，历史上沙甸物产丰富，是滇南地区有名的经济作物区和蔬菜基地。沙甸种植的经济作物主要是甘蔗，这里的甘蔗糖分多、产量高。制糖业颇为发达,产品有红糖、白糖、冰糖。芋头和红辣椒也是本地有名的特产:芋头叶大,果实白而甜嫩;红辣椒带有清香而且辣味十足,因成熟时形状与樱桃相似,故又称"樱桃椒"。

改革开放以来,沙甸在大力发展有色金属冶炼加工业为主的乡镇企业的同时,种植业和肉牛养殖业也得到迅速发展。2008年,沙甸区委、区公所对农业产业结构进行调整,使农业向规模化、专业化、多元化的方向发展。2011年,全区的蔬菜种植面积为3010亩,年产蔬菜量为5484.9吨。畜牧业以肉牛养殖为主,全年肉类总产量达1666.96吨。全区有30多户喂养菜牛及屠宰菜牛,每年牛肉及牛干巴的销售额超过1000万元;90多户养鱼、养鸭、养鸡,收入近600万元。近几年,沙甸区肉类总产量的销售额呈现逐年上升的趋势。

1980年,沙甸在农业生产上推行家庭联产承包责任制以后,开始调整产业结构,先后兴建了砖瓦厂、皮革厂、电冶厂,后来又相继建立了贵金属厂和云沙针织厂等集体企业。这一时期,沙甸政治稳定,经济繁荣,群众安居乐业。1992年沙甸全区总收入已超亿元,达12339.21万元,进入全省亿元乡镇十强,被省政府评为百强乡镇,被称为"滇南第一村"。在1993年云南省政府经济技术研究中心组织的综合实力评比中,沙甸区荣获"云南省综合实力百强乡镇"称号,成为"滇南第一个亿元乡镇"。1994年,

◇ 云沙铅业全景

◇ 云沙铅业冶炼主控中心

◇ 云沙铅业粗铅产品

沙甸全区工农业总收入又跃升到20460多万元，年人均纯收入1368元，上缴国家税金874万元。随着改革开放的不断深入，沙甸电冶厂、贵金属厂、针织厂不断发展壮大，被誉为沙甸的"三匹大洋马"。

沙甸电冶厂于1980年3月破土动工，1981年9月竣工，10月第一次试产成功，初步设计能力为年产精铅3000吨。1981～2005年，沙甸电冶厂共生产销售电铅35万多吨，收入170000多万元，上交国家税金32000多万元，利润19000多万元。多年来，沙甸电冶厂为国家和地方经济的发展做出了贡献，同时也为沙甸培养了骨干人才，积累了发展经验，为民营企业的发展奠定了基础。

沙甸贵金属厂于1985年12月破土动工，1986年7月建成试产。该厂是为提取电冶厂的副产品阳极泥中的金、银、铋等贵金属而兴建的。贵金属厂投产运营以来，生产白银40余吨，黄金50公斤，精铋135吨，粗铅1200余吨，创造产值2000多万元，交售国家白银41吨多，黄金25公斤，对于沙甸区的发展和建设做出了突出贡献。

云沙针织厂始建于1986年10月，是集织、染、印、缝等功能于一体的中型针织厂。由于沙甸人多地少，剩余劳力尤其是妇女劳动力多，因此在

◇沙甸产业转型的新尝试——认真食品

沙甸建一座针织厂，既可解决沙甸剩余妇女劳力的就业出路，又可调整个旧市的产业结构。云沙纺织厂投厂后，产品不仅在国内销售，而且开始走向国外，部分产品进入沙特阿拉伯、约旦、巴基斯坦、马来西亚、新加坡等国家和地区。

　　进入21世纪以来，沙甸区以科学发展观为指导思想，转变经济发展方式，调整产业结构，走可持续全面发展道路，地方经济得到进一步发展。2002年，沙甸区乡镇企业总收入81024万元，农村经济总收入达42355.7万元，是1980年122.34万元的346.2倍；税收2980万元，是1980年20689万元的1440倍；农民人均纯收入3321元，是1980年99元的33.5倍。2003年农村经济总收入52145.3万元，上缴税金3200万元，实现财政收入2010万元，农民人均存收入达3457元。①

---

①数据来源于沙甸区的统计。

◇ 集餐饮、住宿、运动、休闲于一体的沙甸品质生活馆

改革开放30年以来，沙甸区经济社会发生了翻天覆地的变化。农村经济总收入由1978年的60万元跃升至2010年的9亿元，农民人均纯收入由不足100元增加到2010年的5821元。工业总产值也从1991年的8900万元上升到2010年的43亿元，累计上缴国家税收9亿元。

2015年，沙甸区实现工业总产值470817万元，完成工业增加值29746万元，营业收入463076万元，上缴税收1073万元；固定资产投资80000万元，同比增长18.47%；完成社会经济总收入138178.94万元，同比增长8%；农民人均纯收入11173元，同比增长4.99%。[①]

截至2016年11月底，沙甸区实现工业总产值407470万元，完成工业增加值20981万元，营业收入403240万元，全区完成固定资产投资86200万

---

① 个旧市沙甸区公所：《沙甸区2015年度工作总结》，2015年12月。

元，完成全年任务数的92.69%，完成招商引资投资51000万元，完成市政府下达任务数的36.23%，共争取上级资金979.64万元。社会经济实现健康快速发展。①

（二）产业结构的调整

党的十一届三中全会以来，尤其是进入21世纪以来，随着党的各项方针政策和民族宗教政策的贯彻落实，沙甸区在上级党委、政府的领导下，立足沙甸地区的实际情况，坚持各民族平等团结、共同进步的工作方针，紧扣时代脉搏，提出了"抓时机，促商贸，治污染，上旅游"的发展思路，大力发展地方民族经济，促进社会和谐稳定，带领全区人民走向共同富裕，并在四个文明的建设活动中取得了丰硕的成果。全区的社会经济风貌发生了明显的变化，呈现出了各民族团结互助、和谐相处、共谋发展的良好局面。尽管沙甸区的人均耕地面积在全红河州的乡镇中排在末尾，但通过全区各族人民共同的努力，沙甸区无论是在农村经济收入、农民人均纯收入方面，还是在工业总产值方面，都位居全州乡镇的前列。沙甸区已经形成以有色金属冶炼产业为主，清真食品加工业、特色民族旅游商贸以及特色农业相结合的产业格局。

近年来，随着个旧市矿产资源逐渐枯竭，单纯以生产、出售初级矿产品为主的产业渐渐衰落，加之以往高能耗、高污染矿冶企业已不再适应经济转型的要求，沙甸区经济转型、产业升级已成为沙甸区党委、政府必须要面对的问题。在新的形势下，沙甸区委、区公所按照省政府办公厅《关于加快沙甸地区产业转型升级的指导意见》，围绕州、市提出的资源节约型城市转型发展"211"工程，创新发展理念，加快了产业升级的步伐。②

---

①个旧市沙甸区公所：《个旧市沙甸区2016年工作总结及2017年工作计划》，2016年12月20日。

②个旧市沙甸区公所：《沙甸区创建民族团结进步示范区情况汇报》，2016年7月17日。

在此期间，沙甸区不断促进主体产业有色金属冶炼业的产业升级，将原有小企业整合成大型企业，发挥集约型企业优势，自主创新并改造提升传统工艺，加快淘汰落后的生产设备和企业，提高资源利用效率和综合利用水平，进一步拓展产业链，提升产品的深加工工艺，逐步打造规模化、自动化和环保化的现代化新企业。同时加快建设特色工业园区和轻工业产业园区，将清真食品、新兴产业等转型项目纳入轻工业园区建设，统一规划。与此同时，沙甸区委、区公所还加大环境综合治理力度，监督、引导各个企业进一步完善工业废水废气和残渣的处理设备和处理手段，坚决取缔对环境造成危害的企业。作为以铅冶炼为主要经济支柱的乡镇，沙甸区内几十家冶炼企业常年粗放经营，造成了严重的环境污染，仅有10余家精铅冶炼企业安装了一定的烟气收集设施。针对这些情况，沙甸区按上级的要求，开展了对铅冶炼传统鼓风炉的拆除工作，到目前为止，传统鼓风炉的拆除工作已完成了6成左右，这使得沙甸区在环境治理方面取得了一定的实效。

沙甸区在推进产业转型升级过程中，还进一步发展以"好牛干巴""认真食品""川欣食品"和"回味餐厅"为代表的清真特色食品加工业和餐饮业，着力打造清真特色食品、餐饮品牌，并积极地促进品牌走出去，形成较大的影响力。

（三）精准扶贫

近年来，沙甸区委、区政府把民生问题放在全区工作的突出位置，在医疗互助、居民最低保障、扶贫等工作上取得较大成绩。此外，沙甸区回族企业家、广大群众也积极投身于社会慈善事业之中。

2016年，沙甸区财政投入300万元，用来有效解决群众普遍关心的民生问题。同时，沙甸区回族企业家也通过捐赠等形式募集资金，进而投入到民生问题的改善上来。通过以上举措，沙甸区巩固扩大了基本医保的覆盖面，共有16343人参加新型农村合作医疗保险，参保率高达100%。发放城镇居民最低生活保障金共计2065户3295人,发放金额1064.5万元,其中农村317户370人,发放金额61.4万元。截至11月,共发放救助资金、社会救灾资金347.7万元,各类优抚金40.4万元。

沙甸区全力推进扶贫攻坚的力度,一是积极争取到金川乡凤尾村整村推进项目资金30万元。二是加快易地扶贫搬迁推进力度。结合实际,沙甸区设立两个零星安置点,分别为沙甸片区及冲坡哨片区,完成25户建档立卡贫困户危房改造,现已完工23户,其中入住2户。三是进一步落实"挂包帮、转走访"长效机制。按上级要求,2016年各级挂钩领导已深入建档立卡贫困户,完成"挂包帮、转走访"工作。四是结合"挂包帮、转走访"工作和根据各乡的意见,2016年预脱贫13户50人,目前初步确定预脱贫户及人员。五是积极争取小额扶贫贷款。2016年沙甸区争取小额扶贫贷款500万元,按要求已在11月完成发放工作,扶持4个小乡128户养殖、种植户。①

六、文化教育

沙甸素有"文化之乡"的美誉。据史料记载,沙甸的教育最早起源于元代。自赛典赤·赡思丁及其子纳速剌丁、忽辛等主政云南以来,各地设孔庙、兴学校、开科举,选博闻强记之士来作教习,中庆、临安、大理等路的文化教育事业由此而兴。明清时期,滇南临安府的文化教育事业进一步发展,沙甸回族中参加科举考试的学子不在少数。据沙甸相关碑文记载,明代沙甸有学子数十人,其中不乏科举入仕者。清代沙甸学子更是不胜枚举,其中还有获得进士及第者,如王锡鲁、王锡昊、林国卿、林奏凯、林治本、林治邦等,入仕为官者亦多。辛亥革命之后,新学兴起,大批的沙甸人走出沙甸,甚至走出国门,外出求索的风气大开。这一时期,沙甸涌现出一批著名学者,如马坚、张子仁、林仲明、林兴华、林松、王

---

① 个旧市沙甸区公所:《个旧市沙甸区2016年工作总结及2017年工作计划》,2016年12月20日。

◇ 鱼峰小学

正中、马占魁、白亮诚、李寿福等，人才辈出、文化兴隆。新中国成立以来，沙甸地区一直大力发展教育，注重人才培养，特别是改革开放后，沙甸地区的中小学教育得到了快速的发展。

　　沙甸的初等教育始于清末。沙甸地区最早的学校是创办于光绪十八年（1892）的鱼峰书院，即鱼峰小学的前身，当时为富家男儿读书之地。光绪三十一年（1905），书院按官府要求更名为沙甸初等小学堂，后在宣统二年（1910）左右发展成为初等和高等两级学堂。民国年间，经过白亮诚先生与白起成先生的努力，鱼峰学堂逐渐引入新式教育，并最终改组为鱼峰小学。新中国成立后，鱼峰小学改为公办，在政府的支持之下，鱼峰小学进入了一个较快发展的时期。1960年，鱼峰小学已累计毕业13个教学班，当年3个教学班毕业总人数为120人。1975年，鱼峰小学发展到总共有24个教学班，在校总人数达到1364人。①

---

① 个旧市沙甸区委、区政府编：《沙甸的昨天·今天》，云南民族出版社，1996年，第137页。

◇红河州图书馆沙甸分馆——鱼峰书院

1976年，由于沙甸教育发展的需要，鱼峰小学被一分为三，成立沙甸小学、金川小学、新沙甸小学。1983年，经个旧市教育局批准，沙甸小学恢复鱼峰小学之名，步入新的发展阶段。

截至2016年，沙甸有小学4所，分别为鱼峰小学、金川小学、新沙甸小学以及冲坡哨小学，总占地面积43683平方米，建筑面积共计10220平方米。四个小学共有教学班52个，在校学生1538人，教职工131人。在教职工中，拥有本科学历者19人，拥有专科学历者110人，拥有中师学历者2人；拥有高级教师职称者77人，一级教师职称者38人，一级教师职称以下者16人。① 为了提高广大教师、学生的积极性，沙甸区委、区公所每年还拿出40余万元资金奖励优秀教师、学生。

---

① 个旧市沙甸区委、区公所：《沙甸区教育发展情况材料》，2016年8月。

除了加强师资力量之外，沙甸区委、区公所还投入大量资金，加强小学校的硬件设施建设，为各个小学建设图书室、实验室、科普室、计算机教室、阶梯教室、形体室、音乐教室、书画室等功能室。近年来，沙甸区已为小学校提供了465万元的资金，逐步提升了小学的硬件水平。在沙甸区各部门的努力之下，沙甸区的初级教育获得了显著的进步，辖区内4所小学的总体升学率达到了100%。[1]

在小学初等教育获得进步的同时，沙甸区还投资810万元新建沙甸区中心校幼儿园，并于2016年9月正式投入使用，满足了群众的需求。

沙甸中等教育肇始于抗日战争时期。日本大举侵华，使得内地许多高校被迫迁到云南，这在一定程度上促进了云南教育事业的发展。沙甸的中等教育也是在此时从无到有，并逐渐发展起来。沙甸第一所中等学校是1940年由白亮诚先生创办的私立养正学校，这是一所中阿并授经堂学校，教师多为颇有阿拉伯语造诣的学者、阿訇，以及经验丰富的汉语教师。1943年3月，为了能够更好地提升全村居民的文化知识水平，白亮诚先生首先倡导，并多方筹措资金，于是年创办了私立鱼峰中学。不同于私立养正学校，鱼峰中学是一所标准的国民教育中学。该校开设的科目多为自然科学及人文科学，任课教师也多为当时南迁的社会知名学者及西南联大高材生。鱼峰中学创办以来，共招收过3个初中班近百名学生，为沙甸区的教育文化事业做出了突出贡献。然而，随着抗日战争胜利后北方高校的回迁，许多学者也纷纷离开云南，鱼峰中学不得不于1945年8月停办。

新中国成立后，沙甸的中等教育工作得到了党和政府的支持，1973年鱼峰小学附设初中班，并招收了两个班的学生，共计100余人。[2]1975年

---

[1] 中共个旧市沙甸区委员会：《个旧市沙甸区经济社会发展及党建工作情况汇报》，2016年7月16日。

[2] 个旧市沙甸区委、区政府编：《沙甸的昨天·今天》，云南民族出版社，1996年，第145页。

◇个旧市第十三中学教学楼

12月,在鱼峰小学附设的两个初中班的基础上,沙甸区正式创办了沙甸中学,即个旧市第十三中学。1977年,学校为完全中学,招收过两班高中生共计80人。1978年个旧市针对全市中学进行调整,个旧市第十三中学改为初级中学。

个旧市第十三中学改为初级中学后,随着教师队伍的不断充实,该校的教学质量逐年提升。1982年,该校被评为个旧市先进学校。1986年,该校被评为沙甸区、个旧市、红河州、云南省四级先进学校。同年秋,该校招收了电工、阿拉伯语两个职业高中班。1987年,在第十三中学职业高中班的基础之上,个旧市教育局批准成立了个旧市第二职业学校,为沙甸区培养了不少技术人才。

2004年2月,个旧市第十三中学复又扩建为完全中学。截至2016年,今学校占地面积73334平方米;足球场、篮球场和排球场等各类运动场地总面积10589平方米；校舍面积8514平方米，其中教学及辅助用房面积5531平方米。绿化面积25000平方米。藏书约40000册。在校学生总计1033人，其中初中部704人，高中部329人；教职工总计85人，其中专任教师81人，学历达标率100%；高级教师28名；中级及以上专业技术职称64人。[①]

随着师资力量的加强，办学条件的改善，个旧市第十三中学的教学质量不断提升，并取得了可喜的成绩。2016年，该校的高考上线率为75.5%，中考上线率位居全市第三，超额完成了个旧市教育局下达的任务。[②]

自1977年恢复高考以来，越来越多的沙甸学子获得了高等教育的机会。沙甸的大学生不仅遍及国内各大高校，即使在国外高校中也不乏沙甸学子的身影。

需要指出的是，为了推进沙甸区教育的发展，沙甸区委、区公所已经投入资金达上百万元，学校的各项建设项目以及维护项目基本都落实到位，从而保证了学校教学的质量与水平稳步提升。同时沙甸区委、区公所还设立专项的"青年助学基金"，帮助家庭困难的各族学子完成学业。

在文化建设方面，沙甸区委、区公所努力推进文化建设向大众化、普及化方向发展，着力建设各个小乡的文化书屋项目，并将原鱼峰书院旧址加以改造，建设成沙甸区图书馆。同时沙甸区委、区公所还大力扶持民族文化的发展，支持民族文学、书法、音乐、舞蹈、服饰等各类民族文化的创作展示活动，积极推进文化产业建设，扶持一批如伊珍坊文化产业有限公司、沙甸泓回文化艺术庄等文化品牌企业的发展，努力打造具有回族文化特色的文化品牌。

在促进文化发展的同时，沙甸区还十分重视群众体育事业的发展。沙甸被誉为"体育之乡"，在历史上，沙甸地区就是一个武举人才辈出的地

---

① 个旧市沙甸区委、区公所：《沙甸区教育发展情况材料》，2016年8月。
② 中共个旧市沙甸区委员会：《个旧市沙甸区经济社会发展及党建工作情况汇报》，2016年7月16日。

◇ 泓回文化艺术庄

◇ 泓回文化艺术庄柴烧活动

方，这种强身健体的风尚传承到今天，便形成了沙甸地区群众爱好体育的传统。沙甸区传统体育项目有武术、摔跤、游泳、足球和篮球等，其中最重要的是足球和篮球。

沙甸足球运动大约开始于20世纪20年代，20世纪30年代到50年代兴盛一时，并在滇南地区称雄。1951年在云南省召开的全省足球运动会上，沙甸足球队获得第二名的好成绩。1958年，由于足球场地被用来大炼钢铁，沙甸足球风光不再。如今，足球依然是沙甸区群众喜闻乐见的体育赛事之一。沙甸区有农民足球队10支，并于2014年2月开始举办青少年足球培训班。截至2015年，沙甸区已举办"青牛杯"足球赛十七届，并在比赛中取得较好成绩。

篮球也是沙甸地区的传统体育活动之一。新中国成立前，沙甸地区就曾有两支篮球队。新中国成立后篮球运动得到进一步普及，十分活跃，经常与周围单位进行篮球比赛，并在比赛中获得了较好的成绩。如今，沙甸区篮球项目依然保持着活跃的势头，有农民篮球队18支，每一个学校及体育场都有篮球场地。截至2015年，沙甸区已举办"青牛杯"篮球赛十四届，并于2012年2月成功举办了云南省第七届穆斯林"圣诞杯"篮球邀

◇ 沙甸传统优势项目——足球

请赛。

随着时代的发展，为了丰富广大群众的文化体育生活，沙甸区还在传统体育项目之外，举办了一些新的体育项目赛事，如2014年1月成功举办了沙甸区首届自行车邀请赛；2015年举办了首届"青牛杯"羽毛球混合团体邀请赛。丰富的体育赛事吸引了全区各界人士的热情关注和积极支持，同时也促进了沙甸区体育事业的发展，得到了上级党政机关的肯定。沙甸区先后获得州、市两级"体育先进乡镇"、省级"体育先进乡镇"、省级"体育特色先进乡镇"、省体育局"全民健身周活动优秀组织奖"、全国"亿万农民健身先进乡镇"、国家体育总局"2001—2004年度群众体育先进单位"等荣誉称号。

七、节庆与生活习俗

（一）回族节日

在沙甸地区，除了伊斯兰教三大传统节日（开斋节、古尔邦节、圣纪节）之外，当地回族群众还过登霄节、走节、拜拉节、盖德尔节等地区性节日。

1. 开斋节

开斋节，沙甸穆斯林又称之为"大开斋节""大尔德"。根据伊斯兰教教规，伊斯兰教教历的九月为斋月，在斋月期间穆斯林白天不能进食饮水，斋月结束，人们便于伊斯兰教教历的十月一日这天举行庆祝仪式，是为开斋节。

开斋节是穆斯林最隆重的节日之一，其最主要的活动是会礼，被称为"尔德会礼"。会礼时间一般在上午的9点左右。在沙甸地区，参加会礼的男性穆斯林少者五六岁，长者年古稀，少长云集，人山人海。妇女虽不能参与会礼，但可以观看，观礼的穆斯林妇女有近千人，蔚为壮观。

依照礼俗，开斋节当日早晨，各户要吃汤圆。在出门赶赴会礼前，男人们要在家内念诵大赞词。之后赶往清真寺与大家会合，由阿訇带领众人举行会礼。最后，阿訇念"呼图白"和"都阿"（即祈祷词），至此会礼的仪式全部结束。在沙甸地区，会礼之前通常会为清真寺的学生举行"穿衣"仪式，以示其毕业。

会礼结束之后，众人前往各自先人的墓地上坟，为先人们念经。

开斋节还有一项重要活动是出"菲特尔"钱，即拿出一部分钱财来施济给身边的穷厄困顿之人。

2. 古尔邦节

"古尔邦"是阿拉伯语音译，为"宰牲""献牲"之意，故古尔邦节又被称为"宰牲节"，在沙甸亦被称为"小开斋节"。古尔邦节在开斋节70天之后举办，其主要内容依然是会礼，会礼仪轨与开斋节基本一致。在古尔邦节那天清晨，穆斯林不能饮食，直至会礼结束后方能进食饮水，因而这段时间又被穆斯林称为"把清斋"。

古尔邦节既然被称为宰牲节，宰牲献祭自然成了这个节日的一项主要内容。一般宰牲都是在会礼结束之后进行,或一人宰一只羊,或七人合宰一头牛。作为献祭之牛羊必须经过精挑细选,在花色外观上必须完美无缺。所宰献之牛羊,决不能用于出售,其肉一半留下自用,一半留给清真寺和施舍给穷厄困顿之人;骨头和血液必须掩埋,皮毛交给清真寺。

近年来,随着生活水平的逐渐提高,沙甸宰牲献祭的穆斯林越来越多,古尔邦节既是重大的宗教节日,也成为人们迎来送往、加强彼此交流的重要节日。

3. 圣纪节

圣纪节又被称为"圣节",伊斯兰教先知穆罕默德诞生于阿拉伯太阴历象年(571)的三月十二日,而归真于伊斯兰教历的十一年(632)三月十二日。为了纪念这位伟大的先知,穆斯林便把三月十二日这一天定为圣纪节。届时,沙甸清真寺会邀请本村和外地的穆斯林前来参加。

圣纪节大致活动有二:其一是念诵《古兰经》;其二是举行圣节宴会,届时,穆斯林会宰牛羊,在清真寺举办宴会招待本村和前来参加圣节的外地穆斯林,其费用由穆斯林自愿摊付。

4. 其他节日

除了上述伊斯兰教三大传统节日之外,沙甸地区还有以下区域性节日:

(1)登宵节

登宵节于希吉拉历七月二十七日晚上举行。这天宵礼之前,沙甸穆斯林聚集在清真寺大殿内念诵《古兰经》以及先知穆罕默德的生平实录。宵礼过后,穆斯林在清真寺大殿中听教长讲述穆罕默德登宵的经过,以及相关的伊斯兰教经典、圣训,劝人向善。

(2)走节

走节是在斋月前一个月举行的节日。节日期间,沙甸各清真寺于每天的晡礼或者宵礼之后,念诵《古兰经》及赞美真主和穆罕默德。

走节期间，沙甸穆斯林会根据家庭实际情况，在家中宴请阿訇和哈里发，或是煎油香传送至清真寺以及亲朋邻里家中。

（3）拜拉特

"拜拉特"为阿拉伯语音译，意为"赦免"，时间为伊斯兰教历的八月十五日。伊斯兰教认为此夜真主会决定人们一生的生死祸福，于是在这一夜穆斯林要集中到清真寺中礼拜祈祷，忏悔自己的过失，以求得到真主的宽恕和赐福，故该夜又被称为"赦免之夜"。

（4）盖德尔

"盖德尔"一词系阿拉伯语音译，有"珍贵""高贵"之意，一般人们将其定于斋月中的第27天夜晚。守盖德尔夜又被沙甸穆斯林称为"守二十八"节。伊斯兰教认为这天晚上，真主将《古兰经》赐给人类，众天仙也会降临人间，为人世间带来幸福快乐。这天晚上穆斯林们会聚集在清真寺礼拜、念经，听阿訇讲授经典，彻夜不眠，以纪念真主颁降《古兰经》。

（5）亡人节

部分地区也叫作"舍西德节"。"舍西德"为阿拉伯语音译，为"殉教士"的意思，是纪念那些为了信仰而反抗压迫并牺牲的穆斯林。自20世纪80年代初以来，沙甸的穆斯林在过圣纪节的同时，也一并举行亡人节的纪念活动，故而沙甸的穆斯林又把亡人节和圣纪节合称为"双节"。

（二）生活习俗

沙甸回族群众由于伊斯兰教的信仰，在生活之中形成了诸多的习俗，这些习俗集中表现在当地回族群众的饮食、服饰与婚丧嫁娶的仪式之中。

1. 饮食的习俗与禁忌

沙甸回族群众的饮食以清真为特点。强调清洁卫生、营养均衡，并按照伊斯兰教规定烹调。在一日三餐中，回族群众的主食为大米，并辅以玉米、麦子制成的副食。在肉类上多为牛、羊、鸡、鸭、鹅、鱼等，其中

◇清真饮食的代表——回味餐厅

◇集中统一办理传统宴席

牛、羊等必须按照伊斯兰教教规规定,由阿訇宰牲。

沙甸回族群众在做饭之时,必须小净之后才能进厨房。炒菜、做饭,油、菜入锅,以及吃饭、喝水之前,都要口诵或默念"台思米",以表明不忘真主造化万物之恩。此外,在吃蒸馍、烙饼之类的食物时,必须掰成

◇沙甸早市

小块，分而食之，不能囫囵啃咬。

在沙甸回族群众中，自死之物、血液、猪肉是禁食的，并禁食非颂安拉的尊名而宰的牲畜。不能吸烟、吸毒和饮酒。

2. 服饰

沙甸回族男子多穿长袍，戴白帽。长袍的制作原料一般为棉布、化纤和毛料，领子为制服领口，多为黑色、白色和灰色。

沙甸回族妇女除了穿长袍之外，还会戴盖头。盖头颜色以黑、白为主，兼有其他颜色。其制作材料多为丝、绸、乔其纱、绒等。老年妇女的盖头较长，颜色多为素色；少女盖头较短，颜色多样。

如今的沙甸回族服饰不仅表现出了多样化发展的趋势，而且还出现了一些传统与现代兼容的服饰。比如由传统女性长袍与婚纱相结合的服饰，既展现出了传统的美感，也能兼顾时尚元素，使之既美观又符合教规的要求。

3. 婚姻与家庭

穆斯林视婚姻为"天命"，所以沙甸回族群众积极看待婚姻，不提倡不婚的行为。回族群众对待婚姻的态度是严肃、认真的，反对轻浮、纵欲的行为。提倡择偶时当以善良为第一标准，而不必以贫富论。提倡族内通婚和有条件的族际通婚，反对近亲通婚。

沙甸回族群众的婚姻大致有三个过程：提亲、订婚、婚礼。每个过程都有相应的仪式。提亲时，先是由男方父母委托媒人，到男方所中意的女方家提亲，若女方家也同意，则会择定日子，由双方家长承办，举行订婚仪式。在沙甸回族群众中，订婚又被称为"说色兰目"（祝安词）。订婚仪式一般是于傍晚时分在女方家举行，届时女方家会请阿訇念经，请客人吃茶点。订婚时，男方会为女方准备一份聘礼，聘礼多少没有具体数额，大多依据各家经济情况来定。婚礼多在星期五聚礼日的下午举行，婚礼前夜，会请亲友来吃茶，接受亲友的礼品和祝福。婚礼当天下午聚礼之后，新郎会去新娘家接亲,并将嫁妆一并带回。新娘接到男方家后,由阿訇在堂屋为他们主持婚礼,为新人念"尼卡哈",阿訇要分别问新人:"你们的婚姻是否是自由的?""你们是否愿意承担做丈夫(妻子)的义务?"新郎、新娘做出肯定回答,婚礼仪式宣告结束,宴席开始。

在家庭生活中,沙甸回族实行一夫一妻制,男性长辈有较大权威,家务多由女性来完成,男性多负责在外谋事。男子结婚几年之后便会离开父母自立门户。

4. 生仪与葬礼

在一个人的一生中,出生和死亡是非常重要的两件大事。在沙甸,人们出生与死亡的时候,都有相应的仪式相伴。

婴儿出生三天后,家人便要请阿訇来为婴儿取经名。届时,家中的亲朋好友会前来祝贺,祝贺者均为女性,男性要回避。如果来送礼祝贺的人较多,则主人要在孩子满月时设宴答谢。男孩长到七八岁时要进行割礼,沙甸回族群众称之为"海塔乃",这在伊斯兰教中被认为是圣行之一。待男孩长到12岁,女孩长到9岁时,按照伊斯兰教规定,孩子即"出幼",说明孩子在此时就应该开始承担宗教义务,履行"天命"和"圣行"的功课。

在沙甸回族群众中,死亡被称为"归真",即归至真主。丧葬上讲求土葬、速葬,丧葬简洁,不用随葬品,不号哭,不披孝,严格按照伊斯兰教教规进行。

沙甸回族群众的葬礼有一套基本流程。当老者病重时,亲朋好友、街坊四邻都会主动前来看望,并与患者互讨"口唤",即求得相互之间的谅解。家人则要守候在病者身旁,在其断气之前要提醒病者念清真言,若病者不能念,则由守候者代念。若时间允许,家人还要请阿訇念"讨白",即忏悔词。病人断气后,家人要去清真寺将洗床抬至家中,将"埋依体"(即遗体)放置其上,用白布遮盖,由家人守护。确定具体葬礼时间后,会按照一定的流程和要求洗"埋依体",为"埋依体"穿上"卡方"(即尸衣），并用白布条在头、腰和脚部捆扎，使"埋依体"一丝不露于外。随后将"埋依体"放入"经匣"，在清真寺为死者站"者那则"。站"者那则"又称"站拜"或"站礼"，由伊玛日、阿訇带领举行。一般会选在晌礼结束之后在清真寺举行，刚结束礼拜的穆斯林会为死者祈祷。之后是传"伊斯科"，"伊斯科"会按家属意思分给参加者和清真寺。

站礼结束之后，死者家属和众亲友抬"经匣"送葬，一般抬"埋依体"的人在前，阿訇会带领其他人走在后面。待到墓地后，死者家属请有经验、信仰虔诚的男性担任下葬人下葬。在沙甸，回族墓穴直坑深5尺，方形，坑底正北面为偏洞穴。[①]下葬之时，"埋依体"被安放在洞穴中，使其头北脚南面向西。下葬人默念"谨奉真主之名与钦差的圣行"，然后将"埋依体"掩埋好。在人死后的三、五、七、四十天及一周年等时间，家属都会请阿訇诵经，并煎油香分给亲朋好友和四邻。

在丧葬过程中，沙甸回族群众还有一些禁忌，如不可在亡人面前大声哭号、捶胸顿足；为亡人守夜时，家人要大、小净，保持清洁；不可高声喧哗，只可谈论信仰或追忆亡人；不许猫、狗等动物进入打扰亡人；不设灵堂，不摆放花圈挽幛；送葬时，送葬人员要大净，不许在"埋依体"前跑动，应走在"埋依体"之后或者两边。

[①]红河州回族学会编：《红河回族概览》，云南民族出版社，2012年，第179页。

傈僳族社会历史回访再调查
——以福贡县鹿马登村为例

20世纪50年代初,国家民委组织专人对云南各少数民族进行了社会历史调查。如今,50多年过去了,各民族社会历史发生了什么样的变化?他们的政治、经济、文化、社会、生态等有了怎样的发展?2016年,由云南民族大学民族进步研究院组织,全校各院系积极参与,组成25个调研组,80多人参加,分别对云南的25个世居少数民族社会历史进行回访再调查,以了解云南各少数民族的发展情况。其中,傈僳族社会历史回访再调查调研小组由郭敏、郭晓可带队,陈旭、温海桃、陈岩杰、高妮、余晓燕、和松参加。

　　调研小组分别于2016年7月23日至8月2日和2017年4月20日至6月1日对怒江州福贡县鹿马登乡鹿马登村进行了社会历史回访再调查。调研组最初将调研地址选择在怒江州福贡县马吉乡。后经查阅20世纪50年代调研材料,调研组发现,因地方比较偏僻,道路不通,当时的调研队伍尚未到达马吉乡,50年代并没有进行过调研,无法与现在的发展情况进行对比。而鹿马登村离县城较近,是调研人员曾经开展调研之地,材料上有相关记载,故将本次调研地选择在了鹿马登村。

20世纪50年代的调研是分为若干组,一户一户进行入户调查,调查内容包括该村基本情况、有多少户人家、家庭人员构成、收入情况、农具使用情况、土地拥有情况以及嫁娶情况等,对鹿马登村农户个体情况进行了基本的摸底。本次回访调研更加详细,更加注重鹿马登村整体发展情况,包括村寨的政治、经济、文化、社会、生态五个方面。在调研中,采用了实地调查法、参与观察法、文物文献搜集法(包括地方志书、历史文献、民间歌谣、神话传说、民间传说等)、个别访谈法、座谈法、自传调查法、摄像技术法等。整个调研分为七个步骤进行:第一,制作访问提纲;第二,进行实地走访;第三,座谈;第四,分类调查;第五,搜集资料;第六,汇总材料,分析问题,再次调研;第七,再次汇总材料,分析调研数据,得出结论。经过以上步骤,顺利完成了调研报告。

一、村寨概况

(一)地理位置

鹿马登行政村现隶属于云南省怒江州福贡县鹿马登乡,地处鹿马登乡

◇ 鹿马登村俯瞰

西南，距乡政府1.5千米，到乡道路为柏油路（瓦贡线），距福贡县政府驻地15千米。东与迪庆州维西县接壤，南临福贡县上帕镇达普洛村委会，西、北分别接布拉底、腊马洛两个乡内村委会，辖等娃底组（包括一、二、三组）、力吐组、依四德组（包括一、二、三组）、托扒组、抗谷组、抗石组、克胜底组、抗朵组、利各邓组、亚格来组10个自然村，14个村民小组。20世纪50年代调研时，鹿马登村人口极少，只有27户127人。现今发生了巨大的变化。

（二）自然环境及资源优势

鹿马登村面积为46.9平方千米，海拔2500米，年平均气温16.5℃，年降水量1400毫米。据2015年统计，全村有农户708户，总人口2619人，劳动力1640人，外出务工242人。全村耕地面积共1303.3亩（其中水田888.0亩，旱田415.3亩），适宜种植水稻、玉米等农作物，人均耕地面积0.58亩；林地面积共44209亩。

鹿马登村具有得天独厚的发展优势：一是区位优势。鹿马登村距县城较近，村委会位于乡政府驻地，融入城镇化建设的优势明显，可利用区位优势促进本村经济发展。二是气候资源优势。该村属于横断山区立体型气候区域，年平均降水250天，年平均日照1383个小时，日照率为32%，江边河谷为亚热带，半山为温带，高山为寒带，森林覆盖率高达85.46%，是尚未开发的多样性生物资源宝库。三是生态农业优势。境内原生态茶叶、漆树、草果、黄连、核桃、重楼、黑山羊等产业已粗具规模，这些都是较为珍贵的物种，低碳农业发展潜力巨大。例如自2009年起，大规模种植漆树，目前已有成规模的漆树样板林；2012年开始种植草果，为当地村民带来了巨大的经济收益。四是水能资源优势。鹿马登村是怒江水电开发涉及的主要地段，境内的鹿马登河等河流落差很大，蕴藏着丰富的水能资源。

（三）村寨历史与传说

鹿马登是傈僳语"倮门登"的谐音。倮意为"甩、投掷"；门意为

"死";登则是"此地,这一片",所以鹿马登的含义是"用石头打死人的地方"。关于这一地名的来历,有如下传说:早年亚洛称村人与施朵村人在这块土地上发生械斗。亚洛称村人占据有利地形,向施朵村人投掷石头,砸死了许多人,此地故名"俫门登",而后音变书写为"龙马"。中华人民共和国成立后改为"鹿马登",沿用至今。1933年,设康乐设治局(1935年康乐设治局改称福贡设治局)龙马乡一保。1950年,改设福贡县二区鹿马登村。1951年,设鹿马登乡。1969年,设鹿马登大队(1974年分出腊马洛大队)。1984年,复设鹿马登乡。1988年,设鹿马登村公所。2001年改设鹿马登村委会并沿用至今。

(四)民族构成及民族关系

鹿马登村是一个多民族杂居的村寨。20世纪50年代调研时,该村主要人口为怒族和独龙族,傈僳族、白族占少部分。经过50多年的发展,村寨民族构成有了巨大的变化,村内有傈僳族、白族、纳西族、汉族、独龙族、怒族。截至2016年,该村2619人中,傈僳居多,占该村总人口的91%;独龙族和怒族人口较少。各民族在长期共处的环境下关系十分融洽。

早期,怒江地区的民族主要是独龙族和怒族,傈僳族迁入仅有300年的历史。根据《傈僳族简史》的记载,傈僳族是一个历史悠久的民族,主要分布于今四川、云南的怒江、金沙江和澜沧江两岸的广阔地带。历史上傈僳族经过几次大规模迁徙,主要原因:一是在生活方式上傈僳族长期处于采集、狩猎的原始社会形态,居处不定,易于迁徙;二是由于地方战乱,傈僳族人民不堪忍受压迫,被迫踏上逃亡迁徙的道路。这些迁徙有一个特点,基本上由东向西进行,按照傈僳族的说法是"顺着太阳落的地方迁移"。由此,傈僳族中的一部分人相继进入怒江地区,16世纪傈僳族大量迁徙到怒江地区。中华人民共和国成立后,建立了怒江傈僳族自治州,是中国唯一的傈僳族自治州。到21世纪,傈僳族与当地怒族、独龙族的关系已十分融洽。

(五)人口流动与趋势

鹿马登村地处中国边疆地区,由于其独特的地理位置,人口流动情况较为复杂。鹿马登人口流动不仅包括国内流动(省内流动、跨省流动),还包括国际流动(与邻国缅甸的人口流动)。鹿马登村人口由20世纪50年代的27户127人,变为现在的708户2619人。

落后的经济状况是鹿马登村人口流出的主要原因。鹿马登村是特级贫困村,人们想通过外出打工来改变生活现状。据2017年统计,全村708户中,有307户为贫困户,占总户数的34.5%。[1]极度的贫困,造成当地人口外流现象较为频繁。除此以外,人口流出的原因还有外出求学、婚姻迁移等。鹿马登村2017年共有流动人口583人,其中流入人口132人,男68人、女64人;流出人口451人,男220人、女231人。[2]从数据中可以得知,流入人口总体上要少于流出人口,且在流入人口中,男女比例基本持平。据访谈得知,流入人口中多是夫妻组合。近几年,国家加大了对当地的资金、政策扶持,吸引了部分人来此做生意。在乡里,街道两旁有许多铺面,大多是夫妻档组合经营。他们认为自己所在地经济发展速度快,竞争压力过大,所以选择来到竞争压力较小的鹿马登村。在与当地群众交流过程中,调研人员了解到鹿马登的人口流动中,省内流入的人口较跨省流入的少,流出人口远远大于流入人口。而人口的大量外流势必会造成当地劳动力的缺失和人口比例失调,对当地的发展造成极为不利的影响。

因此,当地政府高度重视,响应国家"精准扶贫"的号召,大力发展鹿马登村经济,希望通过富村、富民,达到留住本村村民的目的,减少村寨人员流失。

---

[1] 以上数据由鹿马登村村委会提供。
[2] 以上数据由鹿马登村村委会提供。

（六）村寨今昔变迁轨迹特点

经过近年的发展，鹿马登村较之从前有了很大的变化。

1. 基础设施建设的发展

水泥路的建设。道路阻塞是限制该村发展的最主要因素。十几年前，鹿马登村道路均为泥土路，下雨天基本无法出行，日常生活用品全靠村民每周的"赶街天"来购买，商品贸易十分匮乏，生存条件十分艰苦。怒江傈僳族大多都生活在高山地区，山势陡峭，出行更加困难。为战胜汹涌的怒江水，傈僳族创造了"溜索"这一工具。但是"溜索"存在极大的安全隐患，稍有不慎，就会掉入江中。现如今，鹿马登村基础设施建设得到了改善，全部修建了水泥路。水泥路的修建为村民出行提供了很大便利，也提高了安全度。

水电接通。由于山区道路阻塞、泥土路行动不便等原因，导致一些基础设施建设的材料运不进该村，又造成该村不通电、不通自来水等问题，生活十分不便。如今，电力基础设施建设在乡各级领导的关心指导下，农网改造工程正在有条不紊地进行。20世纪50年代调研时，鹿马登用的基本是油灯，水用的是河水，有的农户在自家的后门挖出一块小池子，用于接山上流下来的水，作为饮水。

饮水工程。为提高鹿马登村抗旱能力及保障村民的饮水卫生安全，政府组织修建了水利工程。截至2016年底，克胜底组，依四得二组，娃底一组、二组、三组，抗谷组，抗朵组已经修建了水池，部分小组还搭建胶管、钢管，将自来水引至水池，全村90%的村民饮水问题有了保障。

文化设施。福贡县有深厚的"篮球文化"，当地的老百姓特别爱打篮球，鹿马登村也不例外。从当地百姓处了解到，他们小时候打篮球，只要凑足人，坑洼泥土地上都可以进行比赛。现如今，该村修建了多个篮球场，在锻炼身体的同时，也丰富了该村群众的业余生活。

2. 房屋建筑的变化

怒江两岸斜坡地较多，平坦的地面很少，所以当地的房子多建造在斜坡上，这就需要在斜坡上竖几十根木桩，因此这种房子被称为"千脚落地房"。木桩竖好之后，再用藤篾条扎牢木桩，铺上木板，四周再围上竹篱笆，在木板上覆盖茅草或者木板。房子一般是两层结构，上层一般分为两间，一间为客室，设有火塘、三脚架（用来烧水、煮饭放锅的器具），另一间为卧室，不允许外人进入，子女结婚后则需要另外加盖房子。傈僳族盖新房时，会提前准备好建房材料，请"尼扒"（当地的算命先生，能通阴阳）算好日子，全寨人出动，所以速度很快，一天就可以盖好。近几十年，以前的"千脚落地房"已经成为该村房屋改造的重点对象，政府出资部分，帮助该村村民改造房屋。目前，该村正在大面积进行易地搬迁的工程，房屋多以二层楼房建筑为主，与内地其他民族的房屋建筑基本没有区别。

3. 服饰的变化

傈僳族分布的地区较为广泛，不同的生活空间，使他们的服饰展现出不同的特点。生活在鹿马登村的傈僳族人，穿右衽上衣，麻布长裙，已婚妇女耳戴大铜环，头上配以珊瑚等饰物，年轻的女子则用缀着小白贝的红线系发辫。妇女们还喜欢在胸前佩玛瑙、海贝或银币串，当地傈僳族称其为"拉白里底"。①当地最具特色的是妇女头上戴的"欧勒"帽，整个帽子是由海贝壳穿缀而成，非常美观，成为当地傈僳族人身份的象征。当地男性喜欢身佩长刀，长刀是他们勇敢的标志。在过去，当地人的衣服都是自己手工制作的，多为当地的麻制成的。

改革开放以后，傈僳族与外面的世界有了接触，服饰上发生了很大变化。从制作工艺上讲，以前的服饰皆由女性手工制作，现在大部分服饰都

---

① 《傈僳族简史》编写组编：《傈僳族简史》，云南人民出版社，1983年，第121页。

是由机器加工而成。现在会织麻布的妇女岁数多在四五十岁以上，年轻女孩都不愿意学习织布，更不愿意学习较为繁琐的服饰制作。少部分女性选择制作民族服饰，将其作为一种收入来源，供当地人及来此旅游的游客购买。在鹿马登村，有四到五家傈僳族传统服饰店，纯手工的傈僳族服装价格较贵，一套可达千元以上，机器制作的价格在500元左右。传统的民族服饰作为当地传统民族文化的一部分，需要后人的继承和发扬，但是目前大部分年轻女性不愿意学习传统民族服饰的制作工艺，这很不利于当地传统文化的传承。现如今，当地人只有在大型的节日庆典才会穿上民族服饰，平时穿着和汉族无异，但几乎每人都会有一到两套傈僳族服装。

二、经济建设

（一）产业结构概况

鹿马登村傈僳族属于"直过民族"，由原始社会直接过渡到社会主义社会。经过50多年的发展，鹿马登村的经济发生了巨大的变化。当地人最开始以种植业、畜牧业为主，传统的经济作物以水稻、马铃薯、玉米、荞子、鸡脚稗（可以用来酿酒）、油桐、黄连为主，畜牧业以猪、牛、羊、鸡为主。随着福贡县"十三五"国民经济和社会发展总体规划的实施，鹿马登乡要求在2016年率先实现脱贫摘帽，政府投入大量的人力、物力、财力，改善鹿马登村的经济状况。传统的经济体系不再适应鹿马登村的发展，改由政府组织人员进行培训，提高当地农民的科学文化素质。农业以豆类、油菜、蔬菜为主，以稻谷、洋芋、玉米为辅；经济作物以云黄连、草果、茶叶、核桃、重楼为主。截至2015年，鹿马登地区仍旧以第一产业为主，旅游业有所发展，第三产业发展薄弱。

（二）农作物种植

鹿马登村农作物以玉米、水稻、马铃薯、荞子、鸡脚稗、油菜、豆类、蔬菜生产为主。由于鹿马登村属坡地，耕地面积小，再加上地势险要,下有怒江经过,不利于耕种,限制了当地农业的发展,故农业产量相对较低。2015年,鹿马登全乡小春作物总播种面积完成15755亩,其中豆类2415亩,油菜5600亩,蔬菜3800亩,洋芋3125亩,荞子515亩,小春粮食产量37吨。大春完成粮食播种面积19131亩,其中水稻3958亩,玉米7077亩,豆类和杂粮2606亩。①

(三)农业科技推广

政府切实加强农业科技推广力度:一是样板田的建设;二是养殖技术和种植技术的推广;三是病虫害防治知识的推广。

样板田要求在同一地区、同一块地、同一种作物,进行同一种植模式,同一栽培。鹿马登乡由于地势原因,种植技术不易推广,政府派专人进行选址、种植,攻克技术难关。2015年,播种完成水稻样板田2500亩(双行条1000亩,单行条500亩)、油菜样板田1000亩、云黄连样板田50亩。

组织各村干部群众学习黑山羊、山地鸡、生猪养殖技术和经济作物云黄连、草果、茶叶、核桃种植技术。努力培育和壮大以核桃、茶叶为主的林果,以草果、云黄连、重楼为主的中药材,以黑山羊、生猪和山地鸡为主的畜牧业等特色产业,今后5年,鹿马登乡计划种植核桃5000亩、漆树5000亩、云黄连10000亩、草果20000亩、重楼500亩、茶叶30000亩、紫山药2000亩、扶持500户黑山羊养殖户、500户山地鸡养殖户、500户生猪养猪户。②

近年来,由于外来物种的入侵,传统的种植业出现了病虫害,如水稻白叶枯病、稻瘟病、虫灾。乡政府组织农技人员下乡指导病虫防治995人次,开展病虫害防治工作和自然灾害抵御工作,解决农户在种植中遇到的问题。

---

① 数据来源于鹿马登乡2016年4月12日政府工作报告。
② 数据来源于鹿马登乡2016年4月12日政府工作报告。

表1 鹿马登乡鹿马登村亚格来草果种植花名册

姓名	亩数（亩）
来妹都	7
恰妹子	9
肖余妹	10
昔路独	11
友加邓	8
音秋叶	12
迪早堆	10
前友堆	13
批万支	15
更前妹	10
阿福生	11
福战生	10
堆早叶	15
当友娜	10
音切山	8
邓有独	11
红丽堆	12
恰四恒	9
开有恒	10
赵永华	11
音战生	8
少有开	10
开有社	7
音 斗	9
音阳夺	11
批早堆	10
邓 大	10

续表

姓名	亩数（亩）
秋马叶	8
李金花	6
恰里夺	10

表2　鹿马登乡鹿马登村抗谷草果种植花名册

姓名	年龄（岁）	亩数（亩）
保友音	36	5
曲阿保	43	4
用马恒	61	2
迪阿栏	50	4
迪早花	38	3
你庆叶	48	2
保友邓	28	2
音四友	40	6
友四恒	49	3
你阿夺	59	1
友叶堆	40	1
邓路保	66	3
恰马扭	55	10
音路扭	65	2
前友少	33	2
黑路此	67	4
音路保	65	1
胡金友	37	5
开斗·堆	30	3
娜　前	50	3
胡里生	30	70

续表

姓名	年龄（岁）	亩数（亩）
音叶保	58	2
堆早叶	50	2

（四）产业结构的调整

鹿马登村产业结构的调整为两个方面，一是畜牧业结构，二是经济产业结构。政府千方百计发展壮大畜牧业，推广养殖技术，进行畜牧业品种改良，大力推广生猪、黑山羊、蛋鸡养殖。为全村的猪注射疫苗，减少猪的死亡；实施草原生态补偿工作（实际是退耕还林）；推广品种改良，推广生猪人工授精，投放新品种猪，改良山羊品种；开展养殖培训。

◇油　桐　　　　　　　　　　　◇重　楼

◇草　果　　　　　　　　　　　◇核　桃

鹿马登村发展生猪生产政策，要求每家每户必须要喂养一头母猪，由乡政府为能繁殖的母猪缴纳保险，一头母猪缴纳保险费每年12元。如果母猪死亡，政府每头赔偿1000元。已在克胜底，利各邓，娃底一组、二组、三组发展圈养生猪项目，投入资金100万元；力吐组发展山地养鸡、山地养羊；力吐组、抗谷组发展生态养蜂50箱。

经济产业结构方面，从玉米、水稻、油桐树发展到种植茶叶、草果、云黄连、核桃等特色经济作物。油桐是鹿马登村最原始的经济作物，又名"麻风树""麻风树""南洋油桐"等。桐油树以采果榨油为主，果实可用来提炼防水性佳的桐油，也是油漆的重要原料。但是近几年，油桐树得了黑斑病，果子枯死率达90%，出油率降低，影响经济收入，很多地方已经不能再种植油桐树，于是政府引进茶树、核桃、草果、云黄连、重楼等，增强鹿马登村的作物品种类型，促进经济增长。截至2015年，鹿马登乡种植草果苗5.7万亩、核桃3.5万亩、云黄连2.7万亩、茶叶苗4500亩，草果挂果3700亩，产量774吨。①

（五）生产方式的变迁

鹿马登村属于"直过区"，以传统种植业为主，生产方式为刀耕火种，生产力以人力、畜力为主。随着社会的发展，日常生活开始出现用电代替了用火。20世纪50年代调研时，人们用的是传统的生产工具，有锄头、砍刀、犁头、斧头和镰刀。近年来在水稻、玉米等粮食作物的种植中，出现了手推机器耕地，但因地势的原因，推广并不普遍。随着政府"三农"政策推广，很多农户开始买手扶拖拉机、打谷机、切猪食机等现代农业工具和彩电、冰箱等生活电器，政府给予补贴13%。但农业仍旧以传统农具为主，现代工具并不普遍。

---

① 数据来源于鹿马登乡2016年4月12日政府工作报告。

（六）经济收入与消费

50年代调研时，当地村民收入主要是农作物收入，实现自给自足尚且不能，只能经常向邻居借粮食。鹿马登村现在主要经济收入为养殖业（包括生猪养殖、黑山羊养殖、蛋鸡养殖等）收入、经济作物收入、外出务工人员收入。全村粮食总产量628816公斤，人均有粮241公斤。大牲畜为牛存栏584头，牛出栏66头；猪存栏1540头，出栏1360头；羊存栏1870头，出栏660头。2015年全村经济总收入763万元，农民人均可支配收入4784元。外出务工1640人，外出务工收入409万元。2015年，鹿马登全乡在外务工人员突破4500人次，劳务经济达到4500万元以上，劳务输出成为重要支柱产业。

近些年来，为达到农村发展、农业增产、农民增收的目标，鹿马登村在乡政府的支持和领导下，采取了一系列确保农民利益、引领农民增收致富的措施，农村经济发展跃上了新台阶。仅以2012年与2014年的相关数据做比较，2012年底，全村经济总收入567万元，农民人均收入2294元，到2014年底，全村经济总收入763万元，农民人均收入3780元。[①]从数据中得知，鹿马登村经济总收入在短短的两年间上涨了约200万元，人均收入也得到大幅度提高。

鹿马登乡2016年4月12日政府工作报告指出了鹿马登乡"十三五"发展思路："123456"的发展思路，即"坚持1个统领（用十八大精神统领经济社会发展全局），落实2项举措（一手抓干部，一手抓项目），夯实3大基础（林农基础、教育基础、交通基础），打造4大示范基地（草果、核桃、云黄连、养殖），培育5大产业（林药、畜牧、特色产品、旅游文化、劳务输出），实现6大突破（扶贫攻坚、结构调整、项目建设、产业发展、集镇建设、农民增收）"。

2017年底，鹿马登村全村经济总收入1502万元，比2015年底增长531万

---

① 数据由鹿马登村委会提供。

元；人均纯收入6576元，比2015年增长1791元；村集体经济收入6万元，实现零突破。

(七) 精准扶贫

精准扶贫工作是鹿马登村的重点工作。鹿马登乡为直过区，人均受教育水平较低，其中文盲贫困人口占较大比例，有的只会本民族语言，与外界交流存在障碍。鹿马登全乡精准扶贫工作主要有四个方面：一是易地搬迁工程；二是贫困户建档立卡；三是实用技能培训；四是派出驻村扶贫工作队。

易地搬迁工程。指将生活在缺乏生存条件地区的贫困人口搬迁安置到其他地区，并通过改善安置区的生产生活条件、调整经济结构和拓展增收渠道，帮助搬迁人口逐步脱贫致富。鹿马登乡2016年4个村实施易地扶贫搬迁工程，分别是布拉底村、尼苦娃底村、赤恒底村阿兰甲新村、鹿马登村。鹿马登乡政府集中鹿马登村村民意见，将力吐、抗谷、抗朵、亚格来组等103户贫困户实行易地搬迁到鹿马登村拉马得区域。易地搬迁住房建设资金来源：一是国家补助，其中建档立卡户每户补助4万元（扶贫办2万元，住建局1.2万元，发改局0.8万元），非建档立卡每户补助2.2万元（住建局1.2万元，发改局1万元）。二是贷款，向城投公司和农村信用社贷款，最高可贷款11万元。三是通过自筹及进行投工投劳。基础设施建设资金：政府按户均5万元的标准，投入255万元，不足部分由县委政府统筹，县相关职能部门整合项目资金。

鹿马登村易地搬迁工程集中安置116户490人（其中建档立卡户53户220人），新建设住房116户14420平方米。开挖公路及硬化3千米，通组公路硬化10千米，村间道路硬化2千米，220千伏农网改造升级建设及变压器1台，绿化种植5160株，建设饮水管网5千米，新建村民活动室一幢等公共服务设

表3 鹿马登乡2015年农业农村基本情况统计表[①]

村别	全乡农村经济总收入(万元)	人均经济纯收入(元)	粮食作物播种面积(亩)	全乡粮食总产量(公斤)	人均有粮(公斤)	户数	人口	劳力	外出劳工收入	年末耕地面积(亩)	其中:水田(亩)	旱地(亩)	大牲畜 出栏	大牲畜 存栏	牛 出栏	牛 存栏	马 出栏	马 存栏	猪 出栏	猪 存栏	羊 出栏	羊 存栏
合计	4150	3776	21977	5441432	383	3718	14190	8956	2195	11035	3958	7077	759	4082	747	3840	12	242	7946	15004	9922	17093
鹿马登村	763	3780	2369.3	628816	243	706	2584	1640	409	1303.3	883	415.3	66	586	66	584		2	1360	1540	660	1870
腊马洛村	204	3784	1265.8	353189	507	183	696	422	98	754.8	102.1	652.7	34	174	28	149	6	25	413	614	3720	4500
麻甲底村	371	3771	2079.5	504897	395	336	1278	718	197	1009.5	173	836.5	63	342	63	285		57	673	1338	671	600
巴甲朵村	301	3774	1808	409271	395	273	1036	633	162	806	327	479	57	280	55	278	2	2	430	989	700	1000
娃吐娃村	248	3774	2239	444421	521	205	853	508	132	847	257	590	95	361	91	316	4	45	568	1150	1000	913
赤洒底村	470	3776	3041.2	808209	502	415	1610	915	249	1642.2	272	1370.2	105	398	105	383		15	700	1873	1000	1470
亚坪村	420	3769	1950.8	434281	301	398	1443	804	223	826.8	135	691.8	125	756	125	751		5	830	1751	1461	20130
赤恒底村	572	3782	2979.4	814268	417	500	1951	1612	302	1665.4	628.9	1036.5	85	423	85	356		67	1404	3089	310	2400
布拉底村	801	3775	4244	1044130	381	702	2739	1704	423	2180	1175	1005	129	762	129	738		24	1568	2610	400	2310

注：今年人口比上年增159人，同比增长11‰。

今年粮食产量比上年增长39吨，增幅0.72%；人均有粮383公斤，同比减少0.52%。农村经济总收入比上年增长636元，增幅18%；全乡人均经济纯收入比上年增长901元，增幅31%。

[①] 资料由鹿马登政府办公室提供。

施。该工程总投资4907.34万元,其中国家投资2922.86万。[①]

贫困户建档立卡。贫困户是指家庭年人均纯收入低于省农村扶贫标准的农村居民户。以2013年农民年人均纯收入2736元(2010年2300元不变价)的省农村扶贫标准为识别标准,开展贫困户识别工作。2014年减贫人口标准为农民年人均纯收入超过2800元(2010年2300元不变价)。鹿马登乡2013年建档立卡户有2085户7876人,贫困发生率51%;2014年脱贫1020人;2015年脱贫2900人,贫困发生率25%,比2013年下降了26%。2015年,鹿马登乡完成1073户贫困认定,认定标准为人均收入低于2850元,对于建档立卡的贫困户,政府每户补助4万元。2016年,鹿马登全乡9个行政村共有农业人口3783户14360人,其中建档立卡户1076户3924人。根据《福贡县2016年扶贫开发建档立卡"回头看"实施方案》要求,通过"五查五看""三评四定"等工作程序进一步查缺补漏,认真审定建档立卡户,剔除原建档立卡农户96户375人,增补建档立卡户130户388人。截至2016年6月,全乡共完成精准识别建档立卡户1076户3924人,纳入低收入农户133户480人,并完成数据录入。

表4 鹿马登乡农村低保和建档立卡统计表[②]

县名	乡镇名	贫困户数	贫困人口数	低保户数	低保人数	纳入建档立卡低保对象		纳入建档立卡但未纳入低保的	
						户数	人数	户数	人数
福贡县	鹿马登乡	1815	6841	1580	6505	751	2939	1064	3902
	上帕镇								
	马吉乡								
	匹河乡								
	石月亮乡								

①数据由鹿马登乡政府提供。
②资料由鹿马登乡政府办公室提供。

续表

县名	乡镇名	贫困户数	贫困人口数	低保户数	低保人数	纳入建档立卡低保对象		纳入建档立卡但未纳入低保的	
						户数	人数	户数	人数
福贡县	子里甲乡								
	架科底乡								
合计		1815	6841	1580	6505	751	2939	1064	3902

实用技能培训。进行农民专业合作社的申报、外出务工维权和民房建筑技术十项技能培训、厨艺培训。2015年，共培训4617户农民，受益人达13120人。举办了"优质稻栽培技术""测土配方施肥技术""超级稻高产栽培技术""水稻病虫害防治技术""草果种植技术"等技术培训20期，培训1800人次，通过培训，使参训人员都掌握了相应的实用技术，有效地促进了实用技术的推广应用，增强了群众的科技意识。

驻村扶贫工作队。2016年，18家挂联单位、51名驻村队员下派到鹿马登乡各村开展扶贫工作，进行一对一指导。其中省级单位1家，下派队员3名；州级单位4家，下派队员8名；县级单位13家，下派队员14名；乡里下派队员23名，大学生村官3名。[①]为解决群众困难，各驻村工作队员积极发挥作用，协调本单位或其他部门积极争取各类物资，组织各项培训。

2018年3月驻村工作队调整后，在鹿马登村开展工作的共有三支队伍，分别是村"三委"班子4名、驻村工作队员7名和乡工作组成员9名，共22人。其中，驻村工作队员由州委组织部、州委老干部局、县烟草公司三家单位派出，整支队伍平均年龄在40岁，老中青"倒金字塔"式搭配。

截至2018年6月，鹿马登全乡脱贫任务尚未完成，未脱贫建档立卡户134户456人。

---

① 资料由鹿马登乡政府办公室提供。

三、政治建设

（一）现当代村寨政治变迁

福贡历史上被视为"蛮荒之地""化外之区"。民国时期，国民政府为了更好管理福贡，成立了行政公署，设立了设治局，且在基层政权中，设置了乡、保、甲三级行政管理等。新中国成立初期，把民国时期的乡、保、甲分别改称为区、行政村、自然村，设区正副主席、正副村长等。改革开放以后，鹿马登村实行村民自治。如今，已建成由社区（村）、网格片区负责人、综合服务组成的三级联动管理机制。三级即社会管理服务中心、党总支服务管理网格（分片管理）、村基础网格（居民自治小组，具体到户），构建了以乡、村、网格为单位的三级管理网络体系，构成了一级抓一级，层层抓落实的工作格式。

（二）村寨党组织建设和村务管理

1. 村寨党组织建设

鹿马登村目前设有党的基层组织4个，其中党总支1个，党支部3个，党支部下设党小组。村委会设党总支，根据党员人数，下设党支部，以一个或两个以上村民小组为单位成立党支部，村民小组有3名以上正式党员的设党小组，党员人数不足3名的纳入邻近村民小组党小组管理。

目前，鹿马登村党总支共有党员59名。其中，预备党员3名；女党员10名；少数民族党员58名；大专以上学历的党员2名，中专2人，高中2人，初中22人，小学20人，其他11人；35岁以下8人，35~45岁21人，46~59岁16人，60岁以上14人。2015年，新发展预备党员29名，其中妇女党员6名，35岁以下年轻党员18名。①其中，驻村工作队员6名、乡党委书记1名、大学生村官1名，农村正式党员47名，预备党员2名，党员占全村人口的2.17%。党群活动场所4个，其中新建3个，桌椅板凳、音响设备、餐具、标识、公示

---

①以上数据由鹿马登乡政府提供。

◇鹿马登村党团活动室

栏等所有设施配备到位。

鹿马登村党支部积极落实党建的各项工作,在发展党员、执行党内生活制度、流动党员管理以及党员档案管理等方面都建立了相应的规章制度,通过上级下派的党建指导员对村党支部的党建工作进行指导,该指导员一般由乡党委委员担任,协助村党支部建立完善和落实村级各项规章制度,指导村党支部健全和规范党组织生活。在党建工作方面,存在党员队伍年龄老化、年轻党员流动性大、培养和使用方面存在一定困难等问题。

2. 村务管理

在村务管理方面,鹿马登村由村民委员会负责,村委会是在村党支部领导下,在宪法和法律的范围内实行的村民自我管理、自我教育、自我服务的基层群众自治组织。村委会党总支管理下设置三个职能:村治保委员会、村人民调解工作领导小组和村民监督委员会。

村治保委员会设村治保主任1人,治保委员14人,负责对鹿马登村治安的管理工作。

村级人民调解工作领导小组设组长1人，副组长2人，调解成员14人，并建立了矛盾纠纷排查制度，在村民产生矛盾纠纷时，按照小组—村—乡的顺序进行调解，并填写调解台账。妇女主任1人，妇女委员14人；乡村医生兼计生管理员2人；兽医1人；农技员1人；天保主任1人，天保员6人，负责鹿马登村天然林的保护工作。

村民监督委员会设主任1人，监督委员2人，在乡党委的直接领导和乡纪委的监督指导下开展工作，负责督促村务公开、参与村务管理以及评议村委会、党支部委员会的干部；1个民兵连；1个团总支，3个团小组。

村委会由主任、副主任和委员3～7人组成。领导班子产生由民主选举，每三年选举一次，村党委书记由乡党委任命，村主任、副主任和委员由村委会选举产生。

近年来，鹿马登村在村务管理建设方面取得了一定成绩。一是基层党组织设施建设得到了全面加强，在州委组织部的支持帮助下，投资10万元，对依四德小组党员活动室进行了全面修建，提高了农村基层党组织的凝聚力、号召力和战斗力，夯实了党的执政基础。二是把党员活动阵地建成政治学习的中心、思想教育的阵地、传授知识的课堂、议事参政的场所。2015年，全乡村级下设三个党支部党员活动室现已建成，分别是亚坪村、娃吐娃村和鹿马登村。亚坪村下设三个党支部活动场所建设主要翻修闲置教学点，第一党支部翻修学校闲置点（结布德）2015年12月完成，总投资5万元；娃吐娃村第三党支部翻修学校闲置点（基见谷、施乃基）2015年12月完成，总投资10万元；鹿马登村第三党支部翻修学校闲置点（依四德一）2015年12月完成，总投资20万元。

在鹿马登村党建工作中，建立了困难党员帮扶机制，制定了五必访制度，即党员患重大疾病或去世时必访，党员家庭受灾或发生意外时必访，党员在生产生活中遇到困难时必访，党员有较大思想情绪或有意见建议时必访，党员无故不参加组织生活时必访。落实党员对党内事务的知情权；

积极制定村级民主管理公约，着力规范村级民主管理工作；等等。

（三）村民自治

鹿马登村设有村规民约，对社会治安、消防安全、村风民俗、邻里关系、婚姻家庭、宗教信仰、土地管理、财务管理、教育、村级公益事业十个方面进行了规定。在解决矛盾纠纷方面，采取干部下访和现场办公等方式排查和化解基层发生的各类矛盾纠纷，同时辅之以乡党政领导包片、驻村干部包村、村干包小组、组干包农户等制度，做好矛盾纠纷排查解决工作。此外，各村都有专人负责，并定期将矛盾纠纷排查的情况和将有价值的信息和纠纷隐患及时向乡综治办报送，以便及时采取防控措施。

鹿马登村第四届村民委员会村规民约

为了推进我村民主法治建设，维护社会稳定，树立良好的民风、村风，创造安居乐业的社会环境，促进经济发展，建设文明卫生新农村，经全体村民讨论通过，制定本村规民约。

一、社会治安

1. 每个村民都要学法、知法、守法，自觉维护法律尊严，积极同一切违法犯罪行为作斗争。

2. 村民之间应团结友爱，和睦相处，不打架斗殴，不酗酒滋事，因打架斗殴造成他人致伤的，违者承担受害者医疗费、误工费、营养费等一切费用，并处罚300~1000元；严禁侮辱、诽谤他人，严禁造谣惑众、拨弄是非，违者后果自负，并处罚50~300元。

3. 自觉维护社会秩序和公共安全，不扰乱公共秩序，不阻碍公务人员执行公务。

4. 严禁偷盗、敲诈、哄抢国家、集体、个人财物，严禁赌博、严禁替罪犯藏匿赃物，违者没收赃款，并处罚150~1500元。

5. 爱护公共财产，不得损坏水利、道路交通、供电、通信、生产等公共设施，违者自行修复损坏的设施，并处罚100～500元。

6. 严禁私自砍伐国家、集体或他人的林木，违者罚款每棵20～200元；严禁损害他人庄稼、瓜果及其他农作物，违者按情况严重程度给予处罚；加强牲畜看管，严禁放养猪、牛、羊，违者按受害者意愿并结合实际情况进行协调解决。

二、消防安全

1. 加强野外用火管理，严防山火发生，违者支付灭火所需一切费用（包括受害者医疗费等）。

2. 家庭用火做到人离火灭，严禁将易燃易爆物品堆放户内、寨内，定期检查、排除各种火灾隐患。

3. 对村内、户内电线要定期检查，损坏的要请电工及时修理、更新，严禁乱拉乱接电线，电工整理费由违者负责。

4. 加强村民尤其是少年儿童安全用火用电知识宣传教育，提高全体村民消防安全知识水平和意识。

三、村风民俗

1. 建立正常的人际关系，不搞宗派活动，反对家族主义。

2. 积极开展文明卫生村建设，搞好公共卫生，加强村容村貌整治，严禁随地乱倒乱堆垃圾、秽物，修房盖屋余下的垃圾碎片应及时清理，柴草、粪土应定点堆放，水沟里不能倒入垃圾，违者罚款200～300元。

四、邻里关系

1. 村民之间要互尊、互爱、互助，和睦相处，建立良好的邻里关系。

2. 邻里纠纷，应本着团结友爱的原则平等协商解决，协商不成的可申请村调解委调解，也可通过依法向人民法院起诉，树立依法维权意识，不得以牙还牙，以暴制暴。

3. 村民纠纷由小组长解决，不能解决的再上报村委会调解，村民不得越级上访。

五、婚姻家庭

1. 遵循婚姻自由、男女平等、一夫一妻、尊老爱幼的原则，建立团结和睦的家庭关系。

2. 婚姻大事由本人作主，反对包办干涉，男女青年婚姻必须符合法定结婚年龄要求，提倡晚婚晚育。

3. 自觉遵守计划生育法律、法规、政策，实行计划生育，提倡优生优育，严禁无计划生育或超生。若出现超生现象，以组为单位，出现违规现象取消该组半年内低保及项目建设指标，违规现象超生者取消三年内低保及项目建设指标，该组组长、副组长进行调整。并向违者按计划生育管理法处罚，按照计生法有关规定执行，同时裁地最好的水田、旱地各5分。

4. 夫妻地位平等，共同承担家务劳动，共同管理家庭财产，反对家庭暴力。

5. 父母应尽抚养、教育未成年子女的义务，禁止歧视、虐待、遗弃女婴，破除生男才能传宗接代的陋习。子女应尽赡养老人的义务，不得歧视、虐待老人。

六、宗教信仰

1. 村民宗教信仰自由，任何人不得强迫信仰和抵制。

2. 不准以宗教信仰名义进行帮派集团活动。

3. 严厉抵制不正常宗教活动和正常宗教中的不正常的现象。

4. 严禁以宗教信仰活动干涉党和国家的行政事务，干涉婚姻家庭、计划生育等。未办理结婚登记或不满法定年龄的青年男女，教牧人员不得主持结婚仪式，违者进行教育，经屡教不改的教牧人员，每组合一对夫妇处罚50～100元，情节恶劣的须加倍惩处。

七、土地管理

1. 凡是村民承包的一切土地，包括宅基地、自留地均属集体所有，村民不得相互买卖，只有在法律允许的情节下，经营权可以相互转让，屡教不改者集体收回其承包地。

2. 在承包地、自留地、责任山以及三荒地上不得擅自移动界桩或随意缩小和改变道路及水沟。违者责令改正，并处罚200～300元。

3. 爱惜土地，防止耕地流失，未经土地管理局批准，不得擅自占用耕地建盖房屋。

八、财务管理

1. 为了规范和加强财务会计工作，保障会计员、管理员依法行使职权，发挥集体经济的活动，实行村民的监督。

2. 财务管理、会计员必须做到账目清楚，必须做好资金和账目分开管理，保证财务的真实、准确、完整。

3. 每年度向村民公布财务的收支、增减和使用。

4. 杜绝财务混乱，资金不明，漏收漏记，挪用贪污。违者赔偿其损失，并在村民会议上检讨。

九、教育方面

1. 在九年义务教育期间，未完成学业无故辍学的学生，将对其处罚：拆地或罚款。拆地水田、旱地各5分；罚款金额为1000～3000元。

2. 儿女入学年龄而不送子女按时上学的拆地水田、旱地各5

分，罚款金额1000~3000元。

十、村级公益事业建设方面

村组公益事业建设工日制定：我村14个村民小组，公益事业建设每户均投入1人2个工日，每个工日折人民币20元，各组按规定执行。

加强村内农用车和机动车管理，除二轮摩托车和残疾人代步车外，按以下标准缴纳农村公路养护费：三轮车20元／年，微型车、面包车30元／年，拖拉机、农用车40元／年。

本管理办法由村民会议通过之日起生效，本办法的修改须经全体村民委员会成员提出或五分之三的村民提出，并在村民大会上半数以上村民通过。本民约经村民代表、组长、教牧人员、党员签名盖章生效。

鹿马登村第四届村民委员会
二〇一四年六月[①]

（四）社会保障

鹿马登村积极推进城乡居民养老保险和医疗保险，确保村民养老和医疗有保障。

截至2015年底，全乡共有8311人参加城乡居民养老保险，其中农村7809人、城镇302人，占目标任务9000人的94%。正在享受养老保险金1570人，其中农村6741人、城镇109人；续保金额685000元，其中农村674100元、城镇10900元。[②]

城镇居民医疗保险方面，全乡共有302人参加城镇医疗保险，其中低保

---

①以上数据由鹿马登乡政府提供。
②以上数据由鹿马登乡政府提供。

169人（7人老人）、非低保118人（老人27人、重度残疾2人），正常参保的有90人。

农村医疗保险方面，政策上规定农村人口每人每年需缴费500元，实际上每人每年只缴纳80元，剩下的420元由国家财政、省财政和地方财政按比例支出补贴差额。另外，低保户的医疗保险由国家民政缴纳。在2016年出台的政策中，国家财政支出增加了一项"大病保险"，这项保险需要缴费金额为人均160元，住院报销比例可以达到90%以上。

四、文化建设

（一）公共文化基础设施

鹿马登村的傈僳族人民长期以来一直过着"刻木记事，结绳计时"的生活，公共文化建设几乎为零。民国时期，整个福贡县傈僳族人民基本处于原始社会末期，阶级尚未分化，生产力水平极其低下，一年里有半年以上的时间靠狩猎、采集为生，生活极度艰辛，文化严重缺失。新中国成立初期，民族工作队和人民政府与傈僳族人民增进了解，注重组织各种形式的文化活动，使得公众文化建设空前活跃起来，带动了鹿马登村的公共文化建设。"文化大革命"时期，文化工作只强调政治性，以"破四旧"为开端，横扫了一切民间传统文化。改革开放以来，整个鹿马登乡的公共文化事业开始复苏，文化形式开始丰富起来。1982年6月，成立了鹿马登文化站，当时借用区税务所一间平房做阅览室，工作人员1人。1984年，县政府拨款2.5万元，建房5间，建筑面积150平方米，内设阅览室、外借室、宿舍。至1986年藏书180册，订阅各种报纸杂志45种，工作人员2人。[①]文化站经常组织文艺会演，举办各种文艺培训和展览，进行文物普查，收集和整理了一批民间文学作品，确定了一批文物保护单位，如1983年组织了

[①] 福贡县地方志编纂委员会编：《福贡县志》，云南民族出版社，1999年6月，第338～339页。

9个放映电影队，同年鹿马登村成立电影管理站。①鹿马登村继承和发展了"仟俄"舞、"呱开"舞、"尼霞"舞等三大类傈僳族传统舞蹈和"木刮""优叶""阿秀""尼古俄"等傈僳族民族小调、民歌，内容大部分是模仿鸟兽形态动作或反映群众的生产生活。近年来，鹿马登乡重视文化产业的发展，加强文化基础设施建设，构建覆盖城乡的公共文化服务体系，建成鹿马登村文化站。文化站建筑面积270平方米，设有一间办公室（内设办公桌椅3套及1个文件柜）；电子阅览室一间（内设服务器1台、计算机6台、计算机专用桌椅7套）；服装、器材室一间（内有傈僳族男女民族服装及傣族女装60余套、道具30余件、二胡5把、竹笛5套、松香5个、笛膜20包）；图书阅览室一间（内有藏书6000余册、书架4个、阅览桌2张、椅子8张）；活动室一间（内设1套放映机、1台投影仪、2对音响、1台稳压器、1台移动播放器、1台电视、练功杆及练功镜子）；一间乐器室（内设4台电子琴、1台电钢琴）；黑板报宣传栏1块。鹿马登村乡文化站先后被评为州、县级先进文化站。据2015年乡文化站统计，一年来共接待来访群众670余人次，开展培训5场，举办文体娱乐活动28场次，较好地引导和推动了全乡的文化生活。②

截至2016年7月，文化站有工作人员4人，其中有编制的3人，兼职1人。中学学历的3人，本科学历1人。业务开展情况：图书阅览室、电子阅览室、乐器室、练功室等均按上班时间（9:00~17:00）对外开放。配合乡党委、政府的中心工作，每两周出一次黑板报。每年至少举办两次文艺活动。同时，全乡不断加大对民族文化资源的挖掘、宣传、保护等工作。

鹿马登村根据全乡规划，积极推进"全国文化资源共享工程"乡级农

---

①福贡县地方志编纂委员会编：《福贡县志》，云南民族出版社，1999年6月，第342页。
②以上数据来源于鹿马登乡文化站文化产业发展情况汇报材料。

文网络培训学校的建设和"两馆一站"①免费开放工作。根据乡文化站的统筹,自2011年以来全乡9个行政村农家书屋标准化建设已经全面完成,共藏书21600册,其中图书20018册,期刊1280册,资料、地方文献300册。②鹿马登村的农家书

◇ 鹿马登村农家书屋的藏书

屋建设及时纳入了村委重要工作日程之上,由支部书记、村委主任亲自领导,村委会副主任兼任专职管理员,负责图书的归档分类、登记和借阅。书屋内部设施齐备,配备了书柜、桌椅等。图书、报刊、音像分类上架,农家书屋的匾牌、管理制度、借阅制度一一上墙,在开放过程中严格执行管理制度,填写借阅记录并及时收回,检查破损情况,完备借阅手续。农家书屋的管理逐步走上制度化、规范化。

为鼓励更多的群众参与文化活动,推进基层文化活动的普及与提高,文化站工作人员编排了可以健身、健心、健脑的广场舞,于每周一至周四19:00~21:00在鹿马登村所在的乡文化站院内开展广场活动。自活动开展以来,参加活动的人数达2300人次。同时,这一地区拥有浓厚的篮球文化,每个行政村都建有篮球场,球场旁边配有相应的健身器材。鹿马登村更是这一地区的典型代表,篮球场建在村委会大院内,每天都会有很多村民前来这里打篮球,定期还会举办一些集体篮球赛等。篮球场也是举行文艺会演和歌舞比赛的主要场所。

---

① 两馆一站:指公共图书馆、文化馆和乡镇综合文化站。
② 以上数据来源于鹿马登乡文化站文化产业发展情况汇报材料。

◇鹿马登村篮球场

村公共文化设施大多建设在乡政府和村委会旁边,由于整个怒江的地形限制,村民居住分散,这种文化设施建设存在许多不足。其中主要的问题有以下几个方面:

第一,乡、村级图书阅览室新书少,现有的书籍不能满足群众的读书需求。

第二,由于文化经费投入有限,给开展活动带来一定的困难。一是购书和设备维护经费紧缺;二是文化管理员薪资问题,如农家书屋管理员多由行政村村干部兼职,没有酬劳。

第三,乡、村两级文化设施不够完善,文体活动基础设施建设有待于进一步加强,公共健身场所与文化活动器材缺乏。

针对这些不足,全乡在"十三五"规划中,对公共文化建设有了新的目标:

首先,加大公共文化设施建设投入。通过争取项目扶持、财政投入、社会融资等多种渠道,加大文化基础设施建设资金投入,计划未来两年在全乡新建文化活动场所19个,新建篮球场9个,新建卫生公厕285个。初步形成覆盖城乡、惠及全民的公共文化服务网络。①

其次，加强公共文化服务能力。充分利用公共文化设施，如乡文化站、文化广场、农家书屋等。将所有公共文化设施向群众开放，开展文艺活动、图书借阅、展览展示、艺术培训、科普辅导等活动。同时依托县文化馆、镇文化站、村文化中心等公共文化资源，加大文艺团队建设的支持力度，为广大文艺爱好者提供学习交流的阵地和展示才艺的平台。

最后，及时完善整理文物数据库，加强非物质文化遗产保护与传承工作，认真做好非物质文化遗产名录的申请。构建惠及全民的公共文化服务体系，实现公共文化大繁荣。

（二）民族语言与传承

50年代调研时，当地村民只会讲当地语言，经过几十年的发展，普通话得到了推广。

鹿马登村有傈僳族、白族、怒族、独龙族、纳西族、汉族等民族，其中傈僳族语言文字的使用在这一地区具有很强的代表性。根据调查资料的分析，调研小组将被调查对象的傈僳族的语言能力划分为四个等级，即"熟练""熟悉""略懂""不会"。划分的标准为：一是熟练，听、说、读、写能力俱佳，能在日常生活中自如运用；二是熟悉，能在日常生活中听、说自如，但读写能力不足；三是略懂，具有部分交际能力，能听懂简单的会话，但不能自如运用，没有读、写能力；四是不会，听、说、读、写能力完全不能掌握。

通过调查发现，能够达到熟练程度的多为教牧人员。由于本地区的《圣经》和基督赞美诗都是傈僳文版本，故这部分人必须要掌握傈僳语。另外，一些信徒，他们对傈僳文的掌握程度也较高，基本能达到熟练程度。因此，本地傈僳语传承情况良好，特别是语言活跃度依然很高。

---

①以上数据来源于鹿马登乡"十三五"规划材料。

傈僳族村民除了使用自己的母语之外，对汉语的掌握也是越来越普及，大部分人会使用汉语，只有少数高龄老人不会使用。虽然他们兼用汉语，但汉语水平在不同年龄、不同性别，以及不同文化程度的人群中存在差异。

我们入户调查了解到，60岁以上的老年人汉语水平相对最低，很多老年人只是略懂汉语，甚至不少老年人不会讲汉语。40～60岁之间的人虽然能讲当地汉语方言，但大都不会说普通话。15～40岁之间的人汉语水平最高，这部分人也是与外界接触最多的群体。15岁以下的由于很少走出本地语言环境，汉语水平要低于上一个年龄层次，但通过学校的培养，汉语水平在不断上升。

不同性别的傈僳族民众汉语能力也存在差异，调查发现，一般是男性的汉语水平要高于女性。由于傈僳族传统家庭中男主外、女主内的习俗，故男性与外界接触相对较多，汉语水平也就相对要高，而女性则主要是在家中操持家务，与外界接触较少，因此汉语水平相对低一些。在访谈中，经常听到一些中老年妇女说，自己汉语说不来，听不太懂，而很少听到中老年男子这样说。

不同职业、文化水平的傈僳族汉语能力也有所不同。在乡镇单位工作以及常年在外打工的人，文化水平也相对较高，他们在日常工作和与外界交流中大都要经常使用汉语，所以汉语水平明显要高于文化程度较低和常年生活在寨子里的傈僳族村民。

这里需要注意的是现在的年轻人和在学校读书的学生，他们的汉语语言文字水平普遍较高，甚至出现了高于母语（傈僳语）水平。通过学校教育培养出来的年轻人对傈僳语的语言文化掌握程度越来越低。鹿马登乡2000年完成普及六年义务教育，接着2008年完成普及九年义务教育，这过程一直持续到现在，当地人文化水平普遍有了一个提升。

总的来说，现在的年轻人基本上两种语言都能比较不错地掌握，只是傈僳语和汉语在本地的运用呈现出此消彼长的趋势。

傈僳语在祖辈、父辈与儿孙辈之间没有出现断裂的迹象，所以在这里，不管是大人还是小孩，不管是有知识的文化人还是一般村民，都愿意说傈僳语。他们进入学校、医院等公众场合，又能用汉语交流。傈僳族村民在使用自己的母语进行交流时会有一种亲切感，和外界交流时能自如使用汉语，又拥有一种民族认同感。

（三）民族传统文化遗产

鹿马登村保留了大量傈僳族文化。傈僳族以能歌善舞著称，凡是狩猎、盖房、收获、婚嫁等举家欢庆的日子，他们都要以歌舞等形式庆祝，而歌舞也成了他们生活中不可或缺的部分。

1. 乐器

琵琶。傈僳语称为"起本"，又可称为"四弦"，是民间广泛流行的一种古老乐器，通常用漆树制成。制作时，挖空琴身宽处一端，蒙上木板，板上穿孔即成，琴杆一侧凿空插入细竹棍做弦柱。琴的制作大小并无严格的规定，一般来说琴身长约80厘米、宽约20厘米，弦有4根，以前是用羊筋制作而成，现一般用钢丝或铜丝制成。琵琶演奏时用右手拇指和食指弹拨，左手按弦，其音质粗犷浑厚。琵琶可独奏也可合奏，同时也可为舞蹈伴奏，还可与其他种类乐器配合演奏。在傈僳族的习惯中，琵琶通常在亲朋好友聚会、重大节庆等欢快场合演奏，是一种简单但表达欢乐情感的乐器。

嘀哩吐。又称为"笛里图"，傈僳族传统乐器之一，多为青年妇

◇ 弹琵琶

◇ 嘀哩吐　　　　　　　　　　　　　◇ 吹奏嘀哩吐

女演奏。嘀哩吐为一种直吹短笛，属于傈僳族特有的民间乐器，常和琵琶一同演奏。嘀哩吐长约9厘米，直径约0.9厘米，用竹管制成，一头装有哨子，笛身挖有四个小洞，其中三个在同一面，另一个在另外一面。笛身刻有花纹，妇女们常用自己制作的精美挂件来作装饰，吹奏时用手指交替按孔便可吹出欢快乐声以伴歌舞。

口弦。傈僳族传统乐器之一，多为妇女演奏。口弦由竹片制成，有一片的，也有三片组成的。吹奏时将其靠近唇边或者直接含在嘴里，用口中气流来使竹片震动发音，再随着口腔形状的变化使气流的强弱发生不同的变化从而发出不同的声音。口弦音色优美浑厚，有很强的表现力，用来表现青年男女们的内心情感。但是随着老一辈的离世，一些口弦调已失传。

长笛。又称为"吉林"，竹管制成，长约20公分，笛身有6孔。吹孔里以蜡替簧片发音，音色柔和、流畅，一般也是在欢快气氛下演奏。

2. 舞蹈

迁俄。又称为"牵俄"，即擦脚舞，傈僳族民间较为流行的舞种之一。其得名的原因是在跳舞时需要擦动双脚，一般在婚嫁或喜庆日子演跳，跳舞时以琵琶或者嘀哩吐为伴奏。这种舞的特点是男女对跳，各站一排，舞时伴奏者在排头领舞，男女两排你进我退、你退我进，很有规律。

◇ 擦脚舞

这种舞较为轻柔，伴着音乐翩然而舞。此舞多以胯部牵动腿部，左脚擦动时，右脚稍微弯曲，右脚擦动时，左脚亦然，如此交替，前后起伏，给人以轻松愉悦之感。"迁俄"舞曲有《老鹰转身舞》《公鸡找食舞》《母鸡找食舞》等多种。

呱开。又称为"刮肯"，傈僳语音译，意思是欢乐的舞蹈。为傈僳族广泛流行的舞种，一般在节庆、聚会的场合中即兴而跳。此舞种一般以笛声引头，由几人手持琵琶或长笛等傈僳族传统乐器相和。在以前，青年男女在这一过程中挑选意中人，携手在领舞者四周围成一个大圈，并以领舞者为中心，随着人数的增加或减少来扩大或者缩小圈子以适应节拍。而"呱开"的节奏鲜明强烈，舞步粗犷豪放，大起大落，气势不凡。"呱开"舞曲有《让丽俄》《老嘎老俄》等多种。

尼霞。由巫师在祭祀活动中领跳的舞蹈。舞蹈时由巫师男扮女装，其舞伴必须是女性或者男扮女装，舞步仅以一次并步踩地来回摆动，不断重复。当舞蹈热烈时，巫师进入幻觉状态，这时巫师便可"通灵"与神鬼交流，赶走邪恶不祥之物。随着社会的进步发展，巫师渐渐消失，此种舞现已少有。

3. 民歌

优叶。一般由老人或者成年男女之间对唱，可以用来表达人生不如意的事情，唱述人生的悲欢离合情景，也可以用来反映生产生活。该民歌旋律基本固定，曲调低沉，速度缓慢，旋律平稳，听起来有些伤感、深沉。

木刮。意为古老的叙事歌。一般是由村里德高望重的长老定音领唱，专由成年以上男人之间对唱。对唱时两边相望，饮酒助兴。演唱中，领唱者有时杂以演讲说话似的跳跃音节，曲调显得苍劲庄重、浑厚豪迈。

阿秀。意为有所隐羞的曲调，一般流行在青年男女之间，在田间劳作或者旅途休息时，或者想要抒发感情时都可歌唱此种曲调。此种曲调的表现力较强，听起来显得轻松、活泼、明亮，使人感到心情愉快。

尼古。一般是在祭祀时演唱的曲调，祭祀语言生动、形象，节奏鲜明，词曲结合紧密，音节一字一拍，铿锵有力。

"优叶"和"木刮"在傈僳族节庆活动中还会继续唱起，而会唱"阿秀"和"尼古"的人越来越少，渐趋消失。

4. 文化遗产的保护

近年来，鹿马登乡政府不断加强对民族文化资源的挖掘、宣传、保护等工作。鹿马登乡对非物质文化遗产的保护主要为对传承人的保护，还成立了保护小组，除此之外鹿马登乡政府还出资开设培训班，对村民进行民族传统乐器的培训等。在福贡县政府和鹿马登乡的号召下，鹿马登村积极组织建立了农民业余文艺队，他们主要以挖掘和保护鹿马登民俗民风以及民间歌舞、乐器为主。

（1）传承人保护

鹿马登民间艺人共有68人，他们分别会琵琶、口弦、编竹、迁俄、优叶等民族乐器、民歌或舞蹈，政府为了保护这些民族文化，一方面大力宣传民族文化，另一方面也专门为民间传承人建立档案。

迪妹夺，男，1958年出生，傈僳族。1977年7月至1980年7月在鹿马登乡欧巴底小学任教，1980年7月至1988年8月在家务农，1988年8月至1992年5月在鹿马登乡亚坪村任支书，1992年5月至1996年6月任鹿马登村支书，1996年6月至今任鹿马登乡娃吐娃村支书。迪妹夺15岁时从父亲那里学会弹琵琶，后来自学舞蹈。他会很多舞，如《舂米舞》《公鸡找食舞》《母鸡找食舞》《蝴蝶采花舞》等等。如今已59岁的迪妹夺还经常活跃于各种民族文化活动中，家中摆满了各种获奖证书，并连续5年获得福贡县文联"文学艺术奖"。不仅如此，还曾有泰国傈僳族不远千里来向他学习民族文化。如今老先生已儿孙满堂，孙子孙女虽年纪轻轻，但也在他的教导下学会了弹琵琶。

表5 鹿马登乡民间艺人档案（部分）

村名	姓名	性别	出生年月	特长
鹿马登	普叶恒	男	1940.2	编竹
鹿马登	你阿社	女	1952.4	口弦
鹿马登	普托恒	男	1941.1	琵琶
鹿马登	苦马秋	女	1942.1	民族服装
鹿马登	阿福社	男	1973.1	笛子
鹿马登	此阿福	男	1956.11	琵琶
鹿马登	娜友叶	女	1967.4	口弦
鹿马登	普早恒	男	1952.3	笛子
鹿马登	李金花	女	1977.3	口弦

鹿马登乡政府和乡文化站积极响应国家号召，经常举办一些活动来推进民族文化的保护与传承。每次活动或者比赛的优胜者均有奖金，以此来鼓励人们加强对非物质文化遗产的传承与保护。鹿马登村对民族文化遗产

的保护已经做了大量的工作，但是随着老一辈艺人的不断减少，这些非物质文化遗产面临没有传承人或者是传承人越来越少的情况。

（2）成立农民业余文艺队

为加强文化遗产保护，鹿马登乡组建了9个农民业余文艺队。他们的作用：一是挖掘和保护鹿马登乡民俗民风及民间歌舞，探索和传承传统礼仪习俗（这些人中有5人被列入民族民间传统文化艺人）。二是对民间文物进行搜集和保护。全乡现有历史文物两件，一件为亚坪村远征军归回路，一件为驼峰航线航标。三是进行文物普查。普查中完成对全乡9个行政村、68个自然村的实地文物调查工作，覆盖率分别达到100%和90%。

（3）开设学习班

为了保护这些民族传统文化，让广大群众认识到民族民间文化的重要性，鹿马登乡政府开设了"口弦学习班""嘀哩吐学习班"来加强这些非物质文化遗产的传承与发展。①鹿马登乡文化站还制定成套的方案为村民们

◇ 正在表演节目的文化队员们

① 以上材料由鹿马登乡文化站提供。

提供免费的民族乐器课程学习。为了让村民学会正确的乐器吹奏方法,还成立了正规的领导学习小组来作具体指导,对学习内容提出了具体要求。

(四)基础教育与职业教育

1. 基础教育

历史上,傈僳族社会长期没有文字,也没有学校,人们没有读书的习惯,学校教育更是这里的盲区。民国时期,怒江地区局势一直动荡不安,战乱、匪患及自然灾害一直困扰着傈僳族人民。鹿马登地区的教育经费一直都没有保障,学生生活极为艰辛,教学设备一直很差,且大多要由教师自备,几乎所有的学校除有一两间茅草房及黑板、课桌凳外,就"余则四壁"。同时,在鹿马登地区很难找到一个合格的中小学教师,几乎所有的老师都必须从外地引进。外地引进的教师文化水平虽较高,但他们不懂傈僳语,而学生又不懂汉语,在这种情况下学校教育很难维持。

◇ 福贡县鹿马登完小

新中国成立初期,乡村教育开始从无到有,政府逐年增加教育经费的投入,农村的文盲率开始逐年下降,"上学难"的问题得到了一定程度的解决,这一时期鹿马登村的孩子也都基本开始接受基础教育。改革开放以后,鹿马登乡采取了一系列措施加强基础教育,加强师资队伍的建设,贯彻稳步发展的方针,兴办了食宿制完小——鹿马登完全小学。这期间鹿马登乡开展了农村扫盲工作,幼儿教育也有了较大的发展,教育事业重新走上了稳步发展的道路。进入21世纪,鹿马登乡教育有了较大变化,九年义务教育基本普及,农村小学的"撤点并校"也在不断地加紧实施,文盲率大大降低,教育事业随着社会的发展稳步提升。

截至2016年，鹿马登乡有完全小学2所，中学1所。学前1个班、小学36个班、中学14个班。2015～2016学年在校学生有学前教育30人、小学教育1449人、中学教育709人，其中适龄儿童入学率为98%、初中阶段入学率达90%；在校教师128人，其中小学教师89人（代课教师3人）、中学教师39人。①

为了保证基础教育更好地发展，政府在抓好控辍保学和巩固"两基"的工作方面，采取了积极的措施。乡党委、乡政府成立以乡长为组长、分管教育的副乡长为副组长、学校校长和村委会负责人为成员的控辍保学领导小组，办公室设在乡党政办，与各村委会签订2015年教育工作及控辍保学责任书，明确责任。同时，在学校成立了以校长为组长，教导主任为副组长，班主任为成员的学校控辍保学领导小组及办公室，明确学校领导对控辍保学工作负有主要责任；建立"四长送学制"（即家长、村长、校长、副乡长）和"控辍保学"三项制度（整班移交制度、排查报告制度、辍学生劝返复学制度），做好流失学生的催生入学工作。2015年鹿马登完小入学率达到100%，全校学生巩固率达到99.54%，毕业学生巩固率达到100%。②

在基础教育设施建设方面，全乡根据国家、省、州的具体规定，"D级危房"③必须拆除重建，"C级危房"④要在维修加固后使用。鹿马登乡严格按照国家相关规定，全面实施校舍危房改造工程。2015年底，全乡三所学校中除鹿马登中学尚有已不使用的两栋危房待拆（原学生食堂、原教师

---

①以上数据由鹿马登完小提供。
②以上数据由鹿马登完小提供。
③农村D级危房：是指依据住房城乡建设制定的《农村危房鉴定技术导则》，地基基础出现损害，多数承载构件严重破坏；结构构造及连接受到严重损坏；结构整体牢固性受到威胁，局部结构濒临坍塌，经鉴定无法继续使用。
④农村C级危房：是指依据住房城乡建设制定的《农村危房鉴定技术导则》，地基基础尚保持稳定，多数承载构件或抗侧向作用构件出现裂缝，部分存在明显裂缝；不少部位构造的连接受到损伤，经鉴定加固后可继续使用。

宿舍）外，其他校舍危房已改造完毕。鹿马登中学占地面积为15248.1平方米，建筑面积为7906平方米；鹿马登完小学校占地面积为7986.67平方米，建筑面积为10279平方米，绿化面积为1628.5平方米，校舍按要求全为新建，已清除了所有D级危房；阿路底完小占地面积已达6430.79平方米，校舍建筑面积3856平方米，新建女生宿舍一栋，现尚存男生宿舍危房一栋（建于1986年，共12间）。通过校舍危房改造工程，整个乡的办学条件粗具规模，办学设施得到了改善。

鹿马登村根据《云南省加强教育精准扶贫计划》，从2016年秋季起全面实施十四年免费教育[①]，进一步优化教育资源配置，合理布局学校，建立从学前教育到义务教育、高中教育全覆盖资助体系，大幅提升基础教育的发展水平和保障能力，夯实教育均衡发展的基础。

免费的标准及内容有：

学前教育。对学前两年（大班、中班和农村学前班）在园（班）幼儿给予每生每学年补助3200元，其中保育费2200元、生活费1000元。

义务教育。对义务教育阶段的学生继续实行"两免一补"政策和营养改善计划。"两免"即：小学生每生每学年免学杂费600元、教材费90元；初中生每生每学年免学杂费800元、教材费180元；"补助生活费"即：农村寄宿制学校小学在校生每生每学年补助生活费1000元，农村寄宿制初中在校生每生每学年补助1250元；"营养改善计划"即：农村中小学生每生每学年补助800元营养餐费。

普通高中教育。对普通高中在校生每生每学年补助4660元，其中教科书费300元、住宿费160元、学费1200元、生活费3000元。[②]

[①] 十四年免费教育：2015年12月6日，云南省政府在怒江州脱贫攻坚汇报会上提出，对怒江州的学前教育两年（包括中班、大班）、义务教育九年、普通高中教育三年，总共十四年实施免费教育。主要是免学杂费和补助生活费用。

[②] 材料来源于《怒江州全面实行十四年免费教育实施方案》。

目前，鹿马登乡基础教育所面临的困难主要有：学前教育发展较为落后，现代教育设备欠缺，部分教学楼、学生宿舍楼严重老化；人均受教育年限仅为6.5年，小学初中控辍保学任务繁重；教师队伍整体素质有待提高。计划到2020年，学前一年教育毛入园率达90%，学前三年教育毛入学率达62%，九年义务教育巩固率达85%。①

2. 职业教育

2000年之前整个怒江州中等职业教育的中职毕业生一直实行按计划统一分配。进入21世纪，就业政策逐渐发生变化，职业教育面临改革、升级和转型。鹿马登乡根据《关于做好2015年迪庆州怒江州中等职业教育农村学生全覆盖试点招生工作的通知》，结合地方实际，围绕"提升技能、稳定就业、促进发展"的目标，以经济和产业结构调整升级需要为导向，运用职业教育惠民政策，依托全省各技工院校，组织开展农村"两后生"（指城乡未继续升学的初、高中毕业生）就读技工院校，不断提高新生农村劳动力技能素质，让整个鹿马登乡的"两后生"真正掌握一门实用技术，增强其就业能力，促进农村劳动力有序转移。积极做好组织动员"两后生"就读技工院校。

根据省委、省政府《关于"对怒江州初、高中毕业未能继续升学的农村户籍学生开展职业教育全覆盖试点"的指示》，鹿马登村的农村户籍（含农转城）初、高中毕业生和未就业的大中专毕业生（含应往届毕业生），到承担试点培养任务的学校就读，纳入普通全日制学籍管理。初中起点中职学生在校期间第一学年、第二学年，高中起点中职学生在校期间第一学年，每生每学年给予2500元生活补助，同时所有学生享受国家助学金每生每学年2000元，并且农村户籍学生学费全免。学生毕业后取得大专学历，学校将推荐学生到符合国家用工标准的单位就业，毕业后学生就业

---

① 材料来源于《云南省加强教育精准扶贫计划》。

率都高达98%。①

(五)宗教信仰

民国前期,由于傈僳族整体处于原始社会末期,宗教信仰均处于自然崇拜的少数民族传统信仰阶段;民国中期,基督教开始传入怒江地区,并且不断传播,改变了这一地区的少数民族传统信仰状况,并一直延续至今。鹿马登村的宗教信仰也是随着怒江整个地区经济社会的变化而变化的。

1. 少数民族传统信仰

鹿马登村的少数民族传统信仰同傈僳族长期所处的自然环境、社会发展进程以及文化发展水平有着密切的联系,其信仰、崇拜和仪式的核心内容是"万物有灵"观念,认为天、地、山、水、石、木等都有鬼神,都是人们崇拜的对象,于是举行多种多样的祭祀活动。

傈僳族人民认为生产、生活均为各种"尼"(精灵)所控制,而人的生命则由"稠哈"(灵魂)所主宰。"尼"有两百余种,最常见的也有三十余种,如"白加尼"(天鬼)、"米司尼"(山神)、"海夸尼"(家鬼)、"爱杜斯尼"(水鬼)、"密加尼"(梦鬼)、"茹姑尼"(病鬼)等。这些"尼"掌管着人们生产生活的方方面面。他们认为生活中大灾小祸、生老病死都是各种鬼灵作祟的结果,因此为了避灾驱祸,不被疾病侵扰,则会举行祭鬼祭神活动。最常祭奉的鬼灵有:

白加尼(天鬼)。傈僳族村民认为它能使人患头痛、耳聋、咳嗽等大病,严重时可致人死亡。认为此鬼最为凶恶,祭此鬼时须杀牛和鸡各一只(如果是公牛则杀的鸡必须是母鸡,反之若是母牛则杀公鸡),祭品还有松、白杨、野竹、荆竹各一支,祭毕将鬼灵送上天去。

米司尼(山神)。这是鹿马登民间最为信奉的鬼灵,因为旱灾和风

---

①材料来源于福贡县中等职业教育招生宣传材料。

灾对于庄稼的危害很大，当人们还没有强大的力量对抗自然时，便把它加以神化。民间每年都要举行祈求降雨、避免风灾的宗教仪式。平时，当人们患病或发生械斗时，也要祭山神。山神的祭品通常有鸡、羊或猪各一只（头），艾草和栗树枝各一枝。

海夸尼（家鬼）。认为该鬼能使人患病，如小孩遇该鬼作祟患病，在几日内便会死去；妇女久婚不孕也系此鬼作祟。祭此鬼时，祭品有十二块粑粑，酒一碗，将鬼魂送往河中。

爱杜斯尼（水鬼）。认为该鬼能使人全身生疮。祭鬼时要大呼此鬼的名字，祭品需鸡一只、猪一头，用绳子串鸡的鼻孔和猪的耳朵，牵到野外去祭祀。

主持祭神驱鬼的有"尼扒""肯扒""夺玛"三种人。"尼扒"由男子充当，自称得到神明启示而具有超于常人的能力，在群众中颇有影响。凡婚嫁、丧葬、疾病、占卜、驱鬼、喊魂均求于"尼扒"。"肯扒"一般认为可以杀魂，可致人死，群众特别畏惧他们。"夺玛"意为放蛊的人，一般是女性。若"夺玛"对某人心怀不满，就在这个人的食物中放蛊，使中蛊者感到鼻孔发痒或肚子疼痛，此后脸色逐渐变黄，全身无力以致丧命。据传"夺玛"属于世代相传，村民十分畏惧，对疑有"夺玛"能力者多加忌避。

如今，鹿马登村相当一部分群众信仰基督教，但少数民族传统信仰还存在于部分村寨之中。

2. 基督教

基督教在怒江地区的活动已有100多年的历史，产生了较大影响。历史上，傈僳族是没有文字的，为了在此传教，英国传教士傅能仁根据当地傈僳族语言，创制傈僳文字，出版了傈僳文《新约全书》等，实现了迅速传播宗教并普及基督教教义的目的。

传入福贡县的基督教分为内地会和神召会，两会均以耶稣为救世主，教规、教义、节日、宗教仪式均相同。鹿马登乡的基督教隶属神召会，也称"十字会"，因崇敬十字架而得名。神召会起初主要的传道人员有马导民（美国牧师）、杨雨楼（昆明人，汉族）、阿夫贾（纳西族）等。由于马导民在福贡时间较长，故神召会在县内各区均有教堂、教徒，成为此地区最有影响力的教派。

新中国成立后，为落实边疆少数民族的宗教政策，政府对教会的管理方式进行了改革和调整，充实了管理人员和传导员，提倡"自治、自传、自养"的"三自"爱国路线，摆脱外国宗教势力的控制，坚持独立自主、自办教会的道路。鹿马登乡的基督教发展至今，强化了内部管理和行政管理，根据1999年版《福贡县志》记载，教会主要由以下神职人员和传教士构成：

马扒达玛。即牧师，是基督教会的总负责人。每个教区设1~2个，处理该区域的重大宗教事务。

密罗扒。即长老，一个小区域内（区或乡）的教会总管，负责处理该区域的宗教事务。

密支扒。即执事或管事，由教徒推选，经教会认可，是司掌村寨教堂中一切事务的总管。

玛扒。即传教士，属专职在村寨教堂传福音、传道、培植教徒的教务管理员。玛扒由教会任免，一位玛扒一般担任1~3个教堂的讲经传道的职责。

瓦肯苦。即礼拜长，由教徒选举产生，每个教堂设一人，安排星期三、星期六、礼拜天的活动。①

外国传教士参照《圣经》的戒律，制定了适应鹿马登乡的基督教戒律，其中有：不行淫和通奸；不调戏妇女；不撒谎，不做伪证；礼拜天休

---

① 福贡县地方志编纂委员会编：《福贡县志》，云南民族出版社，1999年6月，第472页。

息礼拜；不偷窃，不杀人；不吸烟，不饮酒；不准跳民族舞和讲述祖先历史传说；尊敬父母，遵守国法；接近传道人并协助传教；爱人如爱己；互帮互助。

鹿马登乡基督教的节日有"山里拉白""早十白""白达玛"三大节日。"山里拉白"即复活节，每年4月份举行，教徒以一个教堂为中心，主要活动内容是唱《赞美诗》，节日活动一般持续3天。"早十白"即感恩节，一般每年9～10月举行。信徒们欢聚一堂唱《赞美诗》，讲《圣经》等，还要带上各种粮物到教堂奉献给上帝，以示感谢。"白大玛"即圣诞节。全区教徒集中在一个教堂，每年12月23～28日统一举行活动。活动地点由教会负责人统一协商，轮流进行，轮到的村寨要负责柴火、住宿、会场、就餐场地等事宜的安排。节日期间除唱《赞美诗》、背诵《圣经》选段的竞赛外，还有爬竹竿、穿针、跳高、赛跑等娱乐活动。

（六）民间习俗

1. 传统婚姻习俗

婚姻习俗是伴随着婚姻的产生而产生的，反映了对婚姻的重视，体现了当时的社会生活面貌，是民族价值观的充分体现。鹿马登村傈僳族的传统婚姻习俗充分体现了当时的生活状况。

（1）恋爱

傈僳族世代居住在大山深处或靠山倚水之地，很少与其他民族通婚。傈僳族要求族内通婚，男方可以借助姻亲来壮大自己的力量，结成联盟保护族人不受外界的欺辱。1949年前，男女青年在节庆歌舞中可以自由结识，但婚姻缔结对象的选择却只能顺从父母的意志，有的自由恋爱者只好以逃婚来实现自己婚姻自由的愿望。1949年后，包办婚姻逐渐转变为自由婚姻。男女双方恋爱自由，一般不受父母的约束，自由嫁娶。

（2）定亲

男女双方确定恋爱关系后，男方要请媒人去女方家说亲。在鹿马登村，男女双方不管是自由恋爱，还是父母为子女选择的，都需要通过媒人介绍，举行正式的赠送彩礼的过程，才算是定亲。傈僳族对媒人没有特别严格的要求，一般由熟悉双方情况并且能说会道的人担任。傈僳族是崇尚酒的民族，订婚时，以酒为礼，媒人斟酒给女方父母，女方父母喝下了酒，就意味着同意了婚事。双方决定姻缘后，男方还要送上聘礼，由媒人作中介议定。新中国成立前，傈僳人娶妻，男方要送给女方家真牛三十头，虚牛三十头（一口锅算作一头牛，一个铁三脚架算作一头牛，一把铁锄头也可以算作一头牛）。牛对于当地人来说是重要的劳作工具，也是家族财富的象征，可见当时对娶妻的重视。另外，还要专门为女方的父母、亲属送去酒、肉、米等。定亲当天，女方家要杀猪、煮酒，请双方的亲朋好友前来，向大家宣布家里有女儿定亲了，双方的父亲会互相敬酒，以表庆祝。

（3）结婚

男女双方到了十六七岁便可结婚。结婚的迟早，要看男方的家庭经济条件。按当地习俗，男女双方定亲后，双方家庭就可以商量结婚的日期。日期的选定是由媒人按照男女双方的生辰八字推定。结婚当日，男方家备好酒席，宴请双方的客人。女方家要邀请150~200人喝喜酒。娶妻的费用很高，男方家负担较重，对一般家庭来说是一笔很大的开销，家庭贫困的人基本娶不了亲。一般来说，家族大、亲戚多的人娶媳妇就简单，相互可以借一下牛或其他的物品，人多凑齐彩礼才可以娶妻。

举行婚礼时，男女双方家庭都要宴请宾客，迎亲队伍带酒、馒头、猪肉和象征着光明的松明火前往女方家，队伍中不能缺少的是舅舅和媒人。到女方家后，迎亲者邀众对歌跳舞，营造热闹气氛。次日，新娘离家，多由母亲陪送，送亲队伍相随，前面一人带路，手举一面红色的旗子。快到男方家门口时，送亲队伍要放鞭炮，提示新郎家新娘已经来到。进门时，男女双方派出歌手对歌，在这个过程中，男方邀请女方的亲戚进屋，但是女方家会问一些问题,男方回答满意,女方家才肯进男方家门。进门时,男方家要准备好迎亲酒,女方家的人喝完后迎亲仪式才算结束。在婚礼上,年老的人唱着古老的婚歌,年轻的人弹四弦,跳传统民族舞。大家跳得越起劲,越能体现男方家有面子,在村里人缘好。

所有赴宴的亲朋好友,每人都要拿一根蒿枝,男方根据蒿枝的多少准备簸箕饭,每根蒿枝代表一簸箕饭和肉。另外,还要单独准备手抓簸箕饭给女方亲属:女方父亲,簸箕饭上摆上五拳的猪头;女方叔伯,摆上四拳的猪头("拳"在这里代表的是猪的胸围长度,以成人的拳头作为计量单位);女方姑姑姨妈等,簸箕饭上摆上一般的猪下巴以表敬意。女方父亲的簸箕饭是全米饭;舅舅、伯伯、姑姑等则一半是米饭一半是玉米饭。女方送亲队伍回去时,男方还要根据送亲队伍近亲远亲的程度,送上簸箕饭,以备路上饥饿时食用。

(4)回门

回门,结婚十三天后,新郎新娘一起回新娘家。回门时需要携带一头小猪和一壶酒,孝敬新娘的父母。并且需要在新娘家待十三天,帮助新娘家干农活,分担新娘家的责任,让亲朋好友见证新娘家有个勤劳的女婿,让新娘家感觉有面子。等到待足十三天后,新娘就要随新郎回男方家,这时新娘的母亲需要给新娘准备一只鸡、一口锅、一只猪及一把镰刀。这些生活用品,预示着女儿已经出嫁,希望在婆家可以自己养活自己,不过分依赖婆家,能够过上幸福美满的生活。在当地,相传很久以前(迁徙到怒江时起)存在"不落夫家"风俗,即在女方未生孩子之前,不在男方家住,直到生下孩子,夫妇才能在夫家共同生活,但是现在这种习俗已经不存在了。

(5)离婚

1949年以前,傈僳族中离婚的现象较为少见,他们认为离婚是一件羞耻的事情。一方面,在傈僳族社会中,许多氏族联盟都是通过婚姻实现的,不可以轻易地解除婚姻,尤其是女性一方的婚姻关系更是不可以轻易解除的;另一方面,男方在迎娶新娘的时候,花费很大,因此妇女就作为家庭财产,不可轻易外流到其他家族。如果是男方提出的离婚,则彩礼不能要回,归女方所有,并且送一头牛给女方遮羞;女方要想离婚,首先必须取得娘家的同意,在取得同意的前提下,要加倍偿还彩礼给男方,并送一头牛给男方家遮羞。一般情况下,都是男方提出离婚,女方提出离婚前必须考虑娘家的家庭条件,除非是娘家很富裕,同时也愿意为离婚赔偿财物的情况下才能提出。离婚后家庭财产都归男方所有,小孩一般是男孩跟着父亲,女孩跟着母亲。新中国成立后,离婚现象增多。

2. 传统婚姻的形式

生活在鹿马登村的傈僳族,因为长期生活在交通相对闭塞、条件相对恶劣的自然环境中,因此形成了比较特殊的传统婚姻形式。

(1) 姑舅表婚

所谓"姑舅表婚",就是指姑姑家和舅舅家的子女之间进行婚配,也就是说舅舅家有年龄相仿的儿子,姑姑家的女儿要优先嫁给他;只有在舅舅家没有适婚年龄或者没儿子的情况下,姑姑家的女儿在经过舅舅的同意后,才能嫁给别人,同时,还需要给舅舅家一些钱作为补偿。鹿马登村由于处在庐江大峡谷一带,与外界接触的较少,加之在傈僳族社会中,普遍认为姑舅联姻是"亲上加亲"的表现,可以巩固本族的势力,减少族内财产的外流。

1949年以前,姑舅表婚在傈僳族中十分盛行。至今在傈僳族社会中还流传着"树最大的是杉树,人最大的是舅舅"的谚语。

(2) 包办买卖婚姻

鹿马登村傈僳族,历史上一直存在着包办买卖婚姻的现象。据史料记载,怒江傈僳族盛行包办买卖婚姻,女方父母借此向男方收取高额的彩礼。"其彩礼分干牛、活牛两种。干牛系以锅、瓶、三脚架等物抵充,每件即抵牛一头。大致每次彩礼，活牛六七头，干牛十余头，布则二三件，猪、酒多少不一……若男家贫困，其彩礼需依赖亲族赞助，尚不能一次交足，及至生儿育女，尚有不清者。"①

（3）逃婚和抢婚

历史上，傈僳族有逃婚和抢婚的风俗。青年男女有恋爱的自由，但是没有婚姻的自由，这就导致许多年轻人不满意自己的婚事。在爱情面前，许多年轻人为了能和自己的爱人在一起，就会选择逃婚和抢婚等极端的方式。在鹿马登村，新中国成立前抢婚的现象较为普遍，新中国成立以后，抢婚的现象基本上得到遏制。

（4）退婚

退婚一般是发生在男女双方订婚之后。新中国成立前，订婚后就代表两人的关系确立，除了与人私奔逃婚外，没有退婚的情况。因为退婚对双方家庭来说都是耻辱的，且损失巨大，这种损失不仅是精神上的，同时也有物质上的。男方提出退婚，不仅不能收回彩礼，再娶媳妇也很困难；若是女方提出来的，则需向男方退回彩礼，还要赔猪、牛，在村里也抬不起头。

（5）转房婚

傈僳族历史上有转房婚的习俗。转房只存在于平辈之间，如兄死弟娶其嫂，弟媳也可以转给哥哥，但婶婶不能转给侄子，儿媳也不能转给公公。如果家族内没有适合的人转房，寡妇可以再嫁，年轻的寡妇在丈夫去世后就回娘家待嫁，但是彩礼仍然归夫家所有。寡妇的彩礼是根据寡妇的年龄及能力来决定的，年龄小、能力强的寡妇彩礼自然会多些。

（6）重婚纳妾

傈僳族社会，基本上是一夫一妻制。旧时，如果妻子无法生育，男方则可要求纳妾。纳妾需要征得妻子的同意，由妻子出面替丈夫说媒，丈夫

---

① 怒江州志办公室编：《怒江旧志》（内部），怒新出（1998）字第02号，第63页。

需要送一块布给妻子用来"遮羞"。同时还要送一口锅、一只猪或一头牛给岳父家。一般能纳妾的家庭都是比较富裕的，前妻和后妻一般是分开居住的，单独生活。家里的重大事务及家财都是由前妻管理。前妻和后妻在社会观念上没有妻妾之分。

3. 传统婚姻习俗的变迁

鹿马登村傈僳族婚姻的习俗是随着时代的变化而改变的。民国时期，县内婚姻一般为一夫一妻，个别人有一夫多妻。新中国成立后，逐步改变了传统的婚姻习俗，废除了包办、强迫、买卖婚姻，提倡婚姻自由。男女双方在认识过程中建立感情，经乡镇府登记，领取结婚证，举行婚礼，便成为合法夫妻。教徒和非教徒在双方愿意的情况下也可以自由结婚。教徒结婚仍由教会中的密支扒主持婚礼，但须到乡镇府登记才算合法。

改革开放后，外出打工的年轻人，有部分会找外地人结婚。鹿马登村傈僳族男子，并非只能找本族女子才能结婚，还可以与怒族、白族、汉族等通婚，不再像以前那样受到严格的限制。这也体现了当地各民族之间的和睦共处。

彩礼方面的变化。男方需要准备以下彩礼：肥猪两头；父亲大衣一件；母亲傈僳族服装一套；白糖一百斤；大米一百斤；玉米一百斤；茶叶五十斤。这个时期，彩礼主要以实物的形式出现。到了近二三十年，彩礼多数以现金形式出现，金额不一。如果娶的是本地傈僳族姑娘，则只需付女方三万元到五万元，如两家很熟，男方又比较能干，彩礼还可以再少点；如果娶的是外地姑娘，则需要八万元以上。鹿马登村外地的媳妇比较少。

婚礼中的服饰变化。由于与外界接触多，现在鹿马登村民举办婚礼，会去租借婚纱，以代替传统的傈僳族婚服。

1990年以后，由于交通条件的改善，许多大型劳动密集型企业选择来此招工。由于外出务工的收入远远大于在家种地的收入，不仅可以改善家庭经济状况，还可带动当地经济的发展，因此受到鹿马登乡政府的大力支持，开始分批次组织乡里的年轻劳动力外出务工，其中不乏大量年轻女性。这些年轻女性在与外界接触的过程中，通过自由恋爱，结婚留在了当地。

男性择偶标准降低。该村目前外出务工女性较多，部分女性选择外嫁，造成当地许多适龄男性娶妻存在一定的困难，故当地男性找媳妇的标准有所下降，如以前会对女性的年龄、外貌、品行等多方面都有所要求，守寡、离婚的女性会在鹿马登村男性择偶的条件之外。但近几十年，村里的女性很好找婆家，几乎不存在嫁不出去的女性，再婚的女性即使带着孩子也很好找婆家。相反，村里单身的男性大量存在。如果男性在28岁以上还没有娶到媳妇，村民们就会认为他很难找到媳妇了。由于大量年轻女性的外出，使该村男女比例失衡。在本村无法找到媳妇的男性，家庭条件稍好的则会去外地娶媳妇；家庭条件不好的就很难找到媳妇，成为光棍。该村男女比例失衡的现象，使村寨的通婚圈扩大。

4. 其他节日与习俗

鹿马登村民按照自然季节的物象变化记年，以月亮圆缺轮回周期记月，即一年12个月，一个月30天。主要是借助树木的发芽枯萎、花朵的盛开凋谢、鸟的鸣叫、天气的阴晴雨雪等自然现象的变化决定农业生产季节，一天之内的时间变化则靠观察日影位置的移动来确定。这种以物象划分季节还在民间形成了很多的谚语，如1～2月称"香好"，意为休整月；3月、4月布谷叫；5月知鸟鸣；6月日下六次雨；7月日刮七次风；8月狩猎护庄稼；9月、10月收获节；11月煮酒月；12月是樱桃花开的"阔时节"。

阔时节。傈僳族最隆重的传统节日（日期由村中德高望重者在农历十二月初五到第二年正月初十这段时间内确定）。此时正是樱花盛开的季节，阔时节前需要准备柴火、酿制水酒、杵酒、制作糯米粑粑，节日当天下午，各家各户都要打扫卫生，扫帚须用栗树枝（人们认为栗树枝可以扫除邪恶，迎来吉祥）制作。扫地前族长或家长以扫尽祸害年月、迎接幸福年月为主题颂祭词。整个年节期间，同辈老人一般都欢聚在一起，边喝酒边弹琵琶，互相对歌，喝同心酒。青年男女则盛装打扮，在江边沙滩相互对歌，吐露情意。阔时节的第七天，女人禁做饭、打水、砍柴、出远门等活动。第九天，男人禁做一切活动，只能在家喝酒叙谈家族历史。这里的人们认为初七和初九分别是男女的"醋尼"（即不吉利的日子）。第十三天之后，人们重理家务，恢复日常事务，投入到新一年的生活。

除夕节。傈僳语称"孔泼"，鹿马登村民以月亮完全消失之时算起的第30个晚上。这天夜里，出门在外的人，一般都要回家与家人团聚。鸡第一声鸣叫，男女老少到水井边争先舀水，认为争得第一瓢水的人，这一年都会平安吉祥。等到拂晓，看厩里的牛，如牛躺着睡，认为这年风调雨顺，粮食丰收。然后各家各户呼唤家狗，将满满的一碗米饭先喂给狗。传说远古时期，洪水泛滥，五谷绝收，人类灭亡，只剩兄妹两人和一只狗，兄妹向天神求借种子，天神拒绝，这只狗悄悄地到天神的晒谷场，假装瞌睡，反复翻身，将谷种粘进毛里带回来给兄妹俩。兄妹用这些种子精耕细作，才留下今日的谷种，所以每当逢年过节吃新米饭时，先给自己家的狗盛一碗，以示谢意。

接祖仪式。该仪式较为严肃，鹿马登全村必须由一个年老的"尼吃丁扒"（即祭师），领着一个童子到各家举行接祖仪式。将猪肉、酒、粑粑置于三脚架上，祭师用一个木碗，装上肉饭，再将一碗酒或水放在房间内的一角。然后依次呼唤历代长辈的名字，接着诵祭词，大意是先介绍所供的食物，而后叙述这一年家里所发生的重大事件，接着祈求祖先保佑来年幸福安康。之后把酒洒在三脚架上，洒在屋内各个角落，洒向天空，把粑粑粘在门板上、柱子上、篾笆上，最后全家人团聚一堂吃饭。

丧葬。在鹿马登村，一旦有人去世，本村男女成人以及远近亲属，都要携带小猪、粮、钱去死者家里吊唁。老人去世全村停止劳动2~3天，禁止娱乐活动。前来吊丧者，围在死者周围以哭丧的方式来怀念死者，唱词内容为叙述死者一生的悲欢经历和死者的心愿。如果死者生前饮酒，亲属则摆上酒水在死者的头前。死者出殡时，头朝前脸朝天。抬死者的担架横木，男性用栗木九根，女性用栗木七根。一般由四人或多人抬出。尸体抬到门外时，由一位妇女抓一把各种农作物的种子，朝着尸体的前方撒一下，再朝尸体的后方撒一下，朝前的种子表示送给死者，让他不要留念；朝后的种子表示留给死者家属，以示死者的家人能够丰衣足食。抬死者中两个挂刀的人朝前开路，家属和送丧的人跟随至墓地。祭师手持一根易断的木棍或麻秆跟在送葬人群后面，边走边念《送魂词》，大意是：您已经变成了鬼，您是出门的魂，到祖先那里去，不要留念家人……

坟墓一般根据死者身形高矮修建，用坚实的木材围住墓的四周，或者以石板围住墓的四周，再用较宽的石板盖在上面，架空形成坟墓形状。如果死者是男性，则将生前所用的砍刀、弩弓、箭包、烟袋摆在墓旁；如果死者是女性，则将绩麻工具、针线、煮饭用具摆在墓旁。老人去世，在场的子孙每人还要祭一根荆竹，意为让死者灵魂行走方便。信奉基督教的信徒则举行基督教葬礼，基督教徒虽然实行土葬，但葬礼比较简单，不停棺哭丧、供奉祭品等，只在坟墓上插上十字架标志。

（七）民族文化传统与现代化

1. **火塘文化与现代化**

火塘是傈僳族传统民居的必要组成部分。传统的傈僳族建筑一般分为两间，一间专为年长者居住使用，另一间则是晚辈使用，但无论哪一间都有火塘。火塘文化是傈僳族文化的代表。

传统的火塘一般用来做饭和取暖。以前的傈僳族人民一日两餐全部靠火塘来烹煮，全家人围在火塘旁边吃饭。传统的火塘用一个三脚架作为底座（或直接找三块石头作为支撑），将大锅置于其上烹煮食物。傈僳族民居（"千脚落地房"）建成后，吃饭时老人先落座，待老人"选定"位置后，其他晚辈才能入座，座位一旦选定，此后长辈的位置便固定，吃饭时

◇火　塘

除了老人的座位，其他座位可任由晚辈入座。

随着社会的变迁，传统傈僳族民居已由原来的木质结构转变为现在的水泥房屋。鹿马登村作为傈僳族主要聚居村落，大部分人家还是在厨房保留了火塘，节庆时仍然用火塘来做饭。同时，为了方便生活，新房子的建设又结合了现代民居建筑的特点，如厨卫入室。还有些人家的住房为现代民居，又保留传统篾笆房，单独列出作为厨房。

2. 酒文化的现代化变迁

傈僳族是一个喜欢喝酒的民族，每家每户都会酿酒，在新酒酿好后，必定要聚集家中亲戚好友，围坐在火塘旁饮酒、跳舞、歌唱。有时可以连喝多天，酒不喝完不离开。傈僳族会酿制各种不同种类的酒，如杨梅酒、布汁酒、杵酒、鸡脚稗等等。家中有客来访，主人便拿出自己酿制的酒招待客人，一般来说，客人要连喝两杯之后才能有"自主选择"继续喝或是不喝，否则就是对主人的不尊重。

同心酒。在傈僳族传统中，若是关系特别好的两个人，不论是男女老少都会喝同心酒。而以前的酒就是自家酿制的酒兑着开水，搅拌之后便可饮用。喝同心酒时，两人共用一只酒杯，双方脸紧贴着，共同饮下一杯酒，这样便就预示着这二人日后便可"同心"。

三江并流。三人共同喝下一杯酒，傈僳族生活于三江并流腹地，从小生活在这里的人们看到三江并流认为这是一种极其深厚的情谊，所以以这样的形式来证明朋友间的情谊。在喝此酒时，一人坐于椅子或者板凳之上，另外两个人分别坐在这个人的两条大腿上，三人脸贴脸，共同饮下一杯酒。

由于鹿马登村位于高黎贡山之下，森林茂盛，竹子便成为人们建筑或者家具的原材料，酒杯的最好材料便是竹筒。

杨梅酒酿制方法：将白糖放入锅中炒至微煳，加入清水，煮至水开，将锅端起放在一边凉冷，冷却后加入洗净的杨梅，放一个月就可以饮用，时间越长越好喝。

杵酒酿制方法：将大米或者玉米放入锅中加入清水熬煮，煮至水开，放入苦荞一起煮（如若是玉米则需要多煮一会儿），煮至水干，将锅中大米或者玉米捞出晾干，之后将酒曲拌入，用棉被覆盖放置两三天发酵后放入桶中。大约20天后就可以

◇ 杨梅酒　　◇ 泡好的杨梅

◇ 杵　酒　　◇ 煮好的杵酒原料

饮用，当然时间越久也越香醇。

在当代，傈僳族仍保留了酿酒的传统，但是喝酒的人有所减少。一方面，随着年老一辈人的去世，年轻一代人会酿酒的越来越少，部分学得手艺的师傅做起了酿制传统酒的生意，鹿马登就有陈、范二位有名的酿酒师傅；另一方面，鹿马登村信仰基督教的村民渐渐增多，信徒遵守基督教不喝酒、不抽烟、不打架的信条纷纷戒酒、戒烟，这也使当地喝酒的人有所减少。

3. 弩弓文化与现代化

弩弓是傈僳族人民生产生活中不可缺少的重要工具。历史上傈僳族生存环境的恶劣，一方面用弩弓来狩猎，满足家庭食物需求；一方面用弩弓来保护自己。随着生活条件逐渐改善，弩弓已丧失其防御凶猛动物攻击的作用，但是由于傈僳族生性奔放豪迈，射弩的传统并未丧失，民间会自发组织在固定的时间进行射弩比赛，如今这种项目已渐渐成为鹿马登村的民间体育活动。鹿马登乡的射弩比赛比较频繁，每周日都会有这样的比赛，地点一般在福贡县城广场。逢年过节这种活动就更加频繁。

4. 传统服饰的现代化变迁

傈僳族传统服装美观、大方。傈僳族内部分为白傈僳、黑傈僳和花傈僳三个分支，所以服饰有所不同。白傈僳妇女一般穿右衽上衣、素白麻布长裙，戴白色料珠；黑傈僳妇女多为右衽上衣配长裤，腰系围腰，缠黑布包头，戴小珊瑚珠耳饰；花傈僳妇女喜欢穿镶彩边的对襟坎肩，搭配缀有彩色贝壳的及地长裙，缠花布头巾；傈僳族男子服装一般是麻布短衫，下穿及膝黑裤，缠黑布包头。传统的傈僳族服装是用山上的麻子晒干，剥下，制成线。之后通过开水煮（加灶灰）几小时后捞出在河边洗净，再晒干绕成团，最后将这些线织成布，将布剪成块缝制而成。由于是用天然的麻制成，所以颜色以白色为主，黑色为辅。

随着社会的发展，鹿马登乡傈僳族内部已无明显的白、黑、花之分。

◇ 傈僳族男子传统服饰　　◇ 傈僳族女子传统服饰

同时在制作传统服装的工艺方面，以前那种原始的方法耗时长且制出的衣服不耐穿，现在已经无人继续用这种方法来制作传统服装。现在傈僳族传统服装都是工厂流水线生产，制作出的衣服颜色亮丽，款式多样，当然这也刺激了当地手工业的发展。

5. **溜索文化的变迁**

以前，怒江两岸的傈僳族过江主要靠溜索。具体来说，溜索就是选择在怒江水流和缓、两岸山体稳定的地方拉一条粗绳，人们通过这条绳子来往于两岸，运送货物。以前由于制作绳索的材料有限，经常会出现绳子断裂的情况，很多人也因此损失财物甚至丢掉性命。此外，溜索又分为爬溜和滑溜两种。爬溜为一股绳索，要求两岸高度齐平，人溜到中间，需手攀脚蹬向前，这种方式来往费力，而且爬溜一般设在江面较窄的地方；滑溜为两股绳索，一高一低，从高的一边滑向低的一边，速度快，来往省力。

过溜工具用溜梆和麻布带子，溜梆用紫柚木等坚硬优质的材料砍制而成。过溜索时可以带人，也可以运送货物及牲畜，极大地方便了人们的出行。但同时也存在一定的安全隐患，溜索下面就是滔滔的怒江水，如果溜索出现故障面临的则是生死考验。在访谈中得知，过去经常会有人在使用溜索的过程中，掉入怒江后被水冲走。

现在怒江两岸修建了许多大桥，行人和车辆可由大桥横渡怒江两岸，曾经危险的溜索已渐渐淡出人们的视野，大部分已经停用，只剩下4~5处。存在的原因有二：一是方便河两岸村民往来。二是溜索可以满足外地游客的猎奇心理。

（八）公共卫生与民族医药

1. 公共卫生

◇ 溜索

◇ 溜索与渡河者

环境卫生整治一直是鹿马登乡的工作重点，为建设清洁、舒适的城乡环境，乡党委、政府制定了计划。以"垃圾烧运工程"为主，政府投资150万元为鹿马登乡的9个村委会添置垃圾焚烧炉、垃圾桶、垃圾箱和垃圾车等设备。除此之外，还成立了村环境卫生整治工作领导小组，制订了工作方案，组织村"三委"班子成员、各村民小组组长和村民代表，讨论环境卫生整治方面的村规民约。

鹿马登村委常常组织党员进行垃圾清扫，以个人带动集体，让大家对公共卫生有了新的认识。2016年初,鹿马登村3个支部的40多名党员自带工具,发扬不怕苦、不怕脏的精神,对鹿马登街道公路排水沟一线的垃圾进行了全面清理。

在鹿马登村的街道上随处可见统一摆放的垃圾桶,方便村民倾倒垃圾,保护村容整洁。

为维持街道整洁,鹿马登村每天上午会有专人进行街道清扫。每周三是鹿马登村赶集的日子,非常热闹。但是热闹过后,遍地的垃圾就成了最为棘手的问题。鹿马登村为此专门雇佣两个人来清扫,周三赶集后的傍晚,这两人便将街道上的垃圾清扫干净。清扫人员每人每月会有1000元的报酬。

由于鹿马登村自然、经济条件有限,在公共卫生方面仍然存在很多问题。虽然说有垃圾桶,并有专人清扫垃圾,但是由于地域条件的限制,在垃圾处理这一方面,仍然存在将垃圾直接倾倒在怒江中的现象。目前村里十分重视这个问题,正在筹划修建垃圾焚烧池,在不破坏怒江生态平衡的前提下做好公共卫生工作。

◇ 街道上的垃圾桶

◇ 垃圾箱

2. 民族医药

由于鹿马登村位于高黎贡山之下，中草药资源十分丰富，也有一些民间草医使用这些中草药医治一些常见疾病。

（1）主要中草药

贝母：有止咳化痰、清热散结之效，故可治疗气管炎、肺炎、咳嗽等。

重楼：当地人称为"七叶一枝花"，作为云南白药的主要成分，有清热解毒、消肿止痛、凉肝定惊之效，主要用于治疗割伤、划伤等外伤。

川芎：可以活血化瘀、行气止痛，主要用于治疗风寒，头痛和妇科病症。

当归：有很好的补血活血功效。

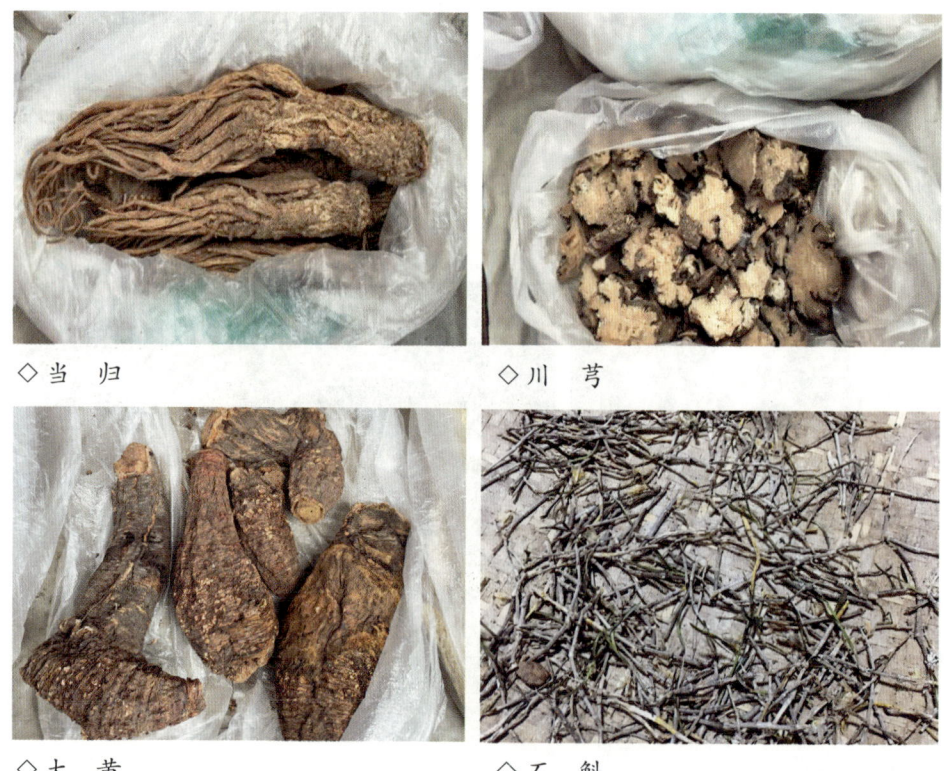

◇当归　　　　　　　　◇川芎

◇大黄　　　　　　　　◇石斛

大黄：有泻热通肠、凉血解毒的功效，常用于疏通肠胃、治疗便秘。

茯苓：可用于多痰咳嗽、心悸、失眠等症。

厚朴：主要用于治疗腹胀便秘，胸闷喘咳等症。

血藤：主要用于养血消瘀、月经不调，所以其主要功效是活血舒筋。

石斛：可以养肝护肝、滋阴养颜。

（2）民间土方

腹泻：用仙鹤草、石榴皮内服治疗。

痢疾：用草血竭、仙鹤草内服治疗。

扭伤：用蒿草加酒浸泡后外揉治疗。

小儿感冒：将蚯蚓、人发焙干研末后，加葱白、蜂蜜外包小儿肚脐治疗。

咽喉痛：用重楼粉调米酒内服治疗。

蛇毒：用水蜈蚣、蒲公英内服治疗。

在走访鹿马登村依四得小组过程中，看见有老人在采集一种藤蔓植物，当地人也不清楚这一植物是什么、有什么作用或功效，只知道有人以一元一市斤的价格收购晒干的该植物，他们仅为了获得微薄的经济收入而

◇赶集卖药草

◇集市上售卖的草药

到山上采集。村干部说,这样的情况并不鲜见,很多时候,收购的人(一般都是外地来的人)只是拿他要收购的样品给当地人看,让他们去采集。在依四得一组组长家做采访时,他着重介绍了重楼:"这个(重楼)很有用呢!如果不小心割伤了手脚,把重楼捣碎敷在伤口上,很快就会恢复的!并且这是云南白药的一种重要成分呢……"

五、社会建设

(一)家庭结构关系的变化

家庭是建立在婚姻和血亲基础上的社会组织形式,构成了人类最基本的社会生活内容。家庭结构则是指家庭成员的构成及其相互作用、相互影响的状态,以及由这种状态形成的相对稳定的联系模式。

在传统的傈僳族家庭中,基本上都是一夫一妻的父权制家庭。儿子在成家后就会分家,并获取一部分土地,单独进行生产劳动,很少看见三代同住的家庭。分家的依据是是否娶妻,基本上分家后,住房都会比较集中,便于兄弟之间互相帮助。在习惯法中,幼子负有赡养父母的责任,同时也有继承父母财产的权利,女子无财产继承权。因此没有儿子的家庭一般会选择过继其亲戚(主要是兄弟)的儿子。在傈僳族社会中,孤儿的抚养问题、丧失劳动能力的老人的赡养问题都是整个家族的事情,一般由家族中关系较为亲近的人负责。改革开放后,儿子在成家后也会分家,但没有严格要求是幼子独自负责赡养老人,所有的子女都有赡养父母的义务。家产一般也采取平均分配的原则,但女儿分到的家产较儿子少。现在在鹿马登村,重男轻女的思想也在慢慢地改变。

以前,妇女的地位十分低下,甚至被男性认为是花钱买来的"商品"。如果女方选择离婚,离开夫家,除了要退回彩礼,还要给男方物质上的补偿(一般只有家境富裕的女方才有能力选择离婚);寡妇若是改嫁,改嫁时所获得的彩礼则归亡夫家族所有。在祭祀先祖、丧葬等仪式的时候，一般都是由男性主持，女性无权参加决策，甚至有的时候不经允许不能露面。男性在家里处于绝对领导的地位。20世纪90年代以后，随着经济的不断发展，女性的地位得到提高，有的走向社会从事酒店、饭店、超市服务员的工作，不再局限于家庭中。男性对于女性走出家庭，走向社会大多持支持态度（可以减轻家庭负担）。在处理家庭事务中，女性也有了发言权，可以表达自己的意见。一般情况下，家中的事务都是由男女双方商量做出决定。

（二）传统社会控制模式

历史上，鹿马登地区隶属福贡分属纳西族康普土千总管辖，土千总每年按期在自己的辖区内向傈僳族、怒族、勒墨（白族的一支）等族人民征收麻布、兽皮、黄蜡、树漆、贝母、黄连等为贡赋。土司对所辖区域的管理方式分为两种：一为管民管土，一为管民不管土。所谓"管民管土"即土地和人民都归土司管理，农民实际居于农奴的地位。所谓"管民不管土"即土司只从政治上管辖当地居民，每年按期收纳钱粮税赋，土司未占有土地，土地仍为农民所有。[①]鹿马登地区即属于第二种类型。

这一时期，怒江傈僳族的家长奴隶制有所发展。傈僳族称奴隶为"搓巴"，意为"卑下的人"。大部分的奴隶都称作"养子""养女"，被主人当作家庭中的一个成员。奴隶既从事田间劳动又从事家务劳动。一般的蓄奴户，男女主人均未脱离劳动，并且与奴隶一起从事各种劳动，在劳动关系上，他们的身份大体是平等的，唯一的差别就是奴隶的劳动量较奴隶主略大。这是怒江地区家长奴隶制的基本特点。

民国时期，殖边队进入怒江地区，加强对云南边界的国防建设。国民政府成立行政公署之后更改为设治局，基本摧毁了傈僳族的家长奴隶制。在基层政权中，设置了乡、保、甲三级行政管理。设治局颁布了一系列法

[①]《傈僳族简史》编写组编：《傈僳族简史》，云南民族出版社，2008年11月，第53页。

规来强化保甲制度以加强对这一地区的控制。伴随着殖边队来到怒江地区，一些内地的手工业者、农民、小商贩及知识分子也来到了这里。他们把先进的生产技术带到了这里，开垦了水田、梯地，传授傈僳族人民使用牛耕，打制铁器，修建砖木结构房屋，建立学校传授文化知识。随着商品经济的出现，物资交换的扩大，初步形成了一些初级市场，逐渐改变了原始的物物交换方式，也改变了过去的交通闭塞、与世隔绝的状态。

新中国成立初期，党和政府坚持"慎重稳进"的原则，在傈僳族聚居地区以"团结、生产、进步"作为方针，依靠贫苦农民，团结一切劳动人民，互助合作发展生产，逐步消灭封建因素和原始落后因素，直接、逐步地过渡到社会主义。

（三）习惯法与禁忌

1. 习惯法

（1）家庭习惯

在传统的傈僳族家庭中，家中事务由男性管理，老人做主。女性主要负责生儿育女，做家务，缝衣做饭。一般来说儿子结婚自立门户之后要将家中财务适当分给儿子，而女儿出嫁则只能带走自己的衣服和一些首饰，聘礼则是全家分享。

在傈僳族家庭中一般是幼子养老制，幼子从小便受到父母的"特殊关心"，长大结婚后继承父母财产，与此同时他也负有赡养父母的义务。

在村子中不论谁家杀猪宰羊，一定要分给家族或者本村各户一份，也要挑选最好的部分请村中长者共餐，家中酿好的酒要请亲戚朋友一起来喝。

（2）乡规民约

傈僳族的规定有：不可以在水井边洗衣服、洗脚，不许污染水池，水井周围的树木、路旁的大树一律不许砍倒，等等。

村中公路损坏，全村人自觉筹钱修路，一般每户缴纳钱款一样，但是某户购置有拖拉机等大型农用车，便会自动多缴一些钱款。

村中拉好的电线,如果有人自立门户,则会自动地另外交一份电费。

鹿马登信仰基督教的村民人数较多,在修建或者修葺教堂时,全村有一个不成文的规定:有钱的出钱,有力的出力,如果实在没有,也可以将家中饲养的猪、鸡、牛、羊等拿出来供大家食用。

（3）传统惩罚制度

发现有偷窃行为,偷一赔二,如果无力赔偿则由亲戚代赔;如果偷窃时被当场抓获并被打死或打伤,打人的一方不用担负任何责任,行窃者仍然要受到舆论的谴责。

酒醉后打杀人或者致使他人受伤,按情节轻重赔偿受损害家属。如受伤者较为严重,打人者需赔偿钱款以供受伤者疗养伤势;如若受伤者只是轻微伤,打人者需向受伤者真诚道歉,并需送一只鸡、一点漆油。

2. 禁忌

（1）节庆日禁忌

在传统节日阔时节第一天到第三天中,不能扫地,不能洗碗筷,不能泼水,不能丢石头,不花钱,也不能出远门,因为在傈僳族文化中认为如果这三天扫地、洗碗筷就会把福气扫走、洗净,如果泼水、丢石头、花钱就会财运不利、招惹祸端。

腊月二十七日到正月初九是过年,这十三天内不能出门。初七是妇女节日,妇女不能背水煮饭;初九是男人节日,男人不能背水煮饭。杀猪、春粑粑后给亲朋好友家送礼,送的是熟饭一竹筒,还有猪舌头、猪耳朵、猪肝各一点,当然被送礼的亲戚朋友也要还礼。

年节期间,不能煮稀饭,认为若煮稀饭则会吃苦、贫穷。

（2）关于小孩的禁忌

有人家如果生了小孩,二十天内,生男孩的人家不能带弓箭、长刀进去,生女孩的人家不能穿鞋进去。小孩不能横着抱只能竖着抱,因为傈僳族认为只有死人才横着抱。

家里孩子死得多，大人不能吃羊肉、葱、蒜，认为这样才不会触犯鬼神。产妇生孩子后家门口挂酒瓶一个，防鬼进来。生小孩未满半月，忌洗头、洗脸、串门。第一次喂婴儿食物，不能喂牛、羊、猪肉等，认为婴儿吃了会头脑不灵。

开桃花时不为儿童剃头，认为如果剃了头长大之后会变成摇头摆脑的痴呆人。不许小孩吃鸡头、鸡爪、南瓜子、猪舌及动物脑、肝等，认为吃了鸡头会变笨，吃了鸡爪做事没有条理，吃了南瓜子记性会差。

（3）日常生活禁忌

男人在场时，妇女不上阁楼，不爬树，不能啃骨头。

妇女忌挎刀、弩弓、背板、犁头，忌在老人床头上躺睡，经过老人身边要弯腰收裙，慢慢行走。

孕妇忌过江跨河，忌砍芭蕉树，产妇忌食锅巴、鸡脚、鸡翅、牛肉。

祭鬼神处，外人不许观看，更不允许参与共事，路过也要绕道走。

忌把火烧毁房屋的炭头带回屋内，忌将死者物品据为己有，忌猫狗从死者身上跳过。

（4）劳作禁忌

忌砍核桃树、果树以及古老树木，认为砍倒这些树，人就容易衰老，命不长。

忌在高山湖、龙塘、神岩等地大声呼叫。

不许脚踏三脚架，不许抬着锄头或者戴着斗笠进家门。忌倒装背柴、倒烧柴火。

7～8月间，忌妇女织布，忌在外洗晒衣服，忌野外砍倒树木，否则认为会刮大风，庄稼受灾。

（四）民间纠纷与调节

鹿马登村傈僳族过去解决民事纠纷没有自己的成文法律，一旦发生盗窃、通奸、杀魂、土地纠纷等时，用协调劝告或罚款等方式得不到解决的，多依靠神权的力量来解决，即神判。通常的神判方式有"抛血酒""吃血酒""回血酒""沸水锅中捞石""拔界桩"等方式。

抛血酒。傈僳语称"华适曲"。某家财产被盗，嫌疑者又不承认或者不知是谁偷盗的，双方发生纠纷而无法判定是非的情况下，一般就用抛血酒的方式来解决。抛血酒的人首先向天发誓，求万物神灵来惩罚作案或作假的人，让其患痨病、遭凶死等诸如此类的恐吓性咒语。念完后取一碗酒或清水泼在被盗处，一般认为作案者或理亏一方就要遭到所受咒语之灾。由于其带有浓厚的少数民族传统信仰色彩，男女老少一旦听到抛血酒，心中自然产生恐惧感。

吃血酒。有两种含义，傈僳语称"华适东"和"来尼适东"。吃血酒一般在欺骗、抵赖、诬赖等行为导致纠纷无法解决的情况下进行。"华适东"，它的形式是原告、被告请中间人杀一只鸡，将鸡血滴在酒中，中间人诵咒语，然后让被告人吃，被告人在短期内患病或死亡，认为理亏，反之为诬告。证明是诬告时原告要向被告人奉送一头小猪或一些财物，以示赔礼。"来尼适东"，一般用于交朋友或为某一重大事件而举行的盟誓，用一碗酒把双方指头划破后将血滴入酒碗内，向天发誓今后双方同甘苦、共患难，谁违背誓言谁将受到上天的惩罚，然后两人共同饮尽那一碗酒。

回血酒。傈僳语称"华适腊"，如偷盗财物的人患了某种病，便认为是被偷的人泼了血酒，心中越想越害怕，他就用加倍的酒，悄悄地到作案处回血酒。这样做就认为病鬼回到了原来泼血酒的人身上去了。如果双方都得病，他们就会轮流泼血酒或回血酒。

沸水锅中捞石。傈僳语称"罗昌有"，一般用于杀魂。所谓杀魂，一般有多种认为：一是有人夜间做梦，梦见老鹰，第二天遇上某人，随后生病，便认为那人把自己的灵魂杀了。二是病人临死前声称有人用刀、弓弩来杀自己。三是经祭师卜卦认定某人为杀魂者，若被指为杀魂者的人不予承认，就举行沸水锅中捞石的神判仪式。这种仪式通常在巫师和中间人的监督下,被指为杀魂的人用手很快伸入沸水锅内将锅中的石块或核桃捞出,如果三天内手无恙即为无罪,要是手被烫伤即为有罪,有罪者要向病者或死亡者家属赔偿1~2头黄牛。

拔界桩。傈僳语称"罗党借",用于土地界桩被移动而产生的纠纷无法解决时的神判。这种形式通常把界桩石入土3厘米左右,若被告移桩的是男性,就烧9背柴,女性则烧7背柴,柴将烧尽,被告人用双手拔出石桩,若三天内手被烫伤,即认为界桩被移动,反之无罪。

20世纪以前,鹿马登地区由于尚未形成一个统一的、有权威性的权力机构,因此每当各氏族或村寨间发生斗争又难以求得和解时,只有采取械斗或血族复仇的方式解决。按照傈僳族"一人之仇即全家族之仇""一户之仇即全寨之仇"的传统习惯,即使遭受欺辱的只是家族中的一员,这也足以使得整个氏族挺身而出,进行殊死搏斗。在他们的传统里,认为复仇是一种责任,是一种神圣的义务。如果本氏族成员受到伤害或被杀害,那就必须是对方遭受到同样的伤害来偿还。按照傈僳族的习惯,不同氏族或不同村寨之间发生矛盾,最先由当事人邀请头人及中间人说理,如果不能调解或双方积怨太深,即可由当事的一方提出械斗。

新中国成立后,政府成立县司法科和县人民法院处理民事案件。改革开放后,更名为司法局,下设法律顾问处、公证处、调解科等部门,在乡镇建立民事纠纷调解委员会,通过法律程序来解决民事纠纷问题。建立以村治保、调解组织为依托的群防群治防线。鹿马登乡政府健全了以司法所为主,派出所为辅的化解疏导防线;巩固了以乡综治办为中心,各职能部门配合的控制处置防线,把矛盾纠纷化解在源头、化解在基层、化解在萌芽状态,做到了小事不出村、大事不出乡。坚持月排查制度,每个季度召开一次综治维稳工作例会,通过干部下访和现场办公等形式排查和化解基层发生的各类矛盾纠纷,坚持乡党政领导包片、驻村干部包村、村干包小组、组干包农户的制度,乡综治办协助所包村、小组做好矛盾纠纷排查调处工作。各村都有专人负责并定期将矛盾纠纷排查情况及时向乡综治办报送有价值的信息和纠纷隐患,以便及时采取防控措施。坚持发挥排查调处机构的作用,定期组织拉网式集中排查调处活动,做到底数清、情况明,重大矛盾纠纷及时调处和上报,防止了激化。

2015年鹿马登乡全年共排查矛盾纠纷286件,其中乡镇调解156件,村级调解130件,涉及当事人572人,纠纷涉及金额30万元,调解成功280件,调解成功率为97.90%。[①]全年全乡无上访事件,无刑事案件。

六、生态建设

（一）地理特点

"看天一道风,看地一道沟,出门靠溜索,种地像攀岩"这一描述用于形容怒江地区生态环境最恰当不过。鹿马登乡地处滇西北横断山脉中段,碧罗雪山和高黎贡山之间的怒江峡谷,怒江由北向南纵贯全境,形成一个从北向南狭长的"V"字形谷地,也正是由于这一原因,乡里最主要的道路沿江分布。鹿马登村是鹿马登乡的下辖行政村之一。

（二）气候与物产

1. 气候

鹿马登村受印度洋季风、太平洋季风的影响,属亚热带季风气候。同时由于西北部为青藏高原,地处怒江峡谷,海拔高低悬殊,气候垂直变化明显,形成亚热带、北亚热带、暖温带、寒温带、亚寒带、寒带等6个气候带,立体气候显著。受印度洋季风气候和太平洋季风气候的双重影响,鹿马登村形成了春季和夏秋间两个雨季的独特气候。鹿马登乡政府驻地海拔1230米,年平均气温16.9℃,年均降水量1443.3毫米,降水主要集中在2~4月和6~10月,年均日照1479.9小时,相对湿度84%,无霜期267天。

[①]材料来源于鹿马登乡2015年综治维稳工作总结材料。

2. 物产

鹿马登村环境得天独厚，发展原生态农业的优势明显。种植业主要以草果、核桃等为特色；养殖业以山地鸡、山地猪、黑山羊为特色。这些特色物产在当地政府的重点扶持下已经粗具规模。在鹿马登村的"十三五"规划中，还将重楼、油茶的种植列入重点推进试点发展的行列。

草果。最适合草果生长的条件是海拔1000～2000米、荫蔽度50%～60%的林下或溪边湿润、排水良好的山谷坡地阴凉地带。如果有疏松肥沃且富含腐殖质的砂质土壤，草果能长得更好。鹿马登乡恰好处于湿热荫蔽、树木稀疏的阔叶林地带，多坡度适宜的山坡。只要在遮阳网下或者日照时间较少的山体背光一面，就能够大面积种植草果。全乡2014年新增草果种植面积1.95万亩，2015年新增加0.3万亩。

核桃。核桃树常见于山区河谷两旁土层深厚的地方，因核桃喜光、耐寒，抗旱、抗病能力强，喜水、肥，同时对水、肥要求不严，因而成为鹿马登乡主要扶持和整乡推进的项目之一。全乡2014年新增核桃种植面积0.56万亩，为了保护生态环境，坡度大于15度的山地都已退耕还林，因此2015年种植面积有减无增。

漆树。怒江州漆树种植历史悠久，产品在全省乃至全国具有一定的影响力和知名度。漆籽榨取漆油作为食用油料，是怒江州各少数民族的主要食用油来源。除此之外，漆树的产品还包括木蜡、生漆、保健片、碧乃金营养冲剂、漆树籽饼粕配合饲料等。鹿马登乡也曾经大面积种植漆树，但由于白斑病的影响，漆树种植不再是鹿马登乡主要的经济作物。根据鹿马登乡2014年、2015年的整乡推进项目建设规划来看，漆树的种植面积自2014年之后已大大缩减。现在已经没有成规模地种植漆树的农户，但是大多数人家都会自家种植1～2棵，用来提供自家日常食用的漆油。

黄连。黄连喜冷凉、湿润、荫蔽的条件，需要温度低、空气湿度大的自然环境，不能经受强烈的阳光照射，高温和干旱的环境不适宜黄连生长。一般在1200～1800米的高山区种植有黄连。全乡2014年新增黄连种植面积0.21万亩，但黄连在鹿马登村的种植并不算突出，2015年没有新增面积。

茶叶。坐落于碧罗雪山腹地的福贡县鹿马登乡，境内立体气候特点明显，高海拔区域夏无酷暑、冬无严寒，雨量充沛，阳光直射少。当地少数民族群众利用这得天独厚的气候条件，在海拔1200～1800米的缓坡地段种起了茶树，至今已有30多年。如今，茶叶已成为鹿马登乡继草果、核桃之后的又一支柱产业。2015年全乡新增茶叶种植面积0.15万亩。①

（三）水土资源

1. 水能资源及水资源

受峡谷地貌影响，怒江一带河流多呈"非"字形分布，江水自北向南流动，两岸的河流汇入怒江。鹿马登乡是怒江水电开发涉及的主要地段，境内的鹿马登河、布拉底河、干布河、阿路底河、亚坪河、麻甲底河等主要河流落差很大，蕴藏着丰富的可开发水能资源，其中鹿马登河、依四得河两条河流流经鹿马登村。鹿马登河、依四得河发源于碧罗雪山，自东向西汇入怒江，是怒江东岸的一级支流，也是怒江水能资源比较丰富的两条支流。

2. 土地资源

鹿马登村面积为46.9平方千米，有耕地1303.3亩，其中水田888亩、旱地455.3亩，人均有耕地0.58亩，主要种植水稻、玉米等作物；拥有林地44209亩，其中经济林果地561亩，人均经济林果地0.26亩，主要种植草果等经济林果；其他面积326亩。

峡谷地貌的鹿马登村，山高坡陡谷深，生产生活用地稀缺，当地还有"挂在墙壁上的土地""寸土寸金"的说法，足见土地的珍贵。调查走访中了解到，由于局限于地理条件，很多公共设施难以实现建设。据工作人员说，鹿马登村的孩子们想要踢足球是难以实现的，因为山高谷深、平地

---

① 数据来源于2015年鹿马登乡整乡推进计划表。

稀缺，只能达到建设篮球场的条件。有限的土地大多用于生产和生活，建设球场的土地需要政府出资补贴群众，缓解生存压力，才能把土地用于建设球场。

3. 森林资源

由于处于峡谷，为保护生态环境，鹿马登乡从天然林保护、生态林建设、低效林改造等几个方面对本乡生态环境进行保护。鹿马登村村规：严禁私自砍伐国家、集体或他人的林木，违者罚款每棵20～200元。在全乡人民的共同努力下，森林覆盖率达68%以上，林草产业发展优势明显。

由于长期以来我国天然林资源过度消耗，引起了生态环境的恶化。党中央、国务院在1998年洪涝灾害后作出了实施天然林资源保护工程的重大决策，并设置了天保所。天保所的设置旨在通过天然林禁伐、大幅减少商品木材产量和有计划分流安置林区职工等措施，主要解决我国天然林的休养生息和恢复发展问题。鹿马登乡天保所2015年有职工6名（专职森管员2名），村森管员48名，护林员9名，公益林管护员12名，季节性森林防火人员9名。2015年完成2014年度退耕还林项目5900亩（核桃），荒山造林910亩（核桃、水冬瓜），经检查验收成活率达85%以上。完成义务植树55307株。①

（四）饮水工程

1. 水池与自来水管铺设

鹿马登村地处陡坡，当地饮水不易，住在山上的人需要拿着竹筒去找水，住在山下的人用盖水窖的方法过滤山上流下来的水。为解决人畜饮水问题，鹿马登乡政府为每户补贴2000元建设水窖，使当地群众能够喝上自来水。2014年，鹿马登乡进行了以下水利建设工程：安全饮水工程；三面光水沟建设；布拉底村水库建设；鹿马登村建设乡镇供水工程。为提高

---

① 数据来源于鹿马登乡政府办公室。

鹿马登村的抗旱能力及保障村民的饮水卫生安全,至2014年底,村里为克胜底组,依四得二组,娃底一组、二组、三组,抗谷组,抗朵组修建了水池,部分小组还搭建了胶管、钢管,将自来水引至水池,方便村民用水,完善鹿马登村基础设施建设。

2. 主要饮水设备

在调查中发现,当地几乎没有饮水机,饮水设备大多是水壶。在鹿马登完小校长办公室进行访谈时发现摆放了4～5个热水壶,经过询问鹿马登完小的一位老师得知,当地都是用烧水壶烧水,学校给每个班级配备了一个烧水壶,每个学生发一个杯子,解决学生喝水问题。经过细心观察验证,无论是村民家中、街边小店铺、旅馆,还是乡政府、村委会办公室,都摆放着烧水壶或者装着开水的水壶。"我们都不喜欢喝矿泉水,那比不上我们的水",一位当地村民说。一方水土养育一方人,村民们只习惯喝当地的水,最多会在喝开水时加入些许茶叶。

◇ 蓄水池

3. 水库建设

鹿马登乡布拉底村水库于2013年开始建设,预计在2020年完工。布拉底水库是西南五省重点水源项目中的小(一)型水库,位于鹿马登乡怒江一级支流达马娃河中段。该水库总库容为138万立方米,设计坝高75.8米、坝长239.47米。水库灌溉面积8154亩,并为2816人、5864头牲畜提供农畜用水。水库主要为县城供水为主,兼顾周边农村饮水和农业灌溉用水,同时保障特枯年份周边集镇和福贡县城应急供水及下游的生态用水。水库建成后，将有效解决0.28万人的饮水困难，灌溉面积达0.82万亩。

（五）厕所改造

在鹿马登村，原有厕所多为露天式或粪坑，对村子的整体形象有负面影响。为改变村容村貌，促进鹿马登乡旅游业发展，鹿马登乡正在进行厕所改造工程。目前鹿马登村14个小组中，已有4个小组完成了旅游公厕建设。公共厕所的卫生由村里的党团员组织村民定期打扫，或一月一次，或一季度一次。

在新农村厕所改造方面，鹿马登村坚持"户厕改造为主，公厕改造为辅"的原则，对露天旧式厕所、粪坑进行整治改造。露天旧式厕所要全部取消，粪堆要全部迁到村外指定地点，统一规划，合理安排，全面推广无害化厕所。户厕改造资金以农户自筹为主，新建公厕由村里协调给予适当解决。拟新建公厕3座，无害化厕所普及率达到100%。

（六）民居建筑变迁

傈僳族是我国"直过民族"之一，在现代民居建设中保留了传统傈僳族民居的一些特色，如火塘的保留。老人家习惯了传统房子里用于取暖和做饭的火塘，所以房子里一般都保留着火塘。同时，为了方便生活，新房子的建设又结合了现代民居建筑的特点，如厨卫入室。还有些人家的住房为现代民居，又保留传统篾笆房，单独列出作为厨房。

年轻一辈对新事物接受能力较强，所以新建房屋多是年轻人居住。在走访中还了解到，不愿居住在统一规划的房子里的村民，还会将房子用于出租或者做别的用途（如养牲口），而他们则照样住回山上的老房子。

为改变鹿马登村群众的居住条件，帮助村民脱贫致富。鹿马登乡2016年在4个村实施易地扶贫搬迁工程。由政府出资大部分，村民自己筹集部分资金建设房屋。据了解，很多住在山上的人家并不情愿搬到山下，一是习惯了原来的居住环境和人际关系，不愿改变；二是搬迁要重新盖房，建筑材料昂贵，即使有国家政策的扶持但资金仍旧紧张，所以不愿意搬迁。

◇千脚落地房

50多年过去了，鹿马登村傈僳族社会历史发生了巨大的变化。和50年前相比，最大的变化是经济与教育。经济方面，农作物由原来的水稻、马铃薯、玉米、荞子、鸡脚稗主，转变为以豆类、油菜、蔬菜为主，以稻谷、玉米为辅。经济作物由黄连逐步发展成以云黄连、草果、茶叶、核桃、重楼为主。人们由最开始的经济不能自足，到现在的每月有固定收入，年人均可分配收入达到4784元。政府加大投入，精准扶贫，实施易地搬迁工程，为贫困户建档立卡，派专人对村里人员进行一对一的专业培训，提高了村民的生产技能。教育方面，教育由原来的空白变为鹿马登乡有完全小学两所，中学一所。当地民众由只会说傈僳语到与普通话的推广。其他方面，村寨的名称由原来的"傈门登"，到现在的鹿马登村委会；管理体制方面，由原来的"蛮荒之地""化外之区"变为由政府统一管理，由社区（村）、网格片区负责人、综合服务组成的三级联动管理机

◇ 现代民居

制；村寨由怒族聚居的村落转变为傈僳族聚居的村落，人口由27户127人发展为如今的708户2619人，傈僳族占该村总人口的91%；村寨由只允许族内通婚渐变为各民族间自由通婚以及跨界婚姻；基础设施由原来的道路不通变成如今的水泥路，溜索等危险的交通工具已不再使用，已修建跨江大桥，水电等基本接通；当地人由不会说普通话发展为基本可以听、说；党的基层组织由无发展成如今4个党的基层组织；宗教信仰由原来的少数民族传统信仰转变为多数人信仰基督教。

此次调研最大的收获是了解到鹿马登与20世纪50年代调研时相比，语言的发展有了巨大的进步，汉语普通话得到了推广，民族间融合情况较好。但是傈僳语的传承值得关注，目前鹿马登村傈僳语的传承情况较好，通过年龄层次的分析得出，随着年龄的减小，傈僳语及傈僳文呈现出衰减的趋势。为避免傈僳语濒临灭绝的情况发生，应该采取积极的措施保护民族语言。

本次调研，只是对怒江州福贡县鹿马登乡鹿马登村社会历史情况进行了基本的摸底与了解，村寨的详细情况还需要更深一步地探究，调研还更应该深入细致，诸多不足与偏颇之处，敬请谅解。

参考文献：

[1] 思想战线编辑部：《西南少数民族风俗志》，中国民间文艺出版社，1981年。

[2] 马曜：《云南简史》，云南人民出版社，1983年。

[3] 云南省编辑组：《傈僳族社会历史调查》，云南人民出版社，1985年。

[4]《怒江傈僳族自治州概况》编写组：《怒江傈僳族自治州概况》，云南民族出版社，1986年。

[5] 王恒杰：《傈僳族》，民族出版社，1987年。

[6] 怒江傈僳族自治州教育委员会：《怒江傈僳族自治州教育志》，云南民族出版社，1998年。

[7] 福贡县地方志编纂委员会：《福贡县志》，云南民族出版社，1999年。

[8]《傈僳族简史》编写组：《傈僳族简史》，云南民族出版社，2008年。

[9] 侯兴华：《傈僳族历史文化探幽》，云南大学出版社，2010年。

[10] 福贡县地方志办公室：《2015年福贡年鉴》，云南民族出版社，2015年。

[11]《鹿马登乡2015年综治维稳工作总结报告》。

[12]《鹿马登乡2015年度民族宗教工作总结》。

［13］《云南省加强教育精准扶贫计划》，2015年。

［14］怒江州教育局：《怒江州全面实行十四年免费教育实施方案》，2016年7月。

［15］福贡县教育局：《福贡县2015年教育工作总结》，2016年。

拉祜族社会历史回访再调查
——以金平县者米乡为例

刘劲荣　张劲夫

拉祜族是中国古老的少数民族之一，主要分布在澜沧江两岸的普洱市澜沧拉祜族自治县、孟连傣族拉祜族佤族自治县、镇沅彝族哈尼族拉祜族自治县，临沧市双江拉祜族佤族布朗族傣族自治县，西双版纳傣族自治州勐海县等地。语言属于汉藏语系藏缅语族彝语支，有拉祜纳、拉祜西和苦聪话三种方言。据2010年第六次人口普查统计数据，全国拉祜族的总人口为48.6万人。苦聪人是拉祜族的一个支系，主要分布在云南省哀牢山、无量山一带的镇沅县，及元江、红河流域的新平彝族傣族自治县、金平苗族瑶族傣族自治县、绿春县等地。金平的苦聪人内部又分黄苦聪、白苦聪和黑苦聪（郭周）。1956年中国人民解放军在云南原始森林中发现苦聪人踪迹，后苦聪人陆续搬出森林。1984年，有关部门组织苦聪人认亲访族团赴思茅地区（今普洱市）澜沧县考察，通过互相介绍各自语言和风俗习惯、同唱民族歌、同跳民族舞等系列活动找到了拉祜族和苦聪人共同点。1987年8月，云南省民族事务委员会召开全省拉祜族座谈会，正式宣布将苦聪人定为拉祜族。①在这个过程中，20世纪50年代末60年代初的少数民族社会历史调查工作为民族识别和实施民族政策提供了重要材料依据。

1958年，在全国人大、国家民委的组织领导下，中央民族学院林耀华教授来到昆明主持，调动了北京及云南的各大学教师和高年级学生、各专州干部、民族翻译，近500人的庞大调查队伍，分别组成了民族田野调查组、民族识别组、民族史料摘录组和科教片摄制组，全面开展云南民族大调查。云南民族研究所根据上级安排组成"云南省民族识别综合调查组"，成员分期成立红河州、文山州、西双版纳州、德宏州、丽江专区、思茅专区六个田野考察组，对64个族称单位做出初步识别意见，提供国家民委确定族系参考。

在这个背景下，云南民族研究所的宋恩常、杨毓骧、徐志远三名年轻的民族研究者组成调查组，于1958年至1960年赴金平县苦聪寨子调查，同时，与科教片摄制组谭碧波、杨光海等同志合作拍摄苦聪人。他们花一年半时间搞田野调查、两年半时间进行拍摄，在此基础上，形成了三篇社会历史经济调查报告，分别是：《金平县三区翁当乡拉祜西调查》（宋恩常调查整理）、《金平县三区翁当乡新安寨黄苦聪（拉祜西）人社会调查》（徐志远、杨毓骧调查整理）、《金平县茨通坝乡大寨郭周（黑苦聪）人调查》（宋恩常调查整理）。

从60年前的调查资料看，刚从森林里走出来的苦聪人，他们的社会经济比较落后，直接从原始社会步入了社会主义初级阶段。首先在生产生活方面，苦聪人利用简陋的工具进行生产，通过"刀耕火种"和采集捕猎等方式觅食，因而经常处于饥寒状态。他们住的房屋比较简陋，其建筑结构高不超过三米，面积很小，每所房屋能容纳数人至十五六人。生产生活以家庭为基本单位，男女分工不严，保持着原始的互助原则。在政治经济方

---

① 金平苗族瑶族傣族自治县地方志编纂委员会编：《金平苗族瑶族傣族自治县志：1978～2007》，方志出版社，2012年，第94页。

面，与傣族、哈尼族、瑶族、苗族、汉族等保持着十分密切的联系。在文化上多受哈尼族的影响，如无论男女所穿衣服都是哈尼族格角支的式样。妇女的上衣是右开衽长衫，下穿筒裤；男子的服装是上穿对襟小褂，下着裤子。妇女仿哈尼族妇女用金属货币代替纽扣，订在衣襟上表示富有，在袖口上亦同哈尼族妇女镶红、绿、黄等花色布作花边，增加美观。苦聪人的音乐和舞蹈，亦受哈尼族影响较大，唱的酒歌和情歌用哈尼族语言，内容、歌曲的唱法也与哈尼族相仿。

尽管20世纪60年代以来，苦聪人陆续从森林里搬出来，安置到山脚下或坝子里安居，与此同时，也有不断返回森林居住的人家，如此反复迁移居住地的状况一直延续到20世纪末。随着国家和各级政府的扶贫政策实施和安居房子改造工程的落实，各地的苦聪人逐渐固定居住下来，形成了今天金平苦聪人的分布格局：拉祜族苦聪人主要分布在者米拉祜族乡，及勐拉乡和金水河镇3个乡镇8个村委会32个自然村，有1831户7628人。[1]

此次再调查，刘劲荣教授为组长，云南民族大学师生十余人参与。[2]2016年7月16日至8月9日，课题组成员先后到云南省玉溪市新平县苦聪人聚居村小坝多村、羊山箐村和红河州金平县者米拉祜族乡开展调查。其中，金平县者米乡是这次调查的重点，依次到河边寨营房村（金竹寨）、下新寨村（兴发岭、下良竹、上纳米）几个苦聪人聚居点进行入户调查和专题访谈。尽管苦聪寨子不断搬迁，人口不断变动，然而在当地政府的配合和支持下，我们还是找到了20世纪60年代调查过的村子，顺利完成了调查任务。

者米拉祜族乡作为金平县境内拉祜族苦聪人主要聚居的边境乡，一直

---

[1]数据由金平县民宗局提供，2016年7月16日。
[2]课题组负责人是云南民族大学民族文化学院刘劲荣教授和张劲夫博士两位老师，参与成员：张琪老师、关东晨（研究生）、陈华（研究生）、和根源（研究生）、谭妮（研究生）、张晓光（研究生）、张海琳（研究生）、刘洋（研究生）、闫蕊（研究生）、蒋金晶（研究生）、乔明（研究生）。

以来都是金平县开展扶贫工作的重点乡,也是金平县"直过民族"聚居区脱贫攻坚工作的重要阵地。在中央和省政府支持下,实施了多项扶持政策和项目,如:1998年实施的拉祜族"155"工程,旨在解决拉祜族苦聪人的温饱问题;2010年开始的者米乡片区综合扶贫开发项目,实施一批省级整村推进项目、上海帮扶整村推进项目以及人畜饮水工程、无电村项目、公路建设项目,建设了村内卫生路、卫生厕所、活动室、活动场、经济产业等。这一系列的扶贫工程和项目的实施,有力地促进了金平拉祜族苦聪人社会经济的发展,与20世纪60年代相比,有了翻天覆地的变化。苦聪人属于拉祜族的一个支系,在1987年正式恢复了拉祜族。随着中华人民共和国的成立,社会的繁荣发展进步,全国各族人民的生活都发生了翻天覆地的变化。

一、村寨概况

(一)村寨历史与传说

者米拉祜族乡位于金平县西南部,东连金平县的勐拉乡,南与越南莱州省的勐德县接壤,西与绿春县的坪河乡为邻,北与金平县的老集寨乡连接,国境线全长85千米。乡政府驻地下新寨,距金平县城99千米。辖区内居住着哈尼族、苗族、瑶族、傣族、壮族、拉祜族等6个世居民族,少数民族人口占总人口的99.7%。

者米拉祜族乡成立于1988年,即苦聪人识别为拉祜族之后的一年。者米,自傣语"景米"演化而来,其中"景"意为地方、"米"意为富饶,"景米"意即物产富饶之地。康熙二十一年(1682)设置者米土掌寨,乾隆十八年(1753)设茨通坝土掌寨。民国六年(1917),云南省政府在者米、茨通坝实行"改土归流"后,划归金河行政区,原茨通坝为第四区、者米为第五区。民国二十三年(1934)建立金平县后,全县设6个区,第五区茨通坝、第六区者米。1950年全县解放后,为第四区(老集寨区)新寨、茨通坝乡。1974年老集寨区的原者米、茨通坝两个乡（行政村）被划出，新建顶青公社。1983年撤销顶青公社，建者米区。1988年5月20日撤区，成立者米拉祜族乡至今。至2016年，全乡辖下新寨、顶青、河边寨、巴哈等4个村委会，69个自然村。现有农村人口4999户23083人，其中，少数民族人口22991人，占全乡总人口的99.7%。①

者米乡成立至今近30年，作为一个边境乡，其生产生活状况一直受到党中央和省政府的高度关注与扶持，通过各方面采取有力措施，使得当地人民的贫困状况得到极大改变。目前，全乡共有68个自然村通了公路，有54个自然村通电，有37个自然村通水。

河边寨村委会，位于者米乡政府驻地的东部，东与勐拉乡蚂蝗塘村委会相邻，西与乡内顶青村委会相邻，南与越南莱州省勐德县接壤，北与老集寨乡坪寨村委会隔河相望，距乡政府驻地25千米。共16个村民小组，其中营房村、东风村、老林脚一队、老林脚二队、安福村均为拉祜族聚居村，共有334户1333人。

营房村位于者米乡政府驻地东部，距乡政府驻地30千米，海拔640米，距中越边界17千米。2012年，全村共有96户427人，均为拉祜族。据当地老人讲述，营房村的人都是从山上搬下来的，原来叫金竹寨。曾经有武警部队在此地建盖营房驻扎，后来政府安排搬迁至此，故名。2012年正式改名称营房村民小组。

下新寨村委会位于者米拉祜族乡西北部，东、西分别与顶青、巴哈村委会相连，北与老集寨乡隔河相望，南与越南莱州省勐德县接壤，距者米拉祜族乡人民政府200米。下辖18个村民小组，共有1109户5173人，其中，上良竹、下良竹、老白寨、上纳迷、下纳迷、牛底村、金竹寨、苦聪新寨、兴发岭村、贵竹村10个自然村为拉祜族聚居村，共有555户2361人。

---

① 文中的数据由者米乡政府办公室提供，下文不再单独注释说明。

兴发岭村,是者米乡下新寨村委会的一个拉祜族村寨,位于者米乡政府驻地西部,距乡政府驻地约6千米,海拔700米。兴发岭村原称"上良竹寨",由于上良竹寨属山体滑坡点以及雷击区,对村民生产生活以及生命财产有极大的威胁,故于2010年9月搬迁至巴哈村委会坪寨村后山,取名"兴发岭",寓意"兴旺发达"之意。2013年,全村共搬迁38户194人,均为拉祜族。

下良竹寨,由良竹寨迁出的农户到下侧建村而得名。位于者米乡政府驻地南部,距乡政府10千米,海拔1320米,距中越边界12千米。2013年,全村有83户426人。

上纳迷村,因位于纳迷河的上游而得名。位于者米乡政府驻地南部,距乡政府4.5千米,海拔740米,距中越边界14千米。2013年,全村有62户262人。

◇ 建设中的苦聪新寨(兴发岭村)(者米拉祜族乡政府　提供)

（二）民族构成

者米乡居住着拉祜西（黄苦聪）、拉祜纳（黑苦聪）、拉祜普（白苦聪）三个支系的拉祜族，其中以拉祜西支系居多，大部分居住在离国境线不远的西隆山脚下，海拔1000米以上的地区。

（三）性别与年龄状况

营房村共有94户372人，男女比例均衡，村内有初中生4人、小学生59人；兴发岭村共有38户194人，村内有初中生4人、小学生15人，外出务工人员17人，中共党员16人，寨子中尚有一位105岁的老太太；下良竹寨有83户426人，其中男性270人、女性176人，有大学生3人、初中生6人、小学生34人，外出务工人员28人；上纳迷村有62户262人，男性117人、女性113人，有初中生6人、小学生24人，中共党员6人，外出务工人员10人。

（四）人口流动与趋势

此次调查的几个村寨，根据近几年的人口统计数据，我们发现人口流动现象并不突出，基本上保持稳定状态。一方面，当地外嫁外娶的情况比较少，一般到了适婚年龄的男女青年都会在拉祜族村寨中寻找自己中意的伴侣；另一方面，外出务工人员较少。由于自然资源比较丰富，当地人除了大量种植香蕉以外，还种植木薯、玉米、草果、三七等作物来维持生计。

表1　者米乡人口择年统计表

时间	者米拉祜族乡	拉祜族
2010年	22033人	5978人
2003年	19078人	5574人
1998年	15952人	4700人

从表1中可以看出，拉祜族人口在缓慢地增长：2003年增长了874人，增长率为18.6%；2010年增长了404人，增长率为7.2%。

（五）村寨今昔变迁轨迹特点

1. 社会的变迁

中华人民共和国成立以前，拉祜族苦聪人居住在高寒高海拔的原始密林之中。这里雨量充沛，人们依靠大自然，以树叶作衣裳，靠野果充饥，过着游耕、狩猎、采集的生活。中华人民共和国成立后，全国各地都在进行土地改革，生产方式发生了转变。1957年，在人民解放军、人民政府以及民族工作队等的大力扶持下，他们从大山中走出来，迎来了拉祜族苦聪人的第一个春天。然而，刚从山林中出来，还处于经济社会发展初级阶段的苦聪人直接进入了社会主义社会，在很多方面都还存在严重的问题，于是政府以"团结、生产、进步"为工作方针，逐步改善其社会生产条件，为其建盖草房子、划分土地给各家种植农作物，逐步解决其温饱问题。

◇妇女与小孩（者米乡政府 提供）

1998年2月，新华社记者周东棣、姜振岗在《国内动态清样》上发表了《金平县苦聪人生产生活困难》的文章后，引起了中共云南省委、云南省人民政府的极大关注。省、州、县加大投入力度，开始实施"155"扶贫工程，即"每年解决1000人，用5年时间，解决5000人"的温饱问题的扶贫工程。计划由省、州、县共同投入3967万元。同年10月，"155"扶贫工程正式启动实施。

"155"扶贫工程按照先定居再定耕，进而配套实施社会服务工程的递进式工作程序，采取"推、拉、帮、带"的帮扶方式，先后实施安居、改土及温饱、水利、人畜饮水、农业科技、畜牧业、林业、教育、卫生等十二个子项目。2001年10月，"155"扶贫工程取得了阶段性成果，基本解决了苦聪人"有房住、有饭吃、有衣穿、有水喝、有书读"的目标，苦聪人迎来了第二个春天。

进入21世纪以来，中共金平县委、县人民政府又结合国家和省"兴边富民行动"，制定了《金平苗族瑶族傣族自治县关于实施拉祜族（2010～2014）五年综合扶贫发展的规划》，规划的实施，进一步加大了

◇ 今日拉祜族苦聪人民居

对苦聪人聚居村寨的扶持力度，不断投入大量的财力、物力、人力来帮助苦聪人脱贫。2010年建设了人畜饮水工程。2013年实施了安居房工程建设，建成了砖瓦水泥平房。村寨道路已经硬化，水、电都已供应到位。

以下良竹寨为例，在政府多年的扶持与帮助下，在苦聪人不断的努力下，其生活条件发生了彻底的变化。放眼望去，民居整齐划一，几乎每家都是两三层的小楼，红绿相间的墙漆清新而又统一；宽敞的水泥路面整洁干净；小组活动室门外是一个小型的篮球场，设施齐全，可供大家使用。

2. 经济的变迁

苦聪人在搬迁之前一直在山林中以游耕、狩猎、采集为主要的生产方式，没有固定的耕地以及耕作方式，生产力水平低下。在搬迁后，政府组织人力教苦聪人耕种，并时不时地发放耕作用具、耕牛、种子、牲畜幼崽、铁锅、食具和口粮等，确保其能安定下来。

在中共十一届三中全会后，各级党委、政府加强对苦聪人聚居村寨的帮扶工作。在政府的引导下，苦聪人积极地开垦田地、种植作物，学会了种植水稻、香蕉、草果、棉花等多种经济作物，生产方式发生了改变，收入也颇丰。比如，2012年，营房村主要经济作物有木薯，人均纯收入772元，人均有粮316公斤。下良竹寨，有耕地面积627亩，其中水田432亩，主要经济作物为草果、木薯，人均纯收入2850元，人均有粮360公斤，是几个村寨中发展最好的。上纳迷村，有耕地面积368亩，其中水田186亩，主要经济作物为草果、木薯，人均纯收入1750元，人均有粮302公斤。兴发岭村，人均纯收入2762元，人均有粮365公斤。

由于搬迁后的苦聪人村寨大部分位于自然保护区的边缘地带，出于生态环境的考虑，饲养禽畜的不多，只有小部分人圈养着猪、羊、鸡等。目前，一部分村民将土地山林外租给了老板，进行大面积的香蕉、茶叶种植，平时，一些村民会到香蕉林背蕉打工赚钱，玉米、水稻、甘蔗等农作物都不再种植，只在自己留有的零散土地上种植一些蔬菜、中草药等。

3. 社会结构的变迁

者米乡的村寨都实行了村民小组自治制度，同时，民族传统的内部制度也有所保留，但是在大多数情况下都是按照村民小组自治制度来治理。以小组为单位，每个小组人数基本都在100户以下，大家推选出小组长和副组长。如果该组长在任期间绩效优异，工作突出，即可连任。在村寨中，我们可以看到每个村子都有村规民约、村民自治条例等等，通过广播、集会等形式来传达和学习上级的政策意见，制度体系是比较健全的。

二、经济生活

（一）传统经济体系的变迁

1957年前，半数以上苦聪人还在原始森林里过着游猎、游耕生活，靠刀耕火种、采集和狩猎获取生活所需，秋收时，全家人搬到地里，边吃边收，收完即吃完。每年有4～6个月缺粮，人们就靠采野菜、捕猎充饥；铁器极度缺乏，两三户人家仅有1～2把铁刀，采集和狩猎大量使用竹木工具。1957年苦聪人出林定居后，在政府的扶持和当地各民族的帮助下，获得了牛马、农具和耕地等，虽然由于其不善饲养而牛马死亡、不善耕作而田地丢荒，绝大多数人以旱作轮歇地种玉米，生活比较贫困，但住上了房屋，种上了田地，逐步改变了刀耕火种的生产方式，进入了相对固定的农业经济发展阶段。

在20世纪五六十年代的经济体系中，采集、狩猎、种植"三足"成鼎足之势主扛"大梁"，同时辅助以手工业、养殖业。手工业主要有篾制品编织工艺、自烤酒工艺、铁农具打制工艺等。在这种情况下，为了满足生活的需要，拉祜族会将打猎的一些收获摆在路边，与周围的一些民族进行一些简单的商品交换。但由于羞涩，苦聪人往往不愿与商品交换的对方进行面对面的交易，而是躲在路边的树丛里等待自己的物品被别人交换之后，才出来取走交换所得的物品。在这种交换关系中，完完全全依靠对方的自觉，所以苦聪人在交换中往往会吃闷亏，基本是不等价的交换。

在以往的农业生活中，狩猎非常重要，既可以维护庄稼，又能补充日常生活中的肉食来源。但是伴随着国家禁止打猎政策的推行，以及生产力的发展，打猎已经成了苦聪人生产生活中一种不常见的娱乐方式。

◇ 传统狩猎工具（火药牛角）

采集在苦聪人以往的生产方式中是生活资料的主要来源之一，但是在现在，已经被边缘化，总体而言，采集收获的生活资料已成为辅助食物和收入来源。例如：到了野生菌生长的时节，大家去山里采集菌子，然后再

◇ 拉祜族村民编制篮筐

到街上出售，换取现金。

手工业主要包括编织、酿酒（烤酒），以及铁器制造。编织主要包括竹篾制品编织、纺织工艺等。就目前的情况而言，竹篾制品的编织工艺趋向消失，会编织技术的人越来越少。纺织工艺已经消失了，衣服等都在市场上购买。酿酒工艺也已经消失，酒类产品也是购买。铁器制造作为劳动力水平提升的标志，在20世纪五六十年代已经出现在苦聪人的生活中，本次调查的村寨中，打铁业已经消失了，生产生活中使用的铁器制品都为外来商品。

◇ 家藏陶罐

养殖方面，苦聪人养殖的畜禽主要有猪、鸡、鸭，个别家庭还养了牛。值得注意的是，在苦聪人豢养的动物中，狗扮演着非常重要的角色，基本上家家户户都养

◇ 鸡 笼

狗。苦聪人传统是不食狗肉的，在生产生活中，狗是作为人类的伴侣而存在的。

（二）农作物种植

20世纪五六十年代苦聪人种植的农作物品类比较多，主要有水稻、陆稻、糯稻、玉米以及各种蔬菜，基本不种植经济作物。稻类作物主要用来食用。玉米在食用的同时，还用来酿酒。种植的各种蔬菜满足日常生活之需,与此同时,采集野菜以补充种植蔬菜的不足。

现在的农作物种植情况有比较大的改变。以往用来食用的稻类作物已经不再种植了,食用的米主要靠市场上购买。现在比较普遍种植的是玉米。

农作物的种植有一个比较大的变化是开始种植经济作物。种植的经济作物主要有杉树、木薯、橡胶、香蕉、草果,正在推广的有板蓝根、砂仁等林下经济作物。经济作物的种植根据村寨的不同位置还有些差异:海拔比较低的半山腰,种植香蕉、橡胶、杉树、木薯、草果等;海拔较高、靠近山顶的,就种植木薯、草果以及板蓝根、砂仁等。

当地有栽培野草果的传统。野草果相比栽培型草果的优势主要有:植株生命力顽强,管理简单易行,农作物产量高,经济效益也好。

比较20世纪五六十年代而言,现在苦聪人村寨的农业护理技术有所下滑。这不仅表现在农作物产量低上,还表现在农作物受野生动物的破坏比较严重。此外,还有使用的农具也非常简单,每个家庭普遍的农具也就1~2把芟刀、1~2把锄头。化学制剂的使用越来越多,并且其作用也越来越重要。为此,农户每年都要支付一大笔资金用来购买农业化学制成品。

◇ 草果种植技术培训

(三)农业科技推广

农业科学技术的推广主要包括种植业农业科技推广、养殖业农业科技推广两个部分。种植业农业科技推广主要包括农作物籽种的改良和经济作物的推广;养殖业农业技术推广主要包括科学养猪技术的推广、科学养牛技术的推广、科学养鸡技术的推广等。

这些技术长期推广,但是推广成效不大。种植业依然使用非常简单的耕作技术,即零星的点播、简单的护理技术等,加之气候的变化,农作物的产量非常有限。从管理上来说,野草果只需要在种植之前整好地,然后把野草果从山上移植过来,就可以自己繁殖了。护理工作只需要在杂草较多的时候,进行一些除草即可。

村民家中养鸡比较普遍,但是多采用传统的"放养"形式,并未使用现代科学的养鸡技术,亦未见到规模化的养鸡场。养猪方式,也是家庭散养,家家户户养殖的猪,主要是过年过节的时候食用。除此之外,一些家

◇技术员上门讲解养殖技术

庭也把自家盈余的土猪卖给猪贩子，但是这种商品行为没有商业意识，出售只能勉强收回饲料成本，人工的成本是完全不被考虑的。较为贫困的村寨，政府会提供猪仔，但村民一般养到过年的时候，就作"年猪"宰杀掉了，完全没有能力扩大再生产。

（四）产业结构的调整

从20世纪五六十年代到现在，苦聪村寨产业结构的调整是显而易见的。以前是以采集、狩猎、种植为主，根本不能解决拉祜族群众的温饱问题；现在以种植业为主，基本上解决了温饱问题，有些家庭每年还有结余。

从总体上来说，苦聪村寨还是以从事第一产业为主，暂时还没有规模化的第二产业，第三产业更是没有条件出现。但是，在村寨里边，还是显露出一些第三产业的苗头，如有些村寨中出现了小卖铺、烧烤摊。

留守在村寨中的人，主要从事第一产业的生产，偶尔到山下的香蕉地里帮工，赚取一些日薪。而外出务工的人群，主要去往浙江、广西、深圳等地，有些从事第二产业，有些从事第三产业。

（五）生产方式的变迁

20世纪五六十年代，苦聪人的生产方式非常多样，有采集、狩猎、种植、手工业等。现在，生产方式相对单纯，主要以种植业为主。以往的很多靠其他生产方式而生产出的消费产品，现在都依靠商品交换。从前的"讨吃"（粮荒时节，去有粮食吃的人家里"讨吃"，头人一般会无偿接济村民）行为，现在已经不存在了。基本脱贫的村寨，不需要"讨吃"，尚未脱贫的村民，粮荒的现象虽然存在，但是有"低保"，再辅以一些采集，也不需要"讨吃"。

现在苦聪人村寨都有了小卖部，销售日常生活用品等，销售额5～100元不等。但是苦聪人没有强烈的利润意识，一般商品自己卖，同时自己也用。销售额除了用来支付商品的成本外，家里需要钱时，也会从销售额里支出。

（六）经济收入与消费

金平者米乡苦聪人的经济收入，总体来看，主要有农作物的销售收入，出租土地的佣金收入，外出打工、就近帮工的薪资收入，国家的各种补贴等。有些村寨外出打工的人比较多，经济收入就比较高；海拔比较低的地区，土地出租给种植香蕉的老板，土地佣金收入、就近帮工收入就比较高；气候条件比较好，适宜种植经济作物的低海拔地区，经济作物出售的收入比较高。海拔低、气候温暖的地区，帮工的收入、经济作物销售的收入就会比较高，整个村子的经济情况就会比较好；海拔高、气候寒凉的地区，整体的情况就会相应的差一些。

农作物的销售，主要是各种经济作物的销售，还有少量粮食作物的销售。木薯亩产500斤左右，收购价格为4.5~5.0角/公斤，木薯的收获根据海拔的不同而不同，位于海拔1400米的村寨，木薯两年才能收获一次；海拔700米左右的村寨，木薯一年就能收获一次。杉木种植的周期长达十余年，出售时，不是以"棵"为单位卖，一般都是论"片"来卖。一片地（一块地），距离公路较近、面积20亩左右的杉木，大约能销售5万~6万元。橡胶的收购价格为5元/公斤，但种植橡胶要7~8年才能割胶，产生效益。种植18亩橡胶地，每年割胶的收入大约有2700元。野草果的收购价格为20元/公斤，每年大约能收获300斤，获得收入3000元左右。野生草珊瑚的采集与销售只在个别的村寨中出现，收购价格为5~6元/公斤。土地出租获得的佣金，是有些村民一个比较重要的收入来源。靠近公路边，地势平缓，适宜种植的土地，佣金比较高，可达2000元/亩/年；远离公路，地势崎岖的土地，佣金就比较低了，有的才600元/亩/年。

外出打工也比较普遍。有些村寨的大部分年轻人都外出打工了，家里只留下年长一些的家庭成员做一些简单的农活。那些打工的青年主要去往浙江、广西、深圳等地。他们的收入比较稳定，有些村寨的家庭，在国家安居工程盖的平顶房的基础上加盖而成了两三层小洋楼。这都要归功于来自东部沿海源源不断的资金支持。就近帮工的情况比较明了。在香蕉收获的时节，施肥的时节，或者是需要田间护理的时节，都需要招聘一些村民去打短工。比如收获香蕉的时候，村民会去给种植香蕉的老板采香蕉，根据收获的重量计算工钱。青壮年劳动力每天可以挣100余元，身体特别强壮的人可以挣200元左右。年龄稍大、身体比较弱的人，每天大约60~80元。帮工的收入主要是用来补贴家用。

◇ 准备出工劳动的苦聪妇女

国家的各项补贴是村民一项非常重要而且稳定的收入。国家的补贴主要有四项：农村最低生活保障户补贴（低保），根据考察定级，苦聪人村寨普遍享受B档补贴，为143元/月/人；沿边村定额补助1000元/年/户；粮种补贴800元/年/户；生态公益林补贴。因为封山禁牧政策，林地资源以村寨为单位划片管理和开发，于是公益林成了集体财产。对于生态公益林的补贴资金，每个村寨的处理方式也不尽相同。有些经济收入比较好的村寨，生态公益林补贴就作为村子的收入，用来维护公共设施和支付一些公益性的花费，如篮球场地的维护、村里路灯的维修和保养等事情。个别比较贫困的村寨，村民可以领到160元/年/户的补贴。国家的补贴，主要是保障每家每户的温饱问题。总体来说，国家的各项补贴已经完全可以解决苦聪人的吃饭问题。

苦聪人的家庭消费主要有衣、食、住三个方面。就"衣"而言，原来自家织布，裁剪成衣；现在织布技术已经消失，衣服主要靠赶集的时候购买,一般20~30元一件。就"食"而言,每月基本需要购买两袋50公斤的大米,支出240元;每月需要食用油2~3斤,但是一般很少专门购买菜籽油,而是在赶集的时候买猪肉,里边的肥肉就用来炼猪油。肥油每斤17元钱,一般每间隔15天左右就需要买一回,每月大约花费30多元钱。瘦肉的价格依据市场行情来定,大约每公斤40元,每月大约需要花费100余元。购买盐及其他调味品,每月花费大约20余元。除此之外,烟、酒等也是生活水平提升后的消费项目。在20世纪五六十年代的调查中,烤酒是一项非常重要的手工业,但是现在白酒基本是靠购买,其消费频率,各个村寨有比较大的差异。经济条件稍好的村寨,大家都忙着提高经济收入,喝酒就只出现在一些走亲访友、节日庆典的场合;经济条件稍差的村寨,反而出现了"没事就凑到一起喝酒,打发时间"的情况。消费的白酒,每瓶5~10元。烟草的消费有两种情况:一种是买烟丝,抽"旱烟";另一种是买成品香烟。买烟丝的,每月花费5块钱;买成品香烟的,每包5~10元,比较普遍的情况是,一个人一天抽一包烟。

◇ 看电视

20世纪五六十年代,苦聪人烧柴禾,每家每户都必须去山上捡柴、砍柴。现在不一样了,交通出行要靠燃油,做饭不再完全依赖火塘,家用电器的使用也非常广泛。木碗、土锅已经身影难觅,竹制厨具"一统天下"的地位也受到铁制厨具的冲击,出现了如铁制的甑子、筲箕、箅子等。电视、冰箱等成了村民家中的必备品。随着家用电器的广泛使用,电费的支出相应增高。

交通出行。骑摩托车是村民们赶集购物、打工挣钱、走亲访友的首选。随着摩托车的推广，摩托车油耗支出成了一项日常性支出。每辆摩托车每次加满一箱油需要花费70元，大约2~3星期需要加满一次油。除了需要支付出行的费用，现在的村民们还需要支付每月的通信费用，根据手机卡套餐的不同，每家支出的费用也不同。

化肥农药的消费支出是一项非常大的开支。主要是因为要用化肥给农作物施肥，要用农药给农作物除草，灭虫害等。在现代农业体系下，苦聪人对于农药、化肥等化学制成品越来越依赖。这些事例不仅反映了农业生产的深层次矛盾，也从另一个方面为"农民增收与食品安全"这一课题提供了生动的案例。

教育性支出。全面推行义务教育之后，当地的儿童大都已享受义务教育，学生上学的成本显著下降。有条件的家庭会每星期给自家的孩子（小学生）100元钱作为生活费，买早餐以及零花。初中、高中的学生每星期生活费略高一点。

医疗卫生方面，有国家医疗保险政策的补贴。

（七）精准扶贫

精准扶贫是指针对不同贫困区域环境、不同贫困农户状况，运用科学有效程序，对扶贫对象实施精确识别、精确帮扶、精确管理的治贫方式。通俗地说，就是"哪里贫困，就帮助哪里；哪里的贫困程度深，就多帮助哪里"。

者米乡为了高效率、高质量地完成扶贫任务，成立了专门的扶贫办公室，负责协调、统筹扶贫工作；对每一个贫困户建档立卡，密切关注其动向；设立扶贫达标时限，坚决杜绝"磨洋工"的行为发

◇扶贫工作领导小组办公室牌子

生。其具体举措主要有"挂包帮，转走访"（领导挂点、部门包村、干部帮户、转变作风、走访基层贫困村贫困户）和"五个一批"（发展生产脱贫一批、易地搬迁安置脱贫一批、生态补偿脱贫一批、发展交易及转移培训就业脱贫一批、社会保障兜底一批）。与此同时，加大资金的投入，实现村寨的"五通"和"五有"。

村寨"五通"。第一，通道路。68个自然村进村公路硬化全覆盖，实现通达通畅。村内道路硬化，干净整洁。第二，通电力。村农网改造升级全覆盖，群众生产生活用电有保障，实现同网同价。第三，通饮水。安全饮水项目全覆盖，水源稳定的有自来水，没有稳定水源的有水窖。第四，通广电。广播电视进村入户，确保有条件的群众能够收听、收看中央、云南省广播电视频道。第五，通网络。互联网宽带村村通，村委会有电子商务平台。卫星手机通信信号，自然村全覆盖。

全力保障村民"五有"。第一，有房住。通过农村危房改造和抗震安居工程，对建档立卡贫困农户，确保户均有一套70平方米以上的安居房。第二，有产业。户均有一项以上增收产业，对建档立卡贫困村、贫困户增收产业发展规划要全覆盖。第三，有学上。按照基础教育布局，确保农户孩子，特别是建档立卡贫困户孩子，就近上学前班、上小学、上中学，合理负担上学费用。第四，有就医。村委会卫生室要按照"三房一室"规定，配备基本药品和医疗设备，配齐合格乡村医生，提高农村健康服务水平，做到"小病不出村"基本要求。第五，有技能。加强农村适用技术、就业技能、"两后生"职业能力的培训和教育，每个劳动力至少学会和掌握一门致富的实用技术。

三、政治建设

（一）村寨党组织建设和村干部评议

者米乡每个村寨都有党员，建有党员活动室。经济发展好的村寨党员数量会多一些。例如，下良竹寨有党员15名，而营房村党员数量只有5名。村委会实行村党总支部集体领导制度，及村干部定期评议制度。

对村委会工作和村干部，除乡党委、政府考核外，要组织村民定期进行评议，加强民主监督。评议内容如下：

（1）村委会任期目标和年度目标完成落实情况。

（2）村干部岗位目标任务完成情况。

（3）执行"村民自治章程"实行民主决策和村务公开的执行情况。

（4）干部廉政建设情况。

评议方法：

在乡党委、政府统一安排下，由村党总支和村委会组织党员代表、村民代表进行评议。通过干部述职、群众评议、考核计分、无记名投票的方式进行评定。评议结果报乡党委、政府备案，作为干部考察依据，并与其报酬奖励挂钩。评议结果要通过适当方式与干部本人见面，并对评议中产生的先进典型进行表彰奖励；对重大问题要及时查处；对有严重问题的干部，要依据法定程序撤销其职务。评议活动原则上半年一小评，一年一总评，有特殊情况的可随时进行。

（二）村民自治

苦聪人以前是头人制度，村寨里会自主举出一名说话最有分量的人来做头人，凡是大事小事都是听头人的。现在是和其他的自然村一样施行村民自治，会选一个村民小组组长来带领他们。乡镇与村寨之间形成了一种"指导与协助"的关系。

1. 村民会议制度

规定了村民会议和村民会议的权力。其中前者是全村最高决策机构。村民会议每年不得少于一次，年满18周岁以上依法享有公民政治权利的全体村民参加。村民会议权力还包括选举、撤换、补选村委会干部，制定本村发展规划及重大经济开支计划；制定修改《村民自治章程》《村规民约》等凡涉及全村村民利益的重大问题，必须交村民会议决定。

议事程序。按民主集中制原则，分会前准备与会议审议两步进行。重大村务，会前让党总支、村委会共同协调统一思想后，交村民代表征求村民意见，再由村委会提交村民会议讨论决定。

决策原则。村民会议讨论决策村民自治事务，必须符合党的路线、方针、政策和国家法律、法规的原则；保证完成上级任务的原则；符合多数村民利益的原则；少数服从多数的原则；形成决定任何人不得擅自改变的原则。

议事实施，村民会议决定的自治事务由村民代表会议进行补充和完善。由村委会负责组织实施。

2. 村民询问和质询制度

村民有权对党总支、村民委员会的全体会议和决策、决定执行中存在的问题提出询问或质询，行使监督权。

村民询问可口头提出，也可以书面形式署真实姓名提出。村党总支或村委会应当作出相应说明。

询问人在对党总支、村委会所做出的说明不满意的情况下，可以书面形式署真实姓名对同一问题提出质询。村党总支、村委会应作出书面解释或答复。

对质询问中发现的问题，村党总支和村委会应当及时研究处理。

质询人利用质询故意刁难、无理纠缠的，给予批评教育；情节严重的，追究其责任。

（四）政治参与

首先，主要体现在村委会的选举。如营房村的前任组长白文忠，时年51岁，担任营房村组长25年，今年刚换过届，现任组长是一个年轻人。关于小组长的选举与换届的要求是被选举人要会说汉话、会识字，年龄在20~60岁之间，任期为三年一届。选举的时候，全村18岁以上的在村人员都要来参加选举，候选人被选上后要任组长三年，若政绩优异可连任。

在下良竹村，我们访谈了前任组长，他是1998年下山后当了三年的会计，2006年经村民们的选举一致通过当上了组长。选举时有4个候选人，村委会也会来人监督选举过程，村里每家18岁以上的选一个代表参与选举，因为村民大都不识字，所以用点点的方式来选，家里有几个年满18岁的人，就可以来点几个点。村寨里的人平时大事小事都会听从组长的安排，遇到大事时，组长会请支部书记和前任组长一起来出谋划策，为大家办事。

其次，村民行使监督权。各行政村制定了详细村务公开制度，具体如下：

（1）村成立村务公开监督小组，成员由村民会议或村民代表会议在村民代表中推选产生，由5~7名成员组成。

（2）村务公开的内容包括：村财务收支情况、"一事一议"筹资、计划生育政策落实、救灾救济款物发放、宅基地使用、村集体经济所得收益使用、水电费、种粮直接补贴和良种补贴、土地征用补偿及分配、村干部报酬、重大村务决策、国家其他补贴农民、资助村集体的政策落实情况等。

（3）设立固定的村务公开栏，同时通过村广播、召开村民代表会议、发放村务公开单等辅助形式公开。

（4）村务公开的时间：财务工作每半年公开一次，经常性工作每季度公开一次；涉及农民利益的重大问题以及群众关心的事项要及时公开；临时工作随时公开。

（5）村务公开的程序：村委会根据本村的实际情况，依照法规和政策的有关要求，提出公开的计提方案；村务公开监督小组对方案进行审查、补充、完善后，提交村党组织和村委会联席会议讨论确定，村委会公布。

（6）村务公开的资料要存档备案，实行专人专柜保管。

其三，村民参与重大事项决策。重大事项的范围包括方针政策性的大事，全局性的问题，干部的推荐、任免和奖惩，重大经济目标确定，重大资金使用，重大项目建设，重大活动开展，等等。重大事项决策规定必须通过会议确定，必要时报上级党组织确定。重大事项决策必须执行少数服从多数的原则。要在充分讨论的基础上进行表决，表决以超过到会人数的半数赞成为通过。研讨重大事项必须有三分之二以上的应到会人员到会方能举行。为提高重大事项决策透明度，推进重大事项决策科学化、民主化，实行重大事项决策公示。重大事项决策公示制度是指向社会公众公开重大事项决策的标准、要求、程序等决策效能监督制度。同时制定征求意见制度，征求意见视情况邀请人大代表、村民代表参加。

（五）社会保障

全乡各村民都有医保，低保也覆盖了每家每户。低保的要求是要有户口，每人只需要交50元。1998年，营房村实施拉祜族"155"扶贫工程，从海拔1800多米、生产生活条件恶劣的老寨搬迁至现居住点。扶贫工程主要建设实施了安居房等项目。2010年实施了"兴边富民"工程，建设了人畜饮水工程。2012年，全村经济总收入33万元，人均纯收入772元，人均有粮316公斤。当年，全部村民参加了新农合，享受农村低保427人。目前，实现了通电、通路、通电话（移动电话）。生产设施和生活条件得到很大改善。

上纳迷村的党支部书记普姓老人告诉我们，这里以前叫洗明寨，生活过得很艰苦。1975年，国家给他们开沟挖田。1989年左右国家开启了"155"工程，后来国家统统都给盖了水泥安居房。村民们说，2013年左右国家开始实施这个安居工程，自家出10000元，国家出60000元，给家家户户都盖了水泥安居房。以前他们在山上日子过得很苦，居无定所，靠吃野果维生。后来解放军把他们从山里带下来，先是国家统一给盖了茅草屋，后来茅草屋不结实又给他们盖了土房子，再到后来又盖了石棉瓦房，到2013年的时候都改成了水泥安居房。一路走来，都是在国家的扶持下发展的，基本生活都有了保障。现在村里也都通了电和水，并且低保和医保也都有。医保是从2015年开始的，医保的规定是必须有户口，每人只需要交50元，优抚对象不用交钱。现在全村的低保户有61户，只有一户没有，是因为他当年出去打工把户口转出去后遗失了，所以没有户口就办不了低保证明。

四、文化建设

在公共文化基础设施方面，者米乡的各个村委会都有文化站，每个文化站都有文化宣传员，并且每个村委会都有文艺队，文艺队会不定期地组织文艺活动，一般是几个星期举行一次。每个村委会都有公共文化一体机，这个一体机是全国文化信息资源工程建设的，它可以插光盘、联网，可以随意播放视频资料，比如民族产业、民族古迹、民族自治、民族艺术、民族语言等视频，为的就是弘扬优秀民族文化。

在公共卫生方面，者米乡在2016年开展新型农村合作医疗工作，本着全心全意为人民服务的准则，全乡新型农村合作医疗工作扎实推进，平稳运行。村民对基本公共卫生服务工作的知晓情况、对健康知识的知晓和掌握情况达95%，对基本公共卫生服务的满意情况达90%。并且不定期对村民进行健康教育活动，健康教育活动印刷资料有6种，影像资料有3种，健康教育宣传栏2块。公众健康咨询活动3次，健康教育讲座11次，宣传栏更新11次，发放宣传资料共1044份。

为了丰富村民的生活，提高村民的知识水平，每个村委会设有一间农家书屋，书屋里的书大部分是农业方面的。每个村委会都有集体的公共设施——球场，它不仅是大家平时娱乐的场地，一些重大的活动也在这里举行。

者米乡有很多重大的节日，如拉祜族的"密珂节"，祈求族人平安、家畜兴旺；傣族、壮族的传统节日"男人节"，是纪念勇士们保卫和平和幸福生活胜利的节日，已渐渐演变为者米乡各民族共同欢庆的节日。此外，生活在不同地区的人们，也有着各自的特色。

（一）拉祜西（黄苦聪）的文化生活

服饰方面与20世纪60年代调查的情况变化不大，只是在花纹上不一样。女上衣是右开襟，开襟上镶有银币，袖子上花纹颜色有黄、红、绿、紫、蓝，上衣长度到膝盖，下衣是裤子。年长的人还会做包头，现在包头上用银色珠子装饰，改变了以前单调的色彩。而且年长者还佩戴有直径4厘米的大耳环。

◇ 老人佩戴的耳环

传统上木碓是拉祜族苦聪人每家必备的工具，把糯米、玉米等放在木碓里舂，舂成粉面蒸着吃或者做成糯米粑粑、玉米粑粑、木薯粉粑粑等。平时吃玉米饭。

乐器有笛子，是用布竹制作的，长40厘米左右。唱情歌时人们吹笛子或者吹树叶，男女都能吹，吹的一般是哈尼族的老歌，也有本民族自己编的一首歌曲《采茶歌》。但现在会吹笛子的人越来越少了。

◇ 传统舂碓

一年中最隆重的节日就是春节。春节是在农历十二月三十一日到正月三日，春节过三天，过年要算日子，除父母的祭日外，十二生肖的日子都能过，如果日子不好可以往后推到十五日。过年的三天里不能干活，否则会一直不顺利。初一凌晨四五点左右起床，去接新水，水是新年水。全村人都去背水，背水的地方随意。背水者不分辈分。用背来的水做饭。接完新水放炮，火枪要响三声，然后由大儿子煮饭，大儿子不在家由二儿子接替。过年时要杀猪或者杀鸡，过年第一天早上要舂粑粑，第二天杀猪，每家杀一头猪，第三天包粽子，粑粑和粽子要送给亲朋好友，春节还吃汤圆。初一整天不能出门，可以叫朋友来家吃饭、喝酒。喝酒时要唱酒歌，酒歌由老人起头，大家跟着唱，唱的酒歌一般是用汉语和哈尼语来唱，边唱边用筷子敲，有的人甚至即兴舞蹈，场面十分热闹。过年三天不管男女老少都在玩游戏，一种是"卡"，"卡"上半部分是圆柱形的，下面一部分削成圆锥，一般是用绳子抽"卡"，它就会转动，"卡"分"大卡"和"小卡"。大的和小的高度是一样的，但大的宽10厘米，小的只有5厘米左右。还有就是跳绳、打磨秋、打陀螺。

过年时要祭拜祖宗，一般都是自家祭祖。祭祖只祭祀一代。祭祖是在家长的睡屋里来祭祀，把用布竹编制的箩筐用树干挂在睡屋的墙角，但门口墙角不能挂。每月初会祭祀，在过年或者庄稼成熟时也会祭祀，祭品有新蒸的米饭和酒。箩筐里的碗在祭祀的时候才拿下来洗，若家人的身体不好，祭拜祖先可保家人平安健康，祭祀的饭家人可以吃，也可以倒掉，但不能给客人吃。每家祭祀的时间根据各家情况而定，有的过一年后再祭祀。过三年后才能去修坟墓，用石头把坟堆堆起来。

有时祭拜天神、山神、谷神。比如感谢大丰收，稻子收获时要割两三穗成熟的新稻子，砍一棵树，用茅草把树绑在房屋的柱子上来祭拜，祭祀品有鸡、猪、米饭和酒，祭祀完后祭品可以吃，但猪肉不能在屋里吃，因为把猪肉煮熟的时候已经把猪的魂献给了谷神。

一般是生病、叫魂、驱鬼或者看到奇怪的事物时会喊来巫师处理。一个村寨里会有几个巫师，巫师会根据能力划分等级，能力强的叫大巫师，能力小的叫小巫师。巫师还可以收学徒。如果有人生病了，家人跑到巫师家里把病人的情况说清楚，巫师了解病情后根据病情的轻重来作法：病重的需要一头猪、一只鸡和一些生姜,看小病时病人家里需要准备一只鸡和生姜。巫师作法时会念咒语,念完咒语后把生姜给另外一个人,让另一个人拿生姜给病人擦身体,擦完后把姜扔到一边。擦好后,巫师要算鸡卦,拿着鸡念咒语,咒语念完后把鸡杀了看鸡头、鸡舌头、鸡骨和鸡腿上的孔,这就是所谓的鸡卦。如果鸡腿上有两个孔,病人便会好。如果病人没有好,一般再做两次法,如果病人还是没有好,就要再换其他巫师来看。

有时候巫师还为人驱鬼,最厉害的鬼是莫内,认为莫内能把人的魂魄勾走,还有河鬼、风鬼、雷鬼、石鬼等。巫师把一点儿米放在手心里,看几次米后说出鬼的名字,随后念咒语把鬼驱走了。有的房子正门上面会挂着蜂巢,这也是为了驱鬼、保平安。

有的人娶不到媳妇或者不能生育也会找巫师,找巫师的时候会给他带礼物和钱。不能生育的两口子要带一只红公鸡和一只黑母鸡,并且要一起给巫师磕头,磕完头后巫师让两口子牵着手,并把红公鸡和黑母鸡拴在一起来作法。作法后两口子要牵牵手。

在婚姻方面,拉祜西婚姻比较自由,青年男女有时会到田间吹起笛子,或者用树叶来表达爱慕之意。到了结婚的年龄,要先提亲。男方家会带着酒和鸡去女方家提亲,若女方父母同意,男方家会送去聘礼并确定结婚日期。如果女方家较远,结婚前一天要把新娘接到男方家;不远的话,结婚当天新郎要早早地去接新娘,并由新娘的好姐妹陪送至男方家。结婚当天,男方家要杀猪杀鸡款待亲朋好友,亲朋好友也要带点礼物给新人。随着各民族之间交流交往交融的不断加深,许多婚姻习俗逐渐趋向于汉族的婚姻习俗。

拉祜西人死后,尸体停放在客厅,用席子把尸体盖上,头朝里、脚朝外。并且要给死者放一只鸡、一碗米饭和一碗酒,如果死者生前爱吸烟,那死者的水烟筒也要放上,这些东西放在头的左边。尸体安放的时间要看日子,最短安放一天,最长安放五六天。妇女要守灵,尸体安放几天,妇女就坐着守几天。埋葬时，亲人把棺材抬出去，送葬的人没有规定人数，但一般是男的去。用扔鸡蛋来选择墓地，鸡蛋碎了说明就埋在此地，不碎再选其他不远的地方。安葬后，死者家中要杀猪杀鸡招待亲朋好友及村子里的人。上坟头三年，要每年去一次，三年后就不再去。

由于居住环境的限制，村里没有诊所或者医院，所以生活在这里的人得到了大自然的恩赐，每个村子里都有"草药王"，他们学会了用草药来为村民治病。用的草药都是山上直接采摘的，可以治腹泻、感冒、骨折、出血等。严重的病人一般会去村卫生院治疗，并且每人都有医疗保险。

（二）拉祜纳（黑苦聪）的文化生活

拉祜纳，当地人也称之为"郭周"。拉祜族在金平人数相对较少，我们有幸找到了下新寨村委会监督主任李相，他为我们介绍了郭周的文化。李相是一个年轻的村干部，为人热情，也很健谈。他家中有五口人，他的哥哥和姐姐学历是小学，李相高中退学后学做药材生意。2002年他成为一名电工，2004年结婚后继续做生意，2008年到村委会当计生宣传员，2013年成为副主任，2016年成为下新寨监督主任。

郭周的村委会也设有篮球场，平时会在这里举办篮球赛，丰富村民的生活。每逢国家法定节假日就会举办晚会，所有人都可以来参加晚会，晚会内容主要是娱乐性的。还设有一些宣传民族文化的专栏。

由于受现代化的冲击，郭周很少保留自己的民族服装，以前年长的郭周有自己的黑色包头，现在没有了，并且现在的民族服装只有女士的，没有男士的。女士的衣服是两件套，外面是个小褂子，小褂和里面的衣服缝在了一起，里面的衣服是开衩长裙，并且胸前会镶上银币；包头是彩色的，并用五颜六色的毛线做成毛茸茸的小球镶在包头上面。这些民族服装郭周平时不怎么穿，等到了过节时才穿。

郭周现在住的房子是水泥房，村寨房子布置较为合理，而且房屋格局很紧凑。家家户户都在门外搭建了一个木屋作为自家的厨房。60年前都是挣工分养家，一天工分是六分，那时还有米票、布票，但有的家庭人口比较多的粮食不够吃，生活相当困难。现在经济条件好了，粮食就可以买着吃了。

郭周的节日包括密柯节、新米节、中秋节和春节。密柯节在拉祜语中叫作$mi^{31}kɔ^{33}$，是祭祀祖先神灵的意思。为了让苦聪人民生活平安，苦聪人的祖先们决定在每年农历三月的第一个属牛日，带领族人祭献祖辈和万物神灵"密珂"，祈求保佑族人平安、家畜兴旺。在过节期间，不让外人在村子里随意乱转，在村口就有人拉线戒备。密柯节的第一天祭祀，第二天吃饭，第三天吃长街宴。长街宴一般是村民交钱，饭菜按照人数来确定，长街宴摆在篮球场里，一般从早上8点开始做菜，大人小孩全都可以去吃。晚饭后，会跳现代舞，以前会跳自己编排的民族舞。

在密柯节的第一天下午5点以后，要祭龙树、祭寨尾、祭水池、祭$mi^{33}sɿ^{33}$，这些祭祀是在同一天进行，由不同的人祭祀。祭祀龙树是为了保佑全村人民平安、健康。祭龙树需要有一位竜头，竜头是祭龙树的主要祭祀人，竜头的产生有一定的讲究。在村子里选10位竜头候选人，这些候选人一般为40～50岁之间身体健康的男人，但如果有年龄合适并且身体健康、有两个女儿的人，就不能成为候选人。选择竜头的办法是砍一根7厘米的小木头，把它劈成两半后，由10位候选人依次丢出，如果有人连续三次丢的是一正一反的话，他才能被选上竜头。选出来后，所有的候选人都要去龙树那里磕头。竜头每三年选一次，竜头可以连任几届，但成为竜头的人在刚祭祀完龙树后的两个月里不能外出、不能干活、不能碰生的东西，比如自己家种的菜不能碰，但可以碰生肉。在这期间，背篓和草帽都不能带。竜头会有三轮休息日，比如今天祭祀是牛日，下一轮的牛日就可以休息，休息日有三轮，一轮休息三天。在祭龙树的三轮休息日里，竜头夫妻不能吵架。副竜头在正竜头选出来后再选出来。

祭龙树时的祭品要有猪肝、猪脚、猪尾巴和排骨，要把这些都煮好再去祭祀，全村人包括客人拿回去就可以吃。并且还要准备一只白公鸡、一只红公鸡、一只棕母鸡和一些盐巴。祭祀时，拿猪毛和那三只活鸡祭祀。祭祀时，竜头会带着一些人前来祭祀龙树，在祭祀时会说些祈福的话。竜头祭祀时，正、副竜头都要磕头，副竜头负责协助竜头祭祀。如果祭祀当天下雨，正、副竜头不能躲雨。祭龙那天还要驱鬼，以前用枪、炮，现在是用木头做成的刀或者手榴弹之类的，用木炭在木头做的工具上划道道，以求保平安。

祭寨尾的用意是驱鬼。祭祀时，祭寨尾的人由村干部来选定，每三年选一次。祭村寨尾要用一只公鸡、一只母鸡。祭祀完后，祭品要在寨子尾吃完，村民不能将祭品带进寨子里吃，否则就会带来厄运。

祭水池杀一只公鸡，祭水池的人也是村干部选的人，拉祜语叫 $xɔ^{31}ɔ^{33}so^{31}$。鸡煮熟后拿上去祭祀，祭祀时领头人要带一些人过去。

祭$mi^{33}sɿ^{33}$是为了保佑小孩健康长大。$mi^{33}sɿ^{33}$的意思是寨子中间土地的主人，也就是汉族所说的土地公。

郭周最隆重的节日要属新米节了，它是为了庆祝一年的丰收。新米节拉祜语叫作$ku^{33}ʑa^{31}$，时间是在农历六月二十四日。新米节要叫魂，晚上五六点钟，大人杀鸡。家里不管几口人都要杀3只公鸡、3只母鸡。叫魂时要磕头。一般是家里的老人在客厅叫魂。把鸡煮熟，献完饭以后，家长先磕头，然后全家人磕头。过节期间，寨子里只杀一头牛，杀完牛分给各家，每家还会杀鸡，猪肉是去街上买的。过年期间也要舂粑粑，并用自己种的植物染料来染米饭，因为米饭有颜色显得比较喜庆。客人走的时候会给客人一小块牛肉和粑粑，粑粑一般是一个人两块。

每逢农历八月郭周也要过中秋节，时间从农历八月十五日到八月十八日。农历八月十五日那天包饺子，改革开放以前拉祜族是不吃饺子的，随着经济的飞速发展，很多人外出打工，包饺子是从外面学来的。在中秋节还吃汤圆，汤圆里包的是白糖。农历八月十五日串亲戚一般要带酒和水，在这三天里一般还舂粑粑、吃月饼。

三十年前，春节是在十月份过，现在是农历十二月份的最后几天就开始准备过年。过年要包粽包、杀猪、杀鸡和舂粑粑，粑粑要舂两次，过年前舂一次，舂好的粑粑自己吃或者送给亲戚朋友，过年的第一天天没亮舂的粑粑是祭祀用的，初三早上祭祀完才能吃。过年一般是过三天，初一早上天没亮男家长抢新水，抢新水是用来自己洗脸洗脚。第一个抢到的人说明福气好。过年时，男女都可以用接来的

◇ 寨心石

新水做饭，但现在新水是接水龙头的水。初一那天，男主人不能出门，女人可以，意思是要守住自己的财，并且在初一喝酒不能闹事，否则就会一辈子不顺利。初二可以走亲戚。过年有很多讲究，比如过年时客厅的灯要亮三天三夜，家里没灯的话，要点蜡烛。并且在过年的几天里所有人不能碰自家地里的菜，如果是从集市买回来的菜，太阳落山后才能带回来。由于过年喜庆，米和鸡蛋都会被染成各种各样的颜色，一般是把这些彩色鸡蛋用线拴起来送人。过年亲戚朋友来吃饭会带些酒和一小袋米，并且喝酒的时候也会唱酒歌，有人还会跳舞。

过年期间要祭祖，二十九日晚饭杀鸡祭祀，让祖宗回家过年，大年三十杀猪再祭祀。祭祖时用拉祜语念咒语，开头说希望父母保佑平安。如果是父母都不在了，祭品就要摆双份——两碗饭、两碗酒、两碗水、两碗猪肉；如果只是祭祀一位，祭品就放单数，还要有三炷香。祭祖只祭一辈。祭祀的地方一般是在父亲的睡房里，祭祖要杀公猪，母猪不行。祭祀

搭板放三只碗，三只碗是倒扣放着的，祭祀时才拿开。祭祀时要磕头，男人磕头后，女人再磕。初三那天早早的才能把祭品拿出去，祭祀完的东西只能家里人吃，外人不能吃，如果小辈母亲不在，小辈没结婚就不能祭祀。

如前所说，郭周也叫魂。叫魂拉祜语叫"拉哭"（$la^{33}khu^{33}$），叫魂分叫大魂和叫小魂，叫大魂是出现病重或者惊吓的情况，叫小魂一般是给出门在外不经常回家的人叫的魂。叫魂的人是村子里的巫师，被叫魂的人找巫师说明情况后，巫师会做梦，托梦之后才能决定叫魂的时间。随着交通的便利，许多年轻人外出打工，经常不回家，所以现在村子里最普遍的叫魂是出远门叫魂，意思是保佑家人平安且能够顺利归来。出远门的人回来后，找巫师说明情况，巫师选好时间后就去为他叫魂。叫魂的地方可以在屋中，也可以在院子里，被叫魂的人要准备一只公鸡、一只母鸡和一碗米，准备好后，巫师开始念咒语、作法。叫大魂还要杀一头小猪，如果病人病情严重的话，还要看他的身体状况，身体条件好还可以再叫一次魂。

为了保佑小孩平安，有人在自己家正门前面放着一个小蜂巢和一个小辣椒，小辣椒是驱邪用的，蜂巢是为了驱鬼。有的人经常生病，但去医院检查不出病因，就会请来巫师驱邪，驱邪是用$a^{55}tʂhu^{33}piɛ^{31}$的叶子包着火药、铁沙颗粒、白色沙子、火灰、盐巴、$kɤ^{33}piɛ^{33}liɛ^{33}$做好后，家人跟着巫师在寨子外面扔鸡蛋，如果鸡蛋碎了，就在晚上小孩睡下之后把这些东西放到选定的地方，病情严重的还要杀猪、杀鸡。

郭周有着对大自然的崇拜，厄沙是郭周最大的神。郭周认为祭拜厄沙能够保平安、保健康，一般是在春节过后的第十三天开始祭拜。祭拜的时间是在祭龙树那天选好的，祭龙树那天杀猪要看猪肝，看看哪个属羊日能祭祀，日子不好的话，可以往后拖几天，但不能拖太久。祭拜厄沙一年只祭一次，一般分为个人祭拜和全村人祭拜两种：个人祭拜依据个人情况准备祭品，祭拜地点在自己家门口；全村人祭拜比较隆重，有保佑全村人平安、顺利、健康之寓意。祭拜的地方是在村民小组的篮球场，由全村最大的巫师领头祭拜，祭品需要摆三碗酒、三碗水和三碗肉。全村人都可以来，祭拜完后的祭品全村人都可以吃。但祭拜当天不能晒衣服、洗澡、梳头发、照镜子，这些事情必须是超过下午六点以后才可以做。

郭周在婚姻习俗方面有自己的独特之处，男女双方自由恋爱，到双方情投意合想要结婚时，男女双方要各找一个媒人，两位媒人都要在男方家和男方父母商定日期。男女双方需给媒人一点儿钱，双方父母同意后就把结婚的日子定了，提亲是女方定日子。以前的提亲和结婚是在同一天，白天说好后晚上结婚，提亲的那天要说好礼钱，男方要带鸡、酒，媒人在女方家吃饭时，只能喝三口酒。礼钱的话，女方如果很满意就会退回去一点儿。结婚那天晚上，男方需戴着包头、穿着民族服装去接女方，男方不在女方家吃饭。女方的亲戚朋友要送女方，结婚时女方的哥哥或者弟弟要把女方背到男方家去。如果距离远的话，就把女方背到门口。男方家也要准备酒席，待办完酒席之后，双方就正式成为夫妻了。如果是上门女婿的话，婚礼结束后男方要回女方家住，男方如果娶的是大姐，男方还要留在女方家住很长一段日子。婚后没有孩子之前，男的变心要赔给女方20个工分，女的变心要分一半家产给男方。不过，现在的婚姻都趋向于汉族式的婚礼习俗，正是因为民族大融合才有了各民族和谐相处的局面。

郭周的棺材各式各样。棺材的选取要看家境，家境好的话一般是砍树做成木头棺材，家境不好的话是把大竹子剖开，做成席子，把尸体包进去。当然在选树做棺材的时候要砸鸡蛋。鸡蛋碎了就在此地砍树，鸡蛋没碎就得另选一棵。人死后，尸体要停放在家中4～5天，男的在屋外守着，嫁出去的女儿必须回来守灵。埋葬前要算好日子，一般会找巫师来算，埋葬的日子既要对自家好，又要对全村人好。选好日子后就可以去埋葬，埋葬的地方要提前一两天选好，男的用左手扔鸡蛋，鸡蛋碎了，就可以埋葬于此地。抬棺是用两根长木棍、三根短木棍，埋葬那天请亲戚朋友把棺材抬出去，亲人痛哭。男女都可以送葬，但不用一路送到埋葬地，埋葬地的坑要现挖。挖好坑把棺材放进去后，要在坟前放一只鸡、一碗酒、一碗米饭和一碗水，还有死者生前用过的东西，因为死者的东西家人是不能用的，否则会给家人带来不幸。过一轮之后，全家人要去修坟、立墓碑，清明节要去扫墓，如果家庭条件允许的话每年都可以扫墓，连续扫三年后隔三年再扫。扫墓时要带四只公鸡、三只母鸡，七只鸡要杀一只作为祭品，剩下六只要叫魂：叫庄稼魂，意思是让庄稼长势好；叫牲口魂，意思是要牲口长得好；叫人的魂，意思是保佑全家平安。扫墓的时候亲戚朋友来要带一碗米、一瓶酒。扫完墓要杀猪，请亲戚朋友吃饭。

郭周给小孩取名字也有一定的讲究。如果陌生人在小孩出生三天内进小孩家门，必须当孩子的干爹、干妈，并且要给孩子取名字，取的名字要跟着干爹或者干妈的姓，名字取好后，还要给孩子买新衣服和礼物。一般说来，小孩出生三天后爷爷奶奶才给小孩起拉祜语名字，而小孩的汉名是落户时父母起的。有的小孩爱哭，就要认干爹或者干妈。认干爹或者干妈要搭桥，用一小截木桩在岔口搭桥，并准备好一碗鸡肉、一碗茶和一碗酒，搭桥的地方要隐蔽些，否则路过的人看见了就不愿意过来。在搭桥处碰见的第一个人就是孩子的干爹或者干妈，被选定的人不能拒绝。选好干爹或者干妈后，要把给他准备好的饭菜端出来，他吃好喝好后就要给孩子取名字。如果被选的人是拉祜族，就起拉祜族的名字；如果是汉族，取的名字要跟汉族的姓。

大自然给予了郭周丰富的草药资源，这里生长着金线草、草果、白条、香草、三七、冉红果、百花草、水麻皮、马蹄灵芝、藤圭等。山上的草药可以治疗肺结核、骨折、胃病、肝炎、妇科病等。治疗肺结核的草药有9种，这9种草药需要放在一起来煮汤，病人需要喝下用草药煮的汤。治疗骨折的草药有7种，要捣碎后敷在骨头患处。但这7种草药的剂量要看病情的轻重。治疗骨折要把骨头接好需要三天三夜，捣碎的草药也要敷三天三夜，这样才能有效。但如果只是简单的生病，就去诊所买点西药吃。治

◇人工种植野三七

疗肝炎病的草药有11种，治疗妇科病的草药有5种。在这几种病中，胃病好治，但草药也很少。一般的刀伤，简单的草药就可以治疗。

以前村子里有人生病了都是去外面求药，但现在下新寨兴发岭村民小组里只有两位60多岁的"草药王"。关于这两位"草药王"有这么一个故事：这两位"草药王"是夫妻，有一次女"草药王"上山采药，不小心被石头压断了胳膊，男"草药王"晚上就做了一个奇怪的梦。第二天，男"草药王"竟然通得草药之道。如果病人生病了，要提前通知"草药王"，他们要去山上采摘药材，因为存放时间久的药材药效不好，所以要现采。采药前，"草药王"要祭拜草药神，意思是保佑能够顺利找到药材，祭拜时要带一只鸡、一瓶酒和一碗米，要磕头。祭拜完后，"草药王"就去山上寻找，由于村子里的习俗，病人看病要到这两位老人家里去看，老人一般不外出看病。如果病治好了，有的病人会给点钱，有的病人自己会买两只鸡、糖、水果、饮料等来表示对老人的感谢。

在选择继承人方面，老人会在自己的孩子中物色一位，但不告诉大家他是谁，在适当的时候才会把他介绍给大家。

郭周计算日期的方法，年长者喜欢用12属相记日期，第一个月初一是鼠日，十二生肖算完之后，接着上一属相算。现在年轻人是用汉族的日历来算，但郭周在季节方面没有明确的划分，只有春天（ $ɣɔ^{24}tu^{31}$ ）、夏天（ $zɛ^{31}cɔ^{31}$ ）、冬天（ $mo^{33}kɣ^{33}$ ），没有秋天。

五、教育

2015年，者米乡有全日制小学6所，其中：乡级完小1所、村级完小3所、初小2所，共有教学班级54个，在校学生2804人，入学率达99.8%，教职工86人。初级中学1所——者米中学，教学班级13个，在校生742人，初一新入学学生305人，入学率达98.3%；教职工42人，其中专任教师42人，教师学历合格率达97.6%。幼儿园3所，在园幼儿273人。者米拉祜族乡政府努力强化教学基础设施的建设，有效改善教育教学环境。乡政府计划争取完成乡中心完小、三棵树小学的教师廉租房建设。目前，巴哈小学的教师廉租房正在建设中。乡政府投入中小学组建各类学习兴趣爱好小组资金共11万元，并开设"者米拉祜族乡教育发展基金"专项账户，倡议社会爱心人士助学捐款7万余元，加大对贫困学生的扶持与帮助。同时，还注重幼儿的学前教育工作，启动建设巴哈村幼儿园、三棵树幼儿园的建设方

◇ 教室里的孩子

案正在审批中。①

者米拉祜族乡中心完小在者米拉祜族乡者米街上,位于金平县城西南部。现有教职工29人,在校学生960人(包括今年六年级毕业生157人),设有17个教学班。校园里有一栋教学楼、一栋学生宿舍楼,还有一个食堂,学生的活动场地相对较小。者米中学是一所年轻的农村初级中学,位于金平县城西部。作为边疆寄宿学校,者米拉祜族乡中心完小和者米中学覆盖者米拉祜族乡4个村委会2万余人。者米中学前身为顶青公社附中,创办于1975年5月,1983年学校更名为者米小学附中。从创办到1998年7月均为中、小学合并办学,1998年9月中、小学分开办学,学校更名为者米中学。校园占地面积26亩,校舍建筑面积5423平方米,现有教职工44人,设有12个教学班,在校学生695人。

以下通过与者米拉祜族乡教管会教学教导主任李晓金②和者米拉祜族乡中心完小校长马俊华③的访谈资料整理,来具体分析者米拉祜族乡的学校教育现状:

表2　2016年者米拉祜族乡各小学的生源情况

单位:人

学校	拉祜族	哈尼族	苗族	瑶族	傣族	壮族	彝族	合计
乡中心完小	282	279	3	4	308	33	8	917
巴哈完小	34	186		33	29	117	4	403
顶青完小	260	65	34	49	247	61	16	732
三棵树完小	166	238	52	36			2	494
上罗孟小学	34	114						148

---

① 资料来源于者米拉祜族乡政府2015年统计材料。
② 与李晓金主任的访谈是在2016年8月5日(星期五)上午10:30~12:00。
③ 与马俊华校长的访谈是在2016年8月6日(星期六)下午6:00~7:00。

续表

学校	拉祜族	哈尼族	苗族	瑶族	傣族	壮族	彝族	合计
小翁帮小学	7	8	29	10		53	3	110
合计	783	890	118	132	584	264	33	2804

从以上统计数据可以看出，这里的学生以哈尼族、拉祜族和傣族居多。李主任告诉笔者，这里的彝族学生一般是转学过来就读的，其他还有一些是本地蕉农和橡胶工的子女在本地入学就读。

由于义务教育在山区的普及，"两免一补助"政策的实施，加上学校营养餐的供应，现在全乡孩子入学的积极性有所提高，每年大概有400～500个孩子入学，有时也会超过500个。而每年六年级的毕业人数大概为400多人（2016年6月毕业人数为491人），小升初考试成绩优秀的学生会被县城的中学录取，其余学生一律升入者米中学，者米中学无条件地招收当地小学升上来的学生，只要学生愿意读。每年小学辍学的大概有四五个；中学辍学的较多，大概有50～60个。小学辍学的大多是家庭困难的留守儿童，父母外出打工，只有爷爷奶奶照看孩子；中学辍学的大多数人是因为想外出打工。

对于这么多的学生，这6所小学的容纳能力是有限的，尤其是者米乡中心完小已经是过度饱和的状态了，每间教室和宿舍都相当拥挤，全校900多名学生共有684名学生住校，其余学校附近的学生不用住校。学校只有1栋教学楼、1栋宿舍楼，宿舍楼共4层，每层8个房间，共32个房间，加上天气炎热，教室里和宿舍房间空气流通不好，所以学生很容易生病。由于低年级的学生刚入学，生活能力和独立性方面较差，所以学校都是安排高年级的学生带着低年级的学生一起吃住，有些是哥哥姐姐带着弟弟妹妹，有些是同一个村子的高年级学生带着低年级的学生，这样可以让高年级的学生带着低年级的学生慢慢适应学校的学习生活。

表3 2016年者米拉祜族乡各小学的班级概况

单位：人

学校	一年级	二年级	三年级	四年级	五年级	六年级	合计
乡中心完小	3	3	3	3	2	3	17
巴哈完小	1	1	1	1	2	2	8
顶青完小	2	2	2	2	2	2	12
三棵树完小	1	2	2	1	1	3	10
上罗孟小学	1	1	1	1			4
小翁帮小学	1	1	1				3

从以上表格统计数据和访谈可以得知，2016年，者米拉祜族乡共有6所小学，其中4所完小（者米拉祜族乡中心完小、巴哈完小、顶青完小、三棵树完小），2个教学点［上罗孟小学（一至四年级），小翁帮小学（一至三年级）］，共54个班、2804名学生、86名教职工（其中老师有60多人）。由于学生人数较多而班级较少，所以导致每班的人数较多、教室拥挤，有的多达70多人一个班级。教学设施设备也严重不足，只有者米乡中心完小有3个电子教学白板，其他学校只有一个电子教学白板。由于教室严重缺乏，导致每所学校的一、二、三、四年级都是一个老师承担一个班级（一个年级）的全部课程教学任务，即语文、数学、品德、科学、英语（只有者米乡中心完小三年级开始设英语课）、音乐、美术、体育、微机（只有者米乡中心完小三年级开始设微机课）、少队、安全教育、劳技、健康教育、书法、机动、班会等。而高年级一般是两个老师管理一个班级。我们在调查过程中发现，即使是乡上的街道，也没有书店和文具店，一所乡中心完小坐落在拥挤的小城角落里，显得不那么起眼。街道两旁有好多工地，很多房屋还在建设当中。

不管学生的学习成绩如何，者米中学都会无条件地招收全乡小学六年级的毕业生，只有小升初考的好的学生才会被金平县城中学录取，能够到金平县城读初中。

山区学校一般是一个年级即一个班级，乡中心完小和三棵树完小的高年级班级数增加，这是因为山上的学校被撤销后，山上的学生都被合并过来，并且2个教学点只有一至四年级。读到高年级时，山上的孩子就不得不到山下的学校来就读。山下的学生人数越来越多了，但是山下学校的规模并没有得到相应的扩大，硬件设备没有相应地跟上，教学楼和住宿楼还是原来的承载能力，所以导致学校过度饱和，教室和宿舍拥挤不堪。马校长说，虽然学校有心想扩建场地，但是周围都是居民房，山区的平地面积相当紧张，没有占地面积，所以也就无法扩建学校。

李主任说，目前者米拉祜族乡的教育发展面临的最大问题就是师资力量不足，学校学生多但教师少，并且教学设施设备不全，学生和老师的住宿条件都比较差。虽然学校每年招收特岗教师，但也远远缓解不了师资短缺的现状。另外，担任一年级教学工作的老师更加辛苦，很多一年级入学的孩子没有上过幼儿园（或学前班）就直接读一年级，所以从家庭到学校，他们还有一个逐渐适应的过程，生活自理能力和独立性都较差，老师不仅要备课，还要顾及学生的吃和住，其辛苦程度可想而知。如今虽然每个村委会都有幼儿园了（三棵树村委会还在建设之中），但是考虑到孩子上幼儿园要交钱，所以很多父母都望而却步了。

关于课程内容方面，马校长说学校的课程都是根据县教育局统一规定设置的，教学全部都是汉语教学，只是学校有少数民族老师，并且学生听不懂的时候，老师才会用自己的本民族语言再解释一遍。

我们在者米乡政府扶贫办了解到，他们正在申请金平县者米拉祜族乡中小学建设项目[①]，并草拟了者米拉祜族乡中小学亟须解决的一些项目——

---

① 该项目由普金荣（金平县者米拉祜族乡人民政府乡长）负责，由金平县者米拉祜族乡人民政府管理和实施，项目申请时间为2016年7月27日，项目建设周期为12个月。

厕所、沐浴室、综合楼、教师宿舍等。他们认识到，随着学校学生人数的增加，当前学校原有的很多设施设备已经陈旧、老化，而且者米地区气候炎热，常年气温偏高，学生活动以后出汗较多，但没有沐浴的地方，所以学校亟须修建沐浴室、综合楼、教师宿舍等，以解决学校教学环境差、住宿难等问题。通过实施金平县者米拉祜族乡中小学建设项目，将大大改善学校教师和学生的学习生活条件，解决教学环境差、住宿难等问题，更好地提升学生的就学条件、丰富学生的课余生活、提高边境学生的各项素质，从而更好地培养边疆人才。同时项目实施后，对当地社会和经济的快速发展将起到积极的推动作用，解决当地贫困群众的温饱问题，从而为走上脱贫致富奔小康的道路打下良好的基础。也将使当地群众的小农意识和传统观念得到进一步转变，促进村民们自力更生、自我发展的意识不断增强，随着村民们思想观念和精神面貌的不断好转，从而为构建和谐社会，加快社会主义新农村建设打下坚实的基础。通过国家的扶持，共同富裕将得以逐步实现，党在农村的各项惠民政策也将得到进一步落实，使当地的生存矛盾、贫富矛盾逐渐缓解，最终形成人心稳定、社会安宁、民族团结、欣欣向荣、持续发展的大好局面。

者米乡政府对拉祜族教育实行重点扶持，即为加大对拉祜族学生的帮助，切实降低辍学率，深入落实农村义务教育"两免一补"政策，对拉祜族实施教育费用全免，并逐年加大资金投入，对所有拉祜族在校学生每人每年发放床上用品、洗漱用品、文具用品各一套；提高对拉祜族学生生活费用的补助，者米中学每生每月在国家补助100元的基础上，增加每周10元、一个月即增加40元的补助；住校学生每人每月补助大米30市斤，以解决拉祜族适龄儿童因生活困难造成"入学难"的问题。注重培养拉祜族人才，州县民族部门制定出台了重点扶持拉祜族学生就读大学的相关政策，并且每年事业单位和公务员招考，给拉祜族考生1~2个招录名额。

山区那些20多岁念过书的年轻人，有的只是念到四五年级，有个别念到初中也就辍学了，辍学之后外出打工，见识过外面的世界，返回大山村寨之后，发现自己与别人的差距，就后悔自己当初辍学了，于是寄希望给自己的孩子上学读书。他们表示，如果自己的孩子愿意读书，就供他上大学。现在政府也很积极地在山区支持和普及九年义务教育，通过一系列政策，一定程度上控制住了山区的辍学现象。

六、社会组织

（一）婚姻

1. 结婚

在传统婚姻当中，苦聪人主要实行族内通婚制。通常年轻男女的择偶方式有自由恋爱和父母包办两种，其中以自由恋爱为主。婚前，男女双方交际自由，一般女孩大多会选择能干、长相不错的男孩为伴侣。男女之间在生产劳动过程中加深对彼此的了解，待确定彼此心意后，男女之间可以缔结婚约组成新的家庭。缔结婚约前，男女双方需提前告知父母，得到父母同意后，双方再进行结婚流程。苦聪人结婚后居住模式分为两种情况，即从妻居或者从夫居。但随着时代的发展以及经济条件的变化，现如今，从妻居的现象越来越少，在有些村寨中几乎不可见。就结婚流程而言，若履行从夫居，男方可以选取一个时间，由男孩本人带上12斤猪肉、6只大竹鼠、13斤酒，去女方家与女孩父母见面并提亲。女方父母同意后会与男方商量结婚日期。一直以来，苦聪人崇尚自然，因此长辈对于晚辈的婚姻没有太多讲究。而如今随着现代化生活的改变，苦聪人对于婚礼的要求也随之变化。如今，双方商定好日子之后，女方会要求男方给予一定的彩礼，通常在几百到五六千元之间。而女方父母则会从这些彩礼中拿出一部分给新人办婚礼。婚礼当天，男方家需要办酒席。如果女方家经济条件允许也可以办酒席。结婚当天，新郎带上自己的直系亲属（最少两个，最多十个，其中必须是一名年轻未婚的女孩子），于中午12点之前出发去新娘家。到了新娘家后,会有"闹新郎"这一环节,在这一环节中女方家的亲戚朋友会将掺有油的锅灰抹在新郎的脸上。闹完新郎后,新郎接过新娘向女方父母磕头拜别,而女方父母则会在新人的手上拴红线,以预示吉祥如意。拜别父母后,新人回到新郎家,再向男方父母磕头之后送入新房。之后酒席就可以开始了。酒席当中不分席位,大家随意入座。若是从妻居,则男方直接选好日子到女方家即可。从妻居的男子一般需要在女方家居住三年,三年期满可以选择回家或者留下。总体来说,苦聪人结婚办一场婚礼的所有花费为五六千元。

2. 回门

苦聪人新人办完婚礼当天就可以回娘家居住一两天。如果路程较远,当天回不了娘家,在有些苦聪村寨中就需要过一天或者过十三天以后再回。一般回娘家时,新人会带上一些水果和一只鸡。

3. 离婚

苦聪人结婚是尊崇自己的意愿,所以很少有离婚的现象。如若非离婚不可,则需告知双方父母,获得双方父母的同意。另外,一方提出离婚则必须给予另一方补偿。如有小孩,若有两个,则一方一个;若仅有一个小孩,则归未提出离婚的一方。在苦聪人眼中,离婚是一件耻辱的事情,会遭到别人的嘲笑,而离婚的夫妻也很难再婚,对各自的生活影响甚大,也正因为这些观念的影响,苦聪人的离婚率非常低。

随着经济、时代的发展,拉祜族苦聪人的生活水平逐渐提高,他们的婚恋观念也随着时代的发展而逐渐变化。婚姻模式由单一的族内通婚转变为族际通婚和族内通婚的混合模式。

(二)习惯法与禁忌

拉祜族苦聪人过去没有文字,因此没有成文的法律,社会秩序主要依靠传统习惯法和禁忌等来实施社会控制。除此之外,苦聪人信仰万物有灵,崇尚自然,通过村寨头人和族长的威信,人们都能够自觉地从事生产劳动。根据我们的调查，大致能从他们的生活习俗当中总结出一些习惯法和禁忌，而这些也是所有苦聪人们所普遍遵从的。

1. 习惯法

苦聪人中若一对夫妇只有一个儿子就不会分家，若有多个儿子，就会分家。对于分出去的儿子，父母有责任为他们建新房子，其他的财产会进行均分，父母会单独分出一份，这一份会归入和父母一起生活的儿子，而在苦聪人当中，分家后父母一般会和最小的儿子居住在一起。这样的分家方式一直延续至今，大家也早已习惯，因此不会出现因为分家而闹矛盾的现象。

2. 禁忌

苦聪人生活中节日不多，传统的节日有叫魂和祭龙。其中，祭龙算是比较盛大的节日。苦聪人祭龙是在农历的三月份即属牛的那天，一般祭龙会休息五天，这五天是从祭龙当天的属牛日开始往后推算。在这五天内，所有的苦聪人都会停止任何生产活动，在家休息。所有人不得戴草帽，不可以打伞，也不可以拔生草回家，包括吃的菜也不可以带回家，而是在祭龙之前在街上买好这几天需要的所有蔬菜。女子不可以动针线，也不可以在露天的地方晒衣服，小孩子不能打架、骂架。在饮食上，苦聪人会将糯米染成红色或者黄色，除此之外，鸡蛋也需要染色之后给小孩背上。而在祭龙的当天，一个村寨的苦聪人会选取村寨中最宽敞的地方一起祭拜。而在祭拜中，供奉的盆中不能放有绿色的菜，只能放一些荤菜，以此来祈求来年的风调雨顺。吃完饭后，大家一起撒米，每个人用衣服的衣角来接，接到的米用衣角包起来带回家放在米袋子中，寓意来年五谷丰登，不至于挨饿。苦聪人中的叫魂节是每年的农历六月二十四日，因此从农历六月二十三日开始一直到农历六月二十五日这三天，所有的苦聪人都不出家门，而是休息在家，其所有的禁忌和祭龙类似。

苦聪人的禁忌除了在节日中有所体现，在平时的婚嫁中也有一些体现。在过去的传统中,新娘过门以后,需要一直戴着帽子,在家里的爷爷奶奶面前更不可以脱帽子。通过这样的习俗,可以体现出晚辈对长辈的尊敬、敬重。

(三)村规民约

苦聪村寨的村规民约总体涉及以下几个方面:个人家庭、社会治安、卫生管理和其他。就个人家庭方面来说,总体上是要求拥护党的领导,爱国守法;自觉维护村寨的名誉形象,积极参加村内公共事业建设,爱护集体。对个人来说,要求讲究文明礼貌,崇尚科学,不搞封建迷信活动,崇尚科学,勤劳俭朴,不铺张浪费,树立新风正气。除此之外,还需要恪守公民基本道德规范,遵守社会公德,助人为乐,爱护公物,保护环境,遵守职业道德,爱岗敬业,办事公道,奉献社会,遵守家庭美德,尊老爱幼,男女平等,家庭和睦,邻里团结,遵守个人品德,诚实守信,勤俭自强,团结友善。社会治安方面要求每个村民都要学法、知法、守法。自觉地维护法律的权威和尊严。不吸毒、贩毒,不走私贩私,不聚众赌博,不参与传播淫秽物品,不参与邪教活动。而村民之间应团结友爱,和睦相处,不打架斗殴,不酗酒滋事,严禁侮辱、诽谤他人,严禁造谣惑众、拨弄是非。卫生管理方面主要是各村民需要维护村寨的卫生形象。这些村规民约的制定很好地弥补了习惯法的不足,为推进各村民主法治建设,维护社会稳定,树立良好的民风、村风,创造安居乐业的社会环境,促进经济发展,建设文明卫生新农村做出了巨大的贡献。

(四)公益事业

随着国家经济的发展,针对苦聪人的鳏、寡、孤、残等扶助工作不断深入。残疾人扶助标准是根据残疾的等级来确定的。而其中关于残疾人子女的扶助则是分为不同情况:若残疾人子女继续上学,则到高中以后就可拿到国家补助,按每年800元的补助标准给予扶持;如若辍学则不得享受该政策。对于轻微的残疾人,为了能让他们保证基本的生活,各县会组织培训居民生存技能，例如按摩。但由于在乡下，指标较少。而对于鳏、寡老人的扶助则会视具体情况而定，因为对于这类人的扶助金额不高，且乡村敬老院一般规模不大，收养不了太多老人，因此就会根据各位老人的实际情况进行调节。一般会让这些老人的亲戚朋友进行赡养，而在老人去世以后将其房产交由赡养老人的一方所有，这样能人性化地解决老人的去留问题，让老人能够安享晚年。

（五）纠纷

苦聪人民风淳朴，各族之间相处和谐，很少出现大的纠纷，但随着经济、社会的变化，人们的生活方式也发生了巨大改变。在以前，苦聪人没有赚钱意识，而随着国家政策的变化，在苦聪村寨中目前一种主要的收入来源就是土地的流转。外地商人进入村寨后对苦聪人所拥有的土地进行承包，因此在这过程中会出现纠纷。面对这种情况，村民们无法自行解决，大多会求助当地村委会，村委会需要了解情况就会询问当事人和当地村干部，之后会约定时间促使双方私下调节。如果私下调节不成功，就会请乡政府司法部门来调节。

（六）禁毒工作

毒品不仅对个人甚至是整个国家都产生巨大危害，为了深入贯彻落实国家和省、州、县禁毒委、综治委开展创建"无毒乡"活动的工作部署，推动创建"无毒乡"活动的顺利实施，各地掀起禁毒斗争的新高潮。根据各村的实际，制定相应措施：

（1）向吸毒人员讲清毒品的危害，对家庭造成的经济负担，从思想认识上为其远离毒品打牢基础。

（2）各涉及吸毒人员的村民小组组长是第一帮教责任人，要管控好吸毒人员，已经改好的，要保持并使之远离毒品，以免再次复吸。

（3）要切实阻断毒品的主要来源，对零星贩毒人员要坚决打击，以贩养吸的也要一并打击，从源头上消灭毒品。

（4）吸毒人员每个季度要向帮教责任人汇报戒毒情况，帮教责任人要切实掌握其情况。

（5）对发现零星种植毒品原植物的，一经发现坚决铲除。

（6）积极开展创建安全文明社区和元素社区活动，使宣传工作深入人心。

（7）村小组帮教责任人要定期向责任区民警汇报情况，提高吸毒人员的改好率。

具体的方法和步骤是：

（1）因地制宜，制订方案。在创建"无毒乡"工作中，要紧紧围绕"无种毒、无吸毒、无贩毒、无制毒"的总体目标，制定切实可行的实施方案。

（2）全面发动，摸清底数。要制定开展创建"无毒乡"活动的宣传提纲；要召开创建"无毒乡"活动动员大会，基层党政主要领导要亲自动员和部署创建工作；充分发挥有关职能部门的作用，要发布通告，责令吸毒人员主动到公安机关登记；主动铲除非法种植毒品原植物；对涉毒人员的情况逐一登记造册，建档立卡，并有针对性地采取帮教措施，开展创建"无毒乡"活动。

（3）突出抓住重点，强化落实措施。各基层单位要认真抓好"宣、戒、帮、控、查"等五项创建"无毒乡"活动措施的落实。

七、生态环境

（一）地理气候

苦聪人居住的山区属于滇南低纬度高原地区，海拔高低悬殊，主要山峰西隆山，最高海拔3074.3米；最低点茨通坝河谷位于者米乡北部，海拔385米。地形复杂，为中山深切割地貌，地势由南向北倾斜，自然形成山地河流呈羽状纵横分布，由于海拔高低悬殊，形成"一山分四季、隔里不同天"干湿分明的气候,年降水量在1600～3000毫米。金平县处在季风气候区,受北部湾东南暖湿气流和孟加拉湾西南暖湿气流的影响,同时哀牢山南麓呈西北—东南走向穿过县境与红河州方向平行,对本地气候影响较大,形成一条自然的气候分水岭:在分水岭的迎风坡形成丰沛的降水,分水岭的背风坡受焚风效应的影响,气候温热而降水较少。者米拉祜族乡基本位于分水岭的西南迎风坡,降水量受地形因素影响明显,属于典型的地形雨降水。县境内,全年降水量很大,受焚风效应影响的红河河谷地区降水量最少,年均降水量1500毫米,其余地区年均降水2000毫米,分水岭地区降水量年均3000毫米。县境内全年降水量虽然很大,但是降水量分布时间差异很大,雨季大约在6月初至9月初,降水量占到全年总降水量的75%左右,极易引发暴雨、洪涝等气象灾害以及滑坡、泥石流等地质灾害。全年其余时间的降水量约占全年总降水量的25%,每年的2月至3月容易出现"水荒"情形,产生春旱。

(二)水土资源

据《金平苗族瑶族傣族自治县志》记载[①],全县地域面积36.22万公顷,其中农用地25.39万公顷、占比70.1%,建设用地0.53万公顷,未利用地10.3万公顷。土地利用率达71.5%。者米拉祜族乡属于金平县西南部中低山农业城镇建设用地区。本区域土地面积广阔,区域面积18.08万公顷,其中农用土地11.91万公顷,建设用地0.23万公顷。本区域分布在海拔240～3074米,为中山低谷地貌,河流多,切割强烈,海拔高差2834米;土壤有一定肥力,是耕地面积较多的区域,对发展农业经济有基础;单区域内人口密度较高,经济发展较快,人地矛盾突出。由于属山区县,山地多、坝区少,耕地坡度大,坡度≥25°的耕地有18267公顷,占耕地总量的31.7%。耕地养分多缺磷,钾含量中等,氮和有机质丰富……氮、磷、钾不协调,

---

[①] 金平苗族瑶族傣族自治县地方志编纂委员会编:《金平苗族瑶族傣族自治县志(1978～2007)》,方志出版社,2012年,第55～57页。

耕地水利灌溉设施差，耕地总产量低。土地后备资源开发难度大，多系低山河谷的陡坡地段。虽然从总体上来说，本区域内土地资源比较丰富，但是拉祜族居住在海拔较高的山区或者半山区，属于土地开发难度比较大、优质耕地少的区域，因此，这也成了拉祜族聚居区比较贫困的客观因素。

本地水资源丰富。首先降水量丰富，其次河流资源丰富，但是分布不均匀，容易形成气象灾害。就河流资源来说，全县河流多年平均水资源总量58.46亿立方米，其中地表水39.36亿立方米，地下水19.1亿立方米。丰水年水资源总量66.79亿立方米，平水年水资源总量57.58亿立方米，枯水年水资源总量51.8亿立方米，特枯水年水资源总量43.98亿立方米。全县10升/秒以上泉水19处。者米乡境内拥有大小河流15条，河流总长度203千米，流域面积533.6平方千米。虽然总体上来说，者米拉祜族乡水资源不贫乏，但是居住在山区或半山区的拉祜族群众却很难享受到。

（三）饮水工程

者米乡的饮水工程基本都是近几年完成的。以前，者米地区的拉祜族群众饮水，都要去距离村子很远的水源地取水，每到过年的时候还自发地进行"抢新水"比赛。自从2010年实施"拉祜族村寨片区开发"工程以来，自来水工程作为其中的一项子工程也随之建设起来。饮水工程自2011年开始实施，财政拨款，由水利站监督实施，至2015年者米乡境内的人饮工程基本竣工。其间，老岭脚二队的饮水工程出现管道破裂，还实施了饮水修复工程。

自2015年开始，在原苦聪大寨饮水工程基础上进一步安装了水源头净水器，这项措施计划逐年扩展，直至覆盖者米乡全乡。这项措施的实施进一步保证了拉祜族群众的饮用水安全。

（四）厕所改造

者米拉祜族聚居区的厕所改造工程基本都是近几年完成的。厕所改造工程作为2010年启动的"拉祜族村寨片区开发"工程的一项子工程，随着

"拉祜族村寨片区开发"工程的完成而完成。根据本次的调查,在厕所改造工程完成以前,拉祜族聚居区的如厕问题都是自然解决的。现在,基本每个村寨都有2~3个公共厕所,有的村寨还有自己家用的水厕所。基本上,村民的如厕问题都得到

◇ 厕所

了解决。而且,村里会定期对公厕进行打扫,由村民轮流打扫。排泄物也定期处理,达到无公害化的要求。这些措施的实施,让肆虐的病菌没有了滋生的温床。

(五)民居建筑变迁

者米拉祜族聚居区的民居变迁有三个关键的时间点:20世纪五六十年代从深山里走出来,1998年10月启动者米拉祜族"155"重点扶贫工程,2010年启动"拉祜族村寨片区开发"工程。这三个关键性时间点成了者米拉祜族民居建筑变迁的转折点。

20世纪五六十年代,解放军把拉祜族苦聪人从大山的深处带了出来,使他们直接从原始社会直接过渡到社会主义社会。政府帮助他们盖了茅草房,开垦了田地,教授他们农业种植技术。他们从此住上了茅草房,有了定居点。

1998年,者米拉祜族乡启动"155"重点扶贫工程,政府帮助拉祜族重新盖了土墙石棉瓦房。现在的拉祜族村子里还能看到当年"155"工程留存下来的房屋。

2010年,"拉祜族村寨片区开发"工程,兴建安居房启动。虽然者米各村寨的具体政策略有差异,但是主导政策是一致的,即采取"政府+农

· 535 ·

户"的方式兴建安居房。具体为：政府出资6万元，农户自筹1万元，兴建70余平方米的三室一厅一厨的水泥钢筋结构安居房。有些村寨村民额外加2000元，可以在安居房的基础上加上自家用水厕所和猪圈。

◇茅草房（者米乡政府 提供）

《云南25个少数民族社会历史回访再调查》

上

彝　族　　　　白　族
哈尼族　　　　壮　族
傣　族　　　　苗　族
回　族　　　　傈僳族
拉祜族

中

佤　族　　　　纳西族
瑶　族　　　　景颇族
藏　族　　　　布朗族
布依族　　　　普米族

下

阿昌族　　　　怒　族
基诺族　　　　德昂族
蒙古族　　　　水　族
满　族　　　　独龙族

《云南25个少数民族社会历史回访再调查》编纂委员会

主　　编：陈鲁雁　张桥贵

副 主 编：赵　纯　和少英

编 委 会：刘　荣　李光明　段　刚　苏丽春　高　飞
　　　　　李　毅　李若青　卢培义　王明东

撰稿人员：刘劲荣　和金光　赵秀兰　武和兴　郭飞平
　　　　　马　勇　王亚文　丁桂芳　李灿金　陆海发
　　　　　龙　立　墨绍山　杨　滟　王玉琴　李智环
　　　　　张　峻　高登荣　黄建生　苏　丽　田素庆
　　　　　林　庆　杨建虹　郭　敏　张应华　张庆松

云南25个少数民族
社会历史
回访再调查

中

云南民族大学 ○ 编

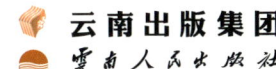

图书在版编目（CIP）数据

云南25个少数民族社会历史回访再调查：上、中、下：全三册 / 云南民族大学编. -- 昆明：云南人民出版社，2020.6
ISBN 978-7-222-19276-8

Ⅰ. ①云… Ⅱ. ①云… Ⅲ. ①少数民族－民族历史－社会调查－云南 Ⅳ. ①K280.74

中国版本图书馆CIP数据核字(2020)第109236号

出 版 人：赵石定
责任编辑：高 照　王 韬
助理编辑：周 云
责任校对：王以富　周 彦　董郎文清　李 红　崔同占
装帧设计：马 滨　王冰洁　昆明昊谷文化传播有限公司
责任印制：李寒东

云南25个少数民族社会历史回访再调查（上、中、下）
云南民族大学　编

出版	云南出版集团　云南人民出版社
发行	云南人民出版社
社址	昆明市环城西路609号
邮编	650034
网址	www.ynpph.com.cn
E-mail	ynrms@sina.com
开本	720mm×1010mm　1/16
印张	99.75
字数	1500千
版次	2020年6月第1版第1次印刷
印刷	云南出版印刷集团有限责任公司华印分公司
书号	ISBN 978-7-222-19276-8
定价	280.00元（全三册）

云南人民出版社微信公众号

如需购买图书、反馈意见，请与我社联系
总编室：0871-64109126　编辑部：0871-64199571　审校部：0871-64164626　印制部：0871-64191534

版权所有　侵权必究　印装差错　负责调换

目 录

佤族社会历史回访再调查
　　——以沧源县单甲乡嘎多村为例 ……………………… 1

纳西族社会历史回访再调查
　　——以玉龙县黄山镇为例 ………………………………… 63

瑶族社会历史回访再调查
　　——以金平县平安寨为例 ………………………………… 135

景颇族社会历史回访再调查
　　——以芒市西山乡弄丙村为例 …………………………… 199

藏族社会历史回访再调查
　　——以香格里拉市小中甸镇联合村为例 ………………… 239

布朗族社会历史回访再调查
　　——以勐海县布朗山乡章家三队为例 ·················· 315

布依族社会历史回访再调查
　　——以罗平县鲁布革乡腊者村为例 ·················· 389

普米族社会历史回访再调查
　　——以兰坪县河西乡为例 ························ 415

佤族社会历史回访再调查
——以沧源县单甲乡嘎多村为例

赵秀兰　赵明生

沧源佤族自治县位于祖国的西南边陲，单甲乡（佤语dāoh njax）位于沧源县东部，平均海拔1850米。单甲乡西连糯良乡，北靠勐省镇，东北接岩帅镇，东南为澜沧拉祜族自治县，南与缅甸接壤，中缅国境线长17.663千米，设有174号、175号、176号3个主界碑和174号1个附碑。全乡辖6个行政村（其中有2个边境村）、36个自然村、69个村民小组，总人口10883人，其中佤族人口占98%。

嘎多村（佤语laih glong）是单甲乡的一个行政村，20世纪50年代末，田继周和陈炯光两位先生曾在此进行过社会经济调查，并完成调查报告《沧源县单甲区戛驮寨社会经济调查》①，内容包括概况、生产方式、政治组织、婚姻、附录五个部分。该调查报告记载，20世纪50年代后期的戛驮寨因与勐董傣族有经济往来，正在逐渐改变原有的耕作方式（即逐渐改变只种旱地和刀耕火种的生产方式），转而开始向傣族学习开发水田、栽

---

① 田继周、陈炯光：《沧源县单甲区戛驮寨社会经济调查》，载《民族问题五种丛书》云南省编辑委员会编《佤族社会历史调查》（三），云南人民出版社，1983年，第46页。戛驮寨，现作嘎多村。

种水稻、使用铁犁和牛耕等，并逐渐将新的生产技术向全寨推广，从而使生产力水平逐渐提升至与本县较先进的岩帅地区相当，水稻产量、旱谷产量均为籽种的十几倍乃至几十倍。调查报告还显示，当时富裕户、上中等户、下中等户、贫困户分别为15户、20户、53户、74户，所占有水田分别为128.4亩、126.8亩、176亩、97.3亩。生产中的经济关系有合种、借种、租种、雇工四种。政治组织形式主要为"头人制"，头人职务各异，上寨和下寨情况虽略显不同，但基本都是各头人分别管全寨事务、宗教祭祀、风俗节庆、历法等，在分工的基础上又密切合作。上寨和下寨原本是同一个寨子，两代前佛教传入，后因信仰问题以小路为界一分为二，形成上、下两寨。但实质上，佛教并没有代替少数民族传统信仰。婚姻方面，有相应的定婚仪式和婚礼，同姓禁婚，尚姑表婚，存在转房制、入赘制、买卖婚姻、一夫多妻制。附录部分为三个神话传说：人从葫芦出来的神话传说、三个大神的故事、烟斯的故事。该调查报告近一万字，勾勒了当时戛驮寨的整体发展面貌，留下了珍贵的资料。

时隔半个多世纪，借云南民族大学民族团结进步学院开展"云南少数民族社会历史回访再调查"的机会，我们对嘎多村又进行了一次比较全面的调查，并力求在对传统文化、村寨整体变迁的描述方面有所深入，以期凸现当今的嘎多村与半个多世纪前的戛驮寨之巨大差异。

一、村寨概况

嘎多村，现有"月亮古寨"之美称，地处沧源县东南部，东连单甲乡安也村，北接单甲乡单甲村，西与糯良乡贺岭村毗邻，南与缅甸山水相连。嘎多村距沧源县城80多千米，距乡政府31千米，面积42平方千米，全村国境线长15千米，平均海拔1750米，年均气温18℃，年降水量2400毫米，辖6个自然村9个村民小组。

（一）村寨历史与传说

相传，历史上，嘎多部落在阿佤山区赫赫有名，并拥有许多小部落，其范围包括今天单甲乡的全部以及周边的部分村寨。嘎多先民是从今缅甸联邦北部地区迁徙而来的，其迁徙可能与缅甸东吁王朝的军事扩张有关。《沧源县单甲区戛驮寨社会经济调查》在描述其生产工具时提到"这些生产工具13～14代前在永欧斯卯日埃时就使用了"。"永欧斯卯日埃"为佤语音译，应是嘎多先民的一个重要聚居地。

关于嘎多村的村名来历，有解释说："傣语地名。戛：街子，多：黄蜂。意为黄蜂街。系由境外沿用而来。"① 在佤语当中，嘎多称为"来格落（佤语laih glong的音译）"，"来"即街子，"格落"即河，全译为"河（边）街"。从这一语义看，当时的街场应该是在东丁河边的开阔地，并由此而得名。但据嘎多老人追述，嘎多的祖先还在缅甸境内时就已有此名了。

据传，嘎多街一度热闹非凡，吸引着四面八方的商客，但同时也给嘎多引来了祸害，嫉妒者袭击了嘎多街，不仅村民们的金银财富被洗劫一空，连街子、住房也被付之一炬。许多村民背井离乡，四处逃难，嘎多街一度的热闹烟消云散。从此，嘎多社会经济每况愈下。佤族民谣说："什么蛇没有头？眼镜蛇没有头。它的头藏在哪里？藏在枪子果的树蓬里。什么人没有媳妇？鳏夫没有媳妇。他的媳妇丢在哪里？丢在嘎多街的巷坊里。"这虽然是口头文学的夸张手法，但也说明了嘎多街曾经的存在。只是现在的大多数村民已不知道这段历史。

此外还有关于嘎多先民从缅甸迁徙至今住地的传奇故事：嘎多先民饲养的母猪跑到外面下崽后回到寨子，人们为了找到猪崽，就在母猪脖子上吊了一袋米糠，在袋子底部开个洞。当母猪返回时，人们顺着漏下的米糠一路寻找，一直找到了一个叫壤下（佤语rang sia的音译）的地方。后来嘎

---

① 沧源佤族自治县人民政府编：《云南省沧源佤族自治县地名志》，内部资料，1988年，第28页。

多先民就搬到了这里（此处位于现嘎多大寨对面的大山腰上，翻过这座山即是缅甸的地界），并在这里住了很多年。后来，嘎多被外部落人袭击，被迫搬到了今天这个位置。有的老人说，由于人们跟着母猪的足迹重建家园，故嘎多村还有一个名称叫"猪建立的寨子（佤语yaong bang līg）"，有的说"猪建立的寨子"指的就是壤下，而非今天嘎多大寨所在地。关于这个传说，嘎多老人在讲述时存在争议。跟随猪、水牛的足迹迁徙的传说在佤族口头文学中比较普遍，或许就只是虚构的传说而已，但也可能是史实的传说化。至今，很多老人都说祖先自缅甸佤邦门约（佤语mēng yōn）来，但关于迁徙过程的描述极为模糊。

在中华人民共和国成立之前，嘎多属于缅甸绍兴（今缅甸掸邦第二特区佤邦勐冒县绍帕区）管辖。当时的嘎多每年每户要出0.5元半开，集中到大头人"达贺勐"家，然后统一送往绍兴头人"达扒勐"家。另外，每隔2～3年，嘎多人要送给绍兴一头牛。①

新中国成立初期到20个世纪70年代之前，嘎多作为行政村只管辖嘎多上寨、下寨（两个寨子实为一个大寨）和东丁寨（嘎多六组，从大寨划分出）三个寨子。"东丁"在当地群众中有两种不同的说法，一种说法认为"东丁"为东丁河上的大水潭（佤语ndūng dīng）、龙潭之意，"东"即水潭，"丁"即大；另外一种说法认为"东丁"意为必经之地、渡口、路口等，因为该地是过去单甲、安也等地人到勐董、勐角等地的一个必经之地，为交通要道。20世纪70年代之后，刀里寨从糯良乡划归嘎多，而嘎多大寨又分出农播（佤语mgeh si nbon，意为"石蚌潭"）、新寨。"刀里"意为"里河源头寨"，被认为因地处里河源头一带而得名。刀里位于沧源县单甲乡、勐董镇和糯良乡相连接的地带，阿佤山重要河流勐董河、拉勐

---

① 田继周、陈炯光：《沧源县单甲区戛驮寨社会经济调查》，载《民族问题五种丛书》云南省编辑委员会编《佤族社会历史调查》（三），云南人民出版社，1983年，第51页。

◇ 位于嘎多刀里（七组）的中缅174号界碑

河的许多支流也源于此地。刀里距边境线仅两三千米，是嘎多村中离边境线最近的自然村，寨子西面山顶立着174号界碑，地理位置和交通地位十分重要。如今，嘎多村委会共辖上寨（佤语yaong laong）、下寨（佤语yaong seih）、新寨（佤语yaong kraox）、刀里（佤语si raix）、东丁（佤语ndūng dīng）、农播（佤语mgeh si nbon）6个自然村9个村民小组。

嘎多大寨（上寨和下寨）主要由西古（佤语si mgū）、西涅（佤语si nīex）、梅东（佤语mōuig dōung）、社到（佤语se dao）等几个家族构成。西古借用汉姓"陈"，是嘎多村的第一大姓，占嘎多村民的三分之一以上。西涅借用汉姓"肖"，是嘎多村的第二大姓，人口仅次于西古。梅东借用汉姓"李"，社到借用汉姓"赵"。佤族姓氏之前可以加"如（佤语rū）"，即"家族"，如"如西古""如西涅"等。需要做解释的是，"梅东"之"梅"字即佤族民间的梅吉（佤语mōuig的音译）神，"东"（佤语dung的音译）为云南汉语方言中的"小马登树"。照此全译，再根据佤族姓氏的产生规律，"如梅东"意为"小马登树家族"，该家族早期应该是崇拜小马登树，并可能以之为图腾——嘎多村民认为这种树是树中的老大。社到（赵）为何含义尚不详，仅有几户人家，是嘎多村最小的家族。在佤族其他地区，"如梅东"叫永荣（佤语yaong rūng），"如社到"叫赛梭（佤语sai so）。自然村中，刀里寨在历史渊源上比较特殊，其村民主要由永更（佤语yaong gaeng）、西涅、果不帕（佤语gon prax）等家族组成。永更借用汉姓"田"，是该寨的第一大姓，目前有24户，占全寨总户数的三分之二。

西古、西涅、永荣、赛梭都是佤族古老的家族，佤族传说是人类从"司岗里"出来之后分"星星肉"划定姓氏时产生的，但暂时未能在嘎多

◇ 东丁水库西面的中缅边境线，小路左侧为嘎多（中国），右侧为司岗惹乡（缅甸）

◇ 嘎多大寨一角

村搜集到此类传说。

（二）民族构成

嘎多村为佤族聚居村，最近几年有汉族、拉祜族、景颇族等民族的女性嫁到嘎多村，这些跨族婚姻所生子女均为佤族。因此，嘎多村的民族结构比较单一。

（三）性别与年龄状况

嘎多村最早的人口统计见于1958年的《沧源县单甲区戛驮寨社会经济调查》一文，情况如下：上、下寨共有162户680人，其中男348人、女332人；全劳力429人，其中男218人、女211人。目前，上寨有102户432人，其中男215人、女217人；全劳力266人，其中男131人、女135人。下寨有60户248人，其中男133人、女115人；全劳力163人，其中男87人、女76人。①

---

①田继周、陈炯光：《沧源县单甲区戛驮寨社会经济调查》，载《民族问题五种丛书》云南省编辑委员会编《佤族社会历史调查》（三），云南人民出版社，1983年，第46页。

2012年底，嘎多村辖嘎多上寨、下寨、新寨、东丁、刀里、农播6个自然村9个村民小组，394户1790人，男948人、女842人，劳动力850人，其中农业转城镇人口122人；现有在校大学生9人，高中生19人。全村有高中文化以上50人，其中大专文化以上16人，普通高中文化22人，职高及技校文化12人。退伍军人21人，"五保户"23人，80岁高龄老人11人。现有党员61名，其中，正式党员56名（其中妇女党员7名），预备党员5名，年龄最大的72岁、最小的25岁，平均年龄45岁，党员中大专学历的有5人，高中2人，初中24人，小学29人。有独生子女户6户，人口自然增长率0.38%。各村组人口情况见下表：

表1 嘎多村民小组人口情况表

组名	边民（户）	实际农户（户）	人口（人）	男（人）	女（人）	劳动力（人）
一组	50	48	183	101	82	75
二组	38	38	154	74	80	67
三组	31	26	140	65	75	62
四组	58	58	265	135	130	138
五组	60	55	261	141	120	144
六组	38	38	186	89	97	83
七组	63	61	269	158	111	146
八组	26	25	143	75	68	57
九组	47	45	189	110	79	78
合计	411	394	1790	948	842	850

注：嘎多村委会2013年3月18日统计。

2016年6月，嘎多村有农户460户，人口1823人，其中男920人、女903人；劳动力923人，其中男471人、女452人，外出务工人员206人。在校大学生26人，其中男15人、女11人；高中生43人，其中男26人、女17人；初中生64人，其中男33人、女31人；小学生146人，其中男86人、女60人。农转城220人。"五保户"20户22人，残疾人47人，留守儿童16人，留守老人17人，留守妇女23人。①

（四）人口流动与趋势

嘎多村的流动人口主要为外出务工人员，据嘎多村委会统计，2016年本村外出务工人员有206人。嘎多村的外出务工人员主要为单身青年，也有个别成了家的年轻人，还有个别年轻夫妇同时外出务工。嘎多村的外出务工人员分布在全国各地，主要集中在沿海城市，有些也在临沧、沧源县城等距离较近的地方。嘎多村的外出务工人员主要在工地、工厂等当工人，有从事舞蹈艺术表演的，也有从事渔业的，但时间一般不长。嘎多村的外出务工人员大多一年回家一次，时间长一点的两三年回家一次，回家时间大多在春节，离家近的则会在插秧时暂时回家帮忙。就其数量而言，虽然嘎多村外出务工人员不算太多，但他们已经形成一定规模，常年往返于都市和家乡之间，对嘎多村的经济、文化也产生一定的影响。由于嘎多村大寨的上寨、下寨、新寨在加紧特色村建设，外出务工人员相应有所减少，但减少比例不高。据单甲乡驻嘎多村扶贫工作人员估计，将来，随着特色村寨"月亮古寨"旅游村的打造和发展，选择返乡建设家园的年轻人可能会有所增加。

（五）村寨今昔变迁轨迹特点

由于地处偏僻，新中国成立前，嘎多村接触外界和受外界影响较少，经济发展缓慢，生产力水平低下，人民生活贫困，佤族传统文化色彩浓厚。新中国成立后，在党和政府的关心帮助下，嘎多村享受党的各项民族政策。相对于过去，嘎多村的社会经济发展较为迅速，在现代文化的影响

---

①数据来源：嘎多村委会于2016年6月统计。

和冲击下，社会经济、文化艺术、宗教信仰、婚丧嫁娶等都发生了变迁，并形成了显著的变迁轨迹特点。

文化方面。就语言文字而言，新中国成立前，嘎多村民基本使用佤语，个别老人掌握一定的傣语，信仰基督教的自然村寨也还掌握"撒拉文"（近代西方传教士以今云南省澜沧拉祜族自治县安康乡一带的佤语为基础创制的文字）。随着佤族现代教育事业的发展，现在一部分嘎多村民已经兼用双语，即能使用佤语和汉语。就民俗而言，新中国成立后，尤其是改革开放以来，嘎多村移风易俗的力度比较大，佤族传统文化得到继承，落后的被淘汰，进步、优秀的得到创新性发展。新中国成立前，嘎多村的教育模式是传统的村寨社会教育和家庭教育，新中国成立至今，嘎多村的现代教育已经走过了半个多世纪，村里走出不少中专生、大学生。除此之外，嘎多村的交通、卫生、水利、电力等各方面条件也得到了极大的改善。比如交通，嘎多村属于山区，新中国成立前，村民们与外界交往主要靠羊肠小道，交通条件非常恶劣，运输物品靠人背牛驮。新中国成立后，针对嘎多村地处边境、国防地位重要的实际情况，交通建设得到党和人民政府的高度重视，修通了撒瓦至嘎多村的公路15千米。2013年5月，国家投资完成了该公路路面柏油铺设工程，嘎多村成为沧源县为数不多的通柏油路的行政村之一。此外，嘎多村已建通县公路1条33千米，已建自然村公路1条（嘎多村委会—东丁—刀里）19千米，新建人行桥3座，完成宽3.5米、长2.6千米的村内硬板路设施建设。过去交通落后、人背牛驮的状况已经发生极大的改变。

目前，在沧源县委、县政府提出建设沧源国际旅游度假区重大发展举措的前提下，嘎多村作为沧源国际旅游度假区的一个重要部分，正在倾力打造"月亮古寨"旅游度假区。

二、经济建设

（一）传统经济体系的变迁

嘎多村有大片原始森林，野生动植物资源较为丰富，过去嘎多村的经济来源有一部分即靠原始森林资源。人们通常可以猎获一些小动物和采集野菜野果，至今嘎多村民仍然通过原始的采集方式获得木耳、山胡椒等野菜野果，除了自己食用外，还到集市上出售，或等人来收购，以此补贴家用。20世纪80年代以来，嘎多村主要以家庭为单位小规模种植茶叶，也有少许的野生古树茶可采集。嘎多村民于春季至秋季采摘鲜叶，阳历3月份到4月份一个月左右的茶叶为春茶，之后大约整个雨季的茶叶为夏茶，秋茶很少被单独分离出来，阳历10月份基本停止采茶。鲜叶采回来要进行锅炒、手揉、晒干或烘干等简单的传统加工，然后挑拣老叶备用，嫩叶可拿去出售。除此之外，多数家庭饲养牛、羊、猪、鸡。牛多用于耕田，羊多出售，过去猪、鸡大多用于祭祀活动，现在也有部分出售。

目前，除了继续巩固茶叶种植外，嘎多村正在发展和推广核桃、樱桃、杨梅、佛手柑、柿子、蓝莓等经济果木的种植，以促进特色经济发展，也推动嘎多村集体经济发展，形成嘎多村现代化经济体系。过去难以种植农作物的陡坡，如今已经得到比较科学的治理和合理利用，用于种植佛手柑、砂仁等经济果木。嘎多村还探索了多种合作经营模式，如组建嘎多村上寨自然村生猪养殖专业合作社、八组佛手柑专业合作社等，并与嘎多村农业综合开发服务中心合作，等到挂果销售后按合作有关事项和原则进行分红。另外，"月亮古寨"旅游度假村的建设也将带来嘎多村新型经济模式的实现。就此而言，嘎多村已经开始进入崭新的多元经济模式体系试验期。

（二）农作物种植

嘎多村农作物主要有水稻、玉米、瓜类、豆类、蔬菜等。嘎多村属于冷凉山区，水稻、玉米产量不高，现在农户大多种植杂交水稻和玉米，以保证粮食产量；瓜类主要有南瓜、洋瓜、黄瓜等；豆类主要是扁豆、蚕豆、豌豆等；蔬菜主要有白菜、青菜、萝卜等。此外还种植姜、辣椒、辣柳、花椒、大蒜、韭菜、茴香、芫荽、薄荷、葱、大芫荽、鱼腥草、香菜、水芹菜等作料，同时还种植少许红薯、芋头、魔芋、八角芋等。相对于过去，小麦、小米、小红米、豌豆、苏子等农作物已经极少有人种植。过去，嘎多村民基本每家都种植苎麻，以纺线制衣被等，如今已基本绝迹。

（三）农业科技推广

嘎多村的传统农业生产多采用粗放型的原始方式。新中国成立后，嘎多村逐渐精耕细作的农业生产方式发生了转变。目前，在惠农政策的良好条件下，在产业多元化的现实背景下，嘎多村得到了上级相关部门在农业技术培训和指导方面的帮助和支持，农业科技基本已得到推广，人们对庄稼的管理和化肥农药的使用等都趋于科学化和规范化。

（四）产业结构的调整

嘎多村属于典型的冷凉山区，原始森林茂密，自然生态良好、水源充足。然而在过去却种不出高产量的水稻、玉米等传统农作物。20世纪中叶，除了刀耕火种逐渐消失外，嘎多村的传统生产方式仍然持续了较长的时间。嘎多村各家各户有不同规模的茶地，并以此为主要经济来源，但重农作物而轻经济作物的传统产业观念仍然比较明显，农作物种植与经济作物种植存在比例上的极大不平衡性。由此，自然资源优势没有得到很好的发挥，土地利用效率也比较低，农民增收的渠道也比较单一。村民长期习惯于种植传统粮食作物，传统上，对耕地的利用，甚至对土地的利用，基本是一成不变的，极少产生比较大的土地利用模式转变。产业结构长期处于不协调、不合理状态，长期得不到合理化和优化。为了解决这个问题，嘎多村"两委"（村党支部和村民委员会）积极发展强基惠农"股份合作经济"，让村民积极加入合作。嘎多村传统经济作物为茶叶，自2015年起，部分农户开始种植樱桃、杨梅、柿子、佛手、蓝莓等经济果木，以形成全村经济产业互补性良性结构，并能协调发展，最终推动嘎多经济发展。

旅游业也是嘎多村优化产业结构的内容之一。嘎多村正在依托沧源国际旅游度假区的创建成果，大力发展以"吃农家饭、住农家屋、干农家活、游农家景、购农家物、娱农家乐"为主要内容的乡村旅游业，让游客体验到最浓郁的民族特色风情，使旅游成为嘎多村民发家致富的主业，以此拓宽农民增收渠道。以上经济果木种植，也是为了满足将来"月亮古寨"旅游村游客四季之需。

（五）生产方式的变迁

嘎多村的传统生产方式主要体现在人地关系与合作关系上，每家有自己的耕地，很多生产合作关系也基本发生在耕地上。除了老弱病残者、外出务工者及幼年儿童，嘎多村民大多从事农业生产，并形成不同的合作关系。耕地多被嘎多村民赋予相应的名称，如门者、龙者瓦、公欧、公太、公班、班公、公保、让相、龙改、门忠、龙欧、得龙、更让、龙爱、得灯、东丁、龙海、得烈、汞龙、龙欧、单勐、班龙公旦、弓龙、司岗地、公农山、公松、然象、德俄、东不来、然热、工算等。[①]土地是嘎多村民的主要生产资料之一，也是嘎多村民的生命和精神寄托所在。嘎多村民对土地具有极强的依赖感和不可替代的情感，他们对自己的每一块地都非常了解，并通常以特殊的情怀来进行管理。

嘎多村这片土地被描述为"出门就爬坡，过沟石头多"，水田主要是梯田，旱地主要是坡地或台地，可种植水稻、玉米、茶叶等。梯田、坡地、台地的耕作方式主要为挖、薅和犁。而有些项目，如耕地、插秧、收割等，都需要密切的合作关系，以实现其时效性。传统农业生产所涉及的

[①] 这些地名均为佤语音译，资料来源于嘎多村村委会存档资料《嘎多村佛手柑种植塘验收表》。

传统生产工具主要有锄头、犁耙、刹铲、薅锄、长刀、斧头、弯棍（打谷棍）、扬谷架、篱笆、簸箕等，多用于挖、犁、耕、薅、芟、砍以及打谷子、扬秕谷等。铁制生产工具多是购买，竹木制生产工具多为自制，如扬秕谷架这种简易的生产工具，就可以临时制造。

除了沿用传统生产工具，嘎多村现在已普遍使用微耕机，至2016年8月，全村有微耕机80台。微耕机的使用改变了过去用牛耙田的传统生产方式，极大地提高了耕地效率。生产实践中，嘎多村民仍然坚持分工与合作的生产方式，村民之间的合作关系仍然比较密切。

（六）经济收入与消费

嘎多村传统经济收入主要依靠茶叶种植销售及少许的家畜家禽和零星的山果野菜采集出售。20世纪90年代以来，随着嘎多村外出务工人员的增多，打工所得的经济收入在一部分家庭的总体经济收入中已占一定的比例。据嘎多村委会统计，2015年全村劳务输出达450人次，实现经济收入54万元，比上一年增加2.5万元。

2016年，个别家庭已实现核桃销售，但数量极少。2012年至2015年，部分家庭也有少许烤烟收入，但由于气候和管理等问题，烤烟收入不理想，村民多不愿意继续种植，村委会动员也存在困难。2016年嘎多村停止种植烤烟，再无烤烟收入。另外，农村低保、边民补助等在嘎多村经济收入中也占一定的比例。目前，低保主要针对老弱病残者，并根据受保人情况，分成一类、二类、三类，每年有所调整，按每月计算。2015年一类为160元，二类为140元，三类为110元；边民补助每户均为每年1000元。在村委会的相关资料中，2014年末经济总收入为873万元，其中农业收入488万元，茶叶收入85万元，烤烟收入121.24万元，农村低保收入166万元，人均纯收入为5517元。①

---

① 数据来源：嘎多村委会资料。

随着现代生活消费的多样化，除了传统的日常生活消费，嘎多村的消费重点现在已普遍转变为对住房条件的改善以及对现代生活方式的追求。几乎每家都积极响应政府关于民房改造的号召，把改造住房作为主要消费项目，并添置电视、洗衣机等家电。除了一些"五保户"和特别困难户以外，目前全村几乎每户都有电视，有些农户还有两台，部分家庭有洗衣机和冰箱。此外，摩托车也成了主要交通工具，目前全村有摩托车大约150辆。多数村民使用手机，手机成为了解外界的主要窗口和娱乐的主要手段。嘎多村总体上比较重视教育，义务教育在校学生比较多，高中生、大中专生等也不少，因此部分家庭的主要消费还包括支付子女的学费和生活费。

（七）精准扶贫

在传统产业结构的影响下，嘎多村大多数农户尚未脱贫。目前，精准扶贫工作已在嘎多村全面推进，并形成了省—市—县—乡—村级落实管理，明确责任的扶贫攻坚模式，采取"一帮几""支部帮"的方式，明确帮扶主体与帮扶对象，形成稳定的扶贫关系，把扶贫工作开展到每一个扶贫对象家里。嘎多村正处于脱贫攻坚的关键时期，全村直接由省、市、县各级组织部以及市国土资源局、单甲乡政府挂钩扶贫，形成省、市、县、乡四级领导干部"挂包帮""转走访"联动扶贫攻坚力量，即"领导挂点、部门包村、干部帮户""转作风走基层遍访贫困村贫困户"，并于2015年夏制作了工作流程图，对嘎多村的精准扶贫工作具有重要的纲领性指导意义。目前，嘎多村精准脱贫挂钩部门、挂钩干部入村、入户开展工作已进入常态化关键阶段。

相应地，嘎多村采取建档立卡这一具体措施，加强推进精准扶贫工作深入开展，即为每个贫困户建立档案，以掌握每个贫困户的贫困程度，确保扶贫工作的效率。嘎多村建档立卡从2014年6月开始，涉及264户；2016年为脱贫攻坚阶段，年底完成了220户贫困户的脱贫目标，44户尚未脱贫，将于2018年全部实现脱贫目标。

成立领导机构
（2015 年 8 月 22 日前）

| 建立"挂包帮、转走访"工作联席会议，负责统筹协调和组织落实"挂包帮、转走访"工作，并下设办公室 |

确定名单
（2015 年 8 月 31 日前）

| 1. 搞好两头对接（对上对下），与挂钩部门共同确定省直部门挂钩村 | 2. 上级挂钩安排后，安排本级挂钩，确保村不漏组、组不漏户，做到全覆盖 | 3. 挂钩名单确定后，逐级上报 | 4. 组建驻村扶贫工作队 |

遍访配合协调工作
（2015 年 10 月底前）

| 1. 协调好县外挂钩部门，梯次推进遍访工作 | 2. 安排好本级遍访工作，完善建档立卡资料 | 3. 综合上级和本级遍访情况，分类指导，制定精准帮扶计划 | 4. 研究项目渠道，落实帮扶措施 |

日常管理工作
（2015 年 11 月 ~ 2020 年 12 月）

| 1. 加强协调，定期调度，完善工作机制 | 2. 强化监督检查，及时通报，上报新情况新问题，稳步推进遍访工作 | 3. 加大宣传力度，及时挖掘推广新鲜经验和典型，为遍访工作营造良好的舆论氛围 |

年度考核

| 1. 每年 12 月底前进行一次专项考核，考核结果逐级上报联系会议办公室 | 2. 按照权限，根据考核结果兑现奖惩 |

◇ 工作流程图

表2 嘎多村建档立卡及相关工作统计表

自然村名	村民小组数（个）	户数（户）	人口（人）	建档立卡户及贫困人口		住房及危房数（间）		主要建设任务
				户数（户）	人口（人）	住房	危房	
下寨	2	100	351	45	140	100	45	改造危房、林下养殖、发展旅游和集体经济
上寨	3	117	652	53	200	117	53	改造危房、种植林果、发展林下养殖和旅游
东丁	1	38	187	9	30	38	9	改造危房、修建村组道路、种植林果、发展集体经济
新寨	1	93	229	27	101	93	27	改造危房、发展林下养殖、种植林果
农播	1	33	119	17	54	33	17	改造危房、种植林果、发展集体经济
刀里	1	65	285	26	99	65	26	

三、政治建设

（一）现当代村寨政治变迁

嘎多曾经是佤族具有一定势力的部落之一，管辖着单甲、刀更（佤语dāoh grēem，现属于单甲乡永武村委会）等较大的部落以及数十个小部落。新中国成立初期时，尽管嘎多部落已经走向衰落，但仍然是阿佤山区远近闻名的古老部落之一，部落制度相对完备，而私有制和阶级分化明显，形成了大富有者（佤语jao mī dīng）和小富有者（佤语jao mī iag）两个特殊阶层。嘎多村的传统管理模式比较典型，可以称之为"头人制"，就是由头人管理村寨事务（更早的时候是部落事务），头人不是一个人，而是一个阶层，由不同姓氏的人组成，具有一定特权，多为世袭制。格罗（佤语grox的音译），是村里最大的头人，由陈姓担任，主要负责宗教事务，并兼管其他方面的事务。宗教祭祀活动是嘎多村传统社会的重大事务，关系到整个村寨的发展，涉及生产劳动、婚丧嫁娶、盖房建屋等所有的具体事务。

由于陈姓是建立嘎多寨的家族,所以由他们担任此职。管理宗教事务的头人在头人阶层里权力最大,责任也最大,村里无论办什么事都要向他报告。格(佤语gie的音译),主管节庆事务的头人,由肖姓担任。召万(佤语jao vān的音译),掌握历法知识,并为人们算日子,亦由陈姓担任。召毕(佤语jao bīh的音译),相当于祭司,主要在各种仪式中为人们念诵祭祀词或祝词等。布隆(佤语brōng的音译),由赵姓担任,主要负责调解各种民间纠纷。严格说来,后三者并不是真正的头人,没有什么权力,实际相当于办事员的角色,为村寨服务的内容和项目相对具体而明确。

嘎多村传统头人制至今仍有所保留,不同的是,现今的头人制既有其相对独立性,同时又在村"两委"的指导下履行相应的职责。

1956年,单甲区工作委员会、单甲区人民政府成立,嘎多乡成立并划归该区管辖。基层人民政权庄严宣告成立,部落制度退出历史舞台。1969年嘎多乡更名为永忠大队,1971年又改名为嘎多大队,1984年恢复嘎多乡,1988年改为嘎多村公所,2000年执行村民自治政策之后改为嘎多村民委员会至今。2016年5月19日,嘎多村委会换届,第六届村民委员会选举产生。如今,嘎多村的村寨政治越来越现代化,传统政治制度日益成为一种附属性制度,但仍然发挥着其应有的功能和作用。

(二)村寨党组织建设和村务管理

1. 党组织建设

1972年嘎多大队党支部建立,1975年嘎多村共产党员发展到19名,佤族共产党员李文新担任嘎多大队党支部书记,其后有李永新、陈卫民、肖永华、肖国锋、李金明等佤族共产党员担任嘎多村党支部书记。

◇嘎多村委会

2016年，嘎多村设党总支1个，党支部4个，有党员72名，占全村总人口的3.75%，均为佤族。妇女党员13名，占党员总数的15.6%。党员的年龄结构为：25岁以下1名，26~29岁8名，30~39岁17名，40~49岁24名，50~59岁12名，60~69岁5名，70~79岁2名，党员平均年龄46岁。党员文化结构为：本科1名，专科6名，高中3名，初中31名，小学28名。党总支（支部）委员会设委员5名，其中党总支（支部）书记1名，副书记1名。①

嘎多村党组织建设总体要求为建设基层服务性党组织，经常开展党组织活动，开展学习党章及党的相关知识等活动，密切联系群众，责任到位，分别带领群众进行生产创新、共同致富。为了做好村寨党建工作，嘎多村党支部采取了一些具体措施，比如，为增强全村党员教育管理的针对性和有效性，建立科学完善的党员考核评价体系，激发广大党员带头致富和带领群众致富的积极性，村党总支还推行了党员积分暨星级党员评比制度，并形成《嘎多村共产党员积分管理手册》。积分管理手册包括积分方法和积分运用两大方面，明确了积分和扣分的内容和项目以及相关的奖惩方法。根据村寨发展建设中的新情况，嘎多村还将村寨党组织建设与旅游村寨建设结合起来，制定了《单甲乡嘎多村党总支关于开展基层党组织服务旅游村寨建设的实施方案》，明确了将"以服务旅游为主要内容的服务型党组织"作为嘎多村基层党组织建设的重要内容之一，目的和意义在于通过推动党建工作和旅游服务的有机结合，引导嘎多村基层党组织和党员自觉投身到营造良好旅游环境的各个实践环节中，以党组织带动党员和群众共同营造嘎多村安全、文明、和谐的旅游环境和氛围，为建成和谐美好的嘎多"月亮古寨"提供有力的组织保障。实施方案要求党员要当好"月亮古寨"的服务员、导游员、监督员和宣传员，在嘎多村打好"旅游党建"品牌。

---

①数据来源：嘎多村党支部资料。

◇嘎多村第二党支部活动室

嘎多村在推进党建工作的同时，也注重共青团工作，至2016年8月，嘎多村设团支部（总支）1个，书记由村党支部书记李金明兼任，共有团员63人。在村寨建设工作当中，在党支部的指导下，嘎多村团组织也发挥了应有的作用。每年都有团员积极申请入党，以求为村寨建设做出更多贡献。

2. 村务管理

嘎多村的村务管理主要包括村委会的选举、村财务管理、相关政策的制定以及对公共权力的监督等。

在民主选举方面，嘎多村委会能够严格按照相关规定组织好相关工作，并确保村民的选举权。如2016年村委会换届，全村共有选民1034人，按照"两法一办法"由群众直接选举产生主任1名、副主任1名、委员5名，7人均为佤族。其中女性2名，占28.6%；小学文化程度1名，占14.3%；初中文化程度2名，占28.6%；高中文化程度2名，占28.6%；大专学历2名，占

28.6%；30岁以下1名，占14.3%；40~50岁5名，占71.4%；55岁以上1名，占14.3%。①

在村财务管理方面，嘎多村委会能对集体资金的使用做合理的规划，以确保资金精准到位及合理使用；在决策制定方面，嘎多村委会将上级的政策与本村实际情况结合起来，以确保所采取的相关措施极大程度地符合本村的实际情况；在制定政策的过程中广泛听取群众意见，极大地发挥民主精神，做到民主决策。

在民主监督方面，嘎多村设立了村民监督委员会，以及时、有力地监督权力的行使。2016年村民监督委员会换届，根据《关于进一步加强村级民主监督工作的意见》，村民代表选举产生村民监督委员会主任1名、委员2名，3人均为佤族，均为党员，其中初中文化程度2名，占66.6%；高中文化程度1名，占33.3%；40~50岁2名，占66.6%；50岁以上1名，占33.3%。②

近年来，嘎多村的村务工作趋于复杂化，包括社会治安、移风易俗、计划生育政策落实、集体经济体制改革、边境事务等，目前重中之重的有特色民房改造、旅游村建设、产业结构合理化等。与其他一般村寨不同的地方是嘎多村有边境事务、旅游村建设等复杂的工作。边境事务还具体涉及跨国婚姻以及相关的户籍问题、计划生育问题等；旅游村建设涉及传统文化的保护和创新、相关设施的投资建设、旅游市场管理等。为了规范旅游市场，嘎多村还设立了"嘎多村党员服务驿站"，并制定了《"嘎多村党员服务驿站"管理办法》，明确"党员服务驿站"党员志愿服务队的职责，对服务队素质提出相应的要求，同时以一定的奖惩方法与之匹配。相对于传统的村务管理内容，这属于一个全新的范畴，同时也是党建工作所面临的新问题。

---

①资料来源：《单甲乡嘎多村第六届村级换届选举工作总结》。
②资料来源：《单甲乡嘎多村第六届村级换届选举工作总结》。

(三) 村民自治

嘎多村自2000年执行村民自治政策，至今已经历五次换届。2016年5月19日，嘎多村第六届村民委员会选举产生：村委会主任肖春梅，女，佤族，大专学历；村委会副主任李金明，男，大专学历。

(四) 政治参与

嘎多村民参与政治的直接方式主要是民主选举等，比如嘎多村第六届村民委员会选举，根据村民代表数额按照每5~15户推选一名的规定，产生本村村民代表54人，其中妇女代表27名，占村民代表总数的50%。嘎多村妇女政治参与率大大提高。嘎多村2016年度工作总结还显示，嘎多村顺利完成了县、乡人大代表换届选举，嘎多选区依法选举产生了县级人大代表1名，乡级人大代表7名。

结合全村产业结构调整等具体工作，党员在村里普遍起到开拓创新的带头作用。通过开展党组织活动，广大党员更直接地参与政治。

嘎多村还建盖了村民小组集体房，主要用于开展小组活动，尤其是会议，这也是村民直接参与政治的主要场所。在民主决策方面，嘎多村民参与政治的比例也大为提升，凡涉及集体利益的大事小事，都由集体商量决定。比如2015年7月10日嘎多村召开村民代表会议：

决议事项：关于如何使用陡坡地生态治理补助资金做全村林产业发展、购买苗木的相关事项。

决议纪要：按"四议两公开"工作法，2015年7月7日村党总支部提议，2015年7月8日经村"两委"会商议，2015年7月9日党员大会审议：将我村委托单甲乡人民政府村级会计委托代理服务中心代管的陡坡地生态治理补助资金，总额为652493.00元，建议拿出一部分资金做全村林产业发展、购买苗木。具体用于以下事项：

1. 种植杉木10227亩，330棵为一亩，总337500棵。杉木苗价格0.4元／棵，合计：135000元（含运费）。

2. 杨梅种植（每户10棵），总3790棵。杨梅价格22元／棵，合计：83380元。

3. 八组佛手地围铁丝网1000圈，六组杨梅、樱桃地围铁丝网100圈，总1100圈（100米／圈，100米／20公斤），总22000公斤=22吨，价格22×（5500＋300）=1276000元。

现就利用陡坡地生态治理补助资金做全村林产业发展、购买苗木和购买铁丝网事项提交村民代表会决议。

决议结果：经村民代表表决，同意利用部分陡坡地生态治理补助资金做全村林产业发展、购买树苗种植和购买铁丝网。[①]

在新型管理模式下，嘎多村村干部主要职责和分工明确，并为全村的脱贫目标共同努力。同时，嘎多村村务公开化程度越来越高，村民参与村务活动也越来越多，村民与村级管理层的关系和互动也越来越密切。嘎多村每个自然村的文化活动室作为党员开展组织活动的场所，也是党员参与讨论、分析、研究村务的具体体现。每个村民小组的集体房作为村民小组议事的主要场所，也是群众参与讨论、分析、研究村务的具体表现形式。

（五）社会保障

嘎多村的社会保障主要有养老保险、新型农村合作医疗和低保三种，资料显示：

2014年农村养老保险应参保人数987人，实际参保人数849人，参保率86.02%；新型农村合作医疗应参保人数1840人，实际参保人数1734人，参

---

①资料来源：嘎多村委会2015年7月10日会议记录材料。

保率94.2%，其中60岁以上老人有134人、80岁以上老人有14人。惠农政策方面，2015年低保户为355户1190人。①

为做好社会保障工作，嘎多村相关工作人员每年都入户了解情况，及时掌握情况，并更新数据。2016年1月所统计的数据显示，嘎多村全村有各级残疾人48人，残疾类型包括肢体、听力、视力、语言能力等多方面，残疾等级多为二级、三级、四级，大多数人劳动能力极弱，有些甚至完全丧失劳动能力。在较完善的社会保障制度下，截至2016年1月，这些村民已有16人脱贫，其余的部分已正常进入建档立卡计划，并正在获得扶贫保障。

四、文化建设

（一）公共文化基础设施

佤族村寨最典型的传统公共文化基础设施是露天广场。过去，每逢节庆，开展或组织打跳、打陀螺以及观看电影等活动，几乎都在露天广场进行，年轻人、儿童平时的夜晚娱乐活动也多在广场进行。嘎多村也不例外，广场是人们进行各种公共文化娱乐活动的主要场所。但随着人们文化生活需求的不断提高，人们对文化设施条件的要求也越来越高，所以在这方面的投入也相应提高了。

自2008年以来，嘎多村已建盖并投入使用文化活动室5间，覆盖了上寨、下寨、刀里寨、东丁寨、农播寨5个村寨。由于地质灾害原因，新寨尚未按期建盖活动室。另外，目前正在铺设装修1595平方米的多功能民族文化广场，翻修观月台和拜树神祭祀观光台各1座，以满足将来"月亮古寨"旅游度假区的需要。

嘎多村目前共有篮球场3块，分别是上寨1块、东丁寨1块、新寨1块。

---

① 数据来源：嘎多村委会资料。

（二）民族传统文化遗产保护

嘎多村至今尚保留多种佤族传统文化，如佤语的使用、口头文学、文化艺术、宗教信仰、音乐及相关乐器、纺织品及纺织技术、竹器及编织技术、酿酒技术等，这些都是嘎多村的传统文化遗产。以下主要从语言、口头文学、衣食住行及编织技术等方面介绍嘎多村的文化遗产。

1. 语言

嘎多话属于佤语巴饶方言岩帅土语，其音系与岩帅话差异不大，可大概描述如下：

（1）单辅音或单声母

b	pn	b	np	m	hm	f	v	hv
[p]	[ph]	[b]	[bh]	[m]	[mh]	[f]	[v]	[vh]
d	t	nd	nt	n	hn	l	hl	r	hr
[t]	[th]	[d]	[dh]	[n]	[nh]	[l]	[lh]	[r]	[rh]
j	q	nj	nq	ny	hny	s	y	hy
[tɕ]	[tɕh]	[dʑ]	[dʑh]	[ɲ]	[ɲh]	[s]	[ʑ]	[ʑh]
g	k	mg	nk	ng	hng	h	r	hr
[k]	[kh]	[g]	[gh]	[ŋ]	[ŋh]	[h]	[r]	[rh]
z	c							
[ts]	[tsh]							

（2）复辅音或复声母

bl	pl	nbl	npl	gl	kl	mgl	nkl
[pl]	[phl]	[bl]	[bhl]	[kl]	[khl]	[gl]	[ghl]
br	pr	nbr	npr	gr	kr	mgr	nkr
[pr]	[phr]	[br]	[bhr]	[kr]	[khr]	[gr]	[ghr]

（3）单元音

i	ei	ie	a	o	ou	u	e	ee
[i]	[e]	[ɛ]	[a]	[ɔ]	[o]	[u]	[ɤ]	[ɯ]

（4）复元音

ai	ao	ae	oi	oui	ui	ia	uai	iou	iu
[ai]	[au]	[aɯ]	[ɔi]	[oi]	[ui]	[ia]	[uai]	[io]	[iu]

（5）辅音韵尾

m	n	ng	b	d	g	x	h	s
[m]	[n]	[ŋ]	[p]	[t]	[k]	[ʔ]	[h]	[ʃ]

从整个语音系统看，嘎多话与同属佤语巴饶方言的其他村寨话差异不大，但在声韵母的组合上有自己的特点，比如嘎多话与岩帅话在韵母上的对应关系有[ɛ]–[ia]、[o]–[au]、[ui]–[ɯi]等，这可以说是佤语内部普遍存在的情况。需要特别说明的是，以岩帅话为标准语音的现行佤文方案中的辅音韵尾为辅音韵尾的前8个，佤语各个方言土语也大多只有这8个辅音韵尾，嘎多话则还有[ʃ]这一辅音韵尾，但这似乎并不是一个完全独立的音位，而是通常伴随着辅音韵尾[h]而出现。

语言是一个民族最显著的标志之一，佤族尚保留着比较健全的语言生态，各个方言土语都保留得比较完好。语言是一个民族文化体系的组成部分，同时又是其他文化形态的载体。嘎多村能保留其语言，相应地，口头文学、口述史等口头文化也具有一定的活力。

新中国成立后，随着学校教育的发展以及人们与外界交往日益频繁，嘎多村掌握汉语、汉字的村民越来越多。目前，除了70岁以上高龄的个别老人不懂汉语外，大部分村民或多或少均能使用汉语进行交流和沟通，掌握汉字的人也越来越多，有些村民还不同程度地掌握现行佤文（新中国成立后，国家为佤族创制的佤文）。尽管嘎多村掌握汉语的人越来越多，但在日常生产和生活当中，人们相互之间的交流仍然使用佤语。

2. 口头文学

由于文字在佤族传统社会中的缺位，所以佤族文学多为口头文学。演述口头文学是嘎多村民文化生活的一个重要部分，口头文学蕴含着嘎多的历史、文化以及嘎多村民的价值观，在嘎多村的传统文化中占据着十分重要的地位。嘎多村的口头文学极为丰富，并且其区域性特点显著。比如关于洪水的神话传说、反映宗教信仰的《达巴诏的故事》及《达赛玛的故事》等，记录了嘎多村民为什么信仰"巴诏理"和"赛玛理"，以及嘎多上寨人为什么不酿水酒、不喝水酒、不能养狗、不能吃狗肉等习俗的由来。反映家庭伦理道德的《两兄弟卖爹》《佤族送猪腿的故事》尤其妙趣横生、饶有兴味，表达了送猪腿是佤族必须遵循的民间习俗，具有传统教育的作用。动植物故事也非常丰富，如《老虎与螃蟹比赛吃肉》《老虎与田螺比赛跑步》等，通过小动物战胜大动物的描述，表达了佤族人民敢于与大自然、与强大的敌人进行斗争的大无畏精神。同样，民间歌谣也非常流行，有生产劳动当中为了减轻疲劳的《拉桥歌》，也有重大节日、婚礼以及丧葬等仪式上所吟唱的"节日调""婚礼调""丧葬调"等，都表达了嘎多村民的思想感情，也是他们的精神寄托所在。以下为嘎多村至今在拉桥仪式上还演唱的歌谣——《拉桥歌》：

佤文：	译文：
ing ing e——	回家回家呢——
mōh kaox mōuig kaox mgōng,	是神树灵树，
mōh kaox glong kaox ngōd;	是山树河树；
ang yix suad maix saex,	我们不刺伤你，
ang yix blaex maix yūm;	我们不害死你；

dēei maix ngōm ngoud,　　　　　　请你安坐篾凳，
dēei maix bāe ndīang;　　　　　　 请你坚守关口；

mōh ngoud ngōm sim si mgaex,　　 金贵的篾凳，
mōh ndīang hu laex si mīang.　　　金贵的关口。

ing ing ing ing——　　　　　　　　回家回家，回家回家——
ing dom ndēe lai ko.　　　　　　　回到适宜之地。

kaox goui bōun rīah ian,　　　　　豆根大的树，
bō gīeh beeig si nbēix;　　　　　 不剥落你的衣服；
kaox goui bōun mgian jī,　　　　　食指大的树，
bō gīeh bēix si nbrōm.　　　　　　不强过你的权威。

◇ 拉木桥

dūih maix gah būh dix dix,	什么挡住了你,
dūih maix gah hmaig ndaex glong;	河里的沙挡住了你;
dīe maix gah būh rian rian,	什么遮住了你,
dīe maix gah hyee bo grax.	路边的草遮住了你。
dīe maix yūh nin blang doum,	右边这样罩着你,
rīan dix dug daix ai;	即将牵儿子的手;
koum maix yūh nin nūm ga,	明年这样护着你,
rīan dix ndai daix yeix.	即将牵女儿的手。

20世纪八九十年代后,随着录音机、电视机进入嘎多,以及老人的去世,某些民间的口头文学逐渐流失,比如节日和婚礼期间中老年人喜闻乐见的古调,如今能够演唱的人已为数不多。

3. 衣食住行

衣食住行是体现人们物质生活的文化形式,也是最能体现民族传统文化风格的部分。半个多世纪以来,嘎多村民的衣食住行既坚持延续了某些传统形式和内涵,也极大地带入了现代化。

服饰。新中国成立前,嘎多村一直保留本村的传统纺织技术和传统服饰。嘎多村常用布料为麻、棉等,家家户户有轧棉机、弹棉弓、纺锤和织布机等木质纺织工具,妇女普遍掌握传统纺织技术并承担纺织工作,负责一家人所用的衣被。这多少也体现了"男耕女织"的传统社会分工。男

◇ 纺线工具

子传统服饰是黑包头、黑色对襟上衣和大摆裆裤，同时喜欢背挎包、枪、长刀、弩箭等。男子所背的长刀，既是生产工具和防身武器，也是英勇威武的象征和标志，可视为一种装饰。相对于男子传统服饰色彩的单一性，女子传统服饰花样比较多：老年妇女包黑布包头，年轻女子披长发；大多数妇女上衣为黑底红条相间的对襟款式，有的也增加其他色彩的花边，显得较为花俏；女子穿缝有花边的黑色裙子，脚边也绣花，尤以"雀眼"（佤语ngai sim）最有特点，即形似紫微星的小图案，现已演变成不同形态的小花朵，色彩也趋于多样化。女子多用裹腿包裹小腿，主要用以防蚊虫叮咬或御寒，以前用染黑的麻布，现在多用黑布；脚边用极简单的刺绣方法绣花，图案中尤以"长臂猿掌心"（佤语dīag daix mgu）最为流行。图形可由红、绿、蓝、紫、黄等不同颜色相配，多采用写实的手法，形似长臂猿的臂和掌，形象而生动。但由于服饰图案本身的艺术需要，已很大程度呈写意趋势，线条流畅、均匀，色彩明快、和谐。套用裹腿时，裹腿上下两端用竹篾圈绑牢，篾圈是用特定植物熬煮染黑的，并埋于锈水中固色，因此不易腐坏。

目前，嘎多村的传统服饰，尤其是妇女的传统服饰，还得到一定程度的保留。作为一种文化遗产，人们已经意识到其文化价值所在。但在现代服饰的冲击下，加上传统服饰制作费工费时，缝制难度较大，目前传统服饰已不是嘎多村民的主要服饰，绝大多数村民都从市场上购买服饰，本民族传统服饰只有个别老年妇女常穿常戴，年轻妇女则多穿戴民族服饰改良款，且多在节日庆典时穿。

饮食。嘎多村民以吃大米为主，玉米、小米、荞麦为辅。平时吃两餐，农忙时一日三餐。食品制作加工方式以煮、舂、凉拌为主，喜欢吃臭豆豉、酸笋子、辣椒、花椒等，酸、麻、辣、苦是当地人饮食的主要特点。臭豆豉（佤语jēem jūx）是通过熬煮黄豆，并将之捂臭、舂稠、捏成小圆饼后晒干而成的一种调味品，主要用于拌凉菜，在过去缺油少盐的年代，也用于煮菜汤。酸笋（佤语kraeh），是用鲜嫩的竹笋腌制而成的一种酸菜，腌制时切成丝装入坛子封严即可，不加盐。酸笋主要用于腥味较浓的食料加工，如煮鱼、煮田螺等。嘎多村民喜吃菜、肉、米一起熬煮的烂饭，烂饭比干饭稀，比稀饭稠。鸡肉烂饭为大多数村民喜爱，也是嘎多村民待客的上等佳肴。嘎多村民的肉食主要来源于家庭饲养的猪、牛、鸡等。过年时杀年猪的人家，要把猪头与下水煮成汤锅，邀请亲戚和左邻右舍来吃，既有原始社会平均主义的遗风，同时又具有增强团结和凝聚力的作用。过去嘎多村民也捕食山里的小动物，现在还捕食山里田间的鼠类、昆虫等。除了具有食用价值，老鼠还是嘎多下寨村民祭祀活动必不可少的牺牲。

饮品方面，嘎多村民喜欢喝苦茶，以解渴解乏。嘎多村民所喝之茶，多为自己所种，茶叶的加工极为简单：采来鲜叶用铁锅烘炒至蔫熟，后在干净的簸箕里揉搓，继而晒一阵揉搓一次，直到脆干即可储存。嘎多村民多喝煮茶，即将一小把干茶放入小土罐，加入冷水，煮至茶汁色浓味厚即可饮用，自苦而甜，回味无穷。在嘎多上寨，还盛行"滴茶礼"，即在宗教活动中，滴茶水以敬神灵。嘎多下寨村民喜欢饮自酿的水酒（佤语blai nūm），并且行"滴酒礼"，即日常生活中迎接朋友、接待贵客的一种至上礼节，在宗教活动中则是对祖先亡魂和各种神灵的敬奉。

嘎多上、下两寨传统宗教和饮食习惯有一定的区别：上寨不能酿制水酒，不喝水酒，也不能养狗，不吃狗肉；下寨人则酿制水酒、喝水酒，行"滴酒礼"，养狗、吃狗肉、以狗作牺牲。但在文化变迁的过程中，上寨虽然不酿制水酒，却已经逐渐有人喝水酒。

4. 民间节日

嘎多村传统节日主要有播种节、新米节、"凶月节"等。

播种节时间在每年农历三月十五日前后，播种之前，头人先召集村寨的长者杀鸡看卦，选择吉日进行播种。播种时，必须是头人家在先，其他人家在后。播种时可以互相帮忙，场面热闹非凡。晚上，大家围着火塘吃饭、唱歌对调，祈祷风调雨顺、粮食丰收。

新米节是庆祝秋收的传统习俗，家家户户根据自家稻谷成熟的情况择日采摘八九成熟的新谷穗，炒熟后舂扁脱皮，将糠簸净后即可嚼食。此食品佤语称糕贡（佤语mgaox gong的音译），有"一把一把吃的米"之意。其间，还要举行"叫谷魂"仪式，以老鼠干祭谷魂。

"凶月节"（佤语jāox），是嘎多村独特的传统节日之一，节期一天，时间在每年农历六月间。届时村民不能外出、不能做活。民间传言籽种是老鼠帮助人类取来的，所以，过节时献神灵的牺牲必须要有老鼠。过节的目的是祈求神灵保佑人畜平安、粮食丰收。

除了以上节日，嘎多村现在还过元旦、春节等国家法定节日。另外，刀里寨还过圣诞节。

5. 传统工艺

嘎多村山地宽广、雨水充裕，具有种植竹子的良好条件，这为竹制品工艺的形成和发展提供了前提条件。过去，嘎多村竹制品主要有篾笆、箩筐、簸箕、背篮、饭桌、凳子等，特别是篾笆，以其手工精、质量好远近闻名，远销到勐董、勐省、糯良、单甲等地。嘎多妇女普遍擅长纺线织布，她们能够用当地的一种野麻、葛藤的纤维织布，通过染色制作出具有地方特色的床单、被罩、口袋、挎包、裙子、裹腿等，除了满足家用外，有的还在市场上出售。

目前，嘎多村许多民间工艺正在逐渐消失，尤其是纺织品和纺织技术。由于传承人越来越少，大多家庭的

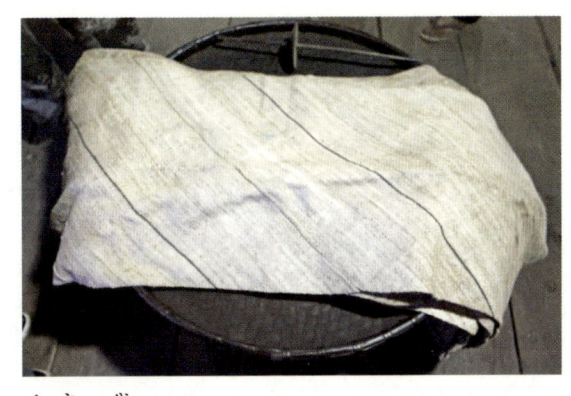

◇ 麻　袋

纺织工具已长久不用。究其原因，主要是民间工艺产品在现代产品的冲击下需求量日益减少、竞争力不强以及资源枯竭等。

6. 丧葬习俗

嘎多村佤族把死亡分为正常死亡和非正常死亡两种。正常死亡（佤语yūm hmom），意为"好死"，指的是在家老死、病死，使用棺材殓葬，在寨子的公共墓地土葬，墓头垒土，不立墓碑。非正常死亡（佤语yūm jāox），意为"凶死"，指的是因刀枪、水火、自杀、难产等原因而死，在寨子以外病死、妊娠期病死等也视为非正常死亡。非正常死亡者葬入专门的墓地，但不用棺材，而是用篾笆包裹殓葬。在出殡方面，嘎多村也非常讲究，如死人不能在自己的生日和属虎这一天安葬，也不能跨年安葬。凡有人恰巧在"忌日"去世，人们都要想办法调整安葬的日子。

目前，嘎多佤族仍然保留着土葬、不立墓碑的传统，而且年久的老墓之上可以建新墓。因此，多年来，嘎多村的公共墓地基本没有扩展，也不存在"死人与活人争土地"的问题。可以说，这样的传统丧葬习俗蕴含着嘎多村民的生态观念。

7. 历法

在历法方面，很多佤族村寨都采用天干地支纪年法和纪日法，嘎多村也不例外。但由于历史上文化交流或文化接触的原因，嘎多村所使用的"地支"系统更倾向于与傣族一致。具体如下：

天干：gab（甲）、nab（乙）、rāi（丙）、mēng（丁）、bleeg（戊）、gad（己）、kuad（庚）、rōung（辛）、dao（壬）、ga（癸）。

地支：jāe（子）、blāo（丑）、nyī（寅）、māo（卯）、si（辰）、sāe（巳）、si ngō（午）、mōud（未）、san（申）、rāo（酉）、mēid（戌）、gāe（亥）。

纪年法和纪日法采用的是以上天干和地支的循环组合，如：

gab（甲）jāe（子）、nab（乙）blāo（丑）、rāi（丙）nyī（寅）、

mēng（丁）mao（卯）、bleeg（戊）si（辰）、gad（己）sāe（巳）、kuad（庚）si ngō（午）、rōung（辛）mōud（未）、dao（壬）san（申）、ga（癸）rāo（酉）、gab（甲）mēid（戌）、nab（乙）gāe（亥），如此循环组合，两个月为一轮。

佤族普遍使用的属相名称为：gīang（鼠）、mōi（牛）、si vāi（虎）、gāng gōi（兔）、si yōng（龙）、si uing（蛇）、nbrūng（马）、bēix（羊）、rāo kaox（猴）、ia（鸡）、soux（狗）、līg（猪）。

佤族的生产劳动、日常生活、宗教祭祀、婚丧嫁娶等，无不与历法紧密联系。嘎多村民对吉日良辰和忌日、不吉之时多有明确区分，以便进行劳动生产以及宗教祭祀、婚丧嫁娶等活动。由于其重要性，便有前文所说的召万（佤语jao vān）专为人们提供历法知识方面的服务。

最值得一提的是，与很多佤族村寨一样，在嘎多村，人们都根据一个人出生日子中的天干为之取名，与其排行形成"排行+生日天干"的名字结构，如：ai nab，即排行老大、生于天干为"乙"之日的男子；yeix ga，即排行老大、生于天干为"癸"之日的女子。如果要带姓氏，则放在最后，即"排行+生日天干+姓氏"，但佤族称呼名字多不带姓氏，排行和出生日之天干则可以分开用于称呼人。如果同一家孩子（不分男女）甚至同一个家族的人出生日之天干相同，就意味着他们的天干名一致，但人们对此却多有忌讳。一方面是认为重名者之间的福气会互相冲抵，尤其是晚辈与长辈之间，天干名最好不相同；另一方面，天干名相同，称呼（包括呼称和叙称）时都会带来不便，因为很多时候人们以天干名互相称呼。因此天干名相同时，可以根据一定的原则调整。比如用生日后一天的天干为后生者取天干名，或用生日这天的地支名称为后生者取名。但有一个特殊情况，如果正巧是属虎这一天，不能用nyī取名，而是用sin代替。其原因是：第一，人们对虎的传统忌讳，不能以其名为人取名；第二，nyī为佤族男子排行老二的排行名，用来取名会带来称呼上的麻烦。另外，由于"第一个子女天干名+父亲天干名"父子连名制的制约，如果第一个孩子的天干名与其父的天干名相同，也要调整孩子的天干名。

8. 传统美德

德育和美育是任何一个民族传统教育中的重要内容，人们主要通过言传身教进行教育。嘎多村主要就是通过这种方式保留许多传统美德的。在嘎多村的传统美德中，最值得称道的是团结互助精神和敬老风尚在日常生活中的渗透。早在佤族的原始神话传说当中，对团结、和睦、和谐的追求和强调就已经非常显著，这种理念通常通过谚语的形式反复出现在佤族的很多口头文学当中。比如"我们的刀鞘一蓬竹，我们的祖先一个源"，这是针对神话传说中同源同宗的各民族祖先而说的，强调的是民族虽有不同，但却是同一个祖先，充分反映了佤族关于各民族"同源共祖"的思想。又如"我们是同一河水，我们是同一寨人"，这是针对由同一个部落划分出去的不同村寨而言的，也强调分开后仍系一族的同宗共祖理念。这样的谚语比较丰富，折射出了嘎多村民的和谐共存思想。同时，嘎多村民始终遵循"一棵竹子不成蓬，多棵竹子才成蓬；一个人做活速度慢，大家做活来得快"的办事原则，他们不仅将这种观念吟唱成优美的歌曲，同时还将其实践于整个生产劳动和日常生活中。村寨的每个成员历来都诚心实意地相互帮助、相互支持，一家有难，全村人会自觉自愿地给予帮助。一个人患病，一到晚上，左邻右舍都会自觉到病人家里陪伴病人，大家通过坐在一起聊天来缓解病人的孤独和痛苦。嘎多村民称这种生活习惯为"库"（佤语ku的音译），意思为陪伴、守护等。这是嘎多人世世代代传承下来的传统美德，他们不会让一个病人除了痛苦之外还感到孤独和无助。关于敬老，嘎多村保留着很多民间习俗，其中非常独特的是：重大节日时把猪杀好之后，首先要从猪的各个部位取少许肉，用竹签串起来细心烤熟，请寨子里德高望重的老人们吃了之后其他人才能煮肉吃。这些传统美德至今仍然保持，谁违背了，就会受到谴责。嘎多村的民间传统美德已体现为一种可感可触的生活现象和风俗，可以作为加强嘎多村精神文明建设的重要资源加以保护和弘扬。

由上可见，嘎多村在很大程度上还保留着佤族优秀的传统文化，其中蕴含着嘎多村民积极、健康的生存哲学、生态思想等，值得加强保护、发展和弘扬。但嘎多村尚未形成保护本村传统文化遗产的相关制度，有些传统文化仅有部分老人掌握，如口头文学、各种富有特色的歌谣、乐器吹奏技术、编制技术等，且掌握的人越来越少。

（三）基础教育与职业教育

嘎多村的教育模式可简单分为两种，即传统教育和现代教育。传统教育是靠传统社会力量实施和完成的民间教育，人们实施教育和接受教育的模式多为口耳相传，多靠家庭和社会两种渠道，主要传授劳动生产、日常生活、道德规范等方面的相关技能、知识和道理。新中国成立后，嘎多村办起了学校，使传统教育和现代教育统一起来，成为提高嘎多村民素质、推动嘎多社会发展的基本动力。嘎多村推行现代教育已有半个多世纪的历

◇嘎多村小学新校舍

史，相关资料显示：

全村设有嘎多村小学1所，1959年3月建校。嘎多村小学占地面积3643平方米，现有11名教职工，其中女教职工5人、男教师3人、后勤人员3人；在校学生134人，其中缅甸学生44人、住校生66人。嘎多村小学校区内有教学楼1幢、宿舍区2幢、卫生间1所、活动场地1个、食堂2幢。适龄儿童入学率达100%。①

嘎多村十分重视对村民的教育，除了办好基础教育，年轻人还被鼓励到相关的职业学校接受关于茶叶、果木等方面的种植技术培训。

（四）宗教信仰

嘎多村民信仰原始多神崇拜，认为万物都有灵魂，例如：天有天神，山有山神，水有水神，寨有寨神，等等。鬼有善恶之分，善鬼不会害人，而恶鬼则会害人、害牲畜等。在诸多神灵中，嘎多村民特别崇拜"梅依吉"（佤语mōuig的音译），他们认为梅依吉统领诸神，它既是村寨的保护神，也是家庭的保护神，主宰着万事万物以及人的祸福。嘎多村管理宗教事务的头人（佤语grox），是嘎多村传统管理组织中的重要一员，多为世袭制。佤族过去宗教祭祀活动频繁，相关事务必须有人主持才能有序进行；现在，人们的宗教活动相比过去有所减少，管理宗教事务的头人已在很大程度上结合政策法规管理村里的宗教事务。

梅依吉是佤族传统宗教信仰的核心对象，嘎多村所信仰的梅依吉包括寨神（佤语mōuig yaong）、家神（佤语mōuig nyīiex）、大青树神（佤语mōuig rūng）。寨神在寨子外面祭祀，家神在家里祭祀，大青树神在大青树下祭祀。何以将大青树神与寨神、家神相提并论呢？因为佤族信仰万物有灵，而大青树是长在寨子里、寨子周围的大树，根深叶茂。嘎多村民所祭之大青树就长在寨子里。

---

①数据来源：嘎多村委会资料。

供奉梅依吉神是嘎多村民最频繁的祭祀活动，仅仅全寨性的每年就有三次，即春节、播种和庄稼成熟之前各一次，家庭个体的祭祀活动则不计其数。专门供奉梅依吉神的场所有4个，即嘎多上寨1个、嘎多下寨李姓家族1个、陈姓家族2个。祭

◇ 祭祀梅依吉神的社房

祀场所既有整个寨子的，也有家族的，说明梅依吉神在嘎多村民的宗教信仰体系中占有非常重要的地位。从场所修建情况看，面积只有十多个平方米，除了嘎多上寨的有墙体（泥巴挂墙）外，其余3个均为无墙体的简陋棚子。

基于万物有灵的观念，嘎多村"叫魂"也非常盛行。"叫魂"分为大、中、小三种。叫大魂是指全寨性的叫魂活动，是为了祈求村寨和村民以及牲畜的平安、庄稼长势好、粮食丰收等，所用的牺牲为猪、牛。叫中魂和叫小魂是个体家庭进行的，不同之处是前者是为病重者叫魂，所用的牺牲一般为猪，而后者是指为一般的病人或者受过惊吓的人叫魂，要杀鸡看鸡卦、煮鸡蛋看蛋卦。由于信仰的差异，嘎多大寨上寨叫魂所用的猪是阉过的猪，下寨用的是母猪。

在少数民族传统信仰中，嘎多村民祖先崇拜最为突出。每户人家均有自己的祖魂（佤语mīang），指的是父亲去世之后的魂魄。嘎多村民认为祖魂时时影响后人的生产生活，善待它、经常祭它，就受其保佑，否则日子就会过得不顺、有灾难等。嘎多村民春节前杀年猪，需用煮好的猪肉献给祖魂，求得它的保佑之后一家人才能欢欢喜喜地围在一起吃饭，迎接节日的到来。祭祀祖魂的场所比较特别，有些人家在大门左侧竖起一个祭祀

祖魂的架子（佤语kaox gam dang），架子主要由木桩、竹槽、小木塔（此木塔佤语称mgōng mū，为傣语借词，原意为"佛塔"）构成。小木塔立在竹槽上面，这个架子即是祭祖魂的地方，相当于一个供台或祭坛。除此之外，还有一种形式的祭祖魂（佤语yūh krai），它是在父母过世多年后举行，即专门为祭祀父母亡灵而举行的仪式，以祈福为目的。家里若遇事不顺等，亦可专门举行祈福消灾仪式（佤语yūh daoh）。

嘎多村有些人家的门头上挂着网眼比较大的巴掌大小的竹编（佤语gu kiao），这个网状物多为盖新房或做贼（佤语yūh dān）时挂上。做贼也是一种祈福消灾仪式，"贼"应是从傣语中吸收进来的词语。家里有人去世，并将之送走之后也要挂上此网状物，表示死者与家人已阴阳两隔，死者不能打扰生者的生活。做贼的时候，一般用成对的猪（佤语līg gū，即一公一母）做牺牲。

南传上座部佛教和汉传佛教也传入和影响了嘎多。在受到外来宗教的影响之前，上寨和下寨的民族民间信仰是相同的。传说，赛玛来嘎多传教时，不许人们猎人头，上寨最早接受，所以新中国成立后十年就废除了木鼓祭祀。但下寨1971年还能见到木鼓[①]。

上寨所信仰的"理赛玛"（可译为"赛玛教"），是南传上座部佛教和佤族的原始多神崇拜相结合的一种宗教信仰。据传，该教创始人赛玛是南传上座部佛教的高僧，他把南传上座部佛教传到佤族聚居区，并用它革除了佤族少数民族传统信仰中用人头祭祀等习俗。而下寨所信仰的"理巴诏"（可译为"巴诏教"），是汉传佛教和佤族的原始多神崇拜相结合的一种民族民间信仰。相传该教创始人巴诏是今沧源县岩帅镇班奈村人，为大理鸡足山高僧铜金和尚的高徒，他在佤族聚居区传教并进行一系列宗教改革，同样废除了佤族少数民族传统信仰中用人头祭祀等习俗。理赛玛、

---

① 过去，木鼓与猎人头祭谷魂有密切的联系，祭祀仪式往往在木鼓房进行，即以祭祀木鼓达到祭神和祭祀谷魂的目的。

◇ 大青树及其祭祀房

理巴诏祭祀仪式、牺牲、节庆、禁忌等存在差异。比如信仰理赛玛的上寨，不养狗、不酿水酒，祭祀时滴茶水、点蜡烛；信仰理巴诏的下寨，养狗、酿水酒，祭祀时滴水酒，还流行人死必须先杀狗献祭的习俗，之后才能杀猪、杀鸡献祭。

尽管只隔着一条路，实际连成一片，上寨和下寨在信仰习俗上似乎彼此不能包容：如果上寨的姑娘嫁到下寨，上寨人会念经送新娘，让她入乡随俗，到去世时也用狗祭祀；下寨的姑娘嫁到上寨也要入乡随俗，去世时不能用狗祭祀。

刀里村民在新中国成立前信仰基督教，目前该村已无教堂，宗教信仰特点不明显。

总之，嘎多村的宗教文化在历史上曾受到其他宗教的影响，既保留了佤族少数民族传统信仰的特质，同时也具有佛教等外来宗教的一些特点。

（五）民族文化传统与现代化

嘎多村佤族传统文化保留得比较完好，语言、口头文学、文化艺术、宗教信仰、民间医药等，在嘎多村的整个社会文化体系中仍然占有非常重要的地位。然而，随着现代教育的发展，在嘎多村，熟练地使用汉语的人也越来越多；随着嘎多村外出学习、工作、务工等人员的增多，文化交流的日益频繁、经济合作的日益密切，嘎多村传统文化中也必定被注入其他的文化内容。

从物质层面而言，具体到衣食住行，都已经发生了极大的变化。服装方面，全村男女老少所穿的服装大多已经不是传统的佤族服装，而是穿上了从市场上购买的现代服装。饮食方面，嘎多村的传统饮食大多用火塘煮、烤、烧等，燃料都是木柴，所用炊具为铝锅、铁锅、甑子等。现在许多家庭已开始使用电器，单一的烹饪方式已逐渐改变并趋于多样，尤其已普遍喜食炒菜，家庭菜谱内容也越来越丰富。饮品也已经不再局限于茶、水酒、白酒，而是有了更多品类的酒、果汁饮料等。住房更是得到全面改造，由于正在打造"月亮古寨"旅游度假区，对房屋的改造，嘎多村主要采取传统建筑风格与现代风格的有机结合。交通方面，嘎多村的道路设施已有所改善，村里以摩托车代步的情况已非常普遍，甚至有些农户还有微型车，村民到乡里、县里比过去更加方便。

从技术层面而言，嘎多村一些传统的物质文化主要靠特定的传统技术来制造，比如织布、缝衣绣花技术，竹器编制技术，酿酒技术，乐器制造技术，等等。当嘎多村民能比较便捷地从市场购买衣食、器具、药品时，相关的传统技术必然逐渐消失，已基本取代传统服装的是现代服装，与传统器具共存的是现代器具，与传统医药医术互补的是现代医药医术等。

如果说嘎多村在物质文化层面已经一定程度地注入了现代因素，那么，还比较稳定地延续嘎多村传统文化的就应该是宗教信仰。当然，任何民族传统文化都不可避免地在历史发展的过程中与其他民族文化有所接触，甚至受其影响。这里所谓的嘎多村传统宗教信仰，主要指嘎多村在历史上吸收其他宗教的某些因素后延续至今的宗教形态，它同时具有佤族少数民族传统信仰的特质和佛教等外来宗教的一些特点。相对于物质和技术层面的传统文化，嘎多村的宗教文化是最能保持自身原有特质和风格的一种文化，也是目前尚少被现代化冲击的部分。

民族民间艺术在创作方式、表现手段、传播媒介等方面也比较容易受冲击，嘎多村的某些艺术品种正濒临着消失。过去"串姑娘"的过程中常用笛子、二胡、三弦等乐器，现在由于恋爱方式变化，再加上现在娱乐方式多样化，乐器已少有人问津。我们能在嘎多村听到传统音乐，大多由20世纪60年代出生的人演奏，年轻一些的人则大多不掌握这些传统音乐及其演奏技能。与此相应的是，人们的传统审美方式也在发生改变，这种情况已经在年轻人身上显著发生了。

（六）公共卫生与民族医药

目前嘎多村已建盖公共卫生室1幢，相对于过去缺医少药，"一病就祭祀"，现在嘎多村民在防病治病方面已对公共卫生服务有一定的依赖性，生病就吃药打针的意识有所增强。

当然，民间医药在嘎多村仍然有一定的影响。三组村民陈门赛是村里为数不多的民间医者，掌握一定医药知识和医术，以下是他简单介绍的部分常用民间医药及其用法：

（1）金线吊葫芦（佤语mgib tam）：主要医治肚子疼。

◇ 新建公共卫生室

（2）龙胆草（佤语rīb broui mgouih）：医治拉肚子、肚子胀、胃疼。

（3）大黄连（佤语kaox si gah）：与其他草药搭配可医治肚子疼、胃疼、气管炎等。

（4）小黄连：用于医治气管炎。

（5）通关散（佤语beeb）：医治咳嗽。

（6）小气理肺散：治咳嗽。

（7）大气理肺散（佤语kaox jāong beid）：主治肺炎。

（8）小白芨（佤语gaing yang yiad）：主治肺病、气弱等。与大气理肺散、小黄连等搭配，可医治胸膜炎、气管炎、肺炎等。

（9）按骨草（佤语bai bug），主治骨折，可配明子、鸡嗦子果树皮等。

（10）树萝卜（佤语hni kaox）：主治骨折，可配明子等。

（11）桃蜜花（佤语si ndieh）：主治骨折。

（12）明子（佤语mgīx）、嘎巴噶（佤语gab ga的音译）：用于医治骨折，多发挥石膏的作用。

（13）板蓝根（佤语sam bad）：配杨梅树皮（佤语"hloux kaox si njāong"）、水冬瓜树皮（佤语hloux kaox nāo）医治肝病。

（14）蓖麻（佤语og ia）：烘其叶捂痛处，可医治偏头痛、肚子痛、痛经、子宫疾病等。

（15）风猴（佤语lai sing）：其心、血，直接服用或泡酒喝，可医治心脏病；配回心草、龙胆草、金线吊葫芦等，可医治慢性、急性心脏病。

陈门赛老人主要采用"看"和"摸"的诊断方法，"看""摸"相当于中医四诊中的"望"和"切"。"看"主要指看病人的气色，但"摸"又不完全是中医中的摸脉象，而是根据病人的症状以特定的手法直接触摸病人的相关部位，然后做出诊断。除此以外，陈门赛也结合西医使用传统医药，他还自学打针，常用的注射剂有柴胡、庆大霉素等。

公共卫生服务体系在嘎多村的逐渐完善，弥补了佤族传统民间医药的不足，而民间传统医药的一些特殊疗效仍然为嘎多村民所信赖。因此，公共卫生能为嘎多村民的健康提供更多的保障，也为嘎多村的传统民间医药提供了一些创新发展的空间。不过，嘎多村青年基本不再掌握民间医药知识和医术，目前也没有形成完善的相关传承机制。

五、社会组织

（一）传统婚姻习俗

与其他地区佤族一样，嘎多村过去盛行串姑娘（佤语hvi）的恋爱方式，即小伙子们于夜晚结伴到姑娘家或姑娘结伴居住的某一家里，与姑娘一起围着火塘闲聊。男子可以在本寨串姑娘，亦可到其他村寨串姑娘。刀里（嘎多七组）过去的串姑娘活动还另有特点，即如果外寨的小伙在本寨串姑娘的时间过晚，小伙便可在姑娘家留宿并与姑娘同床，但两人中间必须拉一根绳子，以线为界。嘎多村串姑娘的主要方式是姑娘给小伙梳头，梳头时要离开火塘，便于两人单独说话。梳头活动通常有一个心照不宣的规律，即如果来串的本寨小伙带着外寨小伙来，姑娘往往先为本寨的小伙梳头，把外寨的小伙留在最后，这体现一种以客为上的礼节，因为留在最后梳头的往往有更充裕的时间来交流。另外，被留在最后的也通常是姑娘心仪的人，姑娘会为他留出充裕的时间。20世纪80年代中期以后，这种传统恋爱中的梳头活动已逐渐消失，男女青年在日常生活和劳动当中彼此相互了解，选择对象、建立恋爱关系后，再进行关系较为明确的串姑娘。

恋爱关系的确定主要是通过男子主动"问"（佤语qog，实为"征求意见"）或托媒人"问"姑娘。如果女方同意，则接受男方的礼物，如果不同意，男方则另寻对象。所谓礼物，过去多为5角、1元钱不等，或其他的小礼品。礼物不贵，却起一定的契约作用，即女方持有男方礼物期间，两人即是恋人关系；恋爱关系解除时，女方要把礼物归还男方。

双方恋爱关系确定后，男方的串姑娘地点和对象就变得较为稳定，即男方不再去或少去其他姑娘家"串"，女方也少接受其他男子"串"。

串姑娘时，遇到姑娘捻线，男方即可在其身边吹笛子、拉二胡、三弦等；遇到姑娘正编草排、切猪草等，可以主动帮忙。嘎多村的传统恋爱关系，主动权在男方，男方要通过"串""问"等争取与女方建立恋爱关系，恋爱关系稳定并通过男方家向女方家提亲得到双方家长认可和同意后，两人即可以结为夫妻。尽管如此，婚姻的最后决定者是男女双方的舅舅，这种习俗在很多佤族聚居区均有保留，应是过去舅权制在当代佤族婚姻文化中的残遗。

在嘎多村，结婚包括提亲、定亲和婚礼等。结婚时，男方家要给女方家赠送大米、猪肉、香烟、盐巴、钱等。钱一般被视为"奶水钱"，即用于报答姑娘母亲的养育之恩。这种习俗充分体现男方"娶亲"的显著特点。与此相应，嘎多村盛行的居住模式是从夫居，极少有男子入赘的情况。另外，嘎多村也有转房制（佤语blūd māi，按照佤语的语义，应理解为继承婚，这里沿用前人惯用的"转房制"），意为兄不在了，未婚的弟弟即可娶嫂为妻，反过来亦可。

嘎多村严禁同姓婚（佤语nbū，早期应为"氏族内婚"之意）、交换婚（佤语lai louh，即两个家族之间对换娶亲）；有些已隔几代的姑舅表婚不受限制，甚至被认为是亲上加亲；姨表婚虽未明确被禁止，但目前也未发现；对堆砌婚（佤语mgrūx，即同一个家族两个以上的女子嫁给同一个家族的男子）不加限制，有俗语"宁要堆砌婚，不行交换亲"（佤语jū eix mgrūx kaing lai louh）。嘎多村对同姓婚和婚前有孕是严格禁止的，他们认为这两种现象会引起灾难。过去，对这两种现象的惩罚多为让当事人正寨（佤语joux yaong）、洗寨（佤语lāng yaong），意即纠正脱离传统轨道的寨子、清洗不洁的寨子，还寨子以安宁和洁净。由于较为严格的传统社会控制，嘎多村极少发生婚姻方面的违规现象。现在，对违背传统行为的管理模式已经极大程度地结合相关政策，嘎多村的《村规民约》中均有相关条目，这既是嘎多村传统管理模式在当代的延续，也是嘎多村传统文化在当代的发展。在嘎多村，离婚现象极少，但离婚或丧偶的再婚者不被歧视。

（二）婚姻制度变迁

新中国成立前，嘎多村流行一夫多妻制和一定程度的买卖婚姻。同时，由于交通闭塞，地处偏僻，婚姻主要在寨子内部不同家族之间发生。新中国成立后，嘎多村佤族的婚姻都是一夫一妻制。

近30年来，由于外出务工人员的增多，嘎多村民与其他村寨、其他民族之间的婚姻逐渐增多。20世纪90年代以来，出现跨省、跨地区婚姻，主要是嘎多村男子迎娶贵州、广西、福建等省区及本市临翔、凤庆、永德等地的汉族女子。目前本村有6个汉族媳妇、1个拉祜族媳妇、1个景颇族媳妇。另一方面，从20世纪90年代开始，嘎多村有不少姑娘嫁到其他省市，主要分布在四川、山东、河南、湖南等省，多与汉族男子通婚。另外，也有个别嘎多男子到其他地方上门。

由此可见，相对于过去，随着社会的开放，人们的择偶观念已发生了很大变化，通婚范围也已逐渐扩大，由原来的封闭、狭隘变得相对开放、广阔。

（三）家庭结构关系的变化

嘎多村的家庭结构与其一夫一妻制的婚姻制度有一定的关系。男子结婚之后一般要分家独立出去，形成一个新家庭，但在其独立门户之前，结了婚的儿子一般会继续跟父母居住一两年不等。这段时间内，如果这个儿子有孩子，这个家庭则变成了主干家庭；如果没有孩子，这个家庭则还是核心家庭。但最小的儿子结婚后往往不分家，而是继承家庭财产并负责赡养老人，所以嘎多村的这类家庭还是更多地变成了主干家庭。由此，嘎多村普遍存在两种家庭形式：一种是主干家庭，这种家庭形式一般是三代同堂，即由父母、子女、子女的未成年或未婚子女构成；一种是核心家庭，这种家庭形式通常是从主干家庭里分离出来独立门户的家庭，多由一对夫妻及其未成年或未婚子女组成。

中华人民共和国成立后，特别是进入21世纪以来，随着新一代嘎多人外出学习、工作人数的逐渐增多，嘎多村的家庭结构也发生了一定的变化。有些主干家庭，其第二代有人在外地工作，作为第一代人的老人的居住地就具有极大的不稳定性，以至于应该是主干家庭的家庭实质上变成了核心家庭。

除此之外，嘎多村还有个别单亲家庭、独身家庭、空巢老人家庭等非主流形式的家庭结构。

（四）传统社会控制模式

为了维护社会的正常秩序，嘎多村形成了自己的传统社会控制模式，这多体现在宗教信仰、社会风俗、道德习惯等方面，并相应地形成了不成文的习惯法和禁忌，贯穿和渗透到嘎多村的生活习俗当中，成为一种无形而强有力的集体意识，有效地规范着人们的行为。这种力量在某种程度上与其宗教信仰有着密切的联系，因为人们认为违背公共行为规范就相当于触犯了神灵，必定会受到神灵的惩罚。习惯法和禁忌是嘎多村的传统社会管理模式中较强有力的具体手段，比如尊老爱幼、不奸淫、不偷盗等内容都是嘎多村一向坚持的社会原则，违者皆罚，轻重不一。

现在的社会控制模式在很大程度上已经依据相关法律法规形成规范性和制约力更强的村规民约。县乡人民政府代表于2015年11月28日通过，2016年8月5日重新核定的《嘎多村村规民约》，包含了八条四十一项内容，依据相关法律法规及地方自治条例的相关内容来明确村民应该遵循的行为规范。此《村规民约》的宗旨在于"强化本村社会治安综合治理力度，保障和提高党在农村的条例路线、方针、政策的贯彻执行度，以维护我村社会治安的正常稳定，以确保和促进全村的各项农业建设事业及两个文明建设的顺利进行及稳步、持续、健康的全面发展"；"根据国家法律、法令及系列有关行政法规的规定，以加强依法、以德治村为原则"。此《村规民约》包括公共秩序的维护、计划生育政策的执行、生态环境保护、土地的管理和使用、移风易俗的原则、和谐村寨建设、远离毒品相关措施等等，比较详细和明确。比如关于远离毒品的规定及相关措施："严禁种毒、吸毒、贩毒。远离毒品（特指毒性农产品）。一发现种植大烟苗者，则计面积及其产值的大小、罚款2000~3000元；对于种植法律法规禁种的其他毒性农作物（苏子、麻类等农产品），按自然面积的多少，罚款2000~3000元；对于吸食毒品的行为者，发现一次，除没收其毒品外，并罚1000~1500元，从罚金中提取200元用于鼓励抓获者。"提倡社会主义精神文明的内容："移风易俗，喜事新办，不铺张浪费，丧事从俭，不搞陈规旧俗，不搞宗族派性，反对家族主义，反对封建迷信及其他不文明行为，树立良好的社会风尚。严禁非法生产、运输、储存和买卖爆炸物品；经销烟火、爆竹等易燃易爆物品须经公安机关等有关部门批准。不得私藏枪支弹药，拾得枪支弹药、爆炸物品，要及时上缴公安机关。禁止参与嫖娼、赌博、酗酒闹事。制止宣扬封建迷信、拜神、传播邪教活动。若出现上述现象者，发现一次除承担起应负的责任外，罚款100~1000元。"①

通过与现代管理模式相结合，嘎多村的传统社会控制模式得到一定的优化，更显两者结合的优越性，必将有利于嘎多村在新时期的稳定与和谐发展。

（五）习惯法与禁忌

在漫长的社会历史发展过程中，佤族形成了适于自己传统社会发展的一些习惯法，比较典型的有送腿习俗、同姓不婚等。

送腿习俗（佤语dox nba，意即赠送猪腿），是佤族传统社会中以男性为轴心、以猪腿为媒介单向赠送礼物，用于维系家族关系、理顺家族谱系

---

① 资料来源：《沧源佤族自治县单甲乡嘎多村村规民约》。

的一种古老方式。送腿的方式，不同地方存在一定的差异。嘎多村佤族至今还比较完整地保留送腿习俗，办红白喜事时杀猪必送腿。送腿模式一般呈单向传递，即从幼到长，依次由弟送给兄。若兄弟已经不在世，弟弟的大儿子送给哥哥的小儿子，依次类推。如果赠送的是右前腿，接受腿的人要还给送腿人猪脖子，以此维系其在家族中的某种关系，也以此维持两人作为家族成员的联系。家庭关系复杂的，比如有收养关系的人之间，有些人可能会收到两条腿，但还猪脖子的对象只能是血缘上最亲的人。红白喜事的猪腿都送给固定的对象，但如果接受腿的人去世了，送腿的人要换一个送腿对象时，只能在婚事、建新房的时候换。这些规矩，每个家族都必须遵循，不能违背。

　　同姓不婚，顾名思义，即同姓氏的男女之间不能通婚，这是佤族极为稳定的制度文化，也是他们约定俗成并共同遵守和维护的习惯法。嘎多村将同姓不婚视为神圣的制度和原则，绝不可触犯和违背。嘎多村民认为同姓婚会引起灾难和导致寨子肮脏，而同姓婚的实际社会问题在于会打破一个家族原有的亲属关系，包括与此相关的亲属称谓体系。因为，在相对狭窄的佤族传统社会空间中，同姓基本就等于同宗，同宗人多少代延续下来的亲属关系和亲属称谓体系同时与姻亲和血亲有关，而之前的姻亲和血亲都是基于族外婚（更早期应是氏族外婚，后来是异姓婚），所以同姓婚会引起这些既定关系的紊乱。血缘关系已经比较远的同姓男女实在要通婚的话，那就必须根据传统规定进行正寨、扫寨、洗寨等，还寨子以安宁和洁净。用于洗寨子的牺牲为白公鸡、小母猪，白色象征洁净，小母猪则是献给神灵的，只有老人可以食用。洗寨仪式所需物品由男女双方共同出资置办。

　　与习惯法相关的是，嘎多村在维持社会秩序、培养健全人格等方面，还形成了许多禁忌。比如：

　　1. 不能动手打父母，否则会遭报应。

2．同姓不能结婚，否则命不好。

3．女人出嫁和去世安葬的日子不能选天干"丙（佤语rāi）"这一天，否则不吉利。

4．不能坐在磨刀石上，否则说话会结巴。

5．除了小拇指外，不能用拇指指彩虹，否则拇指会弯。

6．小孩不能在碓上坐或玩耍，否则不会说话或者变笨。

7．祭祀仪式中不能坐祭司的位置，否则祭祀活动会失败。

8．不能在有鬼神的地方砍树，否则会生病等。

9．不能在宗教祭祀活动场所解小便、大声说话，否则会遭殃、倒霉。

10．出殡或接新娘的队伍不能有人摔跤、插队，也不能让其他人或家禽家畜穿过，这极为不吉利。

11．男人不能往妇女正在织的布下面走过，否则会倒霉。

12．不能让食物掉进河里，否则来年会歉收。

13．属龙这天不能到田里干活，否则田会坍塌。

14．得知寨里有人去世就不能去田地里，否则来年稻谷生长不好。

15．不能让断掉的树根留在地下不埋，否则听力会被损坏。

16．腐坏的木桥不能烧，因为不吉利。

以上禁忌涉及宗教信仰、生产劳动、日常生活、婚丧嫁娶等多个方面。在嘎多村，禁忌是用于限制和规范人们行为的一套观念体系，是嘎多村在漫长的历史发展过程中约定俗成的精神文化，受到村寨全体成员的维护。过去，在现代法律无力触及的传统社会，禁忌在一定程度上与习惯法结合起来起到了法的作用，发挥了维护社会秩序的基本功能。

（六）民间纠纷与调解

嘎多村传统社会有人专管民间纠纷的调解，主要调解偷盗、土地、牲口吃庄稼等引起的纠纷。由于嘎多村与缅甸毗邻，因此，针对可能发生的相关问题，都在嘎多村的《村规民约》中有所规定。比如在边境线附近种

地、放牧、伐木等,《村规民约》第五条第四项规定:

> 境内必须保持距离边界150米以内,不准开耕种地,不准打猎放牧,不得伐木、放火,违者自觉承担相应的条约责任。①对过耕种地,一律退耕还原,否则以面积计罚每亩50元。②对于打猎放牧而造成意外事故或被盗失踪,自己承担责任。③对于伐木、发生火灾事件,除给予还原外,对木材则按棵数计算管理费(含罚金)80元/棵,对于火灾面积计罚每亩500元。

嘎多村的民间纠纷,有些具有传统性,有些具有特定时期的独特性。对民间纠纷的调解,相对于过去也更多地具有行政化和规范化的特点。老百姓已经逐渐形成向村里反映和汇报情况的意识,而不是将发生的纠纷完全视为民间事务。因此,解决问题也随之更及时和有效。

六、生态环境

(一)地理位置

沧源县位于祖国的西南边陲,单甲乡位于沧源县东部,平均海拔1850米。嘎多村地处沧源县东南部,位于单甲乡政府西南面,距沧源县城80余里,距单甲乡政府31千米。

(二)气候与物产

嘎多村平均海拔1750米,平均气温17℃,年降水量2400毫米,在沧源属于冷凉气候。嘎多村的传统物产主要有茶叶、木材、野生木耳等,其中茶叶是嘎多村主要的经济来源。根据当地的气候特点,近年来进行产业调整后,嘎多村开始种植核桃、佛手、蓝莓、樱桃、杨梅、台湾甜脆桃等果木。

(三)水土资源

嘎多村总面积为42平方千米,林地面积35501亩,公益林23342亩,水田面积1306亩，旱地面积2226亩。①嘎多村境内最大的河流是东丁河，东丁河的源头也在嘎多。总体而言，由于较大面积原始森林的涵养，嘎多村的水资源比较丰富，土地比较潮湿。

（四）饮水工程

过去，嘎多村多饮用井水，或以竹笕引水到寨，之后也用蓄水池。2008年嘎多村自来水饮水工程得到落实，自来水已覆盖全村。2016年，全村新建10立方米的过滤池1座，30立方米的主蓄水池2座，10立方米的分水池5座，铺设引水主管5千米，支管11千米。②相对于过去，这极大地方便了人畜饮水，也将提升"月亮古寨"旅游度假区的服务效率和质量。

（五）厕所改造

嘎多村过去没有公厕，加上每家都饲养家禽家畜，这多少给村寨公共

◇兴建中的东丁水库

---

①数据来源：嘎多村委会资料。
②数据来源：嘎多村委会2016年度工作总结。

卫生带来负面影响。随着建设"美丽家园"理念在全村人意识中的逐渐深化，人们在村寨公共卫生建设方面的需求也有所加大。目前，在村干部和群众的共同努力下，全村已建盖砖瓦结构公厕9间，极大地改善了村寨卫生。

（六）民居建筑变迁

嘎多村传统民居建筑主要是干栏式和落地式两种，其中以干栏式住房居多。传统住房屋顶均为茅草，墙体有木板和竹笆两种，大门顺梁而开。干栏式住房楼上住人，楼下堆放杂物和关养牲口。过去，富有者住房比较高大、宽敞，墙体为厚实的木板；普通人家住房相对矮小、狭窄，墙体为竹笆。刚从主干家庭分离出来的核心家庭或尚无子女的年轻夫妻家庭，住房一般建成四脚落地房，房门错梁而开。之所以如此，主要是由于建盖干栏式住房需要大量的木板、木料，刚分出的家庭没有足够的经济实力建盖。

过去，由于野兽的猖獗和猎头祭谷习俗的盛行，嘎多村在村外几百米处挖了一道壕沟（佤语ou）防御，但现在已经没有人能说清楚这条沟准确的深度和宽度，经过多年风雨的冲刷，现在尚隐约可见的壕沟深度和宽度大概有2～3米。经过半个多世纪的发展，嘎多大寨有的地方已经突破了这道防线。现在的嘎多村村庄建设对村寨周围环境的设计要求，主要是在安全的基础上，更注重绿意的舒适感，以实现宜居的目的。

进入2000年以后，随着政府茅草房改造工程的实施，部分村民开始建盖落地式住房，屋顶主要是石棉瓦和油毛毡，传统的住房建筑形式有所改变。2012年，部分农户享受国家实施的"佤山幸福工程"项目，经济基

◇火　塘

础较好者，有少部分建盖了钢混结构房，彻底告别了传统住房建筑，不仅房子更加高大，而且也更加宽敞明亮，卫生质量也有所提高。但是，从整个嘎多村的情况看，70%左右的住房仍然是传统的干栏式住房。

目前，给嘎多村的民居建筑带来快速转变的是始于2014年的"月亮古寨"旅游度假村建设，此工程主要涉及嘎多大寨，包括上寨和下寨。"月亮古寨"旅游村寨的打造，要求之前尚未实施"佤山幸福工程"的村民统一建盖住房，结构为传统的干栏式建筑，屋顶为青瓦，青瓦上铺盖竹片。相关资料显示：2015年实施"美丽家园"建设特色民房改造132户，其中实际完成117户，未启动15户；当年完成危旧房改造229户，其中砖混房112户、木板房117户。全村未改造204户。①从以上数据中可以看出，最近几年嘎多村民居建筑的变化速度，这里包含着各种力量的助推作用，而非嘎多村的自然变迁。

◇ "佤山幸福工程"实施后的嘎多六组

---

①数据来源：嘎多村委会资料。

《沧源佤族自治县单甲乡嘎多村上寨自然村美丽家园旧村旧房改造建设方案》明确规定了"美丽家园"工程的建设任务、目标、方式及期限，其中建设任务为：实施上寨自然村旧村改造及113栋旧房改造，围绕布局美、庭院美、村庄美、环境美、产业美、活力美、和谐美这一目标，按照"美丽家园"建设标准和传统村落保护要求，在保持现有村落完整和原有风貌的基础上完成民居改造163栋，并配套村内道路硬化、排水、活动场地、停车场、养殖小区、垃圾池及消防等基础设施；将嘎多村上寨建设成集民俗体验、休闲养生、旅游观光于一体的佤族特色浓郁的"边境旅游度假绿色生态示范点"。建设方式是：按照修旧如旧、建新如故、完善功能的要求，对现有房屋进行提质改造和特色包装；采取统一规划、统一组织、专人指导和农户自建的方式进行，由乡政府统一聘请3名技术指导员分3组分别指导，并组建由乡、村、组相关工作人员构成的驻点工作组，分3个小组负责统筹协调改造工作。建设期限为：2014年10月至2015年10月，共1年。建设原则是：坚持保护与开发并举，按照修旧如旧、建新如故的改造理念，项目建设尽可能地保持村子原貌，不砍树、不挖山、不填塘；坚持因地制宜、分类指导、彰显特色的原则，即突出佤族建筑特色；结合人文、地理、环境、产业等资源因素，根据实际情况对适于原址提质改造的民居就地提质改造，对适于原址拆除新建的民居就地拆除新建，对不适于原址建设的另选址新建；结合旅游开发，配套建设必要的旅游服务设施，并注重与公共基础设施建设的有机融合；坚持政府引导、群众参与的原则，项目建设要充分肯定群众的主体地位，充分发挥群众的主体作用，引导群众发扬主人翁精神积极参与"美丽家园"建设；坚持量力而行、分步实施的原则，根据现有资源的具体情况，分阶段实施和完成计划；坚持缺什么补什么的原则，根据村庄具体实际情况查缺补漏，有针对性地填补缺漏、强化功能系统，促进全村可持续发展；坚持安全、节约、优质、高效的原则，项目建设在确保质量和安全的前提下本着节约的原则，改造时尽可能使用原有物资，最大程度减少浪费，以达到优质、高效。

此外，该项目建设规划包括：

1. 民居房

嘎多村上寨自然村实有民居房113栋。其中：干栏式二层40栋，落地式一层65栋，砖混、砖木结构房屋8栋。

（1）干栏式二层木结构民居房改造：总40栋，此部分为二层木结构，一层层高1.4～1.6米，为杂物间及畜圈；二层层高1.7～1.9米，为居住用房，墙体为竹笆或木板，石棉瓦屋顶，楼面为竹笆或木板。木结构穿斗较简单，楼板、墙体拼接铺设较简单，做工粗糙。每栋建筑面积50～70平方米，总建筑面积约2500平方米。改造方案：①将原民居一层加高至1.8米，加固柱脚并对地面进行硬化处理，保留柴火储存、农具间功能，部分经济条件较好或家庭成员较多的农户，一层加设两间卧室和一间洗澡间，其余部分设为家庭活动空间。②二层保持原有层高，楼板加铺油毛毡和竹笆，以现有墙体内侧加装层板的方式改善密封和防水条件，并根据各户实际情况分隔卧室及其他功能用房。③屋顶采用青黑色树脂瓦，加铺竹片瓦。④院子建设10～15平方米晒台，地面采用石片铺筑，以提高人居质量及卫生程度。对于这部分的民房改造，嘎多村还做了比较详细的投资预算，包括所需材料和劳动力，将耗资111225元。

◇ 新式干栏式民居

◇ 新式落地式民居

（2）落地式一层民居房改造：总65栋，其中木板房50栋、茅草房1栋、空心砖瓦房1栋、竹笆房13栋。落地式民居房的建筑结构形式比较简单，主体结构损坏较严重，功能不全，属于危房。每栋建筑面积40～60平方米，总建筑面积约2500平方米。改造方案：根据农户意愿和经济实力，可选择新建木结构干栏式户型（二层）或对现有木结构落地式户型（一层）进行改造。①木结构干栏式户型，层数二层，每栋建筑面积120～140平方米；建筑规格及模式与提质改造的干栏式二层相同。②木结构落地式户型，层数一层，每栋建筑面积不低于60平方米（"五保户"除外）。基

◇ "月亮古寨"民居的月亮标志

础：支砌30厘米高水泥平台；墙体：墙高约1.7米，支砌红砖墙50厘米。外墙沿墙脚贴原有老旧木板（如无木板可用竹笆替代），内墙用7~9层胶合板密封。木梁高2~2.2米。尽可能保留屋顶。院子地面采用石片铺筑。这部分民房改造的投资预算为88245元。

（3）砖混砖木结构民居房改造：共8栋，其中：单层抗震砖混琉璃瓦房3栋，单层抗震砖混平顶房4栋，抗震砖混楼房1栋。此部分房屋为近几年建盖的新房，结构抗震性能良好、功能较全，但与村庄建筑原貌不相协调，每栋建筑面积80~120平方米，总建筑面积约650平方米。改造方案：按照现有木结构房屋的风格特色进行外观协调包装改造。①外墙、门窗，采用旧木板或竹笆进行包装。②屋顶加盖竹瓦，原为琉璃瓦顶的，需更换成青黑色树脂瓦。这部分民房改造的投资预算，砖混平顶房包装为29400元，琉璃瓦房包装为44200元。

预算材料显示，以上这三种民居建筑改造需要投资1049.3925万元。

从以上民居建筑改造方案来看，嘎多村尤其是嘎多大寨（包括上寨和下寨）的民居建筑正在发生急剧的变化，这也将是嘎多村历史上民居建筑文化发生急剧变迁的重要时期。与此相应的，还有整个村落基础设施建设的全新局面。

2. 嘎多村大寨村内配套设施建设

（1）道路硬化。在保持村内道路原貌的基础上，按照不进行大改动的原则，采用石板或弹石对之进行硬化加工处理，路边设有石砌排水沟，以适应即将出现的村内流动人口增多、卫生工作难度增大的实际需要。对于寨内步行小径及入户步行道，坡度较缓处采用石板或整毛石设置汀步，坡度较陡处结合支砌踏步，达到使村庄自然古朴、整洁有序、出行方便舒适的整体效果。相关预算资料显示，这部分的投资将达到173.84万元。其中：主、次干道2000米，70.42万元/千米，共140.84万元；入户路2200米，15万元/千米，共33万元。

（2）排水沟渠。为了提高旅游景区排水系统的功能，将修建排水沟渠3000米，预算资料显示，排水沟渠50万元／千米，共投资150万元。

（3）电力工程。铺设163户地下通电线路工程，投资150万元。

（4）人畜饮水工程。新建5000米供水主管道及减压池，单价11.5万元／千米，投资57.5万元。

（5）文化活动场地。建设1000平方米的活动广场（兼防灾避险场地），单价800元／平方米，投资80万元。

（6）停车场。建设500平方米停车场1块，单价300元／平方米，投资15万元。

（7）卫生室。建设80平方米村级卫生室1栋，单价1500元／平方米，投资12万元。

（8）旅游卫生公厕。建设12个蹲位的旅游卫生公厕3个，单价10万元／个，投资30万元。

（9）垃圾池。建设20立方米集中处理式垃圾池4个，单价1万元／个，投资4万元。

（10）养殖小区。建设集中养殖小区4380.4平方米，单价630元／平方米，投资275.96万元。

（11）村庄绿化及古树、古木保护。采取见缝插绿的方式，按照"村头村尾树成林，农户房前十棵树"的建设要求，在公路两旁、村庄内外、农户庭院分别种植云南藤黄、旱冬瓜、大叶樟、樱桃、李子、白木瓜、柚子等树种3650株，投资40万元。

（12）亮化工程。安装佤族特色路灯40盏，单价15000元／盏，投资60万元。

（13）消防设施建设。建设150立方米消防专用蓄水池，寨内架设1800米环式室外消防管网，合理布置室外消防栓，每户配备2具4公斤干粉灭火器，投资35万元。

（14）边坡治理。对村内户外的边坡，采用石块、鹅卵石进行堆砌垒码硬化防护特色处理，按15元/平方米计算，投资30万元。

（15）建设特色寨门3座，投资100万元。

村内配套设施建设合计投资1213.3万元，项目总投资2262.6925万元。

嘎多村是典型的传统佤族村寨，尚保留着诸多佤族传统文化。其生计方式、衣食住行、宗教信仰、风俗习惯、道德规范、民间艺术、民间医药、社会组织等方面，在不同的历史阶段发生着不同程度的变迁，特别是进入21世纪以来，嘎多村的变化更是全面且深刻的，使村寨呈现出一派今非昔比的新景象。嘎多村变迁的过程，是传统文化与现代化互相影响和碰撞的过程，也是传统文化和现代化互相包容的过程，同时也应该是传统文化自觉创新、自觉优化而不失优秀品质的过程。

附录：访谈对象

1. 嘎多大寨各组访谈对象

组别	姓名	年龄	文化程度	提供内容
一组	李保拉	75	文盲	口述史
一组	陈文光	55	小学	民间医药
二组	李跃达	70	小学	民俗资料
二组	陈搞块	83	文盲	佤族传统歌调
二组	肖保伞	61	小学	口述史
三组	陈门赛	65	小学	民间医药
三组	陈模布勒	63	文盲	口头文化
四组	陈保三木	65	小学	口述史
四组	肖那保	61	文盲	口述史
五组	肖洪茸	67	文盲	宗教信仰

续表

组别	姓名	年龄	文化程度	提供内容
五组	肖改松	65	文盲	祭祀文化
四组	肖尼布勒	52	小学	口头文化

2. 其他访谈对象

姓名	单位	提供内容
李跃明	沧源地税局（嘎多人）	各种民俗口头资料
肖文忠	单甲乡政府（嘎多人）	文件资料、村建口头资料
赵开明	沧源县人事局（驻嘎多村工作队）	民俗口头资料、村建口头资料
李金明	嘎多村委会支部书记	文件资料、村建口头资料
肖春梅	嘎多村委会主任	文件资料、村建口头资料
肖本忠	嘎多村委会副主任	民俗口头资料、村建口头资料
肖文红	嘎多村务监督主任	民俗口头资料
肖卫明	嘎多村武装干事	民俗口头资料、村建口头资料
陈艾那	嘎多村党支部委员	民俗口头资料
陈学英	嘎多村委会村级后备干部	文件资料、村建口头资料
赵光新	沧源县供销社（曾在嘎多工作）	民俗口头资料
肖文荣	云南民族大学15级学生（嘎多人）	民俗口头资料和文字资料

纳西族社会历史回访再调查
——以玉龙县黄山镇为例

和金光

20世纪50年代开展的纳西族社会历史调查，对丽江县巨甸乡、黄山乡、大研镇等调查点进行了调查，形成《丽江县第五区巨甸乡解放前土地关系初步调查》《丽江县第一区黄山乡解放前土地关系初步调整》等文，汇编成《纳西族社会历史调查》，1983年由云南人民出版社出版。根据这次再调查工作的安排，综合地理位置、社会经济文化变迁等情况，我们选取黄山镇作为调查点，以客观反映第一次调查后至今半个多世纪以来的纳西族社会经济发展状况。

　　黄山，1952年属丽江县的第一区。1958年属丽江县玉龙公社，曾获得周恩来总理署名的国务院奖状，被评为"农业社会主义建设先进单位"。1984年，改为丽江县玉龙区黄山公社。1988年设立丽江县黄山乡。2002年丽江撤地设市。2003年分设古城区和玉龙纳西族自治县，黄山随之撤乡建镇，而玉龙新县城的建设也在黄山镇的五台全面展开，黄山镇成为玉龙县在丽江坝区的少数乡镇之一，是玉龙县的政治、经济、文化中心。

　　黄山镇位于丽江坝区西南部，距离世界文化遗产丽江古城2千米。全镇面积约为92平方千米。境内拥有高原湖泊文笔海和滇西名寺文峰寺、正觉寺、启文寺等。因为以白沙细乐为代表的纳西古乐在黄山镇境内得到较为完整的保存和流传，故黄山素有"纳西乐舞之乡"的美誉。

2016年，黄山镇下辖4个居委会（白华、长水、文华、五台），3个社区（白马社区、漾江社区、南口社区），1个村委会（南溪），共有31个村民小组，是一个纳西族聚居的乡镇。黄山镇总人口509户11916人。其中农业人口8087人，非农业人口3829人；男5807人，女6109人。纳西族12111人，汉族1286人，其他民族829人，纳西族人口占黄山镇总人口的85%。全镇实有劳动力6566人，其中农业人口3873人、工业从业人员38人、建筑业从业人员71人、运输业从业人员701人、批发及零售业人员161人。地处坝区，水土条件优越，因此种植业相对发达，粮食作物以玉米、小麦、油菜和蔬菜大棚为主。南溪村委会地处高海拔山区，平均海拔3200米，由于气候及土壤条件特殊，粮食作物以马铃薯、秋油菜为主，经济发展相对滞后。黄山镇是玉龙县重要的非公有制经济开发区，辖区内有南口生物工业园区、嘉和公司、瓦沙毕公司、深圳绿A公司、玉园公司、映华集团、纳鑫门窗厂等龙头企业，黄山镇已处在丽江城市发展建设的核心区域。

本次纳西族社会历史再调查，由和金光副研究员负责，组织了云南民族大学纳西语专业的洪颖云、和磊、木敏、张海禄、和泳祺、和丽芳等12名同学深入黄山镇各个村社进行调查。

一、村寨概况

（一）村寨的历史与传说

黄山镇经历了漫长的发展历史，在这个过程中，各地积淀下许多历史传说和村寨文化。

五台村位于黄山镇的最东边，是黄山镇一个重要的居委会。背靠五台山，沿漾弓江而居，"五台"一名即取自五台山。自2003年3月起，为支持玉龙新县城建设，五台"舍小家，顾大家"，全村9000多亩地被征用，全国唯一的纳西族自治县新县城在五台开始建设。在"政府主导，市场运作，企业开发，经营城市"的城市开发建设新理念，以及把玉龙新县城建设成为具有"遗产地特点、纳西族特色、玉龙县特征"的现代旅游城市目标指引下，台湾翔鹭集团超五星酒店、广州美林基

◇五台村布局

业集团雪山水城、江东五星酒店、蛇山国际森林休闲运动公园等全县重点招商引资项目逐渐入驻玉龙新县城，南口工业园区建设已经粗具规模，丽江火车客运站的建设、丽江市上吉村新农村示范点建设工作逐步完善，丽江市夏禾、下束河古村落民族文化生态村规划编制工作已经基本完成，五台居委会发展预留地（按县城征地10%返还给村社的国有土地）的开发工作正有序开展。五台已经成为玉龙县政治、经济和文化中心，随着社会主义新农村建设进程的不断加快，一个纯农业生产的村委会正逐步转变为依托城市发展的社区居委会。

从五台往西，前往马鞍山的方向，首先会经过白华。白华，纳西话叫"堆坞"，位于丽江坝子西南部，黄山镇东北部，是黄山镇政府所在地。距市区1.5千米，距玉龙县城4千米。白华居委会东接东干河、北接古城区尚义村、南接黄山镇五台居委会、西接黄山镇长水居委会，辖区内河流有鱼米河、东

◇白华居委会

干河，耕地面积2511亩，林地面积2450亩，森林覆盖率为30%。最高海拔2395米。全村年平均气温18.6℃。年平均降水量为954毫米，降雨充沛，每年的6月至10月为雨季，日照充足。

再往西就是文华。文华，纳西语称"母百"，据当地人说，在隋朝以前，新疆准格尔王出兵到青海格尔木，继而进兵西藏拉萨后称为格萨尔王，写了一本《格萨尔王传》，书中记载有"母百"一词，是边界界桩的名称。文华有文华上村、文华中村之分。文华上村位于文华西北部的马鞍山脚下，属于文华上片，故称为"文华上村"。文华中村居住在文华辖区的中心地带，是本社区的政治、文化、经济活动中心，故名。文华中村先民来自巨甸。巨甸半空和寨首领和蝶、和失与查空张政权（木天王上辈）激战7天7夜，战败后，只得上贡香米、优质的麦子。清朝雍正年间"改土归流"，流官治下，设办事机构在文华中村，故称为"猛泊"，又叫"母百"。

文华的北边是位于马鞍山脚下的长水。长水，纳西话为"恩可"，"恩"是"牛"的意思，"可"是"园"的意思，合起来就是"牛园"的意思。传说在木老爷统治时期，长水是一个水草肥美的地方，自然而然成为木老爷家放牛的首选之地。也就是从那个时候起，长水被纳西族称作"恩可"。现在的汉语称呼"长水"也是有由来的："长水"一词有"长长的流水"之意，而这条长长的流水就是指自北到南贯

◇文华村村口竖着标有村名的石碑

穿长水的青龙河，也就是说，"长水"一词取自那条长长的青龙河水。青龙河，它的名字也有个由来：据说很久以前，人们为了防止汛期的时候河两边的堤坝被水冲垮，便自发组织在河的两边种柳树，当柳树长成，人们爬到高处远眺，发现河两边的柳树顺河蜿蜒，就像一条青龙在游走，故此人们给这条河取名为"青龙河"。

南溪位于长水的西南，是一个坐落在文笔山下的村寨（文笔山与马鞍山相邻，位于马鞍山的西南方）。南溪有许多的地名传说：满上、满中纳西语统称"满子思"，满下纳西语叫"敦古"。相传在木老爷时期，该地有很好的草坪，适合放牧。因此木老爷的马就被圈养在此。随着时间的推移，"马场山"被来此居住的纳西村居民称为"满子思"。文屏地处文峰寺上方，纳西语称"东科龙"。"科龙"意为"沟壑"，"东"意为"陡"，此地以地势陡峭的山沟而得名。金龙，纳西语称"金本阔"，听村里的老人讲，村名是因一种叫"金本"的草本植物而得名。相传在很久以前，这里还没有住人，一天，一个大人的马脱缰而逃，很多佣人来找马，发现马被一种草困住。大人听说此地有很多"金本"，他的马也因为"金本"找到，就下令此地叫"金本阔"。"旦都"，纳西语称"哒读"，"哒"有"砍"之意。相传有一个鹤庆人来到"崩子柯"，他看到满地都是竹子，于是一路砍竹子而来，来到"恨巨"发现一滩清澈见底的水，还有一只鹿在戏水。他觉得有水有竹是个好地方，所以决定在这里繁衍后代。鹿子村，纳西语称"窜磋本"，意为鹿路过的村子。因从前还没有人居住的时候鹿较多而得名。

（二）民族构成

黄山镇人口构成中纳西族人口居多。近几年来，随着交通日渐便利，通信工具日趋发达，各民族之间的交往也越发密切。除纳西族外，境内还有白族、藏族、普米族、汉族、彝族等。截至2016年，五台共642户，约2650人。其中，民治91户，约370人；中和161户，约700人；上吉146户，约

598人；夏禾121户，约510人；下束河123户，约470人。纳西族聚居，有少部分的藏族与汉族，但是所占比例不大，藏族不超过10户，汉族则更少。白华总户数885户，人口3087人。据统计，有纳西族3037人、汉族37人、傈僳族4人、白族5人、彝族2人、藏族1人、普米族1人。文华总户数553户，人口2255人。纳西族聚居，有少数汉族、白族、藏族、傈僳族，553户中，535户均为纳西族，另外18户家庭中均有一名为其他民族，多是从其他地方嫁进文华的。长水有579户人家，共2373人，纳西族有2347人，占人口总数的99%。此外，白族15人、普米族6人、藏族5人，共26人，占人口总数的1%，主要也是通过婚嫁的形式到长水的。南溪村委会总人口1545人，纳西族占总人口的98%。此外，也有少部分白族、汉族等外嫁而来，占总人口的2%。

（三）性别与年龄状况

黄山镇总人口11916人。其中：男性5754人，占总人口的48.3%；女性6162人，占总人口的51.7%。

五台男女性别比例基本持平。

白华总人口为3087人。其中：男性1420人，占46%；女性1667人，占54%。劳动力有1450人。在校学生630人，其中大学生58人。

文华总人口2255人。其中：男性1137人，占50.4%；女性1118人，占49.6%。城镇户口384户，农村户口169户；城镇人口1542人，农村人口713人；劳动力有1283人。0~10岁的占总人数的9%，11~20岁的占总人数的12%，21~30岁的占总人数的14%，31~40岁的占总人数的13%，41~50岁的占总人数的14%，51~60岁的占总人数的12%，61~70岁的占总人数的13%，71~80岁的占总人数的9%，90岁以上的占总人数的4%。

长水总数为2373人。其中：男性1091人，占总人数的46%；女性1282人，占总人数的54%。社区中的青壮年人口较多，约占总人数的3/5；未成年人占总人数的1/5；老年人占总人数的1/5。社区中暂无百岁老人。

南溪村委会总人口1545人。其中：男性778人，占总人口数的50.3%；女性767人，占总人数的49.7%。

（四）人口流动与趋势

黄山镇的人口流动趋势总的来说变化较大，因为黄山镇地处市区周围，距离市中心仅有2~3千米，交通便利，所以在市区务工的外来人员在白华租房屋住的情况较多。据统计，2016年在白华租房居住的人口达到了469人之多。在黄山镇白马社区中有类似尚品国际、和业柏桦等的大中型小区6个，且各个小区的入住率高达70%~85%。五台人口流动的趋势相对较为平稳，其中有95%的居民基本处于不流动的状态，有40%的劳动力常年在丽江市区内打工谋生，这些打工者的年龄段在20~50岁之间。但是随着玉龙新城的建设，五台周边建起了白玉园、天籁雅筑、文峰苑等58个小区，小区业主入住极大提高了黄山镇的人口数量。文华目前人口流动不明显，只有极少数的人口流入和流出，流入和流出人口都不到总人口数的1%。长水近几年的人口流动的变化不大，社区中常年外出务工的人很少。

人口流动的主要原因：一是婚嫁引起的人口流动。嫁出去，娶进来，这是社区中人口变动最基本的方式。二是外地人的进驻。近几年来，社区内来了许多外地人，他们有的是来这边租房子住，有的是来这边经营小本生意，比如开小卖铺、开饭馆、开诊所、开修理铺等。社区内很少有人常年在外。长水社区离市区较近，居民即便进城务工，也是早出晚归，很少有人长时间在外务工。南溪村委会总人口1545人中，其中40%为流动人口，60%为常住人口。流动人口主要包括在外务工的青壮年和在外读书的学生。2000年之

◇ 白华出租屋

前，整个南溪村委会流动人口很少。2000年至今，伴随着道路的建设和人们意识的提高，越来越多的人选择在外务工。南溪村委会在外务工的流动人口主要从事城市道路运输，从事城市道路运输的人数达到在外务工流动人口的95%。

（五）村寨今昔变迁轨迹特点

黄山镇近年主要增加了白马、漾江、南口三个社区，这三个社区都以小区为主，且大部分都是在各居委会被收购的基本农田上建设起来的。

在2003年以前，五台村并不属于黄山镇。但2003年区县分设后，五台居委会由原来丽江纳西族自治县大研镇划到玉龙纳西族自治县黄山乡，从此五台村成为黄山镇的一个部分。2007年设为黄山镇五台居委会。

新中国成立前期，流经长水村的青龙河以东有五个村：尚义、中河、宏文、安乐、清溪；青龙河以西有五个村：忠屇、茨满、上长村、中长村

◇ 长水社区居委会办公场所

和下长村。这十个村都隶属文瑞乡刺沙里，不过后来各自为政，就划分为了现在的十个村寨。随着时代的变迁，长水上长、中长、下长三个小村合并成了长水村。

长水原先有七个大队，而如今的长水却只能从二队开始算起。早先的长水村一队是如今的尚义村，据村里的年长之人讲，以前的长水地广人稀，有一年村里来了许多白族人，村里人见他们没住处心生怜悯，经商讨以后把一队的土地借给他们建房居住。久而久之，长水的一队就变成了白族人聚居的一个小地方，被当地人称为"类布灿"。后来，一队逐渐从长水村分离出去，成为如今的尚义村。所以，如今的长水村是从二队算起直到七队，共有六个大队。按大队的方式来划分长水村是以前的方式，虽说这种划分方式已成过去式，不过这样的说法早已成为大家的习惯。

白华、文华、南溪村的变迁轨迹则没有多大变化。

二、经济建设

（一）传统经济体系的变迁

自1996年"2·3"大地震以来，丽江旅游业得到极大的发展。黄山镇的经济发展方式从原先的以耕种养殖为主的小农经济向以旅游服务为主的旅游经济逐步转变。同时，也有部分向着工业方向发展转变。总体的变迁趋势是从农业经济逐步向工业和服务业转变，其中向服务业转变的比重较大，在黄山镇从事服务业的人员中从事旅游服务业的占了70%，从事批发零售的占了5%，从事农家乐等个体经营的占了20%。

自2003年以来，五台因玉龙新县城征地建设以及高尔夫项目征地建设、南口工业园区建设、2008年火车站征地建设、2010年城镇上山项目建设等一大批项目的陆续实施，耕地被大量征用，五台群众也由农民变为城市居民，传统的农业生产生活方式发生着巨大的变化。为引导群众转变发展方式，各级政府、部门以及五台社区做了大量的工作：依托辖区项目建设提高就业率、参与大量的项目建设运输、举办劳动技能培训提高劳务输出和就业、投入旅游服务接待等等。五台村的经济体系也开始从原来的农业劳作逐渐向工业、服务业的方向过渡。

直至20世纪末，白华的传统经济体制以农业为主，有90%的人口从事农业，主要包括种植业、养殖业，有一小部分人从事第三产业，主要是旅游接待（农家乐）、运输、零售、餐饮等。2000年以后由于经济社会的变迁、旅游业的发展、城镇化进程的加快以及耕地的被收购，白华经济发展出现了转型，从事第三产业的人员大幅度增加，据不完全统计，到2016年，白华居委会从事第三产业的人员已经占了白华总人口数的65%。

2003年以前，文华村的主要经济来源是种植农作物和养殖业。当时文华村的田地肥沃，适合种植各种小麦、玉米、蚕豆、鸡豆、油菜籽等各种农作物，夏收和秋收都可以得到可观的粮食。自2003年以来相继征用了文华社区文笔一、二、三组，中村一、二、三组及上村一、二、三组耕地、林地、荒地、园地及鱼塘等总计4456亩，用于开发及市级储备用地2700亩，涉及失地农民471户1948人，占耕地总面积的98%，总人口的94%。直到今天，文华社区仅存集体用地、宅基地等预留地309.6亩，人均0.15亩。所以，现在文华村居民的经济来源以到周边打工为主，社区里80%的劳动力都在周边打工，打工的这些人大多从事于第三产业，主要是旅游服务行业。

小农经济是长水的传统经济体系。居民的生活所需，一般都是自给自足，农田里的收成大多成为自家的储备粮食。新中国成立以来，长水由小农经济逐步转变为集体经济。

◇ 白华五荣镇古塔

现在，随着人们生活水平的提高，社区中的商品经济开始逐渐发展起来，不论是农作物，还是蔬菜或者是牲畜都有不同程度的商品交换，最为典型的是村口的小集市，每天早上都会有居民卖自己家种的新鲜蔬果。与此同时，个体经济也开始发展壮大。社区中经营小卖铺的人越来越多，如今上长村的小卖铺有11家，中长村有2家，下长村有6家。除小卖铺之外，还有8家饭店。随着旅游业的发展，村中越来越多的人投身到旅游服务的行业中去，大多数的人主要是从事旅游客运和旅游接待等行业。

从前，土豆和秋油菜是整个南溪村委会单一的经济收入来源，加上山中土地贫瘠、气候寒冷、水资源匮乏，导致土豆的年产量低，每家每户基本能达到温饱，很少有剩余收入。现在，除种植土豆和菜籽外，还种植玛卡、重楼等药材。也引进高产的新品种洋芋"豆一"，亩产量较高，价格也达到1.2元/市斤。此外，在整个南溪行政村，规模较大的已经有5个药材种植基地。其中格林恒信、南溪药材种植专业合作社较为成功。同时，丽江旅游业的火热发展也让村里的不少人看到了商机，许多人也开始走出村寨，逐步投身旅游客运这一行业。

（二）农作物的种植

在过去，黄山镇的居民主要以玉米为主食，以土豆为主要的蔬菜。小麦、水稻、油菜等作物则主要是用来换钱的经济作物。后来，随着科技的发展，各种农作物以及蔬菜的品种变得优质，种植技术也逐步提升，白菜、青菜、茄子、番茄、青椒、韭菜等蔬菜也就成了黄山镇居民菜园里常见的蔬菜。这些蔬菜不仅成了人们饭桌上一道道美味的佳肴，而且也为当地的居民带来了一定的经济收入。因而这些作物也就成了黄山镇主要种植的农作物。不过由于地理环境、气候降水、阳光日照、土壤肥力等因素的不同，五个行政村所种植的作物也稍有出入。

在征地之前，五台耕地面积广阔，传统农作物主要是小麦、大麦、玉米、蚕豆等，而白菜、葱、青菜、茄子、番茄等蔬菜则成了这边的经济作物。

　　白华村主要种植的农作物有小麦、油菜、玉米、马铃薯等。随着科技的发展，每种作物的品种、种植方式、耕作方式也发生了一系列的变化。同样，白华村村民的菜园子里也种上了各种过去少有的蔬菜。

　　文华的农作物以玉米、油菜、蚕豆等作物为主。如今因土地被大量征用，整个文华社区种植的农作物远没有2003年以前多，目前，仅有文笔一、二、三组，中村一、二、三组及上村一、二、三组种植少量的蔬菜以供家中食用。而文笔四组的地没有被征用，还在种植农作物，农作物以玉米和油菜籽居多，还种植少量的蚕豆和鸡豆。2015年整个文华社区种植玉米908亩，产量为245吨；种植油菜籽343亩，产量为514吨。在2003年以前土

◇ 文华村农作物玉米

地还没有被征用以前，文华社区种植的农作物主要也是玉米和油菜籽，除了玉米和油菜籽外还种植小麦、蚕豆、鸡豆和白芸豆。

长水主要种植的农作物有玉米、小麦、油菜、向日葵等。春季种玉米、油菜、向日葵，而秋季种小麦。据村里的老人介绍，二十世纪七八十年代，村中农田靠近河流，灌溉用水方便的农田就会种植水稻，水稻种植量最多的时候达到100多亩。自从包产到户以后，村里种植水稻的人就逐渐变少了，时至今日，由于天气和水源的原因，已经很多年没人种水稻了。除此之外，近几年长水村也引入了温室技术，开始在长水中长村和下长村种植大棚蔬菜，主要有白菜、青菜、葱、茄子、番茄、萝卜等。这些蔬菜小部分自家食用，大部分对外出售。

南溪村因所处地理位置海拔较高，气候寒冷，水资源匮乏，因此主要种植土豆、油菜等农作物。这些作物也成为当地居民的收入来源之一。后来，发现南溪这边的气候适合玛卡、重楼等药材生存，而且这些药材的需水量不大，所以当地居民就开始种植这些药材。同样地，这些药材贩卖给药商，成了当地居民的经济收入之一。在过去科技还未发达的时候，南溪除土豆外基本种不了其他蔬菜，后来随着大棚技术的引进，耐寒一点的蔬菜如白菜、青菜、葱等也能在南溪生长。在调查南溪村的过程中发现，基本上每户人家都有大小不一的温室大棚，这些大棚主要是用来种植蔬菜。不过，这些蔬菜的产量不高，仅够当地居民自己食用，不用于销售。

（三）农业科技推广

随着社会的发展，科学技术的不断进步，农业科技也不断得以推广。黄山镇的农业科技同样得到了很大的推广。农作物的品种越来越优质化，抗寒抗旱能力不断提高，同时产量也不断增加。黄山镇居民也大量引进这些优质作物的种子，使得粮食的产量大幅提升。除优良种子的引进外，现代化的收割器具，如玉米脱粒机、风箱、收割机等机械被大量用于生产，还有一些除草、除害的药剂也被不断地用于农业生产。如今的黄山镇，因大面积征地，镇上经济开始从第一产业向第三产业转型，种地的人越来越少，农业科技的推广速度也随之放缓。

在征地之前，五台社区都有农科站的农科员对居民农业科技推广进行指导，但是随着农田越来越少，现在已基本不再进行农业科技的推广。

20世纪60年代到70年代末，白华小麦种植方式以撒播和牛耕为主。70年代末推广人工开墒条播规范化种植，90年代全面推广了人工开墒条播。同时逐年加大机旋机播面积，小麦规范化种植和田间管理水平当时在丽江属先进行列。优良品种推广，白华自70年代以来开始引进大理系列小麦良种79-16、凤麦13等。到70年代末白华基本推广了小麦良种，改变了以往种植本地小麦的局面。80年代以来先后引进推广了西昌系列小麦、墨西哥高代种、丽麦1·2号、云麦系列等品种。80年代开始在白华推广开墒打塘点播种植方式，到80年代中期大面积推广了开墒打塘点播种植方式，改变了以前的撒播种植方式。

70年代前主要种植本地品种的油菜，到70年代末80年代初开始推广双低油菜良种、杂交油菜，加上推广相应高产栽培技术措施，使油菜种植面积逐渐扩大，单产水平逐年提高，90年代初被称为"丽江油菜之乡"。小面积高产示范量创当时云南省油菜高产纪录。70年代以前白华玉米的主要种植方式以打塘点播（三顶攻打塘、每塘三株）为主，到70年代末80年代初开始宽窄行双行打塘点播，到1985年、1986年大面积推广了双行塘播，改变了以往打塘点播（三顶攻）种植方式。70年代中期以前玉米品种以本地金黄后、马牙白色谷等为主，1975年、1976年开始进行小面积示范种植杂交玉米，到80年代开始推广种植。到了80年代末，白华玉米种植全部达到杂交品种化。先后示范推广了单玉·6号、七三、大黄132、会单四号、保玉·7号、路单8号、海禾系列等杂交品种。

80年代初，白华为了解决小麦、玉米两季气温不足的实际问题，示范推广小麦间套玉米的种植方式，有效地解决了气温不足导致的两季矛盾问题，小麦间套玉米种植技术得到了大面积推广，有效提高了复种指数，保证了全年粮食总产量提高，该项技术在当时得到了一致好评。

在70年代以前马铃薯种植品种全部是本地品种，到70年代中期开始引进示范种植"克疫""胜利1号"等高产良种，从80年代开始逐渐引进推广"合作88号"高产良种，到2000年以后示范推广了"丽薯1号""丽薯2号""青薯9号"等高产良种。

20世纪80年代以来，白华开始适当减少小麦种植面积，增加油菜种植面积，利用油菜熟期早的优势，推广油菜后作地膜玉米种植高产栽培技术，有效解决了大、小春两季气温不足的问题，保证了大、小春作物增产增收。

文华因土地被征用，农田较少，所以推广农业科技工作受到了影响。

长水的农业科技推广主要有：大棚蔬菜的推广，据统计，现阶段长水社区的大棚蔬菜有240棚。随着农药的推广，居民们在种植作物的过程中使用农药的现象日渐增加，害虫和杂草被轻易除去，作物的产量增加品质也得以提升。居民常用的农药有敌敌畏、除草剂等。化肥的推广使用，为使农作物长势更好，居民们在种植农作物的过程中使用化肥的现象越来越常见，如复合肥、磷肥等。而在化肥推广使用之前，增加土壤肥力的方式主要是使用农家肥。随着科技的发展，种植、收割、处理农作物的方式也更为现

◇ 南溪村的温室大棚

代化。比如：搬运农作物用拖拉机或者电动三轮车，玉米脱粒有专门的脱粒机，去除谷物里的杂物用风箱等。

南溪则主要引进了高产的新品种洋芋"豆一"。"豆一"的亩产量较高，品质较好，价格在每市斤1.2元左右。在现代机械的使用方面，从二牛抬杠的犁地到如今的手扶拖拉机耕地，现在大型拖拉机也渐渐走进南溪，在犁面积较大的田时，更多人选择用大型拖拉机犁田。以前搬运货物都是人力，货物靠人背或手推车或牛拉马驮，而现在都是在用拖拉机和三轮电动车来搬运。除此之外，温室大棚的技术也在南溪村得到推广，现在南溪村的居民家家户户都有一小块自己的温室大棚，用来种植一些比较耐寒耐旱的蔬菜，以供自家食用。

（四）产业结构的调整

随着经济的发展，黄山镇各地的产业结构也在不断变化调整着。2003年区县分设以来，五台居委会由原丽江纳西族自治县大研镇划到玉龙县纳西族自治县黄山乡，2007年设为黄山镇五台居委会。自2003年玉龙新县城征地建设以及高尔夫项目征地建设、南口工业园区建设，2008年火车站征地建设，2010年城镇上山项目建设等一大批项目的陆续实施，大量土地被征用，五台群众也由农民变为城市居民，传统的农业生产生活方式发生了巨大的变化。

五台社区根据玉龙新县城的建设规划，结合五台社区各居民小组的实际情况，围绕各居民小组的区域优势和开发建设项目的特点，特制订了发展思路和工作目标。按照生产发展、生活宽裕、村容整洁、乡风文明、管理民主的社会主义新农村建设标准，加大社区道路、水利、通信、能源等基础设施建设力度；重视基础教育，倡导尊重知识尊重人才的风气；保护自然生态环境、传承好纳西民族文化，建设更加美好的家园；不断加强社区居民劳动技能培训，全面提高劳动者素质，积极探索无地少地居民的发展问题；大力调整产业结构，大力发展第二三产业，努力从事加工、运输、饮食服务、旅游服务等行业，不断增加居民经济收入；以经营城市为理念，加快城市化建设进程，加大招商引资力度，组织和引导好各居民小组预留地的开发工作，依托新县城的辐射带动效益，开办各种经济实体，不断壮大集体经济，将各小组资源优势合理转

◇ 白华外来人口聚集地

化为经济优势。提出要有计划、有目的地发展特色经济。在充分尊重丽江市夏禾、下束河古村落民族文化生态村规划的前提下，在三年内，重点在夏禾、下束河发展20户，在全社区发展50家农家乐。全面完成中和村物流中心工程和上吉新村新农村示范点建设工程，启动夏禾村商业街工程；中和、民治适当发展菜篮子工程，上吉、夏禾、下束河开发花卉林木及庭院经济，搞小型特色经济；逐步完善基础设施建设，加大力度搞好扶贫济困工作，使五台社区各居民小组村村有市场、村村有支柱产业和龙头公司，建成全县最具发展活力的社区委员会。他们依托辖区项目建设提高就业率、参与大量的项目建设运输、举办劳动技能培训提高劳务输出和就业、投入旅游服务接待等等。

　　从20世纪90年代开始，白华因为经济社会发展较快且地处城镇郊区，适当减少了农作物种植面积，开始推广种植夏秋大白菜、莲花白等蔬菜。2000年开始，白华的蔬菜种植面积达80亩，对丽江市"菜篮子"工程起到较大的社会效益，2000年以后加大了大棚蔬菜种植面积，到现在白华大棚蔬菜面积到达110亩。

　　文华自土地被征收以来，也开始由原先的第一产业种植业向第三产业转变。新修建了高尔夫球场，文峰寺也吸引了一些游客。部分居民也以个

体为单位逐步投身旅游客运的行业。

长水的产业由传统的第一产业逐步转向第三产业,但第一产业并未消失,因此长水社区的产业结构如今呈现出第一产业和第三产业并存的状况。社区中主要发展的情况有以下几个方面:一是发展以"农家乐"为主的旅游业和小商品加工业;二是大多数的居民以开旅游车、出租车接待外来游客的方式参与到第三产业的发展中去;三是开杂货店、饭店等个体商业经济也开始在社区里崭露头角;四是传统的种植业如小麦、玉米、油菜等作物的种植依旧在继续;五是发展以鸡、猪、牛为主的畜牧养殖业;六是长水社区的土地资源和便利的交通条件发展花卉、大棚蔬菜等种植业。

现在的南溪村,除种植土豆和菜籽外,还种植玛卡、重楼等药材。也引进高产的新品种洋芋"豆一",亩产量较高。此外,在整个南溪行

◇ 文华村玉龙生态项目区

政村，规模较大的已经有5个药材种植基地。其中格林恒信、南溪药材种植专业合作社较为成功。格林恒信种植公司：2000年挂牌成立，公司位于南溪村委会满中村。占地面积约50亩，注册资金1800万元，公司常驻员工14人。主要从事的是玛卡育苗、种植、加工和销售。南溪药材种植专业合作社：2011年挂牌成立，公司位于南溪村委会旦前村。公司占地面积约为80亩，药材种植面积约为280亩，注册资金150万元，公司常驻员工12人。主要从事药材育苗、种植。其中，重楼种植面积约60亩，金铁锁约20亩，七九约20亩，云墨香约40亩，羌活约20亩。虽说南溪的产业还是以第一产业种植业为主，但也有少部分村民来到市内投身旅游服务业，发展第三产业。

（五）产业方式的变迁

近几年来，随着经济社会的发展及城镇化的推进，黄山镇的产业结构及生产方式发生了巨大的变化。以前黄山镇的产业以农业及畜牧业为主，在当时一些稍微富裕的家庭从事商业贸易。农闲的时候，镇上的人会有狩猎、采药等活动，主要也是为了补贴家用。而手工业的发展则伴随着农业的发展，主要是一些纺织业和农用工具的编织业等，但这些手工业的出现大多是为了自给自足，少有人家有多余能拿出去卖补贴家用的。但是1996年丽江"2·3"大地震重建家园之后，随着丽江的知名度在国内国际上的持续提升，黄山镇产业方式也在发生着变迁，原先的农业占主导地位的产业结构逐步被以旅游业为代表的第三产业所取代，成为镇上居民重要的经济来源，农业的地位虽未被彻底取代，但重头都被旅游服务业所占据。经济水平的提升使得畜牧业也得到一定的发展，平常人家中养上几只鸡鸭，几头母猪已经是习以为常的事情，有些人家还专门将其发展为主业，成为养猪专业户、养鸡专业户。传统的手工业却因经济的发展受到冲击，正在逐步消失。

自2008年至今，白华的耕地面积被征用了约1757亩，占了原有耕地总面积的70%。据统计，截至2015年，白华居委会从事农业的人口仅占了

35%，从事第三产业人口占了55%。第三产业中做旅游接待（农家乐）的约有40户。从事搞运输的约有170人，拥有货车100辆，拥有出租车22辆，拥有旅游车11辆。白华拥有23家零售店。从事租赁房屋的有285户，大部分家庭借白华流动人口多的特点在家中新建了出租房，依靠出租房屋铺面获得经济收入，以2016年统计到的数据表示依靠租赁房屋获得的经济收入平均每年能达到2万~5万元。

文华的生产方式主要由以前的养殖业转化为发展旅游业和从事第三行业服务业。文华目前有养殖户21户：养牛的四户总共54头，养羊的六户总共568只，养马的一户总共8匹，养猪的九户总共916只，养鸡的一户500只。文华有一个玉龙生态项目区，这个项目区是当地的龙头企业。玉龙生态项目区于2003年开工，并于2004年11月竣工。整个项目区占地面积2000亩，依山傍水。有一个标准的18洞的高尔夫球场，是当地的龙头企业。有370名员工，其中当地员工有230人。文华社区现有出租车5辆，旅游车11辆，农用车186辆，自用车418辆。这也是文华村经济从农业向服务业转变的具体表现。

近几年来长水社区的产业方式也是由原先的农耕产业逐步向旅游服务业转变。长水社区依托城乡接合，城郊结合这一区位优势，走出了"一组一业，一户一品"的新路子。上长村主要以"农家乐"民俗旅游为主，2016年民俗旅游接待户有14户，年收入达82万元；参与旅游服务业的人数达140余人，经济收入达368万元。中长村主要以种植业、养殖业为主，发展现代农业。2016年，蔬菜种植户已达88户，种植露天蔬菜的有140亩，大棚蔬菜240棚，逐步发展形成了产、供、销一条龙的形式，种植蔬菜的年收入达到44万元。除此之外，还努力发展以鸡、猪、牛为主的畜牧养殖业，如今畜牧养殖户有41户，其中，上规模的养鸡户有1户，年出栏0.2万只、养猪户30户、年出栏800头、奶牛养殖户10户，年产奶180吨，每年畜牧业的综合收入达346万元。下长村的产业发展是以出租营运、劳务输出为主。

2016年,出租运输业农户有61户,其中出租运营车辆达43辆,农用车18辆,年综合收入达346万元。除此之外,居民还利用农闲时节进城务工、经商,每天进城务工、经商的居民近300人,完成2万多元的农副产品交易。

调查结果显示,整个黄山镇的产业由原先的农业为主的方式正在逐步向农业、旅游业、畜牧业并存的方向转变。

(六)经济收入与消费

纵观玉龙县的城乡居民收入,2016年黄山镇居民的经济收入在玉龙县居民中处于中等偏上的水平,黄山镇居民人均年纯收入达到了12642元人民币。75%居民的生活比较富足,解决温饱的同时能有少量的存款,而极少部分居民则刚好解决温饱,但少有存款。据统计,黄山镇2016年建档立卡的贫困户有32户,这些贫困户致贫原因有:家庭劳动力的丧失,因学致贫,因病致贫。2015年这些贫困户的人均年纯收入仅有2400元。从整体来看,如今的黄山镇正处在一个脱贫致富向着全面小康发展的阶段。

黄山镇居民经济收入来源主要有以下几个方面:一是靠销售农副产品、经济作物、牲畜养殖的以农业为主的经济收入,在居民收入中该项能让居民获得每年2万~3万元的收入。二是通过在城里的各个小微企业打工,通过劳动获得的收入能达到3万元左右。三是通过在自家宅基地建设出租房,通过租赁房屋获取经济收入,拥有房屋规模较大或房间数较多的居民户每年可以获得6万~8万元的经济收入。四是从事旅游服务业,在黄山镇的劳动力中以南溪村为代表,从事跑旅游运输,城市出租获得的经济收入可以达到每年7万~12万元。

我们对黄山镇的经济发展水平中等的长水进行了调查,长水的总收入2003年为783万元,2008年为1415万元,2015年长水社区经济总收入达到了2366万元,居民的人均纯收入也在逐年增加。

以上几组数据表明黄山镇居民的收入处于增长的阶段,因为丽江的整体消费水平较高,所以黄山镇居民较其他乡镇的消费水平也高。黄山镇居民用于购买食物所用的支出占了居民收入的40%左右,以恩格尔系数来看这个食物支出系数表明黄山镇70%左右的居民是处于小康状态。

从消费结构来看,黄山镇居民除了用于购买食物的支出之外,人们会将手中可支配的财产进行消费。消费方向主要有:文化支出,在黄山镇20~28岁年轻人中,他们每个月都会拿出100~300元去购买书籍或者观看电影;娱乐支出,因为地处城区,现在的家庭每到周末会带着家人去周边的乡镇和村落进行自驾游,通过以家庭为单位的形式出游放松心情。且现在丽江地区有"化琮"这一个亲友聚会文化,这一笔娱乐支出平均每年达到2000~3500元;购买生活用品及家电,以白华居委会一户居民为例,每月购买生活用品及家电占到了月收入的27%;医疗支出,据统计黄山镇居民每年用于医疗的支出高达人均300~700元。

(七)精准扶贫

黄山镇有建档立卡贫困户32户,这些贫困户致贫原因有:家庭劳动力的丧失,因学致贫,因病致贫。其中南溪村占了20户,白华3户,五台5户,文华4户,黄山镇政府根据县扶贫办的要求针对贫困户制定了相应的扶贫政策。据玉龙县扶贫办文件,黄山镇32户建档立卡贫困户2015年脱贫目标是人均纯年收入到达2800元,2015年32户均达到了目标,在2016年这个标准被提至3200元。扶贫政策下达到各个村寨以后,由驻村扶贫工作队牵头带领各个村的村委会、居委会开展精准扶贫工作,扶贫工作落实到了各家各户。

原先,五台社区的贫困户共5家,到2016年10月为止,已有4家已脱贫仅剩下一家还没有脱贫。

白华贫困人口相对较少,贫困人口中典型的有三户精准扶贫户。吉来小组贫困户因残致贫,该贫困户家中四口人,夫妻二人育有一子一女,子女皆为聋哑人,丈夫患有胃癌,全家经济收入仅靠妻子种植大棚蔬菜家庭年收入仅有9000多元。在黄山镇实施精准扶贫中给予该户6万元的补助,并且信用社向该户提供了6万元的低息贷款用于房屋的修缮。金龙小组贫困户因残致贫，家中有一人患重病，有一人有肢体缺陷，该贫困户靠种植大棚蔬菜，饲养家禽获得经济收入年收入仅有13000多元，政府对该户提供了每人每月110元的生活补贴。文荣小组贫困户因病致贫，家中经济收入全靠儿子做公益性岗位环卫工作和饲养家禽，政府向该户也提供了每人每月110元的生活补贴。以上三户贫困户所挂钩的扶贫工作队员为玉龙县玉龙中学的一位教师。对这三户贫困户做脱贫工作按照"挂包帮、转走访"的要求进行，挂钩扶贫队员会每月到贫困户中了解情况，提供帮扶等工作。

文华社区有4户精准扶贫户，有一户已经脱贫。

长水社区中有一项补助为失地少地居民生活补助，每人每月补助110元左右的人民币。还有一个针对社区内残疾人的生活补助，根据残疾的等级来给的：一级、二级残疾给予一等补助，三级、四级残疾给予二等补助。

南溪村委会八村小组共有20户精准扶贫户。因为地处高海拔山区，距离城市较其他几个村委会相对而言稍微偏远，所以南溪村脱贫攻坚难度较大，到2016年10月为止建档立卡贫困户尚未完全脱贫。

三、政治建设

（一）现当代村寨政治变迁

在1952年，黄山属丽江县第一区；1984年，改建黄山公社；1988年改设黄山乡；2002年，黄山撤乡设镇，属玉龙纳西族自治县，黄山村、中济村被划出黄山镇，五台村被划分进黄山镇范围内，黄山镇由五台、白华、文华、长水、南溪五个行政村组成。

20世纪70年代左右，黄山镇的白华、文华、黄山、中济、长水、南溪都称为大队，1988年大队改为行政村，2002年设五台、白华、文华、长水、南溪五个村委会。五台村辖民治、中和、上吉、夏禾、下束河五个村民小组；白华村分武荣一组、武荣二组、文荣一组、文荣二组、文荣三组、金龙小组、中心一组、中心二组、开文小组、吉来小组、嘉乐小组等11个村民小组；文华村下辖文笔、中村、上村三个自然村，分文一、文二、文三、文四、中一、中二、中三、上一、上二一、上二二、上三等11个村民小组；长水村有12个村民小组；南溪村下辖旦都、鹿子、满下、满中、满上、金龙、文屏七个自然村，因各个自然村人数不多，就没继续分小组。2011年，五台、白华、文华、长水四个村撤村设立社区；2013年五台、白华、文华、长水改村民委员会为居民委员会。

（二）社区、村寨党组织建设和居务、村务管理

五台社区的党组织建设的具体情况：党总支设书记1名，副书记1名，总支委员7名，下设民治党支部2个党小组、中和党支部2个党小组、上吉党支部2个党小组、夏禾党支部2个党小组、下束河党支部2个党小组，共计5个党支部10个党小组，共138名党员。其中，妇女党员46名，占党员总数的33%，60岁以上党员68名，占党员总数的49%。2016年7月发展了3名预备党员，接收了3名入党积极分子。五台团总支现有青年400人，团员86人，下设5个团支部。五台下束河"东巴舞"演艺队团支部有18名团员、五台夏禾运输协会团支部有18名团员、五台上吉民俗文化协会团支部有16名团员、五台中和篮球团支部有19名团员、五台民治足球队团支部有15名团员。

白华社区党总支下设4个党支部，有11个党小组，共有199名党员，党总支委员11名。其中女党员46名，男党员153名，预备党员5名，入党积极分子6名。白华党总支定期开展"三会一课"活动。

文华社区党总支，设书记一名，副书记一名，总支委员7名。2012年升格为党总支，下设文笔、中村、上村三个党支部，11个党小组，共有128名党员男性96名，女性32名。其中，文笔党支部党员共55名，男性41名，女性14名；中村党支部有党员33名，男性26名，女性7名；上村党支部有党员40名，男性29名，女性11名。60岁以上的党员有53人，2016年吸收2名预备党员，吸纳6名入党积极分子。

长水社区党支部于2003年被列为丽江市农村基层党建示范点,长水党支部于2011年升格为长水党总支,下设3个党支部,12个党小组。上长党支部下设3个党小组,中长党支部下设1个党小组,下长党支部下设2个党小组。社区内共有党员170人,其中男性党员119人,妇女党员51人,预备党员2人。

南溪行政村共有党员65人,其中男性党员40人,女性党员25人;预备党员10人,入党积极分子7人。

黄山镇各地管理大同小异,下面以五台居委会的管理为例来详细说明。目前,五台党总支把"两学一做"学习教育作为最大的政治任务:一是手抄党章记党规,助力换届工作顺利完成;二是学习系列讲话,懂是非,辨真伪,确保党员干部在大是大非问题上和重大考验、矛盾利益面前,旗帜鲜明、立场坚定;三是学做结合,学以致用,始终把组织建设、作风建设作为基层党建工作的两大抓手。此外,社区一方面加强社区班子建设,在社区党总支班子成员的配备上,按照"选优配强"和精简高效的原则,把综合素质高、奉献精神强、善于做群众工作、有较好群众基础的社区干部充实到社区班子中来。另一方面,加强作风建设,积极吸取党内外负面人物的教训,以优秀共产党员为榜样,树立起正确的人生观、价值观和群众观,把准五台长远发展的立足点,从大局出发积极谋划,闯出了一条干部满意、群众支持的发展之路:即村组+公司的合作发展模式。在各级党委、政府的指导下,由五台总支把好大方向,鼓励村组以返还土地出租或入股的方式与外商达成合作,先后促成多个项目。如中和居民小组

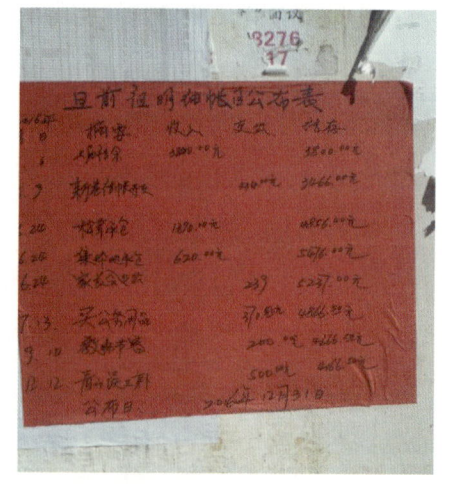

◇南溪旦前村账目公布表

与中投东方国际文化有限公司合作开发的丽江东方文化小镇项目。项目预计投资5亿元，居民出租土地106亩，预计年收入500万元；中和商贸物流项目，项目预计投资1.2亿元，中和出租土地120亩，预计年收入192万元；上吉综合生态农贸市场项目，项目由上吉居民小组自筹资金建设，目前已投入使用，年收益52.2万元。这些都为五台的发展探索出了一条切实可行的路子，杜绝了一次性出售和出让土地，后续发展得不到保障的现象。

居民就业问题始终是困扰各社区党总支的一大难题。针对这一情况，五台总支通过召开村社干部会议，深入居民家中了解其就业期望，经研究决定开办劳动技能培训班。截至目前已经开展了多期森林生态旅游培训、厨师培训、保安培训、物业管理培训、保洁培训、纳西刺绣培训等劳动技能培训，共计培训700余人，大大提升了居民的就业能力，下一步党总支将根据市场需要增设培训科目，为居民就业提供更好的服务。

五台总支在确保社区物质文明得以提高，群众发展得以保障的基础上更加重视群众的精神文明建设：一是积极建设居民活动中心，为居民休闲娱乐提供场所保障，每年投入近15万元资金组织文体活动，丰富居民精神生活；二是通过开设道德讲堂、讲党课，每年评选"好媳妇""好婆婆"等方式，在群众中树典型立榜样，传播社会正能量，践行社会主义核心价值观，确保了五台社区的和谐稳定。

居务公开：

第一，总体要求：要从居民群众普遍关心的和涉及群众切身利益的实际问题入手，凡属于群众关心的热点、难点以及社区里的重大问题，都应向居民公开。

第二，居务公开的主要事项：（1）居委会干部任期目标、年度工作目标及完成结果；（2）居委会财务上年结转、收支、结存、应收、应付款；（3）经济项目承包；（4）计划生育；（5）宅基地审批；（6）优抚费及救济款物发放；（7）水、电费；（8）农业税、国家粮食任务；（9）义务工、劳动积累工；（10）多数居民要求公开的事项。

第三，居务公开的程序：（1）公开前应经社区支委会、社区居委会、社区经济合作社集体讨论通过，经居务公开监督小组认可，由监督小组组长签字后向居民公开；（2）社区财务公开须报镇主管部门审核认可签署意见；居委会干部报酬公开，须报镇党委、政府认定签署意见；（3）每次居务公开后，应听取居民反映和意见，及时予以解释和答复。绝大多数居民不赞成的事情，应坚决予以纠正；（4）建立居务公开档案，逐次登记备查。

第四，居务公开的监督：（1）由居民会议或居民代表会议，党员大会推选组成一个（3~7人）居务公开监督小组，在居委会党支部领导下开展工作，负责居务公开全程监督；（2）接受全体居民和居民代表会议的监督；（3）接受上级居务公开领导小组的指导、检查和监督。（4）采取不同方式搞假公开的给予通报批评，情节严重的对主要负责人给予纪律处分；对不按规定进行居务公开，造成群众集体上访，产生恶劣影响的，对主要责任者给予党纪、政纪处分。

五台居委会居务公开的主要形式是通过粘贴公告、黑板报、会议等方式进行。

（三）居民自治

黄山镇的居民主要通过参与换届选举以及居务公开等方式来实现居民自治的。镇上的"两委"班子每三年换届一次。白华居委会换届选举实行"两推一选"。两推即党员和群众推荐、乡镇党工委推荐；一选就是党员大会选举。白华居委会组织换届选举一般通过八个步骤，即指定推荐办法、党员和群众推荐、乡镇党委推荐、确定考察人选、确定候选人和预备人选、请示批复、做出承诺、大会选举。白华居民通过实行投票选举和推荐换届人选来实现自治。

文华民主选举居委会干部，民主决策社区大事，民主管理社区事务，民主监督居委会干部等。文华许多大事的抉择都要通过居民大会，如果居民大会不通过便不实行。

长水居民参与小组干部的选举，由各个小组的组内居民派出每家的家长参加户组会议，通过投票表决的方式进行小组组长的选举居委会干部的选举也是由居民直接参与，每个小组参与居委会干部选举的人数按每15户出1人的比例算，这些人代表小组成员的意志参与居委会干部的选举。

◇五台居委会善行义举榜

镇上各个社区、行政村都有各自的宣传栏，进行居务、村务公开，宣传栏上的内容都会定期更新。此外，居委会、村委会外会设有意见箱，居民可以把自己的意见以及建议投到箱内，有人会定期清理查看里面的意见，并作出相应的决策。

除以上几点之外，文华居委会还设立了村情民意分析制度：（1）了解村情民意，每月召开一次村情民意会，可随时召开。（2）村情民意分析会原则上居委会党总支班子成员参加，必要时，可适当扩大范围。村情民意分析会，由专人做记录，听取居委会治安保员、调解员、综治维稳信息员的汇报。（3）村情民意分析会主要对本村的热点、难点问题和群体性事件隐患，重要社会事态，苗头性、倾向性问题等潜在不安定因素进行及时分析、研究、制定解决问题的办法措施。（4）村情民意分析会要坚持实事求是，反对主观臆断和敷衍了事，在深入实际，调查研究，了解民情的基础上，进行综合分析。（5）对村情民意分析会形成的意见、措施，专人负责落实，限期完成，并报镇党委、镇政府。（6）村情民意分析制度由居委会负责实施。

(四)政治参与

黄山镇的居民(村民)有干部评议权和居务(村务)知情权。政府维护居民(村民)这两项权益的方式主要有"四议两公开"中的两公开制度、设信箱支持信访举报、人大代表联系群众了解情况、在公示栏上每半年公开一次账务、公开人事变动等情况、公布失地少地人员的增减等。各个社区(村)的居民(村民)还享有选举权和被选举权,他们可以参与小组组长、村委会主任等职位的选举。

此外,当各个社区、行政村的内部有重大居务、村务需要决策时,必须通过"四议两公开"这一程序。"四议"的程序是:首先,由党支部提议;其次,由"两委"会商议("两委"指党总支、居委会);然后,由党员大会审议;最后,由居民代表大会决议。"两公开"是指:决议公开。经居民代表会议或居民会议决议通过的事项,要进行公告,公告可采用文字或广播;实施结果公开。居务事项的实施进程和结果要及时向全体公民公布。近几年各个社区、行政村内的重大居务、村务主要有:公路的修建,田地的租卖,返还地的分配等,而这些决策都是经过"四议两公开"这一程序。

除此之外,各个社区、行政村也有不同的政治参与方式。

五台社区成立了黄山镇反邪教警示教育基地,居委会工作人员对社区居民积极进行宣传、教育等活动,同时,还对曾经进过邪教或是怀疑有加入邪教组织的人员进行入户工作。

白华社区在涉及村民和居委会利益的问题上,白华居委会会召开村民大会,和村民共同商讨事宜,听取村民意见和建议,最后在做决策的时候也实行民主决策。

长水村的民主选举包括社区中小组组长的选举、村干部的选举、居委会成员的换届选举、社区党员的选举、居委会成员的换届选举。小组组长的选举,主要是由每家的户主在户主会议上进行投票选举,参选人员的通过票数至少要过半才能当选组长；村干部的选举和居委会成员的换届方式是一样的，由村小组组内自己投票选举出来社区选民代表参与投票选举（每个小组的选民代表的人数是按每15户选一人的比例算，所以每组所出的社区选民代表不一），而通过的票数也至少要过半；社区党委的选举则是由社区中170名党员参与选举，要通过的条件依旧是票数过半。

（五）社会保障

黄山镇的社会保障主要有以下几项：

1. 失地农民生活保障金

失地农民社会保障金是政府针对失地农民为其补助的保障金，其中城镇居民享有每人每月220元，农村户口仅享有每人每月110元的保障金。

2. 新农村合作医疗保险

医疗保险分城镇居民医保和农村合作医疗。城镇居民医保：政府每年每人补助70元，居民自付50元。农村合作医疗：除18岁独生子女及其父母、五保户、优抚对象、计生以外享有政府补助以外，其余村民自己购买医保。此外，失地农民享受医保优惠，政府部门帮缴纳70元、自己缴纳50元，相当于缴纳了120元。

3. 新农村养老保险

镇上年龄在16～60岁这个阶段的本村没有上学的居民，可以参加新农村养老保险，参保人员可以选择购买的保险金额从100～2000元不等，其中每一位参保人员每人每年政府给购买300元的参保金额。当参保人员生病住院，可以进行报销：在乡级卫生院可报销90%，在县级医院可报销80%，市级医院可报销60%，省级医院可报销40%～50%左右。

4. 低保

由于黄山镇的耕地被大面积收购，黄山镇的大部分居民可以享受低保政策。白华的金龙小组、武荣一、二组享受省级低保，人数达到了723人，享受省级低保的村民可以得到每人每月110元的补助。文化整个社区的居民都有低保。低保分城镇低保和农村低保，城镇低保又分为两个等级，一等是每人每月255元。主要是文笔一组、二组的居民享受；另一等是每人每月220元，主要是文笔三组和中村的三个小组的居民享受。农村低保每人每月140元，主要由文笔四组的居民享受。还有一个针对失地农民给的农村困难补助金每人每月110元。

5. 基础养老金

从2010年开始村里有这项社会保障，镇上但凡年满六十及以上的老人可以享受每人每月55元人民币的基础养老金一份。到2016年为止，每人每月55元的基础养老金已经增加至75元每人每月。原先基础养老金的发放方式是由政府统一发放到由居委会统一办理的中国邮政储蓄银行的存折中，不过从2016年年初开始，中国邮政储蓄银行的存折换为了中国人民银行的储蓄卡。

6. 老年人营养补助

镇上居民凡年满60岁及以上，80岁以下的老年人每人每月享受30元的营养补助、年满80岁及以上，100岁以下的老年人每人每月享受50元的营养补助，100岁以上的老人每人每月享受100元的营养补助。

四、文化建设

（一）公共文化基础设施

黄山镇各地都有自己的公共文化基础设施。五台除了上吉村以外，中和、民治、下束河、夏禾这四个村都设有青年文化站、文化活动室、体育场地、图书馆等等公共文化设施，但是参与使用的人数相对较少，利用不活跃。

白华共有三个图书室，分别在金龙小组、文荣小组、白华居委会。金龙小组图书室占地面积大概40平方米，共藏书2300册。文荣小组图书室占地面积35平方米，藏书1950册。白华居委会图书室占地面积38平方米，藏书3500册。据了解，各个图书室的图书来源大部分为上级文化部门赠与。

除图书馆之外，白华还有八个篮球场，其中有一个球场因年久失修而失去功能；有一个足球场，是七人制球场，由人工塑料草铺成，足球场设在嘉乐小组内。在中心、金龙、嘉乐等村内设有健身活动中心，总的面积有150平方米，每一个健身中心有10~15种健身设施，村民们一般在晚饭过后会进行健身活动，设施利用得比较充分。

◇五台村委员会党校

文华居委会有10个居民活动中心，有6个门球场，其中有5个钢棚架铺设人工草坪，一个露天。有160盏路灯，这些路灯都是太阳能路灯。

中村有口老水井，是村里重要的公共设施，距今已有700多年的历史。几百年来老水井哺育了一代又一代的中村人，如今由于年久失修，饱经风霜雨雪的老井逐渐凋敝。为了重拾老井文化所承载的历史记忆及人文风情，中村小组新建了以老井为核心主题的文化广场。2015年4月26日，正式破土动工修建老井广场。文华社区中村老井广场建设工程，项目涉及噶玛巴塑像、碑塔、六角亭、广场绿化、风景石安装刻字、石桌石凳安置，条石踏步、景石拦土墙等。老井广场工程总投资36万元，受益人口540人。目前全部工程已竣工。

长水的每个老队都有一个活动中心，活动中心里的基础设施包括一些基本的桌椅板凳。活动中心主要用于举办一些公共活动聚会等活动，比如三八妇女节居民聚会之类的活动；老队四队有一个老年活动中心，是整个长水村唯一的一个老年活动中心。老年活动室里的公共设施包括有桌球、

◇ 文华村的葛玛巴碑

◇ 文华村葛玛巴塑像、六角亭

地质球场和门球场等,供村里老人活动健身使用;此外,每一个老队都各有一个公共的篮球场,有的是灯光球场,而有的则不是。篮球场的主要用途是:给社区里喜欢打球的居民提供训练的场所,每年春节每个大队之间都会在社区里的篮球场举行篮球比赛,当然场地的选择是不固定的。还有就是社区里举行联欢晚会,或者播放露天电影之类的集体活动,也是在篮球场举行,除篮球场之外,每个队还有乒乓球桌若干。

南溪村的公共文化设施主要有活动中心、球场、道路等。南溪的许多村落都把小学校园作为活动中心,没有小学的村落就重新建造新的活动中心。但各个村落建造活动中心的时间不同,还有的村落由于资金不到位所以建了活动中心但是还没有进行装修或还在装修中。旦前村的活动中心就是原来的小学,建于1999年,于2013年的时候重新装修成了活动中心。旦后村的活动中心初建于2011年,2016年重新进行装修。鹿子村的也是原来的小学。满中村2013年建完,满上村2013年建完,满下村2013年建完,文屏村的也是原来的小学,同样2013年又装潢了一次,而满中的活动中心是在2008年完工的。

至于南溪村的篮球场，旦都前村、鹿子、金龙、文屏等村的篮球场都是和小学一起建成。旦都后村的球场建于2014年。鹿子村有还有一些体育健身设施。

南溪的公路前后修过五次，第一次是从文峰寺修到文屏村，修的是水泥路。第二次

◇ 长水村四队篮球场

是从文屏村修到南溪行政村也就是满上村，修的是弹石路（先铺一层石头然后在石头上再铺一层沙子）。第三次是把原来的水泥路和弹石路都修成了柏油路，第四次是把原来没有修完的南溪行政村到鹿子的路修成了弹石路，于2014年完工。第五次则把最后的弹石路修成了柏油路。在2014年以后南溪公路全部修完，南溪各个村的村路和农田路修建的时间不同，下面是各个村修建的具体情况：

旦都前村的村道修建于1999年，是南溪村修得最早的一条村道。在2016年又修建了农田路和村道延长线。旦都后村的水泥村道在2002年的时候修成一半，到2007年才把另一半修完。2015年又修筑了林道和农田路。金龙村的村道修建于2006年，文屏村村道修建于10年前，满中村的则修建于2004年。

◇ 南溪村村道内新竖的太阳能灯

如今的南溪村还有一定数量的太阳能路灯，总的有113个。旦都前村20个，旦都后村20个，鹿子村20个。金龙村的太阳能路灯分两次安装，第一次是在2013年安装8个，第二次是2015年的时候装了10个，总共是18个。文屏村一共有13个，满中村的太阳能路灯有8个，满上村7个，满下村6个，都是在2013年装上的。旦前、旦后、鹿子、金龙等村的太阳能路灯是以吉子移民的名义给安装的所以比较多，其他村是没有吉子移民所以太阳能路灯比这几个少一些。

（二）民族传统文化遗产保护

五台有精通五十多套纳西东巴舞谱的东巴导师和文贞同志，以其精湛高超的舞蹈技艺，深受文化界名人的好评，现已录入《世界名人录》。

五台中和村建于清末同治年间的宝华寺翻修一新，院内塑有十八罗汉雕像，至今保存完好。

五台下束河村的兴化寺也保存完好，2008年翻修一新。兴化寺生态环境良好，寺内有百年古树名木十里香树一棵、桂花树一棵、海棠花树一棵、红梅树一棵，还有大柏树三棵。

白华传统文化遗产主要有三类，分别是洞经古乐、东巴文化和建筑。

白华的洞经音乐年代久远，新中国成立后，白华古乐队得到了较好

◇ 五台村宝华寺

◇ 五台村新化寺

的保护、传承和发展。乐队组成人员中有教师、工人、农民等。在当时，每逢民众家中有红白喜事，古乐队会被邀请至家中进行演奏。"文化大革命"期间，纳西古乐遭批判，白华古乐队也因此解散。1987年白华古乐队进行了重组，得到了社会各界的肯定，当时白华古乐队为日本、美国、加拿大、挪威等国的访华团队演奏。2005年，鉴于老一辈的艺人相继去世，白华古乐队再次重组，代表人有和钧、和执仁等。为白华古乐队制定了章程，且收取一定的会费，确定每周周六下午作为活动日。截至2016年，会员人数达到了27人，其中有妇女5人。目前白华古乐队借白华乡村旅游为契机，时常在木伟阁、文龙阁、玉仙阁等农家乐为游客演出。2008年白华古乐队参加了丽江市纳西乐舞大赛并获得了铜杯奖。

  白华的东巴文化主要包括了东巴图画象形文字、东巴经、东巴绘画、东巴音乐舞蹈、东巴祭祀活动等。近年来随着城镇化进程的发展、多元文化的融入，东巴文化在白华的传承和发展受到了很大的影响。对此玉龙县通过了《关于在全县小学教育中开设纳西语言传承和普及教育的决定》，白华积极响应，在白马完小一至四年级开设母语课和东巴文化课，由纳西语教师教授纳西语和东巴文字，形成了白马完小一大特色。白马完小还组建了"纳西娃娃艺术团""纳西娃娃合唱队"编排了"勒巴舞"等纳西舞蹈。同时，为了让更多同学接触东巴文化，感受东巴文化的传奇，白马完小和幼儿园以纳西传统曲调"兹搓鲁"为基础，以纳西族歌手和文军创作的《纳西三部曲》为基调编排了民族课间操，具有纳西情调的三部曲配上纳西传统打跳动作，寓教于乐，让学生们在运动、在生活中了解并传承民族文化。

  在白华武荣村小组一社内有一座古塔，建造于20世纪二三十年代，很多老人都已经说不出来古塔的由来和建造的意义了。据一些老人说在20世纪六七十年代只要村子里有事情需要商议，人们就都会不约而同地聚集到古塔开会。随着时代变迁，古塔年久失修，2012年得到村民重视和各方面捐款,古塔得以修缮。

文华有一个纳西文化传承小组,于2014年成立,小组成员有9人。成立这个小组的目的就是传承纳西文化,要把纳西传统的乐舞传承下来。每当社区或是镇里有活动的时候,都会邀请纳西文化传承小组来表演节目。纳西文化传承小组

◇长水村"古资队"为新开业的农家乐献贺词

也会和社区里的其他的业余表演队、门球队一起组织活动。2014年文华中村申报传统村落文化遗产保护,2015年申报成功,现在文华中村是传统村落文化遗产保护区。

长水的民族传统文化遗产主要有:纳西璔琚、纳西快板、纳西古乐、喂么达、谷气。

关于纳西璔琚和纳西快板的传承,我们主要采访了村中最为出名的"古资队"的领队和世芳老师。长水"古资队"在1996年组成,是一支由社区中五十岁以上的奶奶组成的队伍,队里的老人年龄最大的有80多岁;刚开始组建的时候队伍只有30多人,最鼎盛的时候有114位组员,而现在由于领队隐退,队伍逐渐四分五裂;队里的活动主要有合唱和简单的舞蹈、除此之外还有一些太极、健身球之类的健身运动;队伍演唱的曲目有许多,如"丽江美""兴鱼色找受""啊哥冷布怒美气"、农家乐贺词快板等。这些曲目大多由和世芳老师撰写,有的则是汉译得来的;"古资队"主要参加的活动有一些县、市级的纳西乐舞比赛、招待外宾的演出表演、农家乐开业致贺词唱快板。在这些活动期间,也曾获得一些荣誉。队伍主要的经费来源除了队员们交的少数的队费以外还有一些参加比赛获奖得到的奖金、村里农家乐开业致贺词唱快板收取的少部分出场费,除此

之外还有领队去村委会寻求来的一些活动资金；如今，"古资队"面临的最大的问题就是没有一个能够凝聚队伍的领队人，导致现在的队伍有些分散。

长水对纳西古乐的保护和传承做得比较好，社区中有40多人会纳西古乐，年龄在30岁到80岁之间，50岁以上的老年人占70%，30岁以上50岁以下的中年人占30%。以前村里出了一位纳西古乐的能人，叫和锡典，那段时期的可以说是长水村纳西古乐最繁盛的时期，哪家人办个事，都会请他们到家中奏上几段。随着和锡典的逝去，传承纳西古乐的重任就落到了他儿子和四军身上，如今上长村的纳西古乐队伍都是他来组织建成的，乐队从2000年开始开班学习。乐队中的乐器主要有：金胡、中胡、琵琶、三弦、芦管、胡铍、大胡、二胡、古筝九种。主要演奏的曲目有24调。大调9调：《清河老人》《八卦》《十供养》《元始》《吉祥音》《咒章》《大吉祥》《大咒章》《十华》；小调15调：《山坡羊》《万年花》《代五》《浪淘沙》《到春来》《水龙吟》等。乐队主要的练习场所就是和锡典的家，主要出席的活动有农家乐演出、节日演出、运动会开幕，主要经费来源有：自筹、出席活动的务工费、政府补贴、文物办补助、拉赞助等。乐队传承与保护纳西古乐的活动，除了向村里有兴趣的人传授以外，乐队成员还向长水完小的校长协调，教授学生纳西古乐。

以前，长水有一位被称作"百灵鸟"的谷气高手李艳菊，但随着她嫁出去到别村，村中再也没有谷气能人。时至今日，村子里已经没有演唱谷气、喂么达的高手了。

现在人们保护文化遗产的意识大有提升，镇上的许多人都在为保护这些遗产而不懈努力着。

（三）基础教育与职业教育

黄山镇境内幼儿园、小学、初中、高中等学府一应俱全，基础教育比较完善。目前，黄山镇有玉龙县幼儿园、新城幼儿园、特蕾新幼儿园、白马幼儿园、小精灵幼儿园、涵润蕊幼儿园、文华幼儿园、长水幼儿园等八所幼儿园。

玉龙县幼儿园：位于五台上吉路，总建筑面积3861平方米，总投资800万元，是一所设备齐全，可容纳360名幼儿的县级幼儿园。

新城幼儿园：位于五台中和村，于2014年2月8日正式开园。

特蕾新幼儿园：是玉龙县第一所高起点、高标准的民办幼儿园，位于玉龙新县城玉龙中学旁，占地面积3450平方米。

白马幼儿园：在白华境内，始建于1998年9月，是当时丽江市第一所农村示范性幼儿园。具体位置在白华吉来小组和文荣小组的交界处，占地12亩，校舍建筑面积382平方米，有砖木结构平房4所（其中两间教室，两间厨房，一间教师办公室，两间幼儿睡室，三间教师宿舍），园外有一块1.5亩的校田和一个公厕，院内绿化面积约为450平方米。当年招收幼儿120人，分大班、中班、小班，教职工7人，主要招收白华居委会11个小组的农村4~6周岁适龄儿童。2006年，在上级教育部门的支持下，白马幼儿园在校田靠西边新建了6间幼儿睡室，建筑面积达469平方米，绿化面积占了幼儿园面积的一半，户外活动场地约650平方米，教师办公室1间，教室3间，睡室2间。如今增加了类似手风琴、电脑、电视、大型玩具、图书等教学硬件设备。幼儿园现有教职工9名，炊事员2名，其中大专以上学历的教师7人，中师学历2人，小学高级教师7人，小学一级教师1人，初级技工1人，共有幼儿125人，大班45人，中班43人，小班37人，生源主要来自白华居委会11个村民小组的适龄儿童和外来务工人员子女。

小精灵幼儿园和涵润蕊幼儿园是白华的私立幼儿园，小精灵幼儿园于2010年建园，涵润蕊幼儿园于2015年开始招生，白华村也有许多适龄儿童在这两所幼儿园就读。

文华幼儿园在文化村，有小班、中班、大班3个班。

长水幼儿园有4个班，大班一个，中班一个，小班两个；占地面积约12

◇ 长水村幼儿园

亩，主要的教学楼有两栋，有四间教室，四间宿舍，一间舞蹈教室，一间会议室，一间活动室，一个食堂；主要的文娱设施：一套供小孩游戏的娱乐设施。

南溪村虽不设幼儿园，但在小学里面设有学前班，供村中适龄儿童就读。

黄山镇内的小学有五台完小、白马完小、文华完小、长水完小和南溪完小五所。

五台完小在玉龙新县城建成后就被并入玉龙中学，成为小学和初中可以一起读的一所学校。当然，学校的小学部和初中部是分开的。

白马完小位于白华武荣小组、嘉乐小组和文荣小组的交界处，距白华居委会200米，距黄山镇政府250米。学校始建于1913年，先后被命名为极乐宫小学、文盛小学、白华小学，1945年正式定名为白马小学，解放后成为白马完小。学校占地6040平方米，校舍建筑面积2514.26平方米，有三栋三层教学楼,一栋教师宿舍,一栋综合楼。除12个教室外,还配有教学仪器室、图书室、活动室、会议室、陈列室等用房,还有一块足球场和一块篮球场,生均拥有图书50册。校园绿化面积达1300平方米,2009年被评为县级"绿化校园建设特色学校"。白马完小有12个教学班,平均年在校生近400人。学校除了文化教学还开设了"第二课堂",拥有管乐、声乐、舞蹈、书法、绘画等项目。管乐队和勒巴舞队因表现优异,部分学生被选定为全国"朝霞工程"艺术人才。2003年白马完小被选定为"玉龙县纳西娃娃艺术团活动中心",2006年被省政府评定为"优秀乙等学校",2006年被确定为中国—联合国儿基会"爱生学校建设试点学校"。

◇白华白马完小

文化完小总占地面积16600平方米,校舍占地面积1613平方米。1921年建校,命名为文华小学,于1968年更名为文华完小。

长水完小占地面积达5333平方米,主要的教学楼有3栋,有一间办公室、8间教室;多媒体设备包括电子白板一套、电脑12台;主要的文娱设施有乒乓球桌8台,运动场地包括足球场和篮球场各一个,共占地面积650平方米。升学后的学生大多选择就读于玉龙中学。

南溪行政村在2005年以前有五所小学、一个完小,分别是文屏小学、金龙小学、旦都小学、鹿子小学和南溪完小。除南溪完小外,其他四所小学都只有一个老师。小学里也只开设了语文、数学两门课。由于文屏、金龙、鹿子等村离南溪完小较远,所以他们都是在自己村的小学里读完四年级后才去南溪完小就读。而且都相对其他几个村离南溪完小近一点,所以

◇ 长水村长水完小校园

旦都的学生在三年级的时候就去南溪完小就读。这样的情况一直持续到2005年。2005年以后这四个村的小学都被归并到了南溪完小，这才改变了南溪村教育资源分散，教学质量不高的状况。如今鹿子、旦前、旦后、文坪、金龙村的学生因为路途遥远所以都住宿在学校宿舍。这些学生一周一至周五在学校，周末回家。

合并后的南溪完小共有七个班，除一到六年级每个年级一个班外还有一个学前班，每个班里

◇ 南溪村旦都小学

的人都比较少，人数最多的时候那个班的学生也只有22个。老师有10个左右，都是一些年轻的毕业生和南溪本地的老教师。而年轻的教师往往只会在南溪完小任教一至两年，更有甚者只任教一个学期。所以南溪完小的老师一直是流动的，不变的只有那几个老教师。而如今老教师早已退休，但好在如今在南溪不再是从前那个落后的村寨，沥青路修到了各个村口，所以南溪完小老师一直流动的情况有了很大的改变。现在南溪完小里有任课明确的老师，有音乐、体育、语文、数学、品德、英语等。但是村中出现有许多家庭的父母在城里开出租车的现象，所以村里的许多小孩都到城里读书，现在每个年级平均只有10个学生。

黄山镇有一所初中学校，两所高中学校；还有一所中专学校，都在五台境内。

玉龙县中学于2007年建成招生，是一所可以小学和初中套读的中学。自建校以来，玉龙中学成为黄山镇适龄学生就读初中的最佳选择。基本上五个行政村的孩子都会被送到这里就读初中。除此之外，丽江其他地方的学生也会来这边读初中。

玉龙县第一中学（原丽江纳西族自治县第八中学）是玉龙县的一所高中学校，创建于1991年。占地面积135亩，现有62个教学班，在校学生3800多人，教职工约270人。

玉龙县民族中学（原丽江财贸学校）是玉龙县的另一所高级完全中学，位于丽江市玉龙县南口工业园区。学校采用全封闭式全宿制度的军事化管理制度，师资力量雄厚。玉龙县民族中学的前身是一所初级中学，2006年荣升高级中学后，教学设施得到了很大的改善。

玉龙县职业高级中学是一所中专学校，位于丽江市玉龙新县城南口工业园区，是一所全日制公办学校。占地面积100亩。学校紧邻丽江火车客运站，交通便利。学校坚持"以服务为宗旨，以就业指导为导向"的职业教育方针，坚持"以德立人，以用立业，以特立校"的办学理念和让学生"进得来，留得住，学得好，能升学，好就业"的办学目标，面向市场，积极走校企合作、校校合作、订单式培养人才模式之路。

除这些之外，黄山镇还成立了黄山镇五台居委会成人文化技术学校、文华成人文化技术学校等。自2003年玉龙县新县城建设、高尔夫项目、丽江火车客运站等项目的建设被征地之后，社区失地农民较多，为了促进失地农民就业，居委会特地成立了"黄山镇五台居委会文化技术学校"，

◇ 五台村成人文化技术学校

不断加强社区居民的劳动技能培训，全面提高劳动者的素质，调整产业结构，努力从事加工、运输、饮食服务、旅游服务等行业，不断增加居民的收入。文华成人文化技术学校每年也都会不定时地针对失地农民进行有关技能和就业的各种培训如：厨师、电脑操作等，目的是让这些人有一技之长，以便在失去土地之后能在这个社会上有一个立足之地。

（四）宗教信仰

新中国成立前，镇上的居民普遍信仰东巴教。东巴教是一种信仰万物有灵的原始的多神宗教，是丽江纳西族的本土宗教。据镇上的老人说，以前东巴教和人们的生活息息相关，无论是婚庆还是葬礼，又或者是家中有人生病，出现家宅不安等情况，镇上的居民都会请东巴来祭祀祈福，除秽驱鬼，以保家宅平安，人们幸福安康。东巴教不设庙宇，所以镇上无东巴教的遗迹可考。东巴亦是镇上居民中的一员，除去东巴这个名头，他们与其他居民无异，同样娶妻生子，同样得下田劳作。

20世纪四五十年代，长水村有一位东巴，名叫和学道。他出生在东巴世家，从小跟随父亲学习与精通东巴的一切仪式，特别精通绘制东巴的卷轴画。他经常在南溪村的满子书、旦都、福当等地带着一伙人画神路图。和学道东巴在去世前，将生平所学传授给了儿子和志武。此外，在南溪旦前村，至今还有一支东巴后人，一共三大家。只是由于受"文化大革命"的影响，传统的东巴祭祀仪器多被破坏烧毁，一些仪式等也被遗弃。

如今，东巴教的信仰在黄山镇已经淡化，很多人都没有参与过东巴祭祀。黄山镇关于东巴的一切，只留存在老一辈人的记忆里和一些古老的书籍中。

因丽江地处横断山脉，靠近西藏和云南香格里拉，所以受藏传佛教影响较大，部分居民信仰藏传佛教。

文峰寺位于丽江市玉龙纳西族自治县黄山镇文华居委会的文笔山山腰。始建于雍正十一年（1733），乾隆四年（1739）和道光八年（1828）扩建，为藏传佛教寺宇。每天都有不少的香客跟游客来文峰寺烧香拜佛。现存护法堂、配殿和正殿。正殿为抬梁木结构三重檐楼阁式建筑。文峰寺是滇西北藏传佛教噶举派的最高学府，它在西藏、青海、四川、云南等地有重大影响，每年都会有喇嘛来文峰寺灵洞闭关，每年都会举办大型的金刚亥母法会，全国各地的喇嘛都会来赴会。1982年公布为丽江县文物保护单位。2000年公布为丽江地区文物保护单位。2003年公布为第六批云南省级文物保护单位。文峰寺因文笔山与玉龙雪山遥遥相对，尖尖的山峰形似一支蓝天疾书的巨笔而得名。寺院主殿居中，经堂、佛殿和僧房小院环绕四周，形

◇ 文峰寺寺碑

成了在地域上相连的，以主殿为中心的建筑群。灵洞建于清道光年间，由古城纳西族"藏客"商人李萌孙李樾捐资修建，其兄弟李洋在灵洞岩壁上题有"南瞻第一灵洞"六字及跋语数行。"文化大革命"期间灵洞静坐堂被毁。2005年，丽江东宝仲宝活佛发心重修，香港增纪明居士等善信捐资重建而成铜色山无量宫，无量宫前就是静坐禅院，为十三大寺培养高僧的中心。灵洞塔高三层，高15.6米，占地180平方米。文峰寺还有一处景观叫"圣石"，位于灵洞北侧的灵寿峰和文笔山之间，为一"心"状大石，石头腹部含有一石，相传迦叶尊者来东土路过此处，曾在此设坛讲经说法，临去鸡足山前，用神通将此石移入，把开启华首门的钥匙伏藏于此。

随着社会的发展，寺庙管理在近几年逐渐规范并成熟。在文峰寺老院门口设立了宣传栏，张贴了《佛教寺院中心与团体环境保护准则》《藏传佛教寺庙管理办法》《藏传佛教寺庙管理局关于做好近期寺庙安全生产工作的紧急通知》《寺庙管理干部"三三四四"工作法》等各项规章制度。

镇上有小部分居民信仰道教，不过由于宗教信仰多而杂，有些道教的仪式也和其他的宗教仪式杂糅在一起。

此外，白华等地也有基督教的信徒，但人数很少。

（五）节庆习俗

春节是中国人最隆重的节日，也是纳西族人最隆重的节日，黄山镇也不例外，同样将春节视为镇上最大的传统节日。纳西族古语说"达瓦纳西努"，意思是说在大年三十前后，纳西族人就像疯了一样，其实是指纳西族人在过年这件事上是热情高涨的。每当这个时候，镇上的居民在腊月期间就会采办年货准备过年。在大年三十这天，人们会把在腊月期间杀了年猪之后剩下的猪头和猪尾巴一起下锅，还要杀鸡并全只下锅，此外还要煮鱼、百合、莲藕等，以荤菜为主。在吃"纳都好"（指大年三十晚上那顿饭）之前，人们要先在大门口顺墙脚泼水饭，泼水饭就是将做好的每一道菜都挑一点放入一个小碗中，然后掺进茶、水、酒等，然后顺墙而泼，表示对先祖的一种尊敬。大年初一，早上要早早地起来开始准备各种食物作为上坟祭祖的祭品。祭品包括猪头肉、鸡肉、鱼、炒瘦肉、饵𫗦、煎豆腐、炸糯米粑粑以及五颜六色的炸粉皮还有烟、酒、茶叶、鞭炮、纸钱等都要一一备好。这天早上要吃汤圆、饵𫗦、炸糯米糕等，禁吃荤食。到了各自家的墓地之后，首先要祭拜山神，即每个墓地上都竖立着一块代表山神的石头，祭拜完山神之后便开始祭祖上坟。大年初一这天多数人家忌串门，这一天早上忌催促任何人，寓意若早上催促别人做事情，那么来年这个人不管做什么事情都会被他人催促。纳西人在过年期间忌说不吉利的话语。亲戚朋友，左邻右舍见面都要用吉利的话来问候对方。大年初一这天的晚饭同样很丰盛，在吃晚饭之前，还要放鞭炮祭祖先。大年初二，是嫁出去的女儿要回娘家拜年的日子。不管亲疏，娘家那边的亲戚家都要一一去拜年。回娘家拜年的时候要带上茶叶、酒、糖、大米等。从娘家回来以后，人们便陆续开始到其他亲戚家拜年贺岁，同时各户人家还会在大年初三到正月十五期间轮流请"春客"。在每年春节期间，各个行政村也会举办一些文娱活动，例如文艺晚会或者球类比赛等，这些活动极大地活跃了黄山镇的过节气氛。

正月十五这天，是中国人传统的元宵节。对于纳西人来说，它还是一年一度最热闹的花草树木交流大会——正月十五棒棒会。正月十五标志着纳西族人春节的结束，以及春耕的开始，所以在"棒棒会"上主要交易锄把、竹篮、扁担等生活用具以及花卉、树苗、盆栽等植物应有尽有。纳西族古语就曾说过"除了鹿笼头，什么都有卖"，这充分说明了"棒棒会"商品之丰富。我们很幸运，赶上了这边的棒棒会。今年丽江棒棒会设了三个主会场，一个设在古城区象山市场，一个设在古城区香江花园这边，还有一个设在黄山镇五台村那边，在玉龙县县政府附近。我们来到玉龙县所设的这个会场，还未进入会场内部，就已经感受到里面人山人海、热闹非凡的氛围。人们热情高涨，脸上都挂着满心欢喜的笑容，由此可见这个大会在当地人心中有着不可撼动的地位。来到会场内部，里面琳琅满目的商品让我们眼花缭乱，大多是一些与种植装饰有关的商品，如兰草、山上的野杜鹃、风景树、小盆绿植、造型树桩以及各种果树花卉的小苗和种植它们的山基土，除此之外还有一些农具、家具也在会上售出，还有一些是把木头做成刀剑斧头模样用来哄小孩子开心的玩意儿。我们注意到，来到会场上的人们或多或少，或大或小都会从会上买一些东西回去，或许这也是纳西族人表达对棒棒会热情的一种无声的方式吧。

每年农历二月初八是纳西族的标志性节日——三多节。这也是黄山镇居民不会错过的节庆。三多节又叫"三朵节"，源于白沙玉龙村的北岳庙会，纳西语叫"三朵颂"，"三朵"是纳西族人心中神勇无比的战神，"三朵颂"也可以把它称为"祭三朵"，这天是纳西族人祭祀三朵战神的日子，这个节日至今已有1200多年的历史。临近二月初八，黄山镇的居民便开始准备与第二天祭祀、庆祝相关的食物。祭祀很讲究，在三多殿面前摆好贡品，烧香，诵经，用鸡血敬"山神"，撒青稞面……祈求平安与健康。在三多节期间，黄山镇的居民也会着盛装参加祭祀祈福仪式，到玉峰寺观赏万朵山茶。

到了三月份，这边会有一个龙王庙会，也是当地居民的物资交流会。这个龙王庙会本是在黑龙潭举行的祭神龙会，但是随着社会经济的发展，三月会已经完全摒弃了祭龙神的迷信内容，从而演变成了规模盛大的三月物资交流会。

到了四月，黄山镇也和其他地方一样过清明节。清明节的过法跟其他民族一样，同样是上坟祭祖和修建祖坟或修理祖坟。这天家中会煮一个用盐腌制的猪头，清晨家中的女主人就会早早地起来准备祭品，主要是煎糯米饼和干凉粉片，男主人则会带着小孩去田里摘早春刚发芽的柳枝，小部分柳枝会插在大门上，大部分柳枝则会被带到坟上，柳枝摘回来之后，一家人带上煎糯米粑粑、凉粉片、烟酒茶、水果、糖、香、纸钱等东西就去到了坟山，祭祖时人们会把柳枝插在各个坟的坟头，以松树树叶铺垫作为碗摆放祭品，然后上香磕头祭祖，完毕之后人们会在坟地里吃一些东西，算是和祖先一起吃一顿饭，然后回到家中。在黄山镇南溪村中旦都前后村和满上、满中、鹿子是不过清明节的，因为在这几个村落老人逝世后不会埋入坟地，他们通常举行火葬仪式来处理尸体，而火葬仪式一般都是一整个村的村民或几个家族一起在一个特定的地方举行所以没有祖坟，因而也就没有过清明节的习俗。

阳历的七月份有个骡马交流会，也是一个比较热闹的节日会场。骡马会也叫七月会，是丽江纳西族重要传统民族习俗节日。一般在农历七月中旬举行，会期一至两周，主要以骡马、牛等牲畜交易为主，所以称之为骡马会。来自大理、剑川、中甸、永胜等一带的农民都会前来购买骡马和丽江的铜器，会期还会举行各种娱乐活动。

农历六月二十五至二十七日是纳西族传统节日火把节。在火把节期间，黄山镇家家户户居民都会扎火把，还会在火把上装饰五颜六色的花朵。等夜幕降临之后，社区的居民都会出来甩火把，大街小巷都被火把点亮着，充满了节日的气氛。

每年农历的七月十五日，是中元节，又称"鬼节"。纳西族人把中元节称为"三美波计"，是纳西族人祭祀祖先、感恩父母的传统节日。黄山镇居民在农历七月初十至初十四期间，会有接祖、送祖的活动。七月十五日接祖回家，必不可少的是要在堂屋正中的万卷桌上摆放一张写着某某姓氏门宗的接祖牌位，牌位后面会贴着五颜六色的纸代表衣服，然后点着香油灯，在花瓶里插上桂花。牌位供好，这天吃饭的时候会泼水饭，大人们总会关照小孩要注意言行举止，不要喧扰吵闹，以免祖先生气。七月十六日泼水饭烧纸牌位和纸钱送祖回阴间。

每年农历的六月份，是纳西族的"踏补"节日，"踏补"这个节日在每个村寨的时间都不同，其存在的意义为：在古时候每到这一天为木老爷家卖苦力的劳动人民会被允许休息一天，人们就会在家做好丰盛的饭菜犒劳自己。随着时间的推移，"踏补"也寓意着一年的农忙结束了，可以轻松一点了。在这一天，主人家会做好饭菜请亲戚朋友来家里做客，亲戚朋友也会带来饮料、茶叶、鸡蛋等礼品作为答谢主人的邀请。

农历八月十五是中秋节。中秋节纳西族又叫"月饼节"。在中秋节前夕纳西族自己制作月饼是必不可少的一个环节，在又圆又大的月饼中寄托着纳西族人美好的祝愿：万事吉祥如意，阖家团圆。每年中秋所做的月饼一部分会留在家中品尝，另一部分会送去长辈亲戚家。在中秋前的7到8天，黄山镇的纳西族人就已经开始忙活着做月饼了。在院子里会放着大大小小的盛放月饼的簸箕、两三个直径大约在50厘米的铝盆、一个专门烤制月饼的锅灶（由一口贴饼专用的甑子状铁锅和一面用来烧炭烘烤月饼的铁盘组成）、两三个做月饼的模子，纳西语叫作"拓模"，一般是用栗木做成的，在模子上雕刻着各种花纹和"寿""福"等字样。做月饼的食材由小麦面粉、红糖、菜籽油、芝麻、核桃仁、豆沙等组成，按照一定比例的分量混合以后放置于铝盆内用双手搅和，在搅和完毕以后取出一定量的食材放入"拓模"中按压，使"拓模"内的花纹完整地印在未成熟的月饼中。然后会将食材从"拓模"中取出放置于红纸上放入锅灶中烘烤，一般要烘烤5至8分钟便可取出。但是随着时间演变镇上的人们在家中制作月饼的习俗越来越少见，人们都会去商场中买来不同口味的月饼品尝。到晚上一家人都会将月饼水果摆在院子中，泡上茶，一家人围着聊天赏月品尝美食。

（六）民族文化传统与现代化

随着社会的发展，一些传统文化也融入了现代化的元素。镇上的居民在过传统节日如春节的时候，都会举行文体演出活动。演出除纳西族的打跳、演唱民歌等传统节目之外，还会穿插一些现代歌舞。

黄山镇的各大行政村大多分布在丽江市区的周围，将丽江市市区以半圆的形式包围起来，镇子属于城郊结合地区，所以受外来文化的冲击较大。特别是近些年来，受经济发展和外来文化的影响，出现许多传统文化与现代文化相融合的现象。如在三八妇女节当天，镇上有些地方如五台的妇女们会穿着传统服装进行文艺演出活动，节目包括传统的民族舞蹈以及现代舞，整个社区的妇女欢聚一堂，欢度节日。又如镇上几个村寨的学龄儿童普通话的使用率远远高于纳西语母语的使用率。

纳西族传统的音乐、舞蹈等艺术文化，同样受到了现代文化发展传播的影响，但现代化的手段为这些传统文化带来的是更多的机遇。从传统音乐的传播来说，以前的音乐文化靠人来传播，音乐的流传也只能靠耳提面命的方式，传播的范围小不说，还特别容易失传。而现在，居民使用现代化的手段将音乐以光盘、磁带的形式记录下来，供人学习，不仅扩大了传播的范围，使纳西族的音乐文化得到更多人的欣赏，而且也使得音乐这种看不见的东西固化成一种资料得以流传下去。

传统习俗方面，在婚庆的时候，人们会使用现代工具来代替过去的传统方式。比如接新娘，以前都是走路或者骑马，而现在则是开车去接，晚上打跳等活动也是由以前的吹笛子变成了用音箱播放喜乐等。

农业耕种方式方面，现在大型拖拉机渐渐走进黄山镇居民的生活，在犁大田的时候很多人会选择用大型拖拉机来犁。以前搬运货物都是靠人背、手推，或牛拉马驮，而现在都是用拖拉机或者电动三轮车来拉。

（七）公共卫生与民族医药

黄山镇的公共卫生体系较完整，镇的卫生院在白华武荣村内，各居（村）委会都有卫生所。五台还有私人诊所约15家，以及一家精神病专科医院——玉林医院。除此之外，五台还有一些精通民间医术的地方医者，他们的医术都是世世代代传下来的。随着交通的便利和经济发展，白华卫生院已经不能满足病人的需求了，人们生病大多会选择去县级医院或市级医院看病。如今白华的卫生院主要工作就是给儿童打疫苗、给老人们进行体检等。

　　黄山镇的很多地方如今都有专门的垃圾车定期收垃圾。白华的生活垃圾每两天都会来收集一次，居民每年缴纳85元的垃圾清理费，而在白华从事商业的店铺每年则缴纳300元的垃圾清理费，每年村委会都会雇用7～8个村民打扫村道，据了解每个村道清洁工每年可以领到8000～10000元的生活补贴，并且现在白华地区每一条村道都已经覆盖了路灯。目前文华村暂无垃圾房，但是每天都会有垃圾车来村子里拉垃圾，村民们只要听到垃圾车来的声音就可以把垃圾处理掉。另外，现在文华整个居委会有7个保洁员，这七个保洁员就负责村子公共场所以及路面的卫生。长水村原先有几个小的垃圾房，基本是老队一队一个，有一名清洁工。垃圾房里的垃圾由清洁人员进行清运、焚烧、填埋。如今，环卫局派下一辆垃圾车，每隔一天来社区里清运一次垃圾。垃圾的清理为无偿清理。而南溪村因地方较为偏远，所以没有专门的垃圾车来村里定期收垃圾。只有几个垃圾池，都是

◇ 长水村卫生服务站

2008年修的。旦都前村5个，旦都后村5个，鹿子村5个，金龙村5个，满中村5个，满上村5个满下村6个。总共有41个，但是这些垃圾池却很少使用，因为一是5个垃圾池建得比较分散，村子又比较大，村民们因为路远倒垃圾不方便，所以很少使用；二是没有专门的处

◇ 长水村垃圾焚烧炉和处理箱

理垃圾的人，垃圾往往堆成山也没人处理，所以不用；三是南溪村里的垃圾大多是能够自然分解的东西，比如烂掉的洋芋和瓜果蔬菜之类的，都能够填埋处理，这些垃圾还可以当肥料来使用。至于那些分解不掉的垃圾，村里的人会定期将它们拉到垃圾池里进行焚烧、填埋。

五、社会组织

（一）传统婚姻习俗

新中国成立前，黄山镇的婚姻习俗一直都是父母之命，媒妁之言。青年人婚嫁与否，要嫁给何人都是父母说了算。虽说青年男女有自由恋爱的权利，但却没有与心爱之人谈婚论嫁的权利。两情相悦的两个人，若双方的父母都同意彼此的婚事还好说，若是双方父母有一方不同意，就会逼迫有情之人生生分开。就是因这样的习俗，使追求自由、追求爱情的年轻人爱而不得，最终选择殉情的方式来表达自己对爱情的忠贞。所以，以前镇上会时不时出现殉情的现象。据说，长水村村口有一棵大树，那棵大树就是曾经的一处殉情地点。新中国成立后，已无此类现象。

黄山镇纳西族婚前社交是自由的，但是在男女双方确定恋爱关系后需要取得父母的同意才可以进一步交往。双方父母都同意了之后，男方家

会在春节、端午节、中秋节等时候去女方家说亲。如果男女双方确定要结婚，男方则需要在中秋节的时候带着白酒、茶叶、大米、红糖等节礼去女方家定亲。定亲之后，男女双方家庭便可以互访。不过纳西族有一个禁忌就是只要在八月十五定了婚期的年轻人，其间都不能去做满月客。

双方家庭共同商量选择良辰吉日举行婚礼，最后由女方家定日子。这在纳西语里边叫作"尼哇嚓"。

到了结婚前一天，新郎新娘一般不能见面。新娘一般会与姐妹们一起去逛街、聊天。按照"不能见天"的婚礼习俗，新郎家会在家里搭建彩棚，还要杀猪宰羊、布置房屋、贴对联等，并准备第二天婚礼所需的物品。新娘家也是布置新房、准备第二天的物品，一片忙碌。新床一般由新郎家长辈进行布置，并请一些村子里边父母健在的小孩或者未婚男子同睡新房，俗称"压床"，以此来祝福新人早生贵子，未婚男子早日找到伴侣等。

结婚当天，新郎在亲朋好友的陪同下，带着彩礼去女方家接亲。彩礼一般包括两篮大米、半只猪、白酒、茶叶、婚礼时新娘所需穿戴的衣物首饰、送给女方父母和长辈的衣物鞋帽；等等。到达女方家门口的时候，要放鞭炮，告诉新娘子我们来接亲了。这时新娘家的大门往往不会轻易打开，新郎要先受到一系列的刁难，借此来告诫新郎：新娘子是金贵的，娶到她并不容易，所以以后的日子里要好好珍惜她。接亲队伍进大门后，新郎家要把送给新娘家的礼物等放在堂屋中间，然后到家族牌位面前进行祭祖仪式。新娘的父母也会给新娘准备很多的嫁妆，包括毛毯、被子、火盆、水桶、铜盆；等等。纳西族迎亲都要大宴宾客。在新娘出嫁之前，新娘要进行梳妆打扮，还要用放有硬币以及玫瑰花瓣的水洗脚。洗完之后，新郎家的未婚姊妹会把新娘的洗脚水泼出大门外，表示用这盆水把不干净的东西泼出门外，祝福新郎新娘一切平安顺利。新娘在出嫁之前，会由她的母亲为她梳妆。在梳妆的过程中，母亲会边哭边唱，歌词的内容大多是母亲对新娘过去在娘家生活的回忆、对女儿要出嫁表示不舍以及告诫新娘以后嫁到婆家要孝敬父母，勤俭持家，并祝福女儿婚姻美满，早生贵子；等等。这就是纳西族最出名的嫁女时唱的"哭嫁调"。等新娘梳洗完毕之后，新娘会去和父母以及家中的长辈一一告别，这时新娘以及新娘的长辈都会用哭声表示对家人的不舍。长辈也会对新娘进行叮嘱，告诫她嫁过去以后要好好孝敬男方家的父母，要好好持家，并祝福她婚姻幸福美满，早生贵子等。跟家中的长辈一一告别之后，新娘就要在新郎以及姐妹们的陪同之下走出大门，此时无论多么的舍不得家人，新娘都不能回头，否则新郎新娘在以后的婚姻生活中会不幸福。到新郎家之后，女方要跨过新郎家放在门槛中间的马鞍，之后进入新房。此时，新娘要换上新郎家准备的服装，重新梳妆打扮，同时，新郎的母亲会送来一碗红糖水并把家中的钥匙给新娘，表示承认儿媳的身份。新娘喝过红糖水便要改口喊"妈妈"。在晚饭时，新郎新娘要给各位长辈以及亲朋好友敬酒敬茶，感谢各位长辈以及亲朋好友的祝福。在夜里，纳西族向来有闹洞房的习俗，闹洞房的一般是新郎未婚的年轻好友，大家一起玩游戏，让新郎新娘讲述恋爱的过程等，新房里要摆上新娘娘家带来的瓜果糖点来招待闹洞房的好友们。新床上也会铺满红枣、花生、桂圆和瓜子，寓意表示祝福新郎新娘"早生贵子"。在新婚之夜，新郎新娘一般不能同床。

婚礼结束的第二天是回门日，当天新娘要早早起来，打扫卫生，准备早点。在用过早餐之后，新郎新娘要在家中长辈的陪同之下回娘家。在回娘家之前，新郎新娘要先上街买松明、鱼、葱等物品，分别表示鱼水之情、照亮前程、孩子聪明等含义。不管路途多远，在娘家用过午饭之后，稍作休息便要在天黑之前返回男方家，否则会被视为不吉利。

这些年，黄山镇的婚姻习俗发生了很大的改变：定亲和请酒与过去相比有些许的改变但是并不明显，而婚礼过程则发生了较为明显的变化：首先新人的服饰和妆容更加丰富，除保留了过去流传下来的传统的纳西族婚礼服装外，结婚当天新娘还会穿婚纱、旗袍，新郎则穿西装。梳新娘头和化新娘妆也代替了过去新娘的素面朝天。过去接新娘，背嫁妆都是人背马驮，现在都用小轿车。现在每家每户的经济收入都有了很大的改善，于是嫁妆也就更加丰富。过去纳西族嫁女一般都要送缝纫机、皮箱、火盆、火盆架、喜被、纳西羊皮等。现在除了保留传统的火盆和纳西羊皮外，直接以现金作为聘礼，还有的直接送房送车，以此作为嫁妆。

黄山镇还出现过一种跑婚的现象。跑婚是指青年男女未办理结婚登记等法律手续，也不征求双方父母的意见，就把女方领到男方家居住，过一段时间再请客行礼和补办结婚手续的一种婚姻形式。跑婚在旧时是反抗不满婚姻的无奈之举，20世纪60年代后被当作是伤风败俗的行为。到了20世纪80年代到90年代末期，跑婚的现象尤其突出。在那个年代，南溪村还有跑婚现象，改革开放后，这种现象已随着社会的发展逐步消失了。

（二）婚姻制度的变迁

新中国成立前，黄山镇还流行着舅姑表优先婚的传统习俗，意思是舅父有优先娶外甥女的权利，即便是舅父决定不娶外甥女时，也得征求舅父的意见，结婚的时候男方家还要给舅父送礼物，并以上宾来招待。如今丽江纳西族早已确立一夫一妻制的父系家庭，黄山镇也不例外。人们结婚的对象不限民族，不限地区，结婚年龄根据《中华人民共和国婚姻法》施行。

改革开放初期，结婚一般讲究门当户对，听从父母之命，媒妁之言，后来就不再讲究这些了，都是自由恋爱，自由组织家庭。

黄山镇上还存在一种新的婚姻形式——不娶不嫁，即两个人结婚，但是女方不嫁到男方家，男方不入赘到女方家，两个人自成一家。这样的现象大多在只有一个孩子的家庭之间发生。

（三）家庭结构关系的变化

随着社会的变迁、时代的发展，黄山镇的家庭结构也在变化着。在过去，黄山镇的纳西族实行一夫一妻的父系婚姻家庭形式，家庭结构以主干家庭为主，即一个家庭由祖父母、父母、子女等组成，大多是三世、四世同堂。在实施计划生育之前，小一辈的人数都比较多，少则两三人，多则七八个。家中人数较多，家庭结构较为复杂。自计划生育实施以来，由于黄山镇的居民都为少数民族农村户口，可以生两个孩子，小一辈的人数也就减至一到两个，家庭结构也就变得简单了一些。家庭结构也由原先的主干家庭慢慢向核心家庭转化，即子女在成婚之后，建立自己的小家庭，由父母、子（女）组成的两代人家庭。

在出现了不娶不嫁这一婚姻形式之后，家庭结构也因此受到了影响。在许多独生子女家庭中，青年男女结婚，他们身上担负着四个老人。不娶不嫁的家庭生的孩子一般会用父母各自的姓氏加起来作为复姓，如果生两个孩子则会一个人一姓。

分家的习俗一直保留了下来。一个家里，若有两个及以上的儿子，等他们都长大成婚以后，就会进行分家。分家一般都是"小儿守大房"，其他儿子会分到一些家产搬出去单过。

分家的习俗使得黄山镇家庭的结构变得更加单一化，家庭规模不大，一般就是一夫一妻的小家庭。

（四）传统社会控制模式

黄山镇传统社会控制模式主要有：

1. 道德控制。道德对居民的行为具有很大的约束力。道德的约束使得居民在潜意识里就有哪些事能做，哪些事不能做的基本认识。居民的行为也就在无形中受到了道德控制。

2. 法律控制。人们的法律意识一般都较强，各地的村规民约也都是白纸黑字地列着，法律对居民的行为具有较强的约束力，因此整个镇子违法犯罪的事很少发生。

3. 舆论控制。居民们都是抬头不见低头见，某个人有个什么事很快会被很多人知晓。正所谓好事不出门，坏事传千里，为了防止自己因"坏事"而被村里人"碎碎念",所以在做事时也会顾忌到这些而放弃做那些"坏事"。

4. 家庭控制。其实约束居民行为的更多的因素来自家庭。一个人会做些什么事,有很大的原因是受家庭教育的影响。以前,在黄山镇的家庭中,父亲的话是不允许被忤逆的。如今的家庭已变得更加民主化,很多事情都会是一家人商量着来做。

五台社区村规民约十则

反对迷信,文明生活
和睦邻里,团结友善
彼此谦让,互相尊重
遵纪守法,履行义务
勤劳奋斗,科技兴农
男女平等,优生优育
弘扬美德,诚信待人
遵守国法,以国为先
爱护公物,美化环境
公平公正,合理民主

◇ 五台村村规民约

（五）习惯法与禁忌

黄山镇各地都有着各自的习惯法与禁忌,而这些习惯法与禁忌的内容大多是对居民行为的约束以及道德的规范。因各地的具体情况不尽相同,故习惯法也有一些出入,但内容上大同小异。

五台的习惯法有以下几条:（1）恋爱自由;（2）婚姻讲究门当户对（3）结婚年龄一般在20~24岁;（4）无子可招上门女婿;（5）参加婚礼要"挂人情",之后还要向主人家表示恭喜。

禁忌:（1）禁止血亲和近亲结婚;（2）禁止婚外恋;（3）禁止上下辈通奸。（4）禁止婚前性行为。

文华的禁忌内容体现在了习惯法里。其村规民约具体如下:

第一条:热爱祖国,拥护中国共产党的领导,遵守国家法律法规,执行党和国家的路线、方针、政策。

第二条:每个村民都要学法、知法、守法,自觉维护法律尊严,积极同一切违法犯罪行为作斗争,居委会对见义勇为,大胆禁止违反本规约行为者予以表扬和一定的物质奖励。

第三条：遵守社会公德、家庭美德、职业道德、讲文明、讲礼貌、尊老爱幼，村民之间应团结友爱，和睦相处，不打架斗殴，不酗酒滋事，严禁侮辱、诽谤他人，严禁造谣惑众、播弄是非。

第四条：自觉维护社会秩序和公共安全，不扰乱公共秩序，不阻碍公务人员执行公务，爱护公共财产，不得损害水利、道路交通、林木、供电、通信、生产等公共设施，关心集体，积极参加村民会议，商讨公共事务。

第五条：搞好公共卫生，加强村容村貌整治，严禁随地乱倒乱堆垃圾，修房盖屋余下的垃圾碎片应及时清理。柴草、粪土应定点堆放，禁止在集体和农户房屋外墙乱贴乱涂广告。

第六条：死禽、死畜要挖坑深埋，作无害化处理，发现多数家禽家畜得病，要及时向居委会报告，以防发生大面积的疫情，羊圈、猪圈栏，厕所要勤清洁，以免臭气，脏水污染环境。要注意饮食卫生，以防病从口入。

第七条：村民积极履行各种义务，主动参与道路交通、学校、水利等公益事业的修建维护工作，依法服兵役和参加民兵组织，承担抚养教育子女和赡养老人的义务，禁止家庭暴力和虐待行为的发生。

第八条：自觉实行计划生育，树立晚婚晚育、少生优生、生男生女一样好，女儿也是传后人的生育观念，严禁无证生育和计划外生育。

第九条：自觉保护耕地，严禁荒废耕地。村内任何单位和个人使用土地都必须服从居委会的统一规划和调整，不得侵占、买卖或者以其他形式非法转让土地。未经批准，不得改变土地用途。村民要自觉履行与村、组集体签订的各类承包合同中规定的权利和义务。

第十条：自觉保护庄稼，管理好自己的家禽家畜，防止自家家畜损毁他人的农作物和伤害他人，坚决杜绝破坏庄稼的行为。

第十一条：做好安全生产工作，注意防火防盗，注意交通安全。自觉服从对易燃、易爆、剧毒等物品和枪支弹药，管制刀具的管理。

第十二条：对村内、户内电线要定期检查，损坏的要请电工及时修理，更新，严禁乱拉乱接电线，加强村民尤其是青少年儿童安全用火用电知识宣传教育，提高全体村民消防安全知识水平和意识。

第十三条：提倡社会主义精神文明，反对封建迷信及其他不文明行为，树立良好的民风、村风，红白喜事反对铺张浪费、反对大操大办。

第十四条：凡外来人员进驻本村的，必须服从本村管理，尽到应尽义务和遵守本村村规民约，村民外出的要办好《流动人口管理证》，并主动及时履行相关的义务。

本村规民约由居民委员会负责执行，居民监督委员会负责监督。对违反以上有关条约的村民，居民委员会有进行依法处罚、批评教育等权利。

长水的村规民约共有二十条，提及了一些明令禁止的事项和相关的习惯法。其具体内容如下：

第一条：每个居民都要学法、知法、守法，自觉维护法律的权威和尊严，与一切违法犯罪行为作斗争。

第二条：居民之间应团结和睦，不打架斗殴。严禁造谣惑众，搬弄是非。

第三条：自觉维护社会秩序和公共安全，严禁黄、赌、毒。

第四条：保护集体财产，不得损坏水利、交通、供电等公共设施。

第五条：不得在村道柏油路上挖沟开渠，堆积粪、土、砂、石、摆摊设点。路边必须留50厘米以上的排水沟，各村明确分段责任。维护好3.3千米的柏油路面。（现在是水泥路面）

第六条：严禁私自砍伐集体山林，不准在路边乱挖沙土。

第七条：提倡社会主义精神文明，移风易俗，反对封建迷信及邪教活动等不文明行为，树立良好的社会主义道德观和人生观。

第八条：喜事新办，不铺张浪费；丧事从俭，不搞陈规旧俗。

第九条：搞好公共卫生和村容整洁，不得随地倒垃圾、废物，修缮房屋垃圾碎片要及时清理。

第十条：服从村镇建房规则，不扩占。宅基地以外的空地和自留地必须经过社区委员会、居民小组通过，上报土地部门批准。不准擅自起房盖房。

第十一条：邻里发生纠纷能自行调解的自行调解处理，不能自行调解的靠组织调解。

第十二条：全社区居民要遵守婚姻自由，男女平等，尊老爱幼，建立团结和睦的家庭。

第十三条：自觉做到计划生育，晚婚晚育，男女平等，夫妻双方共同承担家务劳动，共同管理家庭财产。对父母的遗产，男女有平等的继承权。

第十四条：自觉执行九年义务教育，杜绝学生辍学和流失。

第十五条：对大中专学生转出户口的，因未转为国家正式干部职工的人员,可以转回农村户口。

第十六条:夫妻双方,男方为农业人,女方为非农业人的,女方可以转为农业户口。

第十七条:在办理转户、土地征地、出租等社区内重大问题的,居民小组必须召开户长会议并取得统一签字,如不召开户长会议,要居民小组负责人出面到农户签字。

第十八条:原为农业人口,个人意愿转为非农业人口的人员,一律不得转回农业户口。夫妻双方为非农业户口的,不得转为农业户口。

第十九条:全家为农业户口,子女所取的农业人口,不得转回农业户口。

第二十条:根据云南省人民政府关于农转城居民权益保障相关文件精神,凡是政策性的农转城的居民,与农业人口同等享受社区内的一切福利。

除了这些现如今白纸黑字印在纸上的村规民约之外,还有两条以前的禁忌,不过现在没有沿袭下来:

1. 当社区中的人家办红白两事的时候,做客的客人晚上不能打麻将。
2. 过完年,在正月的二十号以后全村禁赌。

以上两条,早已从长水居民的生活中淡去。即便如此,长水也没有出现打麻将过度之类的现象。

(六)民间纠纷与调解

黄山镇居民之间的纷争大多由建房基地的占有、耕地面积和森林面积的占有等方面引起。以白华和南溪村为例：在白华出现最多的民间纠纷就是关于建造房屋时挤占到邻居地盘的问题。因白华离市区较近，来这边租房的人也比较多，居民们在自家宅基地上建出租房的情况也就多了起来。建房的人一多，关于房屋占地的纷争也就变得多了起来。在白华居委会那里，随时都会有居民来申请调解房屋占地纠纷。而南溪村的民间纠纷主要表现为耕地面积和

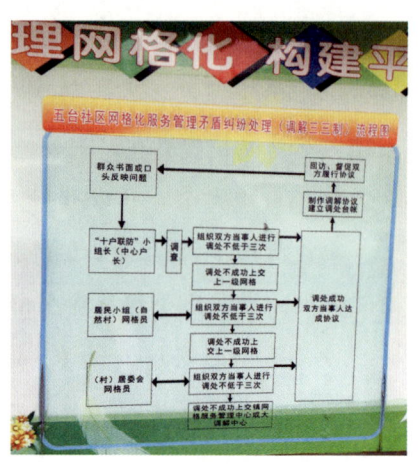
◇ 五台社区矛盾纠纷处理流程图

森林面积的纠纷。这些纠纷是过去老一辈遗留下来的问题，所以一般都是通过政府出面来解决这些纠纷。饮水问题则是各个村民小组比较普遍的问题。南溪行政村的旦前村水源较为丰富，而旦后村水资源较为缺乏，到初冬水结冰，人畜饮水就成为一大难题。村子内部也因用水问题而产生了一系列的纷争。

各地处理这些民间纠纷的方式大同小异。小事情都是居民（村民）自己私底下调解解决，大事和那些调解不了的纠纷则会去到居委会（村委会），请干部帮忙出面解决。

五台有一套网格化服务管理矛盾纠纷的处理办法。当居民申请矛盾调解，由"十户联防"小组组长组织双方当事人进行调处，不低于三次。若调处不成功交给居民小组调处，同样不低于三次。若还是不成功，则交给居委会调处……如此反复几次，若还是调处不成功，最后上交网格服务管理中心或大调解中心处理。若调解成功，则要求双方当事人达成协议，制作协议书。此外，还要回访、督促双方履行协议的情况，并向周围群众进行访问，让他们反映问题，最后还要让"十户联防"小组长进行情况调查。

文华居委会对矛盾纠纷排查调处工作坚持"预防为主、教育疏导、依

法处理、防止激化"和"属地管理""谁主管、谁负责"的原则。对排查出来的矛盾纠纷，居调委会认真组织调解，并力争在三次以内调解结案，调解三次不成功的及时上报镇政府大调解工作中心。居委会每周对辖区内开展一次矛盾纠纷排查化解，每月进行一次大排查，做到"小事不出组、大事不出村、矛盾不上交"。还建立了矛盾纠纷排查调查工作报告制度，对排查出来的问题不夸大不缩小，及时向镇大调处工作中心报告情况并积极组织调处工作。

文华居委会调解委员会工作制度：（1）加强法律法规知识学习，增强法治意识，提高自身业务素质，依法进行调解。（2）主动、依法、依情、公平、合理地调处好辖区内的民事民间纠纷。（3）调委会每周集中排查一次矛盾纠纷，敏感日、重大节庆和重要会议活动期间进行专门排查，对排查出来的矛盾纠纷和隐患问题及时调处化解，确实难以化解的要及时向上级和有关部门报告。（4）廉洁奉公，遵守法律，不要特权，不以权谋私，严守当事人隐私，按基层基础规范化建设要求，规范调解程序和协议书，"以奖代补"的调解协议统一使用镇社管综治办制定的调解协议书。（5）协助派出所、司法所做好刑释解矫人员的安置帮教工作。（6）每季度要向司法所报告工作情况。（7）调委会每月召开一次工作例会，总结工作、分析形势，明确任务，研究工作中出现的新情况、新问题。遇到重大情况及时召开会议，专题研究解决。（8）按季度上报调解矛盾纠纷表（含以奖代补），搞好总结工作，接受镇社管综治办和司法所的回访和考核。（9）邀请村内素质高、有文化、有威信、有一定政策法律水平的村民和离退休老干部参与协助调解工作，提高调解工作的水平和质量。

六、生态环境

（一）地理位置

黄山镇处在云南省丽江市玉龙纳西族自治县境内，位于丽江市西南部。北对丽江市古城区，南临丽江火车站，西靠马鞍山。五台居委会在黄山镇的最东边，位于玉龙县新县城行政办公区，东与金山乡相邻，南部连接七河乡，西与文华居委会相邻，北邻祥云居委会。白华居委会位于丽江坝子西南部，黄山镇东北部。同时白华是黄山

◇文华村文笔海

镇政府所在地，距市区1.5千米，距玉龙县城4千米。文华居委会位于黄山镇西南部，西至南溪村委会，南至高尔夫公司，北至长水，东至五台、文笔水库。长水居委会位于丽江市西南部，在马鞍山以东，青龙河以西，村落自北向南沿马鞍山山脚呈带状分布。南溪村在北纬26度，东经99度附近，处在西边文笔山的后面，是黄山镇最西边的村寨。地理位置处在丽江市玉龙县、鹤庆县及玉龙县拉市乡的交界处。东与黄山镇文华居委会相接壤，西部北部与太安乡相接壤，南部同七河乡的后山及前山村相接壤。整个南溪村委会平均海拔为3200米，是典型的高寒山区。南溪村距离丽江古城24千米，约40分钟的车程，是丽江境内海拔最高、地理位置最独特的一个纳西族村寨。

（二）气候与产物

黄山镇属于季风气候，有较为明显的干湿季节。每年的五月下旬到十月份是镇上的雨季，这个季节雨水充沛，是种植蔬菜瓜果的好时节。十一月份到次年四月是旱季，这个时候镇内显得比较干燥，作物也只能种一些耐寒耐旱的。黄山镇地处高原地区，海拔较高，因此白天日照充足，但昼夜温差较大，早晚比较冷。黄山镇四面环山，东部是蛇山，南部是无名小山，西边为马鞍山和文笔山，北面有玉龙雪山，因此黄山镇的气温比丽江

其他地区气温略高。冬季最低气温不会低于零下五摄氏度，夏季最高气温不高于34摄氏度，气候温暖宜人，四季如春，适合居住。

在这样的气候条件下，黄山镇的产物也比较多，主要有玉米、油菜、小麦等各种谷物；青椒、茄子、番茄、小瓜、韭菜等各种时令蔬菜；梨、苹果、梅子、葡萄等各种季节性水果。南溪村因海拔较高，属于高寒山区，所以村里的产物与镇上其他地方有所区别。农作物主要种植洋芋、秋油菜、蔓菁、萝卜、绿肥等凉性耐寒的作物。同时还种植有玛卡、重楼等耐寒耐旱的药材，至于蔬菜也是比较耐寒的韭菜、小瓜、大白菜、土豆等。水果则因气候的原因无法大面积种植。

五台的最高海拔为2800米，最低海拔为2300米，平均海拔为2400米，年平均气温14℃，降雨量充沛，每年的6～8月为雨季，日照充足，水热条件好，土壤肥沃，干湿分明。白华最高海拔为2395米，年平均气温18.6℃，年平均降雨量954毫米，每年的6月至10月为雨季，日照充足。文华是低温带高原气候，四季变化不大，干湿季节分明，年平均降雨量953.9毫米。长水属于高原季风气候，阳光充足，紫外线强，雨热同期，夏季凉爽，冬季干燥风大。南溪村是典型的高寒山区，无霜期约为120天，一年只能种夏秋一季庄稼。地形为山地，在山地之间有地势稍平的缓坡地带。

（三）水土资源

黄山镇境内的水资源丰富，主要有西部的青龙河、中部流经白华的东介河和南边文华的文笔海。土地资源也较为丰富，有西边的马鞍山和文笔山两座山，除此之外还有大面积的田地。田里的泥土大多是黑土，土壤肥沃。

在玉龙新县城征地建设以前，五台的水资源相当丰富，但是在县城建设征地之后，水资源被切断。目前，五台社区的饮水工程除了上吉村部分未完善，其余四个居民小组自来水已完善。五台的土地面积：中和以及上吉共700亩左右，民治30多亩，夏禾40多亩，下束河80多亩。村落居住面积：民治180亩，中和340多亩，上吉260多亩，夏禾300多亩，下束河200亩左右。山林面积：民治500亩，中和2600多亩，上吉19000多亩，夏禾8000亩左右，下束河14000多亩。

白华有一条主要河流叫鱼米河，南接古城区尚义村。在以前村民都会在河里洗菜洗衣服，但是城市的建设使这条河流受到污染，现在这条河流仅仅被用作排水沟使用。

文笔水库占地面积约3000亩，蓄水量约380万立方米。1956年开始建设文笔水库，1958年进行了第二次扩建。文华中村有一口老水井，有700多年的历史。在没有引用文峰寺的山泉水以前，中村居民的生活饮用水都取自老水井。文华的土地资源主要是面积约20400亩的耕地和面积约10500亩的山林。

长水的水资源主要有：青龙护城河由南自北贯穿长水社区的农田，主要用于浇灌农田，春夏为汛期，秋冬是枯水期。除了青龙河之外，长水有一个用水泥浇筑而成的水渠，贯穿农田的东西，水渠里的水主要引自拉市的通海，用于浇灌农田。关于通海水，还有一点：上长村每一家都安了自来水水管，水管里的水主要是来自通海，不过这通海自来水不能饮用，可以作洗衣、浇花等其他家用。长水社区的河流还有一条是从马鞍山上流下来的山泉水汇成河流，河流的源头是一处名为"踏可罗萝"的山崖，河流一直从那里流下来，自东向西贯穿上长村四队，最后汇入青龙河。春夏为涨水期，秋冬为枯水期。不过近几年来，水位一直在下降，即便是涨水期水位也不太高。在四队和五队的交界处，靠近马鞍山山脚的地方，有一个淡水湖，当地人用纳西话叫它"扯叩斗"，湖水主要是地下水。还有各种中小型鱼塘分布在村里和农田之间，鱼塘主要用于养鱼，供游人垂钓游玩。

土地资源主要是田地和山林。长水的农田主要分布在村庄以东，一直延伸至如今的嘉和建材城这一片，农田总面积有6608.4亩。其中，上长村农田有3012.1亩,中长村的农田有511.2亩,下长村的农田有929.3亩,中下长村共有的还未分配的农田有2154.8亩。长水社区农田的分配方式主要是以每个村所拥有的农田面积除以每个村的人数,所得的数就是居民所拥有的农田面积。长水社区的山林主要分布在村庄以东,也就是马鞍山这一片,山林总面积为7910亩。山林是共有,暂无具体明细的划分。

南溪村的土地资源主要是山林、农田等。土地面积约53.8平方千米。水主要是山泉水,没有大型河流和湖泊,只有少数几个村民自己挖的鱼塘。

(四)饮水工程

黄山镇各地都有饮水工程。到目前为止,五台社区的饮水工程自来水已基本完善,上吉有部分不完善。白华以前每家都有1~2口井供生活用水,但是由于污染,现井水已经不能再饮用了,在21世纪初黄山镇进行了水网覆盖,每家每户都通了自来水,原先家中的井一些家庭已经掩埋,一些家庭还留着用给牲畜饮用或者家庭绿化使用。在以前白华每个村社基本

◇ 长水村三眼井

上都有一口公共井，到现在基本上都已经废弃了。整个文华社区居民全部使用文峰寺引用的山泉水，每家每户都安了水管。有些居民家里还有水井，有些时候也会用水井里的水，但是主要还是在用文峰寺引用的山泉水。关于长水社区居民的饮水用水主要有以下几个方面：

1. 上长、中长村的饮水主要靠井水，上长村的每一户人家基本上都有一眼井，但井深都不超一百米，没有深入地下，是为地表水。

2. 下长村的居民饮用的是马鞍山背后的山泉水，是用水管接来的山泉水。

3. 社区中公共水井有9眼左右。其中，可以饮用的有4眼，用于洗菜洗衣的有4眼，而废弃不用的有1眼。

南溪村早期的时候，没有自来水也没有水塘，一般，每个村在离村不远的地方都有一个大水池。人们都用挑扁带的方式解决人畜用水。直到2000年之后，各个村才断断续续地修建水塘，用上了自来水。修建水塘数量如下：鹿子3个，2个正使用中，一个荒废。旦前3个，旦后3个，满上2个，满中3个，满下2个，金龙3个，文屏2个。

（五）厕所改造

在过去，黄山镇的厕所大多是土坑厕所，有些人家甚至不设厕所，露天解决三急。时过境迁，镇上少有人会如过去一样，把野地当厕所。如今，镇上的每户人家都有自己的厕所，其中很大部分人家的厕所还是冲水蹲坑式的，这使得镇内的环境卫生这一块得到了极大的提升。

到目前为止，五台社区90%的居民家庭的厕所已经由过去的旱厕改建为室内卫生间。过去白华地区厕所同样是用旱厕，厕所用泥砖堆砌，屋面用青瓦覆盖，分男女两间，都没有化粪池，粪水会被村民用来在菜地施肥。现在随着建筑变迁白华地区用旱厕的家庭已经少之又少，每家每户都已经有了化粪池，而且厕所都已经改进用卫生间马桶或者蹲坑的形式了。目前文华村每村每户正在实施厕所改造，由以前老的无化粪池的厕所改造成有化粪池的厕所。最早的时候，长水社区的厕所是挖个泥坑搭几根木棍的极其简陋的厕所，排污系统也不是很好；后来大部分升级成了用水泥建成的厕所，而且粪池也是改为水泥地，有些人家的粪池还弄成了沼气池；而现在，村里部分人家的厕所都改为了直冲式的蹲坑厕所，厕所也更加卫生。2016年8月村里的主村道开始安装排污水管，厕所里的污物也就有了更好的去处。南溪地处贫困的高寒山区，除了本地居民外，很少有外人出入，没有修建公共厕所的必要。因此整个南溪村委会除了各个小学和完小有公共厕所外，村子里面并没有修建其他公共厕所。但是，每家每户都有修建家庭厕所，基本用水泥和砖瓦建成。

（六）居民建筑变迁

以前，黄山镇内的居民建筑主要是以土木结构为主的杆栏式木房，以木头为支架，用土砖砌墙，有钱人家用白石灰粉刷墙面，没钱人家就让土砖暴露在外。每家每户的房屋占地面积都较大，居民住房也都是庭院式。房屋的布局遵循着"三坊一照壁"的原则。除土木结构的杆栏式木房外，少数地区还分布着全都由木头垒砌建成的井干式木楞房。如今，木楞房在

◇ 居民楼房

◇ 长水村传统住宅一角

黄山镇境内已经很少能见到了，而土砖砌的杆栏式木房也逐渐被空心砖和红砖取代。同时，镇内涌现出一些由钢筋混凝土建成的平顶房。

在五台，整个社区内约有50%居民家庭建筑以砖木结构为主；30%的居民采用新式的建筑方式，例如平顶；剩下的20%居民则仍然采用土木结构建筑。

现在白华地区的建筑已经朝着城市建筑模式在发展，以前居民建筑都以土木结构的民房为主，以木架为房子龙骨，以泥砖砌墙，青瓦作为瓦屋面。布局形式有：三坊一照壁、四合五天井、两重院、两坊房等。而现在很多人家都在建钢筋混凝土的楼房，一般都用于出租房屋。一些居民则将院子也挤占用于建房，自己则将楼房的几间房间空出来当生活起居室使用。

文华以前都是木房建筑，以土木结构为主的"三坊一照壁，四合五天井，走马转角楼"的楼房，用料都是泥土和木材。近几年土木结构的建筑变少了，砖木结构的建筑变多了，砖木结构的建筑占60%左右，土木结构的建筑占30%左右，还有一些水泥建筑、平顶房、小洋房，但是还是以木房建筑居多。

在刚解放的时候，长水村的房子较为简陋，都是一些简单的木房，其中还有少数的木楞房分布其中。随着社会的发展，居民收入的提高，原先简陋的木房被比较精致的木房代替，房子的格局大概为三坊一照壁，木房雕龙画凤，照壁也画得精致。每一边木房一般有一个客厅，两到三间房子。近年来，在长水社区的木房之间开始逐渐出现平顶房，村里人建新房大多选择建造平顶，故平顶房有越来越多的趋势。社区中的平顶房大都为三到四层，每栋房子里有一间大厅，房间少则四五间，多则八九间。

南溪以前的房子主要是木楞房和土基房，后来逐步向砖木结构转型，如今砖木结构的木房是南溪普遍的民居。钢筋混凝土小部分出现。以前的瓦房是用油毛毡和麻子干和石棉瓦，现在是全部石瓦。以前的民居是人院和畜院是不分的，现在分成了人院和畜院。

瑶族社会历史回访再调查
——以金平县平安寨为例

陆海发　冯元钊　张帅香

1958年11月，云南民族大学宋恩常、李国发到金平县平安寨开展社会调查，并形成了《金平县一区平安寨瑶族社会调查》的报告，其中涉及平安寨的概况、农业技术、土地制度、其他生产活动、阶级分化、政治组织、家庭制度、宗教信仰等研究内容，这些社会调查成果成为瑶族研究的宝贵历史资料，为记录瑶族社会传统和增进瑶族的民族认同起到了重要作用。时隔60年后，云南民族大学民族团结进步研究院组织开展了云南25个少数民族社会历史回访再调查，我们课题组主要负责平安寨瑶族的调查。课题组由陆海发、冯元钊、张帅香三人组成，于2017年7月对红河哈尼族彝族自治州金平苗族瑶族傣族自治县平安寨瑶族经济社会发展进行了持续15天的调查。这一调查主要围绕平安寨瑶族的政治、经济、文化、社会、生态五个维度展开：一方面，反映平安寨经济社会发展的新变化；另一方面，也对照原来的调查报告，进行历史性比较，反映其经济社会的变迁状况。

一、村寨概况

（一）村寨的基本情况

平安寨村民委员会是金河镇下辖的七个边境村委会之一，边境线长8.7千米，地处金河镇东部，距镇政府所在地17千米，距金平县城17千米，东邻越南十二楼、麻栗寨，南邻十里村村委会，西邻白马河村委会，北邻越南。区域面积14平方千米，驻地海拔1470米，辖3个村民小组650户2995人，耕地面积1779亩。农民经济收入主要以种植、养殖为主，2015年末人均有粮331公斤，人均纯收入1798元。贫困程度深、基础设施薄弱、产业单一、交通滞后、信息闭塞，是制约平安寨村发展的主要瓶颈。加之受战争和传统粗放的生产方式影响，村民受教育程度不高、科技意识不强，大部分村民仍处于贫困状态，全村经济社会发展较为缓慢。

（二）村寨的历史和传说

平安寨村曾被命名为"澜潭"，有人也把它唤为"浪滩"，距今已经有100多年的历史了。村寨隶属于平安寨村委会，是一个瑶族聚居的自然村。关于为什么该村原来被起名为"澜潭"，从村里老人们的讲述中可以得到两种不同的解释。

据村里的一位老教师邓文章的口述，说是在多年以前，最新搬过来这

◇ 村寨全貌

里居住的有两家人，一家是邓家，还有一家是盘家，他们都聚居在一个龙潭边。两家本来是亲戚，多年来和睦相处，互帮互助。但是好景不长，在长期相处相望的过程中，邓家的女子与盘家的一位男性发生了不正当的关系。两家是亲戚，在瑶族的婚姻习俗中，有着血亲关系的亲戚之间是不能通婚的，因此，两家都为此感到羞耻。一天，两家的族长在该村的缓坡上相见，彼此都觉得无颜以对，但因共同居住在这一村寨的客观需要，使他们还是坐在一起长谈许久，最后两人达成共识，为了不让这样的事情再发生，两人特将此村寨起名为"澜潭"（澜与"烂"的发音相近，特指发生了这样的丑事；"潭"主要是指在龙潭的边上），以此让后人铭记教训，不要再重蹈覆辙。

还有另外的一种解释。据村里的老人李成旺介绍，在寨子的中心有一个龙潭，原来有8家哈尼族聚居在这里，后来瑶族的先人盘成仙一家从周边一个被当地人呼为马尾村的寨子搬过来，不久以后瑶族邓进福一家又从开花寨搬来。两家人居住在此很长一段时间，不仅关系和睦，且与哈尼族邻居相处融洽。但是随着时间慢慢过去，这两家与哈尼族邻居开始有了些矛盾，有一次因为放养牛的草地引发争执，邓家的牛有两头被牵到龙潭边，突然龙潭的龙浮出水面吞下了邓家的两头牛，邓家人怒火冲天，认为龙已经不再护佑他们了，便将烧红的铜、铁投入龙潭中。龙潭里的龙大怒，冲毁龙潭的堤坝后愤然离去，于是后人将这一龙潭取名为澜潭，寨子也因此被称为澜潭村。

新中国成立以后，当地仍旧有很多土匪流窜，村寨民众饱受疾苦，后来解放军消除了当地的匪患，村民们感念解放军的恩德，也期盼后面的日子能够平平安安，便将"烂滩寨"更名为"平安寨"。

（三）人口情况及人口流动趋势

1. 人口情况

居住平安寨的瑶族属于红头瑶。2006年，平安寨共有577户2616人，其中男性1363人。全寨劳动力有1576人，其中在劳动力年龄内的有1542人，在劳动力中，男性有820人、女性有756人。乡村从业人员人数有1341人，其中在劳动年龄内的有1305人，从业人员中有男性725人、女性616人。

2010年，共有635户2783人，其中男性1632人。全寨劳动力有1628人，其中在劳动力年龄内的有1596人。在劳动力中，男性有786人、女性有842人。乡村从业人员人数有1416人，其中在劳动年龄内的有1384人。从业人员中有男性682人、女性734人。

2015年，共有650户2995人，其中男性1600人。全寨劳动力有2000人，其中在劳动力年龄内的有1768人，在劳动力中，男性有1025人、女性有975人。乡村从业人员人数有1542人，其中在劳动年龄内的有1310人，从业人员中男性有786人、女性有756人。

1958年宋恩成等学者在当地调研所获得的数据是86户507人，比较而言，金平县平安寨的人口明显增长。至2015年，人口共计增长564户2448人；户籍人口总数约为1958年的7.6倍，人口总数约为1958年的5.91倍。

2. 劳动力转移

相较于1958年的情况而言，人口变化除了体现在数量上，另一个特征就是具有了极大的流动性。1958年的人口流动受到了各方面的制约，而如今的平安寨，劳动力一大半都外出务工了，其中大部分在广东、上海，或出国到越南、缅甸等地，少部分在金平县周边，导致这种现象的原因，除了金平县工业化程度低和第二、三产业不发达，无法提供更多的非农就业机会之外，还受以下几个方面影响：

（1）人地关系的影响

20世纪70年代末，平安寨的经济体制改革极大地激发了村民的积极性，使劳动生产率得到了迅速提高，村民收入快速增长，但是进入20世纪90年代以后，农民收入增长出现下降。平安寨是一个地理位置极为偏僻的小山村，深处大山腹地，田地少、山地多，农业对劳动力的吸引力十分有限，村里的经济作物不是投资太多就是卖价太低，要不就是没有办法大面积种植，在没有找到其他更好的农业增收途径前，外出务工就成为一个快速提升收入而又不需要太多资金投入的办法了。

（2）非农产业相对农业收益更高

20世纪90年代以来，我国城市经济发展加速，农业的收益与城市工业及其他非农产业的收益差距逐渐扩大，正是这种差距的存在，促使包括平安寨在内的广大不发达地区农村劳动力纷纷流向发达地区和城市的非农产业。

据村民介绍，他们的大部分收入来源于外出务工。村里20～40岁左右的人基本都出去打工了，平时都不在家，只有老人和小孩。我们访谈期间遇见了2个打工回来的人。赵有秀，今年19岁，初一上完就没有再上学了，14岁就外出打工，现在广东惠州的一家制鞋厂工作，一个月有4000元左右的工资，但是广东的消费水平比较高，所以每个月攒下的钱也没多少，可是也比在家里种地的收入要高。邓开明，今年21岁，也是初一上完就没有再上学了，以前在上海、广东打工，一个月工资3000～4000元，但是消费太高，现在勐腊等地帮别人收香蕉，一个月3000元左右。

（3）渴望提高生活水平和追求自身发展

由于种种原因，城市有着与农村截然不同而又优越的物质生活条件和更加丰富多彩的文化娱乐生活，这些对于有一些知识的"80后"新一代农民有着巨大的吸引力。为了脱贫致富，外出务工成为平安寨富余劳动力的第一选择，不少村民纷纷从田地里走出来，进城务工。还有一部分村民则是为了见世面、长见识和让孩子接受更好的教育而选择了外出务工。

外出务工直接增加了农村家庭经济收入，提高了他们的经济收入水平和生活水平，开拓了他们的眼界，改变了他们的思想，但是任何事物都具有两面性，农村劳动力异地转移就业在产生积极作用的同时，对农业生产和农村的社会结构也产生了一些消极的影响。

就平安寨的情况看，这种消极影响主要体现在两个方面。一是造成农村青壮年劳动力流失，劣化农村劳动力结构，不利于当地农业发展和农村建设。农村劳动力转移的人群中，大多数是农村中有文化、懂技术的青壮年劳动力，而滞留在农村的劳动力则以女性、孩子、年龄较大的人口为主，这导致农户扩大农业投入、改进农业技术、调整农业种植结构的热情不高、动力不足，使得农作物生产仍然以满足自用为目标，维持着一种简单再生产状态。二是对农村社会结构产生不良影响。比如，导致农村老人负担沉重。绝大部分青壮年都已外出务工，家中留下的多为老人和儿童。农村老人辛劳了一辈子，本应安享晚年，但因为子女外出打工，老人不得不充当起"保姆"的角色，在家中照顾孙辈的学习和生活。

除此之外，许多老人还要在家中的地里辛苦劳作。一些老人年迈体弱，无力承担繁重的农活；一些身体健康状况欠佳的老人，由于子女不在身边，得不到应有的照顾和护理；还有部分留守老人的生活比较艰苦，需要承受来自身体和心理的双重压力。

同时，也形成"留守儿童"的问题。由于把孩子带到城市学习、生活的成本太高，很多父母不得不将儿童留在村寨，由亲戚或祖辈照看，形成一批"留守儿童"。由于长期缺乏父母的关爱和及时有效的教育，他们的人身安全、人格塑造、个性培养、心理健康以及行为习惯都会因此受到影响。

我们专门对冯昌贵老人进行了访谈。他今年71岁，有5个儿女，大儿子、四儿子在外面打工，二女儿嫁到江苏去了，三儿子在家照顾一家子，小儿子现在在金平县公安局工作。老人现在四儿子冯金林家里住（村里的习俗是在最小的孩子家住，如果最小的不在家，才住在哥哥姐姐家里）。因为冯金林平时都在外面打工，所以就由自己的妻子邓睿在家照看冯昌贵老两口及自己的两个孩子。邓睿是村委会副主任兼妇女主任，副主任一个月1450元，妇女主任一个月400元，冯金林在外面打工一个月3000~4000元左右，这基本就是这一家6口人的主要收入来源了。冯金林和邓睿有两个孩子，大女儿现在读五年级，每年要交学杂费和保险费180~230元；小儿子现在5岁，马上要上学前班了，但还不知道去哪里上学。邓睿说她们家一年的开销在10000元左右。平时冯昌贵老人和老伴没事做的时候，就在家里做瑶族的传统服饰。老人说瑶族男式的传统服饰分内衫、外套、裤子三个部分，一般做外套要一个星期才可以做好，能卖320元左右；内衫做一天就可以了，能卖150元以上；裤子1~2个小时就可以做好，能卖100元左右。瑶族女式的传统服饰分衣服、裤子、装饰三个部分，一般衣服最少要做一个月，能卖500~600元；裤子最少要做半年，最快也要两个月才能做成，能卖1000元以上。装饰大多是银饰，但现在村里基本没有人会做了。现在冯昌贵老人家里有1亩田种植稻谷，0.5亩地种杉木，养了七八只鸡，这些都是自己家用。

二、经济建设

平安寨所处的地理位置偏僻，山高坡陡，山石较多，使得修建道路困难。虽说相较于1958年的山路而言有了很大的变化，目前已经兴修了从金平县城通往平安寨的公路，但是还有一部分是弹石路，且公路很窄，宽度仅2.5~3米。从金平县城到平安寨不过十余千米，可是沿途地势险要，车辆行人常常都是走在盘山公路上，使得行车要1小时以上才能到达，如果遇上雨天更是崎岖难行。

平安寨的交通不便不仅影响村民的出行，而且也对村中的农副产品的市场销售构成阻碍。每年收获的季节都是外面的商人来村里收购，一般都把价格压得很低。如果村民觉得价格不满意，就只能等下个商人，或者自己带着东西去县城卖。

平安寨在1958年时主要依靠人背马驮，现如今有了很大的进步，主要有摩托车、三轮车、卡车、汽车等。摩托车几乎是每家每户都有的交通工具，偶尔也会拉些东西，但是拥有三轮车、卡车、汽车的还是非常的少，全村合计不超过10户有。

（一）边境贸易

边民互市是边境贸易的一种形式，具有交易地点固定、交易金额普遍较小等特点。相对于其他贸易形式，手续简便、费用低廉、方便灵活等优势为边民互市的快速发展提供了条件。金平县与越南的边境互市历史悠久，小额贸易始于1953年。改革开放以来，边境贸易逐步走向市场化、规范化；商品交易既有固定品种（如药材、草果），也在不断更新，如刚开始交易时的手工织布逐步减少；小额贸易越来越偏向进口发展，主要是进口草果、灵芝、板蓝根等。边民互市的发展，扩大了各民族间的经济交往和城乡就业门路，扩大了边民经济来源，对于促进民族团结和社会稳定效果显著。

据村民盘有店介绍，他在18岁的时候就开始做边贸生意了，去越南那边收草果、灵芝、板蓝根、木耳等物品去县里卖。收板蓝根是5元／公斤，卖9元／公斤；收草果是60元／公斤，卖70元／公斤；收灵芝是90元／公斤，卖150～160元／公斤；收木耳是25元／公斤，卖32元／公斤。1992年倒卖草果等物品赚取了20多万元。

（二）土地制度

1958年的社会调查报告显示，平安寨的土地制度是土司所有制，但是在民间，实行封建土地制度下的自由占有。山地占有的方式是号地。号地的方式是砍倒一排树，砍过一排树以上的地段就归砍树者所占有。号地的制度，凡是砍伐下段的山地，便占有该块山地的上段，别人无权砍伐。产生这种号地的形式，是因为山地的耕作方式是由下往上进行，但山地一经抛荒便失去占有权，别户有权占有耕种，这种境况适应于刀耕火种耕作技术。1922年实行改土归流，但仍承认土司土地的所有权，土司基于土地所有权继续收租。1939年后实行土地清丈，田分三等九级，并由当时政府发予田照。

金平地区社会经济形态、土地占有和阶级关系错综复杂,且与越南接壤,边民往来频繁,各种关系复杂。20世纪50年代初,国民党残余势力勾结境内恶霸匪徒,千方百计拉拢少数民族上层,挑拨各族群众与中国共产党的关系,并进行武装窜扰,斗争尖锐,民族隔阂严重。各民族内部保存着不相同的政治制度,民族上层既与广大人民群众有着尖锐的矛盾和严重的对立,又在群众中有极深的传统影响。基于上述基本特点和复杂的矛盾关系,党在县内阶级分化较明显的地区实行和平协商土地改革,在阶级分化不明显的地区实行"直接过渡",即采取不分地、不划阶级的办法,在发展生产互助合作中逐步完成某些环节的民主改革任务,直接过渡到社会主义社会。1956年7月县委成立直接过渡办公室,决定平安寨、新安寨、三合里等共19个乡133个自然村不进行土地改革,坚决依靠贫苦农民,团结一切劳动人民,教育民族头人,在国家大力扶持和帮助下,通过互助合作发展生产,直接向社会主义社会过渡,在这之后,平安寨的政策都紧随党中央的步伐。

现在,平安寨不仅实现了家庭联产承包责任制,也在适应新形势的变化探索进行土地流转,即农村土地承包经营权流转。土地流转是家庭承包经营制度的延伸和发展。在制度层面,国家对于土地流转的立场和导向是明确的。然而,平安寨地处偏僻,经济发展落后,产业结构单一,农民普遍缺乏除稳定的农业以外的就业渠道和收入来源。在这种情况下,村民们往往都有很强的土地情结,把承包地看成是自己的"活命田"和就业"保障田",担心转让土地后自己会丧失土地承包经营权,没有了生活的最低保障,故而宁可粗放经营,甚至不惜撂荒弃耕,也不愿将土地使用权转让出去,除非转让对象是本村民众普遍信任的人,特别是亲人,才会有所调整。

我们在调查中,专门就此访谈了村民罗云剑。他今年28岁,是村里为数不多的大学生之一，2010年大学毕业，在深圳干了3年多的蒙牛销售员。蒙牛销售员主要是按提成赚取工资，底薪是2000元，提成为出货量的10%，一个月的工资在3000～4000元，不包吃不包住。罗云剑认为，这样只能维持生活，所以果断地辞去工作回家创业。2015年他在村里包了40亩左右的地种植香蕉，因为土地流转困难，所以大部分地都是自己亲戚家的地，现在已经投入5万元左右了。在我们访谈期间，他种植的香蕉还没有成熟，故还没有开始获利。

像罗云剑这样承包土地种植经济作物的农户在金平县范围内逐渐增多，而许多农户家庭因劳动力相对富余，农业生产技术相对落后，在农业生产中投入大，收益少，所以更多人选择外出务工，由此带来了大量闲置的土地。这些闲置的土地资源亟待制度改革，从而促进土地资源的优化利用。

（三）生产工具

平安寨的红头瑶用于农业的生产工具，与一般农村中所见无异，大部分是铁质工具，只有少部分是木质的。铁质工具几乎全部是由山外输入，木质工具本族也很少制造了。现将主要生产工具分述如下：

犁：其形式和结构完全与内地犁相同，只是为了适应山区梯田的特点，进行了细微改造，但现在已经很少使用了。

耙：木质，本族一些老人还会自造。另水田锄掘翻耕之后，为了使泥土平整，就选一块扁长而稍薄的石头，稍稍加工，用绳捆着石头的两端，

◇ 劳动工具镰刀、石磨、织布机、竹席

放在田里，用水牛或人拖拉，平整土地。

锄头：其形式和大小与内地锄头完全一样，用于挖田、锄地。是主要农业生产工具之一。

刮子：是一种锄掘两用的农具，形状似半月。山地下种前的刮地翻土、下种后的中耕除草都要用它。

镰刀：一般用于除草、割稻，其形状与内地镰刀相同。

锯：一般用于锯木头，其形状与内地锯相同。

石磨：主要用于磨豆腐、玉米，现在已经基本不用了。

打谷箱：稻谷成熟的季节，先将稻田里的水排干，把打谷箱带到稻田，把谷子捆成双手刚好能掐住的"谷把"（即一捆稻谷），然后把"谷把"在打谷箱的壁上磕，使谷粒脱落，即"打谷子"。待谷箱装到三分之一时就把谷粒舀出装袋，以防箱内太满打谷时谷粒外溅。

升：一种测重量的工具，现在已经不用了。

喷雾器：是防病除虫不可缺少的重要农具，操作简单，使用方便，所以被引进山里。

碾米粉碎机（机械）：广泛用于粉碎各种颗粒类粮食及易破碎的物料。

风车（机械）：用于去除米粮中的灰尘、糠、谷壳等。

平安寨的生产工具随着时代的发展而不断变化着。与耕牛配合使用的犁在中华人民共和国成立初期乃至改革开放前都是十分重要的生产工具，但随着机械化的发展，犁田机、打田机等已广泛使用。石磨、水碓等生产工具也逐步从平安寨瑶家人的生活中淡出，取而代之的是用电的磨面机、碾米机等。

（四）农作物种植

1. 粮食作物

受耕地数量有限和单位耕地粮食产量较低的限制，平安寨的粮食种植主要是为了满足农民自家对口粮和饲料的需要，很少拿到市场上销售，其在家庭收入中的比重很小。

平安寨的主要粮食作物有稻谷、玉米、豆类等。

平安寨的稻谷种植历史悠久，以前品种很多，主要有杂花谷、东京谷、小白谷、小红谷、大白谷、大红谷、早白谷、香糯谷、老憨谷、大粒香等，但是因为气候环境、产量等影响，导致很多品种都不种植了，现在主要种植小白谷、小红谷、老憨谷、大粒香等品种。平安寨的稻谷种植一般是在冬天犁地、耙地，主要是为了翻耕、疏松土壤，提高土温和使土地平整，好来年播种。一般在1月左右就开始育秧苗了，3月左右去田里把杂草锄干净，再一次犁田、耙田，4月正式播种，6月去田里除杂草，7~8月去田里砍田埂草，立秋的时候去田里烧纸钱给土地公公乞求稻谷丰收，9~10月就可以收成了。2006年稻谷种植总面积为1130亩，当年总产量为461吨，亩产408公斤；2010年稻谷种植总面积为1100亩，当年总产量为502吨，亩产456公斤；2015年稻谷种植总面积为1100亩，当年总产量为450吨，亩产450公斤。

玉米是平安寨的主要杂粮，所种玉米少量用来食用，大部分用来做饲料养猪、养鸡。平安寨现在主要种植的玉米为杂交玉米，种植本地品种的很少，因为本地的玉米品种产量低，而且长得高没有抗风能力。种植玉米和种植稻谷一样也是要在冬天犁地、耙地，不过玉米是在1~2月种植，在玉米种下去1个月后要去锄草，然后过2个月再去地里锄第二次草，这期间基本就不用管了，7~8月就可以收成了。2006年玉米种植总面积为1052亩，当年总产量为367吨，亩产325公斤；2010年玉米种植总面积为1032亩，当年总产量为358吨，亩产347公斤；2015年玉米种植总面积为1107亩，当年总产量为272吨，亩产434公斤。

通过统计数据我们不难发现，平安寨的粮食作物亩产与中华人民共和国成立初期相比，单产量有大幅提高，进入21世纪后单产量相对稳定，而粮食种植面积则有减少趋势。出现粮食作物种植面积减少的情况主要有三方面的原因：一是粮食作物生产劳动力投入成本高，收成较低。二是经济作物种植面积的扩大。石斛、香蕉等这些经济作物给农民带来更多收益。三是耕地面积与中华人民共和国成立时期相比相对减少。人口的增加、村民对住房要求的提升等，使得村民占据了部分耕地用于住房建设，从而导致耕地面积减少，粮食作物种植面积也随之减少。

2. 经济作物

平安寨的经济作物有很多种，现在大部分是药用作物（草果、三七、重楼、石斛、板蓝根），还有一部分为芭蕉、香蕉、杉木等。与粮食作物相比，经济作物通常具有地域性强、技术要求高等特点。因此虽然寨里有很多经济作物，但是都没有大面积种植，也没有一个成为寨里的支柱产业。

（1）草果

草果是平安寨的特色经济作物，草果一般是在农历的五月端午种，3~5年方可采摘果实，一般是在每年的10~11月果实开始成熟，变为红褐色而未开裂时采收，晒干或用火烘干，第一次采摘果实后以后的每年都可采摘（直到老死或病死）。草果是药食两用中药材大宗品种之一，食用量大于药用量。草果具有健脾等功效，所以很多中药配方都离不开它。随着人们生活水平的提高和健康的需要，草果的用途和用量将越来越大越多。草果的叶片呈长椭圆形或长圆形，长40~70厘米，穗状花序不分枝，长13~18厘米，花冠红色。蒴果密生，熟时红色，干后褐色，干燥果实呈椭圆形，具三钝棱，长2~4厘米，直径1~2.5厘米。不开裂，长椭圆形。种子多角形，有浓郁香味。草果有特异香气，味辛、微苦，是一种调味香料，具有特殊浓郁的辛辣香味。其干燥的果实被用作中餐调味料和中草药。每个草果的果实内有20~66粒籽种。种子为多角形，长约0.4~0.7厘米，宽约0.3~0.5厘米，每个种子颗粒被一层白色海绵状薄膜所包住。草果生长性喜温暖湿润气候，怕热、怕旱、怕霜冻，生长适温15℃~20℃，适宜在树木稀疏的环境生长。以在海拔1000~2000米，林下或溪边湿润排水良好的山谷坡地、土质疏松肥沃的阴凉地带栽培为宜。

平安寨种植草果已经有很多年的历史了，但现在寨里种植草果的人已经没有以前多了，据村民说是因为现在的草果市场很不好。2006年共种植草果997亩，其中8亩是当年新种植的，实际收获面积只有916亩，总产量27500公斤。2010年共种植草果1150亩，其中30亩是当年新种植的，实际收获面积只有1100亩，总产量38500公斤。2015年共种植草果1150亩，今年没有新种植，实际收获面积只有1100亩，总产量37800公斤。由于草果市场的不稳定导致收入的不稳定，故村民对种植草果的热情也不高。

（2）石斛

金平县金河镇平安寨的石斛分紫皮石斛和铁皮石斛。石斛是兰科，为附生植物，主要附生于海拔480~1700米的林中树干上或岩石上。喜温暖、湿润和半阴环境，不耐寒。生长适温18℃~30℃，以年降水量1000毫米以上、空气湿度大于80%为宜。对土肥要求不甚严格，土壤宜用排水好、透气的碎蕨根、水苔、木炭屑、碎瓦片、珍珠岩等，以碎蕨根和水苔为主。石斛常年可以种植，最佳种植时间是在3~5月种植，紫皮石斛生长快，一般8个月左右就可以收获了，而铁皮石斛生长相对慢一些，一般要2~3年才能收获。铁皮石斛一般是在当年的10月到次年的5月收获，而最佳的收获时间是在次年的2~5月。听村民说今年石斛的价格不是很好，紫皮石斛在50元/公斤左右（鲜的），铁皮石斛在60元/公斤左右。

紫皮石斛主治：外用治跌打损伤、骨折伤筋，内服治咽喉痒、咳嗽，益胃生津，滋阴清热。用于阴伤津亏、口干烦渴、少食干呕、病后虚热、目暗不明。有一定解热镇痛作用，能促进胃液分泌助消化，有增强新陈代谢、抗衰老等作用。

紫皮石斛的适宜人群：老年人、糖尿病患者、体质虚弱者和夜生活、烟酒过度者有显著的效果。

紫皮石斛的禁忌人群：热病早期阴未伤者、湿温病未化燥者、脾胃虚寒者（指胃酸分泌过少者），均禁服。

铁皮石斛主要具有生津养胃、滋阴清热、润肺益肾、明目强腰等功效。

①生津：铁皮石斛具有生津作用，主要表现为促进腺体分泌和脏器运动。

②降血糖：铁皮石斛可降低链佐星诱发糖尿血糖值。

③增强机体免疫力：铁皮石斛颗粒（TPSH）可促进荷瘤动物巨噬细胞的吞噬功能，增强T淋巴细胞的增殖和分化及NK细胞的活性，并能明显提高荷瘤动物的血清溶血素值，提示TPSH无论是对非特异性免疫功能，或是特异性细胞免疫以及体液免疫功能，均有一定的提高作用。

（3）重楼

重楼是百合科，为多年生草本，实为根茎多年生，茎叶1年倒苗。具有越冬期比较长，营养生长期较短，生殖生长期较长的特点。重楼一般在农历的3～4月种植，要种植6～7年才能收获，一般在冬天收获。重楼对气候和土壤类别的要求不严，但力求有生长发育的特殊小气候。首要的要选择日照较短的山地或平地，土质疏松且保水性和进水性都比较强的夜潮地、灰泡土、腐质地种植最为理想。重楼喜温、喜荫蔽，但也抗寒、耐旱，惧怕霜冻和阳光。适宜在1300～1900米海拔，年均气温在13℃～18℃，在有机质、腐殖质含量较高的砂土和壤土种植，尤以河边和背阴山种植为宜。据当地的村民说一公斤干的重楼可以卖700元左右，而一公斤鲜的也可以卖

◇草　果

◇石　斛

◇三　七

◇重　楼

200元左右（每年的价格都不一样，一直有起伏）。重楼的主要功能有：清热解毒、消肿止痛、凉肝定惊。用于疔肿痈肿、咽喉肿痛、毒蛇咬伤、跌仆伤痛、惊风抽搐。具有止血、免疫调节、抗肿瘤、细胞毒、抗炎、心血管、抗菌抑菌、镇静镇痛等。邓文旭是村里的计生宣传员和文化宣传员，家里种植有一亩左右的重楼。重楼的生长期在6~7年，邓文旭说，这一亩左右的重楼可以卖10000元左右。

（4）三七

三七是五加科，为阴性植物，喜散射光和夏无酷热、冬无严寒、温凉的气候，对空气湿度、土壤含量、土壤水分有严格的要求，而且生长周期长。温度是影响三七正常生长发育的主要因素，要求冬暖夏冷，四季温差较小，年平均气温在18℃~19℃为宜。三七生长发育需要湿润环境，怕旱又怕涝，土壤湿度一般保持在25%~30%，空气相对湿度以70%~80%为宜。三七为阴性植物，对光敏感，忌直射光，生长发育要求日照不强的阴凉环境。因此，栽培要求搭荫棚，春秋要求荫蔽度40%~60%，夏季要求60%~70%。三七适宜在疏松深厚的土壤中生长，以含腐殖质多的沙质壤土为好，pH为5.0~7.0。三七的药用价值很大而且全身都是宝。三七花是整株三七中药用价值最高的，其三七皂苷含量最高可达13%以上，当然年份越长的三七越好，如三年花、四年花等，主要用于降血压、降血脂。三七粉就是中药"三七"粉碎后研磨的粉，药用价值仅次于三七花，主要用于心脑血管疾病，治疗各种子宫瘤效果也是不错的。三七头是三七的根头部，主要用于心脑血管疾病。三七根味苦涩、性凉，功用主治理气、收涩、消肿，可治痢疾、腹泻、喉炎、劳伤、跌打损伤、红肿疼痛、痛痒。据当地村民说当地种植的三七为红三七（只有金平县这片区域有）。一两三七可以卖到2000元左右，但由于三七对环境的要求太高，且不易成活，现在的市场价格又起伏不定，所以导致寨里没有大面积种植。

我们专门来到盘成先家调查，他今年42岁了，以前是在村里种植石斛的，还是金平县石斛协会的秘书长，但由于后来石斛的价格较低，一亩石斛只能卖1000元左右，便果断放弃了种植石斛，改种了三七。种植三七的成本很高，种植一亩三七需要投入20多万元才可以。现在盘成先在村里种植了4亩三七，因为种植三七投入的太多，所以每天都要看着，白天由父母看着，晚上由自己和妻子看着（由于孩子在县城读书，所以白天在县城照顾孩子，晚上回村照看父母和三七），以防被偷和被破坏。

（5）芭蕉（西贡蕉）

西贡蕉属于小米蕉的一个品种，为多年生草本植物，叶子大而宽，性喜温暖，耐寒力弱，茎分生能力强，耐半阴，适应性较强，生长较快，适合在山高林密、土地肥沃的地方种植。这样的地方产出的西贡蕉个大皮薄、肉嫩细滑、清甜爽口，具有开胃助消化的功效。西贡蕉最宜在疏松、肥沃、透气性良好的土壤生长，适当的遮光有利于植株生长，更利于提高品质。西贡蕉在土层深厚、疏松肥沃和排水良好的土壤中生长较好。耐半阴，过于荫蔽则植株生长不良，难以开花，由于其叶片为平行脉，结构疏松，极易被大风吹裂，故应选择避风的地方种植。喜湿润，栽培中应经常浇水和向植株喷水以保持较高的土壤和空气湿度，但忌土壤持续积水，否则很容易烂根。据平安寨村委会的统计：2006年共种植西贡蕉20亩，年总产量2000公斤；2010年共种植西贡蕉48亩，年总产量38400公斤；2015年共种植西贡蕉117亩，年总产量132500公斤。据村民说现在的行情不好，一公斤只能卖一块钱左右。

（五）养殖业

1958年的社会调查报告显示，平安寨饲养了很多类别的畜禽，如水牛、马、骡、驴、鸡、鸭、猪、鹅等，但是现在平安寨所饲养的畜禽主要是猪和鸡。水牛现在已经不多了，其减少的原因主要是现在村里的田地减少、大量使用现代化的工具，但是因为当地地理环境的影响，所以现在村里还有部分家庭在养水牛。以前的主要运输工具为马、骡、驴等，现在基本没有了，已经被摩托车、三轮车、卡车、汽车等所替代。

猪：寨里有大耳朵和小耳朵两种猪。大耳朵猪体形较大，后躯倾斜，耳大下垂，有架子期，是杂交猪。小耳朵猪体形较小，耳朵直立，无架子期，生长期较快，育肥期短，皮薄肉嫩，为本地最佳特产。饲养管理一般为圈养，一般每日早晚各喂食一次，有条件的中午加喂一次。以玉米为主，适当拌以碎米、芭蕉芋片和山上的野草混合煮熟喂养。大耳朵猪一般一年多就能吃了，最大可以养到400斤左右，一斤在十几块钱左右。小耳朵猪有个特点就是长不大，要喂食一年多才能吃，最大的可以养到200多斤，一斤就比大耳朵猪的市场价贵几块钱。饲养小耳朵猪的现在已经很少了，一般都是去越南那边买。寨里的人饲养的猪主要是自己食用，很少会用于市场买卖。2006年当年出栏数为1083头，期末存栏数为1596头；2010年当年出栏数为2005头，期末存栏数为2118头；2015年当年生猪出栏数为2933头，期末存栏数为1301头。

鸡：全寨每家每户基本都有。白天放养，晚上关笼，主要以玉米、稻谷为饲料，因为是白天放养，所以白天可以看到寨里有很多鸡在路上，而且因为放养的原因，鸡的肉质细嫩、味香可口。2006年当年鸡出栏数为5112只，期末存栏数为4510只；2010年当年鸡出栏数为7108只，期末存栏数为5238只；2015年当年鸡出栏数为10100只，期末存栏数为5983只。

与其他地区相比，平安寨的养殖业尚未形成规模化，还停留在农户养殖技术相对落后的散养状态。与中华人民共和国成立初期相比，平安寨的养殖业变化不大，进步较小。这与当地的地理环境也密切相关。首先，平安寨地势崎岖，不适宜建养殖场；其次，平安寨的交通不便，农产品运输不便。至2016年，进入平安寨的公路仍是路面坑洼崎岖，相对狭窄。另外，养殖技术欠缺也是一大问题。据调查，平安寨的兽医稀缺，而村民自己对于动物养殖疾病预防控制的相关技术也十分欠缺。此外，村民大量外出务工也使养殖业难以发展成规模。

（六）副业

平安寨的副业门类繁多，主要以边境贸易、手工业、小卖铺、种植药材等为主。平安寨的边境贸易主要是从越南购买药材贩卖到金平县城，从而获取差价谋取利益。手工业主要是以制作当地的民族服饰和竹制品为主。平安寨地处偏僻，购买生活物品十分不便，但是小卖铺的出现很大程度上解决了村民购买不便的问题。比如盘有店家，1998年他在村里开小卖铺，在村里算是头一批有副业的人了，主要卖些日常用品，诸如油、盐、酱、醋、烟、酒、洗衣粉等生活所需。盘有店说在1998年的时候，小卖部一年可以收入15000~20000元，现在小卖部一年的收入也就3000元左右。1998年村里有4家小卖铺，现在村里有11家小卖铺，小卖铺里的东西会比县里的东西贵一些，这是因为村里的路不好走。

（七）林业

平安寨地处亚热带多雨地区，气候湿润，热量充足，土壤肥沃，适宜植物生长。20世纪80年代在落实林业生产责任制的基础上，采取了一些发展林业的具体措施，促进了群众爱林、护林、造林的积极性。同时，制止乱砍滥伐、毁林种粮和经济作物，也取得了显著的进展。现在寨里的森林资源大多是原始森林资源，少部分是人工种植。人工种植的大多数是杉木和竹子。

杉木、竹杉木是我国特有的速生商品材树种，生长快，材质好。杉木木材纹理通直，结构均匀，不翘不裂，材质轻韧，强度适中，质量高，具香味，材中含有"杉脑"，能抗虫耐腐，加工容易，广泛用于建筑、家具、造船等各方面。杉木还具有较好的药用价值，可用于制作中药，治疗跌打损伤、烧烫伤、外伤出血、过敏性皮炎。据平安寨村民说，杉木一般种植10~15年就可以卖了，但是寨里的杉木大部分留作自用，少部分才会卖给木材采购商，主要的原因是交通的不便导致种植杉木没有成为寨里的主要收入来源。平安寨的竹子有很多，但大多是天然生长的，采伐的也不是很多，大多用于编织竹制品、采笋、贩卖。2006年采竹33000根，2010年采竹72400根，2015年采竹90300根。

据村民邓财望介绍，他算是村里的老人了，今年77岁。他是现在村里为数不多的木、竹制品制作者，他制作木、竹制品已有50多年，会做桌子、椅子、床、簸箕、撮箕等物件，但是现在村里的人大部分都在县城里买，少部分才会找村里的人做。老人说做椅子他一天能做好几把，一把5~6元；桌子一天可以做一张，一张50~60元。桌子、椅子都是自己出材料，如果要做床的话则是别人自己带材料，一天可以做一张床，一张80元。这些一般是谁要了才做，而簸箕、撮箕等是老人平时也会做的，但是做的不多，簸箕因为做的大小不等所以价格也不一样，一般在25~50元，撮箕一般在15~20元。

三、政治建设

（一）现当代村寨政治变迁

平安寨是一个古老的村寨，"寨老""目老"制度曾经是他们生活中的一项重要制度，有不少专家学者对其进行过研究。新中国成立后，这一制度逐步退出历史舞台，对当地人生活的影响也越来越小。

据1958年的社会历史调查资料，新中国成立前，平安寨属于金河县一区，设有区长，之下设有保长、甲长。平安寨地区设保安队，继而设常备队，实行义务兵役制。1937年后，常备队结束，改为壮丁，凡18~35周岁的男子按照规定参加壮丁训练，各保设立保丁，负责治安秩序。

与此同时，金平瑶族社会中还有"寨老"制度与保甲制度并存的情况。寨老多由德高望重的男子担任，负责处理村寨日常生产、生活事务，按习惯法调解矛盾纠纷，其下有"道师"负责宗教事务。

"丛会"是瑶族固有的社会组织形式。"红头瑶丛会"按季节一年举行四次，只限男子参加。"丛会"上有聚餐，需讨论并通过村规社约、杀鸡烧纸祭神等。

新中国成立后，与全国大部分农村地区不一样的是，金平县政府不仅通过土地改革运动重新分配土地资源，还依据当地的实际情况划分出"直过区"，让这些地区直接过渡到社会主义社会。即在阶级分化不明显的地区实行"直接过渡"，平安寨便是"直过区"范围内的村寨。在通过互助合作发展生产直接过渡到社会主义社会后，村民在党和政府的领导下，走上了社会主义农业合作化道路，人民群众生产生活得到了极大改善。

党的十一届三中全会后，在农村地区，随着"包产到户"政策的推行，村级组织原有的计划管理功能逐渐减弱，乡镇政府与村级组织的关系进入到以村民自治为特色的"乡政村治"阶段。

金平县于2000年进行村级体制改革，撤销办事处，改为村民委员会。2006年9月，经云南省人民政府批准，撤销原金河镇、原十里村乡，成立新的金河镇，平安寨则设置平安寨村民委员会。

目前，平安寨行政村共由平安寨、草果山、纳木期等3个自然村组成，平安寨村民委员会是村民自我管理、自我教育、自我服务的群众性自治组织，受乡（镇）人民政府的指导和村党支部（总支、党委）的领导，代表全体村民处理对内对外各项事务。村民会议是全村的最高决策机构，村民会议设立村民代表会议，由各村民小组根据人口多少推选若干名村民代表组成。而村民小组则是开展群众性自治活动的基础组织，是村委会联系村民的桥梁和纽带。为保证村务真正得到落实，强化村务监督管理机制，平安寨村委会建立村务监督委员会，负责村民民主理财、监督村务公开等制度的落实。

为了充分发扬民主，严格依法自治，促进本村社会主义物质文明和精神文明建设，平安寨村委会根据《中华人民共和国宪法》和《中华人民共和国村民委员会组织法》并结合本村实际，制定了自己的村规民约——《平安寨村规民约》。其主要内容包括：村规民约的制定依据、村规民约的适用范围、村规民约的维护与实施、村规民约的具体内容以及村规民约的解释权、开始施行的日期。

除了制定村规民约外,平安寨还制定了《平安寨村民自治章程》,该章程共四章:第一章总则,主要介绍了该章程制定的法律依据,以及该章程的组织实施者;第二章共四节,主要是规定了村民自治机关、村民会议、村民委员会、村民小组的产生、组织结构、职责以及村民委员会与其他机关间的关系等;第三章主要讲述了村民自治主体——村民的权利与义务;第四章是针对村务管理的,共六节,包括农业生产管理、企业管理、土地管理、财务管理、社会治安管理等六个方面的内容。

平安寨瑶族传统习惯法有生产习惯法、租赁习惯法、借贷习惯法、婚姻习惯法、财产继承习惯法、社会组织习惯法、刑事习惯法等。这些习惯法历史悠久,一直传承至今,同当代农村的乡规民约相结合,以国家现行法律法规的补充形式在瑶族社会中存在,规范着瑶族的社会生产与社会生活。至今,它们对瑶族村寨的社会秩序稳定仍然发挥着积极作用,但是这种作用在社会的发展和时间的流逝中正逐步衰弱。对于矛盾纠纷的调解,村民们越来越依赖于村民自治组织,甚至是通过法律途径。

(二)村党组织建设

平安寨村党总支,隶属金河镇党委,下设三个支部,分别是平安寨党支部、纳木期党支部、草果山党支部。2016年6月,平安寨村党总支共有党员32人,民族以瑶族为主,学历从小学至大专不等,党员年龄均在30岁以上。其中,平安寨党支部党员人数为15人,纳木期党支部9人,草果山党支部8人。

为"加强党的基层组织建设,构建和谐发展新农村",平安寨党支部严格执行"三会一课"制度、发展党员工作制度、民主评议党员制度、党员教育制度、党员服务群众制度、农村党员和村民民主议事听证制度、农村流动党员管理制度、农村无职党员设岗定责制度等。

2016年4月，平安寨党支部进行了换届选举。此次选举通过党员群众推荐大会，推荐新一届村总支部委员会委员候选人；再通过平安寨村党总支党员大会，民主选举产生了村党支部支委：邓才先、盘成先、邓付桥、邓睿、邓才毫。

平安寨还涌现出许多党员先锋模范。例如盘成先作为一名共产党员，他通过种植药材改变生活条件后，还积极带领村民致富。早期，他带领大家种植石斛，不少村民赚到了钱，后来他种三七，村民向他讨教经验，他也能毫不吝啬地给大家分享。又如村委会副主任邓睿，她是第一批通过政府组织培训外出务工脱贫致富的村民，不仅解决了家庭的困境，还开阔了眼界、增长了见识，在返回平安寨后，积极参加村委会选举，贡献自己的力量为村民服务。

（三）村务管理

1. 农业生产管理

平安寨村坚决贯彻执行党的农村政策，稳定以家庭承包经营为基础、统分结合的双重经营体制。稳定土地承包期延长30年不变的政策，保障农民生产经营自主权，维护各村民小组集体土地的界限不变。积极贯彻落实党和政府在农业生产方面的各项政策，推广农作物种植生产技术，鼓励村民脱贫致富。

2. 土地管理

《平安寨自治章程》规定土地的隶属，规定了土地的使用以及对土地的保护、村民之间责任、田地转包事项等。

3. 财务管理

《平安寨自治章程》规定村委会、村民小组必须遵守《中华人民共和国会计法》制度及相应的财务管理细则，严格按章办事，健全账簿，按规定设置科目，会计按每月结算，编制报表，做到账据、账款、账目、账实、账物"五相符"等内容，并规定村委会每季度向村民公布财务收支情况，村民小组按月向村民公布收支账目。

4. 社会治安管理

（1）组建治安巡逻队

社会治安工作是一项常抓不懈的主题，是安全生产的保证。为了抓好本村的治安，确保本村人民群众的生命财产安全，经村干部会议研究决定，平安寨组建了治安巡逻队，共有20名队员。

（2）矛盾纠纷调解

平安寨一般的矛盾纠纷包括：夫妻关系不和、邻里矛盾、土地纠纷等。家庭中出现矛盾纠纷时，传统情况下普遍采取家庭内部解决的方式。以前，寨老是村里德高望重的人，村里有矛盾一般会由寨老出面依据习惯法、村规民约解决。现在，出现矛盾纠纷时，除了找德高望重的老人调解外，村民也会向村委会设置的人民调解委员会寻求帮助。

（3）村民自治

①村民会议和村民代表会议

村民会议由18岁以上的村民组成，是全村的最高决策机构；村民会议设立村民代表会议，由各村民小组根据人口多少推选若干名村民代表组成。

村民代表必须是热爱党、热爱社会主义，具有一定的政治觉悟和参政议政能力，作风正派、办事公道，敢于坚持原则、主持正义，在各项工作中起模范带头作用，在群众中有一定威望的村民。村民代表每届任期三年，可以连选连任，必要时可以撤换和补选。

村民会议和村民代表会议由村委会负责召集和主持，村民会议每年至少召开一次，村民代表会议每半年召开一次，必要时可以随时召开村民会议。有三分之一以上的村民代表提议时，应召开村民代表会议。召开村民会议，应当有本村18岁以上村民的二分之一参加，或者有本村三分之二以上的户的代表参加。村民会议所作的决定须经到会村民过半数通过方能有效。当地十分之一以上的村民对村民代表会议的决议持不同意见并提议时，应当召开村民代表会议重新讨论表决。

村民代表会议的决定，须经全体村民代表的过半数通过方能有效。

②村民委员会

平安寨村委会下设三个村民小组（自然村）：平安寨村民小组、草果山村民小组、纳木期村民小组。村民委员会设主任1人，副主任1人，委员3人。村民委员会成员中应有妇女。村民委员会主任、副主任和委员由本村村民采取差额和无记名投票的方式直接选举产生。平安寨村民小组设小组长1人，副组长2人①；草果山村民小组设组长1人，副组长1人；纳木期村民小组设组长1人，副组长1人。村委会下设人民调解、治安保卫、文教卫生、计划生育等工作委员会。

2016年5月，平安寨进行了第六届村民委员会选举。整个选举过程严谨，准备充分，严格按照《平安寨村第六届村民委员会选举办法》进行，由平安寨村民选举委员会主持。选举办法中规定了选举日期、选民资格、村民委员会成员候选人资格条件、选举步骤等。通过这次选举，村委会选举产生新一届村委会：主任赵玉发，副主任邓睿，委员邓付桥、邓才先。

③村务监督委员会

为保证村务真正得到落实，强化村务监督管理机制，2010年10月28日，《中华人民共和国村民委员会组织法》经第十一届全国人民代表大会常务委员会第十七次会议修订发布，其中第三十二条明确规定："村应当建立村务监督委员会或者其他形式的村务监督机构，负责村民民主理财，监督村务公开等制度的落实，其成员由村民会议或者村民代表会议在村民中推选产生。""民主评议每年至少进行一次，由村务监督机构主持。村民委员会成员连续两次被评议不称职的，其职务终止。"2016年5月，平安寨召开村民代表会议，民主推选产生了村务监督委员会，主任邓才豪，委

---

①由于平安寨范围大、人口多，有必要多选举一名副组长与组长共同管理村务，为村民服务。因此，平安寨村民小组设置组长1人、副组长2人。

员赵进田、盘有进。

④人民调解委员会

人民调解委员会是我国依法设立的调解民间纠纷的群众性组织。

平安寨村委会的人民调解委员会在当地的矛盾纠纷调解中发挥着越来越重要的作用。一方面，人民调解委员会的设置为村民间解决矛盾纠纷提供了方便；另一方面，人民调解委员会的设置减轻了基层司法事务机构的工作负担。据介绍，每解决一起矛盾纠纷，人民调解委员会将获得一笔国家财政奖励，以此来鼓励人民调解委员会尽量将村民间的矛盾在源头加以解决，实现真正意义的村民自治。

⑤其他村民自治组织

与全国广大农村地区一样，在平安寨，村委会受本村党总支的领导。平安寨村党总支充分发挥领导核心作用，加强对共青团、妇联、民兵、老年协会等群团组织的领导，支持村委会的工作，保障村民依法开展自治活动并行使民主权利。村委会自觉接受党总支的领导。村民小组中的党组织发挥其相应的作用。共青团、妇联、民兵、老年人协会等群团组织充分调动村民参与村务管理的积极性，为他们提供民主政治建设的平台，引导他们做新世纪的公民。其中，平安寨村团总支委员会的书记、副书记、委员都由团员代表选举产生，妇联的主任、委员也由选举产生。平安寨村委会还在党总支的带领下，依据当地实际成立老年协会，组织老年人团结在党的周围，共同见证平安寨的不断发展与进步。

这些组织的存在充分保障了当地村民中特殊群体利益诉求表达的畅通，为他们表达利益诉求提供了平台，也调动了村民积极参与到当地自我治理中，是平安寨走向现代化民主的重要体现。

（五）社会保障

1. 农村低保

农村低保即农村居民最低生活保障，它的保障对象是家庭年人均纯收入低于当地最低生活保障标准的农村居民。平安寨地处深山，交通不便，经济发展落后，家庭人均纯收入大部分低于金平县的平均水平，因此需要享受最低生活保障来维持生活的村民人数不少。

依据金平县政府《关于深化农村低保规范化治理和调整2016年农村低保指标的通知》，平安寨村委会将最低生活保障对象分为三类：A类为重点保障户，主要是指特困人员、家庭主要劳动力是重度残疾或艾滋病毒感染者、一户多人残疾家庭、因家庭主要劳动力和成员患有各类癌症或家庭主要劳动力患有重病需长期治疗且无固定收入而导致生活特困的家庭，等等；B类为基本保障户，主要是指由于家庭成员患心脑血管疾病及后遗症、糖尿病、慢性肺心病等疾病导致生活较为困难的家庭，或是因劳动力较少或主要劳动力带有一定残疾、年老体弱等致使家庭生活较为困难的家庭，或是无固定收入且因家庭成员在高中、中专、大专、本科院校读书导致生活困难的家庭，等等；C类为一般保障户，主要是指家庭成员虽然身体健康，但由于土地较少而以务工为主且收入较少又不稳定，以致生活水平明显低于周围群众的家庭，或是因生存环境恶劣而导致贫困的家庭，等等。据村委会的邓睿副主任介绍，至2016年7月，平安寨享受低保的人数为699人，其中：A类低保人员可获得每月163元的最低生活保障金，B类为143元，C类为123元。虽然最低生活保障金金额不多，但却为平安寨的贫困村民减轻了一些负担，给予了他们生活的信心。

2. 新农合

新农合是新型农村合作医疗制度的简称，是由政府组织、引导、支持，农民自愿参加，个人、集体和政府多方筹资，以大病统筹为主的农民医疗互助共济制度。2002年10月，中国明确提出各级政府要积极引导农民建立以大病统筹为主的新型农村合作医疗制度。

至2016年4月，平安寨参加新农合人数为2745人，其中：沿边村民人数2075人，1~2级重度残疾人5人，重点优抚对象6人，低保对象74人，重性精神病患者9人。

3. 精准扶贫

由于受历史、自然等诸多因素的制约，平安寨经济发展层次低，基础设施薄弱、产业单一、交通滞后、信息闭塞，经济基础薄弱，经济社会发展十分缓慢。2015年，全村农村居民人均纯收入1798元，低于国家扶贫标准，是全县贫困行政村之一。有建档立卡贫困户183户777人，其中平安寨村民小组82户347人、草果山村民小组91户398人，纳木期小组10户32人。平安寨基础设施落后，"瓶颈"制约明显，截至目前，全村通组公路25.3千米，其中硬化路面仅有4千米，其余95%为简易泥巴路。农田灌溉渠系和防灾设施滞后，灾害发生较多。教育方面，教师队伍薄弱。卫生方面，缺乏村医生。文化方面，缺乏教育学习。科技方面，缺乏培训。信息方面，比较闭塞。生产方式传统粗放，产业发展单一，群众增收十分困难。

针对平安寨贫困面大、涉及人数多的情况，村委会决定围绕"关键是精准、核心是增收、目标是脱贫摘帽"的原则，根据《红河州脱贫攻坚建档立卡贫困人口、贫困村、贫困乡镇、贫困县脱贫摘帽计划》（红办发〔2016〕7号），坚持以发展产业、易地搬迁、生态补偿、发展教育、社保兜底的"五个一批"计划为抓手，注重短、平、快产业帮扶发展，帮助贫困户找到增收项目，确保如期摘帽。

依据"五个一批"的实现条件，平安寨脱贫实现可能的两种方式是发展教育、产业发展。

产业发展，包括养殖业、种植业等项目。养殖业主要是指生猪养殖。对于平安寨而言，生猪养殖是最为适应的可发展的养殖业，也具有当地特色。种植业则主要是依靠板蓝根、砂仁、香（芭）蕉、瑶药、草果等的种植，发展这些种植业也符合当地自然环境，极具优势。

发展教育主要是依托镇上和挂联部门组织的各类培训，让38户160人建档立卡贫困户通过学习，提升自己的能力素质，以实施劳务输出、挂靠产业发展大户、自主创业等方式，达到增收致富。

发展规划的主要内容包括：基础设施建设、持续产业增收、人居环境改善、基本公共服务、能力素质提升和总体财政预算六项。

平安寨村委会成立领导小组，加强统筹。充分发挥群众主体作用，发挥驻村扶贫工作队的骨干作用，加强与挂联单位的精准对接，最终达到扶贫规划目标。

四、文化传承

（一）服饰变迁

在中华大地上多姿多彩的民族服饰中，瑶族服饰有着独特的风格韵味。瑶族的各支系服饰存在较大差异。男子服装以青蓝色为基本色调，以对襟、斜襟、琵琶襟短衣为主，也有的穿交领长衫，配长短不一的裤子，扎头巾、打绑腿，朴实无华。女子服饰有穿大襟上衣，束腰着裤的；有穿圆领短衣，下着百褶裙的；还有穿长衫配裤的。瑶族服饰构图风格独特，整幅图案均为几何纹。瑶族头饰的特点更为突出，有"龙盘"形、"A"字形、"飞燕"形等。

受自然环境、生产生活的影响，平安寨红头瑶形成了自己独特的服饰文化与审美观念。

传统的红头瑶未婚女子以青色长布帕包头。妇女需剃光两鬓的头发，头顶留一束头发用蜡凝固成笋形，佩戴红巾围成的尖帽，犹如芭蕉花一般。相传，瑶族的祖先从外地顺着元江迁徙到金平，经过元江流域时，走在前面的人为了跟随者便于辨认，便以野芭蕉花顶在头上，后来这红尖尖便成为这一支系瑶族头饰的象征，也成了他们的族标。关于"红头瑶"这一名字的来历还有一种说法是：很久以前，瑶山有一个美丽聪敏的瑶族姑娘，她被国王选作妃子。入宫前，姑娘思前想后，不入宫会连累自己所有的亲人；入宫则会背叛自己的民族和青梅竹马的恋人。为了家人与自己深爱的恋人平安，勇敢美丽的瑶族姑娘想出一个办法，在选妃队伍尚未来到时，她忍痛拔下自己的头发和眉毛，使自己的容颜改色；她又强忍伤痛，用白布把头包扎起来，可是头皮渗出的鲜血顿时染红了包扎的白色头布……迎亲队伍来了，当国王看到姑娘被头皮鲜血染红的头布时，他大惊失色……幸好这是一位开明睿智的皇帝，他在得知姑娘的顾虑后，并没有为难她，而是放弃了选姑娘做妃子的打算。瑶族姑娘的勇敢与智慧，不仅挽救了族人

◇ 瑶族妇女服饰

的性命，还捍卫了自己的爱情。瑶族为了纪念这位姑娘，便将自己的民族命名为"红头瑶"。为继承这位瑶族姑娘的做法，每位女子结婚的头天晚上，都会由德高望重的老年妇女将其头发全部刮掉，并戴上红头瑶特有的红尖帽，以示她已为人妇。这种习俗保留到今天。但笔者在平安寨调研中发现，平安寨的瑶族并不认可这一说法。

除了红尖帽外，平安寨的红头瑶已婚妇女在头上还需佩戴由多根鳝鱼骨状银链制成的头箍固定尖帽。制头箍的银链一般为奇数，大多是9根、11根或13根，每道头箍因银链的根数而价值不等。一般情况下，瑶族女子传统服饰为窄袖长衣，在青、红、白色相间的"丫"字形胸襟上，压上一串长方形的银牌，他们称其为排扣，一般是7～8个银牌串联而成，显得格外端庄华贵。此外，在排扣两侧还挂有数根鳝骨银胸链。瑶族女子的衣服一般较长，下摆系在腰际。腰间还佩戴由黑色布料制作的腰带，在腰带的两端则是具有瑶族特色的挑花。裤子也是手工挑花，为绣满精致美丽图案的

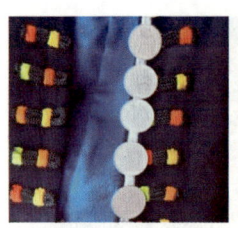

◇男装：银纽扣、帽子、马褂、外套

五彩斑斓的长管裤。虽然都是挑花所制的裤子，但没有完全一模一样的花纹或色彩。此外，老年妇女与中年妇女裤管上的挑花有一定的区别，老年妇女一般采用颜色素淡的棉线挑花，图案中间会有一定的留白（间隔），她们认为这样更符合年长妇女的形象，穿起来更好看。

平安寨瑶族传统男装以自织的青色土布缠头，两端绣有几何图形和树木、山水等花纹，并且锁边。上衣两件，一件是有领对襟长袖外衣或无领右扣对襟长袖外衣。领口有的有图案，有的无图案。纽扣一般用细布条或者棉线制作，最少不少于7个，大多在9个以上为最佳，多者在两位数以上，但以奇数为多。另一种为马褂，马褂多为圆领，传统马褂多钉有密集的银质纽扣（俗称"毫子"），一般是21个，纽扣均作装饰。部分马褂上有传统特色的挑花，图案复杂多样，有动物（如雄鸡）亦有植物（花朵）。腰带一根，为黑色布条；裤子一条，为黑色的宽裆长裤。

男孩帽子由里外两层构成，内层一般为净一色黑土布或蓝布做成，外层用黑、白、红、黄、蓝等五色布剪成三角形或菱形做成，在布的上边钉银币以及贝壳作装饰。衣服也有两件，一件是有领对襟长袖衣和外褂，下着裤子，3岁以下男孩穿开裆裤。

红头瑶小女孩戴由两层布做成的帽子，里层是用净一色的黑布和蓝布做成，外层绣有各种几何图形和水、林、山河等花纹图案，钉有银、锑币、各种小珠子、七色毛线球等。衣服与妇女的相似，裤子1~4岁穿开裆裤，5岁以上穿绣花的蒙裆裤。

此外，家庭条件不错或者有祖传银饰的家庭，也会在孩子的帽子上系一串串银铃，一般为6个。而深谙瑶药精华的妇女还会在孩子的帽子上穿系药材作装饰，如鹰爪、穿山甲壳以及某些植物根茎的切片。她们认为在孩子的帽子上系药材作装饰可以为孩子预防疾病，消灾解难。

◇ 男孩帽子

银饰是金平瑶族的首选饰品，尤其是女性的银饰，它不仅是平时衣着的装饰品，更是瑶族女子必不可少的嫁妆。每当节日来临，瑶族妇女都会穿戴民族盛装。色彩斑斓的衣装配以银光闪闪的银饰，让瑶族女性光彩夺目。瑶族妇女主要的银首饰有头箍、耳环、项圈、鳝骨银链、排扣、手镯等，全套饰品需要2千克左右的雪花银。

◇ 女孩服饰

这些银首饰均出自瑶族银匠之手，银首饰不仅打制工艺复杂，而且雕琢的图案做工精细，工匠要经过投师学艺且不间断地磨炼方能掌握较完美的技艺。一般首饰上雕琢的花纹图案较多，如飞鸟走兽、花草树木、龙鳞鱼虾等应有尽有。通过工匠用夸张的手法和精细加工，图案精巧细致，栩栩如生。21世纪以来，随着市场经济体制的建立，工匠艺人也逐步改变过

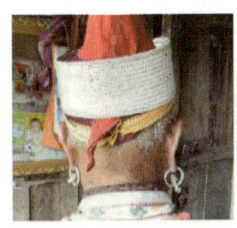 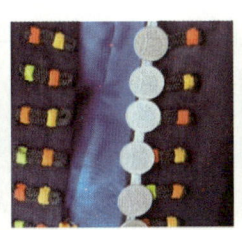  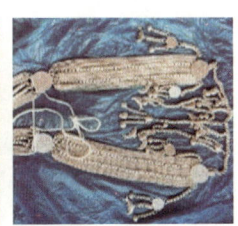

◇ 银　饰

去坐等客户上门的习惯,有人开始带着各自生产的商品入市交易,特别是金平街赶集日,广街路段原老医院门口处就成了瑶族银首饰交易市场,讨价还价声此起彼伏,交易者络绎不绝。

随着改革开放的不断深入与现代化进程的加快,平安寨瑶族的生产生活也发生了巨大的变化。就服饰而言,变化极其显著。

首先,在日常生活中,绝大部分的男性已经很少穿传统服装,他们一般都穿轻便的现代休闲装、运动装、西装,传统节日或是重要日子他们才会穿上传统的服装。受外界潮流影响,在一些正式场合如婚礼上,部分年轻男性也身着西装。

其次,除了年长的妇女拔头发戴红帽外,未婚女孩已不缠包头,已婚妇女也不再拔头发,改为剃掉露在帽子外面的长发,大部分年轻的妇女甚至连长发也不再剃掉,而且很少戴帽子。一部分妇女在戴帽子的时候会在她们的红色尖尖帽外边裹一块毛巾。据村里人介绍,这种做法是受到了越南瑶族的影响。因为瑶族妇女经常要到田间地头干活,到深山老林中采摘野果以及拾柴火,干活期间容易弄脏、刮坏帽子,而且红色的尖尖帽也很容易褪色,经常清洗帽子就不红了。而要做一顶新的帽子,需要花费很多精力去亲自完成,且制作红尖尖帽的布料不好买,因而她们更乐意裹个毛巾在外边以防止帽子被弄脏、刮坏。年轻女性平时也基本不穿传统服饰,主要以现代休闲装为主。目前在瑶族女性中还有一种奇特的穿法:上身着传统的瑶族女装,下身却是牛仔裤、紧身裤。

传统的瑶族服装一般是由瑶族女性手工刺绣制作而成。瑶族把手工刺绣叫作"挑花"。而现在,虽有不少瑶族妇女还在坚持手工挑花,自己缝制衣服,但是已有人用缝纫机代替手工缝制,还有部分人家出售用缝纫机与手工混合制作的服装。

传统瑶族男子是不打耳洞、不戴耳环的,但现在,部分年轻男子受外界影响,追逐潮流会打不止一个的耳洞。而依照传统,女性都打耳洞,戴瑶族特有的银耳环、耳坠,但现在一部分女子已不打耳洞了。

(二)饮食文化

平安寨瑶族饮食以糯米为主食,肉类以猪、鸡为主,饮食偏清淡,一日二至三餐。瑶族热情好客,逢年过节、婚丧嫁娶、乔迁新居等都要邀请亲朋好友来参加,主人家会精心做出几道瑶族的特色菜来招待客人。

瑶族可以用糯米做出很多的糯食品,如粑粑、粽子、米肉粉、甜白酒等。瑶族过年(春节)用糯米舂粑粑,粑粑有大粑粑和小粑粑,大粑粑叫"祖宗粑",春节期间食用,如吃不完,就用刀切细晒干,做成粑粑果,可煮吃或者油炸吃。包粽子一般是在五月端午节、七月十四。包粽子用的佐料有猪瘦肉、草果和一种当地特有的药草烧成炭再研磨成的粉末等,用这些佐料包出来的粽子颜色呈灰黑色,味道清香,吃起来又糯又软,非常好吃。据平安寨瑶族村民介绍,包粽子最好的佐料是当地特有的一种植物叶子,这种植物没有汉语名字,目前已十分稀有,只有勤劳且又懂药的人家才能采到,一般人家则是到金平集市购买。

传统以猪、鸡肉为主,辅之鸭、鹅、鱼、泥鳅、鳝鱼等,不食牛、狗、马、骡等肉。在瑶族看来,牛、马、猫、狗都是家里的宝,一年到头

◇ 瑶族特色菜:香菌鸡

◇ 瑶族特色菜:粽粑

都为人辛苦劳作：牛要犁田耙地；马要为人驮东西，有时还要用来骑；而猫要捉老鼠，看护家中粮食；狗则天天看家护院，传说中狗还将粮食漂洋过海地带到村寨来给人们吃。这些动物十分辛苦，为人类做了很多贡献，食用它们的肉是很不道德的。

肉类制品主要有腌肉（腊肉）、干巴、剁生、烤肉、竹筒烧肉、竹筒烧鱼等。瑶族过年（春节）家家户户杀猪、杀鸡。杀猪除了吃新鲜的猪肉外，还把猪肉腌制成腊肉、猪骨头剁骨头生、猪血做猪白旺、猪大肠灌血肠、小肠做香肠、油渣拌糯米面腌在罐（坛子）里，随时可以拿来煮吃。瑶族认为一家人杀年猪不得白旺吃则今年的年情不怎么好，所以十分注重白旺的制作。

猪腊肉：瑶族杀年猪后，将猪肉、猪脚、猪头肉等用食盐、辣椒、八角、花椒等腌泡3~7天后捞出吊挂在灶上烟熏而成，可长时间保存而不变质，随时都可以拿来炒吃或煮吃，有火烟味、肉香、甜美。

骨头生：瑶族把猪骨头（脊梁骨和肋骨）剁成末，用食盐、小米辣、胡椒、花椒、生姜、八角拌匀，然后装入罐（坛子）里，十天后即可煮吃。

猪血肠：灌猪血肠，瑶语叫"gunadunghnxjangc"。就是用水把糯米泡软，然后拌以草果粉、猪血及其他香料灌入猪大肠。猪血肠一般可煮着吃或油炸吃，味道鲜美、香甜。

香肠：瑶族做香肠用猪五花肉制成末，拌辣椒，然后灌进猪小肠做成，味道香、辣。香肠用火熏或太阳晒，可放一年，可煮吃、蒸吃、炸香吃。

干排骨：瑶族把猪的肋骨用食盐、辣椒、草果、花椒、胡椒、八角等腌制后吊在火炕上，随时可以拿来炸香吃。

猪肉类：猪肉炒蒜苗、猪肉炒辣椒、猪肉炒黄瓜、腊肉炒竹笋、腊肉炒香椿、腊肉炒冲菜、腊肉炒酸菜、猪骨头生煮苣苣菜、猪骨头生煮鸡爪菜、炒猪血肠、炒猪香肠、猪油渣糯米面、炒猪杂碎、生血白旺、猪血煮青菜、猪脚煮萝卜、猪脚煮甜竹笋、猪脚煮丰收瓜、老猪脚（1~3年的老猪脚）煮豆壳及豆米、老猪脚煮干竹笋、老猪肉（皮）煮豆皮及豆米、猪头皮肉煮竹笋、猪扣肉、排骨煮竹笋（甜竹）、排骨煮萝卜、排骨煮菌子（香菇）、猪肉炖白生等。

其中，老猪脚煮豆壳及豆米是以杀年猪后烟熏保存下来的猪脚洗净，配上泡洗多次后干净的干豆皮以及干豆米长时间烹煮而成的。这是瑶族人家的特色菜，一般是用于招待贵客。烟熏保存下来的猪脚肉质鲜美、味道醇香，和猪脚一起烹饪的豆皮也别具风味。

鸡肉类：药膳鸡、甜酒鸡、黄焖鸡、白杂鸡、香菌煮鸡（以深山老林中所采摘的珍稀香菌和当地土鸡，配上山泉水，用当地一直沿用至今的罗锅[①]烹煮）、鸡煮甜竹笋、鸡煮香菇、鸡煮芋菜、鸡煮丰收瓜、鸡肉炒豆芽、鸡肉炒蒜苗、鸡肉炒黄瓜、炒鸡内脏、鸡血白旺等。

鱼肉类：油炸鱼、酸笋煮鱼、酸菜煮鱼、清汤鱼、竹筒烧鱼、黄瓜烧鱼、葱辣香鱼、花肉焖鱼、冬瓜鱼片、辣椒焖鱼、香菇炒鱼片、冬笋鱼片、鱼炒芹菜。

鳝鱼类：鳝鱼炒辣椒、鳝鱼炒韭菜、鳝鱼炒芹菜、鳝鱼炒竹笋、鳝鱼炒茄子、酸菜炒鳝鱼、鳝鱼炒生菜、鳝鱼炒大葱、大蒜炒鳝鱼、干炸鳝鱼等。

野菜类：白花苦菜、芭蕉花、各种竹笋、各种菌子、木耳、白生、苦叶子、芨芨菜、鸡爪菜、刺脑包、苦果、西洋菜、鱼腥草、马蹄菜、野慈姑、甜菜、四叶菜、旱芹等山地野菜和水生野菜。

腌菜（泡菜）类：腌酸竹笋、腌酸菜、腌萝卜、腌藠头、腌皮菜根、腌红辣椒、腌干豆、腌卤腐、腌干（水）豆豉、腌姜等。其中，腌竹笋的方法较多，品种多样。

[①] 平安寨瑶族的罗锅与其他地方的罗锅相比，虽形状相似，但多为锑制，而非铜制。

豆类：水豆腐（豆腐花）、豆芽、煮（素、油）豆腐块、豆腐袋等，豆腐是瑶族的家常菜，婚丧嫁娶、建房盖屋等都要做豆腐招待客人。水豆腐制作方法是：人工用石磨把黄豆磨成三瓣两块，放入清水中浸泡几个小时，让豆瓣泡透。然后从清水捞出，再用石磨加水磨成液状，把豆液放入锅中煮熟，用纱布滤出，点上适量的石膏水，就做成了。

新中国成立后，平安寨瑶族村民的饮食日渐丰富。一些传统的美食菜肴成为平安寨瑶族人家的特色菜，而许多其他地区的菜肴则逐步传入，受到人们的喜爱，例如烧烤、啤酒这些外来的饮食深受年轻人的喜爱。

据村民李健介绍，他在中学毕业后，便跟村里的叔叔去外地务工，外地的美食深深吸引了他，于是他学会了烧烤。回到家乡后，他希望把自己在外地尝到的美食分享给留守家乡的小伙伴、乡亲邻里，于是他利用自家的空地建了桌球室、烧烤屋，也向前来娱乐的村民提供啤酒等酒水。李健的烧烤屋、桌球室主要在年节期间开放，这期间他要在村里和爷爷等亲人过节，村里外出务工的人也会回家过节。这时，村民们喜欢聚在一起，兜里也有些积蓄可以娱乐消遣一番。李健的桌球室、烧烤屋很受大家喜爱，尤其是烧烤这一美食，深受年轻人的追捧。在年节的时候，许多年轻伙伴会在此相聚，品美食、喝啤酒，共话在外的生活与见闻。因此，李健也能依靠这外来的美食在年节期间小赚一笔。而其他时间，他会继续外出务工养活自己和家人。

随着生活水平的提高，村民的餐桌也日渐丰富。新中国成立初期，村民的餐桌上多为自家种的普通蔬菜，如丰收瓜、竹笋、豆角、茄子。现今，到集镇、县城赶集的村民也会购买相应的蔬菜改善伙食，如番茄、儿菜、青笋等，平日里也有小贩开车运蔬菜、豆腐、鲜肉在村里叫卖，方便村民购买。

（三）民间医药

平安寨山高谷深，雨量充沛，山间草木繁茂，因而中草药资源丰富，药物种类繁多。

瑶医在疗法上与中医基本相同,常用的治疗方法有浴、刮、扎、刺。洗浴的方法常用来治疗某些突发性的疾病,如重感冒、发痧、高热、全身酸痛不适、伤风着凉等,效果比较显著。刮和刺是两种比较特殊的疗法。刮痧是用碗边刮患者身体的特定部位,如中暑后的"发痧",用瓷碗边缘(抹植物油以润滑)刮背部及腿部后侧,至皮肤起紫红疙瘩即可,重症加瓷片刺,刮后一两天内全身酸麻、四肢无力、食欲不佳的症状便自行消失,效果好,见效快,无副作用。扎刺("放痧"),是将绣花针消毒后,扎刺患者的四肢指(趾)甲根部穴位,直至放出淤血。

瑶族民间还常以"掐痧"治病。无论大人小孩中暑、受冻、过量饮酒、食菠萝过敏、煤气中毒、大黑痧等,出现上吐下泻等症状,瑶医就在患者的颈、肩、背、胸等部位,用食指和中指使劲掐,使患者皮肤发紫,疗效十分明显。

瑶医诊断病情的方法也与中医相似:一般是询问求医者病情、看舌、号脉。询问病情就是问病人不舒服有哪些症状,而病人则要给瑶医讲清楚病情。看舌诊断病情,实际上是他们从实践经验中总结来的。例如:病人的舌头湿润、舌尖呈火红色,全身伴有酸痛症状者,病因起始于受凉,称之为"着痧"(痧症)。因此,要给病人服用"发汗"药。服药后要注意观察病情变化,如果病人的舌头由湿润变为干燥,颜色从火红色变为黄色,说明汗已发通,但体内又偏热了,此时,须改变处方,给病人适当服用凉性药物,病人就可逐渐恢复健康。通过临床实践证明,脉搏跳动快的

◇瑶医继承人盘五妹在她的药园里

人，一般是体温偏高；脉搏跳动慢的人，体温低、身体弱。用药原则是：对体温高的病人不宜用热性药物；对体温低的病人要适当配用温补药物辅助治疗。也有的病人脉搏跳动不快，但其上身却烧热烫手，下肢出现冰冷的现象。实践经验证明，此种病状多因饮食不适而导致胃发病，给病人服用凉性解毒药物方可见效。

一副瑶药中有主药和辅药。主药是一副瑶药中的关键，不能缺失。主药可能是一种药，也可能会是几种药，它们是药材中的"爹妈"。而辅药则相对没那么重要，它可以被替换甚至缺少。瑶药也十分注重药材的使用剂量，部分药材使用过多，可能会毒死人，但用量过少又起不到相应的作用。瑶药中有其他药的解药，例如一些药方由于人的体质不同会引起患者过敏，这时候就会让患者使用相应的解药。

瑶药在将药材采摘来之后，使用方式主要是：煨煮成汤内服，制成药酒口服或在外患处涂擦，制成药粉然后兑水后服用或涂抹于患处，以及直接将新鲜药材舂碎包裹在患处。瑶族草医传承救死扶伤的美德，行医不为赚钱，主要是为了救命。瑶医会根据不同的病情对症下药，依据病情的程度调节用药量。以前，瑶医给人看病一般不收钱，如果看病的人一定要付钱，他们则会象征性地收药材费1.6元，现在他们每副药一般也只收16元钱。

一般而言，瑶医行医前就懂得一些瑶药，如果要帮他人看病则要拜师父。师父在选择是否接受前来拜师的人为徒弟时，除了看他对瑶药的了解程度外，还会让他去做个测试——通过"吹米"的方式来判断其天资，过关了才会收其为徒。以前拜师之人必须年满30岁才能拜师，30岁以下是不能拜师学医的。但现在许多人不再尊崇传统，直接在街上摆摊卖药。这些人事实上是为了赚钱的，他们不一定拜过师父，也不一定掌握药理。拜师之后，师父会带着徒弟们一起进山采药，教他们辨别药材，而一起前往的徒弟之间也会相互交流各种药材及其药效，还有各种治病的药方。

瑶医没有固定的工作场所，一般会在家里准备一些药材，以备给上门求医的人用。瑶药药材包括植物、动物、石砂一类以及酒等。瑶族认为,山里的草都是药,只是有的可以供人用,有的毒性太大不能用。在瑶医药方中,许多药材只能用瑶话讲,没有汉语名字,还有一些药材瑶医也只知道他可以做药和它的药效,但连名字也叫不上。由于自然环境的变化和人口的剧增以及商业利益的驱使,造成过度采伐,如今瑶药中的许多珍贵药材已经绝迹,还有许多则是濒临灭绝。因此,部分瑶医会将一些上山采药时遇到的珍贵药材移植到家中的菜园,将自家的菜园变成了药园。

此外,民间瑶医多数文化低,思想保守,很多药名因族而异,甚至无汉语名称,难以统一规范,故无法提到理论高度,仍停留在一般经验上。在药方、药材与药量使用上,平安寨瑶族识药用药,一是祖传;二是师傅带徒弟;三是边学边实践,在实践中丰富和积累知识。尽管他们识药和用药的方法不尽相同,但是在采药和用药的方法上是相同的。例如:采药和用药都是按草生植物随季节的变化而改变采药、用药的方法,比如说,草生药物处在冬眠期,或胚芽,或萌发期采集根系,药用效果最佳;在生长期则采用秆(皮)或叶子效果好;在生育期(结籽)要采用果籽等。根据草生植物随节令和气候的自然生长规律,冬春季节草生植物药物性能养分在其根部,取根药用效果最佳。同样在植物的生长期,因为植物主要是靠其叶片的光合作用吸收养分,所以药物性能养分在叶片上,可取叶作为药用。植物生育期,药物性能已移到其果实上,故果实药用效果最佳。所有这些宝贵经验,都是瑶医从实践经验中总结出来的。

在瑶族人眼里,药不仅仅是指实物的药,还有另一种神奇的"药",它就是所

◇ 瑶族药材(湿)

谓的巫医药方。瑶医一般有两位师傅，一位是教他们药材配方的师父，一位则是教"口功"的师父。女性跟教"口功"的师父只能学习简单的法术运用，不能做大法事，可以做小法事。有些拜师学艺的人，由于不识字、记性差，常常记不住"口功"，因而学习起来很吃力。

在医疗技术不断进步的今天，瑶医的地位在瑶族人的生活中不断弱化。曾经人们生病只能依靠瑶医，但现在，尤其是年轻人，他们更乐意去医院就诊，选择技术先进、疗效显著的西医。但在平安寨，一部分老人还是选择瑶医治疗，偶尔一些西医无法根治，或者病情较缓的，村民也会选择瑶医救治。

现如今，生活节奏越来越快，平安寨瑶族村民对传统的瑶族药浴、药膳等的使用也不断减少。值得庆幸的是，瑶药因其特效，在国内外不断流传，金平县也对其进行了开发，组建了专门的瑶药开发生产公司，通过公司的加工、包装、宣传，畅销各地。公司还通过收购药材的方式为瑶医们提供一条出路，同时也专门聘请对瑶药深有研究的瑶医做顾问、员工，为他们提供药方，改善瑶药的疗效。

（四）民居改造

1. 传统住房

传统的红头瑶住房普遍为土墙、竹木结构的草房。红头瑶住房进门右边为灶房和妇女在的地方，左边是火塘，中间为堂屋。堂屋的右侧则家家户户都安放着神龛。火塘和堂屋的后面是一排卧室，隔为两间或三间，是长辈和儿孙的卧室。

◇ 传统民居

楼上用于堆放粮食和其他杂物。房右侧盖一侧房为碓房,用于堆放柴火和农具等。正房前盖有前廊,是为外屋,其左间为未婚男子卧室,右间为磨坊,中间为平时休息和妇女做针线纺织等活动的场所。由碓房往南延伸出一厢房,为畜厩,为悬山式草顶。有天井,地面用细泥铺成,无围墙。土库房,俗称闷房,主要是经济条件相对宽裕的人家才建。进大门,上边是大堂,再往里是儿媳住的地方;左边是男人在的地方,多数分为两间,右边是灶房和妇女在的地方,有的分为两间;一般放一张床。楼上堆放粮食和杂物。在房墙上端一尺处,用木头和竹子搭铺好,然后放一层薄薄的泥土,在大堂顶上留一个通风口,长方形或正方形,一般为一尺至一尺五。这种住房的特点是"冬暖夏凉",最适合老人和小孩居住。

依照传统,红头瑶建盖新房先要择吉日,择吉日主要查阅《通书》作参考,主人家把男女主人的出生年月日告诉翻书先生,翻书先生根据男女主人的出生年月日来对日子,判断哪年可以盖房或不可以盖房,如果可以盖房再翻动土的吉日。动工时由男方先下锄。吉日的择定与瑶族姓氏也有关系,那就是李家的旺日可能是邓家的败日,所以也不能动。

2. 现代民居

随着现代化进程的不断加快,平安寨的红头瑶民居也融入了现代化的气息。

自20世纪70年代起,平安寨始建砖木结构瓦房;80年代,部分村民逐步建盖起钢筋水泥平房,原有的草木结构逐步被石棉瓦房、钢筋水泥房取代;90年代以后,钢筋水泥楼房不断增加,房屋结构大为改观,平安寨居住条件显著改善。进入平安寨,最古老的以茅草屋为屋顶的土墙竹木民居早已销声匿迹,与传统民居最相近的水泥瓦屋顶土墙竹木结构的住宅在村寨里还保留了一部分,一幢幢现代化钢筋混凝土民居不断地拔地而起。

尽管如此,新建的钢筋混凝土住宅仍保留了一些瑶族传统民居特色。进门以后,房屋中间为堂屋,但不再和传统的土木结构住宅那样将其分隔开，而右边的灶房则依据地形改建到其他地方了。堂屋左侧的两间房还是住长辈和儿孙，右侧的两间房还是住妇女。土木结构的传统住宅楼上常用来装放粮食和杂物，现在的砖混住房已没有那么多讲究，有的人家在楼上放粮食杂物，而也有些家庭楼上住人。而一直不变的是每家每户堂屋内右侧都安放着神龛，中堂前设有前廊，妇女会在空闲时在这里挑花。

◇ 新式民居

（五）礼仪习俗

1. 婚恋

瑶族青年男女的婚恋，一般为自由恋爱，在族内择偶除至亲外不受限制，但对与外族通婚仍有所限制。

瑶族的婚恋形式主要有以下几种：

一是以歌为媒。情歌是瑶族传统文化重要的组成部分，对歌求婚，自由择偶，是瑶族男女青年缔结婚姻的主要方式之一。男女青年以对歌相识，经过一段时间交往，如果双方相爱，女子会要求或男方主动前往提亲。男子将告知其父母，如父母没意见，将派媒人携着烟丝前往说婚。女方父母如有媒人至家说明受何人之托求亲时，就会主动征求女儿意愿，如同意就会向媒人告知其女儿生辰八字。如两人八字相合，男方即委派媒人携烟丝到女方家去议婚，若女方父母愿意接纳媒人所带的烟丝，则表示同意此门婚事，即可进行定婚。定婚，男方至少派两名亲戚带一对鸡到女方家聚餐，女方请两三位亲戚作陪。席间正式商定接亲时间、礼金数额及交纳时间、婚宴天数、酒份（送亲人数）、猪腿、银饰等相关事项，订立婚约。婚约订立后，姑娘在家挑花刺绣，做嫁妆准备，时间有的长达一年，少则数月不等。可见，瑶族男女青年择偶不仅是自由的，而且是要主动听取双方父母意愿的，但最终决定权还是他们自己，这为稳定的婚姻打下牢固的基础。

二是父母提早订立婚约，等到孩子长大成人后，按传统的结婚礼仪为他们举办婚礼，让他们结为夫妻。由于瑶族人都重孝道，这种父母提早就定下的婚约，子女一般都会遵从，尽管有时会有怨言，但在结婚后还是会夫妻和睦。

三是"抢婚"。瑶族的"抢婚"不同于我们所熟悉的抢婚。瑶族"抢婚"是指年轻的男子在节日、赶集或是其他一些公众聚集的场合遇到自己心仪的未婚女子，就会约那位女子见面，向她表达自己的心意，然后不论女子是否愿意，就会请亲友一起约姑娘，在其亲友团的帮助下将她"拉"回家。在男方将女方"拉"回家的当天，男方家会派人通知女方家，女方家如果不愿意，就会及时赶来带姑娘回家；如果姑娘愿意，就会自己留在男方家里。如果姑娘不愿意也可自己悄悄离开。留在男方家里的姑娘，男方的父母会安排姑娘与男子的母亲一起住，同居在双方父母未商定之前是不被允许的。在姑娘留在男方家里的三天之内，男方的家长要前往女方家中商谈婚事。值得注意的是，在商谈婚事的过程中，女方会要求男方为女子准备嫁妆、婚礼时间以及在迎娶姑娘时的彩礼，包括银币、米、猪腿、烟酒、豆腐等，和女方家办宴席时所需的物品，商定后如果这些东西不足，则由女方自己补足。瑶族人家可以先生子女再办婚礼，但在举办婚礼时，男方一定要为女方置齐嫁妆以及当时双方父母所商定的彩礼。

2. 婚礼

婚约正式确立后，女方父母首先要准确无误地核实送亲人数，称"酒份"。"酒份"是男方支付酒钱和分发请柬的依据（每份2元人民币）。瑶族中盛行的送亲酒钱制，是增进亲情、凝聚人心、增强团结的一种表现形式。其次，是"拆绵苦"（瑶语），即"注销户口"。在举行婚礼之前一天要杀鸡、猪祭祀，向祖先禀报因婚嫁而离别，并祈求祖先保佑平安。同时，设宴请左邻右舍、亲朋好友到家欢聚一堂，喝"出嫁酒"。由可享受酒钱的亲戚组成送亲队伍（当天一般住在姑娘家里），次日送姑娘出嫁，前往夫家。

在送亲队伍未到前，男方要先进行祭告祖先仪式。在神龛内摆五个盏，香炉内添香换水，神龛门楣挂一条红布，杀一头猪置于堂屋正厅神龛下方，师公主持祭告。当晚，送亲队伍除了吃饭外，不住在新郎家里。次日凌晨，按照新郎家选择的良辰，送亲队伍在领队媒人的召集下集合准时到新郎家院坝里等候师公举行洗尘仪式，送亲队伍才正式进入新郎家里，列队在新郎家堂屋神龛案前，举行驱邪仪式。而"媒人"在门楣上挂一条红布，引领新娘到门外，交由新郎的亲妹或其他亲人在门内牵着新娘的手，新娘须以左脚先跨入门槛进家，送亲人员接着鱼贯入屋就座。师公再为新娘举行添丁、合婚仪式，仪式完新娘才入洞房等待举行拜堂仪式。

新郎新娘首先向祖宗行礼，再向双方父母、媒人行礼，然后向其他长辈亲友每人行礼三拜，比新郎新娘辈分小的则不再行礼。全过程唢呐、锣鼓伴奏相随，在新郎新娘行礼拜亲敬茶时，长辈会给新郎新娘一个小红包。拜堂仪式完后，即举行丰盛的宴席，送亲队伍与新郎的亲朋好友相聚在一起尽情地享受美味佳肴。

以酒拦路唱歌挽留送嫁队伍，是瑶族传统婚礼不可缺少的又一道礼节。男方在事前组织送亲队伍，备齐筛子、酒杯，斟满酒在大门或阻拦路口以唱歌的方式，依依不舍挽留客人。若客人执意要走，只能对答其歌并端杯尽情饮完酒后,送上一红包方能过关。一般要阻拦三道以表真诚,否则会被视为无意挽留。送亲队伍吹着唢呐、敲响锣鼓欢送女方送嫁队伍,同时把应送给女方父母、媒人等的猪腿备齐一并送上一程,以表对客人的尊敬。

在过去,一场婚礼要筹备很久,尤其是新娘的嫁妆。现如今,瑶族的婚礼也受到外界的影响。据村民介绍,年轻人现在举办婚礼不再完全依据传统进行。在婚礼上,新郎新娘也可能会穿上外界传入的西装婚纱或者汉族传统凤霞衣冠举行仪式,要进行的祷告祭拜也不断简化。而拜堂之后,汉族婚礼的闹洞房习俗也在青年一辈中流传,但又极具民族特色。

3. 葬礼

瑶族实行木棺土葬。没有固定的坟山墓地,埋葬前临时选择死者坟地。人刚死,须及时在室外鸣放火枪3响报丧,然后再到邻村向亲友报丧。寨中人得知后纷纷前来吊唁,并协助其子女给死者剃头、沐浴净身、更换寿衣、料理后事。同时请师公道士择定安葬日期。一般守灵视安葬日期远近而定,数日或十天半月不等。出殡前要替死者举行丧礼,丧礼仪式在出殡前一天举行,届时请师公、吹鼓手前来主持。仪式开始在丧者家堂屋悬挂神像、敲锣打鼓、吹奏唢呐、燃放鞭炮、诵经请神等,直至次日清晨仪式结束,方抬到山中安葬。其中,瑶族丧葬的一些细节独具特色。

瑶族人去世之后,通常由逝者子女为其用一种名为"观音草"的植物与清洁干净的水一同煮沸后为去世的人沐浴。沐浴完成后为其穿上一整套包括衣服、裤子、鞋子、帽子在内的寿衣。瑶族人为逝者穿的寿衣很有讲究:一般情况为逝者穿三件全新的瑶族上衣、两条裤子,鞋为手工所制作的棉布鞋,同时要戴上独具瑶族特色的帽子。此外还需在逝者口中装放口银,传统的做法是放"三分六钱"的口银,但现在银比较稀贵,于是瑶族人就找到一些银饰品或是银锭、硬币切割下大致与"三分六钱"等重的一小块银放于逝者口中。

在瑶族的葬礼中，前往参加葬礼的人要带一捆柴（干湿均有，多为湿柴，以当地的"水冬瓜木"、栎树为主）和米（以前带一"升"，现在随意）前往。到了逝者家里，会有在场的人通知逝者家人，他们得知后会向前来吊唁的人行跪拜礼，前来吊唁的人则要在他们行礼之后将他们及时扶起，否则逝者家属会担心他们礼数不周而长跪不起。而前来吊唁的人所带来的东西都会有专门的人记录，在将米归并时，他们会将带来的米留一把带回家。

办丧事的主人家会摆宴以示感谢，每桌8~10人，摆宴所用桌凳、碗筷由主人提前请帮忙的煮饭人直接带来，主人家则会为帮忙煮饭的每个人准备一条新毛巾。前来吊唁的人在吃完晚饭后会从主人家拿一把主人家提前准备好的稻草，在回家的路上采摘一些青草、青树叶引燃，冒起青烟然后从上边跨过，以青烟驱赶鬼魂，将他们赶走，不带回家。

关于丧葬，平安寨的瑶族还有这样的习俗：每到逢年过节时，要请祖宗、逝去的亲人"回家"团聚，一起过节，尤其是七月十四的目连节。除此之外，瑶族还要在父母去世后间隔几年时间挖起棺木，将逝者的骨灰火化后，再重新埋回坟，否则会被视为不孝顺。

与传统相比，现今平安寨的葬礼从简。如过去繁杂的入殓、凭吊、下葬仪式过程逐步简化；过去葬礼上做法事的师公十分辛苦，在葬礼期间几乎不能合眼，现在他们可以有一定的休息时间；棺木要求用当地珍贵的"黄心木"制成，现在最好的是杉木；守丧的要求不再如从前那般苛刻，过去要求亲属在服丧期间不得卧床休息，现在可以轮流守丧；过去亲戚朋友前来吊唁要带棉香、纸钱、木柴、米、礼金，现在吊唁已不再拘泥这些东西，部分人会选择直接挂礼金而不再带其他东西。

4. 认干爹干妈

瑶族认干爹干妈主要有两种情况：一是孩子出生后多病或成长不顺利，需要通过算卦或在村中有水沟之处搭桥来认干爹干妈；另一种则是孩子出生后，产妇还在坐月子期间，有不是亲戚关系的人第一个进家，就会成为孩子的干爹或干妈。

具体讲来，孩子成长不顺找干爹干妈又有不同的情况。依据瑶族传统，孩子出生之后成长不顺利，如多

◇ 石头干爹

病、常遇到灾祸等，在寻医问药无效之后，瑶族人会带着孩子向师公"寻药"，即通过师公占卜问卦寻求使孩子转运的方式。其中一些孩子通过师公做法事祭祀祈祷就可以，而一些则是要家长带孩子认干爹干妈。通过占卜之后认干爹干妈主要有三种方式：第一种是直接由占卜得出孩子要拜的人的姓氏和性别：有的只要找姓氏相符的人做干爹或干妈就可以；有的则必须是干爹干妈的姓氏都同时满足的人家才可以去拜他们为干爹干妈。第二种是在占卜后要选择物为干爹的情况。一般是拜石头为干爹，因为石头体积大，没有生命，不容易移位、消失，所以是拜物为干爹的最佳选择。第三种则是占卜后，需要给孩子找干爹便在家里盛一碗净水，请师公做仪式，当仪式开始进行后无亲戚关系的第一个到家拜访的人便要做孩子的干爹或干妈。

搭桥认干爹是在占卜之后，选择一处有溪水且经常有人经过的地方搭一座"桥"。据当地人介绍，搭桥也是多种多样，有三岔桥、七星桥、十字桥、独桥、朝天桥等，其中七星桥为桥中之王。搭好"桥"，仪式开始后，第一个从这里经过的人便要当孩子的干爹或干妈。

而被孩子认作干爹或干妈的人要用至少三种颜色（红、黑、白）的棉线搓绳子给孩子戴在脖子上或是戴在手上，一般而言，男孩戴在左手上，女孩戴在右手上。除了绳子之外，被认作干爹干妈的人要给干儿女赠送一

双新筷子、一个碗和一个银圆去做手镯或长命锁（银不够的部分则由干儿女家里自己补足），在方便的情况下还会封一个红包赠送干儿女，而认干爹的主人家要设宴款待孩子的干爹。认下干儿女后干爹就要为他们取名字，跟自己姓，再加好听的字作为孩子的乳名。而拜石头为干爹的人也要至少去拜访石头"干爹"三次，而没干爹搓成绳子就由干儿女自己家里准备。至于名字，就跟石头姓石，后边加上好听的名字，如石宝。

当然，认完干爹干妈并非没事儿了。干儿子、干女儿在之后至少要去拜访看望干爹干妈三次。拜访干爹干妈的时间一般是大年初二，瑶族有"初一不出门，初二拜亲戚、拜师傅"之说。干儿子、干女儿去拜访干爹干妈时，会在门前先放鞭炮。相应的，干爹干妈家也会在干儿女来到后燃放鞭炮以示欢迎。干儿女前去拜访干爹干妈时，要给干爹干妈带一双鞋、一块肉、一只鸡、一些米、一把香。

在三次拜干爹干妈中，第三次最为隆重。这一次，干爹干妈除了要设宴招待干女儿及家人外，还要准备一副新的碗筷，以此来表达干爹干妈的祝福，希望干儿女以后能吃饱穿暖、生活幸福。当然，也有的干爹干妈家庭经济状况稍好会送孩子一个项圈，常称为"保命圈"。当干儿女长大成人后，结婚时他们要邀请干爹干妈参加婚礼，同时要拜干爹干妈。干爹干妈则会给干儿女封红包祝福。

在笔者调研期间，曾遇到两个拜过干爹的孩子。一个是5岁的女孩，因体弱多病曾拜了邻村的一位中年男子为干爹。据女孩家人介绍，女孩的干爹在知道女孩体弱多病后赠送了女孩铜铃铛，以红线穿引系在手臂上，保佑女孩健康成长。而另外一个1岁多的男孩则是拜了村中的"神石"做干爹，取名"石宝"，家人希望"神石"能保佑孩子无灾无病，听话乖巧，健康成长。

认干爹干妈这种习俗现在已逐渐淡化，大部分村民遇到孩子生病都会及时送医院诊治，而孩子淘气则更注重对孩子的教育。

5. 传统节日

瑶族传统节日主要有春节、尝新米、清明节、目连节等。瑶族节日较多，几乎每月都有。

（1）春节

春节是中华民族共同的传统节日，也是金平平安寨瑶族的重要节日，称除夕夜为大年晚上。大年晚上须进行祭祖仪式，在神龛上摆设糯米粑粑、猪肉、豆腐、烧香祭祖；在神龛、大门、房屋椽枋、柱子、畜圈门等处贴上座位纸钱，称"封年"。大年初一清晨，要由男主人先起床开门，并赶在天亮前到平常挑水的地方烧香、烧纸钱、撒米，以祭水神，意为买新春水，然后才挑水回家。天刚亮男孩先赶到野外捡回白石头置于神龛下（意为给祖公的"白银"），然后采摘山茶花、祖先花、桃花等插在糯米糍粑上作为供品置于神龛内，开始烧香、斟酒、献茶、点鞭炮，全家老少到正堂面向神龛行礼叩拜祖先，烧纸币给祖先，祈求保佑平安添福，意为拜新年，瑶语称"拜尝向"。

（2）清明节

瑶语称为"祭清明"。在清明节前，家家户户舂糯米粑，取一块猪肉摆在桌上祭祖，请师公到家中念经告慰祖先亡灵（称"布清明"），为春节过后的第一次祭祀祖先仪式。在扫墓时，除烧纸钱外，所有参加扫墓者都手持一串纸钱跟随师公拜四方龙脉、青龙、白虎等土地神，祈求看护祖墓、香火旺盛，拜毕把冥纸插于墓上，称"挂清"。

（3）尝新米

平安寨瑶族的新米节没有固定的日子，依稻谷成熟时间而定，多在农历八月稻谷成熟时节举行。因各家族的宗支不同，选择过节的日期不相一致，即使是同一个村寨，过节日期也不尽相同。一般是稻谷成熟后，主人家到稻田里收获谷子回家后碾成米，选择一个最近的好日子，将新米煮成饭，同时备办丰盛的食品，祭献谷母娘娘，犒劳列祖列宗，然后先舀些煮熟的新米饭犒劳狗、牛、猫等，之后家人再围桌品尝新米。近年，由于栽种水稻的面积减少，大部分田地用于栽种西贡蕉、香蕉或是种植石斛等经济作物，而部分人家常年外出打工，他们的家中已无新米，所以这一部分人家就不尝新米了。

（4）七月十四（目连节）

瑶族的七月十四相当于过小年。每到农历七月十三日那天（部分人家农历七月十二就开始准备），家家户户打扫房屋和村庄道路，采摘粽叶，和糯米、杀鸡、包粽粑祭祖。至七月十四那天，男女青年则打扮一新，聚集在一起对歌娱乐，有的还邀请邻近村寨的青年进行体育竞技、文艺联欢等活动。

由于近年具备师公资格的人越来越少，所以很多人家提前过节，提前请祖宗回家。有的家庭七月十二就请师公来家中主持。祭祖的这天，他们在凌晨五点就起床，然后杀鸡、煮饭、包粽粑。依据传统，要在神龛内放十二个粽粑，代表一年的十二个月。现在一般放四个，表示一年四季，还要放盛了净水、茶、酒的杯子。同时，还要在香炉内插三支点燃的香，用来敬给祖先，在神龛下也插一支，用来敬土地公，还要在中堂门的左右两边各插一支，用来敬门神。点燃的纸钱既用于敬奉祖先，也敬给门神、土地公。

6. 祭龙树

祭龙树。在平安寨瑶族的眼中，龙树是他们的"神"。参加祭龙树的人只能是成年男性，年龄不到十二岁的小孩子和妇女不能靠近龙树，村里的人不管在村里的哪个角落都不能对着龙树大小便，卫生间也不能对着龙树修建。每年的正月初三、三月初三、六月初六、八月初二都要祭龙树。平安寨的龙树在"文化大革命"前是一株原生的古树，但"文化大革命"期间遭到砍伐。

村民选择了一个地形地势好的小山包，种上凑钱购买的一株榕树作为

◇ 新植龙树　　　◇ 村寨起源石碑　　　◇ 神　像

龙树，并建造供奉祖先神像的祭台，竖立记录最早来到平安寨的邓、盘两大姓氏发展历程的石碑。

为了祭龙树方便，村民还修建了煮饭的灶台，购买了炊具、碗筷存放于此。在每个祭日来临前，村里就由村小组长准备好祭龙树所需的物品，包括雄鸡、酒和香。到祭祀那天，每家会去一个人，每人带一块腊肉、一对粽粑、一碗米、一瓶酒、一把香、一根柴火和若干草纸前往。大家相聚龙树下，在师公主持之下完成祭祀，然后一起动手烹煮，一起分享食物，喝酒聊天。

在正月初三祭龙树时，平安寨瑶族要"打扫"寨子。在打扫寨子期间，村里的人要准备好足够使用三天的喂猪、喂牛、喂马的猪草，整个村内的村民不能外出，而不得不外出的人则不能将喂猪、牛、马的草带到村外。在这三天内，村里的每个路口都会派人看守，不允许村内的人外出，也不允许村外的人进入。如果这三天内有村外的人进出，他必须在村里住完三天才能出去。据村中的老人讲，在农业生产合作社时期，平安寨有村规规定，在"打扫"村子期间如有人闯入村子则要对其进行罚款。近年，由于村中的道路有些部分是邻村的必经之路，封村十分困难，师公、师父人手不足，"打扫"时只能是村民打扫自己家和家门口，大型的全村一起"打扫"寨子是在2012年，此后都没有举行过。

7. 其他特色习俗

瑶族有出门随身带一把米的习惯，他们认为这样可以辟邪。

在瑶族的生活中，喝酒是十分重要的内容。只要有客人到来，瑶族人家都要邀请客人就餐，而且在餐桌上不管家中的酒好坏一定要以酒敬客人。如果没酒了他们会临时去买酒来，但不会勉强客人喝酒。

（六）传统宗教文化

1. 宗教信仰

平安寨的瑶族保留了少数民族传统信仰的一些内容，同时又深受道教的影响。

（1）祖先崇拜

瑶族认为人有灵魂，人死后灵魂化为鬼魂。老人死后魂归故里，去和以前死去的祖先生活在一起，同样有房子住，有田地耕种，有衣穿，有饭吃。死去的亲人如灵魂不能回归故里，或生活中缺少了什么，就会向活着的子孙乞讨，甚至发怒惩罚，以致后人失财或生病。因此，瑶族非常崇敬祖先，形成了鲜明的祖先崇拜。老人过世要举行祭奠仪式，把亡魂送回祖先居住的扬州大殿。并烹制食物，烧冥币，举行"清兵"（清理老人生前挂灯、度身获得的神兵数）、"点亡"（清点入棺随葬品）、"分离阴阳饭"仪式，让亡人安心上路。遗体要择吉日妥善埋葬，家中神龛要立上灵位。每月初一、十五添香换水供奉，逢年过节依时敬祭。一年分四次敬祭祖先：春节用猪肉、豆腐、粽粑等敬祭祖先；清明节既到实地扫墓"挂清"，又在家杀鸡敬祭祖先；七月半杀鸡包粽子合祭众神；腊月杀猪合祭众神。平常家中失财或有人生病，经卜卦释为是祖先不安作祟生人，要请师公举行祭祀祖先仪式，献上祭品，祈求祖先息怒。

（2）道教信仰

瑶族宗教信仰受道教影响较深。他们信仰正一道中的南方道派符箓禁咒派，神职人员是火居道士。尊老君、张道陵为鼻祖，尊三清、三元、玉帝为最高神，同时又把盘古王、家先、人鬼及风伯、雨师、雷王、龙王、社王、土地、谷魂等自然神，乃至"山精水怪"等天上地下、阳间水府一切神祇都纳入信仰体系，信仰的鬼神多达百余种。

2. 经典与法器

师公是沟通人、神、鬼的使者，在瑶族社会生活中发挥着十分重要的作用。

师公，指挂过七星灯以上，能做大法事者。因度身仪式上颁发的是"老君印"，故既是师公又是道公，一身而二任，但通常只称师公。其职责是主持跳鬼、还愿、打斋、超度亡灵等大法事。其道具有师公龙袍及鼓、锣、剑、神棍等。

红头瑶的师公都是经过度身、研习经书、法事而取得神权地位的，他们认识汉字，熟悉传统，经过超度而被认为拥有神兵（据说度身之后就得到神兵的保护。神兵，俗称"阴兵"），获得度牒、神名（从事宗教活动时使用的神职名字，俗称"阴名"）、印鉴、法具、经书，能做各种法事，其超度仪式有挂灯、度戒、加职等，度戒还分为挂七盏灯、挂十二盏大罗灯两级。那些超度级别高，且有资格和能力主持度戒、加职等高级超度仪式者，被人们称为"大师公"，备受尊敬。

瑶族师公保存了大量的经典书籍，一般外封以白色棉布，以清水纸抄录。经文内容以汉字记录，大多字体清秀，彰显着瑶族书法独特的魅力。虽然经文是用汉字记载的，但是每位师公都能够看着汉字就用瑶族话将其念诵出来。

◇ 法　器

过去，红头瑶师公的法器种类很多。现如今，师公传承人越来越少，他们手中的法器也越来越少。在走访过程中，我们观看了一位师公传承人在农历七月十四日的祭祀过程，并向他咨询了师公祭祀时所需的法器。据他介绍，做法事用到的法器有很多种，如剑、铜铃、筶等，而他手中仅有筶。除了他做法事的地位还低外，也因为有法器的师公其法器在其离世后需要陪葬，而会制作法器的人越来越少也是法器失传的原因。

◇ 清水纸抄录的经文

平安寨的瑶族村民绝大部分信奉宗教，因此一些村民常常抄诵经文，这也使得当地村民的书法水平相对较高。

（七）发展中的教育事业

在瑶族聚居的平安寨，随着人们思想意识的进步，教育也紧跟时代的步伐发展。截至2007年底，平安寨村委会建有小学1所，校舍建筑面积2500平方米，拥有教师12人，距离金河镇边境中学4千米。目前整个行政村农村义务教育在校学生332人，其中小学生307人、中学生25人。2015年，村委会共有27名初中毕业生。初中毕业后，小部分学生选择外出打工，大部分学生则继续学习，还有绝少部分学生直接回家里帮忙。继续上学的孩子有考取高中继续学习的，也有直接到职业技术学院学习的。

至2015年，平安寨村委会正式考取大学的有6人，分别就读于云南师范大学商学院、昆明医科大学、滇西科技大学、云南农业大学、内蒙古大学、曲靖医学高等专科学校。已毕业的大学生盘先学目前在中国电信有限公司金平分公司任职，为中层干部。

而在村里，部分孩子学习劲头并不高，有的孩子在初中未毕业就选择辍学回家了。在这些辍学的孩子里，有的早早结婚，有的外出打工，还有少部分赋闲在家。

（八）公共文化基础设施

平安寨现建有文化活动室1个、图书室1个、业余文娱宣传队2个，极大地丰富了村民的业余文化生活。

其中，图书室也叫农家书屋，对所在地农村群众免费开放，由所在地村委会管理，并配有专职或兼职的管理人员。管理人员资格要求：应具有初中以上文化程度，热爱书屋事业等。2016年任农家书屋管理员的是村委会委员邓文旭。书屋中的书籍种类众多，有文学著作、农业科技杂志，还有部分音像资料等。

截至2007年底，全村已实现通水、通电、通路、通电话、通电视。有180户通了有线电视，安装固定电话或拥有移动电话的农户数为34户，其中拥有移动电话的农户数为15户。在2016年的调研过程中，虽未得到村民使用通信设备的统计数据，但入户访谈的村民家中均有至少一部移动电话，还拥有电视机。只是移动电话和电视款式都相对老旧。

（九）文化娱乐活动

在2015年春节期间，平安寨村委会主办了丰富的文体活动，有男子篮球比赛、文艺表演、射弩以及刺绣比赛等。附近的干塘村委会、白马河村委会、板板桥村委会、石庄村委会等亦派代表队参加。活动当天平安寨人山人海，热闹非凡。此次活动的每个项目都设置了奖项，并有一定奖金。此次活动开展十分顺利，既丰富了村民的业余生活，也促进了民族间的交流团结。

五、社会组织

（一）婚姻制度

解放初期，平安寨瑶族仍沿袭明清时期的族内婚制。女子一般不嫁其他民族，除非其他民族的男子到家里上门；男子一般只与本民族同一支系的女子结婚。甚至有的父母还严禁子女与距本村较远的男女青年来往，导致通婚地域范围更窄。因通婚地域狭窄，红头瑶婚姻不辨同姓，一般同姓和异姓都可以通婚，但同姓通婚受到一定限制，一般是同姓不同宗才能结婚，有极少个别同宗结婚，但必须是数代之外。

新中国成立后，金平县贯彻执行民族平等政策，民族关系得到了改善，加上经济文化的交流，瑶族通婚不仅限于族内婚姻的范围，婚姻观念也有了较大的转变，与其他民族互不通婚的习俗也有了很大改变。

20世纪80年代后，瑶族和其他民族通婚的情况日益增多，但同民族内婚的比例在乡村仍占绝大多数，而城镇中的瑶族青年与异族通婚的比例逐渐增加。

瑶族传统婚姻缔结方式主要有：嫁娶和入赘。但无论采取哪种方式缔结婚姻，其家庭均为一夫一妻制。旧时极个别婚后无嗣者，亦有纳妾现象。女方嫁给男方为妻，婚后所生子女从夫姓，世系从父。"入赘"，即男子上门到女方家为婿，根据婚后子女世系从属的不同而分为"卖断""顶两头"等。"卖断"，即男子上门为婿后，改从妻姓，所生子女从妻姓，财产由母系继承。"顶两头"，即男子上门为婿不需改姓，婚后所生子女分别从夫妻双方姓氏。招赘时要写"赘书"（约书），规定赘婿要赡养女方父母、夫妻恩爱、勤俭持家，以及男方是否从女姓和所生子的姓氏等。

长女出嫁，婚礼由舅父母主持；次女出嫁，由大姐或姐夫主持，并由大姐为她梳头。家无男嗣或女长男幼的，普遍赘婿。寡妇可以改嫁，无子嗣者，财产由亡夫兄弟平分，寡妇可以带走属于自己的财物。

瑶族的婚姻基础较为牢固，离婚很少。若夫妻双方感情确实破裂，实在难以和好而必须离婚的，由双方家庭主要成员协商，并有证明人、寨老参与。女方主动提出离婚的，须退赔结婚时的礼金。

（二）家庭结构关系的变化

在平安寨，依据传统家长是男子，家庭内外的重大事情一般都由家长决定。建立个体家庭是由男子结婚后开始的。家庭财产儿子有继承权，嫁出去的女儿没有财产继承权，属于姑娘的只有姑娘平时积累的私房钱，在其出嫁时可以带走。平安寨瑶族没有什么严格的长子继承制或是幼子继承制。田地、林地、牲畜、家里的钱财会按每个儿子都有份的习惯分配。财产分割后，父母可以根据自己的意志选择某一个儿子为他们养老送终。平安寨的瑶族老人一般会选择最小的儿子。因为他们觉得小儿子最小，经历相对较少，与小儿子住还可以再照顾他。父母去世后，父母的财产由赡养父母的儿子继承。由于财产划分是平均分配的，父母死后所需的安葬费也由诸子共同负担。

如父母双亡，家中还有未成年的子女，兄嫂有义务负责教养弟妹，没有兄弟的遗孤则由祖父伯叔收养，如没有祖父伯叔，那么外祖父和舅父亦有义务收养，直至其成家立业。此外，瑶族历来有兄弟姐妹间互帮互助的习惯，当然也是一种义务。

在平安寨，一般一个家庭内有三代人，即爷爷奶奶、爸爸妈妈和两个儿女，一家5~6口人，人口最多的有12人，是五世同堂，而人口最少的是一个人。

当下，平安寨依然保持许多优良传统，但是家长不再仅仅是男性。由于男性是主要劳动力，许多家庭男子外出务工，妇女便挑起家里的重担，担任家长。而随着整个社会女性地位的提高，在瑶族人家中，妇女当家作主的情况也并不少见。据瑶族村民介绍，在瑶族人的生活中，男女地位是平等的，这也使得妇女当家作主在当地很容易被接受。

（三）习惯法与禁忌

禁忌，是瑶族传统文化的重要组成部分。在瑶族民间，涉及的禁忌有对事的，有对物的，有对自然界的，等等。

传统"祭祀日""禁忌日"有：每年农历正月的第一天属虎日为"祭虎日"，农历正月二十为"祭风日"，二月初一为"祭雀日"，三月初一为"祭雷日"，三月初二为"祭洪水日"。在这些祭日中，虽然不做专门的祭祀活动，但是在祭日这天，一般都不外出劳动、不得大声喧哗、不操弄作响、不动用农具、禁止进入田间地头等。除此之外，在不同的祭日中，所忌讳的内容也不一样：祭雷日当天，不能敲打音量较大的物品，如打铁盆、锅等之类的东西；祭风日的当天，要在房屋四方采摘一些树叶，用石头紧压，意为"压风"；在做饭烧火时不能吹火，意为不能"兴风"等。春节期间的禁忌风俗有：正月初一整天不扫地，妇女忌讳串门等。

六、生态环境

（一）地理位置、气候与物产

平安寨村委会隶属金平县金河镇，距镇政府所在地17千米，到镇道路为弹石路，交通方便。辖平安寨、纳木期、草果山3个村民小组。面积14平方千米，海拔1470米，年平均气温16.5℃，年降水量2763毫米，适合种植水稻、玉米等农作物。

平安寨村属于山区，位于镇东边，距离镇17千米，是平安寨村委会所在地。面积5.8平方千米，海拔1470米，年平均气温16.8℃，年降水量2378毫米，适宜种植水稻、玉米等农作物。

纳木期村属于山区，位于镇东边，距离村委会0.5千米，距离镇17.5千米。面积3.13平方千米，海拔1420米，适宜种植水稻、玉米等农作物。

草果山村属于山区，位于镇东边，距离村委会2千米，距离镇19千米。面积5平方千米，海拔1700米，年平均气温15.6℃，年降水量2415毫米，适宜种植水稻、玉米等农作物。

（二）环境卫生

平安寨位于深山中，没有工业污染，因此整体环境优良。但生活垃圾也在一定程度上影响着村容村貌。这些垃圾主要来源于生活中的废弃物、动物的粪便、种植物的秸秆等，所含成分复杂。垃圾乱堆放不仅影响村容，也在一定程度上对水源、农田造成污染，甚至影响村民健康生活。为此，平安寨村委会制定了十一条关于环境卫生的制度和十六条生态保护的村规民约。这些管理制度和村规民约起到了一定的作用，村里的主路很干净，很少会有垃圾存在，但是在村里的许多角落还是可以看见垃圾成堆。

（三）饮水工程

平安寨位于深山中，没有自然水源，长期以来人们都依靠从山里流至村寨的泉水。随着人口的增长，加之处理生活垃圾不当，使得水源受到污染，现流到村里的泉水已不能直接饮用。进入21世纪，村民意识到直接取泉水饮用不方便且不够卫生，便开始兴建饮水工程——蓄水池和自来水。目前，整个平安寨村委会已建蓄水池5个，蓄水池距离水源地很近，以混凝土浇灌，然后再以钢管接通到各家各户。但由于人口的增加和生活质量的提高，村民用水的需求量加大，所以村寨中不时会出现供水不足的情况。目前，村委会正在筹划寻找新水源，以新建蓄水池满足村民的需求。

（四）生存环境改善

1. 基础设施完善

（1）村庄道路

平安寨村委会平均海拔在1500米，山路崎岖，道路盘旋迂回。平安寨通向县城和其他村寨的道路修建多年，多为弹石路，路况十分

◇ 村寨道路

糟糕。尽管多次修缮，但许多地方仍坑坑洼洼，一下雨就泥泞不堪，还有不少地方会积水，普通轿车的底盘低，很容易熄火。这样的路况使得许多村民即使想买车也舍不得买。此外，弹石路相对狭窄，对头车来了常常很难错车。因此，修缮道路改善路况是十分急迫的。

所以村委会向乡镇相关部门提起申请修缮道路。至2016年8月，进村及村内道路已经铺成了水泥路，但道路还是相对较窄。其余部分的修缮工作已在规划并且申请已通过。

（2）农田水利建设

在以农业为支柱产业的平安寨，农田基础设施的建设也是不可忽视的内容。这主要包括农田水利建设和农田间道路建设。平安寨的农田水利建设主要指沟渠建设。平河大沟是新中国成立后平安寨村民人工开挖的灌溉沟渠，早期为直接开挖无混凝土防漏浇灌措施的土沟渠，进入21世纪，平安寨村委会对平河大沟进行了改造，以混凝土浇灌进行防渗，对部分沟渠进行改道，现已完成部分改造。2016年的村委会发展规划里继续提到了平河大沟水利改造，决定在梯田红米、香（芭）蕉种植区配套田间引水沟防渗工程（平河大沟）4千米，有效改善农田灌溉3600亩。

（3）安全护栏建设

由于平安寨位于山区，山高路险，道路多处面临陡崖、山谷。为排除平安寨村内道路的安全隐患，村委会考虑在村内道路两边加设安全护栏，主要是通向村委会的村内道路及村与村之间道路。目前，平安寨村委会已向乡政府申请建设资金补助。

（4）路灯照明

路灯是人们夜晚出行的基本公共设施。目前，平安寨村委会的村内道路尚未安装路灯，夜间村内一片漆黑，夜行十分不便，安全隐患极大。

因此，平安寨村委会在2016～2020年的发展规划中，提出了在平安寨等3个村组安装太阳能路灯360盏的计划。尽管这项计划还未落实，但太阳能灯符合当地自然条件,节约能源,具有可实施性。

2. 基本公共服务

基本公共服务主要是指教育、医疗卫生室等的建设。

(1)教育

目前,平安寨村委会有小学1所,整个村委会的适龄儿童就在该小学上学。但还没有开设公共学前教育点,这使得当地的教育不够完善。

因此在2016~2020年的平安寨发展规划中,平安寨村委会准备建设一所小学,规划面积为500平方米,用于发展学前教育和基础教育。

(2)医疗卫生室

平安寨是瑶族村寨,瑶族医药有其独特的疗效,但随着时代的发展,疾病仅靠瑶药治疗是不现实的,所以配备现代医疗卫生所也很有必要。目前,平安寨村委会有医疗卫生室1个,配备医务人员1名,可以治疗简单的感冒、腹泻、创伤等轻微疾病。但整个村委会村民上千人,仅有1名医务人员远远不够。因此,增设医疗卫生室及增加医务人员十分必要。

与中华人民共和国成立初期的调研情况相比,平安寨村委会在许多方面都有了极大进步。即以基础设施为例,道路建设、农田水利、公共场所等都有很大改观,但与云南省内相对发达的村落相比,平安寨的基础设施建设依然比较落后,主要是没有固定活动的公共场所、娱乐健身场所,医疗服务场所条件环境差,学校教育资源不充分,还有众多公共基础设施虽有规划但尚未建设投入使用,我们期待平安寨在未来会建设得更加美好!

景颇族社会历史回访再调查
——以芒市西山乡弄丙村为例

武和兴

景颇族是云南特有的少数民族之一，跨境而居，主要分布在中、印、缅三国接壤地区，如今，因经商、婚嫁、留学、务工等因素，部分散居在亚欧美洲的23个国家和地区。景颇族总人口不到200万人。据历史传说和汉文史籍记载，景颇族来源于古代的氐羌族群，其先民最早生活在青藏高原南部名为"木札省腊崩"（意思是"天然平顶山"）的山区，"高黎贡人"见诸史籍，后来南迁到云南北部、怒江以西的地区。南迁后，分为东西两部分，东部景颇族分布于澜沧江以东的泸水地区，西部景颇族则分布于今片马、古浪、岗房一带。这个地区史称"寻传"，汉代属永昌郡，唐代属云南南诏政权的镇西节度管辖。这一地区的居民包括景颇先民在内，被称作"寻传蛮"。南诏、大理之后，元代在云南设立行省，寻传地区属于云南行省的金齿宣抚司管辖。明朝，景颇族逐渐形成茶山、里麻两个大的部落联盟，产生了山官。明朝设置的茶山长官司曾任命景颇族山官为长官，并为其颁发铜印和金字红牌。茶山长官司先属金齿军民指挥使司，后属永昌卫，又改属腾冲府管辖，里麻司则直属于云南都司。清代，景颇族聚居区属清朝所设置的府州县管辖。10世纪以后，大量景颇族移居到德宏地区。近代文献多称其为"山头",又分别称为"大山""小山""茶山""浪俄",自称"景颇""载瓦""喇期""浪峨"等。新中国成立后,经民族识别,确认为景颇族,不再进行土地改革而通过合作化道路直接向社会主义社会过渡。1953年7月24日,德宏傣族景颇族自治区成立,1956年改为自治州。景颇族选出代表担任自治州的领导。在云南省人民代表大会和全国人民代表大会中,都有景颇族的代表,景颇族参与国家政治生活的权利得到了保障。

景颇族多支系,多语种,多方语。在漫长的迁徙过程中,景颇族形成了语言结构相对稳固、文化心理相对统一的群体和社区。景颇、载瓦、浪俄(浪迹)、喇期和茶山,这5个支系的语言均是独立语的亲属语,分别属于汉藏语系藏缅语族景颇语组语言和汉藏语系藏缅语族缅语组语言。景颇支系的语言属汉藏语系藏缅语族景颇语支;载瓦等其他4个支系的语言比较接近,同属藏缅语族缅语支。文字有景颇文和载瓦文两种,系以拉丁字母为基础的拼音文字,前者创制于19世纪末,后者创制于1957年。多数地区不同支系的人杂居在一起,甚至同一家庭也会使用不同支系的语言。

1998年末,云南景颇族人口为12.56万人,占全省少数民族人口的0.947%。景颇族主要聚居于德宏傣族景颇族自治州境内的陇川、盈江、潞西、瑞丽、梁河等五县市山区。其余的景颇族人口散居于怒江傈僳族自治州的片马、岗房,临沧地区的耿马佤族自治县等地。云南景颇族中,载瓦支系人数最多,占云南景颇族人口的80%左右。

1949年以前,景颇族社会形态为山官制,经济发展较为缓慢。1949年后,党和政府高度重视民族问题和民族工作,景颇族社会改革与新中国建设几乎是同步开展。1956年开展的少数民族语言和少数民族社会历史调查,对一些景颇族村落进行了较为全面的调查,从村寨的自然地理概况、经济发展、政治建设、文化表现、社会组织、生态环境等多个角度,展现了景颇族人民的历史与现实情况。[①]时隔60年后,我们开展社会历史回访再调查工作,是与时俱进推进少数民族社会发展的科学举措,针对景颇族社会历史再调查,选择了芒市西山乡弄丙村为对象。原因有三:一是芒市西山乡目前是国内景颇族人口最多的乡,芒市西山乡总人口12131人,景颇族人口占总人口的92.8%。二是芒市西山乡是目前国内景颇族民间传统文化保存最为完整的地区之一,景颇族载瓦语语音就是以西山乡的龙准方言为标准音。此外,该乡是德宏州法定景颇族民族节日——目瑙纵歌节的主会场之一,建有永久性目瑙纵歌场,现有的目瑙纵歌标志是国内首建的固定性标志。三是芒市西山乡是20世纪50年代社会历史调查的重点区域,调查组对该乡的多个村落进行了调查。弄丙村距离西山区乡政府不到3千米,颇具有代表性,是当时调查的重点村寨之一。因此,此次再调查,以弄丙村为调查点。

一、村寨概况

(一)村寨历史与传说

弄丙行政村隶属芒市西山乡,地处乡政府附近,到乡政府的道路为弹石路,交通方便,距离市政府69千米。辖弄丙小组、坝东小组、中心小组、拱外一小组、拱外二小组、红丘一小组、红丘二小组、芒岗一小组、芒岗二小组、跌撒小组、吕折一小组、吕折二小组、权么小组、新寨小组、回龙小组等15个村民小组。弄丙村属于山区,辖区面积29.36平方千米,海拔1100米,年平均气温21℃,年降水量65毫米,适宜种植甘蔗等农作物。有耕地10559亩,其中人均耕地3.6亩;有林地36633亩。全村辖15个村民小组,有农户695户,有乡村人口2890人,其中农业人口2852人;有劳动力1698人,其中从事第一产业人数1380人。2016年全村经济总收入4272万

[①] 参阅云南省编辑组:《景颇族社会历史调查》(一、二、三、四),云南人民出版社,1984年,1985年,1986年。

元,农民人均纯收入7367元,农民收入主要以种植甘蔗为主。

新中国成立初期,西山社会经济仍处于原始社会末期。1953年中央及省委派出调查组对西山进行社会历史调查,在调查的基础上,对该地区提出了不再进行土地改革,而是通过合作化道路直接向社会主义社会过渡的政策,将西山作为全省探索民族"直过区"政策研究试点乡镇,同年在西山建立了乡镇政权——遮放区西山弄丙乡。该政策的实施,极大地解放了生产力,生产有了飞跃发展,进入到生产发展、社会稳定、人心安定的"黄金时期"。20世纪60年代,为了便于管理,西山不再隶属于遮放镇,而是独自成为一个乡镇,弄丙乡也由此成为弄丙村委会,且下设14个村民小组(弄丙小组、中心小组、拱外一小组、拱外二小组、红丘一小组、红丘二小组、芒岗一小组、芒岗二小组、跌撒小组、吕折一小组、吕折二小组、权么小组、新寨小组、回龙小组)。2015年又增加坝东村民小组,目前西山乡弄丙村委会共有15个村民小组。

弄丙村的由来,与西山乡其他村寨的由来一样,都与西山乡"瘴堵崩"的传说有关。

"瘴"是一种专门吃人和野生动物的恶魔,"瘴堵崩"是指恶魔挖凿的山。据说,"瘴"的躯体跟人没有区别,头发又长又粗,牙齿尖利且翻长着露出嘴外,脚掌倒向后,脚后跟向前,全身长满粗硬的毛发。雌性双乳大而长,行走或奔跑时需把双乳扛在肩头。下坡时,双乳常常自肩头掉下来,影响行走或奔跑。民间传言,凡遇"瘴"的追捕,只要人顺着下山跑,就不易被追上。"瘴"长有双翅,能短途飞行,并传说其左翅有剧烈的毒性,每当扇了人,人就会重度昏迷而死亡。

古时,成群结队的"瘴"把"瘴堵崩"当作他们的窝点长期盘踞,每当夜幕降临,便四处觅人为食,白天则钻入箐林,以捕获野生动物为食。

人类为了生存,与"瘴"进行顽强拼搏,但是由于"瘴"十分凶恶,人靠自身的力量抗击,往往难以战胜。于是,人们想出了一条妙计。据传，一天，"瘅"群又扑向人类，企图抓获更多的人吃个够，而且向人们提出各种条件进行威胁和要挟。这一天，人们闻讯从四面八方赶来，准备与"瘅"群进行殊死搏斗，并向"瘅"群提出一个不可能完成的条件：如果你们想永远以人为食，今晚天亮鸡叫前，把你们常住的山，四周要挖凿出一座高高的悬崖。如果挖通了，我们就心甘情愿成为你们的食物，否则你们就不能以人为食，并永远离开此地。

"瘅"群听了人们提出的条件后，自以为有天下无敌的魔力，便同意了人们提出的条件。夜幕降临，"瘅"纷纷拿起开凿器具，张牙舞爪、神气十足地开始挖凿。但是，出乎人们的预料，四更时分，"瘅"群即将把石崖挖通。这时，人们急中生智让人拿起一盘簸箕覆盖在木槌上敲打两声后，发出两声似公鸡的鸣叫，邻近民居里正在沉睡的公鸡，听到"同伴"的叫声，便都相继叫了起来。此时，正神气十足挖凿石岩的"瘅"群，听到公鸡的叫声，知道已不能达到人们提出的条件，便丢下手中挖凿的器具，纷纷跑下山坡，逃向了没有人烟的天涯海角。

由于传说中"瘅堵崩"以山的形式挡住了恶魔，随着时间的推移，人们视"瘅堵崩"为凭借自己聪明才智战胜恶魔的象征，并将其当作人类得以平安生存的起点，因此，"瘅堵崩"一直被周边的村寨，如崩洞村、弄丙村等所敬奉。"瘅堵崩"山脚下有清泉，流量大，清澈透明，发挥着饮用、灌溉农田的作用，也给予周边各族百姓驱除邪恶、生活美满富足的希望。

（二）民族构成

20世纪50年代弄丙寨社会历史调查资料显示，弄丙寨居住着景颇族（载瓦浪速支系）、崩龙族[①]和汉族3个民族，共96户453人。

截至2016年底，弄丙村有695户2890人，主要居住有景颇族、德昂族、

[①] "崩龙"为他称，1985年9月17日，根据本民族意愿，经国务院批准，正式改名为"德昂族"。

汉族3个民族。其中,景颇族约占总人口的78.4%,德昂族约占总人口的8%,汉族约占总人口的13.6%。

回顾20世纪50年代调查,当时的弄丙寨属于弄丙乡,是弄丙乡政府所在地,后随着西山乡政府的建立,弄丙寨归属遮放镇西山乡。此外,50年代调查时,民族构成中的"崩龙"为他称。根据其民族意愿,1985年9月17日,经国务院批准正式改名为德昂族。

（三）性别与年龄状况

目前,弄丙村总人数达到1784人,女性1106人。其中:0～10岁,约占总人口的9.4%；11～20岁,约占总人口的10.3%；21～30岁,约占总人口的22.7%；31～40岁,约占总人口的38.5%；41～60岁,约占总人口的11.1%；60岁以上,约占总人口的9%。而20世纪50年代人口情况是这样的:总人口453人,其中,景颇族共68户,男性158人,女性184人,合计342人,占全寨总人口的75.49%；崩龙族共6户,男性15人,女性21人,合计36人,占全寨总人口的7.95%；汉族共21户,男性36人,女性39人,合计75人,占全寨总人口的16.56%。与50年代相比较,60多年的时间里,弄丙村总人口增长了1331人,增幅达293%之多。

（四）人口流动与趋势

弄丙村3～22岁这一年龄段的人口约为607人,其中约12%的人主要流向芒市、遮放、昆明等地,这一年龄段人群流动的主要原因是出去读书,少部分是离开故乡到外地就读中学、小学,大部分是因考取大中专学校而流动到外地。22岁以上的人口约为1283人,其中约14%的人主要流向芒市、遮放、瑞丽、昆明等地,这一年龄段人群流动的主要原因是外出务工。此外,约8%的人向芒市、遮放流动,这一部分人群流动的原因主要是工作变动或是婚嫁等。

（五）村寨今昔变迁轨迹特点

新中国成立以来,景颇族作为"直过民族",社会生活的各方面发生了翻天覆地的变化，而随着国家改革开放政策的实施，尤其是国家加大对民族贫困地区的扶持力度，景颇族人民的生活更是进入到一个新的发展阶段。弄丙村在劳动生活、社会政治生活、经济发展生活、文化与公共生活、节日娱乐生活等多方面，与之前比较而言，都发生了深刻的变迁，其轨迹大致如下：

1. 劳动生活变迁

民以食为本。任何时候，农作物生产都是农村的根本。弄丙村经历了很长的刀耕火种时期，解放前，在农业生产中使用犁、耙、锄、镰刀、长刀等铁质农具，也向汉族学习了水田耕作技术，但是，种植种类单一、产量低下，很少有副业收入，总体而言，生产力水平低下，生产效率不高。而现在，弄丙村已普及农业机械生产，农业现代种植技术不断获得更新，农产品产量与质量逐渐得到提升，多种经营成为村民们越来越多的选择，很多人不仅种植农作物，还开设小卖铺，进入市场交易。目前，弄丙村正处于传统农业向现代化农业转型阶段。

2. 社会政治生活变迁

西山乡是直接过渡试点，弄丙村参与、经历并见证了这一历史过程。政治形态由解放前的山官制度转变为社会主义行政区划管理制度，这一制度将全国的地域划分为若干层次、大小不同的行政区域，设置相应的地方国家机关，实施行政管理。各级领导由人民民主选举，为人民服务是干部的宗旨，"人民选我当干部 我当干部为人民"的理念得到了广泛认同。弄丙村党总支共有党员167名，下设15个村民小组党支部，党员干部为人民着想，为人民谋福祉。弄丙村村务公开、透明，接受群众的监督。

3. 经济发展生活变迁

历史上，弄丙村只进行单一的、自给自足的农产品生产，这一情况在解放以后得到很大改善。目前，针对有发展前景的经济生产，弄丙村继续扩大并引进新的技术进行扶持，如景颇族传统的甘蔗、茶叶等栽种；与此同时，积极优化产业结构突出特色，相继成立了吕折肉牛养殖合作社、红丘肉牛养殖合作社；因地制宜发展特色产业，发展了坚果、核桃、竹子、茶叶、八角、肉牛养殖、生态景颇小耳朵猪养殖、销售自酿的景颇水酒以及民族服饰等；适应市场引进新兴产业，加强技术培训发挥优势，提供贷款扶持等措施，树立先进典型做引导，培养专业合作组织做带动，新兴产业示范引领得到落实，全村综合经济实力持续提升。

此外，弄丙村经济收入与消费具有自己的特点：约82%的家庭收入靠种植业与畜牧业；约6%的家庭在此基础上多了小卖部收入；4%的家庭在此基础上多了外出务工收入；3.6%的家庭仅靠外出务工为主要收入；4.4%的家庭有稳定工作收入。可见，多种经营成为人们的选择，彰显了社会主义公有制经济体制的主导性和灵活性。

更为可贵的是，精准扶贫政策的实施，更是扭转了村子的落后局面，弄丙村经过确认的建档立卡贫困户有161户547人。通过芒市2017年农业产业精准扶贫的多项补助，如甘蔗、茶叶、咖啡等项目建设，弄丙村建档立卡户收入稳定增收，通过帮助贫困户新建或改建围舍，贫困户生活质量逐步得到改善。

4. 文化与公共生活变迁

弄丙村重视文化与公共设施建设，全村建有文化活动室1个、广场1个、图书室4个、业余文娱宣传队1个，以及篮球场、乒乓球桌若干，极大地丰富了村民的业余文化生活，2006年被评为先进村委会；"五改三建"落实到位，具体是针对厕所、厨房、猪圈、饮水、道路等的改建获得初步成效，进村道路为弹石路面，村内主干道已硬化；建有40平方米卫生所1个，配有村卫生所医生1人。危房改造、村中道路、人畜饮水、环境美化等民生工程的开展，弄丙村群众住房难、行路难、饮水难等生产生活问题已基本得到解决。

5. 节日娱乐生活变迁

节日娱乐生活是人民生活幸福指数的具体表征和重要标准。弄丙村注重保留景颇族传统节日习俗，如目瑙纵歌、新米节、传统歌舞等，积极参加西山乡政府组织的传统体育运动节，每年都参加编竹篮、织锦、篾弹弓、顶棍、扭棍等比赛。与此同时，弄丙村积极创新文化生活，开展新的体育文化项目，如吉他弹唱、接力比赛等，虽然看似很简单，但号召和鼓励广大村民投身其中，享受健康的生活方式已成为乡村生活一个亮点。因此，在保持传统和不断创新方面，走现代化道路不应该抛弃传统，而传统也应该参与到现代化的发展之中，在这一方面，弄丙村做到了"双赢"，这也是当代中国农村发展的趋势。

二、经济建设

（一）传统经济体系的变迁

新中国成立以前，西山乡弄丙村景颇族刀耕火种，自给自足。土地范围东西长约20千米（直径约20千米，坡长约40千米），南北宽约8千米，总面积约160平方里，有耕地面积384亩，1952年水田、旱谷地总产量为7815箩。主要生产水稻、旱谷和玉米。当时多数农具残缺，使用效率不高，农具与劳动力不相适应，每户有水牛不到1头，有犁1件多、锄2件多，土地支配权属山官，群众可以开垦使用，无田户占全寨45%，受山官辖区限制，生产力低下，没有足够的生产生活资料开垦荒地。每年缺粮时间2个多月。

现在，弄丙村是具有自己乡村特点的公有制集体经济体系，适应市场，因地制宜，除传统的水稻、玉米以外，还发展了甘蔗、生猪养殖等支柱产业，主要销往本县。近几十年来，不断优化产业结构，进入21世纪，全村相继发展了坚果、核桃、竹子、茶叶、八角、肉牛养殖等产业，计划大力发展甘蔗产业。

（二）农作物种植

20世纪50年代弄丙村的主要作物是水稻和旱谷，栽种期一般比坝区迟20天。春季农事活动有种洋芋、撒荞、铲烟、收大烟、种蚕豆、种豌豆、种麦子、种玉米、撒旱谷种、砍草、挖地、烧草等，以及整理旱谷地、种饭豆、种瓜、撒辣椒子、整理秧田、施绿肥、撒水稻种、种棉花、犁（耙）水田、栽辣椒秧、茄子秧、种洋芋等。夏季农事活动有修理田埂、薅旱谷秧、薅玉米地草、栽水田秧、薅秧和锄棉花地草、犁大烟地、栽青菜、栽萝卜、栽葱、栽蒜等。秋季农事活动有收玉米、开生荒、犁新地、种大烟以及收棉花、旱谷、黄豆等。冬季农事活动有铲烟地草、背谷、打谷、做牛鼻绳、做火药、砍柴、舂米等。

现如今，弄丙村农作物种植与20世纪50年代的最大差异，其一是不再种植大烟；其二是因不再上山狩猎，也就不再进行做火药的活动。另外，景颇族地区在50年代社会改革前，6月份通常都为饥荒月，缺乏口粮的人须下坝帮工、上山寻野菜野果和笋子等，目前，这一特殊的农事活动也不存在了。现今，弄丙村农作物种植主要为稻谷、玉米、坚果、核桃、竹子、茶叶、甘蔗、八角等，春季采茶叶等，夏季收获核桃、竹子、八角等，秋季收获稻谷、坚果等，冬季收获玉米、甘蔗等。

（三）农业科技推广

20世纪50年代的弄丙村是靠天吃饭，水田、旱地是一年耕作一次。水田是固定的耕田，产量比较稳定；旱地则都是轮歇地，一般耕种2~3年或4~5年就丢荒，7~10年以后再开种。

近几十年以来，随着社

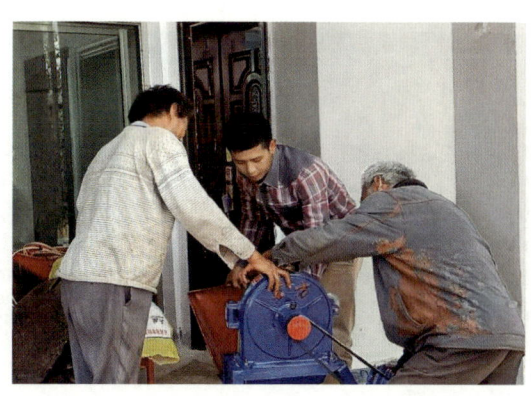

◇弄丙村工作人员为农户发放打谷机

会的进步和科技的发展,国家对边疆地区农业技术投入力度逐渐加大,弄丙村不仅开展普及农业科技知识活动、宣传各种农业常识、发放农业知识图书,还经常请农业专家到村里授课,特别是注重发挥党员的模范带头作用,鼓励党员率先进行种植养殖的农业实践,言传身教,带领老百姓尝试新农业技术的力量。同时,积极配合政府,给农户发放新式农用机器,鼓励农户购买新的农业生产器械等。

(四)产业结构的调整

近年来,弄丙村委会在西山乡政府的帮助指导下,通过优化产业结构布局,发展特色产业,引进新兴产业,加强技术培训,提供贷款扶持等措施,相继发展了坚果、核桃、竹子、茶叶、八角、肉牛养殖、生态景颇小耳朵猪养殖、销售自酿的景颇水酒以及民族服饰等。

最为突出的是,自2015年起,芒市委实施"强基惠农"工程,以"红色信贷"的产业扶贫项目作为"人心工程"的基石,向省委组织部争取3亿元"红色信贷"发展肉牛养殖项目。通过扶贫产业项目的落实,让有意愿和一定能力的各族百姓"贷款养牛"。一时间,"你家养牛了吗?""红色信贷贷了几万?买了几头牛?"等对话成为芒市各乡镇群众日常寒暄和交流的主要内容,弄丙村也加入到了这个行列之中,相继成立了吕折肉牛

◇弄丙村三委领导参观考察红丘肉牛合作社

◇景颇小耳朵猪养殖

养殖合作社、红丘肉牛养殖合作社。组建合作社是芒市推进基础党建和扶贫"双推进"重要的保障措施之一,实现个体养殖、专业合作社、村级集体经济同步发展,具体的措施是组建农村肉牛养殖经纪人队伍,配套完善体系,解决农民的后顾之忧。

其他新兴民族特色经济还有:景颇水酒酿造与销售、景颇族妇女织布与销售、民族特色饰品制作与销售等。

酿造水酒是景颇族传统生活习俗和酒文化的具体表现,景颇族视饮酒为欢迎和感谢之礼。水酒不仅是劳作之后解渴解乏的最佳饮料,还是招待贵宾的食品礼仪。在芒市西山乡各景颇族寨子,景颇水酒享有"生态饮料"美名,并在市场销售中成为名副其实的新兴民族特色经济。弄丙村香醇甘甜的景颇水酒便是其中的佼佼者。

世代传承的景颇族妇女织布以红、黑、白为主色,色彩艳丽,民族风格浓郁,是民间手工艺珍品。白族作家杨苏在《边疆文艺》1959年第10期创作发表了一部小说《没有织完的筒裙》,冰心评论"读完这本《没有织完的筒裙》,兴奋得如同看了描写兄弟民族生活的电影一样,它把读者引到了色彩浓郁的环境里,丰富奔放的生活中去。……每一段故事都显得绚烂耀眼,如火如荼!而一切的一切又归纳在解放后

◇ 舂新米,准备酿景颇水酒

◇ 景颇妇女织新布

党领导下的崭新的边疆兄弟民族的生活"。这篇篇幅不长的小说使得景颇族织布技艺第一次为人所知，但那时，并未进行自觉的市场销售，如今，这一传统手工艺不仅作为景颇族妇女服饰文化的表现，而且还被其他民族所喜爱，并进入市场销售，实现了"双赢"。

◇民族特色饰品逐渐成为弄丙村村民的收入来源之一

除织布外，景颇族传统的民间工艺有民族饰品筒帕（景颇族挂包）、竹编制品背篓等。弄丙村村民在这一方面具有良好且久远的传统，并在当代市场中越来越得到各族人民的喜爱，其销售也增加了村民的收入。

（五）生产方式的变迁

弄丙村村民社会生活所必需的物质资料的谋取方式，20世纪50年代的调查状况与当代的现实状况既有一致性，如稻谷、荞麦等传统种植物种的继续，但也在很多方面发生了很大的变迁。

如耕作方式，20世纪50年代，弄丙村的耕作技术主要是刀耕火种，粗放轮耕。开荒地可分为以下三种情形：当年开，当年种；头年开，次年种；头年开，第三年种。

开荒方法：一般是先砍草，晒干后放火烧山，用牛犁一道至二道，到第二年耕种季节再犁一道，撒种后又犁一道。

除草，景颇族只薅一遍，汉族薅两遍。

除原有灰肥外，不另施肥。第一年、第二年收成较好，两年以后，草复滋生，往往与作物并齐，产量下降。三四年后无法种，只好另辟新荒。旱地中除园地外，其余的都是不固定的。

水田一般是头年冬天犁，次年做田，先砍埂草，再用泥树，然后两犁一把。如今一般已做到两犁两耙，个别有三犁三耙的。栽秧多系密植，每窝五六株，窝距六七寸，与内地推行的稀株密植法有些近似。栽前犁耙一遍，栽后薅草一道，一般不施肥，也有个别先压绿肥的。大烟的耕作较为精细，一般是农历七月砍草，犁地两三遍，再碎土耙平。九月点种，先施灰肥，再施牛粪、猪粪。以后不断砍草、除草，直到收割。

而如今，弄丙村已经开始使用机械助力劳动生产。

由此可知，弄丙村的生产方式发生了巨大的变化。物质生产方式与内容从20世纪50年代以前单一的农作物种植向多种形式的经营模式转变；社会生产方式更为扩大，社会经济活动方式不只是单一的人与土地的依赖关系，人与人之间的相互关系已突破村寨界限，不仅只局限于弄丙村村民之间的交往，而是进入更为广阔的社会交流与商贸往来。在这样良好的物质生产基础上，不再是50年代靠天吃饭的随意性，而是具有一定的计划性，人和家庭不仅只需要解决温饱的问题，更渴望获得可持续发展的物质保障，充分表现出社会主义制度的优越性。

（六）经济收入与消费

经济学家的调查研究表明：一个区域的收入越少，其中个体家庭购买食物的支出比例会越大；而相反，随着家庭收入的增加，家庭收入中（或总支出中）用来购买食物的支出比例则会下降。从弄丙村20世纪50年代经济情况看，村民们常年都在为食物尤其是粮食而劳作，没有更多的经济收入。在栽秧、薅秧等农忙时节，因田地少，劳动力有剩余，平均每户有2个劳动力，男女都下田，群众之间愿意换工，不愿雇工，换工现象较普遍，因为是换工，就没有更多的家庭额外收入。偶有雇短工的，但工资都比较低。如雇用长工，只供吃饭（吃沙鸡芦子），给衣服穿，不给工资。长工可借用秋收后的土地来种鸦片，不出租金，收入全部归自己。雇佣短工，在本寨帮工每天工资是2钱银子（四钱一文），折谷二斗五，另管饭一顿；如是到新谷上市才付工资，则须加倍付给。附近傣族居住的坝区，生产季节早,劳动力缺乏,所以多有下坝帮工的。下坝帮工每天的工资最少可得谷子三斗五,农忙时可得五斗(每箩谷在坝区为26市斤,山区为36市斤),不仅解决了自己的伙食,所得工资还可以解决四口人一天的生活。还有放牛,帮傣族人家放牛的多是十多岁的小孩,除供伙食外,每年还给一套衣服和10箩至15箩谷子的工资,平时生活与主人同住,过年时主人还要送他酒和米粑。不给工资者,放牛满三年的给小黄牛1头,满四年的给小水牛1头。

解放以后,尤其是党的十一届三中全会以来,改革开放政策给中国农村带来了收入的巨大增加。弄丙村的整体情况是:2016年农村经济总收入4272万元,其中种植业收入(主要是经济作物收入)1800万元,畜牧业收入982万元(其中年内出栏肉猪1298头、肉牛633头、肉羊18头),林业收入600万元,渔业收入3万元,第二、三产业收入887万元,工资性收入(主要是外出劳务收入)300万元(其中常年外出务工人数188人、在省内务工89人、到省外务工99人),其他收入(包括转移性、财产性收入等)653万元;农民人均纯收入7367元,农民收入以甘蔗等为主。

在消费方面,弄丙村除去约56%的生活开支,剩下的约23%为学生就学开支;约18%为肥料、种子、畜牧种等生产方面的开支;约3%为人情往来开支。

(七)精准扶贫

弄丙村共有建档立卡户161户547人。通过制定一系列扶贫政策、选择适当的扶贫项目、发放具体的扶贫物资等措施,使"精准扶贫"得到切实落实。如芒市2017年农业产业精准扶贫补助标准:一是甘蔗项目扶持。贫困户新植冬春甘蔗每亩扶持800元,其中购蔗种每亩补助500元、管理用肥及农药每亩补助300元;宿根蔗管理用肥每亩补助200元。二是茶叶项目扶持。如贫困户改造低产茶园,土壤改造每亩补助肥料500元。三是坚果项目扶持。贫困户新种咖啡每亩补助550元,其中种苗补助250元、当年用肥及后期管理补助300元。四是生猪养殖项目扶持。贫困户新建或改建围舍的每平方米补助300元。每户建设面积不超过20平方米，以乡镇实际验收测量的面积为准。五是肉牛养殖项目扶持。贫困户新建或改建围舍的每平方米补助300元。每户面积不超过50平方米，以乡镇实际验收测量为准。

此外，芒市2017年还制定了危房改造精准扶贫补助标准：拆除重建面积原则上1~3人户控制在40~60平方米内，且1人户不低于20平方米、2人户不低于30平方米、3人户不低于40平方米；3人以上户人均建筑面积不超过18平方米，不得低于13平方米；对于自筹资金和投工投料能力极弱、需要社保政策兜底脱贫的特困户，改造房屋面积按下限标准控制。修缮加固原则上以旧房面积为准。补助标准：农村贫困对象C、D级危房改造鼓励农户以自筹为主、政府补助为辅，多渠道筹措资金。其中，拆除重建每户补助4万元；修缮加固每户补助1.5万元；修缮加固不足1.5万元的，按实际支出给予补助，超出1.5万元的，超出部分农户自筹。

目前，弄丙村建档立卡户经过政府的各项扶贫措施，受益于"精准扶贫"，家庭、村寨收入稳定增长，各族群众生活质量逐步得到改善。

弄丙村"精准扶贫"实践表现出以下特点：

第一，对象具体，针对性强，调查筛选出161户547人为扶贫对象。

第二，措施得力，符合当地经济发展规律，既选择了甘蔗、茶叶、咖啡等多种热带地区重要经济作物作为扶持项目，同时，扶持生猪养殖、肉牛养殖等特色产业。

第三，危房改造"精准扶贫"圆了老百姓安居的梦想，这一措施既符合中国人传统的思想观念，又具有时代新意。

综合以上，弄丙村"精准扶贫"以小见大，体现了钱和政策用在谁身上、怎么用、用得怎么样等国计民生问题，为早日全面建成小康社会，实现中华民族的伟大复兴做出了自己的贡献，也生动体现出党和国家在新时代的新举措，极大地推动了云南边疆地区少数民族生产生活的现代化

◇ 已修建完成的建档立卡户房子

发展。

三、政治建设

（一）现当代村寨政治变迁

景颇族属于从原始社会末期直接过渡到社会主义社会的民族，几乎"一夜之间"跨越了其他民族上千年的历程。因此，过去的政治形态、传统社会结构、生产方式、生活习俗等多方面都发生了很大变化，尤其是其社会政治形态，完全与原始社会末期有天壤之别，开启了景颇族现当代村寨政治管理的历程。在这个历程中，西山乡弄丙村的社会政治也随之发生着变化。

新中国成立以后，西山乡弄丙村社会经济仍处于原始农村公社向封建社会的过渡形态，1953年中央及省委派出调查组对西山进行社会历史调查，在调查的基础上，提出了对景颇族地区不再进行土地改革，而通过合作化道路直接向社会主义社会过渡的政策，将西山作为全省探索"民族直过区"政策研究试点乡镇，同年在西山建立了乡镇政权——遮放区西山弄丙乡。20世纪60年代，为了便于管理，西山不再隶属于遮放镇，而是独自成为一个乡镇，弄丙乡也由此成为弄丙村委会。

弄丙村政治变迁的具体表现需要从该地区20世纪50年代以前的政治形态进行考察。20世纪50年代社会历史调查显示，当时政治结构分层由山官、寨头、魔头和拉事构成，山官是景颇族中的政治统治者，职务世袭，有当权山官与官种之分，管理一定的辖区，在群众中一般有些威信，与群众有较多的联系。寨头是山官之下的行政官，协助处理寨内外的一切事务，每寨有寨头一两人，由山官直接委派，也是世袭的。魔头是宗教上的巫师，在群众中有较高威信。拉事头和二流子是从该族社会中分化出来的，不完全从事生产劳动，部分靠抢劫、"拉事"的收入来补助生活。解放后，抢劫、"拉事"已减少，若干"拉事头"已从事农业生产劳动。

关于弄丙寨山官，人数2人，他们是：

A．排早先，约40岁。全家15口人（男7女8），有劳动力6个（男1女5），雇长工1人。本人参加附带劳动，是遮放西山区四大山官之一。

B．排早腊，排早先之弟，36岁。全家3口人，未当权。

关于弄丙寨寨头，人数2人，他们是：

A．排勒干，45岁。全家7口人（男4女3），有全劳动力4个；本人参加附带劳动，雇长工1人。兼拉事头。

B．木勒拉（杜拉），50岁。全家11口人（男3女8），有全劳动力6个，本人参加附带劳动，兼拉事头。

关于弄丙寨魔头，人数7人，他们是：

A．排勒都，38岁。全家9口人（男6女3），有全劳动力2个，附带劳动力2个（包括本人）。威信较高，可祭大鬼，得吃牛腿。兼拉事头。

B．何喷，40岁。全家7口人（男4女3），有全劳动力3个，本人参加附带劳动。能祭大鬼，威信高。兼拉事头。

C．李勒伦，50岁。全家5口人（男3女2）。本人不参加劳动，是专职魔头，曾作为西山区的魔头代表出席自治区会议。

D．何来堆，45岁。全家5人（男2女3），有全劳动力3个，附带劳动力1个。本人不参加劳动。

E．董勒约父子，父60岁，子34岁，都是魔头。全家5人（男2女3），有主要劳动力2个，附带劳动力1个。威信不高，祭鬼时不得吃牛腿。

F．戚魔头，60岁。全家10口人（男4女6），有主要劳动力4个。本人过去参加劳动。

关于弄丙寨拉事头，除去寨头兼拉事头2人、魔头兼拉事头2人外，还有3人，他们是：

A．戚腊（戚魔头之子），32岁。参加附带劳动。

B．排勒短，30岁。全家4口人（男2女2），全劳动力2个。本人参加附带劳动。

C．戚米娃，38岁。全家7口人（男2女5），全劳动力2个。本人参加附带劳动。

群众对头人的负担分为三种：

一是对土司的负担。每年每户交纳门户捐1文至2文（卢比），大烟1两5钱。解放后已停收。

二是对山官的负担。对山官的负担，各族均不同，具体为：

汉族：每年每户出"官工"3个（栽秧、收割、堆谷时各一个）。有的在上埂子和薅秧时再出一个；孤寡户只在铲烟时帮工一个。上"官烟"（只有汉人才交）每户每年6两，收成不好时可酌减；孤寡户每年出2两。过年时必须到山官家拜年，每户并带米粑2个、酒2碗和米花糖（杀猪者带5亢肉，折合20两）。合计折谷约8箩。

景颇族：每户每年出"官工"4个（有时山官酌还一两个，但因劳动力有限，很少换工归还）。每户每年要上"官谷"，有水田的视收成情况出1

箩至4箩不等，种旱地的出2箩，无田户出银子2钱（折谷2斛）或小鸡1只，也有免收的。拜年时可去可不去。合计折谷约6箩。

崩龙族：每户每年出"官工"至少4个，"保头"费3箩至4箩谷子，如无谷子可用三四排柴代替（每排1000斤）。拜年可去可不去。合计每户出谷约6箩。

傣族：附近山区的六个傣族寨对山官也有不同程度的负担。如果山官对该寨的事的解决有利于他们，则每户每年出"保头"谷1箩；不然全寨合出谷七八箩。其中有两个寨子每年必须到山官家拜年，并携酒、肉和米粑等送给山官。山官吃新谷时也同样送礼。

三是其他负担。在山官辖区内，无论哪一家，凡杀牛或捕获野兽，须送山官1腿肉，杀猪时须送肉5兀（即20两）。

此外，吃新谷时、婚娶时都要出物出力，调解纠纷要向"拉事"、山官送礼，解决大的纠纷送牛1头，一般"拉事"送卢比10文或20文，最低送卢比1文或1筒酒。对魔头也有负担，凡杀牲祭鬼，无论牛、猪都要送1腿肉、几文钱给魔头，并请其喝酒吸大烟。魔头知道群众怕鬼，凡有机会都要群众祭鬼，人生病了说是鬼附身咬人，要祭鬼；有人暴死了，也要洗寨祭鬼，视各家经济情况而提出杀牲数目，群众即使倾家荡产也是无不依从的。

不过，群众对山官有所负担，但山官的开支（家庭费用以外的开支）也比较大，如百姓家中有婚、丧事，山官要送礼1箩至3箩谷。过去有的人家死了人，山官还借给牛祭鬼。对穷苦的人，随时给予不同的帮助，少则一两筒米，多则给一两箩谷子。平时任何人都可到他家吃饭。外寨来本寨的人，如无亲友，也可到他家吃住。调解"拉事"纠纷时，虽须给山官送礼，但调解期间都在他家吃饭，山官还要供给大烟等，这些开支也是不小的。

以上可清晰看见，直至50年代，弄丙村由山官、寨头、魔头和拉事组成政治结构，"直接过渡"改革后，山官、寨头、魔头和拉事的政治身份和相关形态已随历史而去。

（二）村寨党组织建设和村务管理

农村财务管理实行委托管理，定期开展村务公开，主要以张贴公告、黑板报、会议等方式公开，并成立了民主理财小组。弄丙村党总支共有党员167名，下设15个村民小组党支部。

弄丙村党总支职责：

村党总支书记：负责全村党务工作。

村委会主任：负责全村政务工作。

村监督主任：负责抓好全村党务、政务、财务的监督工作。

村总支委员：负责抓好全村卫计宣传工作以及妇女工作。

一、村党总支的主要职责任务

1. 宣传、贯彻、执行党的路线方针政策，完成上级党组织交给的各项工作任务，执行村党员大会的决定、决议；

2. 领导村民委员会、共青团、妇代会、民兵、集体经济组织等各种村级组织，支持和保障这些组织按照法律法规、章程和职责开展工作；

3. 加强对村经济工作的领导，主持制定村经济发展规划，讨论研究村经济和社会发展中的重要问题；

4. 支持和保障村民依法开展自治活动，领导和推进村级民主选举、民主决策、民主管理、民主监督；

5. 负责村、组干部和村集体经济组织管理人员的教育、管理和监督；

6. 搞好本村的社会主义精神文明建设和社会治安综合治理、计划生育工作；

7. 加强村"两委"班子和党员队伍建设，坚持学习培训、民主评议党员和干部、民主生活会、密切联系群众等制度，大力培养和发展优秀青年农民入党,积极培养村级后备干部。

二、村党总支组织成员的职责

1. 了解和掌握支部的组织状况,做好支部的组织工作;

2. 了解和掌握党员的思想、工作状况,配合其他委员对党员进行教育和培训;

3. 负责做好发展党员工作;

4. 接转党员组织关系,收缴党费,定期向党员公布党费收缴情况,做好党内统计工作;

5. 根据集体决定和分工,完成分工负责的其他任务。

（三）村民自治

为了切实保障弄丙村村民实行自治,由村民依法办理自己的事情,发展弄丙村基层民主,维护村民的合法权益,促进社会主义新农村建设,根据《中华人民共和国村民委员会自治法》,制定村民自治法规。

1. 弄丙村民委员会是村民自我管理、自我教育、自我服务的基层群众性自治组织,实行民主选举、民主决策、民主管理、民主监督。

弄丙村民委员会主要办理本村的公共事务,调解民间纠纷,协助维护社会治安,向乡人民政府反映我村村民的意见、要求和提出建议。根据弄丙村村民居住状况、人口分布、民族习俗等,下设15个村民小组（弄丙小组、坝东小组、中心小组、拱外一小组、拱外二小组、红丘一小组、红丘二小组、芒岗一小组、芒岗二小组、跌撒小组、吕折一小组、吕折二小组、权么小组、新寨小组、回龙小组）。

2. 弄丙村党总支按照《中国共产党章程》进行工作,发挥领导核心作用，领导和支持村民委员会行使职权；依照宪法和法律，支持和保障村民开展自治活动、直接行使民主权利。

3. 弄丙村民委员会由主任、副主任和委员共三至七人组成。

4. 根据我村实际，弄丙村民委员会设人民调解、治安保卫、公共卫生与计划生育等委员会。村民委员会成员可以兼任下属委员会的成员。

5. 弄丙村民委员会支持我村村民依法发展各种形式的合作经济和其他经济；村委会承担服务和协调工作，以促进农村生产建设和经济发展。

弄丙村民委员会依照法律规定，管理本村属于村农民集体所有的土地和其他财产，引导村民合理利用自然资源，保护和改善生态环境。

6. 弄丙村民委员会不定期宣传宪法、法律、法规和国家的政策，教育和推动我村村民履行法律规定的义务、爱护公共财产，积极维护村民的合法权益，发展文化教育，普及科技知识，促进男女平等，做好计划生育等工作。

7. 弄丙村民委员会及其成员坚决遵守宪法、法律、法规和国家的政策，遵守并组织实施村民自治章程、村规民约，执行村民会议、村民代表会议的决定、决议，自觉接受村民监督。

（四）政治参与

新中国成立以后，各民族享有平等的政治参与权利。弄丙村村级政治参与主要体现为：

（1）完善村民自治制度体系，夯实农民有序政治参与

◇村民代表商议弄丙村委会主任、副主任选举事宜

◇ 村民参与民主选举　　　　　　◇ 各小组代表选民投选票

的坚实基础。如在选举村干部过程中，首先是全村宣传，让每一个村民知晓选取的对象与范围，做到心中有数。

（2）以制度创新为动力，建立、完善农民政治参与制度体系。弄丙村的做法是让村民代表先进行商议，然后召开村民大会进行选举。

弄丙村在各方面均进行了较好的实践基础上，做出了自己的特色。比如，抛弃封建落后的重男轻女思想，组织召开妇女代表大会，议题从家庭生产、家庭教育到村寨文化建设等，让妇女参政议政，发挥广大妇女的社会作用。

◇ 保障妇女民主权利

（五）社会保障

弄丙村的社会保障主要体现在：

（1）农村低保保障，主要用于保障建档立卡贫困户或重伤残人士。它的保障对象是家庭年人均纯收入低于当地最低生活保障标准的农村居民。

（2）参加农村合作医疗，在保障农民获得基本卫生服务、缓解农民因病致贫和因病返贫方面发挥了重要的作用。

（3）参加农村社会养老保险，非城镇人员支付一定的劳动所得，在丧失劳动能力时都可以从国家和社会取得帮助，享受养老金。

（4）夏荒资金发放，主要用于保障因气候导致的农作物减产。

（5）争取困难资金补助，为因病、因学等特殊原因而缺钱的家庭争取资金补助。

四、文化建设

（一）公共文化基础设施

全村建有文化活动室1个、广场1个、图书室4个、业余文娱宣传队1个，以及篮球场、乒乓球桌若干，极大地丰富了村民的业余文化生活，2006年被评为先进村委会。

有695户通电，拥有电视机，安装固定电话或拥有移动电话。

◇弄丙村篮球场

进村道路为弹石路面，村内主干道已硬化。有汽车42辆，农用运输车18辆，拖拉机184辆，摩托车268辆。建有沼气池的农户数110户，装有太阳能的农户数171户。

（二）基础教育与职业教育

弄丙村委会目前无幼儿园，也没有小学、中学，学生大多需到3千米外的乡中心小学和中学就学。截至2016年，有农村义务教育在校学生394人，其中小学生311人、中学生83人。其中，85%以上的学生就读西山中心小学和西山中学，8%左右的学生到遮放就读小学和中学，剩余的学生到芒市就读。西山中心小学位于西山乡政府所在地，西山中学作为西山初级中学教育的主阵地，占地面积26700平方米，是一所以景颇族学生为主的山区民族初级中学。

（三）宗教信仰

在过去，景颇族群众居住在偏僻山区，生活环境艰苦，在同自然界的斗争中，认为万物有灵，有"鬼"的存在。据《景颇族社会历史调查（一）》"关于潞西县遮放西山景颇族地区团结生产的初步意见"中的记录，"鬼"大致可分为三种：天鬼、家堂鬼、野鬼。总之，景颇族认为万物都有鬼，祭了才能得到保护。

旧时，景颇族每年为了避免各种"灵"（又称作"鬼"）的破坏及自然灾害，春种前都要进行"龙尚"祭祀活动。如今，祭"龙尚"已经成为景颇族每年的重大集体活动。景颇族每个独立的部落和大小寨子都有一座"龙尚"。

◇每年一次的"龙尚"祭祀活动

弄丙村15个村民小组都有"龙尚"祭祀点。

新中国成立后，弄丙村民众的宗教信仰发生了较大变化．一是出现基督教信仰，约占8.5%；二是约2.2%的人信仰佛教。少数民族传统信仰人数减少，约占46.3%。

（四）节庆习俗

1. 节日

（1）目瑙纵歌

"目瑙"是景颇语，目瑙纵歌又称"总戈"，意为"欢聚歌舞"，是景颇族最为隆重的传统民族节日。目瑙纵歌节是景颇族最盛大的传统节日，全村人踩着同一个鼓点起舞，规模宏大、震撼力极强，有"天堂之

◇西山乡每年的目瑙纵歌，弄丙村代表都是其中一道亮丽的风景线

舞""万人狂欢舞"的美称。在德宏州景颇族聚居地，每年的正月十五前后举办目瑙纵歌节，弄丙村也不例外。

　　弄丙村是目前国内目瑙纵歌传承较为完整、规范，最具代表性的景颇族村寨之一。全村的人都身着节日盛装，成群结队，敲锣打鼓，兴高采烈地从四面八方涌入广场。广场上人山人海，气氛热烈，欢快而不失庄严古朴的特色。目瑙纵歌一个重要的标志就是目瑙示栋，是为了纪念景颇族先人首创"目瑙纵歌"而设立的祭坛。示栋竖立在目瑙纵歌舞场中央，是景颇族群众心中最神圣、最崇敬的图腾。示栋一般由四竖二横六块厚实的长方形木牌加底座组成，用红黑白绘就不规则的螺旋形几何图案。中间两竖牌稍高：左边为雄牌，绘有太阳图案；右边为雌牌，绘有月亮图案。示栋中间两竖牌代表景颇族从青藏高原日月山迁徙而来，同时也表示阴阳搭配和人类离不开太阳和月亮。下面的螺旋形舞蹈图案，代表景颇族祖先当年迁徙的路线。再下是犀鸟和孔雀领舞的传说图案。两侧稍矮的牌子是祖宗男女桩，顶端绘有祖先发祥地。左桩下面画着菱形宝石图案，右桩下面画着波纹形迁徙路线。再下是象征人类繁衍的蕨叶花，象征各民族团结的南瓜子，象征消灾辟邪的牛头和人类生殖繁衍的乳房。横的上面一块绘有田地图案，下面一块绘有畜禽、五谷图案。阴阳雌雄桩之间有交叉的刀和箭相连，表示景颇人民生活离不开刀和剑，也体现景颇人民的英勇果敢精神。

目瑙柱的左侧立着一个方形架子，上层是吹唢呐的座位，前面挂着一个两米长的大皮鼓和一面直径一米多的大锣，供跳舞时伴奏用。广场四周用竹篱笆围起，目的是防止野鬼的侵入和牲畜的干扰。历史上，竖目瑙示栋之前，要连续三天祭祀，之后才能将目瑙示栋竖起。如今在目瑙示栋正中置一面大鼓，两侧悬几面大锣。在目瑙纵歌开始前祭祀，驱鬼。

景颇族的目瑙纵歌极其讲究，没有"瑙双"领舞是不能开场的。瑙双由4名巫师组成，头戴由犀鸟头做成的鸟冠，鸟冠四周缀有野猪獠牙，后面插有孔雀羽毛或者雉鸡羽，身穿红绿绸缎制的龙袍，身披银泡，手执长刀。瑙双排成两列，前面二人称为"武双"，后面二人称为"文双"。舞阵排成两列纵队，瑙双手拿长刀引舞领路，后面舞者男人手拿长刀、女人手拿扇子或者手绢，围绕目瑙示栋跳舞。集中表现了景颇族的历史起源、宗教信仰、道德观念、音乐、舞蹈艺术和文化艺术特点，是研究景颇族社会历史，以及民族学、民俗学的最好的活的材料。景颇族是一个跨境而居的民族，在缅甸北部和印度北部居住有近百万名景颇族，国内外都举行目瑙纵歌。目瑙纵歌集景颇族文化于一体，涉及社会生产生活的各个方面，集中地展现出景颇族的传统文化，对景颇族的历史文化研究有重要价值。

随着社会的发展，逐渐演化出各种不同类别的"目瑙"。大致有以下几种：

① "岁目瑙"，家庭财源茂盛，人丁兴旺时举行；

② "布当目瑙"，征战取得胜利时举行；

③ "贡冉目瑙"，同胞兄弟分家自立门户时举行；

④"腾肯目瑙",新建房屋住所落成时举行;

⑤"空然目瑙",贵族家娶亲办婚礼时举行;

⑥"达如目瑙",出征时举行;

⑦"昔目瑙",有名望的长者去世送葬时举行;

⑧"柱目瑙",祭奠"木代"神时举行。

不同类别的"目瑙"都有特定的内容和表现形式,但有一个共同点,就是整个过程都是由"瑙双"(领舞)队和"瑙巴"(表演)队组成的舞队来表现和完成的。

(2)尝新节

尝新节是景颇族庆丰收的传统节日。每年农历八九月间,当田里稻谷成熟时,家家户户都要欢度尝新节。

尝新节的前一天,主人家背着插满鲜花的篮子,拣起一捆成熟的糯谷,背回家中,摆在鬼门旁边。然后,便向各家发出热情的邀约,请他们在第二天做客。第二天,男女老少欢欢喜喜地来到主人家,主人取出水酒迎接来客。主宾互致问候完毕,妇女和小姑娘炒谷子、舂扁米、煮新米饭,上山采野菜。小伙们欢歌结伴,下河捉鱼。

宴饮开始之前,主人要行祈祷仪式。他把扁米、水酒、干鱼、干老鼠等排好祈祝,向"鬼"表白心愿,盼望人畜平安,风调雨顺,祛灾除祸。

尝新节是对丰收的歌颂,是对来年的祈福。一般在过节的时候不杀牲畜,很多时候都是吃亲戚朋友送来的食物,或是到河里捞点鱼虾,家里有什么吃什么。

随着时代的发展,社会交往的扩大,弄丙村尝新米节不

◇ 各族人民欢聚一堂共度尝新节

再只是景颇族自娱自乐的节日，它已成为当地多民族共同参与分享的尝新节日，显示着社会主义民族关系良好互动的新气象。

（3）采花节

景颇语称"思鲜鲜"或"吉达""宁打"等，一般在春节期间举行。届时，同寨或邻寨的青年男女相约在一起，带着粑粑丝、米饭、鸡蛋等食物，一同上山找一处适合玩耍的地方，大家唱歌跳舞，说笑嬉闹，举行打"炀碟"等各种游戏。情侣们则谈情说爱、互赠礼物，其余男女老少则每人出些酒肉等食物，共同煮食。老者唱歌给年轻人听，歌词多为吉利之语。饭后，大家唱歌跳舞，一同玩乐。晚上青年男女彼此相约，在公房和其他地方唱歌吟调，尽情娱乐，直到深夜。

（4）能仙节

是以景颇族青年男女为主的聚会、唱歌、跳舞的节日。一般在每年的农历二月十日举行。这个季节正值春回大地，万物生长，辛劳一年的青年男女利用这一农闲的好时节，依照传统在依山傍水的平坦地方举行能仙节。节日里，男女青年穿上节日的盛装，佩戴各种的装饰品，聚集在一起，进行民歌、射击、打弹弓、刀舞等比赛。

2. 增歌

"增歌"意为象脚鼓舞，有着鲜明的景颇民族特色。每当节庆日，景颇寨子里就会响起铿锵有力的鼓声，象脚鼓舞已是景颇族的文化生活中不可分割的一部分。景颇象脚鼓舞分为四个种类（嫁、娶、乔迁、民族团结）。

西山乡弄丙村群众无论男女老少，在结束一天的农忙后，都会聚在小组活动室场地跳起增歌，既丰富文化生活，又沟通了邻里感情。

3. 服饰

景颇族男子喜欢穿白色或黑色对襟圆领上衣，包头布上缀有花边图案和彩色小绒珠，外出时常佩戴腰刀和筒帕。妇女穿黑色对襟，下着黑、红色织成的筒裙,腿上绑裹腿。盛装时,妇女上衣前后及肩上都缀有许多银泡泡、银片,颈上挂七个银项圈或一串银链子或银铃,耳朵上戴比手指还长的银耳筒,手上戴一对或两对粗大刻花的银手镯。妇女戴银首饰越多表示越能干、越富有。有的妇女还爱好用藤篾编成藤圈,涂有红漆、黑漆,围在腰部,并认为藤圈越多越美。

4. 饮食

村民以大米为主食,过去仅以芭蕉叶包饭,平均分配,以手抓食。杀牛祭鬼时,牛肉全村人分食。猎物见者有份。对客人均热情招待饭食。喜嚼沙枝(一种用草烟、芦子、熟石灰等配成的嚼料),见面互赠沙枝是传统的礼节之一。景颇族男女老少均喜欢嚼槟榔和饮酒,熟人相见则从筒帕里拿出竹筒倒一杯酒相敬。村民重视礼尚往来,在农闲期间,人们走亲访友,以酒肉、饵伕粑粑、鸡蛋、糖果或自己家里的土特产如蜂蜜、草烟赠送主人,客人走时也往往是满载而归。

无论婚嫁、过节集会、走亲串戚,村民都要提一只篮子,内装水酒、熟鸡蛋、糯米饭团,民间称"送礼篮"。主人接过礼篮后,要向随从的客人一一敬酒,最后才能自己喝,并清点礼物,然后再把篮子还给客人,以表示礼物如数收到。

景颇族热情好客,凡是来的客人,主人都会热情招待。他们还保留着一种"吃白饭"的待客习惯,即在日常交往中,无论走到哪一寨、哪一家,都可坐下来吃饭,并可以不付任何报酬。对于任何一个不相识的人,主人都必须招待饭菜。民间普遍认为,让客人饿着肚子走,是最不体面的事。

(五)体育竞技

景颇族传统体育项目有射篾弹弓、扭棍、顶棍、笛子比赛等,是景颇族在日常生活、劳作中发展出来的,深受群众喜爱,有着非常深厚的群众基础。比如篾弹弓,是景颇人狩猎文化遗存,是猎手手中传统威猛的独门秘器,在当代演变为景颇族喜爱的运动项目,从林间走上体坛,在西山乡

◇ 传统项目——篾弹弓，谁射中的靶心次数多谁获胜

◇ 传统项目——顶棍。类似于拔河，先将红线推到对方界限的一方获胜

◇ 传统项目——笛子演奏

◇ 新增项目——吉他比赛

◇ 新增项目——接力赛

一年一度的民族团结运动会上，篾弹弓是一项吸引人的项目。

在继承发扬民族传统文化的基础上，传统体育项目中新增了吉他比赛与接力赛比赛，体现了文化现代性的特点。

（六）公共卫生与社会保障

村民医疗主要依靠村卫生所，建有卫生所数1个，面积40平方米，医生人数1人。村离乡镇卫生院3千米。

到2016年底，全村参加农村社会养老保险的有2001人，参加农村合作医疗的有2899人。

五、社会组织

（一）婚姻制度变迁

景颇族实行一夫一妻制。旧时，青年男女虽有恋爱和社交的自由，但结婚并不自由，一般由父母包办。在买卖婚姻制度下，社会上盛行转房制和妻死续妻妹的习俗。

新中国成立后，随着时代的发展和文化素养的提高，一些陈腐的婚姻习俗已摒除，遵守《中华人民共和国婚姻法》，近亲之内不结婚。

（二）婚礼习俗变迁

景颇族传统婚礼中新娘穿娘家准备的嫁妆（盛装）：头戴红色织锦包头，耳戴金制或银制耳环；上身穿圆领黑色绒衣，配以银饰，脖颈上挂满娘家陪嫁的银链子，手上戴着银手镯；下身着传统织锦筒裙，遮到胫部，带有黑色细条圈圈；花筒裙色泽鲜艳，花纹繁杂而规范有序，一般是菱形图案，做工很讲究；小腿部还配有织锦护腿。新郎头戴白色包头，穿白色或红色对襟圆领上衣和黑色长裤，佩戴腰刀和银饰筒帕。现在新娘头上的红包头多换成了西式的婚纱头饰；有些人觉得盛装麻烦，干脆穿着方便的带景颇族花纹的便装。新郎一般穿白色上衣和黑色长裤，配上具有景颇族风格花纹的领带。

以前景颇族婚礼要提前请"董萨"打卦。为父母包办婚姻，如"董萨"打卦后显示与谁家的姑娘命运八字相符，就可以不经过姑娘家父母同意，偷偷将不到婚龄的姑娘抱回家，然后举行简单的婚礼仪式，第二天又把姑娘送回娘家，让姑娘的父母没有反悔的余地，这叫"抢婚"。后在外来文化的影响下，有些人家不再信仰少数民族传统信仰，婚前不再请"董萨"打卦，举行婚礼也不再祭鬼、过"草桥"。目前，主要存在三种结婚方式：第一种是传统结婚形式，男女双方到相关部门登记领结婚证后，在家举行祭鬼、过"草桥"仪式；第二种是新式结婚形式，男女双方到相关部门登记领结婚证后，在家不祭鬼、不过"草桥"，其他内容与传统结婚方式相同；第三种是基督教结婚形式，部分基督教教徒在家里或教堂里举行婚礼。

为了婚礼顺利，村子里的人们在几个月前就要进行准备，包括定制新娘嫁衣、置办伙食等。这已成为当地人的一种义务，延续至今。到婚礼当天，村里的老年妇女会主动参与到管理水酒、米酒的工作中。而姑娘小伙则会积极负责迎宾、碗筷的清洗和做菜传菜等工作。

（三）传统社会控制模式

弄丙村作为"直过民族"村寨，旧时，其山官制度在政治形态上并不完整，山官凭借传统习惯法巩固原有生产关系。所以，习惯法是弄丙村乃至整个景颇族社会生活的普遍观念，也是其社会控制的普遍模式。比如，旧时对犯轻微错误的，主要以批评教育为主；错误较为严重的，让其做出经济赔偿或是务农活补偿；错误特别严重的，赶出村寨。

而现在，不可否认的是，习惯法仍然具有一定的调解作用，但当代法治和德治并重的社会控制模式已经深入人心，既符合我国现代化法律进程的发展，也是建立市场经济秩序的现实需要，因而，不仅是完全可行的，而且根据我国的国情，也是一种最佳模式选择。

与此同时，宗教作为社会控制的手段，也担负了大部分的社会控制任务。很多早期的法律，都曾受到各种宗教制度和宗教戒律的影响。宗教同法律之间至今仍有密切的关系。弄丙村的情况是，基督教、佛教、少数民族传统信仰并存。在一定程度上，这些宗教在村子里能够起到伦理道德的约束作用。

（四）习惯与禁忌

1. 习惯

景颇族家庭保留幼子继承制，幼子地位高于长子，长子婚后另立门户，幼子留在家中赡养父母，财产也主要由幼子继承。景颇人喜欢饮酒，几乎家家都有酿酒的器具。水酒在景颇族日常生活中有着特殊的作用，结婚、贺新房、节日、交朋友都少不了水酒。景颇族喝酒十分注重礼节，熟人相遇互相敬酒，不是接过来就喝，而是先倒回对方的酒筒里一点再喝。大家共饮一杯酒时，每个人喝一口后都用手擦一下自己喝过的地方，再转给别人，如有老人在场，先让老人喝。

2. 禁忌

景颇族的禁忌很多，主要有：在婚丧嫁娶或家里亲朋满座的情况下，景颇人喜欢上山采来阔叶，供众人吃喝时当作碗碟，这样既卫生又经济。但在饮食中，叶子千万不能倒用，否则会被当成仇人而遭怒视。

在景颇族家里做客，不要在房内久站，应按位置就座。如果有人告辞而去，不能抢坐其座位或板凳。

妇女不能托下巴而坐，托下巴而坐表示哀悼。

妇女就座，不许跷二郎腿。

年轻人不允许在父母面前蓄长发、留胡须。

严禁在房内吹口哨。

对长辈的包头，不准乱动乱翻。

不准在长辈面前开玩笑，做怪动作。

不准拿筒裙盖熟睡的小孩。

长刀和筒帕是每个景颇族男子的随身之物，但这两样东西平时不能在墙上翻挂着。

长刀既是武器又是生产工具，景颇人时刻离不了它。但在众人烤火之际，不能抽刀从火苗上拿过去做事或传递给别人。

（五）民间纠纷与调解

景颇族传统的纠纷解决方式可分为三类：讲事、神判和拉事。其中讲事是最主要和最重要的解决纠纷的方式，其精髓是用和平的方式——调解，来消除双方的矛盾。神判，它针对的是确实无法弄清双方当事人原委的纠纷，是万不得已而采取的没有办法的办法。文献资料和田野调查资料均尚未发现神判的败诉方反悔或不执行神判裁定的情况。拉事，是用暴力来解决双方当事人之间的纠纷，属于一种非常态的解纷方式。拉事的结果是要么让对方忍受其拉事以平息纠纷，要么迫使对方重新回到以讲事解纷的正常轨道上来。

随着社会的进步，政策的落实，现在弄丙村发生的矛盾纠纷，由弄丙村三委领导协调解决。如2009年，弄丙村委会的吕折小组吕某与李某发生了土地纠纷，经小组长调解后，双方仍然不服，积怨日深，甚至要伙同自己的亲戚打架斗殴。村监督委主任在得知这一情况后，及时走访调查，向乡亲邻里了解情况后，组织双方进行了调解。向他们陈述利害关系，并结合相关法律知识、双方家庭困难情况的不同进行了劝说，让他们做到各自"退让三舍"，最终双方握手言欢，避免了矛盾激化，并且也维护了他们各自的合法权益。

六、生态环境

（一）地理位置

弄丙村委会隶属德宏州芒市西山乡，交通便利。东邻芒市遮放镇，东南邻西山乡营盘村，南邻西山乡崩强村，西邻西山乡毛讲村，北邻西山乡邦角村，属山坝结合地形。

（二）气候与物产

弄丙村属于山坝结合地，最高海拔1741米，最低海拔820米，年平均气温21℃，属亚热带季风气候区。由于冬季有逆温层，冬季气温比坝区高2℃~3℃。结合弄丙村地理因素，全村主要发展甘蔗、坚果、核桃、竹子、茶叶、八角、肉牛养殖、生猪养殖等产业。甘蔗、生猪养殖为主要支柱产业，肉牛养殖、坚果为新兴产业。

（三）水土资源

弄丙村20世纪50年代的水土资源基本情况是：土地范围东西长约20里（直径约20里，坡长约40里），南北宽约8里，总面积约160平方里。有水田384亩，旱谷地500.75亩，以上水田、旱谷地总产量为7815箩。园地332亩，棉花地折合旱谷地为77.3亩，产量346.5砣，折谷259.88箩。豆地折旱谷地为193.375亩。田地距本寨最近的有5里，最远的15里。

水田最高产量每箩种可收100箩，最低25箩，一般在50箩左右。旱地每箩种产量最高为60箩，最低为10箩，一般为20箩。旱地共计441.37箩种（1103.43亩），已经固定的主要是园地112.8箩种（园地1箩种照旱地8箩种计，折合2256亩），占25%，未固定的达75%。估计已耕旱地中，可能固定的有30%（旱地441.37箩种中，包括旱谷地、园地、棉地、豆地）。

如今，全村耕地总面积10559亩（其中水田2376亩，旱地8183亩），人均耕地3.6亩，主要种植甘蔗等作物；拥有林地36633亩，其中经济林果地1786亩，人均经济林果地0.6亩，主要种植坚果等经济林果；其他面积1000亩。

（四）饮水工程

水源头在龙江，通过架水管连接水源。全村有695户通自来水。

（五）厕所改造

随着社会经济的发展，文明程度的提高，弄丙村的露天厕所逐步得到改造。特别是通过10多年的新农村建设，乡村的住房、交通、卫生诸方面都有了极大的改善。近期个别家庭更是在家里装置了既方便又卫生的抽水马桶，条件之优越非往昔可比。

◇跌撒村民小组改建的厕所

（六）民居建筑变迁

该村到2016年底，有114户居住砖木结构住房，487户居住土木结构住房，43户为其他结构房屋。

历史上景颇族的住房多为草顶竹楼。屋分上下两层，楼上住人，楼下

◇ 较为原始的民居

◇ 早期的竹木结构民居

饲养猪鸡，大牲畜则另建厩栏。竹楼多为长廊形，房门一般都开在竹楼的一端，进门便有一条较长的过道间。每家的过道间里照例都有一根木柱，大小粗细不一，根据每家人口、劳动力和房子的大小而异。过去，有的大山官家的柱子，直径达二三尺。实际上，柱子粗大的程度，成为山官势大小和财富多少的一种标志。在过道间里还放置着杵臼和脚碓，用以舂米。经过过道间，然后才能登梯上楼。楼上的住房分两三间或十多间不等，各间均有门无窗。屋内根据人口多少设置若干个火塘，周围铺篾席作寝榻。

景颇的竹楼据说是从动物挖巢和飞鸟筑巢中学来的。景颇族盖竹楼十分注重对地基的选择。按习惯，地基一般选在山梁两边。用"以米试地""以水试地""以梦试地"选择地基。

按照景颇族传统的古老习俗，一家盖房百家相助。盖房之前，主人先把这消息告诉给寨子的各家各户和亲朋好友。动工之日，形同节庆，帮工者络绎而至，无论男女老幼，每人都要带上一点东西，以表支助之忱。有的带

◇ 逐渐演变中的土木结构民居

米酒、粮食，有的带茅草、麻绳，有的带竹子、木料。黎明开始动工，当天必须建成。竣工之后，全村男女老少都聚集在新房之外，燃起火堆，敲起铓锣，载歌载舞，庆祝新居落成。

现代景颇族民居建筑有干栏式、半干栏式以及落地式等几种，依条件尽量选择当阳平缓，水源交通便利的地方建房。现如今更多的是单层长条形房，地基垫高1米左右，要登梯上楼，四壁低矮无窗，在靠山一面入口处有宽而长的前廊，是家人乘凉和主妇日常生活的主要场所。相较于过去的老式房屋，仍保留着部分传统的特色结构：一是外观，整体呈倒梯形，长屋檐，脊梁上有背足，即千足签，脊梁两头有背跨梁枕，前梁枕上面交叉着刀剑；二是顺大梁进家门，展现了门廊文化；三是鱼形柱和鱼翅顶杆；四是立柱有领位尊位；五是正面有"目散"和"繁衍梁"，而"繁衍梁"做正面上下层的分界线，多层建筑为一层"繁衍梁"、顶层"目散"，其他的放织锦文符号；六是屋两侧上下层的分界线显露出楼板和挡板，楼板和挡板的间距为10厘米左右，屋后上下层的分界线显露出"稿仁"（即枕木）、"瓦杖"（即水平木、楼板），"稿仁"和"瓦杖"的间距有12厘米左右；七是出头梁处雕刻龙头；八是屋檐用"护魂千足"蜈蚣脚做内风沿板；九是开拐角门，保留瓦夺，把瓦夺和客厅分开设置。

◇ 少部分村民发家致富后，所建造的砖混楼房

藏族社会历史回访再调查
——以香格里拉市小中甸镇联合村为例

王玉琴

"藏族社会历史回访再调查"项目于2016年7月12日正式立项。项目组根据项目要求，选择了香格里拉市小中甸镇联合村为具体调查点。该行政村的奶思村民小组是20世纪50年代藏族社会历史调查时选择的村寨，故此次调查可以和20世纪的调查做一变迁对比。项目组于2016年7月12~14日完成了前期文献资料的收集整理工作，并制定出了田野调查的具体方案。2016年7月15日至10月3日，项目负责人带领民族研究所研究生1名、民族文化学院本科生9名进行了实地调查。项目组到达香格里拉市后，首先前往香格里拉市、小中甸镇以及联合村委会进行了资料收集，其间召开1次小型会议，对村委会及镇政府的相关人员进行了深入访谈。在对所收集资料进行初步分析后，项目组分组深入联合村各个小组进行入户调查，掌握了香格里拉市小中甸镇联合村的基本情况，包括政治、经济、文化、社会组织以及生态环境等多方面。2016年9月，项目组对田野调查材料进行整理。2016年10月接受项目委托方的中期检查。2016年11月20日，完成了四万余字的项目调查报告，并整理出了下一步需要做补充调查的问题。2016年11月20~23日，项目组成员拉茸央宗再次到联合村做补充调查。2016年12月

◇联合村委会成员与项目主持人　　◇项目组在村民家里访谈

18～26日，项目负责人再度到联合村做补充调查，并于2016年12月30日完成调查报告初稿。

一、村寨概况

（一）村寨历史与传说

据汉文史料记载，迪庆藏族自治州（以下简称迪庆州）境内在旧石器时代已有人类活动。而在今维西戈登村发现的戈登文化遗址，广泛分布于今建塘镇、小中甸镇境内的磨制石器和岩画以及尼西乡、东旺乡、上江乡、锦江镇、虎跳峡镇等地的石棺墓等考古发掘材料，无疑也证明了进入新石器时代以后，迪庆州境内的人类活动广泛而活跃[①]。西汉时，今迪庆州属于越巂郡。三国蜀汉时期归云南郡管辖。隋代归属南宁州总府管辖。唐调露二年（680），吐蕃在今维西县塔城一带设神川都督。南宋宝祐元年（1253），忽必烈南征，经过今迪庆州境内，后平大理国。至元代，汉文史料里称今小中甸为"小旦当"或"杨达木"等，均是藏语音译。明永乐四年（1406），明政府在今小中甸镇设置杨汤安抚司。弘治

---

① 1958年，在今维西县塔城乡戈登村发现的戈登文化遗址，经考古认定为距今七八千年的新石器文化遗址。（参见迪庆藏族自治州地方志编纂委员会编《迪庆藏族自治州志》，云南民族出版社，2003年，第66页。）

五年（1492），木氏土司占领今小中甸。嘉靖八年（1529），木公在今小中甸镇联合村境内建"年各羊恼"管理滇西北藏族聚居区[①]。清雍正二年（1724），今迪庆州归属云南管辖。民国时期，今小中甸为中甸第二区。1950年，今迪庆州和平解放，设立小中甸区。1957年9月，成立迪庆藏族自治州，下辖维西、德钦、中甸三县；1958年10月，中甸县在小中甸建立高原人民公社；1963年设小中甸区；1968年又改称公社；1984年再度将公社改为区；1988年区改为乡，下辖和平、联合、团结三个行政村。[②]2001年11月17日，中甸县更名为香格里拉县。2002年小中甸乡撤乡建镇，下辖和平、联合、团结三个村委会，共50个村民小组。2014年12月16日，香格里拉撤县改市获得民政部批复（民函〔2014〕375号），政府公文里称小中甸为香格里拉市小中甸镇。到2016年，联合村共有21个村民小组，分别是区丁、吴古、碧古、塘安谷、达拉、吉念平、如林、诺南保、都土、罗申作、木鲁谷、吴公、门祖、归吓、奶思、共着、都日谷、布普、开细、齐

◇木土司城堡遗址的残垣断壁

◇木土司城堡遗址残损的石狮

[①]《明史·地理志》永昌军民府条。参见云南省中甸县地方志编纂委员会编：《中甸县志》，云南民族出版社，1997年；参见潘发生《丽江木氏土司向康藏扩充势力始末》，《西藏研究》1999年第2期。

[②]香格里拉县小中甸镇人民政府编印：《香格里拉县小中甸镇志》，2010年，第23页，第24页，第99页。

学谷和竹公。

（二）民族构成

小中甸镇是藏族聚居的乡镇，境内居民绝大多数为藏族，其余为汉族、纳西族、彝族、回族、傈僳族等。1987年小中甸人口总数为7643人，其中：藏族人口7533人，占人口总数的98.56%；纳西族24人，占人口总数的0.31%；白族6人，占人口总数的0.8%；汉族80人，占人口总数的1.05%。至2006年，全镇人口总数为9904人，其中：藏族人口9436人，占总人口数的94.92%；纳西族119人，占人口总数的1.2%；白族34人，占人口总数的0.3%；彝族16人，占人口总数的1.6%；傈僳族42人，占人口总数的4%；汉族208人，占人口总数的2.1%。[①]2013年末，全镇人口总数为10442人，其中农业人口9904人，藏族占总人口的96.3%。

联合村的藏族人口占比达99%以上，其他民族几乎都是通过婚姻进入本村的，有嫁入的女子，也有入赘的男子。其中既有香格里拉市其他乡镇，如建塘镇、格咱乡、五境乡、三坝乡、虎跳峡镇的，也有迪庆州其他两县（德钦、维西）的。此外，还有少数是与迪庆州相邻的大理白族自治

◇ 吉念平小组远景

◇ 吉念平村民小组的大门

① 以上数据根据《香格里拉县统计年鉴》（1987～2014）以及《小中甸镇志》统计所得。

州和怒江傈僳族自治州的。最远的来自云南省红河哈尼族彝族自治州。嫁入或入赘该村的包括汉族、纳西族、白族和彝族。例如，项目组对联合村吉念平村民小组进行入户访谈后得知，截至2016年8月3日，该小组居住的村民主要是藏族，其他民族有5人，均是通过婚姻关系进入当地的。其中入赘2人：1名香格里拉市上江乡的汉族男子，1名怒江州兰坪县的彝族男子；嫁入3人：香格里拉市三坝乡纳西族女子1人，楚雄州的彝族女子1人，红河州的汉族女子1人。另还有五境乡1名藏族男子入赘，德钦县1名藏族女子嫁入。奶思村民小组有2名纳西族女子，分别从虎跳峡镇和金江镇嫁入该小组。如林小组有4位嫁入的纳西族女子，木鲁古小组有1位从大理州嫁入的汉族女子。

（三）性别与年龄状况

民国年间因匪患频繁、瘟疫流行、医药卫生条件落后，所以整体上人口发展缓慢。中华人民共和国成立后，社会安定，医药卫生条件得到逐步改善，人口迅速发展。

2006年，小中甸镇联合村总户数为708户，总人口数为3771人。

2007年，联合村有729户，总人口3857人。

2013年，联合村有760户，总人口3942人，其中男性1998人、女性1944人。15～64岁人口2196人，占总人口数的55.71%。

2015年联合村总户数为812户，人口总数4207人，其中：男性2123人，占人口总数的50.46%；女性2084人，占人口总数的49.54%。见表1：

表1 2015年联合村性别结构表

单位：人

小组名称	人口总数	男性	女性
唐安谷	223	111	112
吴古	164	85	79

续表

小组名称	人口总数	男性	女性
碧古	175	92	83
如林	122	68	54
诺南保	158	83	75
达拉	286	147	139
吉念平	208	107	101
都土	194	95	99
罗申作	170	80	90
木鲁谷	176	82	94
吴公	133	66	67
归吓	143	72	71
门祖	54	27	27
奶思	191	101	90
共着	335	161	174
都日谷	268	146	122
祝公	364	177	187
齐学谷	290	153	137
开细	92	45	47
区丁	159	76	83
布普	302	149	153
合计	4207	2123	2084

数据来源：小中甸镇2015年人口劳动力情况统计表。

联合村4207人中，0~5岁325人，占人口总数的7.72%；6~15岁441人，占人口总数的10.48%；16~64岁2943人，占人口总数的69.95%；65岁以上498人，占人口总数的11.83%。

通过以上数据可见，联合村的男女比例比较平衡，人口年龄结构仍为成年型早期。

（四）人口流动与趋势

以前，联合村人口总体的流动性不大。改革开放以来，联合村的人口流动较之前多，主要为外出学习、工作、打工、婚嫁等几种。流动地域以云南省内为主，省外人数偏低。其中因工作流动的以迪庆州境内为主。在2000年前，总体上流出人口多于流入人口。2000年后，随着旅游开发以及各种修建项目，流入人口多于流出人口，但是户口迁入联合村的不多，基本限于婚姻关系。

据统计，2013年联合村全村常年外出务工人数366人，在省内务工349人，到省外务工17人，外出务工收入325.47万元。①

2015年，联合村外出务工300多人，多数在迪庆州境内从事建筑业、服务业以及表演工作。其中吉念平村有5人，有1人在昆明市内的云南民族村跳舞，有1人在香格里拉市歌舞团跳舞，其余3人在香格里拉市从事服务业。此外，其他小组外出打工人数为：如林7人，吴古10人，达拉2人，罗申作6人。

联合村现有在读大学生53人，分布在18个村民小组里，其中，唐安谷1人，碧古1人，如林2人，诺南保7人，达拉4人，吉念平4人，都土6人，木鲁谷5人，吴公3人，归吓3人，奶思1人，共着3人，都日谷3人，祝公4人，齐学谷4人，开细1人，布普1人。这些大学生约占全村人口总数的1.26%，他们多数在云南省内上学，只有2人在省外上学。

2015年，通过婚姻流动出去的人口不到10人，且主要在小中甸镇内，有2人嫁入香格里拉市建塘镇。通过婚姻流入联合村的大约有50人。其中，

---

①2016年8月由联合村委会提供。

如林有5人，碧古有2人，达拉有3人，罗申作有3人，吉念平有5人，奶思有6人。其中既有嫁入的女子，也有入赘的男子，来源地有云南省红河州、大理州、怒江州和迪庆州维西县、德钦县以及香格里拉市其他乡镇。

近十年，随着旅游开发、小中甸水库建设、丽香高速公路和铁路建设，联合村境内涌入了大量外地流动人口。其中既有参与乡村旅游的导游，也有修建水库、公路、铁路的建筑工人，还有为本村人装修房屋的装修工。这些流动人口的流动性较大，比如2016年，如林村有装修工15人（包括泥水工和木工），吴古有装修工5人，碧古有装修工20人，达拉乡村旅游服务员及导游100人，罗申作有40人（包括装修工以及旅游服务），吉念平40人（包括导游、导购30人及装修工10人）。

通过调查，项目组发现，随着小中甸水库建成蓄水后，乡村旅游发展规模逐渐壮大，不少外出打工的年轻人都回到本村工作。据上一届村委会主任齐林定主介绍，联合村的旅游开发还会得到进一步加强，估计外来人口的流入会更多。

（五）村寨变迁轨迹特点

新中国成立以来，小中甸联合村发生了巨大的变化。我们可以将其大致分为三个阶段。

第一阶段是新中国成立初期到改革开放前。这段时间，尽管在社会结构和经济结构方面发生了一系列变化，但是其发展速度相对较慢。村民参与集体劳动，吃的是"大锅饭"，相互间贫富差距不大。绝大多数村民都固守在地里讨生活，外出务工的极少。

第二阶段是改革开放到2003年。党的十一届三中全会召开后，农村发生了翻天覆地的变化。联合村也实施了家庭联产承包责任制，村民的经济收入都得到了提高。

第三阶段自2003年至今。2003年，为了减轻农民负担，增加农村收入，解决制约中国发展的农业生产落后的瓶颈问题，国务院开始全面推进农村税费改革，联合村村民所需缴纳的税收基本被取消。国家还资助村民种植经济作物、高产的农作物，村民收入逐年增长。

随着旅游业的兴起，香格里拉市涌入了大量外地游客、经商者和打工者。越来越多的外地游客和打工者进入联合村，联合村的一些年轻人也开始走出去从事与旅游相关的行业。此外，机场、小中甸水库、高速公路、铁路的修建，也为年轻人创造了很多就业机会，还有许多年轻人买了卡车去建筑工地搞运输。联合村家庭经济收入持续增长，消费水平也逐年提高。

随着现代化进程的迅猛发展，联合村的传统文化习俗正在改变，村民的衣、食、住、行都在不断发生变化。

二、经济建设

联合村位于小中甸镇西北方向，距离小中甸镇14千米。海拔3100米，年平均气温5.80℃，农作物一年一熟，主要粮食作物有青稞、马铃薯、蔓菁、小麦、荞麦、油菜。属于半农半牧的高寒地区，地形北高南低，周围群山环绕。国道214线贯穿全境，拥有高原明珠美誉的"阳塘错"、碧沽天池、花海等丰富的旅游资源。千年古树随处可见，原生态中草药、松茸菌等林下资源丰富。2016年全村面积为540平方千米，其中耕地面积10445亩，辖21个村民小组，有农户819户4189人。①

（一）传统经济体系的变迁

联合村属于半山区，传统采取的是半农半牧的生产方式。1982年实行家庭联产承包责任制后，村民收入仍以传统的种植、畜牧业为主，30年未变。

2006年，联合村有劳动力2123人，其中从事第一产业人数1719人，占

---

① 《小中甸镇联合村"十三五"扶贫攻坚专题研究报告》，2016年，小中甸镇人民政府提供。

81%。①直至2015年,联合村的经济生产仍是农牧各占一半。②

（二）农作物种植

联合村种植的主要粮食作物有青稞、马铃薯、蔓菁、小麦、荞麦、燕麦等。种植的经济作物主要为油菜。养殖的大牲畜主要有牦牛、犏牛、黄牛、奶牛、马。养殖的小牲畜主要有猪、羊、家禽等。③

2010年，联合村良种青稞推广500亩，年产青稞1700000斤；优良洋芋品种种植1000亩，年产225000斤；油菜种植1500亩，荞麦种植420亩。各种农作物都得到了良好的收成。2010年底，联合村的大小牲畜存栏两万多头，其中：大牲畜存栏7900头，小牲畜存栏7412头，生猪存栏6142头，能繁母猪1241头。④2013年，联合村人均耕地2.6亩，全年粮食总产量1446吨，大小牲畜存栏总数26086头（只）。⑤2015年，联合村青稞种植2346亩，蔓菁种植1667.5亩，土豆种植1307.7亩，油菜种植873.8亩，荞麦种

◇ 放养的黄牛

◇ 放养的藏香猪

---

①联合村委会提供。
②访谈人王玉琴。受访人扎西尼玛，36岁，联合村党支部书记，时间：2016年8月3日，地点：联合村。
③小中甸镇2015年度统计资料。
④《香格里拉年鉴（2011）》。
⑤《香格里拉年鉴（2014）》。

植442.7亩，燕麦种植仅1亩，小麦已不再种植了。[①]2015年，联合村大牲畜存栏8986头，其中：牦牛2224头，犏牛1772头，黄牛2181头，奶牛2698头，马111匹。[②]2015年，联合村小牲畜存栏中，猪7991头，羊1024只，家禽7705只。[③]

（三）农业科技推广

新中国成立前，农业耕作主要采用刀或木棍点种，或用木犁、木耙耕耙一次后"牛后丢"或打塘点种，常出现基本苗过稀或过密、缺塘严重的现象。农家肥使用量少，其间除草两三次。[④]

"九五"期间，进一步加强农业基础设施建设，贯彻科技兴农方针。大幅度增加投入，加速农业科技推广步伐，适时调整农业产业结构和布局。"十五"期间，不断深化农业和农村改革，加大农业基础设施建设和生态环境建设的力度，加快调整和优化农业产业结构，实施退耕还林、还牧、还草和科学使用农药、化肥的农业生态工程和教育培训，建设高产、

◇ 即将成熟的青稞

◇ 青稞架

---

① 小中甸镇2015年度粮食作物产量统计表。
② 小中甸镇2015年度大牲畜统计表。
③ 小中甸镇2015年度小牲畜统计表。
④ 香格里拉县小中甸镇人民政府编印：《香格里拉县小中甸镇志》，2010年，第149～150页。

◇村民挖自己种植的马铃薯

◇蔓菁、荞麦、马铃薯

稳产农田。①

良种及栽培技术推广。2010年，联合村完成农田综合防治面积达1000亩，土壤改良500亩，科技培训120人，良种青稞推广500亩。②

农业机械推广。以往，农村各种繁重的生产都依靠畜力。20世纪70

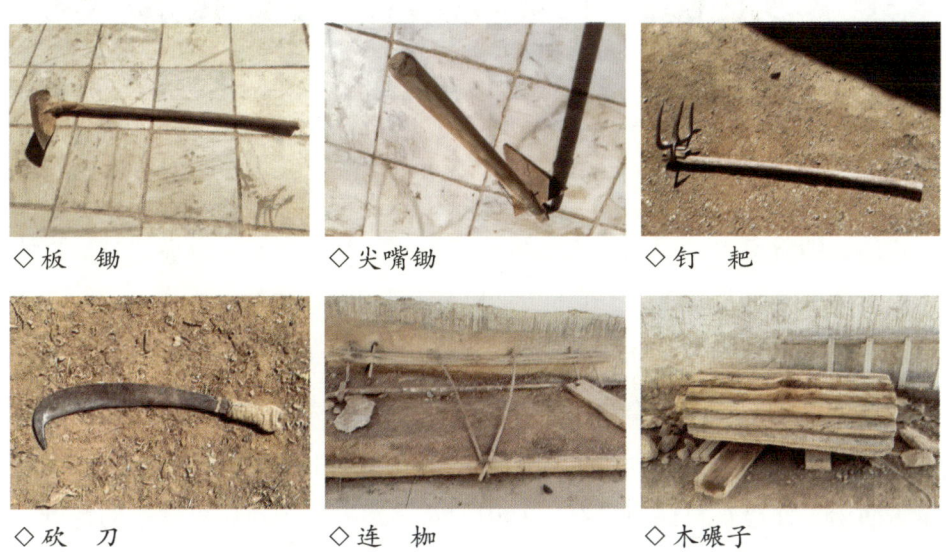

◇板　锄　　　　◇尖嘴锄　　　　◇钉　耙

◇砍　刀　　　　◇连　枷　　　　◇木碾子

---

①香格里拉县小中甸镇人民政府编印：《香格里拉县小中甸镇志》，2010年，第143～144页。
②联合村委会提供。

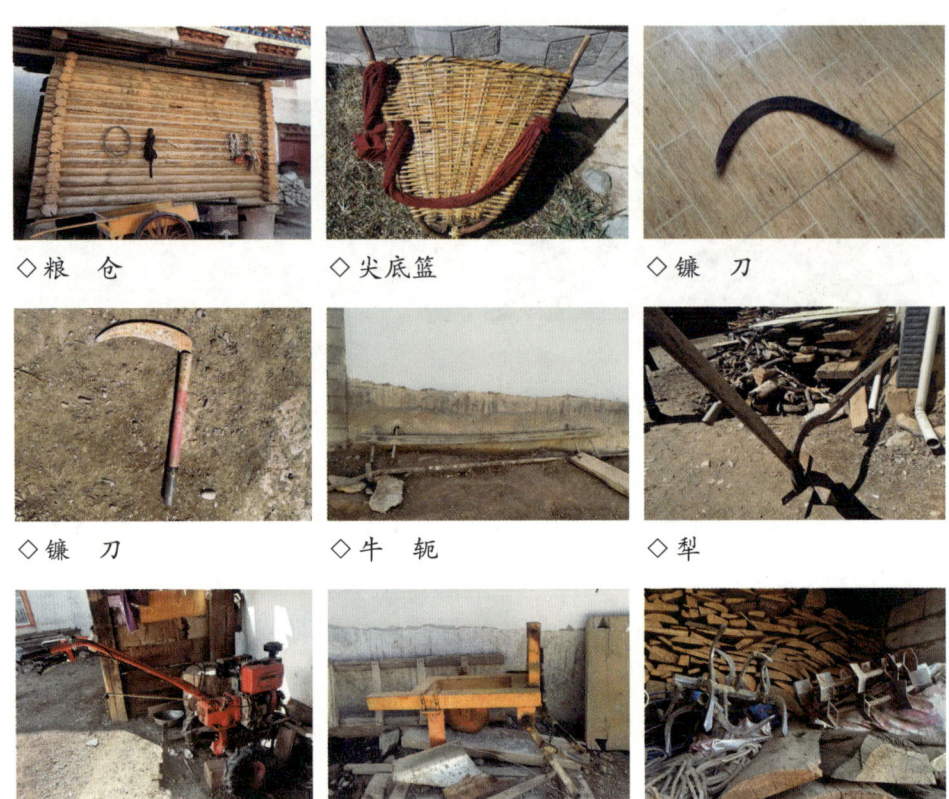

◇粮 仓　　◇尖底篮　　◇镰 刀
◇镰 刀　　◇牛 轭　　◇犁
◇机械化耕地机器（包括机头、耕地及打土疙瘩的工具）

年代后，随着电力、交通、农机事业的发展，开始用农业机械代替役畜劳作。但是，现在大部分地区耕地依然以畜力为主。

病虫害防治与草害防除。党的十一届三中全会以来，各级政府高度重视农业生产，加强农作物病虫害及草害防治工作。"十五"期间，各品种的农药杀虫剂、杀菌剂、杀鼠剂、杀草剂等用量不断增加，病虫害防治及草害防治工作已被村民所接受。小中甸农科站根据当地病虫发生的特点，从香格里拉植保站调运农药3类15个品种，有效地控制了病虫对粮食作物的危害。同时，大力推广省时省工又能有效控制杂草危害农作物的化学除草措施；在青稞蚜虫及黄矮病防治工作中，加大植保技术的宣传和培训力度，增强村民对科学技术的认识，扩大农业科技的覆盖面，强化群众自觉地与生物性灾害作斗争的意识，积极开展综合防治，以农业防治为主，化学防治为辅，严格控制好黄矮病的介体蚜虫虫口基数，治病防虫相结合，从根本上减少黄矮病的发生危害程度，确保青稞的健壮生长，从而达到增产增收。①

（四）产业结构的调整

由于受特殊的历史、地理位置、气候条件影响，联合村形成"半农半牧"的传统生产模式。但由于人均耕地少、土地贫瘠，联合村多数家庭人均纯收入长期浮动在贫困线上下。2011年小中甸水库开始兴建后，联合村16个库区村民小组多数耕地成为水库淹没区，通过传统的耕作实现脱贫致富的可能性进一步降低，要想转变现状就只能从调整产业结构入手。联合村自此开始把优化产业结构作为扶贫工作的主要内容。2013年，联合村积极探索农业产业结构调整，推广种植玛咖、重楼、秦艽等中药材，发展藏香猪、藏香鸡、牦牛等特色生态养殖业，产业结构调整稳步推进。积极引导以香格里拉县忠浩野生中药材有限公司为典型的农村致富带头人，通过采取政府帮助协调和支持部分资金、企业投资和联系销售渠道、群众投劳和出租部分土地的方式探索重楼、秦艽等中药材种植。政府继续扶持农户和党员致富带头人规模化养殖高原特色生态牲畜，引导其向专业化、规模化、生态化养殖业转变，积极争取资金、项目给予支持。2014年，联合村养殖业已初具规模，发展出以"开几尼玛"种养殖协会为代表的规模化养殖基地，采取"基地+农户"的形式，辐射带动当地群众增收致富。②

小中甸水库是迄今为止小中甸最大的项目建设，联合村16个村民小组为水库库区，2014年8月15日水库下闸蓄水后，这些村民小组的多数耕地

---

①香格里拉县小中甸镇人民政府编印：《香格里拉县小中甸镇志》，2010年，第150页。

②《香格里拉年鉴（2014）》。

已被水库淹没，但却形成了得天独厚的景观，以度假旅游、民族文化旅游和乡村旅游于一体的旅游发展潜力增大。为使库区群众生产、生活持续发展，联合村制定了一组一策项目建设规划，其中中药材种植项目建设4个，旅游基础设施建设4个，养殖业基础设施建设4个，以及其他附属设施建设。①

表2　小中甸水库联合村一组一策项目建设规划表

序号	村民小组	项目名称
1	吉念平	中药材种植、牲畜养殖基地建设、村庄绿化及基础设施建设
2	罗什作	中药材产业项目建设
3	区丁	中药材种植建设
4	吴公	中药材种植项目建设及附属设施
5	达拉	旅游基础设施建设
6	诺南保	旅游基础设施建设
7	共着	旅游基础设施建设
8	齐学谷	旅游基础设施建设
9	都土	牦牛、藏香养殖和保种项目建设
10	都日谷	藏系羊养殖基地项目建设
11	奶思	牦牛品种改良项目建设
12	木鲁谷	农田基础设施建设
13	碧古	牲畜圈舍改造
14	布普	基础设施建设
15	竹公	农业基础设施建设
16	开细	旅游基础设施建设（桥梁建设）

资料来源：香格里拉县小中甸镇联合村委会公告栏，2016年。

①香格里拉县小中甸镇联合村委会公告栏，2016年。

在富民产业培育工程上，联合村结合库区旅游产业发展并结合各村组自身优势，主要发展旅游产业，中药材种植业及藏香猪、牦牛、藏香鸡养殖产业。2015年，牦牛、藏香猪养殖业及中药材种植业已成为联合村经济收入的主要来源。①同年，联合村从事第一产业人数占劳动力总人口的比例下降到55%，也间接反映了运输、旅游等第二、三产业在当地产业结构中所占比例的增加。②

（五）经济收入与消费

至今，联合村经济收入的主要来源仍是农牧业生产。2007年，联合村耕地面积10481亩，全年粮食总产量为1350吨，人均有粮710斤；大小牲畜存栏总数14875头（只），经济总收入886万元，农民人均纯收入2017元，农民收入仍以农业、畜牧业为主。③

2011年联合村开始优化产业结构后，农民的收入结构也开始发生变化，副业所占比例明显提高。2013年，联合村经济总收入1231.30万元，其中：种植业收入147.72万元，畜牧业收入619.87万元（其中，年内出栏肉猪2933头、肉牛501头、肉羊79头），林业收入84.57万元，第二、三产业收入323.30万元，工资性收入325.47万元。全村外出务工收入325.47万元，全村常年外出务工人数366人，其中在省内务工349人、到省外务工17人。农民人均纯收入2755元，农民收入以畜牧业、运输业等为主。④2015年，联合村农民收入主要来源为牦牛、藏香猪养殖及青稞、马铃薯、中药材种植，农村常住人口可支配收入达6500元。⑤

---

①《小中甸镇联合村"十三五"扶贫攻坚专题研究报告》，2016年，小中甸镇人民政府提供。
②《小中甸镇2015年人口劳动力情况统计表》，小中甸镇联合村委会提供。
③香格里拉县小中甸镇人民政府编印：《香格里拉县小中甸镇志》，2010年，第31~32页。
④小中甸镇联合村委会提供。
⑤《小中甸镇联合村"十三五"扶贫攻坚专题研究报告》，2016年，小中甸镇人民政府提供。

2016年，联合村农户的收入仍以非农收入为主要来源，其次为农牧业经营收入和低保收入，此外还有粮食直补和少量其他收入来源。据2016年对30户联合村农民家庭收入的抽样调查发现，非农收入在大部分农户该年收入总额中所占的比例都超过了80%，仅有一户的收入主要依靠低保。

表3 2016年联合村农户收入抽样调查表

单位：元、%

家户编号	收入项目										收入总额
	农牧业经营收入	占收入总额比例	非农收入	占收入总额比例	低保收入	占收入总额比例	粮食直补	占收入总额比例	其他	占收入总额比例	
1	6000	5.6	90000	84.4	7200	6.8	3000	2.8	450	0.4	106650
2	4500	14.8	0	65.8	3600	11.8	2000	6.6	300	1.0	30400
3	4000	6.7	0	83.5	3600	6.0	2000	3.3	300	0.5	59900
4	2200	4.2	5000	86.7	3000	5.8	1500	2.9	200	0.4	51900
5	3000	6.4	0	84.9	2400	5.1	1500	3.2	200	0.4	47100
6	3000	6.3	0	83.9	3000	6.3	1500	3.1	200	0.4	47700
7	3000	5.2	0	86.9	2400	4.2	2000	3.5	150	0.3	57550
8	4000	6.6	0	82.7	4200	6.9	2000	3.3	250	0.4	60450
9	4000	6.7	0	83.6	3600	6.0	2000	3.3	200	0.3	59800
10	3500	5.4	5000	85.5	3600	5.6	2000	3.1	200	0.3	64300
11	—	0.0	—	0.0	5000	90.1	500	9.0	50	0.9	5550
12	4500	7.2	0	80.3	5000	8.0	2500	4.0	300	0.5	62300
13	3000	5.9	5000	88.0	1800	3.5	1200	2.3	150	0.3	51150
14	2000	6.6	5000	82.5	2200	7.3	1000	3.3	100	0.3	30300
15	5000	7.0	0	83.9	4200	5.9	2000	2.8	300	0.4	71500
16	4500	6.3	0	84.5	4200	5.9	2000	2.8	300	0.4	71000

续表

家户编号	收入项目									
	农牧业经营收入	占收入总额比例	非农收入	占收入总额比例	低保收入	占收入总额比例	粮食直补	占收入总额比例	其他	占收入总额比例	收入总额
17	4500	7.2	0	80.5	4800	7.7	2500	4.0	300	0.5	62100
18	3500	5.4	5000	84.6	4200	6.5	2000	3.1	300	0.5	65000
19	4500	7.4	0	82.0	4200	6.9	2000	3.3	300	0.5	61000
20	2200	3.9	0	88.8	2400	4.3	1500	2.7	200	0.4	56300
21	4000	6.3	5000	86.3	3000	4.7	1500	2.4	200	0.3	63700
22	2500	9.4	0	75.3	2400	9.0	1500	5.6	150	0.6	26550
23	5000	7.5	5000	82.7	4200	6.3	2000	3.0	300	0.5	66500
24	4000	6.6	50000	82.6	4200	6.9	2000	3.3	300	0.5	60500
25	3000	5.3	50000	87.7	2400	4.2	1500	2.6	120	0.2	57020
26	3000	5.3	50000	88.4	2400	4.2	1000	1.8	150	0.3	56550
27	4500	6.9	55000	84.2	3600	5.5	2000	3.1	250	0.4	65350
28	4000	6.7	50000	83.5	3600	6.0	2000	3.3	250	0.4	59850
29	4000	5.6	60000	83.8	4800	6.7	2500	3.5	300	0.4	71600
30	2500	5.5	40000	88.2	1800	4.0	900	2.0	150	0.3	45350

资料来源：香格里拉县小中甸镇联合村抽样调查，2016年。

2016年，联合村农户的消费支出主要用于生产生活经营性支出、人情往来费用、医疗费用和教育支出。下表为2016年抽样调查的30户联合村农民家庭的消费支出金额与比例。

表4　2016年联合村农户消费支出抽样调查表

单位：元、%

家户编号	支出项目									
	生产生活经营性支出	占支出总额比例	医疗费支出	占支出总额比例	教育支出	占支出总额比例	人情往来费用	占支出总额比例	支出总额
1	23000	50	2000	4	1000	2	20000	43	46000
2	30000	38	3000	4	25000	32	20000	26	78000
3	22000	42	5000	10	5000	10	20000	38	52000
4	30000	49	6000	10	5000	8	20000	33	61000
5	25000	43	5500	10	10000	17	17000	30	57500
6	20000	40	3500	7	5000	10	22000	44	50500
7	30000	50	4000	7	3000	5	23000	38	60000
8	30000	53	6000	11	500	1	20000	35	56500
9	25000	51	4000	8	0	0	20000	41	49000
10	30000	44	5000	7	10000	15	23000	34	68000
11	25000	31	20000	25	10000	13	25000	31	80000
12	25000	49	3500	7	1000	2	22000	43	51500
13	25000	45	5000	9	1000	2	25000	45	56000
14	25000	46	3500	7	300	1	25000	46	53800
15	22000	45	3000	6	2000	4	22000	45	49000
16	25000	50	3000	6	500	1	22000	44	50500
17	22000	49	2500	6	0	0	20000	45	44500
18	25000	45	4000	7	7000	13	20000	36	56000
19	22000	40	3000	5	5000	9	25000	45	55000
20	25000	47	3000	6	0	0	25000	47	53000
21	40000	52	7000	9	500	1	30000	39	77500

续表

家户编号	支出项目								
	生产生活经营性支出	占支出总额比例	医疗费支出	占支出总额比例	教育支出	占支出总额比例	人情往来费用	占支出总额比例	支出总额
22	25000	41	4000	7	7000	11	25000	41	61000
23	25000	46	4000	7	700	1	25000	46	54700
24	25000	45	7000	13	1000	2	22000	40	55000
25	22000	43	4000	8	500	1	25000	49	51500
26	0	0	700	32	0	0	1500	68	2200
27	35000	44	3000	4	22000	28	20000	25	80000
28	23000	39	3500	6	7000	12	25000	43	58500
29	22000	43	3000	6	4000	8	22000	43	51000
30	23000	38	5000	8	7000	12	25000	42	60000

资料来源：香格里拉县小中甸镇联合村抽样调查，2016年。

（六）精准扶贫

针对扶贫开发工作中长期存在的贫困对象不准、情况不明、扶贫资金指向不准的问题，习近平总书记于2013年11月提出了"实事求是、因地制宜、分类指导、精准扶贫"的重要指示。2014年1月，中共中央办公厅详细规划了精准扶贫工作模式的顶层设计。2015年1月，习近平总书记新年在云南调研时，提出要坚决打好扶贫开发攻坚战，加快民族地区经济社会发展。联合村的"精准扶贫"工作正是在此背景下被提上议事日程的。

精准扶贫是指针对不同贫困区域环境、不同贫困农户状况，运用科学有效程序对扶贫对象实施精确识别、精确帮扶、精确管理的治贫方式。2015年，联合村通过"挂包帮""转走访"工作的开展，将村中352户贫困户1937人建档立卡，并分别由12名干部包组、4个单位51名干部负责包户帮

◇ 村民出售当天采摘的松茸　　　　　　◇ 当天采摘的"松茸王"和它的主人

扶其脱贫。①同年，联合村还根据水库蓄水后16个村民小组多数耕地被淹的现状，有针对性地制定了一组一策项目建设规划，分别发展中药材种植、旅游、养殖等产业。②

"十三五"期间，联合村确立了2017年实现脱贫的总体目标及产业到村到户、安居工程到村到户、基础设施到村到户、基本公共服务保障到村到户、能力素质提升到村到户、金融资源到村到户的"六个到村到户"具体目标。其具体的扶贫攻坚对策主要有：③

基础设施提升工程：包括道路建设、配套设施建设、农田水利基础配套设施建设、安全饮水工程建设、农网改造、通信网络建设、畜牧项目建设等内容。

富民产业培育工程：主要结合库区旅游产业发展并结合各村组自身优势，主要发展旅游产业，中药材种植业及藏香猪、牦牛、藏香鸡养殖产业。

生存环境改善工程：包括实施村庄绿化工程建设、彩钢瓦建设、安居

---

① 《小中甸镇联合村"十三五"扶贫攻坚专题研究报告》，2016年，小中甸镇人民政府提供。
② 香格里拉县小中甸镇联合村委会公告栏，2016年。
③ 《小中甸镇联合村"十三五"扶贫攻坚专题研究报告》，2016年，小中甸镇人民政府提供。

工程及危房改造建设、特色民族村寨建设等。

公共服务提升工程：一方面为有劳动力者加强职业教育和技能培训，促进就业结构调整；另一方面则为无劳动能力者争取国家政策，实现政府供养。

生态文明建设工程：为给旅游产业发展提供基础保障，联合村从加强污染源防治、生态林保护、垃圾处理等入手制定生态文明建设规划。

三、政治建设

（一）现当代村寨政治变迁

新中国成立前，小中甸联合村的政治体系属于土司、头人政治。从元代开始，小中甸开始实行土司制度，直至民主改革后被废除，历时约665年。土司在基层的施政机构是舒卡。尽管民国十二年（1923），在各村寨实行保甲制度，但是保甲在小中甸各村寨有名无实，真正掌管行政实权的仍是舒卡，民主改革时，舒卡才被彻底废除。小中甸区成立于1950年5月，辖达拉、贡卓、鲁吉、浪都、序、土官彝族自治村，实行"政社合一"的工作模式。1958年成立人民公社，小中甸改称为高原人民公社，辖团结乡、和平乡和联合乡。1959年后，小中甸和全国其他地区一样开始了村寨政治建设与社会改造。国家派工作队到各个村寨帮助建立了农民协会，动员藏族及其他少数民族群众进行土地改革。由此，村寨原有的政治、经济和社会基础迅速改变。土地改革完成后，以村、组为结构的村寨基层政权组织开始建立起来。以后又经历了单干、互助组合作化运动以及人民公社。1983年以后，取消人民公社制度，乡重新被确立为农村基层行政单位。1988年，区、乡体制改革，撤小乡建大乡、改大队为村公所。2001年，村级体制改革，撤村公所，改设村民委员会，生产合作社改为村民小组,实行村民自治,由乡党委指派村党支部书记,其岗位属在编干部。①

(二)村寨党组织建设和村务

2013年,联合村共设1个党总支,15个党支部。

联合村党总支在抓党建服务和谐稳定上下功夫,不断提升党组织政治和服务功能,先后被市委列为2013年度、2014年度先进基层党建工作示范点,连续三年被评为先进农村党总支。

2014年,全村党员377人,其中:女党员有130人,占党员总数的29%;退休党员12人,60岁及以上的党员64名;大学专科及以上学历党员4人,高中及中专学历党员12人,初中及以下学历党员361人;最大年龄95岁,最小年龄21岁。

至2015年底,联合村共有农村党员386人,占总人口的9%,其中,女党员137名,占党员总数的35%;35岁以下党员60人,占党员总数的16%;60岁以上党员77人,占党员总数的20.4%;中专及以上学历32人,占党员总数的8.5%。②

联合村党总支在发展党员的工作中,始终严把党员入口关,认真执行党员发展票决制,把服务能力强、文化素质高的群众吸收到党员队伍中来。2011年共发展党员20名,其中"三带"党员占60%。2015年发展入党积极分子27人,发展预备党员18人。

---

① 香格里拉县小中甸镇人民政府编印:《香格里拉县小中甸镇志》,2010年,第22页、23页、24页。
② 联合村委会提供。

表5 2015年度联合村各党支部发展党员情况公示

单位：人

支部名称	入党积极分子	发展党员	转正党员
祝公党支部	1	2	0
共着党支部	2	2	0
木鲁谷党支部	2	1	0
碧谷党支部	3	2	0
都土党支部	2	1	0
吴公党支部	0	0	0
罗什作党支部	2	0	0
吉念平党支部	0	0	0
达拉党支部	3	1	0
归吓党支部	2	2	0
如林党支部	0	0	0
都日谷党支部	2	2	0
齐学谷党支部	0	0	0
诺南保党支部	3	1	0
布普党支部	7	2	0
合计	27	18	0

到2016年8月31日，联合村党员总数已发展至399名。其中，女党员148名，占党员总数的37%；60岁以上党员76人，占党员总数的19%；高中及以上学历35人，占党员总数的8%。

表6 2016年联合村党员统计表

单位：人

党小组	人数	男	女	60岁以上	退休	小学	初中	高中	大专以上	备注
塘安谷	9	4	5	3	2	5	1	2	1	
碧古	7	5	2	2	1	5	1	1		26
吴古	10	9	1	2		9	1			
如林	22	14	8			13	6		2	22
诺南保	27	7	20	3	2	22	2		3	27
达拉	23	20	3	3	1	13	7	2	1	23
吉念平	33	18	14	2	1	30	1	2		33
都土	21	7	14	3		18	3			21
罗申作	21	18	3	2		19	2	1		21
木鲁谷	29	19	10	5	4	25	3	1	2	29
吴公	23	17	6	4		14	5	3	1	23
归吓	17	12	5	1		15	3			
奶斯	13	5	8	3		9	3	1		39
门宗	9	6	3	2		6	2	1		
共着	27	11	16	4	2	21	4	2		27
都日谷	22	13	9	9	1	19	1	2	1	22
祝公	29	15	14	9		25	2	2		29
齐学谷	21	18	3	9		18	2	1		
开细	9	7	2	2		9				38
区丁	8	8		2		8				
布普	19	17	2	6	2	14	2	3		19
合计	399	250	148	76	16	317	51	24	11	399

联合村在党员发展工作中取得了良好效果的同时,还将党员服务群众作为一项重要指标纳入党员民主评议内容,有效提升了党员服务群众能力。

从1965～2016年,联合村共产生了14届13人担任的村总党支部书记。

表7 联合村历届村支部书记名录

姓名	性别	民族	籍贯	任职时间	备注
肖旺堆	男	藏族	小中甸	1965～1969年	
巴桑	男	藏族	小中甸	1970～1973年	
肖旺堆	男	藏族	小中甸	1973～1982年	
开西队主	男	藏族	小中甸	1982～1985年	
张德先	男	藏族	小中甸	1985～1988年	
肖格茸	男	藏族	小中甸	1988～991年	
余文中	男	藏族	小中甸	1991～1994年	
孙诺	男	藏族	小中甸	1994～1997年	
杨学光	男	藏族	小中甸	1997～1999年	
杨焕新	男	藏族	小中甸	1999～2001年	
高永生	男	藏族	小中甸	2001～2004年	
拉茸	男	藏族	小中甸	2005～2006年	
陆三	男	藏族	小中甸	2007～2013年	书记兼主任
林秋生	男	藏族	小中甸	2014～	

资料来源:香格里拉县小中甸镇人民政府编印:《香格里拉县小中甸镇志》,2010年,第32页;2016年8月3日调查所得。

2015年建成村总支书为民服务站、农村支部为民服务站,村级综合服务平台投入使用,三级网格管理服务员通过进村入户对群众急需解决的问题、维稳信息进行收集、上报至村为民服务站,在权责范围内的服务站负责办理,超出权限的上报至镇为民服务中心,形成组—村—镇的上报、办理机制,实现便捷高效为民办事。

小中甸水库建设是近几年联合村最大的事情,共涉及联合村16个村民小组,移民搬迁95户497人,生产安置人口1909人,征占耕地、园地、草地共计1500余亩,涉及诸多利益矛盾。联合村党总支为重大项目建设的工作中做到了"三到位"。一是一线工作落实到位。大力推行一线工作法,即"情况在一线掌握、决策在一线构成,问题在一线解决,矛盾在一线调处,形象在一线建立",把领导在项目现场决策、网格管理服务员在田间地头落实及政策法规宣传解释贯穿在移民安置工作始终。二是群众诉求落实到位。网格管理服务员深入村组收集社情民意,对涉及群众切身利益问题的决策,采用"双向"推进,对群众诉求合理的,做到解决到位、帮扶到位;对群众诉求不合理的,解释、疏导、教育到位。三是政策资金落实到位。为打消群众对资金发放环节多、经手人多容易出现纰漏的疑虑,村总支经多方考证,建立一户一账号,资金直接拨至农户账号,并对各类政策资金的落实发放和项目实施情况张榜公示,确保政策资金兑现及时准确到位。"三到位"使移民政策落实公开、公平、公正,有效地推进了和谐村创建。

联合村党总支以党的群众路线教育实践活动、"三严三实"和"忠诚干净担当"专题教育及"深入宣传贯彻党的十八届四中全会精神千名干部下基层推进美丽香格里拉建设"等活动为契机,深入基层宣传政策法规60余次,有效地搭建了党群连心桥。

近年来,联合村党组织活动经费有了保障。党总支每年活动经费30000元,党总支副书记每人每月1800元,党支部书记每人每年1200元,农村党支部每年2000元,每个村民活动小组1000元,农村党员培训经费每人每年50元、活动经费每人每年100元。

至2016年，联合村委会驻地建成1000平方米的为民服务活动场所，其中活动室面积450平方米，建有为民服务站、村"三委"办公中心、群众文化活动中心、党员群众科技培训中心、群众接访中心等，同时建成15个为民服务点，村、组服务场所发挥着为民代办事务、接访群众、开展党员群众教育培训、文化娱乐等功能，是服务场所达到"建、管、用"的效果。

联合村委会通过服务平台的搭建、服务机制的完善，实现了群众办事不出村。开展村干部轮流值班制度，以"三落实"工作法服务宗教工作，以"三深入"工作法化解矛盾纠纷，以"三到位"工作法做好移民工作，确保了服务群众维护村内的和谐平安。扎实开展环境综合整治，定期开展环境卫生整治活动，部分党支部率先实行支委委员包片、党员包段的卫生制度，党员带头开展214沿线及重要景区廊道风貌控制管理活动，动员党员群众种树，有效推进生态文明建设。

联合村委会积极为群众提供科技培训，自2011年来开展科技培训30余场4000人次，有效提高了党员群众科学种养殖能力，引导群众转变经营模式、积极调整产业结构，引进中药材种植产业，实现群众增收，2014年人均纯收入达6500元。

联合村积极响应上级号召，努力推进小康村、和谐村、生态村的建设。村为民服务站以综合服务平台为群众提供技术咨询、代办事务；包保干部深入村组开展政策宣讲，并开展技术培训等，为群众提供便捷高效的服务，做到群众办事不出村。村委会还选择两名带头致富人分别给予8万元、10万元的农村党员带头带领群众致富贷款，实施带富效果明显。同时积极探索发展"股份合作经济"，壮大集体经济，引领党员群众增收致富，其中：祝公社党支部投入2万元带头建立无公害蔬菜种植实验基地，党总支投入10万元入股次姆种植户，集体经济收益1万元。

一是村委会每年活动经费1万元，二是村干部待遇有保障。从2015年起，村委会主任每人每月2200元，村委会副主任每人每月1800元，村监委主任每人每月1800元，大学生村官每人每月2500元，村民小组长每人每月1200元（若是村民小组长、支部书记一肩挑的，每人每月1800元）。自1957~2016年已产生13届村委会11位村主任，其中有2人曾任两届村主任。

表8 联合村历届村主任、大队长、乡长名录

姓名	性别	民族	籍贯	任职时间	备注
知诗定主	男	藏族	香格里拉	1957~1958年	
杨桂林	男	藏族	香格里拉	1959~1962年	
农布定主	男	藏族	香格里拉	1963~1965年	
肖汪堆	男	藏族	香格里拉	1965~1984年	
汪学成	男	藏族	香格里拉	1984~1985年	
肖格茸	男	藏族	香格里拉	1985~1990年	
孙诺	男	藏族	香格里拉	1991~1993年	
杨焕新	男	藏族	香格里拉	1994~1998年	
尼玛	男	藏族	香格里拉	1999~2000年	
农奴	男	藏族	香格里拉	2000~2001年	
尼玛	男	藏族	香格里拉	2001~2004年	主任
朵朵	男	藏族	香格里拉	2004~2007年	主任
给玛	男	藏族	香格里拉	2001~2006年	副主任
陆三	男	藏族	香格里拉	2001~2006年	副主任
陆三	男	藏族	香格里拉	2006~2008年	主任
齐林定主	男	藏族	香格里拉	2009~2014年	主任
齐林定主	男	藏族	香格里拉	2015~	主任

资料来源：香格里拉县小中甸镇人民政府编印：《香格里拉县小中甸镇志》，2010年，第32页；2016年8月7日调查所得。

联合村委会制定了严格的值班制度。工作时间同镇政府工作时间保持一致,特殊工作实行24小时值班。值班领导为村党委书记、村委会主任、村监委主任,值班人员为村委副主任、大学生村官、新农村指导员。各村在规定的工作日和周末,由村干部在村委会轮流值班,开门办公,服务群众。值班人员对值班当天的群众来访和出现的问题负首要责任。值班期间主要负责接待、协调和处理工作,解决群众在生产、生活中的困难和问题,接待群众来访,调解群众纠纷、邻里矛盾,办理相关手续,受理村民对工作的意见和建议,答复介绍村民提出的问题等。值班期间,还要及时更新党务、村务公开内容,维护村委会周围和活动室的环境卫生及财产安全。

（三）村民自治与政治参与

1. 民主选举

1982年,《宪法》规定:"城市和农村居民居住地区的居民委员会或者村民委员会是基层群众性自治组织。"小中甸镇联合村于2001年开始设村民委员会,生产合作社改为村民小组,实行村民自治。

根据党的十五大、十五届三中全会精神和县、乡两级党委、政府《关于改革村级体制实行村民自治工作的具体实施意见》的部署,2001年1月16日成立联合村村级体制改革领导小组。2月16日,成立首届村改选举委员会,委员9人。2月16～19日,分期分批召开群众大会450场次,累计到场人数1200人次,共张贴大小标语250条幅,出黑板报15期,发放选民证,选举村民小组长21人、妇女组长21人、村民代表47人,"通过十人联名"和直接报名方式产生初步主任候选人,副主任、委员候选人共39人。3月15日,分组召开村民大会进行预选,确定正式候选人。首届村民大会于2001年3月21日在联合村公所举行,全村共有选民2488人,参加选民以无计名投票方式在指定秘密写票处填写选票,选举产生了村民委员会主任尼玛,副主任陆三、给玛等组成村委班子。

首届村民代表大会于2001年4月2日在联合村委会举行，代表47人，到会47人，给玛代表村委会作了《联合村民委员会三年任期目标》的报告，讨论并通过《村民自治章程》《村规民约》《村委会职责》《村民会议制度》《村民代表会议制度》《村民小组议事原则》《村委民主评议制度》《治保调解委员会工作制度》等规章制度，并设立了治保委员会、调解委员会。

2001年4月3日召开村妇代会、团代会，改建民兵组织，规范档案。

以后每届于每年12月份召开村民代表大会，村"两委"负责人向大会作工作报告、工作计划、财务收支情况，代表审议通过。

第二届村民大会于2004年4月22日在联合村委会举行。全村共有选民2652人，到会人数1726人，委托投票332人，实际参投选举2056人。会议按照《云南省村民委员会选举法》程序，选举产生了联合村民委员会主任1人，联合村民委员会副主任2名，委员4名。同时召开村民代表大会，38名代表全部到会；会议审议了《村委班子三年任期目标》，评论并修改了《村民自治章程》等11个规章制度，并在村民中进行讨论通过。

第三届村民大会于2007年4月30日在联合村委会举行。全村共有选民2721人，到会人数1866人，委托投票855人，实际参投选举2721人。会议按照《云南省村民委员会选举法》程序，选举产生了联合村民委员会主任1人，联合村民委员会副主任2人，委员4名。同时召开村民代表大会，42名代表全部到会，会议审议了《村委班子三年任期目标》，并对现有的《村民自治章程》进行讨论修订。

以后每隔三年举行一次村民代表大会，截至2016年共召开六届，每次会议都会对《村委班子三年任期目标》进行审议，对《村民自治章程》进行讨论修订。

2. 民主决策

村民除了选举权外，还具有民主决策的权利。凡涉及联合村各个村民利益的重要事项，各村民小组组长会召集每户的代表进行商议，最后按多数人的意见作出决定。主要有村集体经济项目的立项、土地承包方案、村集体经济收入的支配、宅基地的使用方案、接纳新人入户、村内道路等基础设施建设等公益事业的经费筹集及村公益事业

◇联合村委会大门

的建设承包方案等。有时比较小的事情，如参与集体劳动发放误工补贴的人数及补贴标准、春播秋收的时间、轮流进行田间管理的秩序等，也会召开村民代表会议进行协商。

3. 民主管理

联合村的民主管理，主要是依据国家的法律法规和党的方针政策，结合各小组的实际情况，全体村民讨论制定《村民自治章程》（或《村规民约》），对本村户籍管理、土地管理社会治安、村风民俗、计划生育等方面做出详细规定，明确全体村民的权利和义务，以便于加强村民和村干部的自我管理、自我教育和自我服务。

4. 民主监督

联合村的民主监督，主要是通过村务公开、民主评议村干部和村委会定期报告工作等形式开展。其中重点是村务公开，凡是村里的重大事项和村民普遍关心的问题，都必须向村民公开。如小中甸水库的建设项目等都受村民监督。日常工作中，村民监督村委会工作和村干部的行为。

（四）社会保障

1. 救灾救济

自清代以来即有关于救灾救济的记载，即使是"文化大革命"期间也

没有停止。改革开放以来,救灾救济工作进一步加强。1983年迪庆州全州发生旱、虫、冰雹灾害,政府拨专款救灾。1991年,小中甸全乡粮食作物因受自然灾害大幅减产,县民政下拨救灾救济款22600元,其中优抚费3600元、社会救济900元、救灾10000元。1995年民政局给小中甸发放救灾棉被30床、棉毯20条、鞋15双。同年6月,又下拨25000元现金用于解决春夏荒期间部分贫困户的缺粮问题,联合村分配到11143元。1996年县民政又给三个村下拨救灾款1500元。同年,还发放救灾物资毛毯、被子、罐头、饼干给三个村的灾民。2000年,小中甸境内发生严重的自然灾害,民政部门为联合村下拨春夏荒返销粮1.6万公斤。2005年和2006年,政府每年给小中甸镇三个村拨发2万元救灾款。2007年,发放冬季救助粮15吨。[1]2013年香格里拉发生地震,民政部为小中甸三个村下拨救灾款以及救灾粮食,并送去帐篷、食物和御寒衣物等。联合村委会开展"8·23"地震灾后重建民房加固工程。

2. 社会福利[2]

1965年,小中甸和其他地区一样,开始检查"五保"工作,规定每个村集体都要供养五保户。至2006年,小中甸全镇有五保户42人,每人每季度有150元补贴。2014年,五保户集中供养每月287元,分散供养每月167元。

3. 社会保险[3]

联合村网格管理服务员直接深入村组、农户家中进行政策法规宣传活动,开展合作医疗、养老保险、牲畜保险等事务代办以及安全生产排查整治等服务民生工作。包括以下几项:

---

[1]香格里拉县小中甸人民政府编:《香格里拉县小中甸镇志》,2010年,第264页。
[2]香格里拉县小中甸人民政府编:《香格里拉县小中甸镇志》,2010年,第269页。
[3]资料来源:联合村委会公告栏,2016年8月。

（一）老年人高龄补助

补助标准：80岁至89岁每人每月20元，90岁至99岁每人每月50元，100岁以上每人每月200元。

（二）新型农村社会养老保险补助

补助标准：年满60周岁时，未享受城镇职工基本养老保险待遇的有农村户籍的参保人，享受基础养老金每月55元，其余按缴费档次补助。

（三）农村义务教育保险

农村义务教育阶段学校农村户籍在校学生和城镇户籍特困家庭享受补偿，小学1600元/生·年，初中（高中）1700元/生·年。

（四）农业人口独生子女及人口和计划生育"少生快富"工程奖励

对独生子女的父母每人每年发给840元。符合"少生快富"奖励对象的独生子女、双女户，每对夫妻一次性奖励3000元。

四、文化建设

（一）公共文化基础设施

2010年，联合村建有1个农家书屋。2012年，联合村建设完成村委会公示栏、篮球场看台。①截至2013年底，联合村有708户通电，有558户通有线电视，拥有电视机农户680户，安装固定电话或拥有移动电话的农户数720户，其中拥有移动电话农户数203户。②2015年，联合村布普、诺南保、康

---

①访谈人王玉琴，受访人扎西尼玛，36岁，联合村党支部书记，时间：2016年8月3日，地点：联合村。

②小中甸镇联合村委会提供。

安谷、区丁4个村民小组皆新建100平方米活动场所。① "十三五"期间，联合村计划在2016年完成村级100平方米超市建设和共着村民小组通信网络建设，2017年完成如林、齐学谷、木鲁谷、门祖、罗申作、都土、都日谷等7个村民小组的农网改造，并计划对唐安谷、奶思、木鲁谷、罗申作、吉念平、共着、都土、达拉、布普、碧古等10个村民小组进行公共服务设施及活动场所改善。②

（二）民族传统文化遗产保护

2003年11月，香格里拉县要求下辖各乡镇按照《云南省民族民间传统文化保护条例》和《香格里拉民族民间文化普查实施方案》的规定开展民族民间文化普查。12月，小中甸对全乡3个行政村50个村民小组进行第一阶段普查工作。普查小组走村串户进行田野调查，收集到第一手资料。2004年2月，将调查资料进行汇总，撰写文字资料约12万字，图片资料40多张，录音资料1盘。小中甸在此次民族民间文化普查中，共发现5名优秀民间艺人（包括山歌、民间手工纺织、传统藏医等），经县普查办审查后认定其中3人为市级非物质文化遗产传承人。③

联合村有2名州级非物质文化遗产传承人。一位是民间歌舞传承人——给玛，1958年出生，15岁开始在集体牛场放牛，一起放牛的两位老人很擅长唱歌、跳舞，给玛跟随他们学习了几年后就去当兵。退伍后又回到村里继续跳舞。他会跳各种类型的民间歌舞，尤其擅长情卦、茶会歌。联合村每逢有人结婚都会请他去跳舞。2001年中甸县改名香格里拉时，他组建了小中甸阳塘迟巴队并担任领队，曾多次带队参加迪庆州内的各级歌舞表演并获奖。2004年给玛成为市级非物质文化遗产传承人，2007年成为迪庆州

---

① 联合村委会公示栏统计资料，2015年。
② 《小中甸镇联合村"十三五"扶贫攻坚专题研究报告》，2016年，小中甸镇人民政府提供。
③ 香格里拉县小中甸镇人民政府编印：《香格里拉县小中甸镇志》，2010年，第237页。

非物质文化遗产保护名录《情卦、茶会歌》代表性传承人。① 另一位是藏族藏医药传承人——次吾，1969年出生，其出身于藏医药世家，爷爷和父亲都是当地有名的民间医生，次吾是家族第七代传承人。他从16岁开始边务农边跟随父亲学习家传的藏医药知识，至今已有三十多年。他不仅能看病治病，而且具有丰富的药学知识，能正确辨认、采集各种药材配制成藏药。他能够辨认出130多种植物药、10多种动物药。他以自己看病、自己采药、自己配药、自己使用的方式，治愈了无数患者。其诊断全凭肉眼，完全靠记忆和祖传的诀窍来给患者确诊和开药，现可诊断50多种疑难和常见疾病，尤其擅长诊治胃病、风湿、肝病、食物中毒等。2010年，次吾列入迪庆州第三批非物质文化遗产保护名录项目代表性传承人。②

（三）教育

受藏传佛教影响，历史上香格里拉教育的主要形式是寺院的佛学教育，其次是散布于各地的私塾学堂。小中甸只有部分富家子弟才得以入民教部习文修经。③

新中国成立后，小中甸教育事业由小到大，由弱转强，不断健康成长。1952年，在小中甸联合村共卓村民小组以东靠山脚处，设立"中甸县省立第二小学分校"一所，招收了第一个高级小学班，有学生50名，均来自小中甸各大队各村子，其校当时有教师5名。1954年，小中甸的学校由一所增至四所（共卓第二省分小、碧古分小、热水塘分小、南尼扣分小）。在共卓第二省分小和热水塘分小还进驻了部队，教师分散教学，部队里的军人支持进行辅助教学，形成军助学校教育教学的格局。1956年，增设了

---

① 访谈人王玉琴，受访人给玛，60岁，时间：2018年2月28日，地点：联合村吉念平小组。
② 香格里拉县文化体育广电局编著：《香格里拉县非物质文化遗产保护名录》，云南科技出版社，2014年版。
③ 香格里拉县小中甸镇人民政府编印：《香格里拉县小中甸镇志》，2010年，第241页。

小中甸小学，同时开始产生小中甸本土培养的教师。1966年始，小中甸小学改称小中甸公社中心完小；共卓小学改称为红党完小；碧古小学改称为光明完小；南尼扣小学迁至团结向卡，称团结向卡完小；热水塘小学改称热水塘完小。1969年，在"小学不出村"精神指

◇暑假在村里的篮球场上做暑假作业的中小学生

导下，又增设了红山小学、吉沙小学和（红星）尼西小学、阿央谷小学4个教学点。1971年，又增设了嘟土小学（今联合完小前身）、联合小学（现齐学谷小学）和塘木南小学。1973～1977年间，又增设了归吓小学、布普小学（原称幸福小学）、申可丁小学和多南宝小学（原称光辉小学）。1997年小中甸实施撤乡设镇规划，原小中甸中心完小设为小中甸小学。① 截至2007年，小中甸共有学校22所，其中：全日制寄宿制小学1所，村完小3所，两师一校11所，一师一校7所。②

新中国成立初到1976年左右，小中甸地区的各小学按民国年间的"四二"制进行教学。1977年，实行"全日制五年制"教学，1981年恢复六年制教学。1979年秋开始试行藏语文和汉语文双语教学，在小学五年级和六年级增设藏语文课程，通用至今。③

1993年中央颁布《中国教育改革和发展纲要》，提出到20世纪末，基本实现"两基"的战略目标，至此，"一普一扫"成为教育教学工作的重

---

①香格里拉县小中甸镇人民政府编印：《香格里拉县小中甸镇志》，2010年，第241～242页。

②《香格里拉年鉴（2008）》。

③香格里拉县小中甸镇人民政府编印：《香格里拉县小中甸镇志》，2010年，第242～243页。

中之重。1995年,小中甸掀起了"一扫""一普""一提高"的全民办学高潮。截至1999年底,小中甸参加扫盲学习人员达2275人,经考试合格并取得脱盲证书的有2264人,全乡非文盲率达99.1%,脱盲巩固率为96.5%。2005年,小中甸实现了"普九"目标。[①]

21世纪以来,小中甸实施了多项教育惠民政策。2004年开始实施"两免一补"政策,2007年开始实施高原农牧民子女学生生活补助,2011年开始实施学生营养餐改善计划,2007年开始实施"贫困大学生救助"工程,2008年开始实施生源地大学生助学贷款。教育惠民政策的实施,解决了农村贫困家庭供不了学生上学的困难,资助了许多面临失学的学生,为他们铺就了一条走向成功的光明之路。[②]

(四)宗教信仰

历史上,在小中甸境内曾有过苯教寺庙三座,其中一座在联合村,即达拉贡巴寺,但后来被毁。目前,联合村全民信仰藏传佛教格鲁派。

与联合村密切相关的格鲁派寺庙主要有两座。一是松赞林寺中的阳塘康参,始建于清康熙年间,相传为小中甸籍格郭楚称活佛组织兴建。阳塘康参是小中甸籍的僧人在松赞林寺的宗教活动场所,而他们在小中甸境内的活动场所则为另一所格鲁派寺庙——德吉林寺[③]。德吉林寺是阳塘康参

◇德吉林寺

---

① 香格里拉县小中甸镇人民政府编印:《香格里拉县小中甸镇志》,2010年,第244~245页。
② 香格里拉教育局:《香格里拉教育概况》,2015年9月。
③ 或称扎西德吉林寺,有的地方写作迪几林寺。

的分寺边。①

除了寺院外，联合村还有许多类型的宗教活动场所和设施，主要包括神山、烧香台、"鲁"（为敬水神场所）、白塔、转经筒、玛尼堆等。联合村有三座神山，分别是分布在布普村民小组的杜吉怕朋、吴古村民小组的在呵以及吉念平小组的夏给，其中夏给是女性神山，其余两座是男性神山。集体祭祀神山的时间为每年农历正月初一，其余时间，依据各家的实际需要自由进行。烧香台分布很多，从寺庙到圣地，从神山到村落，甚至平常百姓的房舍内均有设置。村里的烧香台称为"拉哈"，村落附近还有"夏给""给巴""夏索"等烧香台。村民的烧香活动称为"煨桑"，即将松柏枝叶、"松色"、"就卓"等放到香炉中点燃。"松色"是用青稞面、酥油、茶水等材料合成，"就卓"则由清洗干净的米粒和青稞粒各一半混合而成。到神山煨桑时，先点燃松柏枝叶放入煨桑台，再将"松色"洒在松柏上，然后向松柏上撒三次净水（通常为牛奶）。与此同时，口诵"松意"（即经文），最后大呼"雍酷书"结束。②每家每户都有自己的"鲁"，其地点不一，有的在湖边，有的在井边，有的在溪水边。水库修建后，共卓和吉念平两个村所有的"鲁"都被淹没了。吉念平的村民在新的村口集体修建了一个水池和一个烧香台来代替原来的"鲁"，每户都去该处烧香。而共卓村则由村民将各自的"鲁"迁至新的村子。当地人认为"鲁"和家户的作用是相互的，只有把"鲁"供奉好了，家户才会兴旺。供奉"鲁"时要先将日木切、药材树枝、药草以及绿松石等金银珠宝放在"鲁"面前，再烧香祈祷。白塔在藏语中称为"绰丁"，以前每个村都有自己的白塔，"文革"时都被破坏。1980年代以后慢慢恢复，经济条件较好的都土村最先修建了白塔。2000年以后，大多数村落都开始兴建白塔。

---

① 香格里拉县小中甸镇人民政府编印：《香格里拉县小中甸镇志》，2010年，第83页。
② 拉茸央宗家宗教活动记录，2016年11月16日。

◇吉念平村民小组集体的烧香台　　　◇吉念平村民小组集体的祭祀神山的地方

联合村境内共有白塔21座，除如林和开细两个村外，其他村至少建有一座白塔，而布普和吴古两村则分别有两座。联合村共有82座玛尼堆，大都是很早就建成的，每村至少有1座，最多的布普村有10座。

村民家中也设有烧香台，此外还有经堂、佛龛，因各自经济状况而大小、质地不等，通常供奉有佛像、佛经、香炉、净水碗、酥油灯等。对于藏族来说，一日的宗教活动以早晨的最为重要，到自家的煨桑台烧香是每户居民每天晨起后最重要的事。现在通常由家中最早起来的人举行，男女老少皆可，但传统观念认为最好由男子来做。下面即以拉茸央宗家2016年11月16日早晨的情况为例，来说明村民日常晨间的宗教活动：

7点多钟，拉茸央宗的母亲（打能卓玛）便起床了。在完成烧火、洗漱等事后，8点钟左右她开始进行这一天最重要的一件事——煨桑祭祀。她首先在家中的卧室、二楼经堂、客厅三处神龛前烧香。其做法是：先打来一瓢清水将供奉的净水碗加满，然后在香炉里放少许香，再从火塘里盛出少许火炭倒进去，同时念诵赞美"贡区松"（即佛法僧三宝）等经文，祈祷家人这一天健康平安。然后她会前往家里的烧香台烧香。烧香台旁已放好了煨桑用的松叶和梨刺叶，它们是由家中的女人在平时备好的，经过长

◇家庭内部的烧香台

◇经堂

时间晾晒,一点即可燃烧。其做法是:先把梨刺叶放进烧香台里点燃,再把松叶放上去,之后撒上一些平时弄好的"松色",再将打来的水撒上一些,同时念诵煨桑经。经文大多是一些祈祷语。

吃完饭,拉茸央宗的奶奶(追玛)就会带上烧香用的袋子,再收一些梨刺叶和松针叶前去村里的烧香台(村民称之为"拉哈")烧香。袋子是有两边的,一边装着"松色",另一边装着"就卓"。烧香的方式是:先点燃梨刺叶,再把松针叶放上去,之后把"松色"放上去,再撒上一些"雍绰"(牛奶),最后绕着"赞崩"(经幡)边转圈边念诵祈祷语,同时不停将手中的"就卓"撒向"赞崩"。[①]

平常村里不管男女老少只要有时间都会去村里的"拉哈"烧香台烧香。人们平时早晨也会去村里的白塔烧香台烧香,再绕白塔和转经筒各转三圈。村民也会不定时前去村落附近的"夏给"等处烧香。每月的初一、十五,村里的老人会去村里的各烧香台、神山、"鲁"烧香祈福。最为隆重的是六月十五日,这一天村里所有的烧香台上都会冒着一缕缕香烟。

(五)节庆习俗

小中甸节日文化极其丰富,有藏族族传统的节日,也有与其他民族特

---

①拉茸央宗家宗教活动记录,2016年11月16日。

别是汉族长期融合形成的共同节日，体现了小中甸的独特性和地域性。

1. 藏历年

小中甸的藏族称藏历新年为"阿达腊斯"，即"和尚新年"。届时，松赞林寺放假五天，僧众吃过年夜饭，可在寺内放声唱民歌，高声呼叫，在寺前跑马等。①20世纪80年代，《迪庆藏族自治州民族自治条例》颁布实施，规定全州机关单位藏历年放假3天。但民间一般不举行活动。

2. 春节

藏语称"勒斯诗"。临近腊月，村民们便为准备春节忙碌起来，一是杀年猪；二是准备新年物品，包括衣服、食品及供物等。食品中必不可少的是豆腐、腌菜，还有红糖、粉丝、粉皮、鲜菜等。除神龛前的供物（柏叶、纸花）外，还必须准备初一到神山烧香用的物品。大年三十前，要将

◇ 村口的玛尼堆和白塔

---

① 香格里拉县小中甸镇人民政府编印：《香格里拉县小中甸镇志》，2010年，第70页。

火塘大铁三角上固定三个铁锅的泥巴换成新的,将住房内外打扫干净。藏语称"迪干吓",意为除旧尘。受县城汉族影响,有贴春联、贴门神的习俗。

大年三十早晨,每家派人到村里的"拉哈"烧香台煨桑回来后,就要开始准备神龛前的供物,称为"山吹"。供桌有三层台阶,最上面一层放"丁都鲁",即一竹编小箩筐,内盛少量青稞,上插"那第"(一根缠有吉祥彩带的棍子)。紧靠"丁都鲁"放着的是各家杀年猪时最大的猪油。第二层正中放上年前炸好的麻花,两边各摆一块红糖,再在两边各摆一饼酥油,酥油上面各摆一块下关砖茶。最下面一层两边摆两个花瓶,中间后排放有七个敬水碗,前排

◇ 神龛前供奉的"山吹"

◇ 除夕夜的夜宵——"那高散"

则为烧香炉和酥油灯。在"山吹"左右还要各放一小株松柏,现在由于森林禁伐而改用圣诞树代替。

大年三十下午,待家中所有成员都沐浴后才能开始准备年夜饭。年

夜饭为汉式菜肴，通常要烹制12道左右。除夕夜是全家最忙的一夜，神龛前的供品要摆好，并点上酥油灯，连水柜里的大小铜瓢都要擦洗得闪亮。还要将做好的年夜饭每样取少量放在烧香台里煨桑，意为给已经过世的家人送年夜饭。同时还要盛一碗米饭，上面放上几块腊肉，供奉在"山吹"前，希望保佑来年不缺粮食。祭祀完毕在各家大门前燃放爆竹后才能开始吃年夜饭。吃完后，家长开始准备"那高散"作为夜宵。每人面前各有一盘，底层放有三块琵琶肉，上面放有香肠、猪肺、猪肝、猪舌等。

初一天亮前，妇女要到"鲁"边争头水，预示来年有好的兆头。打水回来后，家中男子则要更换房顶的经幡，再前去村中的"拉哈"烧香台烧香。烧香后围着火堆坐下，从年龄最小的开始给年长的人磕头拜年。所有人都拜完后就放鞭炮回家，吃完早点后到各家拜年。藏语叫"阿斯尼"，汉语有辞旧迎新的意思。上亲友家拜年，要带上简单的食品作礼品。乡村中，路遇长辈或亲友，晚辈必须向长辈叩头拜年，长辈回以祝福。

大年初三上午，村中所有的男子都要带上"部尖"（拴着风马旗的竹竿），及烧香用品到本村神山上的"给巴"烧香，为新的一年祈福。下午则举行运动会和文艺表演。

大年初六，全村人去神山脚下的"夏给"烧香。每家有固定的位置，先到者就先点起火堆，等人齐后妇女就开始烧水做饭。青壮年男子则去烧香台烧香，并插上经幡。接着由老人和小孩去烧香。中午全村人一起聚餐，午饭多为酥油茶和各家自制的腌菜，由年轻姑娘们把各家准备的食物混在一起均匀地分配给每家。下午一起在草坪上跳锅庄，同时还唱歌赞美神山。跳完锅庄后要把各家带来的肉和大米一起煮熟，然后分给每个人吃。吃完后各家收拾好带来的物品，围着火堆转三圈，边转边念"蜘蛛不要在这里拉网，拉网就拉金网银网；不要在这里产卵，产卵就产金卵银卵"，然后就各自回家了。

大年初十，村民都聚集到扎西德吉林寺进行朝拜、转山祭祀活动，藏语称"期知孤拉"。①这天要以村落或家族为单位一起烧火做饭,男子们先去寺后的神山顶上烧香并插上各家带来的经幡,再到寺庙拜佛。做完所有的祭祀活动后,午间整个村子或家族的人员就围着火堆聚餐,还要举行歌舞等活动。从这天晚上开始直至正月十五,村里要轮流念经。

大年十五是吉念平村一个特别的节日,上午村中的男子会拿着自家的经书、烧香炉、佛像等物品绕整个村子一大圈,同时念诵财神经。然后全村聚集在白塔处,男子负责插上新的经幡,女子则去村中所有烧香台烧香并绕白塔转圈。中午分食煮好的粥和带来的食物后各自回家,意味着春节结束。

3. 酥油花灯节

酥油花灯节由格鲁派创始人宗喀巴大师于1409年所创立,即藏历正月十五,是为了纪念释迦牟尼现身降伏邪魔。是日,小中甸联合村的藏族都要去参加。节日在松赞林寺大殿前广场举行,一大早寺内僧众将造型为各种神仙、花鸟的酥油花展于广场侧,让群众朝拜观赏。而后将向巴佛(弥勒佛)从寺内抬出,进行一段佛事活动后,抬着佛像绕行寺院,藏语称"廓拉"。届时,村民及僧众争相抢抬佛像,向佛像上抛掷哈达,口唱六字真言,人山人海很是壮观。②

4. 格冬节

格冬节是宗教节日,也称作施食节,有驱鬼、祈求来年风调雨顺之意③。每年藏历十二月二十九日在松赞林寺举行。藏历十一月初,松赞林寺就开始做准备,由"昌本"(面具舞的头目、教练)指定23名主要演员,

---

① 香格里拉县小中甸镇人民政府编印:《香格里拉县小中甸镇志》,2010年,第70~71页。
② 香格里拉县小中甸镇人民政府编印:《香格里拉县小中甸镇志》,2010年,第71页。
③ 香格里拉县小中甸镇人民政府编印:《香格里拉县小中甸镇志》,2010年,第71~72页。

及组建乐器班子。十一日起，在专门练习场所——"布拉阁"练习，二十五日由大寺堪布检查验收，二十六日进行一次预演，当天也允许群众观看。二十八日由大寺觉厦验收，现在则由寺管会集体验收。新中国成立前，信教群众把这个节日视为每年最为神圣的日子，如今，联合村吉念平小组自己在村里有活动，只有部分群众会在村里的活动结束后才去松赞林寺观看表演。

格冬节的面具表演分上午、下午两场。上午表演面具舞，各角色头戴各种动物头像，手持法器，按舞规依次出场，尔后围成一个圆圈，动作较凝重、庄严，在铜号、唢呐、大鼓等乐器伴奏下演出至中午。中午，由戴面具反穿皮袄的滑稽演员，在观众中指出一人（往往是男孩）表演从种到收的农事活动，动作诙谐，惹得观众笑声四起。下午表演"黑帽舞"，不戴面具，仅在面部围上黑纱。

5. 二月开犁节

联合村的藏族习惯把十二个月分为十二属相来称呼，二月称为"协拉吉宗"，意为鸡月。择月头的一天，村民以家族为单位，牵上牛、扛上犁架子、带上早备好的青稞等祭祀物品，到自家的田地里举行开犁仪式。主人将犁牛架给牛驾好后，喂牛吃青稞、糌粑之类的食品，边喂边要口念："我的宝贝，从今天开始又要劳驾你了，请你为我们好好干活，给我们全家带来好福气，我们会好好待你。"念毕，给牛角、犁架献上哈达，祈求来年风调雨顺、五谷丰登，然后在一块地里象征性地犁上几铧，在地的四周象征性地撒几把青稞。仪式毕后，要到约定好的一家吃午饭，这天这家主人会用最好的"琵琶肉"（藏语叫"怕切"）来接待客人。按习俗主人要将煮好的琵琶肉切成约10厘米长、2厘米宽的肉条，抬成"十字"架，分别摆放在客人面前供客人食用。此外，还要做高原黑麦粑粑和青稞糌粑，炸奶渣，打酥油茶。饭后各自回家，这一年的开犁仪式才算圆满完成。①

6. 浪拉节

"浪拉"意为牛月，每年藏历六月为牛月。六月为牛奶丰产期，也是酥油质量最好的季节。六月十五日，村民要用糌粑、青稞喂牦牛，求其多产牛奶，带来丰厚的收入。同时还要举行宴会，以庆贺丰产。②

7. 打拉节

七月十五日即赛马节，原本是小中甸团结村村民喜欢过的一个传统节日。近年来，由于政府在每年打拉节期间都会开展丰富多彩的群众文体活动，联合村的藏族亦开始庆祝这一节日。③藏族将七月视为希望的季节、美好的季节，因此人们在七月十五日这天会穿上盛装在草原上载歌载舞，举行民族传统体育竞技比赛活动，如赛马、二牛拔河、抱石、背水、摔跤、歌舞等。④

（六）民族文化传统与现代化

在经济全球化、各民族相互依存相互交流不断加速的现代化过程中，文化不断拓新，既守护和继承传统，又背离传统、走向现代的双向逆反运动，正构成当今世界各国各民族文化演变的一大奇观。⑤小中甸的民族文化传统亦面临着同样的处境，而联合村近年来举办的"藏域水乡文化节"正是将传统文化与现代化相结合的产物。

2015年，联合村举办了首届"藏域水乡文化节"。该活动是由时任联合村委会主任齐林定主倡议发起的，他希望借此达到两个目的：一是希望

---

① 香格里拉县小中甸镇人民政府编印：《香格里拉县小中甸镇志》，2010年，第73页。
② 香格里拉县小中甸镇人民政府编印：《香格里拉县小中甸镇志》，2010年，第72页。
③ 《香格里拉年鉴（2007）》。
④ 《香格里拉年鉴（2007）》。
⑤ 张炯：《传统文化与现代文化》，搜狐新闻http://news.sohu.com/20051109/n227439171.shtml。

通过节日引起人们对小中甸水库以及周边环境保护的重视；二是通过这个节日展示当地的传统文化以及当地特产。这一提议又得到了联合村卡萨藏刀第四代传人扎西旺丹的支持，他为活动的举办赞助了10万元，该活动因此被命名为"藏域水乡卡萨文化节"。活动由联合村委会组织举办，村委会给每个小组1000元活动经费，主要用于小组组织文艺演出人员的误工补贴。全村21个小组共支出21000元。由于第一次举办活动，村委会担心参与的人太少，还在每个小组都进行了宣传，并规定每户至少得有一个代表参与。但出乎意料的是村民的热情非常高，他们都积极地拿出了家里的各种"宝贝"，如打酥油的工具、传统的农具等。在活动举办过程中，还展示了各种当地的服饰和饮食，每个小组都表演了节目，如小中甸传统的锅庄。①

2016年8月，联合村又举办了第二届"藏域水乡卡萨文化节"，将节日定名为"藏域水乡卡萨民俗文化节"，并决定以后每年举办一次。在此次活动的开场白中明确提出，举办文化节的目的是"为了进一步挖掘和传承我们联合村的民俗文化，以及为今后发展乡村旅游奠定基础"。此次文化节以藏文化展览为主，马帮文化、茶马互市文化交流为辅。活动中，除了村民的参与外，市移民局、州老科协、市司法局等部门还借助此次活动到联合村进行了"普法、义诊、文化"三下乡活动。②

联合村的"藏域水乡卡萨民俗文化节"是由当地村落发起，村民积极参与，并逐渐得到外界认可和参与的一个新节日，其以"挖掘和传承传统文化"为手段，旨在将联合村打造成观光旅游乡村，以增加群众收入，实现脱贫致富的目的。

---

①访谈人王玉琴、拉茸央宗，受访人齐林定主，第16任联合村委会主任，时间：2016年11月25日，地点：联合村。

②《小中甸镇简报》，2016年8月10日。

（七）公共卫生与民族医药

联合村村民目前的医疗主要依靠小中甸卫生院，距离村庄14千米。小中甸于1956年5月始建卫生所。"文化大革命"期间，小中甸卫生所下设3个医疗点、3个大队赤脚医生，培养了8个小队的卫生员，初步形成了医疗卫生服务网络，农民群众的看病就医得到基本解决。1979年，小中甸卫生所更名为小中甸公社卫生院，设立了内科、外科、妇产科、防保科、中医科等业务科室。1997年开始，小中甸卫生院全面推行乡村卫生一体化管理体制，把卫生院具有中专学历并有一定工作经验的卫生技术人员充实到村卫生室工作，替代原有的赤脚医生，并在行政、业务、人员、财务、药品、价格、收费等七个方面统一由卫生院管理。乡村一体化管理的实施，有效控制了各种传染病的流行和蔓延，并使农民群众得以及时就近就医，从而为实现"小病不出村，大病不出乡"的目标奠定了良好的基础。1999年，原中甸县林业局职工医院归并至小中甸卫生院，卫生技术队伍得到进一步充实和加强。2003年，随着新型农村合作医疗试点工作的开展，卫生院加大了改革力度，实行了院科两级管理。2005年，卫生院不断完善内部管理制度，逐步走向正规化、规范化。截至2009年，小中甸卫生院共设有9个职能科室，下设1个便民门诊和3个村卫生室，12个农家卫生室；新建住院部设有18张病床，每千人拥有病床1.8张。[①]

2001年，小中甸率先启动农村合作医疗试点工作，每年各级政府对参合农民人均补助40元，个人集资10元。2008年起，各级政府提高补助资金，从人均补助40元增加到人均补助90元，个人人均筹资10元；地方政府根据新农合资金每年补偿情况，不断提高门诊及住院补偿比例。[②] 目前，

[①] 香格里拉县小中甸镇人民政府编印：《香格里拉县小中甸镇志》，2010年，第250~253页。

[②] 香格里拉县小中甸镇人民政府编印：《香格里拉县小中甸镇志》，2010年，第258页。

联合村采取的新型农村合作医疗参合标准为:每人每年缴纳30元(其中:县级政府5元),中央财政每人每年补助60元,省级财政每人每年补助60元。① 2010年,联合村新型农村合作医疗收取率已达到100%。到2013年底,联合村全村参加农村合作医疗3857人,有效地解决了农民就医难、看病贵的问题,大大缓解了"因病致贫、因病返贫"的现象。②

为提高农民的健康意识,小中甸卫生院还积极开展各类公共卫生宣传活动。2013年,开展公众下乡宣传活动10次,举办知识讲座12次,开展健康咨询活动9次,下乡群众会议讲座3次,发放宣传资料3500份,出黑板报35期,更换宣传栏4期,内容以宣传产前检查、孕期保健、住院分娩、儿童保健和儿童预防接种、结核病、艾滋病、麻疹等各类传染病和多发病、地方病的防治知识为主。③

香格里拉丰富多彩的地理环境和自然资源造就了其多样的气候生态系统和丰富的物种资源,千百年来各民族在此的迁徙与文化碰撞又形成了其民族的多样性。多元的民族文化融合多民族的医药文化知识,孕育出了丰富的民族医药文化,其医学也随之形成了兼容并蓄的特点,藏族医药、中医药、纳西族医药、白族医药等在此相互融合、共同发展。藏医技术具有浓郁的民族特色,如民间流行的"苯医",主要有放血、火灸、涂抹三种疗法。放血疗法主治各种跌打损伤或久病成瘀的病症;火灸疗法主治寒性头痛和风寒湿

◇ 村民在自己院内种植的重楼

---

① 联合村委会公告栏,2016年8月。
② 《香格里拉年鉴(2014)》。
③ 《香格里拉年鉴(2014)》。

邪阻滞经络的各种病症；涂抹疗法主治扭伤、关节脱位、骨折复位等外伤杂症。[①]此外，藏医独有的疗法还有酥油止血、青稞酒糟热敷等。

　　小中甸出产的藏药常见的有虫草、红景天等。此外，本地的中草药资源也很丰富，包括贝母、秦艽、大黄、丹参、雪莲花等。[②]近年来，小中甸因地制宜，积极探索农业产业结构调整，开始推广种植玛咖、重楼、秦艽等中药材。2013年，全镇玛咖种植面积达6000多亩、重楼50亩、秦艽200亩及云木香50亩。[③]

五、社会组织

（一）传统婚姻习俗

　　小中甸联合村藏族的传统婚姻多为包办婚姻，自由恋爱结婚者较少。父母包办主要就是看对方的家庭条件和家中长辈的人品。

　　联合村的各个家庭，不论有多少子女，也不分男女，均由老大当家。新中国成立前，藏族家庭男孩出家的情况较普遍，也有女孩出家的情况。如果老大出家，则由其他子女当家。

　　20世纪80年代以后，因实行计划生育，联合村绝大多数家庭都只有两个孩子，而且几乎都上学，因此如果老大考上中专或大学离开村子，就由老二来当家；如果两个孩子都考上中专或大学并参加工作，则一般仍由老大当家。据项目组调查，联合村吉念平小组女子当家的有18家，男子当家的有19家，有一家是孤寡家庭。

　　联合村的藏族都有定婚的习俗。过去孩子长到十五六岁，父母就会为其物色结婚对象。一般讲究门当户对。看上谁家的孩子，家长就请活佛

[①] 云南省中甸县地方志编纂委员会编：《中甸县志》，云南民族出版社，1997年，第887页。

[②] 香格里拉县小中甸镇人民政府编印：《香格里拉县小中甸镇志》，2010年，第45~46页。

[③] 《香格里拉年鉴（2014）》。

或职业卜卦者确定。之后委托一位能说会道的亲戚上门并送少许礼品,作试探性的求亲。对方若无异议,则由一位有威望的亲戚,通常是父亲的长兄或者母亲的哥哥带上两三个人去定亲。双方都要邀请亲戚参与定亲仪式。民主改革前,娶方有向嫁方献彩礼的习俗,主要以牛、马、羊为主。1957年民主改革后,除送父母一套衣服外,其他只象征性的以金代物,一匹马代金3元,一条牛代金2元,一只羊代金1元。[1]进入20世纪80年代,求亲一方需要带上茶叶(通常是下关沱茶)、哈达、酒等,现在多带大米、面条、水果、粉丝、琵琶肉,不可以带青稞,因为青稞是黑的,只能带白的。到了对方家里,要先将所带的茶和哈达等供于中柱前,再向对方父母或家长磕头求亲,对方又将茶和哈达等供于神龛前。一般要去三次表示诚意。如果第一次去时就已经能定下婚事,便将所带礼物留下;如果不成,则把礼物带走。通常这三次见面在一个月内,也就说一个月内就可以定下婚事。

在第三次见面时双方商量好时间后,一起去见活佛,请活佛根据两人的生辰八字算定结婚的日子。活佛所定下来的日子,一般是在藏历十月、十一月,也就是农忙之后空闲的时间。算定日子后,双方各自开始准备。主要准备各自家中请客吃饭的饭菜,包括面条、酒、粉丝、饵块、砖茶、琵琶肉、新鲜猪肉、牛肉、鸡肉、鱼肉以及各种蔬菜等,其中面条、酒、粉丝、饵块、砖茶、琵琶肉部分要给客人作为礼物带走。除此以外,还要各自准备婚礼的服饰,女方开始买服装和金银饰品。在出嫁之时,女方的身上要有很多的金银饰品,这些银饰品多为买来的,有的也是从亲戚朋友那里借来的,也有可能是男方提前送来的。服装为传统的藏服,如今多在城里的服装店里购买。男子身上的服饰除了传统的藏袍以外,还会加上一

---

[1] 云南省中甸县地方志编纂委员会编:《中甸县志》,云南民族出版社,1997年,第160~162页;香格里拉县小中甸人民政府编印:《香格里拉县小中甸镇志》,2010年,第74~76页。

些动物的毛皮，伴娘伴郎多为新娘新郎双方的表兄弟姐妹，至少一个，最多两个。在结婚时，伴娘和伴郎身上的服装和新娘新郎的一模一样，伴娘和伴郎的服装由他们各自准备。

结婚最少也要花上四天，一般为五天。前两天新娘新郎都分别在自己家中庆祝。结婚第一天是相帮，村子里的人每家都会来至少一个人帮忙准备第二天的饮食，大家分工合作，洗菜、做菜、准备主食。第二天是正式的婚礼，本村以及外村的亲戚朋友一大早就都来做客，到这里后先吃粑粑、腌菜、喝酥油茶，等到十二点吃过午饭就会离开。大家会送礼金，礼金没有固定约定，为了倡导节俭，所以礼金一般都不重。而在回去时，主人家也要给客人准备一些东西带回去，通常是饵块、猪膘肉一小块、砖茶一片。①

无论是女子出嫁还是男子入赘，待送亲队聚齐后，由父亲或家族中的长者对新人进行教育，主要是如何为人处世、孝敬对方父母、夫妻恩爱、和睦邻里、克勤克俭等等，语句委婉感人，听众往往受感动而哭泣不止。教育完毕，还要当众展示所配送的物品。展示完毕，送亲队起立齐唱《嫁妆歌》，象征性地为出嫁者争要牲畜及财产。出发前，新人需在神龛前点亮酥油灯，送亲队伍中的长者手捧哈达，带领出嫁者与送亲队伍围绕中柱转三圈，一边转一边唱《分别歌》，歌词内容主要歌颂父母的恩德、姊妹的厚爱。最后将哈达献于中柱箭旗上，然后才缓缓出门上马（现为上车）。出家门后，唱《离村歌》，歌词表达新人对自己成长经历的美好回忆以及对朝夕相处的伙伴其乡里乡亲的依依惜别之情。送亲队伍在中途休息时还要唱《路歌》和《村歌》，歌词内容主要有祝福村中老人身体健康，赞颂村中男儿英雄、姑娘美貌手巧，祝福村中六畜兴旺、五谷丰

---

① 访谈人薛明花（云南民族大学云南省民族研究所2015级硕士研究生），受访人吉念平村村民娜姆、知诗央宗等，访谈时间：2016年8月2日，访谈地点：联合村吉念平村民小组。

登，等等。

　　迎亲一方算好新人到达时辰，提前在门前备好香案，长者、歌手、背水姑娘等在大门外站成两列，端上敬酒盘，过去还要准备下马桌、焚香恭候。另派几个人到稍远一点的地方等候，以备新人到达时迎福。两队人马相见，送亲队开始齐诵《迎福歌》，内容大致说为对方送来了财富、福分，叫快来迎福。唱完颂歌，迎福的人（过去是一位骑手）手执箭旗绕送亲队伍一圈，道声各位辛苦了，然后高呼"央属（意为福来了）！"，带头快速走向迎亲的长队。送亲队伍在后面佯装争福，大家高呼"啊吼吼"。迎福的人回到新郎（新娘）家后将箭旗插入福座竹箩内（福座专为婚礼而设，摆设各类食品、银制首饰），象征福分已至福座上。送亲队到达迎亲队前，送亲队唱《敬山神歌》，敬完两方山神，新人下车（下马），两位主持婚礼的长者取出两条哈达献在两名背水少女的水桶上，并祝吉祥如意。接着唱《门歌》，歌词大意是："求众人和看家狗不要拦门。"充满了诙谐的语言。接着唱《洒水歌》，迎亲一方安排了两三人在大门顶上用柏枝蘸水洒在新郎（新娘）及送亲队头上，表示除去污邪。进了大门，唱《赞歌》，赞扬新郎（新娘）家的房舍物品，包括赞美当天待客的长排坐席。唱毕方可入座。新郎新娘首先点亮福桌前的一对酥油灯，表示已结为夫妻。送亲的一方客人坐定后，先请客人喝酥油茶，由待客官献上彩礼，开始祝词。祝词冗长，内容主要为赞颂喜官、新郎（新娘）、送亲队成员以及新郎（新娘）家族中长者的生平；叙述新婚双方的家谱（三至五代）；讲述联姻经过及赞颂媒人的功劳。然后按新郎（新娘）家开来的酬谢礼单，向送亲队献彩礼，致完婚的《圆满吉祥辞》，又请客人喝一道酥油茶。其间，还要对新人进行教育，并展示嫁妆。接着进行迎福仪式,仓巴念吉祥经,给新婚夫妇系红线,名曰"桑达"。①

过去,婚礼的正式仪式结束后,大家就围坐在火塘和中柱周围边喝酒边相互幽默说笑(当地叫"厦觉")。在说笑前,喜官先为大家讲述其意义。第一个开始取笑的称为开笑门。第一个讲完,喜官讲述取笑的含义,然后众人开始依次相互取笑,致辞者需要脱帽。"厦觉"结束,招待晚餐。②说笑完毕,由长者领舞,围着中柱开始跳锅庄。如今,说笑时间较短,而且,部分年轻人会三五成群聚在一起喝酒、打扑克等,中老年人则会跳传统的锅庄直至深夜。

◇婚宴场景

晚上,主人家为大家提供消夜。有时会玩耍至通宵达旦。

第二天早餐后举行送别祝酒。送亲队回返,婚礼结束。

来参加婚礼的来宾都要献上一份贺礼,实物(面粉、鸡蛋、酥油、糌粑等)或现金均可,可多可少。

(二)婚姻制度变迁

据20世纪50年代社会历史调查材料显示,过去存在未婚生子并独自抚养的情况。

1953年,《中华人民共和国婚姻法》(以下简称《婚姻法》)颁布

---

① 云南省中甸县地方志编纂委员会编:《中甸县志》,云南民族出版社,1997年,第160~162页;香格里拉县小中甸人民政府编印:《香格里拉县小中甸镇志》,2010年,第74~76页。

② 云南省中甸县地方志编纂委员会编:《中甸县志》,云南民族出版社,1997年,第160~162页;香格里拉县小中甸人民政府编印:《香格里拉县小中甸镇志》,2010年,第74~76页。

后，未出现类似情况。1962年以前，在小中甸除少数公职人员以外，农民履行结婚登记者极少，且多早婚早育。1963年，为贯彻《婚姻法》，宣传队到各村召开群众大会，以放电影、文艺演出、图片展览、幻灯等多种形式开展教育活动。规定了男子20岁、女子18岁为法定结婚年龄，同时规定结婚者必需到所在乡人民政府登记，离婚或复婚则由区公安办理。

1970年国家提倡晚婚和计划生育。1980年，国家新《婚姻法》公布，小中甸乡政府工作人员在各村做宣传活动，告诉村民结婚必须依法登记，结婚年龄为男不低于22周岁、女不低于20周岁，反对早婚、提倡晚婚，禁止直系血亲和三代以内旁系血亲结婚。但由于受传统习俗的影响，小中甸各村未经登记结婚、私自离婚等现象仍然存在。政府对一些事实婚姻通过教育予以补助登记，并在农村普法教育中，将《婚姻法》作为主要内容之一，由妇女、青年、民兵组织带头学习、宣传和执行，结婚、离婚、复婚等依法登记逐步普及，由此使得违法婚姻现象逐年减少。到1993年，婚姻登记已步入法治化。

藏族婚姻以一夫一妻为主，但是过去也有一妻多夫或一夫多妻现象。

如今，没有一夫多妻和一妻多夫的现象。早婚现象也越来越少，基本都超过20岁才结婚，而且都会去民政部门办理登记结婚。

（三）家庭结构的变化

民主改革前，藏族的婚姻形态复杂，既有从妻居又有从夫居，还有姊妹共夫，且因结婚年龄普遍偏低，所以既有核心家庭[①]，也有主干家庭[②]，还有少数单亲家庭（缺损家庭）。20世纪50年代，云南少数民族社会历史调查课题组对奶思村进行了调查，民主改革时奶思村共有12户人家77人，

---

① 其中由夫妇及子女之外加上未婚兄弟姐妹组成的扩大核心家庭较多，其次是一对夫妇和其子女组成的标准核心家庭，然后是只有夫妻二人组成的核心家庭。

② 即由父母和一对已婚子女组成的家庭，比如由父母和儿子儿媳所组成的家庭或父母与女儿女婿所组成的家庭。

每户人口最多达13人，最少有4人。这些家庭多是三代同堂或两代同堂，有少数是四代同堂。2016年，奶思村民小组有35户194人，其中：拉机达，4人；纳木达，4人；巴尼布达，4人；阿尼木达，8人；江粗达，6人；格朵达，6人；阿江达，6人；杜肥达，7人；那那达，8人；单巴达，7人；初本达，8人；阿汪处达，7人；杜肥农农达，6人；春粗达，7人；肖给达，3人；妹妹达，3人；过达，5人；巴达，8人；向别达，7人；向巴达，2人；岗达，7人；那那尼布达，6人；奶思农农达，4人；汪堆达，4人；奶思达，8人；交达，6人；小林达，6人；干孙诺达，6人；七班达，8人；七班拉茸达，4人；阿江新木达，4人；汪汪达，4人；过培楚达，3人；农布七林达，3人。①60多年来，奶思村的家庭数及人口数都几乎增长了三倍。新增的户数，多是从原来的12户分出来的。总体来看，现在每户的人数明显比过去少了，没有一户达到10人以上，最少者只有2人。

其余20个小组的情况和奶思村大同小异。

（四）传统社会控制模式

传统的社会控制模式既包括了依赖于社会强制力而实施的控制（即"硬控制"），也包括风俗、道德、信仰和信念建设，它是依赖于社会舆论和社会心理而进行的控制（即"软控制"）。

在民主改革以前，小中甸的社会控制以硬控制为主。民主改革后，国家的法律在社会控制中起到了主导作用。进入人民公社时期，国家力量深入农村基层，村级组织肩负起了硬控制和软控制结合的任务，并取得了一定的成效。

如今，联合村的社会控制模式按照其功能和作用及其相互之间的关系来分，分有正式和非正式两种。正式是指有组织的如村民代表大会等，非正式的没有组织，如习惯法、社会舆论等。

---

① 由奶思村民小组鲁茸江参于2016年11月提供，在此特别致谢！（鲁茸江参，男，藏族，本科，大学毕业后自主创业，在建塘镇经营藏民家坊）

（五）习惯法与禁忌

1. 习惯法

联合村的习惯法内容主要涉及环境保护和日常生活等方面。

藏族的环保意识很强烈，他们赋予山林、湖泊以神圣色彩，因此有不少关于保护神山圣水的习惯法。比如：禁止在神山砍伐森林、挖药材、捕杀野生动物；禁止在圣水区域里捞鱼和污染水域。这些习惯和意识有利于环境的保护。

在日常生活中也有许多不成文的习惯法。如不偷盗、不抢劫，不恃强凌弱，团结邻居；不破坏别人家庭的婚姻，家庭内部要团结和睦；尊重僧人、老人，善待老人，爱护孩子；帮助有困难的家庭和个人；春耕秋播时遵循传统规矩，不能独自行动；牲畜糟蹋庄稼，需要照价赔偿；轮流为集体做义务工；做生意要讲诚信，不欺骗别人。

习惯法经过一代一代的传承，不断与时俱进，得到改进与完善，并逐渐成文。联合村第五届村党总支部和村民委员会于2013年7月9日根据《村民委员会组织法》和《村民自治章程》的规定，制定了村规民约。包括总则六条和村民行为规范四十一条，对违反规约的处理三条以及附则两条。村民行为规范内容涉及"社会治安综合治理""户籍、户口管理""土地管理""生态环境保护""惠农政策""畜牧兽医""义务教育""调解"等八方面。联合村有21个小组，基本每个小组都有自己的《组规民约》，内容几乎相同。以下以吉念平村为例：

吉念平村民小组组规民约[①]

为了推进我村民小组法治建设，维护社会稳定，树立良好的民风、村风，创造安居乐业的生活环境，促进经济发展，建设文

[①] 由联合村委会提供。

明卫生新农村，经全村村民讨论通过，制定本小组以下组规民约：

一、户籍管理

第一条　吉念平小组所有人员以户口户籍进行管理。凡是有农村户口的联合村村民都归小组管理委员会委会管理。统一以公安派出所的管理为准。

有下列情形之一的人员不得承认为联合村村民。

1. 无吉念平小组户籍的人员；

2. 出嫁、上门（有事实婚姻一年后），因不符合国家法律法规而未能迁移户口的人员（保留户籍）。

第二条　吉念平小组任何一户必须有一个或以上家庭成员，并有集体土地承包关系。

第三条　有下列情形之一的农户不可以分户。

1. 子女未成家之前任何人不得另立门户；

2. 当家的子女与其父母或其他家庭成员；

3. 因离婚而回原户且未抚养子女的家庭成员；

4. 未经过村民小组户代表同意的。

第四条　除国家法规不允许之外，所有人员的迁移必须是户口随人迁移。

二、土地管理

第五条　本组规民约所指的土地有：山林、灌木林、荒山地、牧草地、鱼塘、承包地、自留地、草场、人工草场等集体所有土地。

第六条　实施好214线廊道风貌建设的相关要求，保护好生态。

第七条　承包地和草场、人工草场按国家法律规定由户进行管理使用，不得改变其用途，国家审批的除外。

第八条　无土地承包证书的其他所有土地归集体管理，任何单位和个人不得占为己有，不得侵占、买卖或者以其他形式非法转让土地。未经批准，不得改变土地用途，不得擅自在自留地、承包地挖塘、挖沙、取土等。国家批准的除外。

第九条　各户建房要在小组总体规划范围内。其房屋及其他附属设施的占地面积不得超过1.91亩（40米×32米）。

第十条　村民建房应服从村庄建设规划，经群众大会通过后，报村委会和有关部门批准，统一安排，不得擅自动工、违反规划或损害四邻利益。新房建好后，应拆除旧房的，必须及时拆除并退出旧的宅基地。

三、行为规范

第十一条　在小组中农户有白事时全组要停止生产活动，晚上要全组男人轮流值守。白事办理期间用烟价格不得超过"88"烟（10元/包），用杂锅菜待客人及相帮人员，上坟山时统一用壹元和1包烟。对前来探望家属的人员的"过哇"只能装面条一对、粉丝一对、方便面一包。

第十二条　乔迁新居时，去祝贺人的"过哇"为香油、啤酒、面粉（任选几种），装给前来祝贺的人粉丝一对、面条一对、红糖一对、"盼盼"一包，用桌饭接待。

第十三条　喜事办理时按照传统习俗办理。一切从节俭出发，招待相帮人员的烟的价格不得超过"88"烟（10元/包）。

违反十一至十三的人员罚款250~500元。

开会通知时间内迟到5~10分钟的罚10元，迟到11~30分钟的罚20元，迟到半小时以上和无故不参加会议的罚50元。参会的人员必须是劳动年龄内的人员。

参加"一事一议"酬劳的人员必须是劳动年龄内的人员，

住院和送学生的家庭可以请假,对无故不参加酬劳的家庭进行处罚:不参加一般事件的罚100~150元,不参加紧急事件的罚200元。

民用材的用途和采伐,必须经代表及组长的审批,并办理采伐许可证后才准进山采伐。

田间管理处罚标准,种庄稼的苗期大牛和猪每头罚10元;庄稼生长的中后期小牛和猪每头罚10元,大牛每头罚20元。

全组所有人员有保护集体公共财产的义务,对破坏集体财产的人员直接交由公安机关处理。

每户房顶"阁楼"必须要放置200升的消防水桶,必须及时更换和检修房内电线线路。在镇域范围内发生森林火灾时户均要出动一个劳力去扑火,不执行者罚200元。

组中的交通主道中不准停放任何车辆,违者每次罚100元。

本组规民约中对处罚对象的处罚资金,可以由小组管理委员会从该户的集体分红或惠民政策中代扣。

本组规民约自群众大会通过之日起生效。

吉念平村民小组

2. 禁忌

联合村的禁忌主要有以下内容:

所有人进佛堂经殿时要脱帽,不能带刀枪等凶器进入。

朝佛、转神山、佛塔均为顺时针。

女性不能到男性神山祭祀。

家里有重病人或生小孩子时,禁止外人进入家里。

家里有人出远门,当天不能扫地,家中妇女三天不能洗头梳头。

晚上禁止吹口哨。

家里禁止唱情歌。

禁止妇女在家披头散发。

双脚禁止踩踏火塘。

出门经商及送亲路上，忌遇背空水桶的妇女，背空桶的人应主动避让。

建盖房屋，忌门窗对准神山、魔山。

人死后忌猫爬过尸体。

参加葬礼后需要祛晦才能进家门，禁止直接进入有婴儿或病人的房间。

死在村外的人禁止将尸体运回家中。

春夏两季禁止烧尸体。

新年忌还债要债。

禁止在防霜防雹期间积绿肥、挖草皮、砍木料。

忌食狗肉、骡肉、马肉等。

（六）民间纠纷与调解

改革开放以后，联合村的村民主要是因土地、牧场或牲畜糟蹋庄稼等事发生纠纷。在解决民间纠纷时，主要由村中有威望的老人或村支书、村主任等出面解决。活佛、僧人有时也参与民事纠纷的调解。邻里纠纷解决多以和睦为宗旨。

通过调查发现，联合村民间纠纷事件发生率不高，情节严重事件较少。

近10年，随着小中甸水库，丽香铁路、高速路等重点建设项目先后在联合村落地，涉及群众4000余人，利益矛盾纠纷凸显。协调工作和区域维护稳定任务重。对此，联合村党总支和村委会采用"三深入"工作方法，积极做好矛盾利益纠纷协调工作：一是深入掌握动态信息。网格管理服务员通过服务群众工作，与群众交心谈心，及时掌握群众的诉求和矛盾隐患,建立民情台账,并为三级矛盾纠纷调处机构提供研判和处置依据。二是深入做好思想动员。在重大项目建设施工前,网格管理服务员通过召开党员、群众大会,做好政策法规的宣讲,并积极回应群众诉求,引导党员做好群众思想工作,做到政策法规宣传全覆盖。三是深入排解矛盾纠纷。把"排查隐患、化解纠纷、解决诉求"作为维护稳定工作的重点,采取召开群众大会、个别走访、听取意见等方式协调群众和项目施工单位的利益纠纷,做到早发现、早介入、早协调、早处理,把各种矛盾纠纷消除在萌芽状态。通过此工作法,在重大项目建设中对搬迁安置、地接争议等利益矛盾纠纷协调处理116次,参加协调人员500人次,无一例群众越级上访、无一刑事案件、无一群体事件发生。

六、生态环境

(一)地理位置

小中甸镇位于香格里拉市南部,北与建塘镇毗邻,南连金江镇,东与三坝乡、虎跳峡镇接壤,西界上江乡、五境乡,国道214线贯穿全境。小中甸镇为三块大小几乎相等的坝子构成,地形北高南低,总面积878.9千米,被群山环抱,硕多岗河从北往南贯穿全境,最高海拔为4985米,平均海拔为2830米。①联合村位于小中甸镇西北方向,距离小中甸镇14千米,海拔3100米,拥有高原明珠之美誉的阳塘措、碧古天池等高山湖泊。②

小中甸镇全境按地貌形态可分为山地、高原、盆地。山地是全镇面积最广的地貌类型,占全镇总面积的90%,并且大部分地区在海拔3200米以上,按中甸大雪山的划分,小中甸镇境内小中甸河东西雪山属西支东支

---

①香格里拉县小中甸镇人民政府编印:《香格里拉县小中甸镇志》,2010年,第36页。

②《小中甸镇联合村"十三五"扶贫攻坚专题研究报告》,2016年,由小中甸镇人民政府提供。

之间。①

（二）气候与物产

联合村海拔3100米，属于半农半牧的高寒地区。全年可接受太阳辐射能充裕，日照时数及太阳辐射总量季节性差别不大，全年无夏季，年最高温度26.5℃，最低温度零下19.4℃，年平均气温5.8℃。由于高原上寒气层变薄，大气透明度高，太阳辐射比同纬度低海拔地区强，导致本地的日夜温差较大。终年盛行南风，西风和北风甚少。年平均降水量为849.8毫米。年均10月份下初雪，次年4月底终雪，降雪期为6个月。无霜期120天，通常9月下旬见霜，5月底断霜。②

小中甸独特的自然生态条件，为境内自然地理景观、生态环境和生物多样性的形成创造了得天独厚的条件，是世界自然遗产——"三江并流"国家级自然风景区的重要组成部分。2006年森林资源二类调查结果显示，全镇森林覆盖率69.42%。③联合村作为小中甸的组成部分之一，同样拥有丰富的野生动植物资源，境内千年古树随处可见，药材、菌类、野菜等林下资源丰富。主要分布有云杉、冷杉、高山松等优势树种，由于地处硕多岗河流域谷盆高原农牧区，人口稠密，林事活动频繁，森林除了神山、水源林、雪线边缘保存较为完好外，由于林农生产生活需要砍伐及20世纪70年代以来森工企业商业性采伐活动，加上林火、病虫害因素，森林资源破坏严重，迹地更新后现为人工云杉林、高山松幼林及次生白桦林，目前森林植被还在恢复之中。④境内乔木，主要是由裸子植物构成大面积的针叶林，

---

①香格里拉县小中甸镇人民政府编印：《香格里拉县小中甸镇志》，2010年，第36页。

②香格里拉县小中甸镇人民政府编印：《香格里拉县小中甸镇志》，2010年，第38~40页。

③香格里拉县小中甸镇人民政府编印：《香格里拉县小中甸镇志》，2010年，第156页。

④香格里拉县小中甸镇人民政府编印：《香格里拉县小中甸镇志》，2010年，第156~157页。

其中以松科的长苞冷杉、川滇冷杉、苍山冷杉、中甸冷杉、大果红杉、油麦吊云杉、丽江云杉、云南松、高山松、华山松、云南铁杉、红笔杉和云南榧木等最为常见。此外亦有少量由被子植物构成的阔叶林，包括壳斗科川滇方山栎、黄背栎、灰背栎、刺叶高山栎、黄毛冈、栓皮栎，桦木科白桦、商山桦，杨柳科山杨、川杨、滇杨、康定杨，杜鹃花科宽针杜鹃、麻点杜鹃、大白杜鹃、棕背杜鹃、卷叶杜鹃、红棕杜鹃、川滇杜鹃、黄杯杜鹃等。①

从经济价值来看，境内植物又可分为：经济用材树种、药用树种、花卉植物、香料植物、油料植物、维生素植物等。

经济用材树种主要有云杉、冷杉、高山栎、云南松、槭树、白桦。②

药用树种：常见的有种子植物黄麻、雪上一枝蒿、贝母、秦艽、大黄、岩白菜、三分三、丹参、雪莲花、重楼、当归、柴胡、沙七、白芨、金不换、桃儿七、红景天、草乌、天麻、红豆杉。真菌类有虫草、茯苓、猪苓、松茸等。块根含淀粉的有白芨、开瓣百合、川百合、天南星、贝母、黄精、岩陀等。③

花卉植物：云南八大名花均有分布，杜鹃花科以棕杜鹃、黄杯杜鹃、大叶杜鹃最为常见，报春花科以锡金报春和偏钟花报春最为常见；绿绒蒿以全缘叶绿绒蒿最为常见，兰科有虎头兰、黄花灼兰，百合科有滇百合、宝兴百合、尖被百合等。④

香料植物：灌木类以杜鹃花科类较多，有地檀香、腋花杜鹃、隐蕊杜

---

① 香格里拉县小中甸镇人民政府编印：《香格里拉县小中甸镇志》，2010年，第45页。
② 香格里拉县小中甸镇人民政府编印：《香格里拉县小中甸镇志》，2010年，第45页。
③ 香格里拉县小中甸镇人民政府编印：《香格里拉县小中甸镇志》，2010年，第45~46页。
④ 香格里拉县小中甸镇人民政府编印：《香格里拉县小中甸镇志》，2010年，第45页。

鹃、云南雪层杜鹃、易混杜鹃等；乔木以裸子植物为主，有云南松、华山松、铁杉、干香柏、侧柏、圆柏；被子植物中以樟科为主，有云南樟、高山木姜子、滇西木姜子、团花新木姜子，可提取樟油及木姜子油；花卉类有大槭科的迎春花、滇边蔷薇、细梗蔷薇、大口蔷薇、中甸蔷薇、川滇蔷薇；草本类有杏叶防风、小叶荆、薄荷等。

油料植物：境内植物种子含量在20%以上的有华山松、云南松、高山木姜子、土沉香、金银忍冬、曼陀罗、牛至、密花香薷等。[1]

维生素植物：分为水果类和野菜类。水果类主要有云南沙棘、中甸山楂、丽江山荆子等；野菜类则有蕨菜、山俞菜、竹叶菜、灰条菜、芥蓝菜、葱木、荠菜等。[2]

菌类以食用真菌的经济价值最高，境内已被开发的食用真菌主要有：①羊肚菌，马鞍菌科。分布于海拔3400米以下山地林间，为世界著名美味食用菌，夏秋可采，在小中甸镇每个村均有分布。②栎松茸，口蘑科。藏语称"碧沙"，分布于海拔2600~3700米的栎类和针叶混交林下或栎类灌木丛下，小中甸各村均有分部，每年7~9月采集。③一窝菌，口蘑科，分布于海拔3600米以下栎类灌丛下，群生或丛生，小中甸境内均有大量分布，7~9月采集。④猴头菌，齿菌科，分布于海拔2000~3400米山地林间，小中甸境内均有分布，是著名食用菌和抗癌药物之一。⑤鸡油菌，鸡油菌科，广泛分布于海拔3500米以下松林或栎林下，小中甸境内均有广泛分布，美味可口。除此之外，常见的还有白牛肝菌、扫把菌、奶浆菌、马勃菌等。[3]

---

[1] 香格里拉县小中甸镇人民政府编印：《香格里拉县小中甸镇志》，2010年，第45页。
[2] 香格里拉县小中甸镇人民政府编印：《香格里拉县小中甸镇志》，2010年，第45~46页。
[3] 香格里拉县小中甸镇人民政府编印：《香格里拉县小中甸镇志》，2010年，第44页。

林下资源除药材和菌类外,还有竹叶菜、蕨菜、树头菜、野韭等野菜。①

珍贵动物物种,境内有鸟类40科170种,有哺乳动物26科69属97种,常见两栖类5种,爬行类18种,鱼类10种,其中,国家级重点保护野生动物有猕猴、小熊猫、马麝、林麝、穿山甲、水獭、金猫、藏马熊、黑熊、斑羚、岩羊、大灵猫。②

农作物一年一熟,主要粮食作物有:青稞、马铃薯、蔓菁、小麦、荞麦、燕麦。种植的经济作物主要为油菜。青稞、小麦,惊蛰至春分(3月份)播种,夏至前后(6月中下旬)扬花,白露前后(9月上中旬)为收获。洋芋,清明至谷雨(4月份)播种,小暑至立秋(7月中旬至8月上旬)为花期,秋收前后(9下旬)收获。油菜,惊蛰至春分播种,6月中旬到下旬为花期,8月中旬收获。苦荞,清明至谷雨(4月份)播种,7月中旬至8月中旬为花期,8月下旬至9月上旬收获。蔓菁,立夏前后(5月)播种,寒露前后(10月份)收获。③

联合村还种植苹果等果树,以及白菜、青菜、蔓菁、萝卜、莲白等蔬菜。苹果3月下旬至4月下旬为花期,5月上旬至8月下旬为果期,10月为成熟期。6~7月蔬菜秀。④

(三)水土资源

小中甸境内水资源丰富,流经联合村的河流硕多岗河从北向南纵贯全境。甬吃河,发源于甬吃,与洛汤(阿布吉)两溪混流成河,流经迪几

---

① 香格里拉县小中甸镇人民政府编印:《香格里拉县小中甸镇志》,2010年,第158页。
② 香格里拉县小中甸镇人民政府编印:《香格里拉县小中甸镇志》,2010年,第46页。
③ 香格里拉县小中甸镇人民政府编印:《香格里拉县小中甸镇志》,2010年,第40页。
④ 香格里拉县小中甸镇人民政府编印:《香格里拉县小中甸镇志》,2010年,第40页。

◇小中甸水库（当地村民称"阳塘错"）

林、小中甸村民小组，全长15千米，流量约为0.2～0.3立方米／秒。月吃河，发源于小中甸天宝山下，流经月郎、布售、冷都三个村民小组，又多条小溪混入该河，境内河道全长20千米，流量约为1.5～2立方米／秒。[1]

除河流外，小中甸境内还有三碧海（神女千湖）、阿布克错、勺错、碧古天池等高山湖泊。碧古天池，位于小中甸镇北侧，联合村委会碧古村境内，湖以碧古村得名，藏语碧为"青蛙"，古为"头"，意为青蛙，因村子建于青蛙状的山包上，故名。另说，碧古藏语称"楚璋"，为小湖之意。湖泊水面海拔3500米，面积为21平方千米，平均水深1.62米，最深处3米。[2]2008年小中甸水库项目获国家发改委批准，2012年正式开工修建。

---

[1] 香格里拉县小中甸镇人民政府编印：《香格里拉县小中甸镇志》，2010年，第46页。

[2] 香格里拉县小中甸镇人民政府编印：《香格里拉县小中甸镇志》，2010年，第47页。

2014年8月15日正式下闸蓄水。小中甸水库距离香格里拉城区约32千米，21国道经过库区左岸。水库正常蓄水量是3235米。总库量1.5578亿立方米，调节容量1.2732亿立方米，电站装机容量15兆瓦，灌区总干渠长25.397千米，灌溉面积1.612万亩，可以解决灌区内1万人饮水和约5万头牲畜用水。①

据土地调查，1990年小中甸土地总面积为879平方千米（1318405亩），其中以林地面积最大（共770178亩，占总面积的58.4%），其次为耕地面积（共41433亩，占总面积的4%）。其余已被利用的土地依次为：牧草地416701亩，占总面积的3.1%；水域面积9084亩，占总面积的0.6%；交通占地6865亩，占总面积的0.5%；居民点占地6488亩，占总面积的0.49%；未被引用的荒山仅67656亩，占总面积的0.5%。② 2013年，联合村全村有耕地面积13025亩，林地429696亩，其他面积61385亩。③ 2014年8月15日小中甸水库正式下闸蓄水后，联合村16个库区村民小组多数耕地已被水库淹没。④

境内土壤主要有5种，分别为高山灌丛草甸土、棕色暗针叶林土、亚高山草甸土和暗棕壤、棕壤。⑤

高山灌丛草甸土，分布在海拔3900~4500米地带，上与高山寒漠土相接，下与棕色暗针叶林土相连，土层酸性结岩土、基性结晶岩类土和泥质类土。pH值4.3~4.9，含有机质5.8%~8.9%。

棕色暗针叶林土，分布在小中甸境内海拔3500~4000米高山冷杉林带，在高山灌丛草甸土之下和暗棕壤之上，土属酸性结晶岩类土和泥质岩类土。pH值5.7~6.1，含有机质1.9%~3.5%。

---

① 由联合村主任齐林定主提供。
② 香格里拉县小中甸镇人民政府编印：《香格里拉县小中甸镇志》，2010年，第43页。
③ 小中甸镇联合村委会提供。
④《小中甸镇联合村"十三五"扶贫攻坚专题研究报告》，2016年，由小中甸镇人民政府提供。
⑤ 香格里拉县小中甸镇人民政府编印：《香格里拉县小中甸镇志》，2010年，第42~43页。

亚高山草甸土，分布在小中甸境内海拔3100～3500米的开阔地带，土属冰湖沉积物以育的各种亚高山草甸土。pH值5.3，含有机质5.2%。

暗棕壤，分布在小中甸境内海拔3200～3600米的亚高山带，上与棕色暗针叶林土相连，植被为云冷杉、高山松、栎、杨和高山栎为主组成的纯林或混交林。土属酸、基性结晶岩类土，泥质岩类土，紫色岩类土。pH值4.2～4.8，含有机质1.4%～3.8%。

棕壤，分布在小中甸境内海拔3000～3500米之间，自然植被以针阔叶混交林为主，土属为酸、基性结晶岩类土，碳酸盐岩类土，老冲积古红土母质发育的土，泥质岩类土。pH值5.4～6.2，含有机质5.1%～10.3%。分为棕壤、红棕壤两个亚类，含灰泡土、红黏土、山基土3种土种。

（四）饮水工程

小中甸镇境内人畜饮水长期以来主要靠人工砌筑的井水来解决。即在自然村的低凹部位打小而简易的井，每家每户用人背取井水度日。随着时间的推移，人口的增长，原有的井水很难满足各自然村人畜饮用，特别是旱季，缺水现象更为突出，只能到远离村庄的硕多岗河去取水，浪费了人力物力，同时饮用水卫生得不到保障。[①]

新中国成立后，在政府的扶持下，小中甸大力兴建各类水利工程，人畜饮水条件有所改变，饮水困难逐步减轻。党的十一届三中全会以后，小中甸水利事业快速发展，政府以解决当地贫困群众致富为目标，全面落实州政府提出的"水利保重点、人畜饮水要山上"的要求，在巩固和提高人畜饮水成果的基础上，把保障饮水安全作为水利重点来抓。特别是20世纪90年代以后，小中甸镇抓住国家实施西部大开发的机遇，积极向上级争取

[①] 香格里拉县小中甸镇人民政府编印：《香格里拉县小中甸镇志》，2010年，第187页。注：小中甸各村寨的水葬都在硕多岗河里进行，村民几乎不会直接饮用河水；过去村民多在自己家门口打水井取水，现在都饮用由政府出钱、村民出力、从山上引来的自来水。

项目资金，加大力度建设人畜饮水工程，不断解决人畜饮水困难和饮水安全问题，使全镇人畜饮水安全卫生迈进了一大步。2006年，小中甸镇共投资55万元建设水利基础设施，改善了5个村民小组多年来未能解决的人畜饮水问题。①截至2008年，小中甸全镇共建人畜饮水专项工程45项，解决和改善了9228人和10243头（只）大小牲畜饮水困难，分别占总人口的90%和大小牲畜存栏数的91.1%。人畜饮水的安全和卫生标准有了较大的提高。②

2013年，沪滇帮扶项目完成投资417.3万元，项目点设在和平村、联合村，覆盖21村民小组，受益人口4000多人。项目建设涵盖道路、人畜饮水、文化活动场所建设、种养殖业等。招商引资项目，昆明康佳乐生物科技有限公司和中国新时代健康产业集团有限公司完成固定资产投资852.4万元，用于建设厂房、围栏、水池等配套设施。③截至2013年底，联合村全村有402户通自来水，有306户饮用井水。④联合村生活饮用水池是靠自然压差的山泉水，主要采用以工代赈的方式，即由国家提供现金补助、农民提供劳动力来进行建设。⑤

2015年，联合村归吓村民小组新建田间水池，区丁村民小组完成安全饮水基础体系，共着村民小组完成安全饮水基础体系。⑥2016年，联合村制定"十三五"扶贫攻坚计划，安全饮水工程建设是基础设施提升工程的一项重要举措，规划在五年内完成如林、齐学谷、诺南保、开细、吉念平、

---

①《香格里拉年鉴（2007）》。
②香格里拉县小中甸镇人民政府编印：《香格里拉县小中甸镇志》，2010年，第187页。
③《香格里拉年鉴（2014）》。
④小中甸镇联合村委会提供。
⑤访谈人王玉琴，受访人扎西尼玛，36岁，联合村党支部书记，时间：2016年8月3日，地点：联合村。
⑥联合村委会公示栏统计资料，2015年。

归吓、共着、达拉等8个村民小组人畜安全饮水工程建设。①

（五）民居建筑变迁

小中甸房舍多建于依山傍水、耕牧皆宜的地方。各村民居房顶均用木板"闪片"盖顶，房舍均为两层，楼下为畜圈，楼上为居室。而街面上的居民，因从事经商、作坊的需要，一楼为铺面，二楼为住所。房屋三面为墙体，墙体较厚，内侧与柱平行，外侧自下而上渐收分，朝里倾斜，呈底宽上窄的梯形结构。下层不开窗，楼上窗户也较小，旧时主要作防盗，同时有保暖作用。二楼正面屋檐较宽，正对大门安置楼梯，楼梯口放置两根木柱（藏语称为"约孤嘎"）。大门与楼梯之间为院子，院落一般很宽敞，主要用于喂牲畜和挤牛奶，院墙根整齐地堆放着木柴。二楼一般为三楹，以中柱为核心布局，中柱一般很粗，中柱周围是一家人就餐、待客、就寝的地方，空间较大。房屋正中靠近后墙处设火塘，火塘右侧置与火塘边相平的坐、睡兼用的床（藏语称"阁期"），是男性长者的座位，火塘左侧及对面是妇女的座位。"阁期"对面的门旁是水柜，水柜雕刻精美，内置大铜缸盛水。水柜上方的板壁上悬挂着一排大大小小的铜瓢。与水柜相邻的一间是仓库，放置肉油、少量口粮及物品。在女性座位后有间房叫作"姆尕孤珠"，一般为夫妻住所。在二楼的另一侧设有一间经堂（藏语称为"拉康"），供置佛像、经文，也是接待喇嘛处。火塘上方的墙壁或顺墙板上均绘有藏八宝（藏语称"扎西达杰"）。②

现今，随着人民生活的改善，联合村民居中的装饰、油漆、彩绘较过去更为普遍。而随着牲畜减少，以往仅用作畜圈的第一层现在通常会隔成两半，前面住人，后面养牲畜，或者一层都住人。村中大部分民居仍然为

---

① 《小中甸镇联合村"十三五"扶贫攻坚专题研究报告》，2016年，由小中甸镇人民政府提供。
② 香格里拉县小中甸镇人民政府编印：《香格里拉县小中甸镇志》，2010年，第66~67页。

 ◇藏式建筑
 ◇"一枝独秀"的钢筋水泥建筑

传统的土木结构,到2013年底,全村除了99%的人户仍居住于土木结构住房外,约有10%的民居开始采用藏汉结合的钢筋水泥平房。所有住户的屋顶都开始用彩钢瓦代替了原来的木头闪片。联合村传统上农牧各占一半,近年来开展了高原游牧民定居工程,将过去游牧而居的牧民迁入新建的定居房屋。[1]

联合村近年新建的房子都带卫生间,很多都有污水管道,但是只有旱厕,没有直冲卫生间。联合村自2008~2009年开始改造厕所,只有全村申请了厕所改造的项目,各户在厕所改造时才能申请500元的补助,但全村在进行厕所改建时可能花费超过5000元。[2] 2014年,联合村吉年平村民小组35户村民新建的房屋都建有独立的洗澡间和直冲式的卫生间。为搞好旅游基础设施建设,联合村计划在2016年底完成21个村民小组30所80平方米公厕建设,以及归吓村民小组每户生态厕所建设。联合村在"十三五"期间还计划开展以畜禽养殖污染防治为重点的面源污染综合防治,推进"一池三

---

[1]访谈人王玉琴,受访人扎西尼玛,36岁,联合村党支部书记,时间:2016年8月3日,地点:联合村。
[2]访谈人王玉琴,受访人扎西尼玛,36岁,联合村党支部书记,时间:2016年8月3日,地点:联合村。

改"工程——沼气池、改厕、改圈、改灶。根据当地市场价，圈舍改造按96.48万元计列，建沼气池按57.8万元计列，厕所改造按72.36万元计列，灶台改造按33.7万元计列，其他费用20.8万元，项目估算投资281.14万元。项目受益人数10442人，其中移民2412人。[1]

---

[1]《小中甸镇联合村"十三五"扶贫攻坚专题研究报告》，2016年，小中甸镇人民政府提供。

布朗族社会历史回访再调查
——以勐海县布朗山乡章家三队为例

张应华

1964年，杨毓才、王菁、龚佩华、王树五等老一辈民族学专家学者对勐海县布朗山乡章家寨布朗族社会历史进行调查，撰写了调查报告《勐海县布朗山章加寨布朗族社会调查》，并于1982年8月由云南人民出版社出版。该报告从自然环境和历史，农村公社制度下的生产力、土地占有形态和剥削关系的产生，政治组织和习惯法，父系大家族组织，婚姻形态、亲属制度和丧葬，佛教在政治、经济和文化方面的深刻影响，物质生活和精神文化等七个方面，客观真实地记录了当时章家寨的社会历史状况，是研究布朗山布朗族社会历史弥足珍贵的历史资料。

　　时至今日，半个多世纪过去了，当地布朗族在社会、政治、经济、文化等方方面面均发生了翻天覆地的变化，无论是进行理论研究的学术界，还是进行决策的各级党政部门，都迫切需要掌握布朗族社会发展变化的现状。由云南民族大学民族团结进步研究院组织开展的"云南25个少数民族社会历史回访再调查"项目，拟对20世纪五六十年代调查过的少数民族村寨进行回访再调查，力图客观展现50多年来云南25个少数民族社会历史发展现状。其中"布朗族社会历史回访再调查"项目由张应华负责，调查小

◇ 拆除前的章家老寨

◇ 章家老寨建设用地

组由云南民族大学科技处张应华教授、云南省民族研究所2015级硕士研究生李鸢、云南民族大学民族文化学院2014级学生玉院坎及玉罕怕4人组成，初步选择勐海县布朗山乡章家村委会章家老寨作为项目的调查点。

一、村寨概况

布朗族是濮人的后裔，是澜沧江流域的原住民。古濮人，是世界上最早发现野生茶叶并加以利用的民族，也是世界上最早驯化、栽培和种植茶的民族，有"古老茶农"之称。

据2010年全国第六次人口普查统计，我国有布朗族人口119639人，其中西双版纳傣族自治州勐海县布朗族人口为35708人，占布朗族总人口的29.85%，其余分布在保山市、怒江傈僳族自治州、德宏傣族景颇族自治州、临沧市、普洱市等地。

布朗山布朗族乡隶属于西双版纳傣族自治州勐海县，位于勐海县南部，东与景洪市大勐龙镇交界，南和西南与缅甸接壤，西北与打洛镇毗邻，北接勐冈乡，东北连勐混镇。全乡总面积1016.14平方千米，约占全县面积的1/5。布朗山乡是全国唯一的布朗族民族乡。1954年3月建立布朗山区人民政府，1987年10月更名为布朗山乡，乡政府驻地勐昂，海拔1220米，距县城91千米。全乡辖勐昂、章家、兴龙、曼囡、结良、曼果、班章7个村

◇ 章家村委会

委会，57个村民小组，63个自然村①。2015年末，全乡总人口22032人，其中男11767人、女10265人，男女比例为1∶1.146。全乡农业人口20964人，占总人口的95.2%。

章家村委会隶属于布朗山布朗族乡，位于乡政府西南部，距离乡政府18.5千米，面积164.81平方千米，海拔1325米。全村辖章家三队、章家四队、章家老寨、空坎一队、空坎二队、新囡6个村民小组。

我们调查小组在乡人大主席徐安讯同志的带领下，于2016年8月8日到达章家村委会。通过走访调查，确认1964年调查的"章加乡章加寨"，即为现在的章家村委会章家老寨。章家老寨建设用地只有80亩，却居住有152户625位村民，故住房非常拥挤，村中道路连摩托车都难以通行。2013年章家老寨发生了一次火灾，使得村民岩赛香一家房屋及室内物品全部被烧毁，存放在家里准备建房的8万元现金也全部损失，安全隐患极大。为改善村民的住房状况，乡政府结合新农村建设，决定将章家老寨整体拆除重建，并于2014年动迁，后因建设用地不足，村民所需地基不够，目前仍然处于基础设施建设阶段。经乡政府领导、章家村委会领导共同协商，决定把调查点另选为1966年从章家老寨分离出去重新建立新寨子的章家村委会

---

① 勐海县地方志编撰委员会编：《勐海年鉴》，德宏民族出版社，2015年。

◇ 通往章家村委会的水泥路面　　◇ 村民出行的主要交通工具摩托

章家三队村民小组。

章家三队位于村委会东北面，距离村委会6千米，常住人口147户716人，户数规模仅次于章家老寨，而人口却是章家村委会6个村民小组中人数最多的村寨，村民全部是布朗族，是章家村最具有代表性、发展变化最典型的寨子。调查小组以章家三队为主要调查点，按照调查提纲，对章家村布朗族社会历史发展状况展开了全面深入的调查。由于白天年轻人几乎都下地干活，村中小孩、老人又难以交流，我们便找当地中学生充当翻译，加上我们小组有2人是傣族，她们能和寨子里的老人交流（40岁以上男子和部分妇女会傣语），晚上找年轻人调查，整个调研工作得以顺利开展。

（一）村寨历史与传说

"章家"系傣语地名。"章"意为"会"，"家"意为"阳台"，"章家"意为"会造阳台"。章家村的居民，从前曾为本地统治者服劳役，专造阳台，故名。

传说章家布朗族原居住在景洪"曼西里乃"，过去是傣族召片领（宣慰司）的奴隶。250多年前，由于不堪奴役，加之景洪环境潮湿多病，回兴、回偿等地布朗族已迁走，他们便以逃亡作为反抗领主剥削压迫的一种方式，亦辗转迁徙到今章家老寨住下。

他们的迁徙路线是：由曼西里乃经大勐笼至帕勒（景洪勐笼）、帕

◇ 现代建筑中使用的火塘

◇ 干栏木结构住房使用的火塘

歹（景洪勐宋村），又迁至弄养（勐混），然后向布朗山进发，先到曼兴奄，居住12年后迁往格楞该，住了17年，因水源缺乏又迁往格奄旧居住10年，但仍缺少水和阳光，最后便迁居章加寨，这是一个倚山面谷的小台地，水源、阳光均充足，便定居下来。

章家三队自然村是从章家老寨分出，逐渐发展形成的布朗族村寨。历史上，布朗山当地的布朗族村民有个习惯，当一个寨子的人口增多，导致土地不够分时，就要分出一部分人迁徙到其他地方去开荒种地，组成一个新的村寨。如老曼峨分出的新曼峨，曼新竜老寨分出的曼新竜新寨，广别老寨分出的广别新寨等，而章家三队，就是50多年前从章家老寨分出的布朗族村寨。

根据章家三队岩坎伟老书记（1952年生，1972～1984年任章家大队文书，1984以后，先后任章家乡乡长、章家村支书）讲述，以及章家三队岩落南老村长（现年85岁，1984年入党，章家三队的创始人）回忆，1964年，章家老寨有153户753人，由于老寨人口增多，寨子已容纳不下，加之土地也不够种，村民生活极其困难。1966年，岩落南率领8户人家离开老寨，寻找适合建寨子的地方，开荒种地。他们最先前往嘎奔龙开辟新的住地，并单独成立一个合作社，岩落南任社长，岩落香任副社长，岩章蓝任会计，人口50多人。之后又于1967年全体搬迁到奔格建寨子，由于这个寨

◇从左到右依次为玉院坎、玉罕怕、岩坎伟、张应华、李鸾　◇老村长岩落南

子发展比其他寨子好一点,时常得到政府救济,就有很多寨子包括章家老寨的村民搬来入住。两年后,他们又从奔格搬迁到空砍建寨子。由于管理得好,其他寨子的村民不断迁入,住户、人口不断扩大,到1979年寨子已经发展到70多户人家。后寨子多次发生火灾,特别是1989年的一次火灾烧毁了整个寨子,有3个小孩被烧死,只有3户的房子保留下来,故该地被认为不吉利。于是在1980年,老村长岩落南带领70多户村民,又把寨子搬到揪木嘎奔,即现在的章家三队所在地。寨子安定后,在老村长的带领下,积极发展生产,开垦水田,种植水稻,粮食基本得到保障,特别是1984年,老村长岩落南带头种植了3亩茶地,开创了章家村委会种茶的历史,章家三队经济逐步得到发展。如今茶叶已经成为章家布朗族群众最主要的经济收入来源。

（二）民族成分构成

布朗山乡是中国唯一的布朗族乡,章家村委会全部村民均为布朗族。章家三队常住人口147户,其中农村居民143户均为布朗族。随着村寨的发展,目前已经有其他民族在章家三队安家做生意,有外来务工居民4户,其中有汉族10人、哈尼族2人。

（三）村民性别与年龄状况

截至2015年底，章家三队常住人口147户716人，其中男415人、女301人。人口最多的家庭有11人。60岁以上的老人有82人，年龄最大的是87岁的玉香婻。

（四）人口流动与趋势

章家村委会村民外出务工人员非常少，村委会2001年曾经组织过劳动务工输出，但由于村民的文化水平等原因，难以适应外出务工，便很快就返回。目前章家村委会长期在外务工人员有3人，均是章家四队村民，务工地在广州，已经达3年以上。

◇87岁的玉香婻老人

从勐海县统计局2013年到2015年布朗山乡常住人口及人口变动情况统计情况来看（表1），章家村委会人口流动呈现增长趋势。

表1　2013～2015年章家村委会常住人口及人口变动情况统计

单位：人、户

年份	其中		农村人口		外来务农居民		全年人口变动情况	
	男	女	人口数	劳动力	户数	人口	迁出	迁入
2013	1443	1294	2630	1459	34	107	27	48
2014	1453	1263	2592	1514	50	124	51	20
2015	1482	1294	2625	1517	57	151	2	29

章家三队现在没有外出务工人员，只有1人外出在勐海县开公司做茶叶

生意。章家三队流出人口主要是女孩外嫁,而流入人口主要是随妻子返回章家村居住的丈夫及子女、外地承租田地种植香蕉的商人、采摘春茶时缅甸前来打工的务工人员。

表2 2013～2015年章家三队常住人口及人口变动情况

单位:户、人

年份	农村居民				外来务农居民		辖区总户数	辖区总人口
	户数	人口	其中:男	劳力	户数	人口		
2015	143	704	405	416	4	12	147	716
2014	138	698	405	413	4	11	142	709
2013	133	707	403	415	4	11	137	718

(五)章家三队今昔变迁轨迹特点

章家三队自1980年由老村长岩落南带领70多户村民迁入至今,寨子已经发展到147户716人,其中有4户外来务工居民。从村东山头的同一位置看章家三队的新老照片,可见村寨变化极大。

1. 村内道路情况

章家三队村寨内道路均由村民自己出资修建。以前村内道路均为土

◇昔日的章家三队

◇如今的章家三队

路，2012年，由县国土局提供50吨水泥，乡政府提供60吨水泥，村民每人出资100元，由村民自己铺设了简易的水泥砂石路面。2015年乡政府出资11万元，铺设了章家村公路岔章家三队的315米入村水泥路。2016年8月，23户村民出资4.8万元，铺设了村东南口到缅寺200多米的水泥路面。

◇ 村民自己修路

2. 社会生活变迁

2001年章家三队全村通电后，家用电器进入家家户户。虽然有线电视还未开通，但村民们安装了电视天线接收器看电视，极大丰富了村民的文化生活，村民也看到了外界丰富多彩的世界，思想观念在不断发生转变。电冰箱、音响设备、手机等已经非常普及。2013年，由村民岩坎胆出资购买了10盏太阳能路灯，其中在寨子中心广场安装了4盏，学校内安装了2盏，在宝金塔寺庙安装了4盏，为广大村民提供了方便。

◇ 村内水泥砂石道路

◇ 入村水泥道路

2003年，村里接通了自来水，在寨心广场修建了一个长5米、宽3.5米、高1.2米的蓄水池，供村民使用，全村村民告别了到沟箐背水生活的历史。2007年自来水通入家家户户，极大改善了村民的生活条件，人们逐渐使用

◇ 太阳能热水器、电视接收器

◇ 蓄水池

洗衣机，降低了妇女的劳动强度。现在洗衣机已经普及全村。2008年，政府发放退耕还林补贴，送了23个太阳能热水器，村里协调安装给23户贫困户，全村村民都去使用，发现太阳能热水器非常好用，纷纷购买，现在家家户户都安装了太阳能热水器，并建盖了专用的沐浴房，村民卫生条件极大改善。

3. 村民住房的变迁

据岩坎伟老书记讲述，1992年章家三队开始建盖屋顶为灰褐色缅瓦铺设的干栏木结构住房，之后这种缅瓦房逐步取代了布朗族非常传统的茅草房。2007年，老村长岩胆坎家首先使用带有天蓝色等色彩的琉璃瓦（本地人称"瓷砖瓦"）翻修屋顶，请勐混人来盖，瓦片费用8000元、工钱3000元，之后村民纷纷效仿，村内大多为这样的住房。现在屋顶瓦为灰褐色缅瓦的住房还保留有9栋。2011年，岩约应（53岁）、岩叫胆（51岁）请勐混人来建盖了第一批砖房，每栋造价8万元左右，当时浇灌混凝土柱子的材料是用竹子替代钢筋，屋顶仍然沿用传统的"人"字形屋顶。2013年以后，才开始使用钢筋混凝土建盖房屋，每平方米造价1150~1650元。有两家房屋造价100多万元，其中岩叫章家建房造价130多万元，内部装饰也较为时尚。所有房屋，除有4家建盖为3层外，其余房屋均为2层。一层主要用于堆

◇茅草屋顶　　　　　　　◇现存的缅瓦屋顶建筑

放杂物等，二层为生活起居。建房成为村民最大的支出。现在村民建房使用的柱子都到缅甸购买，而横梁等木材料，则通过林业站办理木材砍伐证后，在村集体林里自己砍伐。至今村民住房还未办房产证。

二、经济建设

（一）传统经济体系的变迁

新中国成立前，章家布朗族的经济发展十分落后，尚处于原始社会末

◇瓷砖瓦屋顶　　　　　　◇现代建筑

期向阶级社会过渡的农村公社的经济形态。从生产方式上看，章家布朗族的社会生产力水平很低，主要表现在："刀耕火种"式的原始农业仍占据社会经济的主导地位，社会分工不发达，手工业和商业还没有与农业分离而形成独立的经济部门。

新中国成立初期，布朗族人民虽然推翻了国民党和傣族封建领主的压迫，但仍然存在本民族头人统治及其特权剥削，其社会发展仍处于原始公社阶段。党和政府根据布朗族社会经济发展的现状及特点，决定布朗山为"直接过渡区"。1956年，在坝区进行和平协商土改的同时，人民政府宣布废除傣族封建领主对布朗山区各民族土地、山林的所有权和各种封建劳役、贡赋、特权、债务，并依照"团结、生产、进步"的方针，向布朗山区各族人民发放了大量的种子、耕牛、农具和救济金，以扶持发展生产，改变贫穷落后面貌，使之逐步过渡到社会主义社会。由于沿袭原始的"刀耕火种"的生产技术，使用落后的生产工具进行农业生产，劳动力利用率低，章家布朗族的农业生产水平极其低下，基本上是靠天吃饭，人们生活主要靠乡政府的补助和救济，在各种自然灾害的威胁下，人民生活十分贫困，处于严重缺粮的状况。

据岩坎伟老书记所述，1979年实现包产到户后，极大调动了村民的积极性，群众开垦种粮，发展养殖，虽然生产方式落后，粮食以旱谷为主，有部分水稻，但粮食基本得到保障。主要经济来源主要靠家庭养鸡、养猪，三队种粮最多，个别家庭有部分余粮出售，粮食价格每公斤1.1~1.2元，但经济还是比较困难。1984年，县委书记周光亮、布朗山（当时乡为区）委书记邱明、区长岩坎章在章家乡（当时章家村委会为乡）蹲点挂钩，通过考察，结合章家实际，提出种植发展茶叶。由于缺乏经验和技术，群众并不接受。后来章家三队老队长岩落南带头，在自己家地上种植了3亩茶叶，起到了很好的示范效应。1985年，在岩坎伟乡长的带领下，动员章家全乡大面积种植茶叶。茶叶种苗由区政府免费提供，区农科所指导育苗、种植，当年全乡种植面积达3000多亩，其中章家三队就种植了2000多亩。1986年章家全乡新增茶叶种植面积约4000亩。到1987年，老队长岩落南种植的茶叶开始采摘，茶叶卖给布朗山区茶叶收购组，当时茶叶收购分十一个等级，从一级茶到十一级茶，价格不一样。一级每公斤3元，而十一级茶叶价格每公斤只有0.4元。尽管卖茶叶收入不多，但章家乡有了第一批种植业经济收入，为今后茶叶产业的发展奠定了良好的基础。

据现任章家三队村民小组长岩甩的（1985年生）及退休老教师岩坎甩（1951年生）讲述，2007年以前，章家村委会生产的茶叶均卖给布朗山乡茶叶组统一收购，仍然按照十一个等级收购，一级茶叶每公斤5元，十一级茶叶每公斤2元。茶叶组统一收购茶叶后，政府给予粮食奖励。2007年开始，茶叶市场放开，允许外地茶叶商人进入布朗山收购茶叶，价格随着市场行情攀升，当年章家村的春茶卖到每公斤150元，岩坎伟老书记当年卖茶叶收入达8万元，章家三队全村卖茶收入总计600多万元。章家三队老百姓感慨地说：太阳终于照进布朗山。2010年，茶叶价格比较好，章家三队全村茶叶收入达900多万元，为章家三队经济社会发展奠定了良好的基础，全村90%经济收入依靠茶叶销售。

随着茶叶市场价格的好转，章家三队布朗族群众生活发生了极大的变化，也吸引了外地人员进入布朗山务工、做生意，在他们的影响下，村民逐渐开始产生了经商的意识，章家三队商业贸易也逐步发展起来。现在在章家三队寨心广场周围，开了7家小卖部，主要经营日用品、食品等，其中4家是村民自己开的小卖部。村民玉叫章（女，30岁）开的小卖部已经有10个年头，由于她人缘好，开店时间长，生意很好，她本人讲，月收入3000多元。现在章家三队还没有餐馆，2016年初，曾经有外地人来开小吃店，但生意差，很快就关门歇业。在节假日，有勐海傣族来卖服装，价格5~50元不等。寨子内经常有勐海、勐混坝区的商人，不定期用车子拉各种蔬菜来卖。

◇ 村民开的小卖部　　◇ 玉叫章开的小卖部

◇ 卖服装　　◇ 卖蔬菜

（二）农作物种植

新中国成立初期，章家布朗族主要农作物为旱谷、玉米，有少量棉花、少量蔬菜，茶树多为野生，没有人工种植。1969年开始，在靠近山箐、地势相对平缓的平地上开垦水田，1984年试种茶叶，现正逐步种植香蕉、橡胶等经济作物。

1. 茶叶种植

章家三队是1966年从章家老寨分离出来的新寨子，周围没有古茶树，直到1984年在岩落南老村长的带领下，才开始试种茶叶。由于章家三队辖区地理位置较好，茶地大多在海拔1000米到1800米之间，茶园生态体系非常好。章家三队的茶叶，素有"小班章"之称，也有"台地茶之王"的美誉。茶叶虽然比不上纯料老班章茶，但是章家三队的茶从品质和口感来论被称为同级别中的上品。章家三队的茶，茶气很足，汤质饱满，苦味稍大，回甘迅猛（中断回甘强烈，后续回甘持久），比很多地方的古树茶都胜过不少。只是新茶有微微的涩感（不影响后期的存放）。

现在章家三队村民所种植的茶叶属于高山生态茶园模式，主要是台地茶，有部分40年左右的小苦茶。

由于章家三队的茶叶制作技术独特，村民从鲜叶的采摘就相当严谨，在杀青、揉捻制作毛茶时均能从父辈的传统手艺中吸取精华，所制作的毛茶"条索紧实，光泽油亮"，加之适宜的生态环境和2012年以来的生态茶园管理等因素，章家三队的茶叶比章家老寨茶叶价格往往高出一倍，茶叶成为村民最为重要的经济来源。据岩坎伟老书记、岩坎甩老教师及现任会计岩的张讲述，茶叶价格较高的2011年，全村茶叶收入突破900万元。当年

◇ 台地茶

◇ 小苦茶

苦茶价格：春茶每公斤卖700多元，雨水茶每公斤卖300多元，谷花茶每公斤卖450多元；台地茶：春茶每公斤卖250多元。2016年价格：苦茶每公斤400~500元，台地茶每公斤150元。

自1984年开始种植茶叶以来，茶叶的生产加工均靠人工进行。2000年，村民开始使用农药除草，极大减轻了劳动生产力。2012年以后，章家三队禁止在茶地上使用农药，除草主要使用柴油电动割草机以及手工割草。割草机1500元左右一台，有些家庭有3~5台。禁止使用农药有两个方面的原因：一是2010年，村民发现茶叶产量减产，通过乡农科所调查、检测、分析，发现造成茶叶减产的主要因素是村民大量使用除草剂为茶地除草，土地逐渐板结，严重影响茶树生长，导致茶叶减产。同时在茶叶中检测出农药残留，建议村民停止使用农药。二是2011年，布朗山乡招商引资项目——云南红山茶叶有限公司初制厂落户章家三队，厂长罗朝龙是乡人大代表，强烈要求发展生态茶叶，得到政府及村委会的支持，在章家三队首先试点。目前，章家村委会作为乡政府重点发展优质生态茶叶品牌——章家生态茶。为了确保章家三队卖出的茶叶品质，不允许外来茶叶进入村寨加工、出售。

章家三队茶叶全部靠人工采摘。在春茶采摘期间，村民会雇佣缅甸

◇柴油电动割草机除草

◇手工割草

布朗族同胞来帮助采茶，包吃包住，每人每天100元，茶地多的家庭，春茶采摘期间要请十多个采茶工，雨水茶和谷花茶则由村民自己采摘。采摘的茶叶少时，村民自己炒茶、揉茶，如果采摘的茶叶多时，就使用揉茶机揉茶。过去村民晾晒茶叶都是露天晾晒，灰尘多，也容易受到家畜特别是鸡的干扰，非常不卫生；另外刮风下雨时要及时收茶，雨过天晴又继续晾晒，随时需要有人看守。2013年开始，村民逐步在住房边搭建茶叶晾晒棚晾晒茶叶。茶叶晾晒棚请勐混傣族人来盖，棚架用钢材支撑，棚顶及棚屋四周均用透明的塑胶瓦包围，按照使用塑胶瓦的面积计算总价，每平方米120元。一间茶棚的造价，按照面积的大小，一般为5000～20000元。现在

◇人工采茶

◇炒　茶

◇茶　棚

◇晾晒茶叶

村民基本都在茶棚晾晒茶叶，一是卫生；二是不怕风雨；三是效率高，晚上晾晒，第二天下午就可以收；四是不用人看守。

2. 谷物种植

章家三队的谷物种植主要是水稻，均为雷响田，平均亩产250公斤，主要自家用，没有余粮出售。另外还种植部分旱谷，大多村民在旱谷地中还套种了茶叶，因而三队实际茶地面积很难说得清。由于种稻谷收益率低，村民不愿种植，因此村民愿意将水田、旱地出租给外地人种香蕉，每亩水田每年租金平均1500元，旱地平均800元。

3. 香蕉种植

章家村香蕉主要是外地人租地种植，但近年来，章家三队已经有部分村民尝试种植香蕉。据岩尖坎（36岁）介绍，2014年，岩叫坎（41岁，初中文化，党员）、岩怕坎（43岁，党员）、岩温应（28岁）、岩香章（26岁）、岩香应（40岁，党员）5家联合，租用本村水田（1500元/亩·年）、平地（850元/亩·年），租期10年，种植了140亩香蕉（每户投资5万元，部分靠银行贷款），现在已经开始收获。2015年，岩叫坎（41岁，初中文化，党员）、岩地应（40岁）、岩干坎（28岁）、岩尖坎（36岁）、岩坎应（36岁）5家联合，种植了100亩香蕉，目前长势良好。

◇水　稻

◇旱　谷

◇香蕉地

(三)农业科技推广

布朗山乡以农业为主,其中种植业占首位,茶叶是主要经济收入来源,其次是粮食作物水稻、旱稻,其他为蔬菜、水果等。乡政府历来重视农业科技的推广应用,成立了勐海县布朗山乡农业综合服务中心,为村民提供林业、农业、畜牧业等综合服务,其中,2015年在粮食生产工作中组织开展了育秧、种植、施肥、农作物病虫害防治等实用技术培训10期128人次;举办了5期720人的茶叶加工培训;举办茶叶种植中育苗、种植、嫁接、采摘等实用技术培训8期1100人次;在开展生态茶叶建设中,加强病虫害防治宣传指导,共发放诱虫板17500片,杀虫灯5台;在橡胶产业工作中,邀请专家到村民小组为农民讲授种植、割胶、病虫害防治等技术,举办了2期280人次的技术培训;邀请专家举办了3期高原农特产品"香冬瓜"种植、管理等实用技术培训;在推广套种胶园珍贵树种苗木及水果种苗方面,加强技术指导,鼓励胶农套种了3500亩的黄樟、沉香、黄花梨、三丫果、波罗蜜等,拓展了村民经济收入渠道。深入7个村委会54个村民小组,开展动物免疫和疫病防控工作,对规模养殖场签订动物防疫责任书,并加强监督鼓励;随时关注辖区内动物疫情的监测,及时关注动物疫情动态。服务中心还加强农机安全宣传、农机审验动员工作,积极组织开展农机安全教育、发放宣传材料、张贴宣传标语、宣讲农机补贴政策等。这些科技推广运用措施，促进了布朗山农村经济发展，对布朗山乡产业结构调整、保持经济可持续发展起到了积极的作用。

章家三队村民小组农业以茶叶为主，其次是水稻、旱谷。"章家生态茶叶"是布朗山乡政府重点打造的品牌，从2012年开始，在乡农业综合服务中心技术人员的指导下，停止使用农药、化肥，而使用割草机除草，人工挖地，用诱虫板、杀虫灯等无公害茶叶防虫技术杀虫，在茶树修剪中用上了电动修剪刀，茶叶加工中普遍使用揉茶机。茶叶种植大多采用台地方式种植，方便管理、采摘。农业科技的推广，提升了茶叶品质，提高了茶叶产量，减轻了村民劳动强度，增加了村民收入。

在稻谷生产中，水田基本使用拖拉机耕作，种植杂交品质，普遍使用化肥，用农药杀虫。农药大多使用"乐果""克无踪"等，化肥品种有尿素、钙镁磷、复合肥等。乡农业综合服务中心技术人员对化肥、农药的使用和技术问题进行过宣传和培训。

农业科技的宣传及推广应用，农机机械的逐步使用，使章家布朗族农业生产方式逐步接近内地汉族的水平，村民们用上了碾米机，有了运输车辆，村里出现了养猪、养羊、养牛专业户，村民们走上了靠科技致富之路。

（四）产业结构的调整

20世纪80年代以前，养猪、养鸡出售是章家村民的主要经济收入来源，自从1984年种植茶叶以来，主要经济来源已经被茶叶替代。但章家村茶叶收入占村民收入的90%以上，产业结构过于单一，对整个村委会的经济社会发展都产生极大的影响。章家三队岩甩的村长对我们说：如果茶叶价格大幅下跌，将给布朗山带来极大的灾难，其影响程度不亚于一场战争。一旦有那么一天，我们也不知道该怎么办。对此，章家村委会已经开始逐步调整产业结构，除了推广种植香蕉、橡胶、澳洲坚果等经济作物以外，还鼓励村民发展养殖业、交通运输业，使经济来源逐渐多元化。

在章家三队，我们走访了多种经营致富的典型代表岩的坎。岩的坎，36岁，小学文化，预备党员。家里除妻子外，有2个女儿、1个儿子。大女儿今年9月读高三，也是本村第一批高中生；二女儿读初中；小儿子在乡小学读书。他们家2007年开始养猪，起初是在自家旁边养殖，现在已经扩大了养猪规模，2016年1月建盖了800多平方米的养猪场，饲养生猪53头，2015年生猪出栏14头，收入3.8万元。他们家还种植茶叶30多亩，收入6万元。2013年首家购买了东风货车，在农闲时跑运输，年收入4万～5万元。5年前在外村租了20亩地种植橡胶，2016年，又以每年3万元的租金，租了外村60亩地种植橡胶。另外，他还每年帮人做零活，年收入1万元以上。

章家三队村民岩叫坎（41岁，党员，章家村委会监督主任）、岩勐坎（54岁，党员）两家合伙，于2013年开始养羊，当时购买了32只羊崽，由于管理不当，羊群死亡率高，从开始到现在死了30多只羊，现在还有存栏40只。羊群死亡率高有两个方面的原因：一是缺乏养殖技术，羊群生病死亡较多；二是管理不善，在放养过程中羊群吃了村民的茶叶，被村民打死。现在每只羊可以卖1200～1500元。

2008年以后，章家三队村民大多使用手扶拖拉机耕地、耕田，对耕牛

◇ 岩的坎及他的运输车

◇ 岩的坎的养猪场

的需求逐步减少,现在养牛主要用于商品出售,但家庭养牛疾病预防不到位,放牛人力成本高,几乎已经放弃养殖。现在有岩坎应、岩坎甩、岩胆南3家合伙养了21头黄牛,均在野外山林中放养,每周喂牛1次。

(五)生产方式的变迁

新中国成立初期,章家主要生产方式仍然是"刀耕火种",以种植旱谷为主,同时在旱地上种植一些玉米,旱涝不保。1969年开始开垦水田,在乡农科所的指导下开始种植水稻,但面积不大。20世纪80年代以后开始饲养耕牛,2006年以前,旱地主要靠人工挖种,水田靠耕牛。自2007年开始,修通了通往水田的简易道路以后,水田大多使用手扶拖拉机耕种。1994年,章家三队时年25岁的村民岩宅勐,购买了第一台手扶拖拉机;1995年,村民岩勐堂、岩坎燕分别购买了一台手扶拖拉机,三台都是二手拖拉机,价格在3000~5000元,主要用于在村与村之间货物运输。2004年以后,购买手扶拖拉机的村民逐渐增多,村民逐步放弃耕牛饲养,2007年以后,拖拉机逐步替代耕牛,作为耕田的主要生产农具,极大降低了村民的劳动强度。

过去村民的吃米均靠人力舂米,2001年通电后,村民纷纷购买碾米机,最多时,章家三队就有30多台。后来由于水稻种植面积减少,许多家

◇ 手扶拖拉机

◇ 村民放弃使用的碾米机

庭已经不再种植稻谷,靠买粮食生活,碾米机使用减少。2013年,湖南老板在村南投资10万元建设了碾米机房,并自己养猪17头。每加工100公斤稻谷收费6元,如果村民不要米糠,则不收费。村民自己种植的稻谷都到那里加工,村民自己购买的小型碾米机已经不再使用。

茶叶加工。2012年以前,茶叶加工靠人工炒茶(杀青)、人工揉茶、自然晾晒,生产效率低,劳动强度大,人工成本高。2011年,布朗山乡招商引资项目——云南红山茶叶有限公司初制厂落户章家三队。初制厂由云南红山茶叶有限公司投资,章家三队提供场地,只加工三队的茶叶。初制厂占地15亩,2011年11月建设,2012年5月投产,厂房建筑面积5000多平方米,投资900多万元,目前是西双版纳傣族自治州规模最大的茶叶初制厂。该厂的建成,对章家茶叶价格的提升,茶叶品质的提高,村民传统生产方式的转变,特别是对乡政府重点发展优质生态茶叶品牌——章家生态茶的打造起到了积极的作用。据厂长罗朝龙介绍,开始建厂时,村民不支持,通过乡政府、章家村委会、章家三队小组与村民的反复沟通协商,最终同意在村寨东南1千米的山头上建厂。投产后,大幅提高了村民新鲜茶叶的收购价格,村民卖新鲜茶叶就能赚到之前卖自己加工干茶时的收入。罗朝龙本人作为乡人大代表,强烈要求章家三队不使用农药,发展生态茶叶,得到了乡政府及村委会的支持,最终选择章家三队作为生态茶种植、加工试点。

受到红山茶叶有限公司初制厂加工茶叶的启发,村民们逐渐对揉茶机、茶叶晾晒棚有了新的认识,思想观念发生了变化,加之村民卖茶叶有了积蓄,便开始购买揉茶机,建盖茶叶晾晒棚。2012年,章家三队岩胆坎(51岁,党员)、岩章那(50岁)购买了揉茶机,村民们看到了揉茶机的高效率,纷纷购买。现在全村拥有100多台揉茶机,小型的2800元、大型的5400元,章家村民告别了手工揉茶的历史。2012年三队停止使用农药,开始大量使用割草机,每台1500元左右,有些家庭购买了3~4台。2013年开始建盖茶叶晾晒棚,现在几乎家家户户都有。茶叶修剪用上了修剪机。

◇ 云南红山茶叶有限公司初制厂

◇ 揉茶机

（六）经济收入与消费

1. 经济收入与生产生活条件改善

改革开放以来，村民逐步摆脱了温饱问题，部分村民随着经济收入的增加，消费观念也在发生变化。村民收入的最大开支是建房，并不断改善自己的生产生活条件。2000年，章家三队岩勐堂购买了42英寸长虹电视机，岩落香购买了42英寸康佳电视机，由于当时未通电，村民使用柴油发电机发电来看电视，全村老少像过年一样，一到晚上，就跑到他们家看电视，现在家家户户都已经有电视。2003年，章家三队岩看堂（章家白塔寺

◇ 割草机

◇ 修剪机

庙的大佛爷）购买了第一辆摩托车，2005年以后购买摩托车的村民迅速增加，2008年摩托车普及率已达80%，现在摩托车已经成为村民出行、劳动的最为常用的交通工具，有些家庭有4~5台。2009年，章家三队岩的坎购买了第一辆微型货车，用于短途拉货。2013年，岩的坎购买了首辆东风货车，2014年三队岩香应（现为章家村总支委员会副书记）购买了首辆越野车，岩叫坎（章家村委会监督主任）购买了首辆皮卡车。截至2016年8月，章家村委会辖区共有越野车2辆（均在三队）、皮卡车9辆（其中章家三队8辆）、东风货车8辆（其中三队3辆、章家老寨3辆、空坎二队2辆）、面包车1辆、农用拉货车5辆（其中三队2辆、章家老寨1辆、章家四队1辆、新图1辆）。2010年以后，手机已经十分普及，不会汉语的小孩也能玩手机。

2. 经济收入与消费观念的改变

逐渐富裕起来的布朗族村民，向往着外面的大千世界。2014年11月，章家三队村长岩甩的带领23名村民，和曼新龙村委会7人，参加了版纳旅行社组织的北京、天津旅游。旅行团中年龄最大的岩落应72岁，最小的岩甩的27岁，费用每人5300元。特别值得一提的是，章家三队有2名女村民也参加了旅行团。其中三队参加旅游的村民有岩甩的（村长）、岩应叫、岩的章、岩坎列、岩书恩、岩落应、岩甩谈、岩的谈、岩务香、岩丙干、岩在

◇ 新建房屋

◇ 孩童使用手机

◇ 旅行团（岩甩的提供）

◇ 岩落应72岁，岩甩的27岁

应、岩的坎、岩叫勐、岩班东、岩胆坎、岩温坎、岩勐昂、岩布糯、岩昂嘎、岩叫香、岩甩香、玉地洪（女）、玉叫谈（女）。这是章家村委会村民第一次走出大山，实现了几代人到北京、到天安门的梦想。

2015年11月，由章家村党总支书记兼村委会主任岩甩香带队，组织章家村委会11名村民参加旅行团，游览了北京、上海、苏州、杭州、南京、昆明，行程11天，每人费用5600元。

3. 家庭经济收入来源及日常消费行为

在章家三队，调查组随机选取了13户村民家庭，进入村民家中进行家庭经济收入来源及日常消费行为调查，得到了户主的积极配合。从调查情况来看，村民主要收入来源是茶叶。在日常消费支出中，文化教育占总支出的24.9%，说明村民对孩子教育的

◇ 村书记岩甩香及其74岁父亲（岩甩香提供）

重视程度显著提高，村民经济条件改善后，非常重视子女的教育，这与我们对村民访谈过程中了解的情况非常一致。从调查表中还可以看出，村民宗教活动（主要是赕佛消费支出）费用很高，占总支出的19%，远远高出医疗费用支出，这和我们跟许多村民调查了解的情况非常一致，中老年人热衷于赕佛等宗教活动，而年轻人对此很有看法。

表4　章家三队2015年村民收入支出调查表

单位：万元

序号	农户	收入					支出							结余
		粮食	茶	养殖业	其他副业	务工	总收入	医疗	文化教育	日用品	宗教活动	礼节	其他	总支出	
1	岩的燕	4.5			1.5		6	0.35	1.2	0.8	1	0.15	0.8	4.3	1.7
2	岩的坎	6	3.8		6		15.8	0.06	2.7	1	0.2	0.7	3	7.66	8.14
3	岩应叫	5			1.5		5	0.1	0.8	1.2	0.5	0.3		2.9	2.1
4	岩坎伟	6			2.9		8.9	0.7	0.06	1.2	0.6	0.4		2.96	5.94
5	岩甩的	12					12	0.3	0.3	1	2	0.4	0.63	4.63	7.37
6	岩怕南	5					5	0.3	2.5	1	0.3	0.2	0.3	4.6	0.4
7	岩坎仓	6					6	0.6	0.06	1	0.6	0.4		2.66	3.34
8	岩叫香	8			1.8		9.8	0.5	1.2	1	0.6	0.15		3.45	6.35
9	岩坎吨	6					6	0.3	1.2	0.6	1.2	0.2		3.5	2.5
10	岩勐应	10			0.75		10.8	0.06	1.2	3	1	0.11		5.37	5.38
11	岩叫章	8					8	0.1	0.3	1	0.5	0.1		2	6
12	岩坎应	3	0.3		0.2		3.5	0.35	1.2	1	0.2	0.35	1	4.1	−0.6
13	岩叫张	5.5			0.05		5.55	0.15	0	0.8	1	1		2.95	2.6
	合计	85.0	4.1		13.2		102	3.87	12.72	14.6	9.7	4.46	5.73	51.1	51.2
	占比%	83.1	4.0		12.9			7.6	24.9	28.6	19.0	8.7	11.2		

（七）扶贫开发

历史上布朗山交通不便，疾病流行，新中国成立初期生活在布朗山上的布朗族还保留着不同程度的原始公社残余。党的十一届三中全会后，在各级党委、政府的关心扶持下，通过加大基础设施建设、培育发展特色产业、社会参与帮扶等措施，布朗山各族群众生活得到改善，扶贫攻坚取得了显著成绩。

2006年开始实施《云南省扶持人口较少民族发展规划（2006～2010）》，以人口较少民族聚居的自然村为重点，组织实施了10大内容137项的扶持发展项目，截至2008年，全乡7个村委会52个村民小组"四通五有三达到"通过验收。"十一五"期间，全乡大力推进扶贫攻坚工作，完成了147个整村推进项目，易地搬迁扶贫49户196人，茅草房改造448户，解决了1792人的温饱问题。[1]

"十二五"期间，围绕"生态立乡、生物富乡、科教兴乡、开放活乡、特色建乡、依法治乡"的发展战略，全面落实领导挂点、单位挂村、干部结对帮户的扶贫责任制，三年期间，全乡共完成整乡推进项目投资13815.99万元，项目涉及产业开发、基础设施、社会事业、生态能源建设、民生保障、科技培训推广六个方面共192项[2]。

党的十八大以来，全乡加大扶贫力度，州、县相关单位对布朗山乡进行了帮扶。建档立卡"挂包帮、转走访"工作涉及州、县单位共12个，分别负责15个村小组；布朗山乡各站所、乡属学校、党委、政府挂钩18个村小组。"挂包帮"工作共涉及全乡6个行政村33个村民小组。根据2015年人均可支配收入达2855元为脱贫标准，布朗山乡2015年预脱贫260户1073人，

---

[1]赛勐：《政府工作报告》，2011年2月10日在布朗山乡第九届人民代表大会第四次会议上。

[2]岩尼兴：《政府工作报告》，2016年2月2日在布朗山乡第十届人民代表大会第四次会议上。

剩余建档立卡贫困户445户1732人。其中章家村委会章家三队村民小组全部实现预脱贫，该小组由西双版纳州总工会帮扶，全村有147户716人，劳动力321人，有茶叶地4800亩，水田418亩，2013年建档立卡贫困户31户127人，2014年末，人均纯收入2608元，建档立卡贫困户18户77人，贫困发生率12%，全村主要经济作物是茶叶和粮食。从2012年开始，岩甩的村长上任后，带领村民对2000亩集体土地重新进行了分配，在分配中，对贫困户进行倾斜，并帮助他们种植茶叶，得到了广大群众的普遍认可。通过驻村工作队、村干部及贫困户个人的努力，2015年底，全村建档立卡贫困户全部预脱贫。

通过各级党委、政府的大力扶持，社会参与帮扶，以及驻村工作队、村干部和贫困群众的自身努力，2016年底全乡建档立卡贫困户全部脱贫，部分贫困群众通过易地搬迁住进了新房。

三、政治建设

（一）现当代村寨政治变迁

章家村委会因驻章家寨而得名，1958年建立章家乡政府，1961年成立中共章家乡党支部。1966年章家三队从章家老寨分离建寨，当时称为红旗村。1969年章家乡改为前卫大队，红旗村改为章家三队。1984年人民公社制度废除后，章家复称章家乡，到1987年，章家乡改为章家村公所，它是在人民公社制度废除后，随着农村经济体制改革出现的农村基层群众性自治组织。1987年11月，《中华人民共和国村民委员会组织法（试行）》出台后，全

◇ 易地搬迁新房

国各省开始逐步推行村民自治。之后，根据中共中央〔1993〕79号文件关于"为减少管理层次，乡镇不再设置派出机构村公所"的决定，云南省逐步取消村公所设置，直到2000年，章家村公所才改为现在的勐海县布朗山乡章家村民委员会，它是自治性的工作机构，由村民直接投票选举村民委员会主任、副主任和委员，推动了农村政治体制改革的深入。在2000年，章家村公所改为勐海县布朗山乡章家村民委员会之时，同时成立中国共产党勐海县布朗山乡章家村总支部委员会，简称村"两委"。首任章家村领导班子为：总支部书记岩坎伟，村委会主任岩香昂、副主任岩叫坎，武装干事李旗华（哈尼族）。2003年，章家村委会迎来了首任大学生村官岩晶海。2008年，上级政府为章家村委会派来了首任新农村指导员朱宏发（白族），现派出了驻章家村的驻村扶贫工作队，队长邱鸿铃。

2013年3月，章家村机构增设勐海县布朗山乡章家村务监督委员会，首任监督委员会主任岩少旺。现在章家村管理机构设置为中国共产党勐海县布朗山乡章家村总支部委员会、勐海县布朗山乡章家村民委员会、勐海县布朗山乡章家村务监督委员会三套领导班子，简称村"三委"。"三委"领导可以兼任，如党总支书记兼任村委会主任，监督委员会主任同时也是党总支部委员等。党总支部委员会由章家村全体党员大会选举产生，任期3年，委员7人，设书记1人、副书记1人。村民委员会由村民直接投票选举产生，委员5人，设委员会主任1人、副主任1人，同时选举产生勐海县布朗山乡章家村务监督委员会，设委员3人，其中委员会主任1人。

（二）村寨党组织建设和村务管理

1. 党组织建设

章家村设立中国共产党勐海县布朗山乡章家村总支部委员会，现有党员62人（含预备党员5人），其中女性党员7人。从年龄结构上看，60岁以上党员22人，占党员人数的35.5%，年龄最大的党员85岁；50~59岁党员10人；40~49岁党员8人；40岁以下党员22人，年龄最小的党员25岁。从文化层次上看,在职大专党员1人、初中毕业党员11人。

第六届章家村党总支于2016年5月选举产生。为了做好选举工作,布朗山乡党委下发了《中共布朗山布朗族乡委员会布朗山布朗族乡人民政府关于2016年开展村党总支部委员会和村民委员会换届选举工作的实施方案》,要求按照先选举章家村党总支部委员会,后选举章家村民委员会的顺序进行。通过选举,产生了章家村党总支书记、副书记。

章家村党总支下设章家三队、章家四队、章家老寨、空坎一队、空坎二队、新图6个党支部。

现章家三队党支部书记为岩坎伟。有党员22人,男20人、女2人(玉坎恩,56岁;玉丙的,25岁),年龄最大的是老村长岩落南85岁,最小的是玉丙的25岁。初中毕业7人,小学毕业4人,文盲11人。村里有团员22人,团支部书记为岩少勐。

(三)村民自治

自《中华人民共和国村民委员会组织法》正式颁布后,村民自治有了正式的规范性的指导文件,三年一度的村委会换届选举也在全国各个乡镇村庄开始了。章家村自2000年通过选举产生第一届村民委员会以来,每三年进行一次换届,2016年5月,选举产生了第六届勐海县布朗山乡章家村民委员会。村民代表数额按每5~15户推选1名村民代表,党员在村民代表中要占一定比例,妇女村民代表占村民代表会议组成人员三分之一以上,推选出章家村民代表45名。

表9 各村民小组代表名额分配情况

单位:人

村民小组名称	总数	妇女人数	党员人数
章家老寨	11	4	4
章家四队	5	2	2

续表

村民小组名称	总数	妇女人数	党员人数
空坎二队	6	2	2
空坎一队	8	3	3
章家三队	10	4	4
新囡	5	2	2

资料来源：章家村委会提供。

章家村委会主要会议均在村委会召开。章家村民代表大会每年召开2~4次，2015年召开了4次，每10户选出1位代表。财务公开主要是以开会及在村委会办公地张贴公告的方式进行。

章家三队村民小组通过提名候选人、召开群众大会，由村民选举产生第六届村民小组，组长岩甩的，副组长岩的张（兼会计）、岩应叫。

岩甩的2013年开始任组长，是章家村委会当年最年轻的村民小组长，现在已经任第二届村民小组长。岩的张已经连续三届任副组长兼会计。村小组的分工是：岩甩的抓全盘工作，岩应叫抓生产事宜，岩的张负责账务。现任村长虽然年轻，但在村民中威望很高，自他被选举担任村长以来，一是圆满完成了村里2000亩土地的分配，坚持原则，勇于担当，村民

◇ 投票选举（岩坎应供图）

心服口服。二是加强村里的治安管理，整个章家三队村民无偷盗行为，许多家庭夜不闭户。三是加强环境整治，家畜均实现圈养，住房一楼不允许养家畜，整个村寨没有家畜粪便等污染。自2016年开始，组长、副组长每月享受200元的补贴，费用从村委会提留中开支。村中的调解工作由党支部书记岩坎伟和小组干部负责。

村民小组没有开展工作的专门场所，没有书面的相关规章制度，只有记账的账本，村民会议基本都在组长家召开。有关通知、通告等使用扩音大喇叭，一般由组长通知。

村民小组的活动没有固定的时间安排，由组长总协调，遇到大事由村干部共同协商解决，有时还要请村中有威望的人员共同协商解决。重大事情如土地划分等一般召开村民会议，每10户派1个代表，由村民代表共同讨论协商决定。

章家三队的公益活动如修路等，通常由村干部统一组织安排，一般按家庭或人口数公摊，都是以义务的方式进行。

章家三队的村务公开主要是在村民大会、村民代表会议上进行，不张贴公开信息。公开内容主要是财务收支问题。村集体经济薄弱，村民也适应现在的财务公开形式。

（四）政治参与

政治参与是农民实现政治权利的重要途径。在布朗族的发展历史上，普通村民是没有政治参与权的。新中国成立以来，布朗山布朗族兄弟不但实现了社会制度的"直接过渡"，还有了参与党和政府政治生活的机会。其政治参与主要表现在两个方面。

一是村民参与党和政府的政治生活。章家三队村民岩甩香（村委会主任）是勐海县党代表；章家三队村民岩叫坎（章家村务监督委员会主任）2013年被推选为县人大代表；章家三队村民岩看堂是勐海县政协委员；章家三队村民岩坎伟是布朗山乡党代表；章家三队村民岩少旺是乡人大代表。

二是村民积极参与村务管理。从调查情况看,村民非常关心村委会领导班子及村小组长(村民一般称"村长")的选举。在2016年章家三队村民小组长的选举中,村民参与的积极性非常高,有7人参与竞选,竞争议程激烈。在村委会选举中,村小组代表也是经过推选、公示等程序,让村民充分行使参与村务管理的权利。

(五)社会保障

改革开放以来,随着农村经济的发展,各级政府的不断投入,村民的民生不断得到改善。2016年4月乡政府通往章家村委会的道路铺设了水泥路,村委会到各村小组的砂石路也方便通行,极大改善了交通状况。全村人畜饮水安全全覆盖,自来水入户率达100%,通电率达100%。全村建有4个小学,有7个村级文化室,广播电视综合覆盖率达99%。在养老保险和新型农村合作医疗(简称"新农合")方面,村委会积极开展宣传动员工作,村民也从中认

◇推选村民代表(岩甩的供图)

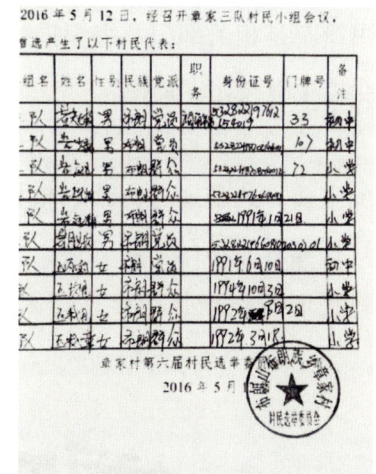

◇村民代表公示

识到养老保险和新农合的好处,已经普遍接受。从调查情况来看,章家村委会除空坎二队有18户83人未参加外,其余村民小组均参加了新农合,村民出生后,就为其办理,每人每年120元;章家三队、新园全部购买了养老保险,一般每人每年100元,其中章家三队有3人购买了每年200元,有4人购买了每年500元的养老保险。章家村布朗族养老主要是家庭养老,布朗山

乡建有养老院，但章家三队无人去养老院养老。老人养老均由儿子负责，老人可以跟任何儿子一起生活养老，其房屋、财产等遗产一般也由赡养老人的儿子继承。

但目前章家村社会保障水平仍然有待提高。如卫生室建设跟不上村民健康保障需求，村民看病就医主要依靠布朗山卫生院或县、州医院，看病就医难，群众身体健康水平难以提高。

四、文化建设

（一）公共文化基础设施

1. 章家村公共文化基础设施

章家村委会建有一个文化室，有图书1000多册，种类繁多，绝大多数书籍都是相关部门及组织捐赠。文化室有电脑1台，但没有宽带网络。村委会墙上有文化宣传栏。

章家三队除了广播、电视之外，没有其他文化设施，村民们获取信息的主要方式是通过广播、电视、手机等，主要的休闲娱乐方式是看电视、玩扑克牌、串门、聊天等。我们在调查中发现，整个村寨没有人打麻将，村民们玩扑克牌纯粹是休闲娱乐，不存在"三批"等带有赌博性质的现

◇村委会文化室

◇村委会文化宣传栏

象。男人的主要娱乐方式一是打扑克牌"升级",二是聚集在一起聊天,女子不参与打牌,她们有空主要是串门或聚集在一起聊天。

2. 章家三队文化建设

章家三队严禁赌博,违者无论赌资大小,一律每人每次罚300~600元。以前村寨里曾经有个别村民赌博,影响极坏,通过村干部的严格管理及村民的相互监督,现在已经好几年没有村民在村寨里赌博。目前还有个别村民会在节日期间到其他地方赌博,这样的村民,在村寨里被人看不起,当他们遇到经济困难时,村里没有人会帮助他们。章家三队布朗族同胞崇尚劳动,白天在村寨里只能看到老人和孩子,基本看不到年轻男女,因为他们都在劳动。

村内严禁吸毒。过去当地布朗族也有人抽大烟,但村民深知毒品的危害,在村规民约中严禁吸毒、贩毒,村民们相互监督,自觉遵守。我们在调查中了解到,村寨里有一个男孩在外面吸毒,回家被父亲知道后,立即向村干部和乡派出所报告,及时把他送去戒毒,为此,家人在村里一直抬不起头。

(二)民族传统文化遗产保护

布朗族传统文化遗产主要包括农耕文化、茶文化、纺织文化、建筑文化、手工工艺、语言文学、民间歌舞艺术、宗教文化、民俗礼仪文化和民间信仰文化等,在经历了社会发展变革和现代文化强势冲击后,在章家三队,许多传统文化遗产已经消失,布朗族传统文化遗产面临保护与传承的严峻考验。

1. 圆圈舞

布朗族是一个能歌善舞的民族,每逢喜庆节日,都要开展丰富多彩的文体活动,但布朗族民间歌舞在章家三队已经大部分失传,只有传统打跳舞蹈"圆圈舞"现在仍保留传承。

◇20世纪90年代跳"圆圈舞"

2. 布朗族弹唱

2008年,"布朗族弹唱"被国务院列为第二批国家级非物质文化遗产名录后,乡政府在充分尊重各少数民族民风民俗的同时,着重加强布朗族文化的保护和传承,当地文化部门对布朗族弹唱制定了详细的保护方案,并通过开设传承点、组织青年男女向老艺人学习技艺等方式进行传承。现全乡已经建成1个布朗文化传习所,并举办非物质文化遗产保护名录"布朗族民歌(布朗族弹唱)"培训班8期650人次。在章家三队,我们找到了布朗弹唱传承人岩坎尖,据他介绍,目前,章家三队会布朗族弹唱的仅有他一人,另外有几名会唱布朗族民歌的女性,由于已经结婚,便不再参加此类活动,现在还没有传承人。

岩坎尖,男,38岁,已婚,未接受小学教育。有三个儿子,大儿子18岁,刚刚初中毕业;二儿子14岁,现在上初二;三儿子11岁,正在上小学。岩坎尖开始学习弹布朗琴是在寺庙里当和尚期间。到目前为止,已参加过五次布朗弹唱培训，每次为期一个星期，培训期间吃住费用皆由政府承担。每次培训结束后都举行布朗族弹唱比赛，参赛者要求既会弹布朗琴又会唱布朗歌，若只会一项则不能参加比赛。比赛分别设一等奖、二等奖、三等奖和优秀奖，一等奖奖金1000元，二等奖500元，三等奖200元。岩坎尖于2010年在勐海县西定乡参加第一次培训，在此次的比赛中未获奖。2012年、2013年前后三次前往布朗山乡政府参加培训并参与比赛，并分别获得了两个二等奖和一个优秀奖。2015年前往布朗山乡老曼峨村参加过一次培训并参加比赛，荣获二等奖。在这些比赛中，举办者会将弹唱出众者的曲目刻录成光盘作为纪念，岩坎尖的曲目亦在其中，但他本人无光盘存留。布朗山乡政府于2012年赠送岩坎尖一把三弦布朗琴，此琴长约一米，基本材料是木头和竹子。据岩坎尖介绍，此三弦布朗琴可以弹奏八种基本曲调，每八种曲调又可以细化为高、中、低三种曲

◇ 布朗族弹唱传承人岩坎尖

◇ 三弦布朗琴

调。另有一种四弦布朗琴，该琴可以弹奏的曲调较三弦琴要多，而他本人比较喜欢三弦琴，称三弦琴弹奏出来的曲调更加悦耳。布朗山乡已无人制作布朗琴，但勐海县打洛镇的布朗族仍有人在制作，每个售价600元。

3. 布朗族乐器

章家三队现存的乐器主要有象脚鼓、布朗三弦琴、镲。象脚鼓的鼓身

为木材，鼓面为牛皮，用铁丝将两者固定，鼓身用牛皮包裹。象脚鼓制作难度大，耗时长，牛皮的切割以及鼓身的雕琢全靠手工操作。据三队村民岩嘎坎介绍，村中擅长制作象脚鼓的村民仅有3人，制作的象脚鼓仅供村里使用。市场上一个普通的象脚鼓售价为1000元。

（三）基础教育与师资培训

1. 基础教育

章家村委会共有4个教学点，开设一至三年级，有教师15人，在校学生121人，其中男生45人、女生76人。章家村委会位置偏远，教育基础设施落后，近年来当地民族教育事业得到了社会各界的支持和关注。

据章家村委会教学点（也称章家小学）负责人阿三老师介绍，狮子协会于2014年为该教学点捐赠了大批学习用品、教学用品，其中学习用品有书包、笔、文具盒若干，图书600册，字典30册，词典5册等；体育用具有跳绳、篮球、羽毛球等；教学仪器有联想一体机一台，投影仪一台。我们调研时，正好遇到帮找帮商贸有限公司在章家小学举行捐赠活动，该公司在乡政府有关领导的陪同下，向章家小学捐赠了11010元的善款及礼品茶叶。另外，当日还有来自西安的参与者李文个人也向章家小学捐赠3500元。

章家三队教学点，也称"英国爱华小学"，在章家三队西侧村头，始

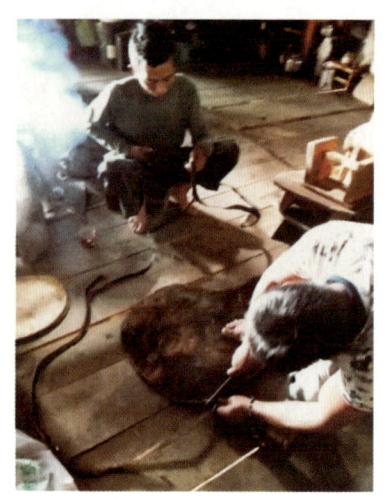
◇ 加工牛皮

◇ 象脚鼓

◇布朗山乡九年制学校

◇章家小学捐赠场面

建于1968年。2006年由英国爱国华侨槐耀先生等友好人士捐赠2万元英镑与勐海县人民政府共同重建，占地10多亩。为了表彰侨胞们的爱国义举，故冠名为"英国爱华小学"。学校有教室4间、电脑工作室1间（有2台电脑）、教师宿舍4间，教室桌椅齐全；配有教师厨房和学生食堂；有篮球场一块，一对高篮板，一对矮篮板；有单杠、双杠等设施，以及跳绳、乒乓球、羽毛球、海绵垫等器材。

学校成立之初只有一个女老师玉布香（女，1965年毕业于勐海中学），有20个学生。1970年岩坎甩（男，1951年生，1969年初中毕业，于

◇英国爱华小学

◇教室及教师宿舍

◇教室桌椅齐全

◇教师厨房和学生食堂

1982年到西双版纳州中等师范学校进修并拿到中师文凭）接管学校。1980年，岩坎甩调到布朗山中学培训，小学停课。1984年，岩坎甩回来任教，此时，在校学生数为16人，只有6人顺利上完了小学，其中有3人考上了初中，这3人毕业后都先后担任过章家村委会主任、副主任等职务。

现学校负责人为刘刚老师。有教师3名，分别是刘刚（男，1968年出生，哈尼族，专科毕业，中小学一级教师）、信蕾丹（女，1993年出生，哈尼族，团员，专科毕业）、张祎祎（女，1993年出生，彝族，团员，专科毕业）。每个教师管理一个班，每空一年招一批学生，一年级至三年级在该校就读，三年级以后到布朗山乡九年制学校就读。现有学前班人数16人，其中男生7人、女生9人；一年级18人，其中女生11人、男生7人；三年级20人，其中男生5人、女生15人。学校从学前班开始就进行双语教学，学前班课程有数学、拼音学话、学说普通话、语言、综合、美术等，小学生教材有语文、数学、美术、音乐、科学、思想品德、体育、劳动等。

该校每天都会给学生发放面包、牛奶、鸡蛋等营养餐，此外，乡政府每学期会给每名学生发80元（已经扣除每年制作两套校服的费用）的人口较少民族补贴。

现在村民已经非常关注孩子的教育问题，凡年满6岁的适龄儿童都送学前班接受教育，学前班和小学入学率100%，无辍学的学生。初中升学率亦达98%。

章家布朗族整体教育水平不高，章家老寨有152户625人，到目前为止，只有1个高中毕业生。章家三队有143户704人，有初中毕业30人，至今还没有高中毕业生。随着村民经济条件的改善，村民们一方面认识到知识的重要性；另一方面，国家实行九年义务教育，家庭教育负担减轻，加之村民子女读书自信心增强，在家长的鼓励及要求下，现在章家三队已经有21人分别考上了勐海县一中、州第一中学、州职业中学，成为章家三队首批高中生，他们承载着家乡父老的希望，即将升入高三学习，向更高的目标奋进。

表11　章家三队首批在外就读高中学生情况统计表

序号	姓名	性别	民族	户口所在派出所	年级	就读学校
1	岩坎书	男	布朗族	布朗山乡	高二	县一中
2	岩叫甩	男	布朗族	布朗山乡	高二	州一中
3	岩坎应	男	布朗族	布朗山乡	高二	县一中
4	玉甩地	女	布朗族	布朗山乡	高二	县一中
5	玉儿看	女	布朗族	布朗山乡	高二	县一中
6	玉叫看	女	布朗族	布朗山乡	高二	县一中
7	玉坎温	女	布朗族	布朗山乡	高二	县一中
8	岩叫光	男	布朗族	布朗山乡	高二	县一中
9	岩坎书	男	布朗族	布朗山乡	高二	县一中
10	岩香坎	男	布朗族	布朗山乡	高二	州一中
11	岩地验	男	布朗族	布朗山乡	高二	州一中
12	玉香远	女	布朗族	布朗山乡	高二	县一中
13	岩那书	男	布朗族	布朗山乡	高二	县一中

续表

序号	姓名	性别	民族	户口所在派出所	年级	就读学校
14	岩温验	男	布朗族	布朗山乡	高二	县一中
15	岩在书	男	布朗族	布朗山乡	高二	县一中
16	岩坎甩	男	布朗族	布朗山乡	高二	县一中
17	岩坎章	男	布朗族	布朗山乡	高二	职中
18	岩坎章	男	布朗族	布朗山乡	高二	县一中
19	玉香应	女	布朗族	布朗山乡	高二	县一中
20	岩光叫	男	布朗族	布朗山乡	高二	县一中
21	岩叫温	男	布朗族	布朗山乡	高二	县一中

资料来源：布朗山乡九年制学校提供。

另外，章家三队在乡九年制义务学校读初中的学生有63人，读小学四到六年级的学生有30人。在西双版纳傣族自治州民族中学读初中的学生有3人。

2. 师资培训

勐海县教师进修学校负责全县的中小学教师培训。近年来主要举办了新教师上岗培训、履职晋级培训、小学教师学历合格培训、小学校长和教导主任上岗培训以及小学骨干教师培训。中学教师培训项目主要是教师教研培训。此外，布朗山乡各个教学点的老师每年都要到布朗山乡九年制学校参加多媒体运用培训并参加考核。

布朗山乡九年制学校每年会举办全乡教师的讲课比赛和演讲比赛。讲课比赛设语文、数学、英语、物理、化学、政治等各个科目，但要求比赛教师不能讲自己的专业科目，各专业为一组进行评奖，大赛设一等奖300元，二等奖200元，三等奖100元。演讲比赛为团体赛，三人为一组，2015年的演讲主题为"教育+互联网"。

（四）宗教信仰

布朗族是个历史悠久的民族，除了少数民族传统信仰外，也笃信南传上座部佛教，布朗山布朗族村寨中几乎都有寺院。随着社会发展进步，布朗族传统少数民族传统信仰如自然崇拜、鬼神崇拜等对村民日常生产生活的影响在不断弱化，但南传上座部佛教的影响仍广泛而深远。现在章家三队有两个宗教活动场所，一个是位于村寨东边，建盖在山头的本村寺庙，也是村寨的最高点，可以俯瞰全村；另一个是位于村寨东边，距离村寨1千米多的寺庙，当地人称"白塔"或"宝金塔"。

1. 宗教信仰与社会生活

章家三队成年人几乎都信仰南传上座部佛教。从前布朗山布朗族男孩都要到寺庙当和尚，在寺庙接受佛教及其他知识，是他们获得教育的一个重要渠道。当了和尚可以还俗，没有当过和尚的男孩则被认为不是男子汉。随着经济社会的发展进步，章家三队已经几乎没有男孩去当和尚了，适龄儿童均到小学上学。尽管如此，村民们对佛爷、和尚还是很尊重。

章家三队在赕佛方面的开支非常大。我们在村里随机调查了13户家庭2015年的收入与支出情况（见表4），每户村民用于宗教方面的支出平均为7461.5元，占全年所有支出（不含建房支出）的19%，其中绝大多数用于赕佛。如果是赕佛"当庄"（村民赕佛的组织者和主要费用承担者）家庭，花费更大。小赕佛"当庄"一般每次花费2万～3万元，大赕佛"当庄"每次花费3万～4万元，用在购买贡品、杀猪宰牛请客吃饭、供奉给寺庙佛爷的费用等。村民之间攀比现象严重，有些村民不仅在本村寺院里赕，还会到勐混、景洪等寺院赕。章家三队的寺院建设资金均由村民捐献，寺庙里的佛爷、和尚也由村民供养。村里老人大多会每月到寺庙住1～2个晚上，念经祈福，食物由家里人送给，一般为素食。

寺庙中的宗教事务由佛爷管理，佛爷无权干涉村中的行政事务。村干部一般也不干涉寺庙宗教事务，但作为村务管理者，则有权监督管理非法的宗教活动。在修建或修缮寺院、佛塔时，村干部会参与施工队伍的选择、工程监督等工作。如果遇到村民们的纠纷难以协调时，也会请佛爷参与调解。

虽然宗教与章家三队的村务管理已经联系不大，但宗教与村民的生活仍息息相关。如生病久治不愈会请波占"喊魂"，布朗族称为"嘎呸悲"或"哈嘎呸悲"；家里的贵重物品丢了又找不到，或要出远门等，有些村民会向波占问卦。此外，建盖新房、结婚、丧葬等也会举行一些宗教仪式。

2. 本村寺庙

1980年章家三队建寨后，即开始筹建本村的寺庙。当时所建盖的寺庙，是一座类似于当时民宅的木草房。寺庙主持叫都比康堂（即大佛爷）。由于生活困难，当时在寺庙出家的比较多，其中佛爷有7个，和尚有20多个。1989年村民出资，建盖了新寺庙，面积也扩大了些。现在的寺庙是2007年重建的，建筑面积2400平方米，前后投资100多万元。寺庙大殿为钢筋混凝土建筑，屋顶瓦片是琉璃瓦，寺庙走廊墙壁还请人画了壁画。寺庙内有佛爷及小和尚的住房。现在有2个佛爷，分别是都叫列和都甩，还有1个和尚是帕寨书（佛爷称"都"，和尚称"帕"）。寺庙主持都甩曾经在缅甸出家4年，还曾去勐遮出家修行过，当佛爷已有29个年头。

"宝金塔"距离章家三队1千米多，距离章家村委会7千米多，是章家布朗族共同供奉的寺庙。因传说塔下有宝藏而得名。寺庙住持是一位佛学高深、威望极高的帕祜巴长老——西滴看堂。

"宝金塔"于2000年兴建，塔高27米，建筑面积13.78平方米，建塔所用的石料是从大勐龙拉来的。2012年开始翻修，增加了1座大殿和1座睡佛殿，投资已经超过300多万元。大殿里的主佛像用铜铸成，外围用精致的竹编包裹。主佛像外围竹编及寺庙所用的竹器是请缅甸僧人帮忙编制的，做工十分精致。

帕祜巴长老西滴看堂，也称祜巴看堂或大佛爷（俗名叫岩看堂，章家三队人），另有2个佛爷，分别是都怕梦、都甩应，还有10个和尚。

西滴看堂升格为帕祜巴长老，是2016年2月在西双版纳总寺院依法晋升获得的，他同时是勐海县政协委员。2016年2月19日，在西双版纳州佛教协会统筹下，先在全体比库当中提名，然后经部分信众代表反复推选和考察，按照中国佛教协会颁布的《南传佛教教职人员资格认定办法》，经西双版纳州佛教协会理事会研究后，确定晋升中国佛教协会副会长、云南省佛教协会副会长、西双版纳傣族自治州佛教协会会长祜巴龙庄勐长老为帕松列，晋升西滴看堂、玛哈香、都香达、都炳、都罕听5位长老为帕祜巴。5位晋升帕祜巴人员报云南省佛教协会认定，并报云南省民族宗教事务委员会备案；1位晋升帕松列人员报中国佛教协会认定，并报国家宗教局备案。

（五）节庆习俗

布朗族有许多传统节日，但大都与宗教活动有关。章家布朗族节庆主要有"景比迈""考瓦沙""赕星""赕巴维尼""赕什拉""赕坦""奥瓦沙"等。

1. 景比迈

"景比迈"即过新年。一般在傣历的六月（公历4月中旬），也称"泼水节"，历时三天。第一天，主要是打扫卫生，包括村寨的卫生，准备芭蕉叶、红糖、糯米面；第二天开始杀猪宰牛，筹办酒席，招待来宾，并以糯米粑粑款待客人，同时到寺院赕佛祈福；第三天接"太阳神"回寨，是过新年的高潮。一大早，村中的男女老少皆集中于"沙拉房"唱歌、跳舞。到下午一两点钟，人们开始互相泼水、互相祝福，直到下午五六点接"太阳神"回寺院进行滴水活动。

2. 考瓦沙

"考瓦沙"即关门节。每年傣历九月十五日（公历7月）至十一月底止，共两个半月时间。关门节开始的两天，每户出5~10元、人头一小碗米、一家一对蜡条和一条手帕向寺院奉献纳福,并杀猪宴饮。在这两天内,村寨成员停止一切生产劳动,成年男女均到寺院听佛爷念经祈福,晚上,青年击鼓跳舞。此后的两个多月内,村内不再举行其他大型活动,不结婚、不上新房。每隔七天,村中的老人要到寺院听经、滴水一次。"考瓦沙"当天,各家族内的长者均要向家族长问安,并带蜡条前去祭祀祖先。当天,各家均会在楼梯两侧各放两对点燃的蜡条,布朗族认为这样做可以保佑全家幸福平安、做事顺利。

3. 赕星

在关门节至开门节期间,全村50岁以上老人每七天到寺院听经、滴水一次。去的当日吃过午饭后,自带一套新的铺盖到寺院专门为纳佛老人建盖的"达卜星"(小房屋)里居住,当天不再吃晚饭;第二天在寺院里听佛爷念经,家中的晚辈为其送饭,晚上仍住寺院;第三天早上进行滴水后就可以回家。

4. 赕巴维尼

"赕巴维尼"即小赕佛。全村每人至少5元钱,每户大米一碗,蔬菜随意。过节期间,村里的老人一般在寺院念经祈福,杀猪、宰牛、做饭全部由年轻人来做。饭菜做好后,一部分送到寺院招待前来参加节日的客人,并提供给村里的老人享用;一部分在组织者家中招待帮忙的村民。小赕佛一般都有村民自愿"当庄"组织,自愿"当庄"者需要向村长报告并得到允许,并由村长告知全体村民。赕巴维尼一次只能由一家人"当庄",活动持续3天。

我们在调研期间有幸参加了章家三队的小赕佛。这次由村民岩叫香家"当庄",时间是8月16~18日,全村休息。

活动的第一天,每家出一个劳动力,一部分村民义务参与维修村里的道路;一部分村民在岩叫香家帮忙准备布施所要用的物品及进贡寺庙所需的贡品,制作承载贡品的台架;一部分村民负责杀猪,分两组分别在岩叫香家和村长家做饭。参与人当天全部在岩叫香家吃饭，而外村来的客人则安排在村长家吃饭。

第二天的早上，村民们在岩叫香家把自制的摇钱树、两个金伞、一担米以及姜苗、苹果、梨、粽子等全部挂在贡品台架上，并把贡

◇ 村民义务修路

品台架放置在客厅正堂，在其正前面点上蜡烛。上午8点左右，亲戚们每家由主妇带一碗米、一对蜡条、一块白布、一包盐巴以及礼钱等，陆陆续续前来祝贺，并在客厅正堂接受家族长者念经、祈福。其他村民也会带米、蜡条、干辣子、盐巴、蔬菜等物品前来祝贺。另外，村里协商确定，本次赕佛全村按人头每人出10元钱，由村干部们在岩叫香家登记收取，用于村里的公共事务。

上午11：00左右，宝金塔寺庙的大佛爷、和尚等前来，在客厅正堂上方为村里的老人念经、祈福。村里的老人们聚居在客厅内，手持点亮的蜡烛，虔诚地聆听佛爷念诵《维先达腊》等经文，持续到中午1点才结束。

下午2：00左右，小伙子们抬着装满贡品的台架，年轻女子穿着盛装走在队伍前头，在短脚鼓、铓锣、镲的伴奏下，首先来到寨心广场，将贡品台架置于广场中央，青年男女围绕贡品台架，随着敲鼓人在最前方边敲边舞，引动队伍前移，欢快地跳布朗族青年最为喜爱的"圆圈舞"。持续1个小时左右，队伍又移到章家三队寺庙广场，依然围绕贡品台架再次跳起"圆圈舞"。村里老人们则全部汇聚在寺庙大殿念经、祈福。

下午7：00左右，村长通过广播，通知全村未婚女青年到村长家吃晚饭，并对她们进行村规民约等教育。晚饭后，青年男女聚居在寨心广场，

烧起篝火，唱歌跳舞，直到深夜。

第三天老人们在寺庙大殿念经、祈福，其他村民自由活动。下午4点左右，全村未婚女青年要到寺庙举行滴水仪式。之后本次赕佛结束。

5. 赕什拉

在关节与开门节之间举行（傣历十月），是全寨性的宗教活动，主要是祭祀超度各家的亡人。一般就是赕衣物、生产生活用具给亡去的父母、兄弟姐妹等。"赕什拉"的人在一个小篾箩里放上为死者做的衣服、鞋子、裤子、帽子、筒裙、烟斗、粽子、烟草、小背箩、南瓜、冬瓜、白薯等物品，然后把写有亡者名字的芭蕉叶交给佛爷念经。最后就行滴水仪式，认为这样死者才能收到赕物。

6. 赕坦

"赕坦"即大赕佛。布朗语"坦"是"经书"之意。一般在傣历十月十三日至十月十五日这三天举行。一般要杀一头牛或者杀两三头猪。"赕坦"要求在规定的时间内念完23本经书。"赕坦"一般也是自愿的，但要报告村干部，如果自愿"当庄"的人多，可以轮流"当庄"，也可以几户人家邀约一起"当庄"，一次每户2万~3万元，花费比较高。

7. 奥瓦沙

"奥瓦沙"即开门节。这是净居斋期结束的日子，一般在傣历十二月十五日。当天，村民们特别是老人，带着蜡条、钱、行李及食物到寺院听经，晚上住在寺庙里，第三天早晨才回家。在这三天内，村中组织人敲锣打鼓、唱歌跳舞，欢度节日。开门节过后人们就可以举行结婚、上新房等喜庆活动。

（六）民族文化传统与现代化

1. 语言文化

勐海县布朗族分布在布朗山乡、西定乡、打洛镇等地，虽然同为布朗族，但各地语言差异较大，互相之间很难用布朗语沟通。

章家三队村民之间的日常交流为布朗语,民族语言保留比较完整。大多数村民能够使用汉语、傣语对外交流;未入学的儿童及老年妇女只会使用布朗语,部分能够听懂一些汉语,但不能用汉语交流;老年男子大多不会使用汉语交流,但多数人能够使用傣语与傣族交流。一般6岁以上的中小学生通过学校双语教育后,都会使用普通话交流。在调研过程中,发现部分年轻人听不懂云南方言,却能够流利地用普通话与我们交流,这从一个侧面反映出当地双语教育取得明显成效。

　　2. 酒文化

　　人们普遍认为,布朗族喜欢喝酒,但我们在章家村委会调研时,却意外发现,当地布朗族除了有客人来家里做客、过年过节之外,平时很少喝酒,这与我们以前对布朗族的认识大相径庭。在章家三队,如果日常喝酒会被人笑话。但过年过节喝酒则比较开放,喝多少也不会有人说三道四。另外,他们在喝酒之前都要先吃饭,吃饱饭后才喝酒。在喝酒的过程中,他们会很友好地向客人敬酒,但不会劝酒,主张能喝多少就喝多少,所以很少有喝醉酒的人。我们问村民这是为什么,他们很朴实地说,不吃饭先喝酒对身体不好,喝酒以大家尽兴为好,酒喝多了伤身体。我们在章家三队调研时,恰逢他们的"赕佛"节日,晚餐时,当时与我们同桌的一位客

◇ 先吃饭后喝酒习俗

◇ 章家三队"寨心"

◇ 章家三队沿等高线台阶状分布的建筑

人非常喜好喝酒，敬酒必喝，不知不觉就喝醉了，在饭桌上开始胡言乱语，我们都觉得很为难。对此，村干部看在眼里也不点破，而是巧妙地找了个理由，把这位客人劝走休息，以便其他客人继续轻松愉快地喝酒聊天。

3. 建筑文化

布朗族村寨一般选择建在取水相对方便、周围植被较好的半山腰。建寨子首先选定"寨心"，依山坡地形沿着等高线呈台阶状分布，巧妙地利用踏步、楼梯、空廊、平台取得与地形环境协调一致的效果。为适应多雨地区防潮湿的需要，建筑均采用"干栏"式建筑。屋顶为短脊长檐式，过去用茅草覆盖，基本没有什么雕刻、装饰等。现在则在屋顶脊梁及屋顶四周设计装饰图案，在屋檐下挂木雕工艺品。现代化的建筑屋顶上亦有各种雕刻物作为装饰。

◇ 装饰图案

4. 艺术文化

弹唱。布朗族弹唱,把布朗族的音乐、舞蹈、民俗、服饰等融为一体,节奏明快,风格独特,体现了厚重的文化底蕴和浓郁的民族特色。布朗族民歌中的"甩""章""索",深受村民喜爱和称赞。凡遇逢年过节、重大喜事,男女歌手相聚一起,各显身手,往往通宵达旦,持续数日。

文身。过去布朗族男子绝大部分都有文身,在章家三队,并不是所有的男子都有文身,年轻人文身的较少。据章家三队村民岩坎布介绍,一般入寺当过和尚的男子,身上都有文身。文身需经得住疼痛,一般的文身部位为手臂、腿、胸和背部,文身图案为宗教图案、经文、几何图形、虎豹兽形等,具有驱除病魔辟邪等含义。一般小和尚在升二佛爷的时候,大佛爷会主持为其文身,如个人不愿意文身,亦可免去文身。岩坎布在升二佛爷的时候

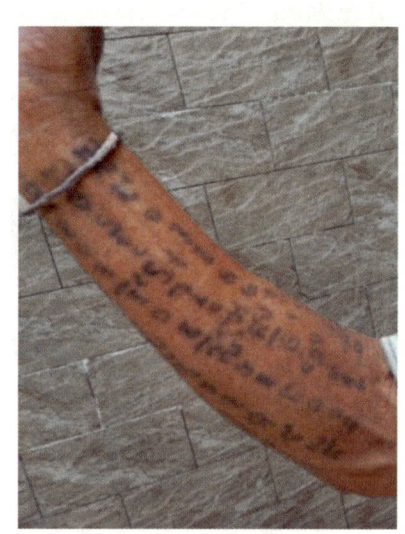
◇手臂文身

便没有文身。据1949年出生的章家三队村民岩坎安介绍,以前因为有传染病天花,所以文身需要请专人进行,以防止天花传染,1959年消灭天花病之后,由一般佛爷进行文身即可。

5. 服饰文化

现在章家三队村民的服饰与传统布朗服饰相比已发生了很大的改变。未婚女子多穿现代服装,尤其喜穿牛仔裤,参加节庆活动则穿傣族裙装。已婚年轻女子一般着傣装,不得再穿牛仔裤或露腿。老年妇女大都穿布朗装,内穿青色或黑色无袖紧身上衣,外穿黑色无领小褂、紧腰宽摆,短及上臀部,衣后两边各有一条飘带,可随时将衣服系紧;下着筒裙,分两

◇ 节日着傣装的女子

◇ 已婚女子着装图

◇ 布朗族服装

层,内层为白色、较长,底部镶道黑边或蓝边,外层多为黑色、墨绿色,臀部镶横条花纹,有红、绿、黄、蓝等各色。已婚女子大都会买彩色方巾包头,老年女子大都用长2米的黑色头巾包头,但也有买彩色方巾包头的。包头的作用:一是可以保暖,二是可以在运送物资时减轻头部的承受力。一般富裕之家的女子都会在腕部戴宽约2厘米的银镯,已婚女子手臂及胳膊处均箍银镯,这些银制品多为自家请人打制。现在章家三队的村民大都穿拖鞋、布鞋、球鞋甚至皮鞋,男子无论长幼大都着现代服装。

6. 婚恋文化

章家三队实行严格的家族外婚和一夫一妻制,在婚姻形态上,已经没有从妻居住婚的情况,但依然保留有从妻居住婚的痕迹。如今结婚一般依照先定婚,之后男子去女方家居住三年,期满后,在男方家举行隆重的婚礼，此后在男方家居住的方式。

恋爱定婚。布朗族青年男子到十六七岁就开始"串姑娘"。谁家有待嫁的姑娘，青年小伙子便会经常结伴前去姑娘家"串门"，若姑娘中意其中的小伙子，便会对他特别热情，其他同来的小伙伴便会知趣地主动离去。如果姑娘的父母亦中意，便会将火塘的火烧得通红以表欢迎，或将火塘让给这对青年互诉爱情。当男女双方感情已深笃，男方会请媒人选择良辰吉日带着礼物去姑娘家求亲。得到女方家长认可后，男女两家择日请亲戚朋友吃饭，完成定婚。

从妻居住。当男女双方定婚后，男子要去女方家居住3年，在此期间，男子白天会回自己父母家里劳动，在农忙时节要帮助妻家劳动。若男方家有特殊情况也可不足三年便回男方家居住，若女方家劳动力不足时，也可以要求男方在女方家多居住一年。

举行婚礼完婚。男方在女方家居住3年后便可将妻子接回自己家中居住，并举行结婚仪式。婚礼当天早上，男方到女方家迎回新娘，陪新娘来的妇女长辈要向新郎的父母说"现在你们家得到一个新姑娘，你们要关心她，把她当成自己孩子一样疼爱"等话语，之后，向夫家点交新娘带来的嫁妆。上午9点至10点时，要请寨子里有福气的老人当结婚证人，并由老人为新人拴红线，象征着新郎和新娘的心和灵魂都已经拴在一起。拴线仪式结束后，新郎新娘要拿一份用芭蕉叶包好的米饭和菜，一起到寺院去行滴水礼，请佛爷念经祷告和祝福。按照章家三队约定习俗，结婚当天，全村欢庆。男方家送25斤猪肉和1袋米到组长家，由村干部安排人煮好饭菜后，将煮好的米饭用芭蕉叶包好，煮好的猪肉分成每户一坨并用细线拴好，在新郎新娘拴线仪式完成后，由组长通知村民来领取米饭和肉，以此来告知全村人这对青年已结为夫妻。

7. 丧葬文化

章家布朗族每一个村寨都有自己的公共墓葬场，村中成员去世后都集中埋葬在村子的公共墓地上,并一直保留着古老的台葬及叠葬习俗。埋葬时头向西、脚朝东,仰面直葬。不垒坟,不放置随葬品,无其他标志。

台葬:将墓地分为三台,从上至下分别是埋葬老人(葬在最上面的老人必定是在这里建寨的带头人,其他的老人埋葬时都不得超过这位带头人的墓地)、青年死者、夭折的小孩,忌颠倒或不分位置乱葬。

叠葬:由于公共墓地面积狭小,又不垒坟,年代一久,死者增多,只能按照其辈分在原有墓坑下葬,重叠相垒,亦不分男女。

村中有人死亡后,家属及时报告组长,由组长用广播告知全村人。死者家属要把尸体洗净后为其换上全黑的干净衣服,摘去全身饰品,将死者置于棺木中。布朗族没有停尸于家中的习惯,死后当天安葬,如果当天不适合下葬,则第二天必须凌晨5点左右下葬。出殡前请和尚为死者念经。出殡时由死者的女儿将通往墓地的道路打扫干净,儿子则跟随送葬队伍。到达墓地后,要将死者从棺材内抬出,取其一小撮头发燃烧,意为向上天传达死者的身,之后将尸体放入墓坑掩埋,而棺材则要烧毁。每年的关门节、开门节和泼水节,死者家人会带饭菜到寺庙,由佛爷主持念经,并在饭菜上滴水,意为将食物之魂传递给死者。

8. 起名、钱袋子

孩子起名。布朗山区的布朗族都没有姓,只有名。凡男子都在名字前面加"岩"字,凡女子都在名字前面加"玉"字。时至今日,章家布朗族还保留有母权制特征的起名习俗,即母子(女)连名制。其特征是:子女名字的最后一个字音必须与其母亲名字中间的字音相同。以村民中60岁的岩章南、妻子玉尖书一家为例,所有子女名字的最后一个字都与母亲名字的第二个字相同,如此联结,代代相传,形成母系的世谱。

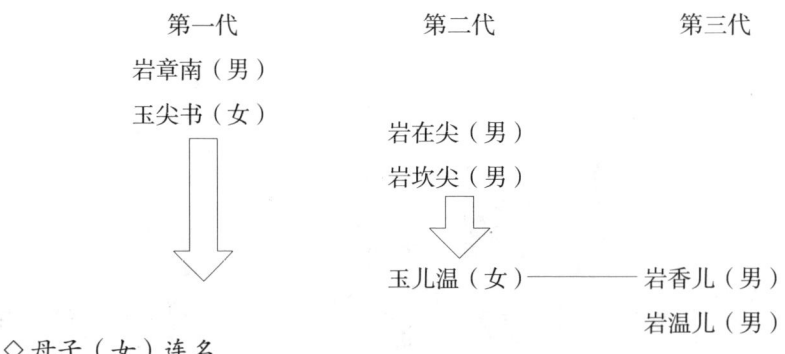

◇ 母子（女）连名

钱袋子。在章家三队，传统家庭中至今还保留着钱袋由家庭主妇（如母亲）统一管理的习俗，当地俗称"钱袋子"或"一个钱包"。在一个大家庭中，金钱由母亲统一管理，所有成员所挣到的钱都要上交，男人只备一些零钱。如家庭其他成员要用钱时，需要跟母亲说明情况，征得同意后才能开支。据岩甩第组长讲，这样做的好处在于母亲知道钱用在什么地方，是否合理，对不合理的支出要求，母亲有权拒绝，全家把钱用在明处，有利于家庭团结。

9. 尊老礼节

对长辈的尊称：男性过50岁后要尊称其为"大"，改"岩"为"大"并在之后加其名；女性过50岁之后要尊称其为"芽"，改"玉"为"芽"并在之后加其名。

座位安排：家庭中一般只有老人才能坐上位。与老人同桌吃饭时，必须是长辈动筷后晚辈方可动筷吃饭。

（七）公共卫生与民族医药

1. 公共卫生事业

章家三队设有一个卫生室，面积100多平方米。有诊断室，有4张病床，医疗器具有听诊器、温度计、注射器、血压测试仪等。有2名兼职卫生员，均为该村居民，其中岩甩香是章家村委会主任、岩尖甩为农民，他们

◇ 卫生室

◇ 诊断室

一般很少在卫生所，村民去卫生所就诊一般需要先打电话预约，主要诊治一些常见病，如感冒、头疼、发烧、腹泻及轻度外伤等。由于章家三队医疗条件有限，村民就医大多数会选择去乡卫生院。卫生员每年夏天对全村进行一次喷洒"敌敌畏"和DDT药液的工作，以预防疟疾和牲畜5号病的发生，药品由政府免费提供。

章家三队布朗族人有一种良好的生活习惯，家门口附近的道路会自觉打扫。村内几乎看不到蚊子、老鼠的踪影，苍蝇也极少，这与我们印象中农村脏乱差、蚊虫飞舞的情况有极大的反差。章家三队无定点垃圾池，村民的生活垃圾一般丢在寨子外面的空地，堆积到一定程度时，组织村民把它烧掉。

2. 民族医药

随着现代医学的发展，政府加强医疗保障，村民看病一般去卫生室或到乡卫生院，平时小病自己买药治疗。现在章家三队已找不到草医。根据村民介绍，日常使用的药材有：

烟丝：用烟丝和着石灰、槟榔一起嚼，可保护牙齿。如果皮肤不慎被划伤，用嚼细的草烟和着石灰涂在伤口处，可以止血、杀菌，效果很好。

茅格草：一种草药，将其舂成粉状，用开水口服，可用于治疗肚子胀痛。

松背：一种植物，用火烧干，研磨成粉，可消炎。

乌龟血：乌龟血可以配成药，对肝炎、咳嗽等病症具有较好的疗效。另外如蛇血、壁虎血、野鸡血等食后可强身健体、清脑补气。

含羞草：可治虫蛇咬伤。

五、社会组织

（一）传统婚姻习俗

章家布朗族至今仍然保留传统家族外婚和一夫一妻制，不仅家族内部严禁通婚，即使姑舅表、姨表间也不通婚。布朗族家族外婚制的特点是：本家族的姑娘可以嫁给除舅家以外的其他家族，本家族的男子可以娶除舅家以外的姑娘为妻。如果出现两个家族之间互相嫁娶的情况，就要举行"同槽吃食"的仪式，即让新婚夫妇在举行完婚礼后，在同一竹槽或木槽内吃饭，以示惩罚。结婚要拴线，只能拴一夫一妻。青年男女婚姻的缔结是比较自由的，结婚自由、离婚自由，父母和社会一般不干涉。在婚姻形态上，过去布朗族的婚姻在相当一段时期还延续着较为古老的妻方居住婚，但在解放后逐步向夫方居住婚转变。现在章家布朗族一般在女方家居住三年后，就回男方家居住，有些男方能力强的，甚至不满三年就回男方家居住。

过去布朗族除了从关门节到开门节期间不可下寨"串姑娘"外，其余时间都可谈情说爱，非婚生子在布朗族村寨中较普遍，人们对此并不歧视，非婚生子女与其他婚生子女享有同样的权益。现在非婚生子已经极少，章家三队近二十多年已经无非婚生子。

（二）婚姻制度变迁

1. 婚姻关系的变迁

现在章家三队青年男女都是到了法定年龄才领取结婚证结婚，男的22

岁、女的20岁，如果早婚生子，派出所不予落户，孩子就办不了医保。主张自由恋爱结婚，不讲门当户对，也不反对与其他民族婚配。但结婚毕竟是关乎孩子一生的大事，子女结婚最终还是要征得父母的同意。当地布朗族结婚并不铺张浪费，不互

◇ 婚纱照

相攀比。现在年轻人结婚大都会去照相馆照婚纱照，早些年结婚没有结婚照的，现在经济好起来了，大多也会去相馆补照。

  章家寨的男女比例不协调，寨子里有很多的单身汉。章家三队38岁以上的单身汉有18个，其中年龄最大的一个已经52岁，独立居住的有7人，其余的还跟父母住，没有分家。38岁以下适龄未婚男子10多人。章家老寨目前单身汉有30多个，年龄最大的已有60多岁。单身的原因一是重男轻女的思想严重，造成男多女少；二是过去贫穷落后，有些女孩选择外嫁离开布朗山，加之当地布朗族生活地域狭窄，对外通婚少，经济条件差的男子就很难娶到媳妇。

  布朗族提倡婚姻自由，对于离婚、再婚也不反对。在章家村委会，除部分女子外嫁外，绝大部分为布朗族之间通婚，结婚关系比较稳定，离婚、再婚的现象非常少。章家三队近10年只有1对夫妻离异，没有再婚。过去离婚手续极为简便，只要男方给女的1对蜡条，即表示离婚。离婚时亦不请见证人，女方接了男方的蜡条，即可自行离开男方家。如果女子从夫方居住未满三年者，则女方原来带去的嫁妆要全部取回；如已满三年则双方平分，平分时请一个亲友主持。现在离婚都是依法办理离婚手续，至于离婚财产的分配都是双方协商，一般是女方得到五分之三的财产，男方得到

五分之二的财产，若两方无法分割财产就去法院，但目前还没有出现这种情况。离婚后孩子都是跟随母亲。

离婚之后双方都有权另找对象结婚，现在村民对于离婚、再婚的情况都看得特别松，认为这是非常正常的现象，没有歧视，也没有觉得这是什么不好的现象。但有一条，离婚后一年之内若要再婚就不能有任何仪式，离婚三年之后再婚的才可以按照布朗族婚俗办理。

2. 外地通婚状况

按照布朗山布朗族的传统，布朗族不与哈尼族、拉祜族通婚。现在章家布朗族对通婚已经没有禁忌。

过去，章家布朗族相对比较封闭，对外交流较少，村民的婚姻范围主要集中在周围的村寨，几乎均是在本民族之间通婚。随着市场经济的发展变化，外地来布朗山做工、做生意的人员增多，近几年已经出现不少的跨省和跨民族的婚配现象。

跨省和跨民族的婚配主要是嫁出省外，一般是嫁到四川、山东、湖南等省。章家三队嫁出省外的有62个，其中嫁到山东的有10个、嫁到湖南的有20个。布朗族对嫁出的女儿返回本村居住并不排斥。现在嫁出后返回来的有6个，例如玉叫章嫁到湖南5年后，于2000年返回村里开了个副食品小卖部，人缘很好，生意也好，年收入有3万多元，其丈夫则经常在外做生意。章家三队布朗族不招上门女婿，而对外地青年来村寨与本地姑娘结婚也不排斥，但结婚后都是自立门户生活。例如玉糯章，丈夫是普洱人，在布朗山茶厂上班，结婚后村里分给了3亩茶地，岳父分给了5亩茶地，玉糯章自己开了个副食品小商店，现在有2个孩子，已经在村子里盖了住房；玉温罕与来自湖南的丈夫睦旺民结婚，已经在三队生活四年多，在村子里开了一个碾米店，养着17头猪，独立居住。返回章家三队居住的女婿均未在村子落户。

(三) 家庭结构关系的变化

1. 家族

章家布朗族现在还存在不同血缘的若干个家族,每个家族都由几户到十几户家庭组成。由于缺乏文字的记录,远古的祖先名已被后代遗忘,现在的家族名称是采用前几代和当代家族长的名字来命名,因此,他们的家族名称将随着家族长去世而改动,这就造成当地布朗族没有标志其家族所属的姓氏,而只有在男性名字前一律加"岩",女性名字前一律加"玉"。这种名字根本无法表明其家族所属,因而章家寨布朗族家族的世系及其迁徙历史已无法考证。

据章家三队村民岩坎甩介绍,章家三队现有7个家族,家族长为家族中年龄辈分最大的男性,而并不取决于能力、威望及财富等条件。家族长是终身任职,家族的命名是根据家族长的尊称而命名。例如:岩坎甩的哥哥为大坎书,现担任家族长,其家族名为大坎书家族。在关门节、开门节和泼水节时,全族人员要到家族长家为其洗手,并聆听教导。每一个家族都有一个由祖先遗留下来的家族神灵,布朗语称为"胎嘎滚",新家族长继任时,首先要把"胎嘎滚"迎奉到自己家,表示家族长是家族神灵的保管者。同一家族成员在生产、生活的各个方面都会互相帮助、救济,特别是在建盖新房钱不够时,一般都跟家族成员相借,大家都会全力支持。

2. 家庭规模及成员角色

据调查,章家三队近年家庭规模逐渐趋小。由于计划生育,其子女数应在2~3人。

表12 章家三队家庭规模变动状况表

单位:户、人

年份	全村总户数	全村总人口	户均人口
2008	108	621	5.75

续表

年份	全村总户数	全村总人口	户均人口
2014	138	698	5.05
2015	143	704	4.92

在章家三队，儿子结婚后，绝大多数会分家出去组成新的家庭，但也有不分家住在一起的情况。如岩应那家有10人，兄弟二人与父亲同住。另外，按照布朗族传统，小儿子原则上是家庭继承人，因此，如果小儿子先于兄长结婚，一般也不会分家出去另外组成家庭，从而形成扩大式家庭。如岩落香和玉谈安家，兄长未结婚，与弟弟一家同父母亲一起住。

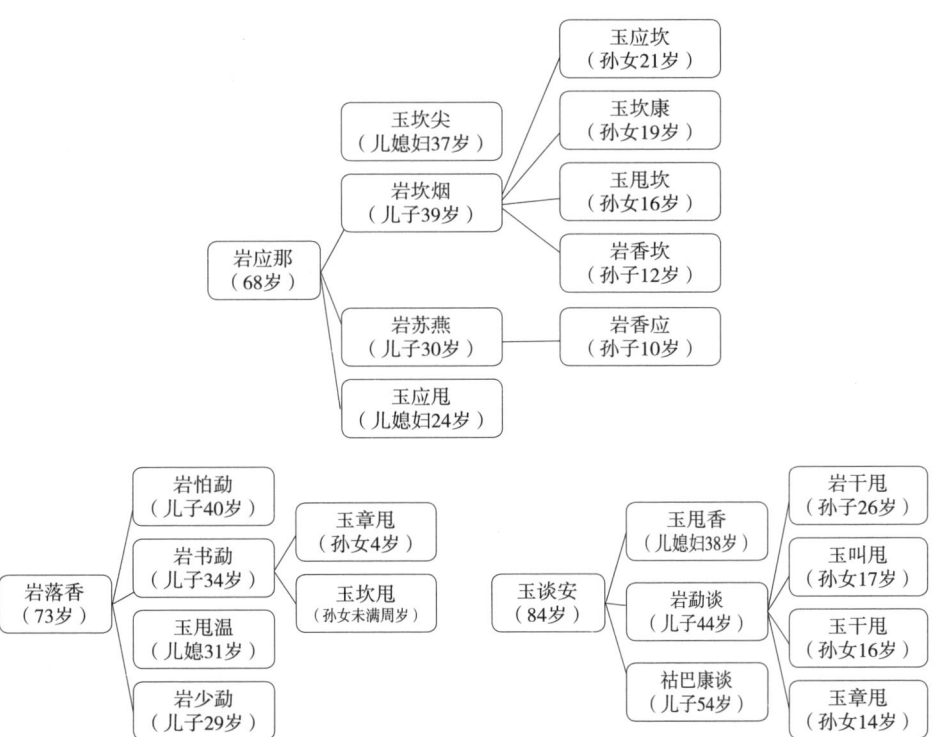

布朗族家庭中，男女的角色也是有差异的，总体而言是男主外女主内，对外交往主要是男子。由于性别、年龄不同，家庭成员存在不同的分

工。在生产劳动中，男子主要承担耕地、灌溉和养牛等重体力劳动，而女子主要承担播种、饲养猪鸡和采茶等劳动，施肥和收割一般共同承担。在家务劳动中，女子承担砍柴、做饭、洗衣和照看小孩等各项劳动。老年人一般指从事照看小孩、做饭、看家门等轻微的劳动。

在章家三队，妇女几乎不参加任何村民会议，不参加村务决策，不参加公共性的文体活动，家中有宾客来访时女子不得上桌相陪。现在人们都用上手机通信，但女人结婚后，必须删除手机通信录上除自己丈夫、父亲等直系亲属以外的其他男子的电话号码，也不能使用如微信、QQ等聊天工具。

3. 财产继承

在家庭财产继承方面，布朗族过去是实行父子继承制，家庭财产一律由诸子继承，平均分配。在章家三队，遗产继承方式已经发生变化。如果父母去世时儿子未娶，则其遗产一般是按人口平均分配。如果儿子均已经成家，则父母的财产和债务由赡养父母的儿子继承和承担。

布朗族家庭，女儿无权继承遗产，只有儿子有遗产继承权。如果一个家庭不能生育儿子，他们就必须领养一个儿子，遗产由养子继承。如果家庭中有多个儿子，则留一个儿子在身边，已婚儿子"从妻居"三年以后，接回妻子便可以独立居住。留在父母身边的一般是最小的儿子。布朗族有一句谚语："吃的好在老小，上西天在金银。"如果最小的儿子不愿养（这种情况很少），则由大儿子养。幼子或长子有为父母养老送终的义务，这已成为约定俗成的惯例。而今，随着时代的进步，章家三队老年人选择同子女共同生活的方式也在发生变化，老人不一定随最小的儿子或最大的儿子一起生活，而是选择比较有孝心的儿子儿媳妇居住生活在一块，其遗产，包括财产和债务均由赡养的儿子继承。

（四）传统社会控制模式

新中国成立以前，章家布朗族尚处于原始社会向阶级社会过渡的农村公社阶段，各村社有严格的区域划分，大都以山岭、溪流或大树为界，彼此不得侵犯，砍树、种地时也不能超过各自的领域和界限，否则会引起村社纠纷，轻则罚款，重则械斗。村社有头人"召曼"制度和群众大会，头人"召曼"是通过抽签的方式选出，负责管理分配土地、祭谷魂、祭寨心神、婚姻、丧葬、接纳新成员、对外交涉事务等。在农村公社辖区范围内，一切耕地、山林、牧场、园地、宅地的最后所有权都属于村社所有。农村公社每年都要召开三次全体成员大会，大会的一切决定，成员必须遵守。

新中国成立后，特别是1958年完成社会主义改造，章家布朗族在政治上废除了头人制度，建立了乡村人民政权；在经济上废除了各种债利和特权剥削，布朗族人民实现了当家作主。

2000年，成立勐海县布朗山乡章家村民委员会，它是自治性的工作机构，由村民直接投票选举村委会委员、主任、副主任，推动了农村政治体制改革的深入，结束了村干部长期以来由上级任命的历史。同年，章家三队改为章家三队村民小组，组长及会计由村民选举产生，实现了真正的村民自治。

（五）习惯法与禁忌

1. 习惯法

章家布朗族在历史上没有成文法，只有习惯法。章家三队至今没有成文的村规民约，但有村民认可并遵守的习惯法，对规范村民的行为、解决日常生活中发生的纠纷等有着极其重要的作用。

（1）日常纠纷的处理。若家庭与家庭之间发生纠纷，先是由两家协商解决，若双方不能达成一致意见，一般请村干部以及村里有威望的长者进行调解。个人发生纠纷，一般是双方协商解决。村民关系比较和谐，纠纷较少。

（2）对于分家处理原则。儿子分家另组成小家庭，则财产按当时家庭人口平均分配。女儿出嫁时，家里也会拿出一些物品、茶地等作为嫁妆，多少视家庭情况而定，没有相应的标准。

（3）婚姻行为。严禁家族内部通婚，实行族外婚制。同龄人禁止通婚。男子定婚要求在妻方居住3年后，才能将妻子娶回家。男子不准纳妾。

（4）民事、刑事处理。布朗族历来对偷盗者实施严惩，偷盗者一旦被发现，轻的进行教导、罚款，处罚原则是偷一罚三，情节严重者交由乡派出所处理。对于村民之间的打架行为，若不严重，以教育、教导为主，不予处罚；如果打架造成出血，对打人者罚款1000元，并批评教育。布朗族特别忌讳见血，认为是很不吉利的事情，如果双方打架造成出血，他们要请寺庙里的佛爷来念经，化解血灾。

2. 村寨禁忌

布朗山布朗族信奉南传上座部佛教，同时也信奉少数民族传统信仰，在日常生活中有许多传统禁忌，有些传统禁忌已经被抛弃，而有些传统禁忌还保留至今。主要禁忌如下。

（1）少数民族传统信仰的禁忌。家中火塘忌人跨越；火塘之上的三脚架忌用脚蹬、忌移动；忌用别人用过的三脚架；忌把鞋袜放在火塘上烘烤，否则会惹怒火神而受其惩罚。

（2）南传上座部佛教的禁忌。禁止在寺庙内随地吐痰、大小便；忌随意摸佛像，并且在佛像旁边的物品也禁忌随意触碰；禁乱坐佛爷念经的位置，在佛像群南面墙下专门为佛爷念经、赕佛活动时所用的水泥台忌外人踩，否则是对佛爷、寺院神的不敬，将遭到报应；在关门节期间，和尚、佛爷严禁私自出寺门，如被发现将被惩罚，或者强制还俗，且在此期间，佛爷"过午不食"，即佛爷在关门节期间只吃一顿饭，大约在中午12：00至下午1：00；平时僧侣忌从房屋楼底下、桥下、妇女晾晒衣物之下穿过；忌他人摸僧侣光头，且进入寺院大殿时应该脱鞋，穿鞋进去是对佛祖的不敬，将会受到斥责和佛像的惩罚；严禁女士进入大佛爷休息的地方。

（3）家庭中的禁忌。章家布朗族无论是干栏式住房，还是比较现代的住房，每家均有火塘，火塘分为内侧、外侧、上方、下方共四个方位。靠火塘内侧和上方位置是最受尊敬的方位，只有老人和男子才能坐。妇女只能坐于靠火塘外侧和下方的位置。

妇女怀孕期间不能填坑，不能补漏洞，不能让旁人踩着脚，不能吃献祭神灵的食品，不能砌灶，不能进入新娘的卧室。产妇没有满月忌串门。章家布朗族干栏式房屋内，有两根代表男神"烧岩"和代表女神"烧南"的神柱，禁靠、禁拴牲畜、禁挂东西，否则将给家中带来灾难。

（4）丧葬禁忌。按照习惯，章家村圈地围寨后，村民都要安住于村界内，死也要死在村中，这样，村中的人才会为其送葬。如果超出村界死在村外，死者也不得抬回村里。若在医院病死的村民，就送到火化厂火化，骨灰撒入澜沧江。凡凶死者、自杀者和难产死亡的妇女，不能在村子的公共墓地里埋葬。

（六）民间纠纷与调解

布朗族通情达理，村民们都能和睦相处，关系比较融洽，故发生纠纷的情况非常少。如果发生纠纷，一般按照习惯法处理。比如甲家因管理不善，让自家的牛或猪吃、踏了乙家的庄稼、茶地等，如果不严重则不追究，但如果严重双方又不能解决，一般请村干部、村里有威望的长者或族长协调解决。我们在调查中了解到，村民岩叫坎、岩勐坎两家合伙养羊，因为管理不好，在放养过程中小羊吃了其他村民的茶苗，被多次警告后，仍然发生小羊吃茶苗的情况，受害村民会直接将小羊打死，而养羊人有错在先，茶叶主也受损，双方互不赔偿，他们也不会找打死小羊的村民麻烦。

随着章家三队村民法律意识的增强，村民们也逐步使用法律武器解决纠纷。当按照习惯法解决不了纠纷时，则上报章家村委会，甚至上报乡派出所或乡政府。

六、生态环境

（一）地理位置

布朗山布朗族乡位于勐海县南部，总面积1016.14平方千米，约占全县面积的1/5，人口密度每平方千米17人，为典型的山区乡。乡境东西横距约38千米、南北纵距28千米，呈东北高西南低地势，平均海拔1216米，主要山梁有三垛山、囡丫桃、邦嘎、了望台山、广三边山、悻岗垒山、特棒囡、垒连底法山、诺米差、浓厄山等。

章家村委会地处布朗山乡政府所在地西南部，东邻勐昂村委会，南邻缅甸，西邻曼囡村委会，北邻兴龙村委会，辖区面积164.81平方千米，全村均为山区。村委会所在地距离布朗山乡政府所在地18.5千米，距离勐海县城92千米。

章家三队村民小组面积9.85平方千米，全部为山地，距离布朗山乡政府12.5千米，距离章家村委会6千米。

（二）气候与物产

1. 自然气候

布朗山属南亚热带季风气候，阳光充足，雨量充沛，平均年降水量1374毫米，年平均气温18℃～21℃。一年有干湿两季，最大蒸发量出现在3～4月，最小蒸发量出现在11～12月，年蒸发量大于降水量。冬春两季多雾，夏秋两季多阴雨。夏秋季受来自孟加拉湾的暖气流控制，冬春季受来自印度半岛的干暖西风气流控制，加之北部有哀牢山和无量山的屏障作用，形成了"冬无严寒，夏无酷暑，四季如春"的气候特点。

章家村委会所在地海拔1325米，辖区最高海拔1947米，位于新龙乡与章家分界点，最低海拔为新囡村780米，靠近缅甸。年平均气温18℃，年降水量1374毫米。

章家三队海拔1100米，年平均气温18℃～21℃，年降水量1374毫米，适宜种植水稻、茶叶等农作物。

2. 物产

全乡境内土壤主要为砖红壤性红壤土和黄壤土两种，而红壤土占绝对多数，宜种旱地作物。水稻土的pH值为2.52~6.63，有机值含量为1.79%~3.89%，氮素含量为0.13%~0.23%，其土地适合种植水稻、旱谷、玉米、豆类及茶、甘蔗、橡胶等粮食和经济作物。

章家村委会有耕地面积8480亩，主要物产及种植面积为：农作物播种面积5802亩，其中粮豆播种面积5036亩。水稻种植3208亩，红薯60亩，玉米836亩，其他杂粮800亩。蔬菜745亩，花生16亩，香蕉2301亩，茶叶15923亩。

章家三队物产以茶叶为主，其次是水稻、旱稻、玉米等。茶叶面积4800多亩，耕地2681亩，其中水田418亩、旱地2263亩。在海拔1000米以下，村民出租土地给外地人种植香蕉等经济作物800亩。

(三) 饮水工程

章家三队过去饮水靠人到山箐取水，在乡政府的关心下，2003年，村里接通了自来水，水源取自山泉水，属于自然沉降式处理净水。2007年政府出资，派来技术员，为家家户户接通了自来水。自来水的接通，极大方便了村民的日常生活，改善了村民卫生、生活条件。但由于人口增加，寨子里的水资源供给不足，为了保证村民的用水，又从果兴竜引水，保障村民用水。

寨子里有自来水兼职管理员，每7~8天对水管和水源进行一次检查，1~2个月对蓄水池进行一次清理。每户人家每年交12元作为管理员的辛苦费。目前没有纯净水供应。

(四) 厕所改造

2007~2008年，为了方便村民们的生活和改善环境卫生，新农村建设工作队到章家三队修建了2个公厕，分别在寨子的东西两端，但使用两年后废弃。章家三队小学内有厕所，仅供学生使用。2013年后新建住房内均设置有卫生间，部分房屋通过改造也在二楼建盖有卫生间，但多数房屋没有配套卫生间。由于排污管道没有规划，村民协商约定，位于上端家庭要建卫生间，必须要等位于下端家庭建设排污管道后才能进行，因此，要在所有房屋内设置卫生间有一定难度。

（五）民居建筑变迁

新中国成立以前，傣族土司的召片领通过对布朗族头人的册封，使布朗山成为其领地范围，并派僧侣进入布朗山区传播佛教，影响着布朗族生产、生活的各个方面。受傣族建筑和当地的气候条件影响，布朗山布朗族也住干栏式的高脚屋，直到现在，他们的建筑风格依然仿效傣族，而且房屋的更新换代，也大多请傣族工匠来完成。

目前，章家布朗族民居已经经历了干栏式的高脚茅草屋、干栏式的高脚缅瓦屋、干栏式的高脚琉璃瓦（本地人称瓷砖瓦）、现代钢筋混凝土新

◇ 三代建筑并存

式建筑等四代的发展变迁。在章家三队，干栏式的高脚茅草屋已经消失，而第二代、第三代、第四代建筑交错并存，并以第三代干栏式的高脚琉璃瓦建筑为主。

干栏式的高脚茅草屋。房屋为竹木结构，用14~16根直径20多厘米的粗木为柱子，其中中柱较

◇干栏式的高脚缅瓦屋

粗，高5~6米，横梁4根，长约4米椽子150根左右，体形单一方正，屋面为四方两台，重檐式，俗称"孔明帽"。屋顶呈"人"字形尖架，屋面覆盖茅草编制的一层层密集的草排，每栋房屋视大小需要800~1500多张草排。房屋分上下两层，下层圈养牲畜，放碓臼、烧柴和农具杂物，上层住人，一般搭七八级楼梯。楼上堂屋设一方形火塘，火塘上置一铁三脚架。火塘上端吊一个篾笆编制成的烘台。与傣族民居不同的是，室内不分间，只分堂屋、火塘、住室3个区域，火塘在中央。地板用剖开的龙竹压成宽竹板铺垫，卧室与待客之处铺篾席，进屋必须脱鞋。

干栏式的高脚缅瓦住房及干栏式的高脚琉璃瓦住房。1992年开始，章家三队布朗族开始请勐混傣族前来建盖木结构干栏式住房，逐步取代了布朗族非常传统的茅草房。住房建筑面积大多在100~180平方米，也分上下两层，下层圈养牲畜，放碓臼、烧柴和农具杂物，上层住人。与传统茅草房不同的是：一是建筑面积较大，二是有些房屋室内开始分多间住室，三是火塘不一定设置在中央，四是地板用木板铺垫。屋顶依然为四方两台，重檐式，屋面铺缅瓦或琉璃瓦，侧角则用成拱状的筒瓦装饰，兼顾防止雨水进入。建盖这样的房屋，一般需要35~45根粗壮的柱子，其中代表男神"烧岩"和代表女神"烧南"的两根神柱最大，木材也最坚硬。在建盖房屋前砍伐木料时，要先选、砍、抬、运这两根木料；在竖柱之日，也要先

◇ 干栏式的高脚琉璃瓦住房　　◇ 现代建筑

竖这两根柱子，且一次竖直、竖稳，才表明这一家根基稳固，家庭才能兴旺。在章家三队，建房所需的柱子大多到缅甸购买，而横梁等木材料，通过林业站办理木材砍伐证后，在村集体林里自己砍伐。现在屋顶瓦为灰黑色缅瓦的住房还保留有9栋。2007年，老村长岩胆坎家首先使用琉璃瓦翻修屋顶，也是请勐混人来翻修，之后村民纷纷效仿。现在，86%的住房均为第三代干栏式的高脚琉璃瓦住房。

2013年以后，村民开始使用钢筋混凝土建盖房屋，大量使用现代建筑材料。除有4家建盖为3层外，其余房屋均为2层。一层不再是传统的敞开式，但仍然主要用于堆积杂物等；二层为生活起居，室内装修较为时尚，但每家依然在厨房保留了传统的火塘。屋顶依然为"人"字形，重檐式，屋面为琉璃瓦，侧角则用拱状的筒瓦装饰。房屋外形、装饰等没有统一的规划要求，大多只能从屋顶依稀看到布朗族民居的一些元素。

布朗族三代或四代住房的变迁，把布朗山布朗族在新中国日渐繁荣的发展历程展露无遗。布朗族传统的干栏式竹楼以竹子和茅草为材料，楼下四围无遮拦，用来关养牲口、堆放杂物，楼上用竹篱笆做围墙，楼室中央设火塘，一家人做饭、待客、休息等所有家居活动都在这里进行。围火炉生活，房屋无窗、墙面矮且拥挤、房屋内部漆黑，这就是布朗族的第一代住房，极其简陋。

木楼是布朗山上的第二代住房。这种木楼用缅瓦片盖顶，室内安装板壁将堂屋与卧室隔开，还用上了床。与传统的竹楼不同，木楼更为牢固耐用，但仍是传统的墙面矮，无法设窗，房屋内部还是漆黑一片。章家布朗村寨民居从竹楼到木楼的演变，发生于20世纪90年代初，那是实行联产承包责任制后生产生活进一步发展的结果。

到了新世纪，布朗族的住房开始向第三代、第四代演变。2007年后，布朗山茶叶价格上涨，成为农民脱贫的主要产业。茶叶价格上涨使百姓的口袋里有了钱。彩砖瓦、楼房不断崛起。第三代、第四代住房解决了第一、二代住房的宽度和高度问题，房屋变得宽敞明亮。彩砖瓦房保留了传统的建筑风格，但现代楼房只是保留了竹楼屋顶呈"人"字形尖架建筑的风格。彩砖瓦房和现代楼房都吸收了汉族乃至西方建筑艺术的精华，内部不仅分设有堂屋、卧室、灶房，有的人家还专门设置了厕所和浴室。此外，沙发、电视、收录机、冰箱等已取代了过去单调的火塘。

本次进行布朗山布朗族社会历史回访再调查得以顺利完成，得益于云南民族大学领导及各职能部门的精心策划和组织安排。在布朗山调查期间，得到了布朗山乡领导和各有关部门的大力支持帮助，特别是乡长岩尼兴对调查工作高度重视，特请乡人大主席徐安讯具体负责相关协调工作。徐安迅主席亲自带我们到章家村委会、章家三队，要求村干部配合调查，并给予各方面的支持。章家村党总支书记岩甩香、副书记岩香应、村监督委员会主任岩叫坎、村委会副主任岩坎应等积极协调各方面关系，并为提供了许多珍贵的资料、图片。在章家三队村民小组，得到了组长岩甩的和副组长为岩的张（兼会计）、岩应叫以及广大布朗族群众的积极配合。由于布朗族没有文字，村里也没有相关的文字记录、资料，村干部特别召集了对章家三队社会历史发展较为熟悉的布朗族老人协助我们调查，其中特别要感谢老书记岩坎伟、老村长岩落南、老教师岩坎甩等为我们详细讲述了章家三队经济社会发展的情况。感谢勐海县委组织部岩罕龙、乡政府办公室岩罕叫对我们调查给予的帮助。

本报告第四章主要由李鸢撰写,第五章主要由玉院坎撰写,第六章主要由玉罕怕撰写,其余部分由张应华撰写。云南民族大学鲁刚教授对本报告进行了审阅并提出了许多宝贵意见,在此衷心感谢。

参考文献:

[1] 云南省编辑组:《布朗族社会历史调查》(一、二、三),云南人民出版社,1986年。

[2] 谭晓健:《云南民族村寨调查 布朗族:勐海布朗山乡新曼峨村》,云南大学出版社,2001年。

[3] 勐海县地方志编纂委员会:《勐海年鉴(1996)》,云南人民出版社,1997年。

[4] 勐海县地方志编纂委员会:《勐海年鉴(2014)》,德宏民族出版社,2015年。

[5] 陶玉明:《中国布朗族》,宁夏人民出版社,2012年。

[6] 郑筱筠:《帕松列和帕祜巴升座的重大意义 兼论中国南传佛教僧阶制度》,《中国宗教》,2016年第3期。

[7] 岩尼兴:《政府工作报告》,2016年2月2日在布朗山乡第十届人民代表大会第四次会议上,2016年2月。

[8] 布朗山乡政府:《勐海县布朗山乡2016年脱贫攻坚实施方案》,2016年2月。

布依族社会历史回访再调查
——以罗平县鲁布革乡腊者村为例

龙 立

布依族主要分布于贵州黔西南、黔南和广西西部，四川、云南也有分布。据2010年第六次人口普查数据，全国布依族人口287万人。云南布依族主要分布于罗平鲁布格布依族苗族乡、长底乡，大约2万人。罗平布依族的称谓争议一直比较大，新中国成立前有过两次大的变动，新中国成立后，20世纪50年代开展少数民族社会历史大调查时，有些认为自己是壮族，有些认为自己是傣族，有些认为自己是水族，而他们共同自称"布锐"。直到1984年，通过与贵州望谟县的布依族交流，经政府落实，确定为"布依族"。

　　鲁布革乡位于滇、黔、桂三省区结合部，辖9个村委会58个自然村100个村民小组，世居布依族、苗族、彝族、汉族等民族。2014年末全乡共4330户19002人，少数民族人口16944人，占总人口的89%。其中布依族14251人，是云南省布依族人口最多的乡镇。

　　罗斯村委会地处鲁布革乡中部，距乡政府所在地11千米。东邻广西西林县，南邻八大河村委会，西邻大坡村委会，北邻多依、舌坡居委会。辖有腊者、蚌山、罗斯、俄党4个自然村9个村民小组。现有农户376户，总人口1652人，其中：布依族239户1072人，苗族137户580人。

1986年云南人民出版社出版了"中国少数民族社会历史调查资料丛刊"之《云南少数民族社会历史调查资料汇编（一）》，收录了《罗平县八达河区多衣寨布依族社会调查》《罗平县板桥区布依族社会调查》等文，记录罗平县布依族的族源、族称、历史传说、生产生活、婚姻、丧葬、宗教、节日等情况。2016年8月，受云南民族大学民族团结进步研究院委托，我和中央民族大学少数民族语言学博士李绍华对云南最具有典型性的鲁布革乡罗斯村委会腊者村布依族的社会经济情况进行了为期10天左右的田野调查，2016年11月又进行了7天左右的调查。目前，罗平的布依族主要聚居于鲁布革乡罗斯村委会腊者村和八大河村，其中腊者村布依族文化保护和传承比较好，八大河次之，长底乡长底村的布依族已经没有典型性。所以，这份调查报告主要记述腊者村的社会、经济、文化等实际情况。

一、村寨概况

（一）村寨历史与传说

贵州省黔南、黔西南是我国布依族人口多、分布广的地区。从民族迁徙历史和路线考察，布依族呈现从东到西的迁徙趋势，即从贵州向云南迁移发展。我们调查入住的董性家族就是从东边迁徙过来的，在这儿已经繁衍了10代。当时是祖上会说汉语，而腊者村没有一个人会说汉话，故以"翻译人"的身份入住腊者村，村上分配田地、山林和提供其他生产生活资料而定居下来。

（二）地理条件及气候

腊者村处于云南、贵州、广西三省区交界处的喀斯特河谷地带，西距罗平县城36千米，东距多依河风景区4千米，距鲁布革乡政府所在地乃格村10千米，距离罗斯村委会5千米。到达该村道路为柏油路面，通达性良好。

◇腊者村

村南岸后山有林地四千多亩，村北有石质山地用作放牧地及薪材山，植被生态保存完整，水质清澈，无明显污染。

腊者村坐落于美丽的多依河源头，号称"多依源头第一村"，布依语"腊写"。整个村寨东西长、南北窄，呈西南—东北走向布局，地势北高南低。民居以多依河为轴分布于南北两岸，跨河现有桥梁两座，村西为铁索木板吊桥，桥对岸与停车场相接，是目前入村的主要通道；村东桥梁为石砌菱形桥墩，混凝土桥面，是腊者村老桥。

全村村民全部讲布依语，为全省布依族传统文化保存最为完整的村寨。是国家级传统村落、国家级生态乡村、云南省民族团结进步示范村、云南省布依族传统文化保护

◇腊者村村口

◇鲁布革乡腊者村布依族传统文化保护区碑　◇民族团结进步示范村碑

区、云南省非物质文化遗产保护单位、云南省30佳最具魅力村寨之一，先后被评为云南省生态乡镇、省级特色旅游小集镇、省级园林城镇、省级平安乡镇等。

（三）民族构成和人口分布

腊者村有2个村民小组，农户120户，人口526人，均为布依族。其中劳动力250人，从事第一产业人数190人。大学本科在读人数14人，专科2人。全村有6个"毕摩"，最大的73岁，最小的52岁，其中一个享受政府特殊津贴，每年6000元。

（四）人口流动与趋势

随着基础设施建设力度的加大，交通条件大为改善，方便人们进出。伴随着外出务工和经商潮流，人口呈现外流——从农村到城市的趋势。大中专学生毕业后一般选择在城镇就业。初高中生毕业后如果考不上大中专院校或因各种原因辍学的，也很少有人愿意留在家里，大部分人选择外出务工。但是，也有回流的现象，如村寨重大工程建设涉及的家庭就回家帮忙，经济不景气、就业形势不容乐观时也有部分人返乡。

全村526人中有200人左右外出务工或经商，部分人常年在外务工，部分人呈季节性的在城市与农村之间流动，定期不定期地做临时工。青壮年大部分长时间外出务工，少部分人打零工，离土不离乡或半工半农。值得注意的是，这些外出务工和经商人员之中，一部分人有了积蓄、储备和稳定的工作及收入之后，就在城市买房定居，回到农村的可能性很小，其子女也跟随父母在外生活学习。

（五）公共基础设施建设

村内2010年修建石板路，目前全部建成柏油路。道路宽约7米，可以通行汽车。现在每户都通自来水，移动电话基本普及，电力设施良好，生产生活用电基本能够得到保证。村内无公共垃圾场，生活污水没有集中处理，停车场有一座长期无人使用的公共厕所，环境卫生以单户分散处理为主。

（六）村寨今昔变迁轨迹特点

随着户数、人口的增多和住房的增多增大（一部分家庭同时拥有新旧两套房），村寨占地面积比以前任何时候都大。再者，建盖新房时选址都选在交通便利的公路边和宽阔平坦之处，所以住房分布也比过去分散得多。

因外出务工、读书和工作的人不断增多，虽然户数和人口在增长，但是实际在家的人口远远比统计的人口少得多。有的举家外出务工，长年累月不回一次家，出现空巢化现象。

二、经济建设

（一）经济体系的变迁

目前，就整体情况来看，种植业收入约占总收入的19%；畜牧业收入约占总收入的31.7%；林业收入约占总收入的19.8%；第二、三产业收入约占总收入的17.5%；工资性收入约占总收入的11.9%；渔业收入几乎为零。当然，这些数据的统计并不准确，村民目前的实际可支配收入应该多于统计数据。第一二三产业的收入比例也不准确。

随着交通条件的改善、信息的便利、技术的推广普及，产业结构调整势在必行。村里有资金、懂技术、了解行情和市场的农户最先做出积极回应，纷纷进行产业结构调整。如从广西引进种植柑橘，由政府免费提供果苗，成熟期一颗柑橘每年挂果60~70公斤，每公斤4~5元，一颗柑橘平均年收入200~300元。

随着外出务工人员的不断增加，造成一部分田地闲置，土地储备量也大大增多，出现廉价的土地出租现象。

行家里手依靠技术、资金、人脉和市场得天独厚的优势，对农业产业结构调整做出积极的模范带头作用，如育杉木苗，两三年之后出售树苗，周期短、见效快、收益高。

过去运输靠人背马驮，现在乡村通公交（规定车辆、牌号、款式、颜色、人员、线路），村民站在路边招手就能上车，方便快捷，且收费统一合理。除此之外，随着农村各种车辆数量的增多，徒步出行已经很少见到。

农业现代化对传统的生产生活方式也是极大的变革和调整，使人们从繁重的体力劳动之中解脱出来，从事其他生产和劳动。

农业机械化解放了人力物力，如打谷机代替全靠人力的挂斗，粉碎机代替石磨，碾米机代替了石碓，玉米脱粒机代替了手工脱粒，粉碎机代替了过去的猪草人工碎食，锯木机代替了手工刀锯。农药的使用不仅使作物免受害虫和疾病的侵害，而且提高了产量和品质，也解放了人力，如除草剂使人们不用再去田地里锄草。

现在外出务工和出售农产品比过去方便快捷，虽然人们的收入水平和生活水平比以往任何时候都大大提高，但是，生产和生活成本也是空前的增大，呈现收入与消费并驾齐驱的上涨态势。在家务农虽然机械化和农业技术现代化解放了大部分人力，但是也要付出经济代价。如乘车代替步行，但是车费也是一笔不容小觑的支出；农产品商品化的背后也有运输的成本；除草剂代替了人工锄草，但是也得花钱；饲料可以催长，但是要从市场买回；化肥可以有效促进产量，但是也要花钱从市场上购买；农药可以使农作物和经济作物有效避免病虫害的困扰，提高农产品品质，但是也要花钱；其他各种农业机械也有购买成本、维修保养和电力燃料等，无一不是以经济、消费作为前提和代价。所以，在家务农的收入看得见的只是毛收入，而消费是无形的。一年除了吃穿用度、供孩子上学之外，春节就消耗了大部分积蓄，经济压力仍然很大。

现在几乎每个家庭都有人外出务工，少则一两个，多则三四个，有的举家外出务工，务工收入成为全村主要的经济收入和来源，特别是有在大中专读书的家庭更是如此。除了产业化生产的家庭，一般家庭种植业和零星的养殖业收入，往往只能作为辅业收入补贴家用。

（二）农业技术推广

腊者村土地面积有3.39平方千米，海拔840米，年平均气温19℃，年降水量1230毫米，适宜种植玉米、水稻、蔬菜、芭蕉等农作物。有耕地250.53亩，人均耕地0.53亩；有林地2500亩。农作物主要种植玉米、水稻、三叶瓜、白菜、黄豆等。农民收入以畜牧业、种植业、林业等为主。现农科站引进美国新品种三叶瓜免费提供给村民，并提供种植技术。水稻收割以后，把水田排干种植三叶瓜、西红柿等素菜，3月份成熟以后，由农科站统一收购，收入全部归村民所有。现种植面积大概20亩，有12家村民种植。同时推广橘子种植，全村种植20亩左右，处于试点阶段。腊者村还是当地黄山羊特色养殖实验场。

（三）精准扶贫

腊者村没有五保户，有低保户72户。截至2016年9月，腊者村人均可支配收入3400元，可脱贫户1户，脱贫户4户，得到扶贫项目4项，扶贫资金9.2252万元。

自从精准扶贫战略实施以来，脱贫摘帽政策进一步深入，脱贫工作分化细化，实行领导带头、干部职工包村挂户，甚至提出"你脱不了别人的（脱贫）帽，我就脱你的（工作）帽"。腊者村全村有15户建档立卡户，即特困户，其中，2016年8月之前有4户已经脱贫，剩下的11户也将陆续脱贫，能在规定的期限内完成脱贫摘帽的政治任务。建档立卡户已经或正在脱贫，但是，脱贫不脱钩，脱贫之后仍然持续包村挂户，防止出现返贫再贫现象。特困户脱贫主要是建房，作为启动和前期建设资

◇ 腊者村布依黄山羊生态养殖场

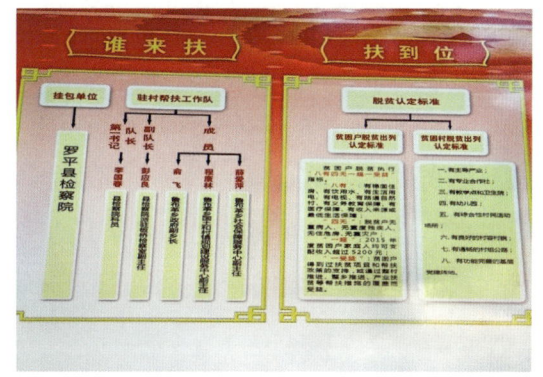

◇ 腊者村扶贫工作公示牌

金，国家先提供6万元的无偿建设资金，随着工程建设进度的深入，再追加贷免扶补小额贷款，有效保障房屋按质按量进行。其他还有指导种植业，无偿发放和免费提供生产资料的种子、农药、化肥，临时性发放一些生活资料等多种多样、灵活有效的脱贫方式。除此之外，逢年过节也会有象征性的节日慰问，子女就读期间也会特殊优先照顾，如评议特困补助、助学金和临时性的物品资金发放。

紧紧围绕"33688"扶贫攻坚行动计划，以党建工作为统揽，以开展"挂包帮""转走访"工作为抓手，鲁布革乡共有13个单位选派254人干部挂包联系贫困户319户1300人，组建4支扶贫工作队驻村帮扶4个贫困行政

村,科学制定规划,整合各方资金,落实帮扶责任,统筹协调推进精准扶贫工作,实施20个自然村易地扶贫搬迁项目,改进了工作作风,密切了党群干群关系。腊者村的贫困户也在干部挂包联系当中。

(四)新农村建设

按照乡政府着力打造"山清水秀、天蓝地绿、景美民富、和谐宜居"美丽家园的要求和精神,在乡政府的指导下,以环境美、风尚美、人文美、秩序美、创业美为目标,认真实施好清洁乡村美丽家园建设,实施六项行动,抓好清洁家园、清洁田园、清洁水源"三清洁"工作,突出农村改水改厕、饮用水安全、绿化建设、村内道路硬化、垃圾收集储运、生活污水收集处理、清洁能源推广普及等重点工作。

启动实施"美丽家园,我在行动",全面开展房前屋后、沿路、沿河、沿街的环境综合整治。村支部成立"美丽家园"示范村党小组,组建村民理事会,推行在村党支部领导下的"党小组+村民理事会"服务工作模式,积极推进美丽家园建设工作。

◇ 建设美丽家园

"美丽家园"示范村党小组由党支部书记任组长，村长为副组长，吸纳政治信念坚定、服务意识强的优秀党员为成员，延伸党建触角，通过党小组会，组织党员学习美丽家园建设相关文件精神，抓好党建工作。党小组党员争当"五员"做先锋，齐心合力建

◇ 石板铺筑腊者村内道路建设项目碑

设美丽家园。一是积极主动争当"宣传员"。经常上门入户以拉家常谈心的形式，宣讲政府和党支部美丽家园建设政策，教育引导群众主动参与，发动农民捐资投劳，带头组织建设。二是争当"联络员"，协助乡工作组做好村民意见征集、村情民意调查、农户村庄信息采集。三是争当"调解员"。处理美丽家园建设中遇到的各种纠纷，对群众存在的疑虑及问题，及时向工作组反映并提出可行性意见。四是争当"监督员"。对工程进度、资金使用等进行监督。五是争当"环保员"。制定村规民约，积极带头组织开展义务植树活动和环境卫生综合整治行动。

采取民主评议、群众组织推荐的方式，成立"美丽家园建设"理事会。通过村民选代表、代表选理事会成员、理事会成员选理事长"三轮推选"，把常年在家的优秀党员、村民代表、致富能手、妇女骨干、农村"五老"（老党员、老干部、老模范、老教师和老军人）等人推选为理事会成员，理事长从理事中推选，从而产生理事会，做好群众工作。村民理事会人数一般由8～12人组成，具体负责美丽家园建设的宣传调查、规划设计、项目协调、工程监督、建章立制、环境保护等事务。

通过推行"党小组+村民理事会"服务性组织模式，不仅增强了基层党组织凝聚力和战斗力，增强了村干部公信力，做到了"说话有人听、办事

有人跟"。同时，也发挥了老党员、老干部、致富能手、妇女骨干等的模范带头作用，服务村民群众，真正做到"美丽家园"建设群众说了算。

乡上驻村挂点人员帮助和指导村民理事会，制定和完善村规民约，按照共建共享、包保到户、责任到人、轮流清扫、集中堆放、分类处置、就地还田的方式处置农村垃圾，切实解决农村垃圾乱倒、粪便乱堆、畜禽乱跑、柴草乱放、污水乱泼的"五乱"问题。组织党员干部群众对公路沿线、乃格码头、农贸市场乱堆乱放的建筑材料、粪堆、土堆、柴堆等杂物以及乱设乱摆等进行集中整治，并拆除乱搭乱建和搬迁遗留的残墙断壁，清除墙壁乱贴乱画、乱搭乱挂的有碍集镇、村庄环境卫生的小广告、野广告等。认真做好群众摸底调查，充分调动广大农民群众的积极性、主动性和创造性，让老百姓明白美丽家园建设"谁要搞""为谁搞""怎么搞"的问题，做到因村施策、尊重民意，坚持因地制宜、依山就势，不搞大拆不建，最大限度保持乡村原始风貌、自然风光，紧扣一条路、一幢房、一棵树、一根水管、一盏路灯、一个活动场所、一个垃圾堆放点、一个产业"八个一"建设内容，制定项目实施方案，建设项目公开透明。针对美丽家园建设中整合资金多、整合项目多的实际，大力推进"阳光村务工程"建设，确保美丽家园建设项目阳光操作。按照"八个一"的要求，规范项目建设资金使用，对村庄规划编制"三图一书"，按照"一户一规划、一户一方案"的要求提供户型图，并将建设内容、建盖面积、所需资金进行公示。推进村务公开工作，进一步规范公开的程序、内容及形式，实现项目决策、实施全过程接受群众监督，提高透明度、公信力。此项活动的开展，使辖区内"脏、乱、差"现象得到了有效遏制，全乡人居环境、乡容村貌明显改善，群众文明卫生意识增强，并逐步形成了群众主动参与"文明创建"的长效机制。

全村现在基本完成路面硬化，户户通电、自来水、移动网络信号。其中完成新式厕所改造23个，每个由政府资助500元；建沼气池15个，自己出资金400元，其他全部由政府出资，每个造价在3000元左右，每个体积30立方米左右。通过美丽乡村家园建设，政府投资建设污水处理设施3套，太阳能电杆108根，每根3000元左右。现在腊者村规划为传统村落旅游景点，外墙全部包装为具有民族传统风情的布依族式建筑，此项目正在开展，估计投资500万元左右，全部由政府出资。

三、政治建设

（一）现当代村寨政治变迁

新中国成立以来，腊者村经历了小乡（区别于现在的乡镇）、大队、办事处和现在村委会领导下的生产队到村、再到村民小组的政治变迁。但是无论怎么变迁，名称如何不同，人员却几乎没有什么不同，一般都是1~3职，队长（村长、组长）、会计和出纳各一名。作为我国最基层的政治组织，任何时期，都是以上情下达、下情上达，组织村民搞好生产建设，改善村民生产生活条件为己任。大半个世纪过来，都是无偿为人民服务，没有工资报酬。纳入财政预算和支出性工资是新世纪之后的事。

（二）村寨党组织建设和村务管理

鲁布革乡根据党员人数，村委会设立总支委员会或支部委员会，党员选出总支委员会委员或支部委员会委员，总支委员会委员或支部委员会委员最后选出总支委员会书记或支部委员会书记。书记和主任由一人担任的，还要选出副书记，由得票第二位的人担任。罗斯村党总支有党员46名，其中女党员2人，80周岁以上1人，60~79周岁8人，20~59周岁36人，2015年接收转正1名，纳入新党员1名，流动党员9人。腊者村设党支部。

传统基层控制。在原始社会，布依族产生了远古的社会组织，即"家族议事会"和"议榔制"，解放前夕还保留着这种组织和类似这种组织的民间裁判的残余形式，有的布依族村寨称为"寨老公议制"。"家族议事会"一般由族中德高望重的年长者负责，仲裁族内家庭纠纷、子女财产继承权等。年长者有男有女,统称"报啊",男的称"报老",女的称"雅老",大部分以男性为主,几人到几十人不等。"家族议事会"只处理本族的事情。由几个村寨共同组成的"议榔制",领袖一般称为"榔首"或"榔头",基本上是男性成员,榔头由所有成年人选举产生。他们负责领导会议,制定榔规,监督榔规的执行。榔规的内容主要是根据现实生产和生活需要,维护本组织的正常生产和生活秩序。处理事务时,"家族议事会"和"议榔制"的参与成员都没有任何报酬,最多在当事者家中吃一顿饭,有时当事人自愿打几斤酒答谢。目前,在腊者村还保留着"家族议事会"的遗迹,族内发生矛盾还会找德高望重的长者来进行调解,由于公平合理,基本上都能得到大家的认同和执行。

现腊者村民小组,由村民选出一人担任组长,负责村寨村务。村民小组有机构、人员、活动地点(村务活动室),和村委会一起,每三年进行换届。组长有固定的工资,每月发放一次。

在资金管理方面,过去由于信息化进程缓慢,长期停留在传统的人工管理,出现很多不可避免的弊端和不足。现在随着第二代身份证和银行卡的普及,很大程度上有效避免了挪用、贪污等腐败现象。

(三)村民自治

村委会由全体村民普选,产生村委会委员和主任候选人,再由全体村民选出村委会主任和副主任,由得票高低决定。

村民小组换届选举在村委会换届选举结束之后进行,召开村民大会,以一家一户为代表,接着选举产生新一届村民小组成员,按照得票高低任正副职位。村民小组和村委会一齐换届,每三年一改选,充分执行村民自治和基层自治。村里的大小事务皆由村民小组组长、村民代表和全体村民决定处理。现任腊者村村民小组的是董昌盛。

(四)政治参与

政治参与主要表现在三年一次的乡镇、村委会和村民小组换届选举,作为村民、党员、民族、妇女或其他代表有时也会参与到县、市党委和政府换届选举的政治活动之中，但是这种情况并不多见。

近年来，由于换届选举的结果直接关系到村民的切身利益，所以村民对换届选举政治参与的兴趣极浓，很多村民主动积极参与选举活动。

（五）社会保障

1. 农村医疗保险

新型农村合作医疗（简称"新农合"），从最初的每人10元、20元、30元、50元、60元，到现在的120元，农村最低社会保障户也必须交，但是政府补贴90元，自己交30元。生病住院从乡镇、县、市、省级采取从高到低的报销比例，极大地改变了过去小病不敢看、重病不敢医的局面和状况，也极大地提高了村民身体素质和卫生条件。

2. 养老保险

农村养老保险实施的第一年，60岁以上的免费领取养老金，不足60岁的要交纳保险金；16岁以上的，交满15年为止；45岁以上的交到60岁为止。有五档缴费标准，从100元、200元、300元、400元到500元不等。村民大部分人都选择100元一年这档，其他四档几乎没有人交。

3. 其他保险

随着信息化、网络化进程的加快和深入，保险行业也不甘落后，纷纷把触角伸向广大的农村市场，如车保、火灾保险、财产保险、人寿保险、作物保险、意外工伤保险等。

腊者村外出务工和经商的人较多，主动或被动交纳了不少各种形式、名目繁多的社会化保险，改变了农村过去有难自己担的局面。

四、文化建设

（一）文化娱乐设施建设

腊者村现有文化广场两个。其中老文化广场位于村中央的一片洼地，

◇ 文化广场

直径20米左右；新的文化广场正在建设，位于村口的多依河旁，长100米、宽20米，投资50万元左右。在广场上还设立篮球架，供村民娱乐。逢年过节，村民自发组织一些喜庆活动，自娱自乐。

（二）非物质文化遗产保护

民族医药。腊者村有一个远近闻名的骨伤医生，大概82岁，名叫何凤宽，接骨技术神奇，用当地山上采来的中草药为原料，每代口授身传，据说敷上他制作的草药可以自动接骨。由于现在山林砍伐，草药不易采集，疗效大减。

传统生产工具。由于腊者布依族位于多依河旁，种植水

◇ 水　车

稻，智慧的布依族祖先因地制宜发明了水车，并得到不断的改进和普及。水车一般用梨木做材料，由于现在材料难以寻找，加之现在抽水机的大力推广，会做水车的工匠越来越少，现在大概还有三位。

由于腊者村竹子资源丰富，一直以来很多男性都会以竹器作为生产工具，现在大概全村有20多位匠人还在从事零时性的竹器制作工作。

织布。腊者村布依族人家每家每户都有传统的织布机和纺纱机，基本每家妇女都会织布、刺绣。勤劳、智慧的布依族妇女现在忙时做农活，闲时则织布和刺绣。为促进鲁布革布依族刺绣工艺产业的发展，鲁布革乡政府成立滇黔桂跨省区布依族刺绣合作社党支部，罗平县多依河正凤布依制品有限公司法人、合作社理事长刘正凤任党支部书记。刺绣党支部强化"支部+合作社+农户+客户"的运作模式，吸纳120名妇女参加合作社，实现月收入近3000元。针对市场信息不对称，部分绣娘无序竞争、以次充好、随意哄抬物价的情况，党支部建立良好的管理制度，由合作社统一购买上等的布料和丝线发给社员做刺绣，实现统一生产、统一技术信息、统一收购、统一价格、订单生产。随着刺绣品质的提升、品牌的树立、良好的服务态度、精湛的刺绣工艺，来自新加坡、泰国、美国、英国、加拿大等38个国家和地区游客纷纷前来订购，实现了把民族传统文化与市场需求结合，发展和弘扬布依族的传统刺绣工艺文化的目标。

◇ 纺纱机

◇ 传统绣品

◇ 吊脚楼

◇ 吊脚楼

传统民居。由于腊者村雨水充沛，比较潮湿，故其传统民居为干栏式吊脚楼，全部用木头建成。下面一层一般离地面2米左右，用来堆放柴草；第二层住人，以防湿气和蛇虫。现在由于木材难伐，维修不易，封闭性不好，蚊虫叮咬，故绝大部分村民都想盖新式的钢筋混凝土楼房。

腊者村是鲁布革目前比较完整地保留了布依族的古老民居建筑的传统村落，是现存云南布依族传统民居最集中、最典型的地方，具有鲜明的民族特色和地域特征。自从腊者村被评为传统村落和文物保护单位以后，传统民居得到政府的保护，禁止拆毁。现在腊者村还保存着24栋吊脚楼。但是目前保护陷入困境，因为房屋产权属于村民，按法律村民有处置权；省政府有专项资金保护传统古村落的建筑和非物质文化遗产，但资金申请程序比较繁琐和困难。而据鲁布革乡政府研究，每一栋吊脚楼的维护和修缮费用在20万左右，24栋需要500万左右的资金。

传统服饰。腊者村布依族

◇ 传统服饰

妇女和儿童基本上穿传统服饰，成年妇女基本上人人都会自己做传统民族服饰。男性则多着现代服装。

传统语言文字。布依族过去没有自己的民族文字，20世纪50年代民族识别后政府组织专家根据他们的历史、文化特征为他们创造了文字，但使用推广率不高。在民间，有人根据汉字发音自己造了一些土俗字来记录布依族古歌或巫师所诵的布依族经文，称为"汉体布依字"，但使用范围极小，没有在布依族中得到推广。布依族有自己的语言，属于汉藏语系壮侗语族壮傣语支，与壮族、侗族、水族等比较接近。布依语作为一种重要的感情纽带维系着布依族群众的日常生活交往，承载着浓郁的民族感情，是布依族的重要文化特征和民族认同的重要媒介和载体。现腊者村民无论男女老幼全部讲布依族语。

目前，腊者布依族村成立了非物质文化遗产保护协会。有一个非物质文化遗产保护陈列室，为两层的楼房，共四间，面积1000平方米左右。其中一个展厅500平方米左右，投资30万元，分为乡村历史展区、布依族文化展区、三家教育展区，收藏布依族蜡染服饰、手工艺、乐器、生产生活工具等，共计有藏品110件。采取图片、文字、实物、图表等形式，多方面生动展现布依族的历史、服饰、建筑、饮食、民俗、农耕等传统历史文化，展现布依族古朴的民族风情。陈列室有一个理事会管理，村组长任理事长，还有另外一个副理事长，每人每月领取100元的管理费。

◇ 腊者村非物质文化遗产保护协会

（三）婚丧嫁娶

腊者村布依族青年的婚姻基本为族内通婚，与其他族通婚的情况很少。原来成婚由父母包办，改革开放后实行自由恋爱。村寨实行五天一次的赶集，布依族青年在街上遇到中意的对象，便约定时间和地点进行对歌，经过多次交往相互了解，确定恋爱关系之后请媒人第一次上门说媒，男方需要带一些酒、糖，数量不等，适宜便可。如果双方父母满意对方的条件，第二次上门必须由毕摩或者风水先生看日子，选择黄道吉日之后，征求女方意见，一般需要200斤以上的肉或者150公斤毛猪，也可折成钱送过去；另外还需50斤的一壶白酒。女方的直系叔叔必须出一只鸡，一般要求公鸡，杀了敬献老祖。男方必须给女方父母和新娘各6666元钱，必须给双方其他直系亲属发66元红包。说媒的男方必须给女方的亲兄弟和自己的兄弟860元钱，以备将来娃娃出生13天或者一个月后为生娃娃买生活用品。这些婚前仪式完成以后，得到双方父母和家族的同意便可以商定结婚日期。

双方商定好进门时间，一般是征求男方意见，然后女方做好出嫁准备。如若日子不好，等女方家日子好、时辰好才能出门，路途遥远的要在路上过夜。女方家待客一般为办酒席一天。男方酒席前两天要冲糍粑，小碗大小，手掌般厚，每份六个，发给前来吃酒祝贺的亲戚。酒席前一天杀猪、杀牛，但不杀羊，羊一般用于丧事，不用于红事。正酒男方要办三天。第一天亲戚带一丈红布、一挂鞭炮前来祝贺。挂礼几百元到上千元不等，一般是看对方在自己结婚等事情时送多少，在此基础上有所增加。结婚当天，敬酒的时候，公公婆婆必须给儿子、儿媳1000元到几千元不等的红包，数字必须带6或者8，表示吉利。男方的亲叔叔则给新人几十元或者几百元不等，数字也要带6或者8。

丧事：老人去世时姑爷必须拉一只羊，一般比较壮才行，羊不杀，必须拉到主人家，一只鸡必须杀好带走。主人家要栽一棵树，用白布写一个幡，一般一丈到两丈长，女性一般要比男性长六尺，因为布依族女性勇敢勤劳，比较辛苦，去世时应该享受到更高的礼遇，这说明布依族还有原始母系氏族的遗留。羊必须拴到树下，主人家要进行捆桩的仪式，首先割下一只耳朵扔到树下，代表已经把羊交给了去世的人。然后把羊杀了，找另外一个地方煮吃，不在主人家做吃。后家（也就是与去世主人同姓的最亲的直系家属）必须拉牛到树下，从主人家里的灵堂拉一根线到牛头上，意味着已经把牛交给去世的人，然后找另外一家把牛杀吃。姑爷家必须要做一个小孝房给去世的人，一般是一个纸做的模型，当毕摩看好日子把去世的人抬上山埋葬的时候烧掉。抬去世的人上山的日子挑选比较严格，必须是黄道吉日，不能冲到家里的任何人，直到合适的日子才可以抬上山，如果没有合适的日子，可能在家停放半年左右。丧事的仪式必须由毕摩主持，必须按布依族的一切仪式进行，认为只有按布依族的仪式进行，葬礼仪式上必须要念"摸旦"经文，亡魂才能上天。

（四）传统节日

腊者村布依族的传统节日很多，基本上每个月都有。比如，正月二十九要过小年"根丢乃"，祭祀祖先；二月二祭老人房（寨神），一般要三天；三月三祭山祭水，布依族相信山水有灵，山有山神、水有水神；四月二十四日用糍粑、猪敬献天王老五，目的在于祈求风调雨顺；五月的过卯日，时间一般为三至六天；六月第一个马日，祭祀天神；七月十四尝新节，意思要保护庄稼、人平安，由毕摩主持。现在受到现代化和市场经济的影响，有些节日已经不过，一般只过六个节日：二月二祭祀老人房；三月三祭祀山水，是目前最隆重的节日；四月二十四；五月的卯日；六月二十四日休息天，又叫献老祖；七月十四尝新节等。

二月二祭祀老人房一般要三天的时间，什么活都不能干，外人不得入村，一般村民会通知亲戚朋友或者当天派人在路口蹲守，或者提前一段时间在村子门口贴出告示。祭祀老人房仪式有固定的地点。祭祀祭品为羊、鸡、香、纸钱、酒等,全村以户为单位共同集资办伙食,买2只羊(每只90～100公斤)、几只鸡,每家村民在门口放三张纸钱、三炷香,做事帮忙的人会前来自行收集,祭祀的费用要每户平均分担。女人不能参与,如果妻子有身孕的丈夫也不能参与,派其他家庭成员参加。祭品摆放好之后,众人跪地磕头,毕摩口头念诵祭祀辞行祭。饭、碗筷、勺从家里带来用。

祭祀仪式举行的地点下面建有一间凉亭式的老人房,四角用木头柱子支撑,柱子中间搭半米高的木条,屋顶搭椽子,再铺以瓦片。祭祀时间选在夜深人静、人们睡去的时候进行。届时,用小猪拉线转祭祀场,摩公念经,并用弓箭射出3只箭射杀乌鸦以驱邪避污秽,保佑全村人平平安安。祭祀的仪式比较严肃,任何人不能大声喧哗,祭祀完以后可以把祭祀用的食品在祭祀场所当场食用,吃不完的不能带走,倒入旁边一个指定的土坑里,然后用石板盖住并封好洞口,等到下一年祭祀之前主持的人把它掏空再用。祭祀老人房一般由四家人主持,负责收集各家凑齐的钱财,用不完的钱财由村民小组长保管,下一年再用,下一次用的时候写一个领条。

三月三是腊者村布依族最隆重的节日,布依族崇拜万物有灵,崇拜多神,认为山水有灵,山有山神、水有水神。有的布依族人也把它叫作"泼水

◇凉　亭

节"。三月三大人祭祀山水，小孩到多依河戏水划竹筏。有小孩的布依族村民（一般在六七岁以上）每家每户做一个竹筏，竹筏必须用新竹做。做好给小孩在多依河中漂流玩耍。用完以后用绳子拴在河边树上，也不带回家，任其被河水冲刷。腊者村地处亚热带气候，竹子资源丰富，不必担心竹子的来源。三月三布依族人吃传统的饮食花米饭，用当地的植物把糯米染成黑、黄、蓝、绿、红等几种颜色。黑的颜色燃料来自当地村民称为风香树的一种黑牙樟朗树；黄的来自当地村民叫作"染饭花"的灌木；蓝、绿、红则来自当地不知名的植物，总之全由自原生态的植物萃取而来。

四月二十四日，腊者布依族人要做糍粑、杀猪等祭祀天王老五，目的在于祈求风调雨顺，期盼来年五谷丰登、丰衣足食。

五月的过卯日，一般如果一个月有三个卯则过中间，两个卯则过第一个。过卯日的时候要包粽子，吃粽子。仪式要由毕摩主持，用弓射三个箭头。这是布依族一种古老的传统，布依族也是以农为生的民族，意在驱赶鸟雀，保护庄稼，为庄稼丰收做准备。

六月二十四是休息天，意味着一年劳动太辛苦，需要休息一下，在这一天什么也不干。

七月十四日尝新节，做糍粑供奉祖宗，布依族人又叫作"献老祖"，叫嫁出去的女儿回家尝新，共同享受丰收的成果和喜悦。如果是一个老祖传下来的直系亲属，必须一家轮流吃一天，当一家人做东的时候，其他家的妇女必须前来帮忙做饭。每家每户妇女都做糍粑，每个一两左右，用芭蕉叶包裹蒸熟，这个节日一般要过两三天。

（五）传统宗教

腊者布依族村民崇拜万物有灵和祖宗崇拜，家里堂屋中间供奉天地。有的布依族家庭还供奉其他的保护神灵。

堂屋中间左右两面供奉当地的传统宗教神灵，左面叫作"绵蛙"，右面叫作"中央"（当地布依族的一种叫法，类似于汉族的祖宗牌位），

"中央"和"绵蛙"是用一尺见方的木板做成。在七月十五日献祭，早上供奉堂屋左上角的保护神，凡是在街上买回的肉类必先供奉。晚上供奉堂屋右上角的家庭保护神，此神大年初一、元宵节、七月十五这3个节必须供奉。当地的传统节日也要供奉和祭拜，供奉

◇堂屋中间供奉天地

"中央"的时候必须严肃，当天不得吃狗肉、老鼠肉，否则认为会带来灾难。如果不小心亵渎了"中央"和"绵蛙"，必须请毕摩用鸡献祭。布依族人供奉"中央"和"绵蛙"必须经过毕摩主持仪式才可以请回家，他们认为可以消灾解难，当生病比较严重时，打针吃药都不好，他们就会把病人接回家，买一只羊，请毕摩来进行相应的仪式，类似于汉族的法事，认为把病人的灵魂接回来，病就会痊愈。

（六）文化传承

罗平县鲁布革乡旅游资源丰富，具有浓郁的布依族风情，有中国改革开放的窗口、中国第一个利用外资并实行国际招标建设的大型水电站——鲁布革电站，有国家级传统村落、国家级生态乡村、云南省民族团结示范村、云南省布依族传统文化保护区、云南省非物质文化遗产保护单位、云南省30佳最具魅力村寨。其中腊者村先后被评为"民族团结进步示范村"、云南省生态乡镇、省级特色旅游小集镇等荣誉称号，目前正在开展国家级生态乡镇、省级文明小城镇、省级园林城镇、省级平安乡镇等创建工作，正在实施市级清洁乡村试点项目。腊者村有其民族团结进步、建设和谐社会和文明村的深厚文化底蕴，良好的民风民俗、道德伦理、行为规范，如村里祭祀用的大锅放在山上几十年也无人破坏，更无人偷盗。这在

很大程度上有效减少了邻里村乡的矛盾、冲突和纠纷。

民间纠纷如果是家庭内部的，则一般家里自行和解。如果是家族内部事务纠纷，则在家族内部处理。

如果是邻里村乡的矛盾冲突，则一般按照《村规民约》和有关法律法规及习惯法，请组长进行调解，有时也会请德高望重、正直无私的族内长者调解，很少到村、乡镇调解，通过法律途径解决的更少。

腊者村民风淳朴，治安状况良好。村民在党委、政府的指导下，在村干部的带头下，自主制定大量村规民约，由乡政府审核，村民自主执行及维护。

腊者布依族村民的互助精神极强，村里有婚丧嫁娶等事务一般自动前来帮忙，全村出动。党支部经常开展"传承家训，崇尚新风"活动，开展"晒晒我家好传统"的家风家训寻访征集活动。通过党支部的走访、座谈、问卷调查、口述，家人具体讨论等多种形式征集家训和家风谚语、民间故事、风俗、民俗等资料，挖掘弘扬传统文化、贴近生活、贴近实际的布依族家规家训格言。组织开展"传家宝、写家书"活动，倡导家家户户通过卡片和锦囊等形式，制作写有家训和家风、便于携带保存的卡片，当子女婚假、升学、就业、参军等重要时刻郑重赠授，既能起到激励人的作用，又能避免俗套，同时还可减轻家庭负担。另外，收集整理出来的布依族家训名言，统一制作成古色古香的家训牌，放在村寨内醒目的位置，鞭策村民自律，发扬传统形成向上向善的文明风尚。同时，将好的家风家训写入村规民约中，由全体村民大会表决通过，村民理事会监督执行，老规新用让其成为村民自我参与、自我管理、自我教育和自我遵守的行为准则。通过对布依族家庭中临嫁训女、遗训等进行挖掘和宣传，引导布依族村民从身边做起，从家庭做起，讲道德、重传统、重习俗，有效地将社会主义精神文明观润物细无声地融入日常生活中，激发了布依族村民学习和弘扬传统文化、统家风家规的热潮。

鲁布革乡注重民族文化植入，建立多依居委会板台村和罗斯村委会腊者村实施"家风家训家庭"教育示范点。其中，投入腊者村项目资金30万元，建设村史文化陈列室，充分展示布依族优秀传统文化和良好家风。

普米族社会历史回访再调查
——以兰坪县河西乡为例

墨绍山

自20世纪中叶第一次进行少数民族大调查距今已半世纪有余，在这些年里，随着社会经济发展，云南普米族的社会风貌、经济生产方式、生存状态和风俗文化也发生了巨大的变化，要如实地反映这些情况并不容易。鉴于此，课题组选取云南省怒江傈僳族自治州兰坪白族普米族自治县河西乡为调查地点，利用文献法、深度访谈法和问卷调查法，从村寨概况、经济建设、政治建设、文化建设、社会组织变迁及生态环境等方面出发，深入全面地分析了河西乡普米族的社会经济变迁，以供后续研究和政策实践参考。

一、村寨概况

（一）村寨历史与传说

普米族自称"普日米""普英米""培米"（意为"白人"或"纯洁高尚的人"），旧称"西番"，史称"巴苴"。他称有多种，拉玛人称为"补宗"，傈僳族称为"溜溜帕"，彝族称为"窝朱"，藏族和纳西族称为"巴""博"，汉族和白族称为"西方（番）"。直到1960年10月，丽江地区专员公署召开普米族代表会议时，才根据本民族代表的意愿，采用

"普米"作为统一的族称。

普米族属于古代游牧民族氐羌。普米族先民原来是生活在青藏高原的青海、甘肃和四川边缘一带的游牧民族，随后从高寒地区沿着横断山脉逐渐向南迁徙到温暖、低湿的川滇边境地区，逐水草茂盛的地方居住。13世纪中叶进入云南，陆续迁入丽江、维西、兰坪一带定居，主要从事农业生产，部分人仍过着"有草则住，无草则移"的游牧生活。宋宝祐元年（1253），忽必烈率军南下征讨大理国时，木里王子和沿途居住的"西番"头人首先归附，并率领"西番军"随同蒙古军南下：一部分随西路的兀良合台由今香格里拉进入维西；另一部分则随中路的忽必烈由今宁蒗进入丽江北部。至近代，进入云南和四川盐源县一带的"西番"划归普米族，而在木里、九龙和盐源的"西番"都划归为藏族。

迁入兰坪的原因、经过及方式，据现有的史料、碑文及民间传说，可确认为避战乱迁入和游牧迁入两种。

普米族进入兰坪境内后，最初是以氏族为单位，过着"随牧迁移"的游牧生活。后来渐渐安定下来，开始选择农耕狩猎的生活方式。普米族聚居在境内雪盘山和老君山中北部半山区的河西、通甸、金顶、拉井、营盘、石凳6个乡镇27个行政村，形成"大分散、小聚居"的分布特点。其中河西乡、通甸乡的拉巴山及通甸河西岸各村普米族居住集中。据2010年第六次全国人口普查统计，全国普米族总人口为42861人，居于云南省的有42043人，其中兰坪普米族有16984人。我们调研的兰坪县河西乡在2015年末共有普米族3858人，占全乡总人口的21.30%，主要聚居在联合村、三界村、箐花村、大羊村和玉狮村。

（二）民族构成

兰坪县是一个少数民族众多的地区，在1953年第一次人口普查中，境内居住着白族、傈僳族、普米族、汉族、彝族、怒族和纳西族等10个民族。少数民族人口为90718人，占93.1%。在1964年的第二次人口普查中，少数民族在总人口中占的比例有所下降。其中，白族、傈僳族、普米族、怒族人口合计为82663人，占全县少数民族人口的91.74%，占总人口的92.65%。1982年第三次人口普查显示，境内居住着15个少数民族，比以前多了5个。少数民族人口134921人，占总人口的92.65%。1990年第四次人口普查显示，境内居住着19个少数民族，比第三次人口普查多了4个。少数民族人口161466人，占总人口的92.01%。其中，白族81243人，占少数民族人口的50.32%，占总人口的46.3%；傈僳族60215人，占少数民族人口的37.29%，占总人口的34.31%；普米族12901人，占少数民族人口的7.99%，占总人口的7.35%，主要居住在河西、通甸、金顶和拉井等乡镇。《云南省统计年鉴（2008）》的数据显示，2007年兰坪白族普米族自治县的人口总数为21.2万。其中，白族102304人，占总人口的48.3%；傈僳族70741人，占总人口的33.37%；普米族16187人，占总人口的7.64%，主要居住在河西、通甸、金顶和拉井等乡镇。根据《兰坪白族普米族自治县2010年人口普查资料汇编》的数据，2010年兰坪普米族人口数16984人，与2007年相比人口数量变化不大。

兰坪县河西乡位于兰坪县东北部，东邻丽江市玉龙县，西与本县石登、中排两乡接壤，南依本县通甸镇，北接迪庆州维西县。全乡面积578平方千米，耕地面积48081亩，辖13个村民委员会，98个自然村，101个村民小组。《中国县域统计年鉴（2014）》的数据显示：2013年该乡的总人口为18110人，居住的少数民族有普米族、白族、傈僳族、彝族、藏族等，其中普米族和白族人口占全乡总人口的38%。普米族聚居在联合村、三界村、箐花村、大羊村和玉狮村5个行政村。根据河西乡政府的数据，这5个行政村的普米族人数分别为658人、893人、1428人、722人和157人，合计为3858人，占该乡总人口的21.30%。这几个村寨中，大羊村的普米族人口比例最大，其次是箐花村、三界村和联合村，玉狮村普米族人口比例最小，约为全村总人口的17.58%。

表1 2013年河西乡人口构成表

单位：人

项目	大羊村	箐花村	联合村	玉狮村	三界村
自然村数	3	16	9	6	9
总人口数	722	1659	1680	893	1291
普米族人口数	722	1428	658	157	893

（三）性别与年龄状况

1. 性别

兰坪县在第一、第二次人口普查中，女性人口多于男性人口。第三、第四次人口普查中，男性人口多于女性人口。《兰坪白族普米族自治县2010年人口普查资料汇编》的数据显示，全县16984万普米族人口中，男性8609人、女性8375人，男女性别比例为102.8∶100。具体到课题组调研的河西乡的大羊村、箐花村、联合村、玉狮村、三界村男女人口数和男女性别比例见表2：

表2 河西乡人口性别结构表

单位：人

项目	大羊村	箐花村	联合村	玉狮村	三界村
自然村数	3	16	9	6	9
总人口数	722	1659	1680	893	1291
普米族人口数	722	1428	658	157	893
男性	386	855	846	472	639
女性	336	804	834	421	652
男女性别比例	114.9∶100	106.3∶100	101.4∶100	112.1∶100	98.0∶100

从表2可知，这5个村的男性人口明显多于女性人口，男女性别比例失调的现象非常严重。在大羊村的访谈中，村支书也告诉课题组，近些年普米族村寨很多女青年外出打工或学习，进一步加剧了人口性别比例失衡，村寨中青壮年光棍的比例增大。总之，从历史趋势和现状上看，普米族村寨正面临着男女性别比例失调的困境，随之而来的一系列问题值得注意。

2. 年龄

《兰坪白族普米族自治县2010年人口普查资料汇编》的数据显示，全县16984万普米族人口中，0～14岁的婴幼儿和少年共有4342人，占全县普米族人口的25.57%；60岁以上人口占总人口的9.35%。年龄中位数为28.1岁。这说明当前兰坪县普米族人口年龄类型属于成年型，人口老龄化现象比较明显。

由于大羊村、箐花村、联合村、玉狮村、三界村的人口年龄数据难以取得，只有通过将这几个村的义务教育人口占比、劳动人口占比与《兰坪白族普米族自治县2010年人口普查资料汇编》中普米族7～16岁和18～60岁年龄人口的比例进行比较，来大致估算这几个村普米族的年龄结构。通过计算，我们发现：《兰坪白族普米族自治县2010年人口普查资料汇编》中普米族7～16岁和18～60岁年龄人口比例分别为16.81%和59.7%。通过比较，我们发现：河西乡普米族的义务教育人口占比与劳动人口占比之和与兰坪县普米族7～16岁和18～60岁年龄人口比例之和基本相等。因此，我们可以得出结论：河西乡普米族人口年龄类型属于成年型，存在人口老龄化现象，再加上长期以来大量年轻人出外打工，这种人口老龄化带来的问题可能更加严重，例如农村社区和少数民族文化衰败等。

表3 2010年河西乡人口年龄结构情况表

单位：人、%

项目	大羊村	箐花村	联合村	玉狮村	三界村
自然村数	3	16	9	6	9
总人口数	722	1659	1680	893	1291
普米族人口数	722	1428	658	157	893
义务教育人口数	54	102	238	104	180
义务教育人口占比	7.48	6.15	14.17	11.65	13.94
劳动人口数	495	1095	1065	472	810
劳动人口占比	68.56	66	63.40	52.86	62.74

（四）人口流动与趋势

20世纪八九十年代以来，由于矿产资源的开发和经济发展，兰坪县的人口处于净流入状态，一些原本出去打工、求学的县籍人户逐渐迁回。与此同时，为了获得更多的劳动报酬，一些从事农业劳动的普米族劳动人口也开始离开农村，进入县城甚至是更远的地方寻找就业机会。从兰坪县河西乡收集的数据显示，当前外出务工的劳动力相对比较少，占劳动人口的比例基本上都在30%以下。其中，外出务工劳动力大部分选择在县内打工，主要从事一些与矿产资源、工艺品相关的工作。从收入上看，外出劳动力带来的收入比较少，大羊村、箐花村、联合村、玉狮村、三界村的外出劳动力收入占农村经济收入的比例分别只有1.06%、6.38%、21.37%、10.15%和6.54%。我们将外出劳动力收入占比和外出劳动力占劳动人口的比例进行比较后发现，前者普遍小于后者，这说明当前普米族外出务工人员一般从事比较初级的岗位，劳动报酬偏低，对农村经济收入的贡献有限。

同时，从人均收入上看，这几个村的外出劳动力人均年收入比较低，分别为495.5元、3110.4元、6083.6元、6562.7元和2240.4元。可见，当前河西乡普米族劳动力迁移比例普遍偏低，外出劳动力主要在兰坪县境内从事一些低端行业的初级岗位，且以打短工为主，收入非常低，对农村经济发展和脱贫的贡献非常有限。随着兰坪县矿业发展陷入瓶颈，未来普米族剩余劳动力转移面临的困难将会越来越大，农村脱贫发展工作任重道远。面对这种劳动力流动趋势，从根本上升级当地产业结构，创新农村经济发展模式，寻找新的经济增长点，才是普米族村寨脱贫致富的必由之路。

表4 河西乡外出务工情况表

项目			大羊村	箐花村	联合村	玉狮村	三界村
自然村数（个）			3	16	9	6	9
总人口数（人）			722	1659	1680	893	1291
普米族人口（人）			722	1428	658	157	893
劳动人口（人）			495	1095	1065	472	810
外出务工劳动力			89	163	280	83	213
其中：	常年外出务工		58	151	237	66	186
	其中：	乡外县内	41	110	184	45	155
		县外省内	13	38	33	24	29
		省外	4	3	20	14	2
外出务工劳动力占劳动人口比例			17.98%	14.89%	26.29%	17.58%	26.30%
农村经济收入			415.06万元	795.13万元	797.16万元	536.45万元	729.62万元
其中：	外出劳动力收入		4.41万元	50.7万元	170.34万元	54.47万元	47.72万元
	占比		1.06%	6.38%	21.37%	10.15%	6.54%
	外劳人均收入		495.5元	3110.4元	6083.6元	6562.7元	2240.4元

（五）村寨今昔变迁轨迹特点

经过多年的发展，河西乡的经济社会面貌发生了翻天覆地的变化，现代物质文明产品和设施悄然走进村寨,深深地改变和影响着普米族的日常生活。我们利用问卷结合统计数据和访谈资料,对河西乡今昔变迁轨迹、特点进行一个综合描述。

1. 基础设施

在基础设施方面,河西乡的发展还是显而易见的,村村都通了公路,也建了公共厕所,每个村寨都有自己的卫生所和垃圾焚烧炉。同时,河西乡对文化教育也非常重视,每个村寨都有图书室,除了大羊村外,每个村寨都有小学。不过,基础设施也存在一些不足。首先,虽然村村都通了公路,但是除了大羊村是弹石路,其他四个村寨都是土路,路况并不好。正如金顶集团第二冶炼厂的书记所说,虽然村村通公路,但是路通而不畅,严重影响了村寨的发展。其次,一些村寨的垃圾堆放场和生活排水沟渠项目还处于规划申请阶段,尚未开工建设,一定程度上影响了村寨环境保护。最后,河西乡基础设施建设虽然已得到了较大改善,但仍需不断完善,尤其是农田水利建设需给予重点关注,加强农田水利基础设施建设,改善农业发展生态环境,摆脱靠天吃饭的困境,降低农业生产风险系数已迫在眉睫。

2. 生活设施

在生活设施方面,河西乡的变化也比较大。我们的调查数据显示:生活用电上,除了联合村,其他村寨的农户通电率基本达到或接近100%。5个村寨在20世纪80年代以前早已通邮和有线广播,村民的电话、电视机拥有率也比较高。交通工具上,各个村寨的汽车和摩托车拥有率比较高,这在一定程度上保障了信息和人员往来。不过,河西乡的生活设施上也存在一些不足。首先,自来水的普及率比较低,大羊村居民通自来水的比例低于50%,箐花村和三界村勉强达到50%。对此,大羊村的书记表示,村子里面的自来水设施建设已经列入三峡集团定点帮扶项目规划,未来几年将逐步实现每家每户通自来水的目标。其次,各个村寨尚未通网络和卫星电视,在资讯时代这是一个比较严重的问题,在一定程度上影响了村民对农业服务信息、技术信息的获取。不过值得庆幸的是,在访谈过程中我们了解到卫星电视"村村通"项目正在各个村寨紧锣密鼓地进行。最后,目前全乡5个人口较少民族的村委会现均已实现通路、通水、通电、通电视、通移动电话,但部分自然村因水源枯竭,目前暂时存在饮水困难问题。村委会均建有简易的村卫生室,但由于缺医少药,群众看病难问题仍然十分突出。村委会虽建有村文化室,但缺乏相关图书及开展文化活动所需的设施。

表5 河西乡生活设施情况表

单位:户、间、所

项目	大羊村	箐花村	联合村	玉狮村	三界村
总户数	179	408	432	240	304
基础设施					
公路	弹石路	土路	土路	土路	土路
公厕	31	1	8	40	5
垃圾焚烧炉	是	是	是	是	是
垃圾堆放场	0	0	0	4	0
生活排水沟渠	否	否	否	否	是
医院/卫生所	1	2	1	2	1
幼儿园	1	1	1	1	1
小学	0	1	1	1	1
中学	0	0	0	0	0
文化站	0	1	1	0	1
图书室	1	1	1	1	1
生活设施					
通电	179	408	342	234	300

续表

项目	大羊村	箐花村	联合村	玉狮村	三界村
自来水	76	275	342	234	189
通邮	是	是	是	是	是
有线广播	是	是	是	是	是
电视	165	397	342	234	164
卫星电视	否	否	否	否	否
电话（包括手机）	179	401	342	234	283
网络	否	否	否	否	否
汽车	8	22	11	1	7
农用车	0	1	2	2	1
拖拉机	9	20	5	11	15
摩托车	5	54	30	33	65
沼气池	0	0	0	0	0
太阳能	2	0	8	65	6
经济政治活动					
农业技术推广／培训	是	是	是	是	是
政府扶贫	是	是	是	是	是
农村经济合作社	0	0	0	0	0
自办企业	0	0	0	0	0
实施村直接选举	是	是	是	是	是

3. 政治、经济活动

在政治、经济活动方面，河西乡的面貌有待提高。政治上，河西乡2000年开始实行村直接选举，参与效果较好。经济活动上，这5个普米族村寨都是贫困村，政府从2000年前后就开始对这些村寨进行定点扶贫，2012

年左右开始组织技术人员定期下乡进行农业技术推广和培训。不过，河西乡的村干部普遍反映普米族村寨的村民由于受教育水平低，发展的主动性比较差，"等、靠、要"的思想较为严重。我们的数据显示，这5个村寨没有农村经济合作社和自办企业，这说明当地政府的扶贫和发展思路还缺少创新，政策较为保守。

二、经济建设

（一）传统经济体系的变迁

兰坪县河西乡地处海拔2500～3000米的高寒山区和半山区，年平均气温在10℃，年降水量850～1000毫米。由于居住于高山密林中，再加上自身的游牧民族属性，普米族传统的社会经济是以农业为主、畜牧业为辅的半农半牧经济。在农业方面，从游牧逐渐向农耕转变的普米族主要通过"刀耕火种"的方式在森林中烧垦获得土地，并根据土质、距离远近将这些土地分为常耕地和轮歇地。常耕地离住所比较近，肥料供应充足，一般会种大麦、小麦、玉米、青稞等产量比较高的农作物，或者烟草、向日葵等经济作物。轮歇地一般在离住所较远、海拔较高的地方，以轮歇的方式进行耕作。轮歇地一般种燕麦、小麦和马铃薯等。畜牧业在普米族经济体系中仅次于农业。禽畜有马、黄牛、牦牛、山羊、绵羊、驴、骡子、猪和鸡等。除了农业和畜牧业外，河西乡普米族生活的地区一般森林比较茂密，他们对经济林木的开发和利用比较到位，各家各户一般都有自己的林地。

在解放前，兰坪普米族社会经济形态具有较强的农奴制和封建领主制特征，土地、山林归土司所有，土司再将部分土地有偿转让给当地的头领。兰坪的大部分土地、山林和牲畜集中在各族头领和地主手里，贫农只能以租借土地的形式获得生产资料，并定期向地主交租。资料显示：解放前，河西乡箐花村地主杨献廷一户就拥有水田旱地800亩，全村三分之一的家庭都是他的佃户。兰坪普米族社会封建地主制经济形态还有一个突出特征,就是有与封建制伴生的奴隶制残余。根据资料记载,河西乡普米族富户有豢养奴隶的习惯,这些奴隶一般来自周边的破产农户,或由人贩子领来,或来自大户嫁女的陪赠。奴隶需要绝对服从主人的命令,而主人对奴隶也有一定的义务,如帮忙张罗婚事等。

1958年,河西乡的普米族村寨响应国家政策建立人民公社,走上了农业合作化的道路。不过,这一时期的土地集体所有和"吃大锅饭"的经济形式难以调动村民的生产积极性。改革开放以后,普米族村寨落实了家庭联产承包责任制,土地按照人头分配给每家每户手里,农民的生产积极性被调动了起来,村寨粮食产量有了较大提高。然而,由于自然环境、交通条件及产业结构等因素的限制,河西乡仍然贫困。2000年以来,在中央政策的指导下,当地政府加大了对河西乡的经济扶贫,并引入一些企业对当地实施产业扶持,重新改造了传统经济体系和生产关系,建立了"公司+合作社+加工厂+基地+农户+技术顾问"的新型生产模式,生产资料和初级产品由农户和合作社供应,工厂和基地负责产品加工,公司负责日常生产的组织管理、技术指导和最终产品的销售。根据大洋村村书记的描述,当地政府正与国内大型互联网电商进行合作对接,试图利用互联网技术来优化整合当地的优势资源,通过产销形式和经济体系创新来带动普米族村寨的发展。

(二)农作物种植

普米族居住在高寒山区,种植的农作物普遍存在广种薄收的现象,因此肥料需求大。普米族不喜欢用人粪,因此重视农家肥的生产。农家肥生产的方法主要包括:牲畜粪便、烧草皮灰、挖取山林腐殖层、收集杂草沤制青肥或者夜里在需要肥料的土地上圈羊踩粪等。

1. 粮食作物

河西乡的粮食作物主要包括玉米、青稞、大麦、小麦、燕麦、苦荞及洋芋等,其中玉米、小麦、大麦、青稞是主要的粮食作物,种植面积比较大。其中，小麦为主食，大麦、青稞为主要的酿酒原料和饲料。玉米农历三月下种，九十月收获；小麦、大麦一般种在高海拔的轮歇地，每年农历七八月犁地两次后播种，第二年五六月份收获。洋芋在农历一二月下种，种前犁地两次，种在常耕地里施农家肥，六七月收获。苦荞、燕麦等产量低但营养价值高的农作物一般种植在轮歇地，不施肥，燕麦农历八九月播种，次年六月收获，苦荞三月播种，当年八月收获。

根据相关统计数据，2015年兰坪县的粮食总产量为88523吨，其中河西乡9945吨。从人均上看，2015年兰坪县人均产粮和得粮数量分别为410公斤和387公斤，而河西乡则为553公斤和417公斤。其中，大羊村、箐花村、联合村、三界村的粮食总产量为253.5727吨，粮食收入为5578586元，三界村和联合村的人均所得粮食量低于全县平均水平。可见，河西乡的平均粮食产量高于兰坪县平均水平，但是农民得粮数量参差不齐，部分村寨人均得粮数量比较低。从粮食作物种类上看，河西乡的谷物、豆类和薯类的产量和种植面积均占全县的10%左右，可见，河西乡的农业生产水平与兰坪县整体水平相差不大。从粮食种植结构上看，河西乡以玉米和小麦种植为主，二者占粮食产量的比例非常大。

表6　2015年河西乡粮食种植情况表

河西乡（亩、吨）				全县（亩、吨）			
全年粮食		夏收粮食		全年粮食		夏收粮食	
面积	产量	面积	产量	面积	产量	面积	产量
64405	9945	21980	2727	532227	88523	198692	24780
秋收粮食		人均产粮（公斤）		秋收粮食		人均产粮（公斤）	
面积	产量	产量		面积	产量	产量	
42425	7218	553		333535	63743	410	

续表

河西乡（亩、吨）				全县（亩、吨）			
全年粮食		夏收粮食		全年粮食		夏收粮食	
人均得粮				人均得粮			
产量				产量			
417				387			
谷物		豆类		谷物		豆类	
面积	产量	面积	产量	面积	产量	面积	产量
39820	6686	17135	1508	350098	63639	128657	11952
薯类				薯类			
面积	产量			面积	产量		
7450	1751			53472	12932		
稻谷		玉米		稻谷		玉米	
面积	产量	面积	产量	面积	产量	面积	产量
200	8	20160	4637	32900	11626	153335	33713
小麦		黄豆		小麦		黄豆	
面积	产量	面积	产量	面积	产量	面积	产量
12950	1558	9500	836	87820	10088	45015	3689

2. 水果与瓜菜

兰坪地形、气候复杂多样，适宜亚热带、温带水果的生长发育，有15个种类100多个品种，其中分布广、产量大的有苹果、梨、桃、柑橘、李子、梅子、木瓜等。根据相关统计数据，2015年河西乡5个行政村的水果总产量为106600公斤，水果收入为170560元。其中，大羊村、联合村和玉狮村的水果产量和收入比较高，箐花村最低。根据相关统计数据，2015年河西乡5个行政村的瓜菜总产量为1431724公斤，粮食收入为1002207元。其中,箐花村、联合村和三界村的瓜菜产量和收入比较高,玉狮村最低。

表7 2015年河西乡粮食、水果、瓜菜种植情况表

单位:公斤、元

项目	大羊村	箐花村	联合村	玉狮村	三界村	总数
总户数	179	408	432	240	304	1563
粮食						
数量	281730	608787	635700	497420	512090	2535727
收入	619806	1339328	1398540	1094324	1126598	5578596
人均产粮						
数量	缺失	527	481	697	567	
人均得粮						
数量	缺失	389	289	411	340	
水果						
数量	24750	3320	30740	29600	18190	106600
收入	39600	5312	49184	47360	29104	170560
瓜菜						
数量	194780	491044	352500	114300	279100	1431724
收入	136346	343731	246750	80010	195370	1002207

(三)农业科技推广

自1975年以来,兰坪县农科所一直致力于农业技术的推广,将国内外的先进技术引进到兰坪,因地制宜地开展实践并对农民进行技术指导和培训。先后引进的项目如下:1975年,县农科所从保山县引进水稻"68—408"种子,在不同海拔地区进行试种并推广。1987年,县内首次引进地膜覆盖玉米种植技术,20世纪90年代至今,年推广面积均为2万~2.5万亩。70年

代中期以后，农业部门对旱地耕作制度进行改革探索，因地制宜搞农作物间种、套种，提高了单位面积产量。1995年在全县实验并推广了1万亩马铃薯种植，经178个监测点调查，结果按每亩增产62.5公斤计算，增产幅度4.52%，投入产出比例为1∶11∶6。1992年，引进昆明能源办研制的国内领先的第三代曲流布料沼气池技术，截至1995年，全县实验推广近2000个，有效缓解了农村能源问题。1992年，引进大理州科委研制的小型电机27台，在通甸乡、河西乡、石登乡、营盘镇等乡镇的边远山村示范，1993年推广89台，1995年推广145台。1992年引进丽江"玉龙十一型"节柴灶30套，在金顶镇、营盘镇、县委家属院等地安装示范，1993年推广2700套（户），1995年推广6800套（户）。

最近这些年，兰坪县不断深化农业体制改革，加强科技教育与培训，提高农村科技文化整体素质。通过建立多渠道、多层次、多形式的农民技术教育培训体系，组织农民学习先进实用技术，着力提高广大农民的科技素质。加快各类先进实用技术的推广，加强绿色无公害农产品生产技术、农业标准化生产技术的培训力度，及时帮助农民解决生产中遇到的各类技术问题，提高农民学新技术、用新技术的积极性，引进推广农产品精深加工技术、保鲜储运技术等产后技术，提高农产品的附加值，从而提高农产品的科技含量、市场竞争力以及农业的科技贡献率。

在玉米种植方面，为加快兰坪县玉米新品种的试验、示范、审定和推广步伐，通过试验筛选出适宜不同区域种植的品种，不断更新玉米新品种。相关部门不断进行良种引种试验，引进了"金庚6号""成单19""佑丰16""中玉335""卓玉299"等品种，各个品种表现良好。在水稻种植方面，兰坪县农业和科学技术局的引种试验也取得了一定的成效，2016年完成近10个水稻品种的引种试验，如"籼优63""合系22-2""剑粳系列"等品种在下属乡镇的水稻生产区扎根成为当家品种。在瓜菜和经济作物种植方面，为了进一步提高蔬菜和经济作物种植水平和竞争优势，适应当前的市场消费需求，兰坪县农业和科学技术局针对性地组织了一系列技术试验、培训和推广工作，如大棚蔬菜种植技术的科技培训、小春马铃薯种植培训。2015年，兰坪县农业和科学技术局联合通甸镇人民政府经过多方面考察，结合通甸村的土壤、气候、水源实际，从贵州引进何首乌种苗，在通甸村通甸坝选点试种1500亩何首乌。在牲畜家禽方面，兰坪县农业和科学技术局也有经常跟踪研究业界先进的养殖、疾病防控技术，并在每个行政村设立畜牧站，派驻技术员，随时随地地解决群众在生产养殖中遇到的问题。具体项目包括猪流行性腹泻防控技术推广、山羊养殖技术培训、冬季肉鸡疾病防治技术推广等。

（四）产业结构调整

改革开放以来，兰坪县的产业结构发生了翻天覆地的变化，从原来的农业社会逐渐转向由农、林、牧、渔为主，矿业和旅游业为辅的新型地方经济模式。农业是兰坪普米族社会经济结构中占主导地位的经济体，在长期的农业生产中，他们积累了丰富的生产经验，其农业发展水平发达。同时，在历史上，普米族属于游牧民族，林牧业在其经济中的比例也较大。

进入21世纪以来，通过强化基础设施建设，加大科技推广和扶贫攻坚力度，加快产业结构调整，优化资源配置，兰坪县经济发展很快，产业结构不断优化。一方面，在农业上引进先进技术，加大对种植业、林牧业农户的技术和资金扶持，帮助他们提高生产率；另一方面，改善投资环境，通过招商引资，培育支柱产业和重点项目，促进农村劳动力的非农转移和农村经济的发展。经过多年的发展，兰坪县初步形成了以第一产业为基础、第二产业为支柱、第三产业不断壮大的新型产业格局。

统计数据表明，2011年至2015年，兰坪县经济发展进入一个快车道，地区生产总值的年均增长率达到了7.9%。其中，第三产业的增长率更是达到了惊人的10.4%。三大产业结构的比例也不断发生变化，从2011年的11∶57∶32发展到2015年的15∶38∶47，三大产业中第二产业的比重在不断缩小，第三产业的比重在不断增大。第三产业主要以旅游业和相配套的周边服务业构成。

表8 2011~2015年兰坪县产业结构表

单位：万元、%

指标	2011年	2012年	2013年	2014年	2015年	年均增长
地区生产总值	268699	305938	359092	415168	463529	7.9
第一产业	29645	46777	52756	62707	71300	6.4
第二产业	153095	162594	136190	159858	173974	6.5
第三产业	85959	96567	170146	192603	218255	10.4
三大产业结构	11:57:32	15:53:32	15:38:47	15:39:46	15:38:47	
人均生产总值	12588	14289	16749	19292	21480	7.7
全县工业生产总产值	189160	166786	179768	201584	202166	-0.1
规模以上工业总产值	169568	137786	141078	170773	165844	-9.2
其中：金鼎锌业	154134	127443	131473	158285	157043	-11.8
云矿云银		3391	2392	2484	366	
三江铜业	5376	5468	5090	4822	4343	-2.9
恒信矿业				2384	3213	
金利达			2123	2798	880	2.2
规模以上工业企业平均用工人数（人）				5848	5780	

从工业层面上看，当前采矿业是兰坪县的支柱产业，主要出产铅锌矿石、铜矿石、白银和锌等，售卖到东南沿海地区和欧美地区。经过十几年的发展，采矿业培育起了一批具有一定规模和影响力的大中型企业，如金鼎锌业公司、云矿云银公司、三江铜业公司等，极大地带动了周边产业的

发展和农村剩余劳动力的就业。同时，从工业企业数量上看，2015年全县共有工业企业111个，工业总产值达到202166万元，其中私营企业的数量为108个，私营企业工业总产值增长率达到了5.9%。可见，总体上民营企业的发展速度比较快，民营经济的活力比较足。不过，产业结构中资源型企业太多，几个大中型企业基本上都属于矿业，这样的产业结构容易受经济周期的影响，存在较大的经济风险和转型难度。

表9　2014~2015年兰坪县企业数量、构成与产值表

单位：万元、个

指标	企业单位数		工业总产值			
	2014年	2015年	2014年	2015年	增加值	%
总计	105	111	200955	202166	121	0.6
集体经济	2	2	265	223	-42	15.8
有限责任公司	1	1	158285	157043	-1242	0.8
私营经济	102	108	42405	44900	2495	5.9

河西乡主要以农业为主，兼顾旅游、养殖和药材种植等产业。2015年，河西乡农林牧渔总产值为13075万元，增长率达到5.3%，其中，农业和牧业占较大比重，其次是林业。可见，河西乡的经济结构主要以农业和牧业为主，总体水平较为薄弱单一，未来应该依托自身优势进一步加大农业科技化、产业化，以及推动旅游业等服务行业的发展。

表10 2014~2015年河西乡产业结构表

单位：万元、个、%

农林牧渔总产值			农业产值		
2014年	2015年	占比	2014年	2015年	占比
11548	13075	5.3	5196	6210	5.3
林业产值			牧业产值		
2014年	2015年	占比	2014年	2015年	占比
1697	1859	4.9	4016	4283	4.5
渔业产值					
2014年	2015年	占比			
2	2				

最后，我们来看下河西乡的产业结构。数据显示，河西乡的产业主要以农业、牧业和林业为主，兼顾建筑业和运输业。同时，怒江州政府还在河西乡开展了"四个百万产业"项目，因地制宜地以产业发展来带动农村脱贫致富。河西乡借助政策红利，进行了产业开发。在林果产业方面，主要种植了核桃和花椒，其中，联合、玉狮和三界3个村寨的规模最大、收入最多。在中药材产业方面，普米族村寨主要种植了秦艽，其中，联合、玉狮和三界3个村寨的规模最大，收入最多。在庭院经营方面，主要种植了各种水果，不过各村的种植量、收入比较少。在商品畜产业方面，主要养殖了猪、牛和羊，养殖规模较大，产生的收入也比较多。可见，河西乡的经济结构以农业、牧业和林业为主，总体水平较为薄弱单一，不过，随着产业扶持力度的加大，一些农副业已粗具规模，未来应该依托自身优势进一步加大农业科技化、产业化，因地制宜打造特色产业链和本地品牌。

表11 2015年河西乡产业收入情况表

单位：元

	大羊村	箐花村	联合村	玉狮村	三界村
总户数	179	408	432	240	304
人数	722	1659	1680	893	1291
农村经济总收入	4150639	7951295	7971556	5364536	7296219
其中：农业收入	1452602	3436397	2875484	2378102	2469713
林业收入	598550	395000	644512	541280	1147950
牧业收入	1244987	2881898	2178160	1813126	1809176
渔业收入	0	0	0	0	0
工业收入	0	0	45600	0	629500
建筑业收入	20400	395000	424900	200190	195140
运输业收入	265500	222000	655900	198170	439300
商饮业收入	130000	98000	247000	18860	160760
服务业收入	0	0	93000	0	0
其他收入	255000	523000	807000	21480	444680
农民外出劳务收入	564000	2049750	1703400	435980	477200
其中：怒江"四个百万产业"收入					
总计	1368668	1466945	2413834	2320605	1634209
林果产业收入	61560	70100	177720	296600	233640
1. 核桃	15600	52400	143200	113300	227800
2. 花椒	4760	24500	9820	183300	5840
中药材产业收入	120000	161300	600000	326400	353000
1. 秦艽	113000	120700	171600	326400	353000
百万株庭院经营收入	54400	30270	77260	62080	29008
1. 水果	48700	缺失	47760	62080	28896

续表

	大羊村	箐花村	联合村	玉狮村	三界村
百万头商品畜产业收入	1132708	1205175	1558854	1635525	1018561
1. 生猪	554698	660870	1021290	766175	缺失
2. 牛	384400	352150	180480	279910	
3. 羊	142200	130920	357084	589440	
4. 其他	51410	61335			

（五）生产方式的变迁

农业是普米族社会经济的主要产业。在海拔高、霜期长、雨量少的自然条件下，普米族人民合理使用土地，恰当安排农事活动，在可能的范围内提高农耕技术和经济效益。

在土地的使用管理方面，普米族定居初期以烧垦的方式获得土地，当垦殖到了合适劳作的时候，便按照土质、远近来划分耕作区域，决定耕作方式。根据离住所的远近划分出常耕地和轮歇地。常耕地在房屋附近，俗称"园子地"，肥料充足，便于管理，可以安排种植耗肥量大但易于高产的作物，如玉米、小麦、马铃薯、大麦等粮食和经济作物。离农户远的土地，肥料供给困难，管理不便，即以轮歇的方式，每两三年耕种一次，保持地力。轮歇地一般种植燕麦、芸豆、豌豆、小麦和马铃薯。

1. 农耕技术方面

（1）麦类种植。麦类面积产量占50%以上，其中小麦为主食之一，大麦和青稞作为酿酒原料和饲料。轮歇地小麦一般于上年10月左右至次年2月犁地两遍，8月翻土播种，第二年6月收割。（2）玉米种植，一般是冬犁整地，清除杂草，春耕一道，二月运肥，立夏前播种完毕，五六月两次除草，九十月收获。（3）马铃薯种植。马铃薯种植分为熟地和轮歇地两类。其中，轮歇地种植马铃薯需要应用烧垦技术，利用腐殖层的肥力来滋养作物，等到肥力耗尽，即行抛荒，待长出灌木杂草后再次烧垦。（4）苦荞和燕麦种植。此类作物低产但营养丰富，一般种植于远山轮歇地，不施肥，就地采集干树枝、草皮和树叶烧成灰作肥料。

2. 畜牧业生产方面

普米族养殖业历史悠久，畜牧业在社会经济中的地位与农业同等重要，家庭饲养的牲畜有羊、马、骡、牛等。饲养的大小牲畜，一是用来踩粪产肥，二是繁殖使役，三是生产肉食、皮毛，四是用来交换。普米族历来重视牲畜养护，采取按种类分厩关养的方法，定期喂食盐，在役使期间加喂粮食、菜汤和药汤。畜群的放牧，一般采取合伙的方法，几家或一村人协商（或定员放牧，或轮户放牧），按牲畜种类、牲畜活动特点和现有放牧员的能力分种类放牧。

3. 劳动分工方面

新中国成立前，普米族的农业生产以个体户为单位，一般按照性别年龄的自然分工安排家庭成员的活动，男子承担开荒种地、赶马运输、砍柴扛料和制作农具等重活。女子承担挖土整地、收割储存、加工纺织等杂活，兼做饭喂养牲畜等家务劳动。少年人守护庄稼、放牧牲畜和协助搬运，老年人守家护院、照料小孩和接待来客。

改革开放后，经济社会结构的变迁给普米族的生产方式带来了翻天覆地的变化。一方面，大量先进农耕技术和高产量新品种引入，并通过不断地试种、推广和技术培训提高了种植业的产量。同时，一些平整的土地也引进了一些小型农用机械，极大地提高了劳动效率，解放了大量劳动力。畜牧业引进了规模化的现代农场饲养模式，并与上游厂商精准对接，初步形成了"农户+合作社+工厂"的经济合作模式。另一方面，经济社会的发展和科技的进步改变了传统家庭结构，一些农业生产不再需要重劳力，农业生产效率的提高释放了大量农村剩余劳动力，这部分年轻人进入城市打工，家里的农活留给老人和中年妇女照看。

（六）经济收入与消费

1. 经济收入

兰坪县是云南省偏远落后地区，交通不便，经济相对落后，群众生活水平较低。改革开放后，兰坪县采取了一系列产业发展政策，在农业方面，加大对农村和农民的资本、技术扶持，改变落后的农业生产方式，提高了农业生产效率，释放并转移农村剩余劳动力到高效益的行业。在工业方面，依托当地的矿产资源优势，大力招商引资，并扶持当地民营企业的发展，为兰坪县的农村剩余劳动力提供了充足的劳动岗位，推动了当地农民脱贫致富。除了产业政策之外，当地政府还积极落实中央政策优惠，加大对民族地区的扶贫攻坚力度，经过几十年的努力，一定程度上改变了人民群众的生活面貌。

这些工作成果最终都体现在经济收入和消费上。从当地的统计数据上看，兰坪县的农村常住居民人均可支配收入在2011年时只有2556元，经过5年几乎翻了一番，达到了2015年的4874元，年增长率达到了17.2%，同时期的城镇居民人均可支配收入提高了11.3%。城乡居民收入比从2011年的5∶1下降到2015年的3.9∶1。可见，这几年兰坪县人民群众的收入水平不断提高，城乡居民收入差距不断缩小。

表12　2011~2015年兰坪县城乡居民收入情况表

单位：元、%

指标	2011年	2012年	2013年	2014年	2015年	年均增长
农村常住居民人均可支配收入	2556	3016	3934	4406	4874	17.2
城镇常住居民人均可支配收入	12885	15146	15898	17377	19162	11.3
城乡收入比	5∶1	5∶1	4∶1	3.9∶1	3.9∶1	

从河西乡的统计数据上看，农村经济总收入在2014年时有9023元，人

均可支配收入只有4169元,到了2015年,农村经济总收入为10225元,人均可支配收入达到了4432元,这两年的人均可支配收入都明显低于全县平均水平。

表13　2014～2015年河西乡居民收入情况表

指标	农村经济总收入（万元）		农村经济总收入人均（元）		农村居民人均可支配收入（元）	
年份	2014	2015	2014	2015	2014	2015
收入	9023	10225	5239	5945	4169	4432

最后,从课题组调研的河西乡数据上看,农业、牧业和林业收入依然是当地最重要的收入组成,相对来说,农民外出劳务收入所占的比重比较小,大部分村寨占比不超过10%。同时,从人均可支配收入这个指标上看,大部分村寨也低于全县平均水平。可见,河西乡普米族的生活水平还相对较低,其中外出务工的收入太少可能是直接原因,因此,接下来应该加强对农村剩余劳动力的技术培训,提高剩余劳动力的输出数量和质量。

表14　2015年河西乡居民收入情况表

单位:元

	大羊村	箐花村	联合村	玉狮村	三界村
总户数	179	408	432	240	304
人数	722	1659	1680	893	1291
农村经济总收入	4150639	7951295	7971556	5364536	7296219
其中:农业收入	1452602	3436397	2875484	2378102	2469713
林业收入	598550	395000	644512	541280	1147950
牧业收入	1244987	2881898	2178160	1813126	1809176

续表

	大羊村	箐花村	联合村	玉狮村	三界村
渔业收入	0	0	0	0	0
工业收入	0	0	45600	0	629500
建筑业收入	20400	395000	424900	200190	195140
运输业收入	265500	222000	655900	198170	439300
商饮业收入	130000	98000	247000	18860	160760
服务业收入	0	0	93000	0	0
其他收入	255000	523000	807000	21480	444680
农民外出劳务收入	564000	2049750	1703400	435980	477200
净收入	2790534	4770777	5470907	3742521	4937554
可支配净收入总额	3354534	6820527	7174307	4178501	5414754
人均可支配收入	4646	4111	4270	4679	4194

2. 消费

在消费方面，除了传统服装消费外，普米族其实跟其他民族没有本质上的区别。随着经济发展和生活水平的提高，普米族在衣、食、住、行上的消费质量明显提高。在服装消费方面，很多普米族日常生活中已经不再穿着传统服饰，但是儿女长大成年，离家外出务工、上学或者婚嫁时，家长都会花钱去购买一套传统服饰。由于制造工艺和用料比较讲究，传统服饰的价格并不便宜，但很多家庭在这方面的需求还是比较固定的。食物消费方面，普米族群众提高了对一些原本并不是传统食品的食物消费，消费选择面变得更广。在居住方面，传统的普米族家庭住在木楞房中，由于居住环境比较恶劣，政府开展了一系列住房改造和易地搬迁政策，给予普米族家庭住房贷款和补贴，在一定程度上刺激了普米族群众的住房消费欲望，一些在外务工的年轻人赚钱以后就直接在县城买了商品房，一些人则在政府资助下盖起了新房,极大地改善了居住环境。在交通工具的消费方面,我们的访谈资料显示,随着经济的发展和生活水平的提高,很多普米族家庭都购置了摩托车等代步工具,一些富裕的家庭甚至购买了小汽车。除了正常出行外,还有一些家庭购买了货车,干起了运输。总之,相比之前,普米族群众的消费方式和消费水平发生了一定的变化,在保障温饱型消费的基础上,生产型消费和改善型消费明显增多,客观上促进了当地经济的发展和生活质量的改善。

(七)精准扶贫

2015年河西乡总人口18223人(其中农业人口4349户17482人,非农业人口741人)。河西乡集民族、贫困、山区为一体,为云南省506个重点扶贫攻坚的乡镇之一。

河西乡当前存在的困难主要是贫困面大、贫困程度深、基础设施建设不完善、产业发展能力弱、社会事业发展滞后等。针对这些问题,兰坪县的扶贫工作在县委、县人民政府的正确领导下,在上级扶贫主管部门的帮助指导下,深入贯彻落实科学发展观,以开展创先争优学习活动为契机,深入学习党的十八大精神,全面落实全省扶贫开发工作会议精神,紧紧围绕全县"生态立县、电矿强县、科教兴县、文旅活县"的战略举措,以着力解决涉及人民群众切身利益的突出问题,扎实有效地开展了河西乡的扶贫开发工作,坚持把扶贫开发、农村经济和社会各项事业发展统筹考虑,坚持国家扶持与自力更生相结合,紧紧瞄准贫困群体,实施了扶贫重点村、易地搬迁、劳动力转移培训、革命老区、信贷扶贫、以奖代补等精准扶贫项目。目前,这5个普米族聚居村都被列入了人口较少民族发展扶持建设项目村,其中玉狮村2011年在上级部门的关心下被列为人口较少民族发展扶持村落。

1. 扶贫重点村项目

扶贫重点村项目主要是利用扶贫专项资金,对贫困村进行产业扶持、基础设施建设、生态能源建设和标志牌投资，充分挖掘贫困村的发展潜力，为贫困村的发展创造良好的物质基础，提供充裕的资金和技术支持，推动贫困村脱贫致富。

2011年，河西乡争取扶贫专项资金30万元，在玉狮村委会产米自然村和箐花村委会东风西岩自然村实施扶贫重点村项目。在产业开发方面，投资12.5万元，种植桔梗50亩。在基础设施建设方面，投资15万元，实施村间道路硬化1480平方米。在标志牌建设方面，投资0.4万元，新建永久性标志牌4座。

2012年，河西乡争取扶贫专项资金30万元，在三界村东至岩组和玉狮村热来二组实施扶贫重点村项目。在产业开发方面，投资6.5万元，养殖母猪70头。在基础设施建设方面，投资19.8万元，实施村间道路硬化2000平方米。在标志牌建设方面，投资0.4万元，新建永久性标志牌4座。在生活设备方面，投资3万元，购买节能灶60台。

2013年，河西乡争取扶贫专项资金100万元，在联合村实施扶贫重点村项目。在产业开发方面，投资15万元，养殖公羊50头。在基础设施建设方面，投资47万元，实施村间道路硬化4700平方米；投资9.7万元，修建公厕11间；投资27万元，建设太阳能路灯27盏。在标志牌建设方面，投资0.3万元，新建永久性标志牌1座。在生活设施方面，投资3万元，购买节能灶60台；投资1万元，补贴安居房建设1户。

2014年，河西乡争取扶贫专项资金100万元，在玉狮村实施扶贫重点村项目。在基础设施建设方面，投资57万元，实施村间道路硬化8850平方米，投资3万元，修建挡墙支砌0.7千米。在生活设施方面，投资40万元，补贴安居房建设。

2. 安居工程与易地搬迁

2011年，兰坪县投入财政扶贫资金200万元，采用就地插花安置的方式，在3个乡镇5个自然村（①河西乡：白龙村委会老屋自然村、白龙村委会施决自然村；②啦井镇：桃树村委会生扎地自然村、桃树村委会石板自然村；③中排乡大土基村委会板栗园自然村）实施易地搬迁安置400户。主要建设内容有：一是安居工程建设投入150万元，新建土木结构安居房100套；二是产业扶持项目投入25.06万元，种植核桃308亩、秦艽80亩，投放公羊23只、母羊204只；三是通路工程投入19万元，新建村间道路硬化1900平方米；四是生态能源建设投入4.44万元，投放生物质气化炉37台；五是标志牌投资1.5万元，新建永久性标示牌5座。在安居房方面，2011年河西乡争取到35万元，补贴安居房建设35户。

2012年，兰坪县投入财政扶贫资金225万元实施易地搬迁转移安置107户；在安居房方面，河西乡争取到21万元，补贴安居房建设21户。2013年，兰坪县投入财政扶贫资金210万元实施易地搬迁转移安置74户；在安居房方面，河西乡争取到42万元，补贴安居房建设42户。2014年，河西乡争取到50万元，补贴安居房建设50户。2015年，兰坪县投入财政扶贫资金88.2万元实施易地搬迁转移安置37户；在安居房方面，2015年河西乡争取到13.35万元，补贴安居房建设60户。

根据兰坪县扶贫部门相关文件，2016年河西乡易地扶贫搬迁共涉及5个安置点，分别为：大羊村唐山自然村，胜兴村利花一组、利花二组，白龙村里吾巴自然村，阿祖打自然村。共计搬迁农户195户740人，其中建档立卡贫困户150户518人。计划投资3384万元，其中群众自筹585万元，其余资金由财政补助、农户贷款和国家贷款几部分共同组成。

3. 劳动力转移培训项目

为了提高农村劳动力的技能，帮助他们从传统农业转移到工业部门，增强他们的自我发展能力，改变贫困状况，兰坪县相关部门组织了一系列劳动力转移培训项目。项目覆盖8个乡镇，培训专业有种植业、养殖业、农产品经纪人、家政服务、计算机操作等。2011年，争取到国家扶贫专项资金110万元，组织实施劳动力转移技能培训1375人，其中，兰坪县中等职业技术学校（云南省贫困地区劳动力转移培训示范基地）组织实施资金38万元，实施技能培训475人；兰坪县三江职业培训学校组织实施资金72万元，实施技能培训900人。2012年度贫困地区劳动力转移培训1175人，项目总投资为94万元（中央财政补助资金），人均补助800元，培训时间为1年。2013年，农村劳动力转移培训1525人，财政资金补助122万元。

4. 革命老区

革命老区的群众为祖国发展做出过突出贡献，不过，革命老区通常也是地处偏僻，贫困问题比较严重。鉴于此，兰坪县针对河西乡进行了一系列的建设和扶持工作，旨在解决河西乡特殊问题、特殊领域、特殊人群的突出问题。2013年，河西乡争取革命老区建设资金20万元，在箐花村委会玉狮场自然村和箐口自然村修建公厕50间、太阳能路灯10盏。

5. 信贷扶贫

为增加贫困群众收入，加快贫困农户脱贫致富步伐，促进贫困地区产业结构调整，培育壮大支柱产业，2011年兰坪县争取财政贴息资金80万元，实施扶贫到户贷款1600万元，受益贫困农户338户，受益贫困人口1186人。其中：种植业贴息31.3万元，实施扶贫到户贷款626万元；养殖业贴息38.3万元，实施扶贫到户贷款766万元；其他生产性项目贴息10.4万元，实施扶贫到户贷款208万元。

2012年，争取财政贴息资金15万元，实施扶贫项目贴息贷款500万元。其中：兰坪县通甸镇康龙种养殖基地规范化建设及标准化生产技术改扩建项目贴息7.5万元，实施扶贫项目贴息贷款250万元；兰坪县松柏核桃种植专业合作社核桃种植及畜禽养殖建设项目贴息7.5万元，实施扶贫项目贴息贷款250万元。辐射带动贫困农户约350户，扶持贫困人口约1730人，人均年增长1700元。2012年争取财政贴息资金80万元，实施扶贫到户贷款1600万元，项目涉及种养殖业和其他农业生产经营项目。

2013年，积极和县农业银行、县农村信用社协调配合，完成2000万元的信贷扶贫任务，扶贫贴息100万元。其中县农业银行完成92户，贷款资金458万元；县信用合作社完成347户，贷款资金1542万元。信贷扶贫解决了贫困户贷款难、自我发展能力弱的难题，对增加贫困群众收入、加快贫困农户脱贫致富步伐、促进贫困地区产业结构调整、培育壮大支柱产业起到了积极作用。

6. 精确扶贫

河西乡自2014年实施精准扶贫以来，贫困人口由2238户8125人减至如今的1554户5712人，脱贫率达29.6%，目前共有7个贫困村。两年来，主要从以下几个方面开展工作：

（1）乡党委、政府高度重视"挂包帮""转走访"工作，召开了乡、村、组三级动员大会，成立了以乡党委书记为组长，主席、乡长为副组长，党政班子领导为成员的领导小组，实行领导班子成员、干部职工挂村包组帮户工作机制，每个村都派3~5人的干部职工，组建驻村扶贫工作队。目前挂包河西乡13个村委会的省、州、县单位共有16个，其中省级挂包单位1个，州级挂包单位4个，县级挂包单位11个。

（2）党政领导班子成员及干部职工极力配合省、州、县挂包单位开展"挂包帮""转走访"工作，第一次走访了4292户贫困户，落实贫困人口8105人。开展了"挂包帮""转走访"回头看工作，对2013年建档立卡贫困农户进行严格筛查，确认了1812户贫困户、6719名贫困人口。2015年12月至今又相继4次开展、部署了"挂包帮""转走访"再回头看工作，通过数次核查，确定2015年计划脱贫267户1007人，脱贫后建档立卡户数为155户，贫困人口为5712人。

（3）经过挂包部门和乡党委、政府开展"挂包帮""转走访"工作，目前已汇总了精准扶贫的"五个一批"计划基本情况，其中产业帮扶2891人，就业转移736人，易地安置518人，医疗救助1418人，低保兜底1156人。乡党委、政府积极向县扶贫办汇报，汇总了"五个一批"投资情况，涉及资金7072万元。其中：①产业帮扶资金共计5343万元，其中种植秦艽、重楼、附子等中药材7860亩，投资396万元；种植核桃、青刺果、漆树等1.33万亩，投资277万元；投放黄牛、牦牛、猪、羊、家禽63153头（只/羽），投资4430万元；②就业转移及培训20场，培训1432人次，投资143万元，支持创业贷款20人，投资200万元；③易地搬迁共安置129户518人，投资1129万元；④医疗救助1418人，投资257万元；⑤低保兜底救助1156人。

（4）脱贫摘帽计划。河西乡共有13个村委会，其中7个行政村（白龙、仁兴、永兴、新发、箐花、三界、胜兴）是建档立卡贫困村，根据县委、县政府的安排，河西乡定于2019年底全部脱贫摘帽。初步计划于2016年实现三界、箐花两个村脱贫摘帽，实现1416人脱贫；2017年实现新发、仁兴脱贫摘帽，实现777人脱贫；2018年实现永兴、胜兴脱贫摘帽，实现1257人脱贫；2019年实现白龙脱贫摘帽，实现647人脱贫，同时到2019年完成其他（联合、胜利、河西、共兴、玉狮、大羊）6个行政村2622人脱贫。

2011年至今，河西乡通过扶贫工作，带动群众脱贫致富，各类项目都能如期按质按量完成，取得了良好的成效和社会反响。河西乡基础设施状况时一步完善，少数民族群众的发展意识和生活水平不断提高。

三、政治建设

（一）现当代村寨政治变迁

普米族家庭从属于一个氏族，在迁徙过程中，各个家庭选择的居住地之间距离近则五六个小时的路程，远则一天半日，各家庭之间遥相呼应，保持联系，遇到家庆家难等大事，都要通知各户到场，协力操办，世世代代如此。氏族之下的一个家庭，在一个地方落户很长时间之后，由家庭中逐渐分支出许多小的门户，居住在祖宅附近方圆十数里之内，形成氏族之下的家族村落。有时一个村落居住着多个氏族的家庭，形成多家族共同居住的村落。

家族村落同属一个血缘系统，亲缘关系将他们连成一体，内部比较团结。最高辈分男子中威望最高者为家族的自然领袖。家族内部实行自我管理调解的制度，并且有不成文的村规民约。家庭是氏族内的最小单位，家长平时管理家庭内部的一切事务，参与议决族内成员择偶、成婚、丧葬、防盗、护山、祭祀等家族大事，完成家族交给自己负责的事项。氏族（宗族）领袖根据家族首领要求或形势需要，召集家族首领、老民议事，议决迁徙、林权、讲和、复仇、诉讼、惩罚、继任等家族大事。封建社会后期，氏族中影响力最大者，往往又受土司衙门委派，在规定的地区代理土司实行管理，代替土司征收钱粮赋税，指派夫役兵差，解决民间纠纷，官方称之为"伙头"。村落设"小伙头"（村头）。"小伙头"听命于"伙头"，"伙头"听命于土司。这一时期的"伙头"，兼有氏族首领和官方基层代理人的身份，可以免交租税，雇工养家，于民间赋税中抽成或加派赋税，余额归己。伙头不劳而获，与官方关系密切。

兰坪县普米族的政治组织分两种情形：迁徙定居时分布在今玉水河以西雪盘山北段通甸、金顶、啦井、石登一带的普米族，归属旧兰州白族土司和流官管辖，境内实行汉族、白族地区的政治组织形式。河西乡为普米族的一个主要聚居地，其前方实行内地政策，后方于维西县、丽江府，在兰州境内实行自治性质的自我管理，其首领称为"扎卦"，相当于"伙头"。民国初年，兰坪建县，这片地区才从丽江析出划归兰坪县。1959年，兰坪县河西、通甸和拉井等乡镇先后成立公社，公社所属的胜兴、联合、胜利、东明、挂登等大队是普米族聚居区。

（二）村寨党组织建设和村务管理

1999年3月中共中央颁发的《中国共产党农村基层组织工作条例》明确指出：现阶段乡镇党委和村党支部（包括村总支、村党委）都属于农村基层党组织，是党在农村全部工作和战斗力的基础。兰坪县政府为了巩固少数民族地区基层政权，加强组织建设，在每个村寨都设立了村党支部和村级的领导班子，建立健全了村民小组、治保、调解等基层政权组织和共青团、妇女等群团组织，制定完善了村民自治制度。积极发展中共党员，在每个村寨都培养了数十名党员和入党积极分子。统计数据表明，河西乡全乡有1个党总支部，19个党支部，党员近千人。全乡设团委1个，团总支1个，支部15个，团员接近4000人。

在思想建设方面，兰坪县各级党委积极贯彻上级党组织的要求，开展了"三讲"、科学发展观、党的群众路线教育实践以及纪念建党92周年等一系列活动，以保持党的纯洁性和先进性，不断提高各村寨基层党员的政治素质和工作能力，最大限度发挥基层党组织的带头作用。在作风建设方面，兰坪县严格贯彻中央精神，加强基础党组织的廉政教育，要求领导班子深入联系群众，定期下基层搞调研，了解群众的实际困难和需求，密切联系群众。在业务方面，党员在经济建设和扶贫攻坚中始终发挥先锋模范作用，努力组织生产和创业，发动群众学习先进技术，带领群众走上脱贫致富的道路。

针对村务管理，课题组设计了相关问卷。调查数据表明：河西乡的大羊村、箐花村、联合村、玉狮村及三界村都设置了用于政务公开的工具，包括宣传栏、财务公告栏、举报箱、村民接待室及广播室。在信息公开方面，这些行政村在财务状况、人员聘用、负责人提名、政府政策、集体资产处置、重大事件（拆迁、村居改造、征地等）及计划生育执行情况等方面，都及时将信息传递给群众，并接收群众的各种意见和建议，解答群众的疑问，有效地实现了基层民主，维护了这些行政村的稳定和发展。

表15 河西乡村务公开情况表

项目	大羊村	箐花村	联合村	玉狮村	三界村
宣传栏	√	√	√	√	√
财务公告栏	√	√	√	√	√

续表

项目	大羊村	箐花村	联合村	玉狮村	三界村
举报箱				√	√
村民接待室	√	√	√	√	√
广播室	√	√	√	√	√
是否公布以下的信息					
村财务状况	√	√	√	√	√
人员聘用	√	√	√	√	√
负责人提名公示	√	√	√	√	√
政府政策	√	√	√	√	√
集体资产处置	√	√	√	√	√
重大事件（拆迁、村居改造、征地等）	√	√	√	√	√
计划生育执行情况	√	√	√	√	√

（三）村民自治

根据课题组调研，兰坪县较早实现了村干部选举制度，每届选举都严格遵守国家相关规定，大部分有选举权的村民都会参与选举，一些在外地打工上学的村民也会委托他人代为投票。同时，在村寨公共事务管理上，村干部的法治意识也比较强，具体事务都会召开村民代表大会讨论决定，特别是涉及扶贫攻坚的项目，其中潜在的利益比较多，河西乡这些年在处理扶贫项目资金上不但很少有纠纷，而且在村民相互协作下，当地公共资源得到了合理利用，促进了特色产业的发展，上文有关村务管理的数据可以从侧面论证河西乡村民自治的成效。最后，村民自治还体现在纠纷处理上，针对这个维度，课题组设计了相应的问卷，数据表明：本村人之间发生纠纷一般通过干部调解、本族的长者调解和熟人调解来解决，调解无效的情况下让政府或法院判决，很少有村民会采取暴力手段。

（四）政治参与

1954年至今，兰坪县共进行了十四次人民代表选举，基层民主政治不断深入推进，各族人民得到了平等参与政治活动和表达诉求的机会，普米族群众在基层组织参与中也扮演了重要角色。从相关统计数据上看，前九届县人大代表中，普米族人大代表的数量基本上比较稳定，比例也基本上维持在10%上下，在兰坪县的基层政治活动中发挥着举足轻重的作用。

表16 兰坪白族普米族自治县历届县人民代表大会普米族代表情况表

单位：人、%

届次		第一届	第二届	第三届	第四届	第五届
起止时间		1956~1963	1963~1965	1965~1967	1967~1981	1981~1984
代表总数		155	249	243	250	250
少数民族	人数	142	227	218	226	233
	占比	91.6	91.1	89.7	90.4	93.2
	人数	54	103	101	102	133
	占比	34.8	41.3	41.5	40.8	53.2
其中：普米族	人数	14	21	18	19	18
	占比	9.03	8.4	7.4	7.6	7.2
	人数	65	94	92	93	66
	占比	41.9	37.7	37.8	37.2	26.4
	人数					
	占比					
	人数					
	占比（%）					

续表

届次		第六届	第七届	第八届	第九届
起止时间		1984~1987	1987~1990	1990~1993	1993~1998
代表总数		269	166	170	193
少数民族	人数	248	148	151	175
	占比	92.2	89.1	88.8	90.7
其中：普米族	人数	147	83	87	96
	占比	54.6	50.0	51.2	49.7
	人数	13	16	17	29
	占比	4.8	9.6	10.0	15.0
	人数	66	44	38	39
	占比	24.5	26.5	22.3	20.2
	人数		2	2	3
	占比		1.2	1.3	1.6
	人数		2	1	4
	占比		1.2	0.6	2.1

同时，普米族还有数人被选为省人大代表和全国人大代表，如：和文华被选为第三届全国人大代表，和银树、和润培、和树庭、和润才等被选为云南省人大代表。除人大代表外，普米族在政界也是相当活跃，为当地政府部门输送了不少人才。其中，有多名普米族担任过县委常委、兰坪县副县长及以上职务，也有数人在兰坪县政协担任过主席和副主席。

（五）社会保障

普米族分布于云南边境偏远地区，这些地区自然环境恶劣，交通不便，贫困面大，贫困人口多，大量普米族群众生活在贫困线以下。为了提高普米族群众的生活水平，促进农村经济发展，当地政府制定了一系列社会保障政策。经过几十年的发展，这些地区农村低保、医疗保险、养老保险等制度取得了长足进步。

1. 低保救济

从调研的数据来看，2015年河西乡5个村农村居民最低生活保障户数比例非常高，大羊村、箐花村、玉狮村和三界村分别为49.2%、50.2%、40.4%和38.8%。从人口比例上看，农村居民最低生活保障覆盖人数占总人数的比例也非常大，大羊村、箐花村、玉狮村和三界村分别达到了45.4%、33.9%、35.8%和35.9%，不过总体上低于2015年兰坪县农村人口中低保人口的平均比例。从农村居民最低生活保障支出上看，每个居民每年可以获得1716元的补贴，总体水平比较低。由此可见，当前河西乡的经济发展水平和居民生活状况虽然明显落后于整个兰坪县的平均水准，但稍微高于兰坪县其他乡镇，河西乡的贫困情况并没有兰坪县其他乡镇那么严重，农村精准扶贫对河西乡的经济发展贡献显著。

表17 河西乡居民最低生活保障情况表

项目	大羊村	箐花村	联合村	玉狮村	三界村
总户数（户）	179	408	432	240	304
总人数（人）	722	1659	1680	893	1291
农村居民最低生活保障户数（户）	88	205	106	97	118
农村居民最低生活保障人数（人）	328	562	404	320	464
农村居民最低生活保障支出（元）	562848	964404	693164	549120	796224
低保户数比例（%）	49.2	50.2	24.5	40.4	38.8
低保人口比例（%）	45.4	33.9	24.0	35.8	35.9
农村居民人均最低生活保障支出（元）	1716	1716	1716	1716	1716

2. 医疗保险

新型农村合作医疗在兰坪县得到了较好开展，到2011年，兰坪县参加新型农村合作医疗的人数达到了17.48万人，覆盖96.9%的农村人口。2011年至2015年，兰坪县参加新型农村合作医疗的人数和覆盖率均稳步增长，到2015年，分别达到17.70万人和97.1%。新型农村合作医疗费用支出也由2011年的2448万元，增长到2015年的6417万元，年均增长率为9.2%。可见，过去几年兰坪县新型农村合作医疗的覆盖面和保障水平都在不断改善。具体到河西乡，从我们调研的资料来看，河西乡的新农合参与程度比较高，基本上达到了中央要求的全覆盖。

表18　2011～2015年兰坪县农村居民新型农村合作医疗保障情况

指标	2011年	2012年	2013年	2014年	2015年	年均增长（%）
新型农村合作医疗参加人数（万人）	17.48	17.46	17.71	17.70	17.70	0.4
新型农村合作医疗参合率（%）	96.9	96.4	97.4	98.2	97.1	
新型农村合作医疗费用支出（万元）	2448	4291	9816	6651	6417	9.2

四、文化建设

（一）公共文化基础设施

改革开放以来，兰坪县的文化事业获得了长足发展。本次调查的河西乡，在国家相关民族宗教政策和少数民族教育政策的关怀下，其公共文化基础设施建设都较为完善。

以大羊村为例，其公共文化基础设施大体有传统民俗、宗教设施、双语教学设施及其基于保护需要建立的传习展演场所和文化体育、农业科普设施。其中，传统民俗和宗教设施以山神庙、大海天神庙及其神山、龙潭等场所为代表。同时，为保护普米族传统文化建设的基础设施有搓蹉传习点、普米文化大观园两个具有明显主题的文化传承、展示场所，二者皆位于村委会内。

1. 搓蹉传习点

搓蹉传习点为县政府在普米族搓蹉被列入国家非物质文化遗产名录后所建。共在3个自然村建立了传习点，大羊村为其中之一，因此在公共文化基础设施方面，搓蹉传习点拥有专用传习屋1间，面积大约为19平方米。而其源流为成立于2003年的村寨传习班，最初设有歌舞四弦组、纺织工艺组、哩哩仪式组和祭山神仪式组，传授者为当地老艺人，向年轻人传授本民族的音乐、舞蹈、服装制作、传统工艺、史诗、宗教礼仪。2006年6月7日，搓蹉被列入第二批国家级非物质文化遗产名录，作为其重要的保护措施之一，同年挂牌成立国家级普米族搓蹉传习点。普米族男女老少皆从小接受搓蹉熏陶，都能较为熟练地掌握，故多不用传习，可多组织唢呐培训班。目前已于2010年5月完成一期为期7日的唢呐培训班，其培训教师为普米族唢呐传承人杨润清，参训人员有和旭平、和旭帽、杨顺贤、鹿世荣和杨玉生等5位大羊村普米族男性村民。

2. 普米文化大观园

普米文化大观园定位为研究、宣传普米族传统民俗节庆、仪礼、饮食、工艺美术、服饰、音乐、舞蹈、建筑、宗教等民族文化，并对濒危和面临失传危险的普米族传统文化进行搜救和整理。其普米文化景观主要有舞蹈、山景风貌和民族服饰绘画、民族文化陈列室以及传统木楞房建筑等。体现普米族生产生活场景和民族歌舞场景的绘画附于其建筑的各类外墙与建筑内部隔墙之上。

普米族文化陈列室主要展出普米族传统服饰，包括传统男女外装、帽、鞋、头饰、衣饰、布匹以及普米族迁徙地图等物品，但是由于民族纺织工艺传承人日益减少和后继乏人，加之经费有限，多数服饰的布料和加

◇ 普米文化大观园外景　　　　◇ 普米文化大观园内景

工工艺多已不是传统手艺，有些服饰甚至在色彩、形制上发生了较大的改变，变化为类似于舞台装的民族服饰产品。

陈列室内还有一面墙专门展示其传统特色农产品红萝卜和影视作品《戎肯》简介。据村书记介绍，红萝卜自引入当地以来，因气候、土壤条件较为特殊，种植出的胡萝卜形状呈圆球形，颜色为深红或紫红，肉质肥厚，营养丰富，多汁，色素易溶于水，口感细脆，加之当地人喜食腌胡萝卜、凉拌胡萝卜、胡萝卜果脯等加工食品，因此在当地极富声誉，成为当地普米族特产。但由于在推广过程中，未能解决铅锌矿区重金属含量超标的问题，一直未能大面积种植。

"戎肯"为普米族葬礼上的一种传统仪式。2013年，四川盐源县藏族青年导演戈巴海培在兰坪白族普米族自治县文化产业发展领导小组办公室、兰坪白族普米族自治县普米族研究委员会的支持下，协云南艺光流影影视文化有限公司拍摄了第一部普米族语影视作品《戎肯》，该片围绕普米族"戎肯"丧葬文化进行拍摄，2016年入围金鸡百花电影节少数民族展。

◇普米文化大观园内木楞房普米族火塘（左侧为中柱，火塘、铁三角、老式铁锅、烧水壶、炕，平时村委会当厨房使用）

◇较为传统的普米族女性服饰　◇陈列室内的普米族传统男帽　◇陈列室内的普米族纺织品

3. 双语科普点和农家书屋

双语科普点、农家书屋设于普米文化大观园内。前者为有关机构为在少数民族地区推广农业科技而设立的双语科技种植知识普及点，根据当地为高寒山区，植被虽然丰富，但是生态环境同样脆弱的自然条件，主要推

◇ 双语科普点

广桔梗、云木香、附子等中草药种植技术。同时，通过普米语和汉语宣传党和国家的大政方针政策，让当地少数民族群众能大体知晓当前国家的路线方针政策及法律法规，提升群众的政治、经济、社会、文化和科学素质。科普点有办公室1间、科普图书室1间，面积各

◇ 农家书屋

约25平方米，据大羊村书记介绍，图书室藏有科技图书（含少部分双语图书）等千余册。农家书屋设有藏书室1间，面积约21平方米，有文学、少儿等类藏书42册。

（二）民族传统文化遗产保护

兰坪县河西乡普米族拥有丰富的文化遗产传承，在本次调查的大羊、玉狮、三界、箐花和联合五村都较为完整地传承了普米族木楞房民居群落，及其各类山神庙、大海天神堂和神树、龙潭等祭祀遗址及各类传统宗教文化场所，以及《狗为什么咬月亮》等民族民间文学和丰富多彩的民族传统音乐、舞蹈等民族民间非物质文化遗产。改革开放四十多年来，普米族传统文化遗产受到了外来文化的巨大冲击，工艺、服饰、歌舞、宗教仪礼等诸多民族传统文化都面临失去传承的危险。2003年，音乐人陈哲为改变这一状况，倡导发起并推动了一项名为"土风计划"的原生态文化传承行动，旨在抢救保护濒临失传、不可再生的民族文化资源，探索良性发展，促进民族文化资源优势转化为民族文化优势的系统工程，普米族传统文化是其抢救的重点内容之一。同年，"土风计划"开始在兰坪建立"村寨文化"传承工作推动小组，选择4个村作为试点，各村都成立民族文化学习小组，传授者为当地老艺人，向年轻人传授本民族的音乐、舞蹈、服装制作、传统工艺、部族史诗、宗教礼仪等民族传统文化知识。总体而言，河西乡的民族民间非物质文化遗产大概有以下类型。

1. 普米族民间文学

流传于河西乡的民间神话故事和寓言有《开天辟地》《祭三脚的来历》《"给羊子"的来历》《放白羊奶的来历》《猎神朗布松》《多情的翠绿鸟》《猫狗结怨》《庄稼和草的故事》《敬神不如敬父母》《世篆罗大祖》《白鸽姑娘》《何蔚鸟》《狗为什么咬月亮》《杀马鹿》和《马桑树和水牛》等；古歌和英雄史诗有《创世纪》《人是怎样发展的》《古典》《金锦祖》《巴扎贤赞》等；司毕祭祀死者所用经文《戎肯》等；情歌《哪天才得同帮赶》《三十晚上小月亮》《马走十里为草好》《遇了遇了缠不开》《铁打链环扣一生》《除非秤砣水面漂》等。

2. 普米族传统音乐和舞蹈

河西乡普米族音乐与舞蹈种类极为丰富,大部分音乐和舞蹈虽然不同程度地面临代际传承问题,但是在部分青少年和大多数中老年群体间都有较好的保存。

具体而言,流传于河西乡的普米族音乐有以下几种类型:婚俗仪礼性音乐《认亲调》《求亲歌》《迎客调》《接亲歌》《拦门歌》《果碟调》《聚谈调》《顶梁柱调》《嫁女调》《开门调》《梳妆调》《离娘调》《聚会调》等;家神祭祀调《祭三脚调》《拜龙调》《祭中柱调》等;反映生产生活的调子《黎明调》《天亮调》《聚谈调》《马鹿调》《打麦调》《推磨调》《放羊调》等。

同时,河西乡普米族还不同程度地流传有四弦、小三弦、口弦、唢呐、竹笛、葫芦笙、大号、牛角号、海螺号、鼻笛、麦管、瓜藤管、树皮管、猎哨、指哨、木叶、竹片哨、锣、鼓、钗、钹、羊皮、木碗、木筷

◇普米族传统乐器及其配饰(由普米族省级非物质文化传承人李海术提供)

子、夹板、兽皮鼓、木钵、大镲、小镲、吊鼓、扁铃、铃当、叭哒鼓、竹刷等。这些乐器有些是休闲娱乐时使用，有些是祭祀时使用。

河西乡普米族传统音乐和舞蹈通常融为一体，器乐与民间舞蹈结合类的有四弦舞乐等，各类民间小调和舞蹈结合的有社交性歌舞《搓蹉》、迎亲舞《仆瓦蹉》、祭祀舞《醒英蹉》、安魂舞《寨细蹉》等。

3. 传统工艺与美术

流传于河西乡的传统工艺美术有刺绣、雕刻、皮革加工制作、铁器制作、乐器制作、猪膘肉制作、榨油、制糖、酿黄酒、擀羊毛毡、麻纺、竹器编织技艺《迪巴》、木楞房工艺、农具、马鞍制作、石珠头饰和项链制作等。

4. 传统体育

普米族传统体育项目有射弩、赛马、斗牛、斗鸡、象步虎掌、腕力比、顶牛、抵肩、拉绳、拔河、摔跤、荡秋千、打陀螺、转转秋、爬杆、陀螺、爬树、登山、跷跷板、弹豆子、老鹰抓小鸡、跳房子、跳绳、跳老虎、跳伟登、跳高等。

5. 传统民居建筑及其保护

河西乡普米村落都较为完整地保留了原有的普米族传统木楞房民居建筑风格。特别是木楞房建造技艺被列入怒江州非物质文化遗产名录后，传

◇ 普米族马鞍

◇ 普米族女性石珠项链

统木楞房以及技术革新以后的木楞房在兰坪都有大面积的留存，特别是本次调查的河西乡。其中，箐花村的玉狮场、杏花村木楞房保留最为完整。因此，2014年，相关保护部门根据实地调查结果，按历史价值、艺术价值及科学研究价值的高低及真实性、完整性的鉴别标准，将两个自然村的传统民居划分为重点保护民居和保护民居两级。其中被列入重点保护对象的民居有22户，保护民居25户，按云南省住建厅和省文化厅关于保护民居的相关政策进行挂牌保护。

6. 其他传统文化遗产保护

河西乡有列为国家级的非物质文化遗产名录1个，云南省级项目6个，怒江州级项目18个，兰坪县级项目15个。河西乡有国家级非物质文化遗产保护名录《搓蹉》传习点2个，分别位于箐花村和大羊村（兰坪县共有3个传习点，另外一个位于通甸镇龙潭村）。

表19 河西乡普米族文化遗产传承、保护情况汇总表

名录级别	项目	类型
国家级	搓蹉	舞蹈
省级	搓蹉	舞蹈
	四弦舞乐	音乐
	河西乡箐花村普米族传统文化生态保护区	综合
州级	仆瓦蹉	舞蹈
	迪巴竹编	民族工艺
	木楞房建造技术	民族工艺
	普米婚俗	民俗
	给羊子	民俗
	祭三脚	民俗
	祭龙潭	民俗

续表

名录级别	项目	类型
州级	玉狮场的来历	文学
	祭三脚的来历	文学
	拜龙调	音乐
	哩哩	音乐
	西番调	音乐
县级	大羊村搓蹉传习点	舞蹈
	箐花村搓蹉传习点	舞蹈

其中，河西乡箐花村普米族传统文化生态保护区已被整体列入云南省非物质文化遗产名录，同时当地政府于2014年拟定《箐花村生态保护区规划》，对其文化遗产项目及其文化遗产传承人进行识别、界定后进行全面保护。

◇《普米族搓蹉》传习点

◇ 云南省普米族非物质文化遗产传承人李海术及其证书（演奏乐器为口弦）

同时，河西乡共有17名普米族传统文化传承人被列入省、州、县非物质文化遗产传承人名录。其中，云南省级4人（1人已故），怒江州级5人，兰坪县级8人。

表20　河西乡普米族云南省非物质文化遗产传承人名单

姓名	性别	出生时间	籍贯	技艺	命名时间
杨国栋	男	1926年	兰坪县河西乡箐花村委会	祭祀	2007年
杨根保	男	1935年	兰坪县河西乡箐花村委会	祭祀	2007年
李海术	女	1976年	兰坪县河西乡箐花村委会	四弦舞乐	2014年
杨文锦	男	1964年	兰坪县河西乡联合村委会	四弦舞乐	2014年

注：杨国栋已故。

表21　河西乡普米族怒江州非物质文化遗产传承人名单

姓名	性别	出生时间	籍贯	技能	命名时间
杨文铎	男	1942年	兰坪县河西乡箐花村	竹编、铁器	2005年
杨仕全	男	1954年	兰坪县河西乡箐花玉狮村	四弦制作	2005年
杨德秀	女	1985年	兰坪县河西箐花	搓蹉	2013年
和勇	男	1984年	兰坪县河西箐花	搓蹉	2013年
杨珍美	女	1989年	兰坪县河西箐花	搓蹉	2013年

表22　河西乡普米村族兰坪县非物质文化遗产传承人名单

姓名	性别	出生时间	籍贯	技能	命名时间
和国芳	男	1968年	兰坪县河西箐花村	祭祀习俗	2011年
和应香	女		兰坪县河西乡三界村委会	搓蹉	2012年
和吉光	男		兰坪县河西乡村委会	四弦舞乐	2011年
杨金玉	女	1945年	兰坪县河西乡玉狮场村	传统纺织	2011年

续表

姓名	性别	出生时间	籍贯	技能	命名时间
和跃根	男	1955年	兰坪县河西乡大羊村委会	祭祀习俗	2012年
和东阳	男	1978年	兰坪县河西乡大羊村委会	民俗	2012年
和九贵	男	1983年	兰坪县河西乡联合村委会	歌舞	2012年
鹿淑贞	女	1992年	兰坪县河西乡三界村委	歌舞	2012年

（三）基础教育与职业教育

1. 基础教育

目前，河西乡虽然未有幼儿园和学前教育阶段的基础设施，但是从小学至中学以及职业中专皆有全面的教育保障体系。其中，在小学阶段，箐花村设有箐花完小，联合村设有联胜完小，玉狮村设有玉狮完小，仅有大羊村和三界村适龄儿童需到较远的河西中心完小就读。中学阶段的基础教育都是在河西中学完成。根据当地儿童幼时大多仅会普米语的基本情况，河西乡儿童就读小学皆不同程度地安排双语教学。

表23　河西乡中小学生就读简况表

单位：人

村委会	小学就读学校	当前小学在读人数	中学就读学校	当前中学在读人数
大羊村	河西中心完小	32	河西中学	15
箐花村	箐花完小	117	河西中学	89
联合村	联胜完小	151	河西中学	75
玉狮村	玉狮完小	103	河西中学	50
三界村	河西中心完小	32	河西中学	15
	合计	435	合计	244

表格来源：课题组据河西乡政府提供数据整理，调查时间2016年7月。

河西中学创建于1968年,学校占地面积11715.09平方米,建筑面积7631平方米,有各类图书11800册。现有在校生593人,其中女生287人,少数民族544人,寄宿生539人。14个教学班,教职员工38人,本科学历30人,专科学历8人,其中党员16人,中学高级教师8人,一级教师18人,二级教师8人,三级教师4人(数据由河西中学办公室提供)。

2. 职业教育

目前,河西乡未设有专门的职业教育机构,因此学生中学毕业后,一般升学至兰坪县民族中学、兰坪一中和兰坪县中等职业教育学校接受高中或者职高阶段的教育。

◇河西中学鸟瞰图(兰坪县教育局摄)

表24 兰坪县中等职业教育学校历年在校生人数表

单位：人

学年	录取数	报到数	在校生数					毕业生数
			合计	一年级	二年级	三年级	开放大学	
1990~1991	100	55	55					55
1991~1992	100	53	53					53
1992~1993	100	49	49					49
1993~1994	150	79	79					45
1994~1995	150	81	115					42
1995~1996	150	68	141					75
1996~1997	100	47	100					54
1997~1998	120	15	63					38
1998~1999	350	290	315					241
1999~2000	500	376	451					301
2000~2001	500	436	586					250
2001~2002	500	348	538					116
2002~2003	250	55	380	55	188	137		137
2003~2004	250	64	307	64	55	188		188
2004~2005	250	17	107	17	42	48		48
2005~2006	250	48	104	48	0	56		56
2006~2007	250	67	115	67	48	0		0
2007~2008	250	147	231	147	42	42		42
2008~2009	250	37	129	37	60	32		32
2009~2010	250	32	127	28	37	147		147
2010~2011	250	25	127	31	28	37		37
2011~2012	250	197	197	197	15	15		15

续表

学年	录取数	报到数	在校生数					毕业生数
			合计	一年级	二年级	三年级	开放大学	
2012~2013	100	0	237	25	197	15		15
2013~2014	100	0	219	0	25	194		158
2014~2015	100	92	117	92	0	25	88	25
2015~2016	250	119	203	119	84	0	54	0

注：课题组根据兰坪县教育局提供数据整理。

（四）宗教信仰

普米族的习俗是人死亡以后要杀一只白绵羊为死者指引归宗的路线，让死者的灵魂平安回归祖宗故地。归宗路线从某种程度上来说，就是普米族各个支系迁徙的路线。其中，兰坪县河西乡普米族的归宗路线是：本村→勒哥（锣鼓箐）→拉巴古多（拉巴山口）→拉巴贡乌（丽苴至石鼓的河谷）→佣删（石鼓对面长山梁）→嗨夏治多（金沙江水上面）→治弓色冗（一小湖）→其宗孟宗→亚夏→木里瓦尔→玛亚（青海）→布织悔治（金沙江和黄河上游）→沙令沙百（大沙坝）→甘拉别别甲良贡乌（山脚有洞的黑岩山）→治受手（沼泽和湖）→木贡日贡三条路取白路→布不戏戎（祖先故居），祖先故居各村落氏族名为阿惹、松布、冬锑、叶格、升助、永巴、耶铁、亚玛、布铁、尼让、百让。

河西乡普米族群众多保持了本民族的多神信仰传统，如山神、龙神、家神、神树。同时，随着民族文化意识的觉醒，一些原本濒临失传的少数民族传统信仰也开始恢复，最为典型的是大羊村大古梅自然村的大海天神堂、白塔等与非物质文化遗产紧密相关的物质空间载体。在相邻民族的影响下，藏传佛教也开始在当地普米族群众当中流传，最为典型的是在将至箐花村的乡村道路边，近年来修建了一座藏传佛教白塔，部分普米族群众逢年过节或遇有起房盖屋、婚丧娶嫁、出远门等大事时会到白塔祭拜。而少数民族传统信仰包括信仰祭山神、祭龙潭以及家神祭祀中的祭"三脚""擎天柱""房头"等。

1. 山神信仰

山神为普米族多神信仰中的重要神明之一，主要祈求其保佑族人出入平安，因此普米族极为重视山神的祭祀活动。而在具体的山神祭祀方面，可以分为山神庙祭祀和神山神林（树）山神祭祀，祭祀的同为山神，但是不同的山有不同的山神，因此在祭祀的具体对象上有明显差别。河西乡大羊村、箐花村、联合村、玉狮村和三界村都有自己的山神庙和神山神林（据普米族司毕所言，山神只是统称，不同的山都由不同的山神掌管，因此普米族山神其实本身就是一个群体性的神明概念），每年二月、七月或八月内的任意几天（具体由村老确定，具体日期各村有所差异），以氏族或村寨为单位，定期举行集体性山神祭祀活动。如大古梅自然村的山神庙

◇ 大羊村大古梅自然村山神庙外景

位于大羊村村委会所在地大古梅自然村村口约500~1000米处，由一间5平方米左右的小庙、一棵约18厘米直径的华山松，以及位于小庙左侧的露天火塘构成。山神庙内供奉石雕山神像一座、前方香数支，置酒瓶等祭祀用品，过年祭祀时通常还在石雕上方插上三叉松枝一枝，出门的人路过时会磕头祈求平安。

根据普米族司毕所言，通过神山神林和神树祭祀的山神实为所在山脉的司职山神，所以祭祀对象仍应鉴定为山神祭祀。在此信仰方面，如箐花村杏花自然村，其祭祀对象为一棵高约15米、直径1.5米、高大挺拔、枝繁叶茂，距今约800年的红豆杉（属国家Ⅰ级保护树种）。每逢年节，杏花村村民都会捧着供品，对神树举行祭礼仪式，祈求神树保佑安康。

2. 龙潭神信仰

龙潭神为普米族少数民族传统信仰中的重要神明之一，信仰的主体活动为祭龙潭。由于历史原因，河西乡曾停止过一段时期的祭祀活动，但是近年逐步开始恢复，时间一般选在正月初一，或者二月或七月内。其中，普米语称龙潭神为"令回银"，为天神的一种，其职责为掌管池塘，负责施风降雨，保佑年成。因此祭龙潭的目的是祈求龙神保佑全村风调雨顺。

3. 家神信仰

家神也是普米族多神信仰中的重要神明之一，由诸神构成，专职护佑家族兴旺、平安，主要表现形式是通过祭祀"三脚"神、"中柱"（有）神和"房头"神来实现与神明的对话和交换。

4. 大海天神信仰

大海天神是普米族多神信仰中居于比较高位的神明，

◇ 普米族传统形制的中柱

◇ 大海天神堂

◇ 大海天神堂内景

是历史上普米族主要的民间信仰之一，曾一度失传，近年方在兰坪县河西乡大羊村大古梅自然村恢复其祭祀活动。因此，目前仅有大羊村大古梅自然村有完整的大海天神祭祀体系。其寺庙大海天神堂位于大羊村村委会上方，占地约500平方米。据大古梅自然村村民介绍，大海天神堂原址为土主庙，是当地祖先模仿白族土主庙所建，后在历史中损毁。近年，当地村民获得政府支持，结合当地普米族少数民族传统信仰所建。新建的大海天神堂主体建筑为一座上房和一侧耳房，上房内供奉大海天神及其下辖小神。大海天神堂内种有普米族信奉为吉祥树的桂花树1棵（建庙时种了2棵，其中1棵未成活）。

（五）节庆习俗

河西乡的大羊村、箐花村、联合村、玉狮村和三界村节庆习俗虽然在具体时间和内容上有细微差异，但是总体而言极为类似。总体而言，当地普米族民族传统节庆有吾昔节、月半节、端午游山节、卫生节等（端午节、儿童节与其他民族不同，是普米族特有的节日）。

表25 河西乡普米族主要传统节日一览表

序号	名称	性质	日期	时间	节庆内容	备注
1	吾昔节	新年	农历腊月初六至初八间	3天	1. 插松枝。门前、神台及屋顶插青松枝，寓意四季常青，兴旺发达。2. 谢狗。方式是喂狗吃新年饭（传说狗与人换寿岁可使人的寿命得以延长）。3. 团圆饭。在火塘边吃团圆饭。4. 守岁。在火塘边留人守岁。5. 报岁。当凌晨鸡鸣时鸣枪报岁。6. 祭房头。祈求平安吉祥、五谷丰登。7. 抢水。取水，先得者吉。8. 成年礼。若家中有年满12岁（虚岁13岁）的少年，则还需为其举行"穿裤子"或"穿裙子"成年礼，女子还需为之戴上三缕由自磨（宝）石珠串成的珠串，亲友也会来送礼祝贺。9. 拜年。邻里互相拜年。10. 举行传统文体活动。举行对歌、跳舞、打靶、赛马、摔跤等传统民俗活动。11. 吃虫仪式。青年男女上山举行吃虫仪式，吃一粒炒熟的青稞或玉米代表吃掉一只虫子。12. 集体放牧。村民相约集体放牧并在山间聚餐。	解放前的传统节日，2000年左右恢复
2	春节		大年三十至初三	16天	1. 三十祭祀山神，种过年树，送邪神。2. 初一抢头水。3. 初二祭祀新故祖先，初三送祖，到坟地祭祖，祭祀火塘。	
3	月半祭祖节	祭祖	农历七月十一至十五	5天	1. 村口接祖先归家。农历七月十二日用各类祭品到村口静立一刻，便可在意念上认为祖先已到，可以接祖先归家。2. 祭祀。接祖先归家后便要每天祭祀。3. 祭奠冥礼及送祖。农历七月十四，在房头上竖立五尺左右长的青松杆，上面扎五色幡旗三面，用酒、茶、水果、猪熟肉、羊熟肉作供品，并请司毕念经祈祷祭祀祖先。之后，把冥礼送往村外路口焚烧，送祖先离开。4. 若上一年月半祭祖节后有半正式安葬的新故长者，则需将祭奠仪式改为"戎肯"仪式。	

续表

序号	名称	性质	日期	时间	节庆内容	备注
4	端午游山节	祭祖游山祛病祈福社交	农历五月初五		为社交性和祈福性综合节日。活动由两部分构成：一是赴大雪山草地、罗古箐或村落就近草地、山丫口等地进行对歌、搓蹉等歌舞活动；二是寻找中草药食用。普米族民间传说当天为药神下凡之日，食用任何药材都会发挥平时百倍的作用，而且不分是何种药材。	
5	卫生节		大年三十前几天任选一天	1天	大扫除，准备过年。	非严格意义上的节日

吾昔节。"吾昔"为普米语，"吾"为"年"，"昔"为"新"，"吾昔"即为"新年"，是普米族的传统重大节庆之一。据大羊村一带的村民回忆，2000年前，吾昔节只是在祖辈的回忆里听过。2000年后，在有关人士的推动下，吾昔节得以恢复。因此，兰坪普米族的吾昔节与宁蒗等地的不同，首先是只持续3天，而非9天。其次，在节日活动内容上有所不同。

春节。对比各地普米族的春节和吾昔节习俗，可以认为兰坪普米族春节是由传统的吾昔节演变而来的融合性节日。其春节的传统节庆活动有两种类型：一是作为主要和特色传统活动的普米族吾昔节各类年节民俗活动和祭祀活动，比如除夕祭山神、祭龙潭（也有人认为祭龙潭或祭龙神是一个单独的普米族节日，时间为三月内任选一天，但大羊村一带普米族并非如此）、送邪神等活动，初二祭祀新故先人（亲戚同祭），初三送祖和到坟地祭祖、祭火塘等。二是少部分融合自原住民的春节节庆活动，如除夕之前大扫除（也有人称之为普米族卫生节，但是在兰坪这一活动应仅为春节准备活动之一），除夕种过年树等。其春节持续至正月十五，但是主要节庆时间为大年除夕至正月初三，初三之后主要为各类社交活动。

端午游山节。在家中、雪门坎山大草甸、罗古箐情人树前大草甸（新）举行聚会。节庆由来：药神下凡日，当日采挖的中草药药效非常好。

（六）传统文化与现代化

在国家和地方有关政策的关怀下，普米族传统文化开始与现代文明相融合。在河西乡，我们观察到其生产生活方式既有传统的内容，又具有现代化的层面。

同时，随着国家对新农村建设的日益重视，河西乡全面走上了现代化道路，家家户户皆已通电，传统的泥泞小道基本上已经被拓宽，甚至完成了路面硬化建设，饮用自来水工程建设已经基本连通家家户户，垃圾焚烧设备在各个村皆有分布。而且，随着经济收入的提高，以及对外交流的日趋频繁，诸多现代化的手机、电视、摩托等现代通信和交通工具，以及部分价格相对低廉的生产生活设备开始流入普通家庭。

普米族传统文化也开始与外界接轨，并获得了较好的社会反响。央视及省、州、县等多家媒体对普米族传统文化进行过专题报道，国内外专家学者曾多次到河西乡进行考察，并进行文化交流活动。2002年，在音乐人陈哲的倡议下，包括河西乡在内的兰坪县普米族文化传承人组建了"普米族传统文化传习小组"。2004年，"普米族传统文化传习小组"被列入文

◇ 大羊村村民耕作间小憩

◇ 大羊村村民用马驮草

化部第二批29个民族民间文化保护试点单位。目前,"普米族传统文化传习小组"已走过8个省,到国家博物馆、中央电视台、北京钓鱼台国宾馆、解放军歌剧舞剧院,以及中国音乐学院等北京各高校和天津、上海20多所大学作了40余场正式展演,传媒、电台、电视报道100多次。经过持续宣传,普米族文化引起了国内外各类人员和组织机构的普遍关注。2006年,"普米文化"入选中国非物质文化遗产保护成果展。同时,河西乡大羊村现在是中央民族大学"985工程"语言中心普米族语言文化调查基地、云南大学新闻系民族传播研究基地和昆明摄影家协

◇普米族家庭仍在使用的传统石磨

◇停放于木楞房的摩托车

◇儿童在家里看电视　　　　　　　◇普米族家中的洗衣机

会影视创作基地。

（七）公共卫生与民族医药

1. 公共卫生

普米族的传统建筑格局为上房和耳房住人，下房一楼关牲畜，二楼放草料，这种小而全、人畜共居的民居布局非常适合发展传统的农耕经济，但是不利于家庭卫生，特别是传统的普米族村落无公厕和卫生室等医卫设施，导致大部分村落医疗卫生条件极差。近年来，随着国家对农村基础设施建设的日益重视，本次调查的河西乡公共卫生基础设施建设得到了大幅完善，所有村落都建立了卫生室，修建了公厕和垃圾焚烧点等公共卫生设施，村民的日常卫生条件和医疗条件都有了较大改善。具体表现为人均寿

◇大羊村公厕　　　　　　　　　◇垃圾焚烧点

命的大幅延长（历史上普米族36岁就开始准备寿材），死亡率小于出生率。

表26 2015年河西乡5个普米族聚居村死亡、生育情况统计表

单位：人

村名	总人口	已婚育龄妇女	出生	死亡
大羊村	704	127	9	7
箐花村	1642	284	15	6
联合村	1698	295	14	14
三界村	1243	232	11	7
玉狮村	915	198	2	5

2. 民族医药

普米族在长期的生产生活中，积累了极为丰富的疾病防治经验。因此，在患病时除了到正规的医疗机构就诊外，还会使用刮痧、割痞（割脾）、放血、拔火罐、按摩、推拿、针灸以及一些单方、验方、秘方防范和治疗内科、儿科、妇科疑难杂病，部分普米族民间医生还会治疗较为复杂的疾病。在河西乡箐花村就有一位名为和文星的著名普米族民间医生，在当地普米族中享有盛誉。

河西乡普米族经常使用的预防和治疗疾病的方法有：在端午节时，把菖蒲与荷枝一起泡在黄酒中饮用，以预防风湿等杂症（选择端午节是因为在其传说中端午节是药神下凡之日，当天采挖食用的药材药效比平时好，可以有病治病，无病强身）；用蝉花治疗小儿惊风夜啼、咬牙、咳嗽、视物不明、赤肿疼痛、痘疹遍体作痒等症；用猴结治疗各种妇科疑难病症；用"姑爹"花三朵、青松花尖三朵、荷枝花尖三朵一起泡在黄酒中喝，是专治跌打瘀伤的特效药；口嚼"巴参兰"，有止血和接筋特效；等等。

河西乡生长的野生药材有天麻、黑骨藤、五加皮、佛掌参、珠子参、沙参、雪茶、何首乌、五味子、独定子、茯苓、朱苓、青阳参、赤芍、草乌、龙胆草等百余种，近年因采挖过多，各种野生药材的数量有所减少，如上文和文星医生即透露他经常需要走很远的路至更为深远的原始森林采挖草药。人工栽培的药材有当归、木香、川芎、附子、秦艽等。

五、生态环境

（一）地理位置

课题组调研的兰坪县河西乡位于北纬26°42′～27°04′，东经99°14′～99°33′。地处兰坪县东北部，距县政府驻地66千米，距怒江州维西县县城55千米，东邻丽江市玉龙县，西与本县中排、石登两乡接壤，南与通甸镇山水相连，北与维西县毗邻。维兰公路由南向北贯穿全境。由于河西乡海拔较高，属于三江流域高冷凉山区，年平均气温12.6℃，年平均降雨量850毫米，年霜期150天。河西乡地处青藏、缅甸、印度—尼泊尔巨型"歹"字形构造体系东支中段偏北，呈高山峡谷地貌，海拔在1950～3984米之间，谷深峡长，水流湍急，两岸山高坡陡，地势相对高差最大达2000米。乡政府驻地河西村海拔2100米。

河西乡普米族保持了依山而住、伴林而居的传统，因此多居住于山区，其海拔皆在2200～5000米之间，经纬度为北纬26°45′43″～26°52′16″、东经99°22′52″～99°27′31″之间。

其中，大羊村位于河西乡东南部，距河西乡政府所在地8千米，距兰坪县城68千米。村委会所在地大古梅自然村海拔为2650米，经纬度为北纬26°50′22″、东经99°24′57″。玉狮村地处河西乡北向偏东部，离河西乡政府所在地15千米，其东部为大羊村，南邻河东村，西邻仁兴村，北部为迪庆州维西县菊香村，经纬度为北纬26°51′59″、东经99°22′52″，平均海拔约为2600米。三界村位于河西乡南边，离河西乡政府所在地17

千米,距兰坪县城72千米。东邻大羊村,南邻胜兴村,西邻石登村,北邻河西村,到乡道路为土路,交通方便,经纬度为北纬26°48′26″、东经99°23′33″,平均海拔约为2440米。箐花村委会位于兰坪县东北部、河西乡东南部,东与丽江市玉龙县接壤,南接通甸镇德胜村委会,西部由南向北分别与大羊村、河西村接壤,北与玉狮村相连,经纬度为北纬26°52′16″、东经99°27′31″,村委会距乡政府所在地13千米,距兰坪县城77千米。海拔2200~4950米之间。联合村位于河西乡南部偏东,东部为河边村,南边为胜利村,西为胜兴村,距离河西乡19千米,经纬度为北纬26°45′43″、东经99°25′38″,平均海拔约为2400米。

(二)气候与物产

1. 气候

兰坪地处西南季风的控制区,气候的季节性变化十分明显,冬干夏湿,冬冷夏热,年降水丰沛且分配不均,季节变化大,冬季风和夏季风的风向相近,都是偏南风。

春季(3~5月)气温回升快,但不稳定。3月初候均温为6.0℃。5月底候均温升至16.8℃,月平均升温3.6℃,季平均气温11.8℃。季日照时数532小时,占全年总量的26.8%。季降水总量127.1毫米,仅占年降水量的13.5%。蒸发量大,相对湿度小,春旱严重,春播用水不足。入春以后,北支西风与中纬西风叠加,产生较大的槽脊活动,常引导部分强冷空气沿横断山谷南下,造成严重的晚霜和"倒春寒"天气,有些年份夏季风来得较早,形成春季明显的降水过程,有时日最大降水量可达46.8毫米。此外,春季常出现大风和冰雹等灾害性天气。

夏季(6~8月)平均气温17.8℃,西部澜沧江河谷最高气温可达25.4℃。多阴雨天气,39年平均有雨日数77.8天。日照时数最少,仅占年总日照时数的17%。夏季降水量570.1毫米,占年降水总量的57%,雨热同期,有利于夏秋作物生长。7~8月常处于康藏高压与副热带高压之间的辐合区,造成中到大雨和冰雹天气,是境内汛期洪涝灾害的背景。若夏季长期受康藏高压或副热带高压控制,则出现严重干旱。

秋季(9~11月)季节短,降温快。气温从9月初的16.7℃下降到11月底5.5℃,平均月降温3.7℃,气温日较差增大。10月下旬雨季结束,平均降水量252.7毫米,占年降水总量的25%。9~10月间若有低槽配合冷锋切变则易出现"三秋连阴雨"的天气,平均1.6年出现1次,持续时间最长21天,带来降温、洪涝灾害,给秋收秋种造成大的影响。夏末秋初,东南沿海一带暴发的强热带风暴和台风的活动中心若向西北方向移动,气流受到强烈抬升和挤压,就会给境内造成短期阴雨天气。个别年份雨季结束期较早,出现气温回暖期。秋季风小,多冰雹和雷暴天气,同时也是一年中多雾日的季节。

冬季(12月至次年2月)季节漫长,东部通甸、金顶一带长达150天以上。因受低纬、高海拔和南支西风影响,造成境内冬无严寒,雨雪较少,季平均气温6.2℃,气温日较差极大(约18℃),风速大,天气晴朗干燥。冬至前后,正午太阳高度角最小,气温骤低。有些年份受西风带扰动气流和西风带大槽影响,常带来多云间阴天气,当大槽伸至孟加拉湾,并控制兰坪时,带来海洋水汽,形成干季明显的降水过程。大部分年份经常出现"一冬干"现象,给越冬作物的生长带来很大影响。

兰坪县通甸乡和河西乡是普米族的主要聚居区。兰坪通甸乡普米族居住的地区海拔大多在2600米以上,表现出较为典型的中温带湿润的高原山地气候特征。其特征是:年平均气温在4.8℃~9.8℃,年降水总量在980~1010毫米之间,大于等于10℃的积温为1600℃~3200℃,霜期长达175~210天。此外,还表现出明显的垂直分布现象,立体气候特征很显著。课题组调研的河西乡的普米族则大多居住在海拔1800~2300米的地带,表现出较为典型的暖温带湿润的高原山地气候特征。其特征是:年平均气温在12℃~14.5℃,年降水总量在850~1000毫米之间,大于等于10℃的积温为3100℃~4200℃,霜期75~150天。

2. 物产

（1）森林。据1987年森林资源二类调查，全县林业用地面积434.15万亩，占全县总面积的66.9%。其中，有林地274.93万亩、疏林地19.5万亩、灌木林地105.55万亩、无林地34.2万亩，分别占全县总面积的42.4%、3.0%、16.3%、5.2%。在有林地中，用材林58.08万亩、防护林215.54万亩、薪炭林1.2万亩、成片经济果林木0.11万亩。全县森林覆盖率42.4%，灌木林覆盖率16.2%。河西乡林地面积比较大，森林资源丰富，根据2015年的数据，大羊村、箐花村、联合村、玉狮村、三界村的林地面积总计为198129亩，其中，大羊村和三界村的面积最大，分别达到了65321亩和55421亩。

全县总活立木蓄积量2453.7万立方米，其中林分蓄积量2395.6万立方米、疏林蓄积量53.75万立方米、散生木蓄积量4.34万立方米，分别占总蓄积量的97.61%、2.20%、0.19%。在林分蓄积量中，用材林459.16万立方米、防护林1930.94万立方米、薪炭林5.5万亩，分别占19.17%、80.6%和0.23%。全县优势树种为针叶树，其蓄积量占林分蓄积量的87.38%，其中，云南松47.14%、冷杉11.33%、云杉15.39%、铁杉11.88%、华山松1.04%；阔叶树种蓄积量占林分蓄积量的12.61%，其中，硬阔叶树占8.54%，软阔叶树占4.08%。全县用材林平均每亩蓄积量为7.9立方米，其中幼龄林1.96立方米、中龄林5.57立方米、近熟林8.08立方米、成熟林10.85立方米、过熟林14.43立方米。

全县森林资源主要集中分布于县境东部云岭山系的雪盘山、老君山、清水郎山和西部怒山山脉海拔2500米以上的地带。林木蓄积量分别是河西403.71万立方米、兔峨353.27万立方米、拉井318.14万立方米、通甸283.64万立方米、中排263.56万立方米、营盘246.79万立方米、金顶170.12万立方米、石登356.37万立方米。境内乡土树种资源十分丰富，有79科204属553种。构成森林的主要树种有云南松、华山松、铁杉、云杉、冷杉。主要的经济林木树种有核桃、花椒、木瓜、漆树等。其中，生长于兔峨乡依主村的依主梨以其表面光滑、皮薄、果肉细嫩酥脆、汁多香甜而著称。兰坪属澜沧江流域和金沙江流域中段生物区系，境内有云南红豆杉、澜沧江黄杉、云南樟、长苞冷杉、核桃楸、西康玉兰、锡金海棠、丽江铁杉、水青树、蓝果杜鹃、棕背杜鹃、硫磺杜鹃、似血杜鹃、和蔼杜鹃、领春木、胡桃、银杏等22种树木被列入国家级保护物种，具有较高的经济价值和观赏价值。

（2）草场。全县各类草场面积为61.43万亩，占全县土地总面积的9.33%。其中，天然草地1.21万亩，仅占草场总面积的1.97%；荒草地60.22万亩，占90.67%。无改良草地，人工草地所占的比重较少。荒草地中一部分是森林破坏造成的，一部分是用于放牧的牧草地。据全县土地利用现状调查表明，境内放牧草地大部分分布在东部的金顶、通甸和中部的河西、拉井四个乡镇，分布极不平衡。河西乡草场面积比较大，牧草资源丰富，根据2015年的数据，大羊村、箐花村、联合村、玉狮村、三界村草地面积总计为43580亩，其中，箐花村和联合村的面积最大，分别达到了15632亩和12780亩。

（3）野生植物。纤维植物。境内的纤维植物主要有宿根亚麻、山地瑞香、黄瑞香、一把香、千层皮、豹子眼睛花、滇朴、山黄麻、构树、麻、水麻、小荨麻、钓杆麻、芭蕉、龙舌兰、棕树、大蒲草、龙须草、白草、斑茅等。

油料植物。野生油料植物的油脂，有一部分可供食用，有的则要经过加工处理后方能食用，有的只能做工业用油，如苍耳子油、石栗油等。县内主要油料植物有三尖杉、华山松、樟树、小胡椒、梧桐、油桐、青刺尖、山白果、滇榛、脉瓣卫矛、羊脆骨、白檀、白蜡树、小黑果、水红木、苍耳、野苏子等。

淀粉植物。野生淀粉植物与粮食作物相比，是它们不与粮食作物争地，不需占用劳动力去管理，只要适时采摘，注意保护环境即可。境内主要淀粉植物有蕨菜、金荞麦、仙人掌、山林果、砂糖果、人参果、火把果、棠梨、粉葛、葛藤、甘葛藤、白栎、麻栎、青冈栎、狗舌草、黄花土瓜、芭蕉芋、兜铃、川百合、滇黄精、魔芋、大一支箭、黄独等。

芳香植物。芳香油的用途很广,除常用于食品、化妆品、香皂等方面外,在医药上也有广泛用途。全县主要芳香植物有丛生树花、紫玉兰、香樟、川桂、山鸡椒、柠檬桉、木香、玫瑰、蜡梅、金合欢、黄果、野花椒、竹叶椒、茴香、桂花、甘松香、马蹄香、丽木香、薄荷等。

树脂及树胶植物在化工、香料、医药和食品等领域有广泛应用,境内主要树脂和树胶植物主要有冷杉、云南松、华山松、金合欢、槐树、漆树等。

药用植物。主要有藻、菌、地衣、苔藓几类裸子植物、被子植物500多种。常见的有雪上一枝蒿、小白撑、虎掌草、三颗针、紫金龙、金铁锁、赤地榆、石椒草、五加皮、青叶胆、曼陀罗、三分三、七厘散、胡黄连、红豆杉、山慈菇、重楼、穿山龙、牛蒡子、半夏、大黄、小茴香、山楂、女贞子、贝母、天南星、天麻、木瓜、五味子、车前子、乌梅、升麻、牛膝、白头翁、白芍、白前、虫草、冬瓜仁、龙胆草等。

竹。境内竹资源丰富,种类繁多。各种竹类的形态、习性和分布各有不同。主要竹种有空心竹、实心竹、龙竹、花斑竹、金竹、紫竹等。其中,花斑竹,俗称湘妃竹,为篾用兼观赏竹种,为稀有名竹。

(4) 野生动物。兰坪在动物区系组成上大体介于中国东部耐温动物群、内蒙古和新疆地气耐旱动物群及青藏高原耐寒动物群的交错地带,属于高地森林草原——草甸草原寒漠动物群,主要由高原型区系成分所组成。区系复杂,种类繁多,资源丰富。

兽类。据口碑、史料记载,新中国成立初期,野猪、野牛、狼、豹、熊等经常出没山林,偶尔捕食牛、羊、猪,糟蹋庄稼。后因毁林开荒、滥猎等,致使野生动物种群数量日渐减少。1995年,境内国家Ⅰ级保护动物有滇金丝猴、金钱豹、云豹等3种。国家Ⅱ级保护动物有黑熊、马来熊、小灵猫、大灵猫、穿山甲、小熊猫等14种。此外还有狼、赤狐、豹、豹猫、野猪、云南兔等41种野生动物。

爬行类主要有树蜥、蜥虎、蟒蛇等。

两栖类主要有树蛙、蟾蜍等。

鸟类。有国家Ⅰ级保护鸟类黑颈长尾雉。Ⅱ级保护鸟类有血雉、红腹角雉、勺鸡、乌雕、灰鹤、兀鹫等18种。此外还有山斑鸠、杜鹃、鹦鹉、家燕、大嘴乌鸦等鸟类。1993年，中国科学院昆明动物研究所、昆明生态研究所等单位对拉井富和山的野生动植物资源进行了全面考察，记载了该区种子植物1200种，计128科，占云南省记载总科数的42.8%，其中属国家保护的稀有植物1种，濒危植物9种。记录兽类27种，属国家Ⅰ级保护动物2种，Ⅱ级保护11种。记录鸟类102种，属国家一级保护鸟类1种，Ⅱ级保护鸟类15种。

（5）矿产资源。县内矿产资源丰富，尤以有色金属矿产最为突出，被誉为"有色金属之乡"。新中国成立至1995年，境内已发现有铅、锌、铜、银、盐、天青石、汞、锑、硫、石膏、铁、云母、叶蜡石、冰洲石、水晶石等15种矿产，共计154个矿床。

铅锌多金属矿是县内重要矿产，具有最大优势，有超大型矿床1处，中型矿床1处，矿点15处，矿化7处。矿床主要分布于县境东部，即兰坪盆地的东缘，矿床主要储存于近乎南北走向的沘江断裂、华吕山断裂及富隆厂断裂两侧。从行政区域上主要集中分布于金顶、通甸、河西、中排和石登5个乡镇。其中金顶超大型铅锌矿床位于金顶镇137°方向，平距2.4千米，由北厂、架崖山、西坡等7个矿段组成，面积约8平方千米。探明储量铅金属量B+C+D级共259.5万吨，探明锌金属量B+C+D级共1283.7万吨，矿床共探明储量铅加锌1543.2万个金属吨。探明矿床中伴生可综合利用元素储量有镉17.13万吨，钛7224.3吨、天青石308.4万吨、银1617.05吨、硫398.7万吨。矿床探明储量显示属世界级超大型铅锌矿床，是新中国成立以来全国探明储量最大的铅锌矿床。此外，还有通甸菜籽地中型铅锌矿床，位于通甸乡通甸街5°方向，平距7.5千米处，面积6平方千米。探明储量铅金属量C+D级共33963吨，探明锌金属量C+D级共51853吨，平均品位19.34%。探明矿床中伴生可综合利用元素储量有镉171.14吨、银36.33吨、铊32.0吨。

铜、银，是县内仅次于铅锌的重要矿产，有中型铜矿及铜银矿床2处，小型矿床3处，矿点63处，矿化42处。其中，营盘金满中型铜矿床，位于营盘镇210°方向，平距5千米的澜沧江河床及两侧，探明储量C+D级金属铜共10.3万吨。石登回龙燕子洞中型铜银矿床，位于境内石登乡回龙村以东的燕子洞一带，面积5平方千米。矿床包括4个主矿体，矿区经普查结果获D级储量金属铜4.24万吨，银144.3吨，F级储量金属铜7.05万吨，总远景储量金属铜可达13.94万吨，银744吨，已达中型矿床规模。河西白秧坪小型铜矿床，位于河西乡262°方向约10千米处，包括4个矿体，经普查工作已获D+E+Ey级铜金属量36957.53吨，D+E级32131.12吨，已达小型铜矿规模。县内有中型银矿床3个、小型1处、矿点3处、矿化1个。河西下区吾中型银多金属矿床，位于河西乡190°方向，平距8千米处。初步探明E级矿石量267.84万吨。石登灰山中型银多金属矿床，位于石登乡146°，平距2.5千米处。共获D+E级储量矿石量170.4万吨。中排富隆厂中型银多金属矿床，位于中排乡富隆厂120°方向，平距450米处，获D+E级储量金属银573.18吨、铜2.29万吨、铅8.60万吨。

锶矿属境内仅有的稀有金属矿产，据查有大型锶矿和共生矿各1处，中型共生锶矿1处。金顶大型锶矿床，位于金顶镇137°方向，平距2.4千米。矿床与金顶铅锌矿床伴生，共探明天青石D级储量720.97万吨。河西大型锶矿床，位于河西乡125°方向，平距1.6千米处。矿床经地质普查求获D+E级天青石矿物量21.04万吨，其中D级表内为14.07万吨，经多种测试证实，矿床为一优质锶矿床。河西东至岩中型锶矿床，位于河西乡东至岩村1千米处，矿区经普查共获E级总矿石量51.34万吨，平均品位为45.36%~75.10%。

除了以上这些矿产外，兰坪县还有汞、铁矿、锑、盐矿、石膏、硫、非洲石和建材类矿产,这些矿产给兰坪县经济发展提供了不竭的动力。

3. 河西乡气候与物产

由于河西乡位于高海拔山区,其气候多处高寒地带,植被和物产也以高寒山区的针叶林、针阔混交林和高山草甸以及高原中草药、各类耐寒农作物、果木和高原禽畜为主。同时因其民族文化中有自然崇拜的传统,所以其村落附近植被多覆盖良好,且多高山草甸和森林密布,林下物产较为丰富。

表27 河西乡气候、耕、林地及人口拥有量统计表

	平均气温（℃）	年降水量（毫米）	耕地面积（亩）	主要耕地类型	林地（亩）	经济果木林地（亩）	人口（人）	户数（户）	人均耕地占有量（亩）	人均经济果木林地占有量（%）
大羊	11	850	2598	山地	24931.80	627.44	1061	237	2.448633	0.591367
箐花	\	\	3138.18	山地	171152.1	\	1245	395	2.520627	\
联合	11	1050	3924	山地	23148.1	1908.2	1336	401	2.937126	1.428293
玉狮	10	850	2228.40	山地	81283	\	893	205	2.495409	\
三界	11	900	3731	山地	84823	\	1299	294	2.872209	\

注：课题组根据河西乡政府及五个村委会提供数据整理。

大羊村植被极为丰富,森林及高山草甸覆盖率几乎达到95%以上。年平均气温11℃,年降水量850毫米,该村有耕地总面积2598亩（全部为山地）,人均耕地3.84亩,主要种植玉米、小麦等作物;拥有林地24931.8亩,其中经济林果地627.44亩,人均经济林果地0.93亩,主要种植核桃、花椒等经济林果,林地中多产各类高原野生菌及防风、白芷等各类野生中草药。农民收入以种养殖业等为主,2015年出栏肉猪320头、肉牛46头、肉羊53头。其村民种植的红蔓菁较具特色,与其他地方有较大不同。

箐花村有多块小型牧场、草地、成片林地,森林植被覆盖率达85%以

上，适宜种植玉米、洋芋等农作物。有耕地3138.18亩，多为山地，其中人均耕地1.93亩；有林地171152.12亩。全村辖8个村民小组，有农户408户，有乡村人口1659人，其中农业人口1659人，劳动力1033人，其中从事第一产业人数787人。这里还有不少国家保护的珍稀林、如红豆杉、榧木等。特别值得一提的是当地药材资源相当丰富，如天麻、黑骨藤、五加皮、佛掌参、珠子参、沙参、雪茶、何首乌、五味子、独定子、茯苓、朱苓、青阳参、赤芍、草乌、龙胆草等共百余多种。

联合村年平均气温11℃，年降水量约为1050毫米。全村有耕地总面积3924亩，全部为山地，人均耕地2.44亩，主要种植玉米、小麦等作物；拥有林地23148.1亩，其中经济林果地1908.2亩，人均经济林果地1.20亩，主要种植核桃等经济林果。2015年全村出栏肉猪1333头、肉牛57头、肉羊662头。矿产资源有铅、锌、铜、铁矿。

玉狮村年平均气温10℃，年降水量850毫米。有耕地2228.40亩，其中人均耕地2.61亩，主要种植芸豆、玉米、小麦、马铃薯等农作物；有林地81283亩。村境内有铜、铁矿等矿产资源。养殖业2015年出栏肉猪522头、肉牛43头、肉羊761头。

三界村，年平均气温11℃，年降水量900毫米，主要种植玉米等农作

◇箐花村口草甸上生长的蕨类植物，道路两侧为大核桃树

◇普米人家房前的大核桃树

◇普米族村寨房前屋后的酸木瓜　　◇普米族家庭养殖的土猪

◇普米族老人、儿童及其当年生小羊羔　◇在高山草甸放牧的普米族老人

物。有耕地3731亩，其中人均耕地3亩；有林地84823亩。2015年出栏肉猪1240头、肉牛30头、肉羊650头。村境内有铅、锌、银、铜等矿产资源。

（三）水土资源

1. 水资源

（1）地表水。全县多年平均降水量1000毫米，折合全年降水总量约50.22亿立方米。除降水外，全县年河川径流总量为299.6亿立方米，占全省径流总量的14%。其中，澜沧江过境水量为275亿立方米，境内河流每年实际径流量为24.6亿立方米，平均每年每人拥有的水资源总量为1.3万立方米。全县地表径流面积为4317平方千米，年平均径流深度为569.4毫米。年内水资源的分配受降水季节变化影响比较大，大致是夏秋两季降水多，水资源丰富，约占全年总量的67.4%；冬春两季降水少，水资源贫乏，约占全年总量的32.6%。且年际变化大，39年（1957～1995）中水资源总量最多年与最少年相差约15.1亿立方米，变率为46.3%。从地域分布看，全县57.4%的地表径流量集中分布于西部澜沧江沿岸的中排、石登、营盘、兔峨4个乡镇，尤以中排最为丰富，约占全县的20.2%；而工农业较发达，人口稠密的东部金顶、通甸等地区，河川径流量少，仅占全县总量的18.9%。境内山高谷深，坡陡，河流流程短，落差大，蓄水能力低，地表水利用困难，尤以西部最为突出，加之洪期径流浪费大，全县可利用的地表径流量为3.9亿立方米，仅占全县河川径流总量的1.3%。从乡镇层面看，河西乡的径流面积比较大，境内降水丰富，再加之地表水资源丰富，大小河流共12条，蕴藏着较为丰富的水利资源。

表28　1986年兰坪县各乡镇水资源情况表

项目	径流面积（平方千米）	平均径流深度（毫米）	年径流量（亿立方米）	不同保证率径流量（亿立方米）		
				50%	75%	95%
澜沧江过境水量			275	269.5	228.25	187.0
中排	697	713.91	4.976	4.37648	4.2296	3.38388
石登	554	604.87	3.351	3.28396	2.84835	2.27868
营盘	512	554.88	2.849	2.78418	2.41485	1.93188
兔峨	535	547.85	2.931	2.87238	2.49135	1.9930
拉井	534	611.04	3.263	3.19774	2.77353	2.2188
河西	573	449.91	2.578	2.52644	2.1913	1.7530
通甸	527	535.86	2.824	2.76752	2.4004	1.92832
金顶	385	471.94	1.817	1.78006	1.54445	1.2355
全县	4317	569.4	299.581	293.58938	249.14383	203.71508

（2）地下水。境内第四纪的洪积冲积层比较发达，砂岩、砾岩、石灰岩、片岩和页岩等透水性能比较好的沉积岩类分布亦较广，地下水资源丰富。全县地下径流总量约为10.8亿立方米，占地表径流总量的3.6%，平均径流深度232毫米，因县内大部分地区为山区，地下水埋藏较深，只有在较为平坦的通甸、金顶坝区以及河西乡，地下水埋藏较浅，打井方便，可供少量利用外，其他大部分地下水则以泉水的形态出露，补给河流。

表29　1986年兰坪县各乡镇地下水径流统计表

项目	径流面积（平方千米）	平均径流深度（毫米）	年径流量（亿立方米）	不同频率地下径流总量（亿立方米）		
				50%	75%	95%
中排	697	289	2.01433	1.99418	1.7323	1.41001
石登	554	292	1.61786	1.6015	1.39114	1.13232
营盘	512	345	1.7664	1.73107	1.5191	1.23648
兔峨	535	322	1.7227	1.70547	1.48152	1.2059
拉井	534	143	0.76362	0.75598	0.5671	0.53453
河西	573	137	0.78501	0.77715	0.7510	0.5495
通甸	527	137	0.72199	0.71478	0.62092	0.5054
金顶	385	178	0.6853	0.67845	0.58936	0.47971

（3）水能。境内有大小河流93条，均属于澜沧江水系。澜沧江干流兰坪段全长130多千米，天然落差127米，年均径流量275亿立方米，蕴藏着较大的水能，拥有年92.2亿千瓦时左右的发电能力。除澜沧江外，年平均流量在0.5立方米/秒以上的支流有29条。大部分河流虽流程短，流量小，但落差大，水能资源丰富。水能理论蕴藏量16.35万千瓦，其中可开发6.45万千瓦。

表30　1986年兰坪县水能资源调查统计表

河流	河长（千米）	落差（米）	多年平均流量（立方米/秒）	流量蕴藏量（瓦）	可开发量（瓦）	已开发量（瓦）
碧玉河	81.4	573	4.5	19550	6160	2754
德庆河	20.6	127	3.5	7515	5250	
木瓜邑河	20	278	2.0	4170	1875	320
大烟河	11.2	271	2.5	5081	2250	320
大竹箐河	25	461	1.5	5186	2200	
罗松场河	10.2	740	2.9	16095	10000	8000
扎局箐河	14.1	397	1.0	2977	2600	
丰甸河	10.5	412	2.0	6180	3000	630
基独河	37.1	213	2.0	3195	1164	
拉井河	23.1	406	1.0	3040	1015	964
沘江	37.2	116	3.0	6500	3600	1200
腊戛鲁河	13.6	1143	2.0	10500	3600	
老王庄河	14.6	461	2.0	9000	2700	
黄柏河	11.2	574	2.0	8610	1800	
布维河	9.6	540	0.6	2880	2000	
凤塔河	13.4	522	1.0	3915	900	
宝塔河		320	0.8	1920	720	
金满河	7.5	279	1.5	3138	900	
拉古河	13.2	390	0.8	2925	720	
黄龙场河	7.6	248	1.0	1860	720	
花坪河	16.8	393	0.8	2358	500	
松登河	14.8	530	0.7	2783	500	55
清河	13.9	565	0.5	900	320	

续表

河流	河长（千米）	落差（米）	多年平均流量（立方米/秒）	流量蕴藏量（瓦）	可开发量（瓦）	已开发量（瓦）
兔峨河		681	1.0	3064	500	55
果力河		240	0.4	720	300	
迤场河		473	0.5	750	360	
三角河		461	0.8	2766	829.8	75

2. 土地资源

1970年，云南省林勘六大队采用规划设计调查方法，对兰坪县森林资源进行了清查。经查，全县土地面积为4452.9平方千米，折合6679350亩。1986年7月完成的全县第二次土壤普查结果显示，全县土地面积为4325平方千米，折合6582750亩。1992年4月至1993年10月，县人民政府聘请成都农业遥感分中心，由农、林、牧、水、财政、计划、统计等部门组成兰坪县土地使用详查机构，历时1年零4个月，对全县土地利用状况进行了详细的调查。经查证，全县土地面积4388.5平方千米，折合6582791.7亩。

全县土地利用类型结构以林业用地为主。一是利用土地多，未利用的土地少，已利用和未利用土地之比是7∶1。二是林地多，占土地总面积的74.93%。三是农业用地多，非农用土地少，农、林、牧、水等农用地与非农用地之比为6∶1。四是农业用地中，非耕地多，而耕地少，林牧水等非耕地与耕地之比为8∶1。五是在耕地中，轮歇搁荒地多而常耕地少，旱地多而灌溉水田少，旱地与灌溉水田之比为10∶1。六是旱地中，陡耕地多而平地少，陡耕地与平旱地之比为126∶1。这充分体现了兰坪的土地构成是一个以山地为主的特征。

表31　1994年兰坪县土地资源构成表

土地资源构成类型	面积（亩）	构成（%）
土地总面积	6582791.7	100
耕地	603090.3	9.16
园地	3608.6	0.05
林地	4932603.9	74.93
牧草地	12248.0	0.19
城镇、村庄、独立工矿用地	39630.4	0.61
交通用地	11810.7	0.18
水域	46854.6	0.71
未利用土地	932945.2	14.17
已扣除田、地坎面积	316797.4	

各类土地资源的分布情况大体是：东部金顶、通甸海拔在2500米的山间槽地高原坝区，是全县旱作耕地的主要分布区；西部中排、石登、营盘、兔峨4个乡镇海拔在1360～2100米的澜沧江干热河谷台地、阶地，为全县耕地的主要分布区，全县60%的耕地及89.8%的灌溉水田和52.4%的林地、68.8%的水域都集中在这个区域。综观全县，因受自然条件影响严重，故生产水平比较低。境内山高坡陡，山体延绵起伏，土层浅薄，砾石多，洪水冲刷严重，泥石流、滑坡现象时有发生，地域高低悬殊大，类型错综复杂，地域差异大，构成典型的"立体农业"特征。

从统计数据上，1992年河西乡有耕地74496.9亩，占全县耕地的12.34%，人均耕地4.60亩，在各个乡镇中仅次于中排镇，远高于全县人均3.44亩，这说明河西乡耕地资源相对充裕。同时，河西乡属于温凉山区气候，比较适合温带农作物的种植，整体农业环境相对不错。

表32　1992年兰坪县分区耕地、人口比较表

项目		西部			
		中排	石登	营盘	兔峨
耕地（亩）	合计	109520.5	95650.6	98485.5	58903.2
	水田	6341.5	7451.0	22673.8	10128.8
	望天田	2.5	0.0	0.0	87.9
	水浇地	0.0	0.0	0.0	47.4
	旱地及菜地	103176.5	88199.6	75811.7	48639.1
人口（人）		22546	23325	31543	17982
占全县比例（%）	耕地	18.16	15.86	16.33	9.77
	人口	12.85	13.29	17.97	10.25
	耕地	60.31			
	人口	54.36			
人均耕地（亩/人）		4.86	4.1	3.12	3.28
所属气候		干热河谷气候			

项目		中部		东部	
		拉井	河西	金顶	通甸
耕地（亩）	合计	47019.6	74496.9	51296.4	67718.3
	水田	866.1	598.0	2813.8	1012.4
	望天田	0.0	0.0	0.0	168.0
	水浇地	9.9	0.0	118.2	15177.9
	旱地及菜地	46143.6	73898.9	48253.2 菜地111.2	51360.0
人口（人）		14943	16188	29210	19759

续表

项目		西部			
		中排	石登	营盘	免峨
占全县比例（%）	耕地	7.80	12.34	8.51	11.25
	人口	8.52	9.22	16.64	11.26
	耕地	20.33		19.93	
	人口	17.74		27.90	
人均耕地（亩/人）		3.15	4.60	1.76	3.43
所属气候		温凉山区气候		高寒坝区气候	

项目		全县			
耕地（亩）	合计	603090.3			
	水田	51885.4			
耕地（亩）	望天田	258.4			
	水浇地	15353.4			
	旱地及菜地	535482.6 菜地111.2			
人口（人）		175496			
占全县比例（%）	耕地	100			
	人口	100			
	耕地	100			
	人口	100			
人均耕地（亩/人）		3.44			
所属气候		亚热带高原山地季风气候			

在林地方面，拉井和河西两个乡镇合计有1295188.7亩林地，森林覆盖

率为72.09%,其中有林地占90.7%。可见,河西乡不仅林地面积比较大,有林地的比例也比较大,森林资源比较丰富,能够发展相关产业。

表33 1993年兰坪县林地分类分区域面积、蓄积量统计表

单位:亩

项目		东部 金顶、通甸	中部 拉井、河西	西部 中排、石登、营盘、兔峨	合计
土地面积(亩)		1390841.1	1629627.8	3562322.8	6582791.7
林地	合计	1053744.5	1295188.7	2583670.7	4932603.9
	占该区面积(%)	75.76	79.48	72.53	74.93
	有林地	933390.9	1174754.5	1768254.3	3876399.7
	占林地(%)	88.58	90.7	68.44	78.59
	灌木林地	61558.5	101420.9	695042.4	858021.8
林地	占林地(%)	5.84	7.83	26.9	47.39
	疏林地	58795.1	19013.3	120374.0	198182.4
	占林地(%)	5.58	1.47	4.66	4.02
	造林地	0.0	0.0	0.0	0.0
	迹地	0.0	0.0	0.0	0.0
	苗圃	0.0	0.0	0.0	0.0
蓄积量(立方米)		8148502.56	10255606.79	15436860.04	33840969.38
森林覆盖率(%)		67.11	72.09	49.64	58.89

在牧草地和荒草地方面,河西乡拥有草地67528.2亩,在全县各个乡镇中排名倒数第六。不过,河西乡拥有9272.9亩牧草地,在全县各个乡镇中排名第一,拥有58255.3亩荒草地。可见,河西乡的草地资源虽然总量较低,但是优质牧草地拥有量比较大,非常有利于畜牧业等相关产业的发展。

表34　1994年兰坪县牧草地、荒草地面积统计表

单位：亩

乡镇	牧草地	荒草地	合计
金顶	1422.7	75690.5	77113.2
通甸	398.7	64428.1	64826.8
河西	9272.9	58255.3	67528.2
中排	18.1	82699.2	82717.3
石登	0.0	101337.9	101337.9
营盘	0.0	87400.5	87400.5
兔峨	0.0	67505.4	67505.4
拉井	1136.2	64751.0	65887.2
合计	12248.5	602068.0	614316.5

2015年，河西乡大羊村、箐花村、联合村、玉狮村、三界村共有耕地15202亩，人均耕地在1～3亩之间，总体低于1992年全乡的水平，这可能是由于人口增长和退耕还林等原因导致的，也可能是耕地面积本身就比较少。在林地方面，大羊村林地总量和人均林地面积都比较大，其次是三界村，其他村林地面积相对较小。人均耕地面积的缩小给居民生活造成比较大的影响，并释放出大量农村剩余劳动力，因此，有关部门应该进一步加强产业扶贫和劳动力培训转移及林业、畜牧业的发展。

表35　1994年河西乡牧草地、荒草地面积统计表

单位：户、人、亩

村寨	大羊村	箐花村	联合村	玉狮村	三界村	总计
总户数	179	408	432	240	304	1563
总人数	722	1659	1680	893	1291	6245

续表

村寨	大羊村	箐花村	联合村	玉狮村	三界村	总计
耕地	2152.26	3146.40	3922.4	2297.5	3683.45	15202.01
人均耕地面积	2.98	1.90	2.33	2.57	2.85	
林地	65321	22153	32115	23119	55421	198129
人均林地面积	90.47	13.35	19.12	25.89	42.93	
园地	32	78	81	40	0	231
草地	3025	15632	12780	3254	8889	43580

(四)饮水工程

截至1995年底,兰坪县拥有蓄水工程35件,总蓄水量73.36万立方米,受益面积2188亩,为饮水提供了保障。不过,兰坪县普米族大多居住在海拔2600米左右的高寒地带,这个海拔的自然环境比较恶劣,山高坡陡,水源并不丰富,此类地区地质结构极不稳定,泥石流、山体滑坡和地质沉陷等自然灾害频频发生,地下水受气候、岩性、构造、地貌等多种因素控制,富水性极不均匀,加之近年来由于乡村公路、矿产资源的开发,造成地下水位不断下降,导致当地群众饮水困难,截至2015年,尚有25个自然村没有安全的饮水。河西乡尤其缺水,由于人为活动不断扩展,森林植被不断遭受破坏,很多村寨的水源逐渐枯竭,村民饮水受季节影响较大。根据调研资料,2015年河西乡饮水均非常困难,其中,大羊村和三界村的饮水特别困难,缺水人口比例比较大。

表36 2015年河西乡饮水困难数量统计表

单位:人、头

	大羊村	箐花村	联合村	玉狮村	三界村
总户数	179	408	432	240	304

续表

		大羊村	箐花村	联合村	玉狮村	三界村
人数		722	1659	1680	893	1291
饮水困难数量	人口	706	219	缺失	266	887
	牲畜	2603	478	缺失	1140	1095

为了解决河西乡饮水困难的问题，兰坪县有关部门采取了一系列措施，2015年起，计划在啦井镇和通甸乡建两个水厂。河西乡政府也开展了一系列饮水工程，具体项目如下：

表37 河西乡饮水工程建设项目表

单位：万元

项目	时间	投资金额	项目内容
大羊村	2014年	11	铺设DN40pe管2.5千米、DN20pe管2千米，总长4.5千米。修建10立方米蓄水池2个，修建15立方米蓄水池1个，修建2立方米取水池2个。希望通过饮水工程建设，实现人人能用自来水的目标
箐花村	2014年	120.33	架设主引水管长10000米，分管和网管分别为DN50钢管2000米、DN20钢管5000米，同时新建减压池、清水池等水工构筑物来构成一套较为完整的净水流程，彻底改善村寨饮水困难的局面
玉狮村	2014年	430.68	架设饮水管道7千米，新建2立方米蓄水池8个，启动"农村供水工程"，为全村建设一套取水、净水、输水、配水综合系统，从根本上解决村寨用水问题
三界村	2015年	94.88	架设DN65钢管9.6千米，DN32PE管5千米，DN20PE管6.5千米，修建10立方米蓄水池6座，50立方米蓄水池1座
胜兴、三界、大羊、仁兴、永兴、共兴村	2012年	24.6	云南省地质矿产勘查开发局通过社会帮扶项目，帮助村寨修建水池，解决饮水问题

通过2012年至2015年的努力,河西乡政府在一定程度上缓解了饮水问题,改善了群众的居住生活环境。在农村安全用水方面,河西乡有关部门做了一些规划,计划在未来3年内架设10.2千米管道,修建204个2立方米水池,彻底解决村民用水难题。

(五)厕所改造

当前,河西乡有些村寨公共设施比较落后,村容村貌依然处于脏、乱、差的状况,村民卫生意识淡薄,生态环境脆弱。村内"三堆"不规范,无固定垃圾堆放点、卫生公厕及户厕,人畜混居现象较为突出,环境卫生状况较差,急需垃圾处理设施及卫生厕所。为了改善村寨的居住环境和生态环境,建设社会主义美丽乡村,河西乡政府进行了一系列的厕所改造工程。

在县级层面上,政府在制定少数民族扶贫攻坚方案时,将农村卫生环境建设尤其是厕所改造融入方案中。2011年,兰坪县争取扶贫专项资金1245万元,实施扶贫重点村项目63个点,改厕5蹲28间;2012年实施整村推进项目81个点,投入扶贫专项资金1215万元,改厕、新建公厕23间,投资23.84万元。

在乡镇层面上,河西乡政府对厕所改造工程进行了具体规划。2013年实施人口较少民族发展项目,在玉狮村进行户厕改造;2014年实施革命老区项目,在箐花村修建1坑位卫生厕所50间,投资10万元;2014年实施人口较少民族发展项目,投资20万元在大羊村修建公厕。公厕建设根据各村的情况,坑位设置有所不同,阳山自然村采用4坑位式厕所,新建4间;阳山、大古梅自然村采用2坑位式厕所;唐山新建6间;大古梅新建10间。厕所统一采用空心砖砌墙,内外抹面刷白,屋顶采用木质"人"字屋架,实盖青瓦。目前,厕所改造项目建设还在有序推进,项目的完工将极大地解决项目区群众多年以来没有固定厕所的问题,人居环境得到大幅度提升。

（六）民居建筑变迁

1. 普米族擎天柱、木楞房民居建筑

普米族的村落多分布于半山缓坡地带，以血缘的亲疏关系各自聚族而居。村寨之间距离很近，可以炊烟相望，鸡犬相闻。各家又自成院落，互为邻里。

房屋多为木结构。正房一般长6.5米、宽3米许，四角立有大柱，中央立一方柱，称"擎天柱"（普米语称"三玛娃"），被认为是神灵所在的地方。屋脊架"人"字形横梁，用木板或瓦盖顶。四周墙壁均用圆木垒砌而成。这种房子俗称"木楞房子"或"木垒子"。一般分上、下两层，上层住人，下层关牲畜或堆放杂物。居室的布局有一定格式：门朝东，靠门右方为火塘，用土石砌成，围以木板，称上火塘。两边搭宽约70厘米的木床，是接待客人的地方。在正对屋门的后墙下砌一与房屋等宽的大床，高约70厘米，上铺木板。在大床的中央再砌一火塘，其上架起三脚架，供取暖和烧水做饭之用，习惯上称下火塘。周围设铺位，左为男铺，右为女铺，供全家人起居之用。火塘是房屋的中心，是全家人活动的主要场所。平时可坐在旁边烤火、聊天、唱歌、睡觉。吃饭时全家人也围坐在它的周围，由主妇分给饭菜，或大家边吃边在上面烤粑粑、烤肉，红彤彤的火映照着全家人的脸庞。每遇亲友来访，好客的普米人也必先将客人导入火塘边的上座，然后便奉茶献酒，端上热腾腾的牛羊肉、猪膘肉和一碗拌有葱、蒜、辣椒、花椒、香椿的酸辣汤，热情款待，直到客人酒足饭饱，甚至酩酊大醉。

2. 普米族传统民居基本造型及建房习俗

普米族现存居民大体可分为：原木楞结构传统民居、土木楞结构传统民居。传统房屋为纯木结构，用直径12厘米左右的去皮杉木，四角探头垛成木墙，1米长左右的顺木纹劈成的木板瓦，从屋檐向屋脊一层一层搭头铺成人字形屋顶，当地人称这样的房子为木楞房、木垒子。这种房子不仅就

◇ 普米族传统民居

◇ 普米族传统民居

近取用木料，备好料后建造起来也快捷，搬迁时按编号拆装也很方便。每户由正房、面房、厢房围成能做晒场的院落，各房转角的空当设狗窝、鸡笼，也有用栅栏、柴堆遮挡的。带门楼的院门正对着的平房就是正房，建在高台上，是院落的主建筑。正房四角立柱，中央竖一大柱，称擎天柱，

◇ 单户远景

意为神灵所在之处,有祖先神灵护佑的意思。以中柱为依托,在屋内中间高两米处建一个半楼,空出火塘上方,并留两块能滑动的木板瓦以利排烟采光。正房是家庭的多功能居室,房门朝东,一般为两大间,设房门一间为正厅。

正厅里靠山墙设太平灶,由高约0.3米的木架围成一个土台,以黏土夯实台面,也叫锅庄、火塘,上面立着金属三脚架,后面放有锅庄石和灶神的佛龛。

过去火塘周围设板铺,家人夜晚围火而眠,现在大部分家庭只作为做饭、烤火

◇普米族火塘

和祭祀、待客的地方。火塘是房屋的中心,是全家人活动的主要场所。

另一间隔成几个小间,储藏粮食和其他长期存放的物品,也是产妇产子时的产房。厢房和门楼都是两层,上层住人,下层圈养畜禽,放杂物、干草。大门外挂有牛、羊的头骨,为避邪之用。普米族人杀猪后都把猪下颚骨挂在屋内,有的人家已挂了十多个,象征财富和美好生活。

3. 安居工程

随着经济社会的发展和城镇化水平的提高,人们生活方式逐步向城市化趋近,而当地原有的生产、生活习俗也在悄然蜕变。在当地村落中有些典型普米族民居建筑已改为砖混结构的民房或楼房,但仍有一大部分农户居住在老式土木结构和木楞房中,这种木质结构的房屋抗震能力弱、采光条件差、密封条件简陋,常出现外边下大雨,里边下小雨,外面刮大风,里面刮小风。经调查,2015年兰坪县普米族聚居地区村舍民居危房率高达26%,住房困难户占全部户数的33.1%以上。长期以来由于群众收入低,贫困程度深,部分群众因自身投入能力问题,至今还居住在简陋的土木房

和小平房里，人畜不分院，房屋裂缝，房顶梁、椽朽烂，墙体掉土，时常漏雨，屋险人危的现象依然存在，还有些地方存在山体滑坡、泥石流等问题，对困难群众的生命财产安全造成了巨大威胁，严重影响了群众的生活水平提高；一些经济条件稍好的群众采用了较为便宜的石棉瓦、空心砖等廉价建材建了安居房，不同程度地破坏了普米族村寨应有的建筑景观。

鉴于此，兰坪县相关部门启动了普米族村寨安居工程，因地制宜，对住房困难群众进行分类处理，对那些危房进行改造，建设安居房，针对那些住房周边生态环境恶劣的居民，则实施易地搬迁，从根本上解决普米族群众的住房问题。

在县级层面上，2011年，全县投入财政扶贫资金200万元，采用就地插花安置方式，在3个乡镇5个自然村（河西乡：白龙村委会老屋自然村、

◇普米族房屋结构

◇普米族民居背面

◇普米族民居正面小院坝

◇普米族民居室内布局

白龙村委会施决自然村；啦井镇：桃树村委会生扎地自然村、桃树村委会石板自然村；中排乡：大土基村委会、板粟园自然村）实施易地搬迁转移安置400人。主要建设内容包括：安居工程建设投入150万元，新建土木结构100套安居房。二期工程，争取资金384万元，实施384户的安居工程建设任务，其中金顶镇79户、营盘镇59户、啦井镇53户、石登乡52户、中排乡45户、兔峨乡40户、河西乡35户、通甸镇21户。2012年，全县投入财政扶贫资金300万元，实施300户易地安置，建设面积24000平方米的安居工程。2013年，全县投入财政扶贫资金410万元，扶贫安居任务410户，项目覆盖8个乡镇77个村委会200个自然村。2015年，有12项正在快速推进，接近收尾。分别为安居房建设450户；易地扶贫搬迁303户1285人。

在河西乡层面上，2014年，箐花清水江村实施民族特色村寨项目，投资39万元对村内65户居民实施特色民居保护建设，对65户木楞房实施修缮。通过项目建设，该村人均住房面积达到20平方米，消除危房，并且改善采光条件和卫生条件，实现人畜居所分院。2016年，大羊村实施易地扶贫搬迁项目，投资550.4万元，其中，财政专项资金74.4万元，住房贷款204万元，基础设施贷款170万元，农户自筹102万元。安居房建设34户，户均90平方米，3060平方米。其中，新建户31户，改建3户；厨房34套，每套24平方米，共计816平方米；院坝34块，户均40平方米，共计1360平方米；太阳能卫生间及热水器34套，户均4平方米。扶贫安居项目不但解决了特困农户住房困难的问题，而且使特困农户的思想观念、精神面貌得到了提升，极大地激发了他们脱贫致富奔小康的干劲，深受贫困地区广大干部群众的欢迎，进一步密切了党群干群关系。

《云南25个少数民族社会历史回访再调查》

上

彝　族　　　　　　白　族
哈尼族　　　　　　壮　族
傣　族　　　　　　苗　族
回　族　　　　　　傈僳族
拉祜族

中

佤　族　　　　　　纳西族
瑶　族　　　　　　景颇族
藏　族　　　　　　布朗族
布依族　　　　　　普米族

下

阿昌族　　　　　　怒　族
基诺族　　　　　　德昂族
蒙古族　　　　　　水　族
满　族　　　　　　独龙族

《云南25个少数民族社会历史回访再调查》编纂委员会

主　　编：陈鲁雁　张桥贵

副 主 编：赵　纯　和少英

编 委 会：刘　荣　李光明　段　刚　苏丽春　高　飞
　　　　　李　毅　李若青　卢培义　王明东

撰稿人员：刘劲荣　和金光　赵秀兰　武和兴　郭飞平
　　　　　马　勇　王亚文　丁桂芳　李灿金　陆海发
　　　　　龙　立　墨绍山　杨　滟　王玉琴　李智环
　　　　　张　峻　高登荣　黄建生　苏　丽　田素庆
　　　　　林　庆　杨建虹　郭　敏　张应华　张庆松

云南25个少数民族
社会历史访再调查

下

云南民族大学 ◎ 编

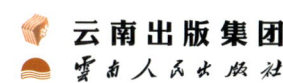

图书在版编目（CIP）数据

云南25个少数民族社会历史回访再调查：上、中、下：全三册 / 云南民族大学编. —— 昆明：云南人民出版社，2020.6
ISBN 978-7-222-19276-8

Ⅰ. ①云… Ⅱ. ①云… Ⅲ. ①少数民族－民族历史－社会调查－云南 Ⅳ. ①K280.74

中国版本图书馆CIP数据核字（2020）第109236号

出　版　人：赵石定
责任编辑：高　照　王　韬
助理编辑：周　云
责任校对：王以富　周　彦　董郎文清　李　红　崔同占
装帧设计：马　滨　王冰洁　昆明昊谷文化传播有限公司
责任印制：李寒东

云南25个少数民族社会历史回访再调查（上、中、下）
云南民族大学　编

出　版　云南出版集团　云南人民出版社
发　行　云南人民出版社
社　址　昆明市环城西路609号
邮　编　650034
网　址　www.ynpph.com.cn
E-mail　ynrms@sina.com
开　本　720mm×1010mm　1 / 16
印　张　99.75
字　数　1500千
版　次　2020年6月第1版第1次印刷
印　刷　云南出版印刷集团有限责任公司华印分公司
书　号　ISBN 978-7-222-19276-8
定　价　280.00元（全三册）

云南人民出版社微信公众号

如需购买图书、反馈意见，请与我社联系
总编室：0871-64109126　编辑部：0871-64199971　审校部：0871-64164626　印制部：0871-64191534

版权所有　侵权必究　印装差错　负责调换

目 录

阿昌族社会历史回访再调查
　　——以陇川县户撒乡为例 ·················· 1

怒族社会历史回访再调查
　　——以福贡县匹河乡老姆登村为例 ·················· 85

基诺族社会历史回访再调查
　　——以景洪市基诺山乡为例 ·················· 147

德昂族社会历史回访再调查
　　——以芒市三台山乡为例 ·················· 209

蒙古族社会历史回访再调查
　　——以通海县兴蒙乡为例 ·················· 271

水族社会历史回访再调查
  ——以富源县古敢乡补掌村为例 ················· **343**

满族社会历史回访再调查
  ——以保山市隆阳区为例 ····················· **389**

独龙族社会历史回访再调查
  ——以贡山县巴坡村为例 ····················· **455**

阿昌族社会历史回访再调查
——以陇川县户撒乡为例

田素庆

阿昌族是我国56个民族大家庭中的一员，分布于中国西南地区高黎贡山、怒山西南余脉的山间平坝及其边缘山区地带。主要聚居于云南省德宏傣族景颇族自治州陇川县户撒阿昌族乡和梁河县囊宋阿昌族乡、九保阿昌族乡。此外，德宏州芒市江东乡的高埂田、盈江县的盏达、瑞丽市和保山市龙陵县河头乡的芒达、腾冲市新华乡的小浦川和大理白族自治州云龙县漕涧镇仁山村等地也有少量阿昌族聚居。阿昌族是云南省特有少数民族之一，据2010年第六次全国人口普查统计，阿昌族人口为39555人，是中国人口少于30万人的人口较少民族之一。

《阿昌族社会历史调查》是国家民委《民族问题五种丛书》之一，于20世纪50年代开展调查，由云南民族出版社于1983年编辑出版。内容包括《户腊撒阿昌族社会经济调查》《梁河县丙盖乡芒展村阿昌族社会历史调查》《潞西县高埂田乡阿昌族社会历史调查》《潞西县高埂田乡阿昌族社会历史概况》等四部分。四个阿昌族乡村田野调查点的选择，基本覆盖了新中国成立后阿昌族的主要聚居地：陇川县户腊撒地区于1952年成立阿昌族自治区（区级），潞西县江东区高梗田乡、梁河县遮岛区丙盖乡和关璋乡于1953~1954年成立阿昌族乡。上述四个调研报告以新中国成立后社会主义制度的建立为历史分界点，重点调查土地改革或民主改革前，阿昌族主要聚居地的生产力、生产关系和生产方式等社会经济结构要素的基本情况，并根据马克思经济基础决定上层建筑的历史唯物主义理论，从历史文献、碑刻甚至口述史中，追溯阿昌族近现代以来历经的政治制度、政治组织形式、政权统治手段，以及婚姻、家族、宗教信仰等。民主改革及社会主义改造是新中国成立以来，阿昌族人民摆脱封建剥削、土匪滋扰，实现民族平等、民族团结，翻身得解放的重要内容。

总体而论，《阿昌族社会历史调查》是新中国成立以来，以马克思主义历史唯物论为指导思想的阿昌族社会历史调研报告。

《阿昌族社会历史调查》结构体系完整，调查内容充实，很多资料性材料、事实性记录及描述严谨、扎实，如关于阿昌族族源问题、阿昌族铁器制作技艺及村寨分工、阿昌族原始信仰等内容，被后续研究者作为重要的和确凿的史料加以引述和资证。

进入21世纪，以习近平同志为核心的党中央在党的十八大报告中正式提出：推进中国特色社会主义事业，着眼于全面建成小康社会、实现社会主义现代化和中华民族伟大复兴，要在经济建设、政治建设、文化建设、社会建设、生态文明建设"五位一体"总体布局下，整体、全面、协调、可持续发展。

2016年，距20世纪50年代开展的阿昌族社会历史调查60余年之后，云南民族大学民族团结进步研究院启动了云南25个少数民族社会历史回访再调查工作。2016年7~8月间，阿昌族回访再调查课题组对当前云南省行政区划下的3个阿昌族乡——云南省德宏傣族景颇族自治州陇川县户撒阿昌族乡和梁河县九保阿昌族乡、囊宋阿昌族乡进行了田野调查，收集了相关资料。因国家县、乡、村级基层政权辖属的调整和名称的变化，阿昌族迁徙或与其他民族交错杂居等等复杂情况，60年前阿昌族社会历史调查所选取的潞西县江东区高梗田乡、梁河县遮岛区丙盖乡和关璋乡，已不在当前德宏州乡村名录中。按照"云南25个少数民族社会历史回访再调查"项目的初衷及"围绕调查对象的社会历史变迁撰写，突出回访的意义"的目标，本调查组只能舍去当前行政区划下梁河县九保阿昌族乡、曩宋阿昌族乡的田野调查资料。本次社会历史回访再调查，也不能像20世纪50年代阿昌族社会历史调查一样，兼顾阿昌族聚居空间的广泛性。

  本文主要聚焦陇川县户撒阿昌族乡[①]的回访再调查。首先，调查地域范围基本重合、被调查族群相对稳定以及社会历史发展变迁轨迹等相对清晰等因素，可以与60多年前《户腊撒阿昌族社会经济调查》相互参照，见证历史变迁。其次，60余年间中国的历史性巨变，也让阿昌族社会发生了翻天覆地的变化，适时以新时代社会发展理念、发展目标对阿昌族社会发展情况进行回访再调查，回顾过往，着眼将来，记录阿昌族社会发展进程，可推进云南民族团结进步示范区建设。再次，党的十八大以来，精准扶贫、精准脱贫是全面建成小康社会、实现中华民族伟大复兴中国梦的重要施政方略。扶贫路上，决不能让一个少数民族群众掉队。阿昌族正是云南省开展整乡推进、整族帮扶项目的第二个人口较少民族，课题组为此专题调研，并撰写了《云南阿昌族整乡推进整族帮扶项目实践调查咨询报告》，调查范围涉及梁河县九保阿昌族乡、曩宋阿昌族乡。2018年2月春节期间，课题组再次对户撒阿昌族乡进行了回访，记录帮扶项目给阿昌族乡带来的实实在在的变化，展现出阿昌族对美好生活的向往、追求和奋斗历程。

一、户撒阿昌族乡概况

  户撒阿昌族乡位于陇川县西北部，北纬24°21′～24°33′，东经

[①] 户撒阿昌族乡位于南北长、东西窄的一狭长山间小盆地。明代中叶，王骥曾派两个下属分任"户撒""腊撒"把总，故民间口头语中常并称为"户腊撒"。现腊撒是户撒阿昌族乡所辖11个村委会之一。

97°42′~97°9′59″之间。南北与盈江县接壤，西南与缅甸交界，国境线长4.35千米①，距县城章凤48千米。全乡是两山一坝的狭长小盆地，南北长26.5千米，东西宽9.5千米，全乡总面积为251.5平方千米，耕地面积为67771.2亩。坝区海拔在1380~1480米之间，最高海拔2138米。

全乡共辖11个村委会，分别是曼捧村、朗光村、潘乐村、户早村、隆光村、项姐村、明社村、芒炳村、保平村、腊撒村、坪山村，126个村民小组，农户4868户，共有乡村人口22999人②，其中男性11490人、女性11509人，劳动力15650人。该乡以阿昌族为主（是阿昌族、汉族、回族、傈僳族等多民族共居地），其中阿昌族12939人、汉族7157人、其他民族2903人，阿昌族占全乡总人口的56.3%。

◇ 中国阿昌之乡——户撒

---

① 坪山村委会所辖的坪山、中寨、八官寨、南补、南补田、抗马与新屯寨与缅甸接壤，国境线长4.35千米。
② 2015年统计数据。

◇户撒阿昌族中老年妇女服饰

◇户撒阿昌族中老年妇女服饰

◇户撒阿昌族中老年妇女服饰

（一）历史沿革

户撒，傣语称为"勐撒"，缅语称为"万莫达"。据户撒出土的新石器晚期的石锛、石斧考证，户撒坝子远古时期即有人类生息。

史学界一般认为，阿昌族是先秦西汉时期氐羌部落族群向西南流徙分化的后代之一。据传说，公元10世纪前后，中国的西南方向逐渐出现三个较为强大的部落联盟，①对正处于流徙演变中的阿昌族先民构成了威胁和挤压，于是阿昌族先民选择定居于户撒这块山间小平坝中休养生息。传说户撒阿昌族先民的末代部落酋长名叫旧印邦，部落势力衰微后，户撒坝逐渐被周边新兴崛起的麓川思氏所侵吞。

南宋末年，蒙古铁骑入滇征服边地诸部落。至元十三年（1276），元

---

①中共陇川县史志办、政协陇川县文史委编：《户撒史话》，云南民族出版社，2002年，第6页。

王朝正式建立云南行中书省，设路、府、州、县，同时推行土司制度。今德宏州境内先后建立有茫施路（今芒市境）、麓川路（今瑞丽、遮放、陇川及瑞丽江以南部分地区）和平缅路（今梁河县境及西部一带地区）。阿昌族先民部落曾聚居过的"小杉木笼"（今杉木笼）、"罗必四庄"（今罗卜坝）及户撒平坝属平缅路。

元至顺年间，麓川路土官思可法势力壮大，相继兼并镇西、镇康、平缅、茫施、柔远及户撒等各部。明洪武十四年（1381），朱元璋命傅友德、蓝玉、沐英等率军征云南。洪武十五年（1382），云南平，沐英率三十万大军镇守云南。沐英敕封西平侯，其家族世代在云南广建"沐氏勋庄"。

明正统年间，明帝朱祁镇发动"三征麓川"战役。正统七年（1442），王骥等将领率明军进入麓川，"麓川王"思任法战败，逃入缅地。王骥令四川随军把总况本驻守腊撒，四川随军左哨把总赖罗义驻守户撒。况本、赖罗义的守军及随行家属多为四川汉族，驻守户腊撒时期，多数融合于当地阿昌族之中。况、赖两姓后代成为户撒世袭长官司长官。

明正统九年（1444），明王朝撤麓川平缅宣慰使司，划户腊撒归陇川宣抚司辖。

清顺治十五年（1658），吴三桂引军入滇，明永历帝朱由榔外逃。康熙十二年（1673），吴三桂攫取"沐氏勋庄"。康熙二十一年（1682），户腊撒赖、况二把总后裔"悉数承买"吴三桂勋庄。

清乾隆三十四年（1769），干崖赖邦俊进京，求复土司职。十四世祖赖邦俊获授户撒长官司长官，十六世祖盖（况）邦荣获授腊撒长官司长官。户腊撒赖、盖（况）的土司统治沿袭至中华人民共和国成立后。

1952年4月，户撒阿昌族自治区（乡级）成立，隶属盈江县。1955年改设户撒区。1958年9月，户撒区划归陇川县。1969年，户撒建立人民公社，改称东风公社，大队建制。1971年，改为户撒公社。1984年，改户撒区。1988年，改户撒阿昌族乡。

（二）历史变迁轨迹及特点

1. 民族人口构成

户撒乡是一个以阿昌族为主，汉族、傣族、傈僳族等其他民族共同聚居的乡。自20世纪50年代至今，阿昌族依然是户撒乡人数较多的民族。

表1 户撒阿昌族乡民族人口构成分年度统计表

单位：人

年份	总人口	阿昌族	汉族	傣族	景颇族	傈僳族	回族
1958年	9315	5887	2103	138	1000	100	87
1990年	20330	10339	7461	183	245	1932	170
2000年	21885	11542	7291	332	366	其他：708	
2015年	229999	12939	7157	其他：2903			

2. 社会经济方式

20世纪50年代《户腊撒阿昌族社会经济调查》着重关注户撒"土地改革前的社会经济面貌"，并认为："土地改革前户腊撒阿昌族的社会生产方式主要是封建地主经济占统治地位的农业经济。阿昌族人民长期受封建地主经济的束缚，生活极端贫困。"[①]主要表现在：（1）以农业生产为主。主要农作物为水稻，草烟是主要的经济作物。间种黄豆、苏子、花生、甘蔗、洋芋、大豆、蔬菜等，供自食、出售或交换。（2）家庭饲养为副业。有水牛、黄牛、马、骡、猪、鸡等家畜家禽。（3）手工业较发达。户撒农闲时节的手工业有打铁、银饰加工和木、竹器加工等，其中，户撒阿昌族铁器制造在德宏甚至宁夏、西藏等地区颇有盛名，制造种类多样，村寨间已经形成分工和品牌（商标）归属意识，如海喃寨的铁犁头，

---

① 《民族问题五种丛书》云南省编辑委员会编：《阿昌族社会历史调查·户腊撒阿昌族社会经济调查》，云南民族出版社，1983年，第4页。

下蛮东寨的小类刀，蛮旦、新寨的大长刀，蛮来寨的马掌，户撒芒东寨的锄头，户拉寨的刀鞘，来福寨的砍刀，等等，能够满足附近区域各少数民族生产、生活中的各种铁制品的需要。①（4）有跨境流动的小商品商贸经济。户撒因土地面积受限，农业生产力低，铁器制作、销售，甚至组建马帮驮队远赴缅甸等境外国家从事手工业生产、小商品商贸是户撒阿昌族季节性社会经济形态之一。②

据课题调查组2016年调查，户撒乡在延续传统农业社会经济生产方式的基础上实现了历史飞跃性的提质增效。其最大的变化体现在：（1）在保证粮食安全的背景下，传统农业生产占基础地位。具体体现在：保障粮食种植面积，调整农业种植结构，提高农业机械化普及程度，提升农业产出率和经济效益等。（2）传统烤烟种植被作为"整乡推进整族帮扶脱贫"项目狠抓提质增效。自2015年起，云南省德宏州与云南省烟草专卖局（公司）在构建"政府+企业"合作机制基础上启动户撒乡"整乡推进整族帮扶"项目。户撒传统草烟种植优势向产业化生产、优质化生产和包户责任提质增效方向发展。（3）畜牧产业向规模化、科技化和生态化养殖方向发展。当前，除家庭零星养殖外，由户撒乡级层面予以扶持的还有保平村强兴养猪场，曼捧村红星生猪养殖场，潘乐村生猪养殖生态循环示范村，户早村来细、潘乐、芒旦、芒孔等养牛小区等。

除此之外，户撒乡还因地制宜，发展猕猴桃种植、板鹅养殖加工、脱水蔬菜加工、樱桃示范种植等特色产业，积极探索多样态的帮农致富新模式。

3. 政治制度

20世纪50年代《户腊撒阿昌族社会经济调查》着重调查了以土司制度

---

① 《民族问题五种丛书》云南省编辑委员会编：《阿昌族社会历史调查·户腊撒阿昌族社会经济调查》，云南民族出版社，1983年，第4~5页。

② 《民族问题五种丛书》云南省编辑委员会编：《阿昌族社会历史调查·户腊撒阿昌族社会经济调查》，云南民族出版社，1983年，第28页。

为主的上层建筑表现形式、政治组织和统治手段。"户、腊撒明正统年间设立土司以来，乃至解放前为止，土司统治五百余年。"①

新中国成立以来，在中国共产党的坚强领导之下，人民翻身得解放，民族地区实行民族区域自治，全体劳动人民真正实现了自己的发展命运掌握在自己手里。党的十八大以来，户撒阿昌族乡正按照党和国家的乡村发展总体战略谋划，稳步推进乡村治理体系的完善和建设。

4. 乡村振兴战略下的户撒美丽乡村建设

习近平同志于2017年10月18日在党的十九大报告中提出"乡村振兴战略"，户撒乡迎来了新的发展战略机遇。为建设"美丽户撒"，户撒乡采取开展乡村旅游、完善基础设施建设和建设标准马拉松跑道、打造阿露窝罗文化广场及民族特色观景台等措施，努力提升户撒乡村景观、阿昌族民族文化的吸引力。依托"整乡推进整族帮扶"项目，户撒阿昌族人民在政府和相关帮扶主体的带领下，从道路交通、农田水利、美丽乡村、环境整治等项目入手，逐步从整体上改造、改善和美化生产生活条件。"美丽户撒，幸福阿昌"建设正在路上，即将呈现全新面貌——这也是本次回访调查最大的直观感受。

二、经济建设

户撒全乡有耕地总面积67771.2亩，其中水田40900亩、旱地26871.2亩，人均耕地2.95亩，主要种植优质稻等作物。林地242208.9亩，其中经济林果地3154.7亩，人均经济林果地0.14亩，主要种植草果等经济林果。水面面积1750亩，其中养殖面积73亩。其他面积2522亩。

户撒乡自2015年7月启动"整乡推进整族帮扶"项目以来，2016年农村经济总收入即有了较快增长，帮扶效果明显。

---

① 《民族问题五种丛书》云南省编辑委员会编：《阿昌族社会历史调查·户腊撒阿昌族社会经济调查》，云南民族出版社，1983年，第32页。

表 2　户撒乡 2015～2017 年经济收入对比表

年度	农村经济总收入（万元）	较上年度增长（万元）	较上年度增长率（%）	农村常住居民人均可支配收入（元）	较上年度增长（元）	较上年度增长率（%）
2015	24704	6442	35.2	5649	739	15
2016	37113	12409	50.2	7668	2019	35.7
2017	41068	3955	10.65	9101	1433	18.68

（一）传统农业产业结构调整

户撒是一个以传统农业生产为主体的民族乡，稳定粮食生产占比关系到国家粮食安全。在传统农业生产基础上，促进和调整农业产业结构，优化传统农业生产格局，有助于稳固户撒传统农业社会结构。户撒乡在积极推进农业产业结构调整，稳定粮食生产的基础上，加快农业产业化调整步伐，形成以水稻、玉米、烤烟、蔬菜、畜牧为主，以经济作物（油菜、草果等）、经济林果（猕猴桃、核桃、板栗等）为辅的"五主二辅"的发展格局。

表 3　户撒乡 2015～2017 年"五主二辅"农业产业结构情况表

年度	五主									二辅			
	水稻		玉米		烤烟		蔬菜		畜牧	油菜		草果	
	种植面积（万亩）	实现产值（万元）	种植面积（万亩）	实现产值（万元）	种植面积（万亩）	实现产值（万元）	种植面积（万亩）	实现产值（万元）	实现产值（万元）	种植面积（万亩）	实现产值（万元）	种植面积（万亩）	实现产值（万元）
2015	3.4297	4261.8	2.1472	2146.9	1.68	6038.43			6382.78	23517	1291.6		
2016	4.32	3565	2.30	2072	1.97	7698.6	0.243		8121.73	1.84			
2017	3.8573	4322.4	1.4461	1841.9	2.45	9027.48	0.04	320（荷兰豆）					

（二）畜牧业发展

户撒属山间平坝地带，部分山林交替地带适宜放牧。20世纪的调查仅提到有个别农户家庭零星养殖。2016年调查组调查到：2015年，户撒乡向有条件规模化养殖的农户发放养殖贴息贷款20万元，并积极向上级争取到养殖扶持项目，建成隆光村老马寨有能肉牛养殖场、曼捧村曼怕鸿兴生猪标准化养殖场。2016年，投资92万元扶持建设保平村强兴养猪场、潘乐村生猪养殖生态循环示范村。2017年，投资318万元建设完工户早村来细、潘乐、芒旦、芒孔等养牛小区。

表4　户撒乡2015～2017年畜牧业发展情况表

年度	生猪存栏（头）	肉猪出栏（头）	猪肉产量（吨）	肉牛出栏（头）	牛肉产量（吨）	羊出栏（头）	羊肉产量（吨）	禽蛋产量（吨）	畜牧业总产值（万元）
2015	25132	27346	2597.87	1813	199.43	1384	27.68	166	6382.78
2016	30000	33500	3180.32	2465	271.15	1821	36.42	166	8121.73
2017	30900	34477	3275.32	2465	271.15	2021	38.42	166	8836.21

（三）烤烟种植

户撒草烟种植有一定的历史和传统。20世纪50年代的调查认为："一方面由于阿昌族擅长种草烟，同时户腊撒地区大部分草烟地（主要指旱地）均是黄沙泥土，很适宜种植草烟……（因而）是阿昌族的主要经济作物。"①

户撒乡烤烟种植也是整乡推进整族帮扶项目开展的重要助力。户撒具有得天独厚的气候条件和丰富的耕地资源，"刀烟"种植历史悠久，生产出来的烤烟烟叶风味独特、品质优良，备受江苏中烟青睐。2014年起，云

---

① 《民族问题五种丛书》云南省编辑委员会编：《阿昌族社会历史调查·户腊撒阿昌族社会经济调查》，云南民族出版社，1983年，第7页。

南省德宏州与云南省烟草专卖局（公司）积极探索，在构建"政府+企业"合作机制基础上，按照精准扶贫、精准脱贫的原则，于2015年7月17日，启动阿昌族整乡推进整族帮扶项目，这是继独龙族之后，云南省启动的第二个整乡推进整族帮扶行动。

狠抓乡、村、组三级烤烟生产技术服务，提高烟叶质量，全乡烤烟生产取得新突破。近年来，随着种植技术的成熟和基础设施的改善，烟农自种烤烟每亩扣除物化成本约1200元，纯收入在3200元左右，烟农每年户均增收20000元以上，成为农民增收致富的重要途径。

2016年产季，全乡11个村委会125个村民小组2844户烟农植烟面积19700亩，指令性计划收购57200担，户均种植规模6.9亩。其中，阿昌族烟农1903户，占种烟总户数的65.9%；阿昌族家庭种烟面积为12836.4亩，占计划任务数的65.2%。烤烟专项计划重点安排在2个贫困村和51个贫困小组。户早村落实种植农户182户，合同面积1520亩，分别占全乡总数的6.5%和7.7%。全乡514户建档立卡户中306户种植了烤烟，占全部种植户的10.67%，建档立卡户共种植2097.9亩，占全乡总面积的10.65%。7月31日，户撒乡2016年产季烤烟收购任务圆满完成，累计完成烟叶收购量68626担，均价26.26元/公斤，累计收购金额76985949.62元，各村委会均100%完成收购合同量，创历史新高。

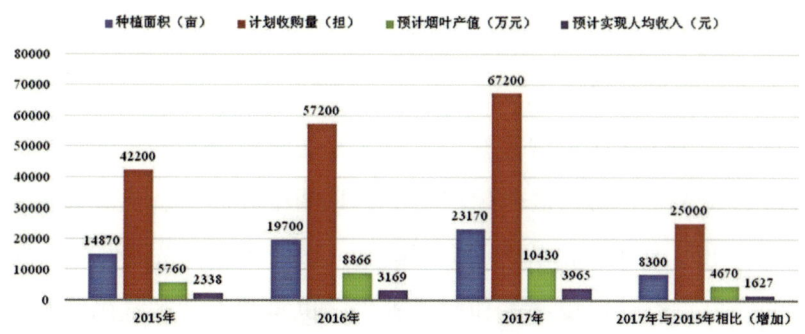

◇ 户撒乡烤烟发展规划图

2017年产季，全乡11个村委会125个村民小组指导性种植烤烟面积24500亩，指令性计划收购66000担。30亩以上连片种植面积达到80%以上，各村委会均100%完成种植量。其中，阿昌族种烟1826户15718.5亩，建档立卡户种烟243户2178.4亩。至烟季收购结束，100%完成计划收购的6.6万担烤烟收购任务，其中上等烟比例71.96%，均价27.36元/公斤，烟农总收入9027.48万元，户均收入3.15万元，其中阿昌族烟农售烟叶收入802.11万元，户均收入3.30万元。烟叶生产成为农民重要的收入来源之一，实现了种植1亩烤烟脱贫1个贫困人口的目标。户撒乡成为全德宏州种植烤烟面积第一的乡镇。

表5　户撒阿昌族乡烤烟种植、收购指标情况表

年度	种植农户（户）	种植面积（亩）	指令性计划收购（担）	阿昌族家庭种植面积（亩）	完成收购量（担）	均价（元/公斤）	总收入（万元）
2008	—	450					
2009	—	1500					
2014	2478	16800	40640		40640		6038.43
2015	2528	16370	46000		46000		5998.03
2016	2844	19700	57200	12836.4	68626	26.26	7698.60
2017	2844	24500	66000	15718.5	66000	27.36	9027.48

（四）民族手工艺生产

户撒民族手工艺生产曾是其经济收入来源不可分割的一部分，尤其以铁器生产为代表。户撒铁器的生产历史，是明中叶沐英、王骥等将领大量派驻来自四川等地汉族驻军戍屯，阿昌族人民主动学习先进技能并加以保留改造的结果，有其历史渊源和发展进程，也是德宏地区各民族间社会分工的结果。户撒铁器远销缅甸。

据20世纪50年代调查,户撒刀是户撒阿昌族最具代表性的民族手工制品。民间相传是沐英西征时驻守户撒屯垦的汉族将士传授此技艺,至今已有600多年的历史。户撒阿昌族"能制造各种生产工具和生活用具,譬如,制长刀、大刀、尖刀、镰刀、砍刀、斧头、犁头、耙、锄头、钉耙、铁铲以及钉子、剪刀、锅铲、铸铲、马掌等铁器杂物"[①]。据调查,调查组认为:户撒铁器生产处于手工铁业阶段,生产者生产工具不完备,生产原料来源困难,生产过程是个体性质,且大多只能在农闲时节作为副业从事零星加工生产。个别村寨壮男劳动力甚至需要长时期出远门到缅甸从事铁器生产经营,是人力物力的巨大浪费。因而,户撒铁器生产虽在当时当地有较高的生产水平,是户腊撒阿昌族经济收入的重要部分,但其生产水平、生产产量及销量决定了户撒铁器是作为农业的副业,不能商品化生产。

作为起源于军屯的产物,户撒刀最初生产品种多为兵器、马掌和农具,后为满足各民族生产生活需要,也生产斧头、柴刀、菜刀、背刀和佩刀等。其中的背刀和各式佩刀因刚性好、式样美观大方而深受当地少数民族及东南亚各国人民喜爱。

户撒阿昌族打制刀具是民族分工的一种表现,其与历史上德宏区域内各少数民族社会、经济等发展程度有关。阿昌族主动向汉族军屯官兵学习打铁技术,满足了社会需求,实现了各民族间的社会大分工。

户撒刀的生产本身也是一个既有分工又相互协作的联合体。长刀、短刀、小尖刀、菜刀、砍刀、镰刀以及相配套的木柄、木鞘都是不同村寨共同分工协作,合力完成。户撒乡的芒东上寨、芒东下寨、新寨、来福寨、芒海寨等阿昌族村寨几乎家家都有打铁火炉,户户都是打铁高手,除个别从事一定的农业生产和经商以自给外,大部分家庭经济来源的70%~95%都靠打铁。

[①]《民族问题五种丛书》云南省编辑委员会编:《阿昌族社会历史调查·户腊撒阿昌族社会经济调查》,云南民族出版社,1983年,第4~5页。

传统户撒刀的生产原料主要是汽车的废钢板和上好钢材，依靠民间"茶马古道"、滇缅公路等运输路线提供原料。生产过程中有一定的传统性、周期性等特点，主要集中在秋、冬两季农闲时节。当前销售网络遍布德宏全州各县（市），除门店零售外，还有邮购、网购等营销渠道。但受制于刀具管制等法律法规，当前户撒刀的生存发展空间有一定的区域性和民族性。

户撒刀是实现各民族间感情交流、民族和谐共处的传统民族手工艺品，深受各民族群众的广泛喜爱，是各少数民族传统文化特色构成中不可或缺的要素。如景颇族的目瑙纵歌节期间，景颇族男子的佩刀是其勇猛开拓的形象象征；景颇族少女也会"宝刀赠英雄"给意中人；景颇族人民用于馈赠的纯银背刀更是对贵宾最诚挚的敬意。又如傈僳族的上刀杆节，锋利的刀刃考验着勇于挑战者的勇气和智慧。总之，周边各民族生产生活中都要使用到户撒阿昌族打制的各式农具、刀具等。户撒刀就是贯穿各民族历史，表征各民族大杂居、小聚居，汉族离不开少数民族、少数民族离不开汉族、少数民族间互相离不开，充分体现民族大团结、和谐共处、共同繁荣发展的重要物象表征。

2006年5月20日，户撒刀锻制技艺经国务院批准列入第一批国家级非物质文化遗产名录。项老赛等人被列为非物质文化遗产传承人。

（五）其他经济生产

脱水蔬菜产业加工。户撒乡积极探索尝试农村土地租赁流转的新模式，引进脱水蔬菜项目——陇川大通食品有限公司投资建厂，厂房于2015年2月12日举行了竣工庆典，2016年一期脱水蔬菜生产线累计投资2800万元，推广农户合同种植260亩。

非烟特色产业。有序发展非烟特色产业，2014年起争取猕猴桃种植扶持资金135万元，种植猕猴桃727亩。截至2017年，全乡共种植猕猴桃4800余亩，已有3000余亩开始挂果，年产值预计可达800余万元。种植油茶1100

亩、核桃120亩，截至2017年，全乡共完成荒山造林8650亩，完成油茶种植9957亩、核桃5500亩。

产业帮扶到户。发展"党支部+公司+农户+基地""党员+电商+合作社+农户"等帮农致富新模式。引进云南冕昊庄园猕猴桃产业有限公司到明社村铅勒村民小组建设标准化猕猴桃种植基地150亩，引进河南开发商到坪山村八官小组建设樱桃种植示范基地100亩，建设隆光村板鹅合作社，多渠道探索帮农致富模式。

三、政治建设

（一）政治制度变迁

阿昌族先民自进入陇川户撒坝定居生活，直至解放前，基本实行土司制度。20世纪50年代《户腊撒阿昌族社会经济调查》对统治户撒的赖氏土司、统治腊撒的盖氏土司，及其土司世系沿袭历史进行了调查，记录了户腊撒土司实行的"衙门—田亢—作借"三层政治行政机构体制。此外，国民党统治时期，户撒曾设"设治局"试图取代封建土司机构。设治局主要行使税收和海关职能，其与原土司机构的"衙门—田亢—作借"三层职级人员相对应为"局长、保长、甲长"，是阿昌族百姓头上又一重的压迫和剥削。此外，户撒有封建会门"红邦""青年会"等组织，直接或间接为当时政权组织形式服务。①

户腊撒土司衙门有其产生和存在的历史背景及社会发展的历史适应性，其对户腊撒人民的管理不可避免存在的其政治制度设计的局限性。户撒村寨间的习惯法，因其具备初级的民主意识和法律观念，并与阿昌族民间信仰相结合，也存在于一定历史阶段内。

1950年5月，中国人民解放军进驻德宏，户腊撒地区相继得到解放，并

---

① 《民族问题五种丛书》云南省编辑委员会编：《阿昌族社会历史调查》，云南民族出版社，1983年，第34～36页。

设置户撒乡，属盈江行政委员会。10月16日，召开户腊撒各族各界代表会议，成立民族联合政府，改置为户撒区行政委员会，首任主任、区长由土司后裔赖思琳担任。1952年4月，民政部批准成立"户撒阿昌族自治区（乡级）"，依照《民族自治工作条例》行使民族自治权利。1954年，赖思琳、盖万新等土司后裔在云南民族学院民族上层人士集中学习结束后，分别被安排至昌宁县、保山县工作，标志着户腊撒长达500余年的封建土司制度宣告结束。①

户撒自解放以来政治组织名称建制的变迁，乃是中国乡村政治制度变迁历史的一个缩影。1955年，户撒阿昌族自治区（乡级）改称为户撒区，下设7个乡。1958年9月，户撒区由盈江县（1958～1959年，短暂归属瑞丽县）划归陇川县。1969年底，户撒建立人民公社，区名改称为东风公社，下设7个乡改称大队。1971年，改为户撒公社，全公社共划为9个大队、132个村。1984年，户撒公社改为户撒区，原大队改称回乡，全区所辖乡经调整后共有10个：项姐乡、保平乡、朗光乡、潘乐乡、明社乡、隆光乡、曼捧乡、芒炳乡、坪山乡、腊撒乡。1988年后，户撒仍设置为乡，原乡改称为村公所，共辖11个村公所、122个自然村、126个生产合作社。2000年后，村公所改称为村民委员会，合作社改称为村民小组。

（二）户撒乡各村委会基本情况②

户撒区域辖属、政治组织名称虽历经变迁，但其基层党组织的组织架构及组织保障仍在中国共产党和中央人民政府的统一领导范围内。课题调查组调查时段内，户撒乡共设11个村委会。

---

① 陇川县史志办、政协陇川县文史委编：《户撒史话》，云南民族出版社，2002年，第62页。

② 以下户撒阿昌族乡各村委会基本情况，来自笔者逐一走访11个村委会后，根据村干部提供的基本情况，结合2015年户撒整乡推进整族帮扶项目"脱贫攻坚作战图"的"战情分析"公示板，综合改写而成。云南省阿昌族整乡推进整族帮扶项目正式启动于2015年7月17日，故可认定上述数据统计时间截至2015年。

1. 隆光村委会

隆光村委会地处户撒乡东南边，距户撒乡政府所在地1.5千米，距陇川县政府所在地章凤镇52千米。东邻朗光村，南邻潘乐村，西邻项姐村，北邻芒炳村。全村通路、通水、通电话、通网络。道路为弹石路。全村总面积12.5平方千米，海拔1400米，年平均气温16℃，年降水量2053毫米。辖17个村民小组，有701户3425人（2015年）。全村耕地面积10841亩，其中水田5900亩、旱地4941亩、林地7070亩。农民收入主要以种植业（水稻、烤烟、油菜）、畜牧养殖业为主，兼有农用铁具加工、季节性砖瓦加工等。2015年全村经济总收入4157万元，农民人均纯收入6459元。

2. 项姐村委会

项姐村委会位于户撒乡中部，距户撒乡政府所在地100米，距陇川县政府所在地章凤镇46千米。东邻户早村，南邻芒炳村，西邻明社村，北邻隆光村。全村通路、通水、通电、通电话、通网络，到乡道路为水泥路，交通方便。全村总面积6.25平方千米，海拔1380米，年平均气温16℃，年降水量2053毫米。全村辖12个村民小组，612户3002人。全村耕地面积10804亩，其中水田7657亩、旱地2964亩，林地7717亩。村民收入主要以农作物及烤烟种植、养殖业为主。2015年全村经济总收入3565万元，农民人均纯收入6907元。

3. 朗光村委会

朗光村委会地处户撒乡西北，距户撒乡政府所在地6千米，距陇川县政府所在地章凤镇52千米。东邻潘乐村，南邻隆光村，西邻盈江县，北邻曼捧村。全村通路、通水、通电、通电话、通网络，到乡道路为柏油路。全村总面积6.45平方千米，海拔1450米，年平均气温16.5℃，年降水量1865毫米。辖15个村民小组，现有772户3340人。全村耕地面积9822亩，其中水田7200亩、旱地2622亩、林地24526亩。农民收入主要以种植业、养殖业为主。2015年全村经济总收入3610万元，农民人均收入6567元。

4. 曼捧村委会

曼捧村地处户撒乡东面，距户撒乡政府所在地8千米，距陇川县政府所在地章凤镇55千米。东邻潘乐村，南邻清平乡，西邻朗光村，北邻赵家寨。全村通路、通水、通电、通电话、通网络，到乡道路为沥青路，交通方便。全村总面积3.58平方千米，海拔1380米，年平均气温16℃，年降水量2053毫米。全村辖8个村民小组，373户1703人，涉外婚姻家庭25户，阿昌族1362人。全村耕地面积5079亩，其中水田3578亩、旱地1501亩，林地14107亩。村民收入主要以农作物、烤烟和猕猴桃种植及猪牛鸡鸭养殖业为主，有养猪场1个。2015年全村经济总收入1467万元，农民人均纯收入6422元。

5. 户早村委会

户早村地处户撒乡东面，距户撒乡政府所在地2千米，距陇川县政府所在地章凤镇50千米。东邻城子镇，南邻明社村，西邻项姐村，北邻潘乐村。全村通路、通水、通电、通电话、通网络，到乡道路为弹石路，交通方便。全村总面积2.68平方千米，海拔1380米，年平均气温16℃，年降水量2053毫米。全村辖户早、上户昔、下户昔、老混东、芒海、芒派、来细一、来细二等8个村民小组，262户1246人，其中阿昌族人口占94.5%。全村耕地面积2606亩，其中水田2228亩、旱地378亩。村民收入主要以大小春生产、蔬菜种植和养殖业为主，手工业以户撒刀加工为主。2014年全村经济总收入1436万元，农民人均纯收入5193元。

6. 芒炳村委会

芒炳村委会地处户撒乡西北部，属山区，距户撒乡政府所在地8千米，距陇川县政府所在地章凤镇38千米。东邻保平村，南邻腊撒村，西邻盈江县，北邻明社村。全村通路、通水、通电、通电话、通网络，到乡道路为柏油路。全村总面积9.9平方千米，海拔1380米，年平均气温16.1℃，年降水量2053毫米。辖18个村民小组，现有683户3096人，全村耕地面积8040

亩，其中水田5332亩、旱地2708亩，林地24034亩。农民收入主要以种植业（烤烟、水稻、猕猴桃、油菜等）和养殖业（猪、牛、鸡、鸭）为主。2015年全村经济总收入3419万元，农民人均收入6768元。

7. 腊撒村委会

腊撒村委会地处户撒乡西北部，属山区，距户撒乡政府所在地13千米，距陇川县政府所在地章凤镇40千米。东邻保平村，西、南邻盈江县，北邻芒炳村。全村通路、通水、通电、通电话、通网络，到乡道路为柏油路。全村总面积3.24平方千米，海拔1380米，年平均气温16.1℃，年降水量2053毫米。辖9个村民小组，现有330户1411人。全村耕地面积4039.5亩，其中水田2339.5亩、旱地1700亩，林地36956亩。农民收入主要以种植业（烤烟、水稻等）和养殖业为主。2015年全村经济总收入2305万元，农民人均收入6425元。

8. 坪山村委会

坪山村委会地处户撒乡西南部，属山区，距户撒乡政府所在地15千米，距陇川县政府所在地章凤镇42千米。东邻保平村，西、南邻盈江县，北邻芒炳村。全村通路、通水、通电、通电话、通网络，到乡道路为柏油路。全村总面积20.87平方千米，海拔1380米，年平均气温16.1℃，年降水量2053毫米。辖6个村民小组，现有291户1151人。全村耕地面积5120亩，其中水田3836亩、旱地1284亩，林地36956亩。农民收入主要以种植业（烤烟、水稻等）和养殖业为主。2015年全村经济总收入3257万元，农民人均收入6422元。

9. 保平村委会

保平村委会地处户撒乡西南，距户撒乡政府所在地10千米，距陇川县政府所在地章凤镇37千米。东邻陇把镇，南邻坪山村，西邻腊撒村，北邻明社村。全村通路、通水、通电、通电话、通网络，省道腾瑞线经过该村。全村总面积8.64平方千米，海拔1380米，年平均气温16.1℃，年降水量2053毫米。辖10个村民小组，现有463户2181人。全村耕地面积6090亩，其中水田4078亩、旱地2012亩，林地15743亩。农民收入主要以种植业（烤烟、水稻、猕猴桃、油菜等）和养殖业（猪、牛、鸡、鸭）为主。2015年全村经济总收入4146万元，农民人均收入7246元。

10. 明社村委会

明社村委会地处户撒乡东南，属山区，距户撒乡政府所在地4千米，距陇川县政府所在地章凤镇42千米。东邻城子镇，南邻保平村，西邻项姐村，北邻户早村。全村通路、通水、通电、通电话、通网络，到乡镇道路为弹石路。全村总面积5.23平方千米，海拔1380米，年平均气温16.1℃，年降水量2053毫米。辖13个村民小组，现有546户2532人。全村耕地面积5120亩，其中水田3836亩、旱地1284亩，林地11202亩。农民收入主要以种植业（烤烟、水稻等）和养殖业（猪、牛、鸡、鸭）为主。2015年全村经济总收入3202万元，农民人均收入6792元。

11. 潘乐村委会

潘乐村委会地处户撒乡东北，属山区，距户撒乡政府所在地6千米，距陇川县政府所在地章凤镇55千米。东靠户撒东山方向，南邻户早村，西邻朗光村，北邻户曼捧村。全村通路、通水、通电、通电话、通网络，到乡镇道路为弹石路。全村总面积9.24平方千米，海拔1380米，年平均气温16.1℃，年降水量2053毫米。辖10个村民小组，分别是贺勐、曼朽、曼板、小曼别、大曼别、江蚌、曼俄、姐别、曼孔、曼旦，现有546户2532人。全村耕地面积4092亩，其中水田3740亩、旱地352亩，森林覆盖率60%。农民收入主要以种植业（烤烟、水稻等）和养殖业（猪、牛、鸡、鸭）为主。2015年全村经济总收入1507万元，农民人均收入5981元。

（三）建设举措

户撒乡党委、政府坚持依法行政，认真执行各项议事规则和工作制度，自觉接受人大法律监督、工作监督及社会舆论监督。积极开展政务公开和村务公开，政府职能有了新的转变。

1. 政府自身建设

高度重视人大代表的议案、建议办理工作。2014年，收到乡第十七届人民代表大会第二次会议代表所提建议、批评和意见共34件，办结23件，办结率67.6%。政务服务环境、行政效能进一步提升，扎实开展党的群众路线教育实践活动，深入基层密切联系群众，切实解决关系群众切身利益的问题，党群、干群关系更加牢固。深入贯彻落实廉政建设责任制，严格贯彻执行中央八项规定、《廉政准则》等有关规定，加强对重点领域、重点项目、重点资金、重点岗位的监督检查，进一步规范权力运行。站在新的历史起点，面对跨越发展的历史重任，围绕既定目标，自加压力、自我改革、自我调整，全面加强政府自身建设。

2. 执政能力建设

牢固树立政治意识和大局意识，建设团结协作的领导集体，不断提高驾驭经济社会发展全局的能力和水平。结合"三严三实"和"忠诚干净担当"专题教育活动，户撒乡党委、政府统一思想，明确发展方向，看清当前户撒乡正处于全面建成小康社会、全面深化改革和全面依法治乡、全面从严治党的关键时期，要立足"生态户撒，田园风光"定位，狠抓"产业发展、美丽乡村、民生完善"三大关键，继续实施好"作风建设、美丽宜居、社会治理、事实为民、制度创新、群众满意"六大工程，坚持以调整促转型、以开放促开发、以民生带发展，努力走出一条追赶型、调整型、跨越式、可持续的发展路子，确保到2020年与全国同步全面建成小康社会。

3. 依法行政

进一步强化政府法制工作，始终把依法行政贯穿到政府决策、执行和监督的全过程。自觉接受人大法律监督、社会舆论监督，建立和完善科学民主的决策机制。推进政务公开和政府信息公开工作，认真执行"三重一大"事项通报制度，不断提高政府工作透明度、公众参与度。推进高效便捷的政务服务工作，逐步实现政府审批事项"一站式"服务。严格执行建设工程招标投标制，促进公共资源交易公开、公平、公正。

4．决策落实

围绕既定的目标，动员一切力量，集中精力抓大事、抓难事，强化政策、措施保障，切实提高执行力。对上级和县委的决策部署，做到反应迅速、推进有力、落实到位，确保令行禁止、政令畅通，促进政府各项工作务实高效运转。

5．改进作风

深入贯彻落实中央八项规定，狠刹形式主义、官僚主义、享乐主义和奢靡之风，坚持厉行节约，勤俭办一切事业，进一步削减"三公"经费支出。改进调查研究方式方法，密切联系群众，深入了解真实情况，研究问题、解决问题、指导工作，不断增强工作的针对性和预见性。开展行风评议，抓好重点行业、重点领域的行业建设、作风整治、监督检查和整改。认真落实党风廉政建设责任制，履行"一岗双责"，坚持廉政提醒谈话制度。加强对权力部门和重要岗位人员履职情况的跟踪问廉问效，坚决纠正损害群众利益的不正之风，保持清正廉洁的政府形象，实现户撒阿昌族乡的全面可持续发展。

6．干部队伍

一支能干事、干实事，纪律严明、作风优良的干部队伍打造至关重要。"三严三实"和"忠诚干净担当"是对党员干部的谆谆告诫，是新的历史条件下党员干部的修身之本、为政之道、成事之要。户撒乡党员干部作风建设，坚持要从根本上遵行党的群众路线教育实践活动，坚持学习提高，保持党同人民群众的血肉联系，始终坚定政治品格。

四、文化建设

（一）公共文化基础设施建设

户撒乡文化事业的发展曾严重受制于基础设施建设。针对群众反映强烈的问题，户撒乡积极争取各种扶持政策、项目和配套资金用于改善全乡基础设施，并以基础设施建设为带动，投入公共文化基础设施建设，以文化建设的同步发展，增强经济发展后劲，展现民族文化特色，繁荣民族文化。

其一，配套建成村小组文化活动室。2014年共建设曼捧地方头上中、明社芒刚、保平新洪等10个村民小组的文化活动室，总投资296万元。

其二，建成阿露窝罗文化广场。2014年起，进行阿露窝罗文化广场、民族特色观景台和旅游休息小站等项目规划和可行性研究报告，上报省发改委批复后，于2016年建成，总投资625万元。阿露窝罗文化广场已经成为阿昌族的文化标识和民族文化名片，也是展现户撒阿昌民族风情、自然风光的重要景点。

其三，环乡旅游路线及乡村马拉松路道建设。在户撒农村二级公路建设基础上，同步规划同步建成全程42.195千米的标准长度（乡村）马拉松跑道，预计2017年5月底前完工。

其四，户撒街道风貌改造提升工程。在户撒乡乡村道路建设改造基础上，全面有序地推进户撒乡镇街道民族风貌改造提升。

（二）民族传统宗教信仰

20世纪50年代阿昌族调查，其重点在于户腊撒的社会经济调查，关于阿昌族的传统文化，仅只在调查报告文末提及："户撒阿昌族信仰南传上座部佛教。在教派、教规、宗教仪式、宗教节日等方面都和傣族相同。"[①] 其次，调查列举了"原始宗教的痕迹"的"色曼"（"招先"），即"寨

[①]《民族问题五种丛书》云南省编辑委员会编：《阿昌族社会历史调查·户腊撒阿昌族社会经济调查》，云南民族出版社，1983年，第45~46页。

神"信仰;"版清",即太阳神信仰。最后,对户腊撒节日,如与邻近傣族相同的赶摆、泼水节、进洼、出洼、火把节、换黄单、烧白柴、过新年、浇花水等民间节日也做了简要介绍。①

据本课题组调查,户撒阿昌族因较长历史阶段内的迁徙流寓,与汉族、傣族、景颇族、傈僳族等和谐共居,交往交流交融,宗教信仰、传统节日等各方面都体现出相互影响的深刻烙印。其宗教信仰比较复杂,大致来说,主要有少数民族传统信仰、祖先崇拜信仰、南传上座部佛教信仰和道教信仰等几种类型。

1. 少数民族传统信仰

（1）寨神、勐神信仰

户撒阿昌族寨子都供奉有寨神,阿昌语称为"召先"。寨神又分为小寨神与大寨神。小寨神一般由该寨最早铲草立寨人所立,位于各自然村落上方位置,以长短约1~1.5米的两块石条搭成的"T"字形作为象征物,供品祭物可以摆放在"T"字形台面上。或者是一垛宽1.5米、高2米,设有窗台、盖瓦供台形制的土墙。

大寨神又称"勐神",即地方神,由几个地域相连的村寨共同供奉。如曼捧大寨神,就由地域相连的曼捧寨、曼定、曼棍、

◇ 户撒阿昌族的寨神信仰

---

① 《民族问题五种丛书》云南省编辑委员会编:《阿昌族社会历史调查·户腊撒阿昌族社会经济调查》,云南民族出版社,1983年,第45~46页。

老马、线懂、张坡头等共同供奉。值得注意的是，阿昌族的寨神信仰，地域认同超过民族认同，大寨神是所相连地域内各民族共同的供奉和信仰对象。

寨神祭祀主要是祈求保佑寨民清吉平安，六畜兴旺，财粮富足。每年农历五月、六月属猪日或属虎日举行两次村寨集体祭祀。祭寨神要用四蹄白、顶白、尾尖白的"六白猪"为最佳，另有鸡冠雄壮、毛羽斑斓的公鸡一只，将其宰杀后，放入专门编制的一个竹篾中，献祭于寨神。以往村落祭寨神时，基本排斥或不欢迎外（寨）人，为此还专门派人到村口把守，违规进入村寨的外（寨）人要接受奉献财物的处罚。现在，村落之间人员流动频繁，外出经商打工嫁娶的阿昌族，若能呼朋引伴引来围观人群，吸引媒体宣传报道，甚至邀请研究调查人员共同参与本寨寨神祭祀，都成为阿昌族引以为傲的荣耀。此外，村民若有出门远行、家事不顺、生病受惊等等生活琐事，都可以自行到寨神处告知、祈祷、求福。

"召先"寨神的传说有多种，有说是古代一位英勇牺牲的女将领，有说是位有六只手的神勇将领。"召先"的神职功能主要有：身先士卒率兵保卫家园；保佑五谷丰登、六畜兴旺；保佑寨民清吉平安等。

（2）寨心信仰

按照传统村落格局，各寨还有寨心，阿昌语称为"折地"，可以是用长短石条搭成的"T"字形台面，还可以是用石块、土等垒叠而成的土石塔。寨心通常位于村落内长得枝繁叶茂、高大苍劲的大树之下。供品可以摆放在寨心旁，也可用竹

◇户撒阿昌族的寨心信仰

◇ 户撒阿昌族的寨心信仰

篾编几个圆盘，插在高约一米的竹竿上，专门用于摆放供品。寨心祭祀被认为是团结凝聚全寨人的重要举措，举凡需要以村寨名义进行的活动，都要进行寨神和寨心祭祀。

（3）"版清"太阳神、月亮神信仰

阿昌族民居里，普遍都有太阳神、月亮神的存在空间。有的在房檐下，有的在堂屋前的柱子上，有的在围墙的某个墙洞里，面东背西，对应着太阳、月亮东升西落的空间运行轨迹。

在阿昌族的信仰意识里，太阳神、月亮神都是举头三尺的神灵，因而须时时用鲜花和清水勤加供奉，才能使人不生病、生活幸福。每天家里的女主人做好早饭后，先将一团饭供上，全家人才能开餐；平时要出门做工下田，也要对着"版清"祷告一番。若有家人要出远门，离家前也需杀一只公鸡，向着祖先牌位、"版清"祷告，求出门远行顺利平安，生意兴隆。

2. 祖先崇拜

也有个别正中供奉佛祖释迦牟尼或观音，左边供灶君或财神等，右边供祖宗牌位。阿昌族祖先崇拜起源于其社会发展进入氏族社会后，在万物有灵世界观的思想基础上，产生一种血缘承续观念和对祖先劳绩的追念感情。相信祖先的灵魂不灭，并且成为超自然界的一部分，冥冥之中对现实家族内阿昌族人的生老病死、福祸财运、顺逆运势等有巨大的影响力和支配力。在众多的神灵信奉当中，祖先至今仍然是阿昌族最重要的、占主导地位的崇拜对象，它积淀着阿昌族古老的历史文化，深度影响着阿昌族的文化心理及社会生活。就其产生时序、管辖范围、对象和神格高低排列，大致可分为始祖崇拜、远祖崇拜和家祖崇拜三类[①]。

---

① 刘江：《阿昌族的祖先崇拜》，《云南民族学院学报（哲学社会科学版）》，2001年7月，第18卷第4期。

（1）始祖崇拜

遮帕麻和遮米麻。阿昌族认为遮帕麻和遮米麻是人类始祖，其开天辟地、创造人类的丰功伟绩已在其创世史诗《遮帕麻和遮米麻》中有详细描述。

盐婆桑尼姑。桑尼姑为了让阿昌族的子孙后代能够吃到美味佳肴，头变成了岩盐，身子变成盐河水，头发变成葱和韭菜，脚趾、手指变成大蒜，阿昌人民将其尊称为"盐婆"。

谷期老姑太。相传，谷期老姑太是阿昌族农耕文化的创始人，她勤劳智慧，能耕善种，还能带来五谷丰登。所以家家户户都在堂屋左侧供奉她，一年四季摆放着她的灵魂象征物"榜争"，即一根木杆，意为老姑太的拐杖；一根长着两个玉米，捆着芋头和稻穗的玉米秆。每年尝新节都要首先用新谷子祭祀。新娘娶进家后，也要首先拜谷期老姑太，祈求谷期老姑太保佑新人幸福兴旺，粮食年年丰收。

（2）远祖崇拜和家祖崇拜

户撒地区几乎家家户户堂屋正中都摆有供桌。基本形制是：正中置"天地君亲师"牌位，左边供灶君牌位，右边供历代祖宗牌位。也有将上述牌位挂于堂屋正墙特意凹陷的墙壁上，类似汉族的神龛。

3. 南传上座部佛教信仰

户撒阿昌族受周边傣族影响，大多信奉南传上座部佛教。南传上座部佛教传入户撒的时间，民间有几种说法：

一说是明末清初。其根据在于户撒地区现存傣族风格奘房建筑大多为清代所建。其时，户撒周边由陇川宣抚司和干崖宣抚司统治，两大土司都信奉南传上座部佛教，因而不可避免受其影响。此说有地理地域和民族相互关系的依据，较为可信。

一说是在1000多年前。据说1000多年前，缅甸境内的佛教兴盛，但许多"假和尚"也混在僧侣队伍里鱼目混珠、滥竽充数。缅王下令加以清理和驱逐，于是部分和尚就来到户撒地区宣教讲经。此说与汉文史籍中所载的南诏灭亡时期阿昌族先民大量向南迁徙的史实基本吻合。

南传上座部佛教自传入户撒地区以来，就受到广泛信仰，基本上每个村寨都建有奘房，开展佛事活动。

户撒阿昌族的南传上座部佛教信仰也不可避免地融入了其他民间信仰，这是我国民族宗教信仰实践的典型特征：各种宗教信仰兼容并蓄，并行不悖，和谐相容。例如正月初一的"赕佛会"，阿昌族信众通常都是用基本相同的祭品，先在家里祭完祖先、"版清"之后，才来到奘房拜佛。然后，端着祭品再到寨神、寨心处祭拜。最后相约到相邻村寨的寺庙（可能是观音寺、娘娘庙或是皇阁寺）祭拜。

基本上，户撒地区奘房的东北角处，都有用石条与石块搭成的"T"状物，参与祭拜的阿昌族常用"召先"称呼它，并认为"佛祖"的神灵寄寓于此。

据课题组调查，目前户撒阿昌族聚居村落的奘房，仅个别奘房有驻寺

◇ 奘　房

◇ 芒旦佛塔

◇ 帮寺奘房佛塔

僧侣，且僧侣大多来自外地。如芒旦奘房的驻寺僧侣，是1992年从瑞丽弄岛来的。

4. 道教信仰

户撒皇阁寺位于朗光村金凤山，据皇阁寺碑文记载，始建于明代洪武年间（1368~1398），此后，清乾隆十二年（1747）、嘉庆十一年（1806）、咸丰元年（1851）和同治十三年（1874）均有不同程度的修缮，说明其影响力。1977年后，政府及群众曾捐资维护。1992年，旅居缅甸的华侨捐资进行了重修。2000年初，在皇阁寺大殿后侧新建老君殿一座。①

皇阁寺的修建有丰富的传说故事。传说明朝将领沐英率大军出征麓川，遭遇山险道阻、瘴疠蛇虫等等困难，军队前行缓慢，兵力锐减。沐英忧心忡忡不觉昏睡过去，梦中见到玉皇大帝派来地母告知他，一只白鹿将会前来引路。沐英醒后果然隐约见到白鹿不紧不慢地走在军队前方，于是率大军跟随白鹿沿高黎贡山西下，横渡龙川江，越过风吹坡，一路来到户撒朗光。白鹿随后在金凤山坡上消失。户撒朗光三面环山，一面通干崖，易守难攻，气候凉爽，无瘴疠。沐英的军队安营扎寨后，得以整饬休息，

◇ 户撒皇阁寺

---

① 陇川县史志办、政协陇川县文史委编：《户撒史话》，云南民族出版社，2002年，第226页。

很快恢复了战斗力。为感谢玉皇大帝（地母）的指引，沐英就在白鹿消失的金凤山修建起皇阁寺和报恩寺。

现存有48米石板铺筑的小径，127级台阶，阶宽1.33米。拾级而上至皇阁寺山门前，有两株合抱桂花树，苍翠芳香。皇阁寺整体是仿汉式的四合院道教建筑，分正殿、左右殿及下殿。其正殿建在高台上，供奉有玉皇大帝和南华真人、冲虚真人、通玄真人、洞灵真人。背面塑有王母娘娘、陪生老母和七仙女。正殿左檐角挂大铜钟一口，铭文记载铸于嘉庆十一年（1806）三月，由户撒土司赖耀祖、盖赵凤及当地民众捐资150两，铸工陈云铸造。正殿的两侧是厢殿，称地母殿，塑有东斗、南斗和三十六星宿神像。下殿为戏楼和戏台。天井有水池、花坛，植有花卉树木。整个殿内建筑飞檐翘角，布局紧凑，结构精巧。

◇"先生"敲钟，阿昌族信众祭拜

报恩寺位于皇阁寺的右下方，大门前有60级台阶。分上、下殿，上殿新塑有佛、法、僧三宝塑像，下殿塑像毁颓，香客多在此围坐歇脚。寺外有南传上座部佛教的金顶白塔一座。

新中国成立前，皇阁寺曾有阿昌族道士，新中国成立后至今，皇阁寺一直无专门的道士驻寺。偶尔有身体尚可的年老鳏夫自愿守寺，负责维护寺宇日常卫生及修铲杂草等，朗

◇报恩寺外佛塔

◇ 填写"上表文书"的阿昌族"先生"

光村各村寨每年轮流奉献大米几十斤作为报酬，其他蔬菜、油盐等主要靠平时活动的贡品、香火钱结余自给。逢道教节日或正月初一等，附近村落熟悉道场仪轨的村民即来临时主事，通常被称为"先生"。

先生通常仅能做些制式化"上表文书"的填写，能诵读《玉皇经》的个别段落。法器有法铃、法剑、木鱼、如意、钹等，也不齐备。

多种宗教信仰在户撒阿昌族信仰观念体系中并存互融，使得户撒皇阁寺如正月初九玉皇大帝诞日会期，被形象地合称为"皇阁摆"（"摆"，傣语，意为"集会""欢聚"等），从名称上就表明户撒皇阁寺的宗教节庆活动，虽有着深刻的道教烙印，但同时也是一种多种宗教信仰及情感兼而有之的民间信仰活动。

5. 基督教、天主教信仰

当前，分布聚居在坪山村委会中寨、赖结山、城子山、满来山、小海岛、老翁、公江和明社村委会铅勒寨等地的傈僳族群众主要信仰基督教或天主教。基督教、天主教信仰也在户撒多民族聚居地得到了和谐包容性的发展。如隆光村委会曼东下寨的宗教活动场所是"观音寺"（村寨里的阿昌族以傣语名称称之为"观音奘"）。每年正月初八、初九、初十，曼东下寨的"老年会"与"青年会"会共同组织"观音摆"，邀请邻近四个傈僳族村的村民前来参加活动。初九一大早，曼东下寨"老年会"和"青年会"成员要在村头敲着象脚鼓向参会的傈僳族贵宾敬上欢迎酒，之后迎入村寨，共同祭拜、聚餐、聊天、畅饮，并留宿一晚。初十上午才依依不舍地将傈僳族贵宾送走，临别时还要赠送户撒刀、镜子、糯米粑粑和酒等礼物。①

◇明社村天主教堂

6. 其他神灵崇拜

（1）炉神、鲁班神崇拜

户撒地区明朝时曾有汉族军屯驻兵，阿昌族得以在民族社会大分工中掌握并传承了较为先进的铁器打制技艺。除此之外，阿昌族还兼有银匠、木匠和泥匠等手工艺人，因而行业神的崇拜在户撒地区也有较为明显的体现。

阿昌族铁匠炉灶前的挡火墙上贴有炉神神像，开炉打铁前，要先用饭食、瓜果、香烛、纸火等祭品供放在挡火墙顶，磕头祈求炉神保佑熔铁顺利，打铁时火星不飞溅伤人。农闲时节游方打铁前，也要向炉神磕头，祈愿诸事顺利。

阿昌族木匠师傅尊崇鲁班神，称其为"老师"，凡造房起屋前，都要事先向"鲁班老师"许愿。竖房上梁时要摆放陈列出所有木匠工具，以红公鸡鸡冠血点宝梁，口中念诵祷词，敬告"鲁班老师"诚心还愿。如此祭拜之后，才能上檐盖瓦，房梁屋栋才能树得正、盖得好。

（2）火神、灶神崇拜

火神、灶神崇拜在户撒阿昌族中也较为普遍，其起源于阿昌族日常生

---

①陇川县史志办、政协陇川县文史委编：《户撒史话》，云南民族出版社，2002年，第286页。

活中感恩思想的朴素体现。阿昌族认为自己能有火可烤，驱散寒冷阴湿，有饭可吃，温饱度日，是火神和灶神的功劳。火神和灶神还是离自己及家人最为亲近的神灵，举凡在家里的一言一行都会被火神和灶神看在眼里，因此，为感谢和祈求火神、灶神保佑，逢年过节阿昌族都会在自家火塘边、灶台旁立一根竹筒，里面插上青翠的松柏枝并点燃香条，灶台锅沿的夹缝里也点上三炷香并供上米饭，祭献这两尊神。

（三）民族传统节日与传说

户撒乡的民族传统节日主要有阿露窝罗节、火把节、尝新节、泼水节、春节及南传上座部佛教节日等。

1. 阿露窝罗节

阿露窝罗节由"阿露节"和"窝罗节"两个根据传说故事形成的节日组合而成。阿露节又叫"会街节"，主要流行于陇川县户撒、腊撒地区，以前在每年农历九月初十举行。窝罗节主要流行于梁河、潞西、腾冲、龙陵、云龙等地的阿昌族聚居区，以前每年农历正月举行。1993年5月20日，经与梁河县九保乡、囊宋乡阿昌族群众反复协商沟通，并报经德宏州第九届人大常委会第十三次会议讨论批准，决定将梁河县阿昌族"窝罗节"与陇川县户撒阿昌族"阿露节"合为"阿露窝罗节"，并确定为阿昌族的法定民族节日，每年3月20日举行，时间两天。节日内涵除阿昌族人民纪念先祖、祭祀祈求平安外，还赋予了庆贺民族团结、欢庆丰收、祝福美好生活等新的含义。

阿昌族的阿露节、窝罗节各有其起源传说。

阿露节传说之一："个打玛"（释迦牟尼）长大成人并历经艰难修炼成佛后，更加感怀母亲的养育之恩，于是在每年农历五月十日母亲去世的日子，都会上天为母亲念经祈福三天。天上一日，地上一月，"个打玛"离开的三个月期间，正是人间的雨季，大雨滂沱，道路泥泞，各种疾疫也到处肆虐。待到"个打玛"念经完毕重返人间，佛光普照，晴空朗朗，青龙跃出深涧昂首摆尾，白象离开密林昂天甩鼻。"个打玛"慈悲心肠，为世人消灾除难，人间重又恢复美好安宁。此后，世人为了报答"个打玛"的恩德，就在他重返人间的日子里，舞动青龙、白象，尽情歌舞。

阿露节传说之二：户撒古时候曾遭遇百年不遇的大旱，颗粒无收。一位修行的出家人，放弃即将得到正果的修行，作法请来一头红牙白象，将旱魔撵走，还召唤来青龙普降甘霖，拯救了户撒苍生之后，才又重新修行。后来，就在户撒人民重获新生的这一天，大家欢聚在一起，舞动起青龙、白象，欢歌庆祝。

窝罗节传说：阿昌族的创世神遮帕麻和遮米麻呕心沥血开辟了天地，改造了人间，人类得到了自由与幸福。可是旱神腊訇却以制造灾难、毁灭幸福为乐。腊訇造了九个假太阳高悬天空，烤干了水塘，晒枯了花草树木。遮帕麻再次挺身而出，与腊訇一番恶斗，最终用法术毒死了腊訇并将

◇ 阿露窝罗文化广场上的雕像

其碎尸万段。随后，遮帕麻制作了一张巨大的弓和九支巨大的箭，一一射落了假太阳，人间得以恢复风调雨顺。可是阿昌族繁衍到第九百九十代时，腊訇的阴魂又还阳了。腊訇痛恨遮帕麻和遮米麻使他皮在东、肉在西、骨在南、筋在北，吃了万年的苦头。于是化身为三嘴怪兽，一张嘴专吃天、一张嘴专吃地、一张嘴专吃童男童女。人们奋力抗争，终于将腊訇赶到九座山的外边。可是腊訇放出的旱魔，使大地再次干涸。一个叫腊亮的阿昌族小伙子爬上大树，用遮帕麻留下的硬弓，张弓搭箭连射两箭，腊訇双眼中箭，仓皇逃跑，逃跑时卷起了一阵黑风，卷走了九个童男童女。勇敢的英雄腊亮身背硬弓，翻过九十九座山，一路斩妖除怪，再次与腊訇展开了殊死搏斗。这时遮米麻从天上派来使者，赐给腊亮一葫芦圣水和一枝开满白花的"桑建"树枝，帮助腊亮打死了腊訇，恢复了人间的凉爽与生机。

综上，将阿露节与窝罗节合二为一的阿露窝罗节，其整合的原初内涵就是：纪念遮帕麻和遮咪麻开天辟地、缝天补地、降魔伏妖，多次挽救人类的大恩大德，庆祝阿昌族人民从此过上幸福安宁的生活。阿露窝罗文化广场的设计也将这两个节日传说的核心要素进行了整合：两根柱子上盘旋着欢腾舞跃的青龙，正中是两头昂首扬鼻的白象，象征着人间龙飞象舞的吉祥景象。两根柱子间有一张弓，利箭搭在弦上，直指天空，意指随时准备好与腊訇再做殊死决战。

"耍白象"是阿露窝罗节的主要内容，也是阿昌族民间传统娱乐性体育活动。传统白象的身架用木料制成，竹篾编成象头、象身，上面裱一层白纸，用白布做成象鼻子，整个白象的大小与真象相当。白象的肚子里还装有各种机关和绳子，以前是四个人藏在象肚子里抬着大象游行，其中一人操纵象鼻子的绳子和滑轮耍动象鼻，现在白象大多放在拖拉机等交通运输工具上，只需一人在白象肚里操作象鼻甩动即可。每当初春椎栗树（桑建）花开的时候，阿昌族都会精心制作出青龙和白象来到阿露窝罗文化广场、舞狮、舞象、舞双龙,蹬起"窝罗"舞蹈,欢庆丰收和庆祝幸福生活。

2. 泼水节

户撒阿昌族受周边傣族影响,大多信奉南传上座部佛教,每年清明节过后的第七天也过泼水节,但泼水节的来历传说、仪式活动与傣族的有所差异。

传说,阿昌族传到第九百九十代的时候,恶魔腊訇投胎转世到阿昌族家。腊訇长着三张饕餮大口,一张吃天、一张吃地、一张吃人,一顿吃得下十箩米煮的饭,半年吃得尽阿昌族家一年的粮。吃完粮食就吃牛马,牛马吃完就吃猪羊,猪羊吃完就吃活人,一天一个,阿昌族将会被吃绝种。第九天,阿昌族忍无可忍,齐心合力将腊訇赶到九座山外。腊訇施起魔法,阿昌族家水缸空、井水枯、河流断、田开裂,连麦叶、豆树都着了火,大青树烧成了灰。腊訇还抢走了最漂亮的阿昌族姑娘腊乖。青年猎手腊亮爬上大树,嗖嗖两箭,正中腊訇双眼。腊訇痛得发狂乱窜,把天地搅得乱七八糟,人民更加遭殃。腊亮出发去寻找遮帕麻和遮米麻除掉妖怪。他爬过36座山,越过72条河,才在一个由桑建花环绕的山崖洞里,找到了金鬓银髯的天公地母。天公遮帕麻扯下桑建花,地母遮米麻端出盛满仙露甘霖的净瓶,嘱咐腊亮说:用桑建花沾甘露洒天洒地洒人,可去除阴霾,复苏万物,痊愈病者,健壮康者。腊亮日夜兼程赶回家乡,再次与腊訇展开搏斗,终于让腊訇碎成一堆木渣花。腊亮将桑建花沾着甘露洒向人间大地,阿昌族的家园又恢复了美好的模样,腊亮、腊乖也喜结连理。[①]

腊亮战胜腊訇,拯救阿昌族,正好是清明节后第七天。于是每年这一天,阿昌族就采来桑建花搭成花塔,纪念天公遮帕麻、地母遮米麻和英雄腊亮。阿昌族用桑建花沾水互洒对方肩头,祝福身体康健,免病除疫。腊

[①] 陇川县史志办、政协陇川县文史委编:《户撒史话》,云南民族出版社,2002年,第259~260页。

乖是泼水节后第四天被腊亮找到，英雄美人相聚，于是这一天，阿昌族的未婚青年男女也在山坡上相会，唱起情歌，互诉衷肠。

3. 火把节

户撒火把节于农历六月二十四日举行。这天，有条件的村寨要宰杀毛色光滑的黄牛用于祭祀，现多为杀猪做火烧猪肉。这天，家家户户都要吃过手米线。亲戚间提着茶叶、糕饼或米酒等小礼物互相走动拜访，主人都用自家做的过手米线款待宾客。小女孩要用凤仙花汁染红指甲。入夜以后，全寨人点着火把，绕行村寨、农田，并口念祷词"火把节，小瓜葫芦广广结"，祈求丰收。又再念"火把节，蚊虫跳蚤都死绝"，祷告驱疫除病。各家各户都要举着火把到河边挖取泥沙围在牲畜圈里，祈求牲畜无疫病。除穿行田埂、"以火照田"外，还要绕行村寨、塔寺、寨神、寨心等地，祈求清吉平安。

4. 尝新节

户撒阿昌族主要从事农业生产，每年农历八月十五也是阿昌族品尝收获果实、感恩丰收的"尝新节"，阿昌语称"佳舍甲"。传说，阿昌族祖先跟着一位善于农事耕织的老姑太，先后学会了种芋头、种玉米和种谷子。农历八月十五这天，各家各户的当家人都要从地里挖来最壮实的芋头，砍来结双对的玉米，采来最饱满的谷穗，一起捆在一根三尺长的竹竿上，放在供桌旁的左边，一起接受今年第一顿新米饭、果品、鲜花和香烛的供奉。祭祀时，还要口念祷词，感谢这位老姑太为阿昌族人民带来了丰衣足食的生活。

5. "关门节"和"开门节"

阿昌族与周边傣族一样过南传上座部佛教的节日"结夏安居"。每年农历六月十五，户撒阿昌族上了年纪的老人都会带着香烛、供品、鲜花、清水集中到村寨的奘房里，虔诚祭拜，阿昌语称为"洼翁"，傣语称为"进洼"，汉语称为"上奘"，也叫"关门节"。得到"布信"（男性善信老人)、"雅信"(女性善信老人)身份和尊号的阿昌族老人们将在接下来的三个月内的初八上午、十五整天、二十三上午、三十整天这四天,在奘房里关门念经,净心过上一段宗教集体生活。此时,也正是一年中难得的农闲时节,户撒也进

◇ 户撒阿昌族乡曼捧村奘房内景

入雨季,老人们"结夏安居",村寨里的年轻人就安守不串寨子、不打架闹事、不惹是生非的规矩。直到农历九月十五,阿昌族老人严守佛纪、年轻人循规蹈矩的宗教生活方宣告结束,村寨里敲锣打鼓,载歌载舞,青年男女身着节日盛装共同祝贺宗教生活的结束,世俗生活的开始。①

(四)文学艺术

1. 创世史诗

阿昌族有自己的语言,但无文字,故其文学艺术主要体现在丰富的民间口头文学上。被列为国家第一批非物质文化遗产的阿昌族创世史诗《遮帕麻与遮米麻》,其主要在梁河等地阿昌族中流传。就户撒阿昌族来说,《遮帕麻与遮米麻》也体现在一些民间故事、民间风物传说当中。

2. 传说故事与民歌小调

阿昌族的传说故事有《阿昌族迁居户撒坝的传说》《桑建的故事》《户撒刀的传说》等。此外,阿昌族还有比较丰富的民歌,特别是浇花节上男女青年的对歌,朴实活泼。代表作有《歌和刀》《户撒情思》《竹枝

---

① 田素庆:《阿昌族"上奘"的田野调查及研究》,《宗教学研究》2012年第3期。

词十首》等。小调有"相勒摩""相作""相勒吉"等。①

3. 舞蹈

阿昌族的舞蹈以"蹬窝罗"为代表，动作有蹲跳、叉腰、蹬跳、摆动等，幅度较大，配合铓锣、象脚鼓和镲等传统傣族乐器起舞，节奏鲜明，旋律循环往复。象脚鼓舞，舞者单肩挂象脚鼓，与敲镲者配合起舞，以多种方式敲击象脚鼓，再配合蹬、跨、蹲、转等步伐为舞蹈。围观者可男女成双结队，手持树枝或彩绢，以列队前进方式配合鼓点绕圈起舞。

（五）文物古迹

户撒地处山间平坝，三面环山，无亚热带气候的热瘴，气候舒适凉爽，因而很早就被经略开发，并留下了一些值得户撒阿昌族人民骄傲的文物古迹。民间有"五山、六寺、六会、九塔、四十七粳和两个古城及一个衙门"之说。②

1. 五山

拉启山、猫弄坡、公鸡抬石山、南补尖山、驼背山。

2. 六寺

朗光皇阁寺、上芒东观音寺、姐别皮鹿寺、曼岗弥勒寺、老街子寿福寺、腊撒三教寺。

3. 六会

十月会、皇阁初九会、曼岗弥勒会、芒东观音会、姐别皮鹿会、老街子寿福会。

4. 九塔

曼捧村白马鹿塔、潘乐村姐别寨金鸡塔、隆光村曼门寨白象塔、海喃

---

① 陇川县史志办、政协陇川县文史委编：《户撒史话》，云南民族出版社，2002年，第223页。

② 以下参考陇川县史志办、政协陇川县文史委编：《户撒史话》，云南民族出版社，2002年，第225~231页。

乌龟塔、芒那老象塔、邦寺白兔塔、腊撒芒旦高山寺塔、拉起老熊塔、腊撒户姐仙牛塔。

5. 四十七奘

受傣族影响较多的户撒阿昌族一般会用"奘"（傣语，"寺"之意）来称呼和命名各类宗教场所。如供奉道教主神玉皇大帝的皇阁寺，阿昌族一般都称之为"皇阁奘"，其道教节日称为"皇阁摆"。

户撒阿昌族乡的宗教信仰场所（遗迹）有"四十七奘"。其中建筑造型艺术最为出彩的是拉启奘房和线董寨奘房。前者的梁柱为龙抱柱，横梁是双凤板；后者是五层檐八方角建筑，八个角灵动飞翘，五层檐层叠庄严，俗称"五滴水"。

6. 两古城

朗光沐城、东么土城。

朗光沐城为今沐城寨所在地，相传为沐英在户撒屯兵时所筑。户撒赖氏土司衙门即设于此。新中国成立后，乡政府、大队及国营供销社、粮管所、饮食服务部等在其基础上建立。1968年，朗光沐城遭到泥石流灾害，现仅有几十户农户还居住在此。

东么土城位于东么村后，现仅留遗址，当地百姓也称之为"孔明营盘"。

7. 一衙门

腊撒土司衙门。现存照壁、四个院落、围墙。

（六）旅游资源开发整合

当前，户撒乡抓住帮扶项目及帮扶资金的历史性机遇，深度推进户撒乡村旅游基础设施建设、景区景点开发、旅游产品路线规划等工作。同时，将户撒乡村旅游发展、规划设计与当地文化、生态、互联网、乡村建设等同步进行深度融合发展。

1. 宣传发展户撒乡村旅游

户撒处在滇西旅游环线的重要节点，距陇川县城章凤45千米，距离州府芒市126千米，距离盈江县49千米，距离梁河83千米，距离腾冲143千米，距中国优秀旅游城市瑞丽73千米，宣传发展户撒乡村旅游有较好的基础条件和良好的发展空间预期。

第一，现有乡村旅游文化资源的潜力挖掘。因地制宜发展观光农业旅游。发展连片油葵种植、油菜种植、烤烟种植样板区等观光农业，大力扶持环乡沿路农户发展农家乐、乡村客栈和山地自行车租赁服务，并提升接待水平。继续举办好会街节、环乡国际马拉松比赛、全州农民杯篮球赛等活动，利用田园风光、山水环境、乡村文化等优势，发展别具特色的乡村文化旅游。邀请全州各新闻媒体走进户撒，多渠道广泛报道户撒民族文化。

第二，民族文化旅游产业。以户撒刀民族品牌、明社村李芒呆村民小组银佩饰等民族手工艺品、户撒过手米线等民族美食、户撒竹竿烟等民族特产为切入点，整合德宏区域内的目瑙纵歌、泼水节、阿露窝罗节等民族旅游节庆资源，加强与周边县市各旅游景区的联系和协作，形成合力。在遗产村开展旅游接待活动，从户撒刀、银佩饰等民族工艺产业链的展示，到刀艺和民俗文艺表演，再到田园观光和餐饮接待，加强民族文化旅游产业内涵化建设发展，提升文化旅游带动效应，增强自身魅力和吸引力。

第三，乡村旅游基础条件建设。围绕户撒的生态、民风民俗、民族文化和得天独厚的环境优势，加大对民族文化旅游产业的挖掘力度，以户撒环乡路旅游线路提升改造工程为契机，规划设计，全力打造精品乡村旅游线路。当前，阿露窝罗文化广场建设竣工，户撒观景台建成投入使用，环乡路地方头旅游休息站已开工建设。投入350万元的隆光芒东传统村落保护项目也正在开展招投标工作。"阿昌生态园"、户撒小城镇建设等项目也在借势国家乡村发展战略，抓紧规划和申报工作。此外，还提高省级文物保护单位加孔奘房知名度，宣传铅勒夫妻树象征意蕴，展示帮扶项目户早

◇ 户撒乡村田园风光

示范村来细寨新农村建设新风貌，宣传发展户撒乡村旅游业。当前，户撒乡能为游客提供住宿的宾馆和农家旅馆有10余家，床位100余个，主要集中在户撒街和芒东寨，年接待游客万余人。

2. 借势新媒体平台传播民族文化

打造微电影《恋念户撒》和MV《火塘传奇》，积极打造传播阿昌族文化品牌知名度。

户撒乡人杰地灵、历史悠久，发展乡村旅游资源优势充分。当前，户撒乡正面临着历史上最好的发展机遇，其中，旅游基础设施要在建设过程中做到：培育的产业围绕旅游转，打造的产品围绕旅游造，乡村文化功能围绕旅游培，民生发展人民幸福围绕旅游兴，以乡村旅游开发促进经济增长，以乡村旅游经济发展助力脱贫攻坚取得胜利。

（七）教育与公共卫生事业

1. 教育事业

积极推进校点布局调整工作，努力改善学校办学条件。2014年，总投资207万元的芒回小学校舍改扩建工程竣工并投入使用，新建了潘乐、隆光、明社三所学校360平方米的学生餐厅，拆除了芒东、芒回等小学D级危房1389平方米，完成了五中、弄混、中寨、腊撒等学校1185平方米的标准化食堂建设工作，投入442万元基本完成中心、芒东、朗光3所小学2100平方米的教师周转宿舍的建设工作。在图书配备方面已达到生均20册，8所学校配备了实验器材。全乡13所学校中，实验室达标率2所，达标率为15.38%；9所学校配备了体育器材设备，达到69.23%。抓好控辍保学，严格落实小学毕业生整体移交初中就读制度，移交率达100%。重视"两基"工作，加强巩固提高"两基"水平，"两基"档案资料更加规范、齐全。

◇ 户撒阿昌族乡整乡推进整族帮扶项目之户早村小学

2014年度小学辍学率为0，初中辍学率为2.86%，残疾儿童少年入学率达85%以上。完善五中、户早小学、中寨小学的基础设施建设，巩固提高"两基"成果，加大"控辍保学"工作，适龄儿童小学、初中毛入学率分别达85%、97.3%以上，小学、初中辍学率分别控制在0.5%、2%以内。

2. 公共卫生工作

目前，全乡村民的医疗主要依靠村卫生所和乡卫生院。卫生所面积为842.56平方米，有乡村医生16人；乡政府驻地距乡卫生院0.3千米。全乡建有公厕14个，建有垃圾集中堆放场地2个。

公共卫生医疗、防疫体系建设不断发展，卫生设施不

◇ 户撒阿昌族乡整乡推进整族帮扶项目之户早村卫生室

断改善，全年共收缴新农合资金23672人142万元，补偿门诊及住院费165.6万元，开设了中医科，争取了卫生院职工公租房6套。进一步加大对医疗卫生事业的投入，年内完成中心卫生院职工6套公租房建设，提高技术，转变服务态度，破解"看病难、看病贵"问题；巩固和发展新型农村合作医疗制度，参合率保持在98%以上。

3. 文化体育工作

认真落实"文化育民、文化乐民、文化富民"的总体目标，建成了10个文化活动室，积极开展富有民族特色的文体活动，成功举办阿露窝罗节、会街节、陇川县首届农民篮球联赛及户撒乡庆国庆篮球联赛、环坝自行车骑行体验等活动，户撒知名度、美誉度进一步提高。

4. 其他各项事业

国防武装建设、民兵预备役、老龄、残疾人、工青妇等工作扎实开

展、国土、气象、统计、防震减灾等工作取得新成绩，科技、金融、电力等行业健康发展。

五、社会组织

（一）时代变迁下的家庭婚姻习俗

根据20世纪50年代社会历史调查资料，对比当下户撒阿昌族婚姻家庭习俗田野调查，总体而言，与六十年前相比较，当下户撒阿昌族的家族婚姻缔结、家庭组建，体现出时代变迁下更加开放、自由，尊重青年男女、婚姻当事人自我选择的婚姻观念，其他基本原则与以往大体相同。①

1. 婚姻传统习俗

同姓不婚，通婚范围不以本民族为限。户撒是个多民族共同聚居的乡村，以单一姓氏自立为一村寨的家族血缘共同体早已不复存在，演化为地缘联系共同体。就寨神、勐神的祭祀来说，通常也是由多个多民族村寨共同进行，地域认同超越家族认同、民族认同。"早在明朝，（户撒）汉、阿昌、傣就已通婚。"②婚后夫妻双方、所生子女的民族语言习得、民族认同则根据各家情况不同，自行选择或兼容并有。故有的户撒人能同时熟练操持本民族母语外其他多种少数民族语言并不罕见。

2. 一夫一妻制的父系家长制

旧社会土司统治时代除土司或个别人一夫多妻外，以个体经济为基础的父权一夫一妻制小家庭在户撒占主要多数，也能见到三代甚至四代同堂大家庭。一般来说，父亲是家长，子女从父姓，家庭和世系按父系计算，夫妻地位平等，相互继承财产，共同承担、商议决定家庭大事。子女对父

---

① 以下内容参考《民族问题五种丛书》云南省编辑委员会编：《阿昌族社会历史调查·户腊撒阿昌族社会经济调查》，云南民族出版社，1983年，第39~45页。

② 《民族问题五种丛书》云南省编辑委员会编：《阿昌族社会历史调查·户腊撒阿昌族社会经济调查》，云南民族出版社，1983年，第42页。

母有赡养和送终的义务。且父母年满五十岁，按习俗必须"上奘"加入老年会，学习念佛经，不杀生（含不敲鸡蛋），不吃牛肉（因牛耕田），不再主要承担较重的体力活。

3. 婚姻传统缔结方式

婚姻达成可有三种形式：一是父母包办。实行单方的舅表婚、姨表婚和姑表婚，阿昌族称为"表姐表妹表成对，姨姐姨妹姨成双；侄女跟着孃孃走，只准淌出不淌进"。男方父母托媒人实行下聘、求婚、定婚等一套仪式，女方家陪嫁一定的嫁妆。二是抢婚或拉婚（阿昌语称"作业撒路"或"作业撒"）。小伙姑娘相爱要结婚，但父母不同意，或者小伙爱上的姑娘不爱他，或几个小伙都爱这个姑娘，小伙就要组织和实施抢婚，生米做成熟饭后，其也要履行一定的缔结婚姻的形式和程序。三是自由恋爱。小伙姑娘婚前青梅竹马，或经相识后情投意合，有一定的感情基础后要求结婚的，称为"南爵过士"。若能被父母同意，则履行托媒人说媒下聘等婚礼程序。若父母不同意，只能相约抢婚（"作业撒路"）或私奔。数日后再回来迫使父母同意。

现代以来，青年男女交往机会增多，一般都是青年男女在成长过程中自由交往、自由恋爱，有情感基础后，到一定年纪，再托父母或请媒人履行提亲、相亲、相聘、成婚等婚礼程序。

转房婚。过去阿昌族中普遍盛行夫兄弟婚的转房婚制，即兄死，弟娶其嫂，弟死，兄若未婚，则纳弟媳。现在户撒阿昌地区，因人民生活健康水平普遍提高，发生这样事件的概率大大降低。倘若不幸遇上，也首先在尊重寡嫂意愿的基础上，再行考虑，不再作为传统的制约力量。

4. 家庭财产继承权

一般长子成婚后，由父母为其另建新宅，分家另立门户，幼子留居老宅归其所有，并承担赡养送终父母之责。父母田产，抽出其中最好的一小部分，由留居老家的幼子继承耕种，剩下的再在儿子间平分。

5. 上门与入赘

有女无子家族，可招赘女婿。入赘后子女从母姓，入赘女婿有养老送终岳父母权利，也有继承财产权利。

6. 收纳养子

无嗣家庭可收养养子，优先在本家族内招，其次家族其他支系，最后才是异姓中招养子。养子在社会中一般不受舆论非议，养子有继承养父母财产的权利，亦有养老送终养父母的义务。

（二）禁毒防艾与缉枪治爆

1. 禁毒防艾

户撒乡地处边疆，禁毒防艾工作形势严峻，任务相当繁重。

截至2015年6月，全乡在册吸毒人员1323人，现有吸毒人员411人，抓获吸毒人员175人，老弱病残吸毒人员49人。2014年抓获吸毒人员279人，其中强戒243人，治安拘留83人，社戒社康107人，捣毁吸毒窝点8个，缴获毒品5.16克。全乡共发现艾滋病病毒携带者335人（其中死亡127人，存活194人，随访180人，失联失访19人），美沙酮维持治疗77人。对艾滋病常识和国家"四免一关怀"政策宣传力度，入户宣讲率达90%。开展各类人群HIV检测3044人，其中：孕产妇691人，一般人群2307人，流动人口46人；美沙酮维持治疗79人。①

截至2017年12月，户撒乡在册吸毒人员1594人，现有吸毒人员424人，抓获吸毒人员417人，其中强戒278人，治安拘留80人。老弱病残吸毒人员49人，送关爱中心12人。捣毁吸毒窝点9个，缴获毒品991.2克。2017年对辖区内的吸毒人员重新进行摸排登记，共有吸毒人员292人，外出打工者29

---

① 以上数据来自2015年6月25日户撒阿昌族乡第十七届人民代表大会第三次会议上，户撒阿昌族乡人民政府乡长张晓明同志所作政府工作报告文字版。

人，新增吸毒人员21人。①

户撒乡禁毒防艾工作是全国范围内加强社会综合治理、开展禁毒防艾工作的一部分，所面对的问题有其普遍性，也有其特殊性。本课题组调查总结了当前户撒乡开展的相关工作情况。

（1）领导重视、健全机构、科学谋划。成立依法治乡、综治维稳、禁毒防艾、信访、防范和处理邪教问题、"三安"工作领导小组，制定了联席会议机制，召开毒品重点整治推进会，传达学习了陇川县毒品整治誓师大会会议精神，制定工作方案，逐级签订责任书，全乡干部职工均签订了《不吸毒保证书》。

（2）广泛开展宣传活动，营造良好的社会舆论氛围。利用党代会、行政学习会、群众大会等各种会议，"6·26"、赶摆聚会、乡村两委换届选举宣传月等时机以及广播、文艺会演、知识问答、观看警示教育片等形式广泛进行普法和禁毒防艾、反邪教知识的广泛宣传，利用"挂帮包""转走访"活动进村入户宣传。半年来，共开展宣传活动80余场次，撰写简报41期，受教育人数达10000人次。

（3）加大对艾滋病的检测工作，做到早检测、早发现、早治疗。加强对乡村居民艾滋病常识和国家关于"四免一关怀"政策的知晓度，达到90%以上的入户宣传力度。

边疆贫困民族地区的禁毒防艾工作，有其特殊性和困难性。切实加强领导、突出重点、真抓实干，加大工作宣传教育力度，积极组织、发动和依靠群众，强化禁毒戒吸工作，持续在全乡掀起新一轮的禁毒防艾人民战争高潮，才能为构建平安和谐户撒奠定坚实的基础。

2. 缉枪治爆

2016年7月，户撒乡开展了缉枪治爆专项行动，采取强有力措施，进村

---

① 以上数据来自2017年12月18日《户撒阿昌族乡2017年工作总结暨2018年工作计划》，见陇川县人民政府官网。

进户深入宣传不留死角，逐村逐户签订保证书，有效对群众进行了专项行动的宣传教育，化解了群众不理解、不配合的抵触情绪，有效调动了群众自觉自愿上缴枪支、爆破物的积极性。全乡在专项行动中共收缴各类枪支328支，枪支零部件13件，各类子弹1368发，手榴弹1枚，雷管171枚，超额完成了陇川县委县政府下达的任务。

（三）维稳信访

"六五"普法活动是维稳工作的重要基础，户撒乡充分利用阿露窝罗节、会街、"民族团结月"及各种民间赶摆活动等节庆活动，大力开展法律法规知识的宣传教育。建立了综治维稳中心，各村建立了综治维稳站，确立了136名网格化信息员，采取领导班子定期到挂钩村开展接访制度，以预防为主，将矛盾纠纷化解在萌芽状态。全年调处矛盾纠纷28起，调解成功26件，调解成功率93%。指导村级人民调解委员会调解38件，有效维护边疆社会稳定。

1. 平安乡创建工作

进一步深化社会治安综合治理，创建平安和谐户撒，完善"打、防、控、管、建"立体治安防控体系。改进和强化平安宣传，不断提高群众的知晓率和参与率。积极创建"平安无毒村""平安边境村"和"平安乡"活动。向全乡人民群众散发了"致全乡人民群众的一封信"和"致广大边民的一封信"，通过创建活动，全乡人民群众树立了"户撒是我家，平安靠大家"的思想，积极参与到"平安乡"创建活动中。

深入推进网格化管理和防控体系建设。全乡有网格化管理员11人，信息员139人，通过综治通报送事件1224条次，平安信息1224条次。利用综治通信息平台发送各类信息44条次。6995个平台运行正常。网络防控体系建设，截至目前，共投入20多万元。目前，已覆盖中小学、行政机构、住宿、娱乐、危险化学等行业。

2. "三三制"工作原则下矛盾纠纷排查化解

近年来,随着农村经济的不断发展和各种利益关系的再调整,各类矛盾纠纷有所增多,特别是山林权属纠纷,土地承包权属纠纷、婚姻家庭、邻里纠纷等方面引发的民事纠纷日益突出,有些还酿成群体性事件,影响了社会安定稳定。为深入推进矛盾纠纷排查化解工作,强化"三三制"工作原则,调整充实了11个村委会的治保委员会和调解委员会,加强完善了136个村民小组的治保员和调解领导小组,从而为进一步推进"三三制"工作原则,奠定了基础。2014年1~6月,共排查调处矛盾纠纷26起,其中:伤害赔偿4起,拖欠民工工资2起,道路交通安全3起,林地纠纷6起,婚姻关系纠纷4起,邻里纠纷1起,其他6起。调解成功14件,指导村委会调解委员会调解12件。召开维稳、信访和矛盾纠纷调解联席会议4次。

3. 特殊人群的"以人为本"服务和管理

(1) 信访重点人员

信访工作涉及群众的切身利益,户撒乡党委、政府从讲政治的高度,重视群众信访工作。对信访重点人员实行"六个一"的领导包案制度,即一名重点人员、一套方案、一个措施、一名责任领导、一名直接领导、一名责任人的包案制度。对包案的责任领导实行"五包"责任制,即包跟踪走访、包督促落实、包来访接待、包稳控、包化解。2016年,全乡共发生越级上访1件,其中,越级上访事件已办理完毕。重点管控人员3人。

(2) 刑释假释人员安置帮教

户撒乡党委、政府始终把做好刑释假释人员安置帮教工作,作为维护社会稳定,搞好社会治安综合治理的一项重要工作来抓,始终坚持"工作规范化、安置市场化、帮教社会化、管理信息化"的思路,充分发挥各部门协调配合,多形式开展帮教工作,多渠道落实安置,最大限度地预防和减少刑释假释人员重新违法犯罪,有效维护社会稳定。截至1~6月份,共有社区矫正人员12人,其中假释6人、缓刑4人、监外执行2人。刑释假释人员没有人重新违法犯罪，通过各种渠道安置2人。

（3）精神疾病人员服务管理

随着社会的发展，各类精神障碍与心理障碍患者的人群明显增加，一定程度和范围内影响到人民群众的生产生活。户撒乡干部职工，特别是村委会党员干部、社区民警从思想上认识到位，克服此项全新工作在个人专业知识、社会管理经验缺乏等不足，主动把此项工作纳入自己开展工作的范畴。经过认真细致地排查，目前户撒乡各类精神障碍患者共有91人，其中：精神分裂症病患者60人，精神发育迟滞22人，癫痫所致精神障碍3人，分裂性感性障碍2人，躁狂型分裂情感性障碍1人。

（四）边境维稳、人口流动管理和反邪教工作

1. 边境维稳工作

户撒乡腊撒村委会与缅甸接壤，涉及人口78户332人。为加强边境维稳工作，户撒乡成立了以乡党委书记为组长，分管领导为副组长的边境维稳工作领导小组，在坪山村委会成立了边境维稳工作站。制定印发了《边境应急管理机制》和《边境安全防控管理制度》，乡综治办确定1名边境维稳信息员，村委会有1名站长（3名信息员），村民小组有5名联络员，每月上报1次边境月情，遇有紧急情况和特殊时期，实行一天一报或一天多次上报制度。

2. 流动人口和出租房管理

为进一步加强流动人口管理和出租房管理工作，进一步落实"四知四清四掌握"工作，预防和减少流动人口和出租房屋内各类案件高发态势，户撒乡根据上级部门相关规定，严格执行流动人口登记备案制度。目前，全乡共登记办证流动人口394人，出租房15户、69间。同时与出租房户签订房屋安全目标责任书和治安管理责任书。

3. 防邪反邪工作

反邪教斗争是一项长期性、具备一定隐秘性的工作，需要防微杜渐，

常抓不懈。户撒乡一直以来高度重视此项工作，坚持警钟长鸣，从思想上筑牢反邪教防线。2016年户撒乡成立了由乡党委书记任组长，分管副书记为副组长兼办公室主任的反邪教工作领导小组，全面负责并组织领导全乡的反邪教工作。各村委会也成立了相应的反邪教工作领导小组，由各村党支部书记担任本村反邪教工作小组长，并兼任信息员。2016年，户撒乡出台印发了《户撒阿昌族乡防范和处理邪教问题的实施方案》，对全年反邪教工作进行了全面安排部署。乡党委政府与各村签订《防范和处理邪教问题工作责任书》，实行乡党委、政府领导干部包村，干部包组、包对象抓落实、指导反邪教工作机制，党政一把手对全乡反邪教工作负总责、亲自抓，分管领导具体抓，乡党委定期召开专题会议，听取领导小组关于反邪教工作汇报，研究解决工作中存在的问题。各村党支部、成员单位负责人是本村、本单位反邪教工作的第一责任人，对本村、本单位反邪教工作负直接责任，从而在全乡范围形成了一级抓一级，层层抓落实的反邪教工作格局。

（五）打击违法犯罪和反恐工作

2016年上半年共召开矛盾纠纷排查化解、信访维稳和反恐怖、社会治安排查整治联席会议16次，其中：矛盾纠纷排查化解联席会议5次；信访维稳联席会议2次；边境维稳联席会议1次，禁毒防艾联席会议5次；社会治安排查整治会议3次。通过会议安排和督促相关工作的落实。

2016年1~6月，全乡共查办案件268件，其中：治安案件257件，刑事案件9起（零星贩卖毒品件6起）。2起入室盗窃，抓获外逃人员1人。通过开展严厉打击违法犯罪活动，震慑违法犯罪分子，营造全乡治安环境优良环境。

加强校园及周边社会环境整治。为切实加强校园及周边社会秩序，调整充实一批有工作经验的干警，到中小学校任法制副校长，组织开展法律宣传教育，组织培训校长和保安等相关人员在突发紧急状况下如何开展自救、防范工作等相关知识。结合专项整治等行动加强学校及周边治安问题突出点和宾馆、旅店、网吧清理整治工作，加大对出租房和外来人员的排查。

（六）安全生产

严格按照"安全第一、预防为主、综合治理"的工作方针，全面落实"三安"责任制。认真开展"打非治违"和道路交通专项整治活动，定期对硅厂、加油站、精米厂等工矿企业进行监督检查，有效杜绝和减少各种安全隐患；加大食品加工小作坊和学校食堂、屠宰场卫生监管力度；全年共计组织5次大排查大检查工作，排查整改隐患19处，节假日专项检查4次，排查整改隐患5处；加强道路交通安全宣传和专项整治工作，乡党政班子成员与勐索客运站的20名驾驶员签订了"一盯一、一帮一"平安出行责任书，开展清理整治行动6次，查扣了无牌无证摩托车130辆，拖拉机和农用车载人20起，查处了一批无牌无证驾驶、酒后驾驶、超员超载等违法行为，共查处交通违法行为6000余件。积极开展农村地区无牌、无证农用机动车辆整治和违章载人整治工作，深入开展农机安全生产宣传，并与机手签订责任书1908人次。一年来，全乡交通、消防、食品、工矿企业等均无重大安全事故发生，有效地保障了人民群众的生命财产安全。

（七）社会事业发展

户撒阿昌族乡社会事业发展的原则是：统筹兼顾，改善民生，全面推进社会事业发展。

1. 全民参保登记计划

为贯彻落实党的十八届五中全会精神，建立更加公平和可持续发展的社会保障制度普惠到基层，户撒乡制订了《户撒阿昌族乡人民政府关于全民参保登记计划实施方案》，成立领导小组，明确指导思想，要按照全覆盖、保基本、多层次和可持续的方针，以保障和增进广大人民群众的社会保障权益为根本出发点，以增强公平性、适应流动性、保证可持续性为重点,通过实施全民参保登记计划,推动实现各项社会保险制度对法定人群的全覆盖,加快建立和完善更加公平和可持续发展的社会保障体系。

户撒乡全民参保基本原则是:第一,基本养老保险覆盖全体职工和适龄城乡居民;第二,基本医疗保险覆盖城乡居民;第三,失业保险、工伤保险、生育保险覆盖所有法定群体。按照"加快建立覆盖城乡居民的社会保障体系"要求,实现各类人员参加社会保险制度的权利公平、机会公平和规则公平。

2016年4~7月间,户撒乡全民参保工作从启动实施、入户登记,完成登记并做好了工作总结。

表6 2017年户撒乡全民参保入户登记分配表

村委会名称	应完成参保户数(户)	社会养老保险征缴应完成人数(人)
曼捧村委会	256	800
朗光村委会	769	1200
潘乐村委会	250	900
隆光村委会	564	1800
户早村委会	149	600
项姐村委会	576	1600
明社村委会	383	1200
芒炳村委会	597	1400
保平村委会	279	1100
腊撒村委会	257	800
坪山村委会	145	600

截至2017年11月,户撒乡完成的社会保障项目有:(1)人口较少民族人身保险和农房保险。全乡11个行政村136个村民小组符合参保人员均进行

了登记。其中,参保人口较少民族人身保险人数25423人,参保农房保险户数5469户。(2)2017年新型农村养老保险。任务数12150人,其中合计收缴人数9961人,符合享受领取养老金2164人,新增享受养老金人数60人。(3)新型农村合作医疗。2017年,户撒乡全乡有农民参合24861人(含涉外婚姻个人、农转城),参合率99%,较2016年增加23人,参合率达标。2017年,全乡共补偿参合农民59424人次,其中门诊59303人次,住院121人次。门诊受益率达147.6%,住院率为0.003%,总支出基金1542132.4元,门诊补偿1289570.5元,住院补偿252561.9元。基本体现"以大病统筹为主,适当兼顾小病"的新农合参保宗旨。

2. 落实强农惠农政策

2016年来共发放60岁以上老人养老保险金151.39万元,民政救助资金93万元、发放农村低保6477人69.3万元,发放五保供养545人52.22万元,发放边民补助295户29.5万元,发放抚恤金3万余元;改造农村危房96户,资金158.4万元,安居房19户,资金19万元;发放粮食油菜补贴累计18.6万亩,补贴资金748.8万元;发放农机具补贴59户105台38.58万元;兑现烤烟冰雹受灾保险赔付资金860亩83.42万元;组织发放扶贫小额贴息贷款414户860万元。

社会保障面不断扩大,农村低保和"农村五保"基本实现了应保尽保,"十二五"期间共收缴养老保险金474.74万元,发放农村低保6477人3167万元,发放五保供养545人286万元,投入90万元建成了户撒乡敬老院。五年累计筹集新农合资金678.39万元,参保率均达到99%以上,累计补偿门诊及住院费26.87万人次725.88万元。

2015年省民委为户撒乡除坪山村委会外的11个村委会所有居民及农户缴纳了每户20元的农房保险,每人10元的人身意外补充险,受益农房4830户,受益村民21405人。2016年为9825户农房,23534人购买了该补充险。

3. 开展地震灾害重建

稳步推进盈江"5·24""5·30"地震灾害恢复重建工作。2015年地震受灾民房恢复重建24户均已建设完工,3户正在整改中,兑付补助资金106.8万元。修复加固767户任务,现已经完成验收767户,兑付补助资金306.8万元。

六、生态环境

(一)地理位置

户撒阿昌族乡位于德宏州傣族景颇族自治州陇川县城西北部,北纬24°21′~24°33′,东经97°42′~97°9′59″之间。户撒乡政府所在地为项姐村委会,距县城章凤48千米。西北、东北与盈江县清平乡大场、六昆两村接壤,东南与盈江县清平乡广岭村、城子镇新寨村、姐乌乡磨水村相连,西南坪山村委会所辖的坪山、中寨、八官寨、南补、南补田、抗马与新屯寨与缅甸接壤,国界线长4.35千米。

(二)气候与物产

户撒属南亚热带高原湿润性季风气候,年平均气温16.1℃,极端最低温-5.1℃,最高温31℃。夏季较陇川其他乡域要凉爽。全年日照总量1965小时,年均2300~2400小时,太阳总辐射为每平方米138~140千卡,年均无霜期278天。每年6~11月为雨季,年降雨量2053毫米,相对湿度为84%。干季从12月开始至次年5月结束,天气干燥,早晚温差大。森林覆盖率48.9%。

户撒坝全乡是两山一坝的狭长小盆地,属高黎贡山余脉,南北长26.5千米,东西宽9.5千米,面积为81.2平方千米,土地总面积244.4平方千米,耕地面积67771.2亩。坝区海拔1380~1480米之间,最高海拔2138米,盆地落差平缓。地质岩层分别为:四周山梁至半山带为混合花岗岩层,分布着原始密林,适宜发展林业。户撒坝周围高山为高黎贡山余脉,原始森林资源较为丰富，珍贵树种及林木有楠树、椿树、红木、香樟木、肉桂树等。

盆地间台地至半山脚为第三系砂砾红土层，为大面积的草坝，适宜放牧。盆地中户撒河两岸为第四系中细砂质土层，适合水稻等农作物生长。其他盆地土壤大部分为红壤、黄棕壤、黄壤、红壤、赤红壤等，土壤呈酸性pH值4.5～6.5之间，适合分季节和土壤类别种植优质稻、烟叶等农作物。户撒"刀烟"在解放前即在德宏等中缅边境地区享有盛名。

20世纪60年代以后，户撒地区开始引种小麦，80年代起，大规模种植冬小麦和油菜。党的十八大以来，在精准扶贫、精准脱贫国家政策下，阿昌族作为云南省第二个整乡推进整族帮扶扶助项目的少数民族，云南省烟草总公司作为帮扶的企业主体，根据陇川户撒、梁河等地阿昌族聚居地地理条件和种植传统和经验，量身定制以烤烟种植作为帮扶项目，目前已经取得巨大成效（参看附录）。

（三）水土资源[①]

户撒乡水资源较为丰富，全乡水域面积7426.8亩，大小河流54条，产水量2.99亿立方米，流量利用92402方/日，总灌溉面积10700亩。户撒河为陇川境内第二大河流，因流经户撒坝而得名。境内流长34.4千米，流经灌溉面积257平方千米，旱季最小流量0.6～1立方米/秒，雨季最大流量80～100立方米/秒。1993年曾在户撒河下游建有一级、二级中型电站二座，总装机容量为1.1万千瓦。户撒坝地下水储量1.4亿立方米。新中国成立后，户撒也开展了轰轰烈烈的农田水利建设，全乡修建大小水库10个，其中1971～1981年竣工完成的地方头水库规模较大，经流面积10.3平方千米，年均入水量2284.8立方米，坝顶长为667米，顶宽4米，高12米，总蓄水库容量为333万立方米，可灌溉耕地面积6600亩，实灌溉面积2000亩。

[①] 以下参考陇川县史志办、政协陇川县文史委编：《户撒史话》，云南民族出版社，2002年，第34页。

（四）农田水利及人畜饮水设施工程改造

2015年以来，户撒乡投入163.88万元完成田头寨沟、东么沟渠建设，投入175万元，完成了陇五中、朗光村丁允大、明社村李芒呆等村小组及单位人畜饮水工程12件，投入资金185万元，实施了坪山八关、芒炳曼旦一社、项姐万明、中心小学等小组及单位人畜饮水工程21件；投入1280万元，实施了保平、芒炳、明社等村委会的中低产田改造项目、科技增粮千亿斤项目和烟水工程项目。截至2017年11月，完成中低产田改造项目19511亩，涉及6个村民委员会（隆光、朗光、曼捧、潘乐、户早、项姐）、65个村民小组、2334户，共计投入4764.79万元。配套整修项目涉及土地平整、新建农渠、农桥、田间道、引水坝等，建成机耕路、水源工程等基础设施。整个户撒坝子当前已经建成农田基本路相通、渠相连、旱能灌、涝能排的现代农田生产体系，全面改变户撒农民生产劳作作业方式，乡村环境和景观随之发生焕然一新的变化，必将也能大大提高农业生产质量和水平，极大地改善和提升户撒阿昌人民生产条件和生活幸福指数。

（五）道路交通设施

户撒乡地理位置相对封闭和偏僻，只有入乡道口，无穿行公路路网，故户撒乡内部乡村道路、村与村通道直至进入21世纪以来，基本维持着"下雨烂泥塘陷老牛，晴天尘土飞扬难睁眼"，只有部分是塘石路基路面的现状。2014年起，户撒乡在国家、省和州政府的关心下，以及政府公共基础设施建设资金投入、帮扶主体资金投入等共同合力下，开始了全面改造和整治户撒乡道路交通设施的工程。

其中，芒来、项姐至户那、隆光芒东等村村通道路5条，总里程12.6千米，总投资750万元的项目已竣工。总投资30万元，完成芒东街道点项目建设。总投资583万元，完成户撒街道整治改造项目。投入资金359万元，2016年前完成了保平芒海、老汪、坪山中寨、曼捧地方头、曼捧上下等村小组村内道路建设。2015年以来，对户撒共计投入10442.3万元，实施了8条村村通道路、27条村内道路和1条43千米的环乡幸福大道、标准马拉松乡村赛道的公路建设，新建设公路里程达90千米。从此，户撒乡将会彻底改变因地理位置的封闭，自新中国成立以来维持至今的出行不畅、道路不通的根本顽疾，基本实现各村与村之间进村道路、村内道路硬化全覆盖。

（六）阿昌族民居改造和建设

1. 阿昌族传统民居[①]

早期阿昌族村寨的住房多以竹木为梁柱支架，牛粪与泥糊竹篱笆，茅草苫盖为顶，俗称"篱笆家"。清代时期，阿昌族社会经济得到发展，体现在民居上就是已基本形成土木结构住宅。新中国成立后，阿昌族民居已基本以土木结构或砖木结构的"一正两厢瓦房一庭院一院墙"组成的合院式建筑为传统阿昌族民居样式。

（1）正房

正房是阿昌族传统合院式民居的中心，地坪高出其他厢房，面积也大于其他厢房。正房中间为堂屋，设有神龛、长条供桌，摆放有烛台、香炉和鲜花和贡品。堂屋是家庭活动中心、宗教活动中心，摆放有椅子或条凳，有的还在正中设有火塘。正房堂屋两侧有东西厢房。东间内侧为父母卧室，西侧为子女卧室，门均向堂屋开。正房一般有两层，可从堂屋供桌后的楼梯上楼，二楼一般为储藏室。

（2）厢房

正房两侧是厢房。大多数阿昌族传统民居的左侧厢房有两层，上层住人和储存粮食、草料、种子等，下层关养牲畜与家畜等。右侧厢房是厨房，平层。左边厢房高于右边厢房，因为阿昌族在传统家屋建筑格局中信奉："左青龙、右白虎，宁可青龙高万丈，不给白虎抬头望一望。"

[①] 以下内容参考和引用李瑞《云南阿昌族民居空间形态探析》，江苏大学硕士学位论文，2014年。

（3）庭院

阿昌族传统民居的庭院是休息活动的外部空间。四合围院的家屋建筑格局，使庭院兼有采光、通风、遮阳等物理性功能，同时，庭院内可以种植花木、摆放风水景观石等，兼而具备提升家屋主人审美情趣、休憩休闲等多种综合功能。

（4）院墙

阿昌族民居院墙多用当地红壤与沙壤，混合水、石块、竹条、木条等，以长方体夯筑模板夯筑而成。院墙一般围绕正房、厢房，形成院落，既可抵御寒风直贯，也可围屋形成相对封闭与私密的家庭生活空间。

（5）牲畜棚

随着生产力的提高，生产生活资料的丰富，以及家庭人口增多、卫生健康意识增强，阿昌族传统民居中用于畜养牲畜的空间，逐渐从左厢房中分离出来，单独在合院建筑外墙搭建一层或两层的牲畜棚。上层用于摆放

◇ 户撒美丽乡村建设民居外墙绘画及村落内部环境美化

农用器具、牲畜干草、饲料等，下层蓄养家禽与牲畜等。

2. 阿昌族民居改造和建设

民房建设是脱贫攻坚的民心工程。户撒阿昌族乡的民房改造工程与道路基础设施建设、现代农田水利体系构建同步开展。在建设社会主义美丽新乡村的背景下，以新民居保障工程建设，达到改善户撒人民居住条件，建设幸福阿昌乡、美丽阿昌乡的目标。

阿昌族民居改造和建设遵循传统阿昌族民居建筑格局，总体上以一正房一院墙的一字开院落为基本型，在一字开院落基础上，根据各家各户经济实力与实际情况，选择组合成为"一正房两厢房一照壁"三合院、"一正房三厢房一照壁"四合院。在传统阿昌族民居建筑风格基础上，注入新时代色彩，除阿昌族院内照壁的山水花草的水墨画外，在阿昌族合院的外墙壁上，彩绘阿昌族生产生活场景、民间风物传说故事等。从整体上规划建设"三房一照壁，青砖灰瓦金腰带"具有阿昌族风格特点的新民居。

◇ 户撒阿昌族"一正两厢房一庭院一院墙"的新民居

◇ 户撒乡整乡推进整族帮扶项目之来细寨

◇ 户撒乡整乡推进整族帮扶项目之芒孔寨

云南省烟草总公司作为阿昌族整乡推进整族帮扶商业主体，与各级政府紧密配合，于2015年起共计投入7298万元（烟草专项民房改造资金6660万元，政府农危改造资金638万元），开展对户撒民房改造和建设工程。其中设定民居建设补助标准为：拆除重建补助6万元；抗震加固补助4万元；美化改造补助2万元。

整体搬迁新建民居。户早村芒海寨、来细寨，潘乐村芒旦寨、芒孔寨、芒板寨作为整体搬迁示范村寨项目、民族团结进步示范建设村寨，实行整村搬迁，新建民居。实施村内、村乡道路和村庄墙体的美化亮化工程，建设垃圾处理、饮水安全及人畜分离等工程项目，彻底改变整体搬迁阿昌群众的生活条件、人居环境。截至2017年底，户早来细寨总投资1487万元，潘乐村芒旦寨、芒孔寨总投资2028万元。芒板村小组易地搬迁27户已完成主房建设，3户正在建设。各种项目叠加、政策叠加效应正在有序推进阿昌族人民实现脱贫。

民居改造扶助申请项目。自2015年启动民居改造扶助申请项目以来，户撒群众申请民居改造项目已动工1236户，其中拆除重建1160户，抗震加固33户，房屋改造43户。截至2017年，完工1050户，其中拆除重建完工975户，抗震加固完工32户，房屋改造完工43户。

新建民居的人畜分离及厨卫入户改造。传统阿昌族民居的人畜分离与厨房设置，在新建民居中得到了设计上的空间布局保证。尤其值得一提的是，阿昌族新建民居中将卫生间及沐浴间作为重要的生活功能空间设计入户，配套做好了废污水处理的下水管网、太阳能设备铺设等。彻底改变了阿昌族传统民居中无个人卫生清洁保障的空间设计。绝大多数传统阿昌族村寨也从露天、临时、简陋的天然厕、旱厕时代，直接进入农村厕所革命时代。

（七）生态和人居环境全面整治

第一，在户撒以烟草帮扶脱贫项目资金中，投入专项援助资金353万元用于改造户撒乡人居生态环境。建成25个公共厕所、2个垃圾焚烧站、90盏路灯、1个垃圾处理箱。

第二，由帮扶援助资金投入703万元（不含其他部门投资），围绕43千米的环乡旅游文化带、乡村马拉松赛道，建设美化沿线阿昌民居金腰带文化墙、乡村人行道。综合配套建成排水工程、乡集镇道路路灯、绿化等工程改造。

第三，投资350万元，建设1个小集镇污水处理厂，改造户撒街面脏乱差面貌。

第四，依托发展封山育林、退耕还林等项目，大力实施天然林保护、小流域治理等生态工程，推进水利、生态的规划建设，推进生态建设产业化、产业发展生态化，给自然留下更多的修复空间，给农业留下更多的良田好土，努力建设山青、水净、天蓝、地绿的美丽家园，建设和谐美丽新户撒。

◇ 户撒乡整乡推进整族帮扶项目之来细寨村寨文化广场

第五，做好地质灾害防治。坚持"预防为主、防治结合"的方针，科学制订防治方案，严格落实防灾责任，不断完善防治措施，有效地预防和减少地质灾害的发生，确保人民群众生命和财产安全。组织地质灾害隐患点潘乐村民委员会芒板小组群众开展应急演练，发放手电、口哨、雨衣等应急物资100余套，通过演练，让群众知晓不同灾害威胁的预警信号，撤离疏散路线和安全避让地点。积极申报地质灾害隐患点治理项目。潘乐芒板隐患点整村搬迁工作有序实施。2014年，未发生造成人员伤亡和财产损失的地质灾害。

附录 云南阿昌族整乡推进整族帮扶项目实践调查咨询报告

全面建成小康社会，决不让一个民族掉队。2015年7月17日，阿昌族整乡推进整族帮扶项目启动，这是继独龙族之后，云南省启动的第二个整乡推进整族帮扶行动。

阿昌族是中国人口较少民族之一，主要居住在中缅西南边境云南省德宏州陇川县户撒阿昌族乡、梁河县囊宋阿昌族乡和九保阿昌族乡。在中共中央、国务院扶持人口较少民族加快发展进程中，阿昌族群众生产、生活条件有了很大改善，基本实现了"四通、五有、三达到"的目标。但相较周边其他少数民族聚居区域，三个阿昌族乡基础设施普遍滞后、资源开发程度差异大及产业发展薄弱等原因，群众收入水平相对较低，经济社会总体发展相对落后。在总结独龙江乡整乡推进和独龙族整族帮扶经验的基础上，采取更加精准的帮扶举措，长短结合、标本兼治、精确帮扶，为长远可持续发展奠定基础，坚决打赢云南第二个人口较少民族脱贫攻坚战。

一、云南阿昌族整乡推进整族帮扶项目提出背景

2014年起,云南省德宏州与云南省烟草专卖局(公司)积极探索,在构建"政府+企业"合作机制基础上,按照精准扶贫、精准脱贫的原则,对三个阿昌族乡整体情况、资源开发基础及帮扶总体目标、思路、方式及规划投资计划等作了充分的前期调研。联合组建帮扶工作领导小组,成立州县两级帮扶项目管理局,结合"挂包帮"工作的开展,下派帮扶工作队驻村入户,为组织产业发展,落实帮扶项目,进行更加精准的调研规划。特别是探索建立边疆人口较少民族整乡推进整族帮扶项目资金管理模式和实践推进,从源头上保障帮扶资金的安全,监控帮扶项目的质量和精准扶贫的实施进度。2015年7月17日,云南省正式启动阿昌族整乡推进整族帮扶项目。

对口帮扶阿昌族,加快阿昌族发展,是党的民族政策和社会主义制度优越性的集中体现,是各级党委、政府和社会各界重要的政治社会责任,更是全面建成小康社会,实现中华民族伟大复兴义不容辞的历史使命。"决不让一个民族掉队",也是阿昌族人民脱贫致富,对美好生活的向往和追求。推进阿昌族聚居区实现跨越发展,共享中国社会发展红利,构建和谐繁荣边疆,是实现边疆民族地区区域性协调发展的必然需要。

二、云南阿昌族整乡推进整族帮扶项目建设内容

云南省德宏州政府在与云南省烟草专卖局"政府+企业"合作模式下,陆续已投入扶贫专项资金6亿多元。未来3年,将通过全面整合扶贫、住建、民族宗教、交通、国土空间、新农村建设等部门帮扶资金,统筹配套基础设施、水源工程、产前投入等资金,力争再投入帮扶资金10亿元,以"资金+项目+智力支持"的

方式,推进实施"产业发展、基础设施、民居保障、综合推进"四大工程,精准帮扶陇川县户撒乡、梁河县九保乡和囊宋乡三个阿昌族民族乡,确立建设"幸福阿昌"为整乡推进整族帮扶项目总目标。

(一)陇川县户撒阿昌族乡整乡推进整族帮扶项目建设内容

户撒阿昌族乡位于云南省德宏州陇川县西北部,西南与缅甸交界。南北长26.5千米,东西宽9.5千米,面积251.9平方千米。全乡共有阿昌族、汉族、傈僳族、傣族、回族、景颇族等民族,总人口24640人(2015),其中阿昌族14289人(2015)、占全乡总人口57.9%,集边疆、少数民族、山区于一体。辖项姐、芒棒、朗光、潘乐、隆光、户早、明社、芒炳、保平、腊撒、坪山11个村民委员会,126个村民小组。由于地理区位偏远,基础设施落后,产业结构单一,经济社会总体发展缓慢,农民人均纯收入低于2855元国家贫困线的贫困现象十分突出。

按照精准扶贫、精准脱贫的要求,帮扶工作队深入村寨,召开群众大会,以农户报、群众评、逐村逐户走访核实等方式,全面了解全乡各族各户群众当前的生活状况、居住环境及脱贫意愿,摸清底数,精准确定了帮扶对象和帮扶方式。全乡11个行政村126个村小组5422户分为514户建档立卡户与其他非建档立卡户,完成《建档立卡对象基本情况调查表》和《非建档立卡对象入户调查表》,并在建档立卡工作中精准拟定户撒阿昌族乡整村推进整村帮扶3年规划:

1. 产业扶持发展规划:以烟草、猕猴桃以及养殖业为重点。按照村社自然条件,以"一村一品"为原则,宜烟则烟、宜猪则猪、宜牛则牛、宜果则果,集中力量,因村因地因户制宜,发展优势特色产业。

2. 基础设施建设规划：机耕路、沟渠及水源工程等生产条件的改善和村庄道路整治等基础设施的建设配套。

3. 民居保障工程规划：充分体现阿昌族传统民居建筑要素，融入现代家居宜居功能，规划、重建、改善和提升现有居住条件。

4. 综合提升工程规划：完善教育、卫生事业、文化建设、生态建设和科技培训等。"户早小学建设项目"是此次云南阿昌族乡整村推进整族帮扶的第一个项目。

（二）梁河县九保阿昌族乡整乡推进整族帮扶项目建设内容

九保阿昌族乡位于云南省德宏州梁河县中西部，距县城2.5千米，属城郊乡。总面积146平方千米，辖九保1个农村社区和勐宋、丙盖、横路、勐科、安乐5个村委会，39个自然村，67个村民小组。全乡总户数3717户15129人（2014），有汉族、阿昌族、傣族、傈僳族、德昂族等民族，其中：阿昌族988户3877人、占全乡总人口的26%。

作为城郊乡，梁河九保阿昌族乡的整乡推进整族帮扶的难点在于如何整合资源，统筹城乡协调发展，破解"三农"难题。重点在于实施好安居温饱工程、基础设施工程、产业发展工程、社会事业发展工程、素质提高工程、生态能源工程等六大工程，为贫困阿昌族聚居的城乡群众打牢可持续脱贫致富的发展基础，增强发展后劲，并以九保阿昌族乡整乡推进整族帮扶项目区的整体脱贫，辐射并带动周边区域经济发展。

（三）梁河县囊宋阿昌族乡整乡推进整族帮扶项目建设内容

囊宋阿昌族乡位于云南省德宏州梁河县，面积111.22平方千米，辖关璋、马茂、弄别、龙营、周家村、瑞泉、东北部曩宋、芒林、芒东9个村委会，49个自然村，111个村民小组，6761户25363人（2015）。辖区内主要有汉族、傣族、阿昌族、佤族等12个少数民族。全乡耕地面积27055亩，其中：水田16479亩，旱地10576亩，人均1.1亩。贫困成因集山区、边疆与少数民族等因素于一体，是梁河县4个贫困乡镇之一，建档立卡贫困户974户3580人，其中，阿昌族建档立卡贫困户187户731人（2015）。根据现有资源条件及未来可持续发展，曩宋阿昌族乡坚持"产业富乡"思想定位，以五大产业发展工程（烤烟、甘蔗、畜牧、茶叶、果蔬）、民居保障建设工程、社会综合改造和治理提升工程为主要帮扶内容，促民增收、带民致富，为整乡推进整族帮扶奠定着力点。

三、云南阿昌族整乡推进整族帮扶项目实践主要成效

德宏州政府和云南省烟草专卖局（公司）是"政府+企业"的帮扶主体。动真情、出真招、用真心投入帮扶工作，做到十个到位：组织领导到位，规划编制到位，制度建设到位，示范点建设推进到位，项目启动到位，民居建设到位，资金拨付到位，帮扶力量到位，智力帮扶到位，宣传动员到位。作为帮扶对象，德宏州三个帮扶乡阿昌族民众从示范点建设感受到帮扶诚意，从民居提升改造中得到实实在在的切身实惠，从而对党和国家整乡推进整族帮扶阿昌人民，实现全面小康社会的决心产生了高度认同；对借助帮扶资源，依靠勤劳脱贫，实现"幸福阿昌"的信心受到正面鼓舞；对改变现有生活状况，改善居住条件，整治村容村貌等有了发自内心的积极响应。当前，正积极主动地投入到帮扶项目的产业发展和社会综合改造当中。

（一）陇川县户撒阿昌族乡整乡推进整族帮扶实践主要成效

截至2015年底，户撒阿昌族整乡推进整族帮扶项目总投资61255.65万元，其中：云南省烟草公司专项扶持资41579.54万元，整合资金19536.11万元，群众自筹140万元。

1. 产业扶持项目：户撒乡气候条件和耕地资源适宜高品质"刀烟"品牌的生产，烤烟种植产业扶持也是阿昌族增收致富的重要途径。根据精准扶贫要求，烤烟产业专项重点安排在2个贫困村和51个贫困小组。其中：户早村种植农户182户，合同面积1520亩，分别占全乡总数的6.5%和7.7%。全乡514户建档立卡户中306户种植了烤烟，占全部种植户的10.67%，建档立卡户共种植2097.9亩，占全乡总面积的10.65%。2016年7月31日，户撒乡2016产季烤烟收购圆满完成，累计完成烟叶收购量68626担，均价26.26元/公斤，累计收购金额76985949.62元，各村委会均100%完成收购合同量，创历史新高。2017年，预计种植面积再增至2.32万亩，烟叶收购6.72万担，以烟叶产业促进农民收入实实在在增加。充分利用户撒乡25度以下荒山荒坡2.6万亩进行扶贫开发特色优势项目的猕猴桃种植，建成德宏州"猕猴桃之乡"，为阿昌群众增收致富多开门路，增强阿昌人民自我可持续发展能力。截至2016年8月底，烟草、猕猴桃以及养殖业为主的产业扶持项目总投资共计12368.4万元。

2. 基础设施改善工程项目：截至2016年8月，共计投入16923.54万元进行户撒乡土地整治、烟水沟渠、机耕路、蓄水池等基础设施工程建设，改善烟农生产条件，切实提高烟农产业发展积极性。2016年3月起，预计投入1594.3万元，启动环乡道路建设、乡内27条村内道路和8条村村通道路的施工建设。精准帮扶，彻底改变户撒乡在德宏州各乡镇中道路基础设施明显落后的现状。

3. 民居改造保障工程项目：根据工作队入户摸底核实和民居帮扶措施测算，户撒阿昌族乡民居建设帮扶共计1500户，拆除重建农户每户可享受当地政府协调提供的贴息贷款6万元，建成验收后，云南省烟草专卖局还将一次性给予6万元补助。当前，共计投资6662.00万元用于户撒阿昌族乡的民居建设工程。户早来细和潘乐芒旦民居示范村建设施工队已经全部进驻，全面开展拆除重建、公共设施及管网建设等。2015年规划建设拆除重建240户，抗震加固211户，美化改造188户。2016年，全乡危房共计722户；环乡道路修建涉及农户235户，其中拆除重建的35户，抗震加固12户，美化改造188户。民居建设优先满足示范村、建档立卡户、环乡道路扩建占用的农户、危房居住户等，确保民居建设落在实处，切实解决农户安居问题。

4. 综合提升工程：总投资25301.71万元进行教育卫生文化事业建设、村庄整治、生态建设和科技培训等综合提升工程，打造户撒自然人文景观和乡村文化旅游品牌。户撒乡有"佛祖的花园"美誉，是户撒乡民族特色乡村旅游品牌的打造基点。整乡推进整族帮扶与乡村旅游深度融合是户撒阿昌族乡社会综合整治工程的特色和亮点。加大旅游基础设施建设，规划建设户撒特色小集镇、阿露窝罗文化广场、乡村旅游道路、阿昌文化展示中心、旅游休息站和旅游观景台等一批项目，丰富旅游内涵，提升旅游品质。围绕阿昌民族文化浓郁、自然资源丰富等优势，通过举办杨梅节、新米节、阿露窝罗节等民族文化旅游活动，承接休闲体育项目，如山地自行车赛、马拉松赛等现代赛事，扩大"佛祖花园"的知名度和美誉度。

（二）梁河县九保阿昌族乡整乡推进整族帮扶实践主要成效

九保阿昌族乡阿昌族整乡推进整族帮扶脱贫发展规划（2015年8月至2018年8月），总投资概算22840.32万元，其中：烟草帮扶部门专项资金17151.39万元，其他整合资金5688.93万元。发展规划设定4个精准帮扶项目：（1）产业经济：种植业、养殖业、农产品加工业、乡村（民族）特色旅游产业；（2）生产条件改善配套：烟水配套、砂石路面机耕路、烟叶调制设施、水源工程援建、综合配套；（3）民居安居工程建设：拆除重建、抗震加固、房屋改造；（4）综合推进提升：教育、卫生事业、文化活动室、道路建设、村庄整治、生态建设、科技培训、基层组织建设、劳动力转移培训。以培育农业产业发展，加强农村基础设施建设，改善农村人居环境，优化区域生态环境，最终加速项目规划区农村经济增长，2020年实现总体脱贫的目标。

1. 产业经济发展：根据烤烟配额，增加种植面积至3959亩（分三年），新建、改造及再造新老生态茶园，培育发展区域民族特色产业，多开增收门路。大力扶持生猪、肉牛及山羊等家庭畜牧养殖业，发展农产品加工业。打造扶持阿昌族织锦合作社1个，改造提升九保古镇城门3道，修复九保古镇文星楼1栋，改造建成梁河县（永和）阿昌族阿露窝罗文化活动广场1座，发掘九保阿昌族乡乡村（民族）特色旅游业。

2. 生产条件改善配套建设：实施烟水配套项目沟渠75.8千米，其中：主干渠45千米，支渠Ⅰ型22.8千米，支渠Ⅱ型8千米。平整铺设砂石路面机耕路21.8千米，其中：主干砂石路面16.8千米，分支砂石路面5千米。配合烟草产业经济发展，新建烟叶调制设施455个（座）。其他水源工程援建新建综合配套项目3项（件）。

3. 民居安居工程建设：根据入户调查建档立卡户、非建档立卡户实际状况，依据个人（家庭）申请意愿、村社担保，共计规划拆除重建民居160户、抗震加固民居200户、美化提升房屋改造民居618户。烟草部门专项帮扶资金共计投入2996万元，承担九保阿昌族乡整乡推进整族帮扶脱贫发展三年规划中的民居建设，以安居工程的切实推进，让九保阿昌族乡民众安居乐业、创富脱贫。

4. 综合推进提升建设：新建学校校舍及附属设施5件次，进行村级卫生室改造及设备购置3件次，新建村级文化活动室11个，改造8个。新建村内道路112905平方米、进村道路47.5千米、河西大桥桥梁1座，全面提升基础设施。开展村庄全面整治，建设民族文化广场、环镇生态水系工程，建成民族特色大门3道。新建公共厕所21个，垃圾处理项目12件，农村饮水安全工程14件，停车场1件，农贸市场改造项目1件，太阳能路灯安装580盏，农村体育健身项目6件，农田灌溉沟渠项目2千米，绿化工程4件，整村推进项目4件，村内排污沟渠建设1件。做好地质灾害防治工程项目、农村能源项目和环境综合整治等农村生态建设工程。开展各类科技培训和劳动力转移就业培训（引导），以"自然村8有、家户5有"目标体系建设："有1个支柱产业、有通村达户硬化道路、有通村通信设施、有村安全农村电网、有民族文化广场或活动室、有村内亮化工程、有整洁卫生公厕、有安全人畜饮水"；户"5有"："户有1套实用抗震安居房、有1~2个科技明白人、有1~2项增收产业、有1台节能灶、有广播电视"，培育实现九保阿昌族乡整乡推进整族帮扶工作目标。

（三）梁河县囊宋阿昌族乡整乡推进整族帮扶实践主要成效

囊宋阿昌族乡充分整合利用云南省烟草公司帮扶资源，立足囊宋山坝结合的生态优势和产业基础，以提高阿昌族群众自我发展的能力为重点，坚持"政府主导、群众主体、企业帮扶、全民参与"的原则，牢记习近平总书记"不让一个少数民族掉队"嘱托，以建设"幸福阿昌"为目标，充分调动发挥囊宋阿昌族乡各族同胞脱贫致富奔小康的积极性和使命感，为整乡推进整族帮扶发展规划取得成效，奠定了良好的思想动员基础、群众发动基础和项目实施基础。

根据五大产业发展（烤烟、甘蔗、畜牧、茶叶、果蔬）规划，打造"一村一品、一户一业"。两年时间专项增加囊宋阿昌族乡6000亩，17400担烤烟计划。2016年预计全乡将实现烟农总产值2770万元，全乡人均收入1110元，为阿昌族脱贫增收打下坚实基础。持续抓好水稻等传统农作物种植，平稳推进茶叶、油茶、甘蔗等经济作物种植面积。民居保障工程建设，采取新村搬迁、拆除重建、抗震加固、改造提升的方式，全面推进老村居民建设改造，提升民居的民族特色，改善人居环境。重点帮扶阿昌族教育帮扶脱贫项目，建设11所学校，改善提升全乡学校软硬件环境。树勤奋学习榜样，专项开展农村户口阿昌族在校大学生的扶贫助学活动，自2015年至2017年，对每位勤学阿昌族大学生每人每年给予5000元的助学补助，鼓励他们勤奋学习，报效家乡，当前，共有209名阿昌族大学生获得资助。另外，在25个项目启动、2个示范村小学建设、新村建设、示范村民居建设、非示范村民居建设、非烟产业启动、关璋新村公路建设、项目规划调整等8个具体工作中均在稳步推进过程中。

四、云南阿昌族整乡推进整族帮扶项目实践的经验与启示

（一）精准定位精确帮扶是云南阿昌族乡整乡推进整族帮扶项目取得成效的重要经验

历史、自然、文化、社会发展资源及民族人口较少等诸多方面原因，陇川户撒阿昌族乡和梁河县九保、囊宋阿昌族乡属于民族地区区域性的深度贫困对象，是扶贫开发工作的硬骨头。普遍存在产业发展因袭传统低水平惯性发展，基础设施脆弱落后，生存环境恶劣，人居条件差，且多聚居于滑坡、泥石流等地质自然灾害频繁区域，文化教育、医疗卫生等社会事业发展滞后，劳动者素质偏低，自我发展能力差等情况。总之，三个阿昌族乡有突出的共性贫困问题，贫困成因却各不相同，扶贫脱贫路径必须对贫困成因、脱贫模式进行分别调研，进行精准定位，"政府+企业"帮扶措施才能做到精确帮扶。

（二）多种帮扶发展规划与扶贫开发攻坚战统筹协同是助推云南阿昌族乡整乡推进整族帮扶项目的强大动力

坚持"产业第一"的扶贫理念，变被动"输血"为主动"造血"，逐户制定产业发展规划，确保产业发展方向符合该贫困家庭实际。根据各村的特征，找准产业发展方式和方向，积极引导、鼓励发展农村专业合作社，坚持农业产业发展是帮扶的基础和根本，种养结合，引导发展农业产业帮扶脱贫。统筹配套，强力推进产业发展所必需的各项基础设施建设，为产业发展奠定坚实发展基础。

（三）扶贫资源集中使用与发挥政策兜底保障是云南阿昌族乡整乡推进整族帮扶项目顺畅推行的重要举措

通过实施"四个一批"工程，即扶持生产和就业发展一批，

移民搬迁安置一批,低保政策兜底一批,医疗救助扶持一批,基本解决阿昌族贫困人口的贫困问题,摘掉贫困乡、贫困村的帽子。对确认为无劳动能力的家庭,依托低保、五保、养老、孤儿救助、残疾人保障等扶贫政策兜底,保证这一部分人群稳定脱贫。组织贫困户主要劳力进行集中技能培训,确保贫困人口都有一技之长,依靠技能就业,实现脱贫致富。多措并举,全面打响脱贫攻坚战。

(四)建立边疆人口较少民族整乡推进整族帮扶项目资金管理模式是从源头上保障精准脱贫取得成效的制度保障

当前,云南省烟草专卖局与德宏州政府的对口帮扶资金6亿元将陆续到位,根据前期入村摸底调查,制订《阿昌族整乡推进整族帮扶专项资金使用管理办法》,以项目资金公告公示制、回补报账制、工程监理制、审计验收制、廉政承诺制等在内的一整套资金闭环管理体系,构建上级监督、部门监督、捐赠方监督、纪检监察监督、群众监督、人大政协监督和社会舆论监督组等监督模式,保证帮扶资金以"滴灌"方式,规范有序地帮扶到项目目标人群。

(五)培育帮扶对象脱贫致富的主动性和创造性是云南阿昌族乡整乡推进整族帮扶项目尊重主体地位的积极成果

逐户摸清有劳动能力的帮扶对象的脱贫致富意愿,加强引导,更新观念,采取诸如产业倾斜投入、民居安居工程等看得见、摸得着、够得上,完得成的实实在在的优惠帮扶措施和脱贫愿景,鼓励培育帮扶对象通过自身努力摆脱贫困,提高自我管理水平和自我发展能力,对阿昌族乡整乡推进整族帮扶项目产生认同,主动投身帮扶项目实践,建"幸福阿昌乡",做"幸福阿昌人"。

我出生成长于云南省德宏州瑞丽市。从幼儿园入学开始，身边就有不少傣族、景颇族、阿昌族同学。我们一起学习，一起成长，互相参与民族节日活动，日用饮食及生活习惯也相融无间，浑然而不觉其间有学术视野下的"他者"差异、族群文化差异。在我以前的认知里，少数民族文化是在其生活地域内自然而然、习以为常的日常生活。

我与户撒阿昌族的真正结缘始于2000年。其时，我正在攻读云南大学中文系民俗学研究生，户撒阿昌族铁器技艺调查是导师黄泽教授布置的暑期调研作业。当时的陇川户撒阿昌族乡仅有一条通往县城的乡级弹石路，一路泥泞，一路颠簸，甚至半路还需要全体下车推行，中巴车才能通过积水坑坎。当时的户撒乡各村寨间，也没有村村通水泥路，有的村寨间的连接仅是田埂道、竹篱笆桥。于是，接待我进行调研的云南民族大学校友银副乡长安排我住到了芒东上寨的熊金前家里，由他的母亲照顾我的食宿，熊金前全程陪同，以步行方式至有阿昌刀等铁器生产的家户进行走访调查。

在我的这个真正意义上的"泥腿子"调研中随处都可感受到，户撒阿昌族其时生活的贫困，体现在年久失修的老屋、简陋破旧的家居条件、糟糕的出行交通等各个方面。甚至家家户户都没有厕所，只能在清晨或黄昏去公共坟地里"解决"的不便与尴尬深映在我的记忆里。尽管如此，芒东上寨与下寨里的阿昌族老年人，在全家人的全力支持下，虔诚地如期在"关门节"期间进行"上奘"宗教生活，以及户撒阿昌老人们深信不疑口口相传的户撒坝子是"佛祖花园"的传说，让我在读硕士的三年间又多次来到户撒乡，以阿昌族老人的"上奘"宗教实践为题，完成硕士学位论文，并发表两篇相关文章。

此后，个人生活轨迹的转变，我与户撒乡及那里的阿昌族乡亲们的交集就此中断。直到2016年，距20世纪50年代开展的阿昌族社会历史调查60余年、我的首次户撒阿昌族调查16年之后，云南民族大学民族团结进步研究院启动25个少数民族社会历史回访再调查，让我有幸能再次回到户撒阿昌族乡。

为克服硕士阶段的阿昌族研究仅以户撒乡为唯一调查点的缺憾，2016年7~8月间，我们回访调查课题组对云南省行政区划下的三个阿昌族乡——云南省德宏州陇川县户撒阿昌族乡、梁河县九保阿昌族乡、囊宋阿昌族乡，均进行了田野调查，收集了相关资料。最后，以户撒为例，完成了此次调研报告。

其时，三个阿昌族乡正在"精准脱贫一个民族也不能少"的国家宏观战略部署下，作为云南省开展整乡推进整族帮扶项目的第二个人口较少民族，在云南省烟草集团投资巨额资金及相关渠道的产业帮扶、政策倾斜等强有力措施下，全面彻底地进行基础设施改造和建设。16年前我用脚步丈量过的乡村弹石路、村寨间田埂路，终于迎来了彻底改造升级。

阿昌族乡的社会历史变迁是巨大的，以我的亲身经历来看也是翻天覆地的。基于"云南25个少数民族社会历史回访调查"调查提纲进行的回访调研数据资料，已是不可辩驳的证据。2018年大年初一，我带着我的家人，自驾来到户撒乡。当汽车奔驰在平整崭新的农村二级公路上，当我们散步在全程42.195千米的标准长度（乡村）马拉松跑道上，举目所见，大部分已是有着鲜明阿昌族文化要素标识的新民居、各有特点的新村寨文化广场，以及穿着新衣，喜气洋洋走亲戚的阿昌人民。

如果说20世纪50年代的《阿昌族社会历史调查》是在新中国确立社会主义制度的时代背景下，调查、记录阿昌人民摆脱封建土司剥削、土匪滋扰，实现民族平等、民族团结，翻身得解放的民主改革及社会主义建设的历史。那么，《阿昌族社会历史回访再调查——以龙川县户撒乡为例》主要展现的即是，党的十八大以来，在推进中国特色社会主义事业和全面建成小康社会历史进程中，在经济建设、政治建设、文化建设、社会建设、生态文明建设"五位一体"总体布局下，阿昌族作为边疆少数民族，实现历史性跨越式大发展的伟大社会实践。愿我的回访调查报告，能真实记录下阿昌人民对美好生活的向往、追求和奋斗。

参考文献：

［1］《民族问题五种丛书》云南省编辑委员会编：《阿昌族社会历史调查》，云南民族出版社，1983年。

［2］尤中：《中国西南的古代民族》，云南人民出版社，1979年。

［3］龚荫编：《明清云南土司通纂》，云南民族出版社，1985年。

［4］中国社科院民族研究所、云南少数民族社会历史调查组：《阿昌族简史简志合编》，1963年，刊印本。

［5］《遮帕麻和遮咪麻》，云南人民出版社，1983年。

［6］陇川县史志办，政协陇川县文史委编：《户撒史话》，云南民族出版社，2002年。

［7］费孝通：《关于我国民族识别问题》，《中国社会科学》，1980年第1期。

［8］戴庆厦、崔志超：《阿昌语概况》，《民族语文》，1983年第6期。

［9］杨荣涛、张永宏：《藏彝走廊上阿昌族的道教信仰考察：以云南户撒皇阁寺为中心》，《商丘师范学院学报》，2013年第10期。

［10］杨荣涛：《仪式与象征：云南户撒阿昌族色曼崇拜仪式的文化意涵》，《中华文化论坛》，2014年第7期。

［11］刘江：《阿昌族的祖先崇拜》，《云南民族学院学报（哲学社会科学版）》，2001年第4期。

［12］贺圣达、李晨阳：《缅甸民族的种类和各民族现有人口》，《广西民族大学学报（哲学社会科学版）》，2007年第1期。

［13］姚勇、姚鹏：《简论缅甸"迈达"族群的形成》，《东南亚南

亚研究》，2011年第3期。

［14］田素庆：《阿昌族"上奘"的田野调查及研究》，《宗教学研究》，2012年第3期。

［15］田素庆：《阿昌族"上奘"宗教实践与现代养老模式构建》，《云南民族大学学报（哲学社会科学版）》，2013年第3期。

［16］李瑞：《云南阿昌族民居空间形态探析》，江苏大学硕士学位论文，2014年。

［17］熊顺清：《上座部佛教在户撒阿昌族聚居区的传播及影响》，中央民族大学博士论文，2012年。

［18］《户撒阿昌族乡2017年工作总结暨2018年工作计划》，陇川县人民政府官网，2017年12月18日。

怒族社会历史回访再调查
——以福贡县匹河乡老姆登村为例

李智环

20世纪50年代始，云南省民族事务委员会对云南省少数民族社会历史情况进行了调查研究，其中包括对怒族的调查。怒族是中国人口较少民族之一，同时还是云南省15个"直过民族"之一。50年代的这次调查地域范围涉及云南省怒江傈僳族自治州的碧江、福贡、贡山三县以及兰坪县，主要摸清了各地区怒族的历史渊源、人口分布、生产状况、土地制度、风俗习惯以及宗教信仰等，涵盖经济、文化和社会等方方面面的内容。调查资料显示，在经济方面，由于生产技术和生产工具落后，故生产力水平较低，人们主要从事农业生产，畜牧业不发达，手工业主要以自给自足为主，很少用于交换，也没有从事交换的商人。生活贫苦而简陋，生活水平低下。在宗教方面，怒族认为"万物有灵"，信奉鬼神，有病痛时通常不是去看病，而是祈求神灵的保佑。随着基督教的传入，开始逐渐信奉基督教。在社会组织方面，婚姻家庭以父母包办婚姻为主，实行一夫一妻制，但是妇女地位低下。这次所调查的资料集中体现了怒族社会历史的基本情况，为我国的民族研究和民族工作提供了重要的参考资料。调查所涉及地域范围较广但是不够全面，特别是医疗教育和生态环境方面很少涉及。

本次针对福贡县匹河乡老姆登村怒族进行的社会历史回访再调查，有着深刻的现实意义：一方面，着重调查了怒族的社会生产状况和生活水平改善情况；另一方面，通过对经济、政治、文化、社会和生态方面的进一步调查，提出合理的建议，将促使怒族生活水平有效提高，实现各民族共同发展、共同富裕、共同繁荣。

在经济上，虽然怒族仍然主要从事农业生产，但由于生产力水平和生产技术的提高，当地居民利用特有的自然地理条件和气候条件发展了典型的山地立体农业，除了种植粮食外，还主要种植茶叶、核桃等经济作物来提高收入。另外，大力发展旅游业也大大提高了怒族的收入。

在政治上，加强党组织建设与村务管理、村民自治，一定程度上提高了怒族的政治参与。

在社会保障方面，实施低保动态管理和医疗保障，有效地提升了怒族的基本生活水平。

在文化上，建立健全公共文化设施，进一步优化配置教育资源，深入贯彻和实施教育兴国和人才强国战略。由于旅游业的发展，人们加强了对自己本民族文化的认同感。

在社会组织方面，家庭婚姻结构也在发生变化，由从前的父母包办婚姻到现在可以自由恋爱，从某种程度上说，降低了离婚率，有利于社会稳定。

在生态环境方面，怒族种植有机茶叶，随着旅游业发展，建立公厕并且开始注重公共卫生等等，在一定程度上体现了怒族朴素的生态思想，已渗透到其生产生活的方方面面。

本次回访调查不仅是对20世纪50年代的怒族社会历史情况调查的补充，更是在新时代背景下，关于怒族社会状况的最新调查研究成果，对于进一步提高怒族生活水平具有重要的理论参考价值和实践意义，同时为后续的民族研究工作提供了较好的基础。

一、村寨概况

（一）村寨历史与传说

老姆登村坐落于福贡县匹河怒族乡的东边，而匹河乡是我国唯一的怒族乡。怒族有"怒苏"（原碧江）、"阿怒"（福贡）、"阿龙"（贡山）、"若柔"（兰坪）4个支系，但彼此之间交流较少。生活在老姆登村的怒族自称"怒苏"，使用怒苏语。《怒族社会历史调查》中明确提出，碧江县的怒族并非怒江本地的原住居民，他们是从丽江一带迁徙到澜沧江流域，之后翻过碧罗雪山来到怒江流域的。①

而关于老姆登名称的由来，流传着不同的说法。笔者在该村调查得到的较为主流的解释有两种：一说白族称之为竹子茂密生长的地方，一说怒语意为人喜欢来的地方。同时，由于怒族没有文字，在汉文史籍中的记载又很少，因而只能根据怒族现存的神话传说、民间歌谣、宗教祷告语等来探寻怒族的源流。怒族著名的《创世纪》中记述②：在很早之前，洪水淹没了地面上的一切，只剩兄妹两人分别背着弩弓和织布机躲进一个蜂窝内随水漂流。等到洪水完全退却，却发现地面上什么也没有，两个人手足无措。后来妹妹想出一个办法，她将织布机放在山脚下，让哥哥爬到山顶，如果哥哥能用弩弓射中织布机，就愿意与哥哥结为夫妻，若无法射中，二人即分散。哥哥同意这一建议并一箭射中了织布机。后来兄妹俩结婚生子，所生的小孩成为各民族的祖先。射弩弓是怒族男子勇敢的表现，纺织则是怒族女子勤劳的象征。而据村中老人追忆，"怒苏"在怒江生活的年代已经十分久远，至少已有64代。③

---

① 《民族问题五种丛书》云南省编辑委员会编、《中国少数民族社会历史调查资料丛刊》修订编辑委员会：《怒族社会历史调查》之《碧江县一区老母登、普乐、知子乐三乡怒族族源和民族关系调查》，云南民族出版社，2009年。

② 《怒族简史》编写组、《怒族简史》修订本编写组：《怒族简史》，民族出版社，2008年。

③ 刘达成主编：《怒族文化大观》，云南民族出版社，1999年，第2~3页。

◇ 匹河乡俯瞰

（二）民族构成

怒族是云南省8个人口较少民族之一，也是怒江和澜沧江两岸的古老民族之一。老姆登村怒族人口约占全村人口的80.5%，其他民族主要为傈僳族、独龙族。此外，由于老姆登村距离怒江州原州府和原碧江县城所在地知子罗较近，故这里的怒族与周边各民族的联系甚为紧密。近年来，虽然怒族对外交往频繁，但村寨内仍以血缘亲属关系为主，村民们关系融洽，始终传承着孝敬长辈的优良传统。①

（三）人口结构状况

新中国成立初期，包括怒族在内的全国各族人口均得到了一定程度的

---

① 《民族问题五种丛书》云南省编辑委员会编、《中国少数民族社会历史调查资料丛刊》修订编辑委员会：《怒族社会历史调查》之《有关碧江县一区老登、普乐、知子三乡怒族族源和民族关系调查》，民族出版社，2009年。

增长。党的十一届三中全会后,虽然政府在全国范围内推广实施计划生育政策,但由于怒族人口基数小,因而采取的政策是有限控制,即一对夫妻可以生育3个孩子,使得怒族人口实现了一定程度的增长。①1986年碧江县被撤销,受此影响,老姆登村逐渐远离怒江的政治、经济、文化中心,同时伴随着大量的人口迁出,老姆登再次归于平静。

2014年数据显示,老姆登村有361户1156人,怒族、傈僳族、独龙族杂居。其中怒族920人,占全村人口的84%。村中男女比例相差不大,男性约占村中总人数的51.64%,女性约占48.4%。②村中以青壮年为主,80岁以上的老年人有二十几人。这里的人们生活在大自然鬼斧神工的环境中,自然环境的优越是老姆登村村民长寿的原因之一。近年来,村里有许多青壮年外出务工,但多数人反映他们还是不习惯外面的生活(主要是因为对外省的气候及社会环境不适应),加上目前村里旅游业(农家乐)的快速发展,很多人又选择回到村里生活。

(四)村寨今昔变迁轨迹

1949年碧江县解放。20世纪50年代到60年代中期,老姆登村因邻近碧江县政治、经济、文化中心知子罗,一直致力于自身的恢复,基础设施和机构得到重建,但同时也遭到过沉重打击。境外武装力量的窜扰和自然灾害使得当地社会和群众生活不时会陷入混乱状态,随后的"文化大革命"时期,各领域发展都基本停滞。直到1977年,开始削平老姆登月亮田一带的坡地,经过5年的不懈努力,共开垦出19.58亩平地,并成为县级良种繁殖基地。1986年,经国务院同意,碧江县被撤销,老姆登在行政区划上的级别由原来的乡级变为匹河怒族乡的一个行政村。90年代以来,在党和政府的帮助下,老姆登村全面开展了扶贫工作,并取得了明显的成效。接下

---

① 云南省怒江傈僳族自治州地方志编纂委员会编纂:《碧江县志》,云南民族出版社,1994年,第46页。

② 数据来源:云南数字乡村网。

◇ 老姆登村鸟瞰

来，老姆登村在经济和农业等方面都取得了长足发展，不仅大力发展旅游业，还建立起百亩规范化的茶园。①

目前，老姆登村全村面积45.21平方千米（属于贫瘠、高寒山区），离匹河乡政府驻地14千米，辖布来、防干、红旗、红卫、月亮田、茶厂6个自然村12个村民小组。耕地936.6亩（水田282亩、旱地655亩，目前水田基本已改为旱地），森林覆盖面积为5956亩。农业发展以种植业与林副业相结合，种植业尤为发达（产玉米、豆类、杂粮、油桐、生漆、茶叶、木油、香菌、黄连）。该村村委会提供的2014年各项数据为：大小牲畜出栏1678头；产粮379892公斤，人均有粮329公斤，并形成了以茶叶、核桃种植为特色的农业产

---

① 此部分记述主要参考杨聪主编的《老姆登村调查》，中国经济出版社，2011年。

业。同时，村里有卫生室1个（3个乡村医生）；党总支1个（党支部3个），共有党员57名，且全部为少数民族。此外，老姆登村风光秀丽，景色宜人，2014年被评为"中国最美乡镇"。现已有13户农家乐，是福贡县的旅游景点之一，其中以老姆登教堂和老姆登茶厂为重要旅游景点。

二、经济建设

（一）传统经济体系变迁

根据调查资料看，老姆登村主要还是处于传统的农业经济类型阶段，村民主要从事的是农业生产，主要收入也是来源于农业活动所带来的产出，当地居民利用老姆登村所特有的自然地理条件和气候条件发展了典型的山地立体农业。

◇晨曦中的老姆登教堂

老姆登村的经济体系变迁主要表现在以下方面:

首先,因地制宜发展山地立体农业。由于地处横断山脉中段,深居高山峡谷之中,当地怒族巧妙地利用山地的立体气候,根据海拔高低造成的温度和热量的差异,采取套作和轮作的方式在不同海拔地区种植与之相适应的农作物。笔者根据调查了解到,2010年左右,老姆登村还有一定面积的水稻田,之后水稻田逐渐被玉米地和核桃地所代替。原因主要有四个:一是当地的气候类型不利于水稻生长,特别是热量不够。根据村民反映,水稻的亩产直到2010年左右也只有600~700斤,远少于中国水稻主产区亩产近2000斤的水平。二是水稻的种植技术有很高的要求,水稻的育秧、插秧以及田间管理等工序比较复杂,需要精耕细作才会有好的产出。三是当地怒族对于水稻种植的热情随着可以从市场购入大米而变得逐渐降低,这是水稻种植业在老姆登村逐渐被其他作物所取代的外部因素。四是由于水稻是需要消耗大量水资源的作物,同时开垦梯田对于当地的生态环境会造成一定的危害,水的管理一旦控制不当,就会加剧当地本来已经很严重的水土流失,进而增加山体滑坡的可能性,因此当地政府出台了改种玉米替代水稻的政策。根据对村民的访谈来看,当地人对于粮食作物的转变整体上是持支持态度的。

其次,在第三产业发展方面,以乡村农家乐为代表的服务业发展迅速。怒江的旅游业起步大概可以追溯到1999年,政府出台了许多旨在促进旅游业发展的优惠政策。根据笔者掌握到的最新的调查数据可知,老姆登村目前一共有13户农家乐,其中最大的、目前经营业绩最好的当属村民郁伍林家。近年来,老姆登村的农家乐发展呈现出快速增长的态势,从最初郁伍林家的"怒苏哩150客栈",到后来的"老姆登客栈""姐妹花客栈""怒苏人家"等等,近5年来一直都在增加,其中的"老姆登客栈"和"怒苏哩150客栈"都在扩建之中(计划建成后的使用标准接近于二星级酒店)。乡村农家乐的发展,主要得益于最近几年来怒江旅游的游客人数的增加。

其三,老姆登村乡村旅游业的发展也带动了养殖业的发展。事实上,老姆登村的养殖业始终存在,但随着乡村农家乐的发展和游客对怒族美食消费需求的不断扩大,村民们除了饲养猪牛羊外,火鸡和土鸡的家禽养殖也在扩展:每个农户家里一般都会养1~3头猪,20~30只土鸡,成猪的价格一般为1100~1300元/头,公鸡的价格为23元/斤,母鸡的价格为25元/斤。近年来乡村农家乐中饮食部分的需求都在增加,也成为村民们销售土猪和土鸡最便利的渠道。

(二)农作物种植

根据村委会提供的资料,老姆登全村一共有茶叶地3400亩、核桃地1800亩、玉米地500亩。全村耕地一共有936.6亩,其中水田282亩,现在已基本上全部改为旱地。具体情况如下:

表1 老姆登村土地利用类型及耕地面积表

单位:亩

茶叶	核桃	玉米	耕地
3400	1800	500	936.6

1. 茶叶种植情况

由于老姆登所处的独特地理位置和气候环境,在海拔1700~2500米的高度范围之内,非常适合种植高山茶。根据笔者对村民们的访谈调查情况来看,全村茶叶种植最多的是一位叫和永平的村民(一共种植了10多亩茶叶),但是大部分村民只种了2~3亩,稍微多点的在5亩左右。根据村民介绍,老姆登村大约在20世纪80年代开始种植茶叶。同时,由于老姆登地处高寒山区,茶叶产量一直较低,因此老姆登当地的茶叶种植走的是与滇南地区普洱茶不同的路线,即所有的老姆登茶叶,不打农药、不施化肥,打

◇ 老姆登村的怒族茶农在采茶

造原生态的有机高山茶。一旦村委会发现村民私自使用农药、化肥，就会停发各种生产生活补助，因此村民都会遵守不施用化肥、农药的要求。调查中，许多村民会告诉笔者，使用农药会污染当地的空气，化肥会污染水源，并对人的身体健康造成危害，体现出老姆登村村民对于生态环境具有较强的保护意识。

2. 核桃种植情况

老姆登村的核桃种植有1800亩。笔者通过对村支书李建文的访谈了解到，全村推广种植核桃是在2008年。核桃的推广种植，一方面是为了执行国家的退耕还林政策；另一方面也是充分利用当地的自然、地形以及气候条件，同时也是增加村民收入的有效举措（事实上，在滇西北农村目前种植核桃的情况较为普遍）。笔者通过调查了解到，种植核桃最多的家庭达到了20亩左右，多数农户种植的面积为3~5亩。依据2015年的收成来看，一般农户（以种植3～4亩为标准）种植核桃的年收入大约为3000元，等到核桃树进入稳产树龄期（核桃种植周期比较长，从新苗种植到核桃树挂果需要七八年时间），估计产量至少会高出1/3。

3. 玉米种植情况

老姆登村一共种植玉米500亩，在全村粮食作物种植中居首要地位。玉米地集中分布于海拔1400米以下的地带，同时玉米种植也是随着老姆登村水田改旱地、用玉米替代水稻种植的举措之一。目前老姆登村的所有家庭都种有玉米，且玉米产量每亩可以达到800～900斤（产量上要明显高于水稻）。值得一提的是，在老姆登村，玉米并不作为人的重要口粮，而主要用作自产自销的饲料。相应地，我们在调查中会看到这样的情况：养猪和鸡比较多的村民家一般也会种植较多的玉米。例如，有个农户家里一共养了4头猪、50多只鸡，他家就种了将近10亩玉米（每年都会剩余几千斤玉米，他会将部分玉米卖给本村其他农户作饲料使用）。

（三）生产方式的变迁

根据资料记载，[1]老姆登村由于地处怒江大峡谷，在漫长的岁月中，农作物主要以荞、稗为主，新中国成立后，麦子、玉米、高粱、青稞、洋芋和水稻开始进入村民的种植序列。耕作方式则主要经历了刀耕火种、牛耕和水田耕作三个大的阶段，相应地，生产工具也经过了从竹木工具到铁质工具的变迁；而生产方式主要是刀耕火种，辅之以狩猎采集。这样的生产生活方式一直到新中国成立才开始有了较大改变。由于当地社会经济发展的客观需要，从20世纪80年代开始，老姆登村开始大规模种茶，到最近两三年又完成了由水稻改种玉米的作物种植改革。手工业方面，老姆登村以麻纺、酿酒和竹木器制造为主，但自20世纪90年代到现在，传统手工业在村民经济生活中所占的比例逐渐减少，甚至呈消失的趋势。商业方面，老

---

[1]《民族问题五种丛书》云南省编辑委员会编、《中国少数民族社会历史调查资料丛刊》修订编辑委员会：《怒族社会历史调查》，民族出版社，2009年。

◇匹河乡集市

姆登村长期以来还是以乡村集市为主，随着近几年怒江州经济的发展，乡村集市的市场规模、商品交换种类和交易的便利程度都有很大提高，集市上除了交易村民们自己生产的土特产品和生产工具外，从省外运进的各类工业品和消费品也极大地丰富了当地市场的商品种类，给村民带来了便利，也改善了他们的生活。需要指出的是，除了传统的销售方式之外，随着近些年快递物流以及网络通信业的迅速发展，部分村民已经学会了利用微信等社交软件，做起了网络销售当地特色产品的生意。这一现代销售方式，不仅改变了当地由地理环境造成的封闭、落后状况，而且在相当大的程度上为老姆登村的发展开辟了一条崭新的致富之路。

（四）农业科技推广

老姆登村主要种植三种作物，按种植面积的大小依次为茶叶、核桃和玉米。而养殖业方面，村民平均每家都会养殖1~2头猪、10~20只鸡。所以，农业科技的推广主要集中于茶和核桃种植培训等方面，养殖培训则很少。根据笔者在该村所做的问卷调查（总有效问卷数为55份）所得，大约有47%的农户参加过以下培训：农业科技的推广主要是以组织村民在村公所集中授课的方式进行，一年中会有1~2次，农技人员主要来自县里和州里的农技站，培训的内容主要是教授农户如何进行茶树和核桃树的整枝、田间管理以及病虫害的治理，但每次培训规模在100人左右。但多数村民反映，他们主要是从村委会得到培训的消息，每次培训的规模都是有限定的，并不是每一次都有机会参加。一般情况下，村委会会提前上门通知要

◇ 老姆登茶叶合作社的工人在筛茶

参加培训的村民，实行全村村民轮流接受培训的制度。同时，参加培训的村民一般会得到50～70元的误工补贴，有时候村委会不发现金补贴而是直接组织参加培训的村民聚餐，以此代替现金补贴。对于调查的实际效果，超过70%的村民认为培训有一定的作用，但是这种培训的次数组织得不够多，并且培训的内容时常重复，缺少新意。还有一部分村民反映，培训之后很少能将所学的知识真正运用于生产实践之中，过一段时间就会忘记培训课上学到的知识。简言之，老姆登村的农业科技推广工作还需要做很多工作，还有较大的提升空间。

（五）产业结构的调整

历史上，老姆登村的经济收入几乎全部来自第一产业的种植业和养殖业收入。但近年来进行产业结构调整，使得全村的经济结构有了历史性的改变。表2是笔者根据村委会提供的2015年统计数据制作的简表：

表2 老姆登村2015年经济产值一览表

单位：万元

产业类型	茶叶	核桃	玉米	养殖业	服务业（农家乐）
经济产值	220	100	52	95.1	115

从表2可以看出，老姆登村第一产业中的种植业和养殖业总产值大约为467.1万元，第三产业总产值约为115万元，第二产业基本处于空白。根据数据可以看出，老姆登村的经济支柱仍然为第一产业，但是第三产业占全村的经济比重达到19.75%，说明第三产业已经在整个经济总量中占有重要地位，可以断定，随着老姆登村旅游业的开发和向纵深发展，未来第三产业所占的比重会有较大的提升。

（六）经济收入与消费

表3、表4是笔者根据调查数据整理出的老姆登村典型村民家庭收入与消费情况（列举了20户村民的基本收入与支出的明细情况）：

表3 收入明细表

单位：岁、元

姓名	年龄	职业	农牧业经营收入	非农收入	低保收入	粮食直补
付某	29	小卖部业主	3000	4000	1000	
和某	32	小摊贩	5000	3650	2424	500
李某	50	客栈老板	10000	100000	1200	
普某	52	村干部	7000	16800		
李某	22	外出务工返乡人员	6700	24000	6240	
李某	40	村民	5000	6000	1200	
沙某	27	村民		30000	4000	
阿某	36	小摊贩	3000	30000	600	

续表

姓名	年龄	职业	农牧业经营收入	非农收入	低保收入	粮食直补
李某	48	村民	4000	20000	2880	300
和某	34	村民	5000		1200	
坤某	50	村民	3000	6000	3200	300
陆某	40	村民	5000	6000	3600	200
柒某	47	村民	4000	6000	1708	450
李某	71	村民	5000		2560	
阿某	53	村民	4000		2400	600
李某	22	村民	5000		3200	400
娅某	49	村民	3000		1700	528
王某	53	村民	3000	9600	1400	400

表4 支出明细表

单位：岁、元

姓名	年龄	职业	生产生活经营性支出	医疗费支出	教育支出	人情往来费用
付某	29	小卖部业主	7000	2000		10000
和某	32	小摊贩	1080		1560	1000
李某	50	客栈老板	80000	2000	10000	8000
普某	52	村干部	4000	300	6000	3000
李某	22	外出务工返乡人员	940	4000		5000
李某	40	村民	800	100	2400	2000
沙某	27	村民	1000	1000		2000
阿某	36	小摊贩	15000	5000	5000	3000
李某	48	村民	2000	6000		3000
和某	34	村民	3000	5000		600

续表

姓名	年龄	职业	生产生活经营性支出	医疗费支出	教育支出	人情往来费用
坤某	50	村民	800	5000		5000
陆某	40	村民	800	4000	4000	2000
柒某	47	村民	800	1000		10000
李某	71	村民	1000	7000		800
阿某	53	村民	2300	3000		1000
李某	22	村民	600	5000	25000	
娅某	49	村民	400	1000		4000
王某	53	村民	755		1440	5000

通过以上收入明细表可以看出：收入高的村民集中在从事非农收入且土地比较多的家庭。在此笔者列举几位具有代表性的村民情况：

其一，老姆登村收入最高的李某，因从事多种种植和经营活动被评为老姆登村的"致富带头人"，目前他的农家乐客栈还在扩建中，现已投资近30万元。

其二，拥有工资性收入的村干部普某，每年从事农业生产的收入大为6000～7000元，他有两个孩子在上学（女儿在读高中，儿子在读初中），每年供两个孩子上学要花费5000～6000元。如果仅靠从事农业生产，他供孩子读书还是比较困难的。现在他在村委会上班，每个月有工资1400元，一年累计16800元，这个收入在老姆登村不算低，比完全依靠种地收入的村民要高得多。

其三，在调查中，给笔者留下很深印象的是48岁的因病致贫的李某（女）家庭。李某家共有3口人，她和老公每年从事农业生产的收入只有3000～4000元，儿子在青岛打工，每年的收入不到2万元（勉强只能维持自己的生活）。她家原本计划修建新房，但是因为她被诊断出患有帕金森综合征，致使每年的医疗花费就将近6000元，于是建房计划搁浅。另外，高昂的建房成本也是迫使她家暂缓建房的重要原因（在老姆登村，建房成本一般在20万～30万元之间），政府给予的部分现金和物质补贴远远不能弥补村民建房的资金缺口。

其四，在调查中，笔者还走访了一个因疾病和读书而陷入贫困和负债的李CY（女）家庭。李CY从大学会计专业毕业不久后到邮政储蓄银行上班。上学期间，父母每月会给李CY寄500元的生活费，其余的生活费要靠她勤工俭学获得。另外，她家向亲戚朋友借的近2万元的学费还没有偿还，目前李CY的妈妈因患有慢性病，每年医疗花费大约要5000元，相当于一年的农业收入。这个案例反映出：在老姆登村，一个普通家庭培养一个大学生很艰难。

通过笔者在老姆登村调查的典型案例，我们看到：除了开客栈、跑运输、开合作社的村民收入比较高以外，其他村民的收入都普遍较低，一般集中在3000～5000元之间。

（七）精准扶贫

老姆登村的基本情况是：全村有115户贫困户，贫困人口405人，计划2017年匹河乡率先全部脱贫。但因情况复杂，扶贫工作难度较大。

1. 老姆登村贫困原因分析

（1）村民拥有的生产资料少，人地矛盾尖锐

通过调查我们可以看到：单纯从事种植业和养殖业的村民，年收入一般在3000～5000元之间，造成这种局面的原因主要是老姆登村人多地少的矛盾比较突出。根据村委会提供的数据，老姆登村的人均耕地面积约4.71亩，是全国平均水平1.52亩的3倍还多，但由于地处高寒山区，陡坡多、缓坡少，导致单位土地面积产出较低（这一点可以从玉米和茶叶的亩产量中得出），加之生态环境脆弱，水土流失相对严重，使得村民们能够从土地中获取的收入有限，这是该村长期处于贫困状态的主要原因。

（2）村民获取"非农收入"的渠道狭窄

笔者的调查显示，拥有非农收入的村民占全部受访村民的比重为37.5%，远低于2014年全国平均78.3%的水平。而大多数的村民是通过在村子里充当临时建筑工人和跑运输（主要是从村子到匹河乡以及福贡县城的短途运输）来获取非农收入，这些收入每年为3000~20000元。另外，村子里从事农家乐生意的村民收入比其他村民要高得多，这也反映出老姆登村的贫富差距还是比较大的。再者，村民获取的非农收入在时间上也呈现出不连续的特点。以在村里充当短期临时建筑工人的村民李YH家庭为例，她家有一辆三轮摩托车，每星期赶集时会拉几位村民去匹河乡赶集，这样一年会有几千元相对稳定的收入。同时，她丈夫在村里工地上做瓦工，但这一收入的波动却比较大，好的年头有10000多元，少时则只有3000元左右。

（3）茶农没有掌握茶叶鲜叶的定价权

老姆登村村民的一项重要收入来源就是茶叶种植。据村民介绍，刚刚采摘的鲜叶每市斤价格为6元，春茶收购价格为每市斤8元，这个价格村民普遍反映过低，而且更为重要的一个问题就是这个收购价格多年不变。尤其是近几年，老姆登茶叶凭借其原生态无污染的优势已经开拓出一定的市场，茶叶价格每年都在走高，而茶叶合作社的收购价格却没有做出适当调整，大家普遍认为有必要提高收购价格。因此，已有部分村民由于不能接受目前茶叶合作社的收购价格而将鲜叶通过其他途径卖出。

2. 老姆登村精准扶贫的成效

综合来看，老姆登村的精准扶贫工作开展得还是较有成效的，目前已有少部分村民达到了脱贫的标准（人均收入达到2800元）。根据村支书提供的不完全统计数据可知：教育方面，最近十年全村有20多人考入大学

(包括专科院校)。基础设施方面,目前村委会在"穿衣戴帽工程"①中抽出部分资金修建了通往"皇冠山"的道路。在扶贫工程生产项目方面,华电集团计划对老姆登进行投资,种植茶叶。远期发展规划方面,村委会提出了"一个目标四个点"的发展规划。"一个目标":发展旅游业。"四个点":沿江一线至海拔1400米以下主要搞水果种植;海拔1400~1700米区域种植核桃;海拔1700~2500米种植茶叶;海拔2500~3500米种植中草药。目前,村委会计划引进资金进行旅游开发,旅游业具体采用的将是"公司+村委会+农户"的形式进行,让三者共同受益。在茶叶合作社方面,村里计划将合作社改造成公司制的形式,让茶农成为公司的股东等等。退耕还林还草方面,老姆登村计划将所有耕地全部退耕还林还草。老姆登村2015年退耕的面积是1600亩,还有3500亩准备退耕,退耕还林采取分段进行的方式,退耕补助为1500元/亩,其中苗种补助为300元,其余1200元为现金补助。道路修建和改扩方面,老姆登村公路基本建设完毕,剩余部分主要为沿江公路升级为省道工程。电力设施建设方面,县发改委和民宗局计划在村里增加100盏太阳能路灯,费用全部由县财政承担。

3. 老姆登村精准扶贫存在的问题

(1)没有重视医疗保障对精准扶贫的影响

笔者在调查中发现,老姆登村的多数村民家庭在医疗开支方面都比较大,有的会花掉一年从事农业生产的全部收入,有的还会找亲戚朋友借钱看病。并且,他们在医疗方面的花费一般是不能通过医保或者合作医疗报销的,因为在大多数情况下,生病都是自己在匹河乡或者福贡县里购买药品,依据我国现行的医疗保障体系,这部分医疗花费是不能报销的,所以大多数医疗费都是由村民自己承担,很多家庭对此早已不堪重负。

---

① 穿衣戴帽工程:福贡县旅游局为了将老姆登村打造成民族文化旅游村寨,投资700万元,用竹编外墙对村民房屋的墙体进行装饰,造价为24元/平方米,而将原本用于内墙装饰的部分资金用在了"神山栈道"的建设上。

（2）特色产业整合不足

虽然村委会的发展规划中提到了在海拔较低地段发展水果种植（主要指柑橘种植。这一出发点是基于老姆登地形因素的考量，河谷地带温度较高，热量相对丰富，适合柑橘种植），然而，村委会并没有作出针对未来柑橘市场开拓的细致规划，事实上此类工作也超出了村委会的能力范围。此外，老姆登村发展旅游业、成立旅游公司虽然是个比较合理的路径选择，但真正要让旅游业的发展收益惠及全村村民，还需要对其组织形式进行深入研究。

（3）茶叶合作社并没有向集约化方向发展

村里目前有3个茶叶合作社，规模大小相差不大，且都拥有自己的茶叶品牌，在产品种类方面也并无明显差异。①总体而言，茶叶合作社目前并没有起到整合老姆登茶叶产业发展的作用，也没有真正发挥使村民增产增收的作用。

（4）扶贫工作需要进一步落实，使村民真实受益

笔者从对村民的走访中了解到，目前老姆登村在执行扶贫政策中，还存在一定问题：拿扶贫工作的重要内容低保发放来说，目前村民所有的低保卡全部由村委会集中保管，而不是像政策所规定的由村民自己保管。低保发放形式是两个季度发现金，另外两个季度发大米等生活物资。显而易见，这种分配方式会造成新的不公平。另外，在粮食直补、种粮补贴以及养殖补贴这些补贴款的发放上，大多数村民反映，种粮补贴各年份不均，他们对补贴的标准也不甚了解。可以看出，在粮食直补及其他补贴惠民政策的执行上，村委会与村民之间缺乏沟通和协调。

4. 老姆登村精准扶贫的对策建议

一方面，要加快医疗保障体系建设，解决村民的后顾之忧，进一步改

---

① 据部分村民反映，成立茶叶合作社的主要动机是为了获得国家的补贴款项，笔者在与茶叶合作社老板的访谈中也证实了这一说法。

善村民福利。医疗保障对于老姆登村村民脱贫致富具有重要意义,健全医疗保障体系不仅可以提高老姆登村村民的健康水平,还可以降低返贫率。因此,地方政府应该争取专项资金,完善医疗报销制度,拓宽融资渠道,引进社会资本进入医疗行业,增加医疗供给。

另一方面,加快特色产业整合,使之向现代企业方向发展。如在旅游业的发展方面,鉴于大部分村民资金积累不够的现实状况,村民不可能全部都以资金的形式入股成立的公司。所以,建议在协商的基础上,让缺乏资金的村民以土地使用权和承包经营权作价或者按比例入股成立旅游公司。在茶叶产业方面,笔者认为,老姆登村有必要将3家茶叶合作社进行合并重组,对内统一产品的生产和加工,对外统一产品的营销和管理,打造统一品牌,减少合作社之间"内耗式"竞争所造成的不利影响。同时,要兼顾茶农和茶叶企业的利益,根据市场需求和茶企的经营状况,采取浮动的鲜叶收购价格,提高茶农的生产积极性。

三、政治建设

少数民族聚居区的民族村寨政治建设,是民族地区政治发展的重要组成部分。这些民族村寨的政治建设与发展,对当地社会稳定和人民生产生活条件的改善都具有重大意义。此次针对怒江傈僳族自治州匹河怒族乡老姆登村政治建设方面的调查,主要集中在村寨政治变迁、党组织建设与村务管理、村民自治以及社会保障等。

(一)政治变迁

在新中国成立后近四十年的发展中,老姆登的政治建设和变迁过程与全国其他基层社

◇ 老姆登村委会

区的情况是相类似的：当地通过早期的土地改革在村寨范围内重新分配了土地，并且推翻了村社原有的社会基本结构，建立了新的村寨权力结构。①而在随后的历史时期中，由于"文化大革命"中民族工作的政策偏差，出现了冒进及"一刀切"的行为，这些也给老姆登的政治及经济生活的发展带来了一定程度的损害。在人民公社体制下，老姆登政社合一、党政合一，公社通过政治、经济、文化、民兵力量来掌控社区管理，而传统民族社会中有威望的人物不再起关键作用，家族和宗教（主要指基督教会）势力也被逐步弱化。②

随着我国民主化改革的推进，老姆登归入匹河乡成为行政村后，也开始重建村寨政治，推行村民自治，逐渐将村民委员会由乡镇体制下的行政单位向村民自治单位转变。此后，老姆登的村民开始真正积极地在自己的土地上耕作劳动，也陆续有怒族青年到福贡县城甚至省外务工。

进入21世纪，老姆登村无论从经济还是政治、文化等方面都有了突飞猛进的发展。尤其是近几年，老姆登村积极响应国家的号召，在县级政府领导下积极建设社会主义新农村，村委班子围绕党中央提出的"生产发展、生活宽裕、乡风文明、村容整洁、管理民主"的二十字方针政策，积极推动和完善当地的新农村建设，在村务治理方面卓有成效：在村里基础设施不断完善的基础上，大力推动本村经济的发展，尤其是旅游业和茶叶、核桃种植业的大发展，使老姆登村村民的生活水平也大幅度提高。

（二）党组织建设与村务管理

1. 党支部情况

老姆登村共有1个党总支，现任党总支书记叫李建文（男，怒族，1976

---

① 《民族问题五种丛书》云南省编辑委员会编、《中国少数民族社会历史调查资料丛刊》修订编辑委员会：《怒族社会历史调查》，民族出版社，2009年。
② 吴承富：《当代中国少数民族村寨政治体系变迁研究》，《民族论坛》2008年第7期。

年生，2010年入党，大专学历）。下设3个党支部：一支部有18人，支部书记李付益（男，傈僳族，1964年生，1996年入党，初中学历）；二支部有25人，支部书记玖才（男，怒族，1956年生，1977年入党，高小学历）；三支部有12人，支部书记和金山（男，怒族，1965年生，2011年入党，初中学历）。与全国其他基层村寨社区相同，老姆登村党总支及支部书记、副书记都有着明确的工作责任。

老姆登村目前共有党员57人，其中女性党员6名，占党员总数的10.53%。预备党员4人，入党积极分子2人。从年龄结构看，60岁以上7人，40～59岁23人，30～39岁以下7人；从文化程度上看，大专以上7人，中专4人，初中17人，小学及以下39人，占党员总数的68.42%；从民族结构看，傈僳族17人，怒族40人。

2. 村委会概况

截至2016年6月，老姆登村委会已经历了6次换届选举。现任村委会班子成员由主任1名、副主任1名和委员3名组成，且村民委员会对每位成员的职责都有着明确的规定和划分。第六届村民委员会的换届选举日为2016年5月23日。村委会主任、副主任和委员由本村村民采取差额和无记名投票的方式选举产生。单设妇女委员岗位，实行专职专选（按规定，村民委员会成员中需要有1名女性成员）。本次选举不增设流动票箱，全体选民统一到村委会院坝集中投票。经2016年3月22日第六届老姆登村村民代表会议推选，产生了第六届村民委员会成员：组长李建文；副组长普云山；成员和晓龙、阿邓子、和云川、罗邵东、和峰琪、肆里生、陆志成、玖才、花里生、罗四友。在5月23日举行的第六届村民委员会选举大会上，选出了老姆登村第六届村民委员会成员：主任普云山（1963年生，怒族，初中学历）；副主任和晓龙（1988年生，怒族，大专学历）；委员杨新妞（怒族，村妇女主任，中共党员）、和陆生（怒族）、和西叶（怒族，中共党员）。5月25日，经依法选举，选出了第六届老姆登村村民代表24人，12个小组各有2名代表。5月30日，经召开村民代表会议，民主选举产生了老姆登村村务监督委员会委员。新当选的村委监督委员会委员内部推选产生了村务监督委员会主任，名单如下：主任李仕和（怒族，中共党员）；委员和云川（怒族，中共党员）、阿邓子（傈僳族，中共党员）。

3. 村务管理

村党支部和村委会分工明确、各司其职，协同管理老姆登村的一切事务。除村代表会授权事宜外，凡村寨的一切事务，必须经过村支书和村委会主任、副主任及委员组成的村代会集体讨论，然后以张贴公告的形式向村民公布，无异议后，经匹河乡党委备案并公布实施。

在村党支部和村委会协同管理下，老姆登村近几年的发展成绩有目共睹。饮水方面，村里每家每户都吃上了干净的山泉水；村容村貌方面，道路硬化基本上覆盖到了农户所在的每片区域，村内垃圾集中堆放处理，卫生环境较好；社会治安方面，也基本没有出现过比较重大的村民矛盾冲突。

（三）村民自治及政治参与

1. 村民自治

老姆登村的村规民约是在老姆登村委会的召集和主持下，全体村民共同制定的。其内容涉及村民的生产生活，但并不够系统和全面，且缺乏有效监督，也就不可避免地导致一些村规民约流于形式，收效不大。但需要指出的是，老姆登村的村规民约还是具有一定的"山地民族特色"和环境区域特点的。由于老姆登村属于边境山区，相应地，村规民约中就有了边境治安维稳方面的内容，如《老姆登村综治维稳工作规定》《老姆登村治安巡逻队伍工作制度》《老姆登村防邪教工作制度》等（边境地区往往是邪教易入侵之地）。由于老姆登村的地形主要是坡地且林木植被众多，因此防火灾、泥石流等自然灾害是必然需求，因而制定了《老姆登村自然灾害应急预案》等。

2. 村民的政治参与

改革开放以来，在党和政府的大力支持下，老姆登村政治、经济和文化等诸多方面都有了长足的进步和发展。根据笔者的实地调查，老姆登村公民的政治参与比以往有了极大的进步。主要表现如下：

（1）有了一套较为完善的民主政治参与制度

老姆登村党委会在关于乡村发展和涉及村民自身利益方面的问题上，严格按照程序来审议并提出相关对策。其详细程序为：首先是经村党支部提议、党员大会审议。其次是提交村民会议或村民代表大会讨论并作出决定。老姆登村的村民和党员都有权监督本村村干部关于涉及村民切身利益方面的决定和措施。近年来，老姆登村党委全面推行并落实"四议两公开两监督"工作法，逐步把村级事务推向制度化方向发展，令村级重大事务决策趋向民主化和科学化。与此同时，老姆登村党委积极响应国家"三严三实"的号召，并积极配合全州党建工作的任务，在本村建立"六簿、六档、一室"的工作机制，努力实现党的领导、民主管理和依法办事的有机统一。

（2）村民自治有序开展

最近几年村委会的换届选举，均由本村村民采取差额和无记名投票的方式直接选举产生，同时为了监督选举的公平、公正，还通过召开村民代表会议，民主选举产生了老姆登村村务监督委员会委员。村民通过投票的方式，直接参与到村民自治中来。此外，老姆登村村民的政治参与渠道也有所拓宽。在老姆登村村委会的墙上，开设着专门的匹河乡纪委举报信箱，这种方式使村民进一步加强了对村委会及党委工作人员的监督。

但不可否认的是，老姆登村的村民政治参与也存在着相应的问题和不足。首先，政治参与的方式和渠道较为单一，对于村民自治等方面的事务更多的是局限于重大事件的投票通过。例如，当老姆登村村委会要进行换届选举的时候，往往只通过张贴公告的形式告知村民，这就令在外务工的部分村民有可能因不能及时获得这一消息而不能有效地参与到选举活动中来。其次，虽然村民参与政治的投票积极性很高，但受教育水平、社会阅历等因素影响，政治表达的意愿较低，因此在村务监督的程度和范围上并不够。比如，在村民委员会进行换届选举的时候，基本在村的有投票权的成年人都会来参加投票，但他们更多的是象征性地参与，那些不在村寨里的拥有投票权的村民往往也会通过委托投票的方式参与。当被问及参加村委会投票选举的时候，多数村民的回答是村里要求他们参加或者说"别人都去，我也才去"一类的话，很少有人真正主动参与其中。可见，这种参与政治的高投票率，其实较少出于村民的自主意愿。

（四）社会保障

沿边村寨、人员较少民族的客观现实，使得老姆登村成为怒江州的重点脱贫攻坚点，当地怒族的社会保障问题也因此受到来自国内其他地区及社会各界的关注，同时村里的相关工作也取得了一定的成绩：

第一，进一步完善了村民家庭收入的核定制度，基本实现了农村低保动态管理下的按标投保。匹河怒族乡制定了农村低保规范化管理工作方案，为了加强工作领导，成立了乡农村低保规范化管理工作小组（乡长为组长）；为了确保工作的顺利开展，在每个村都设一个指导组。自然而然地，老姆登村被纳入这一具体的实施范围内。比如，2013年，按照1296元/人·年的保障标准（月均108元），实行按标施保和差额救助。根据村委会提供的资料显示，目前老姆登村享受农村低保的农户共计120户，涉及473人，其中，布莱一组9户43人，布莱二组12户46人，月亮田组11户44人，防干一组12户42人，防干二组9户44人，红卫一组12户41人，红卫二组7户31人，红卫三组13户51人，红卫四组8户31人，红旗一组11户38人，红旗二组13户48人，茶厂组3户14人。

第二，开展扶贫开发建档立卡工作。对象包括贫困户和贫困危房户，易地扶贫搬迁户、贫困村等。通过对贫困情况的了解，分析贫困原因，实施动态管理。以此为基础，实施相应的社会保障。通过这项措施，确定了老姆登村600人为贫困人口，占其农业总人口的54%。

此外，还确定了老姆登村危房改造的户数，并分批帮扶其进行改造。其中，防干一组有27户，防干二组有23户，月亮田组有15户，布莱一组有22户，布莱二组有20户，茶厂组有6户，红卫一组有8户，红卫二组有7户，红卫三组有22户，红卫四组有11户，红旗一组有25户，红旗二组有11户。这些社会保障工程的实施，对老姆登村村民生活的改善起到了极大的作用。笔者通过访谈得知，村民们对这些政策工程的实施普遍比较满意，因此对未来的生活也充满希望。

第三，逐步展开新农村合作医疗。老姆登村的每户村民家庭都在新农村合作医疗的优惠政策中，平时村民有小病小痛要看病买药时，可以持医保卡到指定的医院就医，并能报销部分医药费。

总的来说，老姆登村所实施的各项社会保障措施都有效地提升了老姆登村村民的基本生活水平，但在发展中也暴露出了问题：社会保障的面仍然较窄，保障的幅度及力度不够。比如，在新农村合作医疗方面的资金投入不够，一些常见药品只有到乡镇上甚至县城里才能买到，十分不方便。虽然老姆登村设有卫生站，并配备有一定的医疗器材，但是药品种类少，卫生站医生和护士的配备也不足，且不全天值班，等等。这些现实问题的解决，需要政府机关各部门的统筹协调，以及社会各界在资金、政策、技术等各方面的大力扶持。唯有如此，才能使村民们切实享受到政府的社会福利，进而更好地促进该村的政治建设获得长足发展和进步。

四、文化建设

（一）老姆登村怒族节庆习俗状况

1. 国家法定节日

在老姆登村，一年中最为重要的国家法定节日是元旦，即公历新年（据笔者调查，因村中过半数村民信仰基督教，故春节的热闹程度不能与元旦相比）。元旦前两日，大家便会各自做好准备工作，最重要的当属杀猪。杀猪后将猪肉腌制，悬挂于火塘上方，经烟熏后的猪肉将是大部分村民来年最主要的肉食来源。杀猪虽属于元旦的前奏，但因主人需要邀请各家的青壮年前来帮忙，所以这一活动也能算作一次小型聚会。在此过程中各家互相帮忙，也会暗自比较哪一家的"收成"好，并在共同劳动时彼此分享村内外的新鲜事。据村民和陆生①介绍，元旦前的气温低，易于保存猪肉，若是等到春节，天气转暖，则不适合。也就是说，杀猪的行为其实也是对气候的适应，并且逐渐成为当地怒族元旦的一种习俗。1月1日早

◇ 篮球场

---

① 和陆生，老姆登村村民，怒族，42岁，基督教徒，主要从事茶叶种植、运输业兼徒步游客向导。

上，村民们齐聚在村委会门前的操场上进行各项节庆活动，如荡秋千、射弩弓、打篮球、拔河等。荡秋千是怒族的传统游戏，而且每年必须制作新的秋千（村里的年轻人会主动承担起做秋千的任务），男女老少都愿意参与，荡得最高者即游戏获胜者。射弩弓曾是怒族必备的一项技能，用以捕获猎物，现如今，射弩弓作为怒族勇敢的象征，也成为节庆中的一项活动。打篮球、拔河并非老姆登村传统的比赛项目，但在村内却也有较长的历史（基督教传播为主要原因），特别为青少年所熟悉和喜爱。比赛后，村委会还专门为村民们准备了相应的奖励，如洗衣粉、毛巾等生活用品。

值得一提的是，在老姆登村，三八妇女节在村民心中的地位也是比较高的。3月8日当天，由妇女主任组织全村妇女到村委会开会，集体学习与女性相关的政策，接着进行游戏。游戏项目与元旦大体相似，前几年还组织过烧烤活动。

随着老姆登村旅游业的发展，村民们对劳动节、国庆节等国家法定节日也逐渐形成概念。

2. 民族传统节日

从1997年开始，老姆登村恢复了传统节日"如密期"，即开春节，并将日期定在每年的3月6日。村委会对这一节日相当重视，为确保每项活动的正常进行，每年都会制定相应的节庆安排。在节日当天上午，村民们（小孩及女性均不能参与祭祀活动，基督教徒也禁止参与）要着怒族服饰随被选派的祭师前往神山上的水井边从事祭祀活动，主要是祈求五谷丰登、风调雨顺和安居乐业。除此之外，当天还会杀鸡、杀猪，有时还会在现场酿酒。中午，村民们聚集在村委会院子内吃饭，弹达比亚，跳民族舞蹈，也会有打篮球、射弩弓等活动。晚上举办热闹的同心酒晚会。活动经费主要由村委会负责（县、乡两级政府也会资助）。

3. 基督教节日

（1）感恩节

时间为11月或12月收割完粮食之后，一般会选择在周六下午到教堂报到，活动一直持续到下周一吃完午饭，共一天两夜。节日期间在教堂厨房煮饭，唱赞美诗、讲道、跳舞。通常是老姆登村的三个教堂和知子罗村的两个教堂一起（轮流）庆祝（因为老姆登与知子罗相邻）。2016年的举办地为老姆登村中心教堂。节日期间的费用先由举办教堂垫付，随后参加的人员每人需缴纳20元的餐费（确有困难者会得到减免）。节日聚餐由举办地教堂负责，外村人员在当地教友家住宿。

（2）复活节

时间并不固定，大概在3月22日至4月25日之间举行，举办教堂、费用等事项与感恩节规定相同。

（3）圣诞节

时间为12月24日晚到27日。节日期间有唱诗、讲道、跳舞和做游戏等活动。游戏内容为爬竹竿，竹竿上会抹有猪油，竹竿顶挂有小包，里边有奖品，奖品包括钱和一些简单的生活用品，例如毛巾、肥皂等。此外，游戏还有三腿两足、蒙眼对喂蜂蜜、穿针眼、筷子夹豆等。游戏的胜利者会获得奖品。由于圣诞节是一年中最为重大的基督教节日，所以节日期间整个匹河乡的信徒都会聚在一起，具体举办地点需要整个乡的教堂提前申请，报政府和民宗局批准。

此外，基督教徒对于春节并不特别重视，但仍然会庆祝。在农历大年三十晚上，依个人意愿去有邀请的人家唱诗，主人家会奉献肉食等，有时邀请的人家众多，唱诗会在每家轮流，一直持续到天亮。

（二）民族传统文化的变迁

事实上，民族传统文化的变迁是一个与社会发展紧密联系且较为漫长的过程，它涉及人们日常生活的方方面面。在此，笔者仅从织布工艺（包括服饰）与传统歌舞文化这两个在老姆登村民族传统文化变迁中较为显见的方面来进行阐述。

1. 织布工艺及服饰的变迁

（1）织布工艺的变迁

怒族传统服装由麻做成，这与当地不产棉仅产麻有关。村民亚佳[①]在描述织布过程时屡次说到其中的艰辛：4~5月撒麻种，到11月左右收割，然后将麻晾晒，待晒干后撕开，接着手工揉捻，为了增白需在水中加入草木灰煮，随后再洗净。洗的时候一般是用脚踩，晒干后再绕线，需拉直后才能穿入织布梳进行纺织。织布过程虽复杂但工具较简单，可随身携带，用织布梳、梭子借助木头等辅助工具便可完成。当时妇女还需兼顾田间繁重的劳作，撕麻的步骤一般在路上顺带完成或是晚上继续工作，所以怒族会说"俊俏勇敢的女人才能穿自己织的衣服"。

但这一传统工艺目前在老姆登村的传承情况并不乐观。村里仅剩两位老人还会偶尔织布，50岁左右的中年妇女几乎不会，但均表示见过长辈纺织，对制作流程有所了解。而大多数村民需要布料或衣服时，会到市场上购买。访谈过程中也遇见一个特殊情况，52岁的亚波[②]坚持手工织布，然后送去匹河乡的裁缝铺加工成民族服装，一件衣服的手工费约50元，她表示自己是为了省钱才这样做，她也提到很多人出资上千元想要收藏她家里的一套男装，但她还是决定自己保留。

（2）服饰变迁

服饰是一个民族重要的象征符号，随着现代化及外来文化的影响，怒族服饰正在逐步发生变化。怒族服装简洁大方，多用横条纹装饰，花纹的变化仅体现在条纹宽窄的差异。随着布料的多元化，现在市场上的怒族服

[①] 亚佳，女，老姆登村村民，怒族，87岁，基督教徒。
[②] 亚波，女，老姆登村村民，怒族，52岁，基督教徒。

装则由不同的材料构成,如棉布、灯芯绒、毛线等,色彩也更为亮丽。

由于生活习惯的改变、经济的发展、现代化的冲击等客观因素影响,怒族传统服饰在日常生活中的使用并不频繁。然而,身着民族服饰的怒族的形象却广泛存在,公交站、文化墙上皆有类似形象。此外,在老姆登村,笔者看见基督教徒们穿着民族服饰在台上跳赞美舞,还有村民讲到自己结婚时因家庭贫困无力购买民族服装,而是向邻居借民族服装走进教堂。平日里需要干活穿着裙子不方便,就只能在重大节日时穿上。由此可见,民族服饰在怒族心中有着极为重要的文化象征意义。

2. 民族传统歌舞文化的发展困境

民族传统歌舞也被认为是很能有效展现民族特色文化的方式。[1]怒族传统歌舞是弹、跳相结合的,题材涉及生产生活,如收粮食、采茶、洗麻、迎亲等。还有很多模仿动物的动作,如乌鸦喝水、小鸡啄米等。其精髓在于舞蹈与"达比亚"的配合。达比亚(类似于琵琶)是老姆登村怒族人民最具代表性的乐器。据笔者在村中调查了解到,在老姆登村仅郁伍林[2]时常弹奏达比亚,有时还会接受邀请外出表演。而村

◇村里会吹口弦的78岁老大妈汝马尼(2017年去世)

---

[1] 人们出于宗教信仰、闲暇时间对娱乐活动的需要、抒发情感的冲动等创造了歌舞。

[2] 郁伍林,男,老姆登村村民,怒族,40岁。为怒族民歌项目国家级非物质文化遗产传承人,开办怒苏哩150客栈。

里其他人并没有学习达比亚的意愿，或是由于基督教的限制，或是因为缺乏兴趣。与之相对应的情况是，怒族传统的管弦乐器，如口弦、短笛、长笛（多用来表达男女之间的爱慕之情）等，也同样面临着后继无人的困境。

  3. 文化变迁的原因分析

  （1）现代化对怒族传统文化的影响

  在此，笔者先列举调查中遇到的一个印象较深的实例：村民沙秋云[①]自幼喜爱跳舞，15岁辍学后，她便在昆明的怒江大峡谷酒店里参与表演工作，后来又辗转到湖南省郴州市东江湖的一个民族岛景区做特色民族表演。近两年因生育且孩子小，沙秋云回到家乡，参与歌舞表演的机会很少。交谈中，笔者发现她对本民族歌舞的了解其实是比较模糊的，虽然能够跳出来，却说不出歌舞所表达的内容或意义。

  近年来，现代化逐渐波及信息较闭塞的怒江沿岸，老姆登村也不例外。以前由于交通不便，村民们外出的机会很少，这为怒族传统文化的保护提供了环境保障。而现今，茶叶、核桃等经济作物增加了村民们的经济收入，乡村旅游业的发展也增进了人们与外界的交流，颜色各异、款式多样的服装越来越多，不但价钱合适且便于劳作。更为重要的是，以电视、智能手机为代表的传播媒体令村民们真切置身在全球化的进程中：与内地许多农村一样，老姆登村内也安装了无线网络（Wi-Fi），村民们开始学习使用微信等网络社交工具。走在村中，我们常能听见流行音乐，即使是村里上了点年纪的人们也对此习以为常。简言之，在享受现代化带来的便利的同时，怒族传统文化也受到很大影响。

  （2）基督教对怒族传统文化的影响

  基督教作为一种外来文化，已逐渐融入村民的生活中，并与传统文化

[①] 沙秋云，女，老姆登村村民，怒族，27岁，小学未毕业。

相互影响。据村委会主任普云山①介绍，老姆登村有近七成的村民信仰基督教，而基督教徒不能抽烟、喝酒，也不能弹奏民族乐器和跳民族舞蹈。笔者也了解到，确有村民在信基督教前擅长怒族传统歌舞，成为教徒后便不再表演。但笔者认为村中"能人"郁伍林的解释似乎更为深刻、客观：赞美诗、赞美舞与民族歌舞并不冲突，教会之所以排斥民族歌舞是因为有民族歌舞的地方必然要饮酒，而喝酒会引发打架闹事等不良风气，抽烟会影响环境卫生，所以才有了这些特殊的禁令。

笔者也发现，基督教与怒族传统文化之间，相互渗透的因素很多。比如：教堂成为教授怒语的主要场所；在圣诞节一类的基督教节日庆祝活动中，村民们会开展传统体育竞赛类的活动及游戏。更为有趣的现象是，虽然教会对教徒们的着装并无特殊要求，但信徒们却会自发在每周日穿着民族服装来到教堂做礼拜。而且，在重要场合，如婚礼、新教堂落成典礼，村民们也会穿上民族服装。

（三）老姆登村民族传统文化的保护现状

笔者在老姆登做调查，对于这个村子在民族传统文化保护方面感受最深的主要有以下五个方面：

1. **非物质文化遗产传承人**

村民委员会主任普云山介绍，老姆登村有2位云南省非物质文化遗产传承人。一位是口弦传承人汝马尼。老人十多岁时学习口弦，但她的7个孩子均不会，也无学习的意愿。老人特别骄傲的是自己被评为传承人后，在2013年10月到北京人民大会堂受到了国家领导人的接见，也因而令更多的人了解到了怒族的优秀文化。汝马尼老人喜爱跳舞，但遗憾的是为她伴奏的老伴（擅长弹奏达比亚，曾教郁伍林学习）因病逝世。另一位是怒族民歌传承人郁伍林（1975年生）。他在当地很有声望，常组织村民学习怒

---

①普云山，男，怒族，52岁，任老姆登村村委会主任。

族歌舞并带队去各处表演或参加比赛。郁伍林有意教授三个子女（14岁、10岁和8岁）学习达比亚等乐器，但孩子们似乎对此并不感兴趣。除了擅长歌舞，郁伍林在开办农家乐的过程中也不忘保留民族传统文化：餐厅及厨房都是保留老房子的原状，四周摆放着民族服饰、乐器、熊皮包、弩弓、箭筒、竹篓等珍贵物件。事实上，传统元素也是吸引游客的亮点，现在"150"（郁伍林）的代称也因网络媒体的传播而闻名省内外。

2. 建立老姆登村怒族文化陈列室

老姆登村怒族文化陈列室建立于2015年12月，位于村委会办公楼对面。陈列室由村委会值班人员负责看管，开放时间与村委会上班时间一致。陈列室内藏品主要分为四个板块：怒族传统生活器具、怒族传统生产技术、怒族传统服饰、怒族传统乐器。由于占地面积有限，故藏品摆放较密集，虽然分类明确，但呈完全裸露状态，无任何保护措施，部分藏品已有较多虫蛀痕迹。据村委会主任普云山介绍，该陈列室只是暂时的保管场所，县政府正在组织筹建知子罗博物馆，地点选在"记忆之城"——知子

◇ 老姆登村怒族文化陈列室内部

罗旧图书馆，也就是人们熟悉且更具历史底蕴和建筑特色的"八角楼"。

笔者通过对村民的访谈发现，他们普遍支持陈列室的营建，因为这些许久不用的生产生活用具让他们颇感亲切和熟悉。在向笔者介绍藏品时，他们普遍能够详细描述其用法，并且多数人认为能把这些"老古董"留下来是一件好事，言语间流露出对本民族传统文化的自豪和骄傲。

3. 在村内绘制大量文化墙

笔者在村中无意间发现文化墙的广泛存在：除了绘在路边的墙壁上，还延伸到了民居。题材包括纺织、煮酒、制茶、背柴、采茶、犁地、秋收等当地怒族生产生活的场景，节日庆典时的歌舞、荡秋千等娱乐活动，也不乏家人团聚、迎接宾客等展现老姆登村村民家庭和睦、热情好客的场景，还有代表性建筑中心教堂、特色乐器及狩猎工具等。多用鲜艳醒目的色彩，部分还配有宣传文字。可以说文化墙已成为老姆登村一道独特的人文景观，达到了弘扬传统文化与宣传旅游业相结合、合理利用民族文化资

◇ 老姆登村文化墙（制茶工序）

源的效果。

4. 民族民俗旅游业发展对于村民民族文化意识的积极影响

旅游业的发展为村民们提供了展示怒族文化的良好平台。老姆登村的农家乐数量逐年上升，且农家乐的布置都竭力展现怒族的民族文化特点，事实上是各具特色的"家庭博物馆"。同时笔者发现，在不断向游客介绍怒族传统习俗、优秀文化、自然景观等的过程中，村民们对本民族的文化认同感也得到加强，并试图发掘其中更深的文化价值。尤其是他们会竭力厘清怒族与傈僳族的区别（因为很多游客更容易关注这两个生活区域相近、文化同源的民族，在语言、服饰及习俗等方面的相似之处）。而年轻一些的父母也有意在怒族传统文化的环境中培养孩子，让孩子们从小学习怒语就是一种体现。此外，很多村民也表示自己有责任将老一辈留下来的珍贵文化传承下去。简言之，传统文化只有在充分发挥其功能的同时才能得到更好的保护，因此在促进旅游业发展的同时，推广、弘扬民族文化不失为一种策略。

五、宗教信仰

（一）传统信仰状况

通过调查，笔者认为老姆登村现存的怒族传统信仰主要体现在以下四个方面：

1. 图腾崇拜

据文献记载，怒族各氏族的名称都以一种动物命名，并且把标志动物视为本氏族的渊源。调查中，几位上了年纪的村民都向笔者介绍过老姆登村来源的传说：远古时候，天降群蜂，歇于怒江边拉甲底村，后来蜂与蛇交配，生下了怒族"怒苏"的女始祖孟英充。她长大后又与虎、蛇、蜂、麂子、马鹿等交配，生下的孩子就成为后来各个氏族的祖先。目前的老姆登村实质是由"达华苏""斗华苏""亚家华""米博华""明黑华""纳着华"（怒语音译）六个氏族构成的，传说他们的祖先分别由蜜蜂、猴子、熊、老鼠、蛇、鸟等6种动物演变而来。"传说和自己氏族有着血缘关系的图腾动物是会保护本氏族成员的，因而本氏族成员都有禁止猎食本氏族图腾动物的禁忌"[①]。现如今，老姆登村村民在偶尔捕猎些小动物的时候还依然有所顾忌，原始图腾崇拜的遗迹依然可见。

2. 神山、神树崇拜

笔者在老姆登村的调查中发现，直到现在老姆登村还有祭祀神山、神树的传统，包括基督教徒在内的40岁以上的村民几乎都能明确地指出村子里的哪座山是神山（部分村民还能够说出哪座神山是属于哪个氏族的）。老人们还向笔者介绍：祭祀时，要先征得作为神山之首的皇冠山的同意，之后才可以祭祀其他氏族的神山、神树。关于神山，在当地还流传着一个故事：相传皇冠山曾与山下最凶狠的邱迪（怒语音译）山进行战争，战胜后成为群山之首，因此在祭祀活动前需要首先祭拜皇冠山。虽然现在的祭祀活动已经比较少了，但是大家依然或多或少对"神山"怀有敬意，也因之不会在山里乱砍滥伐。

3. 巫师

现在，老姆登村信仰基督教的人较多，所以相信巫术的人越来越少。笔者在调查期间曾拜访过村中还唯一健在的资深巫师——94岁的拉机（怒语音译）老人。虽然多年前老人已信仰基督教，但村里有祭祀活动时，他还是会去主持。拉机老人告诉笔者，祭祀活动主要在生病、灾害、过节（春节、开春节）、种玉米、建房子等情况发生时举行，但现在村里人多数"信了上帝"，遇到事情教徒们会通过礼拜向上帝祷告来祈求救赎，所以传统的祭祀活动相对要少很多。但值得一提的是，怒族巫师的传承较为神秘，在老姆登村，拉机老人目前有3个徒弟，且都与其存在血缘关系。但

---

① 《民族问题五种丛书》云南省编辑委员会编、《中国少数民族社会历史调查资料丛刊》修订编辑委员会：《怒族社会历史调查》，民族出版社，2009年，第106页。

◇ 老姆登神山之首——皇冠山

3人中的一人，还需要在仪式中得到神的认可后才有资格成为正式巫师。

4. 禁忌

在此，笔者重点介绍一下调查中了解到的至今还存在于老姆登村怒族日常生活中的两种常见的禁忌文化——火塘文化和砍柴禁忌。

怒族的等级制和祖先崇拜的信仰深深体现在其火塘文化中。怒族家里舅舅地位最高，其次才是父母，再者是子女，而且女人低于男人，所以吃饭时坐在火塘东边的是家里地位最高的人——舅舅。舅舅不在的话，父母会坐在东边。女人不能跨火塘。同时，火塘代表着祖宗先辈，如果老人健在，火塘的火是不能灭的，代表着与长辈同在。

在老姆登村的怒族看来，不仅火塘是有灵性的，而且柴也是灵性的化身。当地怒族认为林木是上天对人类的恩赐，是有灵魂的，因而对其是崇拜和敬畏的，所以，每座山都有山神守护，有些树有树神，不可随意砍伐、侵犯。笔者曾陪同村民一起砍柴，发现人们砍柴的地方都只限于自家自留地（而不会随意在别人家或公用林地里砍）。砍好后一点点用竹篓背下山，一个人一次背的柴可以烧3天左右。由于山路崎岖，所以人们十分爱惜背回来的柴。当人们往火塘添柴

◇老姆登怒族人家的火塘

时，必须按照先砍的那面先入的顺序把柴依次添入火塘。因为他们认为这种做法预示着不能颠三倒四地与先人对话。可见，在火塘里燃烧的木柴，事实上充当了怒族与祖先之间精神交流的中介。

（二）基督教

1. 教堂

老姆登村共有3个教堂。包括老姆登中心教堂、月亮田教堂和布来教堂。据现任匹河乡牧师以利亚长老向笔者介绍，老姆登村中心教堂的修建历史大致可分为四个阶段：1927年外国传教士来到老姆登，他们与当地第一批信教人员共同修建了村里的第一座教堂（草木结构、80平方米左右），但因违反当时国民政府政策，教堂被拆除，参与修建的人员也遭拘禁。后经传教士求情，被拘人员才得以释放，教堂也得到扩建（增至120平方米）。1994~1996年教堂再获重建，此次修建的教堂位置基本不变，以利亚长老将自己分得的教堂附近的土地奉献给了教会，使得新教堂面积增加至300平方米左右，可容纳1000余人。

老姆登中心教堂的内部分为两个区域，即台上台下。台上除了讲道台外，靠近后墙的位置还放有教授怒文的黑板。台下为祷告、听道的座位席，分为左右两席（男女分席坐）。

教堂还配置手风琴、电子琴和脚踏风琴。这些乐器一般放置在教堂左边的座位席前。老姆登中心教堂在礼拜活动时是由以利亚长老负责拉手风琴（20世纪80年代他在县宣传队学习）。据长老介绍，教徒都可以学习并在教堂演奏乐器，但是现在的年轻人对学习这些乐器兴趣不大，所以直到现在教堂礼拜时仍由他来拉手风琴。

2. 教牧人员

教堂的教牧人员一般由教民投票选举产生，乡、县教会会派人监督整个过程。教牧人员当选后进行祷告仪式并报上级主管部门登记审批。其中，传道员由长老推荐，牧师则可从传道员中选拔。选拔出的人员会被送往神学院或培训班学习，生活费、行李自理，其余由教会提供。每年有两次去培训的机会，依个人意愿，人员不定。培训包括一般培训（时间为11月份，男女均可）和妇女培训，为期均为7~10天。

教牧人员顺序依次为：长老—讲道员—礼拜长—会计—出纳，此外还有妇女事工。

需要说明的是，教堂事务的费用主要源于信众的奉献，在此基础上教会会给予教牧人员一定的补助：牧师每月400元，乡长老和传道员每月300元，村长老每年1000元，村教堂总妇女事工每年600元。其他教牧人员没有补助，都是自我奉献。虽然县里规定可以从信众的奉献中抽出部分作为教牧人员的补助，但是其他的教牧人员并没有领取，都是自愿为教堂奉献。此外，老姆登中心教堂2015年被评为省级先进教堂，2016年被评为州级先进教堂。需要指出的是，每隔2~3年州政府或省政府会给予2000多元的现金资助，村委会在每年圣诞节也会给予2000多元的资金。

3. 信教人数

根据执事阿明南提供的2014年1月的信徒数据，笔者整理出表5：

表5　匹河乡、老姆登村基督教信徒统计表

单位：人

区域	信徒总数	男	女	怒族	傈僳族	其他	洗礼		
							总人数	男	女
匹河乡	2819	1125	1694	2465	351	3	2202	842	1360
老姆登村	385	146	239	360	24	1	282	101	181

从表5中我们可以看到：老姆登村男性信徒占总信徒的37.92%，女性占62.08%，男女相差约为100人，怒族信徒占总信徒的93.51%，这也和老姆登村的怒族人口比例直接相关。受洗礼的信徒占总信徒的73.25%。其中男性受洗者占受洗总人数的35.82%，女性受洗者占64.18%，女性受洗者依然比男性多80人，这也和当地信徒的性别比例状况相符。

4. 教堂里的语言及文字

基督教在传入怒江地区时，针对当地傈僳族人口占绝对优势的实际情况，为信众创制了属于拉丁字母体系的傈僳文。而怒族人口少，虽有本民族语言却无文字，所以日常的文字交流也使用傈僳文。相应地，傈僳语和傈僳文就成为当地教堂里通用的语言和文字。

2015年，怒族和民族语言学家共同创制了一套怒族文字。这套文字有声母62个，其中单声母32个，双声母4个，中声母3个，双声母11个；韵母17个，其中鼻韵母有5个；声调用字母代替，有7个声调。在调查过程中笔者发现，这套文字的普及范围不广，只有信奉基督教的人在学习，教堂里老师教授文字的方法也不是很得当，学习效果并不理想，所以这套文字的发展前景还有待观察。

六、婚姻家庭①

笔者通过对不同时期、不同宗教信仰、不同年龄层次以及与周边其他民族通婚等状况的调查，揭示老姆登村怒族的传统婚俗、婚姻类型变迁以及家庭结构变化等。

（一）传统婚俗状况

由于时代变迁，笔者在老姆登村调查访谈的37组家庭，没有一组家庭在组建时沿袭传统婚俗。整理资料后的结果大致如下：对于怒族传统婚俗的了解，"80、90"后的访谈对象基本表示不清楚，大多数"60、70"后的村民也只表示曾经听老人提起过，有一些模糊印象而已。

村民娅××②和拉××③算是村里婚龄最长的一对夫妇。娅××向笔者述说，村里与她父母同时期的怒族人都是在本村的本民族中选择结婚对象；在择偶的年龄上，男女双方年龄差距不大；传统的怒族婚姻家庭实行的是一夫一妻制（个别情况是一夫多妻），且大多是姑舅表亲结婚，也就是说，比较注重血缘和地缘关系；怒族妇女通常都是在十七八岁就结婚，而在结婚前，大多数的男女双方父母早就为自己的孩子定好了亲事（一般定亲的年龄都是在十二三岁）。因为是同村，所以大家都熟识，定亲后双方家庭会在"亲家"有红白喜事或农忙的时候帮忙。但是自家的孩子还是在自家抚养，直到适婚年龄。而结婚仪式后，女方才可到男方家居住。

笔者从多位访谈对象处了解到，在怒族传统婚俗中还有一种就是自由恋爱（相对娃娃亲而言，自由恋爱组成的家庭所占的比例要少得多）。娅××和拉××夫妻向笔者讲述了怒族传统婚俗中自由恋爱的过程（两位老人的结合恰好属于这一类型）：村里未婚的男女青年，在田间劳动、参

---

①由于本节调查中与婚姻家庭相关的内容属于公民隐私，所以笔者隐去了访谈对象的名字。
②娅××，怒族，女，87岁，未上过学，信仰基督教。
③拉××，怒族，男，94岁，未上过学，信仰基督教。

加聚会或举行大型宗教仪式活动的接触中，会彼此萌生好感。当双方表明心意后，男方会跟女方约定好时间，请上自己的父母和兄弟姐妹，在女方家长都在的某个傍晚，捎上旱烟、自酿酒水、白糖去女方家提亲。男方给女方下聘礼没有数量多少的要求，而是根据男方的家庭条件来定（除了酒是必不可少的，其他都可有可无）。拉××当时给女方家里下的聘礼是3头大黄牛，这在当时（20世纪40年代）算是比较多的聘礼了。如果女方家长同意这门亲事，会杀一头小黑猪宴请男方来提亲的宾客，即使条件差一点的，也会做一顿晚饭请男方客人吃完再走。若是女方家长不同意，男方会把聘礼带走，但是这种情况很少发生，因为绝大多数的女方家里都会同意。一般在定亲后的1个月到半年内正式举行婚礼，男方家长也会尽快在自家附近为即将成婚的儿子盖新房。婚后，男方家会根据儿子的数量，分配给新安家的儿子儿媳一些田地和林地作为他们日后的家产。各个儿子所分配到的田地数额，除最小的儿子会多得一部分外（怒族有小儿子为父母养老的传统），通常差距不大。

而怒族传统的婚礼多会选择在鼠日举行，因为他们相信，在鼠日结婚，子孙后代会人丁兴旺。在结婚的当天，不管男方家庭条件如何，至少要杀一头或多头猪甚至多头牛，并备上足够的自酿酒水招待宾客。婚礼一般要持续三天三夜，重头戏在晚上：青年男子弹着达比亚，男女老少聚在篝火旁通宵唱跳，以示对新人的祝福。

当然，在传统婚俗中，不管是定娃娃亲的还是自由恋爱的，都有悔婚的情况发生。如果悔婚的是女方，女方家长则要把之前男方定亲时下的聘礼悉数返还；若是男方悔婚，则把聘礼留下当成对女方的补偿。悔婚后的男女，在下一段婚姻中不会受到歧视和非议。笔者在老姆登村的调查中还遇到了一对这样的姐妹：姐姐在双方家长的劝慰下，被动接受父母定下的娃娃亲，但婚后却一直与丈夫关系不融洽。而妹妹则强烈反对父母的安排，并把姐姐不幸的婚姻作为例子劝说父母，最终妹妹如愿。

笔者经过调查掌握到：目前老姆登村的传统婚俗正在逐步淡化，但是部分传统习俗还是保留了下来。比如，在婚前，男方向女方提亲要下聘礼；在婚礼当天，男方要为女方家长各送一套新衣，同时还要送上两床新的被褥；女方的家长在女儿出嫁的当天要为她送上一套新衣；结婚后，女子从夫居和婚后3天回娘家等习依然俗沿袭至今。而笔者将村民们对传统婚俗淡化的原因解释做了归纳，主要有以下三个方面：一是基督教的传入。教徒队伍壮大，而教徒的婚姻只能依照教规在教堂举行。二是民族融合与文化间的相互影响。随着老姆登怒族与其他民族（特别是汉族）的接触，尤其又以20世纪90年代初期达到一个峰值，开始模仿汉族婚礼中闹洞房之类的娱乐项目。三是特殊历史时期的影响。老姆登从1957年底就全面禁止基督教，教徒不能做礼拜及举行教堂婚礼，只能与不信教的村民一样，在自家举行简单的仪式：晚上邀请双方的亲朋好友到新人家里喝茶，并不宴请宾客，就算是庆贺新家庭的组建仪式了。这种状况持续到1979年底才逐步放开。许多村民认为，经过一代人的时间，在村里即使是没有宗教信仰的人结婚，也大都不再按照传统形式举行婚礼了。

（二）婚姻类型的变迁

笔者通过对37组家庭的访谈发现，老姆登村婚姻类型的构成主要有以下三种（如表6所示）：

表6　老姆登村婚姻类型表

年龄层	氏族婚	信仰型	自由恋爱型
50~70岁以上	2组	5组	2组
50~35岁	1组	14组	5组
35~25岁	0	4组	4组

从表6可以看到，年龄在35~50岁的村民中，信仰型婚姻比例最大。

◇ 远眺米博华氏族的羊角神山

但我们可以肯定的是，在基督教未进入老姆登以前，氏族婚应是所占比例最大的类型。目前老姆登村的婚姻家庭类型展现出了这样的规律性：氏族婚随着年龄的年轻化呈现递减趋势，而信仰型和自由型则呈相反趋势。村里的一名老者李××[①]告诉笔者，在基督教传入老姆登之前，村民们是有山神崇拜的，每个村民都知悉自己属于哪个氏族（如前文中提到的六个氏族）并祭拜属于本氏族的神山。而在这六个氏族里，米博华最强大，他们占有最富饶的土地资源和丰富的水资源。但资源分配的不均，会导致各氏族之间的械斗和人员伤亡。李××说，米博华之所以强大，最大的优势就是人口多，因而其他较小的氏族便愿意通过与米博华氏族成员联姻的方式来获得资源或减少械斗。

同时笔者也发现，因共同信仰而缔结婚姻关系的夫妻占了被访谈家庭的半数以上。其中，村民娅××[②]对此解释的理由可以代表村中大多数人的

[①] 李××，怒族，男，80岁，高中学历，信仰基督教。
[②] 娅××，怒族，女，70岁，初中学历，信仰基督教。

看法，也颇为现实：不信教的怒族男子大多数都有抽烟、喝酒的习惯，而抽烟、喝酒的花销不少，并且他们喝酒后还会做出一些诸如吵架、打架之类出格的事情。而信徒由于有教义教条的约束会恪守本分，也愿意去帮助别人，所以信教的女性更愿意找一位体贴、善良、不抽烟、不喝酒以及和自己有共同信仰的男子为伴侣。

老姆登中心教堂位于村子里人口比较集中的地方，一到礼拜天，信徒们就会从村里各个角落赶来集聚于此，这在无形间增加了青年男女接触和了解对方的机会，促进了他们的婚恋概率。教徒之间组建家庭，在他们看来都是主的安排。事实上这种自由恋爱结婚的情况，无疑为日后稳定的家庭生活奠定了感情基础。村民李××①便是其中的一位，十几年前她患上风湿，由于家庭贫困一直没有得到治疗，导致病情加重且引发了并发症，两年前她又被检查出患有帕金森综合征。这种情况无疑是让本来就一贫如洗的家庭雪上加霜，家里的重担全部落在她丈夫身上。访谈中当李××说是自己拖累丈夫时，她丈夫不但不抱怨反而安慰她说："好与不好，是主的安排。既然结为夫妻，就要像结婚时的宣言一样，不管贫穷、疾病，都要不离不弃。"

自由型婚姻和前两种婚姻类型不同的是，男女双方不会刻意去注重地缘和血缘上的关系。老姆登村30岁以下的年轻女性，没有父母包办婚姻，她们对于婚姻对象的选择更为自由。目前，村里的男女青年大多数都有外出务工的经历，远则到福建、浙江、广东等沿海地区，近则在云南省内。所以，现阶段村里出现了"剩男"现象，除了还在上学的女性和少数几个因病或特殊原因的适婚女子，其他未婚的青年女性都选择外出务工，而其中的部分女孩还会外嫁他乡，因而"光棍汉"也随之增加。

此外，在笔者调查的家庭中有两组为离异家庭，而这两组家庭的男女

---

① 李××，怒族，女，47岁，小学学历，信仰基督教。

双方都是不同民族且为异地（婚姻），虽然我们不能用这一简单的数据作出结论，但可以肯定的是，婚后双方诸方面的不和谐，最主要还是体现在文化的差异上，在传统怒族看来，熟人社区的地缘或血缘关系似乎更易带来家庭生活的稳定性。

（三）家庭结构的变化

传统的怒族家庭结构以核心家庭和主干家庭两种形式为主，目前的老姆登村依然如此，但也有少部分扩大家庭和其他组成形式的家庭。笔者在调研中，遇到了几例特殊情况，它们都明显地带有时代的印记和特征。以下为笔者遇到的几例特殊情况：

其一，村民和××①有三个子女（两儿一女），按照怒族传统，她应该由最小的儿子来养老。但其小儿子前几年因工作原因由怒江（福贡县）调到了丽江。小儿子调动前，老人主要与在村里的女儿一家同住，但会不间断地去福贡县城小儿子家小住几日。老人解释说是因为住不惯城里，而且每次来回几小时的舟车劳顿实在吃不消。小儿子调到丽江工作后，最终把赡养老母亲的责任交给了妹妹而不是哥哥，直到现在，和××家也是村里唯一的虽然有儿子但赡养责任却由女儿来承担的家庭。村民们普遍反映，之前村子里从来没有过这样的先例，而老一辈人更是不能接受，认为就算小儿子不为其养老，也应该把这个义务交给大儿子，而不是女儿，用他们的话说，"这都不是我们的规矩"。

其二，夫妻双方离自己父母家都不太远，会有选择地与其中一方的家长居住在一起。娅××②姐妹俩的夫家和娘家距离不到百米，两姐妹合伙开起农家乐客栈后，由于平日生意繁忙，农忙时农活没法干，小孩子也无暇照应，姐妹俩就都和娘家父母及幼弟一起生活。

---

① 和××，怒族，女，87岁，未上过学，信仰基督教。
② 娅××，怒族，女，41岁，初中毕业，信仰基督教。

其三，离异后回娘家，与自己的父母和兄弟组成扩大家庭的。比如刘××①，2014年与省外的丈夫离婚，离异后独自带着儿子回到娘家与兄嫂住在一起。其哥哥向笔者表示，娘家人是妹妹最后的依靠，他会把妹妹的孩子当成自己的孩子对待。就算妹妹再嫁人，也不会让外甥随她再进一家，他会在自家把外甥抚养成人。

从上面的真实个案中我们看到，现阶段怒族家庭结构的变化与社会发展以及不同民族文化间的相互影响有着直接的关系。核心家庭和主干家庭的存在，多基于民族社会的传统生活。怒族人口一直以来都较少，政府对其生育政策基本没有刻意控制的因素。在养老方面，传承的是幼子为父母养老，如果与父母同住的小儿子家经济条件较差，其他兄弟会给其一些经济上的援助。而单亲家庭和单身家庭的涌现，最大的原因就是该地区的人口流动，尤其又以妇女外流和外嫁为主。妇女的外流和外嫁，导致了当地嫁娶处于不均衡状态：一方面"剩男"群体在不断扩大，另一方面离婚后的妇女又有回流的趋势。

然而随着问题挖掘的深入，解决的途径也自然"明朗"起来，就是通过政府行政层面的外部帮扶和村寨社区的自主改造，解决人口外流问题。老姆登村多数有外出务工经历的青壮年劳动力都表示，在经济收入相对比较稳定的情况下，他们更愿意留在家乡。这其中包括部分已外嫁，却由于对气候、信仰、饮食习惯、语言等方面的不适应而回到家乡的妇女。可见，近年来政府在助推老姆登村打造全国最美乡村、加大村寨旅游产业发展的同时，也尽可能为妇女提供更多的就业岗位和机会，从而尽量减少她们外出就业或外嫁异地的情况，扭转男女婚嫁不均衡的状态。因为作为家庭核心的妇女的生活稳定了，以老姆登为代表的边境民族村寨的社区生活也会随之稳定。

---

① 刘××，怒族，女，28岁，初中学历，信仰基督教。

七、生态环境与生态文化

（一）生态环境

1. 地理位置

老姆登村位于匹河怒族乡的东边，具体处于东经98.91°、北纬26.55°，平均海拔1850米。

2. 地形、土壤与交通

老姆登村的地形主要为陡坡、缓坡、山间台地、山峰等，地势在怒江地区范围内相对平缓。其境内土壤有机质含量高，钾元素丰富。土壤形成水平、垂直和区域性分布特点：海拔1500以下的河谷江边，主要为赤红壤、红壤及水稻土；海拔2000米左右的半山区，主要为黄红壤或黄棕壤；海拔2500～3000米的高山区主要为棕壤、暗棕壤；海拔3000米以上，依次为灰棕森林土和高山草甸土。而交通方面，为推动旅游业发展，村里的路基本都已硬化（截至2016年8月，该村还有少部分乡村道路为土路）。村子距离最近的车站（匹河乡车站）有11千米，距离乡集贸市场13千米。

3. 气候与物产

老姆登村地处低纬度的高原山区，属于低纬型季风气候，即年温差小，四季不明显，春、秋两季较长，冬季寒冷。气象报告显示：老姆登村年平均气温13.8℃，年降水量1163毫米，适合种植玉米等农作物，经济作物主要以茶叶、核桃为主。因土壤、气温、降水、光照等得天独厚，该地所产的茶叶芽叶纯整，汤色黄绿、清澈明亮，香气馥郁、回味香甜，以色、香、味独具一格而饮誉州内外，是真正无污染的高山有机茶。此外，因该地独特的气候条件，在碧罗雪山上还生长着各种各样的药用植物。

（二）水土资源及其利用状况

老姆登村距离怒江边有十余千米，所以水资源主要来源于碧罗雪山的山泉水和大气降水。

根据村委会提供的数据，2015年全村土地总面积45.22平方千米，其中常用耕地913亩，人均耕地4.86亩，林地55289亩，水田278亩，旱地675亩，水域面积602.11亩，草地面积1701.24亩，荒山面积7570.57亩，其他土地面积246.15亩。村中6个村民小组的占地情况如表7。

表7　2015年老姆登村土地类型及面积调查表

土地	红旗	红卫	防干	月亮田	布来	茶厂
土地面积（平方千米）	8	11.51	4.78	9.06	2.69	9.18
常用耕地面积（亩）	163.6	250	173	176	141	10
旱地（亩）	123	117	143	126	96	10
水田（亩）	40	213	30	50	45	0
人均耕地面积（亩）	0.83	0.78	0.34	1.57	0.68	0.16
林地（亩）	10000	15000	5689	12300	300	12000
水域（亩）	0	5	0	0	597	0
草地（亩）	500	600	0	0	0	601
荒山（亩）	1000	900	1000	1000	2628.25	1204.32
其他（亩）	50	70	43	25	46.15	12

从表7可以看出6个村民小组所占土地面积从山脚到山顶的不同变化：布来靠近怒江边，因而水域面积相对较大。而越往山顶，水域面积就越小，最后为零，处在海拔1800以上的茶厂小组已经没有水田，旱地面积也在减少。因为地势每上升100米，气温就下降0.6℃，且因为茶喜冷，所以老姆登村海拔1800米以上的土地主要种植经济作物茶，并形成了特色鲜明的老姆登茶。近几年，老姆登村村民根据本地地形地势特点在不同海拔地区种植了不同的作物：海拔1500米以下的上坡上种植柑橘，海拔1500～1800米的山腰上栽种板栗树，海拔1800米以上的碧罗雪山栽种茶叶。这样做不仅响应了国家退耕还林的号召，同时也增加了经济收入。表8是老姆登村

近十年中部分年份土地类型的数据变化状况，因为以4年为周期对土地做调整，所以选取2007年、2011年及2015年为代表。

表8　老姆登村各年份土地类型面积变化表

土地	2007年	2011年	2015年
土地面积（平方千米）	45.22	45.21	45.22
常用耕地面积（亩）	2413	914.6	913
旱地（亩）	2131	654.6	675
水田（亩）	282	282	278
林地（亩）	55289.1	55289.1	55289
水域（亩）	602.11	602.11	602.11
草地（亩）	1601.24	1601.24	1701.24
荒山（亩）	7670.57	7670.57	7570.57
其他（亩）	246.15	246.15	246.15

由表8可以看出，老姆登村近十年来土地利用类型中的林地、草地、荒山、水域以及其他的土地面积变化不大。变化较大的是常用耕地：2007年为2413亩，但2011年面积已下降为914.6亩，其中水田面积基本不变，减少的是旱地、耕地面积；2015年虽然在2011年的基础上增幅不大，但相较于2007年，其面积还是在减少，而2011年到2015年间，水田面积也有幅度不大的减少。

简言之，近十年来，老姆登村的土地利用类型面积有下降趋势。笔者根据调研了解到，其主要原因是：首先，山区道路修建占用了沿线土地。其次，云南省国土资源厅对老姆登村的土地进行了整治，主要针对耕地、交通运输用地、水域及水利设施用地和其他类型的土地。耕地是针对水田、水浇地和旱地进行结构调整，水域等主要是整治沟渠，其他土地是对田坎进行土地利用调整,此项工程已于2015年12月完工。再次,据村委会主任普云山介绍,2007年政府开始对老姆登村实施退耕还林政策,村里每家每户都在其中,多则十几亩土地,少则几亩土地。在退耕还林过程中,政府会给予村民经济补贴。此外,村里目前还有70%的造林面积,因此当地的森林面积还是很大的。

老姆登怒族世代依靠碧罗雪山生活,所以村民普遍都有生态保护的意识。据村民反映,前几年有省外投资者想在村里开矿,被村民集体阻止了。因为怒族的传统信仰有保护山林的规定,故村民不但用此来约束自己的行为,也会借此阻止外来的破坏行为。与此同时,政府还在村里设有天保保点,就是村民们为了保护碧罗雪山所设的一个交接点(以10年为一个期限):村民两人一组进山轮流巡逻10天,发现有破坏生态的人就进行阻止并严惩,这样一直持续了数十年。

(三)饮水工程与厕所改造

1. 饮水工程

老姆登村地处碧罗雪山半山腰,甚至有些村民的房屋离山顶仅一步之遥(茶厂小组)。长期以来,全村用水主要靠山泉水,故用水较为紧缺,既满足不了农作物灌溉的需要,人和牲畜的饮水也是难题。笔者通过调查了解到,以前村子里主要有两口水井,村民需要用水壶到井边打水后背回家,这样一直持续到1997年才有所改善(只要有村民修建自来水,政府都会给予空心砖和水泥等材料补助,但许多村民家庭仍因贫穷而修不起)。直到2014年,政府出资900多万元在碧罗雪山上修建了蓄水池(水源来自碧罗雪山,在山上修建2个200立方米的蓄水池,在茶厂再修建1个50立方米的蓄水池做水流缓冲地),同时在每家门前修建了1立方米大小的蓄水池,并用水管连接到户,以保证每户用水到位,2015年底完成。现在村子里每家每户都用上了自来水,村民们的生活较先前方便了许多。表9为老姆登村输水工程修建情况表。

◇ 老姆登村水源地

表9　老姆登村输水工程修建情况表

名称			单位	数量
灌溉与用水工程	水源工程	取水口	座	1
		200立方米蓄水池	座	2
		100立方米蓄水池	座	2
		50立方米蓄水池	座	1

续表

名称			单位	数量
灌溉与用水工程	输水工程	80分管 长度	米	17000
		50分管 长度	米	1000
		20分管 长度	米	3600
		农渠	条	3
		农沟	条	6
	渠系建筑物工程	阀门井	座	0
		沉砂池	座	0
		农沟盖板	座	14
		管涵	座	55

2. 厕所改造

2011年前，老姆登村虽然每家都有厕所，但都非常简陋，大多是在房屋附近用竹篾围起来，用草盖住顶部，里面挖一个大坑，再盖上两块木板。有些厕所离住处还有一定距离，十分不方便。显而易见，这些简易厕所的卫生条件是很差的。为推动老姆登村旅游业的发展，县政府于2011年出资为该村修建了15个公共厕所（每个厕所投资2万元，占地约30平方

◇ 村子里的公共厕所

◇ 村民家自用兼对外收费的厕所

米)。这些公厕分别由附近的几户人家轮流打扫。厕所的修建不仅方便了来此旅游的游客,也给村民们带来了方便。

同时,老姆登村旅游业的发展也使得村民们的生活条件不断改善,自家厕所也多变为砖房带水冲的现代式厕所。

(四)民居建筑的文化变迁

怒族传统民居是干栏式建筑,叫作千脚落地房:一层主要用于养家畜、家禽,二楼用来居住、做(吃)饭。一般会在二层中间建火塘,火塘两边搭床,火塘上面有一个用竹子编成的席,挂在房梁下面,可以在上面晾东西。席上面的房梁是打通的,有利于通气排烟。房梁和房顶之间是空的,可以放玉米,因为当地气候潮湿,所以人们可以用火塘的温度来烘干东西以防腐烂。老式房子的建造需要很多人来帮忙,且必须在一天之内完成,否则预示不吉利,建造的方向一般选择坐东朝西。老式房子对建造材料的要求较高:打桩一般用小板栗木,因为其坚固,承重性强;地板一般用楠木、铁杉、冷杉等木材,因为其不易腐朽、耐磨性强,而且稳固性好;打梁一般用松木,因为松木不易变形且防虫;房顶要用红豆杉,因为其密度较高,不易腐烂且可防雨水渗入。房子四周要用竹席包住,虽然透气性好,但对竹子的质量要求很高。老式房子虽透气性好,但时常会漏雨,室内也不易打扫,并且10~20年要翻修一次。现在村里虽然还存在很多老式房子,但它们却已不再作为人们的主要居住场所(目前只有3户人家还住在老式房子里),多数被用来当作厨房或储藏室使用。

现在取而代之的是新式的空心砖房。村里最早出现的新式房屋是村民段成贵家1995年盖起的,由于其姐姐在六库打工,赚钱后就回家盖了这栋房子,让其他村民羡慕不已。而近十年来,由于政府出台各种补贴政策鼓励建房,在村里引发一场建房潮,也使得这种用空心砖、钢筋、水泥建起的新式房屋成为村民住房类型的主流。而笔者从调查掌握到的情况来看,老姆登村农户住房以砖木结构住房为主,其中部分村民住砖混结构住房,部分村民住砖木结构住房，少部分村民住土木结构住房。以笔者主要调查的红旗和红卫两个村民小组为例，目前（截至2016年8月）村里主要有4种类型的房子，如表10所示：

表10 老姆登村房子类型表

类型	数量（间）
老房子	58
新砖瓦房	91
竹皮房	125
未建好的房	37

整体而言，老姆登村至今仍保留着传统怒族房屋建筑的特点：背靠山坡，前有走廊、晒台，房屋平面由粮仓、伙房、碓房、卧室、走廊等组成。主人或者老人住中间房，子女住两头隔出的卧室。木片瓦或草顶、竹篾笆墙、木楼板为其主要建筑特征，且用又长又大的木板做楼板是怒族历史、财富的象征。同时，还保留了烧火的火塘。当然，这与当地海拔较高、气温相对较低，需要火塘取暖有直接关系，还有部分原因就是村民习惯了传统的做饭方式。值得一提的是，2006年福贡县

◇ 老姆登村新建的竹皮房

政府为推进当地旅游业的发展,特地为老姆登村设计出反映怒族特点的竹皮房①。现在村里新建的房子,大多数贴上了竹皮。新式竹皮房已经成为当地建筑的新特色。

此外,笔者曾询问多位村民,更喜欢住新式房子还是老式房子?年长的多反映比较喜欢老式房子,他们有的说老房子暖和,有的说老房子会更快乐,可以听见雨声等等。事实上,老式房子不仅传承着老一代怒族对其个人生活的回忆,也担负着整个怒族的历史记忆。而新式民居的兴起是当地社会经济发展的客观结果,同时也顺应了当地人提高生活质量的要求。

(五)公共卫生状况

现在,老姆登村村民的医疗问题主要依靠村卫生所解决。村医生向笔者介绍,村卫生所占地面积54平方米,现有在编医生2人。村卫生所的药多是从乡卫生院或县医院购进,主要应对的常见病是村里多数人在季节转变时出现的流行性感冒②和部分老人患有的高血压与高血脂(关于村卫生所面临的发展问题在前文"精准扶贫"部分以及"社会保障"部分均有提及,此处不再赘述)。

在基督教传入之前,怒族的卫生意识是比较薄弱的。基督教传入后,信徒们受其影响逐渐养成了洁净的观念意识,即慢慢地关心起个人卫生。比如,懂得饭前要洗手,穿的衣服也变得干净整洁等,同时对生活环境的卫生也有所注重。

而与全村公共卫生紧密相关的另一个问题就是村里垃圾的处理。2011年以前,村子里的垃圾主要是各家各户把垃圾扔到较远的耕地里或者就地焚烧解决,这样做不但污染空气,还会对人体产生伤害。2011年8月,由县

---

①在新式房的外面钉上一层竹皮,使其具有生态感。竹皮主要是由村民自己申请,县政府拨款购买,再运到乡里帮村民们装在房子上。

②多发生在春季和冬季交替的时候,有时候一天能接20~40个感冒患者,小孩子居多,治疗感冒也主要依靠西医。

政府投资在老姆登村建起了垃圾房。垃圾的分配和运输则由每个村民小组各派出1人，一起将垃圾拉到怒江边处理。但访谈中部分村民反映，村里的垃圾房目前已经停用，因为总有人往垃圾房丢一些死掉的牲畜或其他不易运输处理的杂物。事实上，现在村里又恢复到了以前没有垃圾房的状态，而进村的游客却在不断增加，垃圾处理难题已经成为目前老姆登村亟待解决的大问题。

（六）怒族医药发展现状

目前，老姆登村里还有2位民间怒族医生，在村里开了小医馆。他们直到现在还会上山采草药为村里人和慕名而来的外村人看病，主要是用当地的野生药材和怒族传统方法医治跌打损伤等病痛。

碧罗雪山与高黎贡山隔江（波涛汹涌的怒江）相望，"一山分四季，十里不同天"是对怒江地区气候特点的描述。但立体性的气候也使得这里成为多种草药的"生长宝库"。过去由于交通不便加之生活贫困，村民在生病时无法赶到医院治疗，只有上山采草药"就地"医治。渐渐地，居住在此地的人都或多或少地具有辨别药用植物的能力。笔者在老姆登村调查时，部分村民向笔者介绍了当地出产的几种草药及其功效：

在老姆登村的山里长有不少野生石斛。2013年，村里开始有人加入福贡县的山药材种植农民专业合作社，专门培育石斛。虽然各家种

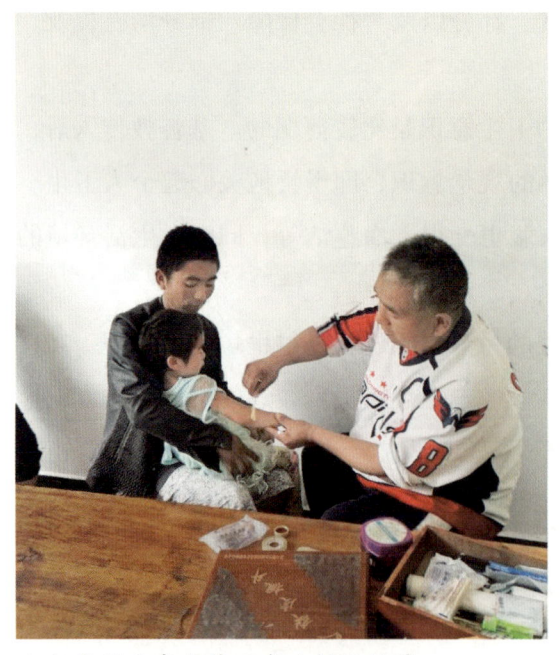

◇怒族医生李晓荣正在为村民接骨

植面积有多有少，但成熟时都会有专门的药材商进村收购。现在，村民们发现石斛的功效越来越广，药用价值也越来越高，因此加入合作社参与种植的家庭也在增加。

三七是村里最常见的一种药用植物，村里老少几乎都认识三七，并了解其散瘀止血、消肿定痛和滋补身体的功效。之前村里医疗条件较差，村民们在摔伤时就会用三七和重楼混合泡上一段时间的药酒来擦拭。现在村民们对三七的市场价格也不陌生：野生三七价格在每市斤400～500元，一般种植的三七则在每市斤200～300元。

重楼也是村里常用的药用植物，它和三七结合使用药效更好。因为其经济价值高（目前收购价在1市斤100元左右），村里已有人开始种植。

此外，村民们还向笔者介绍了老姆登村其他常见的野生药用植物与功效：野百合，润肝肺；野葡萄（泡酒），降血脂；马蹄香（泡水喝），主要用于治疗高血压；野山茶（泡水喝），清热解毒。还有如黄连、木香、五味子、蒿菜、蒲公英、芦荟、耗子树、漆树、折耳根、兰花根等等，当然还有许多叫不出名字（主要

◇ 老姆登村水源地附近的野生药用植物——天南星

是村民不知其汉语名字）的药用植物。同时笔者发现，对于老姆登的村民们而言，这些药用植物不仅仅是生活中用来医病的药材，其实也是怒族传统文化的组成部分，他们纷纷表示希望孩子们也能够学会辨识、使用它们并传承下去。

基诺族社会历史回访再调查
——以景洪市基诺山乡为例

张庆松

20世纪五六十年代，全国人大民族委员会和国务院民族事务委员会组织开展了全国性的少数民族社会历史调查，获得了大量的一手资料，对我国民族学的构建和政府管理部门做好民族工作起到了奠基性的作用。

基诺族社会历史调查始于1958年。云南省社会科学院杜玉亭等研究人员在30年时间里先后十几次赴基诺山调查，开展基诺族民族识别工作，并由杜玉亭研究员执笔完成了《基诺族社会历史综合调查》。该调查主要从自然环境、人口分布与族源族称、社会历史发展、"刀耕火种"的山地农业经济、成年礼、父系家庭与长老制、文化习俗等方面展开。

1979年，国务院确认基诺族为单一民族。1982年人口普查统计，基诺族共有11966人，主要聚居在景洪市基诺山上。基诺族没有自己的文字，语言属于汉藏语系藏缅语族。基诺族发源于基诺山，族称中的"基"是舅舅的意思，"诺"是跟在后面的意思，合起来就是尊崇舅舅的民族。[1]从元

---

[1]《民族问题五种丛书》云南省编辑委员会编、《中国少数民族社会历史调查资料丛刊》修订编辑委员会：《基诺族普米族社会历史综合调查》，民族出版社，2009年，第4~10页。

朝开始，基诺山开始归属中央政权管辖。20世纪50年代之前，基诺族传统文化中还存在着血缘婚和母系制度遗迹。基诺族的传统生产方式主要是以"刀耕火种"为主的山地农业经济，主要农作物有旱谷、玉米、豆类等。此外，杜玉亭等人还考察了基诺族男孩、女孩的成人礼，村寨的父系长老制和文化习俗等。

时至21世纪初，50年过去了，基诺族社会历史发生了翻天覆地的变化，回到50年前基诺族社会历史调查点，及时、如实地记录基诺族社会历史的时代变迁，是当代民族学界一件非常有意义的事情。基于此，云南民族大学民族团结进步研究院启动了云南25个少数民族社会历史回访再调查项目。

此次回访调查，考察了基诺族近50年来的发展概况，重点调查分析了基诺山乡社会经济、政治、文化、社会组织、生态环境五个方面，力求真实记录50年里基诺族社会历史的变迁，较为全面地展示当代基诺族社会发展的新成就。同时，根据实地调查的情况，分析当前基诺族社会经济发展中存在的问题等。

一、基诺山乡概况

（一）历史与传说

基诺族是1979年5月31日国务院确认的我国第56个民族，是人口较少民族之一。2010年第六次全国人口普查统计，基诺族共23143人。基诺族主要聚居在景洪市基诺山上，也有一些散居在基诺山周边的勐旺乡、勐养镇、橄榄坝乡等地，其中勐旺乡补远村有基诺族1000多人。基诺山基诺族乡是全国唯一的基诺族乡，位于云南省西双版纳傣族自治州景洪市东北部。全乡辖茄玛、巴亚、司土、巴来、洛特、巴卡、新司土7个村委会，46个自然村。

基诺族有语言，没有文字。传说基诺族和傣族的祖先一起外出学习文字，傣族的祖先把文字刻在贝叶上，从而代代相传；基诺族的祖先把文字刻在牛皮上，归途中饥饿难耐，就把牛皮烤熟吃了……因此基诺族的文字没有流传下来。

（二）历史沿革与行政区划

基诺山在元代属彻里府；在明代属车里宣慰司；清雍正七年（1729）设攸乐同知，驻地在今基诺山茨通老寨旧寨址。清政府官员和驻军在攸乐山坚守7年，后因茨通地处高寒山区，属高寒、缺水、疟疾、霍乱、瘟疫等频发地带，加之缺医少药等原因，乾隆元年（1736）撤攸乐同知，设置思茅同知（今普洱市），并在思茅设官茶局，在六大茶山分设官茶子局，负责管理茶叶税收和茶叶收购。①

清道光时期，攸乐土目"管村寨三十二，东至蛮海（巴来）一百二十里，南至思通（司土）六十里，西至蛮撒（巴坡）三十里，北至孙牛（少妞）四十里"②。

20世纪50年代初有36个寨子963户人家5280多人。1953年11月26日成立版纳勐养时，基诺山隶属版纳勐养。1954年5月14日省民族工作队第二分队下属的一个小队，在小队长褚有本、副小队长罗玉佩带领下上基诺山开展工作，队员有马二（佤族）、何菊生等。此外工作队还吸收了基诺族积极分子31人（其中女6人），这就是基诺山最早的民族工作队。

1956年6月，中共西双版纳勐养工委决定由副书记马登轩到基诺山分管那里的工作。9月，中共西双版纳边工委成立基诺山党组，何贵任党组书记，马登轩任副书记，马二任组织委员，唐正泽任治安委员，褚有本任宣传委员，白腊腰任统战委员，车白任党组委员，白腊先、白腊妞分别任青年干事和妇女干事。

---

① 张志华：《民族文学》2012年第2期。
② 道光《云南通志》，第136卷。

1955年开始在巴亚组织了一个由15户农民参加的换工组，年底换工组发展到了6个。1956年建立起了43个互助组，巴亚的第一个换工组发展成了评工记分互助组。12月，在巴亚试办了第一个农业生产合作社，入社农户18户80人。当时基诺山不少村寨种植鸦片，导致吸食鸦片的人不断增加，严重影响了群众的生产和生活。站务委员会作出禁种大烟的决定后，民族工作队带领积极分子和群众骨干深入到巴飘、巴朵、洛特、少妞、毛俄、扎果、扎吕、茄玛、司土、巴洒等地宣传教育群众，结果前后仅10多天时间，群众就自觉地铲除了种植的烟苗。

1957年2月23日，经西双版纳人民政府批准成立基诺洛克生产文化站（"基诺"为族称，"洛克"是山或地区的意思）。文化站设站务委员会，主任何贵，副主任阿四、褚有本、白腊腰、杰木拉，委员白腊妞、者车、布鲁木拉、白腊约、王二、包布鲁、沙些、木拉资。文化站建立后，站务委员会作出决定：发动群众办好互助组、合作社，禁种大烟。

◇ 基诺山乡人民政府办公大楼

1958年2月，基诺洛克生产文化站改为基诺区，2月25日经思茅地委批准成立了中共基诺区委员会。到年底，先后在群众中发展了24名党员，成立了巴亚、巴卡、巴来、司土、洛特5个临时党支部。1958年9月28日，基诺山以当时的5个乡为基础，成立了5个高级农业生产合作社。基诺山的生产得到了恢复和发展。

1969年设基诺公社，1984年设基诺区，1988年设基诺山基诺族乡至今。

（三）人口与民族

2015年基诺山乡共有3884户14249人，其中男性7287人，女性6962人。农村人口13018人，占全乡总人口的91.4%，人口自然增长率为2.82‰。辖区内世居有基诺族、汉族、哈尼族、傣族、拉祜族、布朗族、彝族、瑶族等民族，其中基诺族占全乡总人口的83%以上。

表1　全乡人口数表[①]

单位：人、户

村名	上年末总人口	2015年末人口数		其中		农村人口
		总户数	总人口	女性	男性	
巴亚	2305	606	2331	1104	1227	2331
司土	2594	661	2626	1285	1341	2626
巴来	2255	475	2114	1047	1067	2084
新司土	2127	605	2131	1085	1046	2131
洛特	1195	311	1166	554	612	1166
巴卡	1665	476	1667	829	848	1677
茄玛	1017	273	1032	463	569	1003
机关	1166	477	1172	595	577	

[①] 资料来源：《景洪市基诺山乡人民政府经济手册》，2015年，第11页。

续表

村名	上年末总人口	2015年末人口数		其中		农村人口
		总户数	总人口	女性	男性	
合计	14324	3884	14249	6962	7287	13018

表2 民族人口统计表①

单位：人

村名	总计	汉族	傣族	彝族	哈尼族	基诺族	其他民族
巴亚	2331	104	2	2	21	2188	14
司土	2626	395	23	42	62	1924	178
巴来	2114	15	1	86	17	1978	17
新司土	2131	122	33	2	25	1785	164
洛特	1166	13	3	0	67	961	122
巴卡	1677	30	3	8	51	1214	371
茄玛	1032	8	5	0	116	896	7
机关	1172	141	9	13	26	951	32
合计	14249	828	79	153	385	11897	905

表3 人口变动情况表②

单位：人

村名	2015年度人口变动情况			
	出生	死亡	迁出	迁入
巴亚	9	10	31	58
司土	18	11	30	55

①资料来源：《景洪市基诺山乡人民政府经济手册》，2015年，第13页。
②资料来源：《景洪市基诺山乡人民政府经济手册》，2015年，第12页。

续表

村名	2015年度人口变动情况			
	出生	死亡	迁出	迁入
巴来	19	11	165	13
新司土	16	12	—	—
洛特	9	8	61	31
巴卡	7	11	101	117
茄玛	14	8	—	9
机关	12	6	—	—
合计	104	77	388	286

从表1、表2、表3可以看出：首先，基诺族男女比例基本平衡。与中原地区汉族相比，基诺族很少有重男轻女的思想观念，相对宽松、灵活的少数民族计划生育政策也起到一定的平衡作用。其次，基诺山各民族的分布情况与全国"大杂居，小聚居"的格局类似，各民族相互交流交往交融是民族团结进步的一个客观原因。另外，据基诺山生产文化站统计，1958年基诺山上共有基诺族959户5556人，与半个世纪前相比，基诺族总人数增加了2倍还多。

（四）今昔变迁轨迹

基诺族社会历史变迁演绎了一段从原始社会末期直接进入社会主义社会的奇迹：从刀耕火种到现代农业生产，从刻木记事到网络信息交流，从干栏式茅草房到现代楼房，从肩扛马驮到摩托车、小汽车，从

◇孩子们在巴来下寨村民小组广场一角嬉戏

羊肠山路到水泥公路……基诺族人民以勤劳勇敢的品质,描绘出了一条具有华丽色彩的发展轨迹。

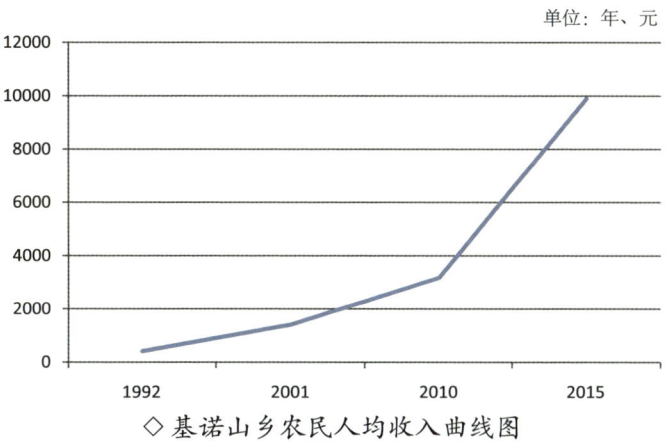

◇ 基诺山乡农民人均收入曲线图

上图是笔者根据历年《基诺山乡人民政府工作报告》数据绘制而成。基诺山乡农民人均纯收入为:1992年401元,2001年1400元,2010年3165元,2015年9885元。

从20世纪80年代初起,各级党委、政府不断加大对基诺族的帮扶,国家和地方政府先后投入上亿元资金和物资帮扶,建设了一批基础设施、社会公益、科技培训、基本农田、产业开发等项目。每一次扶贫大行动都使基诺山经济社会跃上了一个新的发展阶段,实现了一次新的跨越。2005年3月,国家民委宣布:基诺族实现整体脱贫,成为全省7个人口较少民族中率先实现整体脱贫和扶持人口较少民族发展的成功典范。

"十二五"期间,基诺山乡改革开放和全面建成小康社会取得显著的成绩,全乡综合实力明显提高,乡村面貌发生深刻变化,人民群众得到更多实惠。全乡地区生产总值从8193万元增长至2.4亿元,年均增长24%;全乡经济总收入从9820万元增长至1.997亿元,年均增长15.25%;农民人均纯收入从6326元增长至9885元,年均增长11.3%;人均有粮从830公斤增长至

909公斤,年均增长2%。①基础设施建设扎实推进,全乡面貌焕然一新;民生建设取得新成效,社会事业迈上新台阶;生态建设持续治理,人居环境明显改善;法治建设全面提升,治安环境平安稳定;社会组织建设协调发展,群团助力有效发挥。

二、经济建设

(一)生产方式的变迁

基诺族生产方式变迁的主要特点是从原始的刀耕火种逐渐过渡到现代农业生产。基诺族耕种采用轮种制,比如,巴亚村把山林分成13大片,每年砍伐其中的一片,耕种一年后再换一片山林。具体农事安排是:1月备耕,2月开辟拦火道,3~4月烧地播种,5月围栏,6~8月除草管理,9~10月收获,11月仓储,12月备耕。②种植的农作物主要有水稻、玉米、花生、小米、芝麻、芋头、大豆、瓜、棉花等。此外,还种植茶叶和进行狩猎、竹编、纺织等活动。

1958年以后,基诺族原始社会公社制开始解体,改变了原始的生产方式,开始进行现代农业生产。基诺族不再砍伐山林、烧地种植农作物,而是在坝子和山沟里开田种植水稻,在山坡上开地种植其他经济作物。2002~2007年,基诺山乡人民政府发动群众进行农田建设,共有30多个村寨参加开田,累计开挖坡改梯2060亩,新开水田1052亩,共计完成投资31.57万元。③农业生产工具也逐渐更新,小型的现代农业机械开始出现在基

---

①数据来源:2015年《基诺山乡人民政府工作报告》。
②《民族问题五种丛书》云南省编辑委员会编、《中国少数民族社会历史调查资料丛刊》修订编辑委员会:《基诺族普米族社会历史综合调查》,民族出版社,2009年,第41~42页。
③数据来源:罗建宁(乡长)《以十七大精神为指导 深入贯彻落实科学发展观 推进全乡经济社会又好又快发展——在基诺山乡第五届人民代表大会第一次会议上》,2008年1月15日。

诺山。20世纪末，基诺山开始大规模种植橡胶树，普洱茶、砂仁等产业也逐渐兴旺起来。新的农业生产方式大幅度地提高了农民的收入，同时也提升了农民的生活水平。

(二) 产业结构的调整

基诺山乡是纯山区农业乡，乡政府因地制宜，坚持以市场为导向，调整产业结构，逐步由单一的粮食种植向多元化种植转型。

大力发展山区特色种养殖业，积极培育发展橡胶、茶叶、畜牧业、特色产业、林下产业等，促进了全乡农业和农村各项事业的健康发展。

2002~2007年，基诺山乡种植茶叶、美国湿地松等经济作物，完成投资669万元，其中，种植优质茶3259亩（青山茶厂承建巴飘规范性茶园1000亩），种植美国湿地松4480亩。6年中，基诺山乡组织实施"农民增收千元项目""乡镇财政管理体制改革""山区人均一亩良种茶""扶持发展

◇ 基诺山茶厂大门

壮大畜牧业"等产业发展项目，逐年加大对"三农"的支持力度，有力地推进了农村经济社会持续健康发展。另外，按照市委"低胶高茶"的发展战略，加快产业结构调整步伐，切实做好橡胶、茶叶、砂仁等产业布局规划。2007年，经济作物总面积139670.6亩，其中：茶叶面积2.02万亩，产量711.4吨；水果面积0.35万亩，产量342.8吨；橡胶面积9.8万亩，产量1902吨；砂仁面积1.8万亩，产量50吨。①

2005年4月10日，中共西双版纳州委书记到基诺山乡开展"民情恳谈"时，提出"把养殖小耳猪项目建成茄玛村民委员会经济收入的支柱产业"的要求。随后，基诺山乡人民政府在茄玛村委会4个村民小组发放小耳猪养殖贴息贷款71.7万元，重点扶持发展养殖小耳猪示范户150户，新建、扩建猪舍2500平方米。4个村的小耳猪存栏645头，出栏472头。以茄玛村为示范点，带动了全乡养殖业的发展，2007年，全乡生猪存栏8319头，出栏9216头，实现畜牧业总收入298.02万元，比2001年增长129%，年均增长21.56%。养殖业逐步成为基诺山乡的一个支柱产业。②

2008～2012年间，成功引进景洪天天汽车驾驶员培训站在基诺山乡办校，引进金孔雀集团在基诺山乡建设"基诺山寨"景区。截至2012年，全乡共有各类企业81家，极大地促进了城乡居民就业和推动了产业发展。

结合本地实际，基诺山乡重点扶持培育澳洲坚果、水果等新兴产业，鼓励以香冬瓜、山地黄瓜、自烤酒为主的特色产业。2014年，全乡有耕地面积1.84万亩，粮豆播种面积3.52万亩，粮食总产量10266吨。有经济作物23.38万亩，其中，茶叶面积2.8万亩，采摘面积2.73万亩，干毛茶产量1279.6吨；橡胶面积18.46万亩，开割面积8.92万亩，干胶产量6647.7吨；砂仁面

---

①数据来源：罗建宁（乡长）《以十七大精神为指导 深入贯彻落实科学发展观 推进全乡经济社会又好又快发展——在基诺山乡第五届人民代表大会第一次会议上》，2008年1月15日。

②数据来源：2006年、2008年《基诺山乡人民政府工作报告》。

积1.4万亩，产量17.91吨；水果面积0.72万亩，产量3780.57吨。种植印度紫檀、酱香黄檀等珍贵名木15.87万株，完成澳洲坚果种植2000余亩。①在少妞等8个村民小组发展以猪、鸡、羊养殖为主的林下养殖业。

2015年，基诺山乡在继续巩固现有宜林胶园的同时，完成么卓村、普米村800亩环境友好型胶园建设项目；完成亚诺、司土老寨、洛特老寨1400亩生态茶园建设；巩固原有4200亩古树茶园，全年产量71.2吨；巩固现有阳春砂仁种植面积1.4万亩，产量20.27吨；积极引导农户更新老化砂仁，完成普米、普希、洛特二队3个村民小组共200亩阳春砂仁更新项目；与省龙头企业天源林中药材种植有限公司达成在巴朵、迁玛村民小组林下种植200亩石斛的意向性协议。全乡社会固定资产投资5626.85万元，相比2014年减少10.8%；全乡完成地区生产总值2.4亿元，增长8%；全乡实现经济总收入1.997亿元，增长6.57%；农民人均纯收入9885元，增长6.2%。全乡粮食种植面积达35325亩，预计粮食总产量10496.99吨，人均有粮909公斤；茶叶种植面积2.85万亩，干毛茶产量1372.71吨；橡胶种植面积18.52万亩，干胶产量7281.4吨；砂仁种植面积1.79万亩，产量64.98吨。②

基诺山乡遵循"合理布局、科学规划、以地生财、招商引资、因地制宜、量力而行"的原则，积极招商引资，引进技术，引进人才，鼓励和扶持乡镇企业的发展。在现有茶叶粗制厂的基础上，积极引进和扶持发展了茶叶加工企业，从根本上提升了茶叶产业，乡镇企业出现新的亮点。通过改革，带动了基诺山乡的茶叶加工业，经济效益有了较大幅度的提升。

---

① 数据来源：2015年《基诺山乡人民政府工作报告》。
② 数据来源：2016年《基诺山乡人民政府工作报告》。

表4　乡镇企业指标完成情况表[①]

单位：个、人、万元、%

项目	2015年	2014年	比上年增加 金额	比上年增加 百分比
一、企业个数	87	86	1	1.16
其中：私营企业	23	22	1	4.45
个体户	64	64		
二、企业从业人员数	763	720	43	5.97
其中：私营企业	595	580	15	2.59
个体户	144	140	4	2.86
三、企业营业收入	3585	3259	326	10
四、实缴税金	34	32	2	6.25

在肯定基诺山乡调整产业结构方面取得可喜成绩的同时，也必须看到：基诺山乡以橡胶和茶叶为主导产业，产业结构过于单一，抵御市场风险能力脆弱，农民收入不够稳定。笔者在巴来村巴来下寨调查时，村民抱怨说，现在的橡胶价格太低了，只有八九块钱1公斤，都没有心肠去割胶了。2015年末，巴来下寨种植橡胶面积32863亩，开割面积22115亩，年干胶产量2556吨。[②]胶价贵的时候，村里每年人均收入1万~2万元，现在每年人均收入只有6000~8000元了，每户每年的收入减少了一半还要多。因此，如何进一步调整产业结构，规避市场风险，寻找新的经济增长点，稳定农民收入，是当地政府必须要思考且亟须解决的现实问题。

（三）农业科技推广

刀耕火种阶段，基诺族传承着千百年来祖辈留下来的耕作经验，有着

[①]资料来源：《景洪市基诺山乡人民政府经济手册》，2015年。
[②]资料来源：《景洪市基诺山乡人民政府经济手册》，2015年。

符合自然规律的一面，但农作物的产量低，总体上仍然是"靠天收"的状态。1958年以后，现代农业生产技术慢慢传入基诺山，逐渐改变了基诺族相对落后的农业生产方式。

基诺山乡在调整产业结构的同时，着力推广农业科技，连年发力，逐步推进，普及农业科技知识，提高农业生产技能，帮助农民增产增收。

2002年6月，省科技厅在基诺山乡巴朵、茶地、么卓3个村实施的大棚蔬菜种植项目（共种植5.1亩）、冬瓜猪养殖项目（建猪舍50户）、美国落地王鸽养殖（120对）点项目初见效益。2003年，全乡共举办了14期各种实用技术培训，共有1190人次参加了培训。2002~2007年，基诺山乡配合省、州、市科技部门积极开展胶、茶、果、蔬及养殖等实用技术的推广和砂仁高产栽培示范项目，大力培养农村科技人才，共培养"三五"人才860人；不断加强职业技术教育，在乡中学开展了16期职业技术培训，参训人员达580人次，在农村共开展46期实用技术培训，参训人员达3860人次；加速科技成果转化，科技进步对经济增长的贡献率达47%，科技创先工作跨入市级先进行列。

2008年，基诺山乡继续开展胶、茶、果、蔬及养殖等实用技术的推广，大力培养农村科技人才。开展橡胶培训，对7个村委会7445人进行了培训，发放宣传资料6100余份，对橡胶施肥63156亩792.5吨，总投资980.5万元；举办"茶叶加工标准化体系"及茶园管理技术培训，共培训11期814人次；开展小耳猪养殖培训2期102人次；开展农村科技人才培训，举办农函大培训班71期5320人次；大力推进中学职业技术教育，在中学开展了3期（1期种植业，2期养殖业）职业技术培训，参训人员达288人次，100名职业班毕业生完成学业回村务农创业。

此后，基诺山乡继续强化"科技上山"工作，开展农民科技等各类培训，提高农民素质。以"农业增效、粮食增产、农民增收"为目标，推行农业新技术和新品种改良，增加农业科技含量，引导农民发展长短结合、适销对路的农产品。"十一五"期末，全乡粮食播种面积达24619亩，产量达7601.9吨；茶叶种植面积达59347亩，采摘面积51683亩，干毛茶产量达2681.5吨；橡胶种植面积15251亩，其中开割面积1226亩，干胶产量达89.3吨。林产业、旅游与文化产业、畜牧业与绿特食品加工业、傣药等产业有序发展。

2008～2012年，共举办各类科技培训750余期，培训内容涵盖干旱期橡胶管理、橡胶和茶叶的配方施肥、小耳猪养殖、林下产业、森林防火、生态保护、农机安全、水稻浸种催芽技术等实用技术和科普知识。其中，2011年共开展各种培训119期，发放各类宣传材料14400多份，累计培训6824人次。

2013年，基诺山乡加大力度提高农民科技文化素质、经营管理水平和生产技能，围绕全乡的主导产业、主导品种、主推技术开展新型农民培训工作，认真组织实施农业科技培训的各项工作。通过组织专家、技术指导员入村调查，根据本村产业发展实际，以种植、养殖为重点，以积极发展主导产业为培训方向，制定较为完善的教学及管理制度、教学计划，并在培训中充分发挥各单位的职能作用，培训工作取得了良好效果。对46个村寨的青壮年农民开展了成人素质教育，美国湿地松、茶叶栽培管理，橡胶科学管理，澳洲坚果种植等农技实用技术培训，共投资47万元，培训347期4.65万人次。

2014年，基诺山乡成立了第一届科学技术协会委员会。科学技术委员会结合各村产业发展实际，组织专家、技术指导员开展了茶叶栽培管理、橡胶科学管理、澳洲坚果种植等农技实用技术培训，共培训69期4565人次。完成2014年云南省"科普惠农兴村计划"项目以及橡胶树防雨帽推广项目1600亩。

2015年，成立了基诺山乡茶叶协会；成功开展"基诺山货赶街日"活动17次，为农民销售农特产品、山茅野菜、民族工艺品搭建了平台；按照推进新农村建设的总体要求，以"培养新农民、服务新农村"为宗旨，以增加农民收入为核心,围绕全乡的主导产业、主导品种、主推技术开展新型农民培训班29期,参训2760人次,提高了农民的科技文化素质、经营管理水平和生产技能。①

（四）农作物种植

改革开放之前,基诺族种植的传统粮食作物主要有水稻、旱稻、玉米、花生、小米、芋头、大豆、瓜等,主要经济作物有茶叶、棉花、芝麻等。改革开放之后,随着产业结构的调整和扶贫工作的推进,基诺山乡开始引种橡胶、美国湿地松、澳洲坚果等,并大力发展砂仁、大红菌、水果等产业。从2015年《景洪市基诺山乡人民政府经济手册》中可见基诺山乡农作物的种类和发展规模。

表5 农作物生产情况表（一）②

单位：亩、公斤

村名	全年粮豆面积、产量					
	2015年			2014年		
	面积	单产	总产	面积	单产	总产
巴亚	6243	283	1768900	6763.9	279	1885799
司土	4876	326	1589200	4126	339	1400307
巴来	1988	451	895630	2228	419	934185
新司土	5018	287	1438017	4029	299	1206664
洛特	5859	243	1426610	5200	260	1351481
巴卡	7921	297	2351575	9287	260	2412530
茄玛	3420	300	1027060	3539	304	1074101

①数据来源：2003~2016年《基诺山乡人民政府工作报告》。
②资料来源：《景洪市基诺山乡人民政府经济手册》,2015年,第30页。以下表6~13的数据均来源于此手册。

表6 农作物生产情况表（二）

单位：亩、公斤

村名	冬玉米					
	2015年			2014年		
	面积	单产	总产	面积	单产	总产
巴亚	558	360	200880	552	269	148488
司土	1291	300	387300	1164	271	315444
巴来	71	350	24850	453	327	148131
新司土	659	350	230475	484	293	141812
洛特	60	300	18000	60	240	14400
巴卡	946	300	283800	2063	178	367214
茄玛	269	261	70190	337	322	108514

表7 农作物生产情况表（三）

单位：亩、公斤

村名	水稻					
	2015年			2014年		
	面积	单产	总产	面积	单产	总产
巴亚	817	360	294120	1032	396	408600
司土	1440	411	592140	1275	416	529840
巴来	1344	520	6998880	1291	479	618590
新司土	979	390	381810	919	380	349000
洛特	37	300	111000	11	355	3900
巴卡	340	500	170000	528	392	206976
茄玛	302	316	95620	360	400	143830

表8 农作物生产情况表（四）

单位：亩、公斤

村名	旱稻					
	2015年			2014年		
	面积	单产	总产	面积	单产	总产
巴亚	476	85	88060	1414	162	229068
司土	—	—	—	—	—	—
巴来	—	—	—	—	—	—
新司土	297	185	54982	655	139	91045
洛特	899	180	161820	1011	135	136485
巴卡	775	185	143375	839	158	132562
茄玛	80	120	9600	161	242	38905

表9 农作物生产情况表（五）

单位：亩、公斤

村名	玉米					
	2015年			2014年		
	面积	单产	总产	面积	单产	总产
巴亚	4392	270	1185840	3766	292	1099643
司土	2069	291	602160	1687	329	555023
巴来	573	300	171900	484	346	167464
新司土	3083	250	770750	1971	317	624807
洛特	4838	255	1233690	4088	292	1193696
巴卡	5842	300	1752600	5843	292	1703528
茄玛	2769	308	851650	2861	292	782852

表10 茶叶生产情况表

单位：亩、吨

村名	年初茶园面积	当年新植面积	当年减少面积	年末茶园面积	当年采茶面积	茶叶产量（干毛茶）	其中	
							红毛茶	绿毛茶
巴亚	4653	153		4806	4806	336	—	336
司土	5721	137	366	5492	5492	219.7	—	219.7
巴来	719	—	—	719	719	24.4	—	24.4
新司土	7291	—	—	7291	7291	361.2	—	361.2
洛特	3152			3713	3466	133.16	—	133.16
巴卡	3240	—		2340	3240	97.3	—	97.3
茄玛	2499	—	—	2499	2449	160	—	160
机关	758	—	—	758	758	41	—	41

表11 橡胶生产情况表

单位：亩、吨

村名	年初面积	当年增加面积	当年减少面积	年末面积	当年开割面积	干胶产量
巴亚	28411	338	238	28511	14874	1161
司土	38582	404	774	38212	23110	1473
巴来	32893	25	55	32863	22115	2556
新司土	19149	—	—	19149	9290	558
洛特	19832	—	—	19832	6079	322.4
巴卡	27834	901	85	28735	10908	865
茄玛	17274	—	—	17274	6683	300
机关	616	—	—	616	616	46

表12 砂仁生产情况表

单位：亩、百公斤、%

村名	面积				产量			
	2105年	2014年	比上年增减		2015年	2014年	比上年增减	
			面积	百分比			面积	百分比
巴亚	4635	2285	2350	102.84	9.9	75	−65	−87
司土	178	241	−63	−26.14	9	14.4	−5	−38
巴来	—	—	—	—	—	—	—	—
新司土	2943	2233	710	31.80	99	26	73	281
洛特	5493	5021	472	9.40	62.8	5.8	57	983
巴卡	697	461	236	51.19	65	3.4	62	1812
茄玛	3918	3767	151	4.01	204.1	54.5	150	274

表13 水果生产情况表

单位：亩、百公斤

村名	年末面积	当年定植	总产量	水果（面积）							其中：香蕉	
				香蕉	荔枝	菠萝	火龙果	泡果柚子	芒果	李子	下田面积	产量
巴亚	4775	—	11820	—	—	—	—	1506	73	3196	—	—
司土	2020	1252	11425	240	—	586	—	1133	61	—	—	—
巴来	680	—	11550	680	—	—	—	—	—	—	680	11550
新司土	1012	—	7452	115	—	—	12	319	12	554	—	—
洛特	332	94	170	—	—	—	—	36	68	228	—	—
巴卡	2106	649	10050	315	51	—	—	991	353	397	—	—
茄玛	2120	544	2706	—	—	—	—	710	283	1127	—	—

（五）经济总量与农民收入

2015年，基诺山乡完成地区生产总值2.4亿元，社会固定资产投资5626.85万元，实现经济总收入1.997亿元，农民人均纯收入9885元，人均有粮909公斤。横向看，这一组数据跟沿海和其他发达地区乡村经济相比微不足道，但从纵向来看，基诺山乡的经济发展可以说是实现了历史性的进步。

表14　基诺山乡经济总量与人均收入表①

单位：元、公斤

年份	全乡国民生产总值	全乡经济总收入	全乡固定资产投入	农民人均纯收入	人均有粮
2001	—	2684.92万	—	1400	499
2003	—	3346.91万	—	1483	521.34
2005	5545万	3630万	—	1614	595
2006	5585万	5183万	6016万	2191	543
2007	6039万	5474.52万		2406	523
2008	—	5799.04万		2388	581
2010	8193万	9683万		3165	669
2012	12198.56万	—		8366	654
2013	1.7亿	2.03亿	—	8558	879
2014	—	1.87亿	—	9308	894
2015	2.4亿	1.997亿	5626.85万	9885	909

从表14可以看出，2001年与2015年相比，无论是全乡经济总收入还是农民人均纯收入，都实现了7倍多的增长，其他各项指标也都实现了不同程

---

①根据2002～2016年《基诺山乡人民政府工作报告》制表，由于资料不全，有些年份的数据空缺。

度的增长。2005年实现整族脱贫后,10年间,基诺山乡各项社会事业又取得长足的发展,基诺族在实现现代化的进程中又迈出了新步伐。

(六)扶贫工作[①]

2006年,基诺山乡向特困户和残疾人发放了困难生活补助费0.5万元;划拨救济款5.6万元,向困难户提供6.5万元的石棉瓦用于修建危房;对120户特困家庭、下岗、失业和"五保户"兑现16.2万元最低生活保障金;对入伍和退伍军人发放优待金1.7万元。这些救济、救灾、优抚、社会保障等工作解决了人民群众的生活困难,为促进基诺山乡社会稳定、民族团结发挥了积极的作用。另外,投资茶叶、大棚蔬菜种植,小耳猪、中蜂养殖,沼气池建设等技术综合开发示范项目,对经济增长的贡献率达46%。

2007年,基诺山乡继续贯彻"多予、少取、放活"的方针及惠农政策,完成了农村税费改革和第二次全国农业普查,认真组织实施"农民增收千元项目""乡镇财政管理体制改革""山区人均一亩良种茶""扶持

◇基诺山乡人民政府广场一角的扶贫综合开发简介

①数据来源:2007~2015年《基诺山乡人民政府工作报告》。

发展壮大畜牧业"等产业发展项目,逐年加大对"三农"的支持力度,有力地推进了农村经济社会持续健康发展。加大对农民的补贴力度,按时足额发放各项补贴,共发放粮食直补资金94.76万元,发放退耕还林补贴1920万元,发放云麻补贴38.1万元,发放能

◇ 基诺山乡扶贫项目碑

繁母猪补贴4.6万元。为巩固扶贫成果,继续加大资金投入,扶持人口较少民族发展项目进展顺利,投资145万元,完成了巴亚村委会6个村民小组的猪舍和文明卫生路建设及茄玛等6个村民小组的饮水工程。新农村建设有序进行,投资30万元,完成了巴亚新寨公共卫生厕所和茄玛村、亚诺村平整宅基地等工程项目建设。民居抗震性能改造工程稳步推进,完成了100户拆除重建、100户加固的工作任务。通过努力,全乡46个村民小组基本实现了"五通",全乡经济社会发生了明显变化,群众的生产生活条件得到显著改善。

2008~2012年间,基诺山乡争取到扶持人口较少民族发展资金500万元,用于"整乡推进"中的基础设施建设和产业发展。投入特色产业和扶持人口较少民族补助资金400万元,扶持种植澳洲坚果、李子苗,发展特色养殖业以及古茶园改造。完成大巴洒等3个村民小组"新农村示范村"建设,巴飘、巴坡2个村民小组"民族团结示范村"项目建设以及完成7个村委会46个村民小组的村庄规划。

2013年,基诺山乡共发放农资综合补贴、粮食直补、橡胶良种苗木补贴、购机补贴等各类政策性补贴601万元。完成总投资633万元。7个村委会25个村民小组的"2011年扶持人口较少民族产业发展项目"及"2012年整

乡推进项目"建设顺利通过市级验收、审计。"3121"工程①示范乡三年规划及2013年实施方案通过省级评审，并逐项实施。扶持了正华和吉梦两个农村养殖专业合作社。巴卡村委会巴卡老寨特色村寨申报工作以及巴飘、巴坡2个村民小组民族团结示范村提升打造基诺族特色村项目有序推进。新司土村委会巴飘村民小组省级示范村和12个村民小组"一事一议"村级公益事业建设项目均已完工。

2014年，基诺山乡共投入90万元实施第二年的"3121"工程，全乡新农村财政奖补6个村寨95万元，"一事一议"奖补7个村寨54万元。2015年，基诺山乡制订帮扶实施方案，组织10个州市级挂钩联系单位207名干部、本乡21名干部对194户628名建档立卡贫困人口进行帮扶，先后开展"挂包帮""转走访""回头看"等工作，做到"村不漏组、组不漏户、户不漏人"，实现走访全覆盖。结合"五个一批"脱贫计划认真制订实施方案，扶持产业发展，为下一步打赢基诺山乡脱贫攻坚战奠定了坚实基础。精细化管理全面启动，成立领导小组并制订下发城乡精细化管理工作方案，集镇及农村环境卫生得到整治，私搭乱建等违章行为得到有效遏制。

三、政治建设

（一）现当代乡村政治变迁

新中国成立前，基诺族村寨的管理者是父系长老制，大多数村寨有两个长老——"卓巴"和"卓生"。卓巴产生的条件虽然简单但很独特，唯一的条件就是年长，即使是平庸无才，但只要年长就会被拥戴为长老。母系氏族时期，卓巴是年长妇女；到了父系氏族时期，男性卓巴取代了女性卓巴，而且又在氏族外婚的对应氏族中产生了卓生，卓巴与卓生共同管理村寨事务。明清时期，他们被改称为"寨父""寨母"和"老伙头""老菩萨"等，直

---

① "3121"工程：在云南省范围内联系3个自治州，选择10个县、20个乡镇、100个自然村（社区）作为示范点，重点帮扶、先行先试。

到新中国成立前,他们仍然是基诺族村寨的组织者和领导者。[①]

进入社会主义社会以后,基诺族村寨管理体制实现了与现代社会同步发展。从2000年5月开始,云南全省农村陆续开展了改革村级体制、实行村民自治工作,基诺山乡也开始了村级管理体制的改革。村民委员会主任、副主任和委员由村民直接选举产生,村民委员会每届任期3年,村民委员会成员可以连选连任。村民选举委员会由主任和委员组成,由村民会议、村民代表会议或者各村民小组会议推选产生。经过村级制度的改革,一批口碑好、有能力的基层干部被选举出来,为农村基层组织注入了新鲜活力。农村党支部和村委会班子年龄结构进一步年轻化,文化素质有所提高,妇女干部的比例有所增加。在村级民主选举中,广大农民的民主意识和法律意识明显增强。

(二)乡村党组织建设和村务管理

基诺山乡7个村委会46个自然村中,每个村委会都设有一个党总支。除了巴卡村的9个自然村有2个没有成立党支部以外,其他每个自然村都成立了一个党支部,加上8个乡机关党支部,基诺山乡共有52个党支部,党员614人。具体数据见表15。

表15 农村基层组织建设情况表[②]

单位:个、人

村名	自然村	村委会	党组织		党员
			党总支	党支部	
巴亚	6	1	1	6	101

[①]《民族问题五种丛书》云南省编辑委员会编、《中国少数民族社会历史调查资料丛刊》修订编辑委员会:《基诺族普米族社会历史综合调查》,民族出版社,2009年,第72~73页。

[②]资料来源:《景洪市基诺山乡人民政府经济手册》,2015年,第16页。

续表

村名	自然村	村委会	党组织		党员
			党总支	党支部	
司土	7	1	1	7	64
巴来	7	1	1	7	71
新司土	6	1	1	6	88
洛特	7	1	1	7	56
巴卡	9	1	1	7	61
茄玛	4	1	1	4	40
机关	0	0	0	8	133
合计	46	7	7	52	614

乡村党组织在基诺山乡经济社会发展中发挥着先锋模范作用，成为基诺山乡人民群众致富奔小康的实践者和领路人。近几年来，基诺山乡基层党组织以各种各样的形式开展活动，展示了时代先锋的风采。

基诺山乡村务管理按照国家和云南省的统一要求——制度上墙。笔者在基诺山乡调查时，看见每一个村民小组都把各种规章制度张贴在墙上。新司土村委会巴朵村民小组墙上有如下规章制度：《巴朵村民小组干部职责分工情况》《新司土村委会巴朵村小组村规民约》《新司土村委会巴朵村民小组制度公示栏》《新司土村委会巴朵村民小组党支部制度公开栏》等。

村务管理工作的另一个关键是财务管理。基诺山乡村财务管理实行委托管理，定期开展村务公开，成立了民主理财小组，主要以公告、黑板报、会议等方式公开。

（三）村民自治

1998年颁布、2010年修订的《中华人民共和国村民委员会自治法》

为农村村民自治提供了法律保障。村民可以依法办理自己的事情,发展农村基层民主,维护自身的合法权益。村民委员会是村民自我管理、自我教育、自我服务的基层群众性自治组织,实行民主选举、民主决策、民主管理、民主监督。村民委员会办理本村的公共事务和公益事业,调解民间纠纷,协助维护社会治安,向人民政府反映村民的意见、要求和提出建议。村民委员会向村民会议、村民代表会议负责并报告工作。

(四)政治参与

基诺山乡村民的政治参与意识与实践伴随着村民自治得到提升与完善。基诺山乡村民政治参与的主要渠道有参加村民会议、听取及表决村民委员报告、"四议两公开""一事一议"管理制度、村民自治制度、基层选举制度等。尽管有这些渠道,但总体来说,基诺山乡村民政治参与的运行机制还不够完善,村民的政治参与热情并不是很高。

(五)社会保障[①]

基诺山乡社会保障工作按照国家和地方政府的统一要求,逐步展开并实施。2002~2007年,全乡共有588人享受最低生活保障,共发放保障金92.32万元。发放入伍和退伍军人优待金4.1万元。发放救灾款73.86万元。在小磨公路征地拆迁工作中,共支付征地拆迁款1188.7万余元。加大安全生产监督力度,成立了安全生产监督管理站。进一步加强老人、妇女、儿童、城建、土地等方面的工作。其中,2006年向特困户和残疾人发放了困难生活补助费0.5万元;划拨救济款5.6万元,向困难户提供6.5万元的石棉瓦用于修建危房;对120户特困家庭、下岗、失业和"五保户"兑现16.2万元最低生活保障金;对入伍和退伍军人发放优待金1.7万元。

2007~2010年,基诺山乡共发放救灾救济款71万元、救济粮95吨,为65户灾民解决了住房修复的问题;共发放低保金217万元,优待金及安家

---

①数据来源:2003~2016年《基诺山乡人民政府工作报告》。

费10.3万元,在乡老复员军人生活补助费1.85万元,伤残军人抚恤金2.16万元,参战退役军人补助费49.34万元。鼓励和扶持大中专毕业生、农民工、复转军人、留学回国人员自主创业,为32人办理了"贷免扶补"贷款申请和小额担保贷款申请,城镇登记失业率控制在3.6%以内。开展法律咨询和矛盾调处工作,积极为群众排忧解难,切实保障农民合法权益,成功调解矛盾纠纷405起,开展法律咨询212次313人,开展法律援助56次,挽回经济损失58万元。开展农村民居地震安全工程建设工作,共验收拆除重建136户、加固改造97户、农村危房改造29户,发放补贴资金117.6万元。

2010年,基诺山乡新型农村养老保险应参保7758人,已参保7008人,参保率达90.33%。社会救助体系得到完善,2007~2010年共发放城乡低保、农村低保、"五保"资金301.5万元;发放春节慰问金1.66万元,涉及192户332人;资助阳光家园建设、精神病人、义务教育、贫困残疾人共33人2.24万元;发放退役参战人员生活补助、安家费、优待金15万元;发放廉租住房租赁补贴2370元,6户14人受益。2011年1~9月发放城市低保27万元、农村低保121.88万元,为农村"五保户"发放价格补贴资金10080元。

2011年,基诺山乡新型农村养老保险应参保7232人,实际参保6938人,参保率达95.93%。全乡申报医疗救助112人,按标准报销医疗费用31.37万元;城镇居民基本医疗保险报销2人,报销金额8900元。家电下乡补贴农户389户,补贴金额20.89万元(家电销售103户,财政补贴4.5万元;汽车销售3户,财政补贴1.5万元;摩托车销售283户,财政补贴14.89万元)。农村民居地震安全工程和农村危房改造兑现资金100万元,涉及农户160户(农村民居地震安全工程80户,资金20万元;农村危房改造80户,资金80万元)。橡胶良种苗木补贴完成苗木补贴面积1000亩,共补贴苗木3.3万株,受益农户62户,补贴资金9.9万元。

2012年,全乡完成274户农村民居抗震安全工程建设,农村危旧房改造520户;发放租赁补贴14.7万元,解决64户农户的住房困难问题。实施新型农村社会养老保险试点和城镇居民养老保险工作，两项工作参保率分别为97.55%、96.22%。落实城乡困难群众最低生活保障政策，做好城乡低保户、"五保户"供养和医疗救助工作，抓好就业和再就业工作，全面落实小额担保贷款等就业政策以及国家政策性农房保险等政策实施，着力解决好困难群众的生活问题。

2013年，基诺山乡共发放低保户、"五保户"、"两参"、孤儿等补助122.98万元；完成危旧房改造100户，理赔农房保险82户2.29万元；帮助贷款271万元，扶持鼓励群众自主创业。实施新型农村社会养老保险试点和城镇居民养老保险工作，两项工作参保率均实现100%。加强抗旱防涝救灾工作，提高群众的防灾减灾意识。年内分别在学校、村寨开展了地震防灾演练以及全市应对地质灾害应急演练，发放自然灾害救助资金608户1895人共10.42万元。投入240万元完成基诺民族小学山体滑坡除险加固项目。

2014年，基诺山乡继续落实城乡困难群众最低生活保障、贷免扶补、小额担保贷款、国家政策性农房保险以及农村危房改造等政策的实施。新型农村合作医疗参合率达98.56%，城乡养老保险参保率达100%。全年，共发放低保户、"五保户"、部分军队参战人员、残疾、受灾、困难申请等补助339万元；开展残疾人培训4期，提供白内障治疗帮扶21例；扶持妇女创业就业贷免扶补6户、残疾人创业就业示范户12户；顺利完成农村房屋登记评定2730户，并完成农村危旧房改造127户。严格按照国家相关强农惠农政策将政策落实到位，共发放农资综合补贴、粮食直补、橡胶良种苗木补贴、购农机具补贴等各类政策性补贴635.55万元。

2015年，基诺山乡城乡居民养老保险续保缴费人数为6413人，领取待遇人数为1386人，任务完成率105.81%；共发放低保户等人员补助金679户295.61万元，发放残疾人、孤独儿童救助金3.47万元，医疗救助144人，临时救助166人；开展"三关爱"志愿者活动6次，参加人数130人；完成140户危旧房改造的补助资金发放工作。

表17 民政工作情况表[①]

单位：户、人、元、对

项目	户数	人员	金额	结婚	离婚	复婚
"五保户"	66	75	107640			
农房保险	2336	2336	23360			
救灾款	174	561	1193363			
"两参"人员	51	51	226440			
享受低保人数	441	1258	2309562			
80岁老龄补助		250	150000			
100岁老龄补助	3	3	10800			
结婚、离婚、复婚				76	22	5

注："两参"人员是指参战退役的军人、参试退役的人员。"参战"即参加过为抵御外来侵略，完成祖国统一，捍卫国家领土和主权完整，保卫国家安全而进行武力打击和抗击敌方的军事行动的军人；"参试"即参加过核试验和保障任务的人员。

四、文化建设

（一）公共文化基础设施

改革开放以后，随着经济社会的发展，基诺山乡公共文化基础设施从无到有逐渐发展起来，尤其是20世纪初以来，财政投入的增加以及相关扶贫项目的实施，使基诺山乡公共文化基础设施更加完善。

2002～2007年，基诺山乡共计完成教育、卫生、广播电视、集镇建设等4大项31件子项目，建筑面积4669.83平方米，完成投资877.65万元。其中：教育项目共完成9件，建筑面积3277平方米，完成投资309.5万元；卫生项目共完成7件，建筑面积1392.83平方米，完成投资140.32万元；广播电视项目共完成8件，即为茶地、司土、巴亚等8个村民小组安装有线电视，

[①] 资料来源：《景洪市基诺山乡人民政府经济手册》，2015年，第20页。

完成投资36万元，受益405户1215人；小集镇建设共完成7件，主要是进行集镇道路、集贸市场、河道整治、机关饮水、停车场、乡标雕塑等工程建设，完成投资391.8万元。①到2010年，基诺山乡自然村广播电视"村村通"工程覆盖率达100%。农村文体基础设施逐步完善，各类文体活动蓬勃开展，老龄、残疾人、工青妇等各项社会事业全面发展，社会发展更加和谐。

基诺族博物馆于2011年12月27日破土动工，总投资761万元。地点选在基诺山乡巴亚村委会巴坡村，这是基诺族的第一座博物馆。博物馆在功能设置上，将以收集、保护、传承、展示基诺族历史、文化、宗教、民间艺术为主。两层楼1400平方米的展馆内，设有两大主题展区，其中一楼为综合展厅，二楼为传习室展厅。综合展厅主要展示基诺族生产生活用品、民族宗教用品、丧葬品、婚礼用品、成年礼用品、民间工艺品、历史人物、纺织用品、原始布染与配方、采集文化、基诺族刀耕火种、基诺族刻木记事、基诺族医学、基诺族武术、基诺族各种节庆、基诺族大事纪要等。传习室展厅则主要展示基诺族民族宗教传习室、基诺族民族民间舞蹈传习室、基诺族民族民间民歌传习室、基诺族民族民间乐器传习室（包括制作）、文史资料室、国家级非物质文化项目基诺族大鼓舞传习所等。②2013年完成基诺族博物馆一期土建工程以及外部挡土墙工程，2015年完成文化广场、图腾柱、树皮栏杆及内饰装修工程，室外绿化和实物收集工作正有序推进。

2016年6月6日，基诺山乡正式启动"基诺山基诺山乡基诺民间体育传承基地"工程，地址位于基诺民族小学校园内，现已开工建设。另外，还完成老年活动中心征地拆迁和地基平整等前期工作。

———————
①数据来源：2003～2008年《基诺山乡人民政府工作报告》。
②潘文娟：基诺族首座博物馆投资761万元，中国民族宗教网：（2011-12-09）http://www.mzb.com.cn/html/Home/report/262274-1.htm。

（二）民族传统文化遗产保护

基诺族民族舞蹈的传承与保护。2006年，乡政府积极支持文化站举办了基诺族第一届少年舞蹈培训班，培训演员42名；成功举办了"特懋克"庆典活动，表演了"者可追""司土高""老播搓""大鼓舞"等具有浓郁基诺族特色的民族舞蹈，不但深受群众喜爱，还得到了专家的好评。

基诺族民歌的收集整理与创作。20世纪初，经过基诺族文化工作者的不懈努力，创作出《我的家乡基诺山》《大鼓舞》《奇科》等一批弘扬基诺族传统文化的优秀作品。其中，基诺族民族歌曲《奇科阿咪》获得全国第七届村歌赛五大奖项；音乐《哦勒住》、民间器乐《奇克》被列为州级非物质文化遗产；歌曲《一醉方休》获云南省首届酒歌大赛二等奖、传承奖。

民间艺人的认定与扶持。民间艺人是基诺族传统文化活的载体，目前，全乡共有国家级民族民间传统工艺师1名，省级民间艺人7名，州级民间艺人3名，业余文艺队46支，乡老年协会6个，篮球队68支。

（三）基础教育与职业教育[①]

第一，通过"两基"国家级验收。按照《中华人民共和国义务教育法》，基诺山乡不断加强"两基"工作，狠抓"控辍保学"工作，实行层层签订"控辍保学"目标责任书和组织工作队深入村寨开展宣传教育和劝返工作，有力地遏制了学生辍学率上升的势头。加大对教师和学生的奖励力度，2004～2007年共奖励102名升学考的中小学生，兑现奖学金11.68万元。2007年"普九"工作通过省级验收。

2008年，基诺山乡"控辍保学"工作取得实效，中学辍学率控制在1.22%以内。基诺族学生高考成绩明显好转，2008年，共有6名学生考入大专院校（其中本科3名、专科3名）；小学入学率100%，巩固率100%；中学

---

① 数据来源：2005～2016年《基诺山乡人民政府工作报告》。

◇基诺民族小学指示牌

入学率98.2%。2010年,基诺山乡通过了"两基"国家级验收。

第二,完成校点撤并工作。2010年,基诺山乡根据州委、州人民政府"收缩校点、资源整合、集中办学"的指示,顺利完成校点撤并工作。积极争取资金2000余万元,建盖"集中办学"教师周转房,解决了"集中办学"后教职工住房难的问题,同时实施了综合教学楼建设,整修学生宿舍、食堂、校园建设以及学校电脑配置等工程。实施集中办学后,2011年全乡共有教职工91人,21个教学班(其中一至六年级17个教学班,学前4个班),在校生737人(其中一至六年级学生570人,学前班167人),寄宿生571人(其中学前住校生98人)。教育教学资源得到有效整合,提高了师资水平和教学质量,适龄儿童入学率达100%,巩固率100%。

第三,完善寄宿制办学模式,建成全州第一家"周托"幼儿园。集中办学,撤并校点,有效地整合了教育教学资源,提高了师资水平和教学质量,但同时也带来一个不利的因素:学生不能就近入学。原来的基诺族中学被撤,学生分流到周边的中学,大都往勐养镇中学就读;原来分散在各村的小学合并为一个基诺族小学,但基诺族小学位于乡政府所在地的新司土村,距离偏远的村寨有几十千米,走读已不可能,因此只能寄宿在学校宿舍,就连学前班五六岁的孩子也只能寄宿在学校。因此,基诺山乡小学建成了西双版纳州第一家"周托"幼儿园,即家长周一把孩子送到学校幼儿园,等到周末再把孩子接回家。

第四,辛勤耕耘,教育结硕果。基诺山乡在通过"两基"国家验收之后,继续巩固成果,"两免一补"政策全面落实,控辍保学成效显著,师资力量不断增强,懂基诺语的教师比例逐年提高,双语教学有序推进。

2013年,基诺山乡小学六年级、一至五年级综合排名分别由上学年的乡镇第11名上升至第7名、第3名。2014年,适龄儿童入学率达100%,辍学率为零。在年度统考中,四年级成绩在全市乡镇排名第一,六年级成绩在全市乡镇排名第二,并获得了教学质量特别奖。2014年,基诺民族小学被评为"省级民族团结示范学校",并完成了"文明学校""绿色学校"的创建工作。

2015年,基诺山乡不断加大教育投入,多渠道筹措教育经费,改善办学条件,积极协调上海市浦东新区高行镇商会对基诺民族小学28名贫困生给予8.4万元的助学金补助;基诺民族小学成功创建了"西双版纳州绿色学校",入学率100%,辍学率为零;认真落实基诺族学生升考奖优办法,共计补助学生30名,补助金额3.93万元。2015年,基诺族小学被评为"省级民族团结示范学校""禁毒预防示范学校"。

(四)宗教信仰

1. 创世观

相传很久以前,创世女神"阿嫫腰北"(有的写成"阿嫫腰白""阿嫫杳孛"。"阿嫫"是母亲之意,"腰"或"杳"是大地之意,"北"或"白"或"孛"是盖或做之意,合起来就是"做大地的母亲"之意)开天

◇ 玛黑、玛妞兄妹像

辟地，创造万物。①阿嫫腰北第一次创造万物的时候，万物都会说话，人类去采集，植物便和人争吵；人类要砍树，树木不许砍；人去狩猎，动物和人闹。人类无法生存，就向女神阿嫫腰北诉苦。于是，阿嫫腰北决定将万物消灭，再造万物。阿嫫腰北造了九个太阳暴晒天地万物，但许多鱼类、蟹类和爬行动物躲进岩洞存活了下来。阿嫫腰北又用洪水湮灭万物。为了使人类生存，阿嫫腰北把玛黑、玛妞兄妹封在牛皮大鼓里。洪水退去后，兄妹俩从鼓中出来，世上一片荒凉，整个攸乐山上只剩下兄妹俩。后来兄妹俩结为夫妻繁衍了基诺族，玛黑、玛妞便成了基诺族的祖先。为了纪念创世女神阿嫫腰北，每年"特懋克"，基诺族都会举行盛大的祭鼓仪式。②

2. 生命观

基诺族认为他们祖先生活的地方在"司杰卓米"。"司杰卓米"的意思是"人在这里变得聪明的地方"（"司"是知道、智慧的意思，"卓米"是村寨的意思）。司杰卓米距离基诺山东部大约60千米，海拔近1440米，现在称为孔明山。基诺族在举行送魂仪式的时候，送魂路线或有

---

① 刘怡、白忠明主编：《基诺族文化大观》，云南民族出版社，1999年，第44~46页。

② 引自张云（包么）：《基诺族的节庆活动》（2012-10-29）基诺包么的博客，http://blog.sina.com.cn/bcccmmmcom。

所不同，但终点都是司杰卓米。

基诺族也有葫芦崇拜。在玛黑、玛妞兄妹的生活中，还出现了一位老奶奶"阿匹额额"（或写作"阿匹欧欧"），她送给玛黑、玛妞兄妹3颗葫芦籽，种下后结了一个巨大的葫芦，葫芦里面有人说话，兄妹俩把葫芦打开，人就从葫芦里走了出来。后来葫芦滚下山摔成三瓣，分别化作了飞禽、走兽和游鱼等。因此，葫芦成为基诺族必不可少的祭品。

基诺族认为人死后灵魂仍然存在，正常死亡（老死、病死）的人灵魂会回到司杰卓米继续生活；非正常死亡（自杀、枪击、溺水、未取名的婴儿等）的人灵魂会成为孤魂野鬼，所以现实生活中基诺族的自杀现象很少见。

基诺族认为死人的灵魂会影响活人的生活，在这种观念的支配下，基诺族非常重视丧葬仪式和祭祀活动。正常死亡的人可以葬在村寨的公共墓地里，一年后灵魂回到司杰卓米；非正常死亡的人埋在寨子外面。基诺族的丧葬习俗与其他民族相比，有其自身特色，比如墓地不分等级，没有夫妻合葬，不起坟墓等。[①]

3. 鬼神观

基诺族的鬼神观源于万物有灵的古朴意识。基诺族鬼神观的特点是人与自然界事物是相通相等的，人有灵魂，山川草木、飞禽走兽等等都有各自的灵魂，形成自然界中各种各样的鬼神。基诺族认为大青树[②]是"神树"，砍伐大青树会招致树神的惩罚。

基诺族认为自然界的恶鬼"阿谬"（包括大青树鬼、血藤鬼、楚鬼等等）会带来疾病和灾害。人生病了或者村寨里发生瘟疫，就要举行相应

[①] 刘怡、白忠明主编：《基诺族文化大观》，云南民族出版社，1999年，第128~135页。

[②] 大青树：桑科榕属植物。树高可达25~30米，胸径达1.8米，树形美观，分布在不丹、锡金、尼泊尔、印度以及中国的云南、贵州、广西等地，生长于海拔500~2200米的地区。基诺族、傣族等民族的村寨中或附近一般都种有大青树，以求庇护村寨的安宁。

◇ 笔者在基诺族的神树——大青树下

的祭祀活动。其他主要的鬼神有："裴嬷"（主管生育的神，又称"七面分娘"）、"伊叟内"（贝神）、"努发伊叟"（雷贝神，主管命运的女神）、"伐靠伊叟"（谷贝神，主管农耕的女神）、"啦特伊叟"（山贝神或兽贝神，主管狩猎的女神）、"勒斯"（箐神）、"梢斯"（主管大野兽的神）、"合斯"（主管小动物的神）、"厄斯"（主管鸟类的神）、"楚"（死水塘的水鬼）、"特缺"（有的村寨称之为"拖搓"，会吃人的人）[①]等等。

4. 大鼓崇拜

基诺族的大鼓崇拜源于创世神话。因为创世女神阿嬷腰北用大鼓挽救了玛黑、玛妞的生命，使基诺族得以繁衍，因此，大鼓被基诺族视为图

[①] 刘怡、白忠明主编：《基诺族文化大观》，云南民族出版社，1999年，第66~68页。

◇ 基诺山乡人民政府广场

腾，只有在重要的祭祀活动中和节日里才能使用，平时保存在专门的房间里，不得随意触摸和搬动，更不能随意敲击。

基诺族称大鼓为"司土"，一般是用圆木挖空，覆以兽皮，大鼓两端圆周边缘嵌入木楔，似太阳的光柱，所以又被人们形象地称作"太阳鼓"。基诺族的大鼓舞便是大鼓崇拜的文化遗存。大鼓舞，基诺语称"司土拉"或"司土涡"，最早是由男性独舞的宗教祭祀仪式，后来逐渐演变成歌、舞、乐三位一体的艺术形式，男女老少都可以参加。2006年，基诺大鼓舞被列入第一批国家级非物质文化遗产名录。

5. 孔明崇拜

基诺山乡流传着孔明崇拜。相传，孔明为了让落伍的士兵能够生存，赐以茶种，因此基诺

◇ 基诺山茶厂的孔明像

奉孔明为茶祖。基诺族男子服饰的后背上一般都绣有六寸见方、形如日月或鸟兽的图案或花纹,称为"孔明印";基诺族干栏式建筑屋顶的形状似帽,称为"孔明帽";还有上文提及的距离基诺山乡不远的孔明山等等。

（五）节庆习俗

1. 特懋克

特懋克是基诺族唯一国家法定的节日,也是基诺族一年当中最为盛大的传统节日。基诺语"特"意为打铁、"懋"意为盛大、"克"意为节日,"特懋克"意为盛大的打铁节。特懋克流行于基诺山乡和邻近的勐旺乡补远村。

中华人民共和国成立之前,按照民族传统,基诺族"特懋克"一个村过4天,并且每个村子的时间不同,先后持续1个月,可谓世界上最长的节日。①

1988年,西双版纳州人大常委会根据基诺人民的愿望,将特懋克节定为基诺族的年节,统一在每年公历2月6日至8日开展节庆活动。

2. 新米节

新米节,基诺语称"禾西卓"或"禾西着",传说与狗

◇基诺族新米节

---

① 基诺族村落由乌优、阿哈和阿细三个胞族组成,其村寨也分母亲寨、父亲寨和子女寨。"特懋克"母亲寨先过,然后父亲寨过,最后子女寨过,这也是基诺族母系社会遗留下的一个痕迹。基诺族的乌优胞族寨有茄玛寨、洛科、银厂上下寨、阿窝绕、毛俄、曼通和勐旺乡的补远寨和科连寨等。阿哈胞族寨:母寨是巴漂寨,父寨为巴坡寨,子女寨有札果、札吕、洛特、巴卡、亚诺、巴桂、少妞、巴别、普米、巴奎等。阿细胞族寨:母寨为巴朵寨,父寨是司土寨,子女寨有普西、么卓、巴来、巴亚、巴伞、巴秀、回珍、回鲁等。

有关系。一般由家长或请村寨长老主持尝新米仪式，以新穗和其他物品供献寨神和祖先，表示感谢寨神和祖先灵魂保佑粮食有了好收成。新米节没有固定的日期，一般是在7月中旬至8月底稻谷快成熟的时候，具体日期由各家各户自行选择，有的村寨由长老选择，整个村寨统一过节。

（六）民族文化传统与现代化

20世纪以来，基诺族文化的传承伴随着公共文化设施的建设而得到逐步发展。基诺山乡开展并推进文化信息资源共享、土风计划、村文化室等重点文化惠民工程；开展基诺族文化挖掘及抢救性保护工作，大力实施"边疆文化"长廊建设工程，成功举办了"基诺民族风味美食赛"和"基诺之夜"文艺会演，完成了基诺族民歌、少数民族传统体育项目和基诺族特色菜谱的搜集工作；建成基诺族民间文化传习中心以及基诺族第一个村史馆——扎吕村村史馆；完成"村村响"喇叭安装工程；全乡每一个村民小组基本上都建有篮球场、文化活动室、文艺队、农家书屋，有条件的村还成立了老年协会。2009年，基诺山乡被中国云南国际文化交流中心评为"国际摄影创作基地"，并成立了国家非物质文化遗产基诺大鼓舞传习所。2011年，基诺山乡广播电视覆盖率达到100%（其中，安装光缆电视的村民小组共26个，其余村民小组的光缆电视也在逐步安装完善）。创建基诺山乡信息网站，为宣传基诺族传统文化，实现基诺族传统文化传承与现代化打开了一扇通往外部世界的窗户。

基诺山乡在完善公共文化基础设施的同时，也加强了基诺族民间艺人的认定与培养工作，并积极挖掘与抢救性保护基诺族民间文化。2014年，基诺山乡成功申报1名省级民间艺人和3名州级民间艺人；积极开展基诺族文化挖掘及抢救性保护工作，开展文化调研活动120余次。

开展群众喜闻乐见的文艺文化活动，加强业余文化队伍建设，提升基诺风土人情内涵，丰富群众文化生活。多次组织开展各类重大活动，如：开展"特懋克"庆典活动，参与在景洪举办的"特懋克之夜"演出；承办首届金星杯民族歌手大赛；举办基诺大鼓舞传习所培训班。为进一步提高广大干部群众的身体素质，以强健的体魄投入到各项事业的建设中，基诺山乡政府积极贯彻《全民健身计划纲要》，举办职工球类运动会以及各类民族体育项目比赛等活动。

（七）公共卫生与民族医药[①]

农村卫生基础设施逐步完善。基诺山乡卫生院位于乡政府所在地新司土村委会巴朵村小组，业务用房面积1393.36平方米，有病床30张（2011年）。基诺山乡卫生院的工作是以预防为主、治疗为辅，承担着全乡医疗、基本公共卫生服务工作。开展的业务工作有医疗（内科、儿科、传染科、理疗针灸等）、预防保健、食品卫生监督管理、鼠害联防等。在做的业务项目有艾滋病项目、结核项目、疟疾项目、降消项目等。医疗设备有全自动血球分析仪、半自动生化仪、显微镜、光谱治疗仪、X光机、B超、心电监护仪、心电图机等。乡卫生院有职工37名，村级卫生室7个，村医14名，其中有13名取得执业医师资格证。[②]

防疫工作质量逐年提高。2006年，基诺山乡以"全球基金云南省疾病项目"的指标为标准，全力实施和完成各项工作任务，共计完成休止期根治302人，发放浸泡蚊帐共计1460顶，受益人数达3132人，惠及全乡7个村委会18个村民小组及基诺族小学、巴卡完小等。截至2006年12月底，全乡疟疾发病人数26人，发病率为21.67／万人；发热血检人数为402人，检出间日疟2人；流动人口血检108人，检出间日疟1人。开展学生疟疾知识健康教育共18期540人次，发放疟疾宣传画及手册189份。在科技宣传周、国际献血日、国际禁毒日、世界艾滋病日前后，基诺山乡卫生院与政府及有关部门在全乡范围内组织开展了5次大规模的艾滋病宣传教育活动，发放艾滋病

[①] 数据来源：2007～2011年《基诺山乡人民政府工作报告》，本小节下同。

[②] 数据来自《2012年度基诺乡卫生院工作总结》。基诺山乡共有7个村委会，每个村委会都设有村卫生室，并且是新农合定点医疗。

宣传材料5400份，受益9700人次。乡卫生院全体医务人员参加艾滋病相关知识培训6次，组织乡村医生进行艾滋病相关知识及安全注射和职业暴露防护培训5次。在全乡范围内广泛宣传结核病的防治工作，并对每个病人规范服药督导，对医务人员和全体村医培训2次，使全乡所有结核病人得到免费治疗。

基诺山乡认真落实《突发公共卫生事件应急条例》，加强突发公共卫生事件的报告和处置工作；加强霍乱等传染病的防治工作，认真贯彻执行《传染病发展防治法》，对重大疫情的处理做到及时、有效，努力把疫情控制在最小范围内。乡卫生院疫情网络直报由专人负责，并成立传染病疫情管理领导班子，有传染病报告制度、奖惩制度、自查制度，每周开展一次传染病漏报自查工作。乡卫生院门诊、住院部、防疫室都有传染病报告登记本。2009年全乡报传染病共12例，发病率为6.88／万人，其中手足口病5例、梅毒2例、伤寒4例、腮腺炎1例。2010年全乡报传染病共15例，发病率为7.85／万人，其中水痘1例、乙肝2例、伤寒12例。

妇幼保健管理工作逐步完善与提升。基诺山乡卫生院建立高危孕产妇管理机制，做好辖区妇幼卫生业务技术指导工作。2006年，全乡产妇总数115人，活产数116人，新法接生114人，接生率为98.28%，其中住院分娩110人，住院分娩率为95.65%。高危孕产妇住院分娩率100%，无孕产妇死亡，5岁以下儿童死亡率为2.23‰，无新生儿死亡，无新生儿得破伤风。通过宣传栏、出黑板报及下乡之便，积极开展健康教育工作，乡级出黑板报6期，7个村委会分别出3期，电视宣传5期，受教人数34人；广播宣传7次，受教人数1610人。2007年，全乡儿童出生数137人，建卡137人，建卡率达100%；卡介苗接种人数为137人，接种率为100%；麻疹接种人数为134人，接种率为97%；百白破接种人数为135人，接种率为98%；糖丸服种人数为136人，服种率为99%；乙肝接种第一针接种人数134人，接种率为97%；乙肝接种第二针接种人数137人，接种率为100%；乙肝接种第三针接种人数为

◇ 基诺山乡卫生院

134人，接种率为97%；乙肝24小时内接种人数为88人，接种率为64%。采取各种形式向育龄妇女、孕产妇广泛宣传产期、产后自我保健知识和母乳喂养的好处、住院分娩的重要性。

2008年，基诺族全乡产妇总数175人，活产数175人，新法接生171人，新法接生率为97.74%，其中住院分娩171人，住院分娩率为97.74%；非住院分娩的新法接生0人；旧法接生4人。建卡人数175人，早检人数175人；产检人数175人，产后访视171人，孕产妇系统管理人数171人，系统管理率为97.74%。筛出高危孕产妇30人，占建卡人数的17.14%；住院分娩30人，高危孕产妇管理30人，管理率为100%。全乡一年来有1例孕产妇死亡，为住院分娩。在新寨、巴亚、巴卡等3村委会的17个自然村开展妇女病普查普治工作，应查人数1332人，要求检查指标人数100人，实查人数100人。查出患病33人，其中，滴虫性阴道炎3例，霉菌性阴道炎5例，宫颈糜烂6例，其他妇科病19例,正常67例,妇科病查出率33%。

2010年,基诺山乡总户数3090户,总人口数12020人。全乡18~49岁育龄妇女2279人,18~35岁育龄妇女1455人,18~35岁合格育龄妇女917人,已婚妇女2644人。一年内产妇总数138人,活产数138人,新法接生135人,新法接生率为97.83%,其中住院分娩135人,住院分娩率为97.83%;非住院分娩的新法接生0人;旧法接生3人。建卡人数135人,早检人数135人;产检人数135人,产后访视134人,孕产妇系统管理人数134人,系统管理率为97.1%。筛出高危孕产妇23人,占建卡人数的17.04%;住院分娩23人,高危孕产妇管理23人,管理率为100%。全乡一年来没有孕产妇死亡。全乡共有0~7岁儿童数752人,其中5岁以下564人,3岁以下363人,儿童系统管理点(3:2:1)设在机关、新司土村委会的6个自然村和巴亚村委会的6个自然村。7岁以下儿童保健管理人数721人。3岁以下儿童系统管理人数207人,管理率为59.14%;7岁以下儿童保健覆盖率为95.88%。今年7岁以下儿童体检结果如下:7岁以下儿童总检人数721人,其中0~2岁350人,3~7岁227人。5岁以下儿童实查人数592人,其中体重≤-2SD的有91人,筛出5岁以下高危儿童98人,管理98人,管理率100%。6个月母乳喂养情况:实查人数138人,母乳喂养人数132人,纯母乳喂养31人。一年来,未发生5岁以下儿童死亡。

根据上级主管部门下达的任务,基诺山乡农村妇女宫颈癌普查要完成1500人,按照工作要求与部署,开展了宫颈癌普查工作,开展的形式是卫生院集中式或入村式两种相结合进行普查。截至2010年10月份已完成1555人。其中,查出可疑宫颈癌2人,查出其他病1256人。执行限价分娩,一年内全乡贫困孕产妇救助享受138人,总补偿金额89700元。

2010年,基诺山乡卫生院成立健康教育小组。一年来,乡卫生院通过宣传专栏、黑板报及下乡之便,积极开展健康教育工作。乡级一年内出黑板报6期,7个村委会村医分别出3期,电视宣传6期,受教人数241人,广播宣传6次，受教人数201人，人际传播14052人次，其他方式受教5110人次。一年内总受教人数19604人次。18~35岁育龄妇女数1459人，受教人数1318人，受教率为90.33%。基诺山乡卫生院利用宣传《计划生育法》与妇联、计生办配合举办了4期孕妇学校，并组织各村干部、育龄妇女、丈夫及有关群众学习孕期保健知识，孕妇学校受益人数24人。

基诺山乡新农合运行情况。以2011年为例，全乡参加新型农村合作医疗11153人，其中"五保户"48人，低保户1706人，优抚24人，计划生育家庭（双女、独生子女）917人，参合率为98.77%，参合户数2782户，新农合个人部分缴纳的金额是253560元。2011年1~10月，全乡参合人员累计补偿总人数17234人次，产生总费用909477.96元，补偿金额512282.63元。其中，门诊就诊16970人次，产生总费用616986.29元，补偿金额275802.17元；住院264人次，产生总费用292491.67元，补偿金额236480.36元。

卫生监督工作有专人负责。基诺山乡卫生院设有卫生监督协管员2人，协助市卫生局监督所做好辖区内食品、餐饮业、个体医疗机构、公共场所的监督管理工作。同时，加强了医用废弃物和卫生材料使用后的管理。2006年共进行4次卫生监督检查，发放卫生许可证112户，办健康证180人；2007年共进行5次卫生监督检查，发放卫生许可证67家，办理从业人员健康证147人，发放宣传单45份；2008年共进行4次卫生监督检查，查出过期方便面80盒、面包60个，发放卫生许可证55户，办健康证91人；2009年共进行4次卫生监督检查，未发现过期食品，发放卫生许可证36户，办健康证68人；2010年共进行4次卫生监督检查，未发现过期食品，发放卫生许可证36户，办健康证68人；2011年共进行4次卫生监督检查，未发现过期食品，发放卫生许可证8户，办健康证55人，使卫生安全得到了保障。

计划生育工作逐步展开。基诺山乡卫生院与文化、科技、卫生、妇联等部门开展宣传活动，发放宣传单，进行婚育培训、青春期培训、婚前婚后培训、更年期培训等，提高了育龄妇女的自我保护意识。

五、社会组织

（一）传统婚姻习俗

基诺族传统婚姻制度是由血缘氏族内婚制逐渐过渡到"巴什"外婚制的。基诺族的早期神话故事里存在兄妹血缘内婚的现象，直至20世纪50年代前，基诺族仍然存在血缘内婚现象。①基诺族由母系氏族社会过渡到父系氏族社会后，逐渐形成了巴什外婚制。巴什的意思是"同一氏族（姓氏）内的恋人"（"巴"是"情爱"，"什"是"同一氏族"）。巴什外婚制，即同一姓氏的男女不得婚配。由于基诺族大都生活在基诺山上，居住相对分散，古时交通闭塞，基诺族村寨与外界的交往交流较少，有的基诺族村寨只有一个姓氏，所以基诺族男女择偶的范围有限，因此，基诺族历史上出现了很多巴什，古歌《巴什》②就是基诺族爱情悲剧的历史记忆。

（二）婚姻制度变迁

20世纪80年代以前，基诺族的婚姻制度依然遵循传统的巴什外婚制，禁止姨表婚及姑表婚，无论是姨表亲属还是姑表亲属，都必须在四代以后才能通婚。基本上还是寨内异姓婚姻居多，婚前同居者较多，离婚较为普遍。改革开放以后，基诺族的生产生活方式发生了巨大的变化，村寨之间的交往以及对外面世界的了解越来越频繁和广泛，其婚姻也有了一些变化：交通的便利和交往的增加，使基诺族男女择偶的范围和机会多了，寨外婚及不同民族间通婚的现象也越来越多了；婚前同居及未婚生育的现象

---

①《民族问题五种丛书》云南省编辑委员会编、《中国少数民族社会历史调查资料丛刊》修订编辑委员会：《基诺族普米族社会历史综合调查》，民族出版社，2009年，第17～19页。

②关于巴什，参见《民族问题五种丛书》云南省编辑委员会编、《中国少数民族社会历史调查资料丛刊》修订编辑委员会：《基诺族普米族社会历史综合调查》，民族出版社，2009年，第18页；于希谦：《基诺族文化史》，云南民族出版社，2000年，第233～237页；刘怡、白忠明主编：《基诺族文化大观》，云南民族出版社，1999年，第113～119页；陈艳萍：《守望生命守望爱——基诺族巴什悲情与巴什情歌》，《云南师范大学学报》（哲学社会科学版）2006年第5期，第36～41页。

越来越少；婚姻关系相对稳定，离婚的少了。但随之而来的是婚礼消费的大幅度增加，结婚仪式中的家电、家具等现代元素逐渐增多了。

（三）家庭结构关系

基诺族家庭结构关系和现代汉族家庭结构类似，主要是一夫一妻制和父系家长制，没有一夫多妻或一妻多夫的现象。父系家长的权威主要体现在上新房的仪式和父子连名的命名方式上。[1]

基诺族家庭结构关系的主要特点是尊敬舅舅，若女子未婚生育，孩子要由舅舅抚养成人；女子出嫁，舅舅也要给嫁妆，甚至比父亲给的还多。

（四）社会控制模式

由于村寨分散、交通不便等因素制约，基诺山乡社会治安综合治理难度较大。基诺山乡政府对全乡社会治安综合治理情况进行了认真分析，提出了工作重点，制定和完善目标管理责任书，加大综合治理工作宣传力度，依法严厉打击黄赌毒等社会丑恶现象和各类违法犯罪活动。2002～2007年，全乡共立刑事案件47起，侦破40起，破案率为85%；受理治安案件111起，查处率86%；受理各种矛盾纠纷91件，调处91件，调处率100%。2008年内共接待人民群众来信来访4件，治安案件查处率达到96%，矛盾纠纷排查率达到100%。同时加大对黄赌毒等社会丑恶现象的打击力度，连续7年巩固"无毒乡"荣誉成果。

基诺山乡人民政府创新社会管理，认真坚持接访制度，党委书记、乡长坚持每月15日、25日接待来访群众，其余班子成员坚持每月15日进村入户开展领导干部大走访活动。实行责任追究制度，明确包案领导和包案责任人，落实目标责任，针对不同问题，因人而异，制订了详细化解方案。

---

[1] 参阅《民族问题五种丛书》云南省编辑委员会编、《中国少数民族社会历史调查资料丛刊》修订编辑委员会：《基诺族普米族社会历史综合调查》，民族出版社，2009年，第70～72页、第76～78页；于希谦：《基诺族文化史》，云南民族出版社，2000年，第216～225页、第239～242页；刘怡、白忠明主编：《基诺族文化大观》，云南民族出版社，1999年，第98～106页、第123～128页。

2011年共受理各种矛盾纠纷130件，调处纠纷130件，成功调处119件，调处成功率达91.5%。开展各种法律宣传90次，发放各种宣传单3700份，展出法治宣传图片130幅，法律咨询200人次，受教育人数达9140人次。

2014年，全乡组织开展禁毒宣传教育和公共娱乐场所吸（贩）毒活动专项整治15次；办理刑侦案件57起，侦破刑事案件3起，打处犯罪嫌疑人3人；清理赌博小窝点1个，销毁机洗麻将机2台。按照乡普法工作要点，认真组织开展全乡法治宣传教育和普法培训学习8次。建立健全乡、村、组三级调解工作网络。全年共受理各类民间纠纷94件，调处94件，调处率100%，调解成功80件，调解成功率85%，挽回经济损失113万元。大力加强消防安全工作，及时组建消防中队并完善消防专业队伍建设。共召开消防知识宣传会3次，并对农村、学校、砖厂、石场、医院诊所等进行了消防安全检查。全面落实安全生产"党政同责"制度，加大对重点领域的集中专项整治，落实重大事故隐患整改管理机制和预警救援机制。全年开展食品药品安全检查6次，联合执法7次，查处51起安全隐患，责令整改51处。

2011~2015年全乡共评选出"十星级文明户"2070户，创评率达70.5%。目前，全乡有州级文明村2个，文明单位1个；市级文明村6个，文明单位1个。

（五）民间纠纷与调解

基诺族村寨之间如果发生矛盾或纠纷，通常由双方村寨的长老协商解决。如果协商不成，就要举行"杰拍压"仪式，双方村寨的长老对天赌咒起誓，并将所争执的问题提出，祈求上天作出裁决，并同时起誓，如属自己无理相争，愿受任何惩罚。据说这种方法很灵，在上天审判的压力之下，理屈的一方往往会退让，矛盾从而得到解决。①

当代，村委会和村民小组（村干部）成为基诺族民间纠纷的主要调解

---

① 刘怡、白忠明主编：《基诺族文化大观》，云南民族出版社，1999年，第147~148页。

者。除了刑事案件外，民间纠纷更多地依靠村干部或村寨里德高望重的长者来调解。

六、生态环境

（一）地理位置

基诺山基诺族乡位于西双版纳州景洪市东北部，东接勐腊县勐仑镇，南连勐罕镇，西靠勐养镇，北邻大渡岗乡，距景洪市区27千米。全乡总面积622.9平方千米，其中国家级自然保护区面积8.6万亩，耕地面积1.84万亩，国有林39.65万亩，森林面积59.4万亩，森林覆盖率达88.24%，95%以上的土地坡度在25°以上，属纯山区民族乡。

（二）气候与物产

基诺山乡地处北回归线以南低纬度地带，属北热带和南亚热带湿润季风气候，兼有大陆性气候和海洋性气候的优点。全乡最高海拔1691米，最低海拔550米；年平均气温18℃~20℃，年日照2100~2200小时，年降雨量1100~1400毫米。境内水资源较为丰富，主要河流有小黑江、南星河、南本河、莱阳河、巴卡河等，相对湿度78%。土地资源丰富，土壤肥力较高，昼夜温差大，雨量充沛，为发展山区种植、养殖产业创造了良好的条件。境内生长着名目繁多的野生动植物，有多种国家级保护动植物，是重要的物种基因库。主要的物产有橡胶、茶叶、砂仁、水果等亚热带经济作物，境内石灰岩藏量丰富。

（三）基础设施

基诺山乡境内有国道213线和小磨公路[①]经过。国道213线和小磨公路基

[①] 小磨公路于2015年开始改扩为小磨高速，建设总里程167千米，部分路段在现有小磨二级公路上实施改扩建，其余为全幅新建。项目全线采用双向四车道高速公路标准，设计时速80千米，估算总投资125亿元。主线桥隧比达45.6%；通道76道，涵洞145道；全线共设置互通式立交9处，服务区3处，停车区4处。3年建设完成后，从小勐养到磨憨的行车时间将从现在的3小时缩短到1.5小时。

本上平行穿过基诺山乡，也是基诺山乡连通昆明、景洪与磨憨口岸的主干道。随着小磨高速的建成通车，势必带动基诺山乡经济社会的进一步发展。基诺山乡境内乡村道路四通八达，道路硬化率逐年提高。下面列举几组数据，从中能够看出基诺山乡基础设施的发展进步。

◇ 基诺山民族宾馆

2002~2007年，基诺山乡共计完成通路工程、通电工程、通水工程等3大项49件子项目，完成投资1084.7万元。其中：通路工程共完成21件，投资481.12万元，涉及7个村委会，受益2897户11400人；通电工程，架设输电线路4.1千米，完成投资20万元。其中，2006年征地拆迁主要集中在小磨公路沿线的农业用地、沟渠等的补偿，共兑付征地款1067万元；开挖坡改梯2060亩，完成乡村通路工程18件132千米；乡客运站初步完工；街道安装了路灯；213线乡政府路段修复完工。

2008年，基诺山乡在交通运输部门的支持下，投资3281万元完成了基诺至勐仑段40千米的修复工程；完成野么河桥、巴来小寨桥工程；巴散小寨桥正在建设中；乡政府至洛特、巴卡、巴来、司土等村委会的通达工程正在紧张有序地进行；完成了巴卡与洛特2个村委会的光缆建设，解决了487户2013人看电视难的问题；完成了巴奎、巴来中寨、巴来小寨6000米电网改造工作，村民用电恢复正常，实现同网同价，惠及234户956人；投入资金36万元，完成巴来中寨教师8套周转房的改建工作；完成3个新农村示范村建设，巴伞一队新农村建设已完成宅基地平整和村寨整体规划，正在开展民居建设，扎吕村村寨建设规划已经完成。全乡7个村委会"四通五有三达到"于2008年12月通过省级验收。

2010年，基诺山乡引进了景洪市机动车驾驶员培训站在境内办校；以通畅工程为契机，加强乡村公路建设，投入2241.3万元（2个村委会5.8千米沥青路面，134.7千米弹石路面），解决群众的出行难问题，使基诺山乡农村公路达到"晴通雨通"标准；借助农村电网改造的机遇，投入450余万元，完成30个村民小组的电网改造工程；积极争取广播电视"村村通"工程和各项广播电视补助项目，完成44个村民小组的卫星直播电视及光缆工程，电视收视覆盖率现已达95.7%。2010年底，投资1.9亿余元的体育休闲中心项目已开始营业；雨林景观休闲区二期工程——民族特色居住区已开工建设，预计2011年底完成并交付使用；完成《大渡岗茶园旅游小镇修建性详细规划》《大渡岗茶园旅游小镇发展战略规划》及《核心区1号路初步设计》，并与云南昌霖建设工程有限公司签订了2200万元的1号路施工建设合同，开展集镇中心区1000亩的征地工作；实施甘坝村生态农田示范区项目500亩节水、高产农田改造。

2011年，基诺山乡投入252万元，完成4个村民小组5座桥梁的测量与建设（洛特新寨2座，银场下寨、巴秀、回珍村民小组各1座），涉及农户855户3617人；投入4.47万元，完成3个村民小组10.2千米的路面维修（洛科新寨、洛科大寨、巴亚老寨）；完成4个村民小组村内道路硬化3719米（巴来中寨、小巴洒、曼哇新寨、扎昌）；投入31万元，完成2个村民小组4300米三面光沟渠建设（曼哇新寨、巴卡老寨）及洛科大寨坝塘管理房建设工作，共142户626人受益；在上级党委、政府的关心、支持下，积极向上争取资金，修建4个村民小组文化活动室（目前已完成2个村民小组的文化活动室建设，另有2个村民小组的文化活动室正在建设中）及3个村民小组的篮球场建设；推进基诺族博物馆建设，占地1500平方米，位于景洪市基诺山基诺山乡巴亚村委会巴坡村民小组；推进为民服务中心和公共资源交易中心项目建设，涵盖乡财政所、兽医站、农业综合服务中心、统计站、安监站、城建所等涉农单位，拟建筑面积2868.33平方米（其中新建办公楼建筑面积1784.93平方米，原保留建筑面积1083.4平方米）。

2012年，基诺山乡在全市率先实现农村路网"村村通"目标；完成25个村民小组有线光缆电视工程项目，全乡46个村民小组电视收视覆盖率达100%；建盖48套周转住房和36套经济适用房，为城镇居民解决了住房困难的问题。

2013年，完成基诺族博物馆一期土建工程以及外部挡土墙工程，基诺山乡综合楼建成并投入使用；投入192.7万元，完成街道排水沟拓宽、街道路面综合整治、绿化和亮化、破碎损毁的水沟盖板更新、三面光沟渠修复重建和标准化水磨石人行道更换等工程，将人行道原有的小叶榕更换为炮仗花及珍贵树木；完成洛特二队1.9千米入村道路硬化以及大巴洒等4个村民小组全长2.3千米的村内道路硬化工程；洛科大寨村内道路、洛科新寨生产道路硬化工程有序推进。

◇ 基诺山乡为民服务中心

2015年，基诺山乡完成国道213线K48处到洛科新寨道路建设，国道213线K13处到毛娥新寨、国道213线K23处到回珍两条行政路项目工程进展顺利；小磨高速公路前期征地工作基本完成；完成基诺族博物馆的文化广场、图腾柱、树皮栏杆及内饰装修工程，室外绿化和实物收集工作正有序推进；完成老年活动中心征地拆迁和地基平整前期工作；基诺族民间体育传承基地设计图已初步定稿，申请立项；完成23个村庄新建垃圾焚烧池24个，达到全乡覆盖率的96%；完成洛特老寨15盏太阳能路灯安装和洛科新寨灯光大棚球场建设；平整乡广场周边630平方米场地用于绿化建设；完成巴来中寨村民小组文化活动室建设；完成25个村民小组有线光缆电视工程项目、23个村民小组道路亮化工程、5个村民小组民间体育活动场地建设等项目；完成19个村民小组文化活动室、17个村民小组的篮球场建设和大棚安装；广播电视和农村电话覆盖率达到100%，实现了广播"村村响"，电视、电话"户户通"。

（四）水土资源

保护水土资源，首先从立法做起。西双版纳州于1992年颁布实施了《云南省西双版纳傣族自治州自然保护区管理条例》和《云南省西双版纳傣族自治州森林资源保护条例》，1996年颁布实施了《云南省西双版纳傣族自治州野生动物保护条例》，1997年颁布实施了《关于在全州长期禁猎、收缴猎枪和制止毁林开垦的通告》等一系列地方性法规，水土资源保护有法可依，有章可循。

按照上述法规要求，基诺山乡在全乡范围内实行禁猎，遏制了乱砍滥伐现象，加强遗留民用枪支的收缴工作，使野生动物得到长期有效的保护。2003年，共收缴民用枪支32支；完成退耕还林4098亩、荒山造林1830亩，兑现群众退耕还林粮食61.47万公斤。

2002~2007年，基诺山乡大力开展荒山育林造林工作，种植美国湿地松4480亩、竹子800亩，完成人工造林3000亩、绿化造林2500亩、封山育林

30000亩，累计退耕还林12300亩，连续6年无森林火灾。另外，2006年铲除非法种植橡胶1600亩，毁林开垦行为得到有效遏制。到2010年，累计完成公益林建设36.2万亩（集体林3.2万亩、国有林33万亩）、人工造林8000余亩。

2008~2012年，累计完成公益林建设8.12万亩，封山育林3万亩，退耕还林1.25万亩，全乡森林覆盖率由2007年的70.7%上升到88.24%。扎实推进营林绿化工程，5年来共种植沉香2万株，累计种植竹子达1566亩，种植思茅松400亩，社会造林3000亩，义务植树3万株。

◇ 护林员周扫在巡山

基诺山乡水土资源保护的另一个有效措施是配备专职或者兼职护林员。根据《中华人民共和国森林法》第三章第十九条规定，护林员可以由县级或者乡级人民政府委任。护林员的主要职责是：巡护森林，制止破坏森林资源的行为。对造成森林资源破坏的，护林员有权要求当地有关部门处理。基诺山乡护林员分为长期护林员、驻村护林员，其中驻村护林员就是从每个村寨的居民中选聘。

按照州、市、乡各级林业部门的要求，每个护林员辖区内的古树和珍贵树种都要挂牌保护，护林员换了一批又一批，不变的是对自己脚下的山林的爱护，有的标志牌已经深深地嵌在树皮里面了。周扫说，他从2012年9月23日开始担任护林员，每个月要巡山22天，底薪800元，巡山一次50元，

◇保护森林的标志牌嵌入树干内　　◇保护森林的标志牌

一个月满勤报酬1900元。每个护林员都配有一个卫星定位手机，护林员的巡山轨迹林业管理部门可以实时监控并记录，并作为发放报酬的依据，如果没有完成巡山任务，少一次扣50元。巡山过程中若发现有盗伐树木等情况，及时上报处理。周扫说，去年他在巡山时发现一棵沉香树被盗伐，经证实是本村一位村民所为，后来该村民被判刑3年。如今村民们保护森林的意识明显增强，过去村民翻建新房可以随意去山上砍伐，现在必须先申请，得到管理部门的批准后方可砍伐。

基诺山乡多年在生态环境方面的努力，取得了有目共睹的成绩，2006年、2008年被省人民政府命名为"云南省生态乡镇"。

（五）饮水工程

进入21世纪，基诺山乡的饮水问题逐步得到解决。2002～2007年，全乡共完成水利灌溉工程14件，新修水坝16座，沟渠16.87千米，背水桥24座，渡槽5座；架通13个村寨的饮水工程，共安装水管43.68千米，建蓄水池424立方米，完成投资584万元，涉及7个村委会，受益27个村民小组1360户9601人。其中，2006年完成乡机关和3个村民小组的饮水工程改造和维修；

为村民安装50个太阳能。

2006~2010年，基诺山乡修建小荒田、东风、曼乐、高埂田等16个村寨拦河坝及挡水坝21座，修建茨菜塘、三家村、昆罕大寨、昆罕小寨、螺蛳塘村民小组小坝塘5座，修建小水窖15座；架设和改造了59个村民小组饮水管道19.1万

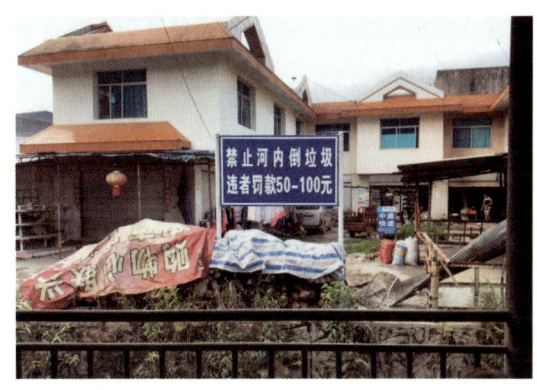
◇环保警示牌

米，新建蓄水池22个，新建或修复水井18口，饮水安全得到保障。其中，2008年投资21万元，完成了8个村民小组的饮水工程和1个村民小组的沟渠维修工程。

2008~2012年，基诺山乡完成36个村民小组180千米饮水工程项目；完成8个村民小组水利工程7.4千米、1个村民小组河道治理1千米和巴奎等村民小组拦河坝8座；投资734万元，实施了38个村民小组的人饮安全项目及机关安全饮用水工程，解决了2729户8800人的饮水难问题。其中，2011年投入资金54.32万元，完成机关及2个村民小组饮水安装工程（巴贵、回鲁村民小组），解决了563户3436人的饮水难问题。

2011~2015年，基诺山乡完成11个村民小组水利工程及拦河坝、8个村民小组三面光沟渠、34个村民小组饮水改造工程和2个水库除险加固工程等项目建设。其中，2013年完成司土小寨等6个村民小组的安全饮水改造，普米村民小组管道改造，巴卡新寨等8个村民小组特色产业扶持项目水利灌溉设施工程，巴朵村民小组1个坝塘及亚诺水库除险加固工程；2015年完成巴秀、阿婆、巴贵等16个村民小组的农村饮用水安全工程项目的建设工作。

（六）厨厕改造

农村厨房和厕所改造是关乎"进口"与"出口"的重要环节，对提高

村民的身体健康水平、改善村居环境有直接的影响。厨厕改造也是两大难点问题，涉及村民们千百年来形成的生活习惯，因此要尊重当地民族风俗习惯，因地制宜，移风易俗；同时，"不看广告看实效"，节能灶、沼气池等现代技术也让村民看到实实在在的实惠，基诺山乡厨厕改造工作逐年逐步展开并完善。

2002~2007年，基诺山乡对23个村民小组1200户进行节能改灶，完成投资46.68万元，受益群众7867人。其中，2003年新建沼气池191口，2006年新建沼气池165口；2007~2010年，全乡完成农村沼气池建设350口、节柴灶450口。2008~2012年，全乡安装农村太阳能洗浴设施684台、沼气池400台、节柴改灶1200台；投入21万元，完成农村户厕改造175户。

2013年，基诺山乡针对大部分农户生火煮饭仍沿用原始落后的三角灶的情况，对27个村民小组1310户进行节能改灶，完成投资56.68万元，受益群众8677人；投入10万元，完成集镇饮用水源地树立标识牌等工程，确保集镇水源林安全。

（七）民居建筑变迁

21世纪初期以后，基诺山乡村容村貌最大的变化就是民居建筑的变迁，总体趋势是越来越多地建造水泥砖瓦楼房。

基诺族传统民居是以木质材料为主的干栏式建筑，底层为开放式的，大都是粗大的立柱，放置农具等杂物，楼上是人们居住的地方和粮仓。传统民居建筑的优点是通风、干爽，但缺点是耗费大量的木材，造价成本高；完全采用水泥砖瓦楼房，优点是取材方便，造价相对要低一些，但是在基诺山这样的低纬度地区，室内通风效果差，特别是一层，非常闷热。因此，人们更多的是采取折中的办法：保留部分干栏式样，建筑材料改用水泥砖瓦。一般的建筑结构是：两层楼房，底层一半是砖瓦结构的实体房屋，另一半是干栏式的水泥砖柱支撑的开放式的空间；二层是砖瓦实体房屋和阳台；屋顶盖绿瓦，孔明帽式屋脊，端头绘有太阳花图案。厨房和关

◇ 基诺族的当代干栏式民居

牲口的地方一般分列在正房的两侧，圈起围墙，设有对开式的铁栅门。当代基诺族民居建筑既借鉴和融入了现代化的元素，同时又保留了一些基诺族传统干栏式的风格。

　　以巴来下寨为例，笔者2014年暑假去调研的时候，全寨78户人家，基本上还是传统的干栏式民居建筑，只有少数几家翻盖水泥砖瓦楼房。2016年暑假再去的时候，面貌焕然一新，几乎找不到记忆中的村寨的影像了：整个村寨大多数人家都翻盖成水泥砖瓦结构的楼房，清一色的绿瓦屋顶，在山坳绿树翠竹的掩映之下，宛如国画一般。到2016年8月，全寨只有少数几户人家还是传统的老房子，多数人家在两年内翻盖了新房，还有一部分正在建造中。在和村民的交谈过程中了解到：村民大都把建房的工作承包给外来的建筑施工队，主要是四川人，全包（包工包料）的话，一般民居

◇巴来下寨民居一角

◇巴来下寨民居墙饰　　◇巴来下寨全景

造价每平方米1050元，别墅型民居造价每平方米1200元；半包（自备建筑材料）的话，施工队的工钱是每平方米300元。如果以一户建筑面积200平方米计算，新房造价在20万元左右，有的人家装修好一点的，总共花费30万~40万元。

在调查过程中，村民还告诉笔者，只要新盖的房屋保留基诺族民族特色的，政府补贴1万元。由此，笔者顿然明白了，整个村寨如此协调统一的民族风格，原来是政府层面带来的良好的引导作用。

笔者承担了基诺族社会历史回访再调查的任务。在回访调查过程中，得到基诺山乡副乡长张云的鼎力相助，他也是我认识的第一个基诺族人。在张云副乡长的引导下，我逐渐融入基诺族的社会生活中，有幸认识了很多基诺族朋友。感谢基诺山乡巴来村民小组组长切飘及其家人对我的帮助；感谢巴来下寨护林员周扫、杨路生（周扫大儿子）及其家人的细心关照；感谢巴来下寨坡者的慷慨相赠；感谢巴来下寨国家级民间艺人沙都的热忱交谈；感谢新司土村巴朵村民小组资布鲁及其家人的热情接待；感谢基诺山乡所有领导和乡亲们给予我的帮助和善待。

基诺族社会历史回访再调查是短暂的，但给我们留下的记忆却是永久的、弥足珍贵的。希望这个调查报告能够反映出基诺族社会发展的一段真实历史，更祝愿基诺族人民生活越来越好！

参考文献：

[1] 杜玉亭：《基诺族简史》，云南人民出版社，1985年。

[2] 编辑组：《基诺族民间故事》，云南人民出版社，1990年。

[3] 杜玉亭：《基诺族文学简史》，云南民族出版社，1996年。

[4] 刘怡、白忠明主编：《基诺族文化大观》，云南民族出版社，1999年。

[5] 于希谦：《基诺族文化史》，云南民族出版社，2000年。

[6] 赵婕：《亲情与亲人（基诺族）》，云南大学出版社，2003年。

[7] 沈洽主编：《贝壳歌——基诺族血缘婚恋古歌实录及相关人文叙事》，上海音乐出版社，2004年。

[8] 郑晓云：《最后的长房：基诺族父系大家庭与文化变迁》，云南人民出版社，2005年。

[9]《民族问题五种丛书》云南省编辑委员会编、《中国少数民族社会历史调查资料丛刊》修订编辑委员会：《基诺族普米族社会历史综合调查》，民族出版社，2009年。

[10] 唐晓春：《雾中的阿居——基诺族的亲属制度》，云南人民出版社，2009年。

［11］王玉芬主编：《巴飘村调查》，中国经济出版社，2010年。

［12］牧二编：《基诺族》（民族文化经典故事丛书），外语教学与研究出版社，2011年。

［13］张云：《中国基诺族》，宁夏人民出版社，2012年。

德昂族社会历史回访再调查
——以芒市三台山乡为例

林 庆

为了全面了解我国少数民族情况，20世纪50年代始，中央选派专家、学者深入民族地区进行民族社会历史调查以及民族识别等工作，其搜集的资料最后汇编成《民族问题五种丛书》，于20世纪80年代陆续出版。其中，《德昂族社会历史调查》1987年由云南民族出版社出版，收录了《潞西县三台山邦外德昂族社会经济调查》《潞西县德昂族社会历史调查》《潞西县三台山区德昂族政治经济调查》等报告。这次大规模的民族调查活动搜集的资料，集中记录了我国少数民族社会历史的基本情况，是民族研究和民族工作中的重要参考资料，受到了各方面的欢迎和好评。如今，距离20世纪50年代组织民族社会历史调查以及民族识别等工作已经过去了半个世纪，其间各少数民族在经济、社会、政治、文化、交通、信息等等各个方面均发生了巨大的变化。西部大开发战略实施以来，中国进入改革开放快速发展时期，云南民族自治地方的经济、社会和文化发展取得了长足进步，各方面情况有了不少变化，在这样的形势下，为了进一步促进各民族"共同团结奋斗，共同繁荣发展"，对民族村寨各种情况的最新了解就成为发展的前提。为全面了解当代少数民族社会历史变迁和发展状况，云南民族大学云南民族团结进步研究院组织专家、学者启动了云南25个少数民族社会历史回访再调查项目。在这次少数民族社会历史再调查中，笔者参加了德昂族村寨的调查。

本次调查以德宏傣族景颇族自治州芒市[①]三台山德昂族乡为样本，目的是全面了解新中国成立以来德昂族在政治、经济、文化、社会、生态等各个方面的变化发展状况，为德昂族聚居区经济社会发展和全面建成小康社会提供参考材料，为党和国家制定民族政策、解决民族问题提供重要依据，为民族理论的丰富发展做出贡献。

清代史书称德昂族为"崩龙"，新中国成立后沿用这个名称。后根据本民族人民的意愿，1985年9月21日经国务院批准更名为"德昂族"。1988年1月经云南省人大常委会批准，正式成立三台山德昂族乡，该乡是全国唯一的德昂族乡，也是德昂族最集中的乡。按照我国2010年以前的划分标准，把人口在10万人以下的少数民族称为人口较少民族，而德昂族在中国仅有人口20556人（第六次全国人口普查）。

目前在中国境内的德昂族主要分布在云南省德宏州的芒市、盈江、瑞丽、陇川、梁河5个县（市）和保山市的隆阳区，临沧市的镇康、耿马、永德等县以及普洱市的偏远山区，共涉及34个乡镇的82个自然村，多数村寨与邻近的汉族、傣族、景颇族、布朗族、傈僳族、傣族、佤族、阿昌族等民族深度交错分寨杂居，少数村寨仍然保持聚居。德宏州的德昂族以村寨为单位分布在三县两市的18个乡镇31个行政村56个村民小组中[②]，大杂居与小聚居并存。主要有4个支系（红德昂、黑德昂、花德昂、白德昂），其中以芒市最为集中，共有0.99万人，占德昂族总人口的55%，主要分布在三台山乡、中山乡、遮放镇、五岔路乡、勐戛镇等5个乡镇的34个自然村42个

[①]2010年7月23日，国务院批复潞西正式更名为芒市。
[②]数据源于德宏州扶贫办。

村民小组。2015年,德宏州有德昂族15074人[①],约占全国德昂族总人口的77%,占德宏州总人口的1.19%。临沧市有德昂族约4500人[②],分布在16个自然村。保山市有德昂族约1000人[③]。

三台山乡德昂族人口占本民族总人口的1/3,现辖勐丹、出东瓜、允欠、邦外4个村民委员会33个自然村36个村民小组,其中德昂族聚居的村民小组有21个,景颇族聚居的村民小组有7个。2015年末,全乡实有1740户7193人,其中德昂族1039户4305人[④],占全乡总人口的60.1%,较2011年占比增加1.1%;景颇族329户1250人,占全乡总人口的17.5%,较2011年占比增加0.3%;汉族380户1606人,占全乡总人口的22.4%,较2011年占比降低1.4%。

从以上数据可以看出,芒市三台山乡的社会、经济和文化发展具有相当的典型性和代表性,因此我们的德昂族社会历史再调查选址定为三台山乡。

一、三台山乡概况

三台山乡位于芒市西南部,距离市政府22千米,位于320国道两侧,东边与勐戛镇和风平镇接壤,南边与遮放镇为界,西边与五岔路乡为界,北边连接轩岗乡,乡政府所在地紫胶园垭口。三台山乡是通往瑞丽国家重点开发开放试验区的交通要塞。全乡面积158平方千米,辖4个村委会(出冬

[①] 1990年有11471人,2000年有12862人,2008年有14100人,2010年有14436人。

[②] 临沧市镇康县是全国第二大德昂族聚居地,目前约有4800人。据2015年数据,南伞镇白岩村委会有1560人,班龙村委会有98人,哈里村委会有1298人,其中军赛佤族拉祜族傈僳族德昂族乡是除德宏州芒市三台山德昂族乡以外德昂族人口最集中的地区,有1902人。永德县唯一的德昂族聚居点是崇岗乡团树村豆腐铺自然村的2个村民小组,有470人。耿马县勐简乡勐简村红岩新寨自然村有德昂族157人,孟定镇下坝村委会有德昂族291人,班幸村委会(主要是千家寨、大湾塘2个自然村)有德昂族858人。

[③] 据2015年数据,保山市的德昂族主要聚居在隆阳区潞江镇芒颜村委会下属的那线、大沟边、大中寨3个自然村,有135户526人。此外,该镇石梯村白寨自然村是个纯德昂族聚居村,全村87户366人。

[④] 截至2016年10月有德昂族人口4351人(数据系三台山乡政府提供)。

瓜、勐丹、邦外、允欠)33个自然村36个村民小组，截至2015年，全乡有居民1740户7193人，包括德昂族、景颇族、汉族等民族。全乡德昂族聚居的村民小组共有21个，计1039户4351人，占全乡总人口的60.49%。据2015年统计数据，全乡农村经济总收入达1.23亿元，人均可支配收入为5002元。

（一）历史与传说

三台山乡所辖4个村委会36个村民小组中，历史尤为悠久的是出东瓜老寨、勐丹老寨、勐莫老寨、南虎老寨、冷水沟小组、邦外老寨、允欠老寨等。村寨历史相对翔实的有出东瓜老寨、南虎老寨、邦外老寨、允欠老寨。同时，多数村寨均有各自的古老传说，如出东瓜老寨的名称来源于古丝绸之路"马帮露宿地名"之说，邦外老寨的名称来源于"一怪抗"（人名）举石欲堵芒市河之说及勐丹老寨"王子井"、冷水沟小组"公主岭"、南虎老寨"七奶铓"、允欠老寨"残缺佛塔"等传说。

1. 龙阳崇拜传说

关于龙阳崇拜在德昂族中普遍流传着两个神话传说。

一个是滚思艾、妈勒嘎的传说。该传说影响面较广，讲述的是上古时期太阳父亲滚思艾将光芒遍照人间大地，使人间五谷丰登、吉祥如意；青龙母亲妈勒嘎普降甘霖，让人间风调雨顺、万物兴盛。从此，德昂族便把太阳称作父亲，把青龙称作母亲。

另一个传说是：古时德昂山寨每当遇到困难时，太阳和龙女都会适时降临，为德昂族群众解除困苦。太阳和龙女是天地的守护者，也是一对恩爱情侣。为救山寨里的德昂人，太阳和龙女与恶魔斗法并受重伤。太阳和龙女每天相伴为对方疗伤，当太阳浑身发热痛苦难当时，龙女就会从海底汲取大量海水，上天为太阳喷洒降温，以减轻太阳的痛苦，从而形成雨水。这种说法一直流传到现在，每当下雨时德昂族都一致认为那是龙女在给太阳疗伤。①

　　这两个传说都说德昂族源于太阳和青龙，是太阳和龙女的后代，而传统意义上龙也是整个中华民族的象征。实际上，在中国少数民族中，与龙和太阳有关的传说、节日与民俗举不胜举，各有特色（如贵州侗族的接龙和吃龙肉，湖南和贵州苗族的祭龙，云南河口瑶族的龙上天、红河哈尼族的祭龙王、兰坪普米族的祭龙，湖北土家族的晒龙袍等），但又都是建立在上古时期的龙能施云布雨从而降福祸于人间这一共同认识之上的，反映了中华民族文化多样性中的同一性和个性中的共性特征，由此体现了德昂族与其他民族之间早就存在文化上的渊源关系，德昂族是中华民族多元一体格局中的一元。

　　2. 茶的后代传说

　　德昂族被称为"古老的茶农"，马曜先生在《云南各族古代史略》中说："布朗族和崩龙族（德昂族）统称朴子族，善种木棉和茶树，今德宏、西双版纳山区还有一千多年的古老茶树，大概就是崩龙族（德昂族）和布朗族的先民种植的。"一首德昂族传唱不衰的民歌唱道："茶叶是德昂人命脉，有德昂人的地方就有山茶，有山茶的地方就有德昂人的故事。

◇三台山乡美丽的茶园　　　　◇三台山乡美丽的古茶树

---

①林庆、李旭：《德昂族龙阳崇拜文化与民族国家认同》，载《云南民族大学学报》（哲社版）2013年第9期。

神奇的古歌代代流传，德昂人的身上飘着茶叶的芳香。"这首民歌与德昂族迄今发掘、整理并出版的唯一一部创世史诗《达古达楞格莱标》①都讲述了一个共同的神话主题——"茶叶生人"。在《达古达楞格莱标》中，德昂族将茶叶视为祖先，说从天空中飘落人间的102片茶叶是德昂族的直系祖先，并详细描述了茶叶帮助人类战胜洪水的经过。

（二）历史沿革及行政区划

三台山乡是德昂族、景颇族、汉族等民族杂居的山区。德昂族是中国西南边陲最古老的原住民族之一②，学术界普遍认为，其源于古代的濮人。其先民起源于濮水流域，此后不断南迁，一度主要分布在长江以南今

◇ 允欠村委会

①由赵腊林唱译、陈志鹏记录整理，载于《山茶》1981年第2期。
②《潞西县德昂族社会历史调查》载："今天的三台山以红崩龙为多，分布于引（允）欠、邦外、南虎、勐丹、勐莫、马脖子、冷水沟。花崩龙分布于楚（出）冬瓜。黑崩龙仅茶叶箐有七十余户。崩龙族为境内（瑞丽）土著民族，至今勐休乡勐休寨有崩龙族神庙遗址，坎澜乡班养寨有崩龙族居住遗址。"

◇ 出东瓜村委会

◇ 勐丹村委会党组织活动室

◇ 邦外村委会

云南、贵州、四川一带，史书中称其为"百濮"（与"百越"有明确区别）。"百濮"的后裔分支很多，历代称呼各异，有"棘濮""朴子""朴子蛮""茫蛮""茫施蛮""闽濮""布朗""普蛮""蒲蛮""崩龙"等诸多不同称谓。如唐宋时期被称为"朴子""茫人"，到元明时期则被称为"金齿""蒲人"，清代史书称之为"崩龙"。顾炎武《天下郡国利病书》云："沿澜沧江居者号'普蛮'，亦曰'扑子蛮'。"方国瑜在《中国西南历史地理考释》一书中考证："蒲蛮，一名扑子蛮。""在景东、景谷、普洱、思茅、西双版纳、澜沧、耿马、临沧、镇康、云县、保山诸处居民，都有蒲蛮族，自称'布朗'……"现居住在临沧镇康、耿马等县的德昂族自称"尼昂""纳昂"，而居住在德宏的德昂族则自称"德昂"。"昂"为德昂族的自称，其意为"山岩""岩洞"，德昂族人认为自己的祖先是从岩洞中走出来的。据出东瓜村村民讲，他们的祖先龙女曾居住在该村山中的溶洞中。"德""尼""纳"是德昂族语言中表示尊称的附加语。

（三）人口与民族

据史料所载，南诏至元代，"金齿""茫蛮"主要聚居在今滇西南的保山、临沧、普洱、德宏、西双版纳及今缅甸掸邦高原、老挝北部等地区，越南西北部地区亦有分布。这些地区正是明清时期佤族、布朗族、德昂族等南亚语系孟高棉语族佤德语支的先民，即"朴子""蒲蛮"之类的"百濮"主要分布地区。德昂族口头流传，其自古以来就住在芒市河边，黑崩龙是芒市河两岸及三台山邦外一带的原住民。中国科学院民族所云南民族调查组20世纪50～80年代在滇西南对少数民族的社会历史调查资料也记载了这一说法：在历史上，佤崩民族曾统治过部分"白夷"（傣族先民），自元代后期傣族强盛，佤崩民族又沦为傣族土司的属民。①此外，各地傣族都传说："明代以前，本地崩龙族很多……陇川曾经有过'崩龙王'，住蛮蚌寨。芒市也有过崩龙土司，我们知道的茫施路的傣族土司从明代起才有，那么崩龙族土司也可能是元代的事。"②可见，德宏州元代以前是"蒲蛮"的天下，此后才是傣族土司的势力范围。历史上，德昂族因瘟疫、战争、边界变动等原因在明清时期发生过数次大规模的人口迁移和民族融合，使得目前德昂族成为跨境民族。

目前德宏州的德昂族以村寨为单位分布在三县两市，大杂居与小聚居并存，以芒市最为集中，共有德昂族0.99万人，占德昂族总人口的55%，主要分布在三台山乡、中山乡、遮放镇、五岔路乡、勐戛镇等5个乡镇。

全国差不多95%以上的德昂族村寨都是单一德昂族居住的，极少有其

---

① 《金平县三区普角乡芒人社会调查》［载《布朗族社会历史调查（一）》，云南人民出版社，1981年］记载：传说在300年前，黑崩龙住在芒市一带，那时人口也多。后来傣族从腾冲、保山迁来，因为当时没有官，于是从陇川接来了方姓傣族土司，那时崩龙族还有兵，主要保护官家，平时劳动，战时出征。当时的黑崩龙居住在小邦外、勐丹、勐戛、曼养、芒究、芒牙、拱别、引松、引赖、捆山、户帕、当量、拱卡、茶叶箐，直到芒市背后的芒龙山等地。后来因反抗傣族土司失败，有的迁到怒江以东，有的逃往缅甸。

② 《景颇族社会历史调查（三）》，云南人民出版社，1986年，第93页。

他民族混居或杂居其中。其人口分布总体呈面上分散、点上集中的态势，如三台山乡出东瓜自然村的一、二、三组就如此自成体系地生活在本民族的封闭区间里。据统计资料，2005年，三台山乡辖勐丹、出东瓜、允欠、邦外4个村委会31个村民小组，全乡共有1465户6413人，其中农业户1461户6364人，有劳动力4211人。德昂族有16个村民小组，共858户3794人，占全乡人口总数的59.2%；汉族有8个村民小组，共322户1474人，占全乡人口总数的23%；景颇族有7个村民小组，共2585户1145人，占全乡人口总数的17.8%。2007年末，全乡实有1692户6950人，其中农业人口共1535户6645人。德昂族有901户3984人，占全乡总人口的57.32%，其他的居民绝大部分是汉族和景颇族，分别有1667人和1256人。据2010年人口普查数据，三台山乡德昂族占本民族总人口的1/3强，辖勐丹、出东瓜、允欠、邦外4个村民委员会33个自然村36个村民小组，其中德昂族有21个村民小组。全乡总人口6895人，其中德昂族4090人，占全乡总人口的57%，占全国德昂族人口的23%。2011年末，全乡实有1691户6946人，其中德昂族1036户4107人，占全乡总人口的59%。2015年末，全乡实有1740户7193人，其中德昂族1039户4305人，占全乡总人口的60.1%，较2011年占比增加1.1%。从统计数据可以看出，三台山乡德昂族人口10年来增加了约500人。

（四）性别与年龄状况

2011年，全乡有劳动力4612人（女性劳动力年龄为16~55岁，男性劳动力年龄为16~55岁）；6~15岁年龄段在校学生942人；1392人为60岁（女性55岁）以上老年人及5岁以下幼童。

（五）人口流动与趋势

2011年，全乡常年外出务工劳动力408人，占劳动力总数的8.84%；2012年，全乡常年外出务工劳动力359人，占劳动力总数的8.1%；2013年，全乡常年外出务工劳动力629人，占劳动力总数的14.3%；2014年，全乡常年外出务工劳动力916人，占劳动力总数的19.7%；2015年，全乡常年外出务工劳动力1031人，占劳动力总数的23.75%。2011年至2012年劳动力输出略有下降，2013年至2015年逐年平稳增长。

（六）变迁轨迹及特点

自1999年开展"兴边富民行动"以来，到2004年，三台山乡经济总收入比1999年增加了683万元，增幅达81%；人均收入增长272元，增幅达60%。全乡近7000人口中的5000多名绝对贫困人口，已有4000多人基本解决了温饱。通过易地搬迁，全乡绝大多数农户基本解决了饮水困难，基本用上了电，且基本实现了广播电视"村村通"，不但建起了民族文化风情园，而且"水鼓舞"、《达古达楞格莱标》等还成功申报为国家级非物质文化遗产保护项目，各级政府还送来了免费的民族报刊和科普读物，德昂族的文化自信有了提升。农村新型合作医疗参合率高居全市之首，达到95%以上。经过努力，全乡农村经济总收入从2007年的2470万元，增长到了2012年的7878万元，增长219%，年均递增36.5%；农民纯收入从2007年的1474元，增长到了2012年的3578元，增长143%，年均递增24%。目前，甘蔗和生猪养殖是全乡两大支柱产业。2012年，全乡甘蔗面积20211亩，产量71301吨，产值2994.64万元；生猪存出栏10900头，畜牧业总产值1657万元，占全乡农村经济总收入的21%；新兴产业方面，2012年末有坚果2.6万亩，竹子1.8万亩，咖啡1.3万亩，茶叶0.72万亩，板栗0.18万亩；基础设施建设稳步推进，五年来，整合各类资金1.9亿元，建设新农村重点村、试点示范村12个，实施整村推进、"兴边富民"、上海对口帮扶等扶持项目568个，全乡发展的瓶颈进一步得到缓解。

二、经济建设

目前，三台山乡的经济模式仍然以第一产业种植业、养殖业为主，基本没有第二产业，第三产业发展也极少。在发展过程中，受区域环境限制，无法转换为较为先进的农业机械化发展模式，仍然以粗放型传统经济发展模式为主。

（一）兴边富民行动

三台山乡地理环境和社会环境较为闭塞，因山高谷深，交通、通信较差，与外界交往不便，长期依靠自然经济维持生存，加之缺乏对外交往的内生动力，故新中国成立时，大部分村寨中或多或少地保留着原始社会形态的残余（临沧镇康县的德昂族尤为明显），阶级分化尚不明显。出于弱小民族的自我保护意识，德昂族多不愿意与外界接触，甚至本民族不同支系之间也交往甚少，往往同支系聚居于同一村寨，习惯于集体生产、集体生活，以一家一户为单位的生产经营能力比较差，基本没有市场意识；实行家庭联产承包责任制后，尽管小家庭逐渐成为独立的生产经营单位，但长期存在的自给自足习惯使得许多德昂族群众适应能力很差，典型表现就是缺乏计划意识、自主意识、市场意识和竞争意识。人口少、自我封闭的结果是发展缓慢，相对周边其他民族显得势能不足，觉得自己落后，只能居住在山区。由于生存条件恶劣，山地多于水田，缺水严重，山坡土地贫瘠，结果是粮食收成少，所以德昂族大都靠种甘蔗、玉米、芭蕉为生，尽管也有少量的稻田，但是产量低，不够自己吃，要吃米就得另外花钱去买。与德昂族相比，傣族一般都居住在坝子中，那里地势比较平坦，有大量稻田耕种，站在山上远远望去，坝子里到处是长势茂盛的水稻。此外，傣族人口多，接触外面的社会更多些，眼界更开阔，许多人家都开了农家乐、傣味餐馆等，相比之下，傣族人家就要富裕一些。景颇族居住在半山上，虽然比起傣族的生活条件要差一些，但比起居住在更高山上的德昂族，他们的生存条

◇三台山乡"兴边富民示范村"邦外村村口

件还是要好一些。此外,德昂族由于长期不与外界接触,相对比较闭塞,作为"直过民族"(就是直接跨入社会主义社会,中间没有经历过奴隶社会和封建社会等社会形态),他们的思想、意识跟不上社会发展日新月异的脚步。不可否认,这是造成德昂族聚居区经济、社会发展长期以来比较落后的根源。一直以来,德昂族就住在高坡上,环境封闭,信息不灵,"交通靠走,通信靠吼",群众吃水基本靠人背马驮,恶劣的自然条件严重制约着当地经济和社会的发展。

据统计局提供的资料,1999年全潞西市有34个德昂族社,其人均纯收入仅为498元,农民人均占有粮食严重不足,仅有273公斤,与全市同期农民人均纯收入1053元和农民人均占有粮食382公斤相比,两项分别少555元、109公斤。三台山乡是全市德昂族最为集中的地区,全乡1999年有14

◇ 德昂族是较早掌握水稻种植的民族之一

个德昂族社,共735户3618人,当年人均纯收入仅为439元,低于全市德昂族社人均纯收入498元,人均占有粮食仅有230公斤,也低于全市德昂族社人均占有粮食273公斤。截至1999年末,全乡还有466户德昂族贫困户,贫困人口总数达2300人,贫困面相当大,占该乡德昂族总人口的63%。在基础设施方面,德昂族居住的地区也是严重落后,截至1999年,全潞西市34个德昂族社中只有16个开通了晴通雨阻的简易公路,30个社勉强通电,29个社没有解决饮水困难。更严重的是,医疗卫生条件极差,医护人员严重不足且技术落后,不仅乡卫生院动不了手术,甚至行政村都没有卫生室,群众得了小病无条件及时治疗,得了大病更是看不起,很多村寨普遍陷入"越病越穷,越穷越病"的恶性循环。三台山乡1997年到1998年间曾暴发过连续两年的疟疾病,据记载,当时有300多起病例,其中有1人死亡。

　　三台山乡德昂族长期以来主要从事山地农耕,其耕地以旱地为主,传统上采用刀耕火种的方式进行轮歇生产,由于严重缺水,所种植的旱谷和玉米可谓靠天吃饭,广种薄收。20世纪90年代初开始种植甘蔗,随着种植面积逐年增加,逐渐成为当地支柱产业,其收入也是德昂族农民主要的经济来源,依靠甘蔗种植,许多家庭摆脱了贫困。然而近年来蔗糖业不景气,糖厂经济状况恶化,甘蔗种植的经济效益有所降低,市场风险加大,已经不具有产业优势,德昂族家庭种植甘蔗的积极性受到打击。水稻种植在当前德昂族经济生活中占有重要位置,但是由于水田面积少,人均占有少于1亩,且多是雷响田,无法做到旱涝保收,因此许多家庭只能靠用卖甘蔗得来的钱买粮吃。不可否认,在耕作技术方面,不管是种水稻还是种甘蔗,与当地汉族和傣族相比,德昂族都要落后很多。由于田间管理跟不上,加上缺乏资金积累,致使农业生产投入严重不足,客观存在低投入低产出,其结果只能是维持简单的再生产以满足基本温饱,因而与周边其他民族村寨相比发展差距仍然很大。

　　1999年,中央民族工作会议出台了在万里边疆开展实施"兴边富民行动"的战略部署。云南省委、省政府根据实际情况适时响应中央精神，作出了进一步加强民族工作的决定，云南省民委在前期深入调查的基础上正式把三台山乡列为省级"兴边富民行动"示范乡，三台山乡迎来了千载难逢的发展机遇。2000年2月，由国家民委倡议发起的以"富民、兴边、强国、睦邻"为宗旨的"兴边富民行动"正式启动。在国家民委的大力支持下，在各级党委、政府的领导下，三台山乡积极整合、统筹各级各方面资金1500多万元，并协调组织人力、物力，全面扶持三台山示范乡实施以安居温饱、农业产业化、科技教育、文化扶贫为主的四项工程。通过实施"兴边富民行动"中的安居工程，每户得到3000元的补助，此后三台山乡的德昂族村寨进行了易地搬迁，长期饱受缺水困扰的德昂族群众离开了祖辈世代生活的高山，告别了以前熟悉的刀耕火种的生产生活方式。短短几年间，在各级政府和相关部门的帮助下，乡政府办公大楼、干部职工宿舍楼、中小学教学楼、群众安居房、文化活动室等崭新的大楼相继建成，以前的权权房、茅草房如今变成了卫生明亮的新瓦房，德昂族还拥有了本民族的国家级博物馆，一个具有现代气息且民族特色鲜明的新的德昂族乡正呈现在西南边疆。允欠村第三村民小组的发展正是三台山乡这一轮发展的一个缩影。

允欠村第三村民小组在"兴边富民行动"实施后进行了全村整体搬迁。在缺水问题解决后，乡党委、政府首先想到的是如何持续发展，如何避免返贫，他们意识到问题的关键在于改变德昂族千年不变的传统生产生活方式，因地制宜，实施产业结构调整的发展道路。为此，乡党委、政府抓住难得的机遇，充分利用"兴边富民行动"的专项扶持资金大力发展养殖业和种植业，投入15万元资金发展种植业，帮助村民建起一批香蕉、柑橘、板栗、杨梅、咖啡等经济林果基地；投入5万元资金发展养殖业，为村民免费提供优良仔猪。村民小组长赖腊算为村民带头做示范发展养猪业，仅这一项他家一年的收入就达5000多元。在他家的带动下，其他村民不甘人后，纷纷效仿，全村很快走上了林业—沼气—水果协调发展、多种经营的生态农业发展道路。为了让搬迁的群众尽快掌握新型实用技术，乡里在乡中学办起了农村新型实用技术培训班，向群众传授种、养殖和沼气等实用技术，并规定每个月乡领导至少两次带农业技术人员到寨子里去传授技术和帮助解决疑难问题。通过几年的发展，村民们的收入成倍增长，面貌发生了翻天覆地的变化。据统计，到2004年，三台山乡经济总收入比实施"兴边富民行动"前的1999年增加683万元，增幅达81%；人均收入增长了272元，增幅达60%；全乡近7000人口中的5000多名绝对贫困人口，已有4000多人基本解决温饱问题。在"兴边富民行动"政策支持下，三台山乡共有150多项基础设施建设项目实施：通过修建村寨道路，基本实现村村通路；通过落实安居工程，大部分农户从此告别杈杈房、茅草房，住上新瓦房；通过上马易地搬迁，绝大多数农户得以基本解决饮水困难问题，并用上了电；投资120万元资金建起的新农贸市场，使德昂族群众互通有无，商品、市场、竞争意识逐渐扎根，每个集市日的商品交易额都在创造纪录，很快从过去的不足3000元提高至3万元以上；过去没有见过或是不敢想的电视机、手机、摩托车、汽车也进入了山寨；从前因民族禁忌不养猪，全村只有3头猪的村寨，如今养起了300多头猪；以前连喝水都成问题的村民，如今用上了太阳能，天天可以洗热水澡，卫生意识得以加强。

（二）上海对口帮扶

2005年12月，上海市率先响应党中央、国务院提出的沿海发达地区对口帮扶人口较少民族发展的重大决策，成为全国第一个对口帮扶人口较少民族发展的城市，并在贯彻落实有关帮扶精神中，在全国率先帮扶云南德昂族。2005年12月，两省市党政领导签署了《上海—云南对口帮扶与经济社会合作"十一五"规划纲要》，云南省民委与上海市民宗委签订了《关于对口帮扶德昂族发展的合作协议》。沪滇帮扶合作提出了"4+1"的新模式，即在对口帮扶云南4个州市的基础上，增加帮扶1个德昂族。根据协议，上海在"十一五"期间援助2500万元发展资金，整体帮扶云南德昂族，在整村推进帮扶的80个德昂族自然村中，德宏州共有55个自然村列入上海对口帮扶范围。据统计，截至2010年，投入对口帮扶资金共计5960.008万元，其中仅上海市投入资金就达2526.908万元，同时云南省民委投入配套资金共计1549.5万元，此外还投入县级整合资金达217.9万元，当地群众也积极配合，纷纷投工投劳，折算资金达1665.7万元。这些资金主要用于解决德昂族群众迫切需要的基本生产、基本生活、基本教育、基本医疗实施以及村内道路建设、饮水、电力、安居工程、农村能源、农田水利整治、种植、养殖、文教、科技培训等422个项目。项目的实施，基本解决了德昂族群众吃水难、行路难、上学难、看病难、用电难等基本生活困难，生活水平发生了质的飞跃，使全乡经济和社会等各项事业取得了前所未有的较大突破，农民生产和生活条件的改善更是出现了翻天覆地的变化。在这样的背景下，三台山乡处处都是新道路、新房子、新家园和新生活，每一个村民的脸上都露出幸福的喜悦。

沪滇帮扶合作的易地扶贫搬迁工程，按照自愿搬迁、就近安置和"三靠近、两集中、一保护"原则，用较低的扶贫成本，极大地改善了德昂族搬迁群众的生存、生产、生活条件，并通过培育和壮大搬迁安置村寨的养殖、种植等后续产业，增强造血功能，为搬迁群众创造一个长远、持续发展的经济平台，确保为搬迁群众解决后顾之忧，达到"搬得出、稳得住、能致富"的基本目标。经过整体帮扶，三台山乡德昂族村寨的生产、生活基础设施得到显著改善。据乡政府统计，实施上海对口帮扶五年间，全乡共硬化75.2千米村内道路，架设4.5千米输电线路，新建1050口沼气池及相关配套圈厕，架设69.15千米饮水管道，建20个蓄水池，建18.3千米水利沟渠，新建41间文化活动室，建盖安居房606户。通过实施这些项目，受帮扶村寨村容村貌大有改观，许多德昂族群众告别了以前又黑又暗又矮又脏又乱且人畜混居的权权房、茅草房，村容村貌、卫生状况有了根本改善，基

◇通往赵腊退家的"村村通"硬化路面

本告别了千百年来"晴天一身灰,雨天一身泥"的山间土路,基本实现了道路弹石化、住房瓦房化、能源沼气化、通信现代化,不少家庭拥有了电视、冰箱等电器。另外,在上海市结对帮扶下,富起来的德昂族还新建了具有本民族特色的100平方米的综合文化活动室及350平方米的文化广场。

2002年初,乡党委、政府经过认真调研和反复论证,在仅有5万元经费的情况下,把乡政府和学校搬迁到交通便利的320国道边。同时,结合"兴边富民行动"的实施,在国家扶贫项目和国家民委的扶持下,各级党委、政府积极协调,整合各方面资金共计1500多万元,把群众从严重缺水、丧失基本生存条件的高山上陆续搬迁下来,全面扶持三台山示范乡实施以安居温饱、农业产业化、科技教育、文化扶贫为主的四项扶持工程。2002年3月到2004年底,允欠村和其他6个村寨的300多户1000多人先后从山上搬迁下来,住进了新居。到2003年末,实施安居工程为每户补助了3000元,建设沼气每户补助了2000元。短短几年间就建起了乡政府办公大楼、中小学教学楼、干部职工宿舍楼、群众安居房,茅草房、杈杈房变成了一排排青砖白瓦的新房,但人口素质的整体不高仍困扰着德昂族。

由于三台山乡属于"直过区",各方面发展相对滞后,进入新世纪后,尽管各级政府对其发展给予了大力支持及政策倾斜,但发展依然缓慢。据乡镇府提供数据,2005年全乡农村经济收入为1593.19万元,人均收入为2503元;全乡农民所得总收入为579.54万元,人均纯收入911元;粮食总产量为2288吨,人均占有口粮仅304公斤。2007年以后,随着"兴边富民"、上海对口帮扶等扶持项目的推进,全乡发展的瓶颈制约有所缓解,经济发展的产业基础进一步夯实。

(三)产业结构调整

通过"兴边富民"、上海对口帮扶、精准扶贫等扶持,三台山乡项目村的村容村貌有了较大改观,随着群众收入的增加,德昂族发展生产、脱贫致富的呼声日趋强烈,"等靠要"的惰性思维有所扭转,主动寻求发展的积极性空前高涨,全乡产业结构调整和支柱产业培育也粗具雏形,德昂族的传统生产方式发生了根本性转变。德昂族千百年来基本依靠农业和种茶为生,主要从事山地农耕,耕地以旱地为主(人均旱地面积5.2亩),因生存条件等原因所致,传统上采用刀耕火种轮歇的方式使用土地种植旱谷和玉米,基本靠天吃饭,广种薄收。20世纪90年代初德昂族开始种植甘蔗,随着种植面积逐年增加,甘蔗种植成为各个村寨的支柱产业,也是当地农民最主要的经济来源,依靠甘蔗种植,许多家庭摆脱了贫困。然而,近年来随着蔗糖业的不景气,甘蔗种植已不再具有产业优势,逐渐被水稻种植所取代,但是由于德昂族群众大多人均占有水田面积少(0.7亩),加之严重缺水、收成低,在耕作技术方面也落后于周边其他民族,甚至连维持简单再生产以求温饱的起码水平都达不到,因而与当地其他民族相比发展差距仍然很大。

长期以来三台山乡的资源优势难以发挥,缺少培育新产业的资金和技

◇三台山乡产业结构调整见成效

术。尽管这里土地资源比较丰富，但人均旱地面积多、水田面积少的客观条件无法改变；尽管三台山乡森林覆盖率高达50.4%，然而森林面积中的大部分属于很少有经济价值的灌木林。基于这种状况，三台山乡的产业结构调整势在必行。尽管完全可以因地制宜，利用好当地优越的亚热带气候条件把灌木林更新、改造为经济林木，如咖啡、澳洲坚果、芭蕉、茶树、银练树等，但是受制于生产力水平不高、人口文化素质低、经济基础薄弱，德昂族群众根本没有办法单纯依靠自身力量扭转不利条件，培育新的优势产业和支柱产业，更多的家庭只有靠大量廉价出租土地以换取微薄的租金维持生活，或通过替土地承包经营者打工换取低廉的劳动力报酬营生。据调查，在广大德昂族村寨，2005年以前，前述这两种维持生存方式的情形普遍存在，尤其以出租土地现象为甚，个别村寨的群众甚至把大部分土地出租给别人办养殖场、茶场或种植热带作物，而全寨人却搬迁到出租场区周边简陋的房屋中居住，尽管如此，他们的生活状况也没有根本好转，直到上海对口帮扶等扶持项目实施，德昂族群众才意识到也才有能力扭转自身的贫困局面。

上海对口帮扶等扶持项目采取重点扶持农户养殖优良能繁母猪脱贫，这本是利用帮扶资金的一种有效形式，德昂族群众通过养猪实现了收益，但也有人目光短浅把仔猪送给他人。在上帮村民小组，扶持项目主要有以下几种：重点扶持农户发展香蕉种植产业；扶持33家农户种植经济林果，发展庭院经济；修建村文化活动室，丰富民众业余生活；扶持农户发展母猪养殖40头；建盖沼气池40口，群众用上了环保、节能的沼气燃灶，使每个农户对木材的消耗由原来的7立方米减少到3立方米，基本解决了能源消耗问题；架设输电线路；新修环村弹石路面；接通自来水管并直接引进各家灶房。通过帮扶，如今的德昂族村寨满山是经济果林，到处是新修的弹石路，村村可见果树环绕的庭院，家家是宽敞明亮的有德昂族特色的砖瓦房。

产业结构的合理调整，为实现农民倍增计划既定目标奠定了坚实的基础。经过努力，全乡农村经济总收入从2007年的2470万元增长到2012年的7878万元，增长219%，年递增36.5%；农民纯收入从2007年的1474元增长到2012年的3578元，增长143%，年递增24%。2012年全乡实有耕地40272亩，人均5.79亩，是全市人均占有量的2.5倍；林业用地13.7万亩，人均20亩，是全市人均占有量的3倍。乡政府充分依靠土地资源丰富的特点，大力支持甘蔗和生猪养殖业，目前甘蔗和生猪养殖已成为全乡两大支柱产业。2012年，全乡甘蔗面积20211亩，产量71301吨，产值2994.64万元；生猪存出栏10900头，畜牧业总产值1657万元，占全乡农村经济总收入的21%。新兴产业方面，2012年末全乡已发展坚果2.9万亩，人均4.18亩；咖啡1.3万亩，人均1.9亩；竹子1.8万亩；茶叶0.72万亩；板栗0.18万亩。基础设施建设稳步推进，自2007年以后的五年来，整合各类资金1.9亿元，建设新农村重点村、试点示范村12个，实施整村推进、"兴边富民"、上海对口帮扶等扶持项目568个,全乡发展的瓶颈制约进一步得到缓解。现在,三台山乡的村民靠种植甘蔗、茶叶、咖啡及澳洲坚果等经济林果走上了致富路。为加速搞好全乡的发展,三台山乡党委、政府如今已明确了今后全乡经济社会发展的思路:通过发展"民族文化、土地资源、区位环境"三大地域优势,因地制宜,紧紧围绕"粮食稳乡,旅游文化活乡,蔗、茶、畜富乡,林业强乡"的发展思路,认真落实"科技教育、非公经济、美好家园"三大发展战略,积极打造"绿色食品、民族文化"两大品牌,做大做强"林业、甘蔗、茶叶、畜牧、旅游"五大支柱产业。由此,三台山乡产业结构调整走上了良性、协调、特色发展的正轨。

(四)农作物的种植

大春生产和冬季农业生产情况。具体情况是:农作物总播种面积由2010年的20120亩增加到2015年的26017亩,增长29.3%。其中,粮豆面积由2010年的17578亩增加到2015年的22560亩,增长28.3%;平均单产由219公斤增加到225公斤,增长2.7%;总产由3852吨增加到5071吨,增长31.6%。小春粮豆面积由1714亩减少到1650亩,减少3.7%;大春粮豆面积由15864亩增加到20910亩,增长31.8%。粮食作物情况是:稻谷由3953亩减少到2500亩,平均单产由350公斤增加到380公斤;玉米由9900亩增加到16500亩,单产由213公斤增加到380公斤;豆类由908亩增加到910亩,平均单产由60公斤增加到90公斤。油料作物由1527亩增加到1710亩,增长12%;平均单产由66公斤增加到94公斤,增长42.4%。蔬菜由1015亩增加到1467亩,增长44.5%;平均单产由434公斤增加到453公斤,增长4.4%。

甘蔗种植情况。甘蔗面积由2010年的21383亩减少到2015年的15190亩,减少29%;总产量由70876吨增加到86179吨,增长21.6%;平均单产由3.3吨增加到5.7吨,增长72.7%。

茶叶种植情况。茶叶面积由2010年的6840亩增加到2015年的6517亩,减少4.7%,其中投产面积由3100亩增加到6517亩;总产由207吨增加到450

吨，增长117.4%。

（五）农业科技的推广

农业科技推广方面，目前三台山乡的做法，一是在抓好常规技术推广的同时，重点抓好农民实用技术培训工作和新品种、新技术试验、示范工作，召开各种现场技术培训会548场次，培训14954人次。新品种有宜香3003、宜香9号、德优12、德优16、海禾30、雅玉889、北玉16、辽单527、迪卡2号等；新技术有水稻有害生物绿色防控技术、水稻精确定量栽培技术、水稻旱育稀植技术推广、玉米高产种植技术、薇甘菊防控技术、测土配方施肥技术。二是引进茶叶新品种云抗十号、雪芽100和采用茶叶扦插苗种植以及老茶园嫁接换种技术，使群众对种植茶叶有了新的认识。三是大力引进和推广甘蔗优新良种粤糖60号、粤糖86／368、德蔗03／83等品种，并认真观察记载引进品种的各种表现情况，对解决甘蔗品种多、乱、杂的情况有很大作用。四是做好甘蔗新型农药"阿克泰""锐胜""康宽"和甘蔗全膜覆盖技术、光热降解地膜以及除草地膜的试验、示范、推广工作，其间培训农民8895人次，累计推广示范面积40354亩，平均亩产由3.3吨增加到5.7吨，增长72.7%，每亩增加产值850元。此项技术的推广应用使全乡甘蔗产值累计增加7200万元，人均增收2057元。

（六）生产方式的变迁

据乡政府统计，实施上海对口帮扶五年间，共扶持德昂族发展茶叶、澳洲坚果、橡胶、八角、竹子等各类经济作物11693亩，扶持德昂族农户近300户发展庭院经济，扶持农户养殖猪、黄牛及家畜18597头。通过项目实施，调整了三台山乡单一的产业结构，基本培育了相对稳定的新型支柱产业，发展成果让德昂族群众增强了信心，提高了商品经济意识、市场竞争意识，拓宽了家庭经济收入渠道。更让人欢欣鼓舞的是，据统计，全德宏州55个德昂族自然村群众的人均纯收入在短短五年间已由2005年的784元增长到2010年2259元，德昂族群众的生产、生活状况可以说得到了跨越式的发展。2006~2008年，对口扶持的28个德昂族村的经济作物种植面积由2005年的4035亩增长到2009年的9447.5亩，大牲畜存出栏由2005年的1900头增长到2009年的3631头，生猪存出栏由2005年的5134头增长到2009年的7359头，农民人均纯收入从2005年的987元增加到2009年的1880元，人均口粮从2005年的356公斤增加到2009年的480公斤，实现了生产发展、群众增收、生活逐步改善的目标。

在帮助三台山乡大力发展基础设施的同时，上海市尤其注重提高村寨的可持续发展能力，增强自我发展的造血功能，着力在德昂族的自我发展能力上下功夫。他们在设置帮扶项目时，尽量根据每个村寨的特点和产业优势，为其找到产业持续发展的发力点，让他们明白本村的村情，学会"用自己的脚走路"，各村不求"一刀切"整齐划一的发展思路，有的村适宜发展茶叶并套种澳洲坚果，有的村则更适合发展香蕉、芭蕉、波罗蜜等庭院经济，有的村则应当重点发展养殖业等。经过帮扶，三台山乡已达到了"四通五有三达标"的标准，即通路、通电、通广播电视、通电话；有卫生室、文化室、安居房、人畜饮水和稳定解决温饱的基本农田及经济林地；村委会农民人均粮食占有量达到300公斤以上，村委会农民人均纯收入达到云南省农村低收入标准以上，未解决温饱人口占全村人口的5%以下。通过实施帮扶项目，三台山乡广大德昂族群众在参与项目建设活动中既开阔了视野、获取了养殖种植知识，又获得了可观的收益；既从中学会了自我管理、自我组织、自我服务、自我发展的能力，又使"等靠要"的惰性思想有了根本性扭转，家家户户思发展、谋发展、抓机遇、促发展的意识得到明显提升和增强。

当前，乡党委、政府以"科学发展、富民强乡"为目标，以加快转变经济发展方式为主线，进一步审视自身特点、完善发展思路、创新工作举措，稳固提升粮、茶、蔗、畜等传统产业，着力调整产业结构，强势推进以坚果、咖啡为主体的生物特色产业开发，加大新兴支柱产业的培育和发展。针对帮扶项目区德昂族群众种植茶叶技术差的实际，乡政府依靠市农业局茶叶技术推广站，多次派出技术人员召开培训会或驻村三个月，手把手教当地群众茶梯开挖、茶苗定植、中耕除草、农药化肥施用，提高村寨的可持续发展能力和德昂族的自我发展能力。乡党委、政府在"十二五"期间大力推广坚果套种咖啡的种植模式，妥善解决产业争地问题，按发展坚果5万亩，人均7亩，发展咖啡3万亩，人均4.3亩的面积计算，到盛果期年两项产业总产值可达3.4亿元，人均产业年产值可达4.89万元以上，使特色产业真正成为推动全乡经济发展的支柱产业。通过强化管理，使其到盛果期，坚果亩产值达5000元以上，咖啡亩产值达3000元以上，年总产值可达1.8亿元以上，全乡总体人均年产值达2.64万元以上。

（七）经济收入与消费

1. 经济收入

近年来，三台山乡农村经济收入逐年增长，农民人均可支配收入逐年增加，2015年末全乡实现人均可支配收入5007元，经济收入方式随着社会进步在逐渐转变，现主要经济收入来源为：一是家庭农业生产经营收入。以种植、养殖业为主，主要种植水稻、玉米、甘蔗、茶叶以及咖啡、澳洲坚果等特色经济林木；近年来养殖业发展迅速，主要以发展生猪养殖及肉牛养殖为主，是目前全乡农村家庭经营性收入的基本部分。二是外出务工收入。近年来，三台山乡外出务工人员逐年增长，大量劳动力的外出务工，也成为全乡经济收入的重要来源。三是其他各种收入。近年来，随着龙瑞高速、大瑞铁路等国家项目和芒瑞大道、清塘河水库、芒里水库等地方性项目的实施，部分农户从中得到了征地补偿款等收入，以及其他各种财产投资性收入、政府财政或支农政策的转移性收入、租赁变卖财产收入、亲友赠送等各种收入。

2. 消费方式

近年来，随着经济收入水平的不断提升，农村的消费方式也在发生转变：一是农户耐用消费品拥有量稳步提高。随着家电下乡、汽车摩托车下乡补贴等各种惠农政策在德昂族聚居地区的贯彻落实，近年来，以家用电器、交通工具、通信等为代表的消费在农村市场增长较快，年均增长16%以上。洗衣机、空调、电冰箱、彩电等家用电器在德昂族村寨中已基本普及，移动电话也成为农民与外界联系的重要通信工具，通信靠吼的历史已不复返，摩托车、汽车等高档消费品也逐步进入德昂族村寨。二是生活消费支出增幅较大。蛋、奶、肉、菜等在农民饮食结构中的比例大幅增加，农村居民食品消费开始注重结构调整，注重讲究营养；衣着消费支出大幅增长，农民衣着更加注重舒适、漂亮、时尚。三是住房消费已成为德昂族消费的首要选择。德昂族村寨生活水平提高最直观、最明显的一大变化就是住房条件的改善。以前遍目可见的杈杈房、茅草房，现在已很少见到，大部分村民如今已住上了有德昂族孔明帽特色的砖混结构或空心砖结构的瓦房，少数富裕点的家庭住房已向别墅式发展。随着经济状况的好转，大部分新盖的房子都做了不同程度的翻新和装修，尤其值得一提的是，近年来，少部分相对富裕的村民在拥有一套农村住房的同时，还在城镇里购买了商品房。四是教育支出成为农村消费热点。教育支出在德昂族群众消费总支出中所占的比例逐渐加大，这已成为其消费结构变化的一个新亮点。五是婚丧嫁娶仍是农村家庭重大消费之一。随着城市婚庆礼仪档次的提高，农村的婚庆也随之提高，带动了婚嫁摄影、黄金首饰、家居的消费。

（八）精准扶贫

2015年来，结合重点产业发展，三台山乡积极开展扶贫攻坚工作，"挂包帮""转走访"活动、"3亿元基层党员带领群众创业致富贷款"、"技能扶贫"等扶贫工作的推进取得了不错的成绩：开展各种技能培训70期，培训人数3610人次；到友邻乡镇考察学习坚果种植、冬农种植、肉牛养殖等先进经验3次；努力培养种植业、养殖业、运输业、建筑业、销售类等致富能手550人。

1. 住房得到保障

通过整合资金，给予建档立卡贫困户"补4贷6"的建房补助标准，建盖人均住房面积不超过25平方米的稳固住房。全乡已列入易地扶贫搬迁三年行动计划的有11户，需要在原址重建的有74户。

2. 就学得到保障

全力保障贫困家庭学生不因贫辍学。全乡有22个教学班，在校学生845人，适龄儿童、初中毛入学率均为100%。建档立卡贫困户在校学生77人，其中学前教育12人，小学36人，初中15人，普通高中8人，职业中学5人，大学1人。

3. 医疗得到保障

全乡建档立卡贫困户家庭成员100%参加新农合，个人缴费部分由财政全额补助，并取消在市、乡级新农合定点医疗机构住院的起付线，按90%比例进行报销补偿，同时年度住院补偿封顶线提高至15万元。全乡有1个乡级卫生院，设4个村卫生室，有村医6人。乡卫生院和村卫生室100%配备和使用国家基本药物，并执行零差率销售。

◇ 乡卫生院大门

4. 社会养老得到保障

保证符合条件的建档立卡贫困户家庭成员100%参加

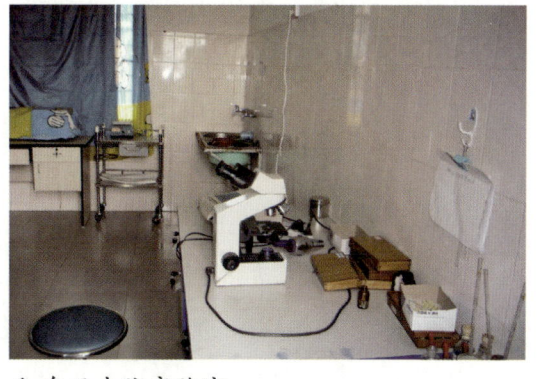
◇ 乡卫生院实验室

农村养老保险，由市财政按每人每年100元的最低标准全额补贴。

5. 最低生活得到保障

2016年减量提标后，全乡享受最低生活保障的人数为1140人，建档立卡贫困户中有69户163人享受最低生活保障。

6. 保障享受帮扶政策

保证建档立卡贫困户享受到易地搬迁、危房改造、产业扶持、就业培训、生态扶持等一种或者多种扶持政策，实现扶贫政策、项目、资金对建档立卡贫困户的100%全覆盖。

通过开展脱贫攻坚工作，全乡贫困户现状得到较大改善，贫困村、贫困户实现"不愁吃、不愁穿"，目前正稳步推进"就学有保障、住房有保障、医疗有保障"。

三、政治建设

（一）现当代村寨变迁

新中国成立前，德昂族地方的村社政治形态多样。其一，同其他边疆民族地区普遍存在的政治形态一样，历史形成的土司制度在德昂族聚居区保留得较为完整，土司、头人成为村社中的政治权威。其二，在许多德昂族村寨还保留着作为原始社会传统部落权威、部落政治延续的村社政治形态，并依靠老年头、青年头等社会组织维持社会稳定。

20世纪50年代后，还处于前资本主义各个不同发展阶段的德昂族社会组织、社会形态发生了历史性的跨越，通过民主改革和社会主义改造进入社会主义社会。从历史的纵向上来看，经历了从原始公社残余、奴隶社会、封建农奴制、资本主义萌芽到社会主义社会的飞跃发展；从共时的横向上来看，各少数民族的社会结构呈现出多元化和不平衡性的共生共存。而始于20世纪70年代末的农村改革，使各民族地区真正开始迈向了现代化，随之出现的是外来主流文化与少数民族传统文化的交流与融合，民族地区乡村熟人社会向工业社会、依靠乡规民约习惯法约束的礼俗社会向依靠法理法规治理的法治社会的转型，这些变化必然引发少数民族传统社会结构撕裂，其产生的心理冲击以及如何调适等问题，无疑会对少数民族传统社会的现代化转向发生深刻而持久的影响。

（二）村寨党组织建设和村务管理

三台山乡现有基层党委1个，行政村党总支4个，党支部39个，其中机关党支部4个，农村党支部35个。党员442名，其中预备党员11名。近几年来全乡在党组织建设方面不断探索、稳中求进，取得了一定成效。

1. 村党组织的优化设置

三台山乡行政村党组织分别于2011年、2012年由村党支部升格为村党总支，并且村党小组也根据要求分别升格为村党支部。此次升格变迁，进一步优化设置了党总支部和下属党支部，农村党员集中难、活动开展难等问题得到有效解决。同时，各村党组织的凝聚力和战斗力也得到进一步增强。

2. 发挥村党组织阵地作用

自村党小组升格为村党支部后，新成立村小组党支部2个，村小组党支部数达到35个（其中冷水沟、帮囊为联合党支部），实现了党组织的全覆盖。党组织的全覆盖为全乡正常开展"三会一课"提供了保障，也为全面

◇ 七一建党节纪念活动

落实"四议两公开"工作法提供了平台。

3. 配齐党员活动室

经过多年努力，全乡36个村民小组均按标准完成党员活动室的建盖工作，为实现"十位一体"建设提供了保障。

4. 搭建为民服务综合平台

自使用为民服务综合平台以来，以强化实地培训、面对面培训、综合培训等形式筑牢基础；以一带一、一带多等形式扩大队伍，让多数村干部能熟练操作平台；以电话、网络、文件等形式通报平台运行情况，督促平台建设，通过多种方式相结合，使全乡党建平台充分发挥了为民服务的功能。

5. 切实抓好"红色信贷"

自实施"红色信贷"党员带领群众创业致富贷款项目以来，积极鼓励党员通过相关贷款项目，通过先富带后富、先富帮后富等形式，不断提升党员带领群众创业致富的能力。特别是2015年实施的"红牛"贷款项目，通过广泛宣传、全面培训、强化督查、及时整治等方式，让肉牛养殖工作健康快速发展。

◇ "红色信贷"工作情况公开栏

6. 推进"互联网+电商"的发展

为响应中央、省、州、市政府的"互联网+"战略，三台山乡在全市范围内率先进行了"互联网+电商"的尝试。通过第一步"买"，让群众逐渐适应网络平台购物的便利及实惠，到第二步"卖"，逐步将当地的优质产品"上网"，为群众拓宽销售渠道。

（三）村民自治

自《中华人民共和国村民委员会组织法》实施以来，三台山乡严格遵照实施，以"四个民主"为依托，全面推进村民自治进程。

1. 推进村级民主选举干部

按照宪法、村委会组织法和村委会选举办法等相关法律法规，由村民选举或罢免村委会干部。根据三台山乡实际情况，本着公平、公正、公开的原则，把思想好、作风正、有文化、有本领、真心愿意为群众办事的人选进村委会班子，将德昂族、景颇族、汉族干部按照村社民族结构进行选举。2016年换届选举，4个村委会选举产生村委会主任4名、副主任4名和委员12名，任期3年。本次选举各村均选出了一个群众信赖且能够带领群众致富奔小康的村委会领导班子。

2. 推进村级民主决策权交给村民

为了提高科学决策水平，凡涉及村民利益的重要事项，村委会都会结合实际，执行"四议两公开"工作法、"一事一议"工作法，将村内大事都摆出来，让群众广泛参与其中，按多数人的意见作出决定，进一步体现群众的民主决策权。

3. 推进村级民主管理日常村务

依据国家的法律法规和党的方针政策，结合本地实际情况，三台山乡各村小组均在全体村民集体参与讨论下制定村规民约，明确规定村民权利和义务，村级各类组织间的关系、工作职责、工作程序以及开展经济管理、社会治安、村风民俗、计划生育等方面的具体要求，提高村民自我管理、自我教育、自我服务的能力。

4. 推进村级民主监督

通过村务公开、政务公开、财务公开这"三公开"和民主评议党员、成立村务监督委员会、每个村小组设监督员等形式，由村民监督村中重大事务进展、财务收支、村委会工作态度和村干部行为作风。民主监督的重点是村务公开,所有属于村里的重大事项以及广大村民普遍关心关注的问题,都向村民公开,接受群众监督。

(四)政治参与

由于受地处偏远、交通信息闭塞、社会发育程度低等历史和自然原因影响,三台山乡的经济和社会发展总体水平长期以来相对落后,各村寨普遍存在社会发育程度低、基础设施建设严重滞后、生产生活条件差、生产力水平低下、劳动者技能低、卫生习惯欠缺、思想观念保守陈旧、开放竞争市场意识淡薄、贫困面大、贫困程度深等问题。而这些问题的产生更深层的原因是人口素质低,由此导致德昂族干部数量少、政治参与度低。

受教育程度低不仅是制约三台山乡经济发展的重要因素,更是导致德昂族干部数量少、政治参与度低的主要原因。据统计,2005年末全德宏州有德昂族干部79人,其中处级干部3人、科级干部29人、事业干部17人。2005年德宏全州干部总数为26652人,其中少数民族干部有9082人,占全州干部总数的34%,然而德昂族干部仅有79人,只占全州干部总数的0.3%。此外,全州556名处级干部中,少数民族有244人,占处级干部总数的43.9%,其中德昂族有3人,占处级干部总数的0.5%。以上德昂族干部总数和所占比例,与德昂族总人口占全州总人口的比例均有很大差距(2010年德宏州有德昂族14436人,占德宏州总人口的1.19%;2005年的人口占比与2010年的占比接近)。

尽管如此,应该肯定的是,自人民代表大会制度恢复以来,德昂族干部在各级人民代表大会中均有本民族的代表,民族立法与参政议政工作取得重要进展,历届各级人民代表大会和政协中都安排推选了德昂族优秀代表参加。云南也加大了对德昂族干部的培养力度,大多数行业都有了德昂族干部、技师、医生和大学生,各级党委、政府也吸收了一批德昂族干部参与机关事务。优秀的德昂族同胞以饱满的热情投身社会主义各项事业中,其中有一位同志成为地厅级干部,10余位同志担任县级领导干部,40

余人分别担任乡科级领导干部,上百名德昂族干部与其他民族干部一样辛勤工作在各个岗位,为社会主义各项事业贡献自己的一分力量。

(五)社会保障

2003年10月31日,省政府确定三台山乡列入省第二批特困少数民族乡,当年投入省扶资金100万元。2004年4月14日,省扶贫办、省民委、省财政厅联合发文,安排三台山特困乡(第二批)2004年度扶贫资金100万元。2010年共发放救济大米9000千克,自然灾害救济款75000元,小乡干部定期补助款13224元,优抚款3500元,老退伍军人补助款5506元,下拨救灾衣服40袋,参加农村合作医疗6866人,"五保户"3人。近年来,三台山乡社会保障体系逐步完善,低保、医疗保险、农村养老保险等制度得到有效落实,社会救助体系进一步得到完善,弱势群体生活得到进一步保障。据统计,2014年全乡共有贫困户128户1105人,特困户98户465人,"五保户"3户3人,残疾户145户159人。2014年享受农村最低生活保障445人,发放补助金90480元;农村社会养老保险参保52人,参保金额16980元,其中新增19人,共计5080元;农村合作参合户数及人数再创新高,全乡以户为单位参合率为100%。

近年来,三台山乡认真按照劳动保障工作职责开展工作,加大劳动执法力度,切实维护劳动者的合法权益;加大农村劳动力输出力度,多渠道增加农民收入,乡内两个矿山企业就业人员常年保持在60人以上;体系不断加强,"十二五"期间,新型农村合作医疗参合率均稳定在98%以上,累计发放农村最低生活保障各项款项1115.524万元,累计办理城乡居民社会养老保险

◇ 乡政府脱贫攻坚进度示意图

18351人次；深入推进妇幼健康计划，婴儿及孕产妇达到零死亡率；人口出生率、自然增长率控制在17.5‰和12.5‰以内。

四、文化建设

（一）公共文化基础设施

2005年，全州德昂族聚居区仅有乡级文化站1个，文化活动设施条件较差。有卫生院1所、病床12床、医护人员9人，村卫生室3个、村医3人，每个村卫生室一般只有1~2个病床，乡村医生普遍使用的医疗设备仍是体温计、听诊器、血压计等。实施上海对口帮扶五年来，利用"上海市对口帮扶德昂族农村人才培训学校""上海市对口帮扶德昂族青年就业培训基地"开展农村实用技术和德昂族青年就业技能培训，共有13484人次参加培训。此外，购置多媒体教学设备开展远程教育，开展教师、医务技术骨干培训29期1112人次；帮助三台山乡卫生院配置一批价值22万元的医疗设备；接收、安排5名志愿者开展支教支医工作；培养15名德昂族珠宝玉石加工人才和42名三年制中专班学员；两省市携手共建中国德昂族博物馆，建盖和维修学校校舍。这些对口帮扶工作针对性较强，有力地促进了德昂族聚居区的文化、教育、卫生等各项事业的发展。

近年来，为更好地满足农村群众日益增长的物质文化需求，发挥好"文化乐民、文化育民、文化富民"的积极作用，促进农村精神文明建设发展和经济发展，三台山乡不断加强公共文化基础设施建设，把发展公益性文化事业摆上重要位置，加大投入，完善相关政策，健全设施网络，拓宽服务渠道，加快构建面向广大群众的公共文化服务体系，让人民群众共享文化领域改革发展的成果，为推进全乡经济社会文化协调发展发挥了应有的作用。三台山乡文化广播电视服务中心目前没有专门站所建筑及文化广场，文化中心将办公室、图书室、电子阅览室、电教培训室、农文网培训中心、老年体协等机构暂时设在中国德昂族博物馆副馆开展日常工作。

◇ 新南虎等村的文化活动室

目前,图书室共藏书2000多册;电子阅览室设有文化信息共享工程设施,共有11台电脑;有民间艺术团队3支(邦外拱别景颇乐队、允欠二组景颇乐队、出东瓜村水鼓舞队);有4个村级文化活动室,26个组级文化活动室。目前,文化广播电视服务中心在编人员有7人,实际在岗4人。

(二)民族传统文化遗产保护①

德昂族历史文化资源丰富,积淀很厚重,其语言、以藤篾腰箍为代表的民族服饰、以创世古歌为代表的口碑文化、以丁琴和水鼓舞为代表的音乐舞蹈、孔明帽建筑、龙阳祭拜仪式、祭谷神、树神信仰、民族医药认知智慧、尊老尚德的民风民俗等都非常具有民族特色。然而,由于长期发展滞后,加之人口较少,文化势能弱,缺乏民族文化自信,故民族传统文化的传承面临严重问题。随着交通的改善、网络电视等的普及,面对当代社会变革和外来文化引发的强烈冲击,德昂族传统文化的传承和保护难度日愈加大。

1. 三台山乡德昂族的传统文化遗产

三台山乡自然环境优美,村寨翠竹环抱,茶叶飘香。附近山上既有茶山,又有香蕉园、咖啡林,每个村寨都有佛寺和被人崇拜的神树,更有形似"孔明帽"的民居建筑。独特的自然景观与人文景观基本保持传统风貌,

◇ 省级非遗文化传承人李腊拽

---

① 该部分内容调查人员林庆和李旭曾撰文发表过,现根据最新调查资料进行改动。参见林庆、李旭:《德昂族龙阳崇拜文化与民族国家认同》,载《云南民族大学学报》(哲学社会科学版)2013年第5期;李旭:《德昂族传统龙阳文化的传承与保护》,载《玉溪学院学报》(社会科学版)2014年第5期。

因而显得具有浓厚的民族传统文化色彩。全乡传统竹木结构干栏式建筑占70%以上，是现今不可多得的民族聚落格局。"三台山乡德昂族传统文化保护区"项目，于2006年7月28日列入省级非物质文化遗产保护名录，全乡现有国家传承人1人（邦外李腊翁）、省级传承人2人（卢姐萨李腊拽、广纳王腊生）、州级1人（出东瓜李三所）、市级2人（出东瓜李二经、李腊补）。当前，全乡有文物保护单位2个，其中州级1个（邦外佛爷坟）、市级1个（滇缅公路三台山段和战斗遗址）。

2. 三台山乡德昂族传统文化遗产类型

据三台山乡政府资料介绍，三台山乡德昂族传统文化遗产种类大致可分为三大类：一是火塘文化，二是茶文化，三是医药文化。虽然时代在变迁，一些传统习俗仍基本得到保留，在社会公德、生活起居、心理素质、节庆活动、文化体育、宗教信仰等领域，德昂族的传统文化一直得到继承并发扬光大。

◇ 杨腊北家堂屋内的火塘

3. 三台山乡德昂族传统文化遗产的保护措施

目前，三台山乡德昂族传统文化遗产保护主要侧重于三个方面：一是建设中国德昂族博物馆。中国德昂族博物馆是云南省7个人口较少民族文化遗

◇ 制作酸茶的工具

产保护与传承重点工程之一，建设项目于2008年4月10日经省民委、省民族博物馆、省科协、云南大学、云南民族大学专家组评审通过。德昂族博物馆建设得到了中央、省、州、市各级党委、政府和上海市的大力支持，累计投资298.72万元，其中中央少数民族发展项目资金210万元、上海市对口帮扶支持33万元、省政府支持40万元、整合其他项目资金15.72万元。博物馆由主展馆、动态表演馆、手工艺展示馆、电

◇三台山乡中国德昂族博物馆

◇传统村落

子展示厅等部分组成，是一座融德昂族文物收藏与展示、民族文化传承与教育、社会科学研究为一体的民族博物馆，从大门的龙阳标志到茶叶生人的浮雕图案，从主馆整体建筑的孔明帽式样到巍峨耸立的龙阳塔，无不体现了德昂族鲜明的传统民居风格。博物馆共收藏德昂文物200多件，内容包括服饰纺织、生产工具、生活用具、民间工艺品、民族乐器、出土文物、古籍文献、宗教艺术文物、医药整理成果等，通过文字说明、影像、图片、文物、音像、实物与多媒体资料等展览陈列方式，鲜活地记录了千百年来德昂族生生不息、顽强坚守的社会发展历程，浓缩和再现了德昂族与其他民族和谐相处、相濡以沫、共生共荣，开创中华民族多元一体格局的历史，展示了德昂族文化的独特魅力。

二是建设出东瓜传统村寨保护。近几年，在上级各部门的关心帮助下，帮助实施出东瓜村级旅游文化村寨，现有德昂茶室、织布坊、民族餐饮。

三是滇缅公路三台山段保护工作。近几年来，由于重点项目的实施，滇缅公路大部分已成为拉运砂石料的重要通道，铺设了砂石，未能更好地保留原来的模样。目前，保留相对较好的路段是拱别至帮弄小组，长约4.5千米。结合帮弄景颇特色民族村寨及滇缅抗战保护建设，在帮弄小组附近实施了滇缅公路保护措施，投入8万元对长730米的滇缅公路路界进行了保

◇ 濒临失传的德昂族水鼓

◇ 濒临失传的德昂族叮琴

护,对保护滇缅公路起到了很好的作用,同时给当地民族文化发展奠定了良好的基础。

发掘民族文化资源以振兴地方民族经济,已经成为三台山乡未来发展的重要思路。不过,应当指出的是,尽管三台山乡的德昂族传统文化遗产保护取得了一定的成绩,但据我们调查和走访,目前德昂族最具特色的龙阳文化的传承和保护现状堪忧。如现在有许多德昂族中青年已经不穿或很少穿本民族服装,有的年轻人民族语也不会讲了,有的家庭建房屋以汉式建筑为主,创世古歌缺少传人,口头文学不再传诵,传统器乐的制作技艺正在失传,甚至连年轻人传统串姑娘时必不可少的葫芦丝演奏也正逐渐被流行音乐和现代传媒所代替,村寨里原本特色鲜明的婚丧嫁娶的形式和内容也都发生了变化。

(三)基础教育与职业教育

过去,大多数德昂族村寨都设有佛寺,佛寺是获得知识和教育的唯一场所,所以许多傣族和德昂族群众都把家中五六岁的小孩送到佛寺里发蒙,当小和尚,在佛爷的指导下接受佛学教育。新中国成立后,德昂族孩子有了接受学校教育的机会,各级学校也关心和重视少数民族教育,政府在人口较集中的村寨办起了小学,所有适龄儿童都有机会上学。尤其是改革开放后,随着德昂族村寨与外界交往的逐渐增多,不少德昂族成年人接触了各种形式的信息,加之广播、影视等的日益普及和社会经济的发展,多少也掌握了些现代科学文化知识。

2000年前,国民教育在三台山乡德昂族村寨的推行效果差强人意。据乡镇府提供的统计数据,1999年,全乡30岁以上的德昂族人口中达到小学文化程度的人数低于10%,青壮年劳力中文盲率高达80%,妇女基本上为文盲,寨子里能写、会读、会算的人更是凤毛麟角,真正掌握汉语并能书写的人数不到全乡德昂族总人数的20%。据统计,1999年,全潞西市以德昂族学生为主的中学仅有三台山中学,小学(含初小)也只有20所,能读到小学毕业的德昂族适龄儿童仅占70%，即是说，只有30%左右的人能读完初中阶段。自1995年以来，三台山乡就没有考上高中或中专的德昂族学生，大学生更是没有（直到2005年杨文华被中央民族大学录取）。

2003年，云南省根据"兴边富民行动"精神实施的"三免费"教育扩展到了三台山乡，使得全乡928名农村中小学生分别减轻了250元和150元的负担，许多渴望知识而又读不起书的孩子得以重返课堂。2005年，在德昂族聚居区有学校10所，其中有1所中学（三台山中学），有教师50人，学生680人。2005年末，全乡有德昂族在校小学生206人、初中生599人、高中生28人。德昂族农村家庭对依法送子女入学的观念淡薄，入学积极性不高，随意性较大，如2005春季学期在三台山中学就读的学生人数应为526人，然而实际在校学生却只有204人，流失人数达322人，流失率竟然高达61.2%，在流失学生人数中，德昂族学生有235人，占比达73%。全乡应在小学就读的学生人数为612人，实际在校学生有548人，流失64人，流失率达10.45%。

2010年来，三台山乡政府大力推行六年义务教育，经过多方努力，尽管适龄儿童的入学率已达到90%以上，但巩固率却很低，不少学生经常辍学，主要原因在于：尽管经过各种帮扶，德昂族群众的家庭收入有所提高，但每个学生每年必交的150元学杂费和200元生活费（半寄宿制小学）对大多数德昂族家庭来讲都是一笔不小的经济负担，更要命的是许多家庭都有两个孩子，同时供两个适龄儿童读书困难很大。60多年来，特别是通过改革开放以来的长足发展，德昂族聚居区各行政村都有完全小学，适龄儿童入学率达到99%以上。近年来，三台山乡党委和政府积极筹措资金，不断加大教育资金的投入力度，通过加快学校布局调整，着力改善办学条件，不断想办法提高教学质量，实现了普及九年制义务教育，还利用"阳光教育基金"10000元资助了4名大学生。随着"两免一补"政策不断得到深入，家长依法送子女入学的意识进一步得到提高。据统计，截至

2014年，全乡共有学前班2个112人（其中九年制学校73人）。小学教学班15个，在校学生631人，其中德昂族学生388人，占61.5%；景颇族学生130人，占20.60%。中学有5个教学班，在校学生183人。小学升学率达100%，中学升学率达60%。全乡有教职工73人，其中小学教职工46人（职工1人）、初中教职工27人（其中职工2人）。教师中有3名阿昌族教师、7名傣族教师、10名德昂族教师、41名汉族教师、12名景颇族教师。

（四）宗教信仰

1. 传统信仰

三台山乡勐丹等村的德昂族群众普遍认为自然界的形成、庄稼的收成、人的生老病死、家庭的吉凶祸福等都受各种归魂、精灵左右，因而崇拜山神、蛇神、龙王、谷娘神、鬼树神、地鬼神等众多神灵，并在每年或隔几年"做供"，择日举行各种宗教祭祀活动。总体而言，德昂族的传统信仰主要有以下几种。

（1）驱鬼辟邪，包括祭鬼树、祭地鬼

德昂族称驱鬼为"恶哄"，认为人和牲畜的疾病、死亡等都是各种恶鬼迫害所致，为了保佑寨子平安、家庭清静和六畜兴旺，就必须把各种恶鬼驱逐出村寨。

祭鬼树。德昂族认为，在他们居住的村寨四面各有一道"鬼门"，为了保佑全寨人，几乎每个寨子在建寨时都要在"鬼门"附近栽种几棵大青树，称为"鬼要"。这些树只能栽，禁止砍伐，是神圣不可侵犯的。在浇花节后的第三天，德昂族群众都要祭鬼树。除此之外，每当家中有人生病或有人出远门也都要去祭鬼树。祭鬼树通常在夜里五更时分举行。祭祀时，先由23个成年人把一块画有龙、虎等凶恶猛兽的木板送到鬼树旁，或挑选一根小树杈，剥皮后露出树干，用红、黄、黑、白各种颜色的细线缠绕，然后斜靠放在大青树周围。接下来边敲锣边大声念经，同时供献上一些糯米粑粑、红糖块和饭菜，然后送的人悄然返回家中。之所以在祭祀时要边敲锣边大声念经，是为了让鬼听到声响后退出"鬼门"，而之所以要悄悄回家，是为了不让鬼察觉而尾随回家祸害作恶。平时有人患病后，德昂族也会请佛爷念经驱鬼，并到鬼树下烧纸叩拜，祈求保佑家人消除病魔。

祭地鬼。民以食为天，土地是农作物赖以生长的重要条件，居住在山里的德昂族基本都是靠天吃饭，为使庄稼获得好收成，人们通常在每年播种玉米结束后举行祭地鬼仪式。所需费用由全寨人凑钱，然后买一头猪、一只鸡，每户再准备一箩筐碎石。祭祀地鬼时，在地上栽一根木桩，把碎石倒于木桩旁，然后全寨人在地边杀牲设祭以求丰收。

（2）祭天、祭寨心神、祭社神、祭山神、祭房神

祭天。在德昂族意识中，天是有意志的，人力不可抗拒天的意志。通常祭天仪式由各家各户自行安排，但一般在7月份进行。祭祀时，各家拿着一只鸡、一壶酒到自己的地里杀鸡供献，鸡头要朝天，杀鸡时要让鸡血向天空喷溅，然后把鸡向上抛去，同时洒酒一盅，随后捡起鸡回家烹食。

祭寨心神。每个德昂族村寨都有寨桩，代表着本寨子的祖先，德昂族群众视其为保护神，此即寨心神，德昂语叫"早务曼"，禁止触摸，更禁止在附近大小便。寨桩一般用一根高约2米、直径大约15厘米的尖形木桩立于寨子中央的沙堆上（现在有的寨子用水泥浇灌），周围用竹篱笆围挡。寨心神也是寨子的保护神，汉语叫"沙堆"。以前每逢寨子里有人结婚或办丧事，都要出1升米、1元钱请"达格莱"（相当于巫师）和头人祭祀"早务曼"。据说每年播种前（现在为每年春节这一天祭祀）全寨子都要停止生产，祭祀寨心神，把寨桩更换成新的。祭祀时除孕妇外都必须参加，认为通过祭祀，全寨子才能吉祥兴旺。

祭社神。社神"舍猛"一般供于寨子边森林中的小茅草竹楼内，以两罐清水供献。此神圣之地一般不允许外人进入，也不允许触动供物。"舍猛"周围的森林更是禁止砍伐。

祭山神。德昂族群众基本上每年进行一次祭山神仪式，日期不定，如寨子里有流行疾病发生就祭，否则不祭。

祭房神。又称"祭新房"。德昂族群众在新房建成后都要举行祭祀仪式，否则会认为不吉利。祭祀时都要请"先生"选日子、念经，一般来说一天中的早上、中午、下午、晚上都可以，届时还要邀请关系好的亲戚朋友和村里老人做客、吃饭。仪式一般进行1天，晚上年轻人要唱歌到天亮。据说举行过祭新房仪式才能确保全家人健康、幸福、和睦。

（3）祭龙王、祭蛇神

祭龙王。祭龙王的目的是祈求龙王保佑，不发生天旱。德昂族居住地区多属山区，雨水对靠天吃饭的他们来说显得尤其珍贵，有水吃，风调雨顺是最大的愿望。祭龙王一般在3月份进行，由佛爷择日举行。祭祀时，全村老少都要一起前往清水池边，由佛爷点燃香烛，然后边念经边把一张画有龙的纸漂放在水面上，群众随之叩拜即成。仪式结束后，杀猪杀鸡祭祀，大家在一起饮酒、"吵闹"，把一年来的误会和不快发泄殆尽。

祭蛇神。德昂族通常会在村寨周围选一棵大树作为蛇树，并在四周砌上围墙，不让人靠近。每年举行一次素食祭祀仪式，不吃荤。参加祭祀活动的人要身净衣洁，每人带上一些豆腐、青菜、粉条之类的供品，同时带一副牛"笼头"和一把长刀，祭祀完后挂在蛇树上。祭祀时，佛爷面对蛇树念经，群众行礼跪拜，祈求庄稼丰收、六畜兴旺。

（4）祭谷娘神

从事农耕的民族，通常把自己赖以生存的粮食作物奉为神明，加以膜拜，这是一种起源古老且十分常见的信仰现象。德昂族在每年农业生产节令到来之时（即在种谷、收谷的每个季节和每道工序之前进行），都要举行有关谷娘神的祭祀活动。每次祭祀都有一套琐细的礼仪，祭品是全寨人出钱购买的猪，祭祀结束由全寨人分食。祭祀的目的是希望风调雨顺，获得谷物丰收，或感谢谷神的恩德。

2. 南传上座部佛教

南传上座部佛教传入三台山乡的具体年代不详，但据学者调查考证，德昂族接受南传上座部佛教当在元明以后。长期以来，三台山乡德昂族的日常生活与佛教密切相关，佛教文化影响着他们的思维方式、行为习惯、日常劳作、民风民俗等，村寨里的红白喜事、婚丧嫁娶、重大节日、农业生产、伐木建房等活动，无不与佛教相关。许多村寨都建有奘房。

（五）节庆习俗

1. 民族节日

德昂族传统的重大宗教节日是龙阳节、浇花节、关门节、开门节，与傣族大致相同，但内涵解释有细微出入。

（1）龙阳节

每年农历正月十九日（阳历3月8日前后）德昂族都要举行龙阳节（又叫"龙阳祭拜盛会"，准确的说法应该叫"父母节"，德昂语称"拉叮节"）纪念庆典活动，围着草扎的、竹篾编的龙阳标志，伴着水鼓节奏载歌载舞通宵达旦，尽情表达对太阳父亲与青龙母亲的敬仰和怀念。

（2）浇花节

泼水节是大部分信仰南传上座部佛教的信徒们的传统节日，德昂族叫浇花节，时间大致在农历四月中旬，一般在清明节后7天举行，节日一般持续三至五天。每当临近节日，德昂族的老年信徒都会齐集奘房，着手准备浇花节时为释迦牟尼像洗尘的小佛房和水龙。节日第一天清晨时，男女老幼穿着盛装前往奘房供佛，听佛爷念经，并在奘房周围堆沙造塔，然后把佛像抬到寺院天井中的洗尘小屋中举行为佛洗尘仪式。德昂族视浴过佛像的水为神水，认为喝过这种神水后佛祖就会保佑自己一年中一帆风顺。节日第二天，寨子中的人围绕佛像尽情跳舞，年轻人开始泼水。节日第三天，所有男女老少互相泼水祝福，把佛请回大殿。与傣族泼水节不同的是，德昂族在节日期间晚辈（如儿子、儿媳、女儿、女婿等）要为长辈

（如公公、婆婆、岳父、岳母等）洗脚，以尽晚辈的孝心，据说有的老人子女较多，浇花节期间一天中甚至要洗几十次脚。

（3）"进洼"（关门节）和"出洼"（开门节）

"进洼"是虔诚的南传上座部佛教徒最大的净居把斋节日。一般从傣历的九月十五日开始，持续整整3个月，一直到傣历十二月十五日（"出洼"）为止。从傣历的九月十五日这天开始，奘房里的佛爷就停止一切外出活动，净居念经，信众则以食物、鲜花、钱物供佛，每七天小供一次。其间年轻人禁止结婚，虔诚的老年信徒住在奘房听大佛爷讲经。

（4）烧白柴

该节是为纪念曾为人类服务而冻死、热死的动物而举行的活动，德昂语称"多喜迈崩"或"多喜迈路"。活动时间为农历腊月十四日、十五日两天。

（5）做大贡

"做大贡"是德昂族最为隆重的宗教祭祀活动之一，既要敲象脚鼓，又要放鞭炮，还要抛洒玉米花祝福。傣族称"赶摆""做摆""做大贡"，其目的是祈求一个村寨或一个地区的民众清吉平安、消除灾祸及驱除邪恶。举行这项祭祀活动开支较大，场面较为壮观，礼品多为米、水果及数额不等的礼金，多为数年举行一次，祭祀的日期也不固定，一般选在农历的二三月这段农闲时间举行。

2. 婚葬习俗

（1）婚俗

德昂族有自由恋爱、婚姻自主的民族传统。依照传统风俗习惯，德昂族的男女青年恋爱，一旦到谈婚论嫁，男方家就要请媒人去女方家提亲。结婚时男方要事先请好"安长"（有文化的先生）主持婚礼仪式，并在火塘边为年轻人念经，祈求佛祖赐给他们幸福，随后举行"认亲"仪式。

（2）丧葬

德昂族的丧葬有自己的传统习俗，除佛爷和和尚实行火葬外，一般群众都是土葬。坟向与其他民族不同，为横山向埋葬。

（六）民族文化传统与现代化

近年来，三台山乡德昂族在发展的过程中，对文化的传承十分重视，但是面对现代文化的冲击，也不同程度出现了问题。主要表现在以下几个方面。

一是民族传统文化传承人才出现断层。民族民间艺人无疑是本民族传统文化的主要创造者、保护者、传承者，但目前国家认定的不少德昂族民间老艺人、传承人年岁都比较大了，有的已经80多岁了，一旦他们去世，年青一代的艺人还难以担负起传承重任，如水鼓制作、织锦等技艺就会濒

◇ 石　磨

◇ 篾　箩

◇ 经书柜

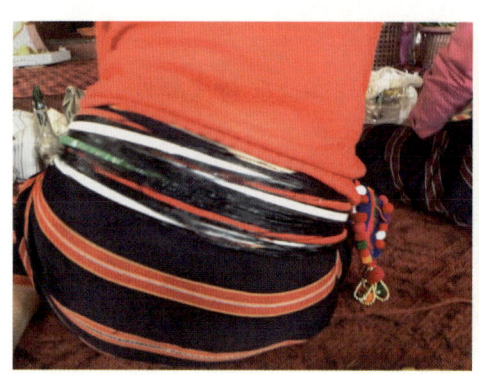 

◇ 德昂族妇女的腰箍

临失传。德昂族古歌《达古达楞格莱标》，唯一能全本演唱的文化传承人李腊翁已老，人亡艺绝的现象突出。

二是民族传统文化的生态人文环境遭受不同程度破坏。如近年来，由于种种原因，德昂族原来风格独特、魅力无限的传统民居建筑文化面临消失。又如民族象征物"龙阳塔"建筑，如今已是寥寥无几。

三是少数民族传统文化保护与开发矛盾日显突出。现三台山乡德昂族一些传统的服饰、饰品、舞蹈等，在传承过程中，根据流行趋势更改服装式样、变化饰品、改编舞蹈等，失去了原有的民族韵味。

四是少数民族传统文化保护传承经费不足。为做好德昂族的文化保护传承工作，三台山乡一直在多方筹措资金，但由于资金有限，远远不能满足现实的需要，严重制约着少数民族文化的抢救保护和有效开发。

五是民族文学作品整理工作开展缓慢。

（七）公共卫生与民族医药

2005年，三台山乡有乡级卫生院1所，病床12张，医护人员9人；村卫生室3个，村医3人，每个村卫生室一般只有1~2张病床，乡村医生普遍使用的医疗设备仍是体温计、听诊器、血压计等。2014年，全乡共有1个乡级卫生院，4个村级卫生室，从业人员16人，其中国家正式医疗人员10

◇《德昂族药集》

人，村医6人，现有床位21张。从改善农村医疗状况入手，大力开展爱国卫生运动，在全乡范围内进行疟疾等地方传染病及流行病的监控，该乡的疫情管理不断制度化、规范化，疟疾等地方传染病无疫点暴发现象；全年共组织人员对28个村组及机关、学校进行灭蚊药物喷洒5次，受益人数6210人，对867顶蚊帐进行药物浸泡，受益人数为2840人；收报乙类传染病138例，其中疟疾121例，流行性腮腺炎10例，菌例3例，乙肝3例，肺结核1例；农村合作参合户数及人数再创新高，全乡以户为单位参合率为100%。

因地域偏僻、交通闭塞，加之种种历史原因，德昂族卫生条件较差。但德昂族人民充分利用山区丰富的药用动植物资源，拥有丰富的药用植物传统知识，保留了多种珍稀濒危植物、药用植物，形成了天然的植物种子库，积累了丰富的民间草药医药学验方和诊断疾病的经验。由于历史和文化诸多原因，许多单方、验方和医疗经验不断散失，为抢救这份遗产，20世纪80年代，德宏州药检所工作人员深入德昂山寨，拜民间中草药医为师，对德昂族的民间医药进行了全面搜集，在调查、标本采集和基原鉴定的基础上，整理和编写了《德昂族药集》一书，由德宏民族出版社于1990年出版。此书共收集植物药102种，动物药3种，并附有单方、验方40个，对当代流散在德昂族民间的医药知识做了较详细、真实的记录，从而弥补了德昂族传统医药在文献上的空白。

五、社会组织

（一）传统婚姻习俗

德昂族原则上实行氏族外婚制，有些地方姑舅表婚有优先权。德昂族内部同姓不通婚，与其他民族联姻的比较少，同姓及亲戚均不得通婚，而且两家联姻通常只能有一次，如甲的女儿嫁给乙的儿子，以后不管是姨表、舅表均不得通婚。

德昂的男女青年享有充分的恋爱自由，父母从不加以干涉。由于是自由恋爱结成的婚姻，故德昂族家庭夫妻感情融洽，离婚的很少。①

（二）婚姻制度变迁

历史上，德昂族不仅异族不婚，而且不同支系不婚，甚至同支系内也要看是否同姓，总体而言，每个寨子的男子成员只固定同另一个寨子的女子成员通婚。若互相婚配的寨子中无法找到婚姻配偶时，才能到其他寨子中去寻找配偶。单线姑舅表婚在德昂族中曾一度比较盛行，若舅父的女儿不愿和姑母的儿子结婚时，舅父女儿外嫁所得彩礼的三分之一要送给姑母家，表示赎买；舅父的儿子同姑妈的女儿结婚习惯上是禁止的，若出现这种情况，则要举行一种仪式，让女子在名义上加入另一个氏族，但这种仪式现在已经不再举行了。②德昂族的氏族组织随着新中国的成立已经彻底解体，但仍然严格遵守同姓不通婚的原则，而且德昂族也很少与其他民族联姻，限制较为严格。也就是说，按照德昂族规矩，现在一般同姓不婚，严

---

①德昂族实行一夫一妻制，忌同姓婚姻，存在着同姓不婚的制度，因为他们认为，只要同姓就会有血统上的相同，血统相同的人相婚配，不利于子孙后代的繁衍和健康。德昂族与其他民族联姻的比较少，限制较严。

②《德昂族简史》编写组、《德昂族简史》修订本编写组：《德昂族简史》，民族出版社，2008年，第138页。

禁姑表婚，若有违反，必将受到族规的制裁。因为习惯上德昂族妇女不犁田耙地，所以那些缺少劳动力的家庭通常会招纳男性成员或贫寒人家的子弟入赘上门。

德昂族青年男女的婚姻，大都是经过自由恋爱，并听媒妁之言，征得父母同意即可。对德昂族来说，尽管恋爱自由，但媒人是不能少的，可谓没有媒人便娶不成。德昂族一向提倡子女自主，青年男女只要年满十四岁就可以进行社交活动，婚姻自由，且结婚时少收彩礼，离婚也自由，寡妇再嫁也不受歧视。同时，本民族内部没有严格的等级婚，只要对方愿意，贫富人家都可以联姻。在婚姻对象的选择方面，德昂族普遍以在本民族内部择偶为理想婚姻，一般情况下，德昂族同支系间相互通婚，但结婚时要按女方支系礼节举行仪式。随着时代的进步，由于德昂族与周边各民族、各国家的交往联系日益增多，与邻近的其他民族通婚的限制有所放松，甚至出现了跨国婚姻。

（三）家庭结构关系的变化

德昂族普遍经历过父系大家庭的发展阶段。到20世纪30～40年代，父系大家庭已基本瓦解，出现了一种从大家庭过渡到小家庭的家庭形态，即是说，本来在经济上已独立的小家庭应离开大家庭这个母体独自经营，但事实是小家庭并不立刻离开大家庭，仍然与大家庭共同居住在一个大屋子里，共同维系着大家庭成员间的互助合作关系。新中国成立后，德昂族的氏族组织彻底解体。

以前，在一个大家庭中，组织生产和交往的领导权掌握在老一辈男性成员手中，祖父辈是家长，是整个大家庭的领导核心。家长需由年长者担任，他们阅历丰富，待人处世老道，组织生产不会误农时。家长死后一般由其弟弟接任，或者由其他男性长辈接任，当然，如果没有上述继承者也可以由长子继承。在德宏州的父系小家庭中，家庭成员内部按性别明确实行劳动分工，一般是按性别、年龄分工。小家庭是整个社会生产和经济生活的基本单元,若无意外,一般每个小家庭都由父母、夫妇、子女三代人构成。通常长子结婚后就会在老家附近选择一块合适的地盖房,组成自己的小家庭。

(四)传统社会控制模式

受历史传统和民族文化习俗影响,除依靠傣族土司维持社会稳定外,德昂族还有另一套依靠本民族成员进行社会控制的组织体系和方法,村寨中的老年头、青年头等就是这类民间社会组织。其在德昂族社会历史进程中有效地维护了当地的社会治安秩序,既教育了年轻人,帮助他们融入成年人社会,同时组织民众保护了社会生产,也适时调整和化解了社会矛盾、冲突,增强了民族凝聚力,维护了本民族的认同和内部团结,堪称民族内部行之有效的习惯法。除此之外,民族规训、宗教戒条、民族禁忌的流传和执行也给民族内部成员一种无形的心理震慑力和约束力,加之本民族传统文化和知识的传承,无疑对儿童也起到了客观上的教育作用,并潜移默化地将本民族内部的尊长秩序、互助团结等内化为自身行为文化的一部分。

德昂族内部有许多不成文的本民族传统规训和宗教戒条,用来规范众人的言语、行为,内容涉及日常生产、生活、待人、接物等方方面面,历史上适时充当了法律的功能。德昂族有很多创世古歌、民间传说、古训、故事、谚语、民俗等口传文化,它们的存在和代代相传,也从另一个侧面增强了对本民族成员的认同。此外,生产、生活、信仰中的许多禁忌也使得人们对各种规矩不敢轻易打破,人们会在打破禁忌所造成的恶劣后果或流言蜚语中集体无意识地形成一种内在的心理约束力,并从心里对正面的积极的言行表示认同,如"善美标"等。同时民族村寨的发展、内部成员的成长,都伴随着成员对传统习俗与文化仪式的熟谙,从而强化了人们的民族认同意识,最终将其内化为每个成员的习惯。三者相互影响、相互补充、相互作用,共同承担起了维持德昂族传统社会控制的功能。

（五）禁忌

德昂族由于其所处自然环境、社会环境、生产生活方式与其他民族不同，在漫长的历史发展过程中形成了本民族对天、地、人以及动植物的独具特色的习俗和禁忌。这些禁忌主要与宗教信仰有关。

如每家堂屋中都设火塘，堂屋的正壁上设佛龛，旁边供奉祖宗灵牌。佛龛和祖宗牌位禁止外人触摸，禁止跨过火塘，更不能用脚踩火塘里的柴火。

又如在"进洼""出洼"等佛教节日里，德昂族群众要到奘房祈福三日，忌出工、事农和结婚。

六、生态环境

（一）自然地理环境

三台山乡为边境交通屏障，位于芒市中部（320国道两侧），地处东经98°28′52″~98°28′07″，北纬24°14′30″~24°24′05″之间，是通往瑞丽、畹町等国家级口岸的重要交通要塞，也是正在兴建的龙瑞高速公路、芒瑞大道和中缅油气管道的必经之地。乡政府所在地三台山丫口距芒市22千米，东与勐戛和风平接壤，南与遮放镇、西与五岔路乡、北与轩岗乡接壤，全乡总面积达158平方千米，人口密度为每平方千米41.65人。村寨间交通不便，地形异常复杂，地势起伏大，倾斜坡度多在25°~30°之间，属于典型的山区丘陵平缓地带。全乡平均海拔1105米，最高海拔1473米，最低海拔800.5米。

（二）气候、物产及水土资源

1. 气候

三台山乡属南亚热带低热丘陵气候类型，年气温平均为16.9℃，历年极端最高温为31℃，极端最低温为0℃~3℃，年日照约2000~4000小时，年降雨量为1300~1700毫米。三台山乡具备较丰富的资源优势，光热充足，水热条件好,对冬春作物生长有利。

2. 物产

(1)动物资源

三台山乡动物种类较多,珍稀动物也较多。近年来,由于人口的增加,森林资源相对减少,滥捕滥杀现象严重,致使许多珍贵的野生动物濒临灭绝,被列为国家保护珍稀动物而今已罕见的有绿孔雀、麂子、穿山甲等。目前较常见的有刺猬、画眉、山鸡等。昆虫类较多,目前家庭养蜂业已被开发,并粗具规模。农户家中多养黄牛、水牛、猪、鸡等家畜家禽,少有骡马。

(2)植物资源

三台山乡森林覆盖率为61%,林木中适应性强、经济价值较高的优良乡土树种有杉木、思茅松、桦树等。近年来,全乡大力发展经济果林种

◇三台山乡植被覆盖率较高

植，主要品种有澳洲坚果、咖啡、板栗、西番莲、香蕉、杨梅、波罗蜜等。主要农作物有水稻、玉米、甘蔗、茶叶等。竹类资源也较为丰富，竹子大多干粗梢长，用途极广，是德昂族、汉族、景颇族日常生活中不可缺少的用品。牧草资源以灌木草丛类和山地草丛类草场为主要类型，现逐步推广圈养后，从前以放牧为主的养殖方式有所转变，饲草主要以甘蔗尖、象草及其他类草为主。

3. 土地资源

（1）土地结构及面积

三台山乡面积158平方千米，全乡有耕地面积30388亩，人均占有耕地4.77亩，但多为山地和旱地。全乡有水田4120亩，旱地26268亩，轮歇地面积3606亩。全乡植被丰富，有林地面积9710.8公顷，其中有林地4751公顷，人工林987.7公顷，疏林地1670.3公顷，荒山2301.8公顷。2015年末实有耕地38705亩，园地15280亩，林地33484亩，农用土地87469亩。耕地中水田2854亩，旱地35851亩，坚果30600亩，甘蔗13713亩，茶叶6517亩。

（2）土壤类型

土壤类型以砖红壤性红壤和紫色土为主，砖红壤性红壤土层深厚，具有中等以上肥力，质地较为适中，偏酸性，光、温、水条件好，适宜种植甘蔗和热带水果等。紫色土表土含有机质2%～3%，含钾丰富，磷不足，pH值酸性或中性，土质偏黏，保水保肥力强，适宜栽种茶叶等。

4. 水资源

（1）水资源的特点

由于降雨径流，水资源季节分布不均匀，雨季水量有余，每年5～10月为丰水期，径流量约占全年总量的70%，有山洪暴涨成灾的现象；干季水源不足，尤以3～5月缺水现象突出，径流量仅占全年总量的5%左右，部分水流干涸。由于地处半山区，河床切割较深，水资源较为缺乏，有些寨子在干季时仅能勉强保证人畜饮水。

（2）地表及地下水分布

三台山乡有芒市河主河道及两条支流邦滇河及南冷河流过，均为山区雨源型河流。其中，芒市河主河道主要流经邦外村、允欠村田地；邦滇河发源于勐丹村，流经勐丹村部分村寨，沿320国道流向遮放镇；南冷河流经帮囊寨、护拉山寨、常兴寨和马脖子寨，流向遮放镇。泉流暗河集中分布在勐丹村、帮囊寨、护拉山寨、常兴寨和马脖子寨一线，这些泉流暗河主要用于灌溉农田。

（三）基础设施改造

1. 饮水工程

三台山乡属中切割山区，且当地村落多位于山顶或半山腰地带，满足日常人畜饮水十分困难。2000年以前，三台山乡大多数德昂族村寨面临的最迫切的问题就是人畜饮水异常困难、农田水利设施设严重不足。三台山乡德昂族村寨大都坐落在亚热带丘陵山区的山头上，尽管全年雨水丰沛，但雨季和旱季分化明显，90%的降水量都集中在春夏两季，加之又处在喀斯特地形区，存在湿季多雨但蓄水困难，严重影响群众的生产和生活。由于严重缺乏饮水供水设施，农户平时只能靠接雨水生活，到了农业生产时节，农田水利设施跟不上的困难更突出，要么出现长时间的连续降雨造成温度降低，影响粮食产量，要么因洪涝灾害引发山体滑坡冲毁农田。在干旱的秋冬季节，由于降雨量少，不利于小春作物生长，因而大量土地只能闲置，更严峻的问题是群众吃水很成问题，只能到山沟里去挑，既不卫生，又费时费力。为此每一届乡党委、政府均将解决人畜饮水问题作为脱贫致富的重要任务来抓。2000年来，当地党委、政府和民族工作部门针对三台山乡客观存在的困难，在扶贫攻坚中优先搞了一些小型引水工程，建了一些蓄水池，虽然暂时缓解了部分村寨的饮水困难，但治标不治本，一些农田水利建设项目毕竟因投资大而没能上马，因此真正影响德昂族群众脱贫致富的根本问题、关键问题没能从根本上解决。

2006年，上海在德宏州投入帮扶资金511.426万元，加上云南投入的配套资金55万元，依靠这些资金，实施了10个德昂族自然村"整村推进"等61个帮扶项目。这些项目包括修建4150米村内道路，为174户建安居房，架设4000米输电线路，铺设8000米水管，新建改造110口沼气池及其配套圈厕等。经过帮扶，这10个德昂族自然村的村容村貌得到明显改善，许多村民住上了宽敞明亮还带院落的新居，2006年底人均收入达到1014.6元，人均粮食占有量达到293.8千克。据统计，为扶持当地德昂族经济发展，从2002年至2012年，政府投资修建人畜饮水工程18件75千米，全乡从此告别了行路难和吃水难的时代，家家户户用上了自来水，全乡都实现了直播卫星"村村通"。"十二五"期间，在上级有关部门的关心支持下，在乡党委、政府的筹措协调下，全乡各族群众上下一心，为做好人畜饮水工程付出了诸多努力。2011年完成勐丹村老南虎人畜饮水、邦外村委会人畜饮水、大岗坝水库除险加固等项目。2012年投资19万元完成允欠村下芒岗小组人畜饮水工程建设；投资12万元，完成出东瓜村早内小组果园基地饮水工程建设；投资17.6万元，完成勐丹村上芒岗小组管线改造工程；投资14.6万元，完成出东瓜村早内小组人畜饮水工程建设。2013年完成出东瓜村早内小组2012年省级扶贫易地搬迁项目工作，共投入扶持资金100万元，其中23.47万元用于人畜饮水建设。2014年投资72.65万元，完成5个村民小组的人畜饮水工程建设、3个村民小组的人畜饮水工程改造建设和5个村民小组的灌溉沟渠建设维修工程。

2. 公路建设

要致富先修路。2000年以前，三台山乡因公路建设资金投入严重不足所导致的交通闭塞极大地制约了当地的社会发展。由于许多德昂族村寨地处山区，远离城镇，加之地势复杂，有一半不通公路，运输只能靠人背马驮。即使通了简易公路的村寨，可实际上，在整个雨季的半年时间里公路

◇三台山乡的公路建设（出东瓜村进村道路）

也基本不能使用，每年还要为此花费较大的人力、物力抢抓时机赶在雨季结束后重新整修塌陷的路基和堵塞的路面，才可以保证旱季的半年内能勉强通车。事实上，这种状况即使到了2016年8月我们去调研时还发生过。可以说，交通问题确实是困扰三台山乡脱贫致富的瓶颈，不仅使农用物资运输困难，也使农副产品无法形成商品从而脱离市场。在实地调研中，有群众反映三台山距芒市尽管仅有22千米，但2007年以前仍有不少德昂族群众没去过芒市。据统计，为扶持当地德昂族经济发展，从2002年至2012年，各级政府共投入项目资金1815万元，其中国家直接投入1155万元，在三台山乡先后修建了近50千米的水泥路和弹石路。

3. 厕所改造

"十二五"期间，制定了以"猪—果—沼"发展模式，做好庭院经济。经过几年的发展，现全乡共建沼气池937口。沼气池建立的同时完成了卫生厕所的改造，为建立健康卫生的人居环境提供了助力。此外，通过整合项目、群众集资的方式，在搬迁村寨建盖卫生厕所，逐步改善群众的卫生习惯，并在每一个村小组都建盖公共厕所，虽未达到卫生厕所标准，但在一定程度上起到了改变不良卫生习惯的作用。

（四）民居建筑变迁

三台山乡德昂族传统民居为干栏式建筑，上层住人，下层圈养牲畜。德昂族民居通常与傣族民居一样被叫作竹楼，原因在于他们居住的地方竹子较多，人们盖房子时多就地取材用竹子作为建筑材料，甚至柱子、梁枋、椽子、楼面、晒台、墙体、门窗、楼梯等房屋的主要部件基本上都使用竹子。这种房子热天透风能避湿气，造价低，不过由于竹子存在易燃、不耐腐蚀、抗风性差等弊端，故竹楼使用寿命有限，居住风险高，于是后来德昂族群众就逐渐采用竹木、全木、土木、砖木建房，乃至出现砖混结构住房。

德昂族民居的屋顶为歇山式，当地人喜欢称之为"孔明帽"，据说是为了纪念孔明与德昂族姑娘的爱情而流传下来的。从房屋的结构看，其屋顶形状的确与三国时期孔明的帽子很像。在出东瓜村杨腊北家和赵腊退家，我们看到的德昂族民居屋顶是木质架构、瓦片覆顶，与博物馆展览的竹质架构、茅草覆顶模型相比，已经有了相当大的改进。茅草顶的倾斜坡度较大，雨季到来时能迅速排水，瓦顶排水性优于茅草顶，坡度也就减小了许多，但仍保持着"孔明帽"样式。

德昂族民居一般都由主楼、副楼两大部分组成。主楼基本上都是上下两层的干栏式，楼上供家人生活起居和接待来客使用，底层则用来关养牲畜或者堆放杂物之类。副楼只有一层，其长度与主楼宽度大致相当，过去一般用来存放农具或摆个石碓舂米，有的人家把厨房也放在副楼。主楼室内正中一间为客

◇ 堂屋

◇ 新旧结合的当代民居

厅，中间为火塘，占地约1平方米。客厅一侧有一平台，比地面高出10厘米左右，专供家中老人躺卧休息。这个平台刻意高出地面，其用意是尊重老人。

20世纪80年代末90年代初，德昂族聚居的村寨虽然总体比较闭塞，但也出现了一些变化。随着山林承包和限制木材砍伐，原本伐木盖房的做法不得不让步，部分德昂族群众开始考虑建房时引入烧制的砖瓦，于是村寨中经济条件稍微宽裕点的家庭便使用青砖砌墙取代木料板壁，瓦顶取代茅草顶。无疑，砖瓦房比原来旧式干栏式竹板房更牢固，也更安全、更宽敞

◇ 德昂族传统民居"孔明帽"　　　　　◇ 德昂族传统民居

明亮，不过仍有不少德昂族家庭受经济条件限制不得不住在传统的茅草顶杈杈房中。2000年以后，三台山乡抓住国家扶持人口较少民族发展落实农村安居工程的机遇，实现了村寨的整体搬迁。按照国家帮扶政策，每户建新住房的村民都能领到5000元的补贴，三台山乡德昂族的住房实现了升级换代。我们坚信，古老的德昂族必定会与其他55个民族一道共同迎来美好的小康生活，一起实现中华民族伟大复兴。

　　鉴于此前已对云南世居的25个少数民族做过大规模的调查，因此本报告对德昂族的社会历史不再赘述，报告的重点放在2000年以来德昂族经济、政治、文化、社会、生态的发展和变迁上。报告中涉及的图片和数据除特别标注外均为作者调查所得，特此说明。

　　此次到德宏州芒市三台山乡调查得到州政府的大力支持，副州长亲自批示，由芒市民族宗教事务局副局长祁建荣、州质监局张培鑫陪同赴三台山乡，乡长杨爱民（德昂族）、乡扶贫办主任赵志刚（德昂族，云南省民族学会德昂族研究会副会长兼秘书长）等对三台山乡社会历史、民风民俗和近年发展情况做了详细讲解和分析。由于笔者此前多年对德昂族一直有所调查和研究，故此次调查主要是在乡政府杨家强（德昂族）、赵腊退

（德昂族）等人陪同下对出东瓜村、邦外村、博物馆、乡中学作了重点调查，并在乡中学副校长杨腊北家座谈。此次调查能顺利进行，离不开以上人员的帮助，在此对他们表示衷心感谢！

蒙古族社会历史回访再调查
——以通海县兴蒙乡为例

张 峻

中华人民共和国建立以来，云南蒙古族研究蔚为大观，形成了一批有影响、有重大价值的文献。1949年至20世纪80年代初是云南蒙古族研究的一个重要时期，该期研究主要确定了云南蒙古族族属并系统全面地描述了其生产生活状况，如杜玉亭20世纪60~80年代的调查，为云南蒙古族系统调研的先河。此外，内蒙古学者丹碧扎拉桑、哈西额尔敦于70年代，宋恩常于70~80年代都系统调研了蒙古族社会经济文化状况。形成的成果以《云南蒙古族简史》[1]为代表。20世纪80年代以后，几乎每隔十年，就会产生一部云南蒙古族的整体性、系统性的研究著作，如20世纪90年代邓启耀的《变迁中的高原蒙女》[2]，2001年云南大学组织调研形成的《云南民族村寨调查——蒙古族》[3]，2009年黄淳的《当代蒙古族简史》[4]。2003年

---

[1] 杜玉亭、陈吕范：《云南蒙古族简史》，云南人民出版社，1979年。
[2] 邓启耀：《变迁中的高原蒙女》，云南教育出版社，1995年。
[3] 方慧、荣莉主编：《云南民族村寨调查——蒙古族》，云南大学出版社，2001年。
[4] 黄淳：《当代蒙古族简史》，云南人民出版社，2009年。

以后，一批研究生加入了云南蒙古族研究，也形成了一批系统性的研究成果，如桑郁、马京、宏英、符广兴等的论文①，充实了云南蒙古族的研究。

以上成果全面系统地反映了云南蒙古族的现状和近60年来的变迁，囊括了历史、民俗、生计、语言、服饰、建筑、艺术、体质等多方面的内容。但这些研究尤其是综合性研究，距今已有一定的时间，不能整体性反映当代云南蒙古族现状，对云南蒙古族的特征等问题也有待进一步深入分析。因此，本研究为纵向比较研究，在充分比较参考相关研究的基础上分析20世纪50年代至今的云南蒙古族社会历史变迁。

研究空间以整个兴蒙乡为调查范围，理由为：首先，兴蒙乡范围不大，人口较少，5个自然村基本连成一片，在调查上存在一定的便利性。其次，兴蒙乡蒙古族虽为一个民族，但相互间也存在社会文化方面的差异，要全面系统地描述分析兴蒙乡蒙古族，有必要将其作为一个整体进行研究。再次，老一辈学者对兴蒙乡蒙古族的研究也是以整个兴蒙蒙古族为对象开展的，以他们的研究作为参照，有必要开展整体性调研。

研究以兴蒙乡概况、民族人口、经济情况、政治情况、族际交往、文化及其变迁情况、家庭和社会组织情况、民居聚落和生态情况为主要内容，通过实地调查与文献资料结合的方式，描述分析兴蒙乡蒙古族目前的社会文化、经济政治特征，比较其与历史上不同时期的异同，进而发现其社会文化变迁的趋势、规律及其影响因素。

一、兴蒙乡概况

通海县蒙古族居住在杞麓湖西岸、凤凰山脚下。兴蒙乡人口中蒙古族

---

① 桑郁：《云南通海蒙古族文化变迁》，中央民族大学博士研究生论文，2003年。宏英：《历史记忆与民族认同研究》，内蒙古大学博士研究生论文，2009年。马京：《云南兴蒙蒙古族婚姻家庭的变迁》，云南大学博士研究生论文，2010年。符广兴：《云南通海蒙古族的民族认同研究》，云南大学博士研究生论文，2015年。

占95%以上，主要姓氏有赵、王、杨、官、奎、普、旃、期、华、禄、招等。2016年，兴蒙乡首次成立3个村委会，有5个自然村，分别为白阁中村村委会，包括白阁村和中村，每村有一个小组；下村村委会，包括下村和交椅湾村，中村有1组和2组，交椅湾为3组；桃家嘴村委会，包括桃家嘴村，分为两个小组。白阁村为乡政府所在地。5个自然村都在乡政府附近，除了桃家嘴距离较远外，其他4个村在空间上连为一片，村落之间仅有一条道路或小巷隔开，桃家嘴距白阁也仅2千米，5个村形成一个较为完整的连片聚居形态。现在，每个自然村都基本实现通电通自来水，道路全部硬化。全乡总面积为4.77平方千米，南北长3千米，东西长3.74千米。乡辖区内有耕地3308亩。

兴蒙乡政府距离云南省会城市昆明125千米，距离玉溪市区39千米，至通海县城13千米，毗邻河西镇和九街镇，接壤的村落包括河西镇的石山嘴、代文、解家营、螺髻、寸村、下回及九街镇的大河嘴等。红旗河（也称中河）与玉通公路横贯全乡，过境段全长4千米，5个自然村分列于河道与公路两侧。玉通公路是通海县的交通枢纽和经济大动脉，对推动兴蒙乡

◇ 兴蒙乡一角

经济发展和城镇化进程发挥了重要作用。

（一）历史与传说

1. 历史

元代至元二十年（1283），元朝廷于曲陀关设宣慰司都元帅府，属临安路，辖河西州，兴蒙隶属之。阿喇帖木耳从陕西西安府调曲陀关镇守，任都元帅。同年，阿喇帖木耳命完颜卜花、完者卜花统领从陕西带来的后勤队伍镇守杞麓山。阿喇帖木耳与这支队伍即是兴蒙蒙古族公认在云南最早的祖先。部队被编为上、中、下三营，老本营在今下村三教寺处。至正年间（1341~1368），蒙古军依托杞麓山、杞麓湖，在山上放牧，在杞麓湖捕鱼围田，逐步以渔业、农业为主，三营更名为上村、中村、下村，外族人称为"三渔村"。①

明代洪武十四年（1381），明军征滇，次年，金朝兴率兵取临安路。云南蒙古军大部分阵亡，驻守杞麓山的蒙古部队幸免。洪武十五年（1382），临安路改为临安府，府治在建水，通海、河西两县隶临安府。河西分为东、西、南、北四里，兴蒙归东里管辖。洪武十九年（1386），西平侯沐英施行军屯建庄园，兴蒙全被沐庄霸占。

清代沿明制，属临安府河西管辖，分东、西、南、北、中五区，区下设乡，兴蒙属于东区东浦乡。清康熙二十四年（1685），以沐勋庄还民，沐庄田亩归还民户。光绪十三年（1887），通海、河西改属临开广道。民国三年（1914），河西属蒙自道。民国二十一年（1932），河西改六区制，兴蒙仍属东区东浦乡。民国二十九年（1940），河西县改八乡制，兴蒙各村属河西县仙崖乡，乡公所在今下村。

中华人民共和国成立后，1950~1956年，兴蒙隶属玉溪专区河西县第二区。1951年新蒙乡成立，1954年11月改称下渔乡。1956年11月22日，河

---

① 该说法为兴蒙乡本地人提供，但实际情况还需翔实的资料佐证。

西、通海两县合并为杞麓县。1958年兴蒙为西城公社下属的下渔管理区。1958年10月18日，杞麓县、华宁县合并，称通海县。1959年10月22日，原华宁县从通海县划出，原杞麓县称通海县。1961年，下渔管理区改属凤山公社，治所在下村。1962年，合并到西城公社演变的通海第二区，改称下渔村人民公社。1969年，第二区又改西城公社，成立下渔大队。1980年"下渔"更名为"兴蒙"。1984年1月，兴蒙大队改为兴蒙乡。1988年1月7日，召开乡人民代表大会，正式成立兴蒙蒙古族乡。

2. 村寨传说

中村传说：中村村庄呈长方形，村前有10亩左右的秀湖，称为小海，村内上、中、下各有一口元代留下的古井。村西北有一块长约300米、宽80米的巨石，村民常将捕回的鱼虾在此石坡晒晾，故称为虾坡。

下村传说：下村有元代军民挖掘的上、中、下三口古井，每口井都有传说。上井在初期水黑青，味苦涩，后来一位白胡子老道来村内化缘，发现村民吃的都是半生不熟的粥，就去查看上井，弄出一声巨响后，一股青烟冒出，并在井口护圈震出一条弓形裂缝，此后井水就变得甘甜可口。中井以前使用砂石砌成，后来小白龙与小乌龙争夺这口井，结果小白龙获胜，此后，砂石就变成了青石。此井终年不枯，味道甘甜凉爽。下井据传为元将完颜卜花所筑。下村还有纸币库，据传被外国人所盗。

白阁传说：白阁为明代从下村分出，以前称为北阁，意为北方蒙古的一个阁。后因蒙古族村民崇尚白色，故改名白阁。以前白阁是一个重要的港口，也称为白阁渡口和渔村渡，后因杞麓湖水位下降，玉通公路开通，渡口功能失去。村内有白阁龙潭，据传有乌龙的龙尾。

交椅湾传说：下村部分村民为了捕鱼方便，往东迁居形成。因村子靠山呈凹形，形似一把交椅，故名交椅湾。村前有东浦小溪。村南有双眼龙潭，也称龙嘴，据传潭内有乌龙，十分顽皮，经常扰民，玉皇大帝得知后，派天兵斩去其龙尾。从此，潭内黄鳝也变成了无尾黄鳝。龙潭上有层层岩石延伸至杞麓湖，村民常在此晒渔网。夜间，从龙嘴以东至杞麓湖，渔民持火炬撒网，远望如萤火飞舞，故有"东浦渔灯"之美誉。

桃家嘴传说：明代下村、白阁村有17户村民迁往桃家嘴小海塘围湖造田，故名十七户村。清代河西城旃姓、官姓迁入，下村期、奎、赵、王、华等姓氏迁入，又更名桃家嘴村，意为逃难到此的蒙古人家组成的村子。

兴蒙建筑起源传说：蒙古族有个聪明英俊的小伙子叫旃勤，去拜鲁班学艺。由于他吃苦耐劳，又爱动脑筋，很虚心又很尊重师傅，所以别人学三年，他只学了两年就出师了。起身回家之前，鲁班送给旃勤一本《木经》，并为其改名旃班。旃班谢过师傅后，回故乡来做木工活。旃班晚年开始收徒弟，拜他学艺的人很多。每年收徒弟的日子定在四月初二，因为这是鲁班送给他《木经》的日子。每到这一天，旃班都要向新收的徒弟讲解《木经》，同时又让出师的徒弟进行木活技艺表演。后来，旃班年老去世了，喀卓人民每年的四月初二都会集中到村中的庙里做会，过鲁班节。

（二）民族构成

截至2015年，兴蒙乡总人口5675人，居住着蒙古族、汉族、彝族、哈尼族、回族、傣族、瑶族、拉祜族等8个民族，其中蒙古族5403人，占总人口的95.2%；汉族201人，占总人口的3.5%；彝族45人，占总人口的0.79%；哈尼族15人，占总人口的0.26%；回族3人，占总人口的0.05%；傣族5人，占总人口的0.09%；拉祜族2人，占总人口的0.04%；瑶族1人，占总人口的0.02%。其中，其他民族多为外地上门入赘，部分为乡政府工作的外来人员。相比以前，兴蒙乡的蒙古族所占比例呈下降趋势。解放前，蒙古族实施族内婚，相对闭塞，全乡只有蒙古族，1987年蒙古族所占比例为99%，1993年所占比例为98.26%，2000年所占比例为96.78%，2006年所占比例为96.5%，现在下降为95.2%，18年的时间共下降近5个百分点，这反映出兴蒙乡蒙古族更为开放，同其他民族的族际交往增多。

(三)人口状况

截至2015年,兴蒙乡全乡共有1918户,总人口5675人,以农业人口为主。其中男性2785人,占总人口的49.07%;女性2890人,占总人口的50.92%。性别比例上女性占的比重更大,高出1.85%。1949年以来,蒙古族人口和户数总体呈上升趋势,从1949年的3091人上升到现在的5675人,提高了45.53%,尤其是改革开放以来人口上升趋势更为明显。1949~1970年,兴蒙乡人口增加474人,在20世纪60年代出现过人口大幅下降的情况,1970~1978年人口增加579人。1978~1990年人口增加745人,1990~2000年人口增加639人。前30年的人口增长量不如后一个执行计划生育20年的人口增长量,多了331人,尤其是20世纪80年代是兴蒙乡人口增长的一个高峰期。2000年以后,兴蒙乡的人口增长逐渐趋缓,2015年相比2000年仅增加147人,尤其是2006年以后,人口几乎保持平稳状态,2006年为5620人,2013年为5692人,2015年为5675人。

表1 兴蒙乡各自然村和机关2015年人口情况表[①]

单位:户、人

自然村、机关	总户数	总人口	非农人口	男	女	18岁以下	18~35岁	35~60岁	60岁以上
中村	453	1287	30	632	655	224	362	482	219
白阁村	353	1102	32	543	559	198	307	388	209
下村	458	1333	47	664	669	245	398	458	232
交椅湾村	135	445	16	218	227	80	128	150	87
桃家嘴村	461	1421	48	678	743	254	420	483	264
机关单位	58	87	87	50	37	6	23	44	14
合计	1918	5675	260	2785	2890	1007	1638	2005	1025

① 本文的表格数据都为兴蒙乡政府提供。

表 2　兴蒙乡人口变动情况表

单位：人

村民小组、机关	合计	出生		合计	死亡	
		男	女		男	女
第一小组	7	3	4	4	1	3
第二小组	6	1	5	18	9	9
第三小组	9	7	2	11	7	4
第四小组	3	2	1	3	1	2
第五小组	5	4	1	2	1	1
第六小组	17	9	8	8	4	4
机关单位	2	0	2	0	0	0
合计	49	26	23	46	23	23

20世纪80～90年代，人口增长较快，主要与婴儿存活率提升和老人死亡率降低有关。2015年，从年龄结构上看，17岁及以下青少年的人口数量低于60岁以上的老人，老龄人占到总人口的18.06%，相比2000年65岁以上老人有553人，占9.9%，比例有所提升；相比1949年全乡平均年龄不足37岁，60岁以上老人屈指可数的现象，老人数量更是大幅提高。按联合国60岁以上人口占10%即为老年化社会，兴蒙乡已经步入老年化社会。

以后人口增长趋缓与人口自然增减比例持平有关。2015年，兴蒙乡出生人口为49人，其中男26人、女23人，但死亡人口为47人，其中男女各23人。2015年与2014年相比较，人口增加仅为2人，这反映出兴蒙乡出生和死亡比例都较低的现状。

（四）人口流动与趋势

兴蒙乡的人口流动情况根据户籍情况主要分两种：一种属于户籍变动的长期性迁入迁出。迁入人口包括在外求学的毕业生迁回原户籍地、婚姻投靠的迁入、工作变动迁入等，以前两种居多；迁出人口的情况包括求学迁出、工作迁出和婚姻迁出等。另一种为户籍不变的经常性在不同地区间流动。如表3，2015年，长期性迁入人口为22人，长期性迁出人口为30人，迁入少于迁出，但二者占总人口的比例都不高。这在一定程度上反映出兴蒙乡出外求学、工作的人不多，外嫁或入赘外地的也不多，在教育发展方面需要改善。但迁出人口比例增加，迁往省外的人口与迁往省内的人口持平，则反映出当地人交往接触的范围扩大。

在频繁的人口流动方面，兴蒙外出人口在1949年以前和20世纪60~80年代就较高。兴蒙乡是著名的建筑之乡，1949年以前，其蒙古族就以建筑水平高著称，因农业产出低，且受周边地主剥削，出外打工的人较多。据记载，有200多人常年在外打工、流浪，从事建筑业和挑夫工作。[①]从20世纪60年代开始至80年代，政府组建建筑队，曾到昆明市、红河哈尼族彝族自治州、玉溪市等地从事建筑活动，并有一支建筑队长期在昆明海口为工矿企业服务，留下了一批高质量的建筑。当时常年在外的成年劳动力就达200人以上。但随着1992年房地产市场全面开放，全国各地大批建筑队涌现，兴蒙建筑队在市场竞争中逐渐退出外地市场，转向以兴蒙附近为主要的建筑市场，主要包括石屏县、华宁县以及通海县内各乡镇。2015年，兴蒙乡18岁至65岁之间的成年劳力有916人外出劳务，从事建筑活动的有805人，多为男性。但随着交通日益便利，机动交通工具拥有量增加，村民往往能在一天之内往返于家与工作地之间。因此，外出长期打工的现象明显降低。此外，随着甜瓜、葡萄、蔬菜、烤烟等经济价值较高的农产品在兴蒙乡普及，村民普遍有稳定且较高的农业收入，出外打工的意愿也在降低。目前，在外常年打工的多为曾经在外求学的毕业生，所占比例不高。

---

① 杜玉亭：《通海县兴蒙乡蒙古族社会历史产调查》，载《云南少数民族社会历史再调查资料汇编（五）》，民族出版社，2009年。

表3　2015年兴蒙乡各小组人口变动情况表

单位：人

迁入		迁出	
省内迁入	省外迁入	省内迁出	省外迁出
5	0	3	2
3	0	2	1
1	1	1	5
1	1	1	1
0	1	0	3
7	1	7	3
1	0	1	0
18	4	15	15

在此，值得注意的现象是兴蒙乡外来人口的增加。20世纪90年代中期以来，许多外地人来到了兴蒙乡谋生，从事公司经营、个体经营和农业务工。如兴蒙乡的乡镇企业多为外来投资，一批山东人到兴蒙乡租地发展农业，一些贵州人来兴蒙乡开烧烤小吃店，还有一些人来兴蒙乡从事建筑活动或者帮助农户务工。随着兴蒙乡经济的发展，外来人口增加的局面还会进一步发展。这改变了兴蒙乡1949年以前全为蒙古族的人口格局，促进了蒙古族同其他民族的交往。

（五）今昔变迁轨迹特点

通海县兴蒙乡蒙古族从定居当地开始经历了三次重大的转变，每一次转变都与自然环境的变迁和生计模式的转换有密切的关系。

第一次转变：元至元二十年（1283），兴蒙乡蒙古族的祖先从北方草原来到当地凤凰山下杞麓湖边，一边从事军队后勤放牧，一边以打鱼为生。明洪武十五年（1382）以后，放牧活动取消，他们真正从游牧民族转变为渔猎民族。

第二次转变：从渔猎民族转变为农耕民族。明代以后，随着自然环境的变迁，杞麓湖水位不断降低，元代杞麓湖面积109.36平方千米、湖水容量16.36亿立方米，明初期降为面积83.67平方千米、湖水容量4.74亿立方米，但仍可为人们提供相对充足的水生生物资源。明中叶以后，杞麓湖水位大幅降低，露出大量的土地，水生生物资源减少，蒙古族不得不适应自然变迁而转变自身的生计模式，在与其他民族交流交往中演变为渔耕民族，以种植水稻为主，但对杞麓湖水的依赖依然没有改变，打鱼仍是生产生活的重要组成部分。这种情况一直维持到20世纪80年代末。在这一时期，他们除了从事农业之外，也发展出建筑业，但农业仍为其根本。

第三次转变，也就是20世纪90年代以来发生的转变。随着市场经济的发展，兴蒙乡蒙古族为获取更多的货币收入，转变了生产方式。在农业方面，从种植水稻为主转变为种植价值更高的瓜果蔬菜和烤烟为主，并在不

◇ 杞麓湖

断寻求能带来更多收益的农业模式。同时，他们的产业也更为多样化，除继续发展建筑业外，兴蒙乡还出现了餐饮业、运输业、制衣业以及众多商铺，产业发展更趋多元化。

社会制度和政府的管理模式也对兴蒙乡蒙古族产生重要影响。元代，蒙古族主要为军户，社会地位较高，主要职责是守卫要塞和放牧牛羊，狩猎鱼虾仅为其副业。在其周边有爨僰军屯田，计有218军户，屯田1128亩，他们应是蒙古军队的粮食供应者，蒙古族应较少从事生产劳动。明代，在封建分封制和屯田制的影响下，西平侯沐英建庄园屯田，蒙古族由之前的屯田管理者转变为屯田者，沦为庄客。清康熙以后至民国时期，屯田取消，但土地私有制和宗法制度影响较大，多数土地属于附近汉族地主、本村地主以及宗族寺庙所有，蒙古族平民拥有的土地较少，不能完全满足他们的生活需求，促使他们不得不发展建筑业维持生活。1949年之后至1982年之前，兴蒙乡蒙古族虽普遍分得土地，但由于实行集体生产和公社制度，村民主要集中在农业和建筑业方面，其他产业的发展相对较弱。随着家庭联产承包制和市场经济的发展，尤其是2000年以后，市场经济向纵深发展之后，兴蒙乡在产业结构、生产生活方面都发生了重大变化。目前，兴蒙乡的发展相比从前，农民的生产方式以满足货币收益最大化为主，乡政府在吸收现代管理制度的背景下，管理更科学，注重GDP和事前规划，更倾向于二、三产业的发展，这促进了当地产业格局的多元化。

除了自然、生计模式、制度影响外，与当地其他民族的交往也是兴蒙乡蒙古族变迁的重要影响因素。当初随军来到云南的蒙古族，除少量军官外，大多数没有携带家眷，他们通过与当地其他民族通婚来组建家庭。在族际交往的过程中，云南蒙古族从体质到文化都发生了重大的转变。他们与北方蒙古族相比，头面部特征、身高、体重、皮褶厚度、舌型运动等方面都发生了变化，在群体遗传学特征上，介于北方民族和南方民族之间，更趋于南方民族。他们的语言也仅有10%左右保持了北方蒙古语特征，更多转用了彝语、汉语、白语、哈尼语的词汇和用法，宗教则由信奉萨满教、藏传佛教转为信奉汉传佛教和道教。此外，在民族服饰、舞蹈、音乐、节日、饮食等方面也更趋向于南方民族。但在这一过程中，云南蒙古族仍保持了较为强烈的民族认同和民族意识，他们尽一切可能传承和保护本民族文化，并努力重新吸收和接受北方民族的传统文化。《兴蒙蒙古族乡志》和《云南通海兴蒙蒙古族喀卓语》的编撰就是这一现象的明证。

现代文化、传媒、交通的发展也是兴蒙乡蒙古族变化的重要原因。随着玉通公路在1994年开通，兴蒙乡对外联系更为便捷，与外界的接触更多，越来越多的外来文化传入兴蒙乡。同时随着传媒业的发展，村民可以通过电视、电脑、手机等现代信息传播工具了解现代文化。这些因素在一定程度上促使兴蒙乡蒙古族在语言、服饰、艺术、思维方式、价值观等方面都发生了变化，对民族文化的传承产生了一定的影响。但民族内部固守文化的力量仍较为强大，他们采取各种方式保护传统文化，如编书、开展培训、举办民族活动等，这在一定程度上起到了保护作用。

二、经济建设

（一）传统经济体系的变迁

兴蒙乡蒙古族经济体系经历了三次重大的转变。因兴蒙乡蒙古族从定居到现在都处于居住集中、人口不多、相互之间的联系较为紧密的状态，故每一次转变都是整体性的转变，在整个蒙古族生产生活范围内发生。元代，蒙古族的身份主要以军人为主，虽在当地放牧，但其主要职责还是镇守要塞，还没有构建起一个完整的经济体系。明初，蒙古族失去之前的军人身份，开始以渔猎为生。明中叶之后随着杞麓湖水位下降，露出大量土地，他们转变为以农耕生产为主，辅以建筑和渔猎的生计模式，水稻种植是这一经济体系的核心，这种状态一直持续到20世纪90年代。相比以前的渔猎生产方式，农耕模式为他们提供了稳定的生活，因此得以长期持续地发展。20世纪

90年代以后,渔猎活动消退,农耕模式深化,二、三产业发展。

1. 元明时期至20世纪80年代的经济体系变迁

这一时期,在农耕生产模式为主的背景下,随着社会制度、土地制度的变化,蒙古族在生产及其组织上经历三次变化。

第一次变化发生在元明时期。元代土地属蒙古族所有,明代实行屯田制和庄园制,蒙古族的土地被划给西平侯沐英作庄园,蒙古族不仅失去土地,也被强迫成为庄客,为沐氏家族务农服务,其生产缺乏自主性,受庄园整体安排所限制,因此,产业结构主要以水稻为中心的渔猎和农业为主。

第二次转变发生在清代至民国时期。该期土地制度转变为私有制,土地还归于民,蒙古族从少到多、从无到有,开垦了大量土地。清代是其垦荒的重要时期,据清嘉庆年间(1796~1820)的数据,他们共开发土地3600多亩,1950年又开发1000多亩,共3820亩。20世纪70年代,他们又开发了土地600多亩,为农业发展奠定了坚实的基础。但因土地流转和宗法制度,土地大多为地主和宗族寺庙所有,因此,普通蒙古族拥有的土地不多。据杜玉亭调查,截至1949年底,兴蒙共有土地3800多亩,但被外族占有2300多亩,宗祠庙宇占去670亩,本地地主占去200多亩,普通农民仅有600亩。他们只能租种土地,但需要付出高额的租金,据1950年统计,当年产粮共121万斤,但仅各种租粮就要付出66万斤。[1]因此,村民为维持生活不得不去杞麓湖和周边河流捕鱼虾,去外地从事泥水匠、挑夫等工作。民国时期,蒙古族工匠遍布全省各地,其中长期有一批几十人的蒙古族工匠队伍在昆明活动。这在一定程度上促进了兴蒙乡手工业的发展,为本民族培养了大批能工巧匠,为之后从事建筑工作打下了基础。其运输业的发展也较为兴盛,据《兴蒙蒙古族乡志》记载,1950年,兴蒙的运输船只共68

---

[1] 杜玉亭:《通海县兴蒙乡蒙古族社会历史考查》,载《云南少数民族社会历史再调查资料汇编(五)》,民族出版社,2009年。

只，村民在民国时期有记载从事运输行业的农户达40户。此外，白阁还有集市和少量土杂门市。宋恩常就记录了在白阁的米市，还有部分村民从事挑夫搬运工作。据1950年的统计，当时做挑夫的村民达500多人。[①]兴蒙乡的产业结构从之前以农业和渔猎为主，转变为"农业—渔猎—服务业—手工业"四元格局，由此奠定了兴蒙乡产业发展的基本格局，以后的变化主要是在这一格局下的调整和深化。

第三次转变发生在1949年以后，蒙古族经历了从集体经济向家庭联产承包责任制的转变。从1953年至1982年，蒙古族普遍分得自己的土地，但在生产上要服从集体的安排，这一时期的生产以农耕和建筑为主。建筑在集体经济时期的发展以支援社会主义工业建设和通海大地震震后重建为契机，已经摆脱了以前以谋生为主要目的的状态。1965年，为支持工业建设，当时的公社组织了一批100多人的队伍前往昆明海口长期从事建筑工作。1970年，通海大地震，蒙古族又组织了100多人在县城常驻，开展震后重建工作。此后又陆续开展了多次大型支援建设的活动，全乡65岁以下的男性青壮年多数参与了这些活动。在运输业方面，在1976年以前还在维系，并且还集体于1957年成立了马帮从事运输行业，持续了5年时间。但随着红旗河开通，水路阻断，运输业中断。挑夫行业随着社会的发展也在1976年以后不再出现。这一时期值得关注的是，兴蒙乡出现了一些小型工业，如砖瓦窑、石灰窑、采石场等。其商业模式，自1958年全面取消集市和门市后，以供销社为主。蒙古族的产业结构调整为"农业—渔猎—服务业—小工业"四元格局，在新时期，这些产业活动的组织者，从之前的自发组织转变为集体统一组织。

1982年家庭联产承包责任制实施后，蒙古族的农业生产由集体统一安排转变为由各个家庭自由安排，建筑活动在1988年建乡以前由大队统一

[①] 宋恩常：《通海县兴蒙乡社会经济生活和习俗》，载《云南少数民族社会历史调查资料汇编（五）》，民族出版社，2009年。

管理，建乡后成立建筑公司，自负盈亏。运输行业在20世纪80年代中期重新恢复，并有新的发展，汽车成为这一时期运输业的主要工具，由私人管理。小型工业方面，石灰窑于1984年停止运营，砖瓦窑和采石场一直持续到20世纪90年代中期。此时还于1990年出现小型钢门窗厂。在商业方面，供销社继续运营，集市和门市又重新恢复，20世纪80年代，各自然村门市商铺共有30多家。

这一时期变化较大的是渔猎活动。因围湖造田活动，1957年至1981年通海县多次人为扩大落水洞放水，加上工农业用水量增加，杞麓湖面积进一步缩小，从1893年的68平方千米减少到1981年的36.86平方千米，湖面远离兴蒙境内[①]，再加上红旗河改造，填埋了兴蒙境内通往杞麓湖的河道和沟渠，兴蒙乡附近可利用的水生资源大幅度降低，20世纪80年代以后，经常性的渔猎活动大幅减少。兴蒙乡的产业结构转变为"农业—服务业—小工业"三元格局，各行业的营运都脱离了集体经济时期统一管理的局面，呈现自发经营管理的局面。

2. 20世纪90年代至今的变迁

进入20世纪90年代以后，兴蒙乡的产业三元格局未发生根本性改变，但随着市场经济的发展，1994年玉通公路开通带来的交通便利，他们的经济体系经历了向纵深发展的过程。这主要体现在两个方面：一个是农业产业结构发生根本性变迁；一个是二、三产业的深入发展，出现了新的经营模式、经营范围，产业格局由传统的"农业—服务业—小工业"向"新型农业—服务业—小工业"转变。

（1）农牧业的变迁

在农业方面，兴蒙乡以水稻为核心的种植体系开始发生变化，经济作物的种植比重越来越大，逐渐取代了粮食作物的地位。兴蒙乡蒙古族传统

---

① 云南通海县史志工作委员会：《通海县志》，云南人民出版社，1992年。

的农作物以水稻为主，主要包括蚕豆、玉米、油菜和芋头，20世纪70年代以后又开始大量种植小麦。在1949年以前芋头是蒙古族重要的食用作物，但1949年以后种植面积大幅减少。蚕豆种植从20世纪50年代以后就是兴蒙乡的重点作物之一，但从20世纪80年代末期开始大幅减少，现在仅有零星的栽种。水稻、小麦、油菜的种植面积从20世纪80年代中期，随着通海县推广烤烟和蔬菜种植以后就开始逐渐减少，2008年以后，水稻、小麦、油菜的种植面积开始大幅度减少，至2012年以后村民就基本不种植这三种作物了。在兴蒙乡，经济作物的大量种植是从20世纪80年代中期开始的。当时，通海县处于玉溪卷烟发展大环境之下，同时，县政府与北京等省外城市签订了蔬菜供应合同，因此，在20世纪80年代至90年代，兴蒙乡主要种植蔬菜和烤烟。1999年以后随着中村村民王绍辉引入甜瓜栽培技术，村民日益感受到甜瓜带来的可观收益，2005年以后，甜瓜就逐渐成为兴蒙乡种植体系中的标志性作物，构建了甜瓜、蔬菜、烤烟三大作物为主的作物体系，大多数农民的主要收入来自这三大作物。由此，兴蒙乡的农业产业格局从以水稻种植为核心的传统格局转变为以经济作物为核心的新格局。

现在，已具有较强市场意识的兴蒙人还在探索新的作物，除了为防范单一主要依靠甜瓜带来的风险外，也为了寻求更大收益的农作物品种。最近两年引入了葡萄栽培、无土番茄栽培、彩椒栽培、花卉栽培等，虽还未成规模，但为今后的发展打下了基础。

在畜牧业方面，村民也在积极探索新的模式。蒙古族传统的养殖方式为一家一户的圈养，养殖的牲畜家禽包括牛、猪、鸡、鸭等。在1949年以前，因村民下海捕捞鱼虾的时间较多，有相对充足的肉食补充，并且很多村民出外打工，人手不足，还有养殖成本问题等，因此养殖牛马这样大牲畜的农户不多，养猪的也少，无人养殖黄牛和羊。直到1984年以后，随着渔猎活动大幅减少，国家取消统一派购，农户可自由买卖牲畜，养殖的人家才大量增加，以猪、鸡、鸭为主。在20世纪90年代以后，除一家一户的养殖外，还发展出一批养殖专业户。例如，2000年，养殖青猪50头以上的专业户就达10多家。养鸡在兴蒙农家也是常见的，几乎家家都会养殖，20世纪90年代以后，也出现了一批专业户，2000年左右达50多家。因周边河流沟渠分布多，养鸭在兴蒙乡有数百年的历史，是传统也是兴蒙乡的特色，在村内还出现了专门孵化小鸭的抱房，发展出烤鸭、板鸭等烹制技术。1949年前多为散户养殖，从20世纪50年代起，开始由集体统一养殖，1956年至1985年，每年出产鸭子6万多只，进入20世纪90年代后，产量提高到每年出产10万只鸭子，这为村民带来了较大的收益。在此背景下，20世纪80年代至2000年左右，家庭养殖业成为兴蒙乡重要的支柱产业之一，它同经济作物一起构成了兴蒙乡的农业生态体系，与建筑业、经济作物一起构成兴蒙人三大主要收入来源。

表4 2000～2015年兴蒙乡主要农作物历年种植情况表

单位：亩

年份	水稻	玉米	小麦	蚕豆	烤烟	蔬菜	甜瓜
2000	1855	111.94	1351	217	1310	1200	10
2001	1782	140	755	46	1028	2245	33
2002	2174	83	472	87	897	2079	
2003	1699	59	917	103	656	2962	300
2004	1567	53	437	69	1250	2610	983
2005	1084	39	176	31	1629	2506	1214
2006	957	6	15	13	1083	4382	1262
2007	847	5	10	14	1120	4916	1144
2008	1018	29	22	55	1150	4729	1004
2009	910	163	0	50	1153	4767	880
2010	506	218	13	67	1050	5261	831

续表

年份	水稻	玉米	小麦	蚕豆	烤烟	蔬菜	甜瓜
2011	195	155	2	50	785	5723	973
2012	72	235	11	42	1050	6510	1202
2013	7	646	7	61	547.6	6508	1208
2014	0	601	2	34	476.4	6519	1245
2015	0	581	7	90	562	6258	1591

表5 2003~2015年兴蒙乡甜瓜种植户数历年变化情况表

单位：户

年份	2003	2004	2005	2006	2007	2008	2009	2010	2011	2012	2013	2014	2015
户数	238	377	401	478	478	478	478	554	675	755	858	1173	1180

2007年《云南省杞麓湖保护条例》颁发，设置径流区外100米的保护区，养殖活动须在这一范围之外，因此，全乡的养殖业受到巨大的冲击，一家一户的养殖逐渐减少，仅剩下较少的专业养殖户，且在离红旗河较远的地方养殖，村民因此减少了一大笔收入，这也成为大多数村民转向种植甜瓜的一个间接原因。目前，畜规模化养殖场发展到14户。其中，母猪规模养殖4户，年出栏肥猪100头以上的养殖5户，蛋鸡规模养殖3户，肉牛养殖1户，种鹅养殖1户。

目前，兴蒙人正在探索新的养殖方式，以求达到既保护生态又能获得较大收益。如下村村民王树芬就联合其他村民开始养殖獭兔。他们参与到"公司+农户"的模式之中，由农户投资场所和种兔，公司负责收购。他们与外面的公司签订养殖和收购合同，既保证了技术支持，也保证了销售。

（2）二、三产业的变迁

在二、三产业方面，20世纪90年代中期以后兴蒙乡蒙古族最大的特点就是形成了一批有一定规模的乡镇企业、农村市场快速发展、旅游业和餐饮娱乐业逐渐形成规模。

这一时期，传统建筑行业继续发展，其获得的收入仍是兴蒙乡蒙古族家庭的支柱性收入来源之一，甚至有些家庭还高于农业收入。2015年经常性从事建筑活动的人共有805人，相比2014年的938人减少了133人，但仍占劳动力人口的22.1%。因时代变迁，兴蒙乡蒙古族擅长的土木结构房屋——三间四耳退八尺，已经逐渐被钢筋水泥房取代，他们不得不寻求新的建筑模式。目前，村民主要从事的是装修工作。泥瓦匠的工作虽也有人做，但也不是村民的主要工种，只是在修建寺庙、公园需要擅长古建筑的建筑工时，他们才会参与。现在，乡内懂古建筑建造的人也逐渐稀少了。

兴蒙乡建筑业的组织方式又回到了1949年以前的模式，以分散活动为主，往往是相熟的几人相互结伴去找工程和做工程。具体方式包括与熟悉的业内人士经常联系，相互介绍工程，或者由熟悉的客户介绍。村民之间虽然是分散活动，但相互间联系仍较为紧密，除了经常会结合在一起承包一些大型工程外，在平时相互间也会互通工程信息。因市场竞争激烈，村民能找到装修工作的机会相比从前少了许多，再加上农业生产的发展已经能支持家庭生活，因此，村民在寻求工程机会方面，比1949年以前为了谋生不得不从事建筑工作有了很大的区别。

乡内目前共四个建筑队，挂靠通海县建筑公司，在运营上自负盈亏。建筑队除了核心管理人员外，没有固定的建筑人员，在争取到工程后才在本乡或其他地方招聘工人。因建筑资质较低，资金有限，这四个建筑队在经营上都存在一定的困难，能找到的工程不多，主要集中在通海境内的各乡镇，且以兴蒙乡的各种工程和房屋建筑为主。与20世纪60~80年代活跃于全省各地，建造了众多优秀建筑已不可同日而语。

兴蒙乡的运输业在20世纪90年代中期以后迅速发展，乡政府鼓励汽车运输业发展，支持组建了骏马汽车队，2000年汽车发展到234辆。同时，村民王元福创办了兴蒙汽车队，有车辆330余辆。现在，这些车辆部分还在运营，2014年共有46人从事运输业，2015年有23人。他们以货运为主，主要承运本乡农产品的外销，兼其他货运。

乡内的乡镇企业多为外地人投资，20世纪90年代中期以来，陆续在兴蒙乡投资组建的企业有兴蒙塑料编织包装厂、通海源泉绿色产业有限公司、宝发冷库、兴蒙酒店、锁水阁加油站、信誉加油站、通海凯达农业发展有限公司、云南通海锦达穗丰好复合肥有限公司、通海县嘉泰包装品厂以及四家石材厂等。这13家企业在市场竞争中，优胜劣汰，现退出市场的有2家。主要经营范围包括大宗农产品交易、冷库、印刷和包装装潢、塑料制品生产、化肥生产、石油销售、石材生产、旅店等。这些企业每年都能为兴蒙人提供100个以上的就业机会，2014年有145人，2015年有269人。这些企业的出现，其意义是重大的，意味着小型现代工业和现代服务业开始在兴蒙出现，也为兴蒙带来了现代性的服务和现代管理制度。它们不仅优化了兴蒙乡总体产业格局，而且在整体上提升了兴蒙乡产业的形象和水平，使其从以传统的生产方式为基础的"农业—服务业—小工业"转型为以现代管理、现代技术为基础的新型"农业—服务业—小工业"。虽然仅是起步，但其促进了现代企业制度在兴蒙乡的发展。

兴蒙人自身在二、三产业上的发展主要体现在修理业、旅游娱乐业和餐饮旅店业方面。1995年以后，随着玉通公路开通，在公路两侧涌现出了一批修理店、餐饮店和旅馆。兴蒙乡杨大姐修理厂是一位普通的蒙古族妇女杨美芬于20世纪90年代中期创办的个体修理厂，现资产已达200多万元，专业修理技术人员已达35人，修理厂房3000平方米，该厂可同时修理15辆大型货车，目前正向现代化企业迈进。

旅游业是兴蒙乡的一个新兴行业，是2000年以后乡政府着力规划的一个行业。2003年，乡政府投资兴建了蒙古族到滇750周年纪念广场，随后又兴建了那达慕广场，在乡内建筑上穿衣戴帽，建造装饰了具有北方蒙古族特色的建筑和装饰图案。打造了饮食一条街，推动兴蒙乡饮食业发展。未来还要规划建设民族传统聚落区和凤山生态公园。现在，兴蒙乡旅游业虽还未成规模，也缺乏专业性，但逐步营造了一个良好的小规模旅游环境。

兴蒙乡餐饮业在民国时期就已经起步，烤鸭是当时的主要菜肴。1958年以后，餐饮业停业，1978年，白阁村集体在红旗河边开了一个饮食店，1982年又开设了烤鸭店。私人饮食店重新发展是从1982年开始的，村民旃世华以传统的烤鸭为主打产品开设了第一家私人烤鸭店。20世纪90年代中期以后，其子女分设了三家烤鸭店，成为兴蒙乡餐饮业的中坚力量。其间，桃家嘴村的赵氏兄弟也开设了烤鸭店。现在，餐饮业也成为兴蒙乡的支柱产业之一，主要集中在乡政府规划的饮食一条街上，位于兴蒙乡政府以南，农贸市场附近，交通便利，停车方便。在这些餐饮店就餐能领略到南方高原蒙古族和北方蒙古族相融合的民族歌舞表演，品尝到兴蒙乡独具特色的"太极鳝鱼""兴蒙烧鸭""烧肉"等传统菜肴。餐饮店主要有：旃世华后人开设的旃帅食府、旃姥姥烧鸭店、旃姓烧鸭店，赵氏兄弟开设的小二烧鸭饭店和小烧鸭饭店以及三杯杯酒楼等。其中，旃姓烤鸭店还兼营KTV，三杯杯酒楼兼营KTV和旅馆。此外，还有一些经营烧烤、小吃的小吃店，主要卖早点、夜宵和快餐。

旅馆业和娱乐业在兴蒙乡则是新兴产业，在玉通公路开通后才首次出现在兴蒙乡，目前共有3家旅店以及几家KTV、酒吧和网吧，都分布在玉通公路两侧。这些餐饮店和旅店的开发，除了解决了30多人的就业问题，也促进了兴蒙乡旅游业的发展。

兴蒙乡商业发展是对村民影响较大的行业，20世纪90年代以来，兴蒙乡商业呈稳步发展的态势，包括传统商业系统的发展和新兴商业系统的发展。传统商业系统方面，2000年，乡政府投资140多万元在玉通公路旁兴建了占地10亩的集贸市场，随后，又着力打造了饮食一条街，使兴蒙乡逐渐形成一个小型的集商贸、休闲、娱乐于一体的中心地带。这不仅改变了兴蒙乡的空间聚落格局，也使兴蒙乡有了固定的商贸交易市场，改变了传统上以定期交易为主的交易购物模式，村民可以方便地随时购买相应的物品。集贸市场和饮食街在一定程度上还起到了产业集聚的效应，相关企业和商铺逐渐聚集在集贸市场周边，同时也推动了工商业的发展。相比20世纪80年代，2015年，兴蒙乡批发零售商铺增加到了68家，增加了1倍，且扩大了经营范围，增加了商品的种类。传统的土杂货商铺以小超市的形式继续存在，销售的商品种类繁多、数量充足，目前，兴蒙乡最多的商铺是农药化肥销售店，共有20多家，主要集中在集贸市场附近，每个自然村也有销售点。另外，还有家电维修铺、摩托电动车维修铺、买肉摊子、买菜摊子、制衣铺、药店、发廊、手机维修缴费营业点、新式饮料店等。村民销售农产品的主要中介——合作社和农业协会也在市场周边，村民的农产品

◇兴蒙乡农贸市场

大宗交易多在集贸市场内完成,几乎每天都有大货车在市场内装货。

在新型商业系统方面,主要是虚拟市场和网络购物的发展。农村淘宝2015年开始在兴蒙乡出现,现已发展到4家,包括集贸市场1家、桃家嘴1家、中村1家、交椅湾1家。此外,因为电脑、手机和网络在兴蒙乡的普及,几乎每个18岁以上的成年人都有智能手机,自己动手在手机、电脑上通过购物网站购物的人也逐渐增多。这扩展了兴蒙人购物的市场形式,更大限度地满足了他们购物的需求,在一定程度上消除了他们与城市人购物方面的区别,促进了兴蒙乡的城市化和城乡一体化的发展。

20世纪90年代中期以来,相比80年代,兴蒙乡蒙古族的产业格局虽然在形式上变化不大,但产业发展的内容和运营模式却发生了重大的变化,农业结构发生了根本性变化,一些新型产业开始在兴蒙出现,如小型现代工业、旅游娱乐业、旅馆业、修理业等。市场形式也发生深刻的变化,虚拟市场开始在兴蒙出现。传统的"农业—服务业—小工业"格局向新型三元格局转变,这一切改变了兴蒙乡蒙古族的生产方式,对其社会生活也产生了重大的影响,缩小了城乡差距,促进了兴蒙乡的城市化发展。

(二)农作物种植

1. 农作物的种类

经过一系列的变革之后,兴蒙乡现在主要种植的经济作物有甜瓜、蔬菜、烤烟,主要的粮食作物为玉米和蚕豆,以经济作物为主,粮食作物为辅。甜瓜和蔬菜(含复种面积)的种植面积远高于其他作物。目前,兴蒙人经常种植的蔬菜品种较多,包括叶菜型蔬菜(如白菜、青菜等)、西兰花、番茄、辣椒、蒜苗、大小葱、卷心菜等。烤烟在烟草企业的补贴和乡政府的大力推广下,仍占有一定的比重。2015年,蔬菜总产量达2223.8万公斤,甜瓜总产量514.2万公斤,烤烟总产量达9.48万公斤。此外,兴蒙乡还有少量果园,共188亩,主要种植梨、桃和葡萄。2015年,全乡种植业的总产值高达6500万元。

2. 农作物种植的组织方式

兴蒙乡现在的种植以散户加合作社的形式开展。兴蒙乡现有9家合作社，其中1家为獭兔合作社，2家为果蔬合作社，其他皆为甜瓜合作社。最早的合作社是王绍辉组建的滇蒙合作社，成交量最大的合作社是下村村委会主任王富有组建的天盛合作社，其2015年的成交量达1000多万元，天盛合作社也是乡内唯一建立党支部的合作社。除了一家之外，每家合作社的注册资本都在100万元以上。这些合作社，除了参与村民的农产品交易外，还提供技术支持，有些还兼营农药、化肥或其他农业用品的销售。合作社与村民的合作方式还处于不完善阶段，主要为一方种植、一方提供技术和收购的形式，合作社相当于一个收购商或者一个中间商。不过，随着组织形式的不断完善，以合同为纽带的形式正在发展。此外，家庭农场的形式也开始在兴蒙乡出现，2016年，村民王富有组建了兴蒙乡第一家也是目前唯一一家家庭农场，现已开始运营。

在具体种植的过程中，虽以家庭为主要的种植单位，但农户之间经常性互助合作一直是蒙古族的传统。以前主要体现在水稻种植过程中的插秧和收谷子期间。目前，主要表现在甜瓜种植的过程中，在甜瓜挂袋和收瓜时，需要的人工较多，村民间就会自发组成一个小团体相互帮助。此外，雇工也是种植组织形式的一种，在农忙时，联系紧密的农户间不能形成互助，他们就会出钱请人帮忙。现在，互助和雇工都是较为普遍的形式。

3. 农作物种植的时间安排

传统上兴蒙乡的农作物分大春和小春作物，种植的时间为：大春作物在每年的5~9月，小春作物在每年的10月至次年4月。大春作物主要为粮食作物水稻；小春作物较多，包括小麦、油菜、豆类等。现在随着水稻等粮食作物退出种植体系，以及生产技术的提高，尤其是大棚种植的引入，种植的时间安排比以前更加灵活。现在烤烟只种一季，每年在4月份种植，8

月采收烘烤。蔬菜和甜瓜都可以全年种植，尤其是冬季果蔬因利润更高，更得到村民的青睐。

村民每天种植的时间安排也比以前更为灵活。以前，村民一般是早出晚归，尽量避免在中午最热的时候劳动，但要保证在白天工作。因此一般是早上5~6点就外出劳作，中午11点左右休息，下午3点以后开始劳动，直到天黑。现在，因需要长时间在大棚内工作，棚内很热，避免在天气最热的时候劳动并没有变化，但早晚工作的时间更为灵活了。因为现在耕地上的劳动条件得以优化，大部分耕地都接通了水电，通往耕地的道路也更为便捷，因此，必须在白天劳动的习惯改变了，村民也可以晚上在棚内长时间劳动。

作物种植的方法：兴蒙乡现在的作物种植与传统种植方法相比最大的区别在于使用大棚种植和更加依赖农药化肥。2000年以后，随着甜瓜的引入，兴蒙乡的大棚种植逐渐发展起来，大棚种植克服了以前露天种植时无法控制温度、湿度等自然条件的限制，在作物管理上更为灵活。大棚分为两种，即冷棚和暖棚，冷棚造价低于暖棚，一般1万~2万元就可搭建；暖棚造价在5万~6万元，但暖棚空间更大且在高度上高于冷棚，对空间湿度、温度的控制能力也高于冷棚。现在，兴蒙乡重点发展的是暖棚。

在具体的种植方式上，蔬菜、烤烟、玉米、梨、桃等都是传统作物，种植方式变化不大。只是在育苗时更注重专业的处理方式，播种前，都要将种子拿去请人在专门的育苗箱进行处理。村民王绍辉就专门备置了育苗箱为村民育种。在施肥、除草和除虫方面更加依赖农药、化肥和地膜。现在，随着封闭式化粪池的使用，农家肥使用时有些困难，如运输、卫生、粪便处理等问题，以及兴蒙人在意识上对动物肥料的抵触情绪，故已经很少使用农家肥。绿肥和厩肥，因县里大力推广，在乡里建了2000多个沤粪池，故还在普遍使用，但用量不大，多数是作为化肥的辅助肥料进行使用。2015年，全乡使用化肥1749吨，使用农药14000公斤，使用地膜80000公斤。此外，从内蒙古引进的纯羊粪也是村民青睐的一种肥料，但价格较为昂贵，使用时还要进行一定的加工处理，故使用者相对较少。

表6 2003～2015年兴蒙乡大棚面积表

单位：亩

年份	2003	2004	2005	2006	2007	2008	2009	2010	2011	2012	2013	2014	2015
暖棚面积	261	401	429	502.3	502.3	502.3	549.9	631.5	741.3	813.87	898.21	1183.61	1189.71

烤烟是最稳定的收入来源，也是乡政府税收的主要来源，占一半左右的税收（农业几乎没有税收）。烤烟的种植规模是由烟草公司来决定的。现在兴蒙的烤烟规模有600亩左右，比往年逐步减少。烤烟的种植是一年一季，4月份种植，8月份收获，亩产150～200公斤，一亩的年收入是5000～6000元，这是质量最好的烟叶的收入。种植烤烟的村户在种植之前是和烤烟公司签了合同的，合同中会写明种植的面积。村民的烤烟是直接卖给烤烟公司，不能卖给其他人，价格都在合同中写好了。烟苗也是烟草公司卖给烟民的，一亩地的烟苗是25元。

烟叶收回来之后，需要将其制成半成品的烟叶，这就需要进行烤烟。兴蒙的烟叶是用煤烤出来的，每个村委会都有自己的烤烟房，烤烟房是小组的共有财产（下村的烤烟房转让给了2个烤烟师），白阁和中村共用一个烤烟房。一个烤烟房有10个烤烟室，一般有10个烤烟师傅来工作，轮流值班，给烤烟室加炭火，烟民将收下来的烤烟拉到烤烟房，按32元／50公斤的价格在烤烟房烤烟，烤完之后，回家自己按等级分类，然后拿到河西的烟草收购站去卖（兴蒙没有设收购站）。烤烟所需的炭火费都是从小组出的。

甜瓜和葡萄在兴蒙是新型作物，其种植方式也是村民在不断总结经验教训的过程中逐渐摸索出来的。甜瓜种植主要包括以下几个方面：兴蒙甜瓜的生长期是100天左右，一般一年可以种植2~4季，都是在大棚里种植的。有的人是甜瓜和其他农作物轮耕，有的是一年都在种甜瓜。每一季种完，会有10天左右的翻整土地的时间。每年的12月至次年的1月，可能因为气温较低，一些农户选择休耕，但这一时期是甜瓜最贵的时候，如要继续耕种，因温度的原因，生长期长，成本也较高。甜瓜种植是很耗费人力的，也需要一些技术的投入。具体的种植阶段如下：

育苗：一般是10天左右。种子是买来的，种在装有专门的育苗土的模具中。育苗是在大棚中进行的，种子发出三叶长到10厘米的时候，就可以移植到大棚里了。

移苗：移苗之前，大棚的土地要翻整，规划成高低相错的格局。高地上一般种两行的瓜苗，甜瓜苗之间的间距一般是40厘米，在移苗之前都要事先量好距离，用白灰点出位置，把甜瓜苗从模具中拿出来，放在固定的点上，然后拿小铲子种好。

挂秧：甜瓜苗移植到大棚中后，要保持水分和肥力。在甜瓜苗长出第12枝或13枝，就开始留瓜，一个甜瓜苗只留一个瓜。留瓜之后，要给留下来的甜瓜套袋，防止虫病害。

◇ 大棚种植

种植甜瓜，需要多次施肥和打农药。农药主要是防病虫害的，瓜苗有病就打农药。化肥要经常撒，一般是7天一次，种一季甜瓜平均需要施5~7次化肥。一季的甜瓜的生长期大约是70天，一年可以种三季到四季，种四季的较少，因为土地需要休耕，保持土壤的肥力。也有种两季的，和其他蔬菜轮耕。一季的收入在好的年份赚1万~2万元，在不好的年份只赚2000~3000元。一季中化肥的花费大约要3000元。这些花费都是按一季一亩的单位来计算的。

每次收获后，需要用机械翻整土地，有的人会将甜瓜秧留在地里，翻整土地的时候，就直接埋在土里；有的人会将甜瓜秧整理出来堆在田边。移苗或者收获甜瓜时，村民之间是互相帮助的，只要提供伙食就可以，五六户自发形成一个互助小组，每户在种植时间上错开，在收获的时候也会错开，这样就可以相互帮忙了。实在忙的时候，也可以请人来帮忙。有类似于中介的人，会帮瓜农联系帮工，一般的小工都是外面的人，工资是每小时8~12元。

除了传统的种植方式和大棚种植之外，兴蒙人也在探索新的种植模式，无土栽培就是现在正在试种的一种方式。很多村民都对此极为关注。

（三）农业科技推广

1950年以前，兴蒙乡蒙古族生活的区域没有专门的农技推广机构，农技主要在村民之间相互传播、传承。1973年，通海县建立县、乡、村、队四级农科网，兴蒙乡成立农业科技推广小组，1988年兴蒙建乡时成立农科站，1990年成立乡科委。此后，兴蒙乡有了专门的农业科技推广平台。这些机构从20世纪80年代以来成功地推广了多项种植技术和品种。例如，1988年成功推广了水稻薄膜育秧技术，改变了育水秧的传统，推广普及了独垄烟品种和营养袋育苗技术，以及"双推八改"新法养猪技术等，这些技术对于农业的发展起到了重要的作用。

现在，兴蒙乡农技推广的形式更为多样化，其组织者的性质也不完全一样，有专门的乡农科所、畜牧兽医站、乡科委和科协开展科技推广工作，各部门现有专职工作人员各1名。农科所、科委和科协每年会开12～13场技术培训会，主要是关于良种推广、甜瓜栽培技术、葡萄栽培技术、化肥农药技术的推广以及农业机械（如微耕机、农用车、水泵等）的推广。畜牧兽医站主要开展养殖培训、疾病防治技术培训、推广新的优良品种等。主办方不仅仅是兴蒙乡的机构，通海县农科所的人员也会直接过来推广，他们还经常组织村民到县里学习先进的农业种植技术。其他还有农产品公司、化肥供销公司派遣人员开展的技术推广，最多的是后两种。技术培训会先是通知到兴蒙乡，乡政府再通知到每个小组，村民过来开会，规模也是有大有小，小的只有50～60人，一般是在乡政府的会议室开，人数多到200～300人时，在每个小组的公房或是广场召开。

合作社和一些致富能手也是农技推广的重要力量。合作社不仅作为农民交易的中介，也是农技的来源之一，并且由合作社推广的农技应直接与经济利益挂钩，其实用性更强。经常会有一些农业科技公司与合作社联系，提供技术和品种，让其在村民中推广。合作社也会定期对社内的农民进行一定的培训。一些致富能手也是农技推广的核心力量，如甜瓜的引进者王绍辉，他不仅在兴蒙乡普及了新的种植品种，也带来了新的种植方式——大棚种植，并在这两项非传统的栽培方式的过程中，带领村民不断摸索，最终形成一套成熟的甜瓜大棚种植模式。这两项是兴蒙乡近10多年来影响最大的推广活动。现在，王绍辉除了经营合作社外，还在不断学习新的农技知识，寻找新发展项目。村民王富有现在正开展无土栽培实验，并在村民中进行推广。

不过，政府农业机构、合作社、公司和个人之间不是分散的组织，他们是有机地联系在一起的。例如，在甜瓜的推广过程中，王绍辉就得到了乡政府和甜瓜生产公司的大力支持，帮助他们改善大棚搭建技术，从最初的用竹子、木架搭建，用土垒建改变为用钢架搭建塑料大棚，还帮助他们不断改善甜瓜品种，现在，引入的品种多达10多个。县、乡两级农科站为提高冬季甜瓜产量和质量，正向全乡推广大棚加热机。无土栽培技术也是由乡政府从曲靖禹昌农牧科技开发有限公司引入扶持王富有等农户试种的。乡政府还引入了盆栽葡萄技术，部分村民参与了试种。

近10多年来，除了甜瓜技术和大棚种植外，无污染和低污染化肥、农药的推广也是一项影响较大的活动。随着杞麓湖保护行动的升级，对湖周边及其相关河道周边的污染管控更为严格，提倡使用生态农肥和农药。乡农科所、农产品公司、合作社就一起向村民推广低污染化肥、农药，例如液态肥就是2015年以来推广的一个重点，不过，推广效果不是特别理想。村民使用化肥已经有多年的经验，他们更追求肥料对农作物的催肥效果、农药的除草除虫效果，追求更好更快地达到希望的效果，因此，生态农药化肥的推广还需要一个过程。

此外，由于市场经济的发展，信息渠道更为便捷，村民可以通过电视、电脑、手机等工具直接在电视节目、网络中学习各种农业知识，了解各种农用产品的性能和价格，也可以直接到市场中去比较各种农业用品的优劣。

（四）经济收入与消费

兴蒙乡在中华人民共和国成立以前，因人多地少，生活极为艰难。据杜玉亭记载，新中国成立前，村民每年交租之后剩下的余粮平均每人仅130斤，仅够4个月的口粮。村民在外打工所挣的钱也主要用在食品的购买方面，甚至连起码的衣物也不能置办，疾病也无法治疗。1927~1949年，全乡有200多名儿童没有裤子穿，17人因走投无路而自杀，300余人因无钱治病而死去。

20世纪50年以后，随着土地改革和新技术的引进，人民生活得到大幅提高。1956年，村民除上交国家公粮外，人均口粮有225公斤，人均收入61元。1959~1971年，因三年困难时期和"文化大革命"影响，粮食产量大幅降低，人均不足200斤的年份时常出现，如1960年，人均口粮仅133斤，现金26元；1970年仅175斤，现金84元。1976年后，经济生产恢复正常。1978年，人均口粮达254斤，现金137元。1982年联产承包责任制实施后，蒙古族生产积极性空前提高，农林渔副牧全面发展。1987年，人均口粮达363公斤，人均收入374元。1988年建乡以后，一直到2000年左右，村民人均产粮基本在400斤左右，直到2000年以后，村民的种植重心转向经济作物，人均产量才不断降低，直至2012年以后，全乡基本不产粮食。随着经济作物的引入，乡镇企业和个体经济的发展，自20世纪90年代以后，村民的货币收入大幅增加。从表6可以看出，兴蒙人2015年的人均纯收入比20世纪90年代初期增加了13倍左右，比1956年增加了160倍左右。

表6 兴蒙乡人均纯收入择年统计表

单位：元

年份	1990	1994	1996	2000	2001	2006	2010	2014	2015
人均纯收入	742	1300	1921	2512	2513	3559	4581	4703	5786

兴蒙人目前的收入来源包括农业、畜牧业、渔业、建筑业、运输业、工业、商业餐饮、服务业。因参加的人数少，工业收入、商业餐饮、服务业在村民总收入中所占的比重不大。农业、畜牧业、渔业、建筑业、运输业是村民收入的主要来源。2015年，在这几项的总收入合计中，农业收入是最主要的收入来源，占总收入的62.8%，其中，畜牧业收入占17.3%，渔业收入占0.5%，建筑业收入占16.4%，运输业收入占3%。从收入上可以看出，兴蒙人仍以农业为核心，渔业的地位已经大幅下降，建筑业仅是村民的重要辅助性收入。

在消费方面，随着收入增加，市场商品日益丰富，兴蒙人的消费水平比以往大幅度提高。兴蒙人的总收入有一大部分用于生产活动，包括购买农药化肥、种苗、地膜、甜瓜挂袋、甜瓜包装以及农业引发的交通费用、使用红旗河水带来的水费、大棚用电带来的电费、大棚维修费、雇工费等。这笔费用占到人均村民总收入的69.3%。

兴蒙人的日常生活开销中，有四项较大的开销——建房、饮食、看病和教育。村民的老式土坯房最迟都是20世纪90年代修建的，普遍都已老化，乡里正在普及钢筋水泥平房，村里大部分人家都已建房或正打算建房。现在，乡里正在推广民居改造，有200多户人家已经纳入改造范围，他们都面临着建房费用的问题。目前，一栋房屋的造价普遍在20万~30万元之间，如果村民要求高，造价会更高。此外，还有装修费用和日常家具家电购置费，如电视、电脑、手机、家具等常用必备物品，这笔钱对于村民而言是一笔巨大的开销。食物消费占据一定的比重，随着兴蒙人不种粮食作物，一家一户的养殖逐渐减少，他们在大米和肉类制品上的消费较大。除此之外就是日常看病和教育费用，主要针对老人和小孩的费用。现在，村里的老年人口比重较大，老年人多病，这也是家庭要承担的一笔经常性费用。兴蒙人普遍重视教育，希望将小孩培养成才，他们在孩子的教育上也要花费一笔费用，如果小孩顺利进入大中专院校后，他们的负担就会更重。村里一些小孩在外读书的人家表达了这一难处。

除了以上开销外，其他经常性开销还有水电费、衣物购置费以及新兴的手机话费、网络费。现在收入提高了，农民的消费意愿也随之提升了，购置汽车、摩托的人家更多了，常年出外从事建筑的人家，很多都购置了面包车。对日常用品的要求也提升了，例如他们对衣物的要求也不仅仅是实用保暖了，还追求时尚美观。现在，村民不劳作时的穿着打扮也与城里人区别不大了。此外，日常娱乐消费也是一笔经常性开销，村民在请人帮忙做农活之后，如收割完甜瓜之后，一般都会请帮忙的人去饭店吃一餐饭，之后到KTV唱歌。有时，富裕起来的农民还会相约出外旅游，很多兴蒙人都有较强的北方情结，希望到蒙古草原看看。笔者调查期间，就碰上了小烧鸭饭店的老板赵增学约上交好的几户人家到青岛旅游。

村民购物的场所随着交通日益便捷,可选择的场所范围也更大。除了乡内的集贸市场外,通海、玉溪甚至昆明,都是他们经常购买商品的重要去处。此外,网络购物现在也成为村民常用的购物形式,这极大地增强了购物的便利性,拓展了他们购物的空间和选择面。

(五)精准扶贫

兴蒙乡的精准扶贫具有科学管理、认真务实的特点,在找出全乡的问题和困难、准确把握全乡的特色和优势的基础上,制定规划积极争取资金,认真落实规划目标。2015年,乡政府邀请玉溪市规划设计院编制了《兴蒙乡总体规划(2015～2030)》,对全乡未来的发展制订了详细的发展方案。此外,还邀请西南林学院编制了《传统村落规划》,玉溪规划设计院编制涉及除桃家嘴之外的四个自然村发展的《村庄规划》。乡政府的这些措施使精准扶贫更具计划性,有了可以依托的基础。

主要采取的措施包括:第一,做好摸底工作,建立乡内困难群众的档案,实施钱物救助。2015年,全乡完成贫困户入户调查工作和录入工作。全乡有缺粮缺钱困难户118户、"五保户"1户、孤儿1户、困难学生9名,2015年为这三类家庭和学生分别补助26.52万元、2448元、13432元、33000元,为困难户发放救济粮3800公斤,发放寒衣154件。同时,给40户困难家庭发放扶贫财政贴息贷款200万元。此外,政府还开展不定期的临时救济,2015年,共为10户家庭发放临时救济款11200元。第二,依托项目,以民居改造为重点,改善村民的人居环境。兴蒙乡政府依托古村落危旧房改造及蒙古风情民居建设项目对全乡民居和居住环境进行改造,包含白沙凹特色民居建设项目、白阁中村第二村民小组连片拆除重建项目、传统村落保护和"千百工程"四个子项目。

白沙凹特色民居建设项目的主要目的是结合兴蒙乡实际,统规联建,建设具有蒙古族特色的民居,发展文化旅游产业。共涉及白阁中村第一村民小组、第二村民小组和下村第一村民小组、第二村民小组、第三村民小组,规划面积为150亩,规划户数228户,总投资达11150万元。目前,已经完成用地审批、规划编制、地质勘探、户型施工图设计和"三通一平"工作,2016年8月30日第一期119户开工建设,2017年10月156户住房基本完工。建设资金采取村民自筹、争取财政补贴和贴息贷款的形式筹集,目前,已经落实的补贴资金有中央危房改造资金每户1.02万元、玉溪市统规联建项目资金每户1万元,还有贴息贷款每户10万元,对于困难户,中央资金提高2000元。

白阁中村第二村民小组连片拆除重建项目共有28户,总投资1260万元,2016年8月已有11户完成建设,另外16户2016年9月底完工。传统村落保护项目涉及下村第一村民小组、第二村民小组和白阁中村第二村民小组,主要是对古民居进行修复,铺设砂石板路面和雨污水管道,总投资276万元,2016年8月已完成了路面开挖和2户古民居修复,10月底完工。项目资金主要来自上级政府投资。"千百工程"以农村民房改造、环境卫生整治、科技文化活动场所建设和村庄绿化美化亮化为重点,涉及白阁中村第一村民小组、第二村民小组和下村第三村民小组,总投资233万元。2016年8月完成项目前期准备和招标工作,2016年8月开工建设,10月底完工。目前主要的工作是对红旗河河堤道路在以前的基础上进行延长。资金主要来自玉溪市政府的"千百工程"项目资金。

除了以上规划和工程外,兴蒙乡还打算将凤山开发为一个生态公园,既能发展旅游业,也能改善本地人居环境。这一项目还在做前期准备工作。

这些项目都还在实施过程中,因此,现在的兴蒙乡就像一片工地,路面坑坑洼洼,村民行走都不方便。但这些工程完工后,整个兴蒙乡的面貌必将焕然一新,村民的居住条件和居住环境比以前将有大幅度的提升。

认真抓好产业发展,为村民真正脱贫,实现内生性发展夯实基础。在农业方面,除了继续鼓励扶持甜瓜生产外,还不断争取引入更新更具发展前景的农业项目，如引入无土栽培项目、葡萄盆栽项目等。在二、三产业发展上，除了继续扶持好现有企业的发展外，以旅游业为将来重点发展的方向，以前的饮食一条街建设、现在的民居改造项目就是为之后的旅游发展打基础的项目。此外，乡政府还积极招商引资，希望引入具有先进管理模式和运营模式的旅游企业来开发乡里的旅游产业。

积极改善民生条件，为村民营造更好更便捷的生活环境。乡政府推进了兴蒙中兴小学"美丽100"建设项目的实施，将老的小学部教学楼和幼儿园教学楼推倒重建，现已全部完工，为学生营造了一个安全优美的学习环境。积极推进乡医院的改制，促成了县乡医院联合办医，在一定程度上解决了村民看病难的问题。积极推动村民参保新农合的工作，参保率为100%。

通过以上措施，兴蒙乡的扶贫工作卓有成效，兴蒙乡蒙古族的人居环境和民生条件得到改善，贫困家庭的困难得以缓解，产业发展有了明确的方向，为蒙古族真正实现全民脱贫打下了坚实的基础。

三、政治建设

（一）现当代政治变迁

在近现代历史中，兴蒙乡的政治变迁大致经历了三个阶段。

第一阶段为民国时期至中华人民共和国成立。民国初年延清制，设团绅1名，管事4名。自民国二十九年（1940）起，实行保甲制，设保长3名。

第二阶段为1950～1987年。1949年12月，河西县和平解放。1951年成立新蒙乡人民政府。1954年11月更名为下渔乡人民政府。1958年称下渔管理区，下辖12个生产队，归西城公社管理。1961年，改属凤山公社管理，下辖4个生产大队。1962年，合并到西城公社演变的通海第二区，改称下渔村人民公社，辖20个生产队。1969年，第二区又改西城公社，成立下渔大队,并成立革委会,辖6个生产队。1980年"下渔"更名为"兴蒙"。1984年1月,兴蒙大队改为兴蒙乡。

第三阶段为1988年至今。1988年1月7日,兴蒙蒙古族乡正式成立。新成立的兴蒙乡由6个小组组成,实际上是由一个规模较大的行政村改组而成。2016年,兴蒙乡通过选举正式成立了三个新的村委会,分别是白阁中村村委会、下村村委会、桃家嘴村委会。村委会的成立标志着兴蒙乡行政体系的完善。

(二)村寨党组织建设

1951年,新蒙乡建立了中国共产党的基层组织。到了1952年11月成立了临时党支部,1953年10月,全乡党员发展到16名,成立了正式的党支部。1961年,按照大队为单位分别设立了4个党支部,即中村党支部、白阁党支部、下村党支部(包含交椅湾)、桃家嘴党支部。1963年成立下渔公社党支部,1969年更名下渔大队党支部。1980年又更名为兴蒙党支部,持续到1987年。1988年1月,兴蒙蒙古族乡正式成立,乡基层委员会成立。党员代表大会自1983年开始,每隔三年举行一次。

目前,兴蒙乡共有党员293人,预备党员3人。其中男性党员212人,女性党员81人,少数民族党员275人,蒙古族占90%以上。党员在年龄结构上以中青年居多,31岁至60岁的党员共168人,31岁以下的仅36人,60岁以上的99人。党员的学历层次偏低,初中学历以下的党员有200人,大专以上学历的党员仅49人,中专学历的党员有16人,高中学历的党员有28人。现有3个党总支、7个党支部,以及1个以流动人员为主的党支部,每个支部都有自己的活动场地。村党总支现有15名委员,皆为蒙古族。其中,女性7人,男性8人,35岁以下有2人,35~45岁10人,46~55岁3人,干部结构年轻化。在学历上,有2名大专以上干部,高中3人,初中以下10人。

支部活动以"三会一课"为主,还有经常性的微党课和小党课,以及以卫生、敬老为目的的党员固定日。在党员发展方面,每年都争取发展

4~5个党员积极分子,形成一个资源库,每年争取培养1~2名预备党员。在党费方面,机关党员以工资比例上缴,农村党员不少于2角,近3年来每年上缴党费1万多元。

(三)村务管理和村民自治

新中国成立前,今兴蒙乡地区就广泛存在一些村民自治组织,主要的职责是做一些公益事务。新中国成立后,逐步完善了管理形式,2016年成立了村民委员会和村民自治小组,干部通过无记名投票的方式选举出来。村"两委"——村委会和监委有15人,全为蒙古族,党员13人,男性10人,女性5人。在年龄上,以青壮年为主,36~45岁有9人,46~55岁6人。在学历上偏低,14人为初中学历,1人为高中学历。

小组成员由村民通过差额选举的方式选出。主要包括组长1名、副组长兼会计1名、出纳1名、计生委员1名、土地信息员1名、新农村信息员1名。目前,全乡共7个小组,35名村干部。各村民小组每月召开一次工作会议,通报本月的工作情况,并研究下月的工作任务。每隔半年组织一次汇报会,每一年召开一次汇报总结会。

村民实际得到的权利主要在四个方面,分别是决策、管理、监督以及选举。在决策和管理方面,村委会和村小组是村民日常决策管理的代表,但在一些诸如征地、村落改造之类的重大项目时,决策往往需要经过村民代表会议或村民大会共同决策。村财务管理由专门的出纳和会计负责,但财务通常每季度向村民公开一次,并由乡上负责监督。在监督方面,村民可以通过直接建议或向上级部门反映等形式来监督村委会和小组领导成员,以确保自己的利益得到保障。在选举方面,几乎每个人都拥有选举权与被选举权,如白阁中村新一届村委会的主任人选就有53人,副主任有70人,委员有192人。

(四)政治参与

兴蒙乡村民政治参与渠道比较广泛。除却上文阐述的村民参与选举的形式外，还存在以下几种政治参与方式：

1. 直接参与村落的各项管理工作

村委会、村监督委员会、村民小组、村民代表是解决村民经济纠纷、承包地纠纷、地界纠纷、赡养老人纠纷以及征地补偿纠纷等问题的主要机构。村民享有法律认可的选举权与被选举权，从而参与到村落的日常管理之中。由于村民小组人口较多，会按照10%的比例选举出村民代表，全乡目前共有57名村民代表。以中村为例，其就通过选举产生了11名村民代表，代替村民来履行权利，并接受村民的监督。村民代表必须切实维护村民自身的利益，一旦出现以权谋私的现象，村民有权罢免村民代表，另行推选。村民大会也是村民发表意见建议的重要形式，每逢事关全体村民的重要事项时，兴蒙乡每个村委会或村民小组都会召开村民大会。

2. 直接向政府部门提建议

当村民小组或者说村委会无法解决村民之间的利益纠纷或矛盾时，村民会要求乡政府负责调解，乡长、书记等有时也会参与调解。村民对村落或乡的发展建议也可直接向乡政府或上级相关部门提出。

3. 人大代表

兴蒙乡作为一个行政单位，拥有乡一级人民代表大会。目前，乡代表共46人，16名女性，30名男性，34名党员，12名非党员。在乡内，还有4名县级代表，市和省级人大代表各1名。当一些涉及村民切身利益，诸如饮用水不达标、洪涝灾害严重以及征地的问题时，村民有权直接通过这些人大代表来反映自己的诉求，协调村民与政府之间的利益关系，切实维护村民的权益。

4. 信访

在20世纪90年代前，整个兴蒙乡没有出现过越级信访的事件。直到1999年，发生了2起性质恶劣的贪污腐败问题，群众直接信访到了通海县和玉溪市人民政府，市、县政府接到村民的反映后，认真妥善处理了此事。一般信访主要集中在向乡政府的信访，自2000年以来，乡信访办每年都会接待部分群众，认真处理村民反映的问题。随着生活水平的提高，政府管理日益科学化，群众上访的次数逐渐降低，从1999年的22起，降低到2015年的12起。2010~2015年共接待来访82件149人次，接访、办结回复率达95%以上。

（五）社会保障

由于兴蒙乡地理位置较为特殊，又是在农村，其社会保障主要包括人的以及物的两个方面。人的保障主要包括养老保险、医疗保险以及个人购买的商业保险。物的方面则主要是诸如甜瓜、葡萄以及烤烟的保险。

1. 养老保险

截至2015年底，整个兴蒙乡共有60岁以上人口1031人，其中60~64岁322人，65~79岁578人，80~99岁154人。另外还有独居老人17人，失能老人6人。兴蒙乡老年人可以享受的养老金主要有三种：干部退休金、"两参"人员补助金以及老年补助金。干部退休金是指以前在乡政府工作的公职人员，在退休后可以每月领取固定的退休金。领取退休金的人员就不可再参加农村养老保险。"两参"人员补助金是指参加过两次战争的人员，这些"两参"人员每月可以从县民政部得到数百元的补助，同时还可以参加农村养老保险。兴蒙乡养老保险从之前的5个档次提高到了现在的20个档次。现在村里的老年人大都参加的是100元的保险类型，需要交纳15年才可领取到养老保险。没有交纳15年的，而到达60岁的老年人，则可以选择一次性补交不足的年数，就可享受养老补助。交纳100元档次的第一年每月可享受55元的补助，第二年可以领取60元的补助，第三年则可以领取75元的补助。补助的发放形式通常是每季度发放一次。除此之外，年满80周岁以上的无退休金的老年人每人每月可领取相应数额的长寿金，具体规定如下：80~89岁的每月补助50元，90~99岁的每月补助100元，100岁以上的每月补助300元，长寿金每季度发放到个人银行卡内。老年人的补助都由乡老龄委和老年协会会长负责统计管理。

2. 医疗保险

兴蒙乡蒙古族除了参与新农合外，在医疗方面还享受着很多优惠。政府免费为其缴纳入保的费用，在乡镇卫生院吃药看病可以报销的最高比例为95%。在采访中，一位"两参"人员说2008年时自己做过心脏搭桥手术，花费4万多元，报销后自己仅花费了9000多元钱。他深切地感谢党、感谢政府给予了他第二次生命。由此可见，其医疗保险水平相对来说发展得很好。

3. 商业保险

随着兴蒙乡经济水平逐步稳定发展，很多中年人以及老年人感觉到原本的养老保险无法满足自己的需要，商业保险随之兴起。保险的种类以分红和意外伤害保险为主。其中分红形式的保险是针对中老年人的，而意外伤害险则主要是针对身体健康的老年人。在此次调查中，就有一个由中国人寿保险公司提供的意外伤害保险，其参保对象为年满55周岁及以上、身体健康的老年人。保险内容包括交通事故、火灾、溺水、中毒、意外摔伤以及高空摔落等。保费为50元/人，意外伤害身故金20000元，意外伤害伤残金20000元以及意外伤害住院医疗金5000元。此项保险在村老年协会的协助下，覆盖率达到了60%以上。这充分说明兴蒙人民保险意识在逐步地增强。

老年协会除了负责定期组织老年活动之外，还承担着管理老年人权益保障之类的事务。在这次的调查中就发现，下村老协会会长正在负责收取由平安保险专门为老年人制定的意外伤害险的保险费用。

4. 其他类保障

除却这些针对人的保险外，还有一些针对农作物的保障，其中最主要的保障对象是烤烟种植。每年烤烟种植面积在各小组分配好后，种植户就会跟烤烟公司签订合同，由烤烟公司代替农户购买一份农业保险，以保证农户们的切身利益。

四、文化建设

（一）公共文化基础设施

1. 文化站

兴蒙乡文化站由两栋建筑组成，一栋是仿古式建筑，一栋是较为现代的建筑。里面的文化娱乐设施齐全，包括舞厅、棋牌室、阅览室等等。阅览室内藏书丰富，包括文学、社科、农业技术类的书籍。文化站一方面是村民们集会娱乐的场所，一方面是村民们一起学习、一起致富的场所。

2. 老年协会场地

由于整个兴蒙乡老年人比例较高，为保证老年人能够安度晚年，1988年，在县老龄委的协助下专门成立了老年协会。兴蒙乡共有4个老年协会，即中村、白阁、桃家嘴和下村（包含交椅湾）各1个。每个协会都有自己的活动场地，如中村在杨家祠堂内，白阁利用了一户已无人居住的建筑，下村安排在三教寺内。老年人每晚都会到活动场地活动。每年重阳节，老年协会都会举办一次盛大的集会，以此表示对老人们的尊敬。通常，活动的经费实行"三三制"原则，由乡政府、村民小组以及个人分摊。

3. 乡内的寺庙和祠堂

兴蒙乡的寺庙三教寺、观音寺、活佛寺除了是宗教活动场所，也是村民日常进行文化活动的场所。这些寺庙白天一般关门，晚上就成为村民尤其是老年人活动的场所。乡内的部分祠堂也有这种功能，如中村的杨家祠堂现在就是老年活动中心。日常活动的情况以位于下村和交椅湾之间的三教寺为例。之所以称之为三教寺，是因为里面供奉着佛教、道教神祇以及儒家的偶像。白天，因为村民们需要去田地或者外出劳作，三教寺很少有人。到了傍晚6点以后，便会有专门负责三教寺日常管理的村民打开大门，随后村里的老人就会陆续来到寺庙里进行活动。老人们会分成几个小团体，有打扑克的，有拉二胡的，有看电视的，还有闲聊的。2016年3月，乡政府拨付30万元修缮了三教寺的基础设施。村老年协会会长说："除了修

◇兴蒙乡赵氏祠堂

缮寺庙外,我们还打算在寺庙门前修建一个小型的广场,用于村民的日常活动。"

4. 三圣宫

三圣宫位于兴蒙乡文化站旁边,始建于清同治十三年(1874)。原宫内供奉有关羽等塑像。1986年,该地修建了新的宫殿,供奉着蒙古族历史上的英雄成吉思汗、蒙哥以及忽必烈的塑像。三圣宫由三层构成,第一层是一些回廊,主要介绍兴蒙乡的历史人文,包括发展历程、建筑

◇兴蒙乡"赵氏家谱"碑

◇兴蒙乡三圣宫

特色、美食、碑文以及一些人文景观。沿着台阶而上，左右两侧各有一个房间，里面陈列着兴蒙乡蒙古族的传统服饰，这种传统服饰是有别于北方蒙古族的，兼具了汉族、彝族、白族等民族服饰以及本民族服饰的特色，很是美观。最上面一层是供奉祖先的殿堂。从大堂往外看，整个村落尽收眼底。三圣宫的管理以前由一些退休干部负责，在改建成兴蒙博物馆后，主要由乡文化站负责日常的管理。修缮一新后的三圣宫，不仅是兴蒙乡蒙古族缅怀故乡、祭奠祖先的地方，同时也成为兴蒙人民举办"忆祖节"以及举行重要聚会、迎接各方客人的重要场所。

5. 公共广场和室外休闲设施

除了这些比较正规的公共文化场所，兴蒙乡还有6个文化广场以供村民集会娱乐。每个广场占地都在1000平方米以上。中村有占地3000平方米的那达慕广场，是2011年由县政府集资为兴蒙乡蒙古族修建的。广场上有一些公共机构捐赠的健身器材,以供乡亲们锻炼。作为一个公共性的场所,蒙古族每隔三年的那达慕大会以及一些乡里的重大活动都在这里举行。平时,傍晚时分是广场最热闹的时候,届时村里很多上了年纪的老人都会聚集在此处娱乐、聊天至很晚才返回家中。

其他每村都有一个归村民小组管理的广场,桃家嘴还有两个。已退休的华丕和等人还在乡政府门前集资修建了一个老年人集会的凉亭,每天前来打牌休闲的人络绎不绝,极大地满足了老年人们的精神需求。村民小组的公房也是村民文化活动的重要场所,现在,每个自然村1个,共有5个公房。公房的占地面积都很大,可以承办上千人的活动,还设有专门的厨房,村民日常办理婚丧宴席、举办大型文艺活动都在公房之内。

表8 兴蒙乡文化广场占地情况表

小组	面积(平方米)
白阁中村村委会1组	1300
白阁中村村委会2组	1000
下村村委会1、2组	3000
下村村委会3组	1040
桃家嘴村委会	1800

(二)民族传统文化遗产保护

近年来,随着人们对文化遗产保护意识的增强,逐渐兴起了保护热潮。兴蒙乡对文化遗产的传承保护工作主要包括两个方面:一个是北方蒙古族文化的传承发展,一个是南方蒙古族文化的传承保护。两个方面政府都齐头并进,两方面都重点扶持。如2011年修建了南方蒙古族历史文化展馆,以进行推广宣传;2012年成立中国西南蒙古族文化教育传承基地,传承南北方蒙古族文化。具体而言,主要包括以下几个方面:

1. 传统古村落保护

从2014年开始,兴蒙乡中村、下村的一些保存较好的传统古建筑被划归为国家级传统村落保护单位。政府拨付大笔的资金用于古村落的保护和开发。2016年8月动工,修葺具有传统特色的街道。同时,对于一些年久失修的古建筑、古井、古树也有选择地进行了修缮和保护。

2. 碑碣保护

兴蒙乡拥有众多颇具价值的古碑刻,其中以《都元帅府修文庙碑记》《敕授宣慰司总管始祖公讳啊喇帖木耳蒙古右旐墓志》《永垂永久碑》最为珍贵。

《都元帅府修文庙碑记》由元朝云南诸路行中书省郎中李泰撰写。具体碑文如下:"云南去京师万里……阿剌帖木耳蒙古右旐为边将,披坚执锐,驰骋游猎,分内事也。今崇尚斯文,投戈讲道,能为人之所不能者……观元帅此学之建,诚不易得也。"此碑文16行,共545字,现有残缺。

《敕授宣慰司总管始祖公讳啊喇帖木耳蒙古右旐墓志》,碑文48行,共655字,为清嘉庆十一年(1806)一月十三日云南通海河西等地旐姓合族子孙同立。此碑原立于河西白龙寺旐氏墓地。为研究蒙古族落籍云南后各方面情况提供了重要的史料。

《永垂永久碑》为清光绪二十九年(1903)立,碑文记载了蒙古族人民于清嘉庆十八年至光绪八年(1813~1882)间围湖造田150亩,拟作办学费用,且田亩数已报官府。至光绪八年,已有半数成为熟田。因与钱姓地主田接壤,钱姓霸占了下村人民造的田地。告到官府后,官府判为让下村凑银400余两赎回。因下村蒙古族人民生活困难,无力赎回,后由地方官绅出钱赎回作寺庙香灯费。经70余年辛勤劳作,办学愿望仍落空。

除这三块石碑外,还有很多诸如《河西县正堂告示》《也池卜花墓碑》等有价值的碑文。现在这些石碑都存放在三圣宫内,由乡政府派专人进行管理。

3. 传统服饰

兴蒙乡蒙古族虽离开大草原已有700多年的时间，但其服饰仍与北方蒙古族传统服饰有着密不可分的渊源。清代末期到民国年间，其蒙古族男性的服饰依旧与北方蒙古族的相似。但总体而言，随着生产方式的变迁，兴蒙乡蒙古族的服饰还是与北方蒙古族的传统服饰有很大的区别，尤其是女子服饰。兴蒙乡蒙古族女子服饰为长裤短上衣。一套上衣由三件衣挂组成，手工制作，俗称"三叠水"。第一件为贴身穿的衬衣，颜色有白、杏黄、浅蓝、玫红等，高领，领上有刺绣花纹，衣长至臂，手袖长至手腕，袖口有一段约15厘米长的花纹；第二件穿在中间，为无领大襟衫（圆领口）；第三件是衣长只及腰部的无领无袖的对襟式前开口褂子（即坎肩）。

◇ 兴蒙乡蒙古族老年妇女服饰

为保护传统的工艺，兴蒙乡政府正在积极帮扶，并取得了很好的成果。目前，政府共扶持了4家制衣店，专为群众制作民族服饰。在民间，村内的老年妇女是传承民族服饰的中坚力量，她们日常穿着三叠水服饰，不仅传承服饰文化，也体现了兴蒙乡蒙古族特色。此外，一些活动也在起着传承民族服饰的作用，如婚丧嫁娶时，兴蒙乡蒙古族尤其是妇女都会穿上民族服饰，一些文艺活动也要求穿民族服饰。

4. 喀卓语

兴蒙乡蒙古族在与汉族、彝族、白族等民族的交流与融合过程中，逐渐形成了一种以北方蒙古族语为基础、独具特色的语言形式——喀卓语。为了保护和延续喀卓语，1997年，兴蒙乡蒙古族就成立了自己的保护中心，2007年，经通海县文化事业局批准成立主要由退休人员和村内老人组成的"通海蒙古民族研究传承保护中心"，（简称传承中心）。传承中心制定了《通海蒙古民族文化传承保护中心章程》，共八章四十二条，以此作为传承中心的工作及业务活动的准则。传承中心的工作及业务范围是：收集整理、编辑相关民间文化艺术书籍、画册，开展学术讲座、沙龙、研究、联谊、展览等业务活动。目前，传承中心的主要任务有三点：一是收集、整理、编辑出版喀卓语文本；二是参与乡政府组织的一系列文化学术活动，包括那达慕大会、祭祖节、鲁班节、学术研究，接待国内外研究蒙古族历史的专家学者，制作民族文化展板以及760周年活动等；三是在兴蒙中兴小学开展双语教学，用喀卓语讲授蒙古族历史文化。2016年，在传承中心的主持下重新编写了一本《喀卓语》，由云南人民出版社出版，预计第一版500册，第二版3000册，力求达到整乡每户一本，用来加强喀卓语的学习。新编写的《喀卓语》一书，收录了3万多个喀卓语词汇，并在内蒙古蒙古族的支持下新增了蒙文版。为加强对喀卓语的学习，针对在校小学三年级至六年级的学生，专门开设了喀卓语的课程；对于三年级以下的学生，由学生家长在日常的生活中教导学生用喀卓语进行交流。

5. 对北方蒙古族文化的传承

自20世纪50年代，兴蒙人确定自身蒙古族身份后，就与北方蒙古族建立了密切的联系。1956年，当内蒙古自治区政府得知云南蒙古族的情况后，立即致函当时的下渔乡政府，表示慰问。1957年下渔派出了4个村民到内蒙古学习蒙古语。1976年，内蒙古大学4位老师到兴蒙做调查。1979~1986年，内蒙古先后派出多批访问团对兴蒙进行考察和慰问。20世纪80年代，兴蒙乡蒙古族重建三圣宫并发起忆祖节、那达慕节祭拜蒙古族祖先，并形成了早晚播放广播宣传蒙古文化的传统，且延续至今。1981~1986年，兴蒙乡共派出4批共40余名学员到内蒙古学习语言、舞蹈、音乐、建筑、农业和医疗。1981年11月至1984年8月，内蒙古锡林郭勒盟教育局先后派出3批6位蒙文教师来兴蒙乡教授蒙古族语言文字。1997年，云南蒙古族研究会成立。2003年举行了蒙古族入滇751周年纪念活动，2011年举办了那达慕大会。

在经济方面，内蒙古先后参与了兴蒙乡入滇纪念广场和那达慕广场的投资兴建，在2009年至2012年的云南大旱中，内蒙古政府先后募集拨发救灾款项20多万元。文化教育方面，内蒙古锡林郭勒职业学院先后向兴蒙中兴小学拨款20万元左右，帮助小学建立多媒体教室1个。2016年，学院还专门派遣2名美术教师参与兴蒙中兴小学的建设，为小学画蒙古族风格的壁画。2010年以来，锡林郭勒职业学院还多次派出老师到兴蒙乡培训教师及学生的音乐和舞蹈，兴蒙中兴小学也派出多批老师到锡林郭勒职业学院学习马头琴、安代舞和蒙古音乐。锡林郭勒职业学院的蒙根老师几乎每年都会到兴蒙乡招生，目前，兴蒙乡有10多名学生在内蒙古学习。她还在兴蒙组建了百人合唱团，专门学习演唱蒙古族歌曲。

2012年，在县政府的支持下，乡政府在兴蒙中兴小学内成立了中国西南蒙古族文化教育传承基地，以马头琴和安代舞教授为主，每个寒暑假，北方蒙古族文化培训成为小学生的必修内容之一。2017年，赵世雄、赵伟等成立马头琴协会，专门培训中小学生，并吸引了一些其他民族加入学习。2018年暑期，该协会还组织学生到内蒙古学习。

通过这些活动，北方蒙古族文化已经一定程度地融入了兴蒙乡蒙古族的日常生活之中。现在，村民在一些重大活动中，都会穿北方蒙古族服饰。村民中会演奏马头琴、跳安代舞的人逐渐增多，尤其是中小学生占的比例较大。

（三）基础教育与职业教育

兴蒙乡蒙古族的教育经过了几个发展阶段才逐渐形成现在的规模。元至元二十二年（1285），阿喇帖木耳建河西文庙。1325年，阿喇帖木耳兴庙学，在多地建孔圣殿开展教育。明清时期，今兴蒙乡蒙古族各自然村都办过私塾。民国时期，云南推行新式教育，1933年，兴蒙建立第一所小学。中华人民共和国成立后，兴蒙文化教育事业取得飞速发展。1972年在

◇ 兴蒙中心小学

小学基础上增设初中班，1988年升格为乡办中学，2000年改称通海十三中学，后并入通海十五中。至1990年整个兴蒙乡受教育的情况如下：大学本科20人，大学专科20人，中专75人，高中185人，小学2387人。2000年后，兴蒙乡教育在政府的大力度扶持下更进一步，截至2015年，兴蒙中兴小学占地面积20232平方米，拥有教室25间，教职工宿舍42套。教职工人数35人，其中固定职工2人，幼儿园临时工9人。教师文化程度为：大学18人，大专9人，中专5人。2015年，兴蒙中兴小学毕业2个班，人数71人。由于兴蒙乡没有设立中学，学生小学毕业后须到通海县城读书，加上语言、民族性格的差异，对于兴蒙乡学生的升学率产生了一定的影响。

在基础教育大力发展的同时，兴蒙乡职业教育也取得飞速发展。尤其从1999年当地逐步引入甜瓜、葡萄等经济作物后，政府在这些方面做了大量的培训工作，以解决村民对技术的需求。仅2015年，政府就组织了12次规模较大的甜瓜、葡萄等种植技术等方面的培训工作，赢得了村民的一致赞誉。除此之外，很多辍学的初中、高中学历的学生选择去参加一些技术培训，学习一门手艺。

（四）宗教信仰

元代，蒙古族就在本乡地域修建了孔圣殿，并在殿前修建了石币库。明代以后，随着佛教、道教的传入，信仰更为多元化，信奉玉皇大帝、太上老君、魁星、观音、土地、山神、关公、财神等，还在其寺庙中供奉了本民族民间传说中的人物，如带领村民与外族作斗争的普氏兄弟、华中强以及民间女英雄阿扎拉。此外，凤山的凤凰也被雕塑成像供奉在庙宇中，作为人们求子的主要神灵与送子娘娘供奉在一起。因已从游牧民族向农耕民族转变，龙王、牛羊猪神和五谷太子也是其信仰对象。乡内泥水匠多，故鲁班信仰较为普遍，这是兴蒙传统信仰的一个特色。关公信仰在1958年以前是兴蒙民间重要的信仰，建有专门的庙宇供奉，1958年随着破"四旧"运动，庙宇被拆除。20世纪80年代以后，随着对北方蒙古族文化的认同,关公信仰被北方祖先——成吉思汗、蒙哥、忽必烈信仰所取代,虽仍被信仰,但其重要性已远不如从前。

由此,目前兴蒙形成一个有层次的神灵系统,玉皇大帝、太上老君、观音、蒙古族祖先神、天子老爷等为主神,在最上一层,不仅将其庙宇修建在兴蒙乡内主要的地方,也是庙宇正殿主位供奉的主神。兴蒙人认为主神给他们带来的福祉是全方位的,影响着个人、家庭、家族甚至整个村落的整体命运。其次为送子娘娘、五谷太子、龙王、牛羊猪神、土地、鲁班等,他们是对村民日常生产生活产生直接影响的神灵,在庙宇中的地位一般不如主神,处于主殿次位或侧殿位置。这些神灵对兴蒙人的影响侧重点不同,每一个神都有自己管辖的范围。再次为本地蒙古族自身的神灵,如阿扎拉、华中强和普氏兄弟,对他们的信仰,主要是因为他们为当地做出过贡献。目前,村民供奉这些神灵的庙宇共有12处,包括观音寺、三圣宫、三教寺、鲁班庙、土地庙、山神庙、龙王庙、天子庙、活佛寺、锁水阁、魁星阁、财神殿等。有些庙处于一个综合性庙宇中,如鲁班庙就建在中村的观音寺内。

在兴蒙乡,佛教的地位较高。1949年以前,除了白阁以外,乡内的自然村都有佛教庙宇,共3处。兴蒙人的佛教信仰以观音为主,其次是弥勒佛和燃灯佛,这从兴蒙乡佛教庙宇中供奉的主神都是观音可以看出。

在1949年以前,因以农耕文化为核心,村民对每一层次的神灵信仰都较为强烈。现在,随着文化模式的变迁,现代知识的传播,尤其是20世纪50年代以来的社会主义改造运动以及北方蒙古族文化的重新引入,村民的信仰体系发生了重大变化。这主要表现在:首先,信仰主神结构变化。蒙古祖先信仰的回归取代了之前的关公信仰,修建三圣宫供奉成吉思汗、蒙哥、忽必烈。其次,在日常信仰行动中,村民对事关他们整体福祉的主神信仰改变不大,但在第二位的功能性神灵信仰方面发生了重大转变。因生产模式的转变,对牛羊猪神、五谷太子的信仰程度相对减弱,但对可以求子的送子娘娘和凤凰神的信仰，对建筑工作会产生影响的鲁班神信仰，兴蒙人的信仰程度不仅没有减弱，还有所发展。兴蒙人结婚、小孩百日时都要到供奉送子娘娘和凤凰神的天子庙祭拜，每逢四月十二日都要举行祭祀鲁班的盛会。

现在，村民的信仰行为在日常生活中体现得不是很明显，平常普通村民都不会到寺庙去。寺庙日常的管理主要是村内的一些老年妇女义务在做。例如，中村观音寺现有7位妇女管理者，年龄60岁左右，上一代的管理者为现任管理者的母亲。三教寺因有下村和交椅湾的老年协会在，因此，老年协会也经常参与管理，但日常还是由妇女管理。三圣宫较为特殊，因受到乡政府的重视，并将南方蒙古族文化传承长廊安置在宫内，故由政府专门请人进行管理，每个月付给工资1000元。村里人平常因为家庭事务去得相对较多的寺庙是中村和白阁的天子庙，每家结婚、小孩过百日都会去庙里祭拜。其中，中村的天子庙仅中村一个村的人祭祀，白阁天子庙由白阁、下村、交椅湾和桃家嘴四村人进行祭祀。

（五）节庆习俗

兴蒙乡除了那达慕节是各村共有的节日外，5个自然村都有自己特有的节日。

1. 鲁班节

时间为农历四月初二，共举办3天。举办地点为观音寺。兴蒙乡蒙古族建筑手艺精湛，为感念鲁班传授技艺，特此纪念鲁班。这个节日是整个兴蒙乡历史最悠久的节日。在节日前，举办方会发请帖到各个组、乡政府以及外乡村落。活动提前一天准备物品，第二天午饭后一两点时抬鲁班像转街。转街后，2点左右在搭好的舞台上演出，晚饭后外乡的人离开。第三天宴请帮忙的人。

节日当天十分热闹，不仅有本乡的人员参加，外乡人也会来参加。各村表演本乡的传统节目，外乡人也会出节目。参加节日的人每人每天需要交纳40元伙食费。每天两餐，上午10点左右，下午4点左右，吃饭地点在中村公房（观音寺旁），多荤菜，一般菜品在十二道以上。

2. 祭敖包

2017年在中村后山建立了敖包，成立敖包管理委员会，并于每年农历六月二十二日举行祭敖包节。祭敖包仪式过程为：早上8点至10点在后山祭祀敖包，专程从内蒙古请人来主持，祭祀分为主持人念祭文祭长生天、参与村民向敖包献祭两个过程。然后下山去三圣宫祭祀三圣，下午在村文化广场举行各民族歌舞会演，晚上在广场举行祭火仪式和集体跳乐。整个过程在敖包管理委员会的运作下井井有条，气氛在宗教场所庄严肃穆、在文化活动场地欢快热烈。

3. 祭祖节

时间在农历六月二十日，共举行3天。举办地点在三圣宫。祭祖节始于20世纪80年代初，是整个兴蒙乡的节日，祭奠的是蒙古族共同的祖先——成吉思汗、蒙哥、忽必烈。第一天准备祭祀的用品，第二天正式祭祀，早上8点把准备的整只处理好的黑山羊、牛头、猪头、鱼等祭品供奉在三圣像前，第三天宴请帮忙的人员。参与第二天祭祀的为本乡老一辈人及地方代表。和一般节日不同的是，祭祖节没有歌舞节目。祭祖节期间食荤，每天两餐，一般在上午10点左右，下午4点左右。吃饭地点在白阁公房。参加祭祖节的人员每人每天需要交纳40元伙食费。伙食的菜品一般在十二道以上。

4. 三八妇女节

时间为公历3月8日。举办的地点原来在三教寺，现在在民俗广场。此节日作为特色节日始于2000年左右。节日当天12点开始有歌舞节目，有主持人主持，一位为当地退休女教师，一位为男性退伍军人。男性退伍军人字写得很好，举行活动的很多字幅均出自他手。节日当天全乡的人都会来参加，外乡人也会来参加。本乡参加的人员会带来传统歌舞表演，外乡的人员也会带来他们的节目。节日当天食荤食，一般为两餐，在上午10点和下午4点左右。吃饭地点在下村公房。前来参加的人员每人每天需要交纳40元伙食费。当天食用的菜品一般在十二道以上。

5. 元旦节

时间为公历1月1日。共举行3天。在节日举行前十多天发请帖,邀请全乡的人参加。节日期间食荤食,一般为两餐,在上午10点和下午4点左右,地点在桃家嘴公房。参加的人员每人每天需要交纳40元伙食费。菜品一般在十二道以上。

6. 那达慕大会

兴蒙乡蒙古族的那达慕大会时间在正式设立南京大屠杀祭奠日之前为公历12月13日,纪念日设立之后推后一天,为12月14日。以前一年举办一次,1992年后每三年举办一次。节日期间会邀请内蒙古的同族人参加。举办地点在兴蒙乡的那达慕广场(又称民族广场)。节日前一个礼拜左右的时间开始发请帖。第一天为开幕式,第二天为正式表演,12点开始转街表演,从上渔村开始,转到的地方会放鞭炮以示欢迎。晚饭后外来人会离开,天黑后开始篝火晚会,一般持续到12点,第三天宴请帮忙的人。节日期间食荤食,一般为两餐,在上午10点和下午4点左右。因为参加的人员众多,节日期间兴蒙乡的每一个小组的公房都会承办伙食。参加的人员每人每天需要交纳40元伙食费。菜品一般在十二道以上。

(六)公共卫生与民族医药

元明清时期,兴蒙乡蒙古族没有自己的医生,直到1937年以后,才逐渐培养出几位蒙古族草医和兽医,主要治疗妇科疾病、骨科疾病、感冒发热、刀伤枪伤、长疮等。他们在行医过程中形成了一些药方,如臭灵丹,苏梗,用辣椒加生姜熬汤治疗感冒,用小狼毒治疗刀伤、枪伤,用苦楝子、使君子驱蛔虫,用三七、一支篙治疗跌打,用野葡萄根治疗牙疼等。

1950年以后兴蒙乡的卫生事业经历了一个逐步发展的过程。1965年,大队派2名队员到通海卫生局学习乡村卫生员技术,在曾在晋宁县医院工作回乡的医生杨必富的主持下建立了大队卫生室。1968年改为合作医疗站，并在5个自然村设置了6个卫生室。1983年，合作医疗站取消，乡内主要靠卫生室给群众看病。

兴蒙乡卫生院成立于1992年，位于红旗河以南、集贸市场旁。1992年刚成立时仅有医务人员4名，1994年增至11名。至2000年，卫生院共有病床22张，科室有内外科、小儿科、妇产科、五官科、中医科，有急诊室1个、社区防疫站1个。2016年，乡卫生院与县医院联合办医，现在共有医务人员14人，包括医生7人、护士5人、药剂师2人，其中，本科5人、大专4人、中专3人和初中生1人，副主任医师1人、主治医生1人，县医院专家会经常到卫生院坐诊。有病床40张和1个住院部、1个护士站、1个药房、1个收费室。科室设置与2000年左右一样，但增加了专家坐诊室。

除了卫生院外，乡内现还有私人诊所2家，一家为老医生杨必富所开，杨医生现已80多岁，但仍经常为群众看病，擅长治疗脑外科疾病；一家为村民赵剑峰开设的皮肤病诊所，赵医生以前是通海县医院的医生，2006年辞职回乡行医，在皮肤病方面有特长。

村民现在看病，一般小病都在乡内医院看，因交通便利，离玉溪、通海都不远，去市里或县里看病的人也不少。自2002年实施新农合以来，全乡的参保率为100%，看病的费用，村民根据所在医院的类型可以报销一部分，一般在乡卫生院看病，报销的比例最大，可达到40%以上，因此，这增加了大家在乡内看病的积极性，但现在村民经济条件好了，到外地看病的也不少。

五、社会组织

（一）婚礼习俗

兴蒙蒙古族的婚礼仪式主要有以下几个步骤：

1. 定婚仪式

男方要去女方家分三次说亲：第一次是说明情况，互相了解；第二次是和第一次差不多；第三次是确定婚事，选吉日确定定婚、结婚的时间。传统的说亲要有媒婆牵头，现在不注重媒婆，一般是亲戚一起去女方家说亲。定婚当天在男方家吃糖，要准备好礼金和其他物品。定婚的时候吃定婚糖，当天晚上请男方的亲朋好友来男方家吃，第二天晚上请女方的亲朋好友来女方家吃。

2. 结婚仪式

在结婚前的一天，男女双方不能见面。结婚前一天晚上，婚床要由童男来压床，结婚当天早上会有两个妇女来铺婚床。结婚当天，新郎在亲友的陪同下去女方家接亲。新娘会打扮得很漂亮，一般穿着"三叠水"，也有穿着北方蒙古族服饰的。新娘脖子上会挂一面镜子，新郎右臂上会系一条红丝带，回家后便挂于新房的门头上。早上在女方家拜完天地后，朋友们会把男女双方事先买好的东西从女方家搬去男方家（一般是枕头、草墩、门帘等简单的东西，大物件婚前就已经安放在男方家，一般是电器、床、衣柜等）。一般两家距离较近就走路去新郎家，路上新郎新娘撑一把红色的伞。

当新娘到达男方家大门前时，要设供桌祭祀神灵和祖先。之后，在仙童（1男1女两个小孩）的陪同下进婚房。在男方家拜天地和父母的时间在下午2点左右。婚房忌孕妇进入，到了晚上忌女性进入。

娶本民族的媳妇，早上在女方家吃饭，晚上在男方家吃饭；娶外族的媳妇则正好相反，早饭是新郎在伴郎们的陪同下，跟着媒人一起去新娘家的正堂前吃饭。新郎要吃独席（一桌菜只能新郎吃），新娘的朋友们把菜抬上桌前会捣乱，她们会先吃一点，然后在饭菜里下料（食盐、味精之类的会拌很多在菜里）。吃饭时，专设一桌给伴郎们和女方家的长辈陪新郎吃饭。长辈们会倒很多次酒。传统结婚时新郎一定要喝醉，但现在一般不会让新郎喝醉。吃的时候，猪肉最多的两个前腿要给这两桌吃。

男方家的婚宴一般在下午5点半开始。两个伴郎和新郎的姐夫（没有姐夫的为两个哥哥）在3点半就要去女方家喊人，女方家一般会在4点半左右喊齐亲朋好友，由新娘父亲带领一起去男方家吃饭。吃饭时会第一时间端菜给女方家的亲戚朋友。此时，新郎新娘在母亲、婶婶和一个伴郎的陪同下去敬酒，新郎提酒壶，新娘端着一盘烟，每一桌都要上酒递烟。新郎新娘的菜有人会直接端到婚房里，敬酒后，新郎新娘和伴郎才会去婚房里吃饭喝酒。晚上10点左右开始吃夜宵，吃完夜宵就开始闹洞房。

第二天一早新娘会回娘家，男方家吃完早饭，新郎和伴郎几个人会去新娘家喊新娘，然后带上供品一起去凤凰山上的新郎家祖坟，祭拜男方的祖先，然后去山神庙拜山神、财神、求子观音等。上坟的时候只有男方

◇ 敬酒的新婚夫妇

的一个亲戚带着新郎新娘和一个伴郎去。男女双方的小伙伴会在男方朋友的带领下在山上煮炊锅，拜完山神后的猪头要让伴郎挑去给小伙伴们煮炊锅。晚饭时新郎的朋友会把新娘的朋友留在男方家吃饭，新郎在伴郎和媒人共八个人（刚好一桌）的陪同下去新娘家回门吃饭。女方家的长辈会来敬酒。饭后在女方家拜天地，接受女方长辈的训话，之后就可以把新娘接回家。一直到把新娘再次接回家，整个婚礼才算完成。结婚当天新郎最大，第二天新郎最小，回家的路上只要遇到动物都要拜一下，甚至遇到蚂蚁也要拜一下。

第三天主要是宴请帮忙的亲朋好友，答谢大家的帮忙。

以上就是兴蒙乡婚礼的全部流程。其与传统婚礼相比，在流程上变化不大，尤其是接新娘时在新娘家堂、在新郎家门前举行的仪式一直没变。拜祖先、祭拜山神、祭拜送子娘娘是必须经过的流程。新娘在举行婚礼的3天内，经常回娘家也没有变化，只是一些细节发生了变化。例如以前吃饭多在家里或祠堂里，现在吃饭多在村里的公房。新娘穿的衣服，以前穿兴蒙传统民族服饰，现在除在接新娘时穿，在招待客人吃饭时一般穿婚纱或北方蒙古族长袍。以前，新娘陪嫁的嫁妆在接新娘时一起搬运到新郎家，现在提前就要搬好。以前接新娘时，一般在路上不让新娘着地，用轿子接，现在一般都是同新郎以及伴郎、伴娘一起走到新郎家。以前，新娘在结婚当天是不参与向客人敬酒的，但现在新娘一般都会参与敬酒。

（二）婚姻制度变迁

在婚姻制度方面，兴蒙人在元代主要实行外婚制，因当时的蒙古族出征都不携带家眷，参军的女性也极少。明代至民国实行半封闭婚制，男子可以娶外族女性，女性一般不外嫁。男女的婚配多依父母之命，自由恋爱的较少。男女双方是否适合婚配，主要通过八字先生算命来定。兴蒙人认为男子一般比女子大1~5岁比较合适，女子比男子大1~2岁比较合适，对女子大男子2岁以上极为避讳，这与汉族不同。定婚、结婚的日期也由算命先生来定。婚后居住,据记载曾经流行过不落夫家,女子婚后可以住在娘家,直到生子后才会住夫家。此外,还有说亲时要请媒婆,定婚、结婚时也要媒婆帮忙办理;定婚、结婚时要送彩礼、送钱给女方准备嫁妆;等等。

现在这些制度都发生了一些变化。在婚配对象选择方面,依父母之命缔结的婚姻已经大幅度减少,男女双方多为自由恋爱组成家庭。当然,必要的说媒形式还是要走的。在女子不外嫁方面也改变很多,尤其是在外读书的女性,现在嫁回本乡的很少,多数在外成家。不过总体来看,现在乡内由不同民族组建的家庭只占极少数,90%以上的家庭还是蒙古族组成的家庭。兴蒙的女子多不愿意外嫁,一些女子即使同外族人结婚了,还是愿意留在本乡生活。

不落夫家现在几乎看不到了,女子成家以后一般都搬入男方家庭居住。在男女双方是否合适婚配方面,兴蒙人依然相信八字合婚,婚前一般都要请先生算一算,主要是老年人对此比较相信,年轻人对八字的态度相对较为淡薄。送彩礼、备置嫁妆的习俗没有太大的变化,只是现在的嫁妆多是现代化电器、现代家具,甚至还有摩托车等。此外,如果是同其他民族结婚,还要尊重其他民族的习惯,按其他民族的习惯办理。

(三)家庭结构关系的变化

兴蒙乡蒙古族分家,传统上以分开劳动和分灶吃饭为主要特征,分房不是主要的分家标准。明代至民国时期,因生活较为贫困,蒙古族家庭习惯子女成家后就分家,儿女自立门户,即使还生活在一所房子内,也是分开生活、分灶吃饭和分开劳动。传统三房四耳结构的房屋中,村民建造耳房的目的就是为了子女以后成家分灶吃饭方便。当时,蒙古族家庭多以二三代同堂居多,一般一家人也就是4~5口人。但同堂不等于一同生活,老人在生活能自理的时候,一般不与子女一起生产生活,直到生活不能自理才与其生活在一起。四五代同堂的多为一些生活相对富裕的家庭,为数不多。在调查过程中,听说桃家嘴的普氏老祖修了兴蒙极少的三房八耳退八尺房屋,全家20多口人在一起居住生活,还在一起吃饭,每天做饭都用一口极大的锅。在家庭男女分工方面,以前,一般是男人多在外打工,从事泥瓦匠或挑夫工作,女子承担家里的其他劳动,包括种地、抚养小孩,因此,女子的家庭负担相对男人更重。在家庭的民族构成上,1949年以前,兴蒙境内几乎都是蒙古族家庭,多民族的家庭极少。

现在,人口发生变化,由于计划生育,家庭以3~4口人居多。家庭结构则没有根本性变化。据马京2009年左右的调查,兴蒙乡现代家庭多以二三代家庭居多,占80%以上。[1]现在依然如此,核心家庭所占的比例相对更大,占到60%以上。现在,老人愿意独自生活的习俗没有变,他们认为两代人甚至三代人住在一起不方便。一些受访的老人说,老人不参加劳动,吃饭时间较为固定,也比年轻人早,一起吃饭不方便,而且,老人爱吃软的,在饮食习惯上也与年轻人不同,还是分开吃住比较方便。因此,一般家庭在子女成婚以后都与子女分开生产生活,相比以前,分开住的现象更为突出,并且现在村民生活更为富裕,能建造新房的人家也多了,子女成家后分开居住、分开生产生活的人家自然更多了。

家庭男女分工方面变化也不大,现在兴蒙乡的成年男子外出打工的人数占成年劳动力的比例依然不小,女子依然承担了大部分家庭事务和农业劳动。只不过,因现在农业收入已经成为村民稳定而且主要的收入,男人参与劳动的时间相对增加了。男人即使出外打工也要先把地里的事情安排好。而且,现在村民出外打工相当大一部分能在当天回家,再加上劳动设施的改变,在地里也通电安装了电灯,因此,男人出外劳作回来还能参加地里的劳动。此外,随着现代农业工具的使用,如微耕机以及化肥农药的使用,妇女的劳动强度也减轻了。

---

[1] 马京:《位育之道:云南兴蒙蒙古族婚姻家庭的变迁研究》,云南民族出版社,2012年。

在家庭的民族构成上，现在多民族家庭相对增加了但在处理家庭关系方面，蒙古族的民族意识仍较为明显，这尤其体现在男方入赘的情况中。在调查的人家中，女方为蒙古族的家庭，多数子女为蒙古族，并且跟随母姓。有些家庭虽跟父姓，但民族仍为蒙古族。既跟父姓又从属男方民族的有1~2家。因为与其他民族通婚，现在村里的姓氏也比以前多了。

虽然分家现象较为突出，多民族家庭中民族意识较强，但总体而言，蒙古族的家庭关系还是融洽的。蒙古族传统的接柴（家中有人上山砍柴后，留在家中的人要翻山越岭前去接应），就体现了他们对家人关爱的态度。在日常生活中，村民也尊老爱幼，虽然分家了，但子女会时常看望老人，因老人已不参加劳动，没有收入，他们会经常给老人送去钱物。老人也会时常关心子女，子女忙碌时，他们也会经常帮忙照顾其家庭，看管小孩。嫁出去的女儿，在月子时，有半个月要回娘家居住，父母要担负起照顾她的职责。在兴蒙乡，这些家庭美德代代相传，为其营造良好的家庭氛围打下了基础。

（四）传统社会控制模式

兴蒙乡传统的社会控制模式分为官方和民间两种。官方的社会控制主要通过基层治保机构完成，在明代为巡检司管理，清代为团保管理，光绪年间设立警察事务所，民国在县团防大队之下设立团防分队进行管理。

民间的社会控制模式主要通过民间组织、社会教育、习惯法和社会舆论等进行控制。民间组织中，宗族组织是管理的核心。兴蒙乡主要姓氏都建立自己的宗族组织，一半以上建了祠堂。中村有杨家、普家和王家祠堂，白阁有官家、赵家和招家祠堂，下村有奎家、华家、王家和期家祠堂，交椅湾有杨家祠堂。宗族要选出族长和管理宗族事务，订立族规对家族成员进行管理。宗族规定每年都要定期进行祖先祭祀，祭祀的花费由每个宗族家庭承担，有条件的就出地，没条件的就出钱。宗族对成员的行为有较强的控制力，他们在宗族内部有民间执法权，通过族规进行管理。对违反族规的人，宗族族长有权力对其进行处罚。例如兴蒙蒙古族在跳乐时不允许本村男女一起跳，不允许婚后妇女随意参与跳乐，要敬老爱幼等，对违反这些规定的人，他们会召开宗族会议对其进行处罚。他们还是民间纠纷的调解者，对于发生家庭纠纷的家庭或农户之间，如果自己解决不了，会通过宗族进行调解。宗族虽然占有部分农户的土地财产，但他们在社会控制中的确起到了重要的作用。

1952年以后，宗族的作用就逐渐弱化了，集体将宗祠重新安排，部分成为集体办公场地，部分分给了私人。祠堂里面供奉的祖先牌位，"文化大革命"期间许多都被烧光了。

习惯法、家庭教育和民间禁忌也是社会控制的主要模式。兴蒙乡蒙古族在与其他民族的交融过程中，通过多年的经验逐步形成了有自身特点的习惯法。对外讲究尊重别人的习俗，维护蒙古族整体的形象。蒙古族到外地砍柴是经常性行为，而周围的民族都评价蒙古族砍柴是最规范的：他们一般不砍倒整棵树，而是砍树的枝叶，砍好的柴也要码整齐了才背回家。村里宗族举办全体活动，即使人不来，村民除了60岁以上的老人外都要筹钱或给物品，这个传统延续至今。在家庭生活中，要相互关爱、尊老爱幼、兄弟和谐，接柴行为就是这一美德的最佳体现。如果哪家人不尊重老人，村里人或宗族成员就会对其进行必要的劝诫教育，甚至处罚。对叔嫂关系也形成了一些规范，如大哥、小叔不能直接称弟媳或大嫂的名字，在日常生活中接触要符合礼仪。在缔结婚姻的过程中，他们讲究礼仪，说亲一般要经过至少三次，才算有诚意，愿意善待自家女儿。婚礼过程中，男方送彩礼，女方必须回嫁妆，礼尚往来。女儿月子时，后半月一般要接回娘家住，分担男方家庭的负担。生孩子的家庭都会在家附近挂上彩旗或草帽，村里人就知道这家生孩子了，一般就不会随意去打扰这家人。村里哪家建房或办婚礼、葬礼时，村里人都会主动去帮忙，不收取任何费用。即使现在，村里人建房，都是亲朋帮助完成，这为村里人节省了一大笔开销。葬礼时，村民会在村中的万年青树上挂上草鞋，村里人就知道有人家要办丧礼，就会主动前去帮忙。生产过程中需要人手时，亲戚朋友也会去帮忙。1949年以后，这些习惯法大多以村规民约的形式来体现。

在民间禁忌方面，兴蒙乡蒙古族在日常用语中忌讳说死亡，忌讳直言一些不洁的生理现象，如身体私处、疾病、排泄、女子月经、房事等，他们会用一些较隐晦的词语代替。他们认为平常说这些词语是不道德的。在家庭称呼中，一般夫妻在外面不直接称呼对方的名字，对长辈更不能直呼其名，也不直接称公公婆婆，一般都以孩子的称呼来代替。

在禁忌行为方面，主要体现在婚丧礼仪中，过月子和过婴儿百日也有禁忌。在婚俗方面，不许姨表兄妹间结婚，不许家族内婚，婚礼上要防与自己相冲属相的人进入新房，新娘婚前一天只能待在自己家里等。结婚当天，迎亲时，伴郎要准备好象征清白的绿菜和盐，新郎在迎亲路上不许说话。新郎在新娘家要单独吃饭，吃过的菜不能留下痕迹。从新娘家出来，一路上新娘子要撑一把伞避光，尽量避免被人看到，不能与旁人说话。婚礼上忌讳有不育的人、孕妇、守孝的人和坐月子的女人。在葬俗方面，忌讳把尸身残缺者、难产而死和未成年的人停在堂屋；灵堂不讲话，不骂死者。一旦家人过世，三个月内不能播种；忌讳年内丧事后办喜事，须翻年后才可以办。过月子时，产妇不能上供奉祖先的楼层，以免触碰神龛，也避免踩到家里人的头上；月子期间产妇不碰冷水，不能干活，不见关系较远的亲戚或客人。

这些习惯法和禁忌，在兴蒙乡蒙古族人的日常生活中，起到了规范社会秩序的作用。这些习惯法和禁忌会在家庭教育中传播，通过言传身教的形式，向小孩传输，告诉他们应该禁忌的事物。

除了以上形式外，社会舆论也是重要的社会控制手段。如果哪个人或哪个家庭违反习惯法或禁忌，村民就会当面或在背后议论他们，这对村民来讲是很没有面子的事，同时，村民也会因此在一些事情上对其进行回避，影响他们与其他村民的正常交往。因此，社会舆论的作用也很大。

（五）民间纠纷与调解

民间纠纷的处理方式现在主要通过司法途径、村里的治保部门和老年协会来进行处理，以国家政策法规和村民的乡规民约为依据。在民间立法方面，自1950年取消了族规族约以来，兴蒙主要通过乡规民约来规范大家的行为。1983年，兴蒙大队订立了《兴蒙大队文明公约》，在卫生环境、树林管理、饮水、文化生活、勤俭持家等方面对村民行为进行规范。一律不允许女青年去外地跳乐，不提倡包办婚姻，提倡在婚丧嫁娶中厉行节约。1997年，兴蒙乡政府制定了乡规民约，在村容村貌、土地经营、社会治安、文化生活等方面进行了规定，严禁村民乱占公共用地，严禁打架盗窃，要维护团结、尊老爱幼。1999年，各村小组制定了统一的村规民约，规定了小组的责任权利，在社会治安、土地经营、村容村貌、村风村俗方面进行了规定，规范了村民的日常行为，也规范了村民的生产活动，例如在农田用水方面，执行上涝下排、上灌下流的原则，提倡维护民族尊严，厉行节约。2015年，桃家嘴村据新时期的特点重新修订了村规民约。2016年，兴蒙乡刚成立了村委会，村规民约正在修订过程中。这些民间立法与国家正式法律法规一道规范着村民的行为。

管理机构方面，在乡上主要是司法所和派出所进行管理。在2001年以前，兴蒙乡没有司法机构。1950年通过公安助理员管理，1956年以后通过治保委员会管理，直到2001年3月成立乡司法所。2001年6月成立治安联防队，协同管理。2014年，兴蒙成立派出所，形成完整的乡司法系统。在村里主要就是各村委各小组的治保委员会协同老年协会进行管理，调解不成功则层层上报。

自1950年以来，兴蒙乡的治安一直较好。2010~2015年，乡内发生矛盾纠纷256件，包括土地、婚姻、家庭矛盾、财产等各种纠纷，大多数以调解的方式解决，调解率达100%，成功率达96%。

六、生态环境

（一）地理位置与水土资源

兴蒙乡位于云南省玉溪市通海县西北，地处低纬高原，东经102°39′~102°41′、北纬24°8′9″~24°9′48″。乡政府驻地白阁村海拔1800米。

兴蒙乡有凤凰山，其支脉有中村山、白阁山、磨盘山和南瓜山。土壤主要为红壤土和水稻土。兴蒙的土地有很大一部分是自元代以来通过杞麓湖内滩涂围湖造田形成的，现在土壤中还时常可见贝类遗迹。因此，当地土壤肥力较低，形成的耕地以低洼、冷浸田地居多。20世纪60年代以后，在政府带动下，当地人通过土壤掺兑淤泥改良、沟埂加高加宽的形式，在一定程度上改变了土壤的肥力和抗洪能力，提高了土地利用效力。

兴蒙乡水资源较为丰富。河流包括红旗河、碌溪河、夏家嘴河等。其中，红旗河原名中河，发源于通海汉邑水磨村，是杞麓湖的主要水源，占其径流总面积的41.6%，在通海县农田灌溉和防洪抗灾方面起着重要的作用。红旗河全长22千米，兴蒙境内共4千米，现其河道为直道，但这是1975年以后逐渐改造形成的。兴蒙境内除以上河流外，以前还有以母亲沟为主干的众多沟渠，如通往各自然村的喀氏沟、妯娌沟、喀旨沟、龙潭沟、坝到沟以及通往耕地的10多条沟渠，还有蓄水塘，如小海塘、坝到塘、蒙回塘。这些沟渠和水塘在兴蒙乡发挥着灌溉和交通的重要作用。但随着农田扩充的需要以及红旗河改造，大部分沟渠被填埋，目前仅坝到沟和小海塘保存较好。兴蒙乡自古以来形成的水道格局基本被改变了，随着工农业用水的增加，水量已远不如从前。

（二）气候与物产

兴蒙乡属中亚热带半湿润高原凉冬季风气候，四季如春，冷暖不分明。每年11月至次年4~5月为旱季，每年5月至10月底为雨季，雨旱季分明。主要灾害有水旱灾害、地震和冰雹，夏秋的水旱灾害较多。年平均气温为15.6℃；年日照总时2286小时；年均有霜日数27天，无霜期320天；年均降水量889毫米；主要风向为西南风，平均风速2.7米/秒。

兴蒙乡矿产资源贫乏，没有金属矿产，主要矿产有石灰石、马牙石、砂岩石和石英。在植被方面，兴蒙乡属于少林地区，多为次生针阔叶混交林。目前，兴蒙境内坝区基本没有成片的树林，在河道和公路边的林地保持较好。村落内部的树木较少，多生长在村后和路旁，除农户栽种的果树外，还有清香树、滇合欢、大朴树等。由于兴蒙人崇拜山神以及习惯在坝区耕作，兴蒙山上树林覆盖率较高，除少部分开发为果树林外，其他山地基本保持了野生林地的状态。政府林业部门护林方面卓有成效，每年定期开展林木除虫活动和防火活动，常年安排专职护林员看守。林木保护一定程度上有利于中草药和野生菌的生长，单菌类就有鸡枞、牛肝菌、干巴菌、奶浆菌、青头菌、摆衣帽菌等20多个菌种。

由于常年开发，野生动物资源稀缺，兽类和一些特色鸟类如猫头鹰、鹭鸶等已基本绝迹。以前由于水道众多，多鳞介类动物和鱼类，兴蒙乡渔业较为兴盛，捕鱼虾是村民重要的活动。但随着多数沟渠被填满，水量减少，以及由于农药化肥过度使用、水道被污染等因素，水产动物大幅度减少，兴蒙乡渔业也基本处于停滞状态。在家禽方面，随着水道减少、农业耕作模式转变，传统特色养殖业——养鸭也逐渐没落，仅少量人家还在开展。

（三）饮水工程

兴蒙乡有丰富的水资源，再加上地势低，打井成为之前兴蒙人主要的取水来源。在20世纪70年代，兴蒙人的主要饮水来源还是井水。之后，慢慢演变为饮用地表水，80年代铺设钢管饮用自来水。近年来，由于水污染严重，兴蒙人主要的饮水方式是自来水和桶装水，少数人还是会使用井水或是上山挑山泉水。水井的水一般都用来洗菜、洗衣服、做饭，喝水用的都是自来水和桶装水。年轻人几乎不用井水了，除了一些老房子，一般人的家里已经很少有水井存在了。现在中村有三口井，白阁村有一个龙潭，下村有三口井，交椅湾有一个新的龙潭、一个旧的龙潭。

自来水管的铺设已经有40年左右的时间。在2000年后，对自来水的来源重新进行了规划，挖了两口267米深的井，用水管引到山上的沉淀池，再用水管引下去，供全乡的村民使用。水费2元/立方米，田里浇地的水和家里用的水价格是不同的，一般是一个季度交一次水费。乡里有专门的供水站，有2名人员管理，有一个水保站，供水站的两个人挨户一起收水费，并进行水管的维修工作，这两名工作人员是直接受自来水公司管理的。自来水管从20世纪80年代铺设以来，到现在还没有完全换新的，只是哪里坏了就修哪里，打电话给自来水公司，会有专门的人员来维修。

（四）厕所改造

兴蒙乡正在向旅游小镇发展，对公共卫生进行了一定的改造，尤其是厕所问题。在兴蒙乡的传统民居中，厕所多为旱厕，与住房分开，一般建在房子外面，用土砖或其他材料围成一个1平方米的空间，有的是露天的，有的会加盖，像一个小房间一样，是老式的蹲坑，有两个木板或是石板置于双脚之下，粪坑有的有遮挡，有的无遮挡。这样的厕所不分男女，可以说是一个公共厕所，是不锁门的。现在有了公私之分，有的旱厕有了门，会用锁锁起来。现在，这样的厕所正逐渐减少，但住在老房子的少量人家还在使用。新式民居在厕所的建造上有了一定的改变，人们开始将厕所建在房子内部，并配套化粪池，一般与浴室同在一个房间，配置专门的冲水装置和垃圾篓。截至2015年底，使用卫生厕所的家庭达278户。

在兴蒙乡的旅游乡镇规划中，公共厕所也被列入建设范围。现在，每个村民小组的公房附近和自然村内都修建了公共厕所。

公共厕所由政府出资建设，乡政府雇人（一般是老人）打扫公共卫生，主要负责垃圾处理和公厕打扫。从2014年开始，兴蒙乡每人每年要向乡政府交10元的卫生费。不过街道的垃圾处理和公厕清理是分开算钱的。每一个村一般有2~3个垃圾员，道路旁边的垃圾桶一般是一天清理一次，每天将垃圾桶里的垃圾拉到垃圾房（位于兴蒙乡与下回村的道路中间地段）。公共厕所一般是几天清理一次。在村子里，随处可见保护环境、不乱丢垃圾的牌子。

（五）民居建筑变迁

兴蒙乡传统村落沿凤山南麓边坡从山脚向南延伸，形成了砂石板路（1983年被破坏）贯穿其间错落有致的居住群。传统民居以土木结构青瓦房为主，其主体格调为三间四耳倒八尺，融合了周边汉族、回族、彝族等民族的建筑风格，加饰有封火和龙脊，整体呈"一颗印"形式。彰显民族特色的是蕴含蒙古族文化的纹饰、门楼木雕和柱脚石雕，体现了兴蒙乡蒙古族同胞的勤劳和睿智。

传统的民居一般是两层，分主楼和厢房，中间有天井，窗户向内开

◇兴蒙乡传统村落

放。天井和大门之间一般会有一个照壁。主楼一楼正中为堂屋，是会客用餐的地方。堂屋中间没有门，现在的传统民居加了一个帘子，晚上的时候可以拉上。堂屋的两旁为四个卧室。在兴蒙乡的蒙古族传统中，左为尊，故靠近里面的左边房间为家里的老人或是长辈居住，外面的两间为家里的小辈居住。天井两旁是厢房，有四间屋子，可作厨房、杂物间或卧室。现在，会用一间做卫生间。主楼二楼，中间一屋供着成吉思汗或是祖先牌位。左右两边有四个房间，可做杂物间和卧室，家里人多的话，会住二楼。平时有客人来做客，一般是在二楼留宿。厢房二楼多用作杂物间。通往二楼的楼梯下面，可以在楼梯下面放一些杂物。

兴蒙乡的传统民居多为20世纪90年代及之前建造，2016年，政府针对传统民居开展了传统村落保护计划，建设了一个传统民居保护区，也是兴

◇ 兴蒙乡传统民居

蒙乡旅游开发的一个重要方面。同时，县里拨了300万元对兴蒙乡的传统村落进行修葺和重建。在20世纪70年代，通海发生过地震，在这之后建的房子或是建筑，都加了防震、减震的保护措施，一些老房子也重新加固了一下。目前，兴蒙乡的建筑在老村落内呈老房居多、新老混合的状态，在全部1300所左右的住房中，老房仍占一半以上。正在建设的白沙凹新区则将出现全部为新式楼房的格局。

现代人多喜欢住在新民居中，新式房子方便，光线足，有砖结构、砖混结构、混凝土结构三种结构，大多是砖混结构的洋楼。有现代化设施，如大铁门、钢制门窗、瓷砖等，多为三层及以上建筑。因为土地有限，不能横向扩建，就只能纵向往上盖了。现在房子的结构与老房子的结构有很大的不同，多为转角"L"形房屋，与围墙构成天井。祭祖先牌位的地方，从二楼转移到了家里的最高层。厨房主要在一楼，或者在其他楼层也设置1~2个。每层都有卫生间。老人住在一楼，小一辈的住在二楼或以上楼层。和传统民居相比，现代民居的空间功能更突出纵向利用。

像兴蒙乡蒙古族这样的小型聚居民族如何与周围民族开展族际交往、进行文化调适具有较高的研究价值。此外，1949年以来，尤其是改革开放以来，云南蒙古族在人口、社会、政治、经济、文化、民族认同等方面发生了翻天覆地的变化。以通海县兴蒙乡蒙古族为例，对云南蒙古族进行研究，不仅可以通过对比20世纪50年代以来诸位学者的调查研究，全面反映云南蒙古族社会变迁，同时，也是改革开放40年成果的体现。

水族社会历史回访再调查
——以富源县古敢乡补掌村为例

李建明　高登荣

本次调研的田野点为云南省富源县古敢乡补掌村，是对宋恩常先生《富源县黄泥区水族的过去和现在》这篇调查报告的再调查。1956年始，全国人大民族委员会组织开展了一次全国少数民族社会历史调查，宋恩常先生作为云南水族社会历史调查的承担者，撰写了上文。在文中，宋先生从云南富源黄泥区水族（今属富源县古敢水族乡）人口分布、民主改革前的生产状况、解放前的家族组织及习俗、物质生活、精神文化等层面详细介绍了云南水族的过去和当时的社会、文化状况。今天看来，宋先生撰写的这篇文章成为研究和了解云南水族历史、文化的珍贵学术文献。

自宋先生调查至今已近三十年，富源古敢水族社会在中国当代历史的进程中也发生了巨大的变化。继续关注、追踪和记录其社会变迁，从学术角度来看，既是对历史的继承，也是了解当前我国少数民族社会、文化变迁所亟待进行的一项使命。人类学、民族学作为一门学科，其方法论要求用整体论的视角长期关注某一社区，本调研报告即是在这样一种指导下进行的。我们的调查报告既参考了宋恩常先生调查的框架，也根据现实情况进行了相应的调整。调查共分六个部分，分别记录了补掌村的政治、社会、经济、文化和生态等多方面发展状况。

一、村寨概况

补掌村隶属于云南省曲靖市富源县古敢乡补掌行政村，从地理位置看是在滇黔交界处，毗邻贵州省乌沙镇，距乡政府所在地古敢村7.5千米。全村现有农户138户537人，其中水族人口489人，占总人口的91%。全村总面积5.97平方千米，有耕地860亩，其中水田600亩、旱地260亩，人均耕地面积1.6亩，人均耕地占有率居全乡之首，林地1800亩，2条小河汇集村内形成补掌河，水资源丰富。①全村经济收入主要靠种植养殖及外出务工。补掌村作为古敢水族乡水族人口聚集的自然村，具有较为浓郁的水族风情。

（一）村寨历史与传说

云南富源古敢乡的水族村寨流传着"水五寨"的起源传说。"水五寨"包括今咚喇、都章、补掌、热水、大寨五个村寨。补掌村便是"水五寨"中的一个寨子，也是民族特色较为鲜明的一个村寨。在调查中发现，当地水族对于"水五寨"的历史起源颇为熟悉，并且有几个不同版本的集体记忆和历史叙事。

其一，相传历史上其祖先是迁徙到富源古敢这一带的，时间是清末民初。当地人告诉我们，在都章村过去矗立着一块有关水族迁徙的墓碑，碑文记载了其祖先最初是来自贵州省三都县。最初，是姓查和姓韦的两位祖先为了讨生活来到富源古敢地区，并且在这里发现了补掌河流域丰饶的土地，继而在这里定居开荒。传说，韦家有五个女儿，而查家有五个勤劳、能吃苦的儿子，两家定居的同时也结为姻亲。随着时间的推移，人口不断繁衍，查家与韦家不断壮大，陆续从补掌河两岸开荒扩展，形成今天的咚喇、都章、补掌、热水、大寨五个村寨。

---

①数据资料来源于古敢乡政府文件，采访日期：2016年12月13日。

◇象征古敢水族历史的"水五寨"寨门

其二,据说很早以前补掌村所处的地方还是一片沼泽地,本村张姓家族的先民住在高坡。有一天,从外地来了一个逃难的乞丐,这个乞丐虽然落魄,但懂得一些风水。他经过张家门口讨饭的时候,张家人给了他一口饭,出于感激之情,他观察地形后建议张家人将自己的家族搬迁到山脚下去,认为那里是一块风水宝地,有利于家族的繁衍。张家人半信半疑,但最终决定听从乞丐的建议,从山上搬到山脚下。由于山脚全是沼泽地,因此张家人齐心协力从别处搬运石块垒地,慢慢地,山脚沼泽地里形成了一块夯实的土地,看起来就像是补起来的巴掌,故而起名"补掌"。在这个版本的历史叙事中,当地人认为张家人是最早迁徙到补掌村的,所以很多本地村民到现在都认为张姓家族的人是补掌村的"老本家"。张家居住在补掌村的历史大概有200多年。

其三,认为祖先来自南京应天府或顺天府。村民梁某某说:"我们的祖先来自南京应天府,朱氏巷上江、下江。在迁到补掌后,我们的祖先就给张家人放牛放马讨生活。"①还有村民认为其祖先是在明末张献忠在四川大屠杀之后,从江西、湖广等地方迁来补掌的。一些村民认为,从南京应天府来的人,走路的时候喜欢背手,而从湖广、江西等地迁来的人,走路的时候习惯甩手。

从上述关于补掌村水族的祖先记忆传说中可以看出,补掌村的人最初都是从外地迁徙到本地的。随着历史的流变,不同地域和不同文化的人逐渐在这里汇聚并繁衍生息。

(二)民族构成

全村现有农户138户537人,其中水族人口489人,占总人口的91%;汉族人口48人,占总人口的9%。②

(三)性别比状况

补掌村目前的男性占总人口的54%,女性占总人口的46%,其中年龄上80岁的老年人有89人。③

(四)人口流动与趋势

改革开放之前,补掌村的人口流动较少,流动范围也较小。改革开放之后,从20世纪80年代开始,人口大量外流,尤其是年轻人外出打工较多,根据补掌村委会的最新统计,2015年初到2016年底外出务工人员多达1100多人次,从外出打工人员的年龄构成上看,以25岁至50岁的男性为主。④

(五)村寨今昔变迁轨迹特点

补掌村所在地属喀斯特地貌,土地资源相对丰富,但长期以来因地理

---

①2016年12月11日,补掌村梁某某家访谈。
②资料来源:古敢乡政府资料,《古敢水族乡乡情简介》,采访时间:2016年12月13日。
③资料来源:2016年12月13日,政府资料,《古敢水族乡乡情简介》。
④数据资料采访自富源县古敢乡政府,采访时间:2016年12月13日。

◇补掌村远眺

形态复杂,生产力水平较低,故经济基础较薄弱。这里平均海拔1300米,地理气候差异小,适合于种植水稻、玉米等,但属于粗放型种植,村民生活较为贫困。随着农业产业结构的调整,近几年,主要发展香米及经济林果种植,年均种植香米不少于300亩,养鸭不低于3万只,香米种植及养鸭现已成为该村经济发展的支柱产业,同时,剩余劳动力得到有效转移,年均转移剩余劳动力不低于120人,创劳务收入不少于150万元。[①]

补掌村有丰富的自然资源条件,有耕地860亩,林地1800亩,补掌河水资源丰富。[②]自2005年开展社会主义新农村建设以来,补掌村基础设施建设得到显著改善,实现了"五个通",即通水、通路、通电、通电话、通电视,"一池三改"(建沼气池,改厕、改厩、改灶),完成沼气池建设34户,改厕9户,改灶35户,改厩110户,群众生活条件日益改善,村容村貌

[①]数据资料采访自富源县古敢乡政府,采访时间:2016年12月13日。
[②]数据资料采访自富源县古敢乡政府,采访时间:2016年12月13日。

大为改观。教育基础设施建设良好，2016年普及高中教育，中小学入学率达100%。①

补掌村水族文化保存良好。现有农民业余文艺演出队4支29人，这些演出队为村寨的日常生活增添了丰富多彩的民族文化元素，既起到了娱乐民众的目的，也促进了民族文化的传承与保护。

二、经济建设

（一）传统经济体系的变迁

补掌村在历史上一直是个传统农业村落，改革开放以来，随着社会流动的增加，补掌村与外部世界的联系频繁起来，近几年来，很多年轻水族村民外出务工，不仅向外输出了劳动力，也从外部带回来许多新的生计手段。目前，为了促进本地经济的多元化发展，当地政府除了组织村民外出务工外，也在努力探索如何利用本地资源的比较优势促进本地经济发展，吸引外来投资。其中，特色旅游业的发展成为本地经济发展的重要依托平台，而充分发掘民族文化成了当前发展的一项重要目标。

在调查中我们获知，截至2015年底，补掌村537人中有劳动力315人，农业劳动力资源相对丰富，但科技文化水平较低，农村实用技术人员匮乏。②过去一直以种植水稻、玉米为主，人民生活较为贫困。近几年，主要发展香米及经济林果种植，同时，剩余劳动力得到有效转移，农业产业结构得到调整。

◇赶场的补掌村民

---

①资料来源：2016年12月13日，政府资料，《古敢水族乡乡情简介》。
②数据资料采访自富源县古敢乡政府，采访时间：2016年12月13日。

河流长年不断，具有充沛的水资源，灌溉面积达280亩。水资源的开发利用，有利于水产养殖及种植业的发展。①

（二）农作物种植

传统的农作物种植以水稻为主，水稻品种是毛稻米。改革开放后，尤其是从1983年开始，补掌村村开始引进一些新的农作物品种，如薏仁（又称芦谷）、生姜、玉米。现在，补掌村民一般会在农历三月种植玉米，五月插秧，八、九月收割水稻和玉米，十一、十二月拔生姜、打芦谷，其他时间则是农闲时节。

（三）农业科技推广

补掌村定期开办实用技术培训班。乡科委和科协组织协调相关涉农部门，利用村民综合活动室，结合村情实际，开展外出务工技能及科技种养殖培训，比如香稻种植、家禽饲养、生猪养殖、沼气池建设及使用等培

◇收割水稻的村民

①数据资料采访自富源县古敢乡政府，采访时间：2016年12月13日。

◇ 赶羊放牧的补掌妇女

训，2015年度开展各类培训6期350人次。抓好农家书屋的建设管理，定时开放农家书屋，为村民提供良好的科技致富信息，营造了良好的学科技用科技氛围。①

在新时期，建设社会主义新农村要有产业作支撑，为此，补掌村在乡政府的指导下加强村民科技文化技能的培训。从2010年7月开始至今，政府组织进行了补掌水族特色村新型农民技能培训。主要围绕种植养殖实用技术及外出务工技能培训，每年培训5期，每期培训时间不少于3天，培训人数不少于130人，培训总共不少于690人次。年投资8万元，聘请教师0.45万元，场地租用0.2万元，购置培训设备1.8万元，培训材料按人均30元计算，需2.07万元，组织部分学员外出观摩学习经费3.48万元。②近年来，补掌村的参培覆盖面更大，提高了村民科技种养殖技术及外出务工本领，增强了

---

①数据资料采访自富源县古敢乡政府，采访时间：2016年12月13日。
②数据资料采访自富源县古敢乡政府，采访时间：2016年12月10日。

生产能力,增加了群众收入,补掌村有了长足发展。①

(四)产业结构的调整

2014年至2015年6月,充分利用补掌村良好的水资源和农田资源,大力发展水产及鸭子养殖,扶持1000只以上养鸭大户10户,发展50亩以上林果栽培大户2户,发展稻田养鱼20亩,发展泥鳅养殖20亩,发展200平方米以上河道拦网养殖10户。②这些产业的投资概算为:养鸭大户10户,按每户1万元计算,共10万元;林果栽培大户2户,每户按5万元计算,共10万元;稻田养鱼50亩,按每亩500元计算,共2.5万元;泥鳅养殖20亩,按每亩2000计算,共4万元;河道拦网养鱼10户,按每户1.35万元计算,共13.5万元,

◇补掌村河道中的散养鸭群

①数据资料采访自富源县古敢乡政府,采访时间:2016年12月12日。
②数据资料采访自富源县古敢乡政府,采访时间:2016年12月13日。

总投资为40万元。①所花费的资金构成包括政府扶持与村民自筹两块，其中申请省级补助20万元，县级补助10万元，村民自筹解决10万元。②为了保障投资的有效性，当地政府与村民之间建立了有效的指导与合作关系，乡人民政府负责领导及综合协调，乡新农办牵头，畜牧站负责养鸭大户技术指导，林业站负责林果栽培大户技术指导，农技推广服务中心负责水产养殖技术指导，村委会负责组织实施。通过共同扶持与指导，补掌村养鸭大户10户，每年可增加农村经济收入10万元；林果栽培大户2户，5年后每年可增加农村经济收入30万元；稻田养鱼50亩，每年可增加农村经济收入12万元；泥鳅养殖20亩，每年可增加农村经济收入10万元；河道拦网养鱼10户，每年可增加农村经济收入10万元。全乡农村经济收入得到提升。③

　　补掌村还大力发展水族特色村特色产品开发项目。水族人民有着悠久的历史，其民风民俗与其他民族有所不同，不论是饮食还是节日、服饰等方面均有独特之处。为了能更好地保护和发展水族文化，补掌村在政府的指导下，开发了水族特色食品、服饰、工艺品等。从2010年8月开始到2011年4月中旬，围绕水族"五花饭、姜仔鸭、清汤鱼"等特色食品，扶持发展农家餐饮服务1~2户，利用农家乐发展推广水族特色食品；围绕水族服饰、吉祥物"吞口"、竹具器皿等工艺品，扶持发展特定制作点1~2个，以此促进水族特色产品的保护和发展。在旅游特色服务投资上，发展了农家餐饮服务1~2户，按每户投资4.5万~9万元计算，发展工艺品特定制作点1~2个，按每户投资4.5万~9万元计算，共需18万元。乡政府在工作中为补掌村筹措资金，申请省级补助资金10万元，群众自筹解决8万元。为了保障投资得到有效的落实，乡人民政府负责检查督促，村委会配合乡民宗办负责组织实施，村民小组负责动员群众。通过此项投资，推进了水族文化传

---

① 数据资料采访自富源县古敢乡政府，采访时间：2016年12月13日。
② 数据资料采访自富源县古敢乡政府，采访时间：2016年12月13日。
③ 数据资料采访自富源县古敢乡政府，采访时间：2016年12月13日。

承保护与开发工作，探索了少数民族特色产品开发模式，带动了相关产业发展。①

同时，打造补掌水族特色村特色旅游开发建设。从2010年8月开始，补掌村扶持发展以展示水族风情为主要内容的水族农家风情游专业户2户，结合补掌村一些较为熟悉水族特色文化的家庭，对水族的民风民俗进行宣传。扶持发展以展示水族风情为主要内容的接待户1~2户，按每户投资10万~20万元计算，总投资20万元，这部分的资金来源为：申请省级补助资金5万元，乡人民政府自筹5万元，群众自筹解决10万元。通过扶持发展水族农家风情游专业户，带动水族工艺品、特色食品发展和特色种养业的发展，促进特色村寨村民增收致富。②

（五）生产方式的变迁

在农业上，补掌村传统的生产方式主要是人力耕种和畜力耕种，如今，很少有人力耕种，但是畜力耕种仍然大量存在。虽逐渐开始有小型耕地机，但补掌村在农业机械化发展上相对滞后，这主要是由于当地属于喀斯特地质地貌类型，在举行集约用地上客观上受到了一定的限制。

（六）经济收入与消费

补掌村全村经济收入主要靠外出务工及种养业。2009年末，补掌村粮食总产量345吨，人均有粮642公斤，农村经济总收入229万元，农民人均纯收入2135元。2015年末，补掌村粮食总产量340吨，人均有粮642公斤，农村经济总收入791万元，农民人均纯收入4200元。根据最新调查，补掌村2016年人均收入5600元，平均消费3200元。③

（七）精准扶贫

补掌村总面积5.97平方千米，有耕地860亩，其中水田600亩，旱地260

---

①数据资料采访自富源县古敢乡政府，采访时间：2016年12月16日。
②数据资料采访自富源县古敢乡政府，采访时间：2016年12月16日。
③数据来源：古敢乡政府统计数据。

亩，人均耕地面积1.6亩，人均耕地占有率居全乡之首，林地1800亩。①

补掌村作为水族人口最集中的自然村，具有较为浓郁的水族风情和良好的经济发展环境，但长期以来，由于建设资金投

◇补掌村开展精准扶贫工作

入不足，经济社会发展相对滞后，贫困户较多。现有贫困户23户112人。自2010年6月开始，县乡党委、政府确定把古敢打造成"民族文化生态旅游小镇"和"农业特色基地乡"两大目标，补掌村即被列为旅游发展核心村。②

补掌村精准扶贫工作开展以来，累计整合项目6个，投入资金773万元。其中，民族团结进步示范村补助资金150万元，群众投工投劳及整合"美丽乡村"、养殖产业扶持、地震民居安全工程、安居工程、"土风计划"等项目资金623万元。其效果，一是基础设施得到强化。建成特色种植引水灌溉三面光沟渠2000米，维护水源点1个，提升改造文化活动小广场760平方米，维修活动室120平方米，维修硬化村庄道路1100米、4200平方米，硬化进户路550米、1200平方米，加固维修传统民居60户，维修加固老桥1座，拆除重建小桥1座，安装太阳能路灯40盏，种植香樟、榕树等绿化树20株。对村容村貌进行了改观。③二是产业扶持成效明显。种植业方面：新发展日本甜柿200亩，毛红板栗200亩。稳定原有特色种植香米350亩、生姜100亩、芦谷100亩。④养殖业方面：扶持能繁母牛养殖大户5户60头，养

---

① 数据来源：古敢乡政府年度统计报告。
② 文字材料采访自古敢乡政府政府年度报告，访谈时间：2016年12月16日。
③ 数据资料采访自富源县古敢乡政府，采访时间：2016年12月13日。
④ 数据资料采访自富源县古敢乡政府，采访时间：2016年12月13日。

殖户133户（每户1头）；扶持生猪养殖户138户（每户1~2头）；养鸭、鹅大户5户。①2015年，在特色种植提质增效上下大功夫，以补掌村为主，辐射带动周边自然村，扶持发展500亩红稻和500亩黑稻种植。两年来，补掌村年均有效转移剩余劳动力100人以上，群众收入渠道扩宽，收入水平明显提高，村民生产生活条件显著提高。②

在补掌村，精准扶贫主要由乡政府组织领导、村委会贯彻实行。精准扶贫的扶持政策主要是：发展生产脱贫一批，发展教育脱贫一批，生态补偿脱贫一批，易地搬迁脱贫一批，社会保障兜底一批。具体内容为：发展生产脱贫一批，大力实施自然村"一村一品""多村一品"产业推进行动，确保每个自然村有1~2个产业发展项目，有条件的贫困户至少参与1个增收项目。③补掌村在党的精准扶贫政策下积极创建和发展农业合作组织。通过教育脱贫的方式从根本上体现了精准扶贫的精神和决心：通过建立档案确定教育贫困户，采取了对符合条件的村民普通高中、中等职业教育免除学杂费，在享受一般政策的同时还会额外资助2500元的助学金给贫困家庭学生，鼓励他们努力成才，为摆脱贫困和自我成长做好坚实的教育基础。此外，在教育上还实施了贫困地区农村义务教育阶段学生营养餐计划，从学生的物质层面彻底改善办学条件，给学生充分的生活基础保障。在生态扶贫的措施上，既做好了基本农田的保有指标，也积极推动退耕还林还草政策，对于坡度为5度以上的农田进行生态保护并做好了相关补偿工作。通过易地搬迁实现了部分村民的脱贫。凡是纳入易地搬迁三年计划的搬迁对象，集中搬迁10户以上，建档立卡贫困户每户补助4万元，非贫困户每户补助1.2万元，户均可贷款5万元以上，基础设施配套每户补助5万元。

---

①数据资料采访自富源县古敢乡政府，采访时间：2016年12月12日。
②数据资料采访自富源县古敢乡政府，采访时间：2016年12月12日。
③数据资料采访自富源县古敢乡政府，采访时间：2016年12月13日。

不集中搬迁的安置户，只享有相应的补助，不再配套基础设施费用。[1]社会保障兜底一批：重点保障完全或部分丧失劳动力的农村贫困人口，对其实行相关生活保障措施。加强对农村低保申请家庭的调查，认真核实贫困家庭的真实生活境况，将符合农村低保要求的贫困家庭纳入低保保障范围，做到公平、公开、公正，保证贫困家庭享受基本的贫困低保待遇。补掌村精准扶贫的脱贫年度计划主要为：2016年脱贫30户122人，2017年脱贫26户106人，2018年脱贫26户105人，合计82户333人。[2]同时，补掌村还推行合作医疗项目，截至2016年，村民养老保险高达98%。[3]

三、政治建设

新中国成立前，该地由被称为"老本家"的张家管理，张家为该地的大地主，许多后来者多为张家的仆人，为张家做工。新中国成立后，经过土改，村民分到了土地，相应的管理机构随之建立。在近几年的新农村建设与规划中，村党支部对于村寨的规划、建设起着实际的引导作用。

通过村民代表大会，制定相应的村务公开、村规民约、村民议事、红白理事等制度，以展板的形式张贴在公共场所显眼的地方，并由党支部监督制度的落实情况。

四、文化建设

（一）公共文化基础建设

补掌村有着丰富的民族文化资源，水族风情颇具特色，有独特的"三月三对歌节""打老牛"等诸多节日。全村现有水族文化传授能人2人；水族文化学会1个，会员达50余人；村民文化活动室1所120平方米，文化活动

---

[1] 数据资料采访自富源县古敢乡政府，采访时间：2016年12月13日。
[2] 数据资料采访自富源县古敢乡政府，采访时间：2016年12月13日。
[3] 数据资料采访自富源县古敢乡政府，采访时间：2016年12月13日。

小广场2个1000余平方米；农民业余文艺演出队4支29人，常年可以自娱自乐。①此外还有党员活动室，供村内党员和村民们使用。

（二）民族传统文化遗产保护

近年来，随着我国对文化遗产保护的重视，水族文化也逐渐受到了国家各级部门的重视。总体说来，以水歌、吞口、吞口舞等为代表。

1. 水歌

补掌村的水歌有悠久的传唱历史，其曲调丰富，不仅反映了水族丰富的日常生活，并且表达了水族动人的情感思想，是人们情感沟通的重要文化媒介。补掌村的水族，几乎人人都会传唱水歌，唱歌且能填词的歌手受到人们的高度赞赏。水歌是通过耳濡目染代代相传的方式得到传承，人们在田间地头或闲暇之余都会用丰富的曲调来进行情感的沟通，获得身心的愉悦。在水族社会中，情歌传唱水平高者也会受到人们的追捧。在很多有情歌对唱的活动中，人们围拢在那些高水平传唱情歌的歌手身边，竞相拿出手机录下那些美妙的旋律与词调，并经常拿出来细细品味。

补掌村水族歌曲的曲调门类丰富，选题广泛。按其内容可分为祭祀歌、劳动歌、生活歌、风俗歌、情歌、儿歌、时政歌等类别，各类别中还可分出若干细目。如情歌就可分出十八种：送妹歌；送郎歌；爱恋歌；恩怨歌；誓言歌；抗婚歌；采茶调；插花调；荷花调；盘花调；绣花调；连妹调；喊妹调；别妹调；连歌调；劝郎调；配亲调；赶场调。又如，风俗歌可分为祝酒歌、哭嫁歌、挂红歌、贺新房调、撒章调、踩门调、上梁调、招亲调、拐妹调、丧葬调等等。②

在笔者调查的过程中，遇到一次古敢乡当月的赶场，乡政府为了丰富和宣传水族文化，推出了赶场日的水歌擂台赛活动。在对歌期间，笔者亲

---

① 数据资料采访自富源县古敢乡补掌村党支部书记吴飞邦，采访时间：2016年12月16日。

② 鲁庆华：《古敢水族歌谣与对歌活动》，《民族音乐》，2008年第1期，第20页。

历了水族的山歌对唱活动。对唱时，由于擂台赛的限制，多少具备一些展演性，但在擂台赛后，前来参加比赛的水族歌手们意犹未尽，三五成群地组成一个个小小的对歌组。

◇ 古敢乡文化站举办水族山歌擂台赛

水族的水歌曲调变化不多，从句式上看，有七言四句（常用）、四言句、五言句。采用借喻、暗喻以及拟人等手法。从形式上来看，可以分为单歌、双歌、祭歌、排歌四种。单歌是歌手一个人独自吟唱，其内容丰富，可以表达各种日常生活场景；双歌是两个人对唱，有一男一女的对唱，也可以是同性别之间的对唱，

◇ 参加水族对歌的妇女们

采用对话体的形式一问一答，即兴创作；祭歌则主要是用在各种祭祀庆典中，因其为人神沟通的媒介，因此主要是主持祭祀的长老掌握和吟唱。排歌程式固定，一般是借用四季的内容来表达丰富的文化意涵。

水歌历史悠久，是水族生活中必不可少的文化表达形式。在积淀的众多水族歌曲中，情歌较为丰富。在这些情歌中，既有表达纯洁爱情的，也有抒发人们对于爱人可遇不可求的无奈心情的。此外，还有对于传统婚姻形式中因家庭包办婚姻而舍弃自己心上人的离别之苦的情感表述。好的情歌表达，其内容如流水般清澈流畅，让听者感同身受，引发情感共鸣。这也是水族情歌能吸引人积极参与的原因，其丰富的情感表达是抒发个体真

挚情感的最佳表达方式。下面的水歌曲调就很形象生动地表达了这样的情感诉求：

青面围腰飘带长，飘带上面绣凤凰，背靠杨柳脚踩水，口吹木叶手招郎。

郎有意来妹有心，要学芭蕉一条心，要学辣子红到老，莫学花椒起黑心。

妹在河边洗白衣，一棒东来一棒西，东一棒来西一棒，河中小郎在打鱼。

太阳落岩又落坡，妹在门前看情哥，爹妈问我看哪样，我看太阳落不落。

郎想妹来妹想郎，二人想得脸皮黄，打开枕头给哥看，眼泪发芽三寸长。[1]

由于水族男女青年喜欢用唱歌的形式来倾吐和传递彼此间的爱慕与深情厚谊，故而情歌唱得好不好，往往成为相互衡量、选择对方的一个因素。

本次调查中，我们主要采访了古敢水族乡补掌村委会都章村人查应琼，她从小学习山歌演唱，在山歌演唱方面有较高的水平和娴熟的技巧，并能自编歌词。她唱的山歌分为啰嗦歌、四节歌、排歌、猜子歌和妹调五类，思想积极健康，有的反映男女初见时的害羞，有的反映男女恋爱时的甜蜜，有的反映男女通过山歌定终生的风俗，有的反映男女婚后生活的欢乐，所唱山歌多次获奖，为水族山歌的传承做出了贡献。

---

[1] 部分歌词见于补掌村所立牌板上，2016年12月13日。

2. 吞口①

水族的吞口是一种具有神性的民间工艺品，由材质较好、密度较高的木头雕刻制作而成。其独特性不仅表现在工艺特点上，更在古敢水族的日常生活中发挥着必不可少的作用，村民认为吞口可以起到镇宅、丰产等作用。吞口木雕已被列入市级非物质文化遗产保护名录。该地的水族吞口大致有五种造型："凶神恶煞"型——白凤眼、白鼻白剑、红须红牙，能吞灭克人毙畜的妖怪；"猩猩必煞"型——黑鹰眼、红耳红剑、四颗獠牙，能吞灭散播瘟疫和火灾的厉鬼；"凶神八煞"型——白眼红耳、四颗獠牙、八颗平齿，能吞灭八方鬼魇；"双剑雾煞"型——红脸鹰眼、一口獠牙、口含双剑，能吞灭恶破坏阴阳五行协调的妖魔；"送子行煞"型——凤眼红须、白鼻黄剑、多枚平齿，能吞灭妨碍生殖的邪恶。②

◇补掌村水族的吞口

---

① 报告人郎某，2016年12月10日，郎某家中。并结合古敢乡政府、补掌村委会提供的部分资料。

② 荀利波：《古敢水族〈吞口〉舞创作的文化背景与价值研究》，云南大学硕士论文，2010年11月。

在补掌村，口耳相传的有关吞口起源的神话故事，这些故事结合了村寨的地貌特点，同时也表述了古敢水族先民的历史迁徙过程，吞口既展现了水族精良的民族技艺，也承载着补掌村水族的历史记忆。传说，水族先民们从外地迁徙到黄泥河的补掌、热水、大寨这一带的时候，这里并没有人居住，究其原因，是这里的地形容易形成瘴气，因而暑天往往易发瘴疠。水族先民们在定居补掌的过程中受尽了各种恶劣地理环境带来的磨难，民间因此还形成了"死得忙，走热水潭；死得快，走大寨"的口诀。有一年，天气炎热，瘴气格外严重，导致村子里的人大批死亡，不少人产生了搬离补掌的念头。就在大家恐慌无奈之际，村子里有极高威望的老人们决定通过祭祀去跟本地的神灵沟通，希望得到神灵的庇佑。于是，在全村人的资助下，这些德高望重的老人组织祭祀队伍前往补掌河源头潭坝边举行了一个建寨以来最大的祭祀仪式。当夜，守护祭坛的人们听到水潭里发出阵阵响声，时而如敲锣打鼓，时而又嘈杂无序，人们听着又紧张又害怕，便躲藏在水潭周边的树林里，仔细观察到底是怎么回事。但见，水潭宛如一口烧开的大锅一样翻滚，从中冒出一条硕大的金鳞来，旁边还有两个长着胡须的鱼伺候着，口口声声称呼金鳞为"大王"。其中一条鱼劝金鳞大王尽快回到潭水深处，因最近人间流行瘴气，很多人死亡。金鳞大王听到后不但没有回去，反倒哈哈大笑，对此不以为意。说话间，金鳞大王突然摇身一变，变成一只巨大的怪物，这怪物着实奇异：人首、狗耳、凸眼、宽鼻、獠牙、咧嘴、伸舌，并口含利剑。怪物说道："一毒降一毒，毒毒是怪物；以毒攻毒，以邪压邪，只要

◇补掌村双龙潭由来碑刻

我变个'吞口'，包能吞邪镇恶！"村民们看到金鳞大王变成一个自称是"吞口"的怪物，要保护村寨，带走瘴疠，瞬间明白自己的祭祀得到了本地神灵的感应。于是，人们奔走相告，绘声绘色地描述着吞口的样子，赞叹那吞噬八方瘴疠的勇武形象。随后，人们请来巫师将吞口绘画出来，并且杀鸡祭祀后张贴在家家户户的门上。果不其然，这一年再也没有发生因瘴疠而导致的人口死亡，并且在人们的祈祷中，这一年的收成是建寨以来最丰盛的一年。从此，人们开始供奉和张贴吞口的画像，希望得到保佑。随着时间的推移，人们觉得张贴吞口画像年年都会脱落，何不用雕刻的吞口代替呢？于是，人们开始雕刻吞口，想不到画面上的吞口被制作成雕刻品后栩栩如生，上色后更是显得威武，于是村民们开始竞相请求木工制作吞口。然而制作出来的吞口必须要经过巫师的赋灵仪式后才具备镇邪的神效，于是，制作吞口的木工也必须能够给吞口念神诀。这一文化传统，至今都在传承。随着吞口的普及，家家户户的门上都会摆放一个硕大武威的吞口作为对生活中不良因素的抵挡神物。逐渐地，村寨开始走向繁荣，水族先民们也顺利在补掌一带扎根定居，而有关吞口的习俗也一直保持到今天。

当前补掌村村民郎万平是吞口文化的主要传承人，他自幼跟随师傅何光亮学习吞口制作技术，其制作的吞口风格独特，深受水家人及外界人士的喜爱，每年制作大量的吞口向市场出售。1999年，被评为"云南省非物质文化吞口传承艺人"。

3. 吞口舞

吞口舞，因吞口祭祀活动而来。水族民间自称为"耍吞口"。吞口舞主要是在对吞口进行祭祀仪典的时候表演，类似于傩戏，表演者以吞口形象为面具，手持长剑进行舞蹈。从仪式的角度分析，吞口舞其实就是祭祀活动中的神人沟通手段，其目的在于斩除妖孽邪气，保佑平安。随着近年来非物质文化传承与保护的兴起，吞口舞也逐步从传统的宗教祭祀仪式演变成代表古敢水族民族文化特点的艺术表现形式。

在吞口的使用过程中,人们除了挑选适合于家户功能需求的器物造型外,最重要的就是要给吞口"开光"。制作吞口的很多工匠都掌握着给吞口开光的口诀,这些口诀代代相传,成为无形的精神文化财富。当地水族村民认为,如果一个吞口没有经过开光的仪式,就不具备庇佑功能。而这也被应用到了吞口舞中。一般来说,开光的口诀主要是:"吞口吞口,横眉怒目,神力威威,坐镇门头。一伸头,头顶天堂;二张眼,眼望四荒;三坚耳,耳听八方;四翘鼻,鼻闻妖王;五开口,口吞洪流。春夏秋冬,稳稳高坐,一口吞光,妖魔邪恶。哐啷哐啷,保我平安健康,喂牛牛成对,养马马成双。"①

吞口舞的表演者为男性,且主要是身形强壮健硕的中青年男子。表演队伍由六至十名表演者组成,其表演有一定的固定队形。表演者左手持吞

◇ 补掌村吞口传习所墙上的吞口舞壁画

---

① 访谈资料:此口诀流传于补掌村水族吞口制作人中间,是在历史的积累过程中积淀的丰富的精神文化财富。采访日期:2016年12月11日,补掌村尚某家中。

口，宛如古代战场上手持盾牌的勇士，右手持利剑，似与敌人作战。面具设计富有智慧，吞口口齿的部位设置灵活机关，可以将剑插入，方便表演时拔出来。吞口表演一般还会掺杂其他的水族民间艺术活动，人们在镇邪祛鬼的同时也不忘借此娱乐，娱神本身也是仪式过程的一部分。

◇补掌村壁画上的吞口舞

采访中人们经常会诉说很多印象深刻的吞口表演仪式，同时也会讲述家庭所遭遇的危机与集体抗争的过程。因此，通过对吞口舞的了解，也同时能够了解一个地方社会的民间历史叙事和本土宇宙观之表达。

4. 乐器

补掌村水族在日常生活中使用的乐器在器形上受到其他民族，尤其是汉族乐器的影响比较深远。水族日常使用的乐器有鼓、锣、唢呐、笛子、月琴等。我们在调查的过程中，看到古敢乡宣传画上有铜鼓，但在补掌村并没有发现这一标志性的礼器。

不同的乐器用在不同的场合，如跳吞口舞的时候一般需要铜锣和皮鼓；唢呐则多半是在婚丧嫁娶中使用；月琴则是男青年喜欢的乐器，在参加对歌大赛或者劳作之余闲暇娱乐时便会拿出来弹奏一番，音乐清脆欢快。近年来，水族的生活中也出现了现代乐器，如电子琴现在已经被村寨的很多人所接受和使用，一些老人在闲暇之余会弹电子琴取乐，在很多娱乐场合，电子和声器也被派上用场。

5. 印染工艺①

水族传统印染工艺，从原料的选取来看，主要有蓝靛、冬瓜树皮、老虎树皮等十几种野生植物，这些植物主要由妇女们集体采集，她们分成若干小组，每一组专门采集一种植物。这促进了妇女们的社会交流，也提高了采集染料植物的效率。

◇ 身穿水族传统印染服饰的补掌妇女

除了上述植物，还需要用锅烟子、石灰水、猪血、铜油作配料。印染工具有火锅、木罐、木盆、木棒等，印染过程包括煮、调色、印染、晾晒、平铺、捶打等五个环节。

煮。在煮的环节，需要将从野外采集回来的蓝靛、冬瓜树皮、老虎树皮等与石灰水按照一定的比例配制起来，这需要丰富的经验，因此很多年轻女性需要向有经验的年长妇女学习。通过蒸煮、浸泡等过程，将这些原料进行软化和化学反应。

调色。将蒸煮过的原料放置在干净的空间进行调色，一般来说可以调出一蓝、二蓝、三蓝、深青、浅青、淡青等，加适量的猪血可配制出猪肝色、棕色、黄色等各种色调。

印染。首先需要准备布料，布料多数由村民自己纺织。然后操作者将调制好的色彩原料装入不同的染缸里，再将布料放到染缸里进行染色。一般情况下染色需要一个小时，为了防止布料掉色，还需要用桐油上光。

晾晒。将染好的布料从染缸捞出来后进行清洗，然后将其晾晒在户外。

---

① 本节主要采访了古敢乡文化站文员王某某，采访时间：2016年12月13日。

捶打。将染色布料折叠后拿到一个平台上用木棒捶打，这样染料会更紧密地附着在布料上。同时，随着多次的捶打，布料色彩会更加鲜艳。

（三）基础教育与职业教育①

由于义务教育的普及，补掌村入学率已达100%，1990年后出生的儿童，大都能够接受完义务教育。该村现有一所小学，供补掌村村委会下辖的各自然村的适龄儿童前来就读，上初中大都在古敢乡接受教育。初中毕业后，除了继续就读高中外，其余一部分步入社会，去广西、福建、浙江、上海等地打工，也有一部分去一些职业学校接受职业技术教育。

◇补掌村参加体育活动的小学生

当前，补掌村的"吞口"制作工艺被评定为云南省非物质文化传承项目，并在本村设立了该文化遗产传承人。到2016年，补掌村"吞口"工艺的传承情况得到了进一步的改善，从之前的3人上升到了7人接受传承人的传习，并能独立制作"吞口"。

（四）宗教信仰

补掌村的水族以民间信仰为主，主要为祭山、祭龙潭等，村民们相信如果对神山和圣水不敬会遭受报应，不敬拜祖宗神灵也会遭受惩罚，同时，也对"吞口"满怀敬意。每家每户在房屋正堂都设有"天地国亲师"牌位，祭拜祖先神灵。

---

①报告人吴某，2016年12月13日，补掌村村委会。

(五)节庆习俗①

水族是一个农耕民族,因此水族的节庆主要是围绕着农事劳作而展开的。

正月"春节"。补掌村的水族也有过春节的习俗,其习俗已经与周边汉族相差无几。大年三十早上举行迎接祖先活动,除夕夜家族成员聚集在一起吃年夜饭。对于新近有人过世的家庭,其春节期间所贴对联,第一年是白色的,第二年改为黄色,第三年才能用红色。②正月初一到初三不劳动,其间主要是走亲戚、游乐。初三一大早要送走回家过年的祖先。

二月"祭白龙"。祭祀日期是在二月二(汉族称之为"龙抬头"的那天)进行。这个节日的主要是为迎接即将来到来的农耕活动而进行的祈福仪式。当天,村寨要集体进行祭祀,集体供奉一只红色的公鸡、一只黄色的母鸡,并且要准备好香火、纸钱、饭菜等祭祀物品,将其放置在村寨出水的地方。其目的在于祈求白龙不要下冰雹,从而获得丰收。

三月"祭龙节"。三月初的第一个属蛇日,补掌水族会祭祀龙潭,祈求本村能够在新的一年里风调雨顺、水源充足。全村共同用猪一头、鸡一对等供品,在石山脚村祭祀补掌河源头龙潭,由该村德高望重并且能够说一些吉利的祷词的老人主持。

四月"清明节"。这一天,该村各家上坟祭祀祖先,清理祖茔周围的杂草等。然后他们会在河边村旁戴柳、插柳。

五月"端午节"。补掌村的水族也有过端午节的习俗,每年的五月初五日这一天,各家各户都会行动起来,在自家门头插上艾蒿。据当地村民介绍,这一天过节主要是为了祈求躲避疾病与灾害。

六月"打老牛"(祭大山)。打老牛的祭祀活动除了补掌水族举行外,周边的彝族也有类似的祭祀活动。补掌村的"打老牛"安排在农历六

---

①该部分的撰写以补掌村村民郎某和梁某的报告内容为主,访谈于2016年12月10日、11日。

②报告人梁某,2016年12月11日,梁某家中。

月二十二日。届时，以村寨为单位举行祭祀活动。祭祀活动要进行三天，其间人们放下手中的活计，玩耍成为神圣性祭祀之外的主要活动。当地村民介绍，在以前，"打老牛"的钱是每家每户凑起来的，献祭过后同村人共同分享。这三天，村民只能闲在家中，不能从事生产活动。

八月"中秋节"。补掌村的水族在八月也有过中秋的习俗，人们在当晚用月饼、水果等供月，家庭情况相对富裕的会杀鸡来祭月。在献祭月亮之后，全家人一起食用献祭的食物。

十月"春牛粑"。这个节日被安排在十月初一，从历法角度看此刻正是谷物收获后准备来年继续耕种的阶段，这时进行"春牛粑"，一方面是给劳作的黄牛、水牛以奖赏，补充其身体能量；另一方面则是祈求家畜平安度过冬天，并准备好新一年的农事。因牛在水族的眼里是重要的伙伴和家庭财产，因此，需要格外细心地呵护和照料。

纵观这些节日，大都与生产劳作密切相关，每一个节日都与不同的神灵相关联，祈求丰收、祈求免遭各种不幸，通过节日使村落凝聚为一体，共同面对生存环境的挑战以及不适。

（六）当地传说故事

传说从前村里有一户人家，丈夫英年早逝，留下了妻子和一双儿女。儿子叫阿鲁，女儿叫阿梅。按道理，穷人家的孩子早当家，可是这个儿子阿鲁却截然不同，他不但不体恤母亲养育的辛苦，而且整天好吃懒做。年过半百的母亲看在眼里、苦在心里，但心疼儿子，只有一个人任劳任怨地养育着这双儿女。

光阴荏苒，阿鲁很快就在母亲的辛劳养育下长大了，并到了结婚成家的日子。这一天，阿鲁和妹妹以及未婚妻到田间劳作。阿鲁看到田地里有好多只鸟在捉虫子，仔细看，乌鸦、喜鹊、八哥都在田间寻找虫子，屁股后面还跟着好多大大小小的雏鸟。这些鸟儿们都辛劳地捕捉着虫子，但捉到的虫子都不舍得自己吃，全都分给了自己的雏鸟们。阿鲁看在眼里，酸在心里。自然界的动物们都知道如何去保护自己的孩子,想想自己的母亲从小将自己养大,自己也要马上结婚为人父母了,可却从来没有理解过母亲的辛苦。阿鲁手里拿着赶牛的鞭子,一边想一边决定要报答自己的母亲。没过多久,阿鲁的母亲提着送饭的篮子来到了田间。阿鲁看到母亲的身影,顿时觉得悔恨交加,并且决心今后要善待母亲,并好好侍奉老人家。看到母亲时,阿鲁一激动就冲过去迎接母亲,忘了丢下手里的鞭子。母亲大老远地看到阿鲁手里拿着鞭子冲过来,以为今天的阿鲁又从哪里受了气,要拿着鞭子抽打自己,一害怕就转身往回跑,一不小心就撞到一棵大树上死了。阿鲁本来准备接下来的日子要回去报答母亲,这下好了,不但没有尽孝,反倒让母亲因自己而去世了。阿鲁悔恨不已,放声大哭,于是决定用母亲撞死的那棵树做成一个很大的牌位,并将母亲的名字写在上面,以此纪念母亲,并且警示后人要懂得尽孝的道理。从此,人们去世后就会用灵牌来祭拜自己的亲人。

(七)公共卫生与民族医药

据当地村民介绍,[①]该村以前有"草医",人称"张二爷"[②],他懂一些草药,可以用草药治病,也可以医治家畜。

该村现有卫生工作室1个,有2名医生,平时为生病的村民进行诊断和治疗。此外,村委会和村小组在公共卫生方面也进行适当的宣传和监督工作。[③]

五、社会组织

(一)传统婚姻习俗及其变迁

1. 传统婚姻习俗

补掌村水族的传统婚姻,大致可分为探口风、拿话、定婚、测"八

---

① 报告人吴某,2016年12月13日,补掌村村委会。
② 据村民介绍,该老人于2015年去世,在世期间主持村中的各项仪式活动。
③ 报告人吴某,2016年12月13日,补掌村村委会。

字"、举行大礼等五个环节。

（1）探口风

水族男女自由恋爱，节日期间的对歌给青年男女们提供了接触、沟通和了解彼此心上人的机会。在我们的调查中，有不少水族村民表示自己的婚姻是在情歌对唱中缔结的。水族对待婚姻是非常严肃的，如果不经过传统婚礼仪式，那么即使双方自愿在一起，也被认为是不妥当的和失礼的。因此，男女双方的婚姻一定要明媒正娶才能被认可和祝福。

男方必须要找到年长并且在村寨里有威望的老人做媒人。媒人接受委托去向女方父母问亲，即"探口风"。这个环节一般不需要带礼物，其主要目的是打探女方家双亲对于男方家的态度。媒人也通过初步的接触了解对方是否好处，是否有意缔结婚姻。若对媒人比较客气，热情接待，说明女方家同意。媒人把情况反馈到男方家，再研究进行下一个环节。

（2）拿话

在这个环节，男方父母需要与媒人商量，并准备好礼品。在此环节必须要准备一份小礼物托媒人带去女方家，一般准备一些小点心即可。从最初的没有礼物到此环节的小礼物，再到后续环节的厚礼，可通过物品的流动看到男女双方在缔结婚姻关系中的社会关系距离。在此环节中如果礼物过于厚重，反倒会带来负面效果。因此，不同阶段礼物的表达需要谨慎小心。小礼物在这个环节主要是：手帕、瓜子、头巾、饼干，如果知道女方家男性长辈有饮酒的习惯，也可以带一两瓶酒。如果在这一环节，女方乐意接受男方托媒人带来的小礼物，则说明女方家愿意接受男方家提出的婚姻要求，这个环节被称为拿话。

（3）定婚

男女双方对对方的情况有了进一步的了解后，男方要主动派媒人去提亲。提亲之后，紧接着进入定婚的过程。媒人带着男方家的委托到女方家说亲。如果媒人进到女方家受到较为热情的款待，那么说明女方家一开始还是愿意就男方家的提亲做进一步的商议；如果女方家招待媒人的方式很冷淡，那这门亲事就意味着失败。代表男方的媒人这时需要发挥自己能说会道的本事，将口才发挥到极致。媒人会用尽一切办法去夸赞男方家的品德，让女方家感受到男方家缔结婚姻的诚意。如果提亲成功，那么双方就要商讨下聘礼的日期。在下聘礼的当天，媒人就要带着男方家的小伙子亲自上门拜见女方家的父母以及亲朋好友，这一环节女方家要尽全力去考察男方家小伙子的人品、长相以及对自家女孩子的诚意。而男方家小伙子则要尽力通过自己的表现赢得女方家父母的同意和赞赏。

在笔者调查的补掌村，聘礼的种类和数额都与数字有着密切的关联，而且大都借助数字的谐音，以求吉利。通常情况下，男方都要给女方父母买一套衣物、两双袜子，定婚的钱在以往大都以16元、36元或66元为主，蕴含着"有福有禄"。定婚钱给女方后，女方家通常会通知亲朋好友前往家中吃火笼酒，同时，姑娘会把女婿带来的糖果、烟酒、瓜子、花生之类的东西分发给他们，当地称之为"发定婚糖"，暗含着当地人对"婚事甜甜蜜蜜"的期盼。届时，姑娘的父母会向亲朋好友们告知姑娘准备嫁给谁家以及女婿的情况等。①

（4）测"八字"

定婚后，女方家需要请本地的阴阳先生测算双方的八字，以此来选择结婚的日子。在这一环节中，男方家也要到场，并继续下聘礼，一般金额是3600元，酿酒36斤，猪肉36斤，衣物8套，还有香灯、蜡烛之类的东西。女方家在这一环节需要邀请其家族内的成员参与，酒席由女方家承担，被邀请的宾客不需要在此环节带去任何礼物。女方家一般会特别隆重地举办"八字酒"仪式，这也成为评价女方家是否重视人情的重要依据。邀请的阴阳先生要在该天通过女方姑娘的生辰八字来推算最合适的结婚日期，并

---

① 罗章斌、李树琼：《富源古敢水族自然风情述论》，《曲靖师范学院学报》，2004年第1期，第30页。

将其封装在一个红色的纸包里。按照当地的风俗,八字红包还需要通过"抢八字"的习俗来让男方家得知具体推算的婚礼日期。这一环节主要是为了增添婚礼节日的喜庆氛围,"抢八字"红包的过程总是给参加筵席的人们带来许多欢乐的气氛。如若男方家抢不到八字红包,还需要继续支付一些酒水钱来得知八字红包上的具体婚礼日期。一般情况下,还需要带一只鸡和300元的嫁妆钱,届时女方家才会把姑娘的生辰八字拿给媒人,由媒人转交给男方家,男方家才能请先生根据男女双方的生辰八字选出吉日,此后再通知女方家,然后双方开始为嫁娶的相关之事做准备。

(5)举办大礼①

在以上环节相继完成后,就进入了正式婚礼的环节。当地的水族把嫁娶的礼仪称为"行大礼"或"办大礼",其有着讲究的相关礼节和程序,无论家境情况是贫穷还是富有,对于这种礼节都是相当重视的。当天由于前来参加的亲朋好友多,因而场面也很热闹。举办婚礼的前一天,男方家通常需要杀猪、鸡之类的做饭请亲戚和街坊邻里来吃。婚礼当天,新郎家会请唢呐队同新郎以及新郎的玩伴们一同前往新娘家迎娶新娘,同时也会带着在当地人看来含有吉利数字(通常各为66斤)的酒、肉和"姊妹粑"②(通常为36个),此外还有36个"放

◇婚礼中替主家登记彩礼的村民

---

① 此部分内容笔者在补掌村采访了数位老人,并参考了罗章斌、李树琼:《富源古敢水族自然风情述论》,《曲靖师范学院学报》,2004年第1期,第30页。
② 用来分发给女方家小孩以及女方家姊妹们吃,该地村民介绍。

牛粑"①、3元6角"姊妹钱"②（当下该数字有所增加，变为36元）。同时还需要带两个大粑粑和一只"姊妹鸡"（当地人的称呼）来祭拜女方的祖先，还需要为女方家厨子准备一只鸡和1元6角、3元6角或6元6角不等的参厨钱，用来感谢厨师。以前，新郎从自己到新娘家迎娶新娘并非易事，尤其是新郎快要到新娘家的一段路程，新娘的小姐妹会在新郎的必经之路上设置一些障碍物，也会用对歌的方式给新郎提出一些要求，通常情况下都是先礼貌性的，后边就是挖苦，然后又是亲密，折腾到新娘的小姐妹们满意时，方可将带来的"姊妹粑"和"姊妹钱"分给新娘的姐妹们，然后才能顺利地进新娘家的门。如果没有这些礼物，一般情况下，新郎一行是很难通过这些路障的。

第二天一早，天微亮，新娘就开始穿着打扮。新娘会穿上自己或在家人帮助下缝制的结婚衣服，佩戴着早已准备好的金银首饰，穿上绣花鞋。在新娘临出门的时候，新娘和新郎要一起给新娘家的祖宗灵位磕头，同时还需要一起面向东方"会祖"，然后要给新娘家的直系亲属和姻亲及近亲按照顺序依次磕头，以表达对新娘养育的感恩之情。随后新娘会带上舅舅家和自家早先准备好的嫁妆，一只手里拿着准备好的新手帕，另一只手里撑着新阳伞，由新娘的兄长扶着上车。临行时，新娘家会给新郎和伴郎们备一只碗，以防在途中遇到不祥之事，用来辟邪。届时也会在新娘的胸前挂一面镜子，以备辟邪之用。到男方家后，傍晚新郎家会举办隆重的宴席。

傍晚，新郎和新娘要在婚礼主持人的安排之下，在鞭炮声和唢呐声中，叩拜新郎家的祖宗灵牌，随后给新郎家的长辈们依次磕头。之后，新娘需在新郎的陪同下，端上喜糖、喜酒、瓜子之类的东西向新郎家的亲友

---

①分给寨里的放牛娃，让孩子们一起分享幸福，该地村民介绍。
②用来分发给女方家小孩以及女方家姊妹们。

◇ 婚礼中前来帮忙的妇女们

们致谢,同时也结识新郎家的亲友们,俗称"认亲戚"。紧接着便是"闹洞房"。"闹洞房"时,村里乃至邻村的同龄人都会来戏逗新娘新郎,也会吹拉弹唱,进行对歌,来的大都会给新娘送一双小孩鞋,预祝新娘新郎早生贵子。

在新郎家的第二天,新娘需要脱掉了婚礼时穿的盛装,开始穿上日常的衣服,在丈夫的陪同下一起去村中的水井中挑水,新娘第一次挑水象征着吉祥之水。从这一天开始,新娘便开始下厨并操持家务。之后新娘还需要回门,回门后一切恢复正常,新娘新郎开始过平常的日子,只是结婚后的前三年,新娘需要回娘家过年。

2. 婚姻制度变迁

随着社会的发展和时代的变迁,人们的生活每时每刻都在发生着变化。由于地境所致,当地水族与邻近的汉族、回族和彝族等民族都有着密切的联系,互相通婚,婚俗也在不断地变化当中。近年来,由于外出务工频繁,该地嫁往外地的女孩也越来越多,同时,外出打工的青年也会带来其他民族的女性,与之建立家庭。以往传统的相识方式以及婚姻过程都相应地发生了改变。例如结婚"办大礼"时,新娘的姐妹们已不会刻意地刁难新郎;"姊妹钱"等则随着经济水平的变化从以前的几元钱,变成了现在的几十甚至几百元;以前带的"60斤酒""60斤肉",现在则象征性地变成了茅台酒两瓶或三瓶和猪肉一坨,与此相伴的则是男女双方协定的一定数额的聘礼。据该村张某说,1990年自己结婚时,聘礼已是990元人民币。[①]2016年12月11日,笔者参加了一场水族婚礼(嫁女儿),据婚姻主管介绍,男方当天送聘礼6600元,可能之前也有给过。[②]

(二)家庭结构关系的变化

以前,水族大都是姑表舅婚或者不同姓氏之间的联姻,家庭多以联合家庭为主,分家并不常见。

据补掌村村民回忆[③],在1983年,也就是改革开放以后,联合式家庭变成核心家庭。随着家庭形式的变化,养老问题也发生了变化,之前

◇水族老两口

不分家的联合式家庭,父母的养老较为统一。当下对父母的赡养,如果兄弟多人,则每个兄弟按月给父母一定额度的资金或者物资。因为父母有土地,如果某一兄弟承担养老,父母的土地也会随之成为赡养者的,而该村土地少,因而众兄弟分担养老,分种父母的土地。

[①]报告人张某,2016年12月12日,补掌村张某家中。
[②]报告人张某,2016年12月12日,补掌村张某家中。
[③]报告人张某,2016年12月12日,补掌村张某家中。

（三）传统丧葬习俗及其变迁

于补掌村水族而言，在众多的习俗中，传统葬礼保留得较为完整。葬礼包括报丧、入殓、择吉、安葬、立碑、除服等仪式。

补掌村水族的葬礼一般由阴阳先生来主持，他们认为，如果在葬礼中处理不当，会招致不幸。安葬的形式，依据埋葬的深浅可以分为浅葬和深葬，依据埋葬的方式则有土葬和火葬，而这些都可以大体纳入便葬和急葬中。非正常死亡的都会火化安葬。

悼念活动中，需要办隆重的筵席，此外还需要请唢呐队、歌舞队来表演。要杀一头

◇ 补掌村的一场葬礼

◇ 葬礼中的迎宾仪式

猪或牛，并买一些酒、瓜子之类的东西招待前来祭奠和哀悼的亲朋好友，也用来祭奠亡者。这种葬礼有时候规模宏大，一般要耗费大量的资金。

对于凶死以及非正常死亡的，以前是埋在村子以外。"是不能进村子的，不然会给村子带来麻烦，哪个敢？除非他能保证村子里平安，不发生任何事。现在的人嘛，都变了，不管哪里死的，怎么死的，都会带到村子里。"[1]

---

[1] 报告人梁某，2016年12月11日，梁某家中。

(四)习惯法与禁忌

1. 习惯法[①]

据补掌村村民回忆,土地改革之前,该地的一些乡规由"老本家"张家结合相关要求制定。土地改革后,随着乡村组织机构的完善,乡规民约也慢慢为国家的相关政策所取代。现如今,除了政策指令外,村民小组也会根据本村的情况制定一些规定,这些规定主要集中于养老问题、邻里关系以及对公共环境、水的利用和环保问题。

调查中我们在村口一面墙上发现一份《补掌村集体河道生态养鱼规章制度》,即补掌村村民关于在集体河道生态养鱼所制定的村规民约。其内容如下[②]:

为增加村民经济收入,本村村民决定用村集体林所有的小河进行生态鱼养殖,并制定相关规定如下:

一、养殖范围

补掌村集体河道,上游至都章村交界处,下游至坝塘村交界处。

二、经营办法

1. 参加养殖成员只限补掌村民,以户为单位进行入股分红。

2. 现阶段初定每股股金为50元,村民实行自愿入股。

3. 设立生态养殖管理机构,负责日常管理、销售等工作。

三、管理与处罚

1. 全体村民都有监督管理的权利与义务,如发现有损害生态养殖的行为应立即制止并及时告知村集体。

[①]报告人王某,2016年12月11日,王某家中。
[②]2016年12月10日,补掌村田野调查。

2. 禁止一切在养殖河道的私自捕捞活动（如电捕、下网、放地笼、垂钓等），如有违反将罚款200—1000元。

3. 禁止在养殖河道、养殖河道上游及流入养殖河道的水沟内投毒，如有违反，除承担全部损失外罚款500—5000元并移送国家公安机关进行处理。

古敢水族乡补掌村
2016年11月8日

类似这样的村规民约还有很多，主要是为了维护村民正常的日常生活秩序与经济利益。一般情况下，这种村规民约根据实际的生产实践活动因地制宜制定。但有些村规民约则是由村寨传统的习俗传承下来的，这类村规民约甚至已经成为当地村民的道德评价体系。如，对村寨附近自然环境的保护、对补掌河水源的保护、对神圣空间的保护等。

2. 禁忌

据该地村民介绍，当地的禁忌主要有：

（1）语言禁忌。在改革开放之前，中年男性不能直接对年龄相仿的女性或辈分高一级的女性说"来玩""来摆""来谈"，要说"来要"，不然会造成不必要的误解和麻烦。[①]

（2）神圣空间禁忌。据村民介绍，该地的"龙潭"、白龙石、祭山神的地方都存在相应的禁忌。不能在"龙潭"和白龙石上吐口水，说一些污秽的话。祭山神的地方，在祭山神时不准女性上去，平常也不鼓励女性前往。

（3）仪式禁忌。据村民介绍，[②]该地在六月二十二日祭山神时，要连

---

① 报告人梁某，访谈于2016年12月12日，梁某家中。
② 报告人黄某，访谈于2016年12月10日，黄某家中。

续休息三天，不下田劳作，不做任何事，每天只吃喝，如果谁家劳作或者做其他事，如外出放牛，家中会遭不幸。黄某说，有一年他们村过"打老黄牛"的第二天有一家人去放牛，走到半路牛就死了。[①]

（4）婚姻禁忌。婚礼中极为忌讳打雷，还忌讳撞婚。如遇撞婚，新娘需要将胸前佩戴的镜子和对面相遇的新娘进行交换，这样被认为可以消除撞婚带来的不吉利。

（5）葬礼禁忌。据村民梁某介绍，[②]起初，村中如果有人在外边过世或者凶死在外边，是不能抬进村中安葬的，应当在外边安葬，而现在也有变化。

此外，对日常生活中不易见的事物或者较为奇怪的自然现象也存在某些禁忌。如在调查中，当地人告诉笔者，如果夜晚遇见兔子，可能会有生命危险。[③]

（五）民间纠纷与调解

在该村中，民间纠纷多以调解和解决老人的赡养问题及醉酒问题为主，此外，家庭矛盾、夫妻问题也会有所牵涉。据当地村民张某介绍，[④]如果村中有赡养老人的问题或者因为醉酒引发的矛盾，通常情况下都要他们（多半需要村委会，下文的"他们"同指）解决。为此张某举了一个例子：

有一家兄弟三人没好好赡养老人，老人请他们前去协助调解，他们去之后，要求每个儿子每月给老人600元作为赡养费，并以文字的形式写下来，以期让儿子们遵守。

还有一家兄弟两人，没人养老，老人们请他们去调解，他们要求两个

[①] 报告人黄某，访谈于2016年12月10日，黄某家中。
[②] 报告人梁某，访谈于2016年12月12日，梁某家中。
[③] 报告人黄某，访谈于2016年12月10日，黄某家中。
[④] 报告人张某，访谈于2016年12月12日，补掌村张某家中。

儿子上半年由一个儿子来赡养,下半年由另外一个儿子来赡养,年满后轮换。儿子们也都答应了。

对于酒醉所引发的问题,大多是年龄在25~50岁左右的人饮酒后由于言语上的不逊而引发口角或打架,他们都会去调解,但近两年来,调解最多的是养老问题,醉酒问题发生的次数和频率降低了很多。如果村中有诸如夫妻离婚、打架等问题以及家庭内部矛盾发生时,一般也需要前去调解。

此外,调解中也有家族和同姓宗族人群的参与,但主要以村委会的调解为主。

六、生态环境

(一)地理位置

补掌村距乡政府驻地7.5千米,全村现有农户138户537人,其中水族人口489人,占总人口的91%。全村有耕地860亩,林地1800亩,2条小河汇集村内形成补掌河,水资源丰富。全村经济收入主要靠种植、养殖及外出务工,2011年农村经济总收入367万元,农民人均纯收入3756元。[①]补掌村坐落在绵延的喀斯特地貌中,这地貌与贵州三都和荔波的地形类似,景色优美,与云南其他地方的地形地貌相去甚远。从行政区划来看,补掌村位于富源县古敢水族乡西部,东面与本村委会石山脚村毗邻,南面与本村委会都章及古敢村委会下箐脚村相接,西面与贵州乌沙镇相邻,北面与本村委会坝塘相连。

(二)气候与物产

补掌村地处东经104°43′~104°49′、北纬25°9′~25°17′之间,属低热河谷槽区,海拔多在1190~1249米之间,年降雨量1400~1600毫米,全年无

[①] 数据资料采访自富源县古敢乡政府,采访时间:2016年12月13日。

霜期278天，气候属北亚热带湿润季风气候类型，大体上雨热同季。年平均气温为16.5℃。全年日照时数为1881小时，日照率为43%，太阳总辐射能为125.5千卡/平方厘米。①

该地气候温和，冬无严寒、夏无酷暑，盛产水稻、玉米、蔬菜等作物，林木生长速度快。过去一直以种植水稻、玉米为主，村民生活较为贫困。随着农业产业结构的调整，近几年，主要发展香米及经济林果种植，年均种植香米不少于300亩，养鸭不低于3万只，香米种植及养鸭现已成为该村经济发展的支柱产业。同时，剩余劳动力得到有效转移，年均转移剩余劳动力不低于120人，创务工收入不少于120万元。②

（三）水土资源

补掌村土地资源较为丰富，水资源相对充足。全村总面积5.97平方千米，有耕地860亩，其中水田600亩、旱地260亩，人均耕地面积1.6亩，人均耕地占有率居全乡之首。两条小河流水长年不断，具有充沛的水资源，灌溉面积达280亩。水资源的开发利用，有利于水产养殖及种植业的发展。③

（四）饮水工程

1956年，通过上级补助0.4万元、自筹2.6万元的方式，筹集到资金3万元，投资修建了坝高14.3米、库容10.1万方、灌溉面积30亩的补掌湾河小（二）型水库；1956年至1980年，先后投资72万元，投工21.6万个，修建了流量1立方米/秒、渠长15千米的古敢沟渠；1978年，又修建了流量0.5立方米/秒、渠长2千米的沙营沟渠；2003年顺利完成大寨沟渠、沙营大塘子抽水站、沙营人畜饮水工程，新增灌溉面积370亩，解决800人、170头牲畜的饮水问题。水利基础设施的改善为今后补掌的农业发展奠定了坚实的

---

① 数据资料采访自富源县古敢乡政府，采访时间：2016年12月13日，同时参考了姚国立撰写的《古敢水族乡情》，载于古敢乡信息网，2007年1月5日。
② 数据资料采访自富源县古敢乡政府，采访时间：2016年12月13日。
③ 数据资料采访自富源县古敢乡政府，采访时间：2016年12月13日。

基础。①

（五）民居建筑变迁

历史上，西南地区的建筑风格以干栏式建筑为主，这一建筑风格也深深地影响了水族的建筑格局。古敢水族盛行干栏式建筑，其特点是第二层住人，第一层则安置牲畜等，另外补掌地区属于沼泽地，隔空住第二层也有利于身体健康。新中国成立后，随着社会环境的安定团结，民居的发展也逐渐从干栏式建筑转变为平地建筑，房屋结构主要是以木材、土坯和石头为主。一般家庭建造房屋都是采用一房三开间的结构。

正房中间一般为堂屋，堂屋里供奉着神龛，神龛上写着"天地国亲师"，右边为祖先牌位，左边或者下方供奉本地土地神。两边侧屋设楼，一般是楼上储粮，楼下住人。已婚儿媳住一边，未婚子女按隔成的小间住一边，如果人多亦有住楼上的。厨房则根据各家主人的属相及住宅方位，建于左侧或右侧房内。正房前面两侧建耳房，耳房一般不住人，主要是用于储存农具以及其他日常器具。②

在我们此次的调查中，从整个村落分布来看，补掌村民居分布相对集中，沿山谷依次坐落在道路两旁，民居之间留有些许间距，显得不那么拥挤。

补掌村的水族对于房屋的选址和地理方位界定有着特定的理解。传统认为，如果选址不好或者朝向不正确，将来对入住的主家会造成极大的不利。当地村民认为，一个人的居住空间是有其自身的社会生命的，这种社会生命要与主家的个体生命契合才能令其运势转顺。因此，在建房时选址和地理方位的确认都需要邀请风水先生来进行测算。风水先生要根据主家的生辰八字以及该年岁的农历确定建房的地址和朝向。一般而言，建房

---

① 数据资料采访自富源县古敢乡政府，采访时间：2016年12月13日。
② 姚国立：《古敢水族乡情》，载于古敢乡信息网，2007年1月5日。

◇补掌村传统民居大门

前男主人要在风水先生的指导下将预示财富和吉祥的一些物品放置到地基里,当地人称之为"五籽五宝"。房屋建造到上房梁的工艺环节时,主家还要邀请匠人在其上绘画带有道家特色的太极八卦之类的镇宅符号,以此驱赶房屋中的晦气。房屋落成后还要在风水先生的推算下择日进行房屋落成庆典。庆典的目的,一方面是恭贺主家新房建成,宾客们往往会带一些主家需要的小物件,如碗筷等,来帮助主家添置家用物件,近年来以随礼金的方式代替;另一方面,则是想通过庆典仪式来增加新建房屋的人气,并让村寨中人认可建房的事实,使其获得其接纳与祝福。

补掌村的建筑风格随着时代的发展和人们物质水平的提升也经历了几次变迁。总体来看,主要经历了草木屋、土坯房、石砌房、钢混结构楼房几个阶段。从建筑类型的变迁也能看出补掌村社会变迁的历程,今天补掌村几乎家家户户都是居住在崭新的钢混结构楼房里。在我们的采访中,当地人也逐一回忆了补掌村这些年建筑风格的变迁过程,并感慨万千。对于当地村民来说,一栋可心的房屋建筑不仅能够带来居住空间上的满足感,

◇ 补掌村村貌

更是代表了一个家庭的口碑。如果一个家庭的房屋建造的质量好，且较早顺应时代变迁建造新式建筑，就会被认为该户家庭有本事。而这种评价系统也在无形中给那些没有能力建造新式建筑的家庭带来压力。因此，人们经常通过建造房屋来评价一个人或一个家庭在这几年当中的辛苦程度与是否勤奋持家。不过，建筑风格的变化并未完全改变人们的文化观念，人们对房屋风水的观念乃至祖先的纪念与崇拜依旧深刻地体现在建筑格局的布置里。

　　草木屋。据当地村民回忆，补掌村早期的房屋是用当地随处可取的草木材料搭建而成的，这些房屋的屋墙部分用木板、竹板或者草编的篱笆围起来，屋顶先用竹板铺好，然后再在竹板上铺上稻草或者其他草叶，屋内空间相对狭小。村民告诉笔者，这种房子极不结实，而且很容易破损，在当时，许多穷人家里都有过"天点灯（屋顶破了，星星月亮为灯）、风扫地（房屋的围墙破了，风从房中呼啸而过）、猪吹箫（猪饿了，在屋外哼哼直叫）、狗调戏（狗饿了，想进屋，就在外边蹭屋墙）"①的经历。这种房屋不仅难以抵御自然界的灾害，而且也很难抵御人为的破坏。尤其是篱笆围成的房墙，极易被人为破坏，产生人或财产的损失。当地村民说："那时如果有人使坏，就可以用脚踹开篱笆进去，偷东西什么的都很容易做到。特别是那时年轻的小姑娘们晚上都不能单独留在家里，不安全。"②据村民介绍，草木屋使用的时间是20世纪50年代左右。③

土坯房。此类建筑就地取材，村民先在自家田地里拍打黄泥，切割成小块后垒积成围墙。屋顶摒弃茅草铺盖，采用瓦片覆盖。相较于先前的草木房，土坯房的建筑质量得到了提升。土坯房的特点是冬暖夏凉。这种房屋流行于20世纪50年代以前。在当时，这类建筑是经济条件较好的家庭才能负担得起。新中国成立后，很多家庭逐渐过渡到土坯房居住。

石砌房。补掌村第三阶段的建筑主要是石砌房。补掌村属于喀斯特地貌，石漠化严重，但其带来的好处便是石块多，当地人便因地制宜地用石块砌房。

从该村落现存的石砌房来看，外部的墙体是用打磨得较为规整的石块砌成的，据当地村民介绍，在以前，这些墙体都是很粗糙的，是后来才打磨的，④所以外墙面平整，但房屋的内墙面呈凹凸不平状。这种房屋的建造充分利用了当地的石料资源，就地取材，从而减少了成本，但在技术上却有较高的要求。石砌房比之前的草木房、土坯房更加结实、耐住，而且能够应对一些自然灾害和风雨的侵蚀。

钢混楼房。随着新农村建设的推进，近年来该村大规模建筑钢混楼房。从房屋质量来看，这种建筑具有很强的抗震效果，经久耐用，但其缺

---

① 报告人梁某，2016年12月12日，补掌村梁某家访谈。
② 报告人梁某，2016年12月12日，补掌村梁某家访谈。
③ 报告人张某，2016年12月12日，补掌村张某家中访谈。
④ 报告人郎某，2016年12月10日，郎某家中访谈。

◇ 建设中的钢混楼房

点是夏天室内温度增高。当前很多家庭普遍认为新式建筑给生活带来了便利，卫生条件也得到了极大的改善。与以往的住房相比，这种房间的空间大，分割也较自由。但这种结构的房屋修建起来比较复杂，建筑价格也相对较高。

本报告通过对补掌村的政治、社会、经济、文化和生态等几个层面的调查，反映了中国西南地区一个水族村寨的整体社会风貌，记录了大历史背景下"小地方"社会的现状。新中国成立以后，补掌村社会发生了巨大的变化。从民族认同层面看，随着古敢乡"云南第一水族乡"这一称号的广泛传播，当地的人们越来越重视自身民族身份。由于古敢乡补掌村绝大部分水族不会使用本民族的语言，以及水书等具有较强民族认同感的水族符号，当地村民在村寨的最新一次规划中专门邀请了贵州省三都县的水书先生来为他们的村寨书写水书等。在社会组织上，补掌村的村民们保留了人生仪礼过程中的很多社会组织方式，如在婚礼和葬礼中村民们以主家仪式为中心进行社会角色分工，直至仪式结束。而围绕着村落生产的一些组织则逐渐式微，如传统的赶牛制度、帮工换工制度等随着新兴生产工具的替代而解散。当前，补掌村的生计方式也随着改革开放而转型，农业已经不再是村民们维持生计的主要方式了。村寨中的青年人大部分都参与到了从西部到东部打工的人口流动大军中。20世纪的前十年是人口外流的高峰，2010年以后又逐渐出现了"离土不离乡"的趋势，很多年轻人逐渐利用本地发展的机遇谋求扎根乡土创业。随着社会的发展，补掌村的居住条件也发生了巨大的变化，新的钢混楼房建筑逐渐取代了过去的土坯房、石砌房。村落的景观也得到了重新规划。此次实地调查，笔者试图以客观描述为主要方法，尽可能多地呈现补掌村历史变迁中的每一环，在不同时代的调查者记录中观察和理解补掌村，具有重要的学术和现实意义。

满族社会历史回访再调查
——以保山市隆阳区为例

杨 滟　田吉明

20世纪五六十年代,对云南的大部分世居少数民族进行了一次全面而翔实的社会调查。由于满族是在1990年第四次人口普查之后被列为云南26个世居民族之一的,所以当时并没有针对云南满族的社会调查。此后,云南民族大学、云南大学以及云南省民族学会满族研究委员会的有关专家、学者先后对云南省保山地区的满族进行了相关的社会调查。

满族主要分布在中国的东三省,其中以辽宁省最多。另外,在内蒙古、河北、山东、新疆等省区以及北京、成都、兰州、福州、银川、西安等大中城市均有少数散居满族。

云南满族人口较少,但分布却很广,全省大多数县市都有满族。1990年第四次全国人口普查时,云南满族正式上报了他们的民族成份,统计人数达4000多人,被列为云南省25个世居少数民族之一。1994年11月13日,云南省民族学会满族研究委员会成立,满族的人数也开始增加,到2000年第五次全国人口普查时,云南满族人口已增至1.2万余人,仅昆明就有4200

余人。目前，全省满族已经达到了1.3万余人。①云南满族主要分布在昆明、曲靖、楚雄、保山、德宏、思茅、临沧、红河等地。经过元、明、清三个朝代近700多年，满族与当地民族共生共荣、团结发展，形成了独特的云南满族文化风格。

基于相关资料，在这次满族社会历史再调查中，调查组选择了保山市隆阳区西邑乡和瓦房彝族苗族乡的满族村寨作为调查对象。在田野调查期间，主要采取深入访谈、观察以及资料查找等研究方法，获得了较为丰富的第一手资料。

一、概况

（一）村寨历史与传说

满族是我国东北地区的一个古老民族，先民原居黑龙江流域和长白山之间，古称肃慎、挹娄、女真。明末，其杰出先祖努尔哈赤统一各部，创制文字，1616年建立大金国。1635年皇太极改女真族为满洲。"中华民国"建立后，称为满族。

经相关考证，②保山市隆阳区满族主要有两个部分：

一部分分布在西邑乡石龙村和铺门前村。据当地村民自述和相关资料分析，这部分满族祖籍辽宁，属契丹人后裔，其先祖随元朝军队进云南，后逐渐融入当地生活，姓氏随历史变迁，由阿姓到莽姓，再到蒋姓，迄今已700多年。据村上遗存的4座古墓记载，以及族人传说，一位被称为"母老祖"的女性先祖，带着3个儿子在明末或清初（具体时间有待考证）由西邑石龙坪后山老白马寨（距现居地十几千米）先移居至羊邑清水沟（距现

---

①昆明信息港：《探寻云南满族700年迁徙轨迹》，http://xw.kunming.cn/a/2015-11/05/content_4078590.htm。

②据云南省民语委研究员、满族研究委员会会长张蓉兰教授主编的《云南满族研究》考证。

居地约2千米），最后移至白马寨定居。20世纪50年代初进行全国民族普查时，当地蒋姓村民报为满族。

另一部分分布在瓦房乡水沟洼村。根据水沟洼村的《黄氏家谱》记载，当地满族始祖为黄佐，原籍湖北省江夏郡。"于公元1395年，明朝初年洪武廿八年（乙亥）从军入伍，时值云南省大理府浪穹县（今洱源）佛光寨普元笃发生叛乱，始祖随军任百户指挥职，于南京应天府出发，随征18年。平靖后，遂安家落户于洱源县三营府登村。后因元龙何天思造反，次子黄荣保随早迤千户侯奉命征讨，平定蛮夷，落业于水沟洼……"迄今已有600多年。与此相似的一个说法认为，黄姓始祖来自南京应天府柳树湾大石板。如在黄家祖坟保存完整的民国古墓群里，当时重修的黄鳌碑记载，其原籍为南京人氏。但《黄氏家谱》以为这是误传："因斯时被派遣滇南，深入不毛，故有此言流传至今。因应天府为明朝阅兵场，非尽徙应天府人。"据水沟洼村村民传说，新中国成立前，当地人称黄氏为"黄蒲满"。新中国成立后，他们一直被认为是汉族。1982年人口普查时，他们集体自报满族。当时的县级保山市民委根据国家民族政策，确认他们为满族。

（二）民族构成

隆阳区是一个多民族散杂居的地区，少数民族呈"大杂居、小聚居"的分布状态。全区辖18个乡镇（街道）、309个村（居）委会、3180个村民小组。2014年末总人口92.55万人，其中农业人口70.69万人，占全区总人口的76.38%；少数民族人口13.97万人，占全区总人口的15.09%，其中彝族、白族、傣族、傈僳族、苗族、回族、满族、德昂族、佤族等9个世居少数民族人口占全区少数民族总人口的97%。①

截至2015年底，全区有满族1673人，占少数民族人口的1.22%，占世

---

① 据隆阳区民宗局调查数据及个人调查数据整理汇总。

居少数民族人口的1.26%。全区没有满族乡镇，但在18个乡镇（街道）皆有满族居住，但主要聚居在西邑乡铺门前村白马寨自然村和瓦房乡水沟洼自然村。分布情况是：瓦房乡788人，有水沟洼村1个聚居自然村；西邑乡461人，有白马寨1个聚居自然村；永昌街道100人，散杂居；兰城街道86人，散杂居；瓦马乡68人，散杂居；其余170人均零散分布在芒宽、汉庄、板桥、瓦窑、杨柳、丙麻、潞江、辛街、河图、水寨、金鸡、瓦渡、蒲缥等乡镇。①

至2015年底，瓦房乡水沟洼村总人口1721人，其中满族336人，以水沟洼自然村和平安寨满族人数最多，共270人。②

至2015年底，西邑乡铺门前村民族分布情况如表1所示：

表1　铺门前村民族分布情况表③

单位：人

村民小组	各自然村总人口	汉族人口	满族人口	其他民族人口						
				彝族	白族	傣族	哈尼族	景颇族	阿昌族	土族
铺门前一组	453	445	2	1	0	0	2	1	2	0
铺门前二组	462	436	3	0	0	1	0	2	0	0
铺门前三组	393	385	2	1	0	1	0	3	0	1
铺门前四组	299	295	1	0	3	0	0	0	0	0
上寨五组	362	353	4	1	0	1	1	1	1	0
兰家寨六组	442	434	0	1	0	1	0	1	3	0
白马寨七组	228	71	154	1	0	2	0	0	0	0

---

① 据隆阳区民宗局调查数据及个人调查数据整理汇总。
② 据隆阳区民宗局调查数据及个人调查数据整理汇总。
③ 据铺门前村委会调查数据及个人调查数据整理汇总。

从表1可以看出，铺门前村92.9%的人口为汉族，而白马寨67.5%的人口为满族。在实际调查中我们发现，经过长期的社会、历史发展变迁，各民族在服饰、生活方式、文化习俗方面已无太大差异，这也是民族融合、团结发展的结果。

二、经济建设

隆阳区满族聚居地属半山区和高寒山区，主要从事农业生产，并以种植业和畜牧业为主。由于生产力水平低，农业生产条件较差，基础设施不足，因此种植结构非常单一。粮食以玉米、小麦为主，还种有大豆、蚕豆、豌豆、薯类、荞、大麦等。20世纪80年代以来，由于科技的推广，粮食总产量有巨大增长，基本解决了温饱问题。近几年来，为了合理利用山区资源，实行了部分退耕还林，经济林果的种植面积逐渐增加。满族常年种植的经济作物主要有茶叶、蔬菜、油菜、泡核桃、水果、果松等。

养殖品种主要有猪、骡、水牛、黄牛、马、驴、山羊、绵羊、鸡、鸭、鹅、兔、狗、蜜蜂等。养殖业是群众获得经济收入的主要途径之一。目前，大牲畜的养殖一般以圈养为主，没有形成规模化养殖。

当地满族有很长的养蜂历史，除在住家附近养外，也有一些人家在草场养。所养的蜂是当地品种中蜂。一到春天，山坡上开满了各种各样的野花，村里也有苹果花、桃花、花红花、梨花等各种花，故所产蜂蜜完全是纯天然的，不仅质量好，口感不错，还具有很高的药用价值。

满族用来耕耙田地的畜力主要是水牛和黄牛，由于地处山区、半山区，所以骡子、马、毛驴作为运输工具使用。受地形条件和资金的限制，农业机械不能广泛使用，土地耕作传统上使用的生产工具有木犁、木齿耙、竹耙、钉耙、条锄、板锄、小型除草条锄、大锤、小锤、斧头、砍刀、弯刀、镰刀、扁担、连枷、授斗、竹篮、竹箩、粪箕、簸箕、筛子等。农产品加工工具有水磨、柞臼、手摇风车等。灌溉工具以前主要是木桶,现在用塑料桶和铁桶的居多。20世纪90年代以后,村寨才出现了手扶拖拉机、碾米机、粉碎机、机动揉茶机、烘干机等设备。

(一)铺门前村

当地适合种植粮食、玉米等农作物和烤烟、核桃等经济作物。截至2015年底,铺门前村有耕地总面积1617亩(其中田852亩、地765亩,人均耕地0.66亩),林地7146亩,水面面积39亩,荒山荒地5622亩,其他面积2586亩。烤烟共485亩,其中白马寨有烤烟10亩。

村里通电比较早,1969年就用电了,1999年通闭路电视,2012年通了有线电视。2010年通网络,目前全村有5家装了互联网设备。2007年通了自来水。2015年,在精准扶贫资金的支持下,村内修了水泥路,对外交通比较便利。①

◇ 铺门前村

---

① 据铺门前村委会调查数据及个人调查数据整理汇总。

1. 生产力发展

铺门前村村民收入以农业为主,当地没有牧业、渔业,也没有工业,生活比较贫困。近年来,随着政府宣传和村民自身认识的改进,不少人开始外出打工,特别是2015年在精准扶贫资金的支持下,西邑乡实现了村村通水泥路,对外交通便利了,到城区的时间节省了好几个小时,村民们与外界的接触顺畅了,所以外出务工、经商、求学的人越来越多,生活也开始慢慢变好了。

截至2015年底,铺门前村的人口情况如表2所示:

表2 铺门前村人口统计表①

单位:户、人

村民小组	年末总户数、总人口				其中农业户数、人口				本年内人口自然变化情况			
	总户数	总人口	男	女	农业户数	农业人口	男	女	出生人口	死亡人口	迁入人口	迁出人口
铺门前一组	121	453	232	221	104	426	217	209	6	3	8	10
铺门前二组	121	462	235	227	103	431	222	209	7	3	8	11
铺门前三组	103	393	201	192	985	383	197	186	6	3	7	9
铺门前四组	82	299	152	147	75	287	147	140	6	3	7	9
上寨五组	103	362	184	178	93	341	169	172	7	3	9	12
兰家寨六组	113	442	225	217	99	418	207	211	7	2	9	14
白马寨七组	69	228	117	111	61	206	106	100	3	0	6	7

从表2可以看出,铺门前村94.04%的人口为农业人口,各村人口中男性人口数量稍多,但男女比例差距不大,差距最大的铺门前三组为1∶1.047。现在很多农村存在的因为太穷讨不到媳妇的现象在这里很少。人口总量稳

---

①据铺门前村委会调查数据及个人调查数据整理汇总。

中微涨，总体基本保持平衡。微涨的原因是各自然村的人口出生率均高于死亡率，这也说明现在生活条件好了，人均寿命有所延长。但各村的迁入人口均少于迁出人口，这也在一定程度上说明了当地的整体经济、生活水平与其他地方相比要差，很多女性愿意外嫁，一些接受了较高教育的人出去后不愿意回来，还有一些人在农闲时外出打工。经调查了解，铺门前村有300多人外出打工，白马寨有20多人，外出务工人员分布在广东、浙江、重庆及省内德宏等地，以18～50岁的青壮年劳动力为主。在调查家庭中，外出劳务人员越多，时间越长，家庭经济收入相对也就越高，生活质量也就越好。而贫困户家庭基本无外出务工人员。

铺门前村的劳动力资源及行业分布情况如表3、表4所示：

表3　铺门前村劳动力资源情况表[①]

单位：人

村民小组	劳动力资源总计	其中				
		男	女	年龄内劳动力	不足年龄内劳动力	超龄劳动力
铺门前一组	270	147	124	224	2	20
铺门前二组	276	149	127	229	3	21
铺门前三组	225	112	113	187	2	18
铺门前四组	173	90	83	139	3	15
上寨五组	213	107	106	175	4	14
兰家寨六组	254	146	108	204	5	19
白马寨七组	121	67	54	97	2	10

① 据铺门前村委会调查数据及个人调查数据整理汇总。

表4 铺门前村劳动力资源行业分布表①

单位:人

村民小组	农、林业从业人员			建筑业人口	交运、仓储、邮政业	批发与零售业	住宿、餐饮业	卫生、体育、福利	外出务工人员
	小计	农业	林业						
铺门前一组	113	111	2	13	3	5	1	0	59
铺门前二组	113	113	0	14	5	2	0	1	65
铺门前三组	103	101	0	12	6	1	0	0	43
铺门前四组	98	98	0	11	4	1	1	1	37
上寨五组	112	112	0	12	2	1	0	0	35
兰家寨六组	113	113	0	12	5	1	0	0	76
白马寨七组	63	62	1	8	3	2	0		23

在农村,种地、养殖家禽、外出务工都是体力活,铺门前村农民以农业为主,劳动力资源中81.92%为青壮年人口,男女劳动人口在各自然村的比例均差别不大,说明其人口比例分布较为合理。外出打工包括打短工和打长工,以建筑业、矿业、商业服务业为主,主要从事门槛低、对文化水平要求不高的工作。由于是普通体力劳动,就带来了一些问题:一是大部分农民的外出工作是临时合同工制,随着年龄增长,如果出现健康问题,劳动收入就会中断,从而使家庭经济状况受到影响。二是空巢老人的赡养,以及留守儿童的抚养、教育、管护等问题。铺门前村很多外出人员会定期回家,或给家人寄生活费,节假日一般也会回来探望老人和小孩。此外,1995年西邑乡还建了敬老院,目前已收留"三无"(无子女、无收入、无劳动能力)人员14人,有职工1人,为外聘人员。

2. 农作物种植

铺门前村农作物种植以粮食作物为主,一年分为大春和小春种植。大

---

①据铺门前村委会调查数据及个人调查数据整理汇总。

春主要种植水稻、玉米、大豆等，小春主要种植小麦、蚕豆、马铃薯、豌豆、大麦等。近几年来，随着经济发展的需要，各村开始引入烟叶种植，这也成为铺门前村村民主要的经济收入来源之一。一些村民还开始种植中草药，积极寻求致富之路。除了农作物外，铺门前村还有2060亩经济林，主要以核桃种植为主，2015年产量为105吨。白马寨的核桃种植面积为730亩，2015年产量为15吨。与其他自然村相比，白马寨的农作物播种面积最少，主要经济作物为烟叶和油菜籽，但核桃种植面积是所有自然村中是最多的，这与白马寨村位于半山区有关系。核桃树中一小部分是早期种植的，现已开始挂果，大部分要2~3年后挂果，烟叶种植以定产定销为主，不用担心销售问题。开发、种植多种经济作物已成为当地农户新的收入增长点。村民们对于因地制宜，科学引进多种经济作物，甚至推动规模化种植，实现脱贫致富充满了信心。

表5　铺门前村农作物种植面积及产量情况表[①]

单位：亩、吨

村民小组	总播种面积	大小春粮食作物		经济作物种植面积							其他作物种植面积		
		面积	产量	总面积	烟叶		药材		油菜籽		总面积	蔬菜（含菜用瓜）	饲草
					面积	产量	面积	产量	面积	产量			
铺门前一组	1222	685	290.35	492	64	10.08	310	16.68	118	16.45	45	40	5
铺门前二组	955	718	303.35	191	73	11.5	0	0	118	16.45	46	41	5
铺门前三组	1095	619	256.52	438	30	4.72	310	16.68	98	13.66	38	34	4

①据铺门前村委会调查数据及个人调查数据整理汇总。

续表

村民小组	总播种面积	大小春粮食作物		经济作物种植面积							其他作物种植面积		
		面积	产量	总面积	烟叶		药材		油菜籽		总面积	蔬菜（含菜用瓜）	饲草
					面积	产量	面积	产量	面积	产量			
铺门前四组	1009	607	249	367	68	10.7	210	11.14	89	12.41	37	32	5
上寨五组	995	680	266.43	278	180	28.36	0	0	98	13.66	37	35	2
兰家寨六组	959	751	312	168	60	9.45	0	0	108	15.06	40	35	5
白马寨七组	594	484	218.48	81	10	1.59	0	0	71	99	29	26	3

3. 畜牧业

近几年来，铺门前村畜牧业发展迅速，各自然村农户以养殖传统的猪、牛、肉鸡为主，还有一些农户养了家兔、山羊、蜜蜂、马匹、骡、驴等。在实际调查中发现，部分家庭饲养的马匹、骡和驴子主要用于搬运柴火，由于处在半山区，外出路程远，有时候也用于驮人。养殖的牛有一半是农耕用牛，还有一半出售。猪、羊、肉鸡、家兔中，除个别留作繁殖外，大部分皆作为商品出售。2015年，白马寨村出栏肥猪858头、肉牛27头、活鸡1289只、山羊2只。说明养殖已从自给自足逐步步入商业化养殖模式，并取得了较好的经济效益，成为农户经济收入的主要来源之一。我们访谈中有一户养殖猪8头、牛2头、鸡16只，按成品猪2500元/头、成品牛8000~12000元/头、鸡60元/只计算，加上其他经济收入，其家庭经济状况在村中属于中等水平。

表6列出的是铺门前村2015年末畜禽存栏情况。

表6　铺门前村畜禽存栏情况表[①]

村民小组	合计	牛（头）				生猪（头）	山羊（只）	肉鸡（只）	家兔（只）	马（匹）	骡（匹）	驴（匹）	蜜蜂（箱）
		合计	肉牛	役用水牛	役用黄牛								
铺门前一组	1058	58	29	20	9	243	1	745	7	2	0	0	2
铺门前二组	1157	66	35	21	10	244	4	829	7	2	2	1	2
铺门前三组	923	54	24	20	10	233	2	622	8	2	0	0	2
铺门前四组	853	54	25	19	10	230	10	548	7	2	0	0	2
上寨五组	993	50	22	23	5	230	10	691	8	2	0	0	2
兰家寨六组	1274	90	44	37	9	244	10	919	7	2	0	0	2
白马寨七组	523	37	12	18	7	242	10	223	10	0	0	0	1

4. 生活资料

在白马寨村，满族和其他民族的住房结构没有什么区别，普遍为三间两层主房，两侧分别是厨房和牲畜圈栏，中间一院是土木结构的房屋，很多家进门就是一个大院子，用于晒农作物、衣服。经济状况比较好的农户，通常建有二至四层的砖混结构新式住房，而贫困户和部分经济状况一般的农户住房已破旧，急需翻修和重建，还有一些住房处于地质灾害点，急需搬迁。作为扶贫脱贫项目之一，目前，西邑乡已启动旧房危房重建改造工程，建立搬迁点，对有地质灾害隐患的房屋鼓励户主搬迁，对危旧房改造农户给予建房补贴和长期（20年）的无息、低息贷款，以解决贫困户的住房困难和住房危机。

村里通自来水和通电比较早，这些年还有了有线电视和网络，基本上家家都买了电视机，许多村民还买了电冰箱、电风扇、洗衣机，装了电

---

① 据铺门前村委会调查数据及个人调查数据整理汇总。

话，甚至有一些家庭还买了电脑。在农用工具上，除了传统的木犁牛耕，许多家庭开始用机耕，微耕机、手扶拖拉机、粉碎机、脱粒机、打谷机等农业机械开始应用于农业生产，有农业机械工具的家庭，在自家使用之余还通过出租的方式提供给其他农户有偿使用，既提高了劳动效率，又增加了自家的经济收入。

交通出行方面，由于山路较多，所以摩托车成为当地人出行的主要交通工具，还有几户富裕家庭买了汽车。2015年，保山市隆阳区审计局作为白马寨村的挂钩扶贫单位，修建了总长1.4千米、宽4米的通往村外的水泥公路，道路条件得到了改善。

养殖业发展迅速，已成为农民脱贫的手段之一。一些村民正在规划扩大养殖规模，但也有些人担心发生家禽、牲畜瘟疫，或者市场供给过剩影响养殖效益，导致血本无归。所以，科学引导、科学规划、科学饲养，甚至规模化养殖，应该是未来农村养殖业发展的必然选择。

表7列出的是铺门前村2015年拥有的生活资料情况。

表7　铺门前村居民主要生活资料情况表[①]

村民小组	农民当年建房		农民家庭年末拥有							
	户数（户）	间数（间）	摩托车（台）	电风扇（台）	电视机（台）	洗衣机（台）	电冰箱（台）	电话机（部）	家用电脑（台）	家用汽车（辆）
铺门前一组	3	12	51	13	120	20	28	4	12	12
铺门前二组	3	9	51	13	119	20	28	4	12	12
铺门前三组	3	12	47	11	101	19	27	4	12	11

① 据铺门前村委会调查数据及个人调查数据整理汇总。

续表

村民小组	农民当年建房		农民家庭年末拥有							
	户数（户）	间数（间）	摩托车（台）	电风扇（台）	电视机（台）	洗衣机（台）	电冰箱（台）	电话机（部）	家用电脑（台）	家用汽车（辆）
铺门前四组	2	9	42	11	79	19	27	4	12	10
上寨五组	4	12	45	13	102	20	27	4	13	10
兰家寨六组	2	12	45	13	112	20	29	5	12	12
白马寨七组	4	12	14	9	68	32	19	3	12	8

在我们的入户访谈中，有一位老人蒋万元，现年85岁，曾经做过村会计、生产队长，是名老党员。老伴现年80岁，育有5子1女，均在外工作或打工。两位老人现自己住，已有曾孙辈。老人家里打扫得很干净，中间是土木结构的老房子，进门处有一个大院子，院里晒了茴香，入门两侧种植了2棵无花果、2棵花生豆、3棵板栗树，主房左侧养了鸡。据老人介绍，家里的田已好多年不种水稻，粮食需要到市场上去买，往年种茴香到市场上卖也有一些收入，但现在随着年龄越来越大，也不种了。目前，家庭经济来源主要依靠国家政策给的农村基础养老保险（2012年开始，满60岁直接领取75元／月）、高龄补贴（80岁以上领取45元／月）、老党员补贴（20元／月），以及每年过年儿女给的一部分钱，基本生活没什么问题。老人对目前的生活状况比较满意。

（二）水沟洼村

水沟洼村隶属瓦房彝族苗族乡，是一个典型的少数民族聚居乡。2015年，全乡完成生产总值34089.2万元，农民人均纯收入6316元。瓦房乡是以玉米、水稻、小麦和豆薯类种植为主的农业乡，有西山"米粮仓"之说。近年来，随着产业结构的不断调整优化，泡核桃、甘蔗、烤烟、蚕桑、红花、中草药等产业在瓦房得到了较快发展。瓦房乡水力和矿产资源丰富，现已探明的金矿、铜矿、无烟煤、铁矿、水银矿、硅矿等储量大，水电开发前景十分广阔。

随着近年来扶贫开发力度的加大，道路通畅率的提高，瓦房乡逐渐成为西山三乡的小商品交易聚散地，现有集市2条，瓦房中心集市每月的1日、6日为集市日，金塘集市每月的2日、7日为集市日。

1. 生产力状况

水沟洼村委会有14个自然村，15个村民小组。至2015年末，该村人口情况如表8～表11所示。①

表8　水沟洼村人口资源基本情况表

单位：人、户

人口年内变动				年末户籍数、人口数				农业户数、人口		非农业户数、人口	
出生	死亡	迁入	迁出	总户数	总人口			户数	人口	户数	人口
					合计	男	女				
17	9	9	21	423	1721	915	806	400	1690	23	40

表9　水沟洼村民族构成情况表

单位：人

满族	彝族	白族	傈僳族	傣族	苗族	回族	佤族	怒族
336	165	173	17	4	1	1	3	1

---

①据水沟洼村委会调查数据及个人调查数据整理汇总而成。

表10　水沟洼村劳动力资源情况表（一）

单位：人

劳动力资源总计	其中				
	男	女	年龄内劳动力	不足年龄内劳动力	超龄劳动力
749	378	371	706	16	27

表11　水沟洼村劳动力资源情况表（二）

单位：人

乡村从业人员	农、林、牧、渔业从业人员				工业从业人员	建筑从业人员	交运、仓储、邮政业	批发与零售业	其他行业从业人员	外出务工人员
	小计	农业	林业	牧业						
706	611	582	6	23	33	11	5	10	35	31

从表8至表11中可以看出，水沟洼村98.20%的人口为农业人口，男性人口数量稍多，男女比例为1.135∶1，人口出生率高于人口死亡率，但迁入人口明显少于迁出人口，导致人口总量减少。这种现象在一定程度上反映了当地的整体经济、生活水平与其他地方相比要差，很多女性愿意外嫁，一些接受了较高教育的人出去后不愿意回来，还有一些人在农闲时期外出打工。劳动力资源中94.26%为青壮年人口，男女劳动人口比例差别不大，人口比例分布较为合理。其中，94.26%的人口为乡村从业人员，剩余5.74%的人员从事建筑、交通运输、零售等行业，以及外出务工。2015年，整个村有31人外出务工，主要分布在广东、浙江、福建等地，以18～50岁的青壮年劳动力为主。同样地，外出劳务时间较长、青壮年劳力多的家庭，经济状况相对较好。也有一些民间艺人靠自己的手艺来获取额外的经济收入。由于外出务工人员并不多，空巢老人以及留守儿童问题在水沟洼村并不常见。

2. 农作物种植

由于海拔高，水沟洼村耕地面积中水田很少，大部分是旱地。2015年共有耕地面积2976亩,其中水田105亩、旱地2871亩。总播种面积8158亩,其中大、小春粮食作物4651亩,产量1884吨,经济作物播种面积3230亩,其他作物277亩。小春粮食作物以小麦、蚕豆、马铃薯、豌豆、大麦为主;大春粮食作物以稻谷、玉米、马铃薯、杂豆、大豆为主。经济作物主要是药材,2015年水沟洼村共种植药材3230亩,产量952.5吨,其中红花30亩,产量0.9吨。其他作物主要是蔬菜和茶叶。2015年水沟洼村共种蔬菜250亩,产量337.5吨。茶叶1012亩,产量21.2吨。由于茶叶质量不好,村民所种茶叶一般都是自己喝。在瓦房乡,很多村种植甘蔗、烟叶、咖啡等经济作物,还种植桑树用以养蚕,但水沟洼村还没有人种植。

◇ 村民采茶

在水果种植方面,水沟洼村村民主要种植梨树、柿树、桃树。2015年全村水果种植面积66亩,总产量16.3吨,其中梨园51亩,产量10.9吨;柿园15亩,产量1吨。

山区的地理特征,也使得水沟洼村的很多村民种起了核桃、板栗、花椒、松树、竹等经济林木。2015年,水沟洼村共种植核桃14020亩,产量86吨;板栗500亩,产量12.7吨;花椒30亩,产量3.1吨;松脂35吨;毛竹830根,杂竹7300根。核桃、板栗、竹在瓦房乡各村中种植数量是最多的,也为村民的增收创造了条件。

3. 畜禽业

水沟洼村主要养殖牛、马、骡、驴等大牲畜,以及猪、羊和肉鸡,部分家庭还养殖蜜蜂。2015年,全村出栏肥猪3891头、肉牛133头、山羊2160只、肉鸡11793只、蜂蜜0.2吨、鸡蛋9.6吨。水沟洼村处于山区,马、骡子和驴主要用于驮粮食、猪草、柴火等,有时候也用于驮人。与白马寨村不同,水沟洼村没有农耕牛,牛主要当商品出售。至2015年末,水沟洼村的畜禽存栏数如表12所示。

表12　水沟洼村畜禽存栏情况表①

役用畜			牛(头)	生猪(头)		羊(只)	肉鸡(只)	蜜蜂(箱)
马(匹)	骡(匹)	驴(匹)		能繁母猪	厩存肥猪			
14	237	11	798	393	1775	4276	4622	9

4. 生活资料

水沟洼村传统住房与当地汉族无异,绝大多数为土木结构,少部分为砖混结构。2012年,水沟洼村被列为少数民族特色村寨。在省民宗委2015年田园建设项目配套资金资助下,对于农户新翻修墙给予100元/米的费用补助,新修大门补助6500元/户。大门和围墙采用统一样式,即白墙、蓝瓦。很多农户家都修建了照壁,在大门口挂上了料丝灯(宫灯)。

在道路建设方面,根据云南省整乡推进计划,即"完善基础设施,助推产业发展",瓦房乡从2014年开始规划,2015年正式实施,2016年实现行政村村村通水泥路,2017年验收。2015年,水沟洼村实现道路硬化,目前村里通了自来水,路口建了太阳能路灯,路灯由乡里统一发放,至2016年,村里共有十几盏太阳能路灯。有线电视通过锅盖接收,初装费100元,目前已实现村村通、户户通。互联网目前通到村委会,还没通到各家各户。至2015年末,水沟洼村居民主要生活资料情况如表13所示。

---

① 据水沟洼村委会调查数据及个人调查数据整理汇总。

◇ 水沟洼村民居

表13　水沟洼村居民主要生活资料情况表[①]

摩托车（台）	电风扇（台）	电视机（台）	洗衣机（台）	电冰箱（台）	电话（部）	家用电脑（台）	家用汽车（辆）
219	0	315	110	16	436	0	9

在我们的访谈对象中，有一位黄加开老人，满族，64岁。老伴杨金香，60岁。有两个儿子，老人现在跟大儿子住。大儿子外出在建筑工地打工，大儿媳妇在家，小儿子到外村做了上门女婿。

老人家一共有5亩地，大春种玉米，小春种豌豆；有6分茶园，种出来的茶主要自己家吃；家里养了10多只鸡、1头牛、1匹骡子、8头猪。由于处

① 据水沟洼村委会调查数据及个人调查数据整理汇总。

于山区,骡子主要用于驮粮食、猪草、柴火等。其他牲畜以到市场上销售为主,部分自己家吃。

另一位访谈的是黄加李老人,61岁,原姓李,入赘黄姓满族,按照当地习俗,改名黄加李。老伴黄美香,58岁。育有一对女儿,大女儿外嫁,小女儿在家,女婿做小生意,有两个孙女。家里养有20多只鸡、3头猪、1头骡子;种有5亩玉米地、3分茶叶地。老人家生活水平较高,住进了新盖的二层水泥房,门前还种了一排月季、杜鹃等花。老人小学毕业,是当地比较有名的民间艺人,平时村里红白喜事挂礼都会请老人。老人还会写刻碑文,刻金钱稞,过年还会写春联到集市上卖。

近年来,瓦房乡人民生活水平不断提高,但增收致富的路途仍很艰难。目前,制约瓦房乡经济发展的问题主要有:

◇ 黄加李老人家

第一，贫困人口比重大，贫困程度深。

截至2013年末，全乡共有8534户，其中农民人均纯收入低于2736元的有6954户18319人，占农业人口的56.5%。建档立卡贫困户5019户13222人，占农业人口的40.78%。2015年，水沟洼村有贫困人口160户375人，占全村人口的21.74%。

第二，产业结构不合理，增收致富渠道单一。

农民收入来源主要以种植小麦、水稻、玉米、马铃薯为主，自给率仅为42%。畜牧业以养猪、鸡为主。传统农业仍占较大比重，群众增收渠道单一。其原因主要有：一是土地贫瘠，产量不高，人均占有粮食较少，对外依赖程度较高；二是缺乏原料深加工企业，农产品附加值低，效益不高；三是抵御自然灾害能力弱，防范风险能力差，气候仍然是制约农业发展的主要因素；四是农村实用技术推广力度不够，群众接受程度不高，依旧使用传统牛耕马驮的生产方式，产业管理粗放。

第三，基础设施滞后，资金投入不足。

近几年来，虽然加大了基础设施建设，改善了群众生产生活条件，但基础设施建设薄弱的现状还没从根本上得到解决。全乡水利化程度只有23.5%，农村电网改造率只有42%，饮水、农村厕所、垃圾处理等公共设施仍旧落后。公共服务建设投入不足，文化教育、医疗卫生等社会事业较为落后。

第四，群众综合素质普遍偏低，缺乏与时俱进的思想。

由于生活环境偏远，出行困难，远离市区，信息滞后，接触外界新生事物少，文化层次低，科技意识不强，导致农民思想观念不新，守旧观念严重，并出现对当地经济发展思路、发展目标和发展规划不理解的现象，形成经济社会加快发展的阻力。

在未来发展中，应从推动产业发展、加强基础设施建设、推进安居工程建设、提高农民素质、推动社会事业发展和完善生态环境保护与建设方面着手，推动当地经济加速发展。

（三）精准扶贫

隆阳区是集边境地区、民族地区、贫困地区、革命老区于一体的连片特困地区之一。经隆阳区扶贫办精准识别，2014年末全区有瓦房、水寨、西邑、丙麻4个贫困乡（镇）、52个贫困境村、118个贫困自然村、24351户贫困户、73116名建档立卡贫困人口。

为切实打好新一轮扶贫攻坚战，有序促进隆阳区区域发展与扶贫攻坚工作，隆阳区政府编制了《2016～2020年滇西边境片区隆阳区区域发展与扶贫攻坚实施规划》。按"区域发展带动扶贫开发，扶贫开发促进区域发展"的基本思路，明确了片区区域发展与扶贫攻坚的政策措施。

1. 隆阳区精准扶贫政策措施

（1）健全投入增长保障机制

加大财政专项扶贫资金投入力度，区财政根据实际需要安排专项扶贫资金和扶贫工作经费，逐年提高扶贫支出占地方公共财政预算支出的比重，逐步降低扶贫对象在住房、教育、医疗和社会保障等方面的负担。大力发展政府与社会资本合作模式，引导社会资本投向贫困乡村。

（2）完善项目资金整合使用管理机制

结合扶贫目标、任务、资金、权责"四到县"改革，建立健全项目县级审批和资金分配、监管机制。大力推进涉农项目资金整合，对同一区域集中投入、整合使用、成片整体推进。强化项目资金整合使用的平台作用，严格按照扶贫规划统筹实施。

（3）健全"三位一体"大扶贫工作机制

进一步巩固和健全政府、市场、社会相互支撑，专项扶贫、行业扶贫、社会扶贫"三位一体"的大扶贫格局。大力实施专项扶贫，以贫困乡镇、贫困村（民族村）、建档立卡贫困户为主要对象，统筹整乡整村推进、特色产业发展、劳动力转移培训、安居工程、易地搬迁等专项扶贫，集中力量予以精准扶持。

（4）建立考核激励机制

改进乡镇、部门领导班子和领导干部考核机制，全面实行以脱贫、摘帽、增收为主的分类考核，限期脱贫销号。对在扶贫开发工作中埋头苦干并做出突出成绩的干部，提拔任用时优先考虑，对不作为、不胜任的及时调整。

（5）建立"挂包帮"长效机制和驻村工作队制度

实行省、市、区、乡"四级联动"，建立健全扶贫攻坚"领导挂片、部门包村、干部帮户"的定点挂钩扶贫工作长效机制，确保每个贫困乡镇、贫困村都有领导和部门挂包，每户贫困户都有干部职工结对帮扶，做到不脱贫不脱钩。具体来说，"领导挂片、部门包村"是指每位区级领导挂1个乡镇，在所挂乡镇包1个贫困村；单位和部门包1个贫困村。"干部帮户"采用"54321原则"，即：处级及以上（含非领导职务）每人帮扶5户；正科级（含非领导职务）每人帮扶4户；副科级（含非领导职务）每人帮扶3户；区直机关、事业单位干部职工每人帮扶2户；差额拨款事业单位干部职工每人帮扶1户。未能明确帮扶责任人的贫困户，由所在乡镇干部职工兜底。具体任务包括：进村入户开展调查；完善建档立卡资料；宣传扶贫相关政策；研究制定帮扶措施；收集村情民意，化解矛盾纠纷；推动农村基层党组织建设；构建屏障，做好农村消防安全；重视生态、美化环境。

2016年，西邑乡铺门前村共"挂包帮"198户819人，其中，白马寨共"挂包帮"13户64人。由隆阳区审计局负责"挂包帮"64户，白马寨全部属于"挂包帮"对象。瓦房乡水沟洼村"挂包帮"8户19人，由省公投公司负责。

（6）建立精准扶贫信息化动态管理机制

规范建档立卡实名制管理，做到贫困人口户有卡、村有册、乡有簿、区有档。建档立卡贫困户脱贫的标准,围绕国家"两不愁三保障"的总体目标,精准识别、精准施策、精准帮扶、精准脱贫,执行"四有一超一受益"退出标准。"四有"是指有安全稳固住房,适龄青少年就学有保障,基本医疗有保障,社会养老有保障;"一超"是指贫困户年人均收入稳定超过国家扶贫标准;"一受益"是指享受扶贫政策、奖金、项目帮扶。

2. 隆阳区精准扶贫的重点

除了上述措施,隆阳区还确定了精准扶贫的重点。隆阳区因村施策、因户施法,瞄准建档立卡贫困户,推动精准扶贫"六个到村到户",大力实施"五个一批"和"十项工程"。通过规划项目的实施,项目区内16乡镇、2个街道办事处、309个村委会(社区)、1690个自然村、3180个村民小组、70.69万名农业人口将得到帮扶。特别是其中的7.31万贫困人口将得到更多的帮助。

"六个到村到户"是指大力发展贫困人口参与度高的特色农业、高效林业、山地牧业,确保每个贫困乡有支柱产业。达到"产业扶持到村到户";"安居建设到村到户";推动水、电、路、信息建设的"基础设施建设到村到户";确保乡有综合文化站、村有文化室、户户通广播电视的"基本公共服务和社会保障到村到户";高质量办好基础教育,加大新型职业农民培育力度,实现有条件的贫困户掌握1~2项实用技术,有农业科技人员对口帮扶指导的"能力素质提升到村到户";建立完善到户小额贷款风险补偿资金试点工作机制和贫困学生助学贷款救助、代偿机制,支持引导贫困村发展资金互助合作,推动保险业务和资源向贫困村和贫困户延伸的"金融支持到村到户"。

"五个一批"是指发展生产脱贫一批、易地搬迁脱贫一批、生态补偿脱贫一批、发展教育脱贫一批、社会保障兜底一批,实现贫困人口稳步脱贫。

"十项工程"即:实现全部贫困村通沥青(水泥)路,村庄内道路硬化率达到85%以上，实现行政村通班车的"村级道路畅通工程"；解决贫困户饮水问题的"饮水安全工程"；全面建成"结构合理、技术先进、供电可靠、节能高效"的新型农村电网的"农村电力保障工程"；有序引导贫困人口逐步向集镇聚集或在规划区域内集中居住的"农村危房改造工程"；完善高原特色现代农业的"特色产业增收工程"；大力开展旅游扶贫，鼓励贫困群众发展农家乐、旅游商品生产销售的"乡村旅游扶贫工程"；加大贫困地区教育发展的"教育扶贫项目"；着力提升基层医疗机构服务能力和水平的"卫生和计生服务工程"；开展一批民族特色村建设，同时不断健全农村公共文化服务体系的"文化建设工程"；全面完成农村电网改造升级，实现行政村全部接通符合国家标准的互联网，4G等无线宽带网络在行政村全覆盖，提高贫困户宽带网络使用率的"贫困村信息化工程"。

"34145"易地扶贫搬迁行动计划。在具体实施中，从2016年开始，用3年时间，投资40亿元，基本完成1.5万户、4万人和50个以上安置新村建设（含常规项目）的易地扶贫搬迁，实现安置新村"9有"、农户"9有"目标。

扶持政策：建档立卡贫困户建房补助6万元／户，非建档立卡贫困户建房补助1.5万元／户和6万元／户建房贷款。进入城区购买商品房享受4万元／户的商品房购房贷款，进入集镇购买商品房享受2万元／户的商品房购房贷款。贷款期限最高20年，贷款利率按规定执行。

安置新村"9有"：有安全卫生的饮用水；有安全保障的生产生活用电；有整洁畅通的硬化道路和太阳能路灯；有标准村级卫生室；有标准文化活动场、图书室、绿化地；有整洁明亮的公厕、规范使用的垃圾处理设施；有广播电视、电话、4G网络覆盖；有完善的村规民约和管理制度；有农民专业合作社。

农户"9有"：有1幢彰显特色、抗震、人畜分离、整洁实用的安居房；有整洁靓丽的庭院和人均1株绿化树；有洁净的卫生厕所；有宽带网络；有太阳能热水器；有健康文明的家庭生活方式；有年产值1万元/亩以上的高稳产农田；有1项增收致富产业；有1人接受培训，至少提供1次就业机会。

3. 瓦房乡扶贫开发整乡推进计划

从2014年开始，瓦房乡开始了扶贫开发的整乡推进计划。

（1）项目总体布局

围绕"沙瓦线""瓦汶线"两条公路主线，构建乡村公路交通网络，消除不通路自然村的交通盲点，有效解决贫困群众出行问题。公益项目以乡村公路、村组道路、村内道路硬化为主，重点强化大桥河（移民后扶村）、桂花、瓦河（易地扶贫村）、水沟洼（满族特色村）、喜坪（灾后重建村）、红豆树（易地搬迁村）6个自然村。产业项目重点考虑种植业（核桃、蚕桑、核桃烘烤加工）、养殖业（猪、牛、羊、鸡）两大传统产业。入户项目实施危房改造、扶贫安居房、入户路三类项目。红色股份（壮大集体经济）由区扶贫办、区林业局补助购买核桃烧烤机，所有权归村委会所有，通过承包、租赁等方式增加集体经济收入。

（2）目标任务

通过实施整乡推进，群众生产生活条件明显改善，基础设施、生态环境和公共服务明显改善，产业结构更趋合理，农民组织化程度不断提高，文化生活日益丰富，综合素质明显提高，基层民主政治建设明显加强。农民人均纯收入年均增长20%以上，到2016年末人均纯收入达到5000元以上，解决5500人的脱贫问题，返贫率控制在5%以内，整乡退出贫困乡，实现"山青、水绿、人和"的目标。

（3）建设内容

项目建设围绕产业发展、基础设施、安居工程、素质提高、社会事业、生态环境保护与建设6个大项展开。具体是：

产业发展：种植蚕桑2000亩，建设蚕房8000平方米，补助蚕种5600张，蚕桑方格蔟32万片，自动切桑机200台；实施甘蔗保险1.2万亩，高产玉米创建1000亩，马铃薯创建1000亩；核桃中耕抚育2万亩，核桃烘干机40台，红色股份产业配套1件；实施生猪规模养殖场建设3个，灾后养殖业恢复重建1件；扶持山地养鸡示范户5户；养殖种母猪350头，种母牛165头，种公羊144只，种母羊165只；实施水沟洼村1个民族特色村建设。

基础设施：按照云南省"完善基础设施，助推产业发展"的整乡推进计划，瓦房乡道路建设从2014年开始规划，2015年正式实施，2016年实现行政村村村通水泥路，2017年完成验收。在此期间，实施村内道路硬化（含弹石路）65条，长73.184千米；实施乡村道路建设7条，长74.32千米；实施村内砂石路建设7条，长14.66千米；硬化入户道路29810平方米；实施"五小"水利建设6件，饮水项目8件；实施基本农田建设1500亩；实施农网升级改造工程11个村。

安居工程：实施农村危房改造工程200户，扶贫安居工程200户，扶贫开发易地搬迁400人，地质灾害避灾搬迁93户。

素质提高：开展农村劳动力实用技术、技能培训800人次。

社会事业：实施农村中学改扩建工程3件，农村小学改扩建工程9件；实施瓦房乡卫生院大楼及附属工程建设1件，村卫生室建设工程4件，计生系统公租房建设1件，瓦房乡养老服务中心建设工程2件；新建党员活动室4个1200平方米，文化活动室1个100平方米，文化活动广场3个。

生态环境保护与建设：实施荒山绿化7700亩，核桃抚育5000亩，地质灾害植被恢复工程1件，新建节能灶1000个，太阳能推广应用500套，移民村建设项目1个，新农村省级重点村建设项目1个，扶贫整村推进计划项目1项。

三、政治建设

（一）现当代村寨政治变迁

中华人民共和国成立前，由于各个民族文化、经济、习俗等方面的差异性，导致大多数少数民族村寨在社会组织和社会管理中表现出了异质性。

中华人民共和国成立后，开始对少数民族村寨进行政治建设和社会改造。通过派工作队到村寨帮助建立农民协会，动员少数民族群众进行土地改革，迅速改变了村寨原有的政治、经济和社会基础。[①]土地改革完成后，农民协会解散，与此同时，以村、组为结构的村寨基层政权组织开始建立起来，在乡、民族乡和镇下面设立了村民委员会和村民小组。

随后，农村地区经历了短暂的单干和互助组，开始迅速进入合作化运动和人民公社化运动时期，形成了以少数民族自然村寨为单位的经济共同体，村委会和村民小组的行政化功能进一步加强。

20世纪80年代初，随着人民公社的解体，各地进行了政社分开，人民公社改建成了乡镇，大队和生产队相应地改成了村委会和村民小组。村与乡之间建立了村公所，集体经济转变成了家庭个体经济。国家开始对村委会进行改造，通过选举的方式赋予了村民委员会自治的权力。

（二）村寨党务工作和村务管理

依照中华人民共和国第十一届全国代表大会常务委员会第十七次会议修订通过的《中华人民共和国村民委员会组织法》等规定，水沟洼村明确了村委会的党务工作和村务工作。

1. 党务工作

在党务工作方面，水沟洼村制定了村民委员会会议制度、党员民主议事制度、"三会一课"制度、党员联系群众制度、民主生活会制度、党支

---

①吴承富：《当代中国少数民族村寨政治体系变迁研究》，《民族论坛》，2008年第7期，第18～19页。

部学习教育制度、村民委员会干部廉政制度、无职党员设岗定责制度等。

按照"三会一课"制度,水沟洼村党支部大会每三个月召开一次,支部委员会一个月召开一次,党小组会一个月召开一次,党课一个季度召开一次。"三会一课"也可根据实际情况增加次数。

党员联系群众制度的要求是确保每名党员联系两户群众,定期开展学习,宣传党的路线、方针、政策和法规,掌握群众的思想动态,了解群众的要求,做好群众的思想政治工作,帮助群众解决实际困难,增强党的凝聚力和战斗力。

民主生活会制度要求党员干部每半年召开一次,党支部学习教育制度要求每月集中在党员活动室学习一天。学习内容为党在农村的路线、方针、政策和法律法规,牢固树立全心全意为人民服务的观念。

2. 村务管理

在村务管理方面,实施"两委"班子工作协调制度、重大村务研究决策制度,并制定了村民委员会职责、村民委员会主任职责和村民小组工作规则。

"两委"班子工作协调制度内容包括:建设一支民主型的"两委"班子,坚持科学民主的决策程序,坚持集体领导下的分工责任制,坚持党支部领导,重大事项民主决策制度,建立干部任期目标、支部工作目标和村委会工作目标。每周召开一次办公会议,半年召开一次小结会,一年召开一次总结会。

重大村务研究决策制度是指凡涉及村级重大问题,关系到群众根本利益和本村长远发展的问题,必须提交村党支部专题讨论决定。这些重大问题包括:村级组织依法换届选举、农业生产计划、财务收支计划、计划生育、村庄规划、基本建设、土地管理、抗灾自救、社会治安等,务必按照"四议两公开"的工作方法进行。即村党支部提议、村"两委"会面议、党员会议审议、村民代表会议或村民会议决议的"四议程序",和对决议结果、实施结果进行公开的"两公开"程序。

村民小组工作规则如下：

第一，村民小组长选举的条件：在群众中有一定威望，有一定组织领导和处理问题的能力；热心为村民服务，任劳任怨，以身作则；发扬民主，认真听取群众意见；坚持原则、廉洁奉公、公道正派。

第二，村民小组工作制度：

会议制度：每月25日11：30召开一次村民小组会议，由党支部书记主持会议，传达上级指示精神，了解各项工作。村委会及各村民小组汇报上个月的工作情况，理清下个月的思路，进一步加强村组协调配合力度。有特殊情况，可以随时召开。

培训制度：每年组织一次培训，学习村委会基本知识和科学文化知识。

岗位责任制：村民小组长应及时完成各项年度计划，包括贯彻上级指示、思想工作、遵纪守法、公共福利、计划生育、创建文明家庭等，由村民监督执行。

记录制度：对村民小组工作和制度建设要有记录。

误工补贴制度：根据本小组经济状况，落实小组长误工补贴。补贴标准为每月100元，不再额外产生误工费用。

奖惩制度：结合村委会年度工作总结，发动群众开展评先活动，对先进村民小组和村民小组长进行奖励，对不称职的村民小组长提出惩勉。

财务管理：各村民小组的收支情况由村委会指定专人进行管理，支出3天内到村委会上账，收入必须当天于村委会上账，100元以下的开支由村民小组长自行决定，100元以上的开支必须召开本村代表会议决定或征得村"两委"会主要领导同意方可开支。

（三）村民自治

水沟洼村制定了村民委员会工作制度、村民代表会议制度、村务公开制度、党员和村民代表民主议事听证制度等。

1. 村民委员会工作制度

学习制度。每周五下午为学习日，由党支部统一组织，集中学习党在农村的各项方针、政策，国家法律、法规，农业科学技术和经济管理知识。

会议制度。每周一次办公会，每月一次汇报会，每季度一次村民代表会，半年一次总结会，每年一至二次村民大会，年终一次工作总结报告会和干部民主评议会。

建立村干部任期目标、年度目标和分工责任制度，每半年总结，年终考核评议，并将考核结果向全村村民公开。

财务管理制度。每季度检索一次，每半年审计一次，并向全体村民公开。

2. 村民代表会议制度

村民会议由本村18周岁以上的村民组成或每户派代表参加，必要时可邀请村企业和驻村的企事业单位、群众团体参加。

村民会议每年举行一次，由村民委员会召集，由主任或副主任主持。

村民会议必须由本村18周岁以上过半数的村民或户代理的三分之二以上出席方能举行。

村民会议讨论决定的事项，由出席会议人数的一半以上通过方可生效。通过的决定，村民委员会和全体村民必须遵照执行。

召开村民会议要有组织、有领导，按程序有条不紊地进行。会议情况要整理归档，以备查阅。

3. 村务公开制度

凡是涉及村里的重大事项和村民普遍关心的问题，都要通过各种形式向村民公开。村务公开是实现村民自治、依法自主管理的具体体现，是农村经济改革的必然要求，是实现农村基层管理制度化、规范化的重大举措。

村务公开的内容包括：收入情况、支出情况、专项收支情况的财务收支公开；婚姻和计划生育情况公开；征用土地和宅基地情况公开；农民负担情况公开；电费收缴公开；救灾、救济款物发放情况公开；集体经济项目承包、经营情况公开；村干部工作责任目标公开；村民代表会议认为需要公开的其他内容。

村务公开的监督和落实：每季度公开一次，主要通过村务公开栏公开，有的还要通过会议、广播、发放入户通知书公开。两次不按时公开或公开内容不真实、有意欺骗群众的，村委会主要领导要写出书面检查，情节严重的要给予纪律处分或按法定程度予以调整。

村民委员会和村民小组要成立村务公开监督小组，公开前须经监督小组认可，并由村民代表会议审查通过后才可公开。乡农经站要定期对村级财务进行审计，确保村务公开的质量。

4. 党员和村民代表民主议事听证制度

农村党员和村民代表民主议事听证是指在村级重大事项进行决策前，由村党组织召开党员和村民代表民主议事听证会，广泛听取意见，接受群众监督的制度。

凡本村百分之五以上的村民联名要求就某项村级事务进行民主议事听证的，就必须召开民主议事听证会。

民主议事听证会一般由本村部分党员和村民代表以及与议事听证内容相关的人员参加，有条件的地方应让全体党员和村民代表参加。

民主议事听证的主要内容包括：本村发展规划，公益事业建设，村集体财务收支，投工投劳、集资、工程招投标，村属集体资产处置，重大矛盾纠纷的调处，村规民约的修订以及村民需要听证质询的其他事项。

民主议事听证会基本程序为：第一，召开村"两委"班子成员联席会，研究制订听证方案。第二，召开村党员和村民代表民主议事听证会。

会议主持人说明决策事项,参会人员发表个人意见,提出质询。第三,梳理党员和村民代表的意见和建议,进一步修改完善决策方案。第四,会议结束后,由会议主持人与参会人员在民主议事听证会记录本上签字备案。第五,对听证会研究问题的落实情况向党员和村民通报。

(四)村规民约

在我们去调研的时候,铺门前村和水沟洼村都已制定了成文的村规民约。详见附录。

(五)社会治安保障

1. 治保会

2013年开始,保山市辖区内各区和村委会开始设立综治维稳员职位,负责调解邻里矛盾纠纷。综治维稳员由乡政府发补助,每月有130元的特殊话费补贴。按工作年限,每多做一年,次年每月增加10元的话费补贴。目前,铺门前村做的最长的一名治安维稳员已经工作了8年,现在每月的补助费是200元。

从2016年开始,由派出所组织,保山市在各个村委会设置了治保会。成员包括:主任(村委会主任兼职治保主任)、副主任、专职副主任(综治委委员兼任)、其他成员(由村民自主加入,无补助),共3~11人。

治保会的工作职责主要有:

(1)排查化解辖区内矛盾纠纷和不稳定因素。

(2)组织开展群防群治工作,维护辖区安全稳定。

(3)组织开展"平安社区""无毒社区""无邪教社区""平安家庭"等创建活动。夯实平安基层基础。

(4)组织开展治安混乱地区、突出治安问题、安全隐患排查整治,协助并参与有关专项行动。

(5)协助落实流动人口和出租房屋管理工作。

(6)协助公安机关保护案件现场,发动群众积极向公安机关提供破案线索，协助并参与有关专项行动。

（7）加强对辖区重点人员的帮教管控。

（8）协助做好法律、安全生产、交通管理、消防管理等宣传教育工作。

（9）全面掌握辖区社会治安和社会稳定形势，积极向上级提出工作建议。

（10）加强自身建设，健全和落实各项工作制度，做好资料收集和档案管理工作。

在调查中发现，铺门前村和水沟洼村的治保会已建立并运行良好。治保会在调解村民矛盾纠纷、维持辖区稳定、维护当地治安、提高村民法治意识等方面起到了积极的作用。

2. "十户联防"

隆阳区综治办与中国移动云南有限公司保山分公司共同设立了"十户联防齐参与，'6995'保平安"的乡镇村一级农村电子政务应用平台。"6995"是"来救救我"的谐音，是为实现"十户联防"功能设置的报警求助短号。当地农户通过加入"惠农网"，并将电话号码告知村委会或移动公司乡级营销经理，即可加入"6995"。

"6995"的使用范围包括：发生泥石流、山体滑坡、火灾、生命财产受到威胁、小偷入室盗窃、非法入侵、重病急救、可疑人员流窜等情况时，用户可以拨打"6995"进行呼救，实现"一户拨打，九户帮忙"的功效。

治安联防：网格员借助"6995"随时与网格内的"十户联防"治安中心户长联系，掌握网格内治安状况；中心户长组织本"十户联防"群组群众搞好治安巡逻防控；每个中心户长之间也随时保持联系，实现网格内每个群组的治安联防联控，形成"全天候、无障碍、全覆盖"的治安防控体系。

警民互动：当遭遇偷盗、抢劫或不法侵害时，用户直接拨打"6995"，挂村（社区）领导、村（社区）干部、综治维稳员、网格员、社区民警、治安中心户长和周围邻居就会第一时间收到报警信息，并立刻前来一同制止违法犯罪行为。

邻里互帮：当家中突发火灾、家人突发疾病或是留守老人、留守妇女、留守儿童等需要照顾时，用户直接拨打"6995"，村（社区）干部、综治维稳员、网格员、社区民警、治安中心户长和周围邻居就会第一时间收到求助信息，并及时赶来帮助。

生产互助：当农忙季节或突遇自然灾害需要进行抢收抢种等农业生产时，用户直接拨打"6995"，村（社区）干部、综治维稳员、网格员、社区民警、治安中心户长和周围邻居就会第一时间收到求助信息，并自发组织前来帮助。

至2015年底，水沟洼村有423户，共436部电话。铺门前村有712户，共28部电话。"6995"平台推出以后，在乡、镇、社区乃至村委会一级都得到了很好的推广，但村民自身加入的情况还比较少。水沟洼村是"云南省满族特色村寨"，由于政府和各界的重视与扶持，"6995"平台运行效果较好。而铺门前村基本只到村委会一级。"6995"平台的应用可以达到"邻里互助、邻里守望、十户联防、警民互动、治安联防、共筑平安"的效果，未来需要政府加强宣传，加大资金扶持力度。

（六）社会保障

由于地处山区、半山区，除了传统农业、养殖业外，大部分农民都没有更多的收入来源，很多农民年纪大了以后干不动活了，就会陷入贫困。随着农村居民最低生活保障制度、新型合作医疗制度、农村居民医疗救助制度、"五保"供养制度、自然灾害生活救助制度等农村居民社会保障体系的形成，初步保障了农村群众的基本生活。在当地，60岁以上的老人每月可领到80元的老龄补贴，80岁以上的老人每月可领到130元的高龄补贴，老有所养得到落实。

截至2016年7月，铺门前村有"五保户"7人，低保户175人。2009年，西邑乡建了养老院，收留无子女、无收入、无劳动能力的"三无"人员。瓦房乡1995年建了敬老院，院内目前有"三无"人员14人，但职工仅有1人，而且是外聘人员。随着大部分年轻人选择外出打工，很多家庭出现了空巢老人和留守儿童。在调查中发现，当地村民的家庭养老观念非常重，有子女的家庭，老人都不愿意去敬老院。

四、文化建设

生活在云南的满族受当地其他民族的影响较大，从民族形貌、生活习俗、文化传统等各方面都较接近当地民族的生活习惯和文化习俗。

（一）语言文字

根据调查，隆阳区的满族现无人会说满语和懂得满文，所有人都讲汉语，书写使用汉字。

（二）饮食文化

隆阳区满族主食为玉米、大米。一般家庭以大米为主，肉食以猪肉为主，辅以牛、羊、鸡肉，禁忌狗肉。蔬菜有青菜、萝卜、瓜类、土豆等，也采集山上的野菜。

重要的节日，如春节、端午、中秋，或家里来客人、杀年猪、农忙季节吃得比较讲究，平时生活较为简单，无大吃大喝现象。

正常情况，农历七月至第二年二月农闲时节吃两顿饭，老人、小孩、病人或特殊人（如产妇）例外。上午10~11点吃早饭，下午6~7点吃晚饭。农历一月至六月农忙时吃三顿，上午8~9点吃早饭，下午2~3点吃午饭，晚上8~9点吃晚饭。

婚丧嫁娶的饮食最为复杂。满族婚丧嫁娶时，亲朋好友都要来参加，主人会设宴招待。少的摆10余桌，多的二三十桌，甚至更多。每桌坐6

人,在院中将桌与桌连接排成长阵。宴会一般为"六大碗",也有"八大碗""十大碗"等。"六大碗"为三荤三素,分别为红肉(把肥猪肉块染红)、瘦肉、排骨、豆腐、凉拌腌菜、饵丝汤(菜也可有变化,但红肉、豆腐等必不可少),米饭管饱。厨师多为男性,3人左右,人员基本固定。女性煮饭。菜、饭在房屋两端分开做。

满族与当地汉族、彝族、白族等一样有吃生肉的习惯,还有杀年猪吃生肉的习俗。杀年猪一般在农历十月至春节这段时间进行,生肉在杀年猪当天宴客吃。生肉取扁担肉(即脊肉)剁细,加酱、盐、味精、花椒油、辣子面、芫荽拌酸腌菜做成。杀年猪必吃生肉,否则会被当地人认为主人小气。杀年猪宴客的另一道主菜是杂炒,把猪肝、猪腰、耳朵、尾巴、肚子等用锅煎炒,放辣子、花椒、姜、味精等佐料。另外,一般要吃炖肥肉片。

当地人还有腌制肉制品的习惯。杀年猪后,将猪肉用盐腌上2~3天,然后取出挂置将其风干,一年四季均可食用。把猪腿腌制成火腿,方法是用酒、盐腌后压上四五天,然后挂起来风干即成。另外还腌制牛干巴、羊干巴等。

此外,还有一些腌菜制品,如臭豆腐、干青菜、酸油菜花、豆豉、酸笋等。臭豆腐的腌制方法为:豆腐晒半干,放入木箱中捂,直到豆腐上长毛即成,吃时放入盐、辣椒、姜、蒜等佐料蒸。

满族也有吃火锅的习惯:使用中间烧木炭的锅子,放入鸡肉、牛肉、羊肉、蔬菜等煮熟,加辣椒、花椒、盐、味精等佐料。过春节时吃火锅不用牛、羊肉。

当地满族喜欢喝酒,基本上是自家酿制小锅玉米酒、大麦酒,酒精含量不高,一般在30度左右。喝酒的人为成年男人,老年男子喝酒的人数较少。婚丧嫁娶或来客时必喝酒,平时在冬季喝酒的时候多。

满族有饮茶的习惯,茶叶多为自种自制。茶叶泡在一个稍大的杯子中，然后从中倒出，每人一杯。春节期间也喝米花茶。将爆米花放入开水中加糖，每人一碗。还自制糖，将玉米熬成糖，加入米花、核桃等。

满族非常好客，客人来了要设宴招待。饮酒时主人先倒给客人，一般主人敬客人3杯，客人回敬3杯。除敬酒劝酒外，座位也相当讲究，以正房横梁朝向定方位，平行于横梁的上下两方为上位，上位之中的上方左边为最尊位。最尊位的垂直一方一般不坐人，放饭。剩下的一方为主人陪客之位。来客人一般6人一桌，客人多时女人、小孩不上桌。家中有老人，老人坐上位。如果吃鸡，鸡头、鸡血、鸡肝、鸡肠子等敬老人。不劝老人饮酒，多少自便。

（三）居住文化

隆阳区满族一般是聚居，20~40户人家为一寨，选择有水源、阳光充足、有山林和田地的地方定居。过去每个寨子都有水井，现在满族聚居的寨子已使用自来水。寨子多建在相对平坦的地方，背靠山坡，院子周围都有竹林、果树、一小块菜园。

满族房屋的建筑形式与周围汉族基本相同，一般为"一正两厢"式，有的正房对面有前房。前房是干栏式建筑，下为畜圈，上为堆放杂物之处。正房是家人活动的主要场所，一般一列为3间。正中为堂屋，为祭亡和招待客人的地方，左边一间为主人的房间，右边一间为客人或儿女住处，最左边附设厨房。厢房有的住人，有的堆放杂物。过去堂屋里有火塘，现在大多数人家把火塘改设在房屋左右两端的走廊上。火塘终年不灭，是取暖、煮饭、休闲议事之处。富裕人家修有院墙、照壁。厕所一般在院外。

（四）服饰文化

隆阳区满族的服饰比较简单。老人（70岁以上）一般穿旧式衣服：大襟上衣，大翻包裤，男为对襟，女为侧襟。布为自纺自织，染成青、蓝二色。头戴包头，脚穿布鞋。女人盘头，用簪扎起来，戴耳环、手镯，系花围腰。裹足，用布条（4尺长、2寸宽）缠绕，外穿套鞋，鞋尖绣花。婴儿会戴老虎头帽、佛老爷帽、尖角帽等。中年人、青年人服饰已基本现代化。

（五）宗教信仰

云南满族在迁移过程中，宗教信仰发生了很大的改变，几乎没有萨满教的痕迹。隆阳区满族传统上都敬神信佛，村里会建造庙宇，逢年过节全家老小都会去拜神佛。由于隆阳区满族居住在山区，所以有逢年过节、初一、十五拜山神的信仰。当地满族还有祖先崇拜。在水沟洼村，我们调查的人家中，正堂正中墙上都设"天地国亲师"牌位，写有祈福文字等。

隆阳区满族的神职人员叫"端公"，又称"香通"。"香通"的主要职能是为人祛病除灾。"香通"由男性充当，世代家传，可传子传侄，无家传者不容易被人们接受。

1. 山神崇拜

隆阳区满族的自然崇拜和祖先崇拜包括山神、祖先神、财神、土神、木神、圈神、铁神、路神、桥神等等，其中山神地位最高。当地有"山神为大"的说法，树神、桥神、路神等都在其管辖之下。山神是一山之主，能庇护当地的人畜及野生动物。敬山神之后则人财兴旺、六畜兴旺、五谷丰登、无灾无病、野兽不伤人。

一般而言，一个寨子有一座山神庙。水沟洼寨原有一座较大的山神庙，破"四旧"时被毁，今只存半边断墙。目前最好的一座山神庙在柳坝，其他各寨都只有简易的山神位，甚至几户人家就拥有一个山神位。

2. 祖先崇拜

祖先崇拜主要体现在献亡（祭祖）活动中，时间集中在春节和七月半。献亡活动在自家堂屋进行。隆阳区满族家家都在堂屋正中墙上设"天地国亲师"牌，牌下设一供桌。老式供桌一般用椿木或松木做成，分上、下两台，长6尺、高3尺、宽2尺。新式供桌实际上是一个组合柜，类似于现代家具中的矮柜。无供桌的人家用吃饭桌代替。春节从大年三十至正月十五都要献亡，三十接亡，十五送亡。七月半从初一至十五献亡，初一接亡，十五送亡。

3. 门神、财神崇拜

春节和七月半接亡时祭门神，目的是让门神放亡人回家。门神一般贴在堂屋的两扇门上，为尉迟恭、秦琼或关羽、张飞。祭门神使用两炷香、两杯茶、两碗米饭、两杯酒及猪肉、纸钱等。大年初二用素品祭。家家正房堂屋门楣上都挂有财门布，左右挂一红一绿两张财神（招财童子、利市仙官）。近年来随着水沟洼村经济意识的增强，财神越来越被人重视。

4. 土神崇拜

大年三十晚在"天地国亲师"牌左边地上敬土地神，将猪头、猪脚、猪尾、酒放在地上，烧香、烧纸，叩头三次。修房建屋完毕也要敬土神，叫"谢阳土"，祭品同上，可用母鸡代替三牲。

5. 铁神崇拜

铁神即刀神，祭铁（刀）神在当地叫"上刀"。上刀在春节或家中有病人时，请"香通"跳神后认为遇铁神时举行。春节上刀是为祭亡。

6. 其他崇拜

木神崇拜。修建房屋完工后由木匠师傅献祭木神。祭品有猪肉、鸡肉、面条、糕点、米、糖、茶、盐、筷子及香、纸钱等，同时摆上木匠用的斧头、凿子、木马、掏桦布（一块红布）。献完之后的供品女人不能吃，据传女人吃了家人会生病。

圈神崇拜。在牲畜圈门前放上供品进行膜拜，献时不得有外人参加或看见，否则认为不灵。传说圈神不穿衣服，见到外人会害羞，故供品只能由家人吃。

灶神崇拜。腊月二十三送灶神，大年三十接灶神，在"天地国亲师"牌左边灶神之位献祭。灶神吃素，供品为汤圆、甜糯米饭、茶，点灯，烧香、烧纸钱，送时要求灶神上天奏善事，不能说坏话。

天神崇拜。杀年猪和大年三十至正月十五祭天。杀年猪时，将煮熟的猪头、猪脚、猪尾、三炷香、三杯茶、纸钱放在天井里的桌子上献祭，春节祭天则还要在天井里放一棵万年青或松树。

其他祭祀的还有路神、磨神、树神等。

隆阳区满族有部分人信仰佛教。在水沟洼村，原黄家大庙里有一尊观音塑像，现已毁。在其他一些宗教活动，如上刀中，可见佛教的一些内容。

（六）丧葬文化

隆阳区满族认为，人死亡就是魂离开身体到阴曹地府或是十甸乐园去了。人死了就同亡去的祖先亲友在一起了。

人临死之前，最亲的人要在身边，把临死者放到堂屋，下垫木板、棉絮、床单。

人死后一般停放3天。葬前葬后要请僧人做法事超度。出葬前一天早上10点钟以前僧人到来，设灵堂、经堂。出殡后第二天僧人离去，一般得报酬150~200元，另加一些米、酒、香、纸钱等。

办丧事一般都要请吹打。吹打只吹哀调，共7调：哑巴哭娘调（2）、起棺调（2）、绕棺调（2）、下葬调（1），根据程序吹奏。

（七）节庆习俗

1. 春节

春节俗称过年，时间从农历腊月年三十到正月十五。大年三十晚上吃年饭，吃年饭前放鞭炮、贴春联、敬山神、敬天地。年饭阖家团聚。初二吃团年饭，一般是兄弟几家团年。初一不出门，吃素，早点为糖汤圆，午饭为凉拌豆粉米线、油煎粑粑，晚饭吃米饭、腌菜。初一早上天不亮出门挑水，叫"接龙"。在井边点三炷香，烧纸钱。挑水越早越好，预示当年财运旺。早上童男童女起来开堂屋门，叫"开财门"。父母给孩子的压岁钱大年三十晚上就放在门两边。初一家中若来童男童女，主人要送糖给他们吃，预示主人一年好运。初一不泼水，认为泼水则当年有水灾；不吹火，认为吹火则当年有风灾。初二走亲访友，小孩、年轻人则到外玩耍。孕妇不串门，即使串门，也不到主人堂屋中去。春节期间，年三十、初一、初二最重要。

隆阳区满族春节期间初一至十五都要献亡。献亡以大年三十"接亡"和正月十五"送亡"最为隆重。正月十五"送亡"，传说这天是阴曹地府的节日，叫"龙花会"。其他时间献亡较为简单，家人吃什么献什么。隆阳区满族不过元宵节。

2. 其他节日

招兵节。农历二月初八为招兵节，只有"香通"才过这个节日。

清明节。农历三月过清明节。这天上坟，用猪肉、鸡、香、纸钱等祭祀祖先。满族人非常重视祭祖先，清明节是白马寨村一个非常重要的节日。清明节这天，白马寨村的所有村民会一起上祖坟，规定每家去一人，以男主人为主，男主人不在家，则女主人去，若女主人也不在家，则小孩去。由组长（村里选举产生）负责买猪，费用平摊到每家，中午拜祭祖先，祭祖先需要烧纸钱和放鞭炮，然后参加祭祖的人一起吃饭，吃完后每家分一份猪肉带回家。白马寨村满族与铺门前村汉族在清明节的祭祖流程上大致一样，只是其他村组买猪肉的不是村里选出来固定的组长，而是各家轮流操办。

端午节。农历五月初五过端阳节。出嫁之女这天要回娘家。献亡，吃粽子、包子。

火把节。农历六月二十五日过火把节，又叫姑娘节，接出嫁之女回娘家。献亡，吃包子，有的人家烧平安纸。

鬼节。农历七月半过献亡节。在供桌下铺松毛，意为亡人之床。

中秋节。农历八月十五过中秋节。出嫁之女回娘家。家家户户做麦面粑粑，蒸熟后放在天井的桌子上，点香、烧纸钱敬月神。敬完后切成块，一家人分吃。

十月招。农历十月初十为"十月招",为当年死去的老人上坟。

颁金节。满族把当年清太宗定族称的农历十月十三日定为民族节日——颁金节。云南省民族学会满族研究委员每年组织一次。

冬至节。节日这天有吃糍粑的习俗。

（八）公共文化基础设施

2009年开始,铺门前村在村里设立了老年协会。村里无文化服务中心,但乡里建立了文化站。2011年建了农家书屋,目前有2000多册图书,以科技类图书为主。每年由区财政拨款,文化站统一配送书籍至村里。2016年,区里拨到整个乡的书籍购买费为2000元。

瓦房乡也建立了文化站,目前有5名工作人员,图书2000册。各行政村均设有农家书屋。

经调查,农家书屋的主要借阅群体为中学生,农民借阅的不多。

（九）基础教育

在调查中发现,满族比较重视教育,基本没有文盲,一般人都接受过基础教育,有一定的文化水平,但总体上受教育水平比较低,以小学、初中文化为主。

铺门前村有小学1所,名叫"铺门前文小",共有教师9人,还办了学前班,学前班教师采取聘任制。铺门前文小共有学生209人。其中:学前班45人,1～6年级164人。西邑乡有2所中学:保山九中、大庄中学。铺门前文小教育设施比较完善,但整村经济水平比较低,教育经费严重不足。由于当地土质属于膨胀土,部分教学楼及围墙有受损现象,学校操场没有围起来,有一条村道贯穿操场,存在安全隐患。

瓦房乡的19个行政村共有小学20所,学生总数2001人,老师126人,职工4人;中学1所,学生数1333人,教师95人,其中女教师68人,男教师27人,职工2人。

水沟洼村有1所六年制寄宿制完全小学，名叫"平安小学"，学校内也设了学前班。小学的前身是20世纪30年代的一个私塾，1939年改为"黄家大庙学堂"。新中国成立后，改为"平安小学"。现全校有8位教师，校长是满族，有一位教师是彝族，另外6位教师是汉族。校长是师专毕业，其他教师有2位大专毕业，5位本科毕业。8位教师负责学前班和小学六个年级共114名学生的教学，工作负担比较重。学生来自水沟洼行政村的14个自然村15个村民小组，最远的村距学校5千米。水沟洼自然村目前读小学的学生有20多个，由于离校近，住校的不多，但外村小孩基本都是住校。由于云南省特色村寨建设，平安小学经过了几次翻修，现在已盖起了一幢三层楼的教学楼，校内有一块篮球场，校外山坡上还有一个体育场。学校有1台电脑、1架钢琴，但没人会弹钢琴，电脑也不够用。据黄加安校长介绍，2006年学校翻修时，由于没有文化保护意识，记载有黄氏家庭来源的一块碑因破碎而被砸碎砌进了学校的墙中。

在调查中发现，自从国家对西部地区农村小学生实施营养早餐工程后，当地小学生的早餐营养状况得到极大改善。在基础设施方面，相比铺门前村小学，平安小学的基础设施更好一些。但是恶劣的气候和不发达的经济，也导致学校设施落后、引入乡村教师难、教师待遇不好、工作辛苦等问题。不发达农村地区的基础教育还任重道远，需要国家给予大力扶持。

（十）民族文化遗存

1. **古墓群**

铺门前村白马寨自然村有2座保存完好的清乾隆时期的古墓，为合葬墓。墓为圆形，石质。墓碑碑文用宋体雕刻，刻字清晰，记载了墓主姓名、年代、性别、子女排序等信息。墓碑基座有麒麟图案，喻示男主人为一品武将。合葬墓不远处有寨子的祖先"母老祖"的墓。墓为正方形，墓门由石块堆成。

水沟洼村有民国时期黄家青石墓葬群。墓葬建在一处平地上，由小路分成上下两部分。墓碑雕刻精细,每一座墓碑尾部都镶嵌有一块马鞍状石块,墓碑上记载的有"中华民国"时期黄家祖先担任的职务等。

当地满族村民每年都要举行祭祖活动,以追忆祖德,感激亲人的养育之恩,体现了长幼有序的优良传统。

2. 甲马雕刻

甲马本来叫纸马,起源于唐朝,是手绘的彩色神像,因为上面的神像大多披甲骑马,所以又叫甲马(《清稗类钞·物品类》"纸马"一节记载)。明清时期,部分地方的人祭祖、进香、航海、送葬都要烧一些甲马。云南的甲马是一种古老神秘用于民间祈福消灾祭祀活动的木刻画,由中原传入后融入当地不同民族的风格。保山地区的满族,其甲马文化也受到当地其他民族的影响,制造内容丰富多样,祈福内容也扩大到了生活的各方面。在水沟洼村,我们采访的黄加李老人就是一位民间甲马雕刻者。他自己雕刻了许多祈福的木板图案,在节庆活动或者村里有丧事时,用于印刷纸人、纸马等"纸符"。老人称甲马为"金钱稞"。

3. 剪纸工艺

隆阳区满族剪纸题材独特而广泛,包括人物、动物和民间生活习俗。大部分家庭传统的剪纸工艺靠长辈教晚辈,一代一代口传心授传承下来,多在妇女中传承,如母亲教女儿,姥姥教外孙女。为弘扬传统文化,水沟洼村委会举办了

◇ "金钱稞"

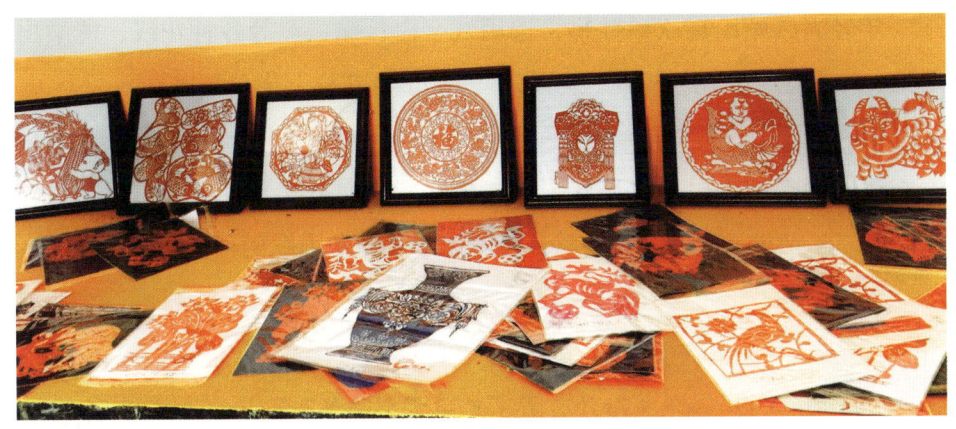

◇ 村民剪纸作品

三期剪纸培训班。在民族文化广场的大堂中，陈列了众多的村民剪纸作品。

4. 其他手工艺制作

隆阳区满族的手工艺制作主要有石器、木器、竹器、纳鞋垫。

满族石匠。使用的工具有钻子、钢钎、墨斗、曲尺、水平仪、凿子等，主要从事修房、修坟，也打制石磨、石臼窝等。个别师傅可以刻文字、花草、兽、人。如柳坝黄正茂就雕刻了山神庙中的塑像，家中大门、院内石墙上刻有对联、家训、诗歌、花草。

木匠使用的工具有斧头、凿子、刨子、曲尺、五尺杆、锯（剁锯、切锯、手锯）等，有的师傅拥有电锯。主要从事修房，做家具、寿木等。个别师傅会绘画雕刻，能画太极图、荷叶、荷花、串芝莲、蝴蝶、梅花、喜鹊、鸳鸯等，能雕刻梅花、象格、蝴蝶、菊花等。柳坝黄正茂还能雕刻木刻印版。

很多满族男子都能编竹器。用漆竹，一般在八九月砍竹子（无虫），能编花篮、背箩、撮箕、驮篮、筛子、凳子、竹叶帽等。编法除不同器具的要求外，一般为压一、压二花纹。

年轻满族姑娘喜欢纳鞋垫，选用红、白、绿、黄等各种花线，能纳出兰花、牡丹花、菊花、梅花、方块花等100多种花样，十分精美。

5. 山歌

满族同彝族、白族、汉族一样，男女青年晚上都会在山坡上对山歌，"说流言"，找意中人。其山歌分老本山歌和花花山歌两种。

老本山歌：

男：月亮孤单星陪伴，男家孤单哪个陪伴？

女：月亮孤单星陪伴，男家孤单妹家来陪伴你。

男：十二甲子举问妹，正月生下什么人？

女：十二属的甲子告诉你，正月生下属鼠人……

花花山歌：

男：郎爱玩来妹爱笑，爱玩爱笑到这方。郎一个来妹一个，一家一个成一双。郎是有心到这方，妹家有意赶着来。不是路边长草不绕脚，不是爱玩爱笑不会到这方。

女：妹是有心到这方，郎是有意赶着来……

（十一）民族传统文化发展与传承

瓦房乡水沟洼村2012年被列为云南省少数民族特色村寨。村委会组织三期剪纸培训，设置了农家书屋。

村里建了民族文化广场。广场位于村口正北面的山坡上，广场的路口竖有碑，高2.5米、宽1米，上面镌刻着"水沟洼民族特色村"字样。广场中间是一座用红墙围起来的院落，围墙顶和屋顶用黄色琉璃瓦。大门口挂着云南民族大学教授杨德鋆的长联："悠日远月千般锤炼光耀永昌彩云乡；白山黑水成里跨越根生西南边隆地"，横批为"隆阳奇珠"。大门内有一个照壁，正面是一个大大的满文"满"字，背面刻有《云南满族源流考》。此源流考是在云南民族村"满族村"照壁上的《云南满族源流考》，以及张蓉兰老师等人在实际考察的基础上，加入了水沟洼村黄姓满族入滇的历史后改编而成的。

进入大门内，院子西南角竖立着满族的标志——索伦杆。按照满族的传统习俗，索伦杆应该位于西南角，但当地的习俗是把厕所建在西南角，所以就把索伦杆立在了东南角。大厅坐北朝南，大门用的是白族风格的黄杨木隔扇式木雕门。这也体现了当地满族经过700多年的历史变迁，与当地各民族相互融合、团结发展。

进入大厅，西墙上挂着一幅努尔哈赤的彩色画像。北墙上挂有北京著名的书法家许铮先生、郝超先生、伊祝福先生、赵书先生和云南省人大常委会原副主任张宝三同志撰写的各种满汉文字条幅。大厅内修建了北方的"万字炕"，炕上摆满了水沟洼村村民剪的各式剪纸。还收藏了一些水沟洼村的传统农耕用具、纺织用具和生活用具，有马鞍、马镫、纺车、铺

◇ 民族文化广场

◇ 牛梆　　　　　　　　　　◇ 铺草板

草板、牛梆、耕犁、水推磨和煮饭用的铜锅等。听村支书介绍，铺草板是建草房用的工具，用来把草压平。牛梆绑在牛脖子上，有铃铛，防止牛走丢。水推磨（石磨）主要用于磨玉米、糯米面、豆（做豆粉、豆腐）。

在大厅的东面有一张大的方形茶几，周边摆了一套非洲鸡翅木做的一大四小的太师椅，布置成客厅的样子。体现了满族传统重客重礼的习俗。

（十二）公共卫生与民族医药

2005年，国家出台了新型农村合作医疗制度，逐步解决了农村缺医少药的问题。随着新农合的进一步完善，村民看病的治疗费用可以报销80%以上。铺门前村2015年新建了卫生室，配了2名医务人员，但目前配套未完善，尚未投入使用。

瓦房乡的卫生院1953年即已建成，目前有职工62人，其中女职工50人、男职工12人。各行政村设有卫生所。水沟洼村的村卫生室配备了2名乡村医生，主要负责全村的防疫、护理及公共卫生工作。

水沟洼村历史上有过满族民间医生，黄正茂和他的儿子黄嘉康曾是当地有名的赤脚医生。黄嘉康曾到高黎贡山的悬崖峭壁上去采草药，他擅长治疗肝炎病症，有昆明、保山、德宏等地的人特地找他治病。

水沟洼村的地理和气候也非常适宜多种中草药种植。2015年，水沟洼村共种植中草药3230亩，其中种植了100多亩珍贵药材红花、重楼、菖蒲等。

五、社会结构

（一）传统婚姻习俗

隆阳区的满族对与各民族的通婚没有限制。白马寨的满族严禁族内通婚，因为白马寨整个村姓蒋，所以族内禁止通婚。

隆阳区满族的婚嫁仪式隆重，男女双方互相认识有了感情之后，约半年，男方就找媒人到女方家求亲定亲。媒人由年长、能说会道、人缘好、见识广的人充当。

白马寨男女合婚要两个媒人，他们有自己的说亲习俗：

第一，男方带鸡去女方家吃。

第二，女方回话，合属相。

第三，押柬。男方拿钱给女方买嫁妆。

第四，定通柬。定结婚日子（看家历，选双月双吉日），确定彩礼。

第五，过礼。付礼金（一般五六万），确定男方送多少肉到女方家等。

说完亲，正式结婚一般要办四五天酒席。

正式迎亲的日子，新娘接到新郎家门口时，新郎家大门要紧闭，新娘须在门口等候，这是"憋性子"关。下轿之前，司仪将轿上挂的弓和箭拿下来递给新郎，新郎搭上箭对着花轿连射三箭，意在驱赶一路上带来的邪气。新娘下轿之后，在左右搀扶下脚踩红毡，象征一生一路永远走鸿运。

在当地，若家里无男丁，男方入赘女方家是一个比较普遍的现象。当地还有个习俗，若男方入赘，要跟女方家姓。我们的访谈对象，水沟洼村的黄加李老人，原姓李，非满族，其妻黄美香，入赘黄家后，其改名黄加李。

水沟洼村传承了满族传统的抱瓶习俗和生育的"洗三"习俗，但也融入了当地的礼仪习俗，形成了云南满族独特的婚俗文化。抱瓶习俗是指新娘入洞房时，由一小女孩递过两只锡壶，里面装有米、钱等，新娘或抱在怀里，或夹在腋窝，也称"抱宝瓶""抱保媒壶"。进入洞房后，新郎要用秤杆将新娘的盖头挑下，然后抛到屋顶上去。新郎揭盖后，立刻用手抚一抚新娘的发，再摸摸自己的头，象征"结发夫妻"，以示夫妇二人白头偕老。此时，一桩称心如意的婚姻就此达成。"洗三"习俗是指在孩子出生的第三天，将一位儿女双全又有威望的老太太（称为姥姥）接到家中，由其用一个大铜盆给孩子洗热水澡，边洗边唠叨："洗洗头，做王侯；洗洗腰，一辈倒比一辈高；洗脸蛋，做知县……"

（二）婚姻制度的变迁

随着社会进步和时代的变迁，隆阳区满族的婚姻程序、婚姻形式、婚姻仪式以及婚姻功能都发生了显著的变化。

新中国成立以后，满族婚姻习俗首先在婚姻程序上有了很大变化，婚礼程序和仪式由简入繁。清代形成的满族婚姻程序如"问门户""小定""放定""问话""过礼""完婚"等烦琐程序不断简化，过去满族婚俗中必不可少的请人做媒、男方父母相看姑娘、过礼等环节也不断发生变化，自主婚姻观念兴起。

男女大致十八九岁开始谈恋爱。例如，水沟洼村附近的茶场、林地等，都是青年男女约会的主要地方。20世纪六七十年代前，夜晚青年男女往往在这里对歌谈情。后虽不对歌，但因茶场开有当地最大的商店，时常放电视、录像，所以仍是男女恋爱的中心。1990年以后，由于外出打工人员的增多，满族青年男女与外界接触频繁起来，许多青年男女不需别人介绍，便将朋友带回家来。尽管现已婚男女中自由恋爱的只占60%，但满族青年婚姻观都已趋向于自由恋爱。

长期以来，隆阳区的满族与当地民族交流融合，久而久之，形成自己的婚俗习惯。改革开放以后，还受到西方文化的影响，如过去新人结婚是吹唢呐，现在是音响播放婚礼进行曲，新娘还穿婚纱。

婚礼上，双方家长讲话，有证婚人送祝福，这是满族传统婚礼。现在的证婚人，多半是某方的单位领导或者是当地令人尊敬的长辈。

"三朝回门"，是最古老的婚俗，即婚礼后的第三天，新娘要领着新姑爷回娘家看望一下，表达对父母的感谢。

在婚姻功能上，满族旧式婚姻的宗法性质和繁衍功能逐渐弱化，情感功能和约束功能表现得越来越强。男女双方在缔结自己的婚姻时，首先追求的是自身的幸福，较少考虑家族利益和政治集团的利益。

20世纪80年代以后，随着国家民族政策的进一步落实和民族传统文化的弘扬，隆阳区满族又有选择地恢复了一些富有民族特色的传统婚姻仪式，并且根据家庭情况形成了新时代的地方民族婚庆风俗。

（三）家庭结构关系的变化

隆阳区的满族，新婚夫妇一般与男方父母居住在一起，很少有分家的现象。一般是三世同堂，有的甚至四世、五世同堂。人们注重和睦、团圆，招上门女婿即是认为人越多越好。农村地区一般家庭都有两个小孩，满族家庭以4~6人为一户，家庭人员构成为一对夫妇、两个子女，或一对夫妇、两个子女、两个老人。

铺门前村有45户为独生子女。有两个以上儿子的家庭，一般大儿子结婚后就分家自己过，老人一般跟二儿子或小儿子住，很少有老人单独住的，除非是小孩在外工作。分家后的儿子也有赡养老人的义务，老人年纪大了，需要儿子轮流养。如果是女儿的话，嫁出去就不再是家里人了，而且姑娘出嫁，不带走家里的土地份额。

满族家庭分工与周围汉族大体相同，一个三代人的家庭，其基本分工为：父母照顾小孩，从事养殖，或者休闲；夫妇负责养殖和种植，养老抚小；小孩从事养殖、辅助性劳动或读书。丈夫主要从事农业、放牧、打工及社会活动，妻子主要从事家庭养殖、领小孩、做饭、洗衣服等家务劳动。

六、生态环境

（一）地理位置

隆阳区是云南省保山市辖区，地处怒山山脉尾部、高黎贡山山脉之中，镶嵌于澜沧江、怒江之间。[①]隆阳区总面积为5011平方千米，其中山区、半山区占总面积的92.6%。东邻大理白族自治州永平县、保山市昌宁县，南接保山市施甸县、龙陵县，西与保山市、腾冲市相连，北与怒江傈僳族自治州泸水市、大理白族自治州云龙县交界，东距省会昆明486千米，西离中缅边境279千米。全境东西宽78千米、南北长96千米。境内山脉起伏盘错，最高海拔3655.9米，最低海拔648米，城区海拔1653.5米。

西邑乡，位于隆阳区东南部，距城区33千米，与昌宁、施甸交界。全乡面积231平方千米，最高海拔2335米，最低海拔1542米，属于典型的丘陵山区。

西邑乡铺门前村位于西邑乡西北部，距乡政府所在地7千米，东邻石龙村，南邻小羊邑村，西邻大庄村，北邻羊邑村。据传清朝时村中有铺子，前面设有马站，故名"铺门口"，后演变为"铺门前"。铺门前村辖4个自然村，有兰家寨、上寨、白马寨等7个村民小组。

瓦房乡位于保山市隆阳区西北部，怒江东岸，东西长21千米、南北宽18千米，面积300平方千米。辖19个村委会120个自然村。至2013年末，全乡农业人口32422人，占全乡总人口的96.8%；少数民族人口13747人，占总

[①] 陈文华、何冬梅：《保山市隆阳区居民点空间分布特征分布》，载《保山学院学报》2010年第9期。

人口的41.1%；贫困人口13222人，占农业人口的40.78%。

瓦房乡水沟洼村位于瓦房乡西北部，距乡政府所在地12千米，水沟洼村辖14自然村15个村民小组。

（二）气候与物产

隆阳区大部分地区冬无严寒，夏无酷热，四季如春，终年常绿。最冷1月平均气温8.5℃，最热月7月平均气温20.7℃，年平均气温15.5℃，年极端最高气温32.4℃，年极端最低气温-3.8℃。全年无霜期290天以上。冬、春两季雨量较少，夏、秋两季雨量较多，年平均降雨量966.5毫米。[①]

隆阳区位于云南省西部，横断山脉南段，东经98°43′~99°26′和北纬24°46′~25°38′之间，素有"滇西粮仓"之称，被国家和云南省列为"香料烟生产基地""小粒咖啡生产基地""国家糖料基地""芒果生产基地"。

西邑乡属立体型气候。西邑乡铺门前村白马寨自然村总面积2.35平方千米，海拔1640米，年降水量1000毫米，年平均气温16℃。该村的主要产业为种植业，适合种植粮食、烤烟等农作物。烤烟产业是该村的特色产业。近年来开始大力发展泡核桃产业。铺门前村还有丰富的石灰石、黏土矿资源。

瓦房乡水沟洼自然村总面积6.34平方千米，海拔2200米，年降水量1300毫米，平均气温12℃。

瓦房乡是以玉米、水稻、小麦和豆薯类为主的农业乡，有西山"米粮仓"之说。近年来，随着产业结构的不断调整优化，泡核桃、甘蔗、烤烟、蚕桑、红花、中草药等产业在瓦房乡得到了较快发展。瓦房乡水力和矿产资源丰富，现已探明的金矿、铜矿、无烟煤、铁矿、水银矿、硅矿等储量大，水电开发前景十分广阔。

---

① 陈文华：《1959~2001年保山市隆阳区降水时序特征初步分析》，载《保山师专学报》2009年第9期。

随着近年来扶贫开发力度的加大，道路通畅率的提高，瓦房乡逐渐成为西山三乡的小商品交易聚散地，现有集市两条，瓦房中心集市每月的1日、6日为集市日，金塘集市每月的2日、7日为集市日。

（三）通电工程

据铺门前村村支书介绍，白马寨村1969年就已经通电。20世纪70年代，国家投资修建了瓦房电站，水沟洼自然村和平安寨在水沟洼行政村中首先通了电。2012年，国家启动农村电网改造工程，等改造完成后，电费价格将下降，从而减轻农户负担。

（四）饮水工程和灌溉工程

铺门前村所处地区缺水状况较严重，2007年村里通了自来水，农作物灌溉需抽水上山，村民自主集资铺设了引水管道，但用水成本较高，村民在家中多用大型水桶、水缸储水。已有的水利设施简陋陈旧，且出现老化现象。由于村民经济收入有限，加上缺水属于水源性缺水，短时间内问题难以解决。

20世纪80年代以前，水沟洼村存在"人畜同饮"的饮水问题，污染十分严重，因饮水导致的疾病时有发生。2004年以后，国家加大了对西部地区的扶贫力度，村村通自来水工程解决了农民的饮水问题。

1958年，水沟洼村修建了一条约9千米长的"大磨房水沟"，用于农业灌溉，但这条沟一到雨季就会被山洪冲垮。近年来，各级政府共投资270万元，重修并加固了大沟，为农业生产提供了可靠保证。

（五）道路建设

"要致富，先修路"。为了改变农村交通不通畅的局面，围绕云南省"完善基础设施，助推产业发展"的整乡推进计划，瓦房乡从2014年开始规划，2015年正式实施，争取2016年行政村村村通水泥路，2017年完成验收。到2015年，水沟洼村道路完成硬化，并修建了一条从水沟洼村到乡政府的长12千米的水泥路。

白马寨村由保山市隆阳区审计局挂钩对口扶贫，于2015年对村内道路进行水泥路面硬化，总长1.4千米，宽4米，并实现了与村外公路的连通。

村里道路建设，改变了农村地区"晴天尘土飞扬，雨天泥泞难行"的状况，加强了与外界的联系，极大地促进了这些地方的经济发展和村民素质的提高。

（六）民居建筑变迁

住房在一定程度上反映了农村家庭的经济水平。白马寨村民的住房普遍为三间两层主房，中间的主房是土木结构的房子，两侧分别是厨房和牲畜圈栏，入门处有一大片地，有些家庭把它浇灌成水泥地，用来晒粮食、衣服。有些家庭在院子周围种了板栗、核桃、梨等经济作物。经济条件好的家庭住进了二至四层的混凝土新居，生活设施比较齐备。但贫困户和经济状况一般的家庭，有部分住房已经破旧，甚至存在倒塌危险，急需翻修。

铺门前村所在地区土壤属于膨胀土，不适用于建造房屋，许多农户房屋存在开裂、损坏问题，甚至位于易发生泥石流区域。目前，西邑乡已启动脱贫攻坚中的危旧房重建改造工程，对危旧房建立新搬迁点，对进入危旧房改造的农户给予建房补贴和20年的低息、无息贷款，以解决贫困户的住房问题。但目前的主要困难是一些农户不愿搬离原来居住的地方，还有由于农民收入来源不稳定，有些农户因房屋翻修、重建而把多年的积蓄用光，甚至欠债，重新陷入贫困。

水沟洼村是云南省满族特色村寨，从2015年开始，云南省民宗委下拨田园建设项目配套资金，资助村民进行房屋改建、翻新、重建。村委会号召村民改建新居，并根据改建、翻新、重建的不同情况，给予不等的资金资助。对于新翻修墙农户，补助100元/米的修墙费用。对于新修大门，每户补助6500元。为了突出地方和民族特色，大门和围墙采取统一的白墙、蓝瓦样式。改建、新修的民居前都建了一堵由图案花纹瓷砖镶嵌的照壁，有一些家庭新修的大门还挂了料丝灯（宫灯），显得喜庆吉祥。虽然还有一些家庭条件比较差的村民住着原来的黄色土基房或是空心砖房，但大部分家庭都住进了新建的混凝土房。坐落于山坡上的水沟洼村，从村口望去，白墙、蓝瓦房，整齐统一，错落有致。

虽然住房条件不一样，但满族家庭的房子都打扫得很干净。满族村民也很热情，我们访谈的农户，一进门就会给我们抬凳子，倒开水，让我们感受到了村民的质朴和热情。

附录　西邑乡铺门前村村民委员会村规民约

为了贯彻实施团结村民委员会组织法，发扬社会主义民主，健全社会主义法治，教育村民遵纪守法，维护社会治安和社会秩序，实现村民自治，创建和谐宜居环境，把我村建设成为美丽宜居新农村，特制订本村村规民约：

第一章　土地管理

第一条　农村的所有土地，除了法律规定属于国家所有的以外，村民的宅基地、自留地、自留山等所有权属于集体，个人只有经营使用权。

第二条　任何个人不得侵占、买卖、出租或者以其他形式非法转让和变更村集体或他人的土地使用权。

第三条　村民需要建房的，原则上只能在团结村内购地建房。具体流程：本人写好申请报告，由村民小组开会讨论并签具意见，经村民委员会审查同意，报乡人民政府和乡国土管理所批准，再经村委定好房屋基地的方位，才能允许建房。

第四条　未经批准强行占用耕地、交通要道建房的，坚决拆除，还田归土，恢复原状，若是拒绝执行者，将按国家有关规定予以处罚。

第二章 计划生育

每位村民要学习、宣传党和国家的计划生育政策,自觉实行计划生育,遵守履行《村计划生育村规民约》。

第五条 鼓励晚婚晚育,实行现行生育政策,严禁早婚早育;男女双方结婚必须达到法定婚龄并依法登记,并领取生育服务证方可生育,违者按计生有关政策处罚。

第六条 实行住院分娩制度,孕妇分娩时应到乡级以上医院,禁止农村接生员接生,如有特殊情况应及时反映给乡计生办。

第七条 非法抱养、送养、弃婴的按有关规定由上级部门给予处理,发现弃婴要及时向当地公安、民政、计生部门报告,由有关部门协调处理。

第八条 严禁非医学需要进行胎儿性别鉴定。

第九条 男年满16周岁以上、女年满15周岁的未婚青年,要与村委会签订不早婚早育、暗婚暗育合同书,按时参加村委会组织的计生知识培训。

第十条 本村辖区内的村民,必须将流入人员的计生情况及时向村委会申报,接受上级计生部门审验。

第十一条 对于提前生育、婚外生育、非法抱(送)养孩子,向村委会或乡计生办举报,经查实给予一定的奖励,并给予保密。

第十二条 本村村民户口迁出(就学迁出除外),必须办理交接手续。

第十三条 党员、村"三委"要带头并教育子女遵守计生政策,实行计划生育,违反者按规定报上级给予党纪、政纪处分和经济处罚;村责任人失职造成计划生育的给予降职直至罢免或撤职。本村村民违反计划生育政策规定者,不纳入党积极分子和后备干部。

第十四条　村委会必须及时为符合条件的居民申办生育服务证和出具各种计生证明、证件，不得搭车收费。因故不能按时申办的应向群众说明理由，无故刁难、拖延，经评议监督小组（或上级主管部门）查实，由村委会向群众道歉，采取补救措施后，直接追究有关人员的责任。

第三章　公共环境卫生

第十五条　各居民户的生活垃圾，必须采用袋装，投放到村统一设置的垃圾坑。村主干道路两侧严禁堆放建筑及各类垃圾。

第十六条　家禽家畜及宠物实行圈养或拴养，做到粪便无害化处理，净化排放。病死的禽畜、宠物严格实行深埋的办法，不得随意丢弃。

第十七条　严禁在村主干道公路及村内道路上焚烧垃圾，特别是橡胶、塑料、油漆等废弃材料。

第十八条　严禁在村主干道路两侧五米内擅自乱搭、乱建、乱挖、乱围。严禁在公共场所乱张贴广告、涂写刻画。

第十九条　严禁在村主干道路两侧堆放建筑材料及杂物，若是需要临时在村主干道路两侧堆放建筑材料，应经村委会同意并保证在期限内清除干净。

第二十条　严禁在村主干道路两侧堆粪、焚烧粪等各类物品。

第二十一条　严禁在村主干道路两侧五米内开荒种植及围篱笆。

第二十二条　严禁在村主干道路两侧五米内堆放柴草。

第二十三条　严禁在村主干道路两侧圈养家禽家畜及宠物。

第二十四条　严禁在村主干道公路及村内道路上乱丢、乱倒各类垃圾。

对以上违反本《村规民约》的农户及个人，给予过错人批评教育，情节严重的并收取过错人50~500元的违约金。

第四章 水电资源及公共设施

第二十五条 爱护公共财产，不得损坏水利、交通、供电、生产等公共设施，加强道路、公共卫生、水源和环境保护工作，不得在学校和村民居住区安装噪声大的机械设备。

第二十六条 不准任何人毁坏堤坝、田埂和山水主要流域等综合水利基础设施，违者除责其恢复原状外并交纳违约金。

第二十七条 村民都有维护村公共财产的责任和义务，对于损毁村公共财产的除责令其恢复原状外，同时交纳200~500元违约金。违约金用于村内公益设施建设。

第五章 森林管理及防火

第二十八条 植树造林是造福子孙后代，是每个村民义不容辞的责任，任何人不得乱砍滥伐，严禁少批多砍，不批就砍。采伐前必须经村委会同意，并持有林业部门批准的采伐证书方可如数采伐；坚决维护间伐的规定，任何人不得连片买卖；每户村民应该对当年砍伐完的森林实行当年营造，并保证成活率达百分之九十以上。在村民中形成一种植树造林是一种光荣，滥砍毁坏森林可耻的新风尚。

第二十九条 严禁偷盗、损坏经济林木，对任何树木修枝打杈，必须经村委会审批方可进行，严禁任何单位和个人修枝打杈。

第三十条 护林防火，人人有责。万一发现野外火源，无论如何村民都要设法第一时间向村支"三委"报告，接到火警的任何人都要在最短时间内号召广大群众赶赴现场扑火。

第三十一条 村民野外用火发生火灾损失的，除应赔偿由此带来的一切经济损失外，情节严重的予以追究法律责任。

第六章 社会治安

第三十二条 每个村民都要学法、知法、守法，自觉维护法律尊严，积极同一切违法犯罪行为作斗争。

第三十三条 村民之间应团结友爱，和睦相处，不打架斗殴，不酗酒滋事，严禁侮辱、诽谤他人，严禁造谣惑众、拨弄是非。

第三十四条 自觉维护社会秩序和公共安全，不扰乱公共秩序，不阻碍公务人员执行公务。

第三十五条 严禁偷盗，敲诈，哄抢国家、集体、个人财物。严禁赌博。严禁替罪犯藏匿赃物。

第三十六条 严禁参与黄、赌、毒及邪教活动，违者视情节对其说服教育或交上级有关部门依法处理。

第三十七条 爱护公共财产，不得损坏水利、道路交通、供电、通信、生产等公共设施。

第三十八条 严禁私自修改用水、用电及通信管理设备，未经批准不得私自拆装、更改设备。情节严重者交有关部门进行处理。

对违反上述社会治安条款者，触犯法律法规的，报送司法机关处理。尚未触犯刑律和治安处罚条例的，由村委会批评教育，责令改正。

第七章 村风民俗

第三十九条 提倡社会主义精神文明，移风易俗，文明信仰，树立良好的民风、村风。

第四十条 红白喜事，应喜事新办，丧事从俭，破除陈规旧俗，反对铺张浪费，反对大操大办。

第四十一条 建立正常的人际关系，不搞宗派活动，反对家族主义。

第四十二条 提倡讲文明，树新风；讲礼貌，尊老幼；讲正义，持真理；讲道德，正原则；家庭和睦，邻里团结；尊师重教，助残济贫；胸襟大度，诚实守信；美化村容，绿化村庄；开展文体活动。

第八章 婚姻家庭

第四十三条 遵循婚姻自由、男女平等、一夫一妻、尊老爱幼的原则，建立团结和睦的家庭关系。

第四十四条 婚姻大事由本人作主，反对包办干涉，男女青年结婚必须符合法定结婚年龄要求，提倡晚婚晚育。

第四十五条 自觉遵守计划生育法律、法规、政策，实行计划生育，提倡优生优育，严禁无计划生育或超生。

第四十六条 夫妻地位平等，共同承担家务劳动，共同管理家庭财产，反对家庭暴力。

第四十七条 父母应尽抚养、教育未成年子女的义务，禁止歧视、虐待、遗弃女婴，破除生男才能传宗接代的陋习。子女应尽赡养老人的义务，不得歧视、虐待老人。

第九章 "一事一议"制度

第四十八条 充分发扬民主，加强社会事务管理，依法建立民主议事制度，实行"一事一议"，对村内重大公共事务进行民主决策。村内开展的一切公益事业所需的劳务和资金实行"一事一议"制度，按照"群众受益、民主决定、量力而行、上限控制、上级监督"的原则，经村民代表会议和村民会议讨论通过方可实施。

第十章 执行规定

第四十九条 本村规民约由村委会组织实施，并由村民会议授权调解委员会负责调处，因违反村规民约而发生的纠纷。

第五十条 人民调解委员会调解因违反村规民约出现的纠

纷，按照平等自愿依法调解和尊重当事人诉讼权利的原则进行。村民对达成的调解协议应当自觉履行。

第五十一条　违反村规民约的给过错人批评教育，并视其情节轻重，收取过错人50～500元的违约金，造成损失的由有过错的一方赔偿损失。触犯法律的将报送司法机关及有关部门处理。

村民因违反村规民约而交纳的违约金由村委会收取，全部用于村内公益事业。

未尽事项由村民委员会另行讨论决定。

水沟洼村村委会村规民约

为了推进我村民主法治建设，维护社会稳定，树立良好的民风、村风，创建安居乐业的社会环境，促进经济发展，建设文明卫生新村，经全体村民代表讨论通过，制定本村村规民约。

第一章　社会治安

1. 每个村民都要学法、知法、守法、自觉维护法律尊严，积极同一切违法犯罪行为作斗争。

2. 村民之间应团结友爱，和睦相处，不打架斗殴，不寻衅滋事，严禁侮辱、诽谤他人，严禁造谣惑群众。

3. 提倡社会主义精神文明，移风易俗、新事新办，不铺张浪费，丧事从俭，不搞陈规旧俗，反对家族主义，反对封建迷信和其他不文明行为，树立良好的社会风尚。

4. 严禁砍伐国家、集体、他人的林木，严禁人为和大小牲畜损坏他人的林地和庄稼。

5. 村民不准私自收藏枪支弹药以及爆炸物品。一旦发现，上交给公安部门依法处理。

对违反以上规定的，情节轻的进行批评教育，情节重的交司法机关和主管单位处理。

第二章　村风民俗和环境卫生

1. 提倡社会主义精神文明，反对封建迷信，树立良好的民风、村风。

2. 红白喜事由理事会管理，喜事新办、丧事从俭，反对铺张浪费，反对大操大办。

3. 积极开展文明卫生村建设，搞好公共卫生，加强村容村貌整治，严禁随地乱倒乱丢垃圾，修建房屋余下的垃圾及碎片应及时清理。柴草、粪应定点堆放。

4. 公共场所内、任何个人不得堆放石头、柴草、粪和其他杂物。一旦出现，责令整改，及时清除。

5. 破除封建迷信，大力做好陪葬制度改革的宣传，对公路沿线200米内砂石厂以及乱埋、乱葬的行为进行清理整治。一旦出现乱埋、乱葬的行为，及时对损坏的现状进行生态恢复。

第三章　办理手续

1. 建房应服从村庄建设规划，经村委会和上级主管单位批准后，才能动工，不得违章建筑。

2. 砍树、伐木必须经过村委会、林业主管部门审批后才能砍伐，不得不批就砍、少批多砍、批甲砍乙。

3. 办理结婚手续必须达到法定婚龄，男22周岁、女20周岁。

第四章　抚养和赡养

1. 父母教育及抚养子女必须到18周岁，上学的直到学习结束。

2. 子女赡养老人是每个公民应尽的义务，不得歧视和虐待老人。

3. 低保户不支持集体公益事业建设和不赡养老人的，当年取消低保户。

第五章 道路交通安全

1. 驾驶员不准酒后驾车。非驾驶人员不得驾驶车辆。

2. 学生出入口及交叉路口行驶的车辆必须要慢行和不准停放车辆。

3. 公路两旁不准堆放石头、粪草、柴和其他杂物,一旦出现,责令及时清除。不及时清除的上交主管部门处理。

两轮摩托、拖拉机、三轮车、小型载货汽车不准带人。

各小组的村组公路,每年的6~9月份为重点排查阶段,村委会每月排查一次,村民小组每10天排查一次。

第六章 森林防火

1. 学校、家长教育孩子不准玩火,不准带火种进入林地。

2. 群众不得私自在地内烧杂物杂草,要烧杂物杂草必须提出申请并经同意后,才能烧毁杂物杂草。烧毁杂物必须在早上进行,若出现不请示就在自己地内烧杂物杂草的,处违约金100~200元。

3. 公益林统一找人管理,各小组的以及各农户的各小组自己想办法管理,在公益林内不得砍活树烧炭、做烧柴,一旦出现处违约金300~500元。

4. 一旦出现火灾,及时上报,村、组自行组织人员进行扑火,对放火者进行双重处理。即进行补苗、林业部门进行处罚等,出现火警一次,处违约金200~300元。

在整个调研期间,得到了保山市隆阳区民宗局王发智、黄加明、杨勇升,副主任字晓明,扶贫办段学翠,西邑乡宣传部部长杨晓艳,西邑乡铺门前村村委会主任赵连明、副主任赵伟安,瓦房乡党委书记万聪志等人的帮助,在此表示感谢。

独龙族社会历史回访再调查
——以贡山县巴坡村为例

黄建生 杨 柽 付更行 黄 杰 毕雪婷

20世纪50年代开展的少数民族社会历史调查距今已经六十多年了。对于生活在中缅边境独龙江峡谷内的4000多名独龙族群众来说，六十多年的变化，特别是最近二十年（1997~2017）的巨大变化已经很难用恰当的文字来表述。其中几个重要的节点注定会永远载入独龙族发展的史册：1949年8月25日，贡山和平解放；1950年3月11日，贡山临时政务委员会成立；1950年4月8日，贡山县人民政府成立；1952年，时任贡山县县长的孔志清（独龙族）到北京参加国家民族事务委员会召开的民委扩大会议时受到周恩来总理的接见，在周总理的关怀下正式确定独龙族的族称，并以"直接过渡"的方式进行社会主义改造；1956年10月，贡山独龙族怒族自治县正式成立；1964年，贡山县城至巴坡65千米的人马驿道（宽1~1.5米）开通；1999年，贡山—独龙江公路通车；2005年，《云南扶持人口较少民族（2005~2010）规划》开始实施；2009年，"独龙江整乡推进独龙族整族扶持"行动开始启动，并于2015年顺利完成各项帮扶任务。独龙江地区独龙族六十多年来的发展，充分体现了国家扶持民族地区发展、切实解决民族地区问题、促进民族团结、实现包容性发展、全面建成小康社会战略布局的深远意义。

独龙族在历史上并没有统一的族称，一般以家族或氏族为单位分散居住在独龙江两岸的山坡上，或因地名而得氏族名称，或因氏族名称而得地名。氏族之间有自定的分界线，氏族之间交往甚少。1952年在周恩来总理的关怀下，尊重独龙族群众的意愿，废除了"俅帕""俅子""曲洛"等他称，将"独龙族"正式确定为族称。[①]

独龙族是一个跨中缅边境而居的民族（在缅甸境内称为"日旺"）。在中国境内的55个少数民族中，独龙族属于人口较少的民族之一。1933年李生庄在撰写调查报告时无法知道当时的"俅子"究竟有多少人，只是说"无具体调查，然至多不过数千人"[②]。1945年，当时的设治局调查报告显示，独龙族有1404人。[③]1950年贡山县人民政府提供给中央访问团的调查材料则称独龙江（俅江）流域的俅人共有149户686人。[④]1956年全国人大民族委员会调查研究组的数据显示，截至1956年，中国境内的独龙族有2500多人。[⑤]尽管上述人口统计数字存在较大的差异，但根据各方面的资料综合来看，直到20世纪50年代后期，独龙族的总人口大致也就在2000~2500人之间。

据2010年全国人口普查数据，独龙族总人口已经达到6930人。长期居住在独龙江的有4097人，其中男性2210人、女性1887人。整个独龙江乡境

[①] 参见《周恩来为"独龙族"定族名 谁第一个和毛主席握手？》，人民网，中国共产党新闻，2015-01-21；[法]施帝恩·格罗斯著，周云水译：《族名政治：云南西北部独龙族的识别》，《世界民族》2010年第4期。

[②] 李生庄：《云南第一殖边区域内之人种调查》，《云南边地问题研究》，云南昆华民众教育馆，1933年。

[③] 西南民族学院图书馆编：《云南傈僳族及贡山福贡社会调查报告》，西南民族学院图书馆，1986年5月。

[④] 中央访问团第二分团：《云南民族情况汇集（上）》，云南民族出版社，1986年，第1页。

[⑤]《民族问题五种丛书》云南省编辑委员会编：《独龙族社会历史调查（一）》，云南人民出版社，1981年。

内除少量上门入赘的外来人口外，98%以上的登记在册人口都是独龙族。

中国境内的独龙族主要居住在独龙江流域。独龙族有自己的语言，与贡山独龙族怒族自治县境内的怒族语言基本相通，但都没有文字。根据多吉、孙开宏1960年的调查，贡山独龙族的语言与怒族语言基本一致，属于同一种语言，但独龙族内部也存在着方言的差别，独龙江北部、南部和怒江流域的丙中洛独龙语都存在着明显的方言差异。①

直到20世纪50年代，独龙江地区的生产仍然处于"原始的刀耕火种"阶段。独龙族主要靠简单的农业种植，辅之以狩猎、采集和捕鱼而生。其耕种的土地主要有轮歇的"火山地"、半固定的"水冬瓜树地"、村子附近的"手挖地"和"园地"四种。常用生产工具包括木棍、石器和少量的小型铁器（如铁斧），种植的作物主要有小米、苦荞和鸡脚稗，产量一般不超过籽种的五至十倍。②也就是说，种1公斤种子，产量只能达到5~10公斤。由于农业种植产量极低，当时的独龙族不得不靠到山上采集竹叶菜、野韭菜、百合、达格菜、芒、阿波、葛根等和到独龙江里捕鱼来维持一家人基本的生活。土地基本上是归父系大家族或宗族所有，实行"共有共耕""私有伙耕"和"个体私有"三种主要的土地所有形式和相应的生产组织方式。由于耕地面积很小，生产工具极其落后，再加上年降雨量高达3200~4700毫米，农作物生长受到严重影响，生产效率极低。加之与外界基本处于隔绝状态，产品的交换很少，社会交换也仅限于有限范围内的婚姻交换。直到2016年，独龙江境内甚至没有专门的赶集日或地方性的农产品交换集市和交易活动，足见其产品交换的欠发达程度。

由于独龙江峡谷位于海拔4000多米高的高黎贡山和海拔4969米高的担

---

① 多吉、孙开宏调查整理：《独龙语的基本特点和方言土语概况》，《民族问题五种丛书》云南省编辑委员会编《独龙族社会历史调查（二）》，云南民族出版社，1985年，第155~177页。

② 《国家民族问题五种丛书》编委会编：《独龙族简史》，云南人民出版社，1986年，第45~55页。

当力卡山之间，历史上几乎没有与外界联通的道路，即便在没有大雪封山的季节里，人们也很难走进或走出独龙江峡谷。而在独龙江峡谷内，江两岸陡峭的山坡、悬崖导致村与村之间很难通行。落差极大的独龙江水流湍急，根本没有行船或渡船的可能性。经过8年的努力，1964年终于修通了一条宽1米、长65千米，连接贡山县城和独龙江巴坡村的人马驿道。从此，独龙江内所需的生产生活资料都是经过这条驿道靠人背马驮运进去的（几乎没有什么可以运送出来的货物）。由于山高坡陡、道路艰险，65千米路一般需要2～3天（甚至更长）的时间才能走一个单边，来回一趟至少要一个礼拜，且中间没有任何可以歇脚的村庄。

在党中央及云南各级政府和群众的共同努力下，1999年终于修通了长96千米的贡山—孔当村公路，在一定程度上缓解了独龙江的通行困难。但是，由于公路等级低，路面未硬化，当地降水量极大，高黎贡山的土质极其松软，只要一下雨，泥石流、滑坡就会阻断公路。每年11月至次年4月，大雪封山，公路无法通行，就连行人都不可能通过。因此，每年11月前，当地政府的最重要工作就是组织各种人力、马帮将未来几个月需要的各种生产生活用品运送进独龙江。当地群众说："买一公斤大白菜需要花1元钱，但将大白菜运进独龙江的费用就要2元钱。"这就不难理解为什么独龙江峡谷内生活极端贫困，物价却比县城还高。

随着独龙江公路通车，独龙江乡政府及乡卫生院也从巴坡村搬迁到往北19千米外的孔当村。同时，开始严格执行国家的"退耕还林"政策，村民不再允许到山上毁林开荒种地或狩猎。独龙江沿岸的森林植被得到迅速恢复，独龙族群众的日常粮食需要基本上都是靠国家的"退耕还林"补偿来保障。

2005年起，云南各级政府根据国家《扶持人口较少民族规划（2005～2010）》及其他政策指示精神，对独龙江地区的独龙族群众给予了特殊的照顾和支持，为部分村民重新建盖了住房。但是，由于当地特殊的自然环境，道路通行困难，发展仍然受到很多的限制。

2009年起，云南省政府相关领导通过多次调研、协调，决定将独龙江地区作为"整乡推进整族帮扶"的示范点，整合各方面资金和力量，全面改变独龙族群众的生产生活条件。仅2010~2015年间，就筹集各项资金超过12亿元人民币，对独龙江地区实施全面帮扶。一是将贡山—独龙江公路改造为4级硬化公路，且打通了6.68千米的独龙江隧道，穿越高黎贡山，从此摆脱了大雪封山对交通的影响。同时，将原来的42个独龙族村子合并为26个村子，每个村子都修通了硬化的乡村公路。二是在独龙江境内修建了三座小型水电站，并对各村的电网进行了改造。三是全乡1068户独龙族群众都住上了砖混结构的新房。四是供水、排污和防洪设施得到全面改造。五是医疗、教育及其他社会服务设施得到了全面提升改造。六是建设了5个民族生态旅游村，各种配套设施（如农家乐、住宿、垃圾收集）一应俱全。七是在"老县长"高德荣的示范带动下，全乡大面积种植草果和重楼等，彻底改变了原有的种植模式、生产方式和收入水平。

如今的26个独龙族村寨全都通柏油路、通水、通电、通电视、通宽带，村民住的都是统一建盖的新式楼房，硬化的街道，房屋整洁有序。各种档次的宾馆、农家乐遍及主要的村寨。草果成了村民经济收入的重要来源，2017年鲜草果的价格高达20~24元/公斤。单是草果一项，户均年收入就达到5000~20000元。自己买车跑运输、开小商店、旅游、在本地打工等都为村民增加收入提供了新的渠道。

独龙江和独龙族的历史巨变充分体现了新时代中国特色社会主义的经济建设、政治建设、文化建设、社会建设、生态建设"五位一体"和"遵循社会规律的包容性发展"理念。2015年2月27日，习近平总书记在中央全面深化改革领导小组第十次会议上指出，要把改革方案的含金量充分展示出来，让人民群众有更多获得感。

云南民族大学民族团结进步研究院组织的"云南25个世居民族社会

历史回访再调查"就是在这样一个历史巨变的背景下实施的。我们之所以选择巴坡村作为"独龙族社会历史回访再调查"的案例点，主要是因为它具有较强的代表性。巴坡村曾经是独龙江乡政府所在地、独龙江边防部队的营地。1999年，乡政府、乡卫生院搬迁到孔当村，巴坡村人口锐减。过去，凡从贡山进入独龙江的人和物都得经过巴坡村再转到其他村子，独龙江公路通车后，孔当成了新的中转地。巴坡村不再像过去那么热闹，但巴坡村也和其他村子一样见证了独龙江和独龙族历史性的转变过程。在"整乡推进整族帮扶"行动中，原先居住在山上的一些村民被合并、搬迁到巴坡村委会下属的斯拉洛、独务当、木兰当、米里王、马扒腊、孟顶、巴坡和拉王夺等8个村民小组。

自2010年起，调查组每年至少到独龙江开展一次调查。这恰好是独龙江地区发生历史性巨变的时期，调查组成员亲身体验和见证了独龙族群众生活的巨变过程。仅2016年一年时间，调查组就于1月、4月、9月三次到独龙江进行集体调查，10月，硕士研究生付更行同学又独自返回独龙江进行补充调查。调查的主要方式是：其一，文献调查。对已有的独龙江地区、独龙族研究资料进行梳理，同时对政府的相关政策、行动计划（规划）、具体实施过程的相关资料进行系统的梳理和分析。其二，在村委会领导、各村小组组长和村民的积极配合下进行了非常详细的问卷调查，入户调查100%（每一户都调查并建立了电子数据库）。其三，个别访谈。对不同年龄、性别、职业和收入水平的村民进行详细的（有的甚至是多次的）访谈。其四，参与观察。调查组分别到公路乘客、种草果的村民、收草果的中间商、驾驶员、小商店、婚礼、小孩生日宴会等人群或场合中去观察人们的互动。其五，拍摄了大量照片和录像，充分反映巴坡村的日常生活场景。其六，请一部分受过学校教育的村民写日记（一年），记录他们每天的生活、天气、心理感受等。

此次调查除了得到民族团结进步研究院的大力支持外，贡山县政府、独龙江乡政府、巴坡村委会、巴坡农家乐等也在各方面给予了大力的协助。特别令人感动的是，在我们找不到车进入独龙江乡的时候，贡山县政府办公室派车把我们送进独龙江乡。我们到独务当小组访谈的时候，很多村民带着户口本来到村民活动室，认真配合我们的调查。各村小组组长或副组长抽出宝贵的时间带着我们逐户访谈和调查。类似的例子不胜枚举，我们在此对所有帮助过我们的机构和个人表示诚挚的谢意。

一、村寨概况

（一）巴坡村委会

怒江傈僳族自治州贡山独龙族怒族自治县独龙江乡巴坡村民委员会位于独龙江南部，北纬27°44′、东经98°21′，村子所在位置海拔1339米。在20世纪80年代以前的社会调查报告中，现在的巴坡村委会和马库村委会所辖地区都属于独龙江地区的"第四行政区"[1]（很多独龙族群众至今习惯称之为"四乡"）。沿独龙江北上19千米[2]就是独龙江乡政府所在地孔当村委会。独龙江公路就是从孔当村委会出发，翻过高黎贡山最后到达茨开镇（贡山县城）。从巴坡村委会往南行21千米是马库村委会所在地钦兰当村，由此再向南和西南就可进入缅甸东北部的高山丛林地带（属克钦邦控制范围）。巴坡村向西翻越海拔4000多米的担当力卡山就是缅甸，第37、38、39号中缅边界界碑就在本村范围内。

巴坡村委会所在的独龙江系云南西北部横断山脉"四江并流"的重要组成部分，发源于西藏察隅县的嘎达曲，流经高黎贡山与担当力卡山之间的深谷，进入缅甸，汇入伊洛瓦底江。该江在察隅县境内被称为"美尔东曲"（藏语），在贡山县境内因独龙族世居于江水两岸而被称为独龙江，

---

[1]《民族问题五种丛书》云南省编辑委员会编：《独龙族社会历史调查》（二），云南民族出版社，1985年，第141页。

[2] 原来是20千米，公路改造以后缩短了1千米，成为19千米。

◇巴坡村原部队营房（现一部分为爱国主义教育基地）

进入缅甸后改称恩梅开江（全长250千米），是伊洛瓦底江的一级支流。独龙江峡谷气候温和，雨量充沛，森林繁茂，落差极大，水流湍急，耕地稀少。

受印度洋暖流的影响，独龙江流域内雨量特别充沛。每年从3~4月份开始直到8~9月份降雨量能达到3200~4700毫米，冬季的峡谷很少飘雪，因此，峡谷内空气湿度大、气候温和，比较适合各种植物（特别是阔叶植物）生长。草果是目前发现的有较好的经济价值又利于环境保护的作物。它一般生长在大树下，喜欢阴湿之地，不用施肥，一年一挂果，特别适合海拔500~1800米以下地区种植。巴坡村正好处在1300~1600米的海拔地带，因而很适合草果的生长。

1949年前，独龙江峡谷与外界基本上处于完全隔绝的状态。高黎贡山和担当力卡山阻断了进出独龙江的通道，除偶尔与来自迪庆和丽江土司的收租税人员有点接触外,几乎没有与外界交往。在相当长的历史发展过程中,由于生产力极低,经济交换在独龙江两岸是一种极为少见的现象,村子内部的独龙族之间偶尔会有一些物物交换,没有货币,与外界几乎没有什么交换行为。直到民国以后,由于少量的外来商人开始涉足独龙江地区,独龙族与这些商人之间才发生了为数不多的物物交换。一般是独龙族用麻布、自编的竹篾器、背箩、竹篮以及贝母、黄连、黄鳝、野兽皮等换取外来的盐巴、牛、砍刀、铁锅等。①

巴坡村委会的总面积445平方千米,其中林地面积达到417930亩。全村总耕地面积由2010年前的937.7亩减少到2016年的560亩,人均耕地0.62亩。但按照各村小组长提供的数据统计,2016年人均耕地面积实际已经减少到0.28亩,减少的主要原因是村子搬迁合并占据了本来就很少的可耕台地。虽然巴坡村委会周围的土壤都是肥沃的黑土,灌溉很便利,政府也曾经引导当地村民种植过水稻,但因耕地面积小、当地气候过度潮湿、多雨等原因而造成水稻产量低、劳动力投入成本太高。如今,村民都不再种植水稻,主要种植玉米和薯类,且产量非常低。2008年以后,政府帮助村民积极发展草果、重楼、花椒、茶叶、核桃等经济作物的种植,同时鼓励村民发展中蜂、独龙牛、黄牛、山羊等养殖。到目前为止,草果种植已经取得了明显的成效,成为当地村民经济收入的主要来源,其他方面的种植、养殖发展虽然有一定的进步,但总体上来说经济效益还不是很明显。

相比上游地区的迪政当、龙元村委会,巴坡村的雨量更加充沛,空气更加潮湿,森林覆盖率更高,更适宜种植草果,水资源也更加丰富。巴坡境内的麻必当电站(小型)是独龙江地区现有的三个水电站之一。装机容量2×55千瓦,设计水头32米,流量0.7立方米/秒,属于径流引水式电站,渠道长420米,压力钢管长110米,电站投资86万元,主要向巴坡村委会下

---

① 《民族问题五种丛书》云南省编辑委员会编:《独龙族社会历史调查》(二),云南民族出版社,1985年,第119页。

属的几个村民小组供电。2015年政府投入2800万元资金，完成了麻必当电站的改造扩建工程，总装机容量达960千瓦。

经过多次搬迁、合并，截至2016年9月，该村委会自北向南包括斯拉洛、独务当、木兰当、米里王、马扒腊、巴坡、孟顶（又称孟当）和拉王夺（又称朗汪夺或拉娃夺）8个村民小组。全村乡村人口共计216户861人，①其中男性446人、女性415人，乡村劳动力493人（男263人、女230人），登记在册的人口98%属于独龙族。目前，每个小组都已经通路（路面已硬化）、通水、通电、通宽带互联网，手机信号也覆盖所有村民小组。

根据巴坡村委会提供的材料，2016年巴坡村委会所属各村的草果种植面积已达14000余亩，约占独龙江乡草果种植面积的1/3。2013年全村的草果产量120吨；2014年由于天气的原因，草果产量下降到98吨；2015年草果产量攀升到150吨以上；2016年和2017年，草果产量更是大幅增加，而且市场价格节节攀升，村民的收入也随之大幅提升。全村重楼种植达到300亩，独龙牛养殖超过400头，此外还有独龙鸡、中蜂、黄山羊等养殖，但数量不多。

在过去，交通是整个独龙江乡最大的问题，交通状况直接影响着整个独龙江地区的发展与变迁。1956年，贡山独龙族怒族自治县成立之初就开始修建贡山县城通往独龙江乡的人马驿道，以方便运输各种生活必需品和改善人们的出行条件。该驿道从现在的茨开镇出发，沿普拉河（怒江支流）逆流而上，经过吉速底、双拉娃、朱里当到嘎足、其期，再穿过东哨房，翻越高黎贡山，最后到达巴坡村，全长65千米，路基宽1.2~1.5米，含

---

① 本次调查的数据是243户855人，与乡政府、村委会公布的数据略有出入。乡政府的数据是216户861人，村委会的数据是216户847人。出现这种差异的主要原因是乡政府为了保证项目实施期间不额外增加户数，坚持使用项目开始实施前的数字。而事实上，在项目实施期间，有些家庭内部分家或者部分村民坚持认为自己已经分家（实际上还住一个屋里，共同吃饭），所以，在访谈调查中，村民说的户数与官方提供的数据有些出入。为了保证数据的权威性，本报告还是沿用乡政府的数据。

3座石台木面桥、16座小桥。由于资金等原因，该道路的建设到1964年11月才最终完成，成为独龙江与外界交流的唯一通道，巴坡村委会也就成为独龙江地区的重要"枢纽"。每年大雪封山前（约11月前），大量马帮将独龙江过冬所需物资驮运到巴坡，然后转运到独龙江的其他村寨。

目前从巴坡村到乡政府所在地孔当（孔目）或贡山县城没有正规的公交车，但孔当至马库公路穿村而过，出行还是比较方便。村里有摩托车、微型车，其他村路过的微型车也可以搭乘，只是价格有些偏高。从村子到孔当有19千米路程，乘车价格为20元／人，到县城91千米，一般价格为70元／人，来回一趟分别需要40元和140元，若是包车每趟需要500元以上。

2016年12月13日，有人开始在微信朋友圈发布巴坡村的"滴滴出行"，号称"预约市内或跨城顺风车（越远越划算）"，路程是怒江州巴坡村至怒江州明珠小区（贡山县城），拼车是51.4元／人／次，不拼车是103.4元／人／次。这一短消息一方面说明巴坡村与其他地方一样开始了现代信息服务的旅程；另一方面也说明巴坡村的交通将变得更方便、快捷、便宜了。

（二）村民小组

1. 巴坡小组

巴坡村委会的巴坡小组是巴坡村委会所在地，坐落于独龙江南部一块很小且不平坦的台地上。1999年独龙江公路贯通之前，独龙江乡所需的物资运输和人们出入都要经过这里。由于台地狭小面积的限制，这里只能勉强容纳十几户人家。1956年10月1日，贡山县人民政府正式成立，巴坡村一度成为独龙江地区的行政中心，独龙江乡政府和边防部队就驻扎于此。1999年9月9日，贡山—独龙江公路（路面未硬化）正式通车，2002年乡政府迁移至孔当村委会，巴坡村就成为巴坡村委会的办公地。村委会的办公室主要在一幢新盖的现代二层小楼里，旁边两三栋简陋的旧式办公楼房和部队营房还能让人依稀看到当年政府工作人员和部队官兵生活的情形。如今部队营房的一部分作为边防派出所的办公室,平时很少有边防警察待在这里,只是偶尔有事或有执勤任务的时候才有边防警察来此暂住或办公。营房的另一部分已经成为爱国主义教育基地展览室,里面展示着当年独龙江生活状况的图片和部队官兵的工作、生活照片及各种用品、器械、床架等。后面山上的8座烈士墓碑则记载着那些曾经为这里的安宁和发展献出生命的官兵的故事。江对面半山腰上用石灰和石块塑成的"无限忠于毛主席"几个字仍然清晰地呈现着历史的印迹。

在这个只有15户人家的小村子里,有4家小商店,其中两家就在公路边,另两家坐落在村委会与部队老营房之间。除了销售日常生活用品外,还销售当地人编织的独龙毯。靠近路边的一家小商店门前,常常能看到一位老年妇女一边看守商店,一边在门前的空地上编织独龙毯。

村子周围是繁茂的森林,森林里种植了大量草果。虽然很多草果还

◇独龙江乡政府原办公楼(旧)和现在的巴坡村委会办公楼(新)

未挂果，每户人家每年出售的草果量不大，但草果已经成为村民收入的主要来源。目前，全村草果种植面积已经达到315亩（村小组长的估算）。2016年9月新鲜草果的价格已经飙升到每公斤13元（2015年仅为每公斤7~8元）。2015年全村种植草果的收入大致达到64200元，占全村全年总收入（84700元）的75.80%。2016年，由于雨水太多，单株草果的挂果相对较少，但因总体上挂果的草果树在数量上超过前一年，而且这年的市场价格翻倍，所以村民收入并未减少。在政府的支持下，村民也开始尝试种植一些重楼，但目前基本上还没有收益，且每户种植面积大多都不超过一亩。

巴坡小组共15户50人，其中男性26人、女性24人，15岁以下6人、60岁以上4人。总耕地面积23.6亩，草果种植面积157亩①，重楼种植面积6亩。全村共有独龙牛13头、黄牛6头、猪26头、鸡133只、鸭2只、鹅0只、小汽车1辆、农机0台、摩托车5台、自行车0台、彩电15台、冰箱4台、洗衣机7台、手机36部、计算机0台。

"独龙江整乡推进整族帮扶"项目实施之后，本来就不多的耕地被用于建盖民居，故而大幅度减少。据村小组长一户一户地估算的结果，全村耕地面积实际只剩下23.6亩，且都是旱地，只能种植玉米、土豆等。自2002年全面实施"退耕还林"政策以后，山坡上不再允许开荒种地或狩猎。村民的粮食所需主要靠国家的退耕还林补助，大部分人家都能保证有足够的粮食供给，但个别家庭略显不足。村子周围随处可见养蜜蜂专用的箱子，有的箱子里已经有蜜蜂在酿蜜，有的箱子空着，未经加工的蜂蜜价格一般在每公斤120元左右。

2012年，政府统一为村民修建了新式砖混结构住房，每一户人家有

---

①草果种植面积157亩是官方统计的数字，但根据调查者对村民售卖草果的情况观察，巴坡村的草果种植应该更接近村小组长估算的315亩（见前一段文字）。由于草果一般种植在树林中，不占用耕地，所以村民自己也无法准确地知道自己家种的草果有多少亩。

80平方米，分为6个房间。每户人家都单独有火塘房，日常做饭仍然是在火塘上，用铁三角搭上铁锅，炒菜、煮菜都在火塘上，没有灶台。家里都没有卫生间，但村里有两个公共厕所。

◇ 巴坡村公共厕所和垃圾桶

2. 马扒腊和米里王小组

从巴坡小组沿着新修的柏油马路往北走约500米就能看见江边一块相对较大的平地（独龙语叫"当"），马扒腊和米里王两个村民小组就合并建在这里，外来人员很难看出来这是两个村民小组。这里曾经是独龙江乡医院所在地。医院搬迁到

◇ 马扒腊、米里王村民小组

◇ 巴坡农家乐

◇ 巴坡农家乐的客房

孔当村之后，医院原来的房子及场地均转让给本村一户村民，经过装修和改造，如今已经成为集吃住于一体的"巴坡农家乐"。农家乐共有12间客房，一次能住20多人。厨房隔壁有三个吃饭用的包间，每间能容纳10～12人，包间外的走廊上有4张饭桌。目前能到这里住宿的客人并不多，一般情况下只有在节假日能住满，不过到这里吃饭的人相对较多。农家乐的西北角就是麻必当福音堂，整个巴坡村6个村民小组的102名信众（孟顶18名信众、拉王夺60多名信众则在孟顶和拉王夺教堂参与基督教学习活动）每周三晚上、周六晚上、周日下午就汇聚到此诵读《圣经》，有时候也和来自缅甸的基督教信徒搞一些文艺表演或宣教活动。

农家乐周围的耕地基本上全都盖上了新式的独龙族砖木结构住房。2010年开始实施整乡推进整族扶持项目后，原来分散居住在山坡上的村民都集中搬迁到这里来居住。这里是按照"巴坡民族工艺文化旅游特色村"来规划建设的，村民的住房都是统一的模式，分为60平方米和80平方米两种类型，每幢房子内部有4～6个房间（包括客厅）。大部分人家在住房旁单独建了一间小的伙房，内设火塘，据说虽然政府曾给村民免费发放了节能灶，但很多人家还是习惯在火塘上用三脚架架上铁锅炒（煮）菜，米饭则是用电饭煲煮（电费0.1元/千瓦时）。家家门前都有四季长流的自来水，由于水都是从山上直接用管子接过来的，所以都是免费的。洗衣机、电视机已经成为大多数村民的基本生活用品。村内道路均已硬化，村子中央有一灯光球场和村民活动室。村西有一座人行吊桥，跨过独龙江与西面的山林相连。目前，相关部门正在对面的山林中沿独龙江修筑一条人行栈道，供游客漫步、游览。

村里原本有一家小卖部，最近又新开了两家，其中一家还做成自选超市，虽然规模小，但出售的东西不少。自选超市的店主（姓龙）是从贵州到米里王小组上门的男子，商店的百货基本都是店主自己开车到贡山县城茨开镇批发运回来的。龙师傅自己有微型车，经常在贡山至独龙江之间载客，顺便捎带进货。店主不愿透漏一年的总收入，但估计他们一家每年收入应该在10万元以上。

3. 米里王和马扒腊小组

米里王小组共47户85人，其中男性45人、女性40人，15岁以下18人、60岁以上9人。总耕地面积68亩，草果种植面积285亩，重楼种植面积8亩。全村共有独龙牛31头、黄牛8头、猪36头、鸡335只、鸭14只、鹅0只、小汽车7辆、农机具19台、摩托车5台、自行车5台、彩电23台、冰箱24台、洗衣机27台、手机54部、计算机0台。

马扒腊共27户92人，其中男性50人、女性42人。总耕地面积23亩，草果种植面积320亩，重楼种植面积9亩。全村共有独龙牛18头、黄牛0头、猪41头、鸡330只、鸭0只、鹅0只、小汽车6辆、农机0台、摩托车11台、彩电24台、冰箱8台、洗衣机22台、手机48部、计算机0台。

从上述统计数字不难看出，草果种植是这里最大的产业。养殖虽然占一定的比例，但对村民经济收入的贡献并不是很大。

4. 木兰当小组

米里王往北顺公路走200米左右就是木兰当小组。木兰当小组共20户92人，其中男性49人、女性43人，15岁以下24人、60岁以上12人。总耕地面积43亩，草果种植面积895亩，重楼种植面积15亩。全村共有独龙牛18头、

◇ 木兰当村民小组前的铁索桥

黄牛4头、猪44头、鸡340只、鸭0只、鹅0只、小汽车2辆、农机11台、摩托车5台、自行车1辆、彩电20台、冰箱14台、洗衣机20台、手机48部、计算机1台。

截至2017年，木兰当小组是巴坡村委会中种植草果面积最大、收入最高的村民小组。虽然全村只有20户人家，但草果种植面积高达895亩，而且该村的草果种植起步比其他村早，草果挂果也比较早，所以，木兰当的草果种植收入大大超过其他村民小组。据村民说，2017年该小组个别家庭的草果收入超过80000元。

占地约600平方米的巴坡小学就建在木兰当小组。目前校内有7名教师（其中有4名教师是本地的独龙族）、36名学生（主要是1~3年级）。学生主要来自巴坡村下辖的8个村民小组，日常教学都使用汉语。四年级以后，学生都到孔当去上学，一直到初中毕业。高中到贡山县城茨开镇去上。

5. 斯拉洛和独务当小组

沿公路继续往北就是独务当和斯拉洛村民小组。这两个小组在政府的支持下重建了住房，并于2009年就搬进了新居，所以，房屋的结构模式与其他几个村民小组的民居模式有所不同。这里大多是长形木板房，有的悬空在地面上，有的则建盖在用石头砌成的地基上。每个村民小组都有一个篮球场和村民活动室。独务当小组旁就是南方电网公司所建的麻必当小型水力发电站。独务当继续往北约800米就是斯拉洛小组。两个村子的大致情况如下：

独务当小组共23户78人，其中男性43人、女性35人，15岁以下14人、60岁以上11人。总耕地面积24亩，草果种植面积286亩，重楼种植面积7亩。全村共有独龙牛20头、黄牛1头、猪28头、鸡151只、鸭0只、鹅0只、小汽车0辆、农机0台、摩托车10台、彩电11台、黑白电视22台、冰箱12台、洗衣机15台、手机34部、计算机1台。

斯拉洛小组共18户53人，其中男性26人、女性27人，15岁以下10人、60岁以上10人。总耕地面积52亩，草果种植面积197亩，重楼种植面积0亩。全村共有独龙牛16头、黄牛0头、猪20头、鸡216只、鸭1只、鹅0只、小汽车0辆、农机0台、自行车7台、彩电14台、黑白电视2台、冰箱7台、洗衣机9台、手机25部、计算机0台。

6. 孟顶和拉王夺小组

孟顶小组和拉王夺小组位于巴坡小组的南面，其中拉王夺小组是人口最多也是整个村委会最远的小组，离巴坡小组约有8千米路程。两个小组的情况如下：

孟顶小组共27户93人，其中男性52人、女性41人，15岁以下10人、60岁以上10人。总耕地面积148亩，草果种植面积544亩，重楼种植面积18亩。全村共有独龙牛49头、黄牛6头、猪48头、鸡0只、鸭0只、鹅0只、小汽车3辆、农机0台、摩托车5台、彩电27台、冰箱22台、洗衣机27台、手机

48部、计算机0台。

拉王夺小组共68户228人,其中男性121人、女性107人,15岁以下57人、60岁以上16人。总耕地面积148亩,草果种植面积1138亩,重楼种植面积43亩。全村共有独龙牛57头、黄牛0头、猪84头、鸡1294只、鸭0只、鹅0只、小汽车3辆、农机12台、摩托车27台、彩电64台、冰箱36台、洗衣机54台、手机138部、计算机1台。

自乡政府搬迁至孔当以后,乡医院也随迁。目前村里有一个卫生所,分为两个门诊处,一处

◇拉王夺村民小组

是西医,另一处是中医。总共只有两名医生,一名来自孟顶小组,另一名来自米里王小组。两个医生相互轮换值班,每人坐诊一周。村民到这里看病可以从新型农村合作医疗报销60%,如果到乡医院(孔当)住院的话,可以报销80%。独龙族传统的治病方式(如"南木萨")在村里已经很少见。村民百分之百都参加了新型农村医疗合作和养老保险,他们更愿意到医院去治病。60岁以上无儿无女的孤寡老人都可以免费住到孔当附近的"独龙江乡敬老院"。目前全乡有35位老年人入住敬老院。

(三)巴坡村历史与传说

关于"巴坡"这一名称的来历大致有两种说法:一种说法认为巴坡原是一个独龙族家族的名字,因该家族曾长期居住于此而得名。另一种说法是"巴坡"来自独龙语,意为"下游台地"。这两种说法正好反映了独龙江地区群众在漫长的历史过程中家族与居住地之间相互同构的特性,家族

名因居住地特性而得名，而地名因某个家族长期居住在此而得以存留。

生活在21世纪的巴坡独龙族群众已经很少有人能够详细讲述巴坡的历史或传说了，各种文献也鲜有记载。村里七十岁以上的老人本来就不多，即便有那么几个，他们也大多是在1949年以后成长起来的一代，而自20世纪50年代至今恰恰是独龙族群众生活发生翻天覆地变化的60年。随着生活方式的急剧改变，独龙族群众的生活条件、思想、观念、行为甚至姓名都发生了不可逆转的变迁。很多年轻人甚至连自己家族叫什么都不知道，只是大概知道村里哪几户人家属于同一家族。家族在他们心目中已经失去了原有的社会文化意义，他们只是知道家族成员之间不能通婚，除此之外，家族成员之间的日常联系已经不是很紧密。

根据现有的文献资料，巴坡所辖的几个村民小组及集中搬迁之前的居住地分属于原来的10个氏族，①每个氏族或者家族对于自己的来源都有不同的说法。归纳起来大致有两种：其一是原住说，其二是外来说。综合各方面的情况分析，本次调查更倾向于赞成外来说。即独龙族最早是居住在怒江上游一带，后因生存需要而逐步迁徙到独龙江流域。比如，有一说法认为孟顶、巴坡等村的祖先来自怒江上游（大约在贡山县城一带），后因生活所迫，逐渐翻越高黎贡山，来到独龙江麻必罗，之后逐渐向南迁徙到孟顶一带生活，繁衍至今就有了巴坡村委会下辖的几个村民小组的各个家族。拉王夺的村民则与独龙江上游的学哇当、孔当、木当的村民同属于一个祖先的后裔。丙当②家族则是300多年前从今迪庆藏族自治州维西县的阿那斗经叶枝、莫朋，最后迁入独龙江流域的拉达阁并分成三个家族（包括藏叶家族、莫朗旺家族和丙当家族）。③

---

① 《民族问题五种丛书》云南省编辑委员会编：《独龙族社会历史调查》（二），云南民族出版社，1985年，第141页。

② "丙当"在独龙语中是指"上游无人居住的地方"，也是一个家族的名称。

③ 《民族问题五种丛书》云南省编辑委员会编：《独龙族社会历史调查》（二），云南民族出版社，1985年，第140～141页。

可以肯定的是，很多独龙族村民一直分散居住在独龙江两岸的山上。60岁以上的老人至今仍然很怀念之前生活的地方，个别老年人甚至拒绝搬到新村居住。一高姓老人说他们原来居住在山上，离现在的地方有两个小时左右的路程（徒步），那里"地势较高且相对平坦，种玉米、荞麦和养独龙牛、养马都比较方便，唯一不好的地方是交通不方便，需要的东西都必须靠人背马驮"。

独龙江项目实施以后，政府统一规划、统一建设村寨及各种配套设施，村民们基本上都搬迁到新的房子里居住，开展了新型的居住和生产生活模式，由原来的开荒种地改变成以种草果和其他经济作物外加养殖为主的生产生活方式。周围山上的生态得到迅速恢复，真正成为"山清水秀"的美丽乡村。然而，随着原有生产生活方式的转变，巴坡村的各种历史、传说在村民中间已经很难再找到。

（四）民族构成

按照登记人口来看，巴坡村村民100%属于独龙族。最近一些年，当地部分独龙族女青年与来自其他地方的非独龙族的男子结婚已经不是什么新鲜事。但当地政府严格控制新登记人口的数量，有几名外来的上门男子（有汉族、傈僳族、怒族）并没有正式将户口迁移到巴坡村。还有一部分独龙族村民曾经在政府部门或企事业单位工作过，退休后回到村子居住，其户口也不在巴坡村。因而常住人口数比登记人口数稍大，但比例不大（低于3%）。

独龙语是村民日常交流的语言。基督教信众则需要用傈僳文来阅读或听讲《圣经》，据说有人在努力将《圣经》翻译成新创立的独龙文，但截至2016年，村里的信众还没有见过独龙文版的《圣经》。每周三晚和周日在教堂学习《圣经》的时候也大多是用傈僳文，个人交流发言、讨论等则用独龙语，也有相当一部分信众能够用傈僳语交流。

如今60岁以下的人大多数都受过一定的学校教育，一般能用汉语交流（个别人能听懂汉语，但表达上有些困难）。自20世纪50年代开始，政府持续从丽江等地派一些教师（汉族或其他的少数民族）到独龙江地区支教。由于独龙族的传统名字较长（一般是家族名+父亲名+母亲名+自己的名），不容易记住，学校的老师便给每位独龙族学生取一个汉族名字。有的教师取名的时候适当考虑学生家庭或居住地的情况，有的则随意性较大。现在巴坡村独龙族村民基本上都是用汉族名字（只有极个别的人仍然在用独龙族的传统名字），但有兄与弟不同姓的情况，便是因为上学时老师随意给取个名造成的。他们的子女取名则是按照汉族的习惯，跟着父亲姓。所以，从姓名上已经很难判断民族了。

一部分独龙族妇女嫁到外地以后，她们的子女会随父亲的民族成份。比如，在贡山县城或福贡县、泸水县等地与傈僳族、怒族结婚的女性，她们的孩子有可能选择傈僳、怒族成分。但在访谈过程中，很多外嫁的妇女还是表示更愿意让自己的子女选择独龙族成分，主要的原因是国家对独龙族扶持力度非常大，在大家的心目中，独龙族身份不仅不会受到歧视和排斥，相反，独龙族能够得到诸多的政策支持和来自外界的扶持帮助。甚至一位来自云南永胜县的汉族卡车司机说，他希望自己的儿子（2016年时刚6岁）将来能够"娶个独龙族老婆，以便他们的后代也能成为独龙族"。因此，国家主导下的发展从另一个角度强化了民族身份的认同。

（五）性别与年龄状况

统计数字可以看出，在巴坡村的861人中，男性446人（占51.8%）、女性415人（占48.2%）。有意思的是，年龄在19岁以下的人口中，男女比例基本持平，甚至在有些年龄段，女性人数还超过男性。但20岁及以上的人中，男性人数明显超过女性。在调查过程中，村民普遍认为其中的主要原因是女性外嫁造成的。独龙族中大多数男性更愿意在本地生活，但随着独龙江与外地交流的增加，部分年轻女性更愿意选择嫁到外地。

从表1可以看出，巴坡村的独龙族人口最大峰值是20~35岁之间，即

1981~1996年间出生的人占人口的比例高达20.52%。从40岁开始，人口呈明显下降趋势，50岁以上的人口数量急剧下降。80~84岁的村民有6人（占全部调查人口的0.70%），85~99岁有1人（仅占0.12%），100岁以上也只有2人（仅占0.23%）。女性人口的变化总体上与总人口的变化近似，但20~35岁之间的女性人口并没有明显提升的趋势，而男性在这个年龄段的人口变化又特别类似总人口的变化。40~55岁期间的女性人数上下波动明显，这说明，20~55岁女性是目前外嫁的主要人群，35岁以上的男性变化不明显，表明这个年龄段外流的男性较少。

表1　巴坡村各村民小组人口构成表

单位：人

年龄	斯拉洛小组		独务当小组		木兰当小组		米里王小组		马扒腊小组		巴坡小组		孟顶小组		拉王夺小组		小计
	男	女	男	女	男	女	男	女	男	女	男	女	男	女	男	女	
0~4岁	1		2	4	9	6	7	10	4	2	1	1	5		3	10	65
5~9岁		2	2		5	2	5	4		5	1	1	3	4	12	8	58
10~14岁	5	2	1	5	1		7	1	5	3	1		2	3	5	13	54
15~19岁	1	1	7	4	1	2	2	5	4	3	2	2	3	4	9	10	60
20~24岁	3	3	5	2	1	3	5	6	5	1	5	2	3	3	12	7	66
25~29岁	6	5	2	3	6	7	9	8	8	4	3	4	6	4	22	8	103
30~34岁	1	3	4	1	7	7	9	7	5	7	2		7	3	13	7	85
35~39岁	2		2	2	4		5	7	2	5		1	4	5	6	9	55
40~44岁	1	2	4	4		3	4	7	2		2		5	4	10	8	58
45~49岁	1		4	3		5	15	1	5	2	3	2	1	5	5	8	62
50~54岁	1		4	2	3		5	4	5	2		1	2	3	6	3	41
55~59岁	1	3	1		1	3	3	8	2	4	1	4	2		7	5	50
60~64岁		1	2	1	4	2	9	5	1		1	2	3	4	6	42	

续表

年龄	斯拉洛小组		独务当小组		木兰当小组		米里王小组		马扒腊小组		巴坡小组		孟顶小组		拉王夺小组		小计
	男	女	男	女	男	女	男	女	男	女	男	女	男	女	男	女	
65～69岁	2	2			1	2	3	5		1			2	2	2	3	25
70～74岁	1	1	1		1	1	2	2	2	1		1	1		1	1	16
75～79岁		1	2	3								1			3	1	11
80～84岁		2		1				1					1		1		6
85～89岁		1															1
90～94岁	0	0															0
95～99岁	0	0															0
100岁以上	0	0				1		1									2
各小组总计	26	27	43	35	48	43	81	95	50	44	25	23	52	41	121	107	
	53		78		91		176		94		48		93		228		861

巴坡村的人口构成与整个独龙族的人口结构大致相似，人口的高峰在20～40岁之间，50～55岁人口呈明显下降趋势，85岁以上的人口数量较少。巴坡村的妇女外流情况应该出现得相对较早一些，即一些现在40～55岁的妇女年轻时外嫁。

表2 巴坡村80岁以上老年人名单

序号	姓名	性别	民族	出生地址
1	余德华	男	独龙族	贡山县独龙江乡巴坡村拉王夺小组
2	拉王塔	女	独龙族	贡山县独龙江乡巴坡村拉王夺小组
3	拉当各娜	女	独龙族	贡山县独龙江乡巴坡村拉王夺小组
4	马 达	女	独龙族	贡山县独龙江乡巴坡村拉王夺小组
5	高文群	男	独龙族	贡山县独龙江乡巴坡村拉王夺小组

续表

序号	姓名	性别	民族	出生地址
6	米利明代	女	独龙族	贡山县独龙江乡巴坡村拉王夺小组
7	约汉	男	独龙族	贡山县独龙江乡巴坡村独务当小组
8	木兰当青	女	独龙族	贡山县独龙江乡巴坡村独务当小组
9	孟国才	男	独龙族	贡山县独龙江乡巴坡村孟顶小组
10	杨明迪	男	独龙族	贡山县独龙江乡巴坡村孟顶小组
11	干来恰	女	独龙族	贡山县独龙江乡巴坡村米里王小组
12	肖拉仙	女	独龙族	贡山县独龙江乡巴坡村斯拉洛小组
13	斯拉洛都	女	独龙族	贡山县独龙江乡巴坡村斯拉洛小组
14	双拉都	女	独龙族	贡山县独龙江乡巴坡村斯拉洛小组
15	木兰当娜	女	独龙族	贡山县独龙江乡巴坡村木兰当小组

表2中的名单显示,截至2015年底,整个巴坡村861人中,80岁以上的老人共有15人,只占总人口的1.74%。相对于独龙江地区清新无污染的空气、环境和干净的水资源及无太多的生存压力等来说,这个比例显然偏低。

表3 2010~2014年巴坡村出生和死亡人数统计表

单位:人

年份	斯拉洛小组			独务当小组			木兰当小组			米里王小组			马扒腊小组			巴坡小组			孟顶小组			斯拉洛小组		
	出生人数		死亡人数	出生人数		死亡人数	出生人数		死亡人数	出生人数		死亡人数	出生人数		死亡人数	出生人数		死亡人数	出生人数		死亡人数	出生人数		死亡人数
	男	女		男	女		男	女		男	女		男	女		男	女		男	女		男	女	
2010	0	0	1	0	0	3	1	0	0	0	1	0	0	0	0	1	0	0	2	1	0	2	3	1
2011	0	0	0	0	0	0	1	0	0	1	0	0	2	0	0	0	0	0	1	1	0	2	0	1
2012	1	0	0	0	0	3	1	0	0	0	1	0	0	0	0	0	0	0	0	0	0	1	0	0

续表

年份	斯拉洛小组			独务当小组			木兰当小组			米里王小组			马扒腊小组			巴坡小组			孟顶小组			斯拉洛小组		
	出生人数		死亡人数	出生人数		死亡人数	出生人数		死亡人数	出生人数		死亡人数	出生人数		死亡人数	出生人数		死亡人数	出生人数		死亡人数	出生人数		死亡人数
	男	女		男	女		男	女		男	女		男	女		男	女		男	女		男	女	
2013	0	0	0	1	0	1	1	3	1	1	1	1	0	0	1	0	0	0	1	1	0	0	3	0
2014	0	0	3	0	1	1	3	1	0	0	2	0	0	1	0	0	0	1	3	1	2	3	4	2
合计	1	0	4	1	1	2	10	7	1	1	5	2	0	3	1	1	0	1	7	4	2	8	10	4

数据来源：《中国2010年人口普查分民族人口资料》[①]。

巴坡村2010年1月1日至2014年12月31日共有29名男婴、30名女婴出生。死亡人数17人，其中，中青年人（35~65岁）死亡人数达9人（占总死亡人数的52.94%），这些人死亡的主要原因是"长期饮酒导致酒精中毒或意外死亡"。

（六）人口流动与趋势

关于巴坡村最近一些年人口流动的情况，从村干部到普通群众谁都无法提供准确的数字，各种说法都有，主要原因是有的人有时外出、有时回家，甚至一些出嫁到外地的妇女，离了婚又回到独龙江乡，却因为户口暂时冻结，她们没有正式将户口迁回来。还有的人户口在村里，人不在村里；有的人生活在村里，户口却不在村里。为了能大致理解村内人口流动的趋势，调查组决定采用整个独龙族的迁移状况调查和独龙族在全国各地的分布情况作为基本参照。对于独龙族这样一个总人口不到7000人的民族来说，这样的比较还是有意义的。

根据第六次全国人口普查的结果，独龙族的迁移状况大致如表4所示：

[①]国家统计局人口和就业统计司、国家民族事务委员会经济发展司编：《中国2010年人口普查分民族人口资料》，民族出版社，2013年。

表4 独龙族迁移状况统计表

单位：人

年龄	合计			务工经商			工作调动			学习培训			随迁家属			投靠亲友			拆迁搬家			记挂户口			婚姻嫁娶			其他		
	男	女	小计	男	女	小计	男	女	小计	男	女	小计	男	女	小计	男	女	小计	男	女	小计	男	女	小计	男	女	小计	男	女	小计
0～5岁	17	9	26										15	8	23	1		1	1		1							1		1
6～9岁	8	7	15							1	1	2	6	5	11	1	1	2												
10～14岁	6	9	15							2	2	4	3	7	10													1		1
15～19岁	33	59	92	2	6	8				27	47	74	3	2	5				1		1				3		3			
20～24岁	57	65	122	19	23	42	1	5	6	32	9	41		5	5	2	1	3		1	1	1		1	18	19		2	3	5
25～29岁	41	50	91	23	15	38	9	9	18	3		3		5	5	1		1						3	20	23	3		3	
30～34岁	14	38	52	9	12	21	3	3	6				1	4	5										17	17	1	1	2	
35～39岁	19	27	46	10	5	15	6	3	9															1	13	14	1	1	2	
40～44岁	8	23	31	4	8	12	3	1	4				2		2	1	1		1	1	2				8	8		2		2
45～49岁	7	10	17	4	4	8	2		2				3		3				1		1			1	2	3				
50～54岁	8	6	14	3	4	7	1		1				1		1				1		1			1	2	3				
55～59岁	3	2	5				1	1	2	2		2	1		1															
60～64岁	4	4	8				1		1				1	1	2	1		1							2	2	1			1
65岁以上	4	6	10	1		1							1	1	2	1	2	3		2	2		1	1		1	1		1	2

数据来源：《中国2010年人口普查分民族人口资料》。

表4中的数字表明，在独龙族的总人口6930人中（第六次全国人口普查数据），迁移人数总计544名（占总人数的7.85%），其中男性229名、女性315名，女性人数明显高于男性。因务工经商迁移的人口基本上集中在15～54岁之间，"随迁家属"则主要集中在0～14岁人群。而且在15～49岁的迁移人群中，每一个年龄段的女性人数都明显高于男性，这与巴坡调查时村民反映的情况基本相符。村民说他们村里外出的人主要是：成为公务员、事业单位工作人员等；嫁到外地或与外地男子结婚后随丈夫到对方家居住的女子；外出务工的年轻女子；在外上学的年轻人。独龙族人口的迁移情况如表5所示。

表5 独龙族人口迁移表

单位：人

总迁移人数	其中								
	务工经商	工作调动	学习培训	随迁家属	投靠亲友	拆迁搬家	记挂户口	婚姻嫁娶	其他
544	153	98	248	80	15	8	2	93	20

数据来源：《中国2010年人口普查分民族人口资料》。

在9大类型中，学习培训、务工经商、工作调动、婚姻嫁娶的人数占了绝大多数。其中的"工作调动"主要涉及国家公职人员，"学习培训"主要是正在上学的学生。从独龙族居住地来看（见表6），除云南省外，独龙族人数相对较多的依次是贵州（87人）、河南（55人）、广东（51人）、四川（47人）、湖南（36人）。这些人中，各种类型的人员都可能有，但婚姻嫁娶、随迁家属、务工占了绝大多数。需要注意的是，这个表格是按省来统计的，所以，一些地区性的流动被忽略了，比如，云南省内的流动没有计算在内。

表6 独龙族在全国的主要分布情况表

单位：人

居住地	男	女	总计
云南省	3096	3257	6353
北京市	9	5	14
天津市	2	1	3
河北省	7	14	21
内蒙古	3	4	7
辽宁省	2	4	6
黑龙江	2	6	8
上海市	5	3	8

续表

居住地	男	女	总计
江苏省	10	16	26
浙江省	7	19	26
安徽省	2	24	26
福建省	5	6	11
江西省	2	1	3
山东省	5	25	30
河南省	27	28	55
湖北省	8	10	18
湖南省	20	16	36
广东省	27	24	51
广　西	9	12	21
四川省	20	27	47
贵州省	44	43	87

数据来源：《中国2010年人口普查分民族人口资料》。

从独龙族人口离开户口登记地的时间来看（见表7），主要人数集中在0.5~3年和6年以上，前者往往是学生占主流，而后者一般是已经在外地结婚的妇女。

表7　独龙族人口离开户口登记地的时间表

单位：人

0.5~1年	1~2年	2~3年	3~4年	4~5年	5~6年	6年以上
131	114	111	31	38	14	105
2.06%	1.79%	1.75%	0.49%	0.60%	0.22%	1.65%

数据来源：《中国2010年人口普查分民族人口资料》。

巴坡村和整个独龙江地区大体相似，人口流动在总体上并不频繁，规模也不大，主要的流动方式是通过婚姻从独龙江乡内往外流或者到外地求学的学生。随着独龙江地区的发展不断加快，各种基础设施得到极大改善，一些外地人（主要是男性）到独龙江乡上门的情况越来越普遍，但为了避免整族帮扶过程中出现混乱，暂时没有将这一部分人纳入总人口统计中。目前，人口外流的主要模式有：年轻女性与独龙江乡之外的男性结婚（大部分嫁到贡山、福贡县城附近地区和泸水县）或者外地（四川、贵州等）的男性到独龙族女性家上门；到省、州、县、乡政府或公司、企业工作；到贡山、六库或孔当打临工。由于各种因素的影响，巴坡村的年轻人大多不愿外出打工（特别是比六库更远的地方），更愿意在村子里生活或离家比较近的地方做临工。独龙族整族帮扶项目实施后，一部分人开始在村里开小商店、用微型车跑运输、开办农家乐或者从事与旅游相关的服务工作，并帮助外来的商人收购当地农林产品等。但大部分人主要还是靠种植草果、重楼、玉米、薯类来增加经济收入。

从外面进入巴坡村的人口也较少，除少数上门女婿外，每年约有500～2000名游客来到村里。他们中有的只是到村里走走看看，有的到当地的农家乐吃饭，少部分人会在村里的农家乐住宿。一年里会有那么一两次，来自缅甸的基督教徒与巴坡村的基督教徒联合开展一些交流活动。

目前，怒江州政府、贡山县政府正在积极努力打造整个怒江地区（包括独龙江峡谷）的生态旅游产业。保山至六库的高速公路正在建设中，香格里拉至贡山的旅游公路即将硬化，六库至丙中洛（经过贡山县城）的二级公路即将动工，贡山直升机场正在设计论证中，贡山县旅游管理部门正在建设无线网络信息设施，不久将全面覆盖整个独龙江地区。

可以预见，巴坡（甚至整个独龙江地区）在不久的将来就会从封闭走向完全的开放，人口的流动和融合已经成为不可避免的趋势。更多的外地人会进入独龙江乡（旅游或经商），更多的村民将走出大山融入更大的世界。

(七)巴坡村今昔变迁轨迹与特点

中华人民共和国成立前,巴坡村基本上处于一种与世隔绝的状态。虽然有关文献记载说巴坡曾经有十个氏族,但没有说清楚这十个氏族究竟是同时存在过,还是先后出现。但可以肯定的是:1949年前,巴坡村的人口比较少;这里的独龙族以氏族或家族为单位分散居住在山上或独龙江边,实行氏族外婚制;没有集中交换产品的市场;生产技术极其简单;相信万物有灵。那时候的巴坡村在相当长的历史时期内,整个社会几乎没有明显的变化。除了周围的土司、头人将税负强加到他们头上,增加他们生活的负担外,他们的艰苦生活总是在同一种模式中不断重复。

1949年贡山和平解放,特别是1956年贡山独龙族怒族自治县正式成立以后,巴坡村成为独龙江乡政府所在地。当地政府的干部、边防部队的官兵不仅承担着独龙江地区的治理和保卫边疆的重任,而且引进新的生产生活技术,帮助独龙族群众发展生产、改善生活,开办国民教育,为独龙族孩子提供受教育的机会。从中央到地方政府,年复一年地从政策上和实际帮扶上给独龙江地区以大量的支持,给当地的政治、经济、生产、生活、民族关系等方面带来了巨大的变化。就巴坡村而言,其中三次大的变迁具有非常重要的历史意义。

第一阶段(1950~1999年):巴坡村村民在中国共产党的领导下首先在政治上得到了解放,摆脱了周围土司的盘剥,获得了与其他民族同等的社会地位。随着贡山至巴坡人马驿道的建成,巴坡成了独龙江地区与外界连接的交通枢纽。更重要的是,乡政府驻地和边防部队驻扎于此,相对独龙江峡谷内的村子来说,这里与外界的联系相对多一些,接收的信息也相对多一些。从外界引入的新技术和农具大大提升了当地的生产能力,生产水平得到了提升。村民在干部和部队官兵的帮助下,学会种水稻、蔬菜,在山上开荒种地。

第二阶段（2002～2010年）：1999年9月，全长96.2千米的独龙江公路正式通车；2002年，独龙江乡政府连同乡医院全部搬迁到19千米外的孔当村，从孔当到巴坡也修建了一条简易的公路，虽然下雨天通行比较困难，但毕竟走起路来不再像过去那样需要爬沟过坎，不断在独龙江上使用溜索或简陋、凶险的藤桥。与此同时，当地政府根据中央的政策正式开始在独龙江地区全面实施"退耕还林"，政府按照村民退耕还林的具体面积每年给村民一定量的大米补助，14年来村民仅靠补助的大米就能保证有饭吃。

第三阶段（2010年至今）：从2005年国家发布《扶持人口较少民族发展规划（2005～2010）》开始，独龙江地区的发展真正驶入了快车道，但真正的巨变发生在2010～2016这6年左右的时间里，这是巴坡村历史上变化最大的一个阶段。具体的变化主要表现在如下几个方面：

◇ 独龙族传统生活的中心——火塘

变化一：村落模式从分散到集中居住。

或许是由于其特殊的地理和生态环境，独龙族在其发展历程中有相当长的历史时期是以家族、宗族或氏族的形式集中居住，即同一家族、宗族或氏族的成员共同生活在某个比较适宜耕种的地方。这一说法很容易给人一种错觉，感觉一个宗族、氏族一定是个很大的群体，但实际上每个家族、宗族、氏族的规模一般都不大。以巴坡村为例，原来很多在一起居住的宗族、家族或氏族其实也就3～5户人家（少数情况下稍大一些）。独龙江地区以"直接过渡"的方式实行社会主义民主改革之后，也像全国其他地方一样经历过生产大队、生产队等集体生产方式，村民集中开展集体生产活动。原来分散居住的村民不得不集中起来，共同生产劳动。20世纪80年代初，中国实行改革开放以后，好多村民又回到他们原来居住的地方，以家庭为单位进行生产和生活。到独龙族整族帮扶项目实施前（2010年前），独龙江地区的独龙族共有42个自然村。帮扶项目实施之后，42个自然村再次被合并为26个村。巴坡村委会在2007年的时候有9个村民小组，其中有4个小组在独龙江边，其余5个都在山上。项目实施后，9个村民小组合并为8个，并且全部集中搬迁到独龙江边居住。

随着村子的合并，原来与同家族（宗族或氏族）的成员在一起居住形成的生产生活模式，特别是人与人之间的关系和处理方式都不得不重新定位和适应。

变化二：人居环境——基础设施得到极大改善。

要说独龙江地区的变化，无论是外来人口还是本地的独龙族，首先不得不想到交通及其他基础设施的巨大变化让独龙江与外部世界建立起了广泛的联系，为独龙江地区的快速、可持续发展奠定了坚实的基础。通村公路、电力设施、饮水工程、通信信息工程等方面的改善已经远远超出了人们的想象。可以预见，在不久的将来，这些基础设施将深刻影响当地独龙族群众的政治、经济、社会和文化的型构。对于巴坡的独龙族群众来说，

◇ 2010年从贡山县城前往独龙江乡的道路

◇ 全长6.68千米的独龙江隧道

基础设施的改善导致人们生活方式的转变，同时促进了以草果种植为主流的经济作物种植，又导致人们不得不从传统的生存农业向现代市场导向的农业生产方式的转变。

变化三：传统与现代的结合——民居建筑的变化。

历史上的独龙族长期生活在独龙江流域，生产力极低，与外界交往甚少，且道路通行极其困难，因此，无论是饮食还是居住条件都非常简单。据《云南通志》所述，过去独龙族的住房是"结草为庐，或以树皮复之"，或"居山岩中"。中华人民共和国成立以后，独龙族开始借助斜坡，建成半干栏式建筑（即一半搭在地上，另一半用木柱支撑，形成悬空），所用的建筑材料主要是木料、竹子和茅草。在独龙江下游地区（今巴坡村委会和马库村委会），独龙族曾经出现过长形竹楼草房，即一对夫妇一开始建造一间长宽大体相似的竹楼草房，后来，他们的子女长大了，女儿嫁到别的家庭，儿子娶回媳妇以后就接着原来的房子再盖一间，几个儿子都结婚以后，原来的房子就变成了长形的竹楼草房。父母和未结婚的子女住一间，每个已成婚的儿子儿媳住一间，每一间里都有火塘，各个房间之间有室内通道相连，长屋两端各有一个门，供全家人进出用。长屋里的人都是直系亲属，平时他们"共同劳动、共同消费，由各个火塘的主妇分别保管所收获的粮食，轮流做饭给草

◇2016年1月建成的乡政府通往巴坡村的硬化公路

◇ 巴坡村新式民居

房里的人一起吃"①。

  在安居工程建设过程中，政府专门聘请昆明理工大学的相关专业人员，对独龙族传统的民居样式及其文化特点进行了详细调查。在此基础上，民居建筑的设计者充分考虑了独龙族传统文化中的一些关键元素和独龙族群众的生活习惯，将现代生活的需求与传统特色有机地结合起来，因此，独龙江地区的新式建筑逐步形成了自己的风格。无论是80平方米还是60平方米的户型，都采用砖混结构，地基略高出地面，外墙装饰成竹楼风格，用瓦顶代替原来的茅草顶。由于面积有限，各种户型开始建设时并没有设立专门的火塘屋，只是将其中一间作为厨房。村民入住后才发现，原来他们祖祖辈辈习惯的火塘没法安放，有的人家在厨房里烧火塘，弄得整

---

① 张桥贵：《独龙族文化史》，云南民族出版社，2000年。

个屋子迅速被熏黑。于是政府再次筹集资金，支持村民在屋子旁重新建盖一个专门的"火塘房"，既可以烤火，也可以做厨房。虽然对民居的建设不乏批评之声，但总体上来说，村民还是比较满意的。无论从舒适性还是从文化特色上来看，这些民居体现了独龙族群众现代社会生活的主要特征和模式。对于部分村民来说，或许还需要一定的时间来适应这种新的生活方式，即人们需要逐步改变原有的某些行为方式，以适应新的生存环境。

变化四：从生存到生活——生产生活方式的突变。

如前所述，独龙族在相当长的历史发展过程中，主要靠简单的农业种植、狩猎和在独龙江里捕鱼来维持生计，几乎没有市场交换（甚至物物交换也很少）。1949年以后，政府曾想尽各种办法帮助独龙族群众提高生产力，但由于土地、气候、交通、信息等多方面的因素，独龙江地区的发展一直处于非常滞后的状态，连最基本的温饱都难以保障，更不用说大的发展。1949～1999年期间，虽然锄头、砍刀等生产工具代替了木棍，生产力有一定提高，但基本的生产方式并没有根本性改变，村民们主要还是靠在陡峭的山坡上开荒种地，产量仍然非常低，尚不能满足基本的生存需要。"退耕还林"政策实施以后，村民不能再开荒种地，不能狩猎，独龙江也实施季节性的"禁渔令"，村民的粮食主要靠退耕还林补助来的大米。虽然大部分人家都不缺粮，但没了开荒种地、狩猎甚至捕鱼，村民们不知道该做什么，更不可能谋发展。

这个时候，老县长高德荣带头引进草果种植。开始的时候，很多村民不是积极响应，而是持观望的态度。他们不太相信这小小的植物能给他们带来什么好处。所以，当高德荣聘请一些劳动力开始在树林里种植草果时，村民并不觉得这东西与他们有什么关系。直到草果挂果、销售，政府大力宣传、反复做工作，一部分村民才慢慢动了心，开始学着种植草果。随着草果上市，越来越多的村民开始看到了希望，自龙元村委会以下的村子都开始大量种植草果。

草果与其他农作物种植不同，它喜欢阴湿之地，不需要砍树开荒，种在树林里就行。幼苗栽下成活以后，一般3~5年能挂果，之后每年只要除草、采摘，不需要施肥，不需要农药，也不需要重新种植，一般可以连续采摘15年左右。因此，草果的种植并不需要大量的劳动力，大多数情况下，一家人自己就能完成。其他如重楼种植、养蜜蜂、捡菌子、上山采集中草药等都是个人可以独立承担的。

部分村民开始尝试几个家庭合作种植草果，目的是想最大限度地扩大种植面积，但这种形式目前还不是很普遍。

独龙牛身材相对矮小，目前市场价格较高。此种牛一般放养在远离村庄的山上，没有专门的牛厩，也没有专人照看。村民每个月1~2次带着盐巴，步行4~5个小时去自家放养独龙牛的地方，给牛吃点盐巴，然后再返回村里。近年来，随着退耕还林政策的实施，生态环境恢复较好，熊的数量大大增加，放养在野外的独龙牛经常被熊吃掉。村民每损失一头牛可以得到7000元的补偿。由于每次去看牛来回要走10个小时以上，一些村民自愿组成互助组，轮流去看望牛，以减少个人去看望的次数。在政府的支持下，巴坡和马库都建立了的专门牧场，放养独龙牛。这种放养方式让独龙牛经常受到熊的攻击，再加上独龙牛本身繁殖慢，所以，虽然市场价每头牛都在1万元以上，但卖独龙牛的收入仅占村民全年总收入的一小部分，很多家庭一年还卖不了一头牛。

2015年以后，由于村寨搬迁合并，再加上以草果种植为主业的生产方式代替了原来开荒种小米、荞麦、狩猎等生产方式，人与人之间的关系以及村民对亲属关系的理解都发生了较大的变化。家庭、个体变

◇ 巴坡村的主要收入来源——草果

得更加独立,村民之间即便有合作也不再限于亲属成员,相处得较好的朋友反而常常会成为合作的对象。特别是那些从外地来上门的女婿,由于没有土地,不得不开商店、跑运输、卖馒头、走村串寨卖蔬菜,他们的经济收入相对较高,这在一定程度上刺激了当地村民。一些村民正在改变传统的思维习惯,积极寻找更多的"生财之道",如在当地收购蜂蜜等山货,然后转卖给外地人,或者充当中间人,帮助收购草果的老板在当地收购草果等。

随着经济收入的增加,巴坡村村民基本上家家户户都有了手机、电视,年轻人也像城里人一样天天玩微信、网上购物、网约车等。村里的小商店每天的营业额也不断增长,罐装啤酒销量大大超过以往。在调查期间,一户人家给出生一个月的小孩办"喜酒",村民也像我国其他地方的人一样用现金随礼,少的随100~200元,多的甚至达到500~600元。受访的老人们都说"这是以前没有的"。

由于当地没有固定的赶集日,大部分村民会在方便的时候去孔当(乡政府所在地)购买一些在村里的小卖部买不到的东西,或看病买药,或看望在那里上学的孩子。有车的村民自己开车去,没车的就在村边的公路上等待(年轻人也会在微信上预约),凡路过的车都能搭乘,车费也都是约定俗成的(比如大家都知道从巴坡到孔当20元/人),无论是陌生人还是熟人,上车后都会支付相应的车费。

独务当的一户人家说,现在村里人结婚也不一定请所有家族的人了,只是请一请平时关系比较近的人。这种说法在一定程度上代表了一部分村民的想法和做法。当然,也有一部分人(特别是年轻人)开始仿照其他地方的风俗,尽可能邀请所有认识的人来参加。总体来说,婚礼、生日、葬礼等开始出现多样性的特征,由于各人观点不同,邀请的人多寡也有差异。

纵观独龙族的整个历史发展过程,满足基本生存需要历来是人们追求的最高目标。当地有限的资源（特别是可耕种土地）和尚未充分发展的社会交换，迫使人们不得不将生产劳动的目标局限在满足生存需要上。随着独龙江地区的快速发展，各种信息、人员、物资和思想观念开始大量涌入，独龙族群众观念中的世界发生了根本性的变化，特别是草果等经济作物的种植迫使人们对市场的依赖性大大提升。经济收入的增加改变了人们的消费理念和对生活的态度。人们的世界观和生活态度出现了多样性、复杂性的趋势。

变化五：现代社会服务逐步完善。

在独龙族的传统生活中，除了物质的匮乏之外，医疗及其他社会服务的欠缺一直是最大的问题。由于独龙江峡谷内降雨充沛，空气湿度大，村民习惯常年在狭小的屋内烧火塘等的影响，村民患关节性疾病、眼部疾病等的比例相对较高。因此，医疗服务是当地最急需的服务。然而，长期以来由于交通不便，独龙族很难获得来自外界的医疗服务，大多数时候是靠当地的草药或巫术（如"南木萨"[①]）来治疗各种疾病。1949年以后，随着部队进驻和政府的积极努力，独龙江地区开始能得到一些常用的药品。政府经常选配一些经过专门训练的医生去独龙江医院给村民检查身体和看病。但是，由于当时整体的医疗水平不高，环境条件艰苦，医院只能应对一般性的疾病，一些相对严重的疾病无法治疗，即便一般性的手术也无法实施。一旦有人得了重病，至少需要三天的时间才能将其抬到县城，况且人马驿道只有1~1.5米宽，要翻山越岭地将一个病人抬到县城是件非常不容易（甚至是不可能）的事。有效医疗服务的缺失让当时很多病人过早地失

---

① 在独龙族的传统生活中，人们相信有"南木萨"和"乌"两种巫师。巫师的角色一般由族长或村寨头人兼任。相传"南木萨"是由"格蒙"选任的，他具有特殊的眼睛，能和会治病消灾的"南木"交往。南木萨治病时先点燃松树枝熏屋，以示洁净，然后设供。他身披麻布毯，摇铃击鼓，迎接南木降临，并称由南木带来天药"生登梯"，而将其滴入病人口中。如果药物被排泄，就认为病人灵魂已被格蒙收去，无法痊愈。不然，则要用鸡或猪的灵魂去交换病人的灵魂。

去了生命。

中华人民共和国成立后，政府首先就在丽江等地选择一些优秀的青年教师到独龙江地区开展正规的学校教育。在现今60岁以下的独龙族村民（特别是男性）都多少接受过一些学校教育，具有一定的汉语表达能力。正是因为当年提供的教育服务，所以独龙族中的一部分人后来到外地当兵、上中学、大学或到政府部门参加工作。也正是因为有了教育的发展，所以大部分独龙族才有了汉族式的姓名（原来独龙族的名字很长，不容易记住）。

应该说，中华人民共和国成立后，独龙江地区的医疗和教育服务取得了前所未有的发展和进步。但由于环境、交通、信息等方面的原因，独龙江地区的整个社会服务体系相对于其他地区来说还是存在明显的不足。因为独龙江流域的教育水平整体不高，质量参差不齐，所以政府只好通过一些"照顾"政策，将一些比较优秀的独龙族青年送到州府或省城上中学、预科和大学，为独龙族培养相当数量的精英。

巴坡村原是乡政府所在地，医疗、教育及其他社会服务条件比独龙江地区的其他村子稍好一些，但限于独龙江地区的整体环境和条件，各项社会服务远不能满足人们生存的基本需要。20世纪90年代，一位解放军战士仅仅因为得了急性阑尾炎不能得到及时救治而献出了年轻的生命。

虽然巴坡医院已经搬迁到孔当，但通畅的公路加上更优质的医疗服务让村民们不再像过去那样担心自己得不到及时救治。学校、医保、低保、敬老院、信用社以及应有尽有的乡、村超市等，让人们切实感到生活的极大方便。

村民可以在村里看病，也可以到孔当的独龙江乡医院看病（甚至有的缅甸日旺人也会来乡医院看病）。如有危重病人也能及时送到县、州、省级医院，甚至到北京看病。几乎100%的村民都参加了新农村合作医疗，住院治疗的报销比例高达80%。村村都有垃圾收集（桶）池，生活垃圾集中处

◇ 巴坡村卫生所现有两名医生

◇ 村民在巴坡村卫生所治病

理。村村都有公共厕所。硬化了的街道干净整洁。

巴坡村小学有7名受过良好教育的教师，三年级前（含三年级）的小孩子都可以方便地就近入学。四年级后一直到初中毕业都到孔当去上。上学期间就吃住在学校，国家有补助。过去节假日和周末的时候，父母得去孔当接送孩子。如今公路已经很通畅，有的学生自己搭车去学校或回家，但有的父母还是不放心，更愿意亲自去接送孩子，顺便购买一些日用品。高中及以上的教育一般要到县城、州府、省城去上，由于国家有各种照顾政策，大部分独龙族学生在外上学的经济负担并不是很重。但有不少独龙族青年更愿意选择上职业培训学校，"将来更容易找到工作"。还有一部分青年在外面上了学以后，不习惯在城里打工或工作，便选择回到独龙江地区生活。

为了帮助村民尽快脱贫致富，政府部门和各种社会机构每年都组织专门的知识和技能培训（如厨师培训、农业技术培训、驾驶技术培训等），并提供草果苗、重楼苗。鼓励村民开办农家乐，经营小商品，提供运输服务。各种保险服务（如农业种植险、养殖险等）也在逐步完善。

变化六：社会管理体系的建立。

传统的独龙族社会生活中，社会管理主要依靠家族、宗族或氏族内部形成的一些不成文的社会规约。但与内地（特别是东南沿海地区）相比，这种家族式的管理无论在体系还是在力度上都要松散得多。首先，家族内部没有拥有绝对权威的"族长"，虽然在一个家庭内部，老人多少有一些权威，比如利用"南木萨"和"乌"的身份和巫术的力量在家族成员中树立一定的威望，但没有达到让整个家族中的成员要绝对听从某个人（或某几个人）的程度。其次，没有成体系的"家规""家法"和相应的"惩戒"模式，比如像东南沿海的一些地区那样用严酷的家法去惩罚犯了错的成员。再次，也没有类似东南沿海地区的"祠堂""家庙"等在精神上对家族成员形成约束的"媒介"。尽管如此，独龙族在相当长的历史过程中，主要就是靠这种相对松散的家族组织形式维持基本的社会管理和运行。所以，我们不能说独龙族传统的家族没有发挥社会组织的作用，但又无法断言家族在社会组织管理中有绝对权威。

中华人民共和国成立后，独龙江地区也曾经像全国其他地方一样经历了集体化的生产组织形式，党和政府的乡村基层组织（如公社、大队、生产队等）在社会治理中发挥了主要的作用。虽然原有的家族大多数仍然生活在一起，但对于家族的思想和观念也随着国家权力体系的建构而逐步发生改变。

如今乡政府、村委会通过强化党、团、妇联等组织的凝聚力和管理方式（如网格化管理），社会管理水平和能力逐步提高。村委会成为强有力的管理者，村民有任何问题或矛盾纠纷更愿意去找村委会解决，也更愿意服从村委会的管理和安排。村委会、共青团和妇联经常组织村民参与一些公益活动（如打扫街道卫生、清除公路边的杂草和垃圾等）。

二、经济建设

（一）传统经济体系的变迁

从渔猎到"刀耕火种"，再到轮耕，最后到以经济作物（草果、重楼）种植为主，辅之以适量的养殖（独龙牛、蜜蜂）经济是巴坡村经济体系变迁的一个基本轨迹。从严格意义上来说，这一轨迹的前几个阶段很难用现代意义上的经济体系来描述。在几百年的历史过程中，稀缺的土地资源、封闭的地理环境、人口稀少加上极度落后的生产工具和技术，独龙族群众的生产活动很难维持其基本的生存需要。1950年以前，除了给来自周围地区的土司缴纳贡税之外，几乎没有产品交换的存在，既没有和族外人群之间的交换，也少有族内成员之间的交换。生产活动的目的主要是为了满足（也只能基本满足）本家庭或家族成员的生存需要。1950年之后，虽然当地政府作出了巨大的努力，在政策和资金方面给予了很多支持，引入农业技术、提供新的生产工具、加强教育等，在帮助巴坡村的发展方面取得了相当大的进步，但当地的自然环境和交通等基础设施的掣肘使得整个独龙江地区仍然难以赶上全国发展的步伐，特别是改革开放以后，全国各地在经济上突飞猛进，但独龙江地区仍然是中国最欠发达的地区之一。

据文献记载和各种民间传说推测，巴坡村的先民主要靠渔猎为生。独龙江内丰富的鱼类以及深山中的各种动物是独龙族先民赖以生存的主要资源。然而，汹涌奔腾的独龙江、森林繁茂的高山再加上简单的渔猎工具，使得先民的渔猎活动异常艰险。当他们在独龙江沿岸偶然发现稍微平缓的台地的时候，便逐渐定居下来，开始种植薯类、荞麦、稗子（俗称鸡脚稗）等以满足基本生存需要。独龙族先民们以家族或家庭为单位分散居住在不同的小台地或稍缓的山坡上，木棍、小木锄（"戈拉"）、镶上小铁皮的木锄（"恰卡"）、竹棍（"宋姆"）是最常用的生产工具，没有明显的社会分工，社会内部分化并不突出。据相关文献记载，大约到了20世纪初，真正的铁制农具才开始进入独龙江地区。由于当地气候、土壤、地形和生产工具的简陋，生产力水平极低，所谓"种一山坡，收一箩箩"。

建立在血缘基础上的家族公社是独龙族历史上的主要社会组织形式，家族之间有明确的地理分界线，相互越界会受到各种约定俗成的规约限制。这样的社会组织形式决定了各家族内部的土地制度和生产方式。

巴坡村在历史上的土地所有权形式与独龙族其他村寨大体一致，包括四种主要形式：公有共耕、伙有伙耕、私有伙耕和私有私耕。所谓公有共耕（车木枯）就是家族成员共同开垦、共同拥有、共同耕种、平均分配的生产制度。随着铁器的大量使用，生产率得到提高，个体或小家庭逐渐有能力独立组织生产，公有共耕形式逐步被伙有伙耕（夺木奢）形式取代。在伙有伙耕的形式下，同一个家族内部的某几户人家（一般3~5户，最多7~8户）临时组织起来，共同拥有某片耕地，大家共同开垦、共同出种子、共同耕种、平均劳力、平均分配。待该片土地失去肥力，该组织就解散，各个家庭可能又去与别的家庭重新组成"伙"，重新到别的土地上耕种。如果某个家庭因可耕种土地少或者因种种原因暂时没有耕地，他就可能暂时"投靠"某个可耕地较多的家庭，与这一户人家共耕，或者某个可耕地较多的家庭因缺乏足够的劳动力而请耕地较少的家庭来共耕。无论哪种形式，一般耕地少的人家要给耕地多的人家送点礼物，作为劳动报酬，这种形式叫私有伙耕。一般情况下，每个家庭除了参加伙耕之外，还会拥有一些房子周围的小块园地（"结白"）和水冬瓜树地，称为"林地"（"斯蒙木朗"）。园地内一般种植瓜类、辣椒、土豆、蔬菜、小米等。林地主要是人们在失去肥力的耕地上种植生长较快的水冬瓜树，待水冬瓜树长大后砍倒焚烧以增加土壤的肥力。这种"林地"形式主要是在独龙江上游的村寨中，巴坡村并不多见。"园地"和"林地"的主要特点在于：它们具有较强的"私有"特性。村民常常将自己的"园地""林地"用篱笆围上，由于相对面积较小，"园地""林地"都由家庭自己耕种。

1949年以后，独龙族聚居地区采取"直过"的方式进行社会主义民主改革，也和全国各地一样建立了乡（区）、村人民政府。生产工具、生产技术的大量引入使得巴坡村在生产能力方面得到了较大提高。但是，由于交通闭塞，与外界联系较少，再加上整个自然环境条件的限制，巴坡村的村民大部分仍然以传统的家族关系为基础，分散居住在山坡上或独龙江边。每年的农产品基本上不能满足自己的生存需要。又由于没有公路，人马驿道很艰险，村寨之间几乎没有商品交换，与周边民族之间的交流也较少。

2002年，独龙江地区开始全面实施"退耕还林"行动，巴坡村也不例外，村民不得不放弃传统的耕作模式，停止在山坡上开荒种地，也不再允许上山打猎。每年所需的粮食主要依靠国家提供的"退耕还林"补助。这个时期，巴坡村的生产方式出现了短暂的断裂。村民不能在山坡上开荒种地，不能打猎，而可耕种的土地面积又非常有限（人均约1亩），虽然说粮食可以得到保障，但自我发展几乎不可能。更重要的是村民不知道自己应该做点什么。

2006年，巴坡村（甚至整个独龙江地区）开始引入草果、重楼等经济作物。一开始，很多村民种植经济作物的积极性不高，缺乏技术不说，关键是村民并不知道草果、重楼之类的作物能给他们带来什么样的好处。之前，村民也常会到山里采挖野生重楼售卖，但一方面是量少；另一方面是人工种植周期较长（一般要3~5年甚至更长才能见到效益），村民普遍有抵触情绪。后来，老县长高德荣身体力行，带头种植并传授技术，村民才慢慢参与到草果、重楼种植中来。

目前，巴坡村的草果种植面积超过1.4万亩，约占整个独龙江地区草果种植面积的1/3。出售草果带来的收入已占到当地村民人均年收入的一半以上，成为村民经济收入的主要来源。由于产量低，耕地面积减少，村民们已不再种植水稻。近十几年来，村民的粮食主要依靠国家发放的"退耕还林"补助粮，温饱不成问题（每人每年补助150公斤，但家里不是独龙族的成员则没有补助）。除了在山上自家的林地和集体林里种上草果，村民们还种植少量玉米、洋芋、芋头以及其他蔬菜，也养猪、养鸡供家庭成员食用。

交通的改善和草果种植的引入从根本上改变了巴坡村村民的生产生活方

式和经济体系。以家族为基础的村落方式被集中居住的村小组取代,以"自给自足"为目标的农耕模式被市场导向下的经济作物种植所取代,家族成员之间的关系逐步让位于非亲属的村社成员之间的关系,家族组织被村委会、党团组织、妇联及各种协会所代替。更重要的是,草果、重楼等已经将村民与市场紧紧地捆绑在一起,影响村民收入的不仅仅是产量,更主要的是市场价格的波动。这对巴坡村的村民来说是一次全新的转变。

由于独龙江水流湍急,沿岸地势陡峭,捕鱼业从未在当地获得充分发展,但仍在村民的经济活动中占有一定的地位。这里没有专业从事捕鱼的村民,也没有鱼市场,但会捕鱼的村民时常下网捕鱼,或自食,或出售(如卖给当地农家乐)。独龙族已从一个传统上以渔猎为特征的民族转变成农耕民族,再转变成以经济作物种植为主的民族。虽然各家各户都还珍藏有弩弓,但村民已响应国家号召,为保护独龙江的野生动物资源而不再狩猎了。

新中国成立后,尤其是近10年来,独龙江地区发生了巨大的变化。从国家给独龙族的各项特殊照顾与扶持,到州、县、乡各级政府对本地发展思路的重新设计与认识,以上传统的土地经营方式已不复存在了。首先,全国性的生产资料的社会主义改造与20世纪80年代后的家庭联产承包责任制使得家庭、集体、国家在土地的分类与权责上有了明确的规定与划分。另外,就巴坡村而言,村民们在2013年前后都陆续搬入了国家统一设计建盖的安居房,以村小组为单位集中到独龙江边稍平的台地上居住,结束了过去各户在山上分散居住甚至居无定所的居住方式。各家各户以家庭为单位进行生产,同样以家庭为单位按人头比例分配到耕地与林地。更重要的是,2006年后,草果、重楼作为经济作物被先后引入,并渐渐成为各户经济收入的主要来源,村民们对自家耕地与林地的划分更为重视。多一分耕地、多一亩林地都会影响全家一年的经济收入。在国家的扶持政策下,村民可以免费领取草果苗进行种植,每年还会发放一定量的化肥(2016年以后需要自己购买）。各家都拥有各种新型生产工具，如镰刀、砍刀、斧头、条锄、板锄、渔网，有的家庭甚至用上了电磨、油锯、除草机等现代化的工具。这都使得过去由于土地划分界限模糊、生产资料不足、生产工具效率低下而需要"共耕+私耕"来经营土地的方式没有了存在的必要，而代之以家庭为单位进生产、分配和消费。

目前，巴坡的独龙族以家庭为单位居住、生产、确定农村"低保"档次、参与村民大会投票等。与我国其他地方的农村一样，独龙族在农忙时也可能结成互助或换工的关系，但这与家族、氏族的关联都不大，"关系好"就行（不在乎是不是亲戚）。

（二）农作物种植

2006年起，草果的种植开始在独龙江兴起，重楼的种植与推广则始于2014年。独龙江草果种植的主要倡导者、推动者"老县长"高德荣认为：独龙江气候湿润，适合草果生长，森林是"天然凉棚"，种植草果不用砍树；草果是"懒庄稼"，群众易接受；草果作为调味香料，烘干后耐储存，市场风险小。[①]为预防当地雨水过多影响草果的收成，进而影响村民收入，他又在当地倡导重楼种植。

草果是药食两用中药材大宗品种之一，属多年生草本植物，茎丛生，高的可达3米，喜阴，适宜种在海拔500～1800米地区的树林下，当地村民认为种在水冬瓜树下最佳。水冬瓜树可改善土质，使其松软。一般情况下，一年生的草果苗移栽以后，如果土地肥沃、水分充足、管养较好，3年即可挂果。两年生苗移栽后两年即可挂果。6～7年即可进入挂果旺盛期，如果土地不肥沃、管养较差的话，开始挂果的时间会延迟。一次种植可以连续挂果15年左右。草果种上以后需要除草（每年1～2次），但不必施肥。草果苗一般由当地政府统一提供，每人每年平均一百多株。由于保护

[①]《太阳照进独龙江——记独龙族"老县长"高德荣》，新华网云南频道，2014年12月22日。

区内规定不得种植草果，海拔过高的地方也不能种植草果，所以，村民种植草果的面积受到一定限制，而且各家种植的面积也有差异。

重楼是一种多年生草本植物，主要产于云南、贵州、四川，可用作中药，有清热解毒、消肿止痛、凉肝定惊的功效，一般用于疔疮痈肿、咽喉肿痛、蛇虫咬伤、跌扑伤痛、惊风抽搐等。独龙江地区的大山上曾有很多野生重楼，由于多年来很多人常年采挖而数量越来越少。在政府的鼓励支持下，巴坡村的村民开始在自家地里种植重楼。

重楼适宜在海拔500~3000米的地方种植，最理想的生长条件是日照较短、背阴缓坡、质地松软的土壤（特别是腐殖土）。重楼可以通过种子育苗或根茎移栽进行繁殖，但目前巴坡村的村民一般是到山里去挖野生的重楼苗，然后移栽到自家的地里，用遮阳网挡住太阳。移栽后的重楼一般要3~5年才能采收。2015年，干重楼的市场价格大概是400元/公斤，村民普遍对重楼种植感兴趣。2016年，巴坡村户均重楼种植面积约为1.2亩。

除了种植重楼之外，巴坡村的大多数村民还在自家的园地里种植蔬菜（番茄、包菜、白菜）、玉米、山药、土豆，但由于当地雨水太多，不适合蔬菜的生长。每年4~8月几乎天天下雨，一个月也遇不上几个晴天。同时村民还种植少量的橘子、香蕉、苹果。一般都是自给自足，并不用于交换或参与流通。

由于附近的山林大都划为保护区，野生动植物都受到国家的保护，村民们不可能像过去一样到山里狩猎、采集山货。这一地区的"人熊矛盾"也比较突出。由于熊是保护动物，不能猎杀，所以熊的数量增加很快。正如村民们所言："独龙江地区是熊比人多了。"村民种植的玉米、红薯、蔬菜，养殖的蜜蜂、羊、独龙牛常会被熊偷吃。为了防熊，山里种有玉米的农户，从种上到收割，必须一直在山里守着，想办法赶熊。当地政府建立起了赔偿机制，对被熊吃掉、破坏的农作物、家畜等给村民以适当的补偿。

(三)农业科技推广

巴坡村的农业科技推广工作已开展多年了。2002年前,县、乡政府主要致力于引入新的农业生产工具和技术,比如如何种植水稻、玉米,如何提高产量等。2002年之后(特别是2006年引入草果种植后),村民接受的培训主要集中在地膜、大棚、化肥的使用和果树及经济林的种植与养护等方面。近年来,由于当地政府大力推广草果种植、重楼种植、中蜂养殖,积极推动当地旅游业的发展,各种培训无论在数量上还是在质量上都有了很大的提高。培训内容也多与这些新的产业有关,特别是针对第三产业发展的培训,如机动车驾驶、厨师、农家乐服务培训,其中,单是在巴坡农家乐就举行了三期厨艺和旅游服务培训。鉴于培训多有名额的限制,村里一般会选择有一定文化、能记录的人前去参与,以便回来可以推广。

2014年,巴坡村委会利用"科技兴边富民工程贡山中蜂养殖技术示范推广项目"经费,购买蜂箱425套、巢框2975个、隔425套、封盖网425套、石棉瓦250张、空心砖1600个、水泥2.5吨、养蜂手册50套,鼓励和支持村民发展中蜂养殖。

2015年,254人参加了草果病虫害综合防治技术培训。2016年,贡山县民宗局在巴坡举行了"沪滇合作对口帮扶独龙族素质提升项目劳动技能培训",为村民提供竹制品加工理论与操作技能培训,参加培训的村民共30名,培训时间两天。参加培训的村民还获得每人100元的误工费。

2016年,巴坡村"两委"和村农业科技协会统一组织村党员和独龙牛养殖户开展草山改良和人工草地建设。在独务当、木兰当、孟顶、米里王、拉王夺等5个小组共建设6个草场(草山),投入1880元购买栓围栏、铁丝等材料。82名村民共投入902个工时,平均每人投入11个工时,按每个工时补助60元计算,共投入补助资金54120元。

(四)产业结构的调整

巴坡村经济以第一产业为主,第三产业刚刚起步,没有第二产业。

经过退耕还林、安居房建设和保护区划定后，村民们本就不多的可耕地进一步减少，但林地还比较充足。在第一产业中，巴坡村普通家庭均以种植草果为家庭的主要经济来源。2013年全村共出售新鲜草果120吨；2014年由于受天气的影响，鲜草果产量降到98吨（销售价格约6~7元/公斤）；2016年，市场价格大幅上扬（每公斤鲜果达12~14元），鲜草果的产量超过166.2吨。村民的收入普遍有了大幅度的提升。

除草果、重楼这样的经济作物，其他农作物、家畜、家禽和林产品、鱼类均主要用于满足家庭自身成员的日常生活需要，在有市场（如有人收购）的情况下也会作为商品出售。有些家庭里有特殊技能的家庭成员，则还可能有其他的经营收入，如有的妇女会织独龙毯售卖、有的男性成员会编竹篾筐售卖等。

截至2016年9月，巴坡村的总耕地面积减少到370亩，人均耕地面积为0.43亩（低于全乡平均值0.62亩[①]）；总的林地面积为417930亩，人均485.4亩。以2015年为例，巴坡村全村全年林产品收入为176451元，人均231元；牛、羊等牧产品收入150200元，人均197元；渔业收入76113元，人均100元；还有其他经营性收入235667元，人均308元。巴坡村全村养殖独龙牛221头、黄牛21头、猪319头、鸡2779只、鸭17只。

第三产业在巴坡村已有一定的发展。巴坡村为独龙江乡五个民族文化旅游特色村之一（另外四个分别是普卡旺、迪政当、龙元、钦兰当），目前村中建有寨门、观景台、景区介绍、绕村公路、步行栈道等旅游基础设施。作为乡政府原所在地，巴坡村委会附近还建有小型的展览馆，是独龙江"国防教育基地""爱国主义教育基地""廉政教育基地"，有老乡政府遗址、人马驿道、巴坡烈士陵园等文化旅游景点。各村民小组的安居点有小卖部、小超市，可为村民和游客提供简单的日常补给，一些地方还有

[①] 数据来源于独龙江乡政府提供的"独龙江基本乡情"。

◇ 织独龙毯的妇女

当地的特产出售，如董棕粉、独龙毯等。

一条独龙毯目前售价在400~500元，根据具体长度再经简单加工而成床单样式，价格略有不同。编织一床独龙毯，一般需要35个小时左右，如果一人每天编织5个小时，则7天可以织一条独龙毯。除去购买毛线的成本（约200元），每条独龙毯大概有200~300元的利润。村中有少部分妇女专门织卖独龙毯，最多的一年可卖出十几条。

目前，巴坡村全村有微型汽车22辆、摩托车66辆。少数以跑运输为主业的司机一个月最多可有1万~2万元的收入。

虽然旅游业在巴坡村已有一定的基础和发展，重要的节假日期间（如五一劳动节、十一国庆节）会吸引一些国内的游客前来观光，但这与大部分村民的生活水平提高与改善并无直接关联。游客来了在村里照几张相，碰上村民聊上两句或者在农家乐吃餐饭就走了,部分散客可能会选择在农家乐住一晚,但人数不多。村、乡领导正在积极想办法,希望通过改善旅游环境和服务设施,让更多的游客愿意来巴坡。

截至2015年底,全村共有个体经营户22户,其中商品小卖部12个、住宿接待点8个、饭店1个、修理店1个。

（五）生产方式的变迁

据早期学者的调查,直到20世纪四五十年代,独龙族的生产工具仍未越过铁、石、木器并用的时代。①20世纪60年代还在广泛使用的木制工具鹤嘴锄,工作效率极低,且容易损坏。如刀、斧等铁器从外面传入初期价格十分昂贵,普通家庭的拥有量也十分有限。

20世纪初采集活动在独龙族传统的生产劳动中曾经占据过主要地位,

◇独龙江流域耕地非常有限,这是巴坡村面积相对较大的耕地

①张桥贵:《独龙族文化史》,云南民族出版社,2004年,第36页。

◇ 背猪草的妇女　　　　　　　　　◇ 即将下地干活的村民

"在独龙江流域，只要肯出力气采集野粮，即使不种庄稼也饿不死人"[①]。20世纪50年代转向以农业生产为主，学种水田。目前由于保护区的建立、退耕还林粮补的出现，采集活动在当地群众农业生产中的占比减少了很多。很多过去老一辈独龙族采集食用的野生植物，年轻一辈都不太知道。目前，常采集的种类主要有岩蜂、董棕、蘑菇等，既用于自食又可用于交换，但总体数量不多。

渔猎仍是巴坡村村民们时常进行的生产活动。目前部分鱼类濒危，被列入禁捕的范围，村中也没有专事渔猎的人家，但个别有此技能的村民每年还是可以借此获得上千元的收入。捕鱼所用渔网都是用尼龙线制成，有的人家常备有几十副这样的渔网。捕鱼时，大家也都可沿江河随意置网挂篓，不必受过去家族渔场的地域限制。

由于整个独龙江地区已被设为国家级保护区，乡政府和林业主管部门从村民中挑选一些护林员，定期巡视，违规采伐林木和狩猎现象几乎没有了。

在以家庭为基础的生产方式中，男女分工也较为明确：男人主要负责种草果、照看草果地、找猪食、挖地、背肥料、到山上看牛；女人则主要负责煮饭、喂鸡、喂猪、照看孩子。男的编竹箩筐，女的织独龙毯。

---

① 张桥贵：《独龙族文化史》，云南民族出版社，2004年，第37页。

表8　2016年巴坡村十户人家人口及基本生产、生活资料分户统计表

项目	家庭人口（人）	其中男性（人）	其中男劳力（人）	其中女性（人）	其中女劳力（人）	木房（幢）	砍刀（把）	斧头（把）	条锄（把）	板锄（把）	渔网（张）	铜锅（个）	锑锅（个）	三角（个）	手磨（个）	电磨（台）	玉米（公斤）
MLJ	4	2	1	2	1	0	2	3	3	2	1	0	2	1	0	0	300
WLT	2	1	1	1	1	0	4	2	4	3	1	20	0	3	2	0	500
MX	7	3	3	4	3	0	15	2	4	3	30	0	2	2	2	0	150
YTM	1	0	0	1	1	1	1	0	2	0	0	0	1	0	0	1	0
DAN	4	2	1	2	2	0	4	4	2	2	0	0	2	2	1	0	100
BZH	4	2	1	2	2	0	2	2	2	2	0	0	0	1	1	0	250
WS	4	3	2	1	0	1	1	1	2	2	10	0	2	1	0	0	100
DST	3	2	1	1	1	0	1	1	2	2	10	0	2	2	0	1	100
MXY	5	3	1	2	1	0	2	2	2	2	10	0	2	2	0	0	100
YLS	6	3	2	3	0	2	2	2	4	12	0	3	1	0	0	150	

项目	茶缸（个）	毛毯（条）	棉被（床）	衣服（件）	镰刀（把）	牛（头）	猪（头）	鸡（只）	小米（公斤）	荞子（公斤）	鸡脚稗（公斤）	黄豆（公斤）	洋芋（公斤）	芋头（公斤）	电饭煲（个）	电磁炉（个）	碗柜（个）
MLJ	15	3	8	30	4	0	2	35	0	0	0	20	100	10	1	0	2
WLT	10	4	2	35	4	0	2	15	0	0	0	0	400	25	1	1	1
MX	20	7	20	600	3	3	3	3	0	0	0	0	150	50	1	1	2
YJM	6	4	4	100	4	0	0	20	0	0	0	0	50	0	1	1	1
DAN	15	7	15	200	5	1	4	15	0	25	0	25	150	25	3	1	2
BZH	15	5	4	50	1	2	1	15	0	0	0	0	50	0	1	1	1
WS	15	6	6	250	1	2	1	12	0	0	0	10	75	100	1	1	2
DST	20	5	10	120	3	1	1	20	0	0	0	10	50	100	2	2	1
MXY	15	3	4	200	2	1	2	20	0	0	0	0	100	50	1	2	1
YLS	25	3	4	300	4	1	3	15	0	0	0	20	100	50	1	1	2

在十户从八个村民小组中随机抽取的家庭调查中发现（见表8），传统的木板房或木楞房几乎没有了（只有一户），一些基本的生产工具（如砍刀、斧头、锄头等）仍然在使用。铜锅没有了，锑锅、铁三角则家家户户都有。玉米产量最多的一户也就500公斤。茶缸、毛毯、被褥、衣服则有一部分是政府作为救济发放的或者城里人捐赠的。家里养殖的牲畜数量并不多，即便是政府鼓励养殖的牛数量也很少。独龙族在过去的生活中常种的农作物（如小米、荞子、鸡脚稗等）几乎没有种植了，只是保留洋芋、芋头的种植（主要是自己食用）。电饭煲、电磁炉、碗柜等这样一些现代用具开始在独龙族群众的生活中扮演重要角色，家家户户都有。

（六）经济收入与消费

根据村委会提供的数据，2015年巴坡村的农民人均纯收入是2506元。虽然单纯从数字来看，仍然比全国的农民人均纯收入低好几倍，但是考虑到巴坡村的村民已经有免费的住房、"退耕还林"及其他的种种补贴、自来水免费、电费0.1元/度、孩子教育免费、孤寡老人免费入住敬老院等等因素，巴坡村的村民在生活消费上还是出现了很多新的观点和方式。比如，在调查中，部分村民（主要是年轻人）反映，他们每人每月的手机电信费在100元左右，这个数字超过相当一部分城里人的消费。

从整体上来说，巴坡村村民不仅在收入来源上，而且在消费模式上都出现了多元化的趋势。收入方面主要是草果种植、重楼种植、中蜂养殖、用微型车搞运输、开小商店或农家乐、在当地打工（如帮某些公司或部门做点工程或者当护林员等）。消费多元化主要是指村民越来越喜欢购买一些现代化的生活用具，如电视、冰箱、洗衣机、电磁炉、电饭煲及各种电动工具。在家庭之外，个人的消费习惯也在迅速改变，从当地的小超市里就不难看出，很多城里人用的日常生活用品在那里同样是畅销品（如可乐、酸奶、巧克力等）。2010年笔者到独龙江的时候，本来就不多的小卖部里最畅销的是本地产的漆油、饼茶、啤酒、奶粉（当地村民用于做奶茶），其他食品种类不多。如今，啤酒仍然是畅销品，不过开小商店的人说，现在很多村民买啤酒基本上都是以箱为单位了（以前是一瓶一瓶地买）。为了更好地体现村里的收入和消费状况，不妨以图表方式做一比较。

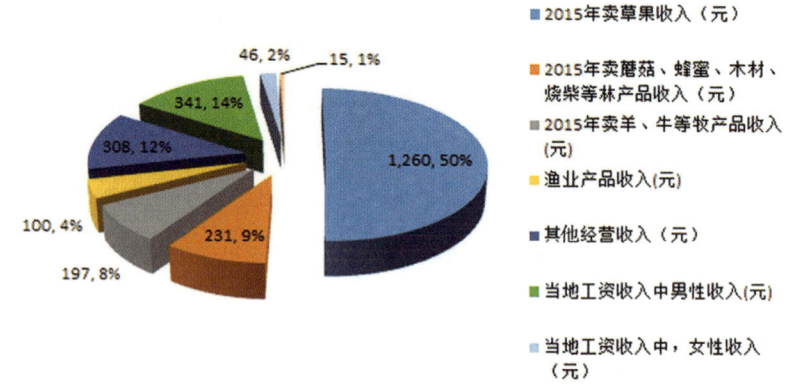

◇ 2015年巴坡村人均总收入中各项收入所占比例

上图表明，村民的收入主要是靠草果（这里不包括政府发放的各种补贴和救济款），其次就是林产品、其他经营收入和男性在当地的工资收入。女性在当地的工资收入中所占的比例非常小。

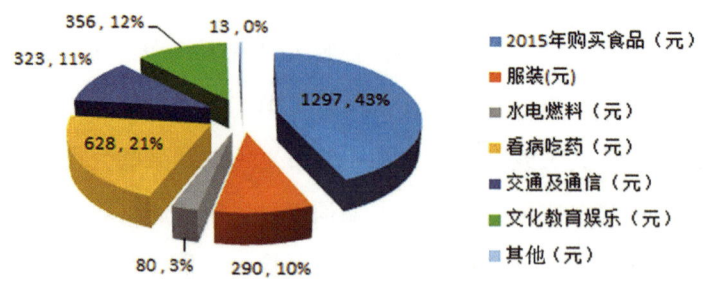

◇ 2015年巴坡村人均生活支出中各项收入所占比例

村民最大的消费支出是购买食品（见上图），其次是看病吃药。食品消费支出高，一方面反映了村民对现代食品的接受程度在迅速提升，另一方面是由于当地种植的蔬菜极少，养殖的猪也不多，因此需要花钱购买。一位从外地到独务小组当上门女婿的男子，到贡山县城批发蔬菜、肉食，然后开着自己的车每天走村串寨，销售给村民，他的车成了村里的流动"菜市场"，方便了村民，也在一定程度上改变了村民的消费观念。

◇ 流动"菜市场"

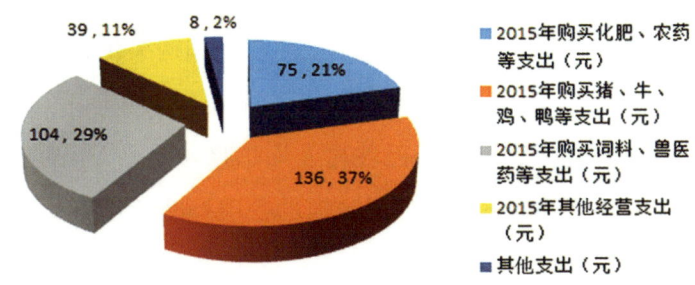

◇ 2015年巴坡村人均生产支出中各项所占比例

村民的生产支出主要是购买牲畜、化肥、饲料及兽医药等。

具体来说，上图包括了如下几个方面的详细信息：

第一，2015年，巴坡村全年人均总收入为2506元，卖草果（鲜果）的村民人均年收入为1260元，占到巴坡村年人均总收入的50.28%，其他三项在年人均总收入中占比较高，分别是：男性的本地工资收入人均341元（占14%）、其他经营收入人均308元（12%）、林产品收入人均231元（占9%）。

第二，2015年，巴坡村全年人均生活消费支出为2986元。占村民人均生活支出比重最大的为购买食品（年人均1297元，占生活支出的43%），其次为看病吃药的费用（年人均628元，占21%），处于第三位的是文化教育娱乐费①（人均356元，占12%），而交通及通信费则排到了第四位（年人均323元，占11%）②。由于村民基本都参加了医保，在村卫生所看病能报60%，到乡医院住院能报80%，所以，村民看病吃药费用居高似乎在暗示这里村民的健康状况并不是很理想。

第三，巴坡村年人均生产总支出为326元，这个数字并不算大。原因在于：生产中所占比重最大的草果、重楼的苗由政府免费提供，有的村民从山上自己挖回重楼苗栽种，不需要出钱购买重楼苗。种植过程中（特别是草果）也不需要施肥或农药，其生产成本主要是出劳动力。因此，在人均生产支出中占比最大的是购买家畜、家禽的费用（人均136元，占37%），然后是购买饲料、兽医药（人均104元，占29%）和购买化肥、农药的花费（人均75元，占21%）。

第四，可以看出，2015年，巴坡村人均总收入与总支出间仍存在841元的缺口。这一缺口目前不得不依靠政府的各项补助、补贴（如农村"低保"、边民补贴等）来补足。

以下将从村民的衣、食、住、行四个方面对当地的消费情况进行描述。

衣：村民反映，由于独龙江边雨水多，又得常上山，最费的就是鞋子、袜子，一泡就坏了。25元一双的解放鞋，有时一个月就能穿坏一双。袜子依质量有5~20元/双不等，大家多常买的就是5元/双的。除了平时的添补，过年时全家人都要购置新衣、新裤。

食：在当地，25公斤一袋的米，售价为130元左右。5升一桶的食用油

---

①说明：这一花费，在有孩子上学的家庭就会比较高。
②用户调查显示，由于没有公共交通系统，当地村民出行的成本还是比较高的，因此村民们如无必要，一般都不会到乡里，去到县里的则更少。一些家里有孩子在乡里上小学的，为接送孩子上学，这部分费用就无法避免。

卖80元。一只活鸡在当地售价为100元，一头牛则价值1万元以上。

住：电费0.1元/度，水费不需要交。

行：村中目前还没有公共交通，虽可看到有几处已建有颇具独龙族民族文化特色的公交站台，但实际并没有公交车运行。村民出行仍主要依靠当地私人运营的面包车。从村里到乡政府所在地孔目19千米，单程车费是20元/人；从村里到贡山县城茨开镇91千米，单程车费是70元/人，如遇冬天下雪的季节，车费可能涨到100元/人。如村民选择包车到茨开镇，则需要500元/趟。2014年独龙江隧道贯通后，从茨开镇到孔目的行程时间由过去的8小时缩短至3小时，包车费用也由过去的1000元降到了500元。

其他常见生产、生活必需品在当地的价格列举如下：

地膜：95元/桶，10公斤，可铺一亩地。

复合肥：85元/袋。

猪苗：500元/头。

鸡苗：15元/只。

竹篾框：25元/个。

（七）精准扶贫

2014年1~3月，巴坡村享受低保的农户达210户749人，到2015年减少到169户588人，贫困发生率68.29%。①

表9　2016年巴坡村城乡低保精准施保情况表

单位：户、人

村民小组	享受A类低		享受B类低		享受C类低		小组总户数	小组总人数
	户	人数	户	人数	户	人数		
斯拉洛小组	3	9	8	26	2	7	13	42

---

① 根据巴坡村委会提供的信息整理。

续表

村民小组	享受A类低		享受B类低		享受C类低		小组总户数	小组总人数
	户	人数	户	人数	户	人数		
独务当小组	5	17	13	41	1	5	19	63
木兰当小组	1	2	5	31	8	34	18	67
米里王小组	6	17	3	14	6	17	15	48
马扒腊小组	1	1	9	35	8	31	18	67
巴坡小组	2	5	7	20	2	7	11	32
孟顶小组	1	4	14	45	10	36	25	85
拉王夺小组	12	38	24	94	14	52	50	184
总计	31	93	83	306	51	189	169	588

注：根据巴坡村委会提供的数据整理。

在588名享受低保的村民中，造成贫困的主要原因大致可以归纳为：年老体弱、多病；经济收入来源单一（或者没有来源），经济收入水平低；有孩子在上学，又没有经济收入的家庭。

2016年，驻村工作队以家庭年人均收入低于2885元为标准，在重点走访调查了227户的基础上，按照公平、公正、公开的原则，在确保选出建档立卡户中无优亲厚友的非贫困户为前提下，根据相关文件"五查五看""三评四定"以及"五类问题""八种情形"的要求，通过履行村"两委"评议、党员评议、村民小组群众评议等程序，最终选出15户53人为巴坡村新建档立卡户并进行公布。

怒江公路管理总段、贡山县交通运输局、贡山县农村信用联社是巴坡村的精准扶贫对口联系单位。他们在调查摸清各户具体情况的基础上，协助乡、村管理部门为每户建立了精准扶贫档案（卡），采取不同的措施，力争尽快帮助这些最后的贫困户摆脱贫困。

三、政治建设

（一）现当代村寨政治变迁

新中国成立前，巴坡村的村内社会管理者主要是族长。凡有重大事件（如决定在哪里开垦新的耕地），族长召集各家庭主要成员共同商议或举行祭祀仪式。相对而言，家族公社制内部并没有太多的复杂矛盾，也不需要太多的内部事务管理。一方面是因为家族规模一般都比较小（大多数只有5～6户或者7～8户）；另一方面家族本身就是有血缘联系的群体，日常生活中长期形成了互帮互助的关系。新中国成立后，虽然相当长的时间内村民仍然以家族为单位分散居住，但都按照中国的行政管理体系建立乡（区）、村级管理机构。

目前，巴坡行政村村委会设主任1名、副主任1名、委员3名。主任对村务负有整体责任，但由于村委会中未设出纳一职，所以主任还兼任了村中的出纳；副主任有文书的角色，还兼任村委会会计；另外的3个委员，一人负责社会治安，一人主抓计划生育和宣传工作，一人主要负责矛盾调解。村委会成员不一定都要求是中共党员，但本届成员均为中共党员。村委会所有成员由全体村民选举产生。

此外，全村共有村民小组组长8名、副组长8名、妇女组长8名、妇女副组长8名、村民代表37名，共计69人。他们是全村民主化管理的主要力量。在这69人中，男性44人、女性25人，小学文化程度的29人、初中文化程度的31人、高中文化程度的3人、中专文化程度的4人。

村委会每届任期3年。届时工作从相应年度的三四月份乡里召开农业农村工作会议开始启动，召开村民大会，由每户户主参加。经过动员、选民登记、提名、预选、提名正式候选人（其中主任2名、副主任2名、委员5名）、正式选举产生新的班子、选举结果报送乡政府备案的流程，换届选举工作会在5月完成。2016年5月，巴坡村委会刚刚完成了第六届的换届选举工作。

村中的民兵编成一个连，主任为连长，书记任指导员，日常事务由武干进行管理。每个村小组还设有几名基干民兵协助管理。

村中设有监督委员会，由3名成员组成，均由村民选举产生。要求监督委员会主任不得由村委会成员担任，且与村委会主任不得有较近的亲属关系。村委会主任、副主任、武干、党支部书记有县（或州）财政拨款的工资（每月1000多元），其他委员一个月只有100元钱的补助。

建立了从乡到村小组（四级网格）的"党员网格化管理服务"体系，责任落实到人，每名党员领导干部具体负责若干贫困家庭的帮扶。

全村组织10名以武装干事为主的界务员，协同相关部门做好边界巡查工作。对巴坡村与缅甸交界的37、38、39号界桩进行巡逻维护或者对界桩进行清洁、粉刷，对破损的界桩进行修复，为边疆的和谐稳定做出了积极的贡献。

2016年，全村共有乡村消防队员（也叫"民兵扑火队"）48名，在村"两委"班子和森管站的直接领导和统一指挥下，负责宣传森林防火的法律法规、预防和扑救森林火灾，以保护本村森林资源和村民生命财产安全。如：2016年1月28日凌晨，斯拉洛小组一户人家因用电不慎造成火灾，7名村消防队员迅速出动，有效地阻止了火势蔓延。

（二）村寨党组织建设和村务管理

巴坡村有中共党员85名［包括2名退休干部、1名教师、1名县驻村干部、1名选调生（硕士）和1名大学生村官］，其中男性党员70名、女性党员15名。村总支设书记1人、副书记1人（一般为外派来的）、支委5人（村民委员会主任为其中1名支委）。下设4个党支部（拉王夺党支部、孟顶党支部、那洛底党支部、独务当党支部）。在全部85名党员中，具有小学文化程度的25名（占29.41%）、初中39名（占45.88%）、高中7名（占8.24%）、中专8名（占9.41%）、大专2名（占2.35%）、本科2名（2.35%）、硕士1名（占1.18%）。

村中还组织了51人组成的"应急救援方队",成员全部由党员、团员构成,其中共产党员31名、共青团员20名,覆盖全部8个村民小组。

此外,巴坡村还有共青团员59人(2015年),村团支部委员3名,组长、副组长8名。

(三)村民自治

据介绍,近十年内,巴坡村村民之间很少发生矛盾和冲突。打架、家庭矛盾类的纠纷很少见,村民间常见的矛盾主要是林地纠纷,如A家认为B家把草果种在了本该属于A家的林地里。村民若遇纠纷,则一般先在小组一级解决;若解决不了的,再报到村委会解决;若还不能解决,则可提请乡司法所的协调员帮助解决。

若遇全村性的重大事项讨论,需要召开村民代表大会,一般一年少则召开一两次,多则召开五六次。代表由每个村民小组的村民投票产生,一般每10~15户产生一个村民代表。需要村民大会讨论决定的事项如下:村规民约的确定;选举党代表、人大代表;修路与投工投劳;"整乡推进,整村帮扶"中需要背沙背料、整治庭院、种花种草等。

村里还组织了18名村民组成的"地质灾害排查员"队伍。

(四)政治参与

政府对独龙族的扶持行动深得独龙族群众的拥护和支持,因此村民政治参与的积极性很高,表现在:新加入(或想加入)共产党、共青团的人数有所增加;只要是村委会号召大家去做的事,大家都会积极参加;村委会每天都有领导值班,村民有什么意见和建议都能及时直接到村委会反映或通过村小组长反映。

在此次调查期间,巴坡村的村民经常表现出较高的政治参与积极性。村民说:"虽然有的人平时很爱喝酒,但只要通知开会,他们都不敢喝酒,一定会非常积极地去参加开会,酒醉来参加开会的一个也没有。"村主任说:"村民对村小组如何发展集体经济等问题能够积极建言献策,部分建议甚至提得颇具可行性。"

总的来说,"听政府的"是村民经常说的一句话,他们坚信"跟着党和政府就有饭吃"。

(五)社会保障

农村低保。巴坡村享受低保的农户分为三类:A长期保障户、B重点保障户、C一般保障户。确认为享受A类低保家庭的成员,每人每月享受153元补助;B类每人每月享受143元补助,C类每人每月享受133元补助。低保户的确定须经各村民小组通过民主评议,并在村委会外张榜公示。村中规定,凡家里有成员任国家公职的(包括护林员在内)、家里有车的、经营小卖部的、经济收入明显高于其他人的家庭不得享受国家低保。2016年,村委会公布的数据显示,巴坡村为182户发放了低保,其中A类39户、B类110户、C类33户①。

边民补贴。1000元/年/户,全部村民都能享受。

粮种补贴。按各户的具体耕地面积发放。

国家级公益林补偿:补偿标准为10元/亩,全乡只有巴坡村、马库村涉及这一补偿,其中巴坡村有10户1531.2亩林地获此补偿。

医疗保险。医保每人每年交120元,乡里为每个人交70元,个人再自己交50元。一般看病吃药可以报销60%,住院治疗可以报销80%。

养老保险。从100元到2000元分为十二个档次,以自愿为原则参保。一般一个人交满15年,则60岁后即可享受养老资金补助。目前村里已是全民参保,但大部分人(90%以上)都选择参加的是100元的那一档。

2015年,巴坡村参与中国人寿财产保险公司"云南省人口较少民族综合保险项目(农房)"的农户221户,每户保险费20元/年,保险金额66000元/户。参与"云南省人口较少民族综合保险项目(人身意外伤

---

① 数据来源:《2016年度贡山县独龙江乡脱贫摘帽攻坚方案》之"贡山县独龙江乡巴坡村2016年农村低保花名册"。

害）"的村民839人，保险费每人10元／年，保险金额125000元／人。

凡是60岁以上，没有子女的老年人都集中到独龙江乡敬老院去生活，那里有4名服务员专门为他们提供周到细致的服务。在访谈中，所有住在敬老院的老人，无论男女都表示对敬老院的生活和服务非常满意。截至2016年，共有35名孤寡老人住在独龙江乡敬老院。

◇ 独龙江乡敬老院

四、文化建设

（一）公共文化基础设施

巴坡村的公共文化基础设施主要包括巴坡村历史展览馆、革命烈士陵园、村寨体育场等。巴坡村历史展览馆位于巴坡村委会旁，其原址是独龙族乡政府所在地，同时也是边防武警检查站所在地。展览馆主要介绍的是新中国成立后边防战士与巴坡村村民共同保护和建设独龙江地区的各种英雄事迹。分展厅从教育、医疗、戍边队伍建设等方面进行了介绍。整个展览馆是免费对外开放的，给予村民和参观者一个全面了解巴坡村历史与文化的平台。从展览馆正门出来，马路对面是最早的人马驿道遗址，20世纪90年代独龙江公路开通之前，人们进出巴坡村需要沿着这条人马驿道徒步3~5天方可到达贡山县城茨开镇。

革命烈士陵园，地处巴坡村后山的半山腰处，与独龙江对面大山上的"无限忠于毛主席"几个大字遥遥相望。顺着人马驿道步行10分钟便可到达。每年的节假日，边防官兵都会来到这些先辈们的墓前祭奠，以此来激励自己。从1952年边防官兵进驻巴坡村始，一代又一代的边防官兵在艰苦的环境中做出了不平凡的贡献，先后有8名边防官兵为独龙江的保护和建设工作献出了自己宝贵的生命，其中年龄最小者才19岁。这群被誉为"独龙民族贴心人"的边防官兵依然在延续着先辈们的热血和激情，传扬着不畏艰辛、艰苦奋斗的精神。

村寨体育场，坐落于独龙江河畔，旁边是村党员活动中心。整个体育场主要由一个篮球场、两个乒乓球台组成。每天下午，村寨里的青年男性就会相约于此进行篮球比赛，强身健体的同时，也加强了村民之间的交流。除此之外，一些农户门前也会有乒乓球台、台球桌之类的体育娱乐设施。

（二）民族传统文化遗产保护

由于独龙族没有文字，巴坡村记载传承下来的民族传统文化遗产并不多，主要包括传统民居、独龙毯、独龙语等。

据说，巴坡村的传统民居是长形竹楼草房，即一开始一家人共同居住，随着儿子长大，家里会在原来的房屋一端重建一新房，新房和旧房联通，儿子在新房里另起炉灶，单独过日子，但仍然住在同一个屋里。如果家中儿子多，新的房子不断延伸，就形成了"长房"。这种草房一般需要经过长达几十年的发展才会形成规模，只有当家族之中有年轻男子成家时才会逐步扩大房屋规模。从2008年新农村建设以来，巴坡村村民的生活方式发生了翻天覆地的变化。为保护独龙族传统的民居，政府在帮助村民修建新的砖木结构房时充分地考虑了巴坡村村民的需求，最大限度地保护了独龙族特有的房屋造型及结构。

独龙毯在巴坡村村民的传统生活中充当着重要的角色。然而，近几十年来，随着对外交往的加深，外面物美价廉的衣服逐渐取代了传统的独龙服饰。在走访中，当问及是否会纺织独龙毯时，大部分人的回答都是不会。现今，会纺织独龙毯的村民大多是五六十岁的老人。在巴坡村随处可以见到正在纺织的独龙族老人。不过，她们纺织的目的一方面是满足家庭的需要；另一方面则是用来售卖。游客前来参观时往往会买一条带回家去留作纪念。政府在保护独龙毯方面也发挥了极大的作用，在乡政府调查时，几乎所有政府工作人员的工作照都是身穿独龙族服装。同时，政府也积极组织队伍去宣传，让村民继续纺织独龙毯。这种方式不但可以保护传统文化服饰，增加村民收入同时也创造了经济效益，提高了游客对独龙族文化的认识。

但是，不可否认，独龙毯的本质已经悄然变化。现今独龙毯都是用市场上买来的彩色棉线（而不是自纺麻线）编织而成，它与传统意义上的独龙毯在文化内涵上有相当大的距离。

独龙语属于汉藏语系藏缅语族，作为一种较为古老的语言，具有重要的科学研究价值。然而，由于独龙族没有属于自己的文字，很多有价值的东西没有保存下来。1951年，缅甸人白吉斗·蒂其吉创造了"日旺文"，随后被当时的传教士在传播基督教时加以宣传。但是由于日旺文缺点多，文不尽义，逐渐被淘汰掉了。1983年，独龙族人木立门·阿柏在省民语委的帮助下创制了一套独龙族文字，并在同年12月得到认定。从1984年4月4日开始逐步在独龙江区域推广。但是，由于各方面原因，推广过程并不是很顺利。近年来，随着独龙族聚居区年轻人学历水平的提高，一些本土的独龙族青年回到当地学校去教授独龙族学生。独龙族学生在课程安排中增加了独龙语的学习，培养出一些能够书写独龙文字的人才。

由于纹面习俗以及"卡雀哇"[①]主要集中在独龙江上游的冷木当等村子，在此不做介绍。总之，为保护独龙族传统的民族文化，政府以及独龙族人民都在积极努力。

（三）基础教育与职业教育

1. **基础教育**

新中国成立前的巴坡村由于地处偏远，学堂教育发展十分缓慢，大多

[①] 卡雀哇：类似于汉族的春节，时间为每年的腊月底或者次年的正月初，为期3天，会举行"镖牛祭天"的祭祀活动。

数的儿童都是从长辈那里学习知识。男孩主要学习如何狩猎和砍柴，女孩则主要学习纺织、做家务等方面的技能。20世纪40年代，随着基督教的传播与发展，为学习经文，很多巴坡村村民学会了识读傈僳文。1956年，巴坡小学建立；2007年，浙江捷众投资集团有限公司为支持云南省基础教育事业的发展，向希望工程捐款50万元，在旧址上重新修建了新的教学楼。新修建的巴坡小学总投资96.52万元，其中46.52万元为地方政府筹集。校舍建筑面积为412.44平方米。2007年底完工时，巴坡小学更名为"贡山县独龙江乡捷众希望小学"。截至2016年9月，巴坡小学共有教师7人，其中4人为独龙族人、3人为汉族。整个小学共设有3个年级，一年级9人、二年级10人、三年级17人，共有36名学生在此就读。现今，整个巴坡村文盲人数大幅下降，60岁以下的村民中未接受过教育的人已经很少。村民文化水平整体上有较大的提高。

◇ 独龙江乡九年一贯制学校（距巴坡村19千米）

巴坡村为支持本村教育事业的发展也作出了相关的规划。在村规民约第一条中这样写道:"重视发展民族教育,全力支持教育事业。牢固树立不重视教育的民族是一个落后的民族的思想。父母依法送子女入学接受义务教育,加强对子女教育的管理,适龄儿童、少年依法完成义务教育。严格实行《独龙江关于义务教育阶段提高学生控辍保学的实施办法》,掀起全乡党委重教、政府兴教、全乡各族人民群众全力支持下一代的教育事业,形成齐抓共管教育的良好局面。同时,鼓励组与组之间、户与户之间的比较,年末,对成绩优秀的孩子家庭给予奖励。"由此可见,巴坡村村民也在逐步加强对教育的重视程度。

表10　2016年巴坡村初中毕业及考入高中、大学学生名单

序号	姓名	就读状况	组别
1	李新福	初中毕业	米里王小组
2	双海强	初中毕业	巴坡小组
3	王旭阳	初中毕业	孟顶小组
4	迪松花	初中毕业	孟顶小组
5	李梅花	初中毕业	斯拉洛小组
6	王仙梅	初中毕业	米里王小组
7	李　华	初中毕业	独务当小组
8	王丽松	初中毕业	拉王夺小组
9	余素花	初中毕业	拉王夺小组
10	余肖强	初中毕业	拉王夺小组
11	王晶蠢	初中毕业	拉王夺小组
12	王艳花	考上高中	拉王夺小组
13	木诗琪	考上高中	木兰当小组
14	王玉强	考上云南民族大学	米里王小组

从表10中可以看出，2016年，巴坡村共有13名学生初中毕业，其中有2名考上高中（占15.39%），有一名高中毕业生考上大学。这个比例与全国其他很多地方相比还是相对较低，但九年义务教育基本已经普及。

表11　巴坡村高中在读学生名单

序号	学生姓名	性别	小组	学校	户主姓名	哪类免除学杂费免除人员	备注
1	孔鹏飞	男	巴坡村巴坡组	贡山一中	马玉芳		无低保
2	王艳花	女	巴坡村拉王夺组	贡山一中	王永光	低保户	
3	木诗琪	女	巴坡村木兰当组	贡山一中	木卫清		无低保

2016年全村在读高中的学生只有3名。

2. 职业教育

巴坡村的职业教育起步较晚，大致时间为20世纪90年代左右。自2006年巴坡村引入草果以来，政府几乎每年都会组织专门的队伍免费为村民培训农业种植技术，现在几乎人人都会草果种植的技术。近几年，随着重楼的推广，政府也随即组织人员做相关的培训。同时，自巴坡特色旅游村建立以来，政府每年都会组织全村的女性集中到巴坡农家乐免费培训厨艺。除此之外，随着村民生活水平的提高，政府为满足村民的需求，免费为巴坡村培训了几十名优秀的驾驶员，以此带动村子经济发展。

2016年8月，巴坡村在巴坡农家乐举行厨师培训学习，54名村民参加了培训。

2016年，贡山县民宗局为巴坡群众举行劳动技能培训，30名村民参加了培训。

（四）宗教信仰

巴坡村的宗教信仰大致经过两个阶段：传统信仰和基督教信仰。

1. 传统信仰

巴坡村传统的宗教信仰是三界宇宙观念。村民相信在人类赖以生存的物质世界（人界）以外还存在另外两个域界，分别是天界和下界。据独龙族巫师（称为"南木萨"）介绍，天界主要住着鬼神、"南木"（阴阳两界的信使）以及善良人的亡魂"阿细"，下界主要住着恶鬼和邪恶之人的亡魂"阿细"。[①]人间界除了居住有活人之外，仍有既不能飞升天界又不能去阴间的亡魂在游荡着。假如一个人活着时，不做坏事，经常帮助弱者，当他死亡时，亡魂便会飞升天界——在这里，亡魂会享有在人间界的一切，包括寿命、财富、地位都会保持不变。在天界时，亡魂需要经历三次死亡，也就是重活三世，三世过后便会化身蝴蝶，消失于三界之内。相反，那些在人间界作恶之人，在死后会坠入阴间，历经磨难，要熬到死三次方可化身蝴蝶。正是这种信仰，不仅规范着物质世界的人们的生活习惯，要求他们一心向善，同时，也弥补着人们内心的空虚，在艰苦的生活中给予人们希望。

2. 基督教

从1935年开始，美国基督教"坝帕尔派教会"的传教士莫尔斯便进入贡山传教，并先后三次派人深入到独龙江地区传教。到了1943年5月，又有传教士来到该区域，并专门培养了专门对独龙族群众传播福音的"马扒"（牧师）。信教的人渐渐增多，最多时达到了602人，覆盖到整个独龙江区域。[②]

20世纪六七十年代，基督教活动在独龙江地区全面停止。1984年，基督教活动开始逐渐恢复。2016年，整个巴坡村信仰基督教的群众有200人左右，占总人口的四分之一。

[①] 张桥贵：《独龙族文化史》，云南民族出版社，2000年，第63页。
[②] 张桥贵：《独龙族文化史》，云南民族出版社，2000年，第75页。

（五）节庆习俗

巴坡村不像内地节日众多，几乎没有什么节庆。并且，作为独龙族唯一的一个节庆"卡雀哇"，其主要集中在独龙江上游的龙元、冷木当等村，巴坡村从来没有庆祝此节的传统。不过，近年来，随着对外交流以及外来人员的增多，巴坡村村民有些家庭已经开始过其他民族的节日。2016年国庆期间，很多巴坡村村民慕名去乡里参加贡山县县庆。可以明显感受到，巴坡村村民在逐步地学习和接受其他民族的节庆。

（六）民族传统文化与现代化

2010年前，巴坡村的生产活动和社会生活很难与"现代化"一词联系起来。尽管自20世纪50年代初起，巴坡就是独龙江乡的中心，有干部、部队官兵驻扎，部队有无线电通信设备、电话等，但对于普通群众来说，"现代化"是个遥远而神秘的模糊概念（甚至闻所未闻）。有文献记载，家住孔当村的贡山县第一任县长孔志清从巴坡出发去北京参加人民代表大会，通过步行、骑马、乘马车、坐汽车、坐火车，要折腾3个月才能最终返回到独龙江。

2010年，政府正式启动"独龙江整乡推进整族帮扶"行动后（特别是2014年新的独龙江公路正式通车后），代表现代化的很多元素，如电、路、自来水、彩电、冰箱、洗衣机、汽车、摩托、电动农具、粉碎机、磨面机等等，在短短2~3年的时间里就变成了与村民生活息息相关的"日用品"。草果、重楼等经济作物的种植、运输的便利、商品交换的繁荣、现代教育的发展等从根本改变了村民的生活模式、思想观念、行为方式和社会关系。

如果用一个简单的词来归纳巴坡村独龙族传统文化的话，那就是"家族公社"。这种家族制不像很多内地村寨（特别是东南沿海地区）那样有较完整、严格（有时甚至严酷）的家族治理体系，虽说这里也有族长，但很多时候是通过一些约定俗成的仪式、协商、简单的内部规则来协调成员之间的关系。相对来说，族长的权威并不是非常大。家族成员之间更多的不是顺从、受管制，而是共享、互助的关系。长此以往，家族成员之间便形成某些"不言自明"的默契。家族之间也相互达成某些共同认同的边界，很少出现越界侵犯的现象。

"整乡推进整族帮扶"项目实施后，不同的家族不得不集中居住，其中一些农户本来就不多的耕地被征用，用于建盖新的村落。生产从自给自足向经济作物种植转变，村民出行增加，电视、网络覆盖到每一户人家，整个村子俨然成为"地球村"的一部分。这种转变如此之快，以至于很多村民不得不从家族中心的传统文化"跨越式"地进入现代生活模式。由于政府的各种补贴和支持，村民的基本生活能够得到充分保障，这种"跨越"并没有导致西方学者常担心和纠结的种种所谓"后现代恶果"。但一些村民过量饮酒及由此带来的其他社会问题越来越成为比较严重的社会问题之一。2016年9月，独龙江乡政府做出规定，对村民过量饮酒行为采取适当的限制措施。这一"禁酒令"的实施效果还有待时间来验证，但它反映出在传统向现代转型过程中存在的某些矛盾和冲突，巴坡村也莫能例外。

（七）公共卫生与民族医药

巴坡村作为乡政府原所在地，在1954年就建立了卫生所。1959年为全乡群众治疗31361人次。1965年8月，医科大学毕业生李如良和卫生员李芝秀来到巴坡村卫生所工作。从此，巴坡村卫生所具备了做一些简单的外科手术的实力。1970年，上海医疗队在巴坡村开展了为期3个月的支援活动，帮助很多独龙族群众摆脱了疾病的困扰。1972年，上级为巴坡村卫生所下拨专款用于医疗基础设施的更新，使卫生所的设备大为改观。1975年，一场大火致使卫生所损失惨重，医务人员克服重重困难开始卫生所的重建工作。1988年，独龙江镇改名为独龙江乡；2002年后，卫生所也随乡政府搬到了孔当村。从2008年起的新农村建设过程中，当地政府曾考虑到巴坡村的情况，在原巴坡卫生所的基础上专门建造了一栋二层的村卫生所，但是由于诸多原因,卫生所一直没有经营起来,后来经村委会协商,将房子卖给一户村民,经该户村民改造后变成了现在的农家乐。目前村里只有一个有2名医生的小诊所,一般小病或者输液,村民就在这个小诊所看。如果有重一些的病或者需要住院就到19千米外的乡卫生院。

如今,巴坡村懂得传统民族医药的老年人已经很少了,年轻一代几乎没有独龙族的传统医学知识了。近些年来,医疗卫生事业的发展,西医逐渐地取代了传统的医疗手段。在独龙族的传统社会生活中,巫师除了举行祭祀活动外,还能替村民治病,其中不乏一些有科学价值的地方,但如今的村民有病还是更愿意找医生,找"南木撒"看病的人非常少。

五、社会组织

(一)传统婚姻习俗

新中国成立前,独龙族传统的婚姻习俗,从林超民先生主编的《方国瑜文集》中可领略一二:"婚嫁由父母主持而不能自由择配。求亲要提着一瓶酒到女家。答应了,就由媒人给女方的父母、兄弟、姐妹各敬一碗酒,吃过酒不能反口。若不允婚,又把酒提回去。聘礼则有所谓的干牛与活牛,活牛就是黄牛一头,干牛就是黄牛以外的东西。……曲子用酒一瓶,羊皮一张,麂皮一张。穷人出不起这么多,由亲戚帮助,一次交不出来可分数期,直到结了婚养过子女再交足也是可以的。女家的嫁妆,则是耳环(银制)、毛毡之类。结婚之日,……男女宾客杂坐饮酒。入夕,不论老少围着火塘,携手歌舞,声调抑扬,颇有欧洲歌舞的意味。客人送礼,大都是酒肉及谷类。"[①]这段文字表明:在新中国成立前,独龙族青年男女的婚姻主要是由父母做主,正如同内地所谓的"父母之命,媒妁之言"。巴坡村也不例外。

---

① 林超民主编:《方国瑜文集》第四辑,云南教育出版社,2001年,第475~476页。

巴坡村传统婚姻形式婚姻主要分为定婚和结婚两个阶段，其过程大致如下：

1. 定婚以及退婚

定婚，独龙语称"布马特库"，即买姑娘的意思。新中国成立前，独龙族青年男女从小就在父母的包办下定婚，几乎是没有自由可言。而且，这种婚姻形式是与私有财产的增加和父系家族在社会中发挥着重要作用有关的。虽然，青年男女可能不清楚定婚的具体对象是哪一个，但是可以大概知道就是通婚集团内的某一人。定婚时，需由男方父母或者媒人前去女方家提亲。初次求婚的聘礼有：半头猪、一口锅、一瓶酒。女方同意，则全部收下；不同意，则会全部送回并加一把刀之类的物品，表示歉意。亲事商定好以后，男方需继续赠送正式的聘礼，聘礼根据家庭条件的差别各不相同。定婚后，女方不同意结婚，可以选择退还全部彩礼或者不退彩礼，由自己的姐妹顶替自己出嫁。男方退婚，女方只需退还一半的彩礼。女方在婚前死亡，可由女方姐妹顶替。近些年来，随着交通通信的便利，巴坡村的婚姻习俗逐渐发生了改变：传统的包办婚姻转向了自由恋爱，比如木兰当小组组长跟他的妻子就是通过朋友介绍认识，然后就生活在一起的，现在已经身为父母。也有的青年人通过手机聊天认识，随后便在一起过日子，这种现象在巴坡村越来越普遍。还有少部分青年（特别是女青年）因在外打工或者认识了来自外地到独龙江做工（如贵州）的青年而相恋成家。

2. 结婚

在巴坡村，无论是传统的结婚仪式还是现代化的结婚仪式都没有形成一个统一的模式，因为很多的男女青年在定婚后不久便会过起同居生活，结婚仪式也就经常成为"省略品"，或者尽量简单。当然，在多年的发展中，巴坡村还是形成了一些相对固定的结婚仪式，主要包括迎亲、新娘进门、送客人以及回门等过程。现代社会中巴坡村青年男女的结婚仪式逐渐走向简单化，无论是婚礼的规模还是参与人数都仅仅只维持在自己一个很小的圈子之内，请关系较近的亲戚、朋友吃顿饭就算是婚礼了。比如，村里的李女士和她的老公是在学校读书时认识的。李女士家在孔当，他们结婚的时候几乎没有举行什么隆重的仪式，甚至连男方家族的成员也没有完全请，只是请平时关系较近的亲属和朋友在一起吃一顿饭就算是结婚了。

3. 离婚以及再嫁

离婚在巴坡村社会生活中是极其少见的，因为一旦男女双方结婚后，就代表着两个利益家庭之间结成一种另类的"亲属关系"。一旦男女双方离婚，涉及的就是两个利益家庭之间的事情。因此，巴坡村乃至整个独龙江地区都很少有离婚的情况。

在传统社会，巴坡村对寡妇并不歧视。一般在丈夫去世满一年就可再嫁，但是再嫁对象只能是男方家族之内的成年男性。只有当男方家族内无合适人选，女方才允许再嫁到另外的家族之内。而且，当女方转嫁到别的家族时，其再嫁的聘礼需归其前夫家族所有，也即自女方嫁到前夫家族后，就自然成为其家族内部的一分子，同时，也是家族财产的一部分。当其再嫁到别的家族时，需满足双方家族利益关系的平衡。当然，这些情况都发生在传统社会中。在现代社会，随着家族观念的淡化，很多寡妇都可凭借自己的意愿决定自己的生活，而不必再受到家族的约束。

（二）婚姻制度变迁

整个巴坡村的婚姻制度大致经过了传统的妻姊妹婚、兄弟姊妹婚、一夫多妻、非等辈婚、转房制以及一夫一妻制等几个阶段。

妻姊妹婚在独龙语中称为"安尼婻"，是指同一个男子既可以娶自己的妻子，也可同时迎娶自己妻子的姊妹为妻。在有的地方甚至可以扩大到妻子的堂姊妹。只有当男子决定不再迎娶妻子的姊妹时，别的男子方可向她们求亲。例如，在拉王夺小组的迪拉达·婻迎娶的就是两姊妹。当然，这种婚姻形式大多发生在家长或者一些较为富裕的家族之内。此种婚姻形式延伸出来另外两种婚姻形式：一夫多妻和兄弟姊妹婚。

兄弟姊妹婚，意为"姐妹和弟兄的婚配"。常常是几个亲兄弟或者堂兄共同迎娶某个家族内的亲姊妹或者堂姊妹为妻，即大哥迎娶大姐，二弟迎娶二妹。这种婚姻形式在巴坡村传统的社会中普遍流行。一方面，保证了家族外婚的习俗，避免出现家族内部成员通婚的现象；另一方面，有助于保障家族财产的不外流。因为一旦出现兄弟迎娶不同家族的姑娘为妻，势必会造成家族与其他多个家族产生利益上的联系，从而造成家族财产的外流。

一夫多妻，又称为"家长多妻制"，是指该种婚姻形式大多发生在家长或者有一定社会地位的男性身上，这种婚姻形式与私有制的出现和私人财富的增加有关。在现实生活中，这种婚姻形式并不多见。

非等辈婚，就是不同辈分之间的婚姻关系。有时候是父子共同迎娶某一家族内的姊妹为妻，有时是父娶儿媳为妻，形式各不相同。

转房制，意指兄弟去世，其妻可由弟兄中的任意一个继承。如果弟兄不愿，可延伸至堂兄，甚至可以是其父。转房制的存在是保证家族财产不外流的一种必要手段。为了维护婚姻集团间的亲戚关系，转房也就成为男方家族的义务。[①]

一夫一妻制是巴坡村婚姻的基本形式。其大多是从大家族内分出来的核心家庭。截至目前，巴坡村近几十年来的婚姻形式都是一夫一妻制的小家庭模式。

新中国成立后，巴坡村的村民也必须遵守《中华人民共和国婚姻法》。一夫一妻、婚姻自主已经成为巴坡村村民的婚姻形式。上述提到的各种传统婚姻模式基本消失，但村民们仍然遵守同一家族的成员之间不通婚的习惯。即除了家族成员之外，村民可以自主选择自己的婚姻。

---

① 《民族问题五种丛书》云南省编辑委员会编：《独龙族社会历史调查》（一），云南民族出版社，1981年，第7页。

（三）家庭结构关系的变化

1. 原始公社制家庭

所谓原始公社制家庭，是指由三代人所组成的大家庭，即由一个祖父母的子孙组成。包括出嫁的女儿以及女婿，都可以参加家族公社。在家庭中，无论是家庭内部成员还是女婿，其地位都是平等的。至今，在诸如草果种植、采摘等农忙季节时，已出嫁的女儿仍会带着自己的丈夫回娘家帮忙。巴坡村传统的原始公社制家庭，通常是住在一幢较大的公共房屋里，房屋以火塘为中心分为若干个较小的空间。一对年轻的夫妇及其子女可以单独占用一个火塘；长大成人的子女在条件允许的情况下可以另辟火塘；经济上还未独立的子女需继续跟着父母或者兄弟共用一个火塘。对于那些子女已经成家立业的老人来说，只要他们能够独立劳作，就可以享有自己独立的火塘，只有当丧失劳动能力之后才会加入子女的火塘。在原始公社制家庭中，财产有两种形态，一种是诸如土地、房屋、三脚架之类的公共财产，为家庭人员所共享；另一种是个人财产，包括铁刀、家畜、捕鱼工具等。耕地通常分为两部分，一个部分属于共同所用，收成平分；另一部分则分属于个人，每个妻子都会有自己经营的个人土地。在家庭中，家长通常是年长的男子，职权主要是领导和组织家庭成员生产、解决纠纷等。大妻享有较高的地位，负责管理家庭日常生活。

2. 一夫一妻制的核心家庭

现在的巴坡村主要的家庭结构是一夫一妻制的小家庭，也即核心家庭模式。在走访中，有很多老人是跟已经成家的儿子一起居住，原因是从2008年开始，政府在为巴坡村人民修建房屋时所根据的是以户为单位，即无论家中有几人，只要户口是在一起的就按照一户来划定。所以2008年后结婚的夫妻几乎都没有自己的住所，只能继续和父母生活在一起。其中，在米里王小组有一户姓高人家，在80平方米的房屋内居住了8口人，包括高大哥夫妻两人，一个孩子，一对年迈的父母以及自己哥哥家的三个孩子

（孤儿）。出现这种情况的原因可能有二：一是巴坡村山高路险，平地较少，很难找到地方自行建造新房；二是收入水平有限，由于地处深山，交通十分不便，村民主要的收入来自草果种植以及一些从山里采摘的药材，很少有家庭能够支付起修建新房的费用。

（四）传统社会控制模式

1. 元明清时期

元明清时期，巴坡村隶属于丽江木氏土司和丽江路军民总管府管辖。在《清实录》中记载：乾隆十八年（1753），云贵总督硕色奏："丽江府属女弁禾志明、头人王芬、保长和为贵、催头和可清等，于改土归流后，仍循夷俗，收各寨山租陋规。又任所管康普怒子，赴求犸地方放债取利，准折人口，送充规额，殊属藐法，今谈女士弁，自首交出求夷男妇五十八名口，情愿出皆送还。姑予免议外，其头人保长、催头等，照例枷责，并出示晓谕，如管下再有放债准折等情，即照红苗越境抢夺例办理报闻。"[1]从文中可得知，元明清时期，巴坡村乃至整个独龙江地区所实行的是由头人、保长、催头等共同管理的一种模式。虽然，独龙江地区处于当朝政府的管理之下，但是由于山高地远，一些政策在实施后很难在这些偏远地区得到很好的执行，人民依旧处在土司的管理和剥削之下，这种情况一直持续到新中国成立前夕。

2. 民国时期

从民国初，巴坡村处在国民党和察瓦龙土司的双重统治之下。各种苛捐杂税纷繁复杂，人民生活在水深火热之中。在这一时期，由于统治阶层利益的不同，国民党反动派为排斥察瓦龙土司的统治势力，在整个独龙江地区推行了保甲制。巴坡村为一甲，甲长一人，每三年轮换一次，负责村中的各种事务以及为国民党征纳税收。这种强制性的管理模式逐渐地取代

---

[1]《清实录·高宗纯皇帝实录》，卷四百三十七，第十八页，1753年。

了族长的一些权力，并一直持续到了新中国成立后。

3. 新中国成立后

新中国成立后，国家在各个方面对巴坡村进行了扶持。作为乡政府原所在地，经过半个多世纪的发展，巴坡村发展出了一套较为完整的社会控制模式。其主体包括村委会、党团组织、妇联、教会以及核心家庭。

巴坡村委会是村子最重要的管理机构，主要负责统筹协调村里的各项事务，包括传达上级的命令给各个小组负责人、组织集会等。村委会设有村党支部书记1名，村委会主任1名，副主任1名，武干1名，监督委员会主任1名，驻村工作队1支，分管不同的工作。除此之外，每个村小组还设有一到两名的村小组组长，负责传达从村委会接收到的消息。同时，村小组组长也担负小组仲裁调解员的角色，负责协调解决村民之间的纠纷矛盾。这就形成了家庭—村小组长—村委会—乡政府的管理圈，能很大程度上帮助乡政府及时迅速地了解到村民的意愿及需求。

作为人口较少民族，巴坡村按照10∶1的比例发展党员，整个巴坡村截止到2016年已有85名党员。每月，村党支部会定期组织党员学习，向党员宣传最新的国家政策以及讨论一些近期与村子密切相关的活动及事件。同时，党员作为先锋模范人物，需发挥出带头作用。比如在老县长高德荣的带领下，把草果引入巴坡村，经过十几年的摸索，很大程度上解决了巴坡村人民的生计问题。几十年的帮扶，在巴坡村人民心中深深烙下了党的印记，给予人民的是一种亲切的归属感，一种对国家的归属感。从村党支部到党员，再到村民，每个人心中都热爱着中国共产党，这种归属感也在无形中回馈着每一个巴坡村村民。

（五）习惯法与禁忌

1. 习惯法

在独龙族漫长的发展历程中，各村寨、各家族之间并没有形成统一的权威的管理机构和明文法规，更多的是存在于家族内部的一些为人处世的规矩和调解内部矛盾的法度。主要包括化解村寨内部的财产继承、生命保护、债务契约等方面的纠纷和矛盾。家族之间有一些不成文的规矩，相互不越界。

(1) 财产继承

在传统社会中，独龙族通常会共同在一个大家庭内部生活。除却个人的首饰和武器，其余全部是公有。当儿子成家单独立户时，作为财产分配的仅有一口铁锅或者一个铁三脚架。随着独龙族人民生活水平的日渐提升，可作为财产分配的东西越来越多，有的家庭甚至拥有了属于自己的小汽车、摩托车和各种家用电器。年老无子的可以招赘的形式从本民族或者其他民族之内选择合适之人。没有招收养子的，其财产则由近亲子侄继承。

(2) 生命保护

当个人或者村寨之间发生利害冲突并有人员死亡时，假如双方死亡人数相当，则人命相抵，如果一方多死了人，则需要赔偿命金。通常情况下，男人需要赔偿九件财物，女人则只需七件。财物必须包括一两头牛，其余则是刀、锅、三脚架之类的东西。假如冲突双方是村寨之间，命金则需要村寨人员平摊；私人纠纷则需要当事人赔偿，亲戚只尽帮助义务。纠纷解决后，需双方当事人当场盟誓永不反悔，并由头人刻一木刻分成两半，以作凭证。当然，这种纠纷通常是不会发生的。

(3) 债务契约

新中国成立前，整个巴坡村由于闭塞，经济落后，商品交换的形式尚处于以物易物的阶段。大多数的交换发生在亲朋好友之间，所借物品通常是粮食以及牛之类的东西。粮食一般是秋前借秋后还，没有利息。牛则不同，需要每年增加一"拳头"的利息。到了现代，与外界交往密切后，这种交换形式逐步由商品经济所取代。

2. 禁忌

作为一个狩猎和信仰少数民族传统信仰的民族，独龙族传统的禁忌也主要围绕在这两个方面。

（1）狩猎

外出打猎时，不能提到要去打猎之类的话，外人不得来访，认为来人的灵魂会把猎物夺去。以小孩在门外告之："今日我家不得入。"① "打猎的人数必须保持双数，不能是三个人，否则有一个人将打不到猎物，还会遇到危险的事。打猎过程中不能碰到正在交尾的动物，见了要死人。畸形的动物不能打，打了要祭鬼。自然死亡的动物不宜见，见了家里要死人。打死和下扣子而死的动物，死了一个月后，非猎获者不宜见，见了家里要死人。捡到别人打死的动物要分给大家吃才能免灾，一家独食会倒霉。打猎归来，打猎的器具要摆放好，不能让女人去搬弄、触摸，否则下次出猎会空手而归。有的还忌讳与孕妇的丈夫合伙出猎，怕打不到猎物。"②

随着"退耕还林"政策的实施，狩猎已经成为过去的历史，村民已经不再狩猎了。

（2）丧葬

巴坡村的丧葬仪式主要是土葬。人死后整个村子的人都要来，为死者洗尸，然后将死者放入由木板砌成的棺材里，须从特意撬开的楼板下抬出，否则从正门抬出还要死人。同时，人死后的第二日村民不得参加劳动，否则认为来年收成不好或者会死人。③

（3）其他

除了以上有关狩猎和丧葬方面的禁忌，巴坡村人民在生活方面还有一

---

① 《民族问题五种丛书》云南省编辑委员会编：《独龙族社会历史调查》（二），云南民族出版社，1985年，第90页。

② 张桥贵：《独龙族文化史》，云南民族出版社，2000年，第80页。

③ 《民族问题五种丛书》云南省编辑委员会编：《独龙族社会历史调查》（二），云南民族出版社，1985年，第90页。

些相关规定：不能将水倒在火塘里的三脚架上；盖新房准备材料时，忌讳月亮与火星对在一起，否则会有火灾发生；房子完工时，忌说不吉利的话语；外人不能随意进入妇女的产房；人生病时不能说"死"；等等。

随着巴坡村的巨大变化，所有上述禁忌都基本从村民的日常生活中消失了。年轻一代很少有人再相信这些禁忌。村民们更相信政府、现代科学，"有事找政府、有病找医生"越来越成为村民的普遍共识。

（六）民间纠纷与调解

在传统社会中，由于巴坡村的贫富悬殊差距较小，所谓的富人与穷人无非是谁家多几头牛、多几口锅、多几个三脚架之类的。谁家有困难，街坊邻居都会前来接济帮助，孤寡老人由村寨人员共同抚养。在巴坡村，有"路不拾遗，夜不闭户"的美称。因此，传统社会的巴坡村，几乎没有什么纠纷。

到了近代，偶尔会有村民丢失财物的现象发生，一旦事发，偷盗者会受到村寨最严厉的处罚，轻则逐出村寨沦为奴隶，重则会被判处打死示众。到了现代，分散聚居的独龙族群众在政府的建议下开始村寨聚居的生活，巴坡村也在此时逐步地完善这一过程。由于每个小组内部的群众大多有血缘亲属关系，彼此间也是极少发生矛盾。

近年来，由于草果种植面积的不断扩大，人们开始了对自己所承包山林的重视，这也就导致原先就划分不是很清晰的边界线成为纠纷的源头。同时，这种纠纷主要发生在不同的家族之间，同家族内部不会发生这种情况。据拉王夺小组组长说，2015年发生过一起类似的山地边界纠纷，在他的调解下，纠纷双方很快地就达成了一致，很好地解决了此次纠纷。在巴坡村，每个小组的组长都是自己小组的调解员，负责调解村民之间的矛盾与纠纷。当村民间发生纠纷时，能自行调解的就自行调解，不能调解的则由村小组调解员调解处理，村小组无法调解的由村调解委员会调解处理，村调解委员会无法调解的纠纷提交司法所进行调解，确保矛盾在萌芽状态中化解,尽量做到小事不出组、大事不出村。

巴坡村第六届村委会还制定了详细的村规民约,包含五章二十四条,对村内的教育发展、人口动态管理、精神文明建设、土地管理、交通安全等方面的行为规范和奖惩措施提出了具体的约定。

六、生态环境

巴坡村和独龙江沿岸的大部分村庄一样,几乎没有平坦的土地。江两岸陡峭的高黎贡山和担当力卡山山坡上长满了树林。云南民族大学的蔡家琪先生在20世纪80年代后期到独龙江开展田野调查时拍摄的其中一张照片显示,那时的独龙江两岸很多山坡都被开垦为耕地,因此山坡上几乎看不见树。经过十多年的"退耕还林"和严格的森林、动物保护制度,如今的巴坡村前后山上都是密不透风的树林,据村民说如果幸运的话,太阳快落山时,站在巴坡村里能见到对面的树林中有猴子游荡。

独龙族在传统上喜欢将独龙牛放养在山上,1~2个月才带着盐巴去看一看。每户的独龙牛都有相对固定的地点,也没有专门的牛圈,完全处于一种自然生长的状态。村民说成年的独龙牛一般没问题,但刚出生的小牛则常常会被熊吃掉。为了保护动物,政府不让村民打杀山里的熊,如果成年独龙牛被熊吃掉了,林业部门会给村民一定的补偿(据说是每头补偿7000元)。

由于村里的主要经济作物是草果,而草果必须种在树林中,不施肥、不打农药,所以对生态环境没有过多的负面影响。州、县、乡政府正在积极努力把独龙江连同整个怒江峡谷打造成生态旅游区。

(一)气候特点

巴坡村位于独龙江下游,大致位置是北纬27°44′、东经98°21′,海拔1610米,距离乡政府19千米,2014年12月随着独龙江隧道正式投入使用,巴坡村到贡山县城茨开镇的距离由原来的115.2千米缩短到91千米。

巴坡村北接孔当村委会，往南前行21千米经过马库村委会就进入缅甸北部。全村8个村民小组沿着高黎贡山和担当力卡山之间的独龙江分布，处于所谓"两山夹一江"的深谷中。特殊的地理位置造就了其独特的亚热带湿润气候。高大的山峰抬升了来自印度洋的湿润西南季风，雨量充沛。每年的3~8月（甚至9月）属于雨季，雨天居多，10月至次年2月雨量相对较少，东西两面高山顶上经常飘雪，深谷中却难见落雪，空气湿润，年平均气温18.2℃，年降水量3200~4700毫米，非常适合各种植物（特别是阔叶植物）的生长。其中水冬瓜树、松树、蕨类植物、藤类植物尤其丰富。2002年进行退耕还林后，全村耕地面积有560亩，人均耕地0.62亩，且均为旱地。2010年实施"整乡推进整族帮扶"项目后，由于集中规划、集中居住而占用了本来就很少的耕地，所以，实际人均耕地面积只有0.48亩。

虽然巴坡村周围的土壤都是火山灰黑土，灌溉很便利，政府也曾经引导当地村民种植过水稻，但因耕地面积、当地气候等原因而造成水稻产量低、劳动力投入成本太高，村民都不再种植水稻，目前主要种植玉米和薯类，且产量非常低。2008年以后，政府帮助村民积极发展草果、重楼、花椒、茶叶、核桃等经济作物的种植，同时鼓励村民发展中蜂、独龙牛、黄牛、山羊等养殖。到目前为止，草果种植已经取得了明显的成效，成为当地村民经济收入的主要来源，其他方面的种植、养殖发展虽然有一定的进步，但总体上来说经济效益还不是很明显。

（二）水土资源

在整个独龙江乡范围内，水、森林和动物是最丰富的资源。独龙江947平方千米的流域面积内，最高海拔达到4936米，而最低海拔只有1000米。巨大的落差在江上支流形成了100多条飞瀑。东西两面山上森林覆盖率超过85%，再加上常年雨量充足，山上流水不断。

独龙江流域内已知种子植物有163科746属2686种，其中高等植物达1000多种，药用植物100多种，花卉植物80多种。稀有珍贵树种主要有秃杉、黄杉、榧木、树蕨、楠木、紫檀、红豆杉、贡山三尖杉、珙桐等。

巴坡村位于独龙江下游地区，相比上游地区的迪政当村、龙元村，这里的雨量更加充沛，空气更加潮湿，森林覆盖率更高，更适宜种植草果，水资源也更加丰富。巴坡境内的麻必当电站（小型）是独龙江地区现有的三个水电站之一。装机容量2×55千瓦，设计水头32米，流量0.7立方米／秒，属于径流引水式电站，渠道长420米，压力钢管长110米，电站投资86万元，主要向巴坡村供电。2015年政府投入2800万元资金，完成了麻必当电站的改造扩建工程，总装机容量达960千瓦。

（三）饮水工程

巴坡村的水源较充足，山上植被保存良好，很好地保持了水土，加之有大量的降雨，山顶上还有常年的积雪，山上的泉水容易汇集起来流向独龙江中。另外，独龙江处于群山之中，开发较少，江水清澈见底，水质良好。2010年"整乡推进整族帮扶"项目在独龙江乡开启，2012年政府为巴坡村村民统一修建了砖混结构的住房，同时也为各村建设了饮水工程。巴坡村的民居分布在斜坡之上，村民们使用的水源都是山上的泉水，因此，在不同的高度都会建有一个小型的蓄水池，这些水池由政府建造，外观是规则的立方体，其体积大约为5立方米，它将山上引来的泉水储存起来，形成一定的压力，不仅可以储存水源，还能过滤和沉淀水源，使得村民使用自来水成为可能，保障了村民生活用水的水质。另外，村子中还有排水沟、泥石流防护渠等设施，很好地完善了村子的排水系统。

巴坡村水电、交通设施投入使用后，村子中逐渐出现了摩托车、微型汽车、洗衣机、电视等现代家电，用水量比以前大量增加。其中，村民家中的洗衣机由政府免费提供，也有少部分村民因为原来的洗衣机损坏或者其他原因选择自己购买，单是巴坡村就有169台洗衣机，普及率达到了88%（2016年），民房屋檐下的小走廊上经常可以看见村民们晾晒的衣服。另外，便利的交通使得村民与外界的经济文化交流增多，外界的生活习惯、卫生观念正逐渐为村子所接受。村民家中食用的蔬菜种类较之于大雪封山时代大量增加,香皂、洗头膏、洗衣粉等日用品也出现在了村民的家中。巴坡村村民使用自来水可以不用交水费,但村民需要遵循村委会发起的村规民约,村民需要养成节约用水的习惯,不得私自安装用水设备,偷水属于违法行为。一个村子的用水量增加意味着这个村子的生产生活方式正在朝着现代文明转变,这算是整个帮扶项目的成效之一。

(四)厕所改造

独龙族早期分散居住在山上,每户人家之间都有比较远的距离和公共空间,并没有公共卫生的概念,村民使用的是用木头搭建而成的简易厕所。独龙江地区属于"直过型"社会的发展模式,政府在为独龙江乡建设新居之时,便建成了完备的公共基础设施,每个村小组都配备有至少一个公厕,村子里的农户没有自家的厕所。这些砖混结构的独立式公厕属于传统旱厕,如厕者的排泄物直接进入存储的粪池,不用水冲洗,厕所的清洁程度不及水冲式公厕,因此一般建在村子附近,避免气味进入村寨中。公厕的占地面积约为20平方米,顶部的样式与普通民居不同,有两个类似农村传统烟囱的方形排气孔,墙上设有两道铁叶片窗户,有一定的采光和通风效果。

独龙族以前属于游耕民族,他们的集体概念和族群关系有自己的特殊性,对待公共厕所这一公共设施,在认知和管理上需要一定的外界因素来引导。巴坡村实行村户轮流打扫公厕,并将打扫街道与之一起写入村规民约当中,旨在规范村民的卫生习惯。

(五)民居建筑变迁

巴坡村的村民们并不了解他们的先民最早住所房子的样子,一些老人认为独龙族的民居样式是很早的时候从西藏传来的。在政府的"整乡推进整族帮扶"项目实施前,巴坡村的民居主要有木楞房和竹篾房两种样式,其中竹篾房是在新中国成立以后才传入的,这两种传统建筑主要以木头、竹子、草作为材料，不需要铁钉、螺丝这些材料，而是将木头进行加工，采用榫卯结构或者用树藤捆绑来固定房屋框架。整个独龙族地区位于担当力卡山和高黎贡山之中，很少有平坦的土地可供建房，巴坡村虽分布在独龙江畔，但这些地方也同样有一定的坡度，因此木垒房和竹篾房都有一侧由两根较粗的木头撑起保持悬空，木头下面垫着石头，另一侧直接与斜坡地面靠近。在独龙族观念里，建新居是一件大事，往往村民或附近的亲戚朋友在得知村子里有人准备建新居时，都会不约而同地去帮忙，主人家会用酒肉、饭食款待亲友和村民。

木楞房的房屋框架主要用木头榫卯咬合而成，其墙壁和地板有的直接用木头垒成，有的将木头加工成木板围起，地板离地最高的地方一般为1米左右，由两根较粗的木头撑起（也有人用石头）。屋内根据需要会设置一个火塘供全家人做饭和取暖，火塘上面会挂着用竹竿编织的方形架子，用来烘烤鱼和其他猎物，也可以用来烘烤湿柴，有些村民称之为"海木机"。房门高度只有1米左右，宽度则不到1米，屋顶是将杂草扎成捆然后平铺盖住。竹篾房则是用很多根竹子支撑房屋，把切薄的竹条编织成围墙，地板上用较厚的竹条铺起来，屋顶同样用茅草盖起来。火塘周围的座位分为"阿能"和"撒亚"，"阿能"只能由老人和父亲坐，其他人不得乱坐，年轻人和客人只能坐"撒亚"。独龙族还有保存粮食的粮仓，一般搭建在房前屋后，分垛木仓和篱笆仓两种。建筑方法与住房大体相同，不同之处在于为防鼠兽盗食粮食而使仓房高出平地面约1.5~2米。粮仓的四根立柱打整得非常光滑，或被绑上多刺的荆棘和光滑的芭蕉叶，以防老鼠爬上盗粮。柱脚的地面常倒插一两圈锋利的细竹签，老鼠滑落下来就会被竹签戳死。①

现在建成的巴坡新村，是由政府组织相关专业人员统一设计的，在借

---

①张桥贵：《独龙族文化史》，云南民族出版社，2000年。

鉴独龙族传统建筑风格和生活习惯的基础之上，进行了一定的改进。政府的统一规划将原本散落各处的民居集中在了一起，村寨民居布局和样式变得很整齐，房屋基本上是80平方米或60平方米两种规格的砖混结构。80平方米的民居内部有6个房间，60平方米的内部有4个房间。厨房与住的地方分开，厨房里面设有火塘，围墙与屋顶没有完全连接起来，有排烟和采光的作用。新居的围墙外表与地面接近的部分涂的是粉红色墙漆，大约占有1/3的面积，其他部分则用传统竹篾包住，给现代化建筑增添了一分民族传统气息。屋顶部分全部用深蓝色的彩板瓦覆盖，支撑这些瓦的架子由木料拼接而成，与传统民居接近。此外，巴坡村的新房仍然还有一侧离地较高，这一侧由原来的石木支撑变为浇筑的混凝土柱子支撑，另外一侧靠近地面，房门比以前高，大约有1.8米，门口多了一小片空地，还配有木质围栏，出门时用的"独木梯"被混凝土台阶替代。

习惯于散落居住的游耕民族聚居到了一起，全新的住所、全新的生产生活方式、全新的群体……整个生活环境对于独龙族而言都是陌生的，原先的生活习惯、民俗、忌禁等等，都将会迎来新生。